Über dieses Buch

Auf die epochale Bedeutung des Denkers Friedrich Nietzsche hinzuweisen ist müßig. Sein ›Zarathustra‹, seine ›Unzeitgemäßen Betrachtungen‹ haben die geistige Gestalt des 20. Jahrhunderts entscheidend geprägt. Die Fehlinterpretation seines Hauptwerkes ›Der Wille zur Macht‹ hat ein Stück der düstersten deutschen Geschichte begleitet.

Dieses Hauptwerk ist indessen von Nietzsche nie geschrieben, sondern lediglich nach den Entwürfen aus dem Nachlaß der achtziger Jahre unter Mithilfe der Schwester Elisabeth Förster-Nietzsche zusammengestellt worden. Die 1906 erschienene Ausgabe, die in ihrer subjektiven Auswahl keineswegs dem gesamten Nachlaß gerecht werden konnte, wurde deshalb vielfach angegriffen. In der Vielfalt der editorischen Bemühungen um Nietzsches Nachlaß, die auf diese umstrittene Publikation folgten, nimmt Friedrich Würzbachs hier unter dem ursprünglich von Nietzsche vorgesehenen Untertitel ›Umwertung aller Werte‹ vorgelegte Edition eine Sonderstellung ein. Würzbach sichtete das gesamte Notizenmaterial der achtziger Jahre und legte es – erstmals 1940 – systematisch geordnet und vollständig vor, ohne den inzwischen einmütig als undurchführbar aufgegebenen Versuch einer Rekonstruktion von Nietzsches Veröffentlichungsabsichten.

Zweifellos sind solche systematischen Ordnungsprinzipien letzten Endes nicht verbindlich und darum angreifbar. Dennoch kommt Würzbachs Edition auch nach Veröffentlichung des Nachlasses in der historisch-kritischen Ausgabe (Berlin, Walter de Gruyter 1970 ff.) eine besondere Bedeutung zu. Sie macht den Nachlaß auch für den Nichtfachmann überschau- und benutzbar, ohne den Anspruch, ein posthumes Nietzsche-Werk klittern zu wollen.

dtv-bibliothek
Literatur · Philosophie · Wissenschaft

Friedrich Nietzsche

Umwertung aller Werte

Aus dem Nachlaß
zusammengestellt und herausgegeben von
Friedrich Würzbach
Mit einem Nachwort von Heinz Friedrich

Deutscher Taschenbuch Verlag

1. Auflage November 1969
2. Auflage in einem Band März 1977: 13. bis 22. Tausend
© Deutscher Taschenbuch Verlag GmbH & Co. KG,
München
Umschlaggestaltung: Celestino Piatti unter Verwendung
eines Fotos von Friedrich Nietzsche, 1882
Gesamtherstellung: C. H. Beck'sche Buchdruckerei,
Nördlingen
Printed in Germany · ISBN 3-423-06079-4

Inhalt

Einleitung von Friedrich Würzbach 9

Einführende Gedanken 41

1. Buch. Kritik der höchsten Werte, gemessen am Leben

Zur Einführung 51
1. Kapitel. Psychologie der Philosophentypen 53

2. Kapitel. Der Wille zur »Wahrheit« 75
   Zur Einführung 75
   a. Der fehlerhafte Ausgangspunkt: Die Selbstspiegelung des Geistes 76
   b. Der Glaube an Worte und Grammatik 78
   c. Das Vertrauen auf ein Wahrheitsprinzip im Grund der Dinge 81
   d. Die Verwechslung der Logik mit dem Prinzip des Wirklichen 83
   e. Der Glaube an die Erkennbarkeit der Dinge 106
   f. Die große Schule der Verleumdung 122

3. Kapitel. Selbstbesiegung der Moral 136
   Zur Einführung 136
   a. Moral als Problem 138
   b. Die Voraussetzung des »freien Willens« 144
   c. Egoismus und sein Problem 147
   d. Die Entnatürlichung der Moral 151
   e. Der Idealist 160
   f. Schädlichkeit und Nützlichkeit der Moral für das Leben . 165

4. Kapitel. Psychologie der Gottbildung und der heiligen Lüge . . 182
   Zur Einführung 182
   a. Die Auseinanderlegung des Menschen in Gott und Mensch 183
   b. Ja-sagende und nihilistische Religionen 187
   c. Der priesterliche Typus 193

5. Kapitel. Das christliche Ideal 199
   Zur Einführung 199
   a. Das »Himmelreich« im Herzen 201
   b. Das jüdische Ressentiment 206
   c. Das Christentum als Verfallsform der alten Welt . . . 212
   d. Das Zerbrechen der Starken 217

e. Die intellektuelle Unsauberkeit 225
f. Der Triumph des Antichristlichen in der Kirche 230
g. Der Protestantismus 232
h. Die »modernen Ideen« 234

2. BUCH. MORPHOLOGIE UND ENTWICKLUNGSLEHRE DES WILLENS ZUR MACHT

Zur Einführung 245

1. Kapitel. Der unerschöpfte zeugende Lebenswille 247

2. Kapitel. Der gestaltende Wille im Fluß des Werdens . . . 258
   1. Entstehung und Lebensrhythmus der Gebilde 258
   2. Das Schöpferische in den organischen Wesen 265
   3. Die Züchtung der Triebe durch Wertschätzungen . . . 281
   4. Die Erhöhung des Menschen 285

3. Kapitel. Der neue Begriff des Individuums 296
   1. Der Mensch als Vielheit und Herrschaftsgebilde . . . 296
   2. Die Person 305
   3. Die Bedeutung des Bewußtseins 308
   4. Der Intellekt nur ein Organ 324

4. Kapitel. Die denkbare und meßbare Welt 329
   Zur Einführung 329
   1. Die Logisierung des Geschehens 330
   2. Die Welt als begrenzte Kraft 337
   3. Die ewige Wiederkehr 340
   4. Die Relativität von Maß und Zahl 347
   5. Die »Dinge« als dynamische Quanta 353

5. Kapitel. Die Triebe als Metamorphosen des Willens zur Macht 359

6. Kapitel. Zur Physiologie der Kunst 378

7. Kapitel. Der gesellschaftliche Organismus 388

8. Kapitel. Erschöpftes und unerschöpftes Leben 414

3. BUCH. DIE SELBSTÜBERWINDUNG DES NIHILISMUS

Zur Einführung 433

1. Kapitel. Der Nihilismus als die notwendige Folge der bisherigen Wertschätzungen 445
   1. Der Verfall der europäischen Seele 445

2. Zeichen der décadence 455
3. Der vollkommene Nihilist 467

2. Kapitel. Das Problem der Modernität 476
1. Die Ziel- und Zuchtlosigkeit 476
2. Die Menge der Mißratenen 489
3. Die moderne Kunst 494
4. Der große Pöbel- und Sklavenaufstand 508
5. Die starke Seite des 19. Jahrhunderts 519

3. Kapitel. Meine Aufgabe 532

4. Kapitel. Die natürliche Wertordnung 547
1. Moral als Rangordnungslehre 547
2. Das neue Ziel 552
3. Die Unschuld alles Daseins 571
4. Umwertung 588

5. Kapitel. Das Problem der Wahrheit 605

6. Kapitel. Die Rangordnung 625
1. Was den Rang bestimmt 625
2. Die Grade der schaffenden Kraft 630
3. Die Rangstufe des wissenschaftlichen Menschen 635
4. Der Kampf der Herde gegen den ungewöhnlichen Menschen 638
5. Gegensätze der Wertempfindung 645
6. Der Arbeiterstand und die höhere Kaste 648

4. BUCH. MITTAG UND EWIGKEIT

Zur Einführung 655

1. Kapitel. Fingerzeige einer heroischen Philosophie 665

2. Kapitel. Das 20. Jahrhundert 673

3. Kapitel. Die Gesetzgeber der Zukunft 688

4. Kapitel. Zucht und Züchtung 700
1. Der große Erzieher 700
2. Der züchtende Gedanke 715
3. Die Ehe 719
4. Erziehungsmittel 724
5. Der Adel und die anderen Schichten 734
6. Bildung als Selbstgestaltung 749

5. Kapitel. Der kommende Humanismus 757
1. Die Wiedergewinnung des antiken Bodens 757

    2. Griechische Vornehmheit 761
    3. Der klassische Typus 765
    4. Was ist tragisch? 770

6. Kapitel. Die großen Einzelnen 775

7. Kapitel. Dionysos philosophos 796
    1. Die Polarität des Apollinischen und Dionysischen . . . 796
    2. Die Erlöser der Natur 804
    3. Die neue Art des Göttlichen 809
    4. Das kosmische Ich 812

Nachwort von Heinz Friedrich 820
Entstehungszeiten der Aphorismen 828

Einleitung

Im Jahre 1886 schrieb Nietzsche für seine wichtigsten Werke neue Vorreden, aufschlußreich und voll wunderbarer Klarheit für seine geistige Entwicklung. Diese Vorreden, chronologisch zusammengestellt (es geschah zum ersten Male in der Musarion-Ausgabe), weisen, wie die Gegenstände eines Bildes, alle auf einen perspektivischen Mittelpunkt. Dieser Mittelpunkt ist das geplante Hauptwerk, in dessen Bannkreis Nietzsche damals besonders steht; nur von diesem Blickpunkte aus konnte er diese so hellsichtigen Vorreden schreiben, die nun jedes seiner Werke in ein großes Ganzes einbeziehen. Erstaunt stellt Nietzsche fest, daß sein Leben und Tun, von vorne gelesen, wohl sinnlos erscheine, aber von hinten gelesen, hätte alles Sinn und Verstand und sei wohlgeraten! Von hinten gelesen! – Zu diesem Letzten gehört aber gerade sein ›Vermächtnis‹, und darum bringt das vorliegende Werk dem, der es aufmerksam studiert, noch einen andern großen Vorteil: *Alle* Werke Nietzsches werden nunmehr von diesem Zentralfeuer angeleuchtet und durchglüht, ihre Vordergründe, an denen so viele sich stoßen und hängenbleiben, fallen; *alle* stammen sie aus dem Magma der großen Glut und kreisen in geordneten Abständen um ihre Sonne, das Hauptwerk. Man lese das erst im Jahre 1886 hinzugefügte fünfte Buch der ›Fröhlichen Wissenschaft‹, um ermessen zu können, was Nietzsche aus seinem philosophischen Hauptwerke gemacht hätte. Es war eine große Versuchung für den Herausgeber, das Material dieses fünften Buches mit in das vorliegende Werk, für welches es ursprünglich bestimmt war, zu verarbeiten. Aber Nietzsche hatte es nun einmal der ›Fröhlichen Wissenschaft‹ angehängt und die Ehrfurcht gebietet hier, nichts zu ändern. Der Leser des vorliegenden Werkes nehme aber das fünfte Buch als Ergänzung immer zur Hand.

Als ich vor vielen Jahren den Nachlaß studierte, als ich später für kurze Zeit die hunderte kleiner Notizhefte Nietzsches in Händen halten durfte, von ihm beschrieben in allen Zonen Europas, hastig und unordentlich, so wie jemand schreibt, der ein Wanderer nach einem großen Ziele ist – damals schon erahnte ich etwas von der gewaltigen neuen Schau der Welt, die hier in vielen tausend kurzen Niederschriften bunt durcheinandergewürfelt beinahe sinnlos nebeneinanderstanden, und Wunsch und

Wille erwachten in mir, das große Bild sinnvoll zusammenzufügen im Sinne seines Schöpfers. Ein Dutzend nachgelassener Dispositionen Nietzsches ließen die äußere Form seines Vermächtnisses deutlich erkennen, nun galt es, diese schwarzen Konturen zu füllen mit den Farben einer neu entstehenden Welt. In zehnjähriger täglicher Arbeit versuchte ich dies; und wenn ich auch zu Anfang an der Größe und Schwierigkeit der Aufgabe oft verzweifelte, so wuchs Sicherheit und Freude mit jeder Linie, die sich sinnvoll fügte zum großen Bilde dieser neuen Welt, deren Wertungen damals den herrschenden widersprachen, die aber heute sich langsam zu erfüllen scheinen. Nun ist es begreiflich, daß das Vermächtnis Nietzsches Zeile für Zeile gedruckt, doch unerkannt und unentdeckt ist, denn was nützt mir die Kenntnis jedes einzelnen Mosaiksteinchens, wenn es sich nicht zum großen Bilde des Schöpfers fügt.

Nietzsche erzitterte, als er in den Bannkreis dieser neuen Welt tritt, und er zauderte Jahr um Jahr, letzte Geheimnisse auszusprechen, bis es in jener stillsten Stunde zu ihm sprach: »Du weißt es, aber du redest es nicht – du sollst gehen als ein Schatten dessen, was kommen muß!« Und Nietzsche antwortet: »Ja, ich weiß es, aber ich will es nicht reden – und dies hörtet ihr von mir, *wer* immer noch aller Menschen Verschwiegenster ist – und es sein will!« Aber wie die Stimme zukünftigen Schicksals sprach es zu ihm: »Sprich dein Wort und zerbrich!« Und als Nietzsche endlich es aussprach, zerbrach sein Geist.

Nietzsche hat die ›Umwertung aller Werte‹ als sein Hauptwerk bezeichnet. »Jetzt, nachdem ich mir diese Vorhalle meiner Philosophie gebaut habe, muß ich die Hand wieder anlegen und nicht müde werden, bis auch der Hauptbau fertig vor mir steht.« (Mitte Juni 1884.) Jene Vorhalle war ›Also sprach Zarathustra‹, der Hauptbau, welcher niemals fertig werden sollte, ist die ›Umwertung aller Werte‹. Sie ist nicht ein Fragment wie etwa die ›Philosophie im tragischen Zeitalter der Griechen‹, welche in ihren ersten und wichtigsten Teilen ausgearbeitet vorliegt, um dann in projektierten Fortsetzungen und Notizen sich aufzulösen. Dieses Vermächtnis ist Fragment in einem ganz anderen Sinne. Keines der geplanten vier Bücher liegt vollendet vor, nicht einmal fertige Teile derselben. Der Herausgeber dieses Werkes steht vor einer eigenartigen und schwierigen Aufgabe. Was er vorfindet, sind eine Fülle von Plänen, Entwürfen, Teile von Vorreden und Tausende in unzähligen Notizbüchern zerstreute Aufzeichnungen, welche wohl von Nietzsche in besonderen Heften zusammengestellt wurden, um bald darauf wieder auseinandergerissen oder durch Aufstellung neuer Dispositionen und Register nur als Vorstufen bezeichnet zu werden.

Eine so große Fülle ungeordneten Materials läßt den Gedanken auftauchen, als seien für die Anordnung der Aphorismen die Grenzen der Willkür sehr weit, und die persönliche Einstellung des Herausgebers allein entscheidend für die Gliederung und Folge der nachgelassenen Aufzeichnungen.

Wem jedoch die Philosophie Nietzsches zu einem entscheidenden Erlebnisse geworden ist, wer Jahrzehnte unter ihrem Banne nicht nur dachte sondern auch lebte, der sieht endlich, wie Nietzsche selbst es in einem späten Briefe für sich bezeugt, die ungeheure Vielheit von Problemen wie im Relief und klar in den Linien unter sich ausgebreitet, alles hängt mit Notwendigkeit zusammen und er gewinnt die absolute Überzeugung, daß alles wohlgeraten ist von Anfang an – alles Eins ist und Eins will. Nach einer solchen Einsicht gliedert sich der ungeheure Stoff mit Notwendigkeit; und wenn auch keine der zahlreichen hinterlassenen Dispositionen für sich der Fülle der Probleme Genüge tut, so kam doch durch Kombination verschiedener Dispositionen eine sinnvolle natürliche Gliederung der Aphorismen zustande und selbst alle Unterkapitel fanden eine von Nietzsche geprägte Bezeichnung. So folgt die vorliegende Ausgabe des Nachlasses in ihrer Anordnung den Intentionen Nietzsches, und wenn auch niemand sich vermessen darf, alles erraten zu haben, was Nietzsche in seinem großen Hauptwerke plante, und nur Beschränktheit sagen könnte: Dies ist die einzig mögliche Anordnung, so kann von dieser Ausgabe doch *eines* behauptet werden: *Sie bietet zum ersten Male alles aus dem Nachlaß Nietzsches, was zu seinem großen naturphilosophischen Werke gedanklich dazugehört, und zwar in einer Anordnung, die klar in den Linien das ungeheure Relief der Gedankenwelt Nietzsches in gegliedertem Aufbau uns zeigt.*

Dieses Gebirgsmassiv, das so unerwartet in dem geistigen Flachland des 19. Jahrhunderts sich erhebt und dem oberflächlichen Auge wie isoliert von den geistigen Höhen früherer Jahrhunderte erscheint – die vulkanisch stoßende Kraft, die es aufwölbte, ist das gleiche uralte menschliche Verlangen nach Macht, nicht nur Dasein-wollen, sondern Mehrsein-wollen und den ständig nivellierenden Mächten immer neue Höhen des Menschseins entgegenzustellen: »Etwas, was größer ist als Sturm und Gebirge und Meer, soll noch entstehen – aber als Menschensohn«, das ist das Thema des Werkes; »wie könnten wir uns, nach solchen Ausblicken und mit einem solchen Heißhunger in Gewissen und Wissen, noch *am gegenwärtigen Menschen* genügen lassen?«

Das letzte Zitat findet sich im fünften Buche der ›Fröhlichen Wissenschaft‹, welches Nietzsche vier Jahre später diesem ursprünglich aus vier Büchern bestehenden Werke hinzufügte – und zwar aus Material, das bereits für »sein großes philosophisches Hauptwerk« bestimmt war. Nietzsche überschrieb dieses Buch »Wir Furchtlosen« und setzte ein Wort des Turenne hinzu: »Carcasse, tu trembles? Tu tremblerais bien davantage, si tu savais, où je te mène.« Man könnte diese Worte über dieses Werk setzen, denn wer seinen Gedankengängen folgt, kommt zu Einsichten, die ihn wahrhaft zittern machen, *führen sie doch über die bestehende Norm des Menschen hinaus* und zersprengen sie. Wie Pascal rufen wir erschreckt aus: »Der Mensch hat sich offensichtlich verirrt und ist aus seinem wahren Ort gefallen, ohne ihn wiederfinden zu können; er sucht ihn allenthalben unruhig und erfolglos in undurchdringlichen Finsternissen.« Als wahren Ort der Ruhe ersehnte sich Pascal Abrahams Schoß; »Dieu d'Abraham, Dieu d'Isaac, Dieu de Jacob – non des philosophes et savants« schrieb er auf einen Zettel und nähte ihn als schützendes Amulett in seinen Rock. Er suchte den Weg zurück zum alten Gottvater, und sein *Notschrei*: certitude! certitude! klingt durch die Jahrhunderte bis zu Nietzsche, der endlich *neue* »süße Sicherheit« uns verheißen konnte. – Sein ganzes Leben hindurch hatte Nietzsche das Schicksal Pascals vor Augen, in fast jedem seiner Werke fühlt er den Zwang, sich mit ihm auseinanderzusetzen, denn er steht ihm nahe und der Abgrund, der sich neben Pascal gefährlich drohend auftat – auch Nietzsche stand an seinem Rande. Während aber Pascal am Christentum zerbrach – zerbrach Nietzsche das Christentum, vielmehr er *brach es auf* und zeigte uns seinen ursprünglichen rein menschlichen Kern, befreit von den geringen Schalen, mit welchen Paulus und Augustinus ihn umhüllt hatten. »Man weiß recht gut, daß der Mensch alles, Gott selbst und das Göttliche, an sich heranziehen, sich zueignen muß. Aber auch dieses Heranziehen hat seine Grade, es gibt ein hohes und ein gemeines« (Goethe an Zelter, 24. Juli 1823). Darum finden wir gerade im ›Antichrist‹ wahrhaft religiöse Worte, wie etwa, daß »das Himmelreich eine Erfahrung, ein Zustand des Herzens« sei und »der frohe Botschafter nicht lehrte und starb, um die Menschen zu erlösen, sondern um zu zeigen, wie man zu leben hat«, damit »ein tatsächliches, *nicht bloß verheißenes Glück auf Erden*« einziehe, und daß »der Menschensohn eine ›ewige‹ Tatsächlichkeit, ein von dem Zeitbegriff erlöstes psychologisches Symbol« sei.

Nur unter diesen weiten Perspektiven, aus dieser erhabenen Schau können die uns vorliegenden Fragmente als Ganzes erfaßt und erlebt werden, können wir begreifen, vor welche Riesenaufgabe hier das Schicksal einen Menschen stellte. –

Wie aber wurde diese Aufgabe gelöst? Zunächst schlägt Nietzsche einen Weg ein, den vor ihm alle gegangen sind, welche die Gefahren einer reinen Intellektualität für das Leben überwinden wollen, nämlich indem sie die furchtbaren Konsequenzen reiner intellektueller Erkenntnis aufzeigen. »Pascal machte den Versuch, ob nicht mit Hilfe der schneidendsten Erkenntnis jedermann zur Verzweiflung gebracht werden könnte; – der Versuch mißlang, zu seiner zweiten Verzweiflung« (Morgenröte, Aph. 64). Wir brauchen für den Namen Pascal nur Nietzsche zu setzen, und die erste Station seines Weges zu kennzeichnen; – dann aber trennen sich diese beiden Wege; Pascal glaubt sich auf einem Irrwege, wendet sich *zurück* zum alten Gottvater, in die Geborgenheit von Abrahams Schoß, in welchem sein ewig wacher Intellekt ihm doch keine Ruhe gewährte. Nietzsche kehrte nicht um; er nahm sich den Ritter zwischen Tod und Teufel zum symbolischen Weggefährten. »Da möchte sich ein trostlos Vereinsamter kein besseres Symbol wählen können als den Ritter mit Tod und Teufel, wie ihn uns Dürer gezeichnet hat, den geharnischten Ritter mit dem erzenen, harten Blicke, der seinen Schreckensweg, unbeirrt durch seine grausen Gefährten und doch hoffnungslos, allein mit Roß und Hund zu nehmen weiß.« Dies ist das seelische Gleichnis des Nihilisten, der weiß, daß der Nihilismus *Durchgangsstation* und Fegefeuer zu neuem Glauben, neuem Schöpfertum ist; »der erste vollkommene Nihilist Europas, der aber den Nihilismus selbst schon in sich zu Ende gelebt hat – der ihn *hinter sich, unter sich, außer sich* hat« (Einf. Ged. 22). Mit der Selbstüberwindung des Nihilismus (siehe III. Buch) beginnt daher das Neue, Positive in Nietzsches Philosophie, hier baut er auf. Seine Worte: »Damit ein Heiligtum aufgerichtet werden kann, muß *ein Heiligtum zerbrochen* werden: Das ist das Gesetz...« gelten ganz besonders für sein Tun; er zerstörte *nur*, um bauen zu können – nicht um ein neues philosophisches System zu errichten, nein, er legte die Fundamente zu einem neuen Heiligtume unseres Lebens. Die Fundamente sind aber in dem vorliegenden Werke enthalten, und ich habe versucht, den Grundriß so klar und treu zu zeichnen, wie es die oft nur skizzenhaften Entwürfe Nietzsches zuließen.

Alle Dispositionen Nietzsches seit dem Jahre 1886 sehen eine Gliederung seines Hauptwerkes in *vier* Bücher vor. Wenn wir die Pläne dieser Jahre in chronologischer Reihenfolge überblicken, so ergeben sich für das *erste* Buch folgende Bezeichnungen:

> Die Gefahr der Gefahren (Darstellung des Nihilismus als der notwendigen Konsequenz der bisherigen Wertschätzungen).
> Der europäische Nihilismus.
> Die Heraufkunft des Nihilismus.
> Vom Wert der Wahrheit.
> Kritik der Werte, gemessen am Leben.
> Die Niedergangswerte.
> Psychologie des Irrtums.
> »Was ist Wahrheit?«
> Die Erlösung vom Christentum: Der Antichrist.

Für das *zweite* Buch:
> Entstehung und Kritik der moralischen Wertschätzungen.
> Kritik der höchsten bisherigen Werte.
> Die Logik des Nihilismus.
> Die Herkunft der Werte.
> Warum bloß Niedergangswerte zur Herrschaft kamen.
> Das neue Prinzip des Werts. Morphologie des »Willens zur Macht«.
> Psychologie der décadence. Theorie der décadence.
> Die Erlösung von der Moral: Der Immoralist.
> Der freie Geist.

Für das *dritte* Buch:
> Das Problem des Gesetzgebers.
> Die Rangordnung als Machtordnung.
> Prinzip einer neuen Wertsetzung.
> Die Selbstüberwindung des Nihilismus.
> Zur Geschichte des europäischen Nihilismus.
> Das Leben als Wille zur Macht.
> Modernität als Zweideutigkeit der Werte.
> Problem der Modernität.
> Frage neuer Werte unsrer modernen Welt.
> Das Kriterium der Wahrheit.
> Kritik des Zeitgeistes.

Kampf der Werte.

Die Erlösung von der »Wahrheit«: der freie Geist.

Für das *vierte* Buch:

Der größte Kampf.

Zucht und Züchtung.

Die Überwinder und die Überwundenen.

Die ewige Wiederkunft.

Der Wert der Zukunft.

Der große Mittag.

Der große Krieg.

Kampf der falschen und der wahren Werte.

Die Erlösung vom Nihilismus.

Dionysos.

Dionysos philosophos.

Aus diesen Plänen läßt sich erkennen, daß Nietzsche schwankte, ob er sein Werk mit dem Problem des Nihilismus beginnen sollte oder mit einer Kritik der geltenden Werte. Nietzsche sah die nihilistische Katastrophe über Europa hereinbrechen, und so forschte er nach ihren Ursachen. Er fand sie in den falschen Wertungen unserer Moral, Religion und Philosophie. Darum beginnen wir mit der Kritik der bisherigen Werte als *erstem* Buche, in welchem die höchsten Werte, die in jahrtausendelanger Vorherrschaft den Europäer geformt haben, daraufhin geprüft werden, ob sie aufsteigendem oder niedersinkendem Leben Wert verliehen. Zunächst wird der von den Denkern großgezogene Glaube an die absolute Vorherrschaft der Vernunft, der Logik und des Bewußtseins in seinen Grundfesten erschüttert; dann werden die moralischen und christlichen Überzeugungen ebenfalls auf ihre Leben fördernden oder Leben hemmenden Werte geprüft. Alle, die *vor* Nietzsche philosophische, christliche, moralische Wertungen angriffen, hatten als Kriterium *die* Wahrheit, d. h. sie *bewiesen* vom Standpunkte logischer Vernunft, daß ein philosophisches System, eine Moral, eine Religion Widersprüche enthielt und deshalb falsch sei, oder wahr, wenn diese Widersprüche fehlten. Nietzsches Kriterium ist das Leben, und zwar das unerschöpfte, fruchtbare Leben; was dieses Leben fördert, ist wahr und gut, ist moralisch, ja religiös. Darum definiert Nietzsche den Willen zur Macht als den unerschöpften zeugenden Lebenswillen: der Wille zum bloßen Dasein aber ist sein Gegensatz und Zeichen des niedergehenden, erschöpften Lebens, seine Wertungen sollen das dekadente Leben erhalten und rechtfertigen. Indem Nietzsche jeden Wert unter einem solchen

Gesichtspunkte prüft, erkennt er mit Schrecken, daß gerade die herrschenden Werte den stärksten, fruchtbarsten und von der Natur begünstigten Menschen feindlich sind, während sie den Mittelmäßigen, den Schwachen und Entarteten nützen. In diesem ersten Buche wird darum die ganze Problematik unserer Wertungen aufgerollt und die grundsätzliche Frage gestellt, ob diese Werte noch länger als die höchsten und als alleingültige verehrt werden sollen.

Das *zweite* Buch ist die große Besinnung auf die ursprünglichen, natürlichen Werte, nach denen die ganze Schöpfung der Welt sich vollzog. »Wir haben keinen Zugang zu ihr als durch uns; es muß alles Hohe und Niedrige an uns als notwendig ihrem Wesen zugehörig verstanden werden!« (II, 14). Solange die Menschheit philosophiert, von dieser Seite, gleichsam von innen heraus, aus der aufgebrochenen Tiefe unseres Selbst das Wesen der Welt zu begreifen, hatte noch niemand vor Nietzsche unternommen. Er ist der erste, der den Anthropomorphismus überwindet, denn »die Subjektivität der Welt ist nicht eine anthropomorphische Subjektivität, sondern eine mundane; wir sind die Figuren im Traum des Gottes, die erraten, wie er träumt« (II, 15). Zehn Jahre später hat Nietzsche in der ›Fröhlichen Wissenschaft‹ (Aph. 54) sein erschütterndes Wissen um den göttlichen Traum in diese für das Wesen des Menschengeschlechtes geradezu dokumentarischen Worte gekleidet: »Wie wundervoll und neu und zugleich wie schauerlich und ironisch fühle ich mich mit meiner Erkenntnis zum gesamten Dasein gestellt! Ich habe für mich *entdeckt*, daß die alte Mensch- und Tierheit, ja die gesamte Urzeit und Vergangenheit alles empfindenden Seins in mir fortdichtet, fortliebt, forthaßt, fortschließt – ich bin plötzlich mitten in diesem Traum erwacht, aber nur zum Bewußtsein, daß ich eben träume und daß ich weiterträumen *muß*, um nicht zugrunde zu gehn...« – Es ist hier nicht der Ort, die ganze Bedeutung dieses schauerlichen Erlebnisses zu ergründen, das dem nicht erspart bleibt, der an die Ursprünge des Menschseins hinstrebt; nur auf eines möchten wir in diesem Zusammenhange hinweisen: dem Genie ist das individuelle alltägliche bewußte Leben Traum; es erwacht erst in dem Augenblicke, wo es sich als göttliche Figur in der großen Gemeinschaft kosmischen Werdens erlebt; aber es weiß auch, daß es sein individuell beschränktes Leben weiterträumen muß, um nicht zugrunde zu gehen. Diese wechselnde Spannung zwischen kosmischem Erleben und persönlichem Leben, dieses Stirb und Werde, diese selige Sehnsucht Goethes nach »*fremder Fühlung*« – Nietzsche kennt sie in einem gefährlichen Ausmaße. Wohl sagt er: »Selige Augenblicke! Und dann wieder den Vorhang zuhängen und die Gedanken zu festen, nächsten Zielen wenden!« (IV, 128). Aber das »Zuhängen des Vorhanges« gelingt immer seltener und schwerer; die seligen Augenblicke werden zu langandauernden, erschütternden Erlebnissen, und schließlich kann er den Blick nicht mehr abwenden von den flammenden Bildern übermenschlichen Geschehens. Das geistige Auge erblindet.

Eine Morphologie und Entwicklungslehre des Willens zur Macht, wie sie das zweite Buch gibt, wäre nur ein interessantes Kuriosum, wenn sie rein intellektuell als neues philosophisches System entwickelt würde. Was Nietzsche uns hier aber gibt, gründet sich auf besondere, seltene Erfahrungen eines bereits aufgebrochenen Menschentums, das in naher Fühlung mit dem Kosmos eine neue, höhere Form anstrebt. Darum betont er immer wieder: »Es sind nicht *unsere* Perspektiven, in denen wir die Dinge sehen: aber es sind Perspektiven eines Wesens nach unserer Art, eines *Größeren: in dessen Bilder wir hineinblicken*« (II, 150). Was uns also im zweiten und besonders im dritten und vierten Buch gezeigt wird, sind neue, nie vorher gesehene »Bilder« unserer Welt aus einer höheren Perspektive, eine neue Umwelt für Wesen einer neuen Art. Für den in den bisher üblichen erkenntnistheoretischen Vorstellungen Befangenen bleibt all dies Willkür und Phantasterei; wer aber das erste Buch mit Nutzen studiert hat, weiß, wohin der *Weg* dieses neuen Philosophen führt. »Manche Philosophen entsprechen vergangenen Zuständen, manche gegenwärtigen, manche zukünftigen und manche unwirklichen« (I, 54). Wer die zukünftigen Zustände, aus denen heraus Nietzsche schon spricht, nicht in sich geweckt und reifen fühlt, kann die neuen Bilder seiner Schau nicht erfassen, sie bleiben ihm unwirklich. Es muß also erreicht werden, daß zunächst die Bilder vergangener Zustände durch kritische Überlegung in ihren Konturen verblassen, das war Aufgabe des dritten Buches. Das zweite Buch gibt den weiten Hintergrund für das neue Weltgemälde. Aber wir erinnern an seine Worte: »Wir haben die Dinge neu gefärbt, wir malen immerfort an ihnen – aber was vermögen wir einstweilen gegen die *Farbenpracht* jener alten Meisterin! – ich meine die alte Menschheit« (Fröhl. Wissen. Aph. 152). Dieses redliche Eingeständnis Nietzsches soll hier nicht fehlen. Die düstre Fremdheit, ja Öde, die jeder neu geschaffenen Welt eignet, wird jeden umfangen, der von diesem zweiten Buche ab weiterforscht. *Einstweilen* können wir den Werten der alten Menschheit nichts Ebenbürtiges entgegenstellen. Aber die alte Menschheit befindet sich in Auflösung, unser Seelenhaushalt wandelt sich; behalten wir die alten Werte bei, so wird unser Leben nicht nur falsch und komödienhaft, sondern alles geht in Anarchie und Selbstzerstörung über, denn die Werte haben ihre *strenge Verbindlichkeit* verloren. Ein großer Teil der Menschheit klammert sich in romantischer Sehnsucht an die alten Werte und versucht unter allerlei trügerischen Kompromissen, die alte Welt scheinbar zu erhalten; ein anderer Teil verwirft alle höheren Wertungen und versucht, auf neuer, rein wirtschaftlicher Basis allen ein grünes Weideglück zu bereiten; die Dritten suchen nach neuen hohen Werten. (Die beiden letzten Gruppen werden aus der Perspektive der ersten fälschlicherweise als verwandt gesehen, und gerade die Kritik über Nietzsche beweist dies.) Aber es gibt Brecher der bestehenden Ordnung nach oben und nach unten hin. Die letzteren sind die Verbrecher, aber die ersteren sind die großen Genies der Menschheit. Daß man sie oft mit den Verbrechern verwechselte, beweisen Kreuze und Scheiterhaufen, und auch Nietzsche wurden bestienhafte Mordinstinkte und Zerstörungslust nachgesagt. Dann aber begann man, ihn zu neutralisieren, und das Bertramsche Buch ist der kunstvollste Versuch, diesen gigantischen Brecher alter Ordnung in schönen dialektischen Rosengewinden einzufangen und unschädlich zu machen. »Der groß Untergehende ahnte im geheimsten, daß für ihn selber das Wort gelte, mit dem weissagerisch die letzte Unzeitgemäße, über Richard Wagner in Bayreuth, ausklingt: daß auch er seinem Volke einmal nicht so sehr der Seher einer Zukunft sein könnte, ›wie uns vielleicht erscheinen möchte‹, sondern der Deuter und Verklärer einer Vergangenheit, jenes schönsten und vollkommensten Augenblicks unserer geistigen Vergangenheit, den wir mit dem Namen von Nietzsches Sterbestadt benennen.«

Solch ein Urteil bezeugt nicht nur ein Mißverstehen Nietzsches, sondern auch Goethes in seinen letzten großen Einsichten, die gerade Nietzsche erweitert und erfüllt, ebenso wie er allein es gewesen ist, der die großen, schweren Konsequenzen aus Kants ›Kritik der Urteilskraft‹ gezogen hat. Sein »Vermächtnis«, wie es hier vorliegt, knüpft in seinen Problemen an die großen letzten Ideen unserer Klassiker an. Aber Nietzsche ist durchaus nicht epigonenhafter Verklärer einer schönen Vergangenheit, nein, schöpferisch wandelt und entwickelt er hinterlassenes kostbares Gut. Sein schauerliches Erlebnis, daß die alte Mensch- und Tierheit, ja die gesamte Urzeit und Vergangenheit alles empfindenden Seins in ihm fortlebt und er gleichsam aus dieser dunklen Erinnerung heraus über jene abgelaufenen Zustände aussagen kann, wird bestätigt durch rätselhafte Worte des alten Goethe, die wohl noch niemals in diesem Sinne verstanden worden sind. In den Gesprächen mit Falk hören wir Goethe sagen, daß das menschliche Genie die Gesetzestafeln über die Entstehung des Weltalls nicht entdeckte durch trockene Anstrengung, also durch wissenschaftliche Forschung, sondern durch einen ins Dunkel fallenden Blitz der *Erinnerung*, weil es bei deren Abfassung selbst zugegen war, so daß seine Worte oft wie Weissagung aussehen und doch im Grunde nur dunkle Erinnerung eines abgelaufenen Zustandes, folglich Gedächtnis sind. Eine Morphologie und Entwicklungslehre des unerschöpften zeugenden Lebenswillens konnte nur jemand geben, der die Fähigkeit besaß, die harten Schalen unseres principium individuationis so weit aufzubrechen, daß alle die »inneren Möglichkeiten« unseres vergangenen Seins und zukünftigen Werdens entdeckt werden konnten. Niemals wird eine Wissenschaft die innere Möglichkeit auch nur eines Grashalms, wie Kant sagt, kausalmechanisch aufzeigen, aber da wir die innere Möglichkeit des Grashalms auch in uns tragen, denn wir gehören zur Welt, zur Natur, so können wir sie erlebend erfassen. Ist dies Metaphysik? Durchaus nicht, wenigstens nicht in der alten Bedeutung; es ist vielmehr Naturphilosophie in einer neuen Art und Form, neue Weltweisheit, die Kant durch seine kritischen Werke bewußt vorbereitete.[1]

Nietzsche wußte aber genau, daß jene inneren Entdeckungen, jene gefährliche Beschwörung unserer bildenden Kräfte geleitet und geprüft werden muß an der Hand der Naturwissenschaft. Philosophie ist gar nicht mehr getrennt von den Naturwissenschaften zu denken, sagt er, und die Anwendung dieses Wortes macht er besonders im zweiten Buche. Es sei hier bemerkt, daß Nietzsche viele bedeutende naturwissenschaftliche Werke seiner Zeit kannte und meistens auch besaß. Er war der erste, der die Einseitigkeit und Bedingtheit der Darwinschen Abstammungslehre durchschaute, und die moderne Physik und Biologie bestätigt heute nach und nach seine weit vorauseilenden Ideen.

Nietzsche versucht, das heraklitische Werden in seinen großen Linien zu erfassen: die Entstehung aller Gebilde, ihr periodi-

---

[1] Vergl. den Brief Kants an Lambert vom 31. Dezember 1765.

sches Wachsen und Abnehmen und endlich ihr Vergehen. Wie setzen sich Gestalten von relativer Dauer durch mitten im Fluß des Werdens und trotz des unaufhörlichen Fließens? Damit berührt Nietzsche das uralte Problem der Individuation, und es gelingt ihm auch hier eine neue, vertiefte Deutung des principium individuationis. Wir werden noch auf diese wichtige Erkenntnis Nietzsches zu sprechen kommen, ist sie doch beinahe das Grundproblem dieses Werkes, dessen letztes Kapitel nicht zufällig vom kosmischen Ich handelt; dort überwindet Nietzsche gerade den extremen Individualismus, als dessen Vertreter man ihn fälschlich bezeichnet hat.

Während Nietzsche im zweiten Buche sich immer wieder fragt: Wie verfährt die Natur, wie schafft und formt sie ihre Gebilde, besonders aber dies: welche schöpferische Kraft treibt die Kreatur immer wieder über das bisher Erreichte hinaus? so wendet er im dritten Buch seine allgemeinen Erkenntnisse auf den Menschen im besonderen an. Er hat erkannt, daß der unerschöpfte zeugende Lebenswille als kosmische Kraft sich nicht erschöpft, wenn aber die Geschöpfe durch naturfeindliche Moralen und Religionen sich von kosmischen Einflüssen isolieren, und schließlich eine sehr spezialisierte Organtätigkeit, das, was wir Intellekt nennen, die Führung und Wertung übernimmt, dann erschöpft sich die Kraft, das Leben beginnt zu zerfallen und abzusinken in Entartung. Eine entgötterte, entwertete, formlose Welt ohne Sinn, ohne Ziel umgibt den Menschen, sein verehrendes Herz zerbricht, er wird zum Nihilisten. »Es dämmert der Gegensatz der Welt, die wir leben, die wir sind. Es bleibt übrig, entweder unsere Verehrungen abzuschaffen oder uns selbst. Letzteres ist der Nihilismus« (III, 3). Nietzsche ist der *einzige*, der diese Alternative sieht, denn alle anderen Versuche beschränken sich darauf, die alten Werte zu erhalten, in dem Glauben, dadurch dem Nihilismus begegnen zu können. Dieses Bemühen ist nicht nur vergeblich, sondern bedeutet eine ungeheure Gefahr, weil der unausbleibliche Zusammenbruch plötzlich eine unvorbereitete Menschheit zu katastrophaler Zerstörung treiben wird. Nietzsche ist der einzige, der den heraufkommenden Nihilismus als eine *notwendige* Stufe unserer seelischen Entwicklung erkennt, aus welcher bei rechter Führung und Einsicht die Kraft der Selbstüberwindung wachsen wird. »Denn man vergreife sich nicht über den Sinn des Titels, mit dem dies Zukunftsevangelium benannt sein will. ›Versuch einer Umwertung aller Werte‹ – mit dieser Formel ist eine *Gegenbewegung* zum Ausdruck gebracht, in Absicht auf Prinzip und Aufgabe; eine Bewegung, welche in irgendeiner Zukunft jenen vollkommenen Nihilismus ablösen wird; welche ihn aber *voraussetzt*, logisch und psychologisch, welche schlechterdings nur *auf ihn* und *aus ihm* kommen kann. Denn warum ist die Heraufkunft des Nihilismus nunmehr notwendig? Weil unsere bisherigen Werte selbst es sind, die in ihm ihre letzte Folgerung ziehn; weil der Nihilismus die zu Ende gedachte Logik unserer großen Werte und Ideale ist, – weil wir den Nihilismus erst erleben müssen, um dahinterzukommen, was eigentlich der Wert dieser ›Werte‹ war ... Wir haben, irgendwann, *neue Werte* nötig ...« (III, 9). Diese Aufzeichnung zeigt sehr klar die Absicht des ganzen Werkes wie auch besonders des dritten Buches, eine Absicht, die man so lange mißverstanden hat, daß es nun endlich an der Zeit ist, ihren rechten Sinn zu begreifen.

Wer den Nihilismus nicht wie ein Fegefeuer durchschritten hat, besitzt nicht die Voraussetzungen zum Nacherleben der letzten großen Einsichten Nietzsches. Ausdrücklich sagt er immer wieder: »Ich rede nur von *erlebten* Dingen und präsentiere nicht nur Kopfvorgänge« (III, 312), und: »Ich habe meine Schriften jederzeit mit meinem ganzen Leib und Leben geschrieben: ich weiß nicht, was rein geistige Probleme sind« (III, 313). Ein rein intellektuelles Verstehen und Jasagen zu den neuen Wertungen Nietzsches bedeutet nichts, er fordert vielmehr, daß die großen Probleme, an denen er litt, in uns *leibhaft* werden und in Tat und Wille übergehen müssen (Brief an Overbeck vom 30. Juni 1887). Nur was an uns leibhaft geworden ist, haben wir wirklich erreicht, nur was leibhaft an uns gewesen ist, haben wir wahrhaft überwunden. Aus der bloßen Selbstbespiegelung des Geistes, wie Nietzsche alle rein intellektuellen Einsichten nennt, ist noch nichts Gutes gewachsen. Eine rein logische Widerlegung des Nihilismus würde weder dessen Ausbreitung verhindern noch uns seine Überwindung ermöglichen – wir wären ihm rettungslos verfallen. Darum bekämpft Nietzsche den sokratischen Wahn rein intellektueller Bejahungen oder Widerlegungen, darum sagt er: ich habe den Nihilismus selbst schon in mir zu Ende *gelebt*, – er sagt nicht: zu Ende gedacht. Aus diesem *Erlebnis* heraus kommt er zu einer entscheidenden Einsicht: der Nihilismus ist kein einfaches, sondern ein komplexes Gebilde heterogener Strebungen, deren Verwechslung niemals zu seiner Selbstüberwindung führen würde. Nietzsche gewahrt einerseits ein passives Zerfallen, eine Fäulnis unserer Lebensformen, andererseits aber ein noch viel stärkeres aktives Zerbrechen, Zeichen eines Willens, einer Macht, die zerstört, um aufbauen zu können. »Damit ein Heiligtum aufgerichtet werden kann, *muß ein Heiligtum zerbrochen werden*: das ist das Gesetz ...«

Auch Kant wußte um dieses harte Gesetz, das *wir* nicht anerkennen wollten, weil eine große Verantwortung damit verbunden ist; denn im Grunde unseres Herzens nagt der Zweifel, ob wir ein neues Heiligtum aufrichten können. – Kant gibt dem Gesetz notwendiger Zerstörung in dem genannten Briefe an Lambert mit folgenden Worten Ausdruck: »Ehe wahre Weltweisheit aufleben soll, ist es nötig, daß die alte sich selbst zerstöret, und wie die Fäulnis die vollkommenste Auflösung ist, die jederzeit vorausgeht, wenn eine neue Erzeugung anfangen soll, so macht mir die Krisis der Gelehrsamkeit zu einer solchen Zeit, da es an guten Köpfen gleichwohl nicht fehlt, die beste Hoffnung, daß die so längst gewünschte große Revolution der Wissenschaften nicht mehr weit entfernt ist.« Kant ist noch nicht genötigt, zwischen passivem Zerfall und aktivem Zerbrechen zu unterscheiden; er, der »Alleszermalmer«, zerbrach mit Willen, um aufzubauen. Er ahnte nicht, daß die von ihm begonnene große Revolution der Wissenschaften sich bis in unsere Zeit fortsetzen würde, in eine nihilistische Zeit, die das Verlangen nach neuer Weltweisheit verloren hat und müde resigniert ausruft: »Wir brauchen weder Weisheit noch Tiefsinn, wir brauchen strenge Wissenschaft« (Edmund Husserl). Und hiermit erfassen wir das Problem der Modernität in seiner Wurzel: Es gibt heute Menschen, welche ohne »Heiligtum« leben können, wobei Heiligtum alles bedeutet, was mehr ist als rein intellektuelle Einstellung zur Welt, also Kunst, Religion und Philosophie. Dieser entheiligte Typus Mensch findet sich in allen Volksschichten, wirkt nihilistisch und steht doch in absolutem Gegensatz zum Nihilismus der *Stärke*, welcher ein Heiligtum zerstört, um ein neues zu errichten. Darum ist es entscheidend, Merkmale und Kriterien dieser beiden heterogenen nihilistischen Strömungen zu kennen: Wir finden sie im dritten Buche. – Modernität in *diesem* Sinne gab es bisher noch nicht, eine Modernität, die nicht wie alle bisherigen in natürlichem Wachstum aus einer früheren Seelenatmosphäre sich organisch entwickelt, sich gleichsam unter der schönen, riesenhaften Kuppel europäischer Kultur einen neuen Seelenhaushalt einrichtet, – nein, die Modernität des materialistischen Jahrhunderts wollte diese Kuppel zerschlagen, ihr falscher Begriff von Freiheit empfand *jede* Seelenatmosphäre als Unfreiheit und Hemmnis. Eine intellektuelle Zersetzung unserer seelischen Atemluft durch eine ungebändigte Wissensgier hatte begonnen, unsere Seelenkräfte verkümmerten und erstickten schließlich; selbst »Gott erstickte an der Theologie und die Moral an der Moralität«. Und wie Kant durch die strenge Kritik unserer vernünftigen Kräfte ein Gebiet vor dem Wissen retten wollte, so will Nietzsche unsere religiösen und moralischen Kräfte vor der Zerstörung bewahren, er will uns Gutes wiedergeben aus tiefer, ursprünglich erlebter Religiosität; nicht den Gott der Kirche und Theologie, sondern jenen großen, unbekannten Gott, dem er so früh Altäre errichtete und das Gelöbnis tat, ihm dienen zu wollen. Ganz in diesem Sinne deutet er sein eigenes, oft so mißverstandenes Tun: »*Ihr nennt es die Selbstzersetzung Gottes: Es ist aber nur seine Häutung: Er zieht seine moralische Haut aus! Und ihr sollt ihn bald wiedersehen, jenseits von Gut und Böse*« (IV, 412). Ebenso gibt er uns Anweisung, seinen scheinbaren Immoralismus recht zu deuten: »Wir wollen *Erben* sein aller bisherigen Moralität und *nicht* von neuem anfangen. *Unser ganzes Tun ist nur Moralität, welche sich gegen ihre bisherige Form wendet*« (III, 499). Nietzsches Kampf gilt den erhärteten, erstarrten Formen früherer Seelenzustände, welche die natürliche Entwicklung unserer seelischen Kräfte hindern und sie ersticken. Alte, starre Formen und Formlosigkeit, wie letztere der Nihilismus der Schwäche sie erzeugt, beides bedeutet Verkümmerung des Menschlichen in uns. Zu neuen Formen von Religion und Moral will Nietzsche uns führen, darum zertrümmert er die alten, an denen auch sein Herz noch hing. »Hat schon je ein Mensch auf dem Wege der Wahrheit gesucht, wie ich es bisher getan habe, – nämlich allem widerstrebend und zuwiderredend, was meinem nächsten Gefühle wohltat?« (III, 4). Aber die Welt, die wir verehren, und die Welt, die wir leben, sie sind Gegensätze geworden: »Der moderne Mensch stellt biologisch einen *Widerspruch der Werte* dar, er sitzt zwischen zwei Stühlen, er sagt in *einem* Atem ja und nein. Wir alle haben wider Wissen, wider Willen Werte, Worte, Formeln, Moralen *entgegengesetzter* Abkunft im Leibe, – wir sind, physiologisch betrachtet, falsch« (›Der Fall Wagner‹). Diese *Falschheit* bekämpft Nietzsche – *nicht* Religion und Moral an sich; in der Umwertung der bisherigen Werte sieht er seine Aufgabe, nicht in der Abschaffung der Werte überhaupt.

Das dritte und vierte Buch gibt die Grundlagen zu neuen Werten, in ihnen zeigt sich der positive, der schöpferische Nietzsche, der ein Heiligtum zerbrochen hat, um nun die Fundamente zu einem neuen Heiligtum zu errichten. – Aber er tut dies nicht aus *privatem* Ermessen. »Seltsam!« ruft er aus, »ich werde in jedem Augenblick von dem Gedanken beherrscht, daß meine Geschichte nicht nur eine persönliche ist, daß ich für viele etwas tue, wenn ich so lebe und mich forme und verzeichne; es ist immer, als ob ich eine Mehrheit wäre, und ich rede zu ihr traulich-ernsttröstend« (IV, 624). Nietzsche spricht nicht als privates Individuum, sondern als Mehrheit; er spricht, wie Kant dies als auszeichnende Eigenschaft nur dem Genie zuerkennt, als *Natur* zu uns, oder in der Ausdrucksweise Nietzsches – als kosmisches Ich.

Hiermit treten wir in den Bereich des *vierten* Buches, welches vorwiegend ganz frühe und ganz späte Aphorismen vereinigt und ein Beweis ist für die organisatorische Einheitlichkeit von Nietzsches Denken. Sein erster großer Gedanke der naturgegebenen Polarität des Apollinischen und Dionysischen wird erweitert und vertieft, er wird Mittelpunkt des letzten Buches. Die lang ersehnte »Windstille der Seele«, jene schöpferische Mitte zwischen apollinischem Erkennen und dionysischem Erleben, der große Mittag also, er öffnet sich zur Ewigkeit, denn »wir müssen die Zukunft als *maßgebend* nehmen für alle unsere Wertschätzungen – und nicht *hinter* uns die Gesetze unseres Handelns suchen« (IV, 18). Aber die Formel »Mittag und Ewigkeit« bedeutet noch etwas anderes. – Wer den Mittag erlebt, jene »Windstille der Seele«, wo, um mit Schopenhauer zu reden, das Rad des Ixion für einen Augenblick stillsteht, der erlebt auch die »Ewigkeit«, welche bei Nietzsche nicht eine unendlich lange Zeit bedeutet, sondern die augenblickliche Erlösung von Raum, Zeit und Kausalität überhaupt, denn wo keine Zeit mehr ist, da ist Ewigkeit. Das Ja-und-Amen-Lied im dritten Teile des Zarathustra bringt die wundervoll erhabene Seelenfreude eines Menschen zum Ausdruck, dem die »selige Sehnsucht« nach »fremder Fühlung« Erfüllung wurde: »– das Grenzenlose braust um mich, weit hinaus glänzt mir Raum und Zeit«. Dieses große Liebeslied an die Ewigkeit, dieses Jasagen und Jubilieren, daß dem Menschen eine hochzeitliche Nähe und liebevolle Fühlung mit den ewigen Mächten des Kosmos möglich sei, es sollte seinen philosophischen Ausdruck finden im vierten Buche.

Dies war bei weitem der schwierigste Teil meiner Aufgabe, weil hier das ganz Neue sich ankündigt und doch nicht voll zum Ausdruck kommt, denn wir müssen leider annehmen, daß nach dem geistigen Zusammenbruch Nietzsches eine größere Anzahl seiner Aufzeichnungen verlorengegangen ist; schon die Tatsache, daß der Wirt in Sils-Maria seinen Gästen zurückgelassene Manuskriptblätter als Andenken mitgab, erhebt diese Annahme fast zur Gewißheit. Darum wurden, um die Lücken zu ergänzen und dem vierten Buche einige Abrundung zu geben, Aufzeichnungen aus dem Nachlaß der siebziger Jahre mit herangezogen, wobei sich das Wort Nietzsches wundervoll bestätigte: »Unsere ferne, einstmalige Bestimmung waltet über uns, auch wenn wir noch kein Auge für sie offen haben; wir erleben lange Zeit nur Rätsel... Vorwärts gesehen, mag sich all unser Geschehen nur wie die Einmütigkeit von Zufall und Unsinn ausnehmen; rückwärts gesehen, weiß ich für mein Teil an meinem Leben von beidem *nichts* mehr ausfindig zu machen« (III, 309). Und so fügen sich diese rätselhaften frühen Aufzeichnungen sinnvoll deutend ein zwischen späte, aus reifstem Erleben geborene Erkenntnisse. Gehörte zu dieser Zusammenfügung von Frühestem und Spätestem Takt und Fingerspitzengefühl für feinste Nuancen, so war eine zweite Aufgabe schwieriger und die Gefahr der Entgleisung größer, nämlich die Überbetonung einer leicht mißzuverstehenden Mystik und Metaphysik durch lückenloses Aneinanderreihen aller hierauf bezüglichen Nachlaßstellen. Gewiß, diesem vierten Buche sind die Zeichen einer mystischen Seele ebenso aufgeschrieben, wie es Nietzsche von seinem ersten Werke aussagte, aber es ist weder Mystik noch Metaphysik in irgendeiner vorher dagewesenen Form und Art. Schon früh erkennt Nietzsche: »Auf immer trennt uns von der *alten Kultur*, daß ihre *Grundlage* durch und durch für uns hinfällig geworden ist« (IV, 423). Es ist wichtig, daß er nicht nur das Paulinische Christentum, sondern auch das Griechentum ausdrücklich als unwiederbringlich und dessen Grundlage als völlig aufgehoben bezeichnet, damit sind aber auch alle Formen ehemaliger Mystik und metaphysischer Naturverbundenheit für uns nicht mehr möglich. »Gerade unsere Gegenwart hat jene frostig klare und nüchterne Atmosphäre, in der der Mythos nicht gedeiht« (IV, 427), erkennt Nietzsche schon im Jahre 1873. Damals meinte er noch Form und Art des griechischen Mythos; später erlebt er, daß gerade aus unserer frostig klaren und wissenschaftlich nüchternen Seelenatmosphäre neuer Mythos wachsen kann, etwas, was auch die Griechen noch nicht kannten, noch nicht erringen konnten, weil erst die ungeheure Welle des Erkennens über Europa hingehen mußte. Nun erst konnten die Worte gesprochen werden: »Vor mir gibt es die Umsetzung des dionysischen in ein philosophisches Pathos nicht: Es fehlt die tragische Weisheit« (Ecce homo). Das letzte Kapitel des vierten Buches: ›Dionysos philosophos‹ enthält diese neue tragische Weisheit, spricht von einer neuen Art des Göttlichen und dem kosmischen Trieb, aus welchem neuer Mythos wächst.

Und nun erhebt sich Nietzsche zu einer grandiosen Ausdeutung des *Leidens*. Je mehr das Individuum zukunftbestimmend ist, um so größer sein Leiden, weil die gestaltenden Kräfte sich in ihm stoßen und bewegen. Wenn es sich in diesem Kämpfen und Ringen verlassen und einsam fühlt, so ist dies gerade der mächtigste Stachel im Prozesse selber nach fernen Zielen hin (vgl. IV, 647). Hier liegen die Wurzeln eines neuen Mythos des Leidens, welches nicht Lohn und billige Gerechtigkeit im »Jenseits« sucht, vielmehr freudig leidet wie die Mutter, die ihr Kind in Schmerzen gebiert, – denn die gestaltenden Kräfte stoßen und bewegen sich in ihr, alles Zukunftbestimmende bringt Leiden. Darum wurde ihm Ariadne hohes Symbol: in den Jubel ihres Festes mischten sich die von Jünglingen nachgeahmten Schmerzensschreie gebärender Frauen. Ariadne, die Wohlgefallende, war die fruchtbar frohe und leidend gebärende Erdmutter; sie war tiefstes Symbol der »großen pantheistischen Mitfreudigkeit und Mitleidigkeit, welche auch die furchtbarsten und fragwürdigsten Eigenschaften des Lebens gutheißt und heiligt; der ewige Wille zur Zeugung, zur Fruchtbarkeit, zur Wiederkehr; das Einheitsgefühl der Notwendigkeit des Schaffens und Vernichtens« (IV, 561).

Zwei Rätselworte stehen am Anfang und am Ende dieses letzten Buches »Mittag und Ewigkeit«: »Jedesmal die Mitte, wenn der Wille *zur Zukunft* entsteht: Das größte Ereignis steht bevor« (IV, 1), und zum Schlusse: ». . . sobald der Mensch *vollkommen die Menschheit ist, bewegt er die ganze Natur*« (IV, 649). Diese beiden Worte umschließen fest wie ein Ring das aufgelockerte, lückenhafte Material des vierten Buches, welches nicht nur Krönung dieses Werkes, sondern Krönung und höchste, weiteste Schau der Philosophie Nietzsches, ja der Europas ist. Der Wille zur Macht, dieser unerschöpfte zeugende Lebenswille, er hat einen kosmischen Rhythmus, um in einer besonderen Kulmination der Schicksalsbahn eines Volkes sich als *Wille zur Zukunft* besonders zu manifestieren. Dann steht das größte Ereignis bevor, nämlich das, was der letzte Aphorismus zum Ausdruck bringt: Das Individuum wird zur Mehrheit, zur Nation, zur Menschheit, es wird *stellvertretend* als Kämpfer, als Schöpfer, – als

Opfer! Und in diesem geheiligten Augenblicke des großen Mittags, wo im goldenen Gleichgewichte apollinisches Erkennen und dionysisches Erleben auf der großen Waage des Lebens in der Mitte in äußerster Spannung ruhen und Windstille die Seele erfüllt, da bewegt dieser eine Mensch in vollkommener Darstellung ein ganzes Volk und auch die ganze Natur, er wird mit ihm, mit ihr identisch.

Hier berührt sich die Weisheit Nietzsches mit der tiefsten Weisheit aller Völker und ebenso mit dem größten Erlebnis Hölderlins, welcher auch von einer geheiligten Mitte spricht, wie Goethes in seinem Stirb und Werde, wie Kants, der ausdrücklich sagt, daß das Genie nicht als Individuum, nein, *als Natur* zu uns spricht. – Also mündet Nietzsches Philosophie nur in alte, frühere Weisheit ein? Nein, seine Zukunft ist eine neue, noch niemals erreichte, sein Weg ist neu, seine Wertung ist neu. Auch früher schon wurde die ganze Natur vom Menschen bewegt und gebildet zu neuen Formen – das seelische Beben aber, das Nietzsche hervorruft, erschüttert Grundfesten, die bisher als ewig galten.

Zunächst ein neuer Begriff vom Individuum, eine neue Auflösung und Lösung des alten, seit Urzeiten die Menschheit erregenden principium individuationis. »Wir sind mehr als das Individuum, wir sind die ganze Kette noch, mit den Aufgaben aller Zukünfte der Kette« (III, 444). Nietzsche, den man törichterweise immer noch als Individualisten hinstellt, gerade er hat in grandioser Weise den alten Individuumsbegriff aufgehoben, hat das Individuum erweitert zu Volk und Welt. »Jedes Individuum wirkt am ganzen kosmischen Wesen mit, – ob wir es wissen oder nicht, – ob wir es wollen oder nicht« (IV, 612). Allerdings, »Fatum ist ein erhebender Gedanke für den, der begreift, *daß er dazu* gehört« (IV, 641). Wer dies nicht erlebt, nicht erleben kann, bleibt »trüber Gast«, bleibt »atomistisches Individuum«, gehört nicht *dazu* – und dies ist das Kriterium der Rangordnung Nietzsches, die man sehr mißverständlich einen extremen Aristokratismus genannt hat. Wenn Nietzsche sagt: »Religion – wesentlich Lehre der *Rangordnung* – sogar Versuch einer *kosmischen* Rang- und Machtordnung« (III, 386), so erhebt er damit Rangordnung hoch über eine nur menschliche Einrichtung; kosmische Ordnung erfüllt sich, wenn die Menschen sich ordnen nach Gesetz und *Fülle ihrer Seele*. Kleine, schmale Seelen sind ihm verhaßt, weil weder Gutes noch Böses in ihnen Raum hat; erst die mächtige Seele, welche tief in kosmischer Erlebnisfülle wurzelt, gehört *dazu*, das heißt, sie gehört zur erlesenen Gesellschaft derer, welche Fatum haben, welche schicksalhaft an die Erfüllung kosmischer Aufgaben gebunden sind und deren privates Leben dagegen in den Hintergrund tritt.

Wille zur Macht, das ist *nicht* Gewalt und Willkür, *nicht* elementare Explosion unbeherrschter Naturkräfte, es steht auch nicht im menschlichen Belieben, diesen Willen zur Macht zu bekunden; wer nicht *dazu* gehört, wer nicht Fatum hat, erlebt und begreift niemals jenen Willen zur Macht, wie Nietzsche ihn erlebte, wie ihn große Eroberer und Führer, Religionsstifter und begnadete Künstler als das Höchste, was der Mensch erleben kann, priesen; von Gnade sprechen sie und alle fühlen sich als Werkzeug übermächtiger Gewalten. Wille zur Macht und göttliche Allmacht sind nicht Gegensätze – sie sind Synonyma. Wir wiederholen hier das entscheidende, so aufschlußreiche Wort Nietzsches: »Ihr nennt es die Selbstzersetzung Gottes: es ist aber nur seine Häutung: Er zieht seine moralische Haut aus! Und ihr sollt ihn bald wiedersehen, jenseits von Gut und Böse« (IV, 412). Dieses Wiedersehen, Wiedererkennen Gottes jenseits enger menschlicher Moralität, das ist Nietzsches Vermächtnis, und wir verdanken es ihm, wenn das Göttliche, das Metaphysische in uns wieder aufblühen können und Materialismus wie Rationalismus als Lebens- und Weltanschauungsformen für immer unmöglich geworden sind. Es klang wie Überhebung, als Nietzsche am Ende seines Leidensweges ausrief: »Ich bin ein froher Botschafter, erst von mir an gibt es wieder Hoffnungen« – heute wissen bereits einige, daß hier mit schlichten Worten ein Tatbestand ausgesprochen wurde, daß hier jemand sprach, der weit über allen irdischen Eitelkeiten stand; und wenn er »ich« sagte, war nicht Herr Nietzsche gemeint, denn der neue Begriff des Individuums war ihm nicht nur Theorie, sondern eine erlebte Wirklichkeit. Wie der echte König und Führer mit Recht »Wir« sagt und sich als Mehrheit fühlt, als individualisiertes Symbol eines ganzen Volkes, so ist das Ich Nietzsches ein Wir, denn er spricht als Natur zu uns.

Dionysos philosophos? – »Vor mir gibt es die Umsetzung des dionysischen in ein philosophisches Pathos nicht: Es fehlt die *tragische Weisheit*« (Ecce homo). Vor Nietzsche gab es keine dionysische Philosophie. Aus dem Dunkel orgiastisch-dionysischen Kults der Griechen wuchs als notwendiger Gegenpol die lichte apollinische Welt bewußten Erkennens. Dieses polare Gleichgewicht wurde gestört; intellektuelle Wissensgier überfiel den Menschen und so sündigte er gegen sein eigenes Lebensgesetz. An die Stelle des göttlich schönen Apollo trat Sokrates, der häßlich plebejische Rechenmeister, der aus logischer Bewußtheit das Leben meistern wollte und dessen verkümmerte dionysische Kräfte nur mehr als selten mahnendes Daimonion sich melden. »Sokrates, treibe Musik!« Und Sokrates blies ein wenig Flöte – etwas erstaunt darüber, warum er die dionysischeste aller Künste ausüben sollte –, Nietzsche, dem ein Leben ohne Musik ein Exil bedeutete, weil ihm ohne diese der dunkle Schoß unerschöpften zeugenden Lebenswillens verschlossen blieb (der sich schmerzlich von Wagner trennte, weil dieser romantisch erschöpftem Leben diente), Nietzsche erfuhr die tragische Weisheit des Dionysos an sich, nämlich daß der Mensch, der neue Bindung mit dem Kosmos eingeht, einen *Todesbund* schließt, daß er als Erstling geopfert wird. Darum ist solch ein Tod »das Siegel auf jede große Leidenschaft und Heldenschaft, und für ihn reif sein ist das Höchste, was erreicht werden kann, aber auch das Schwierigste und durch heroisches Kämpfen und Leiden Erworbene. Jeder solche Tod ist ein Evangelium der Liebe.«

In diesen letzten Worten klingt deutlich das Christusproblem an und für den tiefer Begreifenden bedeutet es durchaus nicht Wahnsinn, wenn Nietzsche auf seinen letzten »Erlassen« sich als Dionysos und als Gekreuzigter unterzeichnet. Wie Christus darum bittet, daß der Kelch an ihm vorübergehen möge, so ist Nietzsche gerade der Vollendung seines letzten Werkes, dem neuen Evangelium, wie er es nennt, ständig ausgewichen, denn er ahnte, daß er beim Aussprechen der letzten Gedanken zerbrechen würde. Jene Stelle (IV, 105), wo er von der ganz neuen, noch nie erreichten Furchtbarkeit des Anspruchs eines Gesetzgebers neuer Werte spricht, ist autobiographisch: »Nunmehr werden jene Auserkorenen, vor denen die Ahnung einer solchen Pflicht aufzudämmern beginnt, den Versuch machen, ob sie ihr wie als ihrer größten Gefahr nicht noch ›zur rechten Zeit‹ durch irgendeinen Seitensprung entschlüpfen möchten: zum Beispiel indem sie sich einreden, die Aufgabe sei schon gelöst, oder sie sei unlösbar, oder sie hätten keine Schultern für solche Lasten, oder sie seien schon mit andern, näheren Aufgaben überladen, oder selbst diese neue ferne Pflicht sei eine Verführung und Versuchung, eine Abführung von allen Pflichten; eine Krankheit, eine Art Wahnsinn. Manchem mag es in der Tat gelingen auszuweichen: Es geht durch die ganze Geschichte hindurch die

Spur solcher Ausweichenden und ihres schlechten Gewissens.«
Nietzsche gehört nicht zu den Ausweichenden.

Im Jahre 1882 kam Nietzsche zum ersten Male seine schwere Aufgabe zum Bewußtsein und schon im Jahre 1883 spricht er von »seiner furchtbaren Herrin«: der stillsten Stunde, und er schreit auf vor Schrecken, als sie ihm nur diese Worte zuflüstert: »Du weißt es, aber du redest es nicht. Großes vollführen ist schwer: Aber das Schwerste ist, Großes befehlen... Das ist dein Unverzeihlichstes: Du hast die Macht und du willst nicht herrschen.« Es ist klar, es handelt sich hier um ein Gesetzbuch, um sein Vermächtnis. Nietzsches Antwort: »›Ich will nicht..., auch dies Wort hörtet ihr von mir, *wer* immer noch aller Menschen Verschwiegenster ist – und es sein will!‹ Und als er diese Worte gesprochen hatte, überfiel ihn die Gewalt des Schmerzes« (Zarathustra, »Die stille Stunde«). Immer, wenn Nietzsche in seinen Briefen von seinem geplanten Hauptwerke spricht, folgen Worte unsäglicher Traurigkeit. »Seltsam! Ich war diese Zeit über unbeschreiblich traurig und vor Sorgen schlaflos« (vgl. Br. IV, Nr. 190, wo er Peter Gast von den Vorbereitungen zu diesem Werke berichtet). Seiten ließen sich füllen mit Briefstellen, welche das Ausweichen vor jenem Werke bezeugen und *ebenso die Nötigung zu demselben* und die Qual, »Unverzeihlichstes« noch nicht getan zu haben. »Die Nötigung liegt auf mir mit dem Gewicht von hundert Zentnern, einen *zusammenhängenden Bau von Gedanken* in den nächsten Jahren aufzubauen – und dazu brauchte ich fünf, sechs Bedingungen, die mir alle noch fehlen und selbst unerreichbar scheinen!« (Br. Nietzsches an Overbeck, 24. März 1887). Eine weitere Briefstelle vom 14. April 1887 an Overbeck besagt, daß er entschlossen ist, das Furchtbarste noch nicht auszusprechen, »... das gegenwärtige Europa hat noch keine Ahnung davon, um welche furchtbaren Entscheidungen mein ganzes Wesen sich dreht und an welches *Rad* von Problemen ich gebunden bin – und daß mit mir eine Katastrophe sich vorbereitet, deren Namen ich weiß, aber nicht aussprechen werde.«

Aber nicht aussprechen werde – diese Worte finden sich immer wieder in allen Variationen. Alle Gedanken und Probleme dieses letzten Werkes kreisen um einen geheimen, niemals mit einem Worte belegten Mittelpunkt. Dieses Milchstraßensystem glänzendster Ideen schwingt um eine Achse, welche bereits kosmisch gelagert ist und welche unser tiefstes Menschenwesen wohl durchdringt, soweit es dem unerschöpften zeugenden Lebenswillen angehört, aber weit über dasselbe hinausreicht. Dieses Vermächtnis ist auch eine Kosmologie, welche dem Menschen ein neues Pathos, eine bisher ungeahnte Bedeutung gibt – größer und gewichtiger, als es selbst bei jener früheren geozentrischen Weltauslegung möglich war.»... Denn die Welt könnte viel mehr wert sein, als wir glaubten; wir müssen hinter die *Naivität* unserer *Ideale* kommen, und daß wir vielleicht im Bewußtsein, ihr die höchste Interpretation zu geben, unserm menschlichen Dasein nicht einmal einen mäßig-billigen Wert gegeben haben.« Gewiß hatte noch kein philosophisches Werk einen so übermenschlichen Mittelpunkt, welcher vielleicht aus Ehrfurcht unausgesprochen und unsichtbar bleiben mußte – wie Gott selbst.

Nun begreifen wir, daß dieses Fragment ganz anders zu beurteilen und zu werten ist und daß ein Bedauern seiner Unfertigkeit ebenso töricht ist wie ein Gutheißen derselben, bloß weil sie unsrer gelehrten Neugierde erlaubt, in die Werkstatt des Meisters zu schauen. Dieses Werk ist nur in dem Sinne Fragment, wie alles Werdende, alles Lebende Fragment ist. Kann ein Werk, welches den unerschöpften, fruchtbaren, ewig zeugenden Lebenswillen zum Gegenstande hat, sich planetarisch runden? Sind nicht alle Werke mit ähnlichen Absichten »Fragmente«? Ich nenne nur das Werk des Novalis, den ›Empedokles‹ Hölderlins und Goethes ›Fragment über die Natur‹, welches ein aufklärendes, geheimnisvolles Wort am Schlusse enthält: »Ich sprach nicht von ihr. Nein..., alles hat sie gesprochen.« Goethe fühlt sich hier nur als Mundstück einer übermenschlichen Macht – wie so oft auch Nietzsche. Nun wird die Bedeutung des schon angeführten Wortes aus dem dritten Plane zu diesem Werke aus dem Jahre 1888 ganz deutlich: »Der Wille zur Macht: *Bewußtwerden* des Willens zum Leben.«

In Nietzsche tritt vom Jahre 1881 an das kosmische Erlebnis vom unerschöpften, zeugenden Lebenswillen als der treibenden Macht alles Geschehens immer deutlicher ins Bewußtsein. Dieser beständig sich erweiternde und gefahrvoll anwachsende Prozeß läßt sich bis zum Jahre 1889 verfolgen. Jenes erste Bewußtwerden dieses Erlebnisses, jene erste bewußte Berührung mit der kosmischen Achse seines sonnenartigen Zentralgedankens erzeugt den ›Zarathustra‹, jene Vorhalle zu seiner Philosophie. Die fast traumwandlerische Inspiration dieses Werkes, welche Nietzsche selbst bestätigt, ist bezeichnend hierfür. Alle darauf folgenden Werke wie ›Jenseits von Gut und Böse‹, ›Genealogie der Moral‹, ›Götzendämmerung‹. ›Antichrist‹, ›Ecce homo‹

und besonders auch das im Jahre 1886 verfaßte und der ›Fröhlichen Wissenschaft‹ hinzugefügte fünfte Buch (ausschließlich eine Bearbeitung von Umwertungsmaterial) sind diesem Sonnenzentrum, dem Willen zur Macht entsprungen. Ihre planetarisch gerundete und vollendete Form gewinnt erst Leben und Licht durch jene Hauptidee, durch sein Vermächtnis.

Das Jahr 1886 ist entscheidend hierfür; fast alle vorhergehenden Werke werden, wie wir bereits hörten, mit neuen Vorreden versehen und in einen einzigen Zusammenhang gebracht – sie werden mit hineingezogen in die schwingende Bahn um jenes *eine* Zentrum. Die Werke von diesem Zeitpunkt ab haben bereits den immer enger kreisenden stürzenden Lauf fallender Gestirne, und Nietzsche rettet ihre Existenz nur, indem er sie absprengte von dem gewaltigen Feuerherd seines noch in chaotischer Glut sich immer wieder läuternden Hauptwerkes. Aber in diesen letzten geschlossenen Werken ist die Spannung ungeheuer, und das Erschreckende und Furchtbare jener letzten zentralen Erkenntnis wetterleuchtet in allen ihren Sätzen. Nietzsche selbst ist hiervon tief betroffen. »Die Leidenschaft der letzten Schrift (›Genealogie der Moral‹) hat etwas Erschreckendes: Ich habe sie vorgestern mit tiefem Erstaunen und wie etwas Neues gelesen« (an Gast, 20. Dezember 1887).

Zu Beginn des Jahres 1888 erscheint ihm sein ganzes Leben und Schaffen nur als *ein Versprechen*. »... ein Strich ist unter meine bisherige Existenz gezogen – das war der Sinn der letzten Jahre. Freilich, ebendamit hat sich diese bisherige Existenz als das herausgestellt, was sie ist – ein bloßes *Versprechen*« (an Gast, 20. Dezember 1887). Wenige Tage später schreibt Nietzsche in ähnlichem Sinne an Paul Deussen: »Jetzt begehre ich für eine Reihe Jahre nur *eins*: Stille, Vergessenheit, die Indulgenz der Sonne und des Herbstes für etwas, das *reif* werden will, für die nachträgliche Sanktion und Rechtfertigung meines ganzen Seins (eines sonst aus hundert Gründen ewig problematischen Seins!)« (3. Januar 1888). Immer wieder macht Nietzsche sich Mut, das Letzte auszusprechen: »Zuletzt will ich nicht verschweigen..., daß mein Mut wieder gewachsen ist, das ›Unglaubliche‹ zu tun und die philosophische Sensibilität, welche mich unterscheidet, bis zu ihrer letzten Folgerung zu formulieren« (an Gast, 6. Januar 1888). Die Briefe von der Wende des Jahres 1887 und den ersten Monaten des Jahres 1888 bezeugen den festen Entschluß, endlich an die Ausarbeitung des Hauptwerkes zu gehen, welches als die eigentliche und kostbarste Frucht seines Lebens und als

Rechtfertigung alles Vorausgegangenen von Nietzsche bezeichnet wird. »Meine Aufgabe ist jetzt, mich so tief wie möglich zu sammeln und allen Störungen aus dem Wege zu gehen, die das Gleichgewicht meines Geistes zu schädigen imstande wären, damit die *Frucht meines Lebens* langsam reif und süß wird und nichts Saures und Verbittertes in sie kommt« (26. Dezember 1887). Er faßt sogar den Entschluß, nichts mehr drucken zu lassen, bis dies Letzte gesagt ist. »... nunmehr wird für eine Reihe von Jahren nichts mehr gedruckt – ich muß mich absolut auf mich zurückziehen und abwarten, bis ich die letzte Frucht von meinem Baume schütteln darf« (Brief an Overbeck, 30. August 1887). Er hatte schon im vorhergehenden Jahre versucht, einen gewissen Zwang auf sich auszuüben, indem er auf dem Umschlag von ›Jenseits von Gut und Böse‹ das baldige Erscheinen seines vierbändigen Hauptwerkes ankündigte; auch in der ›Genealogie der Moral‹ hatte er auf dieses Werk hingewiesen – sich dergestalt gleichsam durch ein öffentlich gegebenes Versprechen bindend. Ende 1887 fühlte er, daß die Stunde der Ausführung gekommen ist. Er schreibt am 20. Dezember 1887 an Gersdorff: »In einem bedeutenden Sinn steht mein Leben gerade jetzt wie im *vollen Mittag*: eine Tür schließt sich, eine andere tut sich auf. Was ich nur in den letzten Jahren getan habe, war ein Abrechnen, Zusammenaddieren von Vergangenem, ich bin mit Mensch und Ding nachgerade fertig geworden und habe einen Strich darunter gezogen.«

Die Furchtbarkeit seiner Aufgabe läßt ihn jedoch immer wieder zögern und nach neuen Gründen zum Ausweichen suchen; denn er fühlt, daß er nicht mehr aus freiem Willen, sondern wie ein Verurteilter, wie ein Geopferter zu seiner letzten Aufgabe schreiten muß. »*Wer* und *was* mir übrigbleiben soll, jetzt, wo ich zur eigentlichen Hauptsache meines Daseins übergehen muß (überzugehen *verurteilt bin* ...), das ist jetzt eine kapitale Frage« (20. Dezember 1887). Am gleichen Tage schreibt er an Gast: »Unter uns gesagt: die Unternehmung, in der ich drin stecke, hat etwas Ungeheures und Ungeheuerliches – und ich darf es niemandem verargen, der dabei den Zweifel hier und da in sich auftauchen fühlt, ob ich noch ›bei Verstande‹ bin.« Einen Grund zum Ausweichen findet er darin, daß die Vorbedingungen zum Verständnis seines Hauptwerkes noch nicht erfüllt seien und andere Schriften erst den Boden hierfür bereiten müßten. Die Schriften ›Der Fall Wagner‹ und ›Nietzsche kontra Wagner‹, sogar die ›Götzendämmerung‹ und ›Ecce homo‹ sind solche

Ausweichungen. Über den ›Fall Wagner‹ und die ›Götzendämmerung‹, welche bezeichnenderweise zuerst den Titel: ›Müßiggang eines Psychologen‹ erhalten sollte, schreibt er an Deussen am 14. September 1888: »Zuletzt sind *diese beiden Schriften* nur wirkliche Erholungen inmitten einer unermeßlich schweren und entscheidenden Aufgabe, welche, *wenn sie verstanden wird*, die Geschichte der Menschheit in zwei Hälften spaltet. Der Sinn derselben heißt in drei Worten: ›*Umwertung aller Werte*‹.« An Overbeck schreibt er am 18. Oktober 1888: »Inmitten der ungeheuren Spannung dieser Zeit war ein Duell mit Wagner für mich eine vollkommene *Erholung*.« Er rechtfertigt diese Seitensprünge in dem oben angeführten Briefe an Deussen mit den Worten: »... nochmals gesagt, habe ich jede Art Erholung und Seitensprung nötig, um das Werk ohne jedwede Mühe, wie ein Spiel, wie eine ›Freiheit des Willens‹ hinzustellen.« Nietzsche verfaßt jetzt und gibt sofort in Druck Vorspiele und erste Bücher zu seiner ›Umwertung aller Werte‹, wie er in den letzten Jahren sein Hauptwerk nennt. Er schreibt an Brandes am 20. November 1888: »Ich habe jetzt mit einem Zynismus, der welthistorisch werden wird, mich selbst erzählt. Das Buch heißt ›*Ecce homo*‹ ..; es endet in Donnern und Wetterschlägen..., bei denen einem Hören und Sehen vergeht ... – Das Ganze ist das Vorspiel der ›Umwertung aller Werte‹, des Werks, das fertig vor mir liegt.« Wie wir wissen, war dieses Werk durchaus nicht fertig, und wir müssen die Stelle wie einen Zwang deuten, welchen Nietzsche sich auferlegte, um nun endlich dieses Werk fertigstellen zu müssen.

Waren jene Vorspiele mit ihren Donnern und Wetterschlägen nicht eine Selbstbetäubung Nietzsches? Wünschte er doch nichts sehnlicher, als daß ihm selber dabei Hören und Sehen vergehen möge. Diese Werke, wie der ›Antichrist‹ und das ›*Ecce homo*‹ mit ihrer fast allzu lauten Sprache, sie verraten dem, der hier Ohren hat zu hören, eine furchtbare Stille, die übertönt werden soll. »Die stillsten Worte sind es, welche den Sturm bringen. Gedanken, die mit Taubenfüßen kommen, lenken die Welt.« Dies wußte Nietzsche. So gewiß alle Werke nach dem ›Zarathustra‹ Teile der ›Umwertung aller Werte‹ sind und nur von dieser Zentralsonne aus, um welche sie in ihren Problemen ständig kreisen, verstanden werden können – so gewiß ist auch, daß jene stillsten Worte, jene Gedanken, welche mit Taubenfüßen kommen, um die Welt zu lenken, sich in diesem seinem Vermächtnis befinden. Das ist die vornehmste Bedeutung dieses Werkes: es enthält den gesetzgebenden, den positiven, den synthetischen Nietzsche. Immer, wenn Nietzsche sich der Aufgabe dieses Werkes nähert, quillt neben dem Gefühl von der Furchtbarkeit dieser Arbeit auch ein Gefühl des Glückes; zurückblickend gewinnt nun sein Leben und sein Werk einen Sinn; eine große Synthesis kündigt sich an. »Zuletzt will ich nicht verschweigen, daß diese ganze letzte Zeit für mich reich war an synthetischen Einsichten und Erleuchtungen« (an Gast, 6. Januar 1888).

Schon im Jahre 1883 fühlt Nietzsche die bisher unbewußte und ungewollte Zusammengehörigkeit seiner bisherigen Werke. »Die durchgehende unbewußte, ungewollte Gedanken-Kongruenz und -Zusammengehörigkeit in der buntgeschichteten Masse meiner neueren Bücher hat mein Erstaunen erregt: man kann von sich nicht los, deshalb soll man es wagen, sich *weithin* gehen zu lassen.« Aber erst in den Jahren 1887 und 1888 gewinnt er eine fast seherische Gesamtkonzeption seines Schaffens und Wollens: »Ich habe fast jeden Tag ein, zwei Stunden jene Energie erreicht, um meine Gesamtkonzeption von oben nach unten sehen zu können: wo die ungeheure Vielheit von Problemen, wie ein Relief und klar in den Linien, unter mir ausgebreitet lag. Dazu gehört ein Maximum von Kraft, auf welches ich kaum mehr bei mir gehofft hatte. Es hängt alles zusammen, es war schon seit Jahren alles im rechten Gange, man baut seine Philosophie wie ein Biber, man ist notwendig und weiß es nicht: Aber das alles muß man *sehen*, wie ich's jetzt gesehen habe, um es zu glauben« (an Brandes, 4. Mai 1888). Am 9. Dezember 1888 schreibt Nietzsche im gleichen Sinne an Gast: »Ich blättre seit einigen Tagen in meiner Literatur, *der ich jetzt zum ersten Male mich gewachsen fühle*. Verstehen Sie das? Ich habe alles sehr gut gemacht, aber nie einen Begriff davon gehabt – im Gegenteil!...« Ebenso heißt es am 22. Dezember 1888. »Sehr kurios! Ich verstehe seit vier Wochen meine eigenen Schriften – mehr noch, ich schätze sie. Allen Ernstes, ich habe nie gewußt, was sie bedeuten; ich würde lügen, wenn ich sagen wollte, den Zarathustra ausgenommen, daß sie mir imponiert hätten. Es ist die Mutter mit ihrem Kinde: sie liebt es vielleicht, aber in vollkommener Stupidität darüber, was das Kind *ist*. – Jetzt habe ich die absolute Überzeugung, daß alles wohlgeraten ist, von Anfang an – alles *eins* ist und *eins* will. Ich las vorgestern die ›Geburt‹: Etwas Unbeschreibliches, tief, zart, glücklich...«

Es sind die letzten Monate des Jahres 1888, in denen Nietzsche sich entschließt, sein Hauptwerk zu vollenden. Diese Worte sind seine eigenste Erfahrung: »Zumeist aber kam solchen Menschen des Verhängnisses jene erlösende Stunde, jene Herbststunde der Reife, wo sie *mußten*, was sie nicht einmal ›wollten‹: – und die Tat, vor der sie sich am meisten vorher gefürchtet hatten, fiel ihnen leicht und ungewollt vom Baume, als eine Tat ohne Willkür, fast als Geschenk« (IV, 105). Die letzten Briefe sind erfüllt von dem Glücke jener erlösenden Herbststunde. »Ich bin jetzt der dankbarste Mensch von der Welt – *herbstlich* gesinnt in jedem guten Sinne des Wortes: Es ist meine große *Erntezeit*. Alles wird mir leicht, alles gerät mir, obwohl schwerlich schon jemand so große Dinge unter den Händen gehabt hat« (an Overbeck, 18. Oktober 1888). Den tiefsten Ausdruck dieser Stimmung findet Nietzsche in dem Dionysos-Dithyrambus ›Die Sonne sinkt‹. Er wird selbst eine Inkarnation des *Dionysos philosophos*. Es gibt letzte Aufzeichnungen in seinem Vermächtnis, welche zu ihrer Konzeption jene kosmische »fremde Fühlung« bedingen. »... aus unbekannten Mündern bläst mich's an – die große Kühle kommt...« Vergebens ist der Zuruf: »Bleib stark, mein tapfres Herz! Frag nicht: Warum?« Sein eigenes Wort »Sprich und zerbrich« erfüllte sich. Das »Unverzeihlichste« wird von ihm genommen. »... die Welt ist verklärt und alle Himmel freuen sich« (letzte Aufzeichnung an Gast, 4. Januar 1889).

Nach dieser Darstellung leuchtet es ein, daß dieses Vermächtnis weder ein Werk noch ein Fragment im üblichen Sinne ist. Was unter diesem Zeichen sich vereinigt, ist dem Magma zu vergleichen, jenem glutenden Urstoff, der alles enthält und aus dem alles wird. Es ist der vulkanische Feuerherd in der Gedankenwelt Nietzsches. Schon die ›Geburt der Tragödie‹ stammt dorther. »Die Geburt der Tragödie war meine erste Umwertung aller Werte« (Götzendämmerung). Aber erst vom Jahre 1881 ab weiß Nietzsche um dieses Zentralfeuer, welches die tragische Größe seines Lebens bedingen sollte.

Zur Chronologie der Aphorismen sei folgendes bemerkt: Die Manuskriptquelle sind zahlreiche Notizbücher und Hefte, wie sie Nietzsche immer bei sich führte, um zu jeder Stunde und Gelegenheit seine Gedanken aufzeichnen zu können. Zunächst benützte Nietzsche vielfach nur die linke Seite und ließ die rechte für Nachträge und Umarbeitungen frei. War jedoch das Heft auf den linken Seiten vollgeschrieben und kein neues zur Hand, so machte Nietzsche seine Aufzeichnungen, wo er gerade Platz fand. Oft wurden mehrere Hefte zur gleichen Zeit benützt, aber nicht in der Absicht, dadurch das Material zu trennen und zu sichten, sondern weil, was bei den vielen Reisen erklärlich, das noch nicht zu Ende benützte Heft sich nicht finden ließ. Die Gedanken aber kamen wie ein unversiegbarer Quell und mußten irgendwie zu Papier gebracht werden. Die Nachbarschaft oder Reihenfolge der Aufzeichnungen gibt dem Herausgeber also wenig Anhaltspunkte.

Nietzsche verlor schließlich selbst den Überblick über die bereits behandelten Themen und fertigte sich nachträglich zwei *Register* an, welche lediglich die Hauptpunkte der vorhandenen Aufzeichnungen registrieren und nur im zweiten Register die sonst willkürliche Anordnung einem Gesamtplane unterwerfen. Diese beiden Register erlauben eine chronologische Anordnung der Hauptmanuskripte in zwei Gruppen. Die erste Gruppe umfaßt die Jahre 1885 bis Anfang 1887, die zweite die Jahre 1887 bis Frühjahr 1888. Datierungen von Nietzsches Hand sowie andere Kriterien erlauben eine mehr oder weniger genau begrenzte Chronologie der Aphorismen aufzustellen.

Wir versuchen nunmehr zusammenfassend eine letzte Heraushebung des Grundproblems deutlich zu machen.

Das Vermächtnis Nietzsches ist in seiner Gesamtkonzeption ein Werk, das in der philosophischen Literatur mit nichts zu vergleichen ist. Nietzsche, welcher sagte: »Ein Systematiker ist ein Philosoph, der seinem Geist nicht länger mehr zugestehen will, daß er lebt, daß er wie ein Baum mächtig in die Breite und unersättlich um sich greift, der schlechterdings keine Ruhe kennt, bis er aus ihm etwas Lebloses, etwas Hölzernes, eine viereckige Dummheit, ein ›System‹ herausgeschnitzt hat«, – Nietzsche vermied vielleicht auch aus diesem Grunde eine zu frühe letzte Zusammenfassung seiner Ideen. Er liebt dieses Chaos, aus dem immer noch ein neuer »tanzender Stern« geboren werden konnte. Aber bei jedem »Stern«, bei jedem Werke, das diesem Chaos entrann, hatte Nietzsche das bemerkenswerte Gefühl, sich zu früh verraten zu haben. Er frohlockt und ist beruhigt, daß sein so »feiner und wohlwollender Leser« wie Overbeck immer noch zweifelhaft darüber bleibt, was er eigentlich *will*. »Meine Angst war groß geworden gerade in der umgekehrten Richtung, nämlich daß ich diesmal (es handelt sich um ›Jenseits von Gut und Böse‹) etwas zu deutlich gewesen sei und ›*mich*‹ *zu früh schon verraten habe.*« Hier finden wir ein weiteres Moment, warum Nietzsche einer letzten klaren Formulierung seines Hauptwerkes auswich: er wollte sein furchtbares Geheimnis bewahren, er wollte zunächst nicht verstanden werden. »Übrigens hat es mit dem ›Verstandenwerden‹ etwas auf sich; und ich hoffe und wünsche, es möge noch eine gute Zeit dauern, bis es dazu kommt. Am besten wäre es wohl erst nach meinem Tode ... Ich muß erst noch eine Menge erzieherischer Prämissen geben, bis ich mir endlich meine eigenen Leser gezüchtet habe, ich meine Leser, die meine Probleme sehen *dürfen*, ohne an ihnen zu zerbrechen.«

Seine letzten Erkenntnisse und Erlebnisse hat Nietzsche nicht mehr klar sehen lassen; sie blieben verborgen in dem ewig schwangeren Chaos seines grandiosen Vermächtnisses. Das ist der geheimnisvolle Reiz dieses Werkes: Durch den Verzicht, in die Erscheinung zu treten, erhielten diese Ideen und Probleme etwas von der Ewigkeit einer geistigen Ursubstanz, eines ewig befruchtenden Keimplasmas, welches unabhängig von irgendeiner Zeit und ihrer vergänglichen Meinung uns von dem ewigen Grund und Gesetz des Lebens kündet. Die geplante eigenartige Behandlung einer solchen Aufgabe wird durch folgende Aufzeichnung deutlich:

»*Zur Einleitung*: Die düstere Einsamkeit und Öde der *Campagna romana*. Die Geduld im Ungewissen.

Mein Werk soll enthalten ein *Gesamturteil* über unser Jahrhundert, über die ganze Modernität, über die *erreichte* ›Zivilisation‹.

Jedes Buch als eine Eroberung, Griff – *tempo lento* – bis zum Ende dramatisch geschürzt, zuletzt *Katastrophe* und plötzliche *Erlösung*.«

Gerade von jenem dramatischen Element – mit Katastrophen und plötzlicher Erlösung – gibt uns das dritte und vierte Buch eine Vorstellung.

Als Nietzsche im Jahre 1886 ganz und mit Willen in den Bannkreis seines Hauptwerkes tritt, weiß er auch, daß er ein Geopferter, ein »Gekreuzigter« ist, wie er sich in letzter tiefer Erkenntnis noch unterzeichnet. »Freiheit von Beruf, Weib, Gesellschaft, Vaterland, Glauben usw., ich empfinde sie als ebensoviele *Entbehrungen*, insofern ich glücklicherweise ein lebendiges Wesen und nicht bloß eine Analysiermaschine und ein Objektivations-Apparat bin.« Und dieses lebendige Wesen wehrte sich bis zuletzt gegen die unmenschliche, übermenschliche Aufgabe, die Wurzeln des Lebens bloßzulegen und sich selbst zum Opfer zu bringen. Darum immer wieder diese schmerzlich-tragischen Aussprüche: »Im übrigen liegt die *Aufgabe*, um derentwillen ich lebe, klar vor mir – als ein Faktum von unbeschreiblicher Traurigkeit, aber verklärt durch das Bewußtsein, daß *Größe* darin ist, wenn je der Aufgabe eines Sterblichen Größe eingewohnt hat.«

Welches war aber diese Aufgabe, der Nietzsche sich opferte? Welches war das furchtbare Geheimnis, das er nicht aufdecken wollte? Wem hatte er sich verschrieben und ewig verknüpft bis in den Tod?

Es sei nun zum Schluß erlaubt, das letzte Problem Nietzsches zu berühren, jenen unsichtbaren Mittelpunkt, um welchen alle Ideen seines Hauptwerkes kreisen und von dem wir sagten, daß er bereits einer kosmischen Achse angehöre. – Nietzsche nennt sich einen Jünger des Gottes Dionysos, jenes zusammenfassenden Symbols aller Naturkräfte. Dionysos, der Gott nicht irgendeines Himmels, sondern der Erde. Die Erde hier nicht als geographisch-astronomischer Begriff verstanden, sondern als ein organisches Gebilde, eine höhere Synechologie und gottnahe Seeleneinheit, welche auch den Menschen sinnvoll umfaßt; die Erde als der erste kosmische Ring unseres Lebens, als jene erste Synechologie, deren Sinn zu bewahren, wie alle Aussagen des Altertums andeuten, die Aufgabe der eleusinischen Mysterien war. »An der Erde zu freveln, ist jetzt das Furchtbarste... Ich beschwöre euch, meine Brüder, bleibt der Erde treu... nicht mehr den Kopf in den Sand der himmlischen Dinge stecken, sondern frei ihn tragen, einen Erdenkopf, der der Erde Sinn schafft!... Redlicher redet und reiner der gesunde Leib, der vollkommene und rechtwinklige: und er redet vom Sinn der Erde... Eure schenkende Liebe und eure Erkenntnis diene dem Sinn der Erde!... Führt gleich mir die verflogene Tugend zur Erde zurück – ja, zurück zu Leib und Leben: daß sie der Erde ihren Sinn gebe, einen Menschensinn!« (Zarathustra).

Empedokles suchte den letzten, tiefsten Sinn der Erde zu ergründen; sich opfernd, stürzt er in den Ätna, um in das Innerste der Erde zu dringen. Nietzsche, welcher in seiner Jugend sich dunkel von diesem Schicksal des Empedokles angezogen fühlte und es dichterisch vergebens zu gestalten versuchte, er mußte dieses Schicksal selbst an sich erfahren. Sein »Ätna« sind die letzten Probleme dieses Werkes, in die er sich stürzt, um in diesem geistigen Flammentode den Sinn der Erde, den kosmischen Sinn unseres Lebens zu begreifen.

Weissagende Worte aus Hölderlins ›Empedokles‹ deuten uns den geheimen Sinn des Vermächtnisses Nietzsches und geben uns eine neue, erhobene Schau seines tragischen Schicksals:

»... und offen gab
mein Herz der ernsten Erde sich,
der leidenden, und oft in heil'ger Nacht
gelobt ich's ihr, bis in den Tod
die schicksalsvolle furchtlos treu zu lieben
und ihrer Rätsel keines zu verschmähen.
So knüpft' ich meinen Todesbund mit ihr.«

Friedrich Würzbach

Einführende Gedanken

(1)

Unter dem nicht ungefährlichen Titel »Der Wille zur Macht« soll hiermit eine neue Philosophie oder, deutlicher geredet, der *Versuch einer neuen Auslegung alles Geschehens* zu Worte kommen: billigerweise nur vorläufig und versucherisch, nur vorbereitend und vorfragend, nur »vorspielend« zu einem Ernste, zu dem es eingeweihter und auserlesener Ohren bedarf, wie es sich übrigens bei allem, was ein Philosoph *öffentlich* sagt, von selber versteht, – mindestens verstehen *sollte*. (Aber heute, dank dem oberflächlichen und anmaßlichen Geiste eines Zeitalters, welches an die »Gleichheit aller Rechte« glaubt, ist es dahin gekommen, daß man durchaus nicht mehr an geistige Sonderrechte und an die Unmitteilbarkeit der letzten Einsichten glaubt.) Denn jeder Philosoph soll insoweit die Tugend des Erziehers haben, daß er, bevor er zu überzeugen unternimmt, erst verstehen muß, zu überreden. Ja, der Verführer hat vor allem Beweisen zu untergraben und zu erschüttern, vor allem Befehlen und Vorangehen erst zu versuchen, inwieweit er versteht, auch zu verführen.

(2)

Ich will nie zum Widersprechen herausfordern; vielmehr: *helft*, mit mir das Problem zu gestalten! Sobald ihr *gegen mich* empfindet, versteht ihr meinen Zustand und folglich meine Argumente nicht! Ihr müßt das Opfer *derselben Leidenschaft* sein!

(3)

Meine Freunde, ihr versteht euren Vorteil nicht: es ist nur Dummheit, wenn höhere Menschen an dieser Zeit leiden: sie haben es nie besser gehabt.

(4)

Dies Buch wendet sich an wenige, – an die *freigewordenen* Menschen, denen nichts mehr verboten ist: wir haben Schritt für Schritt das Recht auf alles Verbotene zurückgewonnen.

Den Beweis der erreichten Macht und Selbstgewißheit damit geben, daß man sich »zu fürchten verlernt hat«; das Vertrauen zu seinen Instinkten eintauschen dürfen gegen das Mißtrauen und den Verdacht; daß man sich liebt und ehrt in seinem Sinn, – in seinem *Unsinn* noch; ein wenig Hanswurst, ein wenig Gott; kein Düsterling, keine Eule; keine Blindschleiche...

(5)

Meine Philosophie – den Menschen aus dem *Schein* herauszuziehen auf *jede* Gefahr hin! Auch keine Furcht vor dem Zugrundegehen des Lebens!

(6)

Wer ein Führer der Menschen werden will, muß ihnen eine gute Zeit als ihr gefährlichster Feind gelten wollen.

(7)

Meine neue Auslegung gibt den zukünftigen Philosophen als Herren der Erde die nötige Unbefangenheit.
Nicht sowohl »widerlegt«, als *unverträglich* mit dem, was wir jetzt vornehmlich für »wahr« halten und glauben: insofern ist die religiöse und moralische Auslegung uns unmöglich.

(8)

In diesem Zeitalter (wo man begreift, daß die Wissenschaft *anfängt*) *Systeme* bauen – ist Kinderei. Sondern: lange Entschlüsse über Methoden fassen, auf Jahrhunderte hin! – denn die *Leitung der menschlichen Zukunft muß* einmal in unsre Hand kommen!

(9)

All die Schönheit und Erhabenheit, die wir den wirklichen und eingebildeten Dingen geliehen haben, will ich zurückfordern als Eigentum und Erzeugnis des Menschen: als seine schönste Apologie. Der Mensch als Dichter, als Denker, als Gott, als Liebe, als Macht –: oh über seine königliche Freigebigkeit, mit der er die Dinge beschenkt hat, um sich zu *verarmen* und *sich* elend zu fühlen! Das war bisher seine größte Selbstlosigkeit, daß er bewunderte und anbetete und sich zu verbergen wußte, daß *er* es war, der das geschaffen hat, was er bewunderte. –

(10)

Jedes Individuum wirkt am ganzen kosmischen Wesen mit, – ob wir es wissen oder nicht, – ob wir es wollen oder nicht!

(11)

Ich bin jener *prädestinierte Mensch*, der die Werte für Jahrtausende bestimmt. Ein Verborgener, ein überallhin Gedrungener, ein Mensch ohne Freude, der jede Heimat, jedes Ausruhen von sich gestoßen hat. Was den *großen Stil* macht: Herr werden über sein *Glück* wie sein Unglück.

Grundanschauung

(12)

Erster Grundsatz. Alle bisherigen Wertschätzungen sind aus falschem, vermeintlichem Wissen um die Dinge entsprungen: –

sie verpflichten nicht mehr, und selbst wenn sie als Gefühl, instinktiv (als Gewissen) arbeiten.

Zweiter Grundsatz. Anstatt des Glaubens, der uns nicht mehr möglich ist, stellen wir einen starken *Willen* über uns, der eine vorläufige Reihe von Grundschätzungen festhält, als heuristisches Prinzip: um zu sehn, *wie weit* man damit kommt. Gleich dem Schiffer auf unbekanntem Meere. In Wahrheit war auch all jener »Glaube« nichts anderes: nur war ehemals die *Zucht des Geistes* zu gering, um unsre *großartige Vorsicht* aushalten zu können.

Dritter Grundsatz. Die *Tapferkeit* von Kopf und Herz ist es, was uns europäische Menschen *auszeichnet*: erworben im Ringen von vielen Meinungen. Größte Geschmeidigkeit, im Kampfe mit spitzfindig gewordenen Religionen, und eine herbe Strenge, ja Grausamkeit. Vivisektion ist eine *Probe*: wer sie nicht aushält, gehört nicht zu uns (und gewöhnlich gibt es auch sonst Zeichen, daß er nicht zu uns gehört, z. B. Zöllner).

Vierter Grundsatz. Die Mathematik enthält Beschreibungen (Definitionen) und Folgerungen aus Definitionen. Ihre Gegenstände *existieren nicht*. Die Wahrheit ihrer Folgerungen beruht auf der Richtigkeit des logischen Denkens. – Wenn die Mathematik angewendet wird, so geschieht dasselbe wie bei den »Mittel- und Zweck«-Erklärungen: es wird das Wirkliche erst *zurechtgemacht* und *vereinfacht (gefälscht – –)*.

Fünfter Grundsatz. Das am meisten von uns geglaubte, alles a priori, ist darum nicht *gewisser*, daß es so stark geglaubt wird. Sondern es ergibt sich vielleicht als eine *Existenz*bedingung unsrer Gattung – irgendeine Grundannahme. Deshalb könnten andere Wesen andere Grundannahmen machen, z. B. vier Dimensionen. *Deshalb* könnten immer noch all diese Annahmen falsch sein – oder vielmehr: Inwiefern könnte irgend etwas »*an sich wahr*« sein? Dies ist der *Grundunsinn*!

Sechster Grundsatz. Es gehört zur erlangten Männlichkeit, daß wir uns nicht über unsre *menschliche* Stellung betrügen: wir wollen vielmehr *unser Maß* streng durchführen und das *größte Maß von Macht über die Dinge anstreben*. Einsehen, daß die Gefahr ungeheuer ist: daß der Zufall bisher *geherrscht* hat.

Siebenter Grundsatz. Die Aufgabe der Erdregierung kommt. Und damit die Frage: *wie* wir die Zukunft der Menschheit *wollen*! – Neue Werttafeln *nötig*. Und Kampf gegen die *Vertreter* der alten, »*ewigen*« Werte als höchste Angelegenheit!

Achter Grundsatz. Aber *woher* nehmen wir unsern Imperativ? –

Es ist kein »Du sollst«, sondern das »Ich muß« des Übermächtigen, Schaffenden.

(13)

Wir sind Gestalten schaffende Wesen gewesen, lange bevor wir Begriffe schufen.

(14)

Die neuen Lehrer als *Vorstufe* der höchsten Bildner (ihren Typus aufdrückend).

(15)

Die große Synthesis des Schaffenden, Liebenden, Vernichtenden.

(16)

»Zum ersten Male brachte ich wieder den Gerechten, den Helden, den Dichter, den Erkennenden, den Wahrsager, den Führer zusammen: über den Völkern stellte ich mein Gewölbe hin: Säulen, auf denen auch ein Himmel ruht, – stark genug, einen Himmel zu *tragen*.« (So soll der Übermensch sprechen!)

(17)

Ich erlaube nur den Menschen, die wohlgeraten sind, über das Leben zu philosophieren.

(18)

Man muß die großen Probleme mit Leib und Seele *erleben* wollen.

(19)

Man muß zu heftigen Bewunderungen fähig sein und mit Liebe vielen Sachen ins Herz kriechen: sonst taugt man nicht zum Philosophen. Graue, kalte Augen wissen nicht, was die Dinge wert sind; graue, kalte Geister wissen nicht, was die Dinge wiegen. Aber freilich: man muß eine Gegenkraft haben: einen Flug in so weite, hohe Fernen, daß man auch seine bestbewunderten Dinge tief, tief unter sich sieht, und sehr nahe dem, was man vielleicht verachtete.

(20)

Gegen das, was ich in diesem Buche vorzutragen wage, läßt sich gewiß aus der Nähe und noch mehr aus der Ferne mancher herzhafte Einwand machen. Einen Teil dieser Einwände habe ich selbst, in vielfachen Selbstverhören des Gewissens, vorweggenommen, leider aber auch immer vorweg beantwortet: so daß bisher die ganze Last meiner »Wahrheiten« auf mir liegengeblieben ist.

(21)

Es ist nicht artig und klug, seinem Leser die leichteren Einwände vorwegzunehmen. Es ist sehr artig und *sehr klug*, seinem Leser zu überlassen, die letzte Quintessenz unserer Weisheit *selber auszusprechen*.

(22)
Der hier das Wort nimmt, hat umgekehrt nichts bisher getan *als sich zu besinnen*: als ein Philosoph und Einsiedler aus Instinkt, der seinen Vorteil im Abseits, im Außerhalb, in der Geduld, in der Verzögerung, in der Zurückgebliebenheit fand; als ein Wage- und – Versuchergeist, der sich schon in jedes Labyrinth der Zukunft einmal verirrt hat; als ein Wahrsagevogelgeist, der *zurückblickt*, wenn er erzählt, was kommen wird; als der erste vollkommene Nihilist Europas, der aber den Nihilismus selbst schon in sich zu Ende gelebt hat, – der ihn *hinter sich*, *unter sich*, *außer sich* hat.

(23)
Wenn Denken dein Schicksal ist, so verehre dies Schicksal mit göttlichen Ehren und opfere ihm das Beste, das Liebste.

(24)
Zur Vorrede. Auf Fort Gonzaga, außerhalb von Messina. Zustand tiefster Besinnung. Alles getan, um mich fernzustellen; weder durch Liebe noch durch Haß mehr gebunden. Wie an einer alten Festung. Spuren von Kriegen; auch von Erdbeben. Vergessen.

(25)
Für jeden, der mit einem großen Fragezeichen wie mit einem Schicksale zusammengelebt hat und dessen Tage und Nächte sich in lauter einsamen Zwiegesprächen und Entscheidungen verzehren, sind fremde Meinungen über das gleiche Problem eine Art Lärm, gegen den er sich wehrt und die Ohren zuhält: überdies gleichsam etwas Zudringliches, Unbefugtes und Schamloses, von seiten solcher, welche, wie er glaubt, kein Recht auf ein solches Problem besitzen: weil sie es nicht gefunden haben. Es sind die Stunden des Mißtrauens gegen sich selbst, des Mißtrauens gegen das eigne Recht und Vorrecht, wo den einsiedlerisch Liebenden – denn das ist ein Philosoph – zu hören verlangt, was alles über sein Problem gesagt und geschwiegen wird; vielleicht daß er dabei errät, daß die Welt voll solcher eifersüchtig Liebenden ist, gleich ihm, und daß alles Laute, Lärmende, Öffentliche, der ganze Vordergrund von Politik, Alltag, Jahrmarkt, »Zeit« nur erfunden zu sein scheint, damit alles, was heute Einsiedler und Philosoph ist, sich dahinter verstecken könne – als in *ihre* eigenste Einsamkeit; alle mit *einem* beschäftigt, in *eins* verliebt, auf *eins* eifersüchtig, gerade auf *sein* Problem. »Es wird gar nichts anderes heute gedacht, wo überhaupt gedacht wird« – sagt er sich endlich; »es dreht sich alles gerade um dies Fragezeichen.

Was mir vorbehalten schien, darum bewirbt sich das ganze Zeitalter: es begibt sich im Grunde gar nichts anderes; ich selbst – aber was liegt an mir!«

(26)

Mir ist nie einen Augenblick der Gedanke gekommen, daß etwas von mir Geschriebenes nach ein paar Jahren einfach tot sei und somit einen Erfolg in der Bälde haben müsse, wenn es einen Erfolg haben wolle. Ohne je den Gedanken der gloria gehabt zu haben, ist mir nie der Zweifel aufgestiegen, daß diese Schriften länger leben als ich. Dachte ich je an Leser, so immer nur an verstreute, über Jahrhunderte hin ausgesäte einzelne: und mir geht es nicht so wie dem Sänger, dem erst ein volles Haus die Stimme geschmeidig, das Auge ausdrucksvoll, die Hand gesprächig macht.

(27)

Fast jeder gute Schriftsteller schreibt nur *ein* Buch. Alles andere sind nur Vorreden, Vorversuche, Erklärungen, Nachträge dazu.

(28)

Meine Gedanken betreffen zu hohe und ferne Dinge, sie könnten nur wirken, wenn der stärkste persönliche Druck hinzukäme. Vielleicht wird der Glaube an meine Autorität erst durch Jahrhunderte so stark, um die Menschen zu vermögen, ohne Beschämung das Buch dieser Autorität so streng und ernst zu interpretieren wie einen alten Klassiker (z. B. Aristoteles). *Der Glaube an den Menschen* muß wachsen, damit sein Werk nur den nötigen Grad von entgegenkommender Intelligenz findet: der Glaube also und das Vorurteil. Deshalb bestand man ehemals so auf »Inspiration«; jetzt – – –

(29)

Was liegt an meinem Buche, wenn es nicht aushält, wenigstens sub specie trecentorum annorum betrachtet zu werden?

(30)

Meine Schriften sind sehr gut verteidigt; wer zu ihnen greift und sich dabei vergreift als einer, der kein Recht auf solche Bücher hat – der macht sich sofort lächerlich –, ein kleiner Anfall von Wut treibt ihn, sein Innerstes und Lächerlichstes auszuschütten: und wer wüßte nicht, was da immer herauskommt!

Die Unfähigkeit, das Neue und Originale zu sehn: die plumpen Finger, die eine Nuance nicht zu fassen wissen, der steife Ernst, der über ein Wort stolpert und zu Falle kommt: die Kurzsichtigkeit, welche vor dem ungeheuren Reiche ferner Landschaften bis zur Blindheit sich steigert.

(31) Große Dinge verlangen, daß man von ihnen schweigt oder groß redet: groß, das heißt zynisch und mit Unschuld.

(32) *Aus Betenden müssen wir Segnende werden!*

I. Buch

Kritik der höchsten Werte, gemessen am Leben

Zur Einführung

(1)

Die Wahrheit tut weh, weil sie einen *Glauben* zerstört: nicht an sich.

(2)

Wie falsch, wie verlogen war die Menschheit immer über die Grundtatsachen ihrer inneren Welt! Hier kein Auge zu haben, hier den Mund halten und den Mund auftun –

(3)

Man kann nicht genug Achtung vor dem Menschen haben, sobald man ihn daraufhin ansieht, wie er sich durchzuschlagen, auszuhalten, die Umstände sich zu Nutze zu machen, Widersacher niederzuwerfen versteht; sieht man dagegen auf den Menschen sofern er *wünscht*, ist er die absurdeste Bestie ... Es ist gleichsam, als ob er einen Tummelplatz der Feigheit, Faulheit, Schwächlichkeit, Süßlichkeit, Untertänigkeit zur Erholung für seine starken und männlichen Tugenden brauchte, siehe die menschlichen *Wünschbarkeiten*, seine »Ideale«. Der *wünschende* Mensch erholt sich von dem Ewig-Wertvollen an ihm, von seinem Tun: im Nichtigen, Absurden, Wertlosen, Kindischen. Die geistige Armut und Erfindungslosigkeit ist bei diesem so erfinderischen und auskunftsreichen Tier erschrecklich. Das »Ideal« ist gleichsam die Buße, die der Mensch zahlt, für den ungeheuren Aufwand den er in allen wirklichen und dringlichen Aufgaben zu bestreiten hat. Hört die Realität auf, so kommt der Traum, die Ermüdung, die Schwäche: »das Ideal« ist geradezu eine Form von Traum, Ermüdung, Schwäche ... Die stärksten und die ohnmächtigsten Naturen werden sich gleich, wenn dieser Zustand über sie kommt: sie *vergöttlichen* das *Aufhören* der Arbeit, des Kampfes, der Leidenschaften, der Spannung, der Gegensätze, der »*Realität*« in summa ... des Ringens um Erkenntnis, der *Mühe* der Erkenntnis.

»Unschuld«: so heißen sie den Idealzustand der Verdummung; »Seligkeit«: den Idealzustand der Faulheit; »Liebe«: den Idealzustand des Herdentiers, das keinen Feind mehr haben will. Damit hat man alles, was den Menschen erniedrigt und herunterbringt, in's *Ideal* erhoben.

(4)

Wenn wir »Enttäuschte« sind, so sind wir es nicht in Hinsicht auf das Leben: sondern, daß uns über die »Wünschbarkeiten«

aller Art die Augen aufgegangen sind. Wir sehen mit einem spöttischen Ingrimm dem zu, was »*Ideal*« heißt: wir verachten uns nur darum, nicht zu jeder Stunde jene absurde Regung niederhalten zu können, welche »Idealismus« heißt. Die *Verwöhnung* ist stärker, als der Ingrimm des *Enttäuschten* ...

(5)

Die großen *Fälschungen* unter der Herrschaft der *moralischen Werte*: – 1. in der Geschichte (Politik eingerechnet); 2. in der Erkenntnistheorie; 3. in der Beurteilung von Kunst und Künstlern; 4. in der Wertabschätzung von Mensch und Handlung (von *Volk* und *Rasse*); 5. in der Psychologie; 6. im Bau der Philosophien (»sittliche Weltordnung« und dergleichen); 7. in der Physiologie, Entwicklungslehre (»Vervollkommnung«, »Sozialisierung«, »Selektion«).

1. Kapitel
Psychologie der Philosophentypen

(6)

Ich will Niemanden zur Philosophie überreden: es ist notwendig, es ist vielleicht auch wünschenswert, daß der Philosoph eine seltene Pflanze ist. Nichts ist mir widerlicher als die lehrhafte Anpreisung der Philosophie, wie bei Seneca oder gar Cicero. Philosophie hat wenig mit Tugend zu tun. Es sei mir erlaubt zu sagen, daß auch der wissenschaftliche Mensch etwas Grundverschiedenes vom Philosophen ist. – Was ich wünsche ist: daß der echte Begriff des Philosophen in Deutschland nicht ganz und gar zu Grunde gehe. Es gibt so viele halbe Wesen aller Art in Deutschland, welche ihr Mißratensein gern unter einem so vornehmen Namen verstecken möchten.

(7)

Ich muß das *schwierigste Ideal* des *Philosophen aufstellen*. Das Lernen tut's nicht! Der Gelehrte ist das Herdentier im Reiche der Erkenntnis, – welcher forscht, weil es ihm befohlen und vorgemacht worden ist. –

(8)

Tun wir einigen Aberglauben von uns ab, der in Bezug auf Philosophen bisher gang und gäbe war!

(9)

Wie die Italiener sich eine Musik *aneignen*, dadurch daß sie dieselbe in ihre Leidenschaft hineinziehen – ja diese Musik wartet darauf, so persönlich interpretiert zu werden, und hat davon mehr als von aller Kunst der Harmonie – so lese ich die Denker und ihre Melodien singe ich nach: ich weiß, hinter allen den kalten Worten bewegt sich eine begehrende Seele; ich höre sie singen, denn meine eigene Seele singt, wenn sie bewegt ist.

(10)

Was *fehlte* den Philosophen? 1. historischer Sinn, 2. Kenntnis der Physiologie, 3. ein Ziel gegen die Zukunft hin. – Eine Kritik zu machen, ohne alle Ironie und moralische Verurteilung.

(11)

Ich verstehe unter »*Freiheit des Geistes*« etwas sehr Bestimmtes: hundertmal den Philosophen und andern Jüngern der »Wahrheit« durch Strenge gegen sich überlegen sein, durch Lauterkeit und Mut, durch den unbedingten Willen, Nein zu sagen, wo das

Nein gefährlich ist, – ich behandle die bisherigen Philosophen als *verächtliche libertins* unter der Kapuze des Weibes »Wahrheit«.

(12)

Problem des *Philosophen* und des *wissenschaftlichen* Menschen. – Einfluß des Alters; depressive Gewohnheiten (Stubenhocken à la Kant; Ueberarbeitung; unzureichende Ernährung des Gehirns; Lesen). Wesentlicher: ob nicht ein décadence-*Symptom* schon in der Richtung auf solche *Allgemeinheit* gegeben ist; *Objektivität* als *Willens-Disgregation* (– *so fern* bleiben *können* . . .). Dies setzt eine große Adiaphorie gegen die starken Triebe voraus: eine Art Isolation, Ausnahmestellung, Widerstand gegen die Normal-Triebe.

Typus: die Loslösung von der *Heimat*; in immer weitere Kreise; der wachsende Exotismus; das Stummwerden der alten Imperative –; gar dieses beständige Fragen »wohin?« (»Glück«) ist ein Zeichen der *Herauslösung* aus Organisationsformen, Herausbruch.

Problem: ob der *wissenschaftliche* Mensch eher noch ein décadence-Symptom ist, als der Philosoph: – er ist als *Ganzes* nicht losgelöst, nur ein Teil von ihm ist absolut der Erkenntnis geweiht, dressiert für eine Ecke und Optik –, er hat hier *alle* Tugenden einer starken Rasse und Gesundheit nötig, große Strenge, Männlichkeit, Klugheit. Er ist mehr ein Symptom hoher Vielfachheit der Kultur, als von deren Müdigkeit. Der décadence-Gelehrte ist ein *schlechter* Gelehrter. Während der décadence-Philosoph, bisher wenigstens, als der typische Philosoph galt.

(13)

Ich bin mißtrauisch gegen die Beschaulichen, Selbst-in-sich-Ruhenden, Beglückten unter den Philosophen: – es fehlt da die gestaltende Kraft und die Feinheit der Redlichkeit, welche sich den Mangel an Kraft als Mangel eingesteht.

(14)

Die Seelenunruhe, welche die philosophischen Menschen an sich verwünschen, ist vielleicht gerade der Zustand, aus dem ihre höhere Produktivität hervorquillt. Erlangten sie jenen völligen Frieden, so hätten sie wahrscheinlich ihre beste Tätigkeit entwurzelt und sich damit unnütz und überflüssig gemacht.

(15)

Müde, Leidende, Geängstigte meinen Frieden, meinen Unbewegtheit, Ruhe, etwas dem tiefen *Schlafe* Aehnliches, wenn sie an das »höchste Glück« denken. Davon ist viel in die Philosophie gekommen. Ebenso hat die Angst vor dem Ungewissen, Vieldeutigen, Verwandlungsfähigen seinen Gegensatz, das *Einfache*, Sich-Gleichbleibende, Berechenbare, Gewisse zu Ehren gebracht. – Eine andere Art Wesen würde die umgekehrten Zustände zu Ehren bringen.

(16)

Ziel aller großen Moralisten *bisher*: eine endgültige Form (»Denkweise«) zu schaffen – in China, im Brahmanentum, in Peru, im Jesuitismus, auch Aegypten; auch Plato wollte es. Eine Kaste schaffen, deren *Existenz* mit dem Starr-werden der moralischen Urteile verknüpft ist, als *Lebens-Interesse*: – die Klasse der Guten und Gerechten.

(17)

Ist man Philosoph, wie man immer Philosoph war, so hat man kein Auge für das, was war, und das, was wird: – man sieht nur das *Seiende*. Da es aber nichts Seiendes gibt, so blieb dem Philosophen nur das *Imaginäre* aufgespart, als seine »Welt«.

(18)

Die Philosophen sind eingenommen *gegen* den Schein, den Wechsel, den Schmerz, den Tod, das Körperliche, die Sinne, das Schicksal und die Unfreiheit, das Zwecklose. – NB. Alles Menschliche, noch mehr das Tierische, noch mehr das Stoffliche.

Sie glauben: 1. an die absolute Erkenntnis, 2. an die Erkenntnis um der Erkenntnis willen, 3. an die Tugend und Glück im Bunde, 4. an die Erkennbarkeit der menschlichen Handlungen. Sie sind von instinktiven Wertbestimmungen geleitet, in denen sich *frühere* Kulturzustände spiegeln (gefährlichere).

(19)

Der Philosoph gegen die *Rivalen*, z. B. gegen die Wissenschaft: da wird er Skeptiker; da behält er sich eine *Form der Erkenntnis* vor, die er dem wissenschaftlichen Menschen abstreitet; da geht er mit dem Priester Hand in Hand, um nicht den Verdacht des Atheismus, Materialismus zu erregen; er betrachtet einen Angriff auf sich als einen Angriff auf die Moral, die Tugend, die Religion, die Ordnung, – er weiß seine Gegner als »Verführer« und »Unterminierer« in Verruf zu bringen: da geht er mit der Macht Hand in Hand.

Der Philosoph im Kampf mit andern Philosophen: – er sucht sie dahin zu drängen, als Anarchisten, Ungläubige, Gegner der Autorität zu erscheinen. In summa: soweit er *kämpft*, kämpft er ganz wie ein Priester, wie eine Priesterschaft.

(20)

Auch hinter den eigentlichen Freunden der Wahrheit, den Philosophen, arbeitet eine ihnen oft unbewußte Absichtlichkeit: sie wollen von vornherein eine gewisse, so und so beschaffene »Wahrheit« – und oft genug haben sie ihre innersten Bedürfnisse verraten, indem sie *ihren* Weg zu ihrer »Wahrheit« gingen.

(21)

Wie die Feige Matador ihr Ziel verfolgt, das verderbend, was sie nur als Stütze haben will: so die Vernunft den Philosophen. Was bedeutet eine jede Philosophie für das Leben des Menschen? Sei es als Erhöhung des Machtgefühls: oder als Mittel, ein unerträgliches Dasein zu maskieren. Hinter dem Bewußtsein arbeiten die *Triebe*.

(22)

Jetzt erst dämmert es den Menschen auf, daß die Musik eine Zeichensprache der Affekte ist: und später wird man lernen, das Trieb-System eines Musikers aus seiner Musik deutlich zu erkennen. Er meinte wahrlich nicht, *daß er sich damit verraten habe*. Das ist die *Unschuld* dieser Selbstbekenntnisse, im Gegensatz zu allen geschriebenen Werken.

Aber es gibt auch bei den großen Philosophen diese Unschuld: sie sind sich nicht bewußt, *daß sie von sich reden*; – sie meinen, es handle sich »um die Wahrheit«, – aber es handelt sich im Grunde um sie. Oder vielmehr: der in ihnen gewaltigste Trieb bringt sich an's Licht, mit der größten Schamlosigkeit und Unschuld eines Grundtriebes: – *er* will Herr sein und womöglich der Zweck aller Dinge, alles Geschehens! Der Philosoph ist nur eine Art Gelegenheit und Ermöglichung dafür, daß der *Trieb* einmal *zum Reden kommt*.

Es gibt viel mehr Sprachen, als man denkt: und der Mensch verrät sich viel öfter, als er wünscht. Was redet nicht! – aber es gibt der Hörenden immer noch wenige, sodaß der Mensch seine Bekenntnisse gleichsam in den leeren Raum hinein plaudert: er ist ein Vergeuder mit seinen »Wahrheiten«, wie die Sonne es mit ihrem Lichte ist. – Ist es nicht schade, daß der leere Raum keine Ohren hat?

Es gibt Ansichten, da empfindet der Mensch: »das ist *allein wahr und richtig* und wahrhaft menschlich: wer anders denkt, irrt« – das nennt man religiöse und sittliche Ansichten. Es ist klar, daß hier der *souveräne Trieb redet*, der stärker ist als der Mensch. Jedesmal glaubt hier der Trieb, die *Wahrheit* und den *höchsten Begriff* »*Mensch*« zu haben.

Es gibt wohl viele Menschen, in denen ein Trieb *nicht souverän* geworden ist: in denen gibt es keine Ueberzeugungen. Dies ist also das erste Charakteristikum: jedes geschlossene System eines

Philosophen beweist, daß in ihm *ein* Trieb Regent ist, daß *eine feste Rangordnung besteht*. Das heißt sich dann »*Wahrheit*«. – Die Empfindung ist dabei: mit dieser Wahrheit bin ich auf der Höhe »Mensch«: der Andere ist *niedrigerer Art als ich*, mindestens als Erkennender.

(23)

Die Philosophen haben es gemacht wie die Völker: ihre enge *Moral* in das Wesen der Dinge hineingelegt. Das Ideal jedes Philosophen soll auch im An-sich der Dinge stecken.

(24)

Was ist denn am Philosophen rückständig? – Daß er *seine* Qualitäten als notwendige und einzige Qualitäten lehrt, um zum »höchsten Gut« zu gelangen (z. B. Dialektik, wie Plato). Daß er alle Arten Mensch *gradatim* aufsteigen läßt zu *seinem* Typus als dem höchsten. Daß er geringschätzt, was sonst geschätzt wird, – daß er eine Kluft aufreißt zwischen den obersten *priesterlichen* Werten und den *weltlichen*. Daß er weiß, was wahr ist, was Gott ist, was das Ziel ist, was der Weg ist ... Der typische Philosoph ist hier absolut Dogmatiker; – wenn er Skepsis *nötig* hat, so ist es, um von *seiner Hauptsache* dogmatisch reden zu dürfen.

(25)

Tartüfferie der *Wissenschaftlichkeit*. – Man muß nicht Wissenschaftlichkeit affektieren, wo es noch nicht Zeit ist, wissenschaftlich zu sein; aber auch der wirkliche Forscher hat die Eitelkeit von sich zu tun, eine Art von Methode zu affektieren, welche im Grunde noch nicht an der Zeit ist. Ebenso Dinge und Gedanken, auf die er anders gekommen ist, nicht mit einem falschen Arrangement von Deduktion und Dialektik zu »fälschen«. So fälscht Kant in seiner »Moral« seinen inwendigen psychologischen Hang; ein neuerliches Beispiel ist Herbert Spencer's Ethik. – Man soll die *Tatsache*, wie uns unsre Gedanken gekommen sind, nicht verhehlen und verderben. Die tiefsten und unerschöpftesten Bücher werden wohl immer etwas von dem aphoristischen und plötzlichen Charakter von Pascal's ›Pensées‹ haben. Die treibenden Kräfte und Wertschätzungen sind lange unter der Oberfläche; was hervorkommt, ist Wirkung.

Ich wehre mich gegen alle Tartüfferie von falscher Wissenschaftlichkeit:

1. in Bezug auf die *Darlegung*, wenn sie nicht der *Genesis* der Gedanken entspricht;
2. in den Ansprüchen auf *Methoden*, welche vielleicht zu einer bestimmten Zeit der Wissenschaft noch gar nicht möglich sind;

3. in den Ansprüchen auf *Objektivität*, auf kalte Unpersönlichkeit, wo, wie bei allen Wertschätzungen, wir mit zwei Worten von uns und unsren inneren Erlebnissen erzählen. Es gibt lächerliche Arten von Eitelkeit, z. B. Saint-Beuve's, der sich zeitlebens geärgert hat, hier und da wirklich Wärme und Leidenschaft im »Für« und »Wider« gehabt zu haben, und es gern aus seinem Leben weggelogen hätte.

(26)

Gefährliche Unterscheidung zwischen »*theoretisch*« *und* »*praktisch*« z. B. bei Kant, aber auch bei den Alten: – sie tun, als ob die reine Geistigkeit ihnen die Probleme der Erkenntnis und Metaphysik vorlege; – sie tun, als ob, wie auch die Antwort der Theorie ausfalle, die Praxis nach eigenem Wertmaß zu beurteilen sei.

Gegen das Erste richte ich meine *Psychologie der Philosophen*: ihr entfremdetster Kalkul und ihre »Geistigkeit« bleiben immer nur der letzte blasseste Abdruck einer physiologischen Tatsache; es fehlt absolut die Freiwilligkeit darin, Alles ist Instinkt, Alles ist von vornherein in bestimmte Bahnen gelenkt...

Gegen das Zweite frage ich, ob wir eine andere Methode kennen, um gut zu handeln, als: immer gut zu denken; Letzteres *ist* ein Handeln, und Ersteres setzt Denken voraus. Haben wir ein Vermögen, den Wert einer Lebensweise anderswie zu beurteilen, als den Wert einer Theorie: durch Induktion, durch Vergleichung?... Die Naiven glauben, hier wären wir besser daran, hier wüßten wir, was »gut« ist, – die Philosophen reden's nach. Wir schließen, daß hier ein *Glaube* vorhanden ist, weiter nichts...

»Man muß handeln; *folglich* bedarf es einer Richtschnur« – sagten selbst die antiken Skeptiker. Die *Dringlichkeit* einer Entscheidung als Argument, irgend Etwas hier für *wahr* zu halten!...

»Man muß *nicht* handeln« – sagten ihre konsequenteren Brüder, die Buddhisten, und ersannen eine Richtschnur, wie man sich losmache vom Handeln...

Sich einordnen, leben wie der »*gemeine Mann*« lebt, für recht und gut halten was *er* für recht hält: das ist die *Unterwerfung* unter den *Herdeninstinkt*. Man muß seinen Mut und seine Strenge so weit treiben, eine solche Unterwerfung wie eine *Scham* zu empfinden. Nicht mit zweierlei Maß leben!... Nicht Theorie und Praxis trennen!...

(27)

Alle diese Werte sind empirisch und bedingt. Aber der, der an sie glaubt, der sie verehrt, *will* eben diesen Charakter nicht anerkennen. Die Philosophen glauben allesamt an diese Werte, und eine Form ihrer Verehrung war die Bemühung, aus ihnen *a priori-Wahrheiten* zu machen. Fälschender Charakter der *Verehrung* ...

Die Verehrung ist die hohe Probe der intellektuellen *Rechtschaffenheit*: aber es *gibt* in der ganzen Geschichte der Philosophie keine intellektuelle Rechtschaffenheit, – sondern die »Liebe zum Guten« ...

Der absolute *Mangel an Methode*, um den Wert dieser Werte zu prüfen; *zweitens*: die Abneigung, diese Werte zu prüfen, überhaupt sie bedingt zu nehmen. – Bei den Moral-Werten kamen alle *antiwissenschaftlichen* Instinkte zusammen in Betracht, um hier die Wissenschaft *auszuschließen* ...

(28)

Nichts ist seltener unter den Philosophen als *intellektuelle Rechtschaffenheit*: vielleicht sagen sie das Gegenteil, vielleicht glauben sie es selbst. Aber ihr ganzes Handwerk bringt es mit sich, daß sie nur gewisse Wahrheiten zulassen; sie wissen, was sie beweisen *müssen*, sie erkennen sich beinahe daran als Philosophen, daß sie über diese »Wahrheiten« einig sind. Da sind z. B. die moralischen Wahrheiten. Aber der Glaube an Moral ist noch kein Beweis von Moralität: es gibt Fälle – und der Fall des Philosophen gehört hierher –, wo ein solcher Glaube einfach eine *Unmoralität* ist.

(29)

Durch moralische Hinterabsichten ist der Gang der Philosophie bisher am meisten aufgehalten worden.

(30)

Aus der Gewöhnung an unbedingte Autoritäten ist zuletzt ein tiefes Bedürfnis nach unbedingten Autoritäten entstanden: – so stark, daß es selbst in einem kritischen Zeitalter, wie dem Kant's, dem Bedürfnis nach Kritik sich als überlegen bewies und, in einem gewissen Sinne, die ganze Arbeit des kritischen Verstandes sich untertänig und zu Nutze zu machen wußte. – Es bewies in der darauf folgenden Generation, welche durch ihre historischen Instinkte notwendig auf das Relative jeder Autorität hingelenkt wurde, noch einmal seine Ueberlegenheit, als es auch die Hegel'sche Entwicklungs-Philosophie, die in Philosophie umgetaufte Historie, selbst sich dienstbar machte und die Geschichte als die fortschreitende Selbstoffenbarung, Selbstüberbietung der moralischen Ideen hinstellte. Seit Plato ist die Philosophie unter der Herrschaft der Moral. Auch bei seinen Vorgängern spielen moralische Interpretationen entscheidend hinein (bei Anaximander das Zugrundegehen aller Dinge als Strafe für ihre Emanzipation vom reinen Sein; bei Heraklit die Regelmäßigkeit der Erscheinungen als Zeugnis für den sittlich-rechtlichen Charakter des gesamten Werdens).

(31)

Wie weit die Verderbnis der Psychologen durch die Moral-Idiosynkrasie geht: – Niemand der alten Philosophen hat den Mut zur Theorie des »unfreien Willens« gehabt (d.h. zu einer die Moral negierenden Theorie); – Niemand hat den Mut gehabt, das Typische der Lust, jeder Art Lust (»Glück«) zu definieren als Gefühl der Macht: denn die Lust an der Macht galt als unmoralisch; – Niemand hat den Mut gehabt, die Tugend als eine *Folge der Unmoralität* (eines Machtwillens) im Dienste der Gattung (oder der Rasse oder der Polis) zu begreifen (denn der Machtwille galt als Unmoralität).

Es kommt in der ganzen Entwicklung der Moral keine Wahrheit vor: alle Begriffs-Elemente, mit denen gearbeitet wird, sind Fiktionen; alle Psychologica, an die man sich hält, sind Fälschungen; alle Formen der Logik, welche man in dies Reich der Lüge einschleppt, sind Sophismen. Was die Moral-Philosophen selbst auszeichnet, das ist die vollkommene Absenz jeder Sauberkeit, jeder Selbstzucht des Intellekts: sie halten »schöne Gefühle« für Argumente: ihr »geschwellter Busen« dünkt ihnen der Blasebalg der Gottheit ... Die Moral-Philosophie ist die skabröse Periode in der Geschichte des Geistes.

Das erste große Beispiel: unter dem Namen der Moral, als Patronat der Moral ein unerhörter Unfug ausgeübt, tatsächlich eine *décadence* in jeder Hinsicht. Man kann nicht streng genug darauf insistieren, daß die großen griechischen Philosophen die *décadence jedweder griechischen Tüchtigkeit* repräsentieren und *contagiös* machen ... Diese gänzlich abstrakt gemachte »Tugend« war die größte Verführung, sich selbst abstrakt zu machen: d.h. sich *herauszulösen*.

Der Augenblick ist sehr merkwürdig: die Sophisten streifen an die erste *Kritik der Moral*, die erste *Einsicht* über die Moral: – sie stellen die Mehrheit (die lokale Bedingtheit) der moralischen Werturteile nebeneinander; – sie geben zu verstehen, daß jede Moral sich dialektisch rechtfertigen lasse: d.h. sie erraten, wie alle Begründung einer Moral notwendig *sophistisch* sein muß, – ein Satz, der hinterdrein im allergrößten Stil durch die antiken Philosophen von Plato an (bis Kant) bewiesen worden ist; – sie stellen die erste Wahrheit hin, daß eine »Moral an sich«, ein

»Gutes an sich« nicht existiert, daß es Schwindel ist, von »Wahrheit« auf diesem Gebiete zu reden.

Wo war nur die *intellektuelle Rechtschaffenheit* damals?

Die griechische Kultur der Sophisten war aus allen griechischen Instinkten herausgewachsen; sie gehört zur Kultur der Perikleischen Zeit, so notwendig wie Plato *nicht* zu ihr gehört: sie hat ihre Vorgänger in Heraklit, in Demokrit, in den wissenschaftlichen Typen der alten Philosophie; sie hat in der hohen Kultur des Thukydides z. B. ihren Ausdruck. Und – sie hat schließlich Recht bekommen: jeder Fortschritt der erkenntnistheoretischen und moralistischen Erkenntnis hat die Sophisten *restituiert* ... Unsere heutige Denkweise ist in einem hohen Grade heraklitisch, demokritisch und protagoreisch ... es genügte zu sagen, daß sie *protagoreisch* sei: weil Protagoras die beiden Stücke Heraklit und Demokrit in sich zusammennahm.

(*Plato*: ein *großer Cagliostro*, – man denke, wie ihn Epikur beurteilte; wie ihn Timon, der Freund Pyrrho's, beurteilte – Steht vielleicht die Rechtschaffenheit Plato's außer Zweifel? ... Aber wir wissen zum mindesten, daß er als absolute Wahrheit *gelehrt* wissen wollte, was nicht einmal bedingt ihm als Wahrheit galt: nämlich die Sonder-Existenz und Sonder-Unsterblichkeit der »Seelen«.)

(32)

Das Erscheinen der griechischen Philosophen von Sokrates an ist ein Symptom der décadence; die antihellenischen Instinkte kommen oben auf ...

Noch ganz hellenisch ist der »*Sophist*« – eingerechnet Anaxagoras, Demokrit, die großen Jonier –; aber als Uebergangsform. Die Polis verliert ihren Glauben an die Einzigkeit ihrer Kultur, an ihr Herren-Recht über jede andere Polis ... Man tauscht die Kultur, d. h. »die Götter« aus, – man verliert dabei den Glauben an das Allein-Vorrecht des deus autochthonus. Das Gut und Böse verschiedener Abkunft mischt sich: die Grenze zwischen Gut und Böse *verwischt* sich ... Das ist der »Sophist« ...

Der »Philisoph« dagegen ist die *Reaktion*: er will die *alte* Tugend. Er sieht die Gründe des Verfalls im Verfall der Institutionen, er will *alte* Institutionen; – er sieht den Verfall im Verfall der Autorität: er sucht nach *neuen* Autoritäten (Reise in's Ausland, in fremde Literaturen, in exotische Religionen ...); – er will die *ideale Polis*, nachdem der Begriff »Polis« sich überlebt hatte (ungefähr wie die Juden sich als »Volk« festhielten, nachdem sie in Knechtschaft gefallen waren). Sie interessieren sich für alle Tyrannen: sie wollen die Tugend mit force majeure wiederherstellen.

Allmählich wird alles *Echthellenische* verantwortlich gemacht für den *Verfall* (und Plato ist genau so undankbar gegen Perikles, Homer, Tragödie, Rhetorik, wie die Propheten gegen David und Saul). *Der Niedergang von Griechenland wird als Einwand gegen die Grundlagen der hellenischen Kultur verstanden: Grundirrtum der Philosophen –. Schluß:* die griechische Welt geht zu Grunde. *Ursache:* Homer, der Mythos, die antike Sittlichkeit usw.

Die *anti*hellenische Entwicklung des Philosophen-Werturteils: – das Aegyptische (»Leben nach dem Tode« als Gericht ...); – das Semitische (die »Würde des Weisen«, der »Scheich«); – die Pythagoreer, die unterirdischen Kulte, das Schweigen, die Jenseits-Furchtmittel, die *Mathematik:* religiöse Schätzung, eine Art Verkehr mit dem kosmischen All; – das Priesterliche, Asketische, Transzendente; – die *Dialektik*, – ich denke es ist eine abscheuliche und pedantische Begriffsklauberei schon in Plato? – Niedergang des guten geistigen Geschmacks: man empfindet das Häßliche und Klappernde aller direkten Dialektik bereits nicht mehr.

Nebeneinander gehen die *beiden* décadence-Bewegungen und Extreme: a) die üppige, liebenswürdig-boshafte, prunk- und kunstliebende décadence und b) die Verdüsterung des religiös-moralischen Pathos, die stoische Selbst-Verhärtung, die platonische Sinnen-Verleumdung, die Vorbereitung des Bodens für das Christentum.

(33)

Die *Sophisten* sind nichts weiter als Realisten: sie formulieren die allen gang und gäben Werte und Praktiken zum Rang der Werte, – sie haben den Mut, den alle starken Geister haben, um ihre Unmoralität zu *wissen* ...

Glaubt man vielleicht, daß diese kleinen griechischen Freistädte, welche sich vor Wut und Eifersucht gern aufgefressen hätten, von menschenfreundlichen und rechtschaffenen Prinzipien geleitet wurden? Macht man vielleicht dem Thukydides einen Vorwurf aus seiner Rede, die er den athenischen Gesandten in den Mund legt, als sie mit den Meliern über Untergang oder Unterwerfung verhandeln?

Inmitten dieser entsetzlichen Spannung von Tugend zu reden war nur vollendeten Tartüffs möglich – oder *Abseits-Gestellten*, Einsiedlern, Flüchtlingen und Auswanderern aus der Realität ... Alles Leute, die negierten, um selber leben zu können –

Die Sophisten waren Griechen: als Sokrates und Plato die Partei der Tugend und Gerechtigkeit nahmen, waren sie *Juden* oder ich weiß nicht was –. Die Taktik *Grote's* zur Verteidigung der Sophisten ist falsch: er will sie zu Ehrenmännern und Moral-Standarten erheben, – aber ihre Ehre war, keinen Schwindel mit großen Worten und Tugenden zu treiben ...

(34)
Die große Vernunft in aller Erziehung zur Moral war immer, daß man hier die *Sicherheit eines Instinkts* zu erreichen suchte: sodaß weder die gute Absicht noch die guten Mittel als solche erst ins Bewußtsein traten. So wie der Soldat exerziert, so sollte der Mensch handeln lernen. In der Tat gehört dieses Unbewußtsein zu jeder Art Vollkommenheit: selbst noch der Mathematiker handhabt seine Kombinationen unbewußt ...

Was bedeutet nun die *Reaktion* des Sokrates, welcher die Dialektik als Weg zur Tugend anempfahl und sich darüber lustig machte, wenn die Moral sich nicht logisch zu rechtfertigen wußte? ... Aber eben das Letztere gehört zu ihrer *Güte*, – ohne Unbewußtheit *taugt sie nichts*! ... *Scham* erregen war ein notwendiges Attribut des Vollkommen! ...

Es bedeutet exakt die *Auflösung der griechischen Instinkte*, als man die *Beweisbarkeit* als Voraussetzung der persönlichen Tüchtigkeit in der Tugend voranstellte. Es sind selbst Typen der Auflösung, alle diese großen »Tugendhaften« und Wortemacher.

In praxi bedeutet es, daß die moralischen Urteile aus ihrer Bedingtheit, aus der sie gewachsen sind und in der allein sie Sinn haben, aus ihrem griechischen und griechisch-politischen Grund und Boden ausgerissen werden und, unter dem Anschein von *Sublimierung, entnatürlicht* werden. Die großen Begriffe »gut«, »gerecht« werden losgemacht von den Voraussetzungen, zu denen sie gehören, und als *frei gewordene* »Ideen« Gegenstände der Dialektik. Man sucht hinter ihnen eine Wahrheit, man nimmt sie als Entitäten oder als Zeichen von Entitäten: man *erdichtet* eine Welt, wo sie zu Hause sind, wo sie herkommen ...

In summa: der Unfug ist auf seiner Spitze bereits bei Plato ... Und nun hatte man nötig, auch den *abstrakt-vollkommenen* Menschen hinzu zu erfinden: – gut, gerecht, weise, Dialektiker – kurz, die *Vogelscheuche* des antiken Philosophen: eine Pflanze, aus jedem Boden losgelöst; eine Menschlichkeit ohne alle bestimmten regulierenden Instinkte; eine Tugend, die sich mit Gründen »beweist«. Das vollkommen *absurde* »Individuum« an sich! die *Unnatur* höchsten Ranges ...

Kurz, die Entnatürlichung der Moralwerte hatte zur Konsequenz, einen entartenden *Typus des Menschen* zu schaffen, – »*den* Guten«, »*den* Glücklichen«, »*den* Weisen«. – Sokrates ist ein Moment der *tiefsten Perversität* in der Geschichte der Werte.

(35)

Diese griechischen Philosophen der strengen Observanz hatten in sich die Wahl, böse Tiere zu werden oder strenge und freudenarme Tierbändiger: so schon *Sokrates*. Sie waren klug genug, um zu begreifen, daß, wer ein menschliches Raubtier wird, fortwährend sich selber zuerst *zerreißt*. Aber nun glaubten sie, *daß jedermann so* wie sie selber in Gefahr sei, *dies Raubtier* zu werden: – dies ist *der große Glaube aller* großen Moralisten, ihre Macht und ihr Irrtum! – Der Glaube an die Nähe der furchtbaren Tierheit bei jedem. – Es waren schwerlich schöne Menschen.

(36)

Die Klugheit, Helle, Härte und Logizität als Waffe wider die *Wildheit der Triebe*. Letztere müssen gefährlich und untergangdrohend sein: sonst hat es keinen Sinn, die *Klugheit* bis zu dieser Tyrannei auszubilden. Aus der Klugheit *einen Tyrannen machen*: – aber *dazu* müssen die Triebe Tyrannen sein. Dies das Problem. – Es war sehr zeitgemäß damals. Vernunft wurde = Tugend = Glück.

Lösung: Die griechischen Philosophen stehen auf der gleichen Grundtatsache ihrer inneren Erfahrungen wie Sokrates: fünf Schritt weit vom Exzeß, von der Anarchie, von der Ausschweifung, – alles décadence-Menschen. Sie empfinden ihn als Arzt: Logik als Wille zur Macht, zur Selbstherrschaft, zum »Glück«. Die Wildheit und Anarchie der Instinkte bei Sokrates ist ein *décadence-Symptom*. Die Superfötation der Logik und der Vernunft-Helligkeit insgleichen. Beide sind Abnormitäten, beide gehören zueinander.

Kritik. Die décadence verrät sich in dieser Präokkupation des »Glücks« (d.h. des »Heils der Seele«, d.h. *seinen Zustand* als *Gefahr* empfinden). Ihr Fanatismus des Interesses für »Glück« zeigt die Pathologie des Untergrundes: es war ein Lebensinteresse. Vernünftig sein *oder* zu Grunde gehen war die *Alternative*, vor der sie alle standen. Der Moralismus der griechischen Philosophen zeigt, daß sie sich *in Gefahr* fühlten ...

(37)

Das ist außerordentlich. Wir finden von Anfang der griechischen Philosophie an einen Kampf gegen die Wissenschaft, mit den Mitteln einer Erkenntnistheorie, resp. Skepsis: und wozu? Immer zu Gunsten der *Moral* ... (Der Haß gegen die Physiker und Aerzte.) Sokrates, Aristipp, die Megariker, die Zyniker, Epikur, Pyrrho – General-Ansturm gegen die Erkenntnis zu Gunsten der *Moral* ... (Haß auch gegen die Dialektik.) Es bleibt ein Problem: sie nähern sich der Sophistik, um die Wissenschaft loszuwerden. Andererseits sind die Physiker alle so weit unterjocht, um das Schema der Wahrheit, des wahren Seins in ihre Fundamente aufzunehmen: z. B. das Atom, die vier Elemente (*Juxtaposition* des Seienden, um die Vielheit und Veränderung zu erklären –). Verachtung gelehrt gegen die *Objektivität* des Interesses: Rückkehr zu dem praktischen Interesse, zur Personal-Nützlichkeit aller Erkenntnis ...

Der Kampf gegen die Wissenschaft richtet sich gegen 1. deren Pathos (Objektivität), 2. deren Mittel (d. h. gegen deren Nützlichkeit), 3. deren Resultate (als kindisch).

Es ist derselbe Kampf, der später wieder von Seiten der *Kirche*, im Namen der Frömmigkeit, geführt wird: sie erbt das ganze antike Rüstzeug zum Kampfe. Die Erkenntnistheorie spielt dabei dieselbe Rolle wie bei Kant, wie bei den Indern ... Man will sich nicht darum zu bekümmern haben: man will freie Hand behalten für seinen »Weg«.

Wogegen wehren sie sich eigentlich? Gegen die Verbindlichkeit, gegen die Gesetzlichkeit, gegen die Nötigung Hand in Hand zu gehen –: ich glaube, man nennt das *Freiheit* ...

Darin drückt sich die décadence aus: der Instinkt der Solidarität ist so entartet, daß die Solidarität als *Tyrannei* empfunden wird: sie wollen keine Autorität, keine Solidarität, keine Einordnung in Reih und Glied zu unedler Langsamkeit der Bewegung. Sie hassen das Schrittweise, das Tempo der Wissenschaft, sie hassen das Nicht-anlangen-wollen, den langen Atem, die Personal-Indifferenz des wissenschaftlichen Menschen.

(38)

Im Grunde ist die Moral gegen die Wissenschaft *feindlich* gesinnt: schon Sokrates war dies – und zwar deshalb, weil die Wissenschaft Dinge als wichtig nimmt, welche mit »gut« und »böse« nichts zu schaffen haben, folglich dem Gefühl für »gut« und »böse« *Gewicht nehmen*. Die Moral nämlich will, daß ihr der ganze Mensch und seine gesamte Kraft zu Diensten sei: sie hält es für die Verschwendung eines solchen, der zum Verschwenden *nicht reich genug* ist, wenn der Mensch sich ernstlich um Pflanzen und Sterne kümmert. Deshalb ging in Griechenland, als Sokrates die Krankheit des Moralisierens in die Wissenschaft eingeschleppt hatte, es geschwinde mit der Wissenschaftlichkeit abwärts; eine Höhe, wie die in der Gesinnung eines Demokrit, Hippokrates und Thukydides, ist nicht zum zweiten Male erreicht worden.

(39)

Der Kampf gegen Sokrates, Plato, die sämtlichen sokratischen Schulen geht von dem tiefen Instinkt aus, daß man den Menschen nicht *besser* macht, wenn man ihm die Tugend als beweisbar, als gründefordernd darstellt ... Zuletzt ist es die mesquine Tatsache, daß der agonale Instinkt alle diese gebornen Dialektiker dazu zwang, ihre *Personal-Fähigkeit* als *oberste Eigenschaft* zu verherrlichen und alles übrige Gute als bedingt durch sie darzustellen. Der *antiwissenschaftliche* Geist dieser ganzen »Philosophie«: sie *will Recht behalten*.

(40)

Sokrates. – Dieser Umschlag des Geschmacks zu Gunsten der Dialektik ist ein großes Fragezeichen. Was geschah eigentlich? – Sokrates, der Roturier, der ihn durchsetzte, kam mit ihm über einen vornehmeren Geschmack, den Geschmack *der Vornehmen*, zum Sieg: – der Pöbel kam mit der Dialektik zum Sieg. Vor Sokrates lehnte man seitens aller guten Gesellschaft die dialektische Manier ab; man glaubte, daß sie bloßstellte; man warnte die Jugend vor ihr. Wozu diese Etalage von Gründen? Wozu eigentlich beweisen? Gegen andere hatte man die Autorität. Man befahl: das genügte. Unter sich, inter pares, hat man das Herkommen, *auch* eine Autorität: und, zu guter Letzt, man »verstand sich«! Man fand gar keinen Platz für Dialektik. – Auch mißtraute man solchem offnen Präsentieren seiner Argumente. Alle honnetten Dinge halten ihre Gründe nicht so in der Hand. Es ist etwas Unanständiges darin, alle fünf Finger zu zeigen. Was sich »beweisen« läßt, ist wenig wert. – Daß Dialektik Mißtrauen erregt, daß sie wenig überredet, das weiß übrigens der Instinkt der Redner aller Parteien. Nichts ist leichter wegzuwischen als ein Dialektiker-Effekt. Dialektik kann nur eine *Notwehr* sein. Man muß in der Not sein, man muß sein Recht zu *erzwingen* haben: eher macht man keinen Gebrauch von ihr. Die Juden waren deshalb Dialektiker, Reineke Fuchs war es, Sokrates war es. Man hat ein schonungsloses Werkzeug in der Hand. Man kann mit ihr tyrannisieren. Man stellt bloß, indem man siegt. Man überläßt seinem Opfer den Nachweis, kein Idiot zu sein. Man macht wütend und hilflos, während man selber kalte, triumphierende Vernünftigkeit bleibt, – man *depotenziert* die Intelligenz seines Gegners. – Die Ironie des Dialektikers ist eine Form der Pöbel-

Rache: die Unterdrückten haben ihre Ferozität in den kalten Messerstichen des Syllogismus ...

Bei Plato, als bei einem Menschen der überreizbaren Sinnlichkeit und Schwärmerei, ist der Zauber des Begriffs so groß gewesen, daß er unwillkürlich den Begriff als eine Idealform verehrte und vergötterte. *Dialektik-Trunkenheit*: als das Bewußtsein, mit ihr eine Herrschaft über sich auszuüben – – als Werkzeug des Machtwillens.

(41)

Sokrates: der *gemeine* Mensch: schlau: durch klaren Verstand und starken Willen Herr über sich werdend: Humor des Siegreichen: im Verkehr mit Vornehmen immer merkend, daß sie nicht sagen können *warum (es gehört zur Vornehmheit, daß die Tugend ohne Warum? geübt wird –)*. Vorher die Wissenschaft bei lauter vornehmen Männern!

Die Dialektik ist *plebejisch* ihrer Herkunft nach: der Fanatismus Plato's der einer *poetischen* Natur für ihr *Gegenstück*. Zugleich merkt er, als *agonale* Natur, daß hier das *Mittel zum Siege* gegeben ist gegen alle *Mitkämpfer*, und daß die Fähigkeit *selten* ist.

(42)

Das Problem des Sokrates. – Die beiden Gegensätze: die *tragische* Gesinnung, die *sokratische* Gesinnung, – gemessen an dem Gesetz des Lebens.

Inwiefern die sokratische Gesinnung ein Phänomen der décadence ist: inwiefern aber noch eine starke Gesundheit und Kraft im ganzen Habitus, in der Dialektik und Tüchtigkeit, Strafheit des wissenschaftlichen Menschen sich zeigt (– die Gesundheit des *Plebejers*; dessen Bosheit, esprit frondeur, dessen Scharfsinn, dessen *Canaille au fond*, im Zaum gehalten durch die *Klugheit*; »häßlich«).

Verhäßlichung: Die Selbstverhöhnung, die dialektische Dürre, die Klugheit als *Tyrann* gegen den »Tyrannen« (den Instinkt). Es ist alles übertrieben, exzentrisch, Karikatur an Sokrates, ein buffo mit den Instinkten Voltaire's im Leibe. Er entdeckt eine neue Art *Agon*; er ist der erste Fechtmeister in den vornehmen Kreisen Athens; er vertritt nichts als die *höchste Klugheit*: er nennt sie »Tugend« (– er erriet sie als *Rettung*: es stand ihm nicht frei, *klug* zu sein, es war *de rigueur*); sich in Gewalt haben, um mit Gründen und *nicht* mit Affekten in den Kampf zu treten (– die *List* des Spinoza, – das Aufdröseln der Affekt-Irrtümer); – entdecken, wie man jeden fängt, den man in Affekt bringt, entdecken, daß der Affekt unlogisch prozediert; Uebung in der Selbstverspottung, um das *Rancune-Gefühl* in der Wurzel zu schädigen.

Ich suche zu begreifen, aus welchen partiellen und idiosynkratischen Zuständen das sokratische Problem ableitbar ist: seine Gleichsetzung von Vernunft = Tugend = Glück. Mit diesem Absurdum von Identitätslehre hat er *bezaubert*: die antike Philosophie kam nicht wieder davon los ...

Absoluter Mangel an objektivem Interesse: Haß gegen die Wissenschaft: Idiosynkrasie, sich selbst als Problem zu fühlen. Akustische Halluzinationen bei Sokrates: morbides Element. Mit Moral sich abgeben widersteht am meisten, wo der Geist reich und unabhängig ist. Wie kommt es, daß Sokrates *Moral-Monoman* ist? – Alle »praktische« Philosophie tritt in Notlagen sofort in den Vordergrund. Moral und Religion als Hauptinteressen sind Notstands-Zeichen.

(43)

Zur Kritik des Philosophen. – Es ist ein Selbstbetrug der Philosophen und Moralisten, damit aus der décadence herauszutreten, daß sie *gegen* dieselbe ankämpfen. Das steht außerhalb ihres Willens: und, so wenig sie es anerkennen, später entdeckt man, wie sie zu den kräftigsten Förderern der décadence gehört haben.

Nehmen wir die Philosophen Griechenlands, z. B. Plato. Er löste die Instinkte *ab* von der Polis, vom Wettkampf, von der militärischen Tüchtigkeit, von der Kunst und Schönheit, von den Mysterien, von dem Glauben an Tradition und Großväter ... Er war der Verführer der nobles: er selbst verführt durch den roturier Sokrates ... Er negierte alle Voraussetzungen des »vornehmen Griechen« von Schrot und Korn, nahm Dialektik in die Alltags-Praxis auf, konspirierte mit den Tyrannen, trieb Zukunftspolitik und gab das Beispiel der vollkommensten *Instinkt-Ablösung vom Alten*. Er ist tief, leidenschaftlich in allem *Anti-hellenischen* ...

Sie stellen der Reihe nach die *typischen* décadence-Formen dar, diese großen Philosophen: die moralisch-religiöse Idiosynkrasie, den Anarchismus, den Nihilismus (ἀδιάφορα), den Zynismus, die Verhärtung, den Hedonismus, den Reaktionismus.

Die Frage vom »Glück«, von der »Tugend«, vom »Heil der Seele« ist der Ausdruck der *physiologischen Widersprüchlichkeit* in diesen Niedergangsnaturen: es fehlt in den Instinkten das *Schwergewicht*, das *Wohin*.

(44)

Ich glaube, man verkennt den Stoizismus. Das Wesentliche dieser Gemütsart (das ist er, schon bevor die Philosophie ihn sich erobert hat) ist das Verhalten gegen den Schmerz und die Unlust-

Vorstellungen: eine gewisse *Schwere*, *Druckkraft* und *Trägheit* wird auf das äußerste gesteigert, um den Schmerz wenig zu empfinden: *Starrheit* und *Kälte* sind der Kunstgriff, Anästhetika also. Hauptabsicht der stoischen Erziehung, die *leichte Erregbarkeit* zu vernichten, die Zahl der Gegenstände, die überhaupt *bewegen* dürfen, immer mehr einschränken, Glauben an die Verächtlichkeit und den geringen Wert der meisten Dinge, welche erregen, Haß und Feindschaft gegen die Erregung, die Passion selber, als ob sie eine Krankheit *oder* etwas Unwürdiges sei: Augenmerk auf alle häßlichen und peinlichen Offenbarungen der Leidenschaft – in summa: *Versteinerung* als Gegenmittel gegen das Leiden, und alle hohen Namen des Göttlichen, der Tugend fürderhin der Statue beilegen. Was ist es, eine Statue im Winter umarmen, wenn man gegen Kälte stumpf geworden ist? – was ist es, wenn die Statue die Statue umarmt! Erreicht der Stoiker die Beschaffenheit, welche er haben will (*meistens bringt er sie mit* und wählt deshalb *diese* Philosophie!), so hat er die *Druckkraft einer Binde*, welche Unempfindlichkeit hervorbringt. – Diese Denkweise ist mir sehr zuwider: sie unterschätzt den Wert des *Schmerzes* (er ist so nützlich und förderlich als die Lust), den Wert der *Erregung* und *Leidenschaft*, er ist endlich gezwungen, zu sagen: alles, wie es kommt, ist mir recht, ich will nichts anders, – *er beseitigt keinen Notstand* mehr, weil er die Empfindung für Notstände getötet hat. Das drückt er religiös aus, als volle Uebereinstimmung mit allen Handlungen der Gottheit (zum Beispiel bei Epictet).

(45)

Die Asketen erlangen ein ungeheures Gefühl von Macht; die Stoiker ebenfalls, weil sie sich immer siegreich, unerschüttert zeigen müssen. Die Epikureer *nicht*; sie finden das Glück nicht im Gefühl der Macht über sich, sondern der Furchtlosigkeit in Hinsicht auf Götter und Natur; ihr Glück ist *negativ* (wie nach Epikur die Lust sein soll). Gegen die Gefühle der Macht ist das Nachgeben gegen angenehme Empfindungen fast neutral und schwach. Ihnen fehlte die Herrschaft über die Natur und das daraus strömende Gefühl der Macht. Die Erkenntnis war damals noch nicht aufbauend, sondern sie lehrte sich einordnen und still genießen.

(46)

Die eigentlichen *Philosophen der Griechen* sind die vor Sokrates (– mit Sokrates verändert sich etwas). Das sind alles vornehme Persönlichkeiten, abseits sich stellend von Volk und Sitte, gereist, ernst bis zur Düsterkeit, mit langsamem Auge, den Staatsgeschäften und der Diplomatie nicht fremd. Sie nehmen den Weisen alle großen Konzeptionen der Dinge vorweg: sie stellen sie selber dar, sie bringen sich in System. Nichts gibt einen höheren Begriff vom griechischen Geist, als diese plötzliche Fruchtbarkeit an Typen, als diese ungewollte Vollständigkeit in der Aufstellung der großen Möglichkeiten des philosophischen Ideals. – Ich sehe nur noch *eine* originale Figur in dem Kommenden: einen Spätling, aber notwendig den letzten, – den Nihilisten *Pyrrho*: – er hat den Instinkt *gegen* alles das, was inzwischen obenauf gekommen war, die Sokratiker, Plato, den Artisten-Optimismus Heraklit's. (Pyrrho greift über Protagoras zu Demokrit zurück ...)

Die *weise* Müdigkeit: Pyrrho. Unter den Niedrigen leben, niedrig. Kein Stolz. Auf die gemeine Art leben; ehren und glauben, was alle glauben. Auf der Hut gegen Wissenschaft und Geist, auch alles, was *bläht* ... Einfach: unbeschreiblich geduldig, unbekümmert, mild. ἀπάθεια, mehr noch πραΰτης. Ein Buddhist für Griechenland, zwischen dem Tumult der Schulen aufgewachsen; spät gekommen; ermüdet; der Protest des Müden gegen den Eifer der Dialektiker; der Unglaube des Müden an die Wichtigkeit aller Dinge. Er hat *Alexander* gesehn, er hat die *indischen Büßer* gesehn. Auf solch Spätes und Raffiniertes wirkt alles Niedrige, alles Arme, alles Idiotische selbst verführerisch. Das narkotisiert: das macht ausstrecken (Pascal). Sie empfinden andrerseits, mitten im Gewimmel und verwechselt mit jedermann, ein wenig Wärme: sie haben *Wärme* nötig, diese Müden ... Den Widerspruch überwinden; kein Wettkampf; kein Wille zur Auszeichnung: die *griechischen* Instinkte verneinen. (Pyrrho lebte mit seiner Schwester zusammen, die Hebamme war.) Die Weisheit verkleiden, daß sie nicht mehr auszeichnet; ihr einen Mantel von Armut und Lumpen geben; die niedrigsten Verrichtungen tun: auf den Markt gehn und Milchschweine verkaufen ... Süßigkeit; Helle; Gleichgültigkeit; keine Tugenden, die Gebärden brauchen: sich auch in der Tugend gleichsetzen: letzte Selbstüberwindung, letzte Gleichgültigkeit.

Pyrrho, gleich Epikur, zwei Formen der griechischen décadence: verwandt, im Haß gegen die Dialektik und gegen alle *schauspielerischen* Tugenden – Beides zusammen hieß damals Philosophie –; absichtlich das, was sie lieben niedrig achtend; die gewöhnlichen, selbst verachteten Namen dafür wählend; einen Zustand darstellend, wo man weder krank, noch gesund, noch lebendig, noch tot ist ... Epikur naiver, idyllischer, dankbarer;

Pyrrho gereister, verlebter, nihilistischer ... Sein Leben war ein Protest gegen die große *Identitätslehre (Glück = Tugend = Erkenntnis)*. Das rechte Leben fördert man nicht durch Wissenschaft: Weisheit macht nicht »weise« ... Das rechte Leben will nicht Glück, sieht ab von Glück ...

(47)

Die griechische Philosophie von Sokrates ab als Krankheitssymptom und folglich Vorbereitung des Christentums.

»Naivität des philosophischen Altertums, psychologische Unschuld; ihre ›Weisen‹ waren langweilig.

Gegen das Altertum gehalten, das an die Vernunft (die göttliche Herkunft der Vernunft), an die Tugend (als höchste Vernünftigkeit und Unabhängigkeit des Geistes) glaubte, lehrt das Christentum den *Verdacht*, daß alles im Grunde böse und unverbesserlich sei; daß der Stolz des Geistes seine größte Gefahr sei usw.«

(48)

Man hat zu allen Zeiten die »schönen Gefühle« für Argumente genommen, den »gehobenen Busen« für den Blasebalg der Gottheit, die Ueberzeugung als »Kriterium der Wahrheit«, das Bedürfnis des Gegners als Fragezeichen zur Weisheit: diese Falschheit, Falschmünzerei geht durch die ganze Geschichte der Philosophie. Die achtbaren, aber nur spärlichen Skeptiker abgerechnet, zeigt sich nirgends ein Instinkt von intellektueller Rechtschaffenheit. Zuletzt hat noch *Kant* in aller Unschuld diese Denker-Korruption mit dem Begriff »*praktische Vernunft*« zu verwissenschaftlichen gesucht: er erfand eigens eine Vernunft dafür, in welchen Fällen man sich *nicht* um die Vernunft zu kümmern brauche: nämlich wenn das Bedürfnis des Herzens, wenn die Moral, wenn die »Pflicht« redet.

(49)

Kant: macht den erkenntnistheoretischen Skeptizismus der Engländer *möglich* für Deutsche:
1. indem er die moralischen und religiösen Bedürfnisse der Deutschen für denselben interessiert: so wie aus gleichem Grunde die neueren Akademiker die Skepsis benutzten als Vorbereitung für den Platonismus (vide Augustin); so wie Pascal sogar die *moralistische* Skepsis benutzte, um das Bedürfnis nach Glauben zu exitieren (»zu rechtfertigen«);
2. indem er ihn scholastisch verschnörkelte und verkräuselte und dadurch dem wissenschaftlichen Form-Geschmack der Deutschen annehmbar machte (denn Locke und Hume an sich

waren zu hell, zu klar, d.h. nach deutschen Wertinstinkten geurteilt »zu oberflächlich« –).

Kant: ein geringer Psycholog und Menschenkenner; grob fehlgreifend in Hinsicht auf große historische Werte (französische Revolution); Moral-Fanatiker à la Rousseau; mit unterirdischer Christlichkeit der Werte; Dogmatiker durch und durch, aber mit einem schwerfälligen Ueberdruß an diesem Hang, bis zum Wunsche, ihn zu tyrannisieren, aber auch der Skepsis sofort müde; noch von keinem Hauche kosmopolitischen Geschmacks und antiker Schönheit angeweht ..., ein *Verzögerer* und *Vermittler*, nichts Originelles (– so wie *Leibniz* zwischen Mechanik und Spiritualismus, wie *Goethe* zwischen dem Geschmack des 18. Jahrhunderts und dem des »historischen Sinnes« [– der wesentlich ein Sinn des Exotismus ist], wie die *deutsche Musik* zwischen französischer und italienischer Musik, wie *Karl* der Große zwischen imperium Romanum und Nationalismus *vermittelte, überbrückte*, – *Verzögerer* par excellence).

(50)

Hegel: seine populäre Seite die Lehre vom Krieg und den großen Männern. Das Recht ist bei dem Siegreichen: er stellt den Fortschritt der Menschheit dar. Versuch, die Herrschaft der Moral aus der Geschichte zu beweisen.

Kant: ein Reich der moralischen Werte, uns entzogen, unsichtbar, wirklich.

Hegel: eine nachweisbare Entwicklung, Sichtbarwerdung des moralischen Reichs.

Wir wollen uns weder auf die Kantische noch Hegel'sche Manier betrügen lassen: – wir *glauben* nicht mehr, wie sie, an die Moral und haben folglich auch keine Philosophien zu gründen, *damit* die Moral Recht behalte. Sowohl der Kritizismus als der Historizismus hat für uns nicht *darin* seinen Reiz: – nun, welchen hat er denn? –

(51)

Aberglaube über den *Philosophen*: Verwechslung mit dem *wissenschaftlichen* Menschen. Als ob die Werte in den Dingen steckten und man sie nur festzuhalten hätte! Inwiefern sie unter der Einflüsterung gegebener Werte forschen (ihr Haß auf Schein, Leib usw.). Schopenhauer in Betreff der Moral (Hohn über den Utilitarismus). Zuletzt geht die Verwechslung so weit, daß man den Darwinismus als Philosophie betrachtet: und jetzt ist die Herrschaft bei den *wissenschaftlichen* Menschen. Auch die Franzosen wie Taine suchen oder meinen zu suchen, *ohne* die Wertmaße schon zu haben. Die Niederwerfung vor den »Facten« eine Art Kultus. Tatsächlich *vernichten* sie die bestehenden Wertschätzungen.

Erklärung dieses Mißverständnisses. Der Befehlende entsteht selten; er mißdeutet sich selber. Man *will* durchaus die Autorität von sich ablehnen und in die *Umstände* setzen. – In Deutschland gehört die Schätzung des Kritikers in die Geschichte der erwachenden *Männlichkeit*. Lessing usw. (Napoleon über Goethe). Tatsächlich ist diese Bewegung durch die deutsche Romantik wieder rückgängig gemacht: und der *Ruf* der deutschen Philosophie bezieht sich auf sie, als ob mit ihr die Gefahr der Skepsis beseitigt sei, und der *Glaube bewiesen* werden könne. In Hegel kulminieren beide Tendenzen: im Grunde verallgemeinert er die Tatsache der deutschen Kritik und die Tatsache der deutschen Romantik, – eine Art von dialektischem Fatalismus, aber zu Ehren des Geistes, tatsächlich mit Unterwerfung des Philosophen *unter* die Wirklichkeit. *Der Kritiker bereitet vor*: nicht mehr!

Mit Schopenhauer dämmert die Aufgabe des Philosophen: daß es sich um eine Bestimmung des *Wertes* handle: immer noch unter der Herrschaft des Eudämonismus. Das Ideal des Pessimismus.

(52)

Die Philosophen 1. hatten von jeher das wunderbare Vermögen zur contradictio in adjecto; 2. sie trauten den Begriffen ebenso unbedingt, als sie den Sinnen mißtrauten: sie erwogen nicht, daß Begriffe und Worte unser Erbgut aus Zeiten sind, wo es in den Köpfen sehr dunkel und anspruchslos zuging.

Was am letzten den Philosophen aufdämmert: sie müssen sich die Begriffe nicht mehr nur schenken lassen, nicht nur sie reinigen und aufhellen, sondern sie allererst *machen, schaffen*, hinstellen und zu ihnen überreden. Bisher vertraute man im Ganzen seinen Begriffen, wie als einer wunderbaren *Mitgift* aus irgend welcher Wunder-Welt: aber es waren zuletzt die Erbschaften unsrer fernsten, ebenso dümmsten als gescheitesten Vorfahren. Es gehört diese *Pietät* gegen das, *was sich in uns vorfindet*, vielleicht zu dem *moralischen Element im Erkennen*. Zunächst tut die absolute Skepsis gegen alle überlieferten Begriffe not (wie sie *vielleicht* schon einmal ein Philosoph besessen hat – Plato natürlich –, denn er *hat* das *Gegenteil gelehrt*).

(53)

Die Bedeutung der deutschen Philosophie *(Hegel)*: einen *Pantheismus* auszudenken, bei dem das Böse, der Irrtum und das Leid *nicht* als Argumente gegen Göttlichkeit empfunden werden. *Diese grandiose Initiative* ist mißbraucht worden von den vorhandenen Mächten (Staat usw.), als sei damit die Vernünftigkeit des gerade Herrschenden sanktioniert.

Schopenhauer erscheint dagegen als hartnäckiger Moral-Mensch, welcher endlich, um mit seiner moralischen Schätzung Recht zu behalten, zum *Welt-Verneiner* wird. Endlich zum »Mystiker«.

Ich selbst habe eine *ästhetische* Rechtfertigung versucht: wie ist die Häßlichkeit der Welt möglich? – Ich nahm den Willen zur Schönheit, zum Verharren in *gleichen* Formen, als ein zeitweiliges Erhaltungs- und Heilmittel: fundamental aber schien mir das ewig-Schaffende als das *ewig-Zerstören-Müssende* gebunden an den Schmerz. Das Häßliche ist die Betrachtungsform der Dinge unter dem Willen, einen Sinn, einen *neuen* Sinn in das Sinnlosgewordene zu legen: die angehäufte Kraft, welche den Schaffenden zwingt, das Bisherige als unhaltbar, mißraten, verneinungswürdig, als häßlich zu fühlen! –

(54)

Manche Philosophen entsprechen vergangenen Zuständen, manche gegenwärtigen, manche zukünftigen und manche unwirklichen.

(55)

Es ist etwas Krankhaftes am ganzen bisherigen Typus der Philosophen: es mag viel an ihnen mißraten sein. Statt sich und die Menschen höher zu führen, gehen die Philosophen am liebsten bei Seite und suchen, ob es nicht einen *andern* Weg gebe: das ist vielleicht an sich schon das Anzeichen eines *entartenden* Instinkts. Der wohlgeratene Mensch freut sich an der Tatsache »Mensch« und am Wege des Menschen: aber – er geht *weiter!*

2. Kapitel
Der Wille zur »Wahrheit«

Zur Einführung

Vorrede

(56)

Parmenides hat gesagt »man denkt das nicht, was nicht ist«; – wir sind am andern Ende und sagen »was gedacht werden kann, muß sicherlich eine Fiktion sein«.

(57)

Die ungeheuren Fehlgriffe:
1. die unsinnige *Ueberschätzung des Bewußtseins*, aus ihm eine Einheit, ein Wesen gemacht: »der Geist«, »die Seele«, etwas, das fühlt, denkt, will –
2. der Geist als *Ursache*, namentlich überall wo Zweckmäßigkeit, System, Koordination erscheinen;
3. das Bewußtsein als höchste erreichbare Form, als oberste Art Sein, als »Gott«;
4. der Wille überall eingetragen, wo es Wirkung gibt;
5. die »wahre Welt« als geistige Welt, als zugänglich durch die Bewußtseins-Tatsachen;
6. die *Erkenntnis* absolut als Fähigkeit des Bewußtseins, wo überhaupt es Erkenntnis gibt.

Folgerungen:
jeder Fortschritt liegt in dem Fortschritt zum Bewußtwerden; jeder Rückschritt im Unbewußtwerden; (– das Unbewußtwerden galt als Verfallensein an die *Begierden* und *Sinne*, – als *Vertierung* ...)
man nähert sich der Realität, dem »wahren Sein« durch Dialektik; man *entfernt* sich von ihm durch Instinkte, Sinne, Mechanismus ...
den Menschen in Geist auflösen, hieße ihn zu Gott machen: Geist, Wille, Güte – Eins;
alles *Gute* muß aus der Geistigkeit stammen, muß Bewußtseins-Tatsache sein;
der Fortschritt zum *Besseren* kann nur ein Fortschritt im *Bewußt*werden sein.

a. Der fehlerhafte Ausgangspunkt:
Die Selbstbespiegelung des Geistes

(58)

Kritik der neuen Philosophie: fehlerhafter Ausgangspunkt, als ob es »Tatsachen des Bewußtseins« gäbe – und keinen *Phänomenalismus* in der *Selbst-Beobachtung*.

(59)

Wir sind mißtrauisch, vom »Denkenden«, »Wollenden«, »Fühlenden« in uns auszugehen. Das ist ein *Ende* und jedenfalls das Verwickeltste und Schwerstverständliche.

(60)

»Bewußtsein« – inwiefern die vorgestellte Vorstellung, der vorgestellte Wille, das vorgestellte Gefühl *(das uns allein bekannte)* ganz oberflächlich ist! »Erscheinung« auch unsre *innere* Welt!

(61)

Mißtrauen gegen die Selbstbeobachtung. Daß ein Gedanke Ursache eines Gedankens ist, ist nicht festzustellen. Auf dem Tisch unsres Bewußtseins erscheint ein Hintereinander von Gedanken, wie als ob ein Gedanke die Ursache des folgenden sei. Tatsächlich sehen wir den Kampf nicht, der sich unter dem Tische abspielt – –

(62)

Ein *logischer* Vorgang, von der Art, wie er »im Buche steht«, *kommt nie vor*, so wenig als eine gerade Linie oder zwei »gleiche Dinge«. Unser Denken läuft grundverschieden: zwischen einem Gedanken und dem nächsten waltet eine Zwischenwelt ganz anderer Art, z. B. Trieb zum Widerspruch oder zur Unterwerfung usw.

(63)

In Betreff des *Gedächtnisses* muß man umlernen: hier steckt die Hauptverführung eine »Seele« anzunehmen, welche zeitlos reproduziert, wiedererkennt usw. Aber das Erlebte lebt fort »im Gedächtnis«; daß es »kommt«, dafür kann ich nichts, der Wille ist dafür untätig, wie beim Kommen jedes Gedankens. Es geschieht etwas, dessen ich mir bewußt werde: jetzt kommt etwas Aehnliches – wer ruft es? weckt es?

(64)

Hauptirrtum der Psychologen: sie nehmen die undeutliche Vorstellung als eine niedrigere *Art* der Vorstellung gegen die helle gerechnet: aber was aus unserm Bewußtsein sich entfernt und deshalb *dunkel wird*, *kann* deshalb an sich vollkommen klar sein. *Das Dunkelwerden ist Sache der Bewußtseins-Perspektive*.

(65)
Man muß den Phänomenalismus nicht an der falschen Stelle suchen: nichts ist phänomenaler, (oder deutlicher:) nichts ist so sehr *Täuschung*, als diese innere Welt, die wir mit dem berühmten »inneren Sinn« beobachten.

Wir haben den Willen als Ursache geglaubt, bis zu dem Maße, daß wir nach unsrer Personal-Erfahrung überhaupt eine Ursache in das Geschehen hineingelegt haben (d.h. Absicht als Ursache von Geschehen –).

Wir glauben, daß Gedanke und Gedanke, wie sie in uns nacheinander folgen, in irgend einer kausalen Verkettung stehen: der Logiker insonderheit, der tatsächlich von lauter Fällen redet, die niemals in der Wirklichkeit vorkommen, hat sich an das Vorurteil gewöhnt, daß Gedanken Gedanken *verursachen* –

Wir glauben – und selbst unsre Philosophen glauben es noch –, daß Lust und Schmerz Ursache sind von Reaktionen, daß es der Sinn von Lust und Schmerz ist, Anlaß zu Reaktionen zu geben. Man hat Lust und das Vermeiden der Unlust geradezu Jahrtausende lang als *Motive* für jedes Handeln aufgestellt. Mit einiger Besinnung dürften wir zugeben, daß alles so verlaufen würde, nach genau derselben Verkettung der Ursachen und Wirkungen, wenn diese Zustände »Lust und Schmerz« fehlten: und man täuscht sich einfach, zu behaupten, daß sie irgend etwas verursachen: – es sind *Begleiterscheinungen* mit einer ganz andern Finalität, als der, Reaktionen hervorzurufen; es sind bereits Wirkungen innerhalb des eingeleiteten Prozesses der Reaktion.

In summa: Alles, was bewußt wird, ist eine Enderscheinung, ein Schluß – und verursacht nichts; alles Nacheinander im Bewußtsein ist vollkommen atomistisch –. Und wir haben die Welt versucht zu verstehn in der *umgekehrten* Auffassung, – als ob nichts wirke und real sei als Denken, Fühlen, Wollen!...

(66)
Ich halte die Phänomenalität auch der *inneren* Welt fest: Alles, was uns *bewußt* wird, ist durch und durch erst zurechtgemacht, vereinfacht, schematisiert, ausgelegt, – der *wirkliche* Vorgang der inneren »Wahrnehmung«, die *Kausalvereinigung* zwischen Gedanken, Gefühlen, Begehrungen, zwischen Subjekt und Objekt ist uns absolut verborgen – und vielleicht eine reine Einbildung. Diese »scheinbare *innere* Welt« ist mit ganz denselben Formen und Prozeduren behandelt, wie die »äußere« Welt. Wir stoßen nie auf »Tatsachen«: Lust und Unlust sind späte und abgeleitete Intellekt-Phänomene...

Die »Ursächlichkeit« entschlüpft uns; zwischen Gedanken ein unmittelbares, ursächliches Band anzunehmen, wie es die Logik tut – das ist Folge der allergröbsten und plumpsten Beobachtung. *Zwischen* zwei Gedanken spielen *noch alle möglichen Affekte* ihr Spiel: aber die Bewegungen sind zu rasch, deshalb *verkennen* wir sie, *leugnen* wir sie...

»Denken«, wie es die Erkenntnistheoretiker ansetzen, kommt gar nicht vor: das ist eine ganz willkürliche Fiktion, erreicht durch Heraushebung eines Elementes aus dem Prozeß und Subtraktion aller übrigen, eine künstliche Zurechtmachung zum Zwecke der Verständlichung...

Der »Geist«, *etwas, das denkt*: womöglich gar »der Geist absolut, rein, pur« – diese Konzeption ist eine abgeleitete zweite Folge der falschen Selbstbeobachtung, welche an »Denken« glaubt: hier ist *erst* ein Akt imaginiert, der gar nicht vorkommt, »das Denken«, und *zweitens* ein Subjekt-Substrat imaginiert, in dem jeder Akt dieses Denkens und sonst nichts anderes seinen Ursprung hat: das heißt *sowohl das Tun, als der Täter sind fingiert*.

b. Der Glaube an Worte und Grammatik

(67)

Wir werden am letzten den ältesten Bestand von Metaphysik los werden, gesetzt daß wir ihn loswerden *können*, – jenen Bestand, welcher in der Sprache und den grammatischen Kategorien sich einverleibt und dermaßen unentbehrlich gemacht hat, daß es scheinen möchte, wir würden aufhören, denken zu können, wenn wir auf diese Metaphysik Verzicht leisteten. Gerade die Philosophen wissen sich am schwersten vom Glauben frei zu machen, daß die Grundbegriffe und Kategorien der Vernunft ohne weiteres schon ins Reich der metaphysischen Gewißheiten gehören: von alters her glauben sie eben an die Vernunft als an ein Stück metaphysischer Welt selbst, – in ihnen bricht dieser älteste Glaube wie ein übermächtiger Rückschlag immer wieder aus.

(68)

Seien wir vorsichtiger als Cartesius, welcher in dem Fallstrick der Worte hängen blieb. Cogito ist freilich nur ein Wort: aber es bedeutet etwas Vielfaches (– Manches ist vielfach, und wir greifen derb darauf los, im guten Glauben, daß es eins sei). In jenem berühmten cogito steckt 1. es denkt, 2. ich glaube, daß ich es bin, der da denkt, 3. aber auch angenommen, daß dieser zweite Punkt in der Schwebe bliebe, als Sache des Glaubens, so enthält auch jenes erste »es denkt« noch einen Glauben: nämlich, daß »denken« eine Tätigkeit sei, zu der ein *Subjekt*, zum mindesten ein »es« gedacht werden müsse: und weiter bedeutet das ergo sum nichts! Aber das ist der Glaube an die Grammatik, da werden schon »Dinge« und deren »Tätigkeiten« gesetzt, und wir sind fern von der unmittelbaren Gewißheit. Lassen wir also auch jenes problematische »es« weg und sagen wir cogitatur als Tatbestand ohne eingemischte Glaubensartikel: so täuschen wir uns noch einmal, denn auch die passivische Form enthält Glaubenssätze und nicht nur »Tatbestände«: in summa, gerade der Tatbestand läßt sich nicht nackt hinstellen, das »Glauben« und »Meinen« steckt in cogito oder cogitat und cogitatur: wer verbürgt uns, daß wir mit ergo nicht etwas von diesem Glauben und Meinen herausziehn und daß übrig bleibt: es wird etwas geglaubt, folglich wird etwas geglaubt, – eine falsche Schlußform! Zuletzt müßte man immer schon wissen, was »sein« ist, um ein sum aus dem cogito herauszuziehn; man müßte ebenso schon wissen, was *wissen* ist: man geht vom Glauben an die Logik – an das ergo vor allem! – aus, und nicht nur von der Hinstellung eines Faktums! – Ist »Gewißheit« möglich im Wissen? Ist unmittelbare Gewißheit nicht vielleicht eine contradictio in adjecto? Was ist Erkennen im Verhältnis zum Sein? Für den, welcher auf alle diese Fragen schon fertige Glaubenssätze mitbringt, hat aber die Kartesianische Vorsicht gar keinen Sinn mehr: sie kommt viel zu spät. Vor der Frage nach dem »Sein« müßte die Frage vom Wert der Logik entschieden sein.

(69)

So wie Mathematik und Mechanik lange Zeiten als Wissenschaften mit absoluter Gültigkeit betrachtet wurden und erst jetzt der Verdacht sich zu entschleiern wagt, daß sie nichts mehr und nichts weniger sind als angewandte Logik auf die bestimmte unbeweisliche Annahme hin, daß es »identische Fälle« gibt – Logik selber aber eine konsequente Zeichenschrift auf Grund der durchgeführten Voraussetzung, daß es identische Fälle gibt –: so galt ehemals auch das *Wort* schon als Erkenntnis eines Dings, und noch jetzt sind die grammatischen Funktionen die bestgeglaubten Dinge, vor denen man sich nicht genug hüten kann. Es ist möglich, daß dieselbe Art Mensch, die später Vedânta-Philosophien ausdachte, Jahrtausende früher vielleicht auf der Grundlage unvollkommener Sprachen sich eine philosophische Sprache ausdachte, *nicht*, wie sie meinten, als Zeichenschrift, sondern als Erkenntnis der Welt selber: aber welches »das ist« bisher auch aufgestellt wurde, eine spätere und feinere Zeit hat immer wieder daran aufgedeckt, daß es nicht mehr ist, als »das bedeutet«. Noch jetzt ist die eigentliche Kritik der Begriffe oder (wie ich es einst bezeichnete) eine wirkliche »Entstehungsgeschichte des Denkens« von den meisten Philosophen nicht einmal *geahnt*. Man sollte die *Wertschätzungen* aufdecken und neu abschätzen, welche um die Logik herum liegen: z. B. »das Gewisse ist mehr wert, als das Ungewisse«, »das Denken ist unsre höchste Funktion«; ebenso den Optimismus im Logischen, das Siegesbewußtsein in jedem Schlusse, das Imperativische im Urteil, die Unschuld im Glauben an die Begreifbarkeit im Begriff.

(70)

Unsre Unart, ein Erinnerungszeichen, eine abkürzende Formel als Wesen zu nehmen, schließlich als *Ursache*, z. B. vom Blitz zu sagen: »er leuchtet«. Oder gar das Wörtchen »ich«. Eine Art von Perspektive im Sehen wieder als *Ursache des Sehens selbst* zu setzen: das war das Kunststück in der Erfindung des »Subjekts«, des »Ich's«!

(71)

Erst *Bilder* – zu erklären, wie Bilder im Geiste entstehen. Dann *Worte*, angewendet auf Bilder. Endlich *Begriffe*, erst möglich, wenn es Worte gibt – ein Zusammenfassen vieler Bilder unter etwas Nicht-Anschauliches, sondern Hörbares (Wort). Das kleine bißchen Emotion, welches beim »Wort« entsteht, also beim Anschauen ähnlicher Bilder, für die *ein* Wort da ist – diese schwache Emotion ist das Gemeinsame, die Grundlage des Begriffes. Daß schwache Empfindungen als gleich angesetzt werden, *als dieselben* empfunden werden, ist die Grundtatsache. Also die Verwechslung zweier ganz benachbarten Empfindungen in der *Konstatierung* dieser Empfindungen; – *wer* aber konstatiert? Das *Glauben* ist das Uranfängliche schon in jedem Sinnes-Eindruck: eine Art Ja-sagen *erste* intellektuelle Tätigkeit! Ein »Für-wahr-halten« im Anfange! Also zu erklären: wie ein »Für-wahr-halten« entstanden ist! Was liegt für eine Sensation *hinter* »wahr«?

(72)

Grundlösung. – Wir glauben an die Vernunft: diese aber ist die Philosophie der grauen *Begriffe*. Die Sprache ist auf die allernaivsten Vorurteile hin gebaut.

Nun lesen wir Disharmonien und Probleme in die Dinge hinein, weil wir *nur* in der sprachlichen Form *denken*, – somit die

»ewige Wahrheit« der »Vernunft« glauben (z. B. Subjekt, Prädikat usw.).

Wir hören auf zu denken, wenn wir es nicht in dem sprachlichen Zwange tun wollen, wir langen gerade noch bei dem Zweifel an, hier eine Grenze als Grenze zu sehn.

Das vernünftige Denken ist ein Interpretieren nach einem Schema, welches wir nicht abwerfen können.

(73)

Mit der Sprache sollen Zustände und Begehrungen bezeichnet werden: also Begriffe sind Zeichen zum Wiedererkennen. Die Absicht auf Logik liegt nicht darin; das logische Denken ist ein Auflösen. Aber jedes Ding, das wir »begreifen«, jeder Zustand, ist eine Synthesis, die man nicht »begreifen«, wohl aber bezeichnen kann: und auch das nur, indem man eine gewisse Aehnlichkeit mit Dagewesenem anerkennt. »Unwissenschaftlich« ist jede innere geistige Aktion tatsächlich, auch *jedes* Denken.

(74)

Unser Intellekt ist nicht zum Begreifen des Werdens eingerichtet, er strebt die allgemeine Starrheit zu beweisen, dank seiner Abkunft aus *Bildern*. Alle Philosophen haben das Ziel gehabt, zum Beweis des ewigen Beharrens, weil der Intellekt darin seine eigene Form und Wirkung fühlt.

(75)

Wir stellen ein Wort hin, wo unsre Unwissenheit anhebt, wo wir nicht mehr weiter sehen können, z. B. das Wort »Ich«, das Wort »tun«, das Wort »leiden«: – das sind vielleicht Horizontlinien unsrer Erkenntnis, aber keine »Wahrheiten«.

c. Das Vertrauen auf ein Wahrheitsprinzip im Grund der Dinge

(76)

Man ist unbillig gegen Descartes, wenn man seine Berufung auf Gottes Glaubwürdigkeit leichtfertig nennt. In der Tat, nur bei der Annahme eines moralisch uns gleichartigen Gottes ist von vornherein die »Wahrheit« und das Suchen der Wahrheit etwas, das Erfolg verspricht und Sinn hat. Diesen Gott beiseite gelassen, ist die Frage erlaubt, ob betrogen zu werden nicht zu den Bedingungen des Lebens gehört.

(77)

In einer Welt, die wesentlich falsch ist, wäre Wahrhaftigkeit eine *widernatürliche Tendenz*: eine solche könnte nur Sinn haben als Mittel zu einer besonderen *höheren Potenz von Falschheit*. Damit eine Welt des Wahren, Seienden fingiert werden konnte, mußte zuerst der Wahrhaftige geschaffen sein (eingerechnet, daß ein solcher sich »wahrhaftig« glaubt).

Einfach, durchsichtig, mit sich nicht im Widerspruch, dauerhaft, sich gleichbleibend, ohne Falte, Volte, Vorhang, Form: ein Mensch derart konzipiert eine Welt des Seins als »*Gott*« nach seinem Bilde.

Damit Wahrhaftigkeit möglich ist, muß die ganze Sphäre des Menschen sehr sauber, klein und achtbar sein: es muß der Vorteil in jedem Sinne auf Seiten des Wahrhaftigen sein. – Lüge, Tücke, Verstellung müssen Erstaunen erregen ...

(78)

Die Voraussetzung, daß es im Grunde der Dinge so moralisch zugeht, daß die *menschliche Vernunft Recht behält*, ist eine Treuherzigkeit und Biedermanns-Voraussetzung, die Nachwirkung des Glaubens an die göttliche Wahrhaftigkeit – Gott als Schöpfer der Dinge gedacht. – Die Begriffe eine Erbschaft aus einer jenseitigen Vorexistenz – –

(79)

Inwiefern die Dialektik und der Glaube an die Vernunft noch auf *moralischen* Vorurteilen ruht. Bei Plato sind wir als einstmalige Bewohner einer intelligiblen Welt des Guten noch im Besitz eines Vermächtnisses jener Zeit: die göttliche Dialektik, als aus dem Guten stammend, führt zu allem Guten (– also gleichsam »zurück« –). Auch Descartes hatte einen Begriff davon, daß in einer christlich-moralischen Grunddenkweise, welche an einen *guten* Gott als Schöpfer der Dinge glaubt, die Wahrhaftigkeit Gottes erst uns unsre Sinnesurteile *verbürgt*. Abseits von einer religiösen Sanktion und Verbürgung unsrer Sinne und Vernünftigkeit – woher sollten wir ein Recht auf Vertrauen gegen das Dasein haben! Daß das Denken gar ein Maß des Wirklichen sei, – daß was nicht gedacht werden kann, nicht *ist*, – ist ein plumpes non plus ultra einer moralistischen Vertrauensseligkeit (auf ein essentielles Wahrheits-Prinzip im Grund der Dinge), an sich eine tolle Behauptung, der unsre Erfahrung in jedem Augenblicke widerspricht. Wir können gerade gar nichts denken, inwiefern es *ist* ...

(80)

Wenn der Charakter des Daseins falsch sein sollte – das wäre nämlich möglich –, was wäre dann die Wahrheit, alle unsere Wahrheit? ... Eine gewissenlose Umfälschung des Falschen? Eine höhere Potenz des Falschen? ...

d. Die Verwechslung der Logik mit dem Prinzip des Wirklichen

(81)

Es kommt in der Wirklichkeit *nichts* vor, was der Logik streng entspräche.

(82)

Was uns von allen Platonischen und Leibnizischen Denkweisen am gründlichsten trennt, das ist: wir glauben an keine ewigen Begriffe, ewigen Werte, ewigen Formen, ewigen Seelen; und Philosophie, soweit sie Wissenschaft und nicht Gesetzgebung ist, bedeutet uns nur die weiteste Ausdehnung des Begriffs »Historie«. Von der Etymologie und der Geschichte der Sprache her nehmen wir alle Begriffe als *geworden*, viele als noch werdend: und zwar so, daß die allgemeinsten Begriffe, als die *falschesten*, auch die ältesten sein müssen. »Sein«, »Substanz«, »Unbedingtes«, »Gleichheit«, »Ding« –: das Denken erfand sich zuerst und zuältest diese Schemata, welche tatsächlich der Welt des Werdens am gründlichsten widersprechen, aber ihr von vornherein, bei der Stumpfheit und Einerleiheit des anfänglichen, noch untertierischen Bewußtseins, zu entsprechen *schienen*: jede »Erfahrung« schien sie immer von neuem und sie ganz allein zu unterstreichen. Die Gleichheit und Aehnlichkeit wurde allmählich, mit der Verschärfung der Sinne und der Aufmerksamkeit, mit der Entwicklung und dem Kampfe des vielfältigsten Lebens, immer seltener zugestanden: während für die niedersten Wesen alles »ewig sich gleich«, »eins«, »beharrlich«, »unbedingt«, »eigenschaftslos« erschien. Allmählich vervielfältigt sich dergestalt die »Außenwelt«; aber ungeheure Zeiträume hindurch galt auf Erden ein Ding als gleich und zusammenfallend mit einem einzigen Merkmale, z. B. mit einer bestimmten Farbe. Die Vielheit der Merkmale an einem einzelnen Ding wurde mit der größten Langsamkeit zugestanden: noch aus der Geschichte der menschlichen Sprache sehen wir ein Widerstreben gegen die Vielheit der Prädikate. Die längste Verwechslung aber ist die, daß das Prädikat-Zeichen mit dem Ding selber als gleich gesetzt wird; und die Philosophen, welche gerade die ältesten Instinkte der Menschheit, auch die ältesten Aengste und Aberglauben (wie den Seelen-Aberglauben) am besten in sich nachgebildet haben – man kann bei ihnen von einem Atavismus par excellence reden –, drückten ihr Siegel auf diese Verwechslung, als sie lehrten, gerade die Zeichen, nämlich die »Ideen« seien das wahrhaft Vorhandene, Unveränderliche und Allgültige. Während tatsächlich das Denken, bei der Wahrnehmung eines Dinges, eine Reihe von Zeichen umläuft, welche das Gedächtnis ihm darbietet, und nach Aehnlichkeiten sucht; während der Mensch mit einem ähnlichen Zeichen das Ding als »bekannt« ansetzt, faßt, *ergreift*: meinte er lange es eben damit zu *begreifen*. Das Greifen und Fassen, das Aneignen bedeutete ihm bereits ein Erkennen, ein Zu-Ende-kennen; die Worte sogar in der menschlichen Sprache schienen lange – und scheinen dem Volke heute noch – nicht Zeichen, sondern Wahrheiten in Betreff der damit bezeichneten Dinge zu sein. Je feiner die Sinne, je strenger die Aufmerksamkeit, je vielfältiger die Aufgaben des Lebens wurden, umso schwerer wurde auch die »Erkenntnis« eines Dinges, einer Tatsache als endgültige Erkenntnis, als »Wahrheit« zugestanden; und zu guter Letzt: auf dem Punkte, zu welchem uns heute das methodische Mißtrauen gedrängt hat, geben wir uns gar nicht mehr das Recht, von Wahrheiten im unbedingten Sinne zu reden, – wir haben dem Glauben an die Erkennbarkeit der Dinge ebensosehr wie dem Glauben an die Erkenntnis abgeschworen. Das »Ding« ist nur eine Fiktion (das »Ding an sich« sogar eine widerspruchsvolle, unerlaubte Fiktion!): aber auch das »Erkennen« selber – das absolute und folglich auch das relative – ist ebenfalls nur eine Fiktion! Damit fällt denn auch die Nötigung weg, ein Etwas, *das* »erkennt«, ein »Subjekt« für das Erkennen, anzusetzen: irgend eine »reine Intelligenz«, einen »absoluten Geist«: – diese noch von *Kant* nicht gänzlich aufgegebene Mythologie, welche Plato für Europa in verhängnisvoller Weise vorbereitet hat und welche mit dem christlichen Grund-Dogma »*Gott* ist ein Geist« alle Wissenschaft des Leibes und dadurch auch die Fortentwicklung des Leibes mit dem Tode bedrohte: diese Mythologie hat nunmehr ihre Zeit gehabt.

(83)

Mein Satz, in eine Formel gedrängt, die altertümlich riecht, nach Christentum, Scholastik und anderem Moschus: im Begriff »Gott als *Geist*« ist Gott als Vollkommenheit *negiert* ...

(84)

»Was sich beweisen läßt, ist wahr«: – das ist eine willkürliche Festsetzung des Begriffs »wahr«, die sich *nicht beweisen* läßt! Es ist ein einfaches »das *soll* als wahr gelten, soll ›wahr‹ heißen!« Im Hintergrunde steht der Nutzen einer solchen Geltung des Begriffs »wahr«: denn das Beweisbare appelliert an das Gemeinsamste in den Köpfen (an die Logik): weshalb es natürlich nicht *mehr* ist, als ein Nützlichkeits-Maßstab im Interesse der meisten.

»Wahr«, »bewiesen«, das heißt aus Schlüssen abgeleitet, – vorausgesetzt, daß die Urteile, welche zum Schlusse gebracht werden, schon »wahr« sind (d.h. *allgemein zugestanden*). Somit ist »wahr« etwas, das nach einer allgemein zugestandenen Art des Schließens auf allgemein zugestandene Wahrheiten zurückgeführt wird. *Das bedeutet also*: »was sich beweisen läßt, ist wahr« setzt bereits *Wahrheiten als gegeben voraus* – – –

(85)

Ein und dasselbe zu bejahen und zu verneinen mißlingt uns: das ist ein subjektiver Erfahrungssatz, darin drückt sich keine »Notwendigkeit« aus, *sondern nur ein Nichtvermögen*.

Wenn, nach Aristoteles, der *Satz vom Widerspruch* der gewisseste aller Grundsätze ist, wenn er der letzte und unterste ist, auf den alle Beweisführungen zurückgehen, wenn in ihm das Prinzip aller anderen Axiome liegt: umso strenger sollte man erwägen, was er im Grunde schon an Behauptungen *voraussetzt*. Entweder wird mit ihm etwas in Betreff des Wirklichen, Seienden behauptet, wie als ob man es anderswoher bereits kennte; nämlich daß ihm nicht entgegengesetzte Prädikate zugesprochen werden *können*. Oder der Satz will sagen: daß ihm entgegengesetzte Prädikate nicht zugesprochen werden *sollen*. Dann wäre Logik ein Imperativ, *nicht* zur Erkenntnis des Wahren, sondern zur Setzung und Zurechtmachung einer Welt, *die uns wahr heißen soll*.

Kurz, die Frage steht offen: sind die logischen Axiome dem Wirklichen adäquat, oder sind sie Maßstäbe und Mittel, um Wirkliches, den Begriff »Wirklichkeit«, für uns erst zu *schaffen*? ... Um das Erste bejahen zu können, müßte man aber, wie gesagt, das Seiende bereits kennen; was schlechterdings nicht der Fall ist. Der Satz enthält also kein *Kriterium der Wahrheit*, sondern einen *Imperativ* über das, was als wahr gelten *soll*.

Gesetzt, es gäbe ein solches sich-selbst-identisches A gar nicht, wie es jeder Satz der Logik (auch der Mathematik) voraussetzt, das A wäre bereits eine *Scheinbarkeit*, so hätte die Logik eine bloß *scheinbare* Welt zur Voraussetzung. In der Tat glauben wir an jenen Satz unter dem Eindruck der unendlichen Empirie, welche ihn fortwährend zu *bestätigen* scheint. Das »Ding« – das ist das eigentliche Substrat zu A; *unser Glaube an Dinge* ist die Voraussetzung für den Glauben an die Logik. Das A der Logik ist wie das Atom eine Nachkonstruktion des »Dinges« ... Indem wir das nicht begreifen und aus der Logik ein Kriterium des *wahren Seins* machen, sind wir bereits auf dem Wege, alle jene Hypostasen:

Substanz, Prädikat, Objekt, Subjekt, Aktion usw. als Realitäten zu setzen: das heißt eine metaphysische Welt zu konzipieren, das heißt eine »wahre Welt« *(– diese ist aber die scheinbare Welt noch einmal...).* – Die ursprünglichen Denkakte, das Bejahen und Verneinen, das Für-wahr-halten und das Nicht-für-wahr-halten, sind, insofern sie nicht nur eine Gewohnheit, sondern ein *Recht* voraussetzen, überhaupt für wahr zu halten oder für unwahr zu halten, bereits von einem Glauben beherrscht, *daß es für uns Erkenntnis gibt,* daß *Urteilen wirklich die Wahrheit treffen könne;* – kurz, die Logik zweifelt nicht, etwas vom An-sich-Wahren aussagen zu können (nämlich, daß ihm nicht entgegengesetzte Prädikate zukommen *können*).

Hier *regiert* das sensualistische grobe Vorurteil, daß die Empfindungen uns *Wahrheiten* über die Dinge lehren, – daß ich nicht zu gleicher Zeit von ein und demselben Dinge sagen kann, es ist *hart* und es ist *weich*. (Der instinktive Beweis »ich kann nicht zwei entgegengesetzte Empfindungen zugleich haben« – *ganz grob* und *falsch*.)

Das begriffliche Widerspruchs-Verbot geht von dem Glauben aus, daß wir Begriffe bilden *können,* daß ein Begriff das Wesen eines Dinges nicht nur bezeichnet, sondern *faßt* ... Tatsächlich gilt die *Logik* (wie die Geometrie und Arithmetik) nur von *fingierten Wesenheiten, die wir geschaffen haben.* Logik ist der Versuch, *nach einem von uns gesetzten Seins-Schema die wirkliche Welt zu begreifen, richtiger: uns formulierbar, berechenbar zu machen* ...

(86)

Ueberschriften über einem modernen Narrenhaus.

»Denknotwendigkeiten sind Moralnotwendigkeiten.«
          Herbert Spencer.
»Der letzte Prüfstein für die Wahrheit eines Satzes ist die Unbegreiflichkeit ihrer Verneinung.« Herbert Spencer.

(87)

Erster Satz. Die *leichtere* Denkweise siegt über die schwierigere; – als *Dogma*: simplex sigillum veri. – Dico: daß die *Deutlichkeit* etwas für Wahrheit ausweisen soll, ist eine vollkommne Kinderei ...

Zweiter Satz. Die Lehre vom *Sein*, vom Ding, von lauter festen Einheiten ist *hundertmal leichter* als die Lehre vom *Werden*, von der Entwicklung ...

Dritter Satz. Die Logik war als *Erleichterung* gemeint: als *Ausdrucksmittel*, – *nicht* als Wahrheit ... Später *wirkte* sie als *Wahrheit* ...

(88)

Alles, was einfach ist, ist bloß imaginär, ist nicht »wahr«. Was aber wirklich, was wahr ist, ist weder eins, noch auch nur reduzierbar auf eins.

(89)

Die logische Bestimmtheit, Durchsichtigkeit als Kriterium der Wahrheit (»omne illud verum est, quod clare et distincte percipitur« Descartes): damit ist die mechanische Welt-Hypothese erwünscht und glaublich.

Aber das ist eine grobe Verwechslung: wie simplex sigillum veri. Woher weiß man das, daß die wahre Beschaffenheit der Dinge in *diesem* Verhältnis zu unserm Intellekt steht? – Wäre es nicht anders? daß die ihm am meisten das Gefühl von Macht und Sicherheit gebende Hypothese am meisten von ihm *bevorzugt, geschätzt und folglich* als *wahr* bezeichnet wird? – Der Intellekt setzt sein *freiestes* und *stärkstes Vermögen* und *Können* als Kriterium der Wertvollsten, folglich *Wahren* ...

»Wahr«: von Seiten des Gefühls aus –: was das Gefühl am stärksten erregt (»Ich«);
 von Seiten des Denkens aus –: was dem Denken das größte Gefühl von Kraft gibt;
 von Seiten des Tastens, Sehens, Hörens aus –: wobei am stärksten Widerstand zu leisten ist.

Also die *höchsten Grade in der Leistung* erwecken für das *Objekt* den Glauben an dessen »Wahrheit«, das heißt *Wirklichkeit*. Das Gefühl der Kraft, des Kampfes, des Widerstandes überredet dazu, daß es etwas *gibt*, dem hier widerstanden wird.

(90)

Die Logik ist geknüpft an die Bedingung: *gesetzt, es gibt identische Fälle.* Tatsächlich, damit logisch gedacht und geschlossen werde, *muß diese* Bedingung erst als erfüllt fingiert werden. Das heißt: der Wille zur *logischen Wahrheit* kann erst sich vollziehen, nachdem eine grundsätzliche *Fälschung* alles Geschehens angenommen ist. Woraus sich ergibt, daß hier ein Trieb waltet, der beider Mittel fähig ist, zuerst der Fälschung und dann der Durchführung seines Gesichtspunktes: die Logik stammt *nicht* aus dem Willen zur Wahrheit.

(91)

Die fortwährenden Uebergänge erlauben nicht, von »Individuum« usw. zu reden; die »Zahl« der Wesen ist selber im Fluß. Wir würden nichts von Zeit und nichts von Bewegung wissen, wenn wir nicht, in grober Weise, »Ruhendes« neben Bewegtem zu sehen glaubten. Ebensowenig von Ursache und Wirkung, und ohne die irrtümliche Konzeption des »leeren Raumes« wären wir gar nicht zur Konzeption des Raums gekommen. Der Satz von der Identität hat als Hintergrund den »Augenschein«, daß es gleiche Dinge gibt. Eine werdende Welt könnte im strengen Sinne nicht »begriffen«, nicht »erkannt« werden; nur insofern der »begreifende« und »erkennende« Intellekt eine schon geschaffene grobe Welt vorfindet, gezimmert aus lauter Scheinbarkeiten, aber fest geworden, insofern diese Art Schein das Leben erhalten hat – nur insofern gibt es etwas wie »Erkenntnis«: d. h. ein Messen der früheren und der jüngeren Irrtümer aneinander.

(92)

Gleichheit und Aehnlichkeit.
1. Das gröbere Organ sieht viele scheinbare Gleichheit;
2. der Geist *will* Gleichheit, d. h. einen Sinneneindruck subsumieren unter eine vorhandene Reihe: ebenso wie der Körper Unorganisches sich *assimiliert*.

Zum Verständnis der *Logik*:
der Wille zur Gleichheit ist der Wille zur Macht – der Glaube, daß etwas so und so sei (das Wesen des *Urteils*), ist die Folge eines Willens, es *soll* so viel als möglich gleich sein.

(93)

Die *plötzlichen* Dinge haben die Menschen an einen falschen Gegensatz gewöhnt, sie nennen es dauernd, regelmäßig usw., – aber Plötzliches ist fortwährend im Kleinsten da, in jedem Nerv; und es ist eben regelmäßig, ob es auch in der Zeit *uns* unberechenbar erscheint. *Dauernd* ist das, dessen Veränderungen wir nicht sehen, weil sie zu allmählich und zu fein für uns sind.

(94)

Das Aehnliche ist kein Grad des Gleichen: sondern etwas vom Gleichen völlig Verschiedenes.

(95)

»Aehnliche« Qualitäten, sollten wir sagen, statt »gleich«, – auch in der Chemie. Und »ähnlich« für uns. Es kommt nichts zweimal vor, das Sauerstoff-Atom ist ohne seines Gleichen, in Wahrheit; *für uns genügt* die Annahme, daß es unzählige gleiche gibt.

(96)

Die Nebeneinanderexistenz von zwei ganz *Gleichen* ist unmöglich: es würde die *absolut gleiche Entstehungsgeschichte* voraussetzen, in alle Ewigkeit zurück. Dies aber setzte die *allgemeine* absolut gleiche Entstehungsgeschichte voraus, das heißt, es müßte alles andere auch absolut gleich in allen Zeiten sein, das heißt, der ganze *Rest* müßte fortwährend sich wiederholen, in sich und *losgelöst* von den zwei Gleichen. – Aber ebenso kann man mit *einer* Verschiedenheit schon die absolute Verschiedenheit und Ungleichheit im Nebeneinander beweisen: eine *Loslösung* ist undenkbar; wenn eins sich ändert, so geht die Nachwirkung in alles hindurch.

(97)

Das Begierden-Erdreich, aus dem die *Logik* herausgewachsen ist: Herden-Instinkt im Hintergrunde. Die Annahme der gleichen Fälle setzt die »gleiche Seele« voraus. *Zum Zweck der Verständigung und Herrschaft.*

(98)

In einer Welt des Werdens, in der alles bedingt ist, kann die Annahme des Unbedingten, der Substanz des Seins, eines Dinges usw. nur ein Irrtum sein. Aber wie ist Irrtum möglich?

(99)

Ausgangspunkt: Es liegt auf der Hand, daß unsere stärksten und gewohntesten *Urteile* die längste Vergangenheit haben, also in unwissenden Zeitaltern entstanden und fest geworden sind, – daß alles, woran wir am besten glauben, *wahrscheinlich* gerade auf die schlechtesten Gründe hin geglaubt worden ist: mit dem »Beweisen« aus der Erfahrung haben es die Menschen immer leicht genommen, wie es jetzt noch Menschen gibt, die die Güte Gottes aus der Erfahrung zu »beweisen« vermeinen.

(100)

Der *älteste* Anschein ist zur *Metaphysik* gemacht. Es sind die menschlich-tierischen *Sicherheits*-Wertmaße darin. Unsre *Begriffe* sind von unsrer *Bedürftigkeit* inspiriert.

(101)

Muß nicht alle Philosophie endlich die Voraussetzungen, auf denen die Bewegung der *Vernunft* ruht, ans Licht bringen? – unsern *Glauben an das* »*Ich*« als an eine Substanz, als an die einzige Realität, nach welcher wir überhaupt den Dingen Realität zusprechen? Der älteste »Realismus« kommt zuletzt ans Licht: zu gleicher Zeit, wo die ganze religiöse Geschichte der Menschheit sich wiedererkennt als Geschichte vom Seelen-Aberglauben. *Hier ist eine Schranke:* unser Denken selbst involviert jenen Glauben (mit seiner Unterscheidung von Substanz, Akzidens; Tun, Täter usw.); ihn fahren lassen heißt: nicht-mehr-denken-dürfen.

Daß aber ein Glaube, so notwendig er ist zur Erhaltung von Wesen, nichts mit der Wahrheit zu tun hat, erkennt man z. B. selbst daran, daß wir an Zeit, Raum und Bewegung glauben *müssen*, ohne uns gezwungen zu fühlen, hier absolute Realität zuzugestehen.

(102)

Daß die bloße Stärke eines Glaubens ganz und gar noch nichts hinsichtlich seiner Wahrheit verbürgt, ja sogar imstande ist, aus der vernünftigsten Sache langsam, langsam eine dicke Torheit herauszupräparieren: dies ist unsre eigentliche Europäer-Einsicht, – in ihr, wenn irgend worin, sind wir erfahren, gebrannt, gewitzigt, *weise* geworden, durch vielen Schaden, wie es scheint... »Der Glaube macht selig«: gut! Bisweilen wenigstens! Aber der Glaube macht unter allen Umständen *dumm*, selbst in dem seltneren Falle, daß er es nicht *ist*, daß er von vornherein ein kluger Glaube ist. Jeder lange Glaube *wird* endlich dumm: das bedeutet, mit der Deutlichkeit unsrer modernen Psychologen ausgedrückt, seine Gründe versinken »ins Unbewußte«, sie verschwinden darin, – fürderhin ruht er nicht mehr auf Gründen, sondern auf Affekten (d. h. er läßt im Falle, daß er Hilfe nötig hat, die Affekte für sich kämpfen, und *nicht mehr* die Gründe). Angenommen, man könnte herausbekommen, welches der bestgeglaubte, längste, unbestrittenste, ehrlichste Glaube ist, den es unter Menschen gibt, man dürfte mit einem hohen Grad von Wahrscheinlichkeit mutmaßen, daß er zugleich auch der tiefste, dümmste, »unbewußteste«, vor Gründen am besten verteidigte, von Gründen am längsten verlassene Glaube sei. – Zugegeben; aber welches ist dieser Glaube? – Oh ihr Neugierigen! Aber nachdem ich mich einmal aufs Rätsel-Aufgeben eingelassen habe, will ich's menschlich treiben und mit der Antwort und Lösung schnell herausrücken, – man wird sie mir nicht so leicht vorwegnehmen.

Der Mensch ist vor allem ein *urteilendes* Tier; im Urteile aber liegt unser ältester und beständigster Glaube versteckt, in allem Urteilen gibt es ein zugrunde liegendes Für-wahr-halten und Behaupten, eine Gewißheit, daß etwas so und nicht anders ist, daß hierin wirklich der Mensch »erkannt« hat: was ist das, was in jedem Urteil unbewußt als wahr geglaubt wird? – Daß wir ein Recht haben, zwischen Subjekt und Prädikat, zwischen Ursache und Wirkung zu *unterscheiden* – das ist unser stärkster Glaube; ja im Grunde ist selbst schon der Glaube an Ursache und Wirkung, an conditio und conditionatum nur ein Einzelfall des ersten und allgemeinen Glaubens, unsres Urglaubens an Subjekt und Prädikat (nämlich als die Behauptung, daß jede Wirkung eine Tätigkeit sei und daß jedes Bedingte einen Bedingenden, jede Tätigkeit einen Täter, kurz ein Subjekt voraussetze). Sollte dieser Glaube an den Subjekts- und Prädikats-Begriff nicht eine große Dummheit sein?

(103)

Die erfinderische Kraft, welche Kategorien erdichtet hat, arbeitete im Dienst des Bedürfnisses, nämlich von Sicherheit, von schneller Verständlichkeit auf Grund von Zeichen und Klängen, von Abkürzungsmitteln: – es handelt sich nicht um metaphysische Wahrheiten bei »Substanz«, »Subjekt«, »Objekt«, »Sein«, »Werden«. – Die Mächtigen sind es, welche die Namen der Dinge zum Gesetz gemacht haben, und unter den Mächtigen sind es die größten Abstraktions-Künstler, die die Kategorien geschaffen haben.

(104)

»Zweck und Mittel«	als Ausdeutungen (*nicht* als Tatbestand) und inwiefern vielleicht *notwendige* Ausdeutungen? (als »erhaltende«) – alle im Sinne eines Willens zur Macht.
»Ursache und Wirkung«	
»Subjekt und Objekt«	
»Tun und Leiden«	
»Ding an sich und Erscheinung«	

(105)

Zur »logischen Scheinbarkeit«. – Der Begriff »Individuum« und »Gattung« gleichermaßen falsch und bloß augenscheinlich. »*Gattung*« drückt nur die Tatsache aus, daß eine Fülle ähnlicher Wesen zu gleicher Zeit hervortreten und daß das Tempo im Weiterwachsen und Sich-Verändern eine lange Zeit verlangsamt ist: sodaß die tatsächlichen kleinen Fortsetzungen und Zuwachse nicht sehr in Betracht kommen (– eine Entwicklungsphase, bei der das Sich-entwickeln nicht in Sichtbarkeit tritt, sodaß ein Gleichgewicht erreicht *scheint*, und die falsche Vorstellung ermöglicht wird, *hier sei ein Ziel erreicht* – und es habe ein Ziel in der Entwicklung gegeben . . .).

Die *Form* gilt als etwas Dauerndes und deshalb Wertvolleres; aber die Form ist bloß von uns erfunden; und wenn noch so oft »dieselbe Form erreicht wird«, so bedeutet das nicht, daß es *dieselbe Form ist*, – sondern es *erscheint immer etwas Neues* – und nur wir, die wir vergleichen, rechnen das Neue, insofern es Altem gleicht, zusammen in die Einheit der »Form«. Als ob ein *Typus* erreicht werden sollte und gleichsam der Bildung vorschwebe und innewohne.

Die *Form*, die *Gattung*, das *Gesetz*, die *Idee*, der *Zweck* – hier wird überall der gleiche Fehler gemacht, daß einer Fiktion eine falsche Realität untergeschoben wird: wie als ob das Geschehen irgend welchen Gehorsam in sich trage, – eine künstliche Scheidung im Geschehen wird da gemacht zwischen dem, *was* tut, und dem, *wonach* das Tun sich richtet (aber das *was* und das *wonach* sind nur angesetzt aus einem Gehorsam gegen unsre metaphysisch-logische Dogmatik: kein »Tatbestand«).

Man soll diese *Nötigung*, Begriffe, Gattungen, Formen, Zwecke, Gesetze zu bilden *(»eine Welt der identischen Fälle«)* nicht so verstehen, als ob wir damit die *wahre Welt* zu fixieren imstande wären; sondern als Nötigung, uns eine Welt zurecht zu machen, bei der *unsre Existenz* ermöglicht wird: – wir schaffen damit eine Welt, die berechenbar, vereinfacht, verständlich usw. für uns ist.

Diese selbe Nötigung besteht in der *Sinnen-Aktivität*, welche der Verstand unterstützt – durch Vereinfachen, Vergröbern, Unterstreichen und Ausdichten, auf dem alles »Wiedererkennen«, alles Sich-verständlich-machen-können beruht. Unsre *Bedürfnisse* haben unsre Sinne so präzisiert, daß die »gleiche Erscheinungswelt« immer wiederkehrt und dadurch den Anschein der *Wirklichkeit* bekommen hat.

Unsre subjektive Nötigung, an die Logik zu glauben, drückt nur aus, daß wir, längst bevor uns die Logik selber zum Bewußtsein kam, nichts getan haben *als ihre Postulate in das Geschehen hineinlegen*: jetzt finden wir sie in dem Geschehen vor –, wir können nicht mehr anders – und vermeinen nun, diese Nötigung verbürge etwas über die »Wahrheit«. Wir sind es, die das »Ding«, das »gleiche Ding«, das Subjekt, das Prädikat, das Tun, das Objekt, die Substanz, die Form geschaffen haben, nachdem wir das Gleich*machen*, das Grob- und Einfach-*machen* am längsten getrieben haben. Die Welt *erscheint* uns logisch, weil *wir* sie erst logisiert *haben*.

(106)

Wenn unser »Ich« uns das einzige *Sein* ist, nach dem wir alles Sein machen oder verstehen: sehr gut! Dann ist der Zweifel sehr am Platze, ob hier nicht eine perspektivische *Illusion* vorliegt – die scheinbare Einheit, in der wie in einer Horizontlinie alles sich zusammenschließt. Am Leitfaden des Leibes zeigt sich eine ungeheure *Vielfachheit*; es ist methodisch erlaubt, das besser studierbare *reichere* Phänomen zum Leitfaden für das Verständnis des ärmeren zu benutzen. Endlich: gesetzt alles ist Werden, so ist *Erkenntnis nur möglich auf Grund des Glaubens an Sein*.

(107)

Wenn es »nur ein Sein gibt, das Ich« und nach seinem Bilde alle andern »Seienden« gemacht sind, – wenn schließlich der Glaube an das »Ich« mit dem Glauben an die Logik, d. h. metaphysische Wahrheit der Vernunft-Kategorie steht und fällt: wenn andrerseits das Ich sich als etwas *Werdendes* erweist: so –

(108)

Die *Annahme des Seienden* ist nötig, um denken und schließen zu können: die Logik handhabt nur Formeln für Gleichbleibendes. Deshalb wäre diese Annahme noch ohne Beweiskraft für die Realität: »das Seiende« gehört zu unsrer Optik. Das »Ich« als seiend (– durch Werden und Entwicklung nicht berührt).

Die *fingierte* Welt von Subjekt, Substanz, »Vernunft« usw. ist *nötig* –: eine ordnende, vereinfachende, fälschende, künstlich-trennende Macht ist in uns. »Wahrheit« ist Wille, Herr zu werden über das Vielerlei der Sensationen: – die Phänomene *aufreihen* auf bestimmte Kategorien. Hierbei gehen wir vom Glauben an das »An-sich« der Dinge aus (wir nehmen die Phänomene als *wirklich*).

Der Charakter der werdenden Welt als *unformulierbar*, als »falsch«, als »sich-widersprechend«. *Erkenntnis* und *Werden* schließen sich aus. *Folglich* muß »Erkenntnis« etwas anderes sein: es muß ein Wille zum Erkennbar-machen vorangehn, eine Art Werden selbst muß die *Täuschung des Seienden* schaffen.

(109)

Das *Urteil* – das ist der Glaube: »Dies und dies ist so.« Also steckt im Urteil das Geständnis, einem »identischen Fall« begegnet zu sein: es setzt also Vergleichung voraus, mit Hilfe des Gedächtnisses. Das Urteil schafft es *nicht*, daß ein identischer Fall da zu sein scheint. Vielmehr es glaubt einen solchen wahrzunehmen; es arbeitet unter der Voraussetzung, daß es überhaupt identische Fälle gibt. Wie heißt nun jene Funktion die viel *älter*, früher arbeitend sein muß, welche an sich ungleiche Fälle ausgleicht und verähnlicht? Wie heißt jene zweite, welche auf Grund dieser ersten usw. »Was gleiche Empfindungen erregt, ist gleich«: wie aber heißt das, was Empfindungen gleich macht, als gleich »nimmt«? – Es könnte gar keine Urteile geben, wenn nicht erst innerhalb der Empfindungen eine Art Ausgleichung geübt wäre: Gedächtnis ist nur möglich mit einem beständigen Unterstreichen des schon Gewohnten, Erlebten. – *Bevor* geurteilt wird, *muß der Prozeß der Assimilation schon getan sein*: also liegt auch hier eine intellektuelle Tätigkeit vor, die nicht ins Bewußtsein fällt, wie beim Schmerz infolge einer Verwundung. Wahrscheinlich entspricht allen organischen Funktionen ein inneres Geschehen, also ein Assimilieren, Ausscheiden, Wachsen usw.

Wesentlich: vom *Leib* ausgehen und ihn als Leitfaden zu benutzen. Er ist das viel reichere Phänomen, welches deutlichere Beobachtung zuläßt. Der Glaube an den Leib ist besser festgestellt, als der Glaube an den Geist.

»Eine Sache mag noch so stark geglaubt werden: darin liegt kein Kriterium der Wahrheit.« Aber was ist Wahrheit? Vielleicht eine Art Glaube, welche zur Lebensbedingung geworden ist? Dann freilich wäre die *Stärke* ein Kriterium, z. B. in Betreff der Kausalität.

(110)

Das *Urteilen* ist unser ältester Glaube, unser gewohntestes Fürwahr- oder Für-Unwahr-halten, ein Behaupten oder Leugnen, eine Gewißheit, daß etwas so und nicht anders ist, ein Glaube, hier wirklich »erkannt« zu haben, – *was* wird in allen Urteilen als wahr geglaubt?

Was sind *Prädikate*? – Wir haben Veränderungen an uns *nicht* als solche genommen, sondern als ein »An-sich«, das uns fremd ist, das wir nur »wahrnehmen«: und wir haben sie *nicht* als ein Geschehen, sondern als ein Sein gesetzt, als »Eigenschaft« – und ein Wesen hinzuerfunden, an dem sie haften, d. h. wir haben die *Wirkung* als *Wirkendes* angesetzt und das *Wirkende* als *Seiendes*. Aber auch noch in dieser Formulierung ist der Begriff »Wirkung« willkürlich: denn von jenen Veränderungen, die an uns vorgehen und von denen wir bestimmt glauben, *nicht* selbst die Ursache zu sein, schließen wir nur, daß sie Wirkungen sein müssen: nach dem Schluß: »zu jeder Veränderung gehört ein Urheber«; – aber dieser Schluß ist schon Mythologie: er *trennt* das Wirkende *und* das Wirken. Wenn ich sage »der Blitz leuchtet«, so habe ich das Leuchten einmal als Tätigkeit und das andere Mal als Subjekt gesetzt: also zum Geschehen ein Sein supponiert, welches mit dem Geschehen nicht eins ist, vielmehr *bleibt*, *ist*, und nicht »*wird*«. – *Das Geschehen als Wirken anzusetzen*: und *die Wirkung als Sein*: das ist der *doppelte* Irrtum, oder *Interpretation*, deren wir uns schuldig machen.

(111)

Abgesehen von den Gouvernanten, welche auch heute noch an die Grammatik als veritas aeterna und folglich an Subjekt, Prädikat und Objekt glauben, ist niemand heute mehr so unschuldig, noch in der Art des Descartes das Subjekt »ich« als Bedingung von »denke« zu setzen; vielmehr ist durch die skeptische Bewegung der neueren Philosophie die Umkehrung – nämlich das Denken als Ursache und Bedingung sowohl von »Subjekt« wie von »Objekt«, wie von »Substanz«, wie von »Materie« anzunehmen – uns glaubwürdiger geworden: was vielleicht nur die umgekehrte Art des Irrtums ist. So viel ist gewiß: – wir haben die »Seele« fahren lassen und folglich auch die »Weltseele«, die »Dinge an sich«, so gut wie einen Weltanfang, eine »erste Ursache«. Das Denken ist uns kein Mittel zu »erkennen«, sondern das Geschehen zu bezeichnen, zu ordnen, für unsern Gebrauch handlich zu machen: so denken wir heute über das Denken: morgen vielleicht anders. Wir begreifen nicht recht mehr, wie »Begreifen« nötig sein sollte, noch weniger, wie es entstanden sein sollte: und ob wir schon fortwährend in die Not kommen, mit der Sprache und den Gewohnheiten des Volks-Verstandes uns behelfen zu müssen, so spricht der Anschein des beständigen Sich-widersprechens noch nicht gegen die Berechtigung unsres Zweifels. Auch in Betreff der »unmittelbaren Gewißheit« sind wir nicht mehr so leicht zu befriedigen: wir finden »Realität« und »Schein« noch nicht im Gegensatz, wir würden vielmehr von *Graden* des Seins – und vielleicht noch lieber von Graden des Scheins – reden und jene »unmittelbare Gewißheit« (z. B. darüber, daß wir denken und daß folglich Denken Realität habe) immer noch mit dem Zweifel durchsäuern, welchen Grad dieses Sein hat; ob wir vielleicht als »Gedanken Gottes« zwar wirklich, aber flüchtig und scheinbar wie Regenbogen sind. Gesetzt, es gäbe im Wesen der Dinge etwas Täuschendes, Närrisches und Betrügerisches, so würde der allerbeste Wille de omnibus dubitare, nach Art des Cartesius, uns nicht vor den Fallstricken dieses Wesens hüten; und gerade jenes Cartesische Mittel könnte ein Hauptkunstgriff sein, uns gründlich zu foppen und für Narren zu halten. Schon insofern wir doch, nach der Meinung des Cartesius, wirklich Realität hätten, müßten wir ja als Realität an jenem betrügerischen, täuschenden Grunde der Dinge und seinem Grundwillen irgendwie Anteil haben: – genug, »ich will nicht betrogen werden« könnte das Mittel eines tieferen, feineren, gründlicheren Willens sein, der gerade das Umgekehrte wollte; nämlich sich selber betrügen.

In summa: es ist zu bezweifeln, daß »das Subjekt« sich selber beweisen kann, – dazu müßte es eben außerhalb einen festen Punkt haben, und *der* fehlt!

(112)

In jedem Urteile steckt der ganze, volle, tiefe Glaube an Subjekt und Prädikat oder an Ursache und Wirkung (nämlich als die Behauptung, daß jede Wirkung Tätigkeit sei und daß jede Tätigkeit einen Täter voraussetze); und dieser letztere Glaube ist sogar nur ein Einzelfall des ersteren, sodaß als Grundglaube der Glaube übrig bleibt: es gibt Subjekte, alles, was geschieht, verhält sich prädikativ zu irgend welchem Subjekte.

Ich bemerke etwas und suche nach einem *Grund* dafür: das heißt ursprünglich: ich suche nach einer *Absicht* darin, und vor allem nach einem, der Absicht hat, nach einem Subjekt, einem Täter: alles Geschehen ein Tun, – ehemals sah man in *allem* Geschehen Absichten, dies ist unsere älteste Gewohnheit. Hat das Tier sie auch? Ist es, als Lebendiges, nicht auch auf die Interpretation nach *sich* angewiesen? – Die Frage »warum?« ist immer die Frage nach der causa finalis, nach einem »Wozu?« Von einem »Sinn der causa efficiens« haben wir nichts: hier hat *Hume* recht, die Gewohnheit (aber *nicht* nur die des Individuums!) läßt uns erwarten, daß ein gewisser oft beobachteter Vorgang auf den andern folgt: weiter nichts! Was uns die außerordentliche Festigkeit des Glaubens an Kausalität gibt, ist *nicht* die große Gewohnheit des Hintereinanders von Vorgängen, sondern unsere *Unfähigkeit*, ein Geschehen anders *interpretieren* zu können denn als ein Geschehen aus *Absichten*. Es ist der *Glaube* an das Lebendige und Denkende als an das einzig *Wirkende* – an den Willen, die Absicht –, es ist der Glaube, daß alles Geschehen ein Tun sei, daß alles Tun einen Täter voraussetze, es ist der Glaube an das »Subjekt«. Sollte dieser Glaube an den Subjekt- und Prädikat-Begriff nicht eine große Dummheit sein?
Frage: ist die Absicht Ursache eines Geschehens? Oder ist auch das Illusion? Ist sie nicht *das* Geschehen selbst?

(113)

Wenn alle Einheit nur als Organisation Einheit ist? Aber das »Ding«, an das wir glauben, ist nur als Ferment zu verschiedenen Prädikaten *hinzuerfunden*. Wenn das Ding »wirkt«, so heißt das: wir fassen *alle übrigen* Eigenschaften, die sonst noch hier vorhanden sind und momentan latent sind, als Ursache, daß jetzt eine einzelne Eigenschaft hervortritt: d. h. *wir nehmen die Summe seiner Eigenschaften* – x – als *Ursache* der Eigenschaft x: was doch *ganz* dumm und verrückt ist!

Alle Einheit ist *nur* als *Organisation und Zusammenspiel* Einheit: nicht anders als wie ein menschliches Gemeinwesen eine Einheit ist: *also Gegensatz* der atomistischen *Anarchie*, somit ein *Herrschafts-Gebilde*, das Eins *bedeutet*, aber nicht Eins *ist*.

(114)

Psychologische Geschichte des Begriffs »*Subjekt*«. Der Leib, das Ding, das vom Auge konstruierte »Ganze« erweckt die Unterscheidung von einem Tun und einem Tuenden; der Tuende, die Ursache des Tuns, immer feiner gefaßt, hat zuletzt das »Subjekt« übrig gelassen.

(115)

Psychologische Ableitung unseres Glaubens an die Vernunft. – Der Begriff »Realität«, »Sein« ist von unserm »*Subjekt*«-Gefühl entnommen.

»Subjekt«: von uns aus interpretiert, sodaß das Ich als Substanz gilt, als Ursache alles Tuns, als *Täter*.

Die logisch-metaphysischen Postulate, der Glaube an Substanz, Akzidens, Attribut usw. hat seine Ueberzeugungskraft in der Gewohnheit, all unser Tun als Folge unseres Willens zu betrachten: – sodaß das Ich, als Substanz, nicht vergeht in der Vielheit der Veränderung. – *Aber es gibt keinen Willen*. –

Wir haben gar keine Kategorien, um eine »Welt an sich« von einer »Welt als Erscheinung« scheiden zu dürfen. Alle unsere *Vernunft-Kategorien* sind sensualistischer Herkunft: abgelesen von der empirischen Welt. »Die Seele«, »das Ich« – die Geschichte dieser Begriffe zeigt, daß auch hier die älteste Scheidung (»Atem«, »Leben«) ...

Wenn es nichts Materielles gibt, gibt es auch nichts Immaterielles. Der Begriff *enthält* nichts mehr.

(116)

Durch das Denken wird das Ich gesetzt; aber bisher glaubte man wie das Volk, im »Ich denke« liege irgend etwas von Unmittelbar-Gewissem, und dieses »Ich« sei die gegebene *Ursache* des Denkens, nach deren Analogie wir alle sonstigen ursächlichen Verhältnisse verstünden. Wie sehr gewohnt und unentbehrlich jetzt jene Fiktion auch sein mag, – *das* allein beweist noch nichts gegen ihre Erdichtetheit: es kann ein Glaube Lebensbedingung und *trotzdem falsch* sein.

(117)

»Es wird gedacht: folglich gibt es Denkendes«: darauf läuft die Argumentation des Cartesius hinaus. Aber das heißt unsern Glauben an den *Substanz*begriff schon als »wahr a priori« ansetzen: – daß, wenn gedacht wird, es etwas geben muß, »das denkt«, ist einfach eine Formulierung unserer grammatischen Gewöhnung, welche zu einem Tun einen Täter setzt. Kurz, es wird hier bereits ein logisch-metaphysisches Postulat gemacht – und *nicht nur konstatiert* ... Auf dem Wege des Cartesius kommt man *nicht* zu etwas absolut Gewissem, sondern nur zu einem Faktum eines sehr starken Glaubens.

Reduziert man den Satz auf »es wird gedacht, folglich gibt es Gedanken«, so hat man eine bloße Tautologie: und gerade das, was in Frage steht, die »*Realität* des Gedankens«, ist nicht berührt, – nämlich in dieser Form ist die »Scheinbarkeit« des Gedankens nicht abzuweisen. Was aber Cartesius *wollte*, ist, daß der Gedanke nicht nur eine *scheinbare Realität* hat, sondern eine an *sich*.

(118)

Grundgewißheit. – »Ich stelle vor«, also gibt es ein Sein: cogito, ergo est. – Daß *ich* dieses vorstellende Sein bin, daß Vorstellen eine *Tätigkeit des Ich* ist, ist nicht mehr gewiß: ebenso wenig alles, *was* ich vorstelle. – Das einzige Sein, welches wir kennen, ist das *vorstellende Sein*. Wenn wir es *richtig beschreiben*, so müssen die Prädikate des Seienden überhaupt darin sein. (Indem wir aber das Vorstellen selber als Objekt des Vorstellens nehmen, wird es da nicht durch die *Gesetze des Vorstellens* getränkt, gefälscht, unsicher? –) Dem Vorstellen ist der *Wechsel* zu eigen, *nicht die Bewegung*: wohl Vergehen und Entstehen, und im Vorstellen selber fehlt alles Beharrende. Dagegen stellt es zwei Beharrende hin, es *glaubt* an das Beharren 1. eines Ich, 2. eines Inhaltes; dieser Glaube an das Beharrende, die Substanz, das heißt an das *Gleichbleiben* desselben mit sich, ist ein Gegensatz gegen den Vorgang der Vorstellung selber. (Selbst wenn ich, wie hier, ganz allgemein vom Vorstellen rede, so mache ich ein beharrendes Ding daraus.) *An sich klar* ist aber, daß Vorstellen nichts Ruhendes ist, nichts Sich-selber-Gleiches, Unwandelbares: das *Sein* also, welches uns einzig verbürgt ist, ist wechselnd, *nicht-mit-sich-identisch*, hat *Beziehungen* (Bedingtes, das Denken *muß* einen Inhalt haben, um Denken zu sein). – Dies ist die *Grundgewißheit vom Sein*. Nun *behauptet* das Vorstellen gerade das Gegenteil vom Sein! Aber es braucht deshalb nicht *wahr* zu sein! Sondern vielleicht ist dieses Behaupten des Gegenteils eben nur eine *Existenzbedingung* dieser *Art* von Sein, der *vorstellenden* Art! Das heißt: es wäre das Denken unmöglich, wenn es nicht von Grund aus das Wesen des esse *verkennte*: es muß die Substanz und das Gleiche *behaupten*, weil ein Erkennen des völlig Fließenden unmöglich ist, es muß Eigenschaften dem Sein *andichten*, um selber zu existieren. *Es braucht kein Subjekt und kein Objekt zu geben*, damit das Vorstellen möglich ist, wohl aber *muß* das Vorstellen an beide *glauben*. – Kurz: was das Denken als das Wirkliche faßt, *fassen muß*, kann der Gegensatz des Seienden sein!

(119)

»Subjekt«, »Objekt«, »Prädikat« – diese Trennungen sind *gemacht* und werden jetzt wie Schemata übergestülpt über alle anscheinenden Tatsachen. Die falsche Grundbeobachtung ist, daß ich glaube, *ich* bin's, der etwas tut, etwas leidet, der etwas »hat«, der eine Eigenschaft »hat«.

(120)

Der *Substanz*-Begriff eine Folge des *Subjekt*-Begriffs: nicht umgekehrt! Geben wir die Seele, »das Subjekt« preis, so fehlt die Voraussetzung für eine »Substanz« überhaupt. Man bekommt *Grade des Seienden*, man verliert *das* Seiende.

Kritik der »*Wirklichkeit*«: worauf führt die »*Mehr-oder-Weniger-Wirklichkeit*«, die Gradation des Seins, an die wir glauben? –

Unser Grad von *Lebens-* und *Machtgefühl* (Logik und Zusammenhang des Erlebten) gibt uns das Maß von »Sein«, »Realität«, Nicht-Schein.

Subjekt: das ist die Terminologie unsres Glaubens an eine *Einheit* unter allen den verschiedenen Momenten höchsten Realitätsgefühls, wir verstehen diesen Glauben als *Wirkung einer* Ursache, – wir glauben an unseren Glauben so weit, daß wir um seinetwillen die »Wahrheit«, »Wirklichkeit«, »Substanzialität« überhaupt imaginieren. – »Subjekt« ist die Fiktion, als ob viele *gleiche* Zustände an uns die Wirkung eines Substrats wären: aber *wir* haben erst die »Gleichheit« dieser Zustände *geschaffen*; das Gleich-*setzen* und Zurecht-*machen* derselben ist der *Tatbestand, nicht* die Gleichheit (– diese ist vielmehr zu *leugnen* –).

(121)

Sein und *Werden*. – »*Vernunft*«, entwickelt auf sensualistischer Grundlage, auf den *Vorurteilen der Sinne*, d. h. im Glauben an die Wahrheit der Sinnes-Urteile.

»Sein« als Verallgemeinerung des Begriffs »*Leben*« (atmen), »beseelt sein«, »wollen, wirken«, »werden«.

Gegensatz ist: »unbeseelt-sein«, »*nicht*-werdend«, »*nicht*-wollend«. Also: es wird dem »Seienden« *nicht* das Nicht-seiende, *nicht* das Scheinbare, auch nicht das Tote entgegengesetzt (denn tot sein kann nur etwas, das auch leben kann).

Die »Seele«, das »Ich« als *Urtatsache* gesetzt: und überall hineingelegt, wo es ein *Werden* gibt.

(122)

Es liegt auf der Hand, daß *weder* Dinge an sich miteinander im Verhältnisse von Ursache und Wirkung stehen können, *noch* Erscheinung mit Erscheinung: womit sich ergibt, daß der Begriff »Ursache und Wirkung« innerhalb einer Philosophie, die an Dinge an sich und an Erscheinungen glaubt, *nicht anwendbar* ist. Die Fehler Kants – ... Tatsächlich stammt der Begriff »Ursache und Wirkung« psychologisch nachgerechnet, nur aus einer Denkweise, die immer und überall Wille auf Wille wirkend glaubt, – die nur an Lebendiges glaubt und im Grunde nur an »Seelen« (und *nicht* an Dinge). Innerhalb der mechanistischen Weltbetrachtung (welche Logik ist und deren Anwendung auf Raum und Zeit) reduziert sich jener Begriff auf die mathematische Formel – mit der, wie man immer wieder unterstreichen muß, niemals etwas begriffen, wohl aber etwas bezeichnet, *verzeichnet* wird.

(123)

»Es verändert sich«, »keine Veränderung ohne Grund« – setzt immer schon ein Etwas voraus, das hinter der Veränderung steht und bleibt.

»Ursache« und »Wirkung«: – psychologisch nachgerechnet ist es der Glaube, der sich im *Verbum* ausdrückt, Aktivum und Passivum, Tun und Leiden. Das heißt: die Trennung des Geschehens in ein Tun und Leiden, die Supposition eines Tuenden ist vorausgegangen. Der Glaube an den *Täter* steckt dahinter: *wie als ob, wenn alles Tun vom »Täter« abgerechnet würde, er selbst noch übrig bliebe*. Hier souffliert immer die Ich-Vorstellung: alles Geschehen ist als *Tun* ausgelegt worden: mit der Mythologie, ein dem »Ich« entsprechendes Wesen – –

(124)

Kritik des Begriffs »Ursache«. – Wir haben absolut keine Erfahrung über eine *Ursache*; psychologisch nachgerechnet, kommt uns der ganze Begriff aus der subjektiven Ueberzeugung, daß *wir* Ursache sind, nämlich daß der Arm sich bewegt ... *Aber das ist ein Irrtum*. Wir unterscheiden uns, die Täter, vom Tun, und von diesem Schema machen wir überall Gebrauch, – wir suchen nach einem Täter zu jedem Geschehen. Was haben wir gemacht? Wir haben ein Gefühl von Kraft, Anspannung, Widerstand, ein Muskelgefühl, das schon der Beginn der Handlung ist, als Ursache *mißverstanden*, oder den *Willen* das und das zu tun, weil auf ihn die Aktion folgt, als Ursache verstanden.

»Ursache« kommt gar nicht vor: von einigen Fällen, wo sie uns gegeben schien und wo wir aus uns sie projiziert haben zum *Verständnis des Geschehens*, ist die Selbsttäuschung nachgewiesen. Unser »Verständnis eines Geschehens« bestand darin, daß wir ein Subjekt erfanden, welches verantwortlich wurde dafür, daß etwas geschah und wie es geschah. Wir haben unser Willens-Gefühl, unser »Freiheits«-Gefühl, unser Verantwortlichkeits-Gefühl und unsre Absicht zu einem Tun in den Begriff »Ursache« zusammengefaßt: causa efficiens und causa finalis ist in der Grundkonzeption *eins*.

Wir meinten, eine Wirkung sei erklärt, wenn ein Zustand aufgezeigt würde, dem sie bereits inhäriert. Tatsächlich erfinden wir alle Ursachen nach dem Schema der Wirkung: letztere ist uns bekannt ... Umgekehrt sind wir außerstande, von irgend einem Dinge vorauszusagen, was es »wirkt«. Das Ding, das Subjekt, der Wille, die Absicht – alles inhäriert der Konzeption »Ursache«. Wir suchen nach Dingen, um zu erklären, weshalb sich etwas verändert hat. Selbst noch das *Atom* ist ein solches hinzugedachtes »Ding« und »Ursubjekt« ...

Endlich begreifen wir, daß Dinge – folglich auch Atome – nichts wirken: *weil sie gar nicht da sind*, – daß der Begriff Kausalität vollkommen unbrauchbar ist. – Aus einer notwendigen Reihenfolge von Zuständen folgt *nicht* deren Kausal-Verhältnis (– das hieße deren *wirkende Vermögen* von 1 auf 2, auf 3, auf 4, auf 5 springen machen). *Es gibt weder Ursachen, noch Wirkungen*. Sprachlich wissen wir davon nicht loszukommen. Aber daran liegt nichts. Wenn ich den *Muskel* von seinen »Wirkungen« getrennt denke, so habe ich ihn negiert ...

In summa: *ein Geschehen ist weder bewirkt*, noch *bewirkend*. Causa ist ein *Vermögen zu wirken*, hinzu erfunden zum Geschehen ...

Die Kausalitäts-Interpretation eine Täuschung ... Ein »Ding« ist die Summe seiner Wirkungen, synthetisch gebunden durch einen Begriff, Bild. Tatsächlich hat die Wissenschaft den Begriff Kausalität seines Inhalts entleert und ihn übrig behalten zu einer Gleichnisformel, bei der es im Grunde gleichgültig geworden ist, auf welcher Seite Ursache oder Wirkung. Es wird behauptet, daß in zwei Komplex-Zuständen (Kraftkonstellationen) die Quanten Kraft gleich blieben.

Die *Berechenbarkeit eines Geschehens* liegt nicht darin, daß eine Regel befolgt wurde, oder einer Notwendigkeit gehorcht wurde, oder ein Gesetz von Kausalität von uns in jedes Geschehen projiziert wurde –: sie liegt in der *Wiederkehr »identischer Fälle«*.

Es gibt nicht, wie Kant meint, einen *Kausalitäts-Sinn*. Man wundert sich, man ist beunruhigt, man will etwas Bekanntes, woran man sich halten kann ... Sobald im Neuen uns etwas Altes aufgezeigt wird, sind wir beruhigt. Der angebliche Kausalitäts-Instinkt ist nur die *Furcht vor dem Ungewohnten* und der Versuch, in ihm etwas *Bekanntes* zu entdecken, – ein Suchen nicht nach Ursachen, sondern nach Bekanntem.

(125)

Die Auslegung eines Geschehens als *entweder* Tun *oder* Leiden (– also jedes Tun ein Leiden) sagt: jede Veränderung, jedes Anderswerden setzt einen Urheber voraus und einen, *an dem* »verändert« wird.

(126)

Die unabänderliche Aufeinanderfolge gewisser Erscheinungen beweist kein »Gesetz«, sondern ein Machtverhältnis zwischen zwei oder mehreren Kräften. Zu sagen »aber gerade dies Verhältnis bleibt sich gleich!« heißt nichts anderes als: »ein und dieselbe Kraft kann nicht auch eine andere Kraft sein«. – Es handelt sich nicht um ein *Nacheinander*, – sondern um ein *Ineinander*, einen Prozeß, in dem die einzelnen sich folgenden Momente *nicht* als Ursachen und Wirkungen sich bedingen ...

Die Trennung des »Tuns« vom »Tuenden«, des Geschehens von einem, der geschehen *macht*, des Prozesses von einem Etwas, das nicht Prozeß, sondern dauernd, *Substanz*, Ding, Körper, Seele usw. ist, – der Versuch das Geschehen zu begreifen als eine Art Verschiebung und Stellungs-Wechsel von »Seiendem«, von Bleibendem: diese alte Mythologie hat den Glauben an »Ursache und Wirkung« festgestellt, nachdem er in den sprachlich-grammatischen Funktionen eine feste Form gefunden hatte.

(127)

Wenn ich ein regelmäßiges Geschehen in eine *Formel* bringe, so habe ich mir die Bezeichnung des ganzen Phänomens erleichtert, abgekürzt usw. Aber ich habe kein »Gesetz« konstatiert, sondern die Frage aufgestellt, woher es kommt, daß hier etwas sich wiederholt: es ist eine Vermutung, daß der Formel ein Komplex von zunächst unbekannten Kräften und Kraft-Auslösungen entspricht: es ist Mythologie zu denken, daß hier Kräfte einem Gesetz gehorchen, sodaß infolge ihres Gehorsams wir jedesmal das gleiche Phänomen haben.

(128)
Die »Regelmäßigkeit« der Aufeinanderfolge ist nur ein bildlicher Ausdruck, *wie als ob* hier eine Regel befolgt werde: kein Tatbestand. Ebenso »Gesetzmäßigkeit«. Wir finden eine Formel, um eine immer wiederkehrende Art der Folge auszudrücken: damit haben wir *kein »Gesetz« entdeckt*, noch weniger eine Kraft, welche die Ursache zur Wiederkehr von Folgen ist. Daß etwas immer so und so geschieht, wird hier interpretiert, als ob ein Wesen infolge eines Gehorsams gegen ein Gesetz oder einen Gesetzgeber immer so und so handelte: während es, abgesehen vom »Gesetz«, Freiheit hätte, anders zu handeln. Aber gerade jenes So-und-nicht-anders könnte aus dem Wesen selbst stammen, das *nicht* in Hinsicht erst auf ein Gesetz sich so und so verhielte, sondern als so und so beschaffen. Es heißt nur: Etwas kann nicht auch etwas anderes sein, kann nicht bald dies, bald anderes tun, ist weder frei noch unfrei, sondern eben so und so. *Der Fehler steckt in der Hineindichtung eines Subjekts.*

(129)
Zur Bekämpfung des Determinismus und der Teleologie. – Daraus, daß etwas regelmäßig erfolgt und berechenbar erfolgt, ergibt sich nicht, daß es *notwendig* erfolgt. Daß ein Quantum Kraft sich in jedem bestimmten Falle auf eine einzige Art und Weise bestimmt und benimmt, macht es nicht zum »unfreien Willen«. Die »mechanische Notwendigkeit« ist kein Tatbestand: *wir* erst haben sie in das Geschehen hineininterpretiert. Wir haben die *Formulierbarkeit* des Geschehens ausgedeutet als Folge einer über dem Geschehen waltenden Nezessität. Aber daraus, daß ich etwas Bestimmtes tue, folgt keineswegs, daß ich es gezwungen tue. Der *Zwang* ist in den Dingen gar nicht nachweisbar: die Regel beweist nur, daß ein und dasselbe Geschehen nicht auch ein anderes Geschehen ist. Erst dadurch, daß wir Subjekte, »*Täter*« in die Dinge hineingedeutet haben, entsteht der Anschein, daß alles Geschehen die Folge von einem auf Subjekte ausgeübten *Zwange* ist, – ausgeübt von wem? wiederum von einem »Täter«. Ursache und Wirkung – ein gefährlicher Begriff, solange man ein *Etwas* denkt, das *verursacht*, und ein Etwas, auf das *gewirkt* wird.

a) Die Notwendigkeit ist kein Tatbestand, sondern eine Interpretation.

b) Hat man begriffen, daß das »Subjekt« nichts ist, was *wirkt*, sondern nur eine Fiktion, so folgt vielerlei.

Wir haben nur nach dem Vorbilde des Subjekts die *Dinglichkeit* erfunden und in den Sensationen-Wirrwarr hineininterpretiert.

Glauben wir nicht mehr an das *wirkende* Subjekt, so fällt auch der Glaube an *wirkende* Dinge, an Wechselwirkung, Ursache und Wirkung zwischen jenen Phänomenen, die wir Dinge nennen.

Es fällt damit natürlich auch die Welt der *wirkenden Atome*: deren Annahme immer unter der Voraussetzung gemacht ist, daß man Subjekte braucht.

Es fällt endlich auch das »*Ding an sich*«: weil das im Grunde die Konzeption eines »Subjekts an sich« ist. Aber wir begriffen, daß das Subjekt fingiert ist. Der Gegensatz »Ding an sich« und »Erscheinung« ist unhaltbar; damit aber fällt auch der Begriff »*Erscheinung*« dahin.

c) Geben wir das wirkende *Subjekt* auf, so auch das *Objekt*, auf das gewirkt wird. Die Dauer, die Gleichheit mit sich selbst, das Sein inhäriert weder dem, was Subjekt, noch dem, was Objekt genannt wird: es sind Komplexe des Geschehens, in Hinsicht auf andere Komplexe scheinbar dauerhaft, – also z. B. durch eine Verschiedenheit im Tempo des Geschehens (Ruhe – Bewegung, fest – locker: alles Gegensätze, die nicht an sich existieren und mit denen tatsächlich nur *Gradverschiedenheiten* ausgedrückt werden, die für ein gewisses Maß von Optik sich als Gegensätze ausnehmen. Es gibt keine Gegensätze: nur von denen der Logik her haben wir den Begriff des Gegensatzes – und von da aus fälschlich in die Dinge übertragen).

d) Geben wir den Begriff »Subjekt« und »Objekt« auf, dann auch den Begriff »*Substanz*« – und folglich auch dessen verschiedene Modifikationen, z. B. »Materie«, »Geist« und andere hypothetische Wesen, »Ewigkeit und Unveränderlichkeit des Stoffs« usw. Wir sind die *Stofflichkeit* los.

(130)

Das, was einer zweckbewußten Handlung vorhergeht, im Bewußtsein, zum Beispiel das Bild des Kauens dem Kauen, ist gänzlich unbestimmt: und wenn ich es wissenschaftlich genauer mache, so ist dies auf die Handlung selber ohne Einfluß. Eine Unzahl von einzelnen Bewegungen werden vollzogen, von denen wir vorher gar nichts wissen, und die *Klugheit* der Zunge zum Beispiel ist viel größer als die *Klugheit unseres Bewußtseins* überhaupt. Ich leugne, daß diese Bewegungen durch unseren Willen hervorgebracht werden; sie spielen sich ab, und *bleiben uns unbekannt*; auch ihren Prozeß vermögen wir nur in Symbolen (des Tastsinns, Hörens, Sehens von Farben) und in einzelnen Stücken und Momenten zu fassen – sein Wesen, ebenso wie der fortdauernde *Verlauf*, bleiben uns fremd. *Vielleicht stellt die Phantasie* dem wirklichen Verlaufe und Wesen etwas *entgegen*, eine *Erdichtung*, die wir *gewohnt* sind als das Wesen zu nehmen.

(131)

Wir haben von alters her den Wert einer Handlung, eines Charakters, eines Daseins in die *Absicht* gelegt, in den *Zweck*, um dessentwillen getan, gehandelt, gelebt worden ist: diese uralte Idiosynkrasie des Geschmacks nimmt endlich eine gefährliche Wendung, – gesetzt nämlich, daß die Absichts- und Zwecklosigkeit des Geschehens immer mehr in den Vordergrund des Bewußtseins tritt. Damit scheint eine allgemeine Entwertung sich vorzubereiten: »Alles hat keinen Sinn«, – diese melancholische Sentenz heißt »aller Sinn liegt in der Absicht, und gesetzt, daß die Absicht ganz und gar fehlt, so fehlt auch ganz und gar der Sinn«. Man war, jener Schätzung gemäß, genötigt gewesen, den Wert des Lebens in ein »Leben nach dem Tode« zu verlegen, oder in die fortschreitende Entwicklung der Ideen oder der Menschheit oder des Volkes oder über den Menschen weg; aber damit war man in den Zweck-progressus in infinitum gekommen: man hatte endlich nötig, sich einen Platz in dem »Welt-Prozeß« auszumachen (mit der dysdämonistischen Perspektive vielleicht, daß es der Prozeß ins Nichts sei).

Dem gegenüber bedarf der »*Zweck*« einer strengeren Kritik: man muß einsehen, daß eine Handlung *niemals verursacht wird durch einen Zweck*; daß Zweck und Mittel Auslegungen sind, wobei gewisse Punkte eines Geschehens unterstrichen und herausgewählt werden, auf Unkosten anderer, und zwar der meisten; daß jedesmal, wenn etwas auf einen Zweck hin getan wird, etwas Grundverschiedenes und anderes geschieht; daß in Bezug auf jede Zweck-Handlung es so steht, wie mit der angeblichen Zweckmäßigkeit der Hitze, welche die Sonne ausstrahlt: die übergroße Masse ist verschwendet; ein kaum in Rechnung kommender Teil hat »Zweck«, hat »Sinn« –; daß ein »Zweck« mit seinen »Mitteln« eine unbeschreiblich unbestimmte Zeichnung ist, welche als Vorschrift, als »*Wille*« zwar kommandieren kann, aber ein System von gehorchenden und eingeschulten Werkzeugen voraussetzt, welche an Stelle des Unbestimmten lauter feste Größen setzen (d. h. wir imaginieren ein System von zweck- und mittelsetzenden *klügeren*, aber engeren Intellekten, um unserm einzig bekannten »Zweck« die Rolle der »Ursache einer Handlung« zumessen zu können, wozu wir eigentlich kein Recht haben: es hieße, um ein Problem zu lösen, die Lösung des

Problems in eine unserer Beobachtung unzugängliche Welt hineinstellen –).

Zuletzt: warum könnte nicht »ein Zweck« eine *Begleiterscheinung* sein, in der Reihe von Veränderungen wirkender Kräfte, welche die zweckmäßige Handlung hervorrufen – ein in das Bewußtsein vorausgeworfenes blasses Zeichenbild, das uns zur Orientierung dient dessen, was geschieht, als ein Symptom selbst vom Geschehen, *nicht* als dessen Ursache? – Aber damit haben wir den *Willen selbst* kritisiert; ist es nicht eine Illusion, das, was im Bewußtsein als Willensakt auftaucht, als Ursache zu nehmen? Sind nicht alle Bewußtseins-Erscheinungen nur End-Erscheinungen, letzte Glieder einer Kette, aber scheinbar in ihrem Hintereinander innerhalb einer Bewußtseins-Fläche sich bedingend? Dies könnte eine Illusion sein. –

e. Der Glaube an die Erkennbarkeit der Dinge

(132)

Der Glaube an die Wahrheit. Das Ausschweifende und Krankhafte an vielem, was sich bisher »Wille zur Wahrheit« nannte. Mit schreckhaftem Ernste haben die Philosophen vor den Sinnen und dem Trug der Sinne gewarnt. Der tiefe Antagonismus der *Philosophen* und der Freunde des Trugs, der *Künstler*, geht durch die griechische Philosophie: »Plato *gegen* Homer« – ist die Parole der Philosophen!

Aber keiner hat auch die Kehrseite, die Untauglichkeit der Wahrheit zum Leben und die Bedingtheit des Lebens durch perspektivische Illusion *begriffen*. – *Es ist eine der gefährlichsten Uebertreibungen*, das Erkennen *nicht* im Dienste des Lebens, sondern *an sich*, um jeden Preis, zu wollen (wie der Wollüstling seinen Trieben folgt, an sich, ohne die Kontrolle der heilsamen anderen Instinkte), – wenn es nicht eine Dummheit ist.

(133)

Skepsis gegen die Skeptiker. – Welches Glück gibt der zarte Flaum den Dingen! Wie leuchtet das ganze Leben von schönen Scheinbarkeiten! Die großen Fälschungen und Ausdeutungen waren es, die uns bisher über das Glück des Tiers emporgehoben – ins Menschliche! Und umgekehrt: was hat bisher das Geknarr des logischen Räderwerks, die Selbst-Bespiegelung des Geistes, die Aufdröselung der Instinkte mit sich gebracht? Gesetzt, ihr hättet alles in Formeln aufgelöst und euern Glauben in Grade der

Wahrscheinlichkeit: da ihr darnach nicht leben könnt, wie? solltet ihr mit schlechtem Gewissen leben? Und wenn der Mensch erst den Glauben an Güte, Gerechtigkeit und Wahrheit im Grunde der Dinge als *haarsträubende Fälschung* empfindet: wie soll er *sich* selber fühlen, insofern er doch Teil und Stück dieser Welt ist? Als etwas Haarsträubendes, Falsches?

(134)

Da die Erkennenden allein von dem Erkennen redeten, so ist viel Verlogenheit dabei – sie hatten ein Interesse daran, es als den wertvollsten Zustand erscheinen zu lassen.

(135)

Die drei großen Naivitäten:
 Erkenntnis als Mittel zum Glück (als ob...),
  als Mittel zur Tugend (als ob...),
   als Mittel zur »Verneinung des Lebens«, – insofern sie ein Mittel zur Enttäuschung ist – (als ob...).

(136)

Es gibt schematische Köpfe, solche, welche einen Gedankenkomplex dann für *wahrer* halten, wenn er sich in vorher entworfene Schemata oder Kategorien-Tafeln einzeichnen läßt. Der Selbst-Täuschungen auf diesem Gebiete gibt es unzählige: fast alle großen »Systeme« gehören hierhin. Das *Grundvorurteil* ist aber: daß die Ordnung, Uebersichtlichkeit, das Systematische dem *wahren Sein* der Dinge anhaften müsse, umgekehrt die Unordnung, das Chaotische, Unberechenbare nur in einer falschen oder unvollständig erkannten Welt zum Vorschein komme, – kurz ein Irrtum sei –: – was ein moralisches Vorurteil ist, entnommen aus der Tatsache, daß der wahrhaftige, zutrauenswürdige Mensch ein Mann der Ordnung, der Maximen, und im Ganzen etwas Berechenbares und Pedantisches zu sein pflegt. Nun ist es aber ganz unbeweisbar, daß das An-sich der Dinge nach diesem Rezepte eines Muster-Beamten sich verhält.

(137)

Es macht mir wenig aus, ob sich heute einer mit der Bescheidenheit der philosophischen Skepsis oder mit religiöser Ergebung sagt: »das Wesen der Dinge ist mir unbekannt« oder ein andrer, Mutigerer, der noch nicht genug Kritik und Mißtrauen gelernt hat: »das Wesen der Dinge ist mir zu einem guten Teile unbekannt«. Beiden gegenüber halte ich aufrecht, daß sie unter allen Umständen noch viel zu viel zu wissen vorgeben, zu wissen sich einbilden, nämlich als ob die Unterscheidung, welche sie beide voraussetzen, zu Recht bestehe, die Unterscheidung von einem

»Wesen der Dinge« und einer Erscheinungs-Welt. Um eine solche Unterscheidung machen zu können, müßte man sich unsern Intellekt mit einem widerspruchsvollen Charakter behaftet denken: einmal, eingerichtet auf das perspektivische Sehen (wie dies not tut, damit gerade Wesen unsrer Art sich im Dasein erhalten können), andrerseits zugleich mit einem Vermögen, eben dieses perspektivische Sehen als perspektivisches, die Erscheinung als Erscheinung zu begreifen. Das will sagen: ausgestattet mit einem Glauben an die »Realität«, wie als ob sie die einzige wäre, und wiederum auch mit der Einsicht über diesen Glauben, daß er nämlich nur eine perspektivische Beschränktheit sei in Hinsicht auf eine wahre Realität. Ein Glaube aber, mit dieser Einsicht angeschaut, ist nicht mehr Glaube, ist als Glaube aufgelöst. Kurz, wir dürfen uns unsern Intellekt nicht dergestalt widerspruchsvoll denken, daß er ein Glaube ist und zugleich ein Wissen um diesen Glauben als Glauben. Schaffen wir das »Ding an sich« ab und, mit ihm, einen der unklarsten Begriffe, den der »Erscheinung«! Dieser ganze Gegensatz ist, wie jener ältere von »Materie und Geist«, als unbrauchbar bewiesen.

(138)

Der faule Fleck des Kantischen Kritizismus ist allmählich auch den gröberen Augen sichtbar geworden: Kant hatte kein Recht mehr zu seiner Unterscheidung »*Erscheinung*« und »*Ding an sich*«, – er hatte sich selbst das Recht abgeschnitten, noch fernerhin in dieser alten üblichen Weise zu unterscheiden, insofern er den Schluß von der Erscheinung auf eine *Ursache* der Erscheinung als unerlaubt ablehnte – gemäß seiner Fassung des Kausalitätsbegriffs und dessen *rein intraphänomenaler* Gültigkeit: welche Fassung andrerseits jene Unterscheidung schon vorwegnimmt, wie als ob das »Ding an sich« nicht nur erschlossen, sondern *gegeben* sei.

(139)

Unsinn aller Metaphysik als einer Ableitung des Bedingten aus dem Unbedingten.

Zur Natur des Denkens gehört es, daß es zu dem Bedingten das Unbedingte *hinzudenkt*, hinzuerfindet: wie es das »Ich« zur Vielheit seiner Vorgänge hinzudenkt, hinzuerfindet: es mißt die Welt an lauter von ihm selbst gesetzten Größen: an seinen Grundfiktionen »Unbedingtes«, »Zweck und Mittel«, »Dinge«, »Substanzen«, an logischen Gesetzen, an Zahlen und Gestalten.

Es gäbe nichts, was Erkenntnis zu nennen wäre, wenn nicht erst das Denken sich die Welt dergestalt *umschüfe* zu »Dingen«,

Sich-selbst-Gleichem. Erst *vermöge* des Denkens gibt es *Unwahrheit*.

Das Denken ist *unableitbar*, ebenso die *Empfindungen*: aber damit ist es noch lange *nicht* als ursprünglich oder »an sich seiend« bewiesen! sondern nur festgestellt, daß wir nicht *dahinter* können, weil wir nichts als Denken und Empfinden *haben*.

(140)

Meine Grundvorstellung: das »Unbedingte« ist eine regulative Fiktion, der keine Existenz zugeschrieben werden darf; die Existenz gehört nicht zu den notwendigen Eigenschaften des Unbedingten. Ebenso das »Sein«, die »Substanz« – alles Dinge, die nicht aus der Erfahrung geschöpft sein *sollten*, aber tatsächlich durch eine *irrtümliche Auslegung der Erfahrung aus ihr gewonnen sind*.

(141)

Die Entwicklung der Wissenschaft löst das »Bekannte« immer mehr in ein Unbekanntes auf: – sie *will* aber gerade das *Umgekehrte* und geht von dem Instinkt aus, das Unbekannte auf das Bekannte zurückzuführen.

In summa bereitet die Wissenschaft eine *souveräne Unwissenheit* vor, ein Gefühl, daß »Erkennen« gar nicht vorkommt, daß es eine Art Hochmut war, davon zu träumen, mehr noch, daß wir nicht den geringsten Begriff übrig behalten, um auch nur »Erkennen« als eine *Möglichkeit* gelten zu lassen, – daß »Erkennen« selbst eine widerspruchsvolle Vorstellung ist. Wir *übersetzen* eine uralte Mythologie und Eitelkeit des Menschen in die harte Tatsache: so wenig »Ding an sich«, so wenig ist »Erkenntnis an sich« noch *erlaubt* als Begriff. Die Verführung durch »Zahl und Logik«, die Verführung durch die »Gesetze«.

»*Weisheit*« als Versuch, über die perspektivischen Schätzungen (d. h. über den »Willen zur Macht«) *hinweg* zu kommen: ein lebensfeindliches und auflösendes Prinzip, Symptom wie bei den Indern usw., *Schwächung* der Aneignungskraft.

(142)

Gegen beide Behauptungen »es kann das Gleiche nur vom Gleichen erkannt werden« und »es kann das Gleiche nur vom Ungleichen erkannt werden« – um welche schon im Altertum ein Kampf von Jahrhunderten gekämpft worden ist – läßt sich heute einwenden, von einem strengen und vorsichtigen Begriff des Erkennens aus: *es kann gar nicht erkannt werden* – und zwar eben deshalb, weil das Gleiche nicht das Gleiche erkennen kann, und weil ebensowenig das Gleiche vom Ungleichen erkannt werden kann. –

(143)

»Erkenntnis«: ein falscher Begriff, d.h. ein Begriff, zu dessen Aufstellung wir kein *Recht* haben.

(144)

Ich sage: der Intellekt ist eine *schaffende* Kraft: damit er schließen, begründen könne, muß er erst den Begriff des Unbedingten geschaffen haben, – *er glaubt an das, was er schafft, als wahr*: dies das Grundphänomen.

(145)

Die größte Fabelei ist die von der Erkenntnis. Man möchte wissen, wie die *Dinge an sich* beschaffen sind: aber siehe da, es gibt keine Dinge an sich! Gesetzt aber sogar, es *gäbe* ein An-sich, ein Unbedingtes, so könnte es eben darum *nicht erkannt werden*! Etwas Unbedingtes kann nicht erkannt werden: sonst wäre es eben *nicht* unbedingt! Erkennen ist aber immer »sich irgendwozu in Bedingung setzen« – –; ein solch Erkennender will, daß das, was er erkennen will, ihn nichts angeht, und daß dasselbe Etwas überhaupt niemanden nichts angeht: wobei erstlich ein Widerspruch gegeben ist, im Erkennen-*wollen* und dem Verlangen, daß es ihn nichts angehen soll (wozu doch dann Erkennen?), und zweitens, weil etwas, das niemanden nichts angeht, gar nicht *ist*, also auch gar nicht erkannt werden kann. – Erkennen heißt »sich in Bedingung setzen zu etwas«: sich durch etwas bedingt fühlen und ebenso es selbst unsrerseits bedingen – – es ist also unter allen Umständen ein *Feststellen, Bezeichnen, Bewußtmachen von Bedingungen* (*nicht* ein *Ergründen* von Wesen, Dingen, »An-sichs«).

(146)

»Dinge, die eine Beschaffenheit *an sich* haben« – eine dogmatische Vorstellung, mit der man absolut brechen muß.

(147)

Die »wahre Welt«, wie immer auch man sie bisher konzipiert hat, – sie war immer die scheinbare Welt *noch einmal.*

(148)

Das »Ding an sich« widersinnig. Wenn ich alle Relationen, alle »Eigenschaften«, alle »Tätigkeiten« eines Dinges wegdenke, so bleibt *nicht* das Ding übrig: weil Dingheit erst von uns *hinzufingiert* ist, aus logischen Bedürfnissen, also zum Zweck der Bezeichnung, der Verständigung (zur Bindung jener Vielheit von Relationen, Eigenschaften, Tätigkeiten).

(149)
Die Eigenschaften eines Dinges sind Wirkungen auf andere »Dinge«:
  denkt man andere »Dinge« weg, so hat ein Ding keine Eigenschaften,
  d. h. *es gibt kein Ding ohne andere Dinge*,
  d. h. es gibt kein »Ding an sich«.

(150)
Die Erkenntnis hat den Wert: erstens die »absolute Erkenntnis« zu widerlegen, zweitens die objektive zählbare Welt der notwendigen Aufeinanderfolge zu entdecken.

(151)
Philosophie als die Kunst, die Wahrheit zu entdecken: so nach Aristoteles. *Dagegen* die Epikureer, die sich *sensualistische* Theorie der Erkenntnis des Aristoteles zunutze machten: gegen das Suchen der Wahrheit ganz ironisch und ablehnend; »Philosophie als eine Kunst des *Lebens*«.

(152)
Die moralischen Werte in der Theorie der Erkenntnis selbst:
  das Vertrauen zur Vernunft – warum nicht Mißtrauen?
  die »wahre Welt« soll die gute sein – warum?
  die Scheinbarkeit, der Wechsel, der Widerspruch, der Kampf als unmoralisch abgeschätzt: Verlangen in eine Welt, wo dies alles *fehlt*;
  die transzendente Welt erfunden, *damit* ein Platz bleibt für »moralische Freiheit« (bei Kant);
  die Dialektik als der Weg zur Tugend (bei Plato und Sokrates: augenscheinlich, weil die Sophistik als Weg zur Unmoralität galt);
  Zeit und Raum ideal: folglich »Einheit« im Wesen der Dinge, folglich keine »Sünde«, kein Uebel, keine Unvollkommenheit, – eine *Rechtfertigung* Gottes;
  Epikur *leugnet* die Möglichkeit der Erkenntnis: um die moralischen (resp. hedonistischen) Werte als die obersten zu behalten. Dasselbe tut Augustin, später Pascal (»die verdorbene Vernunft«) zu Gunsten der christlichen Werte;
  die Verachtung des Descartes gegen alles Wechselnde, insgleichen die des Spinoza.

(153)
Geschichte der wissenschaftlichen Methode, von Auguste Comte beinahe als Philosophie selber verstanden.

(154)

Philosophie von Kant definiert als »*Wissenschaft von den Grenzen der Vernunft*«!!

(155)

Es ist beinahe komisch, daß unsre Philosophen verlangen, die Philosophie müsse mit einer Kritik des *Erkenntnisvermögens* beginnen: ist es nicht sehr unwahrscheinlich, daß das Organ der Erkenntnis sich selber »kritisieren« kann, wenn man mißtrauisch geworden ist über die bisherigen Ergebnisse der Erkenntnis? Die *Reduktion* der Philosophie auf den »Willen zu einer Erkenntnistheorie« ist komisch. Als ob sich so *Sicherheit* finden ließe! –

(156)

Ein Werkzeug kann nicht seine eigene Tauglichkeit *kritisieren*: der Intellekt kann nicht selber seine Grenze, auch nicht sein Wohlgeratensein oder sein Mißratensein bestimmen.

(157)

Der Intellekt kann sich nicht selbst kritisieren, eben weil er nicht zu vergleichen ist mit andersgearteten Intellekten und weil sein Vermögen zu erkennen erst angesichts der »wahren Wirklichkeit« zu Tage treten würde, d. h. weil, um den Intellekt zu kritisieren, wir ein höheres Wesen mit »absoluter Erkenntnis« sein müßten. Dies setzte schon voraus, daß es, abseits von allen perspektivischen Arten der Betrachtung und sinnlich-geistiger Aneignung, *etwas gäbe*, ein »An sich«. – Aber die psychologische Ableitung des Glaubens an *Dinge* verbietet uns, von »Dingen an sich« zu reden.

(158)

Man müßte *wissen*, was *Sein* ist, um zu *entscheiden*, ob dies und jenes real *ist* (z. B. »die Tatsache des Bewußtseins«); ebenso was *Gewißheit* ist, was *Erkenntnis* ist und dergleichen. – Da wir das aber *nicht* wissen, so ist eine Kritik des Erkenntnisvermögens unsinnig: wie sollte das Werkzeug sich selbst kritisieren können, wenn es eben nur *sich* zur Kritik gebrauchen kann? Es kann nicht einmal sich selbst definieren!

(159)

Das theologische Vorurteil bei Kant, sein unbewußter Dogmatismus, seine moralistische Perspektive als herrschend, lenkend, befehlend.

Das πρῶτον ψεῦδος: wie ist die Tatsache der *Erkenntnis* möglich? ist die Erkenntnis überhaupt eine Tatsache? was ist Erkenntnis? Wenn wir nicht *wissen*, was Erkenntnis ist, können wir unmöglich die Frage beantworten, ob es Erkenntnis gibt. – Sehr schön! Aber wenn ich nicht schon »weiß«, *ob* es Erkenntnis gibt, geben kann, kann ich die Frage »was ist Erkenntnis« vernünftigerweise gar nicht stellen. Kant *glaubt* an die Tatsache der Erkenntnis: es ist eine Naivität, was er will: *die Erkenntnis der Erkenntnis!*

»Erkenntnis ist Urteil!« Aber Urteil ist ein *Glaube*, daß etwas so und so ist! Und *nicht* Erkenntnis! »Alle Erkenntnis besteht in synthetischen Urteilen« mit dem Charakter der *Allgemeingültigkeit* (die Sache verhält sich in allen Fällen so und nicht anders), mit dem Charakter der *Notwendigkeit* (das Gegenteil der Behauptung kann nie stattfinden).

Die *Rechtmäßigkeit* im Glauben an die Erkenntnis wird immer vorausgesetzt: so wie die Rechtmäßigkeit im Gefühl des Gewissensurteils vorausgesetzt wird. Hier ist die *moralische Ontologie* das *herrschende Vorurteil*.

Also der Schluß ist: 1. es gibt Behauptungen, die wir für allgemeingültig und notwendig halten;

2. der Charakter der Notwendigkeit und Allgemeingültigkeit kann nicht aus der Erfahrung stammen;

3. folglich muß er ohne Erfahrung, *anderswoher sich begründen* und eine andere Erkenntnisquelle haben!

(Kant schließt 1. es gibt Behauptungen, die nur unter gewisser Bedingung gültig sind; 2. diese Bedingung ist, daß sie nicht aus der Erfahrung, sondern aus der reinen Vernunft stammen.)

Also: die Frage ist, *woher unser Glaube* an die Wahrheit solcher Behauptungen seine Gründe nimmt? Nein, woher er seine Ursache hat! Aber die *Entstehung eines Glaubens*, einer starken Ueberzeugung ist ein psychologisches Problem: und eine *sehr* begrenzte und enge Erfahrung bringt oft einen solchen Glauben zuwege! *Er setzt bereits voraus*, daß es nicht nur »data a posteriori« gibt, sondern auch data a priori, »vor der Erfahrung«. Notwendigkeit und Allgemeingültigkeit könne nie durch Erfahrung gegeben werden: womit ist denn nun klar, daß sie ohne Erfahrung überhaupt da sind?

Allgemeingültigkeit könne nie durch Erfahrung gegeben werden: womit ist denn nun klar, daß sie ohne Erfahrung überhaupt da sind?

Es gibt keine einzelnen Urteile!

Ein einzelnes Urteil ist niemals »wahr«, niemals Erkenntnis; erst im *Zusammenhang*, in der *Beziehung* von vielen Urteilen ergibt sich eine Bürgschaft.

Was unterscheidet den wahren und den falschen Glauben? Was ist Erkenntnis? Er »weiß« es, das ist himmlisch!

Notwendigkeit und Allgemeingültigkeit können nie durch Erfahrung gegeben werden! Also unabhängig von der Erfahrung, *vor* aller Erfahrung! Diejenige Einsicht, die a priori stattfindet, also unabhängig von aller Erfahrung *aus der bloßen Vernunft*, »eine *reine* Erkenntnis«!

»Die Grundsätze der Logik, der Satz der Identität und des Widerspruchs, sind reine Erkenntnisse, weil sie aller Erfahrung vorausgehen.« – Aber das sind gar keine Erkenntnisse! sondern *regulative Glaubensartikel*.

Um die Apriorität (die reine Vernunftmäßigkeit) der mathematischen Urteile zu begründen, muß der Raum *begriffen werden als eine Form der reinen Vernunft*.

Hume hatte erklärt: »es gibt gar keine synthetischen Urteile a priori.« Kant sagt: doch! die mathematischen! Und wenn es also solche Urteile gibt, gibt es vielleicht auch Metaphysik, eine Erkenntnis der Dinge durch die reine Vernunft!

Mathematik wird möglich unter Bedingungen, unter denen Metaphysik *nie* möglich ist. Alle menschliche Erkenntnis ist entweder Erfahrung oder Mathematik.

Ein Urteil ist synthetisch: d. h. es verknüpft verschiedene Vorstellungen.

Es ist a priori: d. h. jene Verknüpfung ist eine allgemeingültige und notwendige, die nie durch sinnliche Wahrnehmung, sondern nur durch reine Vernunft gegeben sein kann.

Soll es synthetische Urteile a priori geben, so wird die Vernunft imstande sein müssen, zu verknüpfen: das Verknüpfen ist eine Form. Die Vernunft muß *formgebende Vermögen besitzen*.

(160)

Die psychologischen *Verwechslungen*: – *das Verlangen nach Glauben* – verwechselt mit dem »Willen zur Wahrheit« (z. B. bei Carlyle). Aber ebenso ist *das Verlangen nach Unglauben* verwechselt worden mit dem »Willen zur Wahrheit« (– ein Bedürfnis, loszukommen von einem Glauben, aus hundert Gründen: Recht zu bekommen gegen irgend welche »Gläubigen«). *Was inspiriert die Skeptiker?* Der *Haß* gegen die Dogmatiker – oder ein Ruhe-Bedürfnis, eine Müdigkeit, wie bei Pyrrho.

Die *Vorteile*, welche man von der Wahrheit erwartete, waren die Vorteile des Glaubens an sie: – *an sich* nämlich könnte ja die Wahrheit durchaus peinlich, schädlich, verhängnisvoll sein –. Man hat die »Wahrheit« auch nur wieder bekämpft, als man Vorteile sich vom Siege versprach, – z.B. Freiheit von den herrschenden Gewalten.

Die Methodik der Wahrheit ist *nicht* aus Motiven der Wahrheit gefunden worden, sondern *aus Motiven der Macht, des Ueberlegen-sein-wollens.*

Womit beweist sich die Wahrheit? Mit dem Gefühl der erhöhten Macht – mit der Nützlichkeit, – mit der Unentbehrlichkeit, – *kurz mit Vorteilen* (nämlich Voraussetzungen, welcher Art die Wahrheit beschaffen sein *sollte*, um von uns anerkannt zu werden). Aber das ist ein *Vorurteil*: ein Zeichen, daß es sich gar nicht um *Wahrheit* handelt ...

Was bedeutet z.B. der »Wille zur Wahrheit« bei den Goncourts? bei den *Naturalisten*? – Kritik der »Objektivität«.

Warum erkennen: warum nicht lieber sich täuschen? ... Was man wollte, war immer der Glaube, – und *nicht* die Wahrheit ... Der Glaube wird durch *entgegengesetzte* Mittel geschaffen als die Methodik der Forschung –: *er schließt letztere selbst aus* –

(161)

Der Irrtum und die Unwissenheit sind verhängnisvoll. – Die Behauptung, daß die *Wahrheit da sei* und daß es ein Ende habe mit der Unwissenheit und dem Irrtum, ist eine der größten Verführungen, die es gibt. Gesetzt, sie wird geglaubt, so ist damit der Wille zur Prüfung, Forschung, Vorsicht, Versuchung lahm gelegt: er kann selbst als frevelhaft, nämlich als *Zweifel* an der Wahrheit gelten ...

Die »Wahrheit« ist folglich verhängnisvoller als der Irrtum und die Unwissenheit, weil sie die Kräfte unterbindet, mit denen an der Aufklärung und Erkenntnis gearbeitet wird.

Der Affekt der *Faulheit* nimmt jetzt Partei für die »Wahrheit« – (»Denken ist eine Not, ein Elend!«); insgleichen die Ordnung, die Regel, das Glück des Besitzes, der Stolz der Weisheit – die *Eitelkeit* in summa. – es ist bequemer zu *gehorchen*, als zu *prüfen*; es ist schmeichelhafter, zu denken »ich habe die Wahrheit«, als um sich herum nur Dunkel zu sehn ... vor allem: es beruhigt, es gibt Vertrauen, es erleichtert das Leben, – es »verbessert« den Charakter, insofern es das *Mißtrauen verringert*. Der »Frieden der Seele«, die »Ruhe des Gewissens«: alles Erfindungen, die nur unter der Voraussetzung möglich sind, daß *die Wahrheit da ist*. – »An ihren Früchten sollt ihr sie erkennen« ... Die »Wahrheit« ist Wahrheit, *denn* sie macht die Menschen *besser* ... Der Prozeß setzt sich fort: alles Gute, allen Erfolg, der »Wahrheit« aufs Konto zu setzen.

Das ist der *Beweis der Kraft*: das Glück, die Zufriedenheit, der Wohlstand des Gemeinwesens wie des Einzelnen werden nunmehr als Folge des *Glaubens an die Moral* verstanden ... Die Umkehrung: der *schlimme* Erfolg ist aus dem *Mangel* an Glauben abzuleiten –

(162)

Die *Wertschätzung* »ich glaube, daß das und das so ist« als *Wesen* der »*Wahrheit*«. In den Wertschätzungen drücken sich *Erhaltungs-* und *Wachstums-Bedingungen* aus. Alle unsere *Erkenntnisorgane und Sinne* sind nur entwickelt in Hinsicht auf Erhaltungs- und Wachstums-Bedingungen. Das *Vertrauen* zur Vernunft und ihren Kategorien, zur Dialektik, also die *Wertschätzung* der Logik, beweist nur die durch Erfahrung bewiesene *Nützlichkeit* derselben für das Leben: *nicht* deren »Wahrheit«.

Daß eine Menge *Glauben* da sein muß; daß *geurteilt* werden darf; daß der Zweifel in Hinsicht auf alle wesentlichen Werte *fehlt*: – das ist Voraussetzung alles Lebendigen und seines Lebens. Also daß etwas für wahr gehalten werden *muß*, ist notwendig, *nicht*, daß etwas wahr *ist*.

»Die *wahre* und die *scheinbare* Welt« – dieser Gegensatz wird von mir zurückgeführt auf *Wertverhältnisse*. Wir haben *unsere* Erhaltungs-Bedingungen projiziert als *Prädikate des Seins* überhaupt. Daß wir in unserm Glauben stabil sein müssen, um zu gedeihen, daraus haben wir gemacht, daß die »wahre« Welt keine wandelbare und werdende, sondern eine *seiende* ist.

(163)

Nicht »erkennen«, sondern schematisieren, – dem Chaos so viel Regularität und Formen auferlegen, als es unserm praktischen Bedürfnis genugtut.

In der Bildung der Vernunft, der Logik, der Kategorien ist das *Bedürfnis* maßgebend gewesen: das Bedürfnis, nicht zu »erkennen«, sondern zu subsumieren, zu schematisieren, zum Zweck der Verständigung, der Berechnung ... (Das Zurechtmachen, das Ausdichten zum Aehnlichen, Gleichen, – derselbe Prozeß, den jeder Sinneseindruck durchmacht, ist die Entwicklung der Vernunft!) Hier hat nicht eine präexistente »Idee« gearbeitet: sondern die Nützlichkeit, daß nur, wenn wir grob und gleichgemacht die Dinge sehen, sie für uns berechenbar und handlich werden ... Die *Finalität* in der Vernunft ist eine Wirkung, keine Ursache; bei jeder anderen Art Vernunft, zu der es fortwährend Ansätze gibt, mißrät das Leben. – es wird unübersichtlich –, zu ungleich –

Die Kategorien sind »Wahrheiten« nur in dem Sinne, als sie lebenbedingend für uns sind: wie der Euklidische Raum eine solche bedingende »Wahrheit« ist. (An sich geredet: da niemand die Notwendigkeit, daß es gerade Menschen gibt, aufrecht erhalten wird, ist die Vernunft, so wie der Euklidische Raum, eine bloße Idiosynkrasie bestimmter Tierarten, und eine neben vielen anderen ...)

Die subjektive Nötigung, hier nicht widersprechen zu können, ist eine biologische Nötigung: der Instinkt der Nützlichkeit, so zu schließen wie wir schließen, steckt uns im Leibe, wir *sind* beinahe dieser Instinkt ... Welche Naivität aber, daraus einen Beweis zu ziehen, daß wir damit eine »Wahrheit an sich« besäßen! ... Das Nicht-widersprechen-können beweist ein Unvermögen, nicht eine »Wahrheit«.

(164)

»Wahrheit«: das bezeichnet innerhalb meiner Denkweise nicht notwendig einen Gegensatz zum Irrtum, sondern in den grundsätzlichsten Fällen nur eine Stellung verschiedener Irrtümer zueinander: etwa daß der eine älter, tiefer als der andere ist, vielleicht sogar unausrottbar, insofern ein organisches Wesen unserer Art nicht ohne ihn leben könnte; während andere Irrtümer uns nicht dergestalt als Lebensbedingungen tyrannisieren, vielmehr, gemessen an solchen »Tyrannen«, beseitigt und »widerlegt« werden können.

Eine Annahme, die unwiderlegbar ist, – warum sollte sie deshalb schon »*wahr*« sein? Dieser Satz empört vielleicht die Logiker, welche *ihre* Grenzen als Grenzen der *Dinge* ansetzen: aber diesem Logiker-Optimismus habe ich schon lange den Krieg erklärt.

(165)

Der ganze Erkenntnis-Apparat ist ein Abstraktions- und Simplifikations-Apparat – nicht auf Erkenntnis gerichtet, sondern auf *Bemächtigung* der Dinge: »Zweck« und »Mittel« sind so fern vom Wesen wie die »Begriffe«. Mit »Zweck« und »Mittel« bemächtigt man sich des Prozesses (– man *erfindet* einen Prozeß, der faßbar ist), mit »Begriffen« aber der »Dinge«, welche den Prozeß machen.

(166)

»Es mußte in der Ausbildung des Denkens der Punkt eintreten, wo es zum Bewußtsein kam, daß das, was man als *Eigenschaften der Dinge* bezeichnete, Empfindungen des empfindenden Subjekts seien: damit hörten die Eigenschaften auf, dem Dinge anzugehören.« Es blieb »das Ding an sich« übrig. Die Unterscheidung zwischen Ding an sich und des Dinges für uns basiert auf der älteren, naiven Wahrnehmung, die dem Dinge Energie beilegte: aber die Analyse ergab, daß auch die Kraft hineingedichtet worden ist, und ebenso – die Substanz. »Das Ding affiziert ein Subjekt«? Wurzel der Substanzvorstellung in der Sprache, nicht im Außer-uns-Seienden! Das Ding an sich ist gar kein Problem!

Das Seiende wird als Empfindung zu denken sein, welcher nichts Empfindungsloses mehr zugrunde liegt.

In der Bewegung ist kein neuer *Inhalt* der Empfindung gegeben. Das Seiende kann nicht inhaltlich Bewegung sein: also *Form* des Seins.

NB. Die *Erklärung* des Geschehens kann versucht werden einmal: durch Vorstellung von Bildern des Geschehens, die ihm *voranlaufen* (Zwecke);

zweitens: durch Vorstellung von Bildern, die ihm *nachlaufen* (die mathematisch-physikalische Erklärung).

Beide soll man nicht durcheinander werfen. Also: die physische Erklärung, welche die Verbildlichung der Welt ist aus Empfindung und Denken, kann nicht selber wieder das Empfinden und Denken ableiten und entstehen machen: vielmehr muß die Physik auch die empfindende Welt *konsequent als ohne Empfindung und Zweck* konstruieren – bis hinauf zum höchsten Menschen. Und die teleologische ist nur eine *Geschichte der Zwecke* und *nie* physikalisch!

(167)

Was kann allein *Erkenntnis* sein? – »Auslegung«, Sinnhineinlegen, – *nicht* »Erklärung« (in den meisten Fällen eine neue Auslegung über eine alte unverständlich gewordene Auslegung, die jetzt selbst nur Zeichen ist). Es gibt keinen Tatbestand, alles ist flüssig, unfaßbar, zurückweichend; das Dauerhafteste sind noch unsre Meinungen.

(168)

Was ist Wahrheit? – Inertia; *die* Hypothese, bei welcher Befriedigung entsteht: geringster Verbrauch von geistiger Kraft usw.

(169)

Daß es eine »Wahrheit« gebe, der man sich irgendwie *nähern* könne –!

(170)

Wenn man das herausschält, was allen Tatsachen gemeinsam ist, die Grundformen der äußersten Abstraktion – kommt man da auf »Wahrheiten«? Es gab bisher diesen Weg zur Wahrheit, die

Verallgemeinerung, – man entdeckte so nur die *Grundphänomene des Intellekts*. Wirklich?

(171)

Es gibt vielerlei Augen. Auch die Sphinx hat Augen –: und folglich gibt es vielerlei »Wahrheiten«, und folglich gibt es keine Wahrheit.

(172)

Unsere psychologische Optik ist dadurch bestimmt:
1. daß *Mitteilung* nötig ist, und daß zur Mitteilung etwas fest, vereinfacht, präsizierbar sein muß (vor allem im sogenannten *identischen* Fall). Damit es aber mittelbar sein kann, muß es *zurechtgemacht* empfunden werden, als »*wiedererkennbar*«. Das Material der Sinne vom Verstande zurechtgemacht, reduziert auf grobe Hauptstriche, ähnlich gemacht, subsumiert unter Verwandtes. Also: die Undeutlichkeit und das Chaos des Sinneseindrucks wird gleichsam *logisiert*;
2. die Welt der »Phänomene« ist die zurechtgemachte Welt, die wir *als real empfinden*. Die »Realität« liegt in dem beständigen Wiederkommen gleicher, bekannter, verwandter Dinge, in ihrem *logisierten Charakter*, im Glauben, daß wir hier rechnen, berechnen können;
3. der Gegensatz dieser Phänomenal-Welt ist *nicht* »die wahre Welt«, sondern die formlos-unformulierbare Welt des Sensationen-Chaos, – also *eine andere Art* Phänomenal-Welt, eine für uns »unerkennbare«;
4. Fragen, wie die Dinge »an sich« sein mögen, ganz abgesehen von unserer Sinnen-Rezeptivität und Verstandes-Aktivität, muß man mit der Frage zurückweisen: woher könnten wir wissen, *daß es Dinge gibt*? Die »Dingheit« ist erst von uns geschaffen. Die Frage ist, ob es nicht noch viele Arten geben könnte, eine solche *scheinbare* Welt zu schaffen – und ob nicht dieses Schaffen, Logisieren, Zurechtmachen, Fälschen die bestgarantierte *Realität* selbst ist: kurz, ob nicht das, was »Dinge setzt«, allein real ist; und ob nicht die »Wirkung der äußeren Welt auf uns« auch nur die Folge solcher wollenden Subjekte ist ... Die anderen »Wesen« agieren auf uns; unsere *zurechtgemachte* Scheinwelt ist eine Zurechtmachung und *Ueberwältigung* von deren Aktionen: eine Art *Defensiv*-Maßregel. *Das Subjekt allein ist beweisbar: Hypothese, daß es nur Subjekte gibt*, – daß »Objekt« nur eine Art Wirkung von Subjekt auf Subjekt ist ... ein modus *des Subjekts*.

(173)

Illusion, daß etwas *erkannt* sei, wo wir eine mathematische Formel für das Geschehene haben: es ist nur *bezeichnet, beschrieben*: nichts mehr!

(174)

Ein »Ding an sich« ebenso verkehrt wie ein »Sinn an sich«, eine »Bedeutung an sich«. Es gibt keinen »Tatbestand an sich«, sondern *ein Sinn muß immer erst hineingelegt werden, damit es einen Tatbestand geben kann.*

Das »was ist das?« ist eine *Sinn-Setzung* von etwas anderem aus gesehen. Die »*Essenz*«, die »*Wesenheit*« ist etwas Perspektivisches und setzt eine Vielheit schon voraus. Zu Grunde liegt immer »was ist das für *mich*?« (für uns, für alles, was lebt usw.).

Ein Ding wäre bezeichnet, wenn an ihm erst alle Wesen ihr »was ist das?« gefragt und beantwortet hätten. Gesetzt, ein einziges Wesen, mit seinen eigenen Relationen und Perspektiven zu allen Dingen, fehlte, so ist das Ding immer noch nicht »definiert«.

Kurz: das Wesen eines Dings ist auch nur eine *Meinung* über das »Ding«. Oder vielmehr: das »*es gilt*« ist das eigentliche »*es ist*«, das einzige »das ist«.

Man darf nicht fragen: »*wer* interpretiert denn?« sondern das Interpretieren selbst, als eine Form des Willens zur Macht, hat Dasein (aber nicht als ein »Sein«, sondern als ein *Prozeß*, ein *Werden*) als ein Affekt.

Die Entstehung der »Dinge« ist ganz und gar das Werk der Vorstellenden, Denkenden, Wollenden, Empfindenden. Der Begriff »Ding« selbst ebenso als alle Eigenschaften. – Selbst »das Subjekt« ist ein solches Geschaffenes, ein »Ding« wie alle andern: eine Vereinfachung, um die *Kraft*, welche setzt, erfindet, denkt, als solche zu bezeichnen, im Unterschiede von allem einzelnen Setzen, Erfinden, Denken selbst. Also das *Vermögen* im Unterschiede von allem Einzelnen bezeichnet: im Grunde das Tun in Hinsicht auf alles noch zu erwartende Tun (Tun und die Wahrscheinlichkeit ähnlichen Tuns) zusammengefaßt.

(175)

Daß die Dinge eine *Beschaffenheit an sich* hätten, ganz abgesehen von der Interpretation und Subjektivität, ist *eine ganz müßige Hypothese*: es würde voraussetzen, daß das *Interpretieren* und *Subjekt-sein nicht* wesentlich sei, daß ein Ding aus allen Relationen gelöst noch Ding sei.

Umgekehrt: der anscheinende *objektive* Charakter der Dinge: könnte er nicht bloß auf eine *Graddifferenz* innerhalb des Subjektiven hinauslaufen? – daß etwa das Langsam-Wechselnde uns als »objektiv« dauernd, seiend, »an sich« sich herausstellte, – daß das Objektive nur ein falscher Artbegriff und Gegensatz wäre *innerhalb* des Subjektiven?

(176)
Kritik des Begriffes »wahre und scheinbare Welt«. – Von diesen ist die erste eine bloße Fiktion, aus lauter fingierten Dingen gebildet.

Die »Scheinbarkeit« gehört selbst zur Realität: sie ist eine Form ihres Seins; d. h. in einer Welt, wo es kein Sein gibt, muß durch den *Schein* erst eine gewisse berechenbare Welt *identischer* Fälle geschaffen werden: ein Tempo, in dem Beobachtung und Vergleichung möglich ist, usw.

: »Scheinbarkeit« ist eine zurechtgemachte und vereinfachte Welt, an der unsere *praktischen* Instinkte gearbeitet haben: sie ist für *uns* vollkommen wahr: nämlich wir *leben*, wir können in ihr leben: *Beweis* ihrer Wahrheit für uns ...

: die Welt, abgesehen von unserer Bedingung, in ihr zu leben, die Welt, die wir *nicht* auf unser Sein, unsre Logik und psychologischen Vorurteile reduziert haben, existiert *nicht* als Welt »an sich«; sie ist essentiell Relations-Welt: sie hat, unter Umständen, von jedem Punkt aus ihr *verschiedenes Gesicht*: ihr Sein ist essentiell an jedem Punkte anders: sie drückt auf jeden Punkt, es widersteht ihr jeder Punkt – und diese Summierungen sind in jedem Falle gänzlich *inkongruent*.

Das *Maß von Macht* bestimmt, welches Wesen das andere Maß von Macht hat: unter welcher Form, Gewalt, Nötigung es wirkt oder widersteht.

Unser Einzelfall ist interessant genug: wir haben eine Konzeption gemacht, um in einer Welt leben zu können, um gerade genug zu perzipieren, daß wir noch es *aushalten* ...

(177)
Der mechanistische Begriff der »*Bewegung*« ist bereits eine Uebersetzung des Original-Vorgangs in die *Zeichensprache von Auge und Getast*.

Der Begriff »*Atom*«, die Unterscheidung zwischen einem »Sitz der treibenden Kraft und ihr selber«, ist eine *Zeichensprache aus unserer logisch-psychischen Welt her*.

Es steht nicht in unserm Belieben, unser Ausdrucksmittel zu verändern: es ist möglich, zu begreifen, inwiefern es bloße Semiotik ist. Die Forderung einer *adäquaten Ausdrucksweise* ist *unsinnig*: es liegt im Wesen einer Sprache, eines Ausdrucksmittels, eine bloße *Relation* auszudrücken ... Der Begriff »Wahrheit« ist *widersinnig*. Das ganze Reich von »wahr – falsch« bezieht sich nur auf Relationen zwischen Wesen, nicht auf das »An sich« ... Es gibt kein »Wesen an sich« (die *Relationen* konstituieren erst Wesen –), so wenig es eine »Erkenntnis an sich« geben kann.

(178)

Die scheinbare Welt, d. h. eine Welt, nach Werten angesehen; geordnet, ausgewählt nach Werten, d. h. in diesem Falle nach dem Nützlichkeits-Gesichtspunkt in Hinsicht auf die Erhaltung und Macht-Steigerung einer bestimmten Gattung von Animal.

Das *Perspektivische* also gibt den Charakter der »Scheinbarkeit« ab! Als ob eine Welt noch übrig bliebe, wenn man das Perspektivische abrechnet! Damit hätte man ja die *Relativität* abgerechnet!

Jedes Kraftzentrum hat für den ganzen *Rest* seine *Perspektive*, d. h. seine ganz bestimmte *Wertung*, seine Aktions-Art, seine Widerstands-Art. Die »scheinbare Welt« reduziert sich also auf eine spezifische Art von Aktion auf die Welt, ausgehend von einem Zentrum.

Nun gibt es gar keine andere Art Aktion: und die »Welt« ist nur ein Wort für das Gesamtspiel dieser Aktionen. Die *Realität* besteht exakt in dieser Partikular-Aktion und Reaktion jedes Einzelnen gegen das Ganze ...

Es bleibt kein Schatten von *Recht* mehr übrig, hier von *Schein* zu reden ...

Die *spezifische Art zu reagieren* ist die einzige Art des Reagierens: wir wissen nicht, wie viele und was für Arten es alles gibt.

Aber es gibt kein »*anderes*«, kein »*wahres*«, kein wesentliches Sein, – damit würde eine Welt *ohne* Aktion und Reaktion ausgedrückt sein ...

Der Gegensatz der scheinbaren Welt und der wahren Welt reduziert sich auf den Gegensatz »Welt« und »Nichts« –

f. Die große Schule der Verleumdung

(179)

Ein Künstler hält keine Wirklichkeit aus, er blickt weg, zurück: seine ernsthafte Meinung ist, daß was ein Ding wert ist, jener schattengleiche Rest ist, den man aus Farben, Gestalt, Klang, Gedanken gewinnt; er glaubt daran, daß, je mehr subtilisiert, verdünnt, verflüchtigt ein Ding, ein Mensch wird, *umso mehr sein*

Wert zunimmt: *je weniger* real, umso mehr Wert. Dies ist Platonismus: der aber noch eine Kühnheit mehr besaß, im Umdrehen: – er maß den Grad Realität nach dem Wertgrade ab und sagte: je mehr »Idee«, desto mehr Sein. Er drehte den Begriff »Wirklichkeit« herum und sagte: »Was ihr für wirklich haltet, ist ein Irrtum, und wir kommen, je näher wir der ›Idee‹ kommen, umso näher der ›Wahrheit‹« – Versteht man es? Das *war die größte Umtaufung*: und weil sie vom Christentum aufgenommen ist, so sehen wir die erstaunliche Sache nicht. Plato hat im Grunde *den Schein*, als Artist, der er war, dem Sein *vorgezogen*! also die Lüge und Erdichtung der Wahrheit! das Unwirkliche dem Vorhandenen! – er war aber so sehr vom Werte des Scheins überzeugt, daß er ihm die Attribute »Sein«, »Ursächlichkeit« und »Gutheit«, »Wahrheit«, kurz alles Uebrige beilegte, dem man Wert beilegt.

Der Wertbegriff selbst, als Ursache gedacht: erste Einsicht.

Das Ideal mit allen Attributen bedacht, die Ehre verleihen: zweite Einsicht.

(180)

Warum die Philosophen Verleumder sind. – Die tückische und blinde Feindseligkeit der Philosophen gegen die *Sinne*, – wie viel *Pöbel und Biedermann* ist in all diesem Haß!

Das Volk betrachtet einen Mißbrauch, von dem es schlechte Folgen fühlt, immer als *Einwand* gegen das, was mißbraucht worden ist: alle aufständischen Bewegungen gegen Prinzipien, sei es im Gebiete der Politik oder der Wirtschaft, argumentieren immer so, mit dem Hintergedanken, einen abusus als dem Prinzip notwendig und inhärent darzustellen.

Das ist eine *jammervolle* Geschichte: der Mensch sucht nach einem Prinzip, von wo aus er den Menschen verachten kann, – er erfindet eine Welt, um diese Welt verleumden und beschmutzen zu können: tatsächlich greift er jedesmal nach dem Nichts und konstruiert das Nichts zum »Gott«, zur »Wahrheit« und jedenfalls zum Richter und Verurteiler *dieses* Seins ...

Wenn man einen Beweis dafür haben will, wie tief und gründlich die eigentlich *barbarischen* Bedürfnisse des Menschen auch noch in seiner Zähmung und »Zivilisation« Befriedigung suchen, so sehe man die »Leitmotive« der ganzen Entwicklung der Philosophie an: – eine Art Rache an der Wirklichkeit, ein heimtückisches Zugrunderichten der Wertung, in der der Mensch lebt, eine *unbefriedigte* Seele, die die Zustände der Zähmung als Tortur empfindet und am krankhaften Aufdröseln aller Bande, die mit ihr verbinden, ihre Wollust hat.

Die Geschichte der Philosophie ist ein *heimliches Wüten* gegen die Voraussetzungen des Lebens, gegen die Wertgefühle des Lebens, gegen das Parteinehmen zu Gunsten des Lebens. Die Philosophen haben nie gezögert, eine Welt zu bejahen, vorausgesetzt, daß sie dieser Welt widerspricht, daß sie eine Handhabe abgibt, von dieser Welt schlecht zu reden. Es war bisher die große *Schule der Verleumdung*: und sie hat so sehr imponiert, daß heute noch unsere sich als Fürsprecherin des Lebens gebende Wissenschaft die Grundposition der Verleumdung *akzeptiert* hat und diese Welt als scheinbar, diese Ursachenkette als bloß phänomenal handhabt. *Was* haßt da eigentlich? ...

Ich fürchte, es ist immer *die Circe der Philosophen*, die Moral, welche ihnen diesen Streich gespielt, zu allen Zeiten Verleumder sein zu müssen ... Sie glaubten an die moralischen »Wahrheiten«, sie fanden da die obersten Werte, – was blieb ihnen übrig, als, je mehr sie das Dasein begriffen, umsomehr zu ihm Nein zu sagen? ... Denn dieses Dasein ist *unmoralisch* ... Und dieses Leben ruht auf unmoralischen Voraussetzungen: und alle Moral *verneint* das Leben –

– Schaffen wir die wahre Welt ab: und um dies zu können, haben wir die bisherigen obersten Werte abzuschaffen, die Moral ... Es genügt nachzuweisen, daß auch die Moral *unmoralisch* ist, in dem Sinne, in welchem das Unmoralische bis jetzt verurteilt worden ist. Ist auf diese Weise die Tyrannei der bisherigen Werte gebrochen, haben wir die »wahre Welt« abgeschafft, so wird eine *neue Ordnung der Werte* von selbst folgen müssen.

Die scheinbare Welt und die *erlogene* Welt – ist der Gegensatz. Letztere hieß bisher die »wahre Welt«, die »Wahrheit«, »Gott«. *Diese* haben wir abzuschaffen.

Logik meiner Konzeption.

1. *Moral als oberster Wert* (Herrin über *alle* Phasen der Philosophie, selbst der Skeptiker). *Resultat*: diese Welt taugt nichts, sie ist nicht die »wahre Welt«.
2. *Was* bestimmt hier den obersten Wert? *Was* ist eigentlich Moral? – Der Instinkt der décadence; es sind die Erschöpften und Enterbten, die auf diese Weise *Rache nehmen*. *Historischer* Nachweis: die Philosophen sind immer décadents ... im Dienste der *nihilistischen* Religionen.
3. Der Instinkt der décadence, der als *Wille zur Macht* auftritt. Beweis: die absolute *Unmoralität* der *Mittel* in der ganzen Geschichte der Moral.

Gesamteinsicht: die bisherigen höchsten Werte sind ein Spezialfall des Willens zur Macht; die Moral selbst ist ein Spezialfall der Unmoralität.

(181)

Die Verirrung der Philosophie ruht darauf, daß man, statt in der Logik und den Vernunftkategorien Mittel zu sehen zum Zurechtmachen der Welt zu Nützlichkeits-Zwecken (also, »prinzipiell«, zu einer nützlichen *Fälschung*), man in ihnen das Kriterium der Wahrheit, resp. der *Realität* zu haben glaubte. Das »Kriterium der Wahrheit« war in der Tat bloß die *biologische Nützlichkeit eines solchen Systems prinzipieller Fälschung*: und da eine Gattung Tier nichts Wichtigeres kennt, als sich zu erhalten, so dürfte man in der Tat hier von »Wahrheit« reden. Die Naivität war nur die, die anthropozentrische Idiosynkrasie als *Maß der Dinge*, als Richtschnur über »real« und »unreal« zu nehmen: kurz, eine Bedingtheit zu verabsolutisieren. Und siehe da, jetzt fiel mit einem Male die Welt auseinander in eine »wahre« Welt und eine »scheinbare«: und genau die Welt, in der der Mensch zu wohnen und sich einzurichten seine Vernunft erfunden hatte, genau dieselbe wurde ihm diskreditiert. Statt die Formen als Handhabe zu benutzen, sich die Welt handlich und berechenbar zu machen, kam der Wahnsinn der Philosophen dahinter, daß in diesen Kategorien der Begriff jener Welt gegeben ist, dem die andere Welt, die, in der man lebt, nicht entspricht... Die Mittel wurden mißverstanden als Wertmaß, selbst als Verurteilung der Absicht...

Die Absicht war sich auf eine nützliche Weise zu täuschen: die Mittel dazu die Erfindung von Formeln und Zeichen, mit deren Hilfe man die verwirrende Vielheit auf ein zweckmäßiges und handliches Schema reduzierte.

Aber wehe! jetzt brachte man eine *Moral-Kategorie* ins Spiel: kein Wesen will sich täuschen, kein Wesen darf täuschen, – folglich gibt es nur einen Willen zur Wahrheit. Was ist »Wahrheit«?

Der Satz vom Widerspruch gab das Schema: die wahre Welt, zu der man den Weg sucht, kann nicht mit sich in Widerspruch sein, kann nicht wechseln, kann nicht werden, hat keinen Ursprung und kein Ende.

Das ist der größte Irrtum, der begangen worden ist, das eigentliche Verhängnis des Irrtums auf Erden: man glaubte ein Kriterium der Realität in den Vernunftformen zu haben, – während man sie hatte, um Herr zu werden über die Realität, um auf eine kluge Weise die Realität *mißzuverstehen*...

Und siehe da: jetzt wurde die Welt falsch, und exakt der Eigenschaften wegen, *die ihre Realität ausmachen*, Wechsel, Werden, Vielheit, Gegensatz, Widerspruch, Krieg. Und nun war das ganze Verhängnis da:

1. Wie kommt man los von der falschen, der bloß scheinbaren Welt? (– es war die wirkliche, die einzige);

2. wie wird man selbst möglichst der Gegensatz zu dem Charakter der scheinbaren Welt? (Begriff des vollkommnen Wesens als eines Gegensatzes zu jedem realen Wesen, deutlicher, als *Widerspruch zum Leben* ...)

Die ganze Richtung der Werte war auf *Verleumdung des Lebens* aus; man schuf eine Verwechslung des Ideal-Dogmatismus mit der Erkenntnis überhaupt: sodaß die Gegenpartei immer nun auch die *Wissenschaft* perhorreszierte.

Der Weg zur Wissenschaft war dergestalt *doppelt* versperrt: einmal durch den Glauben an die »wahre« Welt, und dann durch die Gegner dieses Glaubens. Die Naturwissenschaft, Psychologie war 1. in ihren Objekten verurteilt, 2. um ihre Unschuld gebracht ...

In der wirklichen Welt, wo schlechterdings alles verkettet und bedingt ist, heißt irgend etwas verurteilen und *wegdenken*, alles wegdenken und verurteilen. Das Wort »das sollte nicht sein«, »das hätte nicht sein sollen« ist eine Farce ... Denkt man die Konsequenzen aus, so ruinierte man den Quell des Lebens, wenn man das abschaffen wollte, was in irgend einem Sinne *schädlich*, *zerstörerisch* ist. Die Physiologie demonstriert es ja besser,

– Wir sehen, wie die *Moral* a) die ganze Weltauffassung *vergiftet*, b) den Weg zur Erkenntnis, zur *Wissenschaft* abschneidet, c) alle wirklichen Instinkte auflöst und untergräbt (indem sie deren Wurzeln als *unmoralisch* empfinden lehrt).

Wir sehen ein furchtbares Werkzeug der décadence vor uns arbeiten, das sich mit den heiligsten Namen und Gebärden aufrecht hält.

(182)

A. Ich sehe mit Erstaunen, daß die Wissenschaft sich heute resigniert, auf die scheinbare Welt angewiesen zu sein: eine wahre Welt – sie mag sein, wie sie will –, gewiß haben wir kein Organ der Erkenntnis für sie.

Hier dürfen wir nun schon fragen: mit welchem Organ der Erkenntnis setzt man auch diesen Gegensatz nur an? ...

Damit, daß eine Welt, die unsern Organen zugänglich ist,

auch als abhängig von diesen Organen verstanden wird, damit, daß wir eine Welt als subjektiv bedingt verstehen, damit ist *nicht* ausgedrückt, daß eine objektive Welt überhaupt *möglich* ist. Wer zwingt uns, zu denken, daß die Subjektivität real, essentiell ist?

Das »An sich« ist sogar eine widersinnige Konzeption: eine »Beschaffenheit an sich« ist Unsinn: wir haben den Begriff »Sein«, »Ding« immer nur als *Relations*begriff ...

Das Schlimme ist, daß mit dem alten Gegensatz »scheinbar« und »wahr« sich das korrelative Werturteil fortgepflanzt hat: »gering an Wert« und »absolut wertvoll«.

Die scheinbare Welt gilt uns nicht als eine »wertvolle« Welt; der Schein soll eine Instanz gegen den obersten Wert sein. Wertvoll an sich kann nur eine »wahre« Welt sein ...

Vorurteil der Vorurteile! Erstens wäre an sich möglich, daß die wahre Beschaffenheit der Dinge dermaßen den Voraussetzungen des Lebens schädlich wäre, entgegengesetzt wäre, daß eben der Schein not täte, um leben zu können ... Dies ist ja der Fall in so vielen Lagen: z. B. in der Ehe.

Unsere empirische Welt wäre aus den Instinkten der Selbsterhaltung auch in ihren Erkenntnisgrenzen bedingt: wir hielten für wahr, für gut, für wertvoll, was der Erhaltung der Gattung frommt ...

a) Wir haben keine Kategorien, nach denen wir eine wahre und eine scheinbare Welt scheiden dürften. (Es könnte eben *bloß* eine scheinbare Welt geben, aber nicht nur *unsere* scheinbare Welt ...)

b) Die *wahre* Welt angenommen, so könnte sie immer noch die *geringere an Wert* für uns sein: gerade das Quantum Illusion möchte, in seinem Erhaltungswert für uns, höheren Ranges sein. (Es sei denn daß der *Schein* an sich ein Verwerfungsurteil begründete?)

c) Daß eine Korrelation bestehe zwischen den *Graden der Werte* und den *Graden der Realität* (sodaß die obersten Werte auch die oberste Realität hätten), ist ein metaphysisches Postulat, von der Voraussetzung ausgehend, daß wir die Rangordnung der Werte *kennen*: nämlich daß diese Rangordnung eine *moralische* ist ... Nur in dieser Voraussetzung ist die *Wahrheit* notwendig für die Definition alles Höchstwertigen.

B. Es ist von kardinaler Wichtigkeit, daß man die *wahre Welt* abschafft. Sie ist die große Anzweiflerin und Wertverminderung der *Welt, die wir sind*: sie war bisher unser gefährlichstes *Attentat* auf das Leben.

Krieg gegen alle Voraussetzungen, auf welche hin man eine wahre Welt fingiert hat. Zu diesen Voraussetzungen gehört, daß die *moralischen Werte die obersten* seien.

Die moralische Wertung als oberste wäre widerlegt, wenn sie bewiesen werden könnte als die Folge einer *unmoralischen* Wertung: als ein Spezialfall der realen Unmoralität: sie reduzierte sich damit selbst auf einen *Anschein*, und als *Anschein* hätte sie, von sich aus, kein Recht mehr, den Schein zu verurteilen.

C. Der »Wille zur Wahrheit« wäre sodann psychologisch zu untersuchen: er ist keine moralische Gewalt, sondern eine Form des Willens zur Macht. Dies wäre damit zu beweisen, daß er sich aller *unmoralischen* Mittel bedient: die Metaphysiker voran –

Wir sind heute vor die Prüfung der Behauptung gestellt, daß die moralischen Werte die obersten Werte seien. Die *Methodik der Forschung* ist erst erreicht, wenn alle *moralischen Vorurteile* überwunden sind: – sie stellte einen Sieg über die Moral dar . . .

(183)

Die »*wahre*« und die »*scheinbare Welt*«.

A. Die *Verführungen*, die von diesem Begriff ausgehen, sind dreierlei Art:
a) eine *unbekannte* Welt: – wir sind Abenteurer, neugierig, – das Bekannte scheint uns müde zu machen (– die Gefahr des Begriffs liegt darin, uns »diese« Welt als *bekannt* zu insinuieren . . .);
b) eine *andere* Welt, wo es anders ist: – es rechnet etwas in uns nach, unsere stille Ergebung, unser Schweigen verlieren dabei ihren Wert, – vielleicht wird alles gut, wir haben nicht umsonst gehofft . . . Die Welt, wo es anders, wo wir selbst – wer weiß? anders sind . . .
c) eine *wahre* Welt: – das ist der wunderlichste Streich und Angriff, der auf uns gemacht wird; es ist so vieles an das Wort »wahr« ankrustiert, unwillkürlich machen wir's auch der »wahren Welt« zum Geschenk: die *wahre* Welt muß auch eine *wahrhaftige* sein, eine solche, die uns nicht betrügt, nicht zu Narren hat: an sie glauben ist beinahe glauben *müssen* (– aus Anstand, wie es unter zutrauenswürdigen Wesen geschieht –).

Der Begriff »die *unbekannte* Welt« insinuiert uns *diese* Welt als »bekannt« (als langweilig –);

der Begriff »die *andere* Welt« insinuiert, als ob die Welt *anders sein könnte*, – hebt die Notwendigkeit und das Fatum auf (– unnütz, sich zu *ergeben*, sich *anzupassen* –);

der Begriff »die *wahre* Welt« insinuiert diese Welt als eine unwahrhaftige, betrügerische, unredliche, unechte, unwesentliche, – – und *folglich* auch nicht unserm Nutzen zugetane Welt (– unratsam, sich ihr anzupassen; *besser*: ihr widerstreben).

Wir *entziehen* uns also in dreierlei Weise »dieser« Welt:
a) mit unserer *Neugierde*, – wie als ob der interessantere Teil wo anders wäre;
b) mit unserer *Ergebung*, – wie als ob es nicht nötig sei, sich zu ergeben, – wie als ob diese Welt keine Notwendigkeit letzten Ranges sei;
c) mit unserer *Sympathie* und Achtung, – wie als ob diese Welt sie nicht verdiente, als unlauter, als gegen uns nicht redlich ...

In summa: wir sind auf eine dreifache Weise *revoltiert*: wir haben ein x zur *Kritik* der »bekannten Welt« gemacht.

B. *Erster Schritt der Besonnenheit*: zu begreifen, inwiefern wir *verführt* sind, – nämlich es könnte an sich exakt *umgekehrt* sein:
a) die *unbekannte* Welt könnte derartig beschaffen sein, um uns Lust zu machen zu »dieser« Welt, – als eine vielleicht stupide und geringere Form des Daseins;
b) die *andere* Welt, geschweige, daß sie unsern Wünschen, die hier keinen Austrag fänden, Rechnung trüge, könnte mit unter der Masse dessen sein, was uns *diese* Welt möglich macht: sie kennen lernen wäre ein Mittel, uns zufrieden zu machen;
c) die *wahre* Welt: aber wer sagt uns eigentlich, daß die scheinbare Welt weniger wert sein muß, als die wahre? Widerspricht nicht unser Instinkt diesem Urteile? Schafft sich nicht ewig der Mensch eine fingierte Welt, weil er eine bessere Welt haben will als die Realität? *Vor allem*: wie kommen wir darauf, daß *nicht unsre* Welt die wahre ist? ... zunächst könnte doch die andere Welt die »scheinbare« sein (in der Tat haben sich die Griechen z. B. ein *Schattenreich*, eine *Scheinexistenz* neben der *wahren* Existenz gedacht –). Und endlich: was gibt uns ein Recht, gleichsam *Grade der Realität* anzusetzen? Das ist etwas anderes als eine unbekannte Welt, – das ist bereits *Etwaswissen-wollen von der unbekannten*. Die »andere«, die »unbe-

kannte« Welt – gut! aber sagen »wahre Welt« das heißt »etwas *wissen* von ihr«, – das ist der *Gegensatz* zu Annahme einer x-Welt ...

In summa: die Welt x könnte in jedem Sinne langweiliger, unmenschlicher und unwürdiger sein als diese Welt.

Es stünde anders, wenn behauptet würde, es gebe x Welten, d.h. jede mögliche Welt noch außer dieser. Aber das ist *nie behauptet worden* ...

C. Problem: warum die *Vorstellung von der andern Welt* immer zum Nachteil, resp. zur Kritik »dieser« Welt ausgefallen ist, – worauf das weist? –

Nämlich: ein Volk, das auf sich stolz ist, das im Aufgange des Lebens ist, denkt das *Anders*-sein immer als Niedriger-, Wertloser-sein; es betrachtet die fremde, die unbekannte Welt als seinen Feind, als seinen Gegensatz, es fühlt sich ohne Neugierde, in voller Ablehnung gegen das Fremde ... Ein Volk würde nicht zugeben, daß ein anderes Volk das »wahre Volk« wäre ...

Schon daß ein solches Unterscheiden möglich ist, – daß man diese Welt für die »scheinbare« und *jene* für die »wahre« nimmt, ist symptomatisch.

Die Entstehungsherde der Vorstellung »andre Welt«

der Philosoph, der eine Vernunft-Welt erfindet, wo die *Vernunft* und die *logischen* Funktionen adäquat sind: – daher stammt die »wahre« Welt;

der religiöse Mensch, der eine »göttliche Welt« erfindet: – daher stammt die »entnatürlichte, widernatürliche« Welt;

der moralische Mensch, der eine »freie Welt« fingiert: – daher stammt die »gute, vollkommene, gerechte, heilige« Welt.

Das *Gemeinsame* der drei Entstehungsherde: der *psychologische* Fehlgriff, die physiologischen Verwechslungen.

Die »andere Welt«, wie sie tatsächlich in der Geschichte erscheint, mit welchen Prädikaten abgezeichnet? Mit den Stigmaten des philosophischen, des religiösen, des moralischen Vorurteils.

Die »andere Welt«, wie sie aus diesen Tatsachen erhellt, als *ein Synonym des Nicht-seins*, des Nicht-lebens, des Nicht-leben-wollens ...

Gesamteinsicht: der Instinkt der *Lebensmüdigkeit*, und nicht der des Lebens, hat die »andre« Welt geschaffen.

Konsequenz: Philosophie, Religion und Moral sind *Symptome der décadence.*

(184)
Zur Psychologie der Metaphysik. – Diese Welt ist scheinbar: *folglich* gibt es eine wahre Welt; – diese Welt ist bedingt: *folglich* gibt es eine unbedingte Welt; – diese Welt ist widerspruchsvoll: *folglich* gibt es eine widerspruchslose Welt; – diese Welt ist werdend: *folglich* gibt es eine seiende Welt: – lauter falsche Schlüsse (blindes Vertrauen in die Vernunft: wenn A *ist*, so muß auch sein Gegensatz-Begriff B *sein*). Zu diesen Schlüssen *inspiriert das Leiden*: im Grunde sind es *Wünsche*, es möchte eine solche Welt geben; ebenfalls drückt sich der Haß gegen eine Welt, die leiden macht, darin aus, daß eine andere imaginiert wird, eine *wertvollere*: das *Ressentiment* der Metaphysiker gegen das Wirkliche ist hier schöpferisch.

Zweite Reihe von Fragen: *wozu* Leiden? ... und hier ergibt sich ein Schluß auf das Verhältnis der wahren Welt zu unsrer scheinbaren, wandelbaren, leidenden, widerspruchsvollen: 1. Leiden als Folge des Irrtums: wie ist Irrtum möglich? 2. Leiden als Folge von Schuld: wie ist Schuld möglich? (– lauter Erfahrungen aus der Natursphäre oder der Gesellschaft universalisiert und ins »An-sich« projiziert). Wenn aber die bedingte Welt ursächlich von der unbedingten bedingt ist, so muß die *Freiheit zum Irrtum und zur Schuld* mit von ihr bedingt sein: und wieder fragt man *wozu*? ... Die Welt des Scheins, des Werdens, des Widerspruchs, des Leidens ist also *gewollt: wozu?*

Der Fehler dieser Schlüsse: zwei gegensätzliche Begriffe sind gebildet, – *weil* dem einen von ihnen eine Realität entspricht, »muß« auch dem andern eine Realität entsprechen. »*Woher* sollte man sonst dessen Gegenbegriff haben?« – *Vernunft* somit als eine Offenbarungs-Quelle über An-sich-Seiendes.

Aber die *Herkunft* jener Gegensätze *braucht nicht notwendig* auf eine übernatürliche Quelle der Vernunft zurückzugehen: es genügt, die *wahre Genesis* der Begriffe dagegenzustellen: – diese stammt aus der praktischen Sphäre, aus der Nützlichkeitssphäre, und hat eben daher ihren *starken Glauben* (man *geht daran zu Grunde*, wenn man nicht gemäß dieser Vernunft schließt: aber damit ist das nicht »bewiesen«, was sie behauptet).

Die Präokkupation durch das Leiden bei den Metaphysikern: ist ganz naiv. »Ewige Seligkeit«: psychologischer Unsinn. Tapfere und schöpferische Menschen fassen Lust und Leid *nie* als letzte Wertfragen, – es sind Begleit-Zustände: man muß beides *wollen*, wenn man etwas *erreichen* will – Darin drückt sich etwas Müdes und Krankes an den Metaphysikern und Religiösen aus, daß sie

Lust- und Leidprobleme im Vordergrunde sehen. Auch die *Moral* hat *nur* deshalb für sie solche *Wichtigkeit*, weil sie als wesentliche Bedingung in Hinsicht auf Abschaffung des Leidens gilt.

Insgleichen die Präokkupation durch Schein und Irrtum: Ursache von Leiden, Aberglaube, daß das Glück mit der Wahrheit verbunden sei (Verwechslung: das Glück in der »Gewißheit«, im »Glauben«).

(185)

Moral als höchste Abwertung. – Entweder ist unsere Welt das Werk und der Ausdruck (der modus) Gottes: dann muß sie *höchst vollkommen* sein (Schluß Leibnizens ...) – und man zweifelte nicht, was zur Vollkommenheit gehöre, zu wissen –, dann kann das Böse, das Uebel nur *scheinbar* sein (*radikaler* bei Spinoza die Begriffe Gut *und* Böse) oder muß aus dem höchsten Zweck Gottes abgeleitet sein (– etwa als Folge einer besonderen Gunsterweisung Gottes, der zwischen Gut und Böse zu wählen erlaubt: das Privilegium, kein Automat zu sein; »Freiheit« auf die Gefahr hin, sich zu vergreifen, falsch zu wählen ... z. B. bei Simplicius im Kommentar zu Epiktet).

Oder unsere Welt ist unvollkommen, das Uebel und die Schuld sind real, sind determiniert, sind absolut ihrem Wesen inhärent; dann kann sie nicht die *wahre* Welt sein: dann ist Erkenntnis eben nur der Weg, sie zu verneinen, dann ist sie eine Verirrung, welche als Verirrung erkannt werden kann. Dies die Meinung Schopenhauers auf Grund Kantischer Voraussetzungen. Noch desperater Pascal: er begriff, daß dann auch die Erkenntnis korrupt, gefälscht sein müsse, – daß *Offenbarung* not tue, um die Welt auch nur als verneinenswert zu begreifen ...

(186)

Inwiefern der Schopenhauersche Nihilismus immer noch die Folge des gleichen Ideals ist, welches den christlichen Theismus geschaffen hat. – Der Grad von Sicherheit in Betreff der höchsten Wünschbarkeit, der höchsten Werte, der höchsten Vollkommenheit war so groß, daß die Philosophen davon wie von einer *absoluten Gewißheit* a priori *ausgingen*: »Gott« an der Spitze als *gegebene* Wahrheit. »Gott gleich zu werden«, »in Gott aufgehen« – das waren Jahrtausende lang die naivsten und überzeugendsten Wünschbarkeiten (– aber eine Sache, die überzeugt, ist deshalb noch nicht wahr: sie ist bloß *überzeugend*. Anmerkung für Esel).

Man hat verlernt, jener Ansetzung von Ideal auch die *Personen-Realität* zuzugestehen: man ward atheistisch. Aber hat man eigentlich auf das Ideal verzichtet? – Die letzten Metaphysiker suchen im Grunde immer noch in ihm die wirkliche »Realität«, das »Ding an sich«, im Verhältnis zu dem alles andere nur scheinbar ist. Ihr Dogma ist, daß, weil unsere Erscheinungswelt so ersichtlich *nicht* der Ausdruck jenes Ideals ist, sie eben nicht »wahr« ist, – und im Grunde nicht einmal auf jene metaphysische Welt als Ursache zurückführt. Das Unbedingte, sofern es jene höchste Vollkommenheit ist, kann unmöglich den Grund für alles Bedingte abgeben. Schopenhauer, der es anders wollte, hatte nötig, jenen metaphysischen Grund sich als Gegensatz zum Ideale zu denken, als »bösen, blinden Willen«: dergestalt konnte er dann »das Erscheinende« sein, das in der Welt der Erscheinung sich offenbart. Aber selbst damit gab er nicht jenes Absolutum von Ideal auf, – er schlich sich durch ...

(Kant schien die Hypothese der »intelligiblen Freiheit« nötig, um das ens perfectum von der Verantwortlichkeit für das So-und-So-sein *dieser* Welt zu entlasten, kurz um das Böse und das Uebel zu erklären: eine skandalöse Logik bei einem Philosophen ...)

(187)

Das *Dasein* im ganzen von Dingen behaupten, von denen wir gar nichts wissen, exakt weil ein Vorteil darin liegt, nichts von ihnen wissen zu können, war eine Naivität Kants, Folge eines Nachschlags von Bedürfnissen, namentlich moralisch-metaphysischen.

(188)

Inwiefern die einzelnen *erkenntnistheoretischen Grundstellungen* (Materialismus, Sensualismus, Idealismus) Konsequenzen der *Wertschätzungen* sind: die Quelle der obersten Lustgefühle (»Wertgefühle«) auch als entscheidend über das Problem der *Realität*!

– Das *Maß positiven Wissens* ist ganz gleichgültig, oder nebensächlich: man sehe doch die indische Entwicklung.

Die buddhistische *Negation* der Realität überhaupt (Scheinbarkeit = Leiden) ist eine vollkommene Konsequenz: Unbeweisbarkeit, Unzugänglichkeit, Mangel an Kategorien nicht nur für eine »Welt an sich«, sondern *Einsicht in die fehlerhaften Prozeduren*, vermöge deren dieser ganze Begriff gewonnen ist. »Absolute Realität«, »Sein an sich« ein Widerspruch. In einer *werdenden* Welt ist »Realität« immer nur eine *Simplifikation* zu praktischen Zwecken, oder eine *Täuschung* auf Grund grober Organe, oder eine Verschiedenheit im *Tempo* des Werdens.

Die logische Weltverneinung und Nihilisierung folgt daraus, daß wir Sein dem Nichtsein entgegensetzen müssen und daß der Begriff »Werden« geleugnet wird. (»*Etwas*« wird.)

(189)

»Erkennen« ist ein *Zurückbeziehen*: seinem Wesen nach ein regressus in infinitum. Was Halt macht (bei einer angeblichen causa prima, bei einem Unbedingten usw.) ist die *Faulheit*, die Ermüdung – –

(190)

Zur *Psychologie der Metaphysik*: – der Einfluß der *Furchtsamkeit*.

Was am meisten gefürchtet worden ist, die Ursache der *mächtigsten Leiden* (Herrschsucht, Wollust usw.), ist von den Menschen am feindseligsten behandelt worden und aus der »wahren« Welt eliminiert. So haben sie die *Affekte* Schritt für Schritt *weggestrichen*, – Gott als Gegensatz des Bösen angesetzt, *das heißt* die Realität in die *Negation der Begierden und Affekte* verlegt (d. h. gerade ins *Nichts*).

Insgleichen ist die *Unvernunft*, das Willkürliche, Zufällige von ihnen gehaßt worden (als Ursache zahlloser physischer Leiden). *Folglich* negierten sie dies Element im An-sich-Seienden, faßten es als absolute »Vernünftigkeit« und »Zweckmäßigkeit«.

Insgleichen der *Wechsel*, die *Vergänglichkeit* gefürchtet: darin drückt sich eine gedrückte Seele aus, voller Mißtrauen und schlimmer Erfahrung (Fall Spinoza: eine umgekehrte Art Mensch würde diesen Wechsel zum *Reiz* rechnen).

Eine mit Kraft überladene und *spielende* Art Wesen würde gerade die *Affekte*, die *Unvernunft* und den *Wechsel* in eudämonistischem Sinne *gutheißen*, samt ihren Konsequenzen Gefahr, Kontrast, Zu-Grunde-gehen usw.

(191)

Vom Wert des »Werdens«. – Wenn die Weltbewegung einen Zielzustand hätte, so müßte er erreicht sein. Das einzige Grundfaktum ist aber, daß sie *keinen* Zielzustand hat: und jede Philosophie und wissenschaftliche Hypothese (z. B. der Mechanismus), in der ein solcher notwendig wird, ist durch jenes Grundfaktum *widerlegt*.

Ich suche eine Weltkonzeption, welche *dieser* Tatsache gerecht wird. Das Werden soll erklärt werden, *ohne* zu solchen finalen Absichten Zuflucht zu nehmen: das Werden muß gerechtfertigt erscheinen in jedem Augenblick (oder *unabwertbar*: was auf eins hinausläuft); es darf absolut nicht das Gegenwärtige um eines Zukünftigen willen oder das Vergangene um des Gegenwärtigen willen gerechtfertigt werden. Die »Notwendigkeit« nicht in Gestalt einer übergreifenden, beherrschenden Gesamtgewalt, oder eines ersten Motors; noch weniger als notwendig, um etwas

Wertvolles zu bedingen. Dazu ist nötig, ein Gesamtbewußtsein des Werdens, einen »Gott«, zu leugnen, um das Geschehen nicht unter den Gesichtspunkt eines mitfühlenden, mitwissenden und doch nichts *wollenden* Wesens zu bringen: »Gott« ist nutzlos, wenn er nicht etwas will, und andrerseits ist damit eine *Summierung von Unlust und Unlogik* gesetzt, welche den Gesamtwert des »Werdens« erniedrigen würde: glücklicherweise *fehlt* gerade eine solche summierende Macht (– ein leidender und überschauender Gott, ein »Gesamtsensorium« und »Allgeist« wäre der *größte Einwand gegen das Sein*).

Strenger: *man darf nichts Seiendes überhaupt zulassen*, – weil dann das Werden seinen Wert verliert und geradezu als sinnlos und überflüssig erscheint.

Folglich ist zu fragen: wie die Illusion des Seienden hat entstehen können (müssen);

insgleichen: wie alle Werturteile, welche auf der Hypothese ruhen, daß es Seiendes gebe, entwertet sind.

Damit aber erkennt man, daß diese *Hypothese des Seienden* die Quelle aller *Welt-Verleumdung* ist (– die »bessere Welt«, die »wahre Welt«, die »jenseitige Welt«, das »Ding an sich«).

1. Das Werden hat *keinen Zielzustand*, mündet nicht in ein »Sein«.
2. Das Werden ist *kein Scheinzustand*; vielleicht ist die *seiende* Welt ein Schein.
3. Das Werden ist wertgleich in jedem Augenblick: die Summe seines Wertes bleibt sich gleich: *anders ausgedrückt: es hat gar keinen Wert*, denn es fehlt etwas, woran es zu messen wäre und in Bezug worauf das Wort »Wert« Sinn hätte. *Der Gesamtwert der Welt ist unabwertbar*, folglich gehört der philosophische Pessimismus unter die komischen Dinge.

3. Kapitel
Selbstbesiegung der Moral

Zur Einführung

(192)

Wer weiß, wie aller *Ruhm* entsteht, wird einen Argwohn auch gegen den Ruhm haben, den die Tugend genießt.

(193)

Selbst aus der Geschichte der Moral soll das Gefühl der Macht strömen: unwillkürlich wird sie gefälscht, der Mensch wird herrlich gedacht, als höheres Wesen mit Eigenschaften, welche die Tiere nicht haben. Fast alle Schriften sind der Schmeichelei gegen *den Menschen verdächtig.*

(194)

Ein Moralist ist das Gegenstück eines Moral-Predigers: nämlich ein Denker, welcher die Moral als fragwürdig, fragezeichenwürdig, kurz als Problem nimmt. Ich bedaure hinzufügen zu müssen, daß der Moralist, eben deshalb, selber zu den fragwürdigen Wesen gehört.

(195)

Das Nachdenken über das Allgemeinste ist immer rückständig: die letzten »Wünschbarkeiten« über den Menschen z. B. sind von den Philosophen eigentlich niemals als Problem genommen worden. Die »*Verbesserung*« des Menschen wird von ihnen allen naiv angesetzt, wie als ob wir durch irgend eine Intuition über das Fragezeichen hinausgehoben wären, *warum* gerade »verbessern«? Inwiefern ist es *wünschbar*, daß der Mensch *tugendhafter* wird? oder *klüger*? oder *glücklicher*? Gesetzt, daß man nicht schon das »Warum?« des Menschen überhaupt *kennt*, so hat jede solche Absicht keinen Sinn; und wenn man das eine will, wer weiß? vielleicht darf man dann das andere nicht wollen? Ist die Vermehrung der Tugendhaftigkeit zugleich verträglich mit einer Vermehrung der Klugheit und Einsicht? Dubito; ich werde nur zu viel Gelegenheit haben, das Gegenteil zu beweisen. Ist die Tugendhaftigkeit als Ziel im rigorosen Sinne nicht tatsächlich bisher im Widerspruch mit dem Glücklich-werden gewesen? Braucht sie andererseits nicht das Unglück, die Entbehrung und Selbstmißhandlung als notwendiges Mittel? Und wenn die *höchste Einsicht* das Ziel wäre, müßte man nicht eben damit die Steigerung des Glücks ablehnen? und die Gefahr, das Abenteuer, das Mißtrauen, die Verführung als Weg zur Einsicht wählen? ... Und will man *Glück*, nun, so muß man vielleicht zu den »Armen des Geistes« sich gesellen.

(196)

Die Selbst-Ueberwindung, welche der Forscher auf dem Gebiete der Moral von sich fordert, ist die, nicht voreingenommen gegen Zustände und Handlungen zu sein, die er zu verehren angelernt ist; er muß, solange er Forscher ist, »sein verehrendes Herz zerbrochen haben«.

(197)

Die *Kritik der Moralität* ist eine hohe *Stufe* der Moralität – aber verschmolzen sind Eitelkeit, Ehrgeiz, Lust am Siege damit, wie bei aller Kritik.

(198)

Aber unter den Kräften, die die Moral großzog, war die *Wahrhaftigkeit*: *diese* wendet sich endlich gegen die Moral, entdeckt ihre *Teleologie*, ihre *interessierte* Betrachtung – und jetzt wirkt die *Einsicht* in diese lange eingefleischte Verlogenheit, die man verzweifelt, von sich abzutun, gerade als Stimulans. Wir konstatieren jetzt Bedürfnisse an uns, gepflanzt durch die lange Moral-Interpretation, welche uns jetzt als Bedürfnisse zum Unwahren erscheinen: andererseits sind es die, an denen der Wert zu hängen scheint, derentwegen wir zu leben aushalten. Dieser Antagonismus – das, was wir erkennen, *nicht* zu schätzen und das, was wir uns vorlügen möchten, nicht mehr schätzen zu *dürfen* – ergibt einen Auflösungsprozeß.

(199)

Daß nichts von dem wahr ist, was ehemals als wahr galt – was als unheilig, verboten, verächtlich, verhängnisvoll ehemals verachtet wurde –: alle diese Blumen wachsen heute am lieblichen Pfade der Wahrheit.

Diese ganze alte Moral geht uns nichts mehr an: es ist kein Begriff darin, der noch Achtung verdiente. Wir haben sie überlebt, – wir sind nicht mehr grob und naiv genug, um in dieser Weise uns belügen lassen zu müssen ... Artiger gesagt: wir sind zu tugendhaft dazu ... Und wenn Wahrheit im alten Sinne nur deshalb »Wahrheit« war, weil die alte Moral zu ihr ja sagte, ja sagen *durfte*: so folgt daraus, daß wir auch keine Wahrheit von ehedem mehr nötig haben ... Unser *Kriterium* der Wahrheit ist durchaus nicht die Moralität: wir *widerlegen* eine Behauptung damit, daß wir sie als abhängig von der Moral, als inspiriert durch edle Gefühle beweisen.

(200)

Die obersten Werte, in deren Dienst der Mensch leben *sollte*, namentlich wenn sie sehr schwer und kostspielig über ihn verfügten, – diese *sozialen Werte* hat man zum Zweck ihrer *Ton-Verstärkung*, wie als ob sie Kommandos Gottes wären, als »Realität«, als »wahre« Welt, als Hoffnung und *zukünftige* Welt über dem Menschen aufgebaut. Jetzt, wo die mesquine Herkunft dieser Werte klar wird, scheint uns das All damit entwertet, »sinnlos« geworden, – aber das ist nur ein *Zwischenzustand*.

a. Moral als Problem

(201)

Das Problem der Moral *sehen* und *zeigen* – das scheint mir die neue Aufgabe und Hauptsache. Ich leugne, daß das in der bisherigen Moralphilosophie geschehen ist.

(202)

Das sind meine Forderungen an euch – sie mögen euch schlecht genug zu Ohren gehen –: daß ihr die moralischen Wertschätzungen selbst einer Kritik unterziehen sollt. Daß ihr dem moralischen Gefühls-Impuls, welcher hier Unterwerfung und nicht Kritik verlangt, mit der Frage: »warum Unterwerfung?« Halt gebieten sollt. Daß ihr dies Verlangen nach einem »Warum?«, nach einer Kritik der Moral, eben als eure *jetzige* Form der Moralität selbst ansehen sollt, als die sublimste Art von Moralität, die euch und eurer Zeit Ehre macht. Daß eure Redlichkeit, euer Wille, euch *nicht* zu betrügen, sich selbst ausweisen muß: »warum *nicht*? – Vor welchem Forum?« –

(203)

In England meint man Wunder, wie freisinnig die höchste Nüchternheit in Sachen der Moral mache: Spencer, Stuart Mill. Aber schließlich tut man nichts als seine moralischen Empfindungen zu *formulieren*. Es erfordert etwas ganz anderes: wirklich *anderes* einmal *empfinden* zu können und Besonnenheit hinterher zu haben, um dies zu analysieren! Also neue innere Erlebnisse, meine werten Moralisten!

(204)

Die Moralisten nahmen die vom Volke verehrte Moral als heilig und *wahr* und suchten sie nur zu systematisieren, das heißt sie hingen ihr das Kleid der Wissenschaft um. Den Ursprung zu untersuchen hat kein Moralist gewagt: der rührte an Gott und dessen Boten! Man nahm an, daß die Moral im Munde des Volks entstellt lebe, daß es ihrer »Reinigung« bedürfe. –

(205)

Die bisherigen Ethiker haben keine Vorstellung, *wie* sie unter ganz bestimmten Vorurteilen der Moral stehen: sie meinen alle schon zu wissen, *was* gut und böse ist. Sokrates wußte es *nicht*: aber alle seine Schüler *definierten* es, d. h. sie nahmen an, *es sei da* und es handle sich darum, es gründlich zu *beschreiben. Wie!* wenn ich sagte: *ist* es denn da? Hat man schon überlegt, *wonach* hier zu messen ist? Und andererseits: vielleicht wissen wir überhaupt nicht *genug*, um den Wert der Handlungen abschätzen zu können! Genug, daß wir *versuchsweise* für lange Zeiten nach *einer* Moral leben!

(206)

Was ist die *Falschmünzerei an der Moral?* – Sie gibt vor, etwas zu *wissen*, nämlich was »gut und böse« sei. Das heißt wissen wollen, wozu der Mensch da ist, sein Ziel, seine Bestimmung zu kennen. Das heißt wissen wollen, daß der Mensch ein Ziel, eine Bestimmung *habe* –

(207)

Die Naivität in Hinsicht auf die letzten »*Wünschbarkeiten*«, – während man das »Warum« des Menschen nicht kennt.

(208)

So könnte auch die gesamte *moralische* Ausdeutung *unseres Handelns* nur ein ungeheures Mißverständnis sein: wie es ganz ersichtlich die moralische Ausdeutung alles natürlichen Geschehens gewesen ist.

(209)

Kritik der subjektiven Wertgefühle. – Das *Gewissen*. Ehemals schloß man: das Gewissen verwirft diese Handlung; folglich ist diese Handlung verwerflich. Tatsächlich verwirft das Gewissen eine Handlung, weil dieselbe lange verworfen worden ist. Es spricht bloß nach: es schafft keine Werte. Das, was ehedem dazu bestimmte, gewisse Handlungen zu verwerfen, war *nicht* das Gewissen: sondern die Einsicht (oder das Vorurteil) hinsichtlich ihrer Folgen ... Die Zustimmung des Gewissens, das Wohlgefühl des »Friedens mit sich« ist von gleichem Range wie die Lust eines Künstlers an seinem Werke, – sie beweist gar nichts ... Die Selbstzufriedenheit ist so wenig ein Wertmaß für das, worauf sie sich bezieht, als ihr Mangel ein Gegenargument gegen den Wert einer Sache. Wir wissen bei weitem nicht genug, um den Wert unserer Handlungen messen zu können: es fehlt uns zu alledem die Möglichkeit, objektiv dazu zu stehn: auch wenn wir eine Handlung verwerfen, sind wir nicht Richter, sondern Partei ... Die edlen Wallungen, als Begleiter von Handlungen, beweisen nichts für deren Wert: ein Künstler kann mit dem allerhöchsten Pathos des Zustandes eine Armseligkeit zur Welt bringen. Eher sollte man sagen, daß diese Wallungen verführerisch seien: sie locken unsern Blick, unsere Kraft ab von der Kritik, von der Vorsicht, von dem Verdacht, daß wir eine *Dummheit* machen ... sie machen uns dumm.

(210)

Wo der Gesichtspunkt »Wert« unzulässig: –

Daß im »*Prozeß des Ganzen*« *die Arbeit* der *Menschheit nicht in Betracht kommt*, weil es einen Gesamtprozeß (diesen als System gedacht –) gar nicht gibt;

daß es kein »Ganzes« gibt; daß *alle Abwertung des menschlichen Daseins*, der menschlichen Ziele nicht in Hinsicht auf Etwas gemacht werden kann, das gar nicht existiert;

daß die »Notwendigkeit«, die »Ursächlichkeit«, »Zweckmäßigkeit« nützliche *Scheinbarkeiten* sind;

daß *nicht* »Vermehrung des Bewußtseins« das Ziel ist, sondern *Steigerung der Macht*: in welche Steigerung die Nützlichkeit des Bewußtseins eingerechnet ist; ebenso verhält es sich mit Lust und Unlust;

daß man nicht die *Mittel* zum obersten Wertmaß nimmt (also nicht Zustände des Bewußtseins, wie Lust und Schmerz, wenn das Bewußtwerden selbst nur ein Mittel ist –);

daß die Welt durchaus kein Organismus ist, sondern das Chaos: daß die Entwicklung der »Geistigkeit« nur Mittel zur relativen Dauer der Organisation ist;

daß alle »Wünschbarkeit« keinen Sinn hat in Bezug auf den Gesamtcharakter des Seins.

(211)

Versuch über Moral zu denken, ohne unter ihrem Zauber zu stehen, mißtrauisch gegen die Ueberlistung ihrer schönen Gebärden und Blicke. Eine Welt, die wir verehren können, die unserem anbetenden Triebe gemäß ist – die sich fortwährend *beweist* – durch Leitung des einzelnen und Allgemeinen –: dies ist die christliche Anschauung, aus der wir alle stammen.

Durch ein Wachstum an Schärfe, Mißtrauen, Wissenschaftlichkeit (auch durch einen höher gerichteten Instinkt der Wahrhaftigkeit, also unter widerchristlichen Einwirkungen) ist diese Interpretation uns immer mehr unerlaubt geworden.

Feinster Ausweg: der Kantische Kritizismus. Der Intellekt stritt sich selbst das Recht ab sowohl zur Interpretation in jenem Sinne, als zur Ablehnung der Interpretation in jenem Sinne. Man begnügt sich mit einem *Mehr* von Vertrauen und Glauben, mit einem Verzichtleisten auf alle Beweisbarkeit seines Glaubens, mit einem unbegreiflichen und überlegenen »Ideal« (Gott) die Lücke auszufüllen.

Der Hegelsche Ausweg, im Anschluß an Plato, ein Stück Romantik und Reaktion, zugleich das Symptom des historischen Sinns, einer neuen *Kraft*: der »Geist« selbst ist das »sich enthüllende und verwirklichende Ideal«: im »Prozeß«, im »Werden« offenbart sich ein immer Mehr von diesem Ideal, an das wir glauben –, also das Ideal verwirklicht sich, der Glaube richtet sich auf die *Zukunft*, in der er seinem edlen Bedürfnisse nach anbeten kann. Kurz,

1. Gott ist *uns* unerkennbar und unnachweisbar (Hintersinn der erkenntnis-theoretischen Bewegung);

2. Gott ist nachweisbar, aber als etwas Werdendes und wir gehören dazu, eben mit unserem Drang zum Idealen (Hintersinn der historisierenden Bewegung).

Man sieht: es ist *niemals* die Kritik an das Ideal selbst gerückt, sondern nur an das Problem, woher der Widerspruch gegen dasselbe kommt, warum es noch nicht erreicht oder warum es nicht nachweisbar im Kleinen und Großen ist.

Es macht den größten Unterschied: ob man aus der Leidenschaft heraus, aus einem Verlangen heraus, diesen Notstand als Notstand fühlt oder ob man ihn mit der Spitze des Gedankens und einer gewissen Kraft der historischen Imagination gerade noch als Problem erreicht ...

Abseits von der religiös-philosophischen Betrachtung finden wir dasselbe Phänomen: der Utilitarismus (der Sozialismus, der Demokratismus) kritisiert die Herkunft der moralischen Wertschätzungen, *aber er glaubt an sie*, ebenso wie der Christ. (Naivität, als ob Moral übrig bliebe, wenn der sanktionierende *Gott* fehlt! Das »Jenseits« absolut notwendig, wenn der Glaube an Moral aufrecht erhalten werden soll.)

Grundproblem: woher diese Allgewalt des *Glaubens*? *Des Glaubens an die Moral*? (– der sich auch darin verrät, daß selbst die Grundbedingungen des Lebens zu Gunsten der Moral falsch interpretiert werden: trotz Kenntnis der Tierwelt und Pflanzenwelt. Die »Selbsterhaltung«: darwinistische Perspektive auf Versöhnung altruistischer und egoistischer Prinzipien.)

(212)

Gegen die erkenntnistheoretischen Dogmen tief mißtrauisch, liebte ich es, bald aus diesem bald aus jenem Fenster zu blicken, hütete mich, mich darin festzusetzen, hielt sie für schädlich, – und zuletzt: ist es wahrscheinlich, daß ein Werkzeug seine eigene Tauglichkeit kritisieren *kann*?? – Worauf ich acht gab, war vielmehr, daß niemals eine erkenntnis-theoretische Skepsis oder Dogmatik ohne Hintergedanken entstanden ist, – daß sie einen Wert zweiten Ranges hat, sobald man erwägt, *was* im Grunde zu dieser Stellung *zwang*.

Grundeinsicht: sowohl Kant als Hegel, als Schopenhauer – sowohl die skeptisch-epochistische Haltung, als die historisierende, als die pessimistische – sind *moralischen* Ursprungs. Ich sah niemanden, der eine *Kritik der moralischen Wertgefühle* gewagt hätte: und den spärlichen Versuchen, zu einer Entstehungsgeschichte dieser Gefühle zu kommen (wie bei den englischen und deutschen Darwinisten) wandte ich bald den Rücken. –

Wie erklärt sich Spinozas Stellung, seine Verneinung und Ablehnung der moralischen Werturteile? (Es war *eine* Konsequenz seiner Theodizee!)

(213)

Diese so beginnen, daß man das Wort »*Ideal*« abschafft: Kritik der *Wünschbarkeiten*.

(214)

Grundtatsache: daß es in den moralischen Gebieten noch an *jeder Wissenschaft* fehlt, mehr noch an *jedem Material zur Wissenschaft*. Die praktischen Hinter-Absichten unterbinden dem Forscher die Adern. Es ist die Zeit für das Suchen der allerweitesten regulativen Hypothesen, um an ihnen Material zu sammeln.

Also ist hier noch lange nicht eigentliche strenge Ephexis der Wissenschaft möglich; wir sind im *Vorstadium*. Die Verschärfung der methodischen Ansprüche wird später kommen. Die Wissenschaften entwickeln sich keineswegs gleichzeitig: sondern wie die Organe ihr schnelleres oder langsameres Wachstum, Reifwerden haben, so steht es hier. Es liegt auf der Hand, daß die Wissenschaft, welche am weitesten zurück sein wird, die ist, welcher man am längsten widerstrebt hat, mit dem Glauben, *hier* dürfe gar nicht geforscht werden. Hier sei die Wahrheit da, hier sei der Glaube an sie Pflicht, – noch jetzt bäumt sich das »moralische Bewußtsein« mitunter selbst im Gewande einer Art »Philosophie« gegen das Recht einer Analysis der Moral auf. Und unsere letzten Moralforscher sind gründlich eben davon überzeugt: hier habe die Wissenschaft nur den Tatbestand zu ergründen, nicht zu *kritisieren*.

(215)

Das sind getrennte Aufgaben:
1. Die gegenwärtig (und in einem begrenzten Kulturbereich) herrschende Art der moralischen Abschätzung von Mensch und Handlungen zu fassen und festzustellen;
2. der gesamte Moral-Kodex einer Zeit ist ein *Symptom*, z.B. als Mittel der Selbstbewunderung oder Unzufriedenheit oder Tartüfferie: – es ist also noch außer der Feststellung des gegenwärtigen *Charakters der Moral* zweitens die *Deutung* und *Auslegung dieses Charakters* zu geben (– denn an sich ist sie vieldeutig);
3. die Entstehung dieser gerade jetzt herrschenden moralischen Urteilsweise zu erklären;
4. die Kritik derselben zu machen, resp. fragen: wie stark ist sie? worauf wirkt sie? was *wird* aus der Menschheit (oder aus Europa) unter ihrem Banne? Welche Kräfte fördert sie, welche unterdrückt sie? Macht sie gesünder, kränker, mutiger, feiner, kunstbedürftiger usw.?

Hier ist schon vorausgesetzt, daß es keine ewige Moral gibt: dies darf als bewiesen gelten. So wenig es eine ewige Art der Urteile über Ernährung gibt. Aber neu ist die Kritik, die Frage: ist »gut« wirklich »gut«? Und welchen Nutzen hat vielleicht das jetzt Zurückgesetzte und Beschimpfte? Die Zeitdistanzen kommen in Betracht.

(216)

A. *Moral als Werk der Unmoralität*.
   1. Damit moralische Werte zur *Herrschaft* kommen, müssen lauter unmoralische Kräfte und Affekte helfen.
   2. Die *Entstehung* moralischer Werte selbst ist das Werk unmoralischer Affekte und Rücksichten.

B. *Moral als Werk des Irrtums*.

C. *Moral mit sich selbst allgemach im Widerspruch*.

Vergeltung. – Wahrhaftigkeit, Zweifel, ἐποχή Richten. – »Unmoralität« des *Glaubens* an die Moral.

Die Schritte:
1. absolute Herrschaft der Moral: alle biologischen Erscheinungen nach ihr gemessen und *gerichtet*.
2. Versuch einer Identifikation von Leben und Moral (Symptom einer erwachten Skepsis: Moral soll nicht mehr als Gegensatz gefühlt werden); mehrere Mittel, selbst ein transzendenter Weg.

3. *Entgegensetzung von Leben* und *Moral*: Moral vom Leben aus gerichtet und verurteilt.
D. Inwiefern die Moral dem Leben *schädlich* war:
   a) dem Genuß des Lebens, der Dankbarkeit gegen das Leben usw.,
   b) der Verschönerung, Veredelung des Lebens,
   c) der Erkenntnis des Lebens,
   d) der Entfaltung des Lebens, insofern sie die *höchsten* Erscheinungen desselben mit sich selbst zu entzweien suchte.
E. Gegenrechnung: ihre *Nützlichkeit* für das Leben.
   1. die Moral als Erhaltungsprinzip von größeren Ganzen, als Einschränkung der Glieder: »das *Werkzeug*«.
   2. die Moral als Erhaltungsprinzip im Verhältnis zur inneren Gefährdung des Menschen durch Leidenschaften: »der *Mittelmäßige*«.
   3. die Moral als Erhaltungsprinzip gegen die lebensvernichtenden Einwirkungen tiefer Not und Verkümmerung: »der *Leidende*«.
   4. die Moral als Gegenprinzip gegen die furchtbare Explosion der Mächtigen: »der *Niedrige*«.

b. Die Voraussetzung des »freien Willens«

(217)
Indem ich dieses sage,* sehe ich über mir den *ungeheuren Rattenschwanz von Irrtümern* unter den Sternen glänzen, der bisher als die höchste Inspiration der Menschheit galt: »alles Glück folgt aus der Tugend, alle Tugend aus dem freien Willen«!

Kehren wir die Werte um: alle Tüchtigkeit Folge einer glücklichen Organisation, alle Freiheit Folge der Tüchtigkeit (– Freiheit hier als Leichtigkeit in der Selbstdirektive verstanden. Jeder Künstler versteht mich).

(218)
Die *Schauspielerei* als Folge der Moral des »freien Willens«. – Es ist ein Schritt in der *Entwicklung des Machtgefühls* selbst, seine hohen Zustände (seine Vollkommenheit) selber auch verursacht zu haben, – folglich, schloß man sofort, *gewollt* zu haben ...

(Kritik: Alles vollkommene Tun ist gerade unbewußt und nicht mehr gewollt; das Bewußtsein drückt einen unvollkommenen und oft krankhaften Personalzustand aus. Die *persönliche*

---
* Götzendämmerung, die vier großen Irrtümer. Aph. 2.

Vollkommenheit als bedingt durch Willen, als *Bewußtheit*, als Vernunft mit Dialektik, ist eine Karikatur, eine Art von Selbstwiderspruch ... Der Grad von Bewußtheit macht ja die Vollkommenheit *unmöglich* ... Form der *Schauspielerei*.)

(219)

Moral als Versuch, den menschlichen Stolz herzustellen. – Die Theorie vom »freien Willen« ist antireligiös. Sie will dem Menschen ein Anrecht schaffen, sich für seine hohen Zustände und Handlungen als Ursache denken zu dürfen: sie ist eine Form des wachsenden *Stolzgefühls*.

Der Mensch fühlt seine Macht, sein »Glück«, wie man sagt: es muß »Wille« sein vor diesem Zustand, – sonst gehört er ihm nicht an. Die Tugend ist der Versuch, ein Faktum von Wollen und Gewollthaben als notwendiges Antezedens vor jedes hohe und starke Glücksgefühl zu setzen: – wenn regelmäßig der Wille zu gewissen Handlungen im Bewußtsein vorhanden ist, so darf ein Machtgefühl als dessen Wirkung ausgelegt werden. – Das ist eine bloße *Optik der Psychologie*: immer unter der falschen Voraussetzung, daß uns nichts zugehört, was wir nicht als gewollt im Bewußtsein haben. Die ganze Verantwortlichkeitslehre hängt an dieser naiven Psychologie, daß nur der Wille Ursache ist und daß man wissen muß, gewollt zu haben, um *sich* als Ursache glauben zu dürfen.

– *Kommt die Gegenbewegung:* die der Moralphilosophen, immer noch unter dem gleichen Vorurteil, daß man nur für etwas verantwortlich ist, das man gewollt hat. Der Wert des Menschen als *moralischer Wert* angesetzt: folglich muß seine Moralität eine causa prima sein; folglich muß ein Prinzip im Menschen sein, ein »freier Wille« als causa prima. – Hier ist immer der Hintergedanke: wenn der Mensch nicht causa prima ist als Wille, so ist er unverantwortlich, – folglich gehört er gar nicht vor das moralische Forum, – die Tugend oder das Laster wären automatisch und machinal ...

In summa: damit der Mensch vor sich Achtung haben kann, muß er fähig sein, auch böse zu werden.

(220)

Eine Bewegung tritt ein 1. durch einen direkten *Reiz*, zum Beispiel beim Frosch, dem man die Großhirnhemisphäre ausgeschnitten hat, und dem das Automatische fehlt; 2. durch *Vorstellung* der Bewegung, durch das Bild des Vorgangs in *uns*. Dies ist ein höchst *oberflächliches* Bild, – was *weiß* der Mensch vom Kauen, wenn er das Kauen sich vorstellt! – aber unzählige Male ist dem durch Reize hervorgebrachten Vorgange das Bild des Vorganges in Auge und Gehirn gefolgt, und *schließlich* ist ein Band da, so fest, daß der *umgedrehte* Prozeß eintritt: sobald jenes Bild entsteht, entsteht die entsprechende Bewegung, *das Bild dient als auslösender Reiz*.

Damit ein Reiz wirklich auslösend wirkt, muß er stärker sein als der Gegenreiz, der immer auch da ist, zum Beispiel die Lust der Ruhe, die Trägheit muß aufgehoben werden. So wirkt das *Bild* eines Vorganges *nicht immer* als auslösender Reiz, weil ein wirklicher Gegenreiz da ist, der stärker ist. Wir reden da von »Wollen-und-nicht-Können«. – Der Gegenreiz ist häufig nicht in unserem Bewußtsein, wir merken aber eine widerstrebende Kraft, die dem Reiz des Bildes, *und sei es noch so deutlich*, die Kraft entzieht. Es ist ein Kampf da, obschon wir nicht wissen, *wer* kämpft. Wille, der zur Tat führt, tritt ein, wenn der widerstrebende Reiz schwächer ist – wir merken *immer* etwas von einem Widerstande, und das gibt, *falsch gedeutet, jenes Nebengefühl von Sieg* wir den Ursprung vom Glauben an den freien Willen. »*Wir*« sind es nicht, die ihre Vorstellung zum Siege bringen – sondern sie siegt, weil der Gegenreiz schwächer ist. Aber gar, daß der Mechanismus vor sich geht, hat gar nichts mit unserer Willkür zu tun – beim Gelingen des Gewollten. In dieser falschen Deutung haben wir kennen ihn nicht einmal! Wie könnten wir ihn auch nur »wollen«! Was ist zum Beispiel das Ausstrecken unseres Armes für unser Bewußtsein!

(221)

Es gibt auch für die Moral eine Art von Optik. Wie schwach verantwortlich fühlt sich der Mensch für seine indirekten und entfernten Wirkungen! Und wie grausam und übertreibend fällt die nächste Wirkung, die wir üben, über uns her – die Wirkung, die wir sehen, für die unser kurzes Gesicht eben noch scharf genug ist! Wir tragen nur an einer Schuld, bloß weil sie so nahe vor unseren Augen steht! Wie messen wir die *Schwere* verschieden *nach der Entfernung*!

(222)

Die Wissenschaft fragt *nicht*, was uns zum Wollen trieb: sie *leugnet* vielmehr, daß *gewollt* worden ist, und meint, daß etwas ganz anderes geschehen sei – kurz, daß der Glaube an »Wille« und »Zweck« eine Illusion sei. Sie fragt nicht nach den *Motiven* der Handlung, als ob diese uns vor der Handlung im Bewußtsein gewesen wären: sondern sie zerlegt erst die Handlung in eine mechanische Gruppe von Erscheinungen und sucht die Vorgeschichte dieser mechanischen Bewegung – aber *nicht* im Fühlen, Empfinden, Denken. *Daher* kann sie nie die Erklärung nehmen: die Empfindung ist ja eben ihr Material, *das erklärt werden soll.* – Ihr Problem ist eben: die Welt zu erklären, *ohne* zu Empfindungen als Ursache zu greifen: denn das hieße ja: *als Ursache* der Empfindungen die *Empfindungen* ansehen. Ihre Aufgabe ist schlechterdings nicht gelöst.

Also: entweder *kein* Wille – die Hypothese der Wissenschaft –, oder *freier* Wille. Letztere Annahme das herrschende Gefühl, von dem wir uns nicht losmachen können, auch wenn die Hypothese *bewiesen* wäre.

Der populäre Glaube an Ursache und Wirkung ist auf die Voraussetzung gebaut, daß der freie Wille *Ursache sei von jeder Wirkung*: erst daher haben wir das Gefühl der Kausalität. Also darin liegt auch das Gefühl, daß jede Ursache *nicht* Wirkung ist, sondern immer erst Ursache – wenn der Wille die Ursache ist. »Unsre Willensakte sind *nicht notwendig*« – das *liegt* im Begriff »*Wille*«. Notwendig ist die Wirkung *nach* der Ursache – so fühlen wir. Es ist eine *Hypothese*, daß auch unser Wollen in jedem Falle ein Müssen sei.

c. Egoismus und sein Problem

(223)

Egoismus und sein Problem! Die christliche Verdüsterung in Larochefoucauld, welcher ihn überall herauszog und damit den Wert der Dinge und Tugenden *vermindert* glaubte! Dem entgegen suchte ich zunächst zu beweisen, daß es gar nichts anderes geben *könne* als Egoismus, – daß den Menschen, bei denen das ego schwach und dünn wird, auch die Kraft der großen Liebe schwach wird, – daß die Liebendsten vor allem es aus Stärke ihres ego sind, – daß Liebe ein Ausdruck von Egoismus ist usw. Die falsche Wertschätzung zielt in Wahrheit auf das Interesse 1. derer, denen genützt, geholfen wird, der Herde; 2. enthält sie einen pessimistischen Argwohn gegen den Grund des Lebens; 3. möchte sie die prachtvollsten und wohlgeratensten Menschen verneinen; Furcht; 4. will sie den Unterliegenden zum Rechte verhelfen gegen die Sieger; 5. bringt sie eine universale Unehrlichkeit mit sich, und gerade bei den wertvollsten Menschen.

(224)

Zur Kritik der »*Selbstsucht*«. – Die unfreiwillige Naivität des La

Rochefoucauld, welcher glaubt, etwas Kühnes, Freies und Paradoxes zu sagen – damals war die »Wahrheit« in psychologischen Dingen etwas, das erstaunen machte – Beispiel: »les grandes âmes ne sont pas celles qui ont moins de passions et plus de vertus que les âmes communes, mais seulement celles qui ont de plus grands desseins«. – Freilich: John Stuart Mill (der Chamfort den *edleren* und philosophischeren La Rochefoucauld des 18. Jahrhunderts nennt –) sieht in ihm nur den scharfsinnigsten Beobachter alles dessen in der menschlichen Brust, was auf »gewohnheitsmäßige Selbstsucht« zurückgeht, und fügt hinzu: »ein edler Geist wird es nicht über sich gewinnen, sich die Notwendigkeit einer dauernden Betrachtung von *Gemeinheit* und *Niedrigkeit* aufzulegen, es wäre denn, um zu zeigen, gegen welche verderblichen Einflüsse sich hoher Sinn und Adel des Charakters siegreich zu behaupten vermag.«

(225)

Es ist mir nie in den Sinn gekommen, sämtliche Tugenden aus dem Egoismus »abzuleiten«. Ich will erst bewiesen haben, daß es »Tugenden« sind und nicht nur zeitweilige Erhaltungs-Instinkte bestimmter Herden und Gemeinden.

(226)

Unegoistische Handlungen sind unmöglich; »unegoistischer Trieb« klingt mir in die Ohren wie »hölzernes Eisen«. Ich wollte, daß irgend wer den Versuch machte, die Möglichkeit solcher Handlungen zu beweisen: daß sie existieren, daran glaubt freilich das Volk und wer ihm gleich steht – etwa wie der, welcher Mutterliebe oder Liebe überhaupt etwas Unegoistisches nennt.

Daß übrigens die Völker die moralische Werttafel »gut« und »böse« immer als »unegoistisch« und »egoistisch« *ausgelegt* hätten, ist ein historischer Irrtum. Vielmehr ist gut und böse als »geboten« und »verboten« (»der Sitte gemäß oder zuwider«) viel älter und allgemeiner.

(227)

Die Menschen bewundern und loben die Handlungen eines anderen, die für ihn selber *unzweckmäßig* erscheinen, sofern sie *ihnen* nützlich sind. (Unzweckmäßig in Hinsicht auf Genuß oder Nutzen.) Früher verstand man Genuß oder Nutzen sehr gemein und eng: und wer zum Beispiel für gloria etwas tat, war schon *unzweckmäßig* nach der Meinung der *groben* Menschen, der Masse. Weil man *feinere Arten* von Genuß nicht sah, hat man das Reich des Uneigennützigen *so groß* angenommen. Der Mangel an psychologischer Feinheit ist ein Grund von *vielem Loben* und

Bewundern! Weil die Masse *keine* Leidenschaft hat, so hat sie die Leidenschaft *bewundert*, weil sie mit Opfern verknüpft und unklug ist, – den *Genuß* der Leidenschaft konnte man sich nicht vorstellen, man *leugnete* ihn. Die Menge *verachtet* alles *Gewöhnliche*, *Leichte*, *Kleine*.

(228)

Wie entsteht Trieb, Geschmack, *Leidenschaft*? Letztere *opfert sich andere Triebe*, die schwächer sind (anderes Verlangen nach Lust) –: das ist nicht unegoistisch! *Ein* Trieb beherrscht die anderen, auch den sogenannten Selbsterhaltungstrieb! »Heroismus« usw. sind *nicht* als Leidenschaften *verstanden* worden, sondern *weil* sie den anderen sehr *nützlich* waren, als etwas *Höheres*, Edleres, Anderes! – da die meisten anderen Leidenschaften den anderen gefährlich waren. Dies war sehr kurzsichtig! *Auch* der *Heroismus* der Vaterlandsliebe, der Treue, der »Wahrheit«, der Forschung usw. ist den *anderen höchst gefährlich*, – sie sind nur zu dumm, das zu sehen! Sie würden die unegoistischen Tugenden sonst in den Bann tun, in den die Habsucht, der Geschlechtssinn, Grausamkeit, Eroberungslust usw. gehören. Aber jene wurden *gut* genannt und empfunden und allmählich ganz von den edleren und reineren Gefühlen *durchtränkt* – und *idealisiert*, ideal *gemacht*! So wurde die *Arbeit*, die *Armut*, der *Zins*, die *Päderastie* zu verschiedenen Zeiten entwürdigt, zu anderen Zeiten ideal gemacht.

(229)

Daß ein Mensch manche Dinge nicht begehrt, nicht liebt, das rechnen wir ihm an als Zeichen seiner *Niedrigkeit* und Gemeinheit. »Selbstlosigkeit« als *Gegenstück* – er liebt manche Dinge und bringt andere Triebe zum Opfer, die den meisten Menschen *nicht begreiflich* als Gegenstand solcher Liebe sind – deshalb nehmen sie das *Wunder* der »Selbstlosigkeit« an!

(230)

Die Menschen haben mit Verwunderung wahrgenommen, daß mancher seinen *Vorteil vernachlässigt* (in der Leidenschaft, oder aus Geschmack): sie waren blind für die inneren Vorteile des Stolzes, der Stimmung usw. und hielten diese Menschen entweder: erstens für *toll* oder: zweitens für *gut*, falls nämlich *ihnen* daraus ein Vorteil erwuchs: sie bilden nun den Glauben aus, die Handlungen werden allein getan, um *ihnen* wohlzutun. Die Verherrlichung solcher Handlungen und Menschen hatte den Wert, zu ähnlichen persönlich unzweckmäßigen Handlungen *anzutreiben*. Der *Egoismus* derer, welche Hilfe und Wohltat *brauchen*, hat das Unegoistische so hoch gehoben!

(231)
Liebe. – Seht hinein: diese Liebe, dieses Mitleid der Weiber – gibt es etwas Egoistischeres? ... Und wenn sie sich opfern, ihre Ehre, ihren Ruf, wem opfern sie sich? Dem Manne? Oder nicht vielmehr einem zügellosen Bedürfnisse? – Das sind genau so selbstsüchtige Begierden: ob sie nun anderen wohltun und Dankbarkeit einpflanzen ...

Inwiefern eine derartige Hyperfötation einer Wertung alles übrige *heiligen* kann!!

(232)
Das Leben für andere: eine unendlich angenehme Erholung für die stark egoistischen Menschen (dazu gehören auch die moralischen Selbstquäler).

(233)
Das Mitleid eine Verschwendung der Gefühle, ein der moralischen Gesundheit schädlicher Parasit, »es kann unmöglich Pflicht sein, die Uebel in der Welt zu vermehren«. Wann man bloß aus Mitleid wohltut, so tut man eigentlich sich selbst wohl und nicht dem andern. Mitleid beruht nicht auf Maximen, sondern auf Affekten; es ist pathologisch. Das fremde Leiden steckt uns an, Mitleid ist eine Ansteckung.

(234)
Daß sich die Geschichte sämtlicher Phänomene der Moralität dermaßen vereinfachen lasse, wie es Schopenhauer glaubte – nämlich so, daß als Wurzel jeder bisherigen moralischen Regung das *Mitleiden* wieder zu finden sei – zu diesem Grade von Widersinn und Naivität konnte nur ein Denker kommen, der von allem historischen Instinkte entblößt war und in der wunderlichsten Weise selbst jener starken Schulung zur Historie, wie sie die Deutschen von Herder bis Hegel durchgemacht haben, entschlüpft war.

(235)
Egoismus ist kein Prinzip, sondern die *eine* Tatsache.

(236)
Egoismus! Aber noch niemand hat gefragt: *was* für ein ego? Sondern jeder setzt unwillkürlich das *ego* jedem *ego* gleich. Das sind die Konsequenzen der Sklaven-Theorie vom *suffrage universel* und der »Gleichheit«.

(237)
Es gibt gar keinen Egoismus, der bei sich stehen bliebe und nicht übergriffe, – es gibt folglich jenen »erlaubten«, »moralisch indifferenten« Egoismus gar nicht, von dem ihr redet.

»Man fördert sein Ich stets auf Kosten des andern«; »Leben lebt immer auf Unkosten andern Lebens« – wer das nicht begreift hat bei sich auch nicht den ersten Schritt zur Redlichkeit getan.

(238)
Berichtigung des Begriffs »*Egoismus*«. – Hat man begriffen, inwiefern »Individuum« ein Irrtum ist, sondern jedes Einzelwesen eben der *ganze Prozeß* in gerader Linie ist (nicht bloß »vererbt«, sondern er selbst –), so hat das Einzelwesen eine *ungeheuer große Bedeutung*. Der Instinkt redet darin ganz richtig. Wo dieser Instinkt *nachläßt*, – wo das Individuum sich einen Wert erst im Dienst für andere *sucht*, kann man sicher auf Ermüdung und *Entartung* schließen. Der Altruismus der Gesinnung, gründlich und ohne Tartüfferie, ist ein Instinkt dafür, sich wenigstens einen *zweiten* Wert zu schaffen, im Dienste *anderer* Egoismen. Meistens aber ist er nur *scheinbar*: ein *Umweg* zur Erhaltung des *eigenen Lebensgefühls, Wertgefühls*. –

d. Die Entnatürlichung der Moral

(239)
Die Moralwerte als *Scheinwerte*, verglichen mit den *physiologischen*.

(240)
Es gibt solche, die danach suchen, wo etwas unmoralisch ist. Wenn sie urteilen: »das ist Unrecht«, so glauben sie, man müsse es abschaffen und ändern. Umgekehrt habe ich nirgends Ruhe, so lange ich bei einer Sache noch nicht über ihre *Unmoralität* im Klaren bin. Habe ich diese heraus, so ist mein Gleichgewicht wieder hergestellt.

(241)
Moralistischer Naturalismus: Rückführung des scheinbar emanzipierten, übernatürlichen Moralwertes auf seine »Natur«: d. h. auf die *natürliche Immoralität*, auf die natürliche »Nützlichkeit« usw.

Ich darf die Tendenz dieser Betrachtungen als *moralistischen Naturalismus* bezeichnen: meine Aufgabe ist, die scheinbar emanzipierten und *naturlos* gewordenen Moralwerte in ihre Natur zurückzuübersetzen, – d. h. in ihre natürliche »*Immoralität*«.

– NB. Vergleich mit der jüdischen »Heiligkeit« und ihrer Naturbasis: ebenso steht es mit dem *souverän gemachten Sittengesetz*, losgelöst von seiner *Natur* (– bis zum *Gegensatz* zur Natur –).

Schritte der *Entnatürlichung der Moral* (sogenannten »*Idealisierung*«):

als Weg zum Individual-Glück,
als Folge der Erkenntnis,
als kategorischer Imperativ,
als Weg zur Heiligung,
als Verneinung des Willens zum Leben.
(Die schrittweise *Lebensfeindlichkeit* der Moral.)

(242)

Die ganze Auffassung vom Range der *Leidenschaften*: wie als ob das Rechte und Normale sei, von der *Vernunft* geleitet zu werden, – während die Leidenschaften das Unnormale, Gefährliche, Halbtierische seien, überdies, ihrem Ziele nach, nichts anderes als *Lust-Begierden* ...

Die Leidenschaft ist entwürdigt 1. wie als ob sie nur *ungeziemender* Weise, und nicht notwendig und immer, das mobile sei, 2. insofern sie etwas in Aussicht nimmt, was keinen hohen Wert hat, ein Vergnügen ...

Die Verkennung von Leidenschaft und *Vernunft*, wie als ob letztere ein Wesen für sich sei und nicht vielmehr ein Verhältniszustand verschiedener Leidenschaften und Begehrungen; und als ob nicht jede Leidenschaft ihr Quantum Vernunft in sich hätte ...

(243)

Die Idee der »wahren Welt« oder »Gottes« als absolut unsinnlich, geistig, gütig ist eine *Notmaßregel* im Verhältnis dazu, als die *Gegen*-Instinkte noch allmächtig sind ...

Die Mäßigkeit und erreichte Humanität zeigt sich exakt in der Vermenschlichung der Götter: die Griechen der stärksten Zeit, die vor sich selber keine Furcht hatten, sondern Glück an sich hatten, näherten ihre Götter an alle ihre Affekte –

Die Vergeistigung der Gottes-Idee ist deshalb fern davon, einen *Fortschritt* zu bedeuten: man fühlt dies recht herzlich bei der Berührung mit Goethe, – wie da die Verdunstung Gottes zu Tugend und Geist sich als eine *rohere* Stufe fühlbar macht ...

(244)

In den Begriff der Macht, sei es eines Gottes, sei es eines Menschen, ist immer zugleich die Fähigkeit zu *nützen* und die Fähigkeit zu *schaden* eingerechnet. So bei den Arabern; so bei den Hebräern. So bei allen stark geratenen Rassen.

Es ist ein verhängnisvoller Schritt, wenn man *dualistisch* die Kraft zum einen von der zum andern *trennt* ... Damit wird die Moral zur Giftmischerin des Lebens ...

(245)

Die *Moral-Hypothese* zum Zweck der *Rechtfertigung Gottes* hieß: das Böse muß freiwillig sein (bloß damit an die *Freiwilligkeit des Guten* geglaubt werden kann) und andererseits: in allem Uebel und Leiden liegt ein *Heilszweck*.

Der Begriff »Schuld« als *nicht* bis auf die letzten Gründe des Daseins zurückreichend, und der Begriff »Strafe« als eine erzieherische Wohltat, folglich als Akt eines *guten* Gottes.

Absolute Herrschaft der Moral-Wertung *über* alle andern: man zweifelte nicht daran, daß Gott nicht böse sein könne und nichts Schädliches tun könne, d. h. man dachte sich bei »Vollkommenheit« bloß eine *moralische* Vollkommenheit.

(246)

Moral als Verführungsmittel. – »Die Natur ist gut, denn ein weiser und guter Gott ist ihre Ursache. Wem fällt also die Verantwortung für die ›Verderbnis der Menschen‹ zu? Ihren Tyrannen und Verführern, den herrschenden Ständen, – man muß sie vernichten«–: die Logik *Rousseaus* (vergl. die Logik *Pascals*, welcher den Schluß auf die Erbsünde macht).

Man vergleiche die verwandte Logik *Luthers*. In beiden Fällen wird ein Vorwand gesucht, ein unersättliches Rachebedürfnis als *moralisch-religiöse* Pflicht einzuführen. Der Haß gegen den regierenden Stand sucht sich zu heiligen ... (die »Sündhaftigkeit Israels«: Grundlage für die Machtstellung der Priester).

Man vergleiche die verwandte Logik des *Paulus*. Immer ist es die Sache Gottes, unter der diese Reaktionen auftreten, die Sache des Rechts, der Menschlichkeit usw. Bei *Christus* erscheint der Jubel des Volkes als Ursache seiner Hinrichtung; eine antipriesterliche Bewegung von vornherein. Selbst bei den *Antisemiten* ist es immer das gleiche Kunststück, den Gegner mit moralischen Verwerfungsurteilen heimzusuchen und sich die Rolle der *strafenden Gerechtigkeit* vorzubehalten.

(247)

Der »*gute Mensch*«. Oder: die Hemiplegie der Tugend. – Für jede starke und Natur gebliebene Art Mensch gehört Liebe und Haß, Dankbarkeit und Rache, Güte und Zorn, Ja-tun und Nein-tun zu einander. Man ist gut, um den Preis, daß man auch böse zu sein weiß; man ist böse, weil man sonst nicht gut zu sein verstünde. Woher nun jene Erkrankung und ideologische Unnatur, welche diese Doppelheit ablehnt – welche als das Höhere lehrt, nur halbseitig tüchtig zu sein? Woher die Hemiplegie der Tugend, die

Erfindung des guten Menschen? ... Die Forderung geht dahin, daß der Mensch sich an jenen Instinkten verschneide, mit denen er feind sein kann, schaden kann, zürnen kann, Rache heischen kann ... Diese Unnatur entspricht dann jener dualistischen Konzeption eines bloß guten und eines bloß bösen Wesens (Gott, Geist, Mensch), in ersterem alle positiven, in letzterem alle negativen Kräfte, Absichten, Zustände summierend. – Eine solche Wertungsweise glaubt sich damit »idealistisch«; sie zweifelt nicht daran, eine höchste Wünschbarkeit in der Konzeption »des Guten« angesetzt zu haben. Geht sie auf ihren Gipfel, so denkt sie sich einen Zustand aus, wo alles Böse annulliert ist und wo in Wahrheit nur die guten Wesen übriggeblieben sind. Sie hält es also nicht einmal für ausgemacht, daß jener Gegensatz von Gut und Böse sich gegenseitig bedinge; umgekehrt, letzteres soll verschwinden und ersteres soll übrigbleiben, das eine hat ein Recht zu sein, das andere *sollte gar nicht da sein* ... Was wünscht da eigentlich? – –

Man hat sich zu allen Zeiten und sonderlich zu den christlichen Zeiten viel Mühe gegeben, den Menschen auf diese *halbseitige* Tüchtigkeit, auf den »Guten« zu reduzieren: noch heute fehlt es nicht an kirchlich Verbildeten und Geschwächten, denen diese Absicht mit der »Vermenschlichung« überhaupt oder mit dem »Willen Gottes« oder mit dem »Heil der Seele« zusammenfällt. Hier wird als wesentliche Forderung gestellt, daß der Mensch nichts Böses tue, daß er unter keinen Umständen schade, schaden *wolle*. Als Weg dazu gilt: die Verschneidung aller Möglichkeit zur Feindschaft, die Aushängung aller Instinkte des Ressentiments, der »Frieden der Seele« als chronisches Uebel.

Diese Denkweise, mit der ein bestimmter Typus Mensch gezüchtet wird, geht von einer absurden Voraussetzung aus: sie nimmt das Gute und das Böse als Realitäten, die mit sich im Widerspruch sind (*nicht* als komplementäre Wertbegriffe, was die Wahrheit wäre), sie rät die Partei des Guten zu nehmen, sie verlangt, daß der Gute dem Bösen bis in die letzte Wurzel entsagt und widerstrebt, – *sie verneint tatsächlich damit das Leben*, welches in allen seinen Instinkten sowohl das Ja wie das Nein hat. Nicht daß sie dies begriffe: sie träumt umgekehrt davon, zur Ganzheit, zur Einheit, zur Stärke des Lebens zurückzukehren: sie denkt es sich als Zustand der Erlösung, wenn endlich der eigenen innern Anarchie, der Unruhe zwischen jenen entgegengesetzten Wert-Antrieben ein Ende gemacht wird. – Vielleicht gab es bisher keine gefährlichere Ideologie, keinen größeren

Unfug in psychologicis, als diesen Willen zum Guten: man zog den widerlichsten Typus, den *unfreien* Menschen groß, den Mucker; man lehrte, eben nur als Mucker sei man auf dem rechten Wege zur Gottheit, nur ein Mucker-Wandel sei ein göttlicher Wandel.

Und selbst hier noch behält das Leben Recht, – das Leben, welches das Ja nicht vom Nein zu trennen weiß –: was hilft es, mit allen Kräften den Krieg für böse zu halten, nicht schaden, nicht Nein tun zu wollen! man führt *doch* Krieg! man kann gar nicht anders! Der gute Mensch, der dem Bösen entsagt hat, behaftet, wie es ihm wünschbar scheint, mit jener Hemiplegie der Tugend, hört durchaus nicht auf, Krieg zu führen, Feinde zu haben, Nein zu sagen, Nein zu tun. Der Christ zum Beispiel haßt die »Sünde«! – und was ist ihm nicht alles »Sünde«! Gerade durch jenen Glauben an einen Moral-Gegensatz von Gut und Böse ist ihm die Welt vom Hassenswerten, vom Ewig-zu-Bekämpfenden übervoll geworden. »Der Gute« sieht sich wie umringt vom Bösen und unter dem beständigen Ansturm des Bösen, er verfeinert sein Auge, er entdeckt unter all seinem Tichten und Trachten noch das Böse: und so endet er, wie es folgerichtig ist, damit, die Natur für böse, den Menschen für verderbt, das Gutsein als Gnade (das heißt als menschenunmöglich) zu verstehen. In summa: *er verneint das Leben,* er begreift, wie das Gute als oberster Wert das Leben *verurteilt* ... Damit sollte seine Ideologie von Gut und Böse ihm als widerlegt gelten. Aber eine Krankheit widerlegt man nicht. Und so konzipiert er ein *anderes* Leben!...

(248)

Die *religiöse Moral.* – Der Affekt, die große Begierde, die Leidenschaften der Macht, der Liebe, der Rache, des Besitzes –: die Moralisten wollen sie auslöschen, herausreißen, die Seele von ihnen »reinigen«.

Die Logik ist: die Begierden richten oft großes Unheil an, – folglich sind sie böse, verwerflich. Der Mensch muß los von ihnen kommen: eher kann er nicht ein *guter* Mensch sein ...

Das ist dieselbe Logik wie: »ärgert dich ein Glied, so reiße es aus«. In dem besonderen Fall, wie es jene gefährliche »Unschuld vom Lande«, der Stifter des Christentums, seinen Jüngern zur Praxis empfahl, im Fall der geschlechtlichen Irritabilität, folgt leider dies nicht nur, daß ein Glied fehlt, sondern daß der Charakter des Menschen *entmannt* ist ... Und das gleiche gilt von dem Moralisten-Wahnsinn, welcher, statt der Bändigung, die Exstirpation der Leidenschaften verlangt. Ihr Schluß ist immer: erst der entmannte Mensch ist der gute Mensch.

Die großen Kraftquellen, jene oft so gefährlich und überwältigend hervorströmenden Wildwasser der Seele, statt ihre Macht in Dienst zu nehmen und zu *ökonomisieren*, will diese kurzsichtigste und verderblichste Denkweise, die Moral-Denkweise, *versiegen* machen.

(249)

An sich hat eine Religion nichts mit der Moral zu tun: aber die beiden Abkömmlinge der jüdischen Religion sind beide *wesentlich* moralische Religionen, – solche, die Vorschriften darüber geben, wie gelebt werden *soll*, und mit Lohn und Strafe ihren Forderungen Gehör schaffen.

(250)

»*Die Moral um der Moral willen*« – eine wichtige Stufe in ihrer Entnaturalisierung: sie erscheint selbst als letzter Wert. In dieser Phase hat sie die Religion mit sich durchdrungen: im Judentum zum Beispiel. Und ebenso gibt es eine Phase, wo sie die Religion wieder *von sich abtrennt* und wo ihr kein Gott »moralisch« genug ist: dann zieht sie das unpersönliche Ideal vor ... Das ist jetzt der Fall.

»*Die Kunst um der Kunst willen*« – das ist ein gleichgefährliches Prinzip: damit bringt man einen falschen Gegensatz in die Dinge, – es läuft auf eine Realitäts-Verleumdung (»Idealisierung« ins *Häßliche*) hinaus. Wenn man ein Ideal ablöst vom Wirklichen, so stößt man das Wirkliche hinab, man verarmt es, man verleumdet es. »*Das Schöne um des Schönen willen*«, »*das Wahre um des Wahren willen*«, »*das Gute um des Guten willen*« – das sind drei Formen des *bösen Blicks* für das Wirkliche.

– *Kunst*, *Erkenntnis*, *Moral* sind *Mittel*: statt die Absicht auf Steigerung des Lebens in ihnen zu erkennen, hat man sie zu einem *Gegensatz des Lebens* in Bezug gebracht, zu »*Gott*«, gleichsam als Offenbarungen einer höheren Welt, die durch diese hie und da hindurchblickt...

»*Schön* und *häßlich*«, »*wahr* und *falsch*«, »*gut* und *böse*« – diese *Scheidungen* und *Antagonismen* verraten Daseins- und Steigerungsbedingungen, nicht vom Menschen überhaupt, sondern von irgend welchen festen und dauerhaften Komplexen, welche ihre Widersacher von sich abtrennen. Der *Krieg*, der damit geschaffen wird, ist das Wesentliche daran: als Mittel der *Absonderung*, die die Isolation *verstärkt* ...

(251)
Man muß zusammenrechnen, *was* alles sich gehäuft hatte, als Folge der *höchsten moralischen Idealität*: wie sich fast alle *sonstigen Werte* um das Ideal kristallisiert hatten. Das beweist, daß es am *längsten*, am *stärksten begehrt* worden ist, – daß es nicht erreicht worden ist: sonst würde es *enttäuscht* haben (resp. eine mäßigere Wertung nach sich gezogen haben).

Der *Heilige* als die *mächtigste Spezies* Mensch –: *diese* Idee hat den Wert der moralischen Vollkommenheit so hoch gehoben. Man muß die gesamte Erkenntnis sich bemüht denken, zu beweisen, daß der *moralischste* Mensch der *mächtigste, göttlichste* ist. – Die Ueberwältigung der Sinne, der Begierden – alles erregte *Furcht*; – das Widernatürliche erschien als das *Uebernatürliche, Jenseitige* ...

(252)
Die Begierde *vergrößert* das, was man haben will; sie wächst selbst durch Nichterfüllung, – die *größten Ideen* sind die, welche die heftigste und längste Begierde geschaffen hat. Wir legen den Dingen *immer mehr Wert bei*, je mehr unsere Begierde nach ihnen wächst: wenn die »moralischen Werte« die *höchsten Werte* geworden sind, so verrät dies, daß das moralische Ideal das *unerfüllteste* gewesen ist (– insofern es galt als *Jenseits alles Leids*, als Mittel der *Seligkeit*). Die Menschheit hat mit immer wachsender Brunst nur *Wolken* umarmt: sie hat endlich ihre Verzweiflung, ihr Unvermögen »Gott« genannt ...

(253)
Franz von Assisi: verliebt, populär, Poet, kämpft gegen die Rangordnung der Seelen zu Gunsten der Niedersten. Leugnung der Seelenhierarchie – »vor Gott alle gleich«.

Die volkstümlichen Ideale: der gute Mensch, der Selbstlose, der Heilige, der Weise, der Gerechte. Oh Marc Aurel!

(254)
Wie unter dem Druck der asketischen *Entselbstungs-Moral* gerade die Affekte der Liebe, der Güte, des Mitleids, selbst der Gerechtigkeit, der Großmut, des Heroismus *mißverstanden* werden mußten:

Es ist der *Reichtum an Person*, die Fülle in sich, das Ueberströmen und Abgeben, das instinktive Wohlsein und Ja-sagen zu sich, was die großen Opfer und die große Liebe macht: es ist die starke und göttliche Selbstigkeit, aus der diese Affekte wachsen, so gewiß wie auch das Herr-werden-wollen, Uebergreifen, die innere Sicherheit, ein Recht auf alles zu haben. Die nach gemeiner

Auffassung *entgegengesetzten* Gesinnungen sind vielmehr *eine* Gesinnung; und wenn man nicht fest und wacker in seiner Haut sitzt, so hat man nichts abzugeben und Hand auszustrecken und Schutz und Stab zu sein ...

Wie hat man diese Instinkte so *umdeuten* können, daß der Mensch als wertvoll empfindet, was seinem Selbst entgegengeht? wenn er sein Selbst einem andern Selbst preisgibt! Oh über die psychologische Erbärmlichkeit und Lügnerei, welche bisher in Kirche und kirchlich angekränkelter Philosophie das große Wort geführt hat!

Wenn der Mensch sündhaft ist, durch und durch, so darf er sich nur hassen. Im Grunde dürfte er auch seine Mitmenschen mit keiner andern Empfindung behandeln wie sich selbst; Menschenliebe bedarf einer Rechtfertigung, – sie liegt darin, daß *Gott sie befohlen hat*. Hieraus folgt, daß alle die natürlichen Instinkte des Menschen (zur Liebe usw.) ihm an sich unerlaubt scheinen und erst, nach ihrer *Verleugnung*, auf Grund eines Gehorsams gegen Gott wieder zu Recht kommen ... Pascal, der bewunderungswürdige *Logiker* des Christentums, *ging* so weit! man erwäge sein Verhältnis zu seiner Schwester. »Sich *nicht* lieben machen« schien ihm christlich.

(255)

Schopenhauer hat die hohe Intellektualität als *Loslösung* vom Willen ausgelegt; er hat das Frei-werden von den Moral-Vorurteilen, welches in der Entfesselung des großen Geistes liegt, die typische *Unmoralität* des Genies, nicht sehen *wollen*; er hat künstlich das, was er allein ehrte, den moralischen Wert der »Entselbstung«, auch als *Bedingung* der geistigsten Tätigkeit, des »Objektiv«-Blickens, angesetzt. »Wahrheit«, auch in der Kunst, tritt hervor nach Abzug des *Willens* ...

Quer durch alle moralische Idiosynkrasie hindurch sehe *ich* eine *grundverschiedene Wertung*: solche absurde Auseinandertrennung von »Genie« und Willens-Welt der Moral und Immoral *kenne ich nicht*. Der moralische Mensch ist eine niedrigere Spezies als der unmoralische, eine schwächere; ja – er ist der *Moral* nach ein Typus, nur nicht *sein eigener* Typus; eine Kopie, eine gute Kopie bestenfalls, – das Maß seines Wertes liegt *außer* ihm. Ich schätze den Menschen nach dem *Quantum Macht und Fülle seines Willens*: *nicht* nach dessen Schwächung und Auslöschung; ich betrachte eine Philosophie, welche die Verneinung des Willens *lehrt*, als eine Lehre der Herunterbringung und der Verleumdung ... Ich schätze die *Macht* eines *Willens* darnach, wie viel von Widerstand, Schmerz, Tortur er aushält und sich zum Vorteil umzuwandeln weiß; ich rechne dem Dasein nicht seinen bösen und schmerzhaften Charakter zum Vorwurf an, sondern bin der Hoffnung, daß es einst böser und schmerzhafter sein wird, als bisher ...

Die *Spitze* des Geistes, die Schopenhauer imaginierte, war, zur Erkenntnis zu kommen, daß alles keinen Sinn hat, kurz, zu *erkennen*, was instinktiv der gute Mensch schon *tut* ... Er leugnet, daß es *höhere* Arten Intellekt geben könne, – er nahm seine Einsicht als ein non plus ultra ... Hier ist die Geistigkeit tief unter die Güte geordnet; ihr höchster Wert (als *Kunst* z. B.) wäre es, die moralische Umkehr anzuraten, vorzubereiten: absolute Herrschaft der *Moralwerte*. –

Neben Schopenhauer will ich *Kant* charakterisieren: nichts Griechisches, absolut widerhistorisch (Stelle über die französische Revolution) und Moral-Fanatiker (Goethes Stelle über das Radikal-Böse). Auch bei ihm im Hintergrund die *Heiligkeit* ...

Ich brauche eine Kritik des *Heiligen* ...

Hegels Wert. »Leidenschaft«. –

Krämer-Philosophie des Herrn Spencer: vollkommene Abwesenheit eines Ideals, außer dem des mittleren Menschen.

Instinkt-Grundsatz aller Philosophen und Historiker und Psychologen: es muß alles, was *wertvoll* ist in Mensch, Kunst, Geschichte, Wissenschaft, Religion, Technik, bewiesen werden als *moralisch-wertvoll, moralisch-bedingt*, in Ziel, Mittel und Resultat. Alles verstehen in Hinsicht auf den obersten Wert: z. B. Rousseaus Frage in Betreff der Zivilisation »wird durch sie der Mensch *besser*?« – eine komische Frage, da das *Gegenteil* auf der Hand liegt und eben das ist, was zu *Gunsten* der Zivilisation redet.

(256)

Die große nihilistische Falschmünzerei unter klugem Mißbrauch moralischer Werte:

a) Liebe als Entpersönlichung; insgleichen Mitleid.

b) Nur der *entpersönlichte Intellekt* (»der Philosoph«) erkennt die *Wahrheit*, »das wahre Sein und Wesen der Dinge«.

c) Das Genie, die *großen Menschen* sind *groß*, weil sie nicht sich selbst und ihre Sachen suchen: der *Wert* des Menschen *wächst* im Verhältnis dazu, als er sich selbst verleugnet.

d) Die Kunst als Werk des »*reinen willensfreien Subjekts*«; Mißverständnis der »Objektivität«.

e) *Glück* als Zweck des Lebens; *Tugend* als Mittel zum Zweck.

Die pessimistische Verurteilung des Lebens bei Schopenhauer

ist eine *moralische*. Uebertragung der Herden-Maßstäbe ins Metaphysische.

Das »Individuum« sinnlos, folglich ihm einen Ursprung im »An-sich« gebend (und eine Bedeutung seines Daseins als »Verirrung«); Eltern nur als »Gelegenheitsursache«. — Es rächt sich, daß von der Wissenschaft das Individuum nicht begriffen war: es ist *das ganze bisherige Leben* in *einer* Linie und *nicht* dessen *Resultat*.

e. Der Idealist

(257)

Sich selbst *nicht* zu erkennen: Klugheit des Idealisten. Der Idealist: ein Wesen, welches Gründe hat, über sich dunkel zu bleiben, und das klug genug ist, auch über diese Gründe noch dunkel zu bleiben.

(258)

Jedes Ideal setzt *Liebe* und *Haß*, *Verehrung* und *Verachtung* voraus. Entweder ist das positive Gefühl das primum mobile oder das negative Gefühl. *Haß* und *Verachtung* sind z. B. bei allen Ressentiments-Idealen das primum mobile.

(259)

Welcher Art von *bizarrem Ideal* man auch folgt (z. B. als »Christ« oder als »freier Geist« oder als »Immoralist« oder als Reichsdeutscher –), man soll nicht fordern, daß es *das Ideal* sei: denn damit nähme man ihm den Charakter des Privilegiums, des Vorrechts. Man soll es haben, um sich auszuzeichnen, *nicht* um sich gleichzusetzen.

Wie kommt es trotzdem, daß die meisten Idealisten sofort für ihr Ideal Propaganda machen, wie als ob sie kein Recht haben könnten auf das Ideal, falls nicht *alle* es anerkennten? – Das tun z. B. alle jene mutigen Weiblein, die sich die Erlaubnis nehmen, Latein und Mathematik zu lernen. Was zwingt sie dazu? Ich fürchte, der Instinkt der Herde, die Furchtsamkeit vor der Herde: sie kämpfen für die »Emanzipation des Weibes«, weil sie unter der Form einer *generösen Tätigkeit*, unter der Flagge des »Für Andere« ihren kleinen Privat-Separatismus am klügsten durchsetzen.

Klugheit der Idealisten, nur Missionäre und »Vertreter« eines Ideals zu sein: sie »verklären« sich damit in den Augen derer, welche an Uneigennützigkeit und Heroismus glauben. Indes: der wirkliche Heroismus besteht darin, daß man *nicht* unter der

Fahne der Aufopferung, Hingebung, Uneigennützigkeit kämpft, sondern *garnicht kämpft* ... »So bin *ich*; so will *ich's*: – hol' *euch* der Teufel!« –

(260)

1. Der angeblich reine Erkenntnistrieb aller Philosophen ist kommandiert durch ihre Moral-»Wahrheiten«, – ist nur scheinbar unabhängig...

2. Die »Moralwahrheiten« »so *soll* gehandelt werden« sind bloße Bewußtseins-Formen eines müdewerdenden Instinkts »so und so *wird* bei uns gehandelt«. Das ›Ideal‹ soll einen Instinkt wiederherstellen, stärken; es schmeichelt dem Menschen, gehorsam zu sein, wo er nur Automat ist.

(261)

Daß wir nicht unsere »Wünschbarkeiten« zu Richtern über das Sein machen!

Daß wir nicht auch *Endformen* der Entwicklung (z. B. Geist) wieder als ein »An-sich« *hinter* die Entwicklung placieren!

(262)

Es ist der Gipfel der psychologischen Verlogenheit des Menschen, sich ein Wesen als Anfang und »An-sich« nach seinem Winkel-Maßstab des ihm gerade gut, weise, mächtig, wertvoll Erscheinenden herauszurechnen – und dabei die *ganze Ursächlichkeit*, vermöge deren überhaupt irgend welche Güte, irgend welche Weisheit, irgend welche Macht besteht und Wert hat, wegzudenken. Kurz, Elemente der spätesten und bedingtesten Herkunft als nicht entstanden, sondern als »an sich« zu setzen und womöglich gar als Ursache alles Entstehens überhaupt... Gehen wir von der Erfahrung aus, von jedem Falle, wo ein Mensch sich bedeutend über das Maß des Menschlichen erhoben hat, so sehen wir, daß jeder hohe Grad von Macht *Freiheit* von Gut und Böse ebenso wie von »Wahr« und »Falsch« in sich schließt und dem, was Güte will, keine Rechnung gönnen kann: wir begreifen dasselbe noch einmal für jeden hohen Grad von Weisheit – die Güte ist in ihr ebenso aufgehoben als die Wahrhaftigkeit, Gerechtigkeit, Tugend und andere Volks-Velleitäten der Wertung. Endlich jeder hohe Grad von Güte selbst; ist es nicht ersichtlich, daß er bereits eine geistige Myopie und Unfeinheit voraussetzt? insgleichen die Unfähigkeit, zwischen wahr und falsch, zwischen nützlich und schädlich auf eine größere Entfernung hin zu unterscheiden? gar nicht davon zu reden, daß ein hoher Grad von Macht in den Händen der höchsten Güte die unheilvollsten Folgen (»die Abschaffung des Uebels«) mit sich bringen würde? – In der Tat, man sehe nur an, was der »Gott der Liebe« seinen Gläubigen für Tendenzen eingibt: sie ruinieren die Menschheit zu Gunsten des »Guten«. – In praxi hat sich derselbe Gott angesichts der wirklichen Beschaffenheit der Welt als *Gott der höchsten Kurzsichtigkeit, Teufelei und Ohnmacht* erwiesen: woraus sich ergibt, wie viel Wert seine Konzeption hat.

An sich hat ja Wissen und Weisheit keinen Wert; ebenso wenig als Güte: man muß immer erst noch das Ziel haben, von wo aus diese Eigenschaften Wert oder Unwert erhalten, – *es könnte ein Ziel geben*, von wo aus ein extremes Wissen einen hohen Unwert darstellte (etwa wenn die extreme Täuschung eine der Voraussetzungen der Steigerung des Lebens wäre; insgleichen wenn die Güte etwa die Sprungfedern der großen Begierde zu lähmen und zu entmutigen vermöchte) ...

Unser menschliches Leben gegeben, wie es ist, so hat alle »Wahrheit«, alle »Güte«, alle »Heiligkeit«, alle »Göttlichkeit« im christlichen Stile bis jetzt sich als große Gefahr erwiesen, – noch jetzt ist die Menschheit in Gefahr, an einer lebenswidrigen Idealität zu Grunde zu gehen.

(263)

Das *Gesetz*, die gründlich realistische Formulierung gewisser Erhaltungsbedingungen einer Gemeinde, verbietet gewisse Handlungen in einer bestimmten Richtung, namentlich insofern sie gegen die Gemeinde sich wenden: sie verbietet *nicht* die Gesinnung, aus der diese Handlungen fließen, – denn sie hat dieselben Handlungen in einer anderen Richtung nötig, nämlich gegen die *Feinde* der Gemeinschaft. Nun tritt der Moral-Idealist auf und sagt »Gott siehet das Herz an: die Handlung selbst ist noch nichts; man muß die feindliche Gesinnung ausrotten, aus der sie fließt ...« Darüber lacht man in normalen Verhältnissen; nur in jenen Ausnahmefällen, wo eine Gemeinschaft *absolut* außerhalb der Nötigung lebt, Krieg für ihre Existenz zu führen, hat man überhaupt das Ohr für solche Dinge. Man läßt eine Gesinnung fahren, deren *Nützlichkeit* nicht mehr abzusehen ist.

Dies war z. B. beim Auftreten Buddhas der Fall, innerhalb einer sehr friedlichen und selbst geistig übermüdeten Gesellschaft.

Dies war insgleichen bei der ersten Christengemeinde (auch Judengemeinde) der Fall, deren Voraussetzung die absolut *unpolitische* jüdische Gesellschaft ist. Das Christentum konnte nur auf dem Boden des Judentums wachsen, d. h. innerhalb eines Volkes, das politisch schon Verzicht geleistet hatte und eine Art

Parasiten-Dasein innerhalb der römischen Ordnung der Dinge lebte. Das Christentum ist um einen Schritt *weiter*: man darf sich noch viel mehr »entmannen«, – die Umstände erlauben es. – Man treibt die *Natur* aus der Moral *heraus*, wenn man sagt »liebet eure Feinde«: denn nun ist die *Natur* »du sollst deinen Nächsten *lieben*, deinen Feind *hassen*« in dem Gesetz (im Instinkt) sinnlos geworden; nun muß auch die *Liebe zu dem Nächsten* sich erst neu begründen (als eine Art *Liebe zu Gott*). Ueberall *Gott* hineingesteckt und die *Nützlichkeit* herausgezogen; überall geleugnet, *woher* eigentlich alle Moral stammt: die *Naturwürdigung*, welche eben in der *Anerkennung einer Natur-Moral* liegt, in Grund und Boden *vernichtet* ...

Woher kommt der *Verführungsreiz* eines solchen entmannten Menschheits-Ideals? Warum degoutiert es nicht, wie uns etwa die Vorstellung des Kastraten degoutiert? ... Eben hier liegt die Antwort: die Stimme des Kastraten degoutiert uns auch *nicht*, trotz der grausamen Verstümmelung, welche die Bedingung ist: sie ist süßer geworden ... Eben damit, daß der Tugend die »männlichen Glieder« ausgeschnitten sind, ist ein femininischer Stimmklang in die Tugend gebracht, den sie vorher nicht hatte.

Denken wir andererseits an die furchtbare Härte, Gefahr und Unberechenbarkeit, die ein Leben der männlichen Tugenden mit sich bringt – das Leben eines Korsen heute noch oder das der heidnischen Araber (welches bis auf die Einzelheiten dem Leben der Korsen gleich ist: die Lieder könnten von Korsen gedichtet sein) – so begreift man, wie gerade die robusteste Art Mensch von diesem wollüstigen Klang der »Güte«, der »Reinheit« fasziniert und erschüttert wird ... Eine Hirtenweise ... ein Idyll ... der »gute Mensch«: dergleichen wirkt am stärksten in Zeiten, wo die Tragödie durch die Gassen läuft.

Hiermit haben wir aber auch erkannt, inwiefern der »Idealist« (– Ideal-Kastrat) auch aus einer ganz *bestimmten* Wirklichkeit herausgeht und nicht bloß ein Phantast ist ... Er ist gerade zur Erkenntnis gekommen, daß für seine Art Realität eine solche grobe Vorschrift des *Verbotes* bestimmter Handlungen keinen Sinn hat (weil der Instinkt gerade zu diesen Handlungen *geschwächt* ist, durch langen Mangel an Uebung, an Nötigung zur Uebung). Der Kastratist formuliert eine Summe von neuen Erhaltungsbedingungen für Menschen einer ganz bestimmten Spezies: darin ist er Realist. Die *Mittel* zu seiner Legislatur sind die gleichen wie für die älteren Legislaturen: der Appell an alle Art Autorität, an

»Gott«, die Benutzung des Begriffs »Schuld und Strafe«, – d. h. er macht sich den ganzen Zubehör des älteren Ideals zu nutz: nur in einer neuen Ausdeutung, die Strafe z. B. innerlicher gemacht (etwa als Gewissensbiß).

In praxi geht diese Spezies Mensch *zu Grunde*, sobald die Ausnahmebedingungen ihrer Existenz aufhören – eine Art Tahiti und Inselglück, wie es das Leben der kleinen Juden in der Provinz war. Ihre einzige *natürliche* Gegnerschaft ist der Boden, aus dem sie wuchsen: gegen ihn haben sie nötig zu kämpfen, gegen ihn müssen sie die *Offensiv- und Defensiv-Affekte* wieder wachsen lassen: ihre Gegner sind die Anhänger des alten Ideals (– diese Spezies Feindschaft ist großartig durch Paulus im Verhältnis zum Jüdischen vertreten, durch Luther im Verhältnis zum priesterlich-asketischen Ideal). Die mildeste Form dieser Gegnerschaft ist sicherlich die der ersten Buddhisten: vielleicht ist auf nichts *mehr* Arbeit verwendet worden, als die *feindseligen* Gefühle zu entmutigen und schwach zu machen. Der Kampf gegen das Ressentiment erscheint fast als erste Aufgabe des Buddhisten: erst damit ist der *Frieden* der Seele verbürgt. Sich löslösen, aber ohne Rancune: das setzt allerdings eine erstaunlich gemilderte und süß gewordene Menschlichkeit voraus, – Heilige . . .

Die *Klugheit des Moral-Kastratismus*. – Wie führt man Krieg gegen die männlichen Affekte und Wertungen? Man hat keine physischen Gewaltmittel, man kann nur einen Krieg der List, der Verzauberung, der Lüge, kurz »des Geistes« führen.

Erstes Rezept: man nimmt die Tugend überhaupt für sein Ideal in Anspruch; man *negiert* das ältere Ideal bis zum *Gegensatz zu allem Ideal*. Dazu gehört eine Kunst der Verleumdung.

Zweites Rezept: man setzt seinen Typus als *Wertmaß* überhaupt an; man projiziert ihn in die Dinge, hinter die Dinge, hinter das Geschick der Dinge – als Gott.

Drittes Rezept: man setzt die Gegner seines Ideals als Gegner Gottes an; man erfindet sich das *Recht* zum großen Pathos, zur Macht, zu fluchen und zu segnen.

Viertes Rezept: man leitet alles Leiden, alles Unheimliche, Furchtbare und Verhängnisvolle des Daseins aus der Gegnerschaft gegen *sein* Ideal ab: – alles Leiden folgt als *Strafe*, und selbst bei den Anhängern (– es sei denn, daß es eine Prüfung ist usw.).

Fünftes Rezept: man geht so weit, die Natur als Gegensatz zum eigenen Ideal zu fassen: man betrachtet es als eine große Geduldprobe, als eine Art Martyrium, so lange im Natürlichen auszuhalten; man übt sich auf den dédain der Mienen und Manieren in Hinsicht auf alle »natürlichen Dinge« ein.

Sechstes Rezept: der Sieg der Widernatur, des idealen Kastratismus, der Sieg der Welt des Reinen, Guten, Sündlosen, Seligen wird projiziert in die Zukunft, als Ende, Finale, große Hoffnung, als »Kommen des Reiches Gottes«.

– Ich hoffe, man kann über diese Emporschraubung einer kleinen Spezies zum absoluten Wertmaß der Dinge noch *lachen*? ...

f. Schädlichkeit und Nützlichkeit der Moral für das Leben

(264)

Mein Problem: Welchen Schaden hat die Menschheit bisher von der Moral sowohl, wie von ihrer Moralität gehabt? Schaden am Geiste usw.

(265)

Erwägen wir, wie teuer sich ein solcher moralischer Kanon (»ein *Ideal*«) bezahlt macht. (Seine Feinde sind – nun? Die »Egoisten«.)

Der melancholische Scharfsinn der Selbstverkleinerung in Europa (Pascal, Larochefoucauld), – die innere Schwächung, Entmutigung, Selbstannagung der Nicht-Herdentiere, –

die beständige Unterstreichung der Mittelmäßigkeits-Eigenschaften als der wertvollsten (Bescheidenheit, in Reih und Glied, die Werkzeug-Natur), –

das schlechte Gewissen eingemischt in alles Selbstherrliche, Originale:

– die Unlust also: – also *Verdüsterung* der Welt der Stärker-Geratenen!

– das Herdenbewußtsein in die Philosophie und Religion übertragen: auch seine Aengstlichkeit.

– Lassen wir die psychologische Unmöglichkeit einer rein selbstlosen Handlung außer Spiel!

(266)

Die Religionen gehen am Glauben an die Moral zu Grunde. Der christlich-moralische Gott ist nicht haltbar: folglich »Atheismus« – wie als ob es keine andere Art Götter geben könne.

Desgleichen geht die *Kultur* am Glauben an die Moral zu Grunde. Denn wenn die notwendigen Bedingungen entdeckt sind, aus denen allein sie wächst, so *will* man sie nicht mehr: Buddhismus.

(267)
Der Schaden der Tugenden ist noch nicht nachgewiesen!
(268)
»Die Wahrheit um der Wahrheit willen« suchen – oberflächlich! Wir wollen nicht betrogen werden, es beleidigt unseren Stolz.

Die Schädlichkeit der »Tugenden«, die Nützlichkeit der »Untugenden« ist nie in voller Breite gesehen worden. Ohne Furcht und Begierde – was wäre der Mensch! Ohne Irrtümer gar!

(269)
Ein Ideal, das sich durchsetzen oder noch behaupten will, sucht sich zu stützen a) durch eine *untergeschobene* Herkunft, b) durch eine angebliche Verwandtschaft mit schon bestehenden mächtigen Idealen, c) durch die Schauder des Geheimnisses, wie als ob hier eine undiskutierbare Macht rede, d) durch Verleumdung seiner gegnerischen Ideale, e) durch eine lügnerische Lehre des *Vorteils*, den es mit sich bringt, z. B. Glück, Seelenruhe, Frieden oder auch die Beihilfe eines mächtigen Gottes usw. – Zur Psychologie des Idealisten: Carlyle, Schiller, Michelet.

Hat man alle Defensiv- und Schutz-Maßregeln aufgedeckt, mit denen ein Ideal sich erhält: ist es damit *widerlegt*? Es hat die Mittel angewendet, durch die alles Lebendige lebt und wächst, – sie sind allesamt »unmoralisch«.

Meine Einsicht: alle die Kräfte und Triebe, vermöge deren es Leben und Wachstum gibt, sind mit dem *Banne der Moral* belegt: Moral als Instinkt der Verneinung des Lebens. Man muß die Moral vernichten, um das Leben zu befreien.

(270)
– »Die Krankheit macht den Menschen besser«: diese berühmte Behauptung, der man durch alle Jahrhunderte begegnet, und zwar im Munde der Weisen ebenso als im Mund und Maule des Volks, gibt zu denken. Man möchte sich, auf ihre Gültigkeit hin, einmal erlauben zu fragen: gibt es vielleicht ein ursächliches Band zwischen Moral und Krankheit überhaupt? Die »Verbesserung des Menschen«, im Großen betrachtet, z. B. die unleugbare Milderung, Vermenschlichung, Vergutmütigung des Europäers innerhalb des letzten Jahrtausends – ist sie vielleicht die Folge eines langen heimlich-unheimlichen Leidens und Mißratens, Entbehrens, Verkümmerns? Hat »die Krankheit« den Europäer »besser gemacht«? Oder anders gefragt: ist unsere Moralität – unsere moderne zärtliche Moralität in Europa, mit der man die Moralität des Chinesen vergleichen möge, – der Ausdruck eines physiologischen *Rückgangs*? ... Man möchte nämlich nicht ab-

leugnen können, daß jede Stelle der Geschichte, wo »der Mensch« sich in besonderer Pracht und Mächtigkeit des Typus gezeigt hat, sofort einen plötzlichen, gefährlichen eruptiven Charakter annimmt, bei dem die Menschlichkeit schlimm fährt; und vielleicht hat es in jenen Fällen, wo es *anders scheinen will*, eben nur an Mut oder Feinheit gefehlt, die Psychologie in die Tiefe zu treiben und den allgemeinen Satz auch da noch herauszuziehen: »je gesünder, je stärker, je reicher, fruchtbarer, unternehmender ein Mensch sich fühlt, um so ›unmoralischer‹ wird er auch.« Ein peinlicher Gedanke! dem man durchaus nicht nachhängen soll! Gesetzt aber, man läuft mit ihm ein kleines, kurzes Augenblickchen vorwärts, wie verwundert blickt man da in die Zukunft! Was würde sich dann auf Erden teurer bezahlt machen als gerade das, was wir mit allen Kräften fordern – die Vermenschlichung, die »Verbesserung«, die wachsende »Zivilisierung« des Menschen? Nichts wäre kostspieliger als Tugend: denn am Ende hätte man mit ihr die Erde als Hospital: und »Jeder jedermanns Krankenpfleger« wäre der Weisheit letzter Schluß. Freilich: man hätte dann auch jenen vielbegehrten »Frieden auf Erden«! Aber auch so wenig »Wohlgefallen aneinander«! So wenig Schönheit, Uebermut, Wagnis, Gefahr! So wenig »Werke«, um derentwillen es sich lohnte, auf Erden zu leben! Ach! und ganz und gar keine »Taten« mehr. Alle *großen* Werke und Taten, welche stehen geblieben sind und von den Wellen der Zeit nicht fortgespült wurden, – waren sie nicht alle im tiefsten Verstande große *Unmoralitäten*? ...

(271)

Die großen *Verbrechen* in der *Psychologie*:
1. daß alle *Unlust*, alles *Unglück* mit dem Unrecht (der Schuld) gefälscht worden ist (man hat dem Schmerz die Unschuld genommen);
2. daß alle *starken Lustgefühle* (Uebermut, Wollust, Triumph, Stolz, Verwegenheit, Erkenntnis, Selbstgewißheit und Glück an sich) als sündlich, als Verführung, als verdächtig gebrandmarkt worden sind;
3. daß die *Schwächegefühle*, die innerlichsten Feigheiten, der Mangel an Mut zu sich selbst mit heiligenden Namen belegt und als wünschenswert im höchsten Sinne gelehrt worden sind;
4. daß alles *Große* am Menschen umgedeutet worden ist als Entselbstung, als Sich-opfern für etwas anderes, für andere; daß selbst am Erkennenden, selbst am Künstler die *Entpersönlichung* als die Ursache seines höchsten Erkennens und Könnens vorgespiegelt worden ist;

5. daß die *Liebe* gefälscht worden ist als Hingebung (und Altruismus), während sie ein Hinzunehmen ist oder ein Abgeben infolge eines Ueberreichtums von Persönlichkeit. Nur die *ganzesten* Personen können lieben; die Entpersönlichten, die »Objektiven« sind die schlechtesten Liebhaber (– man frage die Weibchen!). Das gilt auch von der Liebe zu Gott, oder zum »Vaterland«: man muß fest auf sich selber sitzen. (Der Egoismus als die Ver-*Ichlichung*, der Altruismus als die Ver-*Aenderung*).
6. Das Leben als Strafe, das Glück als Versuchung); die Leidenschaften als teuflisch, das Vertrauen zu sich als gottlos.

Diese ganze Psychologie ist eine Psychologie der Verhinderung, eine Art *Vermauerung* aus Furcht; einmal will sich die große Menge (die Schlechtweggekommenen und Mittelmäßigen) damit wehren gegen die Stärkeren (– und sie in der Entwicklung *zerstören ...*), andrerseits alle die Triebe, mit denen sie selbst am besten gedeiht, heiligen und allein in Ehren gehalten wissen. Vergleiche die jüdische Priesterschaft.

(272)

Man hat bisher das Christentum immer auf eine falsche, und nicht bloß schüchterne Weise angegriffen. Solange man nicht die *Moral* des Christentums als *Kapitalverbrechen am Leben* empfindet, haben dessen Verteidiger gutes Spiel. Die Frage der bloßen »Wahrheit« des Christentums – sei es in Hinsicht auf die Existenz seines Gottes oder die Geschichtlichkeit seiner Entstehungslegende, gar nicht zu reden von der christlichen Astronomie und Naturwissenschaft – ist eine ganz nebensächliche Angelegenheit, solange die Wertfrage der christlichen *Moral* nicht berührt ist. *Taugt* die Moral des Christentums etwas oder ist sie eine Schändung und Schmach trotz aller Heiligkeit der Verführungskünste? Es gibt Schlupfwinkel jeder Art für das Problem von der Wahrheit; und die Gläubigsten können zuletzt sich der Logik der Ungläubigsten bedienen, um sich ein Recht zu schaffen, gewisse Dinge als unwiderlegbar zu affirmieren – nämlich als *jenseits* der Mittel aller Widerlegung (– dieser Kunstgriff heißt sich heute »Kantischer Kritizismus«).

(273)

Dies ist die *Antinomie*:
Sofern wir an die Moral glauben, *verurteilen* wir das Dasein.

(274)

Ist es nicht zum Lachen, daß man noch an ein heiliges, unverbrüchliches Gesetz glaubt »du sollst nicht lügen«, »du sollst nicht töten« – in einem Dasein, dessen Charakter die beständige Lüge, das beständige Töten ist! Welche *Blindheit* gegen das wirkliche Wesen dieses Daseins muß es hervorgebracht haben, daß man mit jenen Gesetzen allein *leben* zu können glaubte! Wie viel Blindheit über uns selber! Welches Mißdeuten aller unserer Absichten und Ausführungen! Wie viel pathetische Lüge, wie viel Totschlag der *Ehrlichen* – das heißt Vernichtung derer, die böse zu sein und sich selbst zu scheinen wagten – ist dadurch wieder in die Welt gekommen! Die Moralität ist selber nur durch Unmoralität so lange in Kredit geblieben.

(275)

1. Die prinzipielle *Fälschung der Geschichte*, damit sie den *Beweis* für die moralische Wertung abgibt:
   a) Niedergang eines Volkes und die Korruption;
   b) Aufschwung eines Volkes und die Tugend;
   c) Höhepunkt eines Volkes (»seine Kultur«) als Folge der moralischen Höhe.
2. Die prinzipielle Fälschung der *großen Menschen*, der *großen Schaffenden*, der *großen Zeiten*:
   man will, daß der *Glaube* das Auszeichnende der Großen ist: aber die Unbedenklichkeit, die Skepsis, die »Unmoralität«, die Erlaubnis, sich eines Glaubens entschlagen zu können, gehört zur Größe (Cäsar, Friedrich der Große, Napoleon; aber auch Homer, Aristophanes, Lionardo, Goethe). Man unterschlägt immer die Hauptsache, ihre »Freiheit des Willens« –

(276)

Der Immoralist

1.

A. Psychologie des Guten: ein *décadent*; – oder das *Herdentier*.
B. Seine absolute *Schädlichkeit*: als *Parasitenform* auf Unkosten der Wahrheit und der Zukunft.
C. Der *Macchiavellismus* der Guten: ihr Kampf um die Macht, ihre Mittel, zu verführen, ihre Klugheit in der *Unterwerfung* (z. B. einem Priester, einem Mächtigen).
D. »Das Weib« im Guten. – »Güte«, als feinste Sklaven-Klugheit, Rücksicht überall gebend und folglich *empfangend*.
E. Physiologie der *Guten*. – An welchem Punkt die *Güte* auftritt – in Familien, in Völkern (zu gleicher Zeit, wo die Neurosen auftreten).

Gegensatz-Typus: Die wahre Güte, Vornehmheit, Größe der

Seele, die aus dem *Reichtum* –, aus dem –; welche nicht gibt, um zu nehmen, – welche nicht sich damit *erheben* will, daß sie gütig ist, – die *Verschwendung* als Typus der wahren Güte, der Reichtum an *Person* als Voraussetzung.

2.

Die *Schwäche* des *Herdentieres* erzeugt eine ganz ähnliche Moral, wie die Schwäche des décadent: sie verstehen sich, sie *verbünden* sich – die großen décadence-Religionen rechnen immer auf die Unterstützung durch die Herde). An sich fehlt alles Krankhafte am Herdentier, es ist unschätzbar selbst; aber unfähig sich zu leiten, braucht es einen »Hirten« – das verstehen die Priester ... Der Staat ist nicht intim, nicht heimlich genug: die »Gewissensleitung« entgeht ihm. Worin das Herdentier krank gemacht wird durch den Priester? –

3.

Der décadence-Instinkt im Guten:

1. Die *Trägheit*: er will nicht mehr sich verändern, nicht mehr lernen, er sitzt als »schöne Seele« in sich selber ...
2. Die *Widerstands-Unfähigkeit*: z. B. im *Mitleiden*, – er gibt nach (»nachsichtig«, »tolerant«, er versteht alles; »Friede und den Menschen ein Wohlgefallen« ...).
3. Er wird *geleitet* durch alles Leidende und Schlechtweggekommene – er ist instinktiv eine Verschwörung gegen die Starken.
4. Er bedarf der großen *Narkotika*, – wie »das Ideal«, der »große Mann«, der »Held«, – er *schwärmt* ...
5. Die *Schwäche*, die sich in der Furcht vor Affekten, starkem Willen, vor Ja und Nein äußert: er ist *liebenswürdig*, um nicht feind sein zu müssen, – um nicht Partei nehmen zu müssen –
6. Die *Schwäche*, die sich im Nicht-sehen-*wollen* verrät, überall, wo vielleicht Widerstand nötig werden würde (»Humanität«). –
7. Er wird *verführt* durch alle großen décadents: das »Kreuz«, die »Liebe«, den »Heiligen«, die »Reinheit«, – im Grunde lauter lebensgefährliche Begriffe und Personen.
8. Die intellektuelle *Lasterhaftigkeit*: – Haß auf die Wahrheit, weil sie keine »schönen Gefühle« mit sich bringt, – Haß auf die Wahrhaftigen –

4.

Der *Selbsterhaltungs-Instinkt des Guten*, der sich die Zukunft der Menschheit opfert: im Grunde widerstrebt er schon der *Politik*, – jeder *weiteren* Perspektive überhaupt, – jedem Suchen, Abenteuern, Unbefriedigt-sein. Er *leugnet* Ziele, Aufgaben, bei denen er nicht zuerst in Betracht kommt. Er ist *frech* und *unbescheiden* als

»höchster« Typus und will über alles nicht nur mitreden, sondern *urteilen*. Er fühlt sich denen überlegen, welche »Schwächen« haben: diese »Schwächen« sind die *Stärken* des *Instinkts*, wozu auch der Mut gehört, sich ihrer nicht zu schämen.

Der Gute als *Parasit*. Er lebt auf *Unkosten* des Lebens: als Weglügner der Realität, als Gegner der großen Instinkt-Antriebe des Lebens, als Epikureer eines kleinen Glücks, der die *große* Form des Glücks als *unmoralisch* ablehnt.

Da er nicht mit Hand anlegt und fortwährend Fehlgriffe und Täuschungen verschuldet, so stört er jedes wirkliche Leben und *vergiftet* es überhaupt durch seinen Anspruch, etwas *Höheres* darzustellen. In seiner Einbildung, höher zu sein, *lernt* er nicht, *verändert* er sich nicht, sondern nimmt *Partei für sich*, auch wenn er noch so großes Malheur hervorgebracht hat.

5.
A. Er *erfindet* Handlungen, *die es nicht gibt*: die unegoistischen, die heiligen;
Vermögen, *die es nicht gibt*: »Seele«, »Geist«, »freier Wille«;
Wesen, *die es nicht gibt*: »Heilige«, »Gott«, »Engel«; eine Ordnung im Geschehen, *die es nicht gibt*: die *sittliche* Weltordnung, mit Lohn und Strafe (eine Vernichtung der natürlichen Kausalität).
B. Mit diesen Erdichtungen *entwertet* er
   1. die einzigen Handlungen, die egoistischen;
   2. den Leib;
   3. die wirklich *wertvollen* Arten Mensch, die wirklich *wertvollen* Antriebe;
   4. die ganze Vernunft im Geschehen, – er verhindert das Lernen aus ihm, die Beobachtung, die Wissenschaft, jeden *Fortschritt* des Lebens durch Wissen ...

6.
I. Der Mangel an Mißtrauen; – die Pietät; – die Ergebung in den Willen Gottes (»die Frömmigkeit«); – das »gute Herz«, die »hilfreiche Hand« – das *genügt*; – der Ernst, den *höheren* Dingen zugewendet, – man darf Dinge niedriger Sphären, wie den Leib und sein Wohlbefinden, nicht zu ernst nehmen; – die Pflicht: man hat seine Schuldigkeit zu tun, – darüber hinaus soll man alles Gott überlassen. – *Ich frage ganz ernsthaft*: habe ich hiermit nicht den *guten* Menschen *beschrieben*? Glaubt man nicht, daß dies ein *wünschenswerter* Mensch ist? Möchte man nicht so sein? Wünscht man sich seine Kinder anders? – Ecco! Und diese Art Mensch ist die *schädlichste* Art Mensch!

II. Sehen wir zu, wie die Guten aus sich 1. eine *Metaphysik*, 2. eine *Psychologie*, 3. eine *Politik*, 4. eine *Lebens- und Erziehungsweise*, 5. eine Methode der *Wahrheit* machen.

7.

Die Ursächlichkeit des Handelns. – Der *Zweck* falsch angesetzt: Glück a) eigenes (»egoistisch«), b) fremdes (»unegoistisch«). Tiefster Mangel an Selbstbesinnung bei Schopenhauer, der auch noch c) fremdes *Leid*, d) eigenes *Leid* hinzufügt: was natürlich nur Spezifikationen des Begriffs »eigenes Glück« sind (a).

Wenn Glück Zweck des Handelns ist, so muß *Unbefriedigung* dem Handeln vorausgehen: pessimistische Fälschung des Tatbestandes; die *Unlust* als Motiv zum Handeln.

Unlust und Lust Motive; der *Wille* als ursächlich im Handeln. – Vorausgesetzt: daß die ganze Vorgeschichte in der Sphäre des *Bewußtseins* liegt, – daß die eigentliche Ursächlichkeit eine *geistige* ist, – daß die »Seele« weiß, was sie will, und daß der Wert des Willensaktes *bedingt* ist durch ihr Wissen, – daß die Seele »frei« ist im Willen und folglich – –

Meine Theorie: Lust, Unlust, »Wille«, »Zweck« vollkommen bloß Begleit-Erscheinungen, – niemals *ursächlich*. Alle sogenannte geistige Ursächlichkeit ist eine Fiktion.

8.

Falsche Konsequenz des Glaubens ans »ego«: – der Mensch strebt nach *Glück*. Aber in diesem Sinne gibt es keine Einheit, welche »strebt«; und wonach alle Einheiten streben, das ist durchaus nicht *Glück*, – Glück ist eine Begleiterscheinung beim *Auslösen ihrer Kraft*. Was handeln macht, ist nicht das Bedürfnis, sondern die *Fülle*, welche auf einen Reiz hin sich entladet. Nicht die »Unlust« Voraussetzung der Tätigkeit: jene Spannung ist ein großer *Reiz* ... Gegen die *pessimistische* Theorie, als ob alles Handeln auf Los-werden-wollen einer *Unbefriedigung* hinausginge, als ob Lust an sich Ziel irgend welchen Handelns wäre ...

9.

»Selbstlose« Handlungen gibt es gar nicht. Handlungen, in denen das Individuum seinen eigenen Instinkten untreu wird und nachteilig wählt, sind Zeichen der décadence (eine Menge der berühmtesten sogenannten »Heiligen« sind einfach durch ihren Mangel an »Egoismus« überführt, décadents zu sein –).

Die Handlungen der Liebe, des »Heroismus« sind so wenig »unselbstisch«, daß sie gerade der *Beweis* eines sehr starken und reichen Selbst sind: das Abgeben-können steht den »Armen«

nicht frei ... ebensowenig die große Verwegenheit und Lust am Abenteuer, die zum »Heroismus« gehört. Nicht »*sich* opfern« als *Ziel*, sondern Ziele durchsetzen, über deren Folgen man aus Uebermut und Zutrauen zu sich nicht besorgt ist, *gleichgültig* ist ...

10.

Psychologie der sogenannten *un*egoistischen Handlungen: – in Wahrheit sind sie strengstens auf den Selbst-Erhaltungs-Instinkt hin reguliert.

Das Umgekehrte ist bei den sogenannten *egoistischen* Handlungen der Fall: hier fehlt gerade der dirigierende Instinkt, – das tiefe Bewußtsein des Nützlichen und Schädlichen.

Alle Stärke, Gesundheit, Vitalität zeigt von der vermehrten *Spannung* hin zum kommandierenden Instinkt des Selbst. Alles Locker-werden ist décadence.

11.

Der *Herkunft* nach ist *Moral*: Summe der *Erhaltungs-Bedingungen* einer armen, halb oder ganz mißratenen Art Mensch. Diese *kann* die »große Zahl« sein: – daher ihre *Gefahr*.

Ihrer *Benutzung* nach ist sie das *Hauptmittel* des Priester-Parasitismus im Kampf mit den *Starken*, den *Lebenbejahenden* – sie gewinnen »die große Zahl« (die *Niedrigen*, die *Leidenden* in *allen* Ständen – die Verunglückten aller Art –). Eine Art *Gesamt-Aufstand* gegen die *kleine Zahl* der *Gutgearteten* ... (– Kritik der »Verbesserer« –)

Ihren *Folgen* nach die radikale Falschheit und Verderbnis selbst jener *Ausnahme-Schichten*: welche schließlich, um sich nur *auszuhalten*, in keinem Punkte mehr wahr gegen sich sein dürfen –: die vollkommene *psychologische Korruption*, mit dem, was daraus folgt ... (– Kritik der »*Guten*« –)

(277)

Mit der Tugend selbst gründet man nicht die Herrschaft der Tugend; mit der Tugend selbst verzichtet man auf Macht, verliert den Willen zur Macht.

(278)

Wenn wir uns, aus dem Instinkte der Gemeinschaft heraus, Vorschriften machen und gewisse Handlungen verbieten, so verbieten wir, wie es Vernunft hat, nicht eine Art zu »sein«, nicht eine »Gesinnung«, sondern nur eine gewisse Richtung und Nutzanwendung dieses »Seins«, dieser »Gesinnung«. Aber da kommt der Ideologe der Tugend, der *Moralist*, seines Weges und sagt: »Gott siehet das Herz an! Was liegt daran, daß ihr euch bestimmter Handlungen enthaltet: ihr seid darum nicht besser!« Antwort: mein Herr Langohr und Tugendsam, wir wollen durchaus nicht besser sein, wir sind sehr zufrieden mit uns, wir wollen uns nur nicht untereinander *Schaden tun*, – und deshalb verbieten wir gewisse Handlungen in einer gewissen Rücksicht, nämlich auf uns, während wir dieselben Handlungen, vorausgesetzt, daß sie sich auf Gegner des Gemeinwesens – auf Sie zum Beispiel – beziehen, nicht genug zu ehren wissen. Wir erziehen unsere Kinder auf sie hin; wir züchten sie groß ... Wären wir von jenem »gottwohlgefälligen« Radikalismus, den Ihr heiliger Aberwitz anempfiehlt, wären wir Mondkälber genug, mit jenen Handlungen ihre Quelle, das »Herz«, die »Gesinnung« zu verurteilen, so hieße das unser Dasein verurteilen und mit ihm seine oberste Voraussetzung – eine Gesinnung, ein Herz, eine Leidenschaft, die wir mit den höchsten Ehren ehren. Wir verhüten durch unsere Dekrete, daß diese Gesinnung auf eine unzweckmäßige Weise ausbricht und sich Wege sucht, – wir sind klug, wenn wir uns solche Gesetze geben, wir sind damit auch *sittlich* ... Argwöhnen Sie nicht, von ferne wenigstens, welche Opfer es uns kostet, wie viel Zähmung, Selbstüberwindung, Härte gegen uns dazu not tut? Wir sind vehement in unsern Begierden, es gibt Augenblicke, wo wir uns auffressen möchten ... Aber der »Gemeinsinn« wird über uns Herr: bemerken Sie doch, das ist beinahe eine Definition der Sittlichkeit.

(279)

Ihr sagt: »gewisse Glaubenssätze sind der Menschheit *heilsam*, folglich müssen sie geglaubt werden«. Aber das ist *meine* Tat, zum ersten Male die *Gegenrechnung* gefordert zu haben! – also gefragt zu haben: welches unsägliche Elend, welche Verschlechterung der Menschheit dadurch entstanden ist, daß man das Ideal der Selbstlosigkeit aufstellte, *also* den Egoismus böse hieß und *als böse empfinden* ließ!! – dadurch daß man den Willen des Menschen frei hieß und ihm die volle Verantwortlichkeit zuschob, somit die *Verantwortlichkeit* für alles Egoistische – »Böse« genannte – das heißt Naturnotwendige seines Wesens: so machte man ihm einen schlechten Ruf und ein schlechtes Gewissen: – dadurch daß man einen heiligen Gott über den Menschen dachte und damit *allem* Handeln das böse Wesen eindrückte, und zwar je feiner und edler ein Mensch empfand? – Das *Nachlassen* dieser furchtbaren Glaubenssätze und das Nachlassen im Zwängen und Erzwingen des Glaubens überhaupt hat die Barbarei verscheucht! – Freilich: eine *noch frühere* Barbarei, eine gröbere konnte nur durch jene »heilsamen« Wahnartikel verscheucht werden!

(280)

Es tut gut, »Recht«, »Unrecht« usw. in einem bestimmten engen, bürgerlichen Sinn zu nehmen, wie »tue Recht und scheue niemanden«: d. h. einem bestimmten groben Schema gemäß, innerhalb dessen ein Gemeinwesen besteht, seine Schuldigkeit tun.

– Denken wir nicht gering von dem, was ein paar Jahrtausende Moral unserm Geiste angezüchtet haben!

(281)

Eine *Arbeitsteilung* der *Affekte* innerhalb der Gesellschaft: sodaß die Einzelnen und die Stände die *unvollständige*, aber eben damit *nützlichere* Art von Seele heranzüchten. Inwiefern bei jedem Typus innerhalb der Gesellschaft einige Affekte fast *rudimentär* geworden sind (auf die stärkere Ausbildung eines andern Affekts hin).

Zur *Rechtfertigung* der Moral:

die *ökonomische* (die Absicht auf möglichste Ausnutzung von Individual-Kraft gegen die Verschwendung alles Ausnahmsweisen);

die *ästhetische* (die Ausgestaltung fester Typen samt der Lust am eigenen Typus);

die *politische* (als Kunst, die schweren Spannungsverhältnisse von verschiedenen Machtgraden auszuhalten);

die *physiologische* (als imaginäres Uebergewicht der Schätzung zu Gunsten derer, die schlecht oder mittelmäßig weggekommen sind, – zur Erhaltung der Schwachen).

(282)

Die Tugend ist unter Umständen bloß eine ehrwürdige Form der Dummheit: wer dürfte ihr darum übelwollen? Und diese Art Tugend ist auch heute noch nicht überlebt. Eine Art von wackerer Bauern-Einfalt, welche aber in allen Ständen möglich ist und der man nicht anders als mit Verehrung und Lächeln zu begegnen hat, glaubt auch heute noch, daß alles in guten Händen ist, nämlich in der »Hand Gottes«: und wenn sie diesen Satz mit jener bescheidenen Sicherheit aufrecht erhalten, wie als ob sie sagten, daß zwei mal zwei vier ist, so werden wir andern uns hüten, zu widersprechen. Wozu *diese* reine Torheit trüben? Wozu sie mit unseren Sorgen in Hinsicht auf Mensch, Volk, Ziel, Zukunft verdüstern? Und wollten wir es, wir könnten es nicht. Sie spiegeln ihre eigene ehrwürdige Dummheit und Güte in die Dinge *hinein* (bei ihnen lebt ja der alte Gott, deus myops noch!);

wir andern – wir sehen etwas anderes in die Dinge hinein: unsere
Rätsel-Natur, unsere Widersprüche, unsere tiefere, schmerzlichere, argwöhnischere Weisheit.

(283)

Welche *Vorteile* bot die christliche Moral-Hypothese?
1. sie verlieh dem Menschen einen absoluten *Wert*, im Gegensatz zu seiner Kleinheit und Zufälligkeit im Strom des Werdens und Vergehens;
2. sie diente den Advokaten Gottes, insofern sie der Welt trotz Leid und Uebel den Charakter der *Vollkommenheit* ließ, – eingerechnet jene »Freiheit« – das Uebel erschien voller *Sinn*;
3. sie setzte ein *Wissen* um absolute Werte beim Menschen an und gab ihm somit gerade für das Wichtigste *adäquate Erkenntnis*;
4. sie verhütete, daß der Mensch sich als Mensch verachtete, daß er gegen das Leben Partei nahm, daß er am Erkennen verzweifelte: sie war ein *Erhaltungsmittel*.

In summa: Moral war das große *Gegenmittel* gegen den praktischen und theoretischen *Nihilismus*.

(284)

Armut, *Demut* und *Keuschheit* – gefährliche und verleumderische Ideale, aber, wie Gifte in gewissen Krankheitsfällen, nützliche Heilmittel, z. B. in der römischen Kaiserzeit.

Alle Ideale sind gefährlich: weil sie das Tatsächliche erniedrigen und brandmarken; alle sind Gifte, aber als zeitweilige Heilmittel unentbehrlich.

(285)

Zwei Typen der Moral sind nicht zu verwechseln: eine Moral, mit der sich der gesund gebliebene Instinkt gegen die beginnende décadence wehrt, – und eine andere Moral, mit der eben diese décadence sich formuliert, rechtfertigt und selber abwärts führt.

Die erstere pflegt stoisch, hart, tyrannisch zu sein (– der *Stoizismus* selbst war eine solche Hemmschuh-Moral); die andere ist schwärmerisch, sentimental, voller Geheimnisse, sie hat die Weiber und »schönen Gefühle« für sich (– das erste *Christentum* war eine solche Moral).

(286)

Neue Praxis. – Den anderen Menschen zunächst wie ein *Ding*, einen *Gegenstand der Erkenntnis* ansehen, dem man *Gerechtigkeit* widerfahren lassen muß: die *Redlichkeit* verbietet, ihn zu *verkennen*, ja ihn unter irgend welchen Voraussetzungen zu behandeln, welche erdichtet und oberflächlich sind. *Wohltun* ist dasselbe, wie eine Pflanze sich ins Licht rücken, um sie besser zu sehen, – auch *Wehetun* kann ein nötiges Mittel sein, damit die Natur sich enthülle. Nicht jeden als Menschen behandeln, sondern als *so* und *so* beschaffenen Menschen: erster Gesichtspunkt! Als etwas, das *erkannt* sein muß, bevor es so und so behandelt werden kann. Die Moral mit *allgemeinen* Vorschriften tut *jedem* Individuum unrecht.

Oder gibt es *Mittel der Vorbereitung der Erkenntnis*, die auf jedes Wesen *zuerst* anwendbar sind, als Vorstufe des Experimentes? – Wie wir mit den Dingen verkehren, um sie zu erkennen, so auch mit den lebenden Wesen, so mit uns. Aber bevor wir die Erkenntnis haben oder nachdem wir einsehen, daß wir sie *nicht* uns verschaffen *können*, wie dann handeln? Und wie, *wenn* wir sie erkannt haben? – Als Kräfte für unsere Ziele sie *verwenden* – wie anders? So wie es die Menschen immer machten (auch wenn sie sich *unterwarfen*: sie förderten ihren Vorteil durch die Macht dessen, dem sie sich unterwarfen).

Unser Verkehr mit Menschen muß darauf aus sein, die vorhandenen *Kräfte* zu *entdecken*, die der Völker, Stände usw. – dann diese Kräfte zum Vorteil unserer Ziele zu stellen (eventuell sie sich gegenseitig vernichten lassen, wenn dies not tut).

Neu: die *Redlichkeit* leugnet *den* Menschen, sie will keine moralische *allgemeine* Praxis, sie leugnet *gemeinsame* Ziele. Die *Menschheit* ist die *Machtmenge*, um deren *Benutzung* und *Richtung* die Einzelnen *konkurrieren*. Es ist ein *Stück Herrschaft über die Natur*: vor allem muß die Natur erkannt, dann *gerichtet* und *benutzt* werden. – Mein *Ziel* wäre wieder die *Erkenntnis*! – eine Machtmenge in den Dienst der Erkenntnis stellen!

(287)

Die unterdrückte und ausgewischte *Häresie* in der Moral. – Begriffe: heidnisch, Herren-Moral, virtu.

(288)

Geschichte der Vermoralisierung und Entmoralisierung

Erster Satz: Es gibt gar keine moralischen Handlungen: sie sind vollkommen eingebildet. Nicht nur, daß sie *nicht nachweisbar* sind (was z. B. Kant zugab und das Christentum insgleichen), – sondern sie sind *gar nicht möglich*. Man hat einen *Gegensatz* zu den treibenden Kräften erfunden, durch ein psychologisches Mißverständnis, und glaubt eine andere Art von ihnen bezeichnet zu haben; man hat ein primum mobile fingiert, das gar nicht existiert. Nach der Schätzung, welche überhaupt den Gegensatz

»moralisch« und »unmoralisch« aufgebracht hat, muß man sagen: *es gibt nur unmoralische Absichten und Handlungen.*

Zweiter Satz: Diese ganze Unterscheidung »moralisch« und »unmoralisch« geht davon aus, daß sowohl die moralischen als die unmoralischen Handlungen Akte der freien Spontaneität seien, – kurz daß es eine solche gebe, oder anders ausgedrückt: daß die moralische Beurteilung überhaupt sich nur auf eine Gattung von Absichten und Handlungen beziehe, *die freien.* Aber diese ganze Gattung von Absichten und Handlungen ist rein imaginär: die Welt, an welche der moralische Maßstab allein anlegbar ist, existiert gar nicht: – *es gibt weder moralische, noch unmoralische Handlungen.*

Der *psychologische Irrtum*, aus dem der *Gegensatz-Begriff* »moralisch« und »unmoralisch« entstanden ist: »selbstlos«, »unegoistisch«, »selbstverleugnend« – alles *unreal*, fingiert.

Fehlerhafter Dogmatismus in Betreff des »ego«: dasselbe als atomistisch genommen, in einem falschen Gegensatz zum »Nicht-Ich«; insgleichen aus dem Werden herausgelöst, als etwas Seiendes. Die *falsche Versubstanzialisierung des Ich:* diese (in dem Glauben an die individuelle Unsterblichkeit) besonders unter dem Druck *religiös-moralischer Zucht* zum Glaubensartikel gemacht. Nach dieser künstlichen Loslösung und An-und-für-sich-Erklärung des ego hatte man einen Wert-Gegensatz vor sich, der unwidersprechlich schien: das *Einzel-ego* und das ungeheure *Nicht-Ich.* Es schien handgreiflich, daß der Wert des Einzel-ego nur darin liegen könne, sich auf das ungeheure »Nicht-Ich« zu beziehen, resp. sich ihm unterzuordnen und um *seinet*willen zu existieren. – Hier waren die *Herden-Instinkte* bestimmend: Nichts geht so sehr wider diese Instinkte als die Souveränität des Einzelnen. Gesetzt aber, das ego ist begriffen als ein An-und-für-sich, so muß sein Wert in der *Selbstverneinung* liegen.

Also: 1. die falsche Verselbständigung des »Individuums« als *Atom*;

2. die Herden-Würdigung, welche das Atom-bleiben-wollen perhorresziert und als feindlich empfindet;

3. als Folgerung: Ueberwindung des Individuums durch Verlegung seines Ziels;

4. nun schien es Handlungen zu geben, welche *selbstverneinend* waren: man phantasierte um sie eine ganze Sphäre von Gegensätzen herum;

5. man fragte: in welchen Handlungen *bejaht sich* der Mensch

am stärksten? Um diese (Geschlechtlichkeit, Habsucht, Herrschsucht, Grausamkeit usw.) wurde der Bann, der Haß, die Verachtung gehäuft: man *glaubte*, daß es unselbstische Triebe gibt, man *verwarf* alle selbstischen, man *verlangte* die unselbstischen:

6. Folge davon: was hatte man getan? Man hatte die stärksten, natürlichsten, mehr noch, die *einzig realen* Triebe in Bann getan, – man mußte, um eine Handlung fürderhin lobenswert zu finden, in ihr die Anwesenheit solcher Triebe *leugnen:* – *ungeheure Fälscherei in psychologicis*. Selbst jede Art »Selbstzufriedenheit« hatte sich erst dadurch wieder möglich zu machen, daß man sich sub specie boni mißverstand und zurechtlegte. Umgekehrt: jene Spezies, welche ihren Vorteil davon hatte, dem Menschen seine Selbstzufriedenheit zu *nehmen* (die Repräsentanten des Herden-Instinkts, z. B. die Priester und Philosophen), wurde fein und psychologisch-scharfsichtig, zu zeigen, wie überall doch die Selbstsucht herrsche. Christlicher Schluß: »*Alles* ist Sünde; auch unsere Tugenden. Absolute Verwerflichkeit des Menschen. Die selbstlose Handlung ist *nicht möglich*«. Erbsünde. Kurz: nachdem der Mensch seinen Instinkt in Gegensatz zu einer rein imaginären Welt des Guten gebracht hatte, endete er mit Selbstverachtung, als *unfähig*, Handlungen zu tun, welche »gut« sind.

NB. Das Christentum bezeichnet damit einen *Fortschritt* in der psychologischen Verschärfung des Blicks: La Rochefoucauld und Pascal. Es begriff die *Wesensgleichheit der menschlichen Handlungen* und ihre Wert-Gleichheit in der Hauptsache (– alle *unmoralisch*).

Nun machte man *Ernst*, Menschen zu bilden, in denen die Selbstsucht getötet ist: – die *Priester*, die *Heiligen*. Und wenn man zweifelte an der Möglichkeit, »vollkommen« zu werden, man zweifelte *nicht*, zu wissen, was vollkommen ist.

Die Psychologie des Heiligen, des Priesters, des »guten Menschen« mußte natürlich rein phantasmagorisch ausfallen. Man hatte die *wirklichen* Motive des Handelns für *schlecht* erklärt: man mußte, um überhaupt noch handeln zu können, Handlungen vorschreiben zu können, Handlungen die gar nicht möglich sind, als möglich beschreiben und gleichsam *heiligen*. Mit derselben *Falschheit*, mit der man verleumdet hatte, hat man nunmehr verehrt und veridealisiert.

Das *Wüten* gegen die Instinkte des Lebens als »heilig«, verehrungswürdig. Die absolute Keuschheit, der absolute Gehorsam, die absolute Armut: *priesterliches* Ideal. Almosen, Mitleiden,

Aufopferung, Verleugnung des Schönen, der Vernunft, der Sinnlichkeit, moroser Blick für alle starken Qualitäten, die man hat: *Laien*-Ideal.

Man kommt vorwärts: die *verleumdeten Instinkte* suchen sich auch ein Recht zu schaffen (z. B. Luthers Reformation: gröbste Form der moralischen Verlogenheit unter der »Freiheit des Evangeliums«), – man tauft sie um auf heilige Namen;

: die *verleumdeten Instinkte* suchen sich als *notwendig* zu beweisen, damit die *tugendhaften* überhaupt möglich sind; man muß vivre, pour vivre pour autrui: Egoismus als *Mittel* zum Zweck;

: man geht weiter, man sucht sowohl den egoistischen als den altruistischen Regungen ein Existenz-Recht zu geben: *Gleichheit* der Rechte für die einen, wie für die andern (vom Gesichtspunkt des Nutzens);

: man geht weiter, man sucht die *höhere Nützlichkeit* in der Bevorzugung des egoistischen Gesichtspunktes gegenüber dem altruistischen: nützlicher in Hinsicht auf das Glück der meisten oder die Förderung der Menschheit usw. Also: ein Uebergewicht an Rechten des Egoismus, aber unter einer extrem altruistischen Perspektive (»Gesamt-Nutzen der Menschheit«);

: man sucht die *altruistische* Handlungsweise mit der *Natürlichkeit* zu versöhnen, man sucht das Altruistische auf dem Grunde des Lebens; man sucht das Egoistische wie das Altruistische als gleich begründet im Wesen des Lebens und der Natur;

: man träumt von einem Verschwinden des Gegensatzes in irgend einer Zukunft, wo, durch fortgesetzte Anpassung, das Egoistische auch zugleich das Altruistische ist;

: endlich, man begreift, daß die altruistischen Handlungen nur eine Spezies der egoistischen sind, – und daß der Grad, in dem man liebt, sich verschwendet, ein Beweis ist für den Grad einer individuellen *Macht* und *Personalität*. Kurz, *daß man, indem man den Menschen böser macht, ihn besser macht*, – und daß man das Eine nicht ohne das Andere ist ... Damit geht der Vorhang auf vor der ungeheuren *Fälschung der Psychologie des bisherigen Menschen*.

Folgerungen: es gibt *nur* unmoralische Absichten und Handlungen; – die sogenannten moralischen sind also als *Unmoralitäten* nachzuweisen. Die Ableitung aller Affekte aus dem einen Willen zur Macht: wesensgleich. Der Begriff des Lebens: – es drücken sich in dem anscheinenden Gegensatze (von »gut und böse«) *Machtgrade von Instinkten* aus, zeitweilige Rangordnung, unter der gewisse Instinkte im Zaum gehalten werden oder in Dienst genommen werden. – *Rechtfertigung* der Moral: ökonomisch usw.

Gegen den zweiten Satz. Der Determinismus: Versuch, die moralische Welt zu *retten*, dadurch, daß man sie *transloziert* – ins Unbekannte. Der Determinismus ist nur ein modus, unsere Wertschätzungen eskamotieren zu dürfen, nachdem sie in der mechanistisch-gedachten Welt keinen Platz haben. Man muß deshalb den Determinismus *angreifen* und *unterminieren*: insgleichen unser Recht zu einer Scheidung einer An-sich- und Phänomenal-Welt *bestreiten*.

4. Kapitel
Psychologie der Gottbildung und der heiligen Lüge

Zur Einführung

(289)

Das Mittel, Priester und Religionen zu widerlegen, ist immer nur dies: zeigen, daß ihre Irrtümer aufgehört haben, *wohltätig* zu sein, – daß sie mehr schaden, kurz daß ihr eigener »Beweis der Kraft« nicht mehr Stich hält...

(290)

Ein gewisser Grad von Glaube genügt uns heute als *Einwand* gegen das Geglaubte, – noch mehr als Fragezeichen an der geistigen Gesundheit des Gläubigen.

(291)

Märtyrer. – Alles, was auf Ehrfurcht sich gründet, bedarf, um bekämpft zu werden, seitens der Angreifenden eine gewisse verwegene, rücksichtslose, selbst schamlose Gesinnung... Erwägt man nun, daß die Menschheit seit Jahrtausenden nur Irrtümer als Wahrheiten geheiligt hat, daß sie selbst jede Kritik derselben als Zeichen der schlechten Gesinnung brandmarkte, so muß man mit Bedauern sich eingestehn, daß eine gute Anzahl *Immoralitäten* nötig war, um die Initiative zum Angriff, will sagen zur *Vernunft* zu geben... Daß diese Immoralisten sich selbst immer als »Märtyrer der Wahrheit« aufgespielt haben, soll ihnen verziehen sein: die Wahrheit ist, daß nicht der Trieb zur Wahrheit, sondern die Auflösung, die frevelhafte Skepsis, die Lust am Abenteuer der Trieb war, aus dem sie negierten. – Im andern Falle sind es persönliche Rancunen, die sie ins Gebiet der Probleme treiben, – sie kämpfen gegen Probleme, um gegen Personen Recht zu behalten. Vor allem aber ist es die Rache, welche wissenschaftlich nutzbar geworden ist, – die Rache Unterdrückter, solcher, die durch die *herrschende* Wahrheit beiseite gedrängt und selbst unterdrückt waren...

Die Wahrheit, will sagen die wissenschaftliche Methodik, ist von solchen erfaßt und gefördert worden, die in ihr ein Werkzeug des Kampfes errieten, – eine Waffe zur *Vernichtung*... Um ihre Gegnerschaft zu Ehren zu bringen, brauchten sie im übrigen einen Apparat nach Art derer, die sie angriffen: – sie affichierten den Begriff »Wahrheit« ganz so unbedingt wie ihre Gegner, – sie wurden Fanatiker, zum mindesten in der Attitüde, weil keine andere Attitüde ernst genommen wurde. Das übrige tat dann die Verfolgung, die Leidenschaft und Unsicherheit des Verfolgten, – der Haß wuchs und folglich nahm die Voraussetzung ab, um auf dem Boden der Wissenschaft zu bleiben. Sie wollten zuletzt allesamt auf eine ebenso absurde Weise Recht haben wie ihre Gegner ... Das Wort »Ueberzeugung«, »Glaube«, der Stolz des Märtyrertums – das sind alles die ungünstigsten Zustände für die Erkenntnis. Die Gegner der Wahrheit haben zuletzt die ganze subjektive Manier, um über Wahrheit zu entscheiden, nämlich mit Attitüden, Opfern, heroischen Entschließungen, von selbst wieder akzeptiert, – d.h. die *Herrschaft* der antiwissenschaftlichen Methode *verlängert*. Als Märtyrer kompromittierten sie ihre eigene Tat.

a. Die Auseinanderlegung des Menschen in Gott und Mensch

(292)

Man schuf die Götter, *nicht* nur aus Furcht: sondern wenn das Gefühl der Macht phantastisch wurde und sich selber in Personen entlud.

(293)

Vom Ursprung der Religion. – In derselben Weise, in der jetzt noch der ungebildete Mensch daran glaubt, der Zorn sei die Ursache davon, wenn er zürnt, der Geist davon, daß er denkt, die Seele davon, daß er fühlt, kurz, so wie auch jetzt noch unbedenklich eine Masse von psychologischen Entitäten angesetzt wird, welche Ursachen sein sollen: so hat der Mensch auf einer noch naiveren Stufe eben dieselben Erscheinungen mit Hilfe von psychologischen Personal-Entitäten erklärt. Die Zustände, die ihm fremd, hinreißend, überwältigend schienen, legte er sich als Obsession und Verzauberung unter der Macht einer Person zurecht. So führt der Christ, die heute am meisten naive und zurückgebildete Art Mensch, die Hoffnung, die Ruhe, das Gefühl der »Erlösung« auf ein psychologisches Inspirieren Gottes zurück: bei ihm, als einem wesentlich leidenden und beunruhigten Typus, erscheinen billigerweise die Glücks-, Ergebungs- und Ruhegefühle als das *Fremde*, als das der Erklärung Bedürftige. Unter klugen, starken und lebensvollen Rassen erregt am meisten der Epileptische die Ueberzeugung, daß hier eine *fremde Macht* im Spiele ist; aber auch jede verwandte Unfreiheit, z. B. die des Begeisterten, des Dichters, des großen Verbrechers, der Passionen wie Liebe und Rache dient zur Erfindung von außermenschlichen Mächten. Man konkresziert einen Zustand in eine Person: und behauptet, dieser Zustand, wenn er an uns auftritt, sei die Wirkung jener Person. Mit andern Worten: in der psychologischen Gottbildung wird ein Zustand, um Wirkung zu sein, als Ursache personifiziert.

Die psychologische Logik ist die: das *Gefühl der Macht*, wenn es plötzlich und überwältigend den Menschen überzieht – und das ist in allen großen Affekten der Fall –, erregt ihm einen Zweifel an seiner Person: er wagt sich nicht als Ursache dieses erstaunlichen Gefühls zu denken – und so setzt er eine *stärkere* Person, eine Gottheit für diesen Fall an.

In summa: der Ursprung der Religion liegt in den extremen Gefühlen der Macht, welche, als *fremd*, den Menschen überraschen: und dem Kranken gleich, der ein Glied zu schwer und seltsam fühlt und zum Schlusse kommt, daß ein anderer Mensch über ihm liege, legt sich der naive homo religiosus in *mehrere Personen* auseinander. Die Religion ist ein Fall der »altération de la personnalité«. Eine Art *Furcht-* und *Schreckgefühl* vor sich selbst ... Aber ebenso ein außerordentliches *Glücks-* und *Höhengefühl* ... Unter Kranken genügt das *Gesundheitsgefühl*, um an Gott, an die Nähe Gottes zu glauben.

(294)

Rudimentäre Psychologie des religiösen Menschen: – Alle Veränderungen sind Wirkungen; alle Wirkungen sind Willens-Wirkungen (– der Begriff »Natur«, »Naturgesetz« fehlt); zu allen Wirkungen gehört ein Täter. Rudimentäre Psychologie: man ist selber nur in *dem* Falle Ursache, wo man weiß, daß man gewollt hat.

Folge: die Zustände der Macht imputieren dem Menschen das Gefühl, *nicht* die Ursache zu sein, *unverantwortlich* dafür zu sein –: sie kommen, ohne gewollt zu sein: folglich sind wir nicht die Urheber –: der unfreie Wille (d. h. das Bewußtsein einer Veränderung mit uns, ohne daß wir sie gewollt haben) bedarf eines *fremden* Willens.

Konsequenz: der Mensch hat alle seine starken und erstaunlichen Momente nicht gewagt, *sich* zuzurechnen, – er hat sie als »passiv«, als »erlitten«, als Ueberwältigungen konzipiert –: die Religion ist eine Ausgeburt eines *Zweifels* an der Einheit der Person, eine altération der Persönlichkeit –: insofern alles Große und Starke vom Menschen als *übermenschlich*, als *fremd* konzipiert wurde, verkleinerte sich der Mensch, – er legte die zwei Seiten, eine sehr erbärmliche und schwache und eine sehr starke und erstaunliche in zwei Sphären auseinander, hieß die erste »Mensch«, die zweite »Gott«.

Er hat das immer fortgesetzt; er hat, in der Periode der *moralischen Idiosynkrasie* seine hohen und sublimen Moral-Zustände nicht als »gewollt«, als »Werk« der Person ausgelegt. Auch der Christ legt seine Person in eine mesquine und schwache Fiktion, die er Mensch nennt, und eine andere die er Gott (Erlöser, Heiland) nennt, auseinander –

Die Religion hat den Begriff »Mensch« erniedrigt; ihre extreme Konsequenz ist, daß alles Gute, Große, Wahre übermenschlich ist und nur durch eine Gnade geschenkt ...

(295)

Die *Spannung* zwischen dem immer reiner und ferner gedachten Gott und dem immer sündiger gedachten Menschen – einer der größten Kraftversuche der Menschheit. Die Liebe Gottes zum Sünder ist wundervoll. Warum haben die Griechen nicht eine solche Spannung von göttlicher Schönheit und menschlicher Häßlichkeit gehabt? Oder göttlicher Erkenntnis und menschlicher Unwissenheit? Die vermittelnden Brücken zwischen zwei solchen Klüften wären Neuschöpfungen, die nicht da sind (Engel? Offenbarung? Gottessohn?)

(296)

Man überlege sich die *Einbuße*, welche alle menschlichen Institutionen machen, falls überhaupt eine göttliche und jenseitige *höhere Sphäre* angesetzt wird, welche diese Institutionen erst *sanktioniert*. Indem man sich gewöhnt, den Wert dann in dieser Sanktion zu sehen (z. B. in der Ehe), hat man ihre *natürliche Würdigkeit zurückgesetzt*, unter Umständen *geleugnet* ... Die Natur ist in dem Maße mißgünstig beurteilt, als man die Widernatur eines Gottes zu Ehren gebracht hat. »Natur« wurde so viel wie »verächtlich«, »schlecht« ...

Das Verhängnis eines Glaubens an die *Realität der höchsten moralischen Qualitäten als Gott*: damit waren alle wirklichen Werte geleugnet und grundsätzlich als *Unwerte* gefaßt. So stieg das *Widernatürliche* auf den Thron. Mit einer unerbittlichen Logik langte man bei der absoluten Forderung der *Verneinung der Natur* an.

(297)

Eine Form der Religion um den menschlichen Stolz herzustellen.

Ein Weg, den Menschen aus seiner Erniedrigung zu ziehen, welche der Abgang der hohen und starken Zustände, wie als fremder Zustände, mit sich brachte, war die Verwandtschafts-Theorie. Diese hohen und starken Zustände konnten wenigstens als Einwirkungen unsrer *Vorfahren* ausgelegt werden, wir gehörten zu einander, solidarisch, wir wachsen in unsern eignen Augen, indem wir nach uns bekannter Norm handeln.

Versuch vornehmer Familien, die Religion mit ihrem Selbstgefühl auszugleichen. – Dasselbe tun die Dichter und Seher; sie fühlen sich stolz, gewürdigt und *auserwählt* zu sein zu solchem Verkehre, – sie legen Wert darauf, als Individuen gar nicht in Betracht zu kommen, bloße Mundstücke zu sein (Homer).

Schrittweises Besitz-ergreifen von seinen hohen und stolzen Zuständen, Besitz-ergreifen von seinen Handlungen und Werken. Ehedem glaubt man sich zu ehren, wenn man für die höchsten Dinge, die man tat, sich nicht verantwortlich wußte, sondern – Gott. Die Unfreiheit des Willens galt als das, was einer Handlung einen höheren Wert verlieh: damals war ein Gott zu ihrem Urheber gemacht...

(298)

Die Furcht vor der Macht als produktiver Gewalt. Hier ist das Reich der Religion. Andrerseits erscheint es als *höchstes Streben des Menschen, mit dem Mächtigsten*, was es gibt, *eins* zu werden. Dies ist der Ursprung z. B. des Brahmanismus: erzeugt innerhalb der Kaste der Herrschenden, als phantastische Weiterbildung des Machtbedürfnisses, wahrscheinlich weil seine Entladung in *Kriegen* fehlt.

Die *Verschmelzung* mit der Gottheit kann Gier nach der höchsten Wollust sein (weiblich-hysterisch bei manchen Heiligen) oder Gier nach höchster Ungestörtheit und Stille und Geistigkeit (Spinoza) oder Gier nach Macht usw. Oder selbst die Konsequenz der ratlosesten Furchtsamkeit: es ist die einzige Rettung und Flucht, sich in Gott zu flüchten. Das Raffinierteste ist wohl »Ueberwindung der Gnade« bei den Mystikern.

(299)

Ehedem hat man jene Zustände und Folgen der *physiologischen Erschöpfung*, weil sie reich an Plötzlichem, Schrecklichem, Unerklärlichem und Unberechenbarem sind, für wichtiger genommen, als die gesunden Zustände und deren Folgen. Man fürchtete sich: man setzte hier eine *höhere* Welt an. Man hat den Schlaf und Traum, man hat den Schatten, die Nacht, den Naturschrecken verantwortlich gemacht für das Entstehen zweier Welten: vor allem sollte man die Symptome der physiologischen Erschöpfung daraufhin betrachten. Die alten Religionen disziplinieren ganz eigentlich den Frommen zu einem Zustande der Erschöpfung, wo er solche Dinge erleben *muß* ... Man glaubte in eine höhere Ordnung eingetreten zu sein, wo alles aufhört, bekannt zu sein. – Der *Schein* einer höheren Macht ...

(300)

Reaktion der kleinen Leute: – Das höchste Gefühl der Macht gibt die Liebe. Zu begreifen, inwiefern hier nicht der Mensch überhaupt, sondern eine Art Mensch redet.

»Wir sind göttlich in der Liebe, wir werden ›Kinder Gottes‹, Gott liebt uns und will gar nichts von uns als Liebe«; das heißt: alle Moral, alles Gehorchen und Tun bringt nicht jenes Gefühl von Macht und Freiheit hervor, wie es die Liebe hervorbringt; – aus Liebe tut man nichts Schlimmes, man tut viel mehr, als man aus Gehorsam und Tugend täte.

Hier ist das Herdenglück, das Gemeinschafts-Gefühl im Großen und Kleinen, das lebendige Eins-Gefühl als *Summe des Lebensgefühls* empfunden. Das Helfen und Sorgen und Nützen erregt fortwährend das Gefühl der Macht; der sichtbare Erfolg, der Ausdruck der Freude unterstreicht das Gefühl der Macht; der Stolz fehlt nicht, als Gemeinde, als Wohnstätte Gottes, als »Auserwählte«.

Tatsächlich hat der Mensch nochmals eine *Alteration der Persönlichkeit* erlebt: diesmal nannte er sein Liebesgefühl Gott. Man muß ein Erwachen eines solchen Gefühls sich denken, eine Art Entzücken, eine fremde Rede, ein »Evangelium«, – diese Neuheit war es, welche ihm nicht erlaubte, sich die Liebe zuzurechnen –: er meinte, daß Gott vor ihm wandle und in ihm lebendig geworden sei. – »Gott kommt zu den Menschen«, der »Nächste« wird transfiguriert, in einen Gott (insofern an ihm das Gefühl der Liebe sich auslöst). *Jesus ist der Nächste*, so wie dieser zur Gottheit, zur *Machtgefühl erregenden* Ursache umgedacht wurde.

(301)

Der Eintritt in das *wahre* Leben – *man rettet sein persönliches Leben vom Tode, indem man das allgemeine Leben lebt* –

b. Ja-sagende und nihilistische Religionen

(302)

Wie eine *Ja-sagende* arische Religion, die Ausgeburt der *herrschenden* Klasse, aussieht: das Gesetzbuch Manus. (Die Vergöttlichung des Machtgefühls im Brahmanen: interessant, daß es in der

Krieger-Kaste entstanden und erst übergegangen ist auf die Priester.)

Wie eine *Ja-sagende* semitische Religion, die Ausgeburt der *herrschenden* Klasse, aussieht: das Gesetzbuch Muhammeds, das Alte Testament in den älteren Teilen. (Der *Muhammedanismus*, als eine Religion für *Männer*, hat eine tiefe Verachtung für die Sentimentalität und Verlogenheit des Christentums ... einer Weibs-Religion, als welche er sie fühlt –.)

Wie eine *Nein-sagende* semitische Religion, die Ausgeburt der *unterdrückten* Klasse, aussieht: das Neue Testament (– nach indisch-arischen Begriffen: eine *Tschandala-Religion*).

Wie eine *Nein-sagende* arische Religion aussieht, gewachsen unter den *herrschenden* Ständen: der Buddhismus.

Es ist vollkommen in Ordnung, daß wir keine Religion *unterdrückter* arischer Rassen haben: denn das ist ein Widerspruch: eine Herrenrasse ist obenauf oder geht zu Grunde.

(303)

Die Juden machen den Versuch, sich durchzusetzen, nachdem ihnen zwei Kasten, die der Krieger und die der Ackerbauer, verloren gegangen sind;

sie sind in diesem Sinne die »Verschnittenen«: sie haben den Priester – und dann sofort den Tschandala ...

Wie billig kommt es bei ihnen zu einem Bruch, zu einem Aufstand des Tschandala: der Ursprung des *Christentums*.

Damit, daß sie den *Krieger* nur als ihren Herrn kannten, brachten sie in ihre Religion die Feindschaft gegen den *Vornehmen*, gegen den Edlen, Stolzen, gegen die Macht, gegen die *herrschenden* Stände –: sie sind *Entrüstungs*-Pessimisten ...

Damit schufen sie eine wichtige neue Position: der Priester an der Spitze der Tschandalas, – gegen die *vornehmen Stände* ...

Das Christentum zog die letzte Konsequenz dieser Bewegung: auch im jüdischen Priestertum empfand es noch die Kaste, den Privilegierten, den Vornehmen – es *strich den Priester aus* –

Der Christ ist der Tschandala, der den Priester ablehnt ... der Tschandala, der sich selbst erlöst ...

Deshalb ist die *französische* Revolution die Tochter und Fortsetzerin des *Christentums* ... sie hat den Instinkt gegen die Kaste, gegen die Vornehmen, gegen die letzten Privilegien – –

(304)

Wie gemein hat sich das Christentum gegen das Altertum benommen, indem es dasselbe ganz *durchteufelte*. Gipfel aller verleumderischen Bosheit!

(305)

Heidnisch – christlich. – *Heidnisch* ist das Jasagen zum Natürlichen, das Unschuldgefühl im Natürlichen, »die Natürlichkeit«. *Christlich* ist das Nein-sagen zum Natürlichen, das Unwürdigkeits-Gefühl im Natürlichen, die Widernatürlichkeit.

»Unschuldig« ist z. B. Petronius: ein Christ hat im Vergleich mit diesem Glücklichen ein für alle Mal die Unschuld verloren. Da aber zuletzt auch der *christliche status* bloß ein Naturzustand sein muß, sich aber nicht als solchen begreifen darf, so bedeutet »christlich« eine zum Prinzip erhobene *Falschmünzerei der psychologischen Interpretation* ...

(306)

Physiologie der nihilistischen Religionen. – Die *nihilistischen* Religionen allesamt: *systematisierte Krankheits-Geschichten* unter einer religiösmoralischen Nomenklatur.

In den heidnischen Kulten ist es der große *Jahreskreislauf*, um dessen Ausdeutung sich der Kultus dreht. Im christlichen Kultus ein Kreislauf *paralytischer Phänomene*, um die sich der Kultus dreht ...

(307)

Der christliche Priester ist von Anfang an der Todfeind der Sinnlichkeit: man kann sich keinen größeren Gegensatz denken, als die unschuldig-ahnungsvolle und feierliche Haltung, mit der z. B. in den ehrwürdigsten Frauenkulten Athens die Gegenwart der geschlechtlichen Symbole empfunden wurde. Der Akt der Zeugung ist das Geheimnis an sich in allen nicht-asketischen Religionen: eine Art Symbol der Vollendung und der geheimnisvollen Absicht der Zukunft: der Wiedergeburt, Unsterblichkeit.

(308)

Eine *nihilistische* Religion wie das Christentum, einem greisenhaft zähen, alle starken Instinkte überlebt habenden Volke entsprungen und gemäß – Schritt für Schritt in andere Milieus übertragen, endlich in die jungen, *noch gar nicht gelebt habenden* Völker eintretend – *sehr seltsam!* Eine Schluß-, Hirten-, Abend-Glückseligkeit Barbaren, Germanen gepredigt! Wie mußte das alles erst germanisiert, barbarisiert werden! *Solchen*, die ein *Walhall* geträumt hatten –: die alles Glück im Kriege fanden! – Eine *übernationale* Religion in ein Chaos hineingepredigt, wo *noch nicht einmal* Nationen da waren –.

(309)

A. Der *konsequente* Typus. Hier wird begriffen, daß man auch das

Böse nicht hassen dürfe, daß man ihm nicht widerstehen dürfe, daß man auch nicht gegen sich selbst Krieg führen dürfe; daß man das Leiden, welches eine solche Praxis mit sich bringt, nicht nur hinnimmt; daß man ganz und gar in den *positiven* Gefühlen lebt; daß man die Partei der Gegner nimmt in Wort und Tat; daß man durch eine Superfötation der friedlichen, gütigen, versöhnlichen, hilf- und liebreichen Zustände den Boden der anderen Zustände verarmt ..., daß man eine fortwährende *Praxis* nötig hat. Was ist hier erreicht? – Der buddhistische Typus oder die *vollkommene Kuh*.

Dieser Standpunkt ist nur möglich, wenn kein moralischer Fanatismus herrscht, d. h. wenn das Böse nicht um seiner selber willen gehaßt wird, sondern nur weil es den Weg abgibt zu Zuständen, welche uns wehe tun (Unruhe, Arbeit, Sorge, Verwicklung, Abhängigkeit).

Dies der buddhistische Standpunkt: hier wird nicht die Sünde gehaßt, hier *fehlt* der Begriff »Sünde«.

B. Der *inkonsequente* Typus. Man führt Krieg gegen das Böse, – man glaubt, daß der Krieg *um des Guten willen* nicht die moralische und Charakter-Konsequenz habe, die sonst der Krieg mit sich bringt (und derentwegen man ihn als *böse* verabscheut). Tatsächlich verdirbt ein solcher Krieg gegen das Böse viel gründlicher als irgend eine Feindseligkeit von Person zu Person; und gewöhnlich schiebt sich sogar »die Person« als Gegner wenigstens imaginär wieder ein (der Teufel, die bösen Geister usw.). Das feindselige Verhalten, Beobachten, Spionieren gegen alles, was in uns schlimm ist und schlimmen Ursprungs sein könnte, endet mit der gequältesten und unruhigsten Verfassung: sodaß jetzt »Wunder«, Lohn, Ekstase, Jenseitigkeits-Lösung *wünschbar* werden ... Der christliche Typus: oder *der vollkommene Mucker*.

C. Der *stoische* Typus. Die Festigkeit, die Selbstbeherrschung, das Unerschütterliche, der Friede als Unbeugsamkeit eines langen Willens – die tiefe Ruhe, der Verteidigungszustand, die Burg, das kriegerische Mißtrauen – die Festigkeit der Grundsätze; die Einheit von *Wille* und *Wissen*; die Hochachtung vor sich. Einsiedler-Typus. *Der vollkommene »Hornochs«*.

(310)

Christianismi et Buddhismi essentia. – Gemeinsam: der Kampf gegen die feindseligen Gefühle – diese als Quell des Uebels erkannt. Das »Glück«: nur als innerlich, – Indifferenz gegen den Anschein und Prunk des Glücks.

Buddhismus: Loskommen-wollen vom Leben, philosophische
 Klarheit: einem hohen Grade von Geistigkeit entsprungen,
 mitten aus den höheren Ständen.
Christlichkeit: will im Grunde dasselbe (– schon »die jüdische
 Kirche« ist ein décadence-Phänomen des Lebens), aber, gemäß einer tiefen Unkultur, ohne Wissen um das, was man will;
 hängen bleibend bei der »Seligkeit« als Ziel ...
Die kräftigsten Instinkte des Lebens nicht mehr als lustvoll
empfunden, vielmehr als Leidens-Ursachen:
für den *Buddhisten*: insofern diese Instinkte zum Handeln antreiben (das Handeln aber als *Unlust* gilt ...);
für den *Christen*: insofern sie Anlaß zu Feindschaft und Widerspruch geben (das Feind-sein, das Wehe-tun aber als Unlust,
 als Störung des »Seelen-Friedens« gilt).

(311)

Die beiden großen nihilistischen Bewegungen: a) der Buddhismus, b) das Christentum. Letzteres hat erst jetzt ungefähr Kultur-
Zustände erreicht, in denen es seine ursprüngliche Bestimmung
erfüllen kann – ein *Niveau*, zu dem es *gehört*, – in dem es sich *rein*
zeigen kann ...

(312)

Buddha gegen den »Gekreuzigten«. – Innerhalb der nihilistischen
Religionen darf man immer noch die *christliche* und die *buddhistische* scharf auseinanderhalten. Die *buddhistische* drückt einen
schönen Abend aus, eine vollendete Süßigkeit und Milde, – es ist
Dankbarkeit gegen alles, was hinten liegt; mit eingerechnet, was
fehlt: die Bitterkeit, die Enttäuschung, die Rancune; zuletzt: die
hohe geistige Liebe; das Raffinement des philosophischen Widerspruchs ist hinter ihm, auch davon ruht es aus: aber von diesem
hat es noch seine geistige Glorie und Sonnenuntergangs-Glut.
(– Herkunft aus den obersten Kasten –.)

Die *christliche* Bewegung ist eine Degenereszenz-Bewegung
aus Abfalls- und Ausschuß-Elementen aller Art: sie drückt *nicht*
den Niedergang einer Rasse aus, sie ist von Anfang an eine
Aggregat-Bildung aus sich zusammendrängenden und sich suchenden Krankheits-Gebilden ... Sie ist deshalb *nicht* national,
nicht rassebedingt: sie wendet sich an die Enterbten von überall;
sie hat die Rancune auf dem Grunde gegen alles Wohlgeratene
und Herrschende: sie braucht ein *Symbol*, welches den Fluch auf
die Wohlgeratenen und Herrschenden darstellt ... Sie steht im
Gegensatz auch zu aller *geistigen* Bewegung, zu aller Philosophie:
sie nimmt die Partei der Idioten und spricht einen Fluch gegen

den Geist aus. Rancune gegen die Begabten, Gelehrten, Geistig-Unabhängigen: sie errät in ihnen das *Wohlgeratene*, das *Herrschaftliche*.

(313)

Im Buddhismus überwiegt dieser Gedanke: »Alle Begierden, alles was Affekt, was Blut macht, zieht zu Handlungen fort« – nur insofern wird *gewarnt* vor dem Bösen. Denn Handeln – das hat keinen Sinn, Handeln hält im Dasein fest: alles Dasein aber hat keinen Sinn. Sie sehen im Bösen den Antrieb zu etwas Unlogischem: zur Bejahung von Mitteln, deren Zweck man verneint. Sie suchen nach einem Wege zum Nichtsein und *deshalb* perhorreszieren sie *alle* Antriebe seitens der Affekte. Z. B. ja nicht sich rächen! ja nicht feind sein! – Der Hedonismus der Müden gibt hier die höchsten Wertmaße ab. Nichts ist dem Buddhisten ferner als der jüdische Fanatismus eines Paulus: Nichts würde mehr seinem Instinkt widerstreben als diese Spannung, Flamme, Unruhe des religiösen Menschen, vor allem jene Form der Sinnlichkeit, welche das Christentum mit dem Namen der »Liebe« geheiligt hat. Zu alledem sind es die gebildeten und sogar übergeistigten Stände, die im Buddhismus ihre Rechnung finden: eine Rasse, durch einen Jahrhunderte langen Philosophen-Kampf abgesotten und müde gemacht, nicht aber *unterhalb aller Kultur* wie die Schichten, aus denen das Christentum entsteht ... Im Ideal des Buddhismus erscheint das Loskommen auch von Gut und Böse wesentlich: es wird da eine raffinierte Jenseitigkeit der Moral ausgedacht, die mit dem Wesen der Vollkommenheit zusammenfällt, unter der Voraussetzung, daß man auch die guten Handlungen bloß *zeitweilig* nötig hat, bloß als *Mittel*, – nämlich um von *allem* Handeln loszukommen.

(314)

Der Schlaf als Folge jeder Erschöpfung, die Erschöpfung als Folge jeder übermäßigen Reizung ...

Das Bedürfnis nach Schlaf, die Vergöttlichung und Adoration selbst des Begriffes »Schlaf« in allen pessimistischen Religionen und Philosophien –

Die Erschöpfung ist in diesem Fall eine Rassen-Erschöpfung; der Schlaf, psychologisch genommen, nur ein Gleichnis eines viel tieferen und längeren *Ruhen-müssens* ... In praxi ist es der Tod, der hier unter dem Bilde seines Bruders, des Schlafes, so verführerisch wirkt ...

c. Der priesterliche Typus

(315)
Der Priester will durchsetzen, daß er als *höchster Typus* des Menschen gilt, daß er herrscht, – auch noch über die, welche die *Macht* in den Händen haben, daß er unverletzlich ist, unangreifbar –, daß er die *stärkste Macht* in der Gemeinde ist, absolut nicht zu ersetzen und zu unterschätzen.

Mittel: er allein ist der *Wissende*; er allein ist der *Tugendhafte*; er allein hat die *höchste Herrschaft über sich*; er allein ist in einem gewissen Sinne Gott und geht zurück in die Gottheit; er allein ist die Zwischenperson zwischen Gott und den *andern*; die Gottheit straft jeden Nachteil, jeden Gedanken wider einen Priester gerichtet.

Mittel: die *Wahrheit* existiert. Es gibt nur eine Form, sie zu erlangen: Priester werden. Alles, was *gut ist*, in der Ordnung, in der Natur, in dem Herkommen, geht auf die Weisheit der Priester zurück. Das heilige Buch ist ihr Werk. Die ganze Natur ist nur eine Ausführung der Satzungen darin. Es gibt keine andere Quelle des *Guten*, als den Priester. Alle andere Art von Vortrefflichkeit ist *rang*verschieden von der des Priesters, z. B. die des *Kriegers*.

Konsequenz: wenn der Priester der *höchste* Typus sein soll, so muß die *Gradation* zu seinen *Tugenden* die Wertgradation der Menschen ausmachen. Das *Studium*, die *Entsinnlichung*, das *Nicht-Aktive*, das *Impassible*, *Affektlose*, das *Feierliche*; – Gegensatz: die *tiefste* Gattung Mensch.

Der Priester hat eine Art Moral gelehrt: um selbst als *höchster Typus* empfunden zu werden. Er konzipiert einen *Gegensatz*-Typus: den Tschandala. *Diesen* mit allen Mitteln verächtlich zu machen gibt die *Folie* ab für die Kasten-Ordnung. – Die extreme Angst des Priesters vor der *Sinnlichkeit* ist zugleich bedingt durch die *Einsicht*, daß hier die *Kasten-Ordnung* (das heißt die *Ordnung* überhaupt) am schlimmsten bedroht ist ... Jede »freiere Tendenz« in puncto puncti wirft die Ehegesetzgebung *über den Haufen* ...

(316)
Kritik der heiligen Lüge. – Daß zu frommen Zwecken die Lüge erlaubt ist, das gehört zur Theorie aller Priesterschaften, – wie weit es zu ihrer Praxis gehört, soll der Gegenstand dieser Untersuchung sein.

Aber auch die Philosophen, sobald sie mit priesterlichen Hinterabsichten die Leitung der Menschen in die Hand zu nehmen beabsichtigen, haben sofort auch sich ein Recht zur Lüge zurecht gemacht: Plato voran. Am großartigsten ist die doppelte durch die typisch-arischen Philosophen des Vedânta entwickelte: zwei Systeme, in allen Hauptpunkten widersprüchlich, aber aus Erziehungszwecken sich ablösend, ausfüllend, ergänzend. Die Lüge des einen soll einen Zustand schaffen, in dem die Wahrheit des andern überhaupt *hörbar* wird ...

Wie weit geht die fromme Lüge der Priester und der Philosophen? – Man muß hier fragen, welche Voraussetzungen zur Erziehung sie haben, welche Dogmen sie *erfinden* müssen, um diesen Voraussetzungen genug zu tun?

Erstens: sie müssen die Macht, die Autorität, die unbedingte Glaubwürdigkeit auf ihrer Seite haben.

Zweitens: sie müssen den ganzen Naturverlauf in Händen haben, sodaß alles, was den Einzelnen trifft, als bedingt durch ihr Gesetz erscheint.

Drittens: sie müssen auch einen weiter reichenden Machtbereich haben, dessen Kontrolle sich den Blicken ihrer Unterworfenen entzieht: das Strafmaß für das Jenseits, das »Nach-dem-Tode«, – wie billig auch die Mittel, zur Seligkeit den Weg zu wissen.

Sie haben den Begriff des natürlichen Verlaufs zu entfernen: da sie aber kluge und nachdenkliche Leute sind, so können sie eine Menge Wirkungen *versprechen*, natürlich als bedingt durch Gebete oder durch strikte Befolgung ihres Gesetzes. – Sie können insgleichen eine Menge Dinge *verordnen*, die absolut vernünftig sind, – nur daß sie nicht die Erfahrung, die Empirie als Quelle dieser Weisheit nennen dürfen, sondern eine Offenbarung oder die Folge »härtester Bußübungen«.

Die *heilige Lüge* bezieht sich also prinzipiell: auf den *Zweck* der Handlung (– der Naturzweck, die Vernunft wird unsichtbar gemacht: ein Moral-Zweck, eine Gesetzeserfüllung, eine Gottesdienstlichkeit erscheint als Zweck –): auf die *Folge* der Handlung (– die natürliche Folge wird als übernatürliche ausgelegt, und, um sicherer zu wirken, es werden unkontrollierbare andere, übernatürliche Folgen in Aussicht gestellt).

Auf diese Weise wird ein Begriff von *Gut* und *Böse* geschaffen, der ganz und gar losgelöst von dem Naturbegriff »nützlich«, »schädlich«, »lebenfördernd«, »lebenvermindernd« erscheint, – er kann, insofern ein *anderes* Leben erdacht ist, sogar direkt *feindselig* dem Naturbegriff von Gut und Böse werden.

Auf diese Weise wird endlich das berühmte »*Gewissen*« geschaffen: eine innere Stimme, welche bei jeder Handlung *nicht* den Wert der Handlung an ihren Folgen mißt, sondern in Hinsicht auf die Absicht und Konformität dieser Absicht mit dem »Gesetz«.

Die heilige Lüge hat also 1. einen *strafenden* und *belohnenden Gott* erfunden, der exakt das Gesetzbuch der Priester anerkennt und exakt sie als seine Mundstücke und Bevollmächtigten in die Welt schickt; – 2. ein *Jenseits des Lebens*, in dem die große Straf-Maschine erst wirksam gedacht wird, – zu diesem Zwecke die *Unsterblichkeit der Seele*; – 3. das *Gewissen* im Menschen, als das Bewußtsein davon, daß Gut und Böse feststeht, – daß Gott selbst hier redet, wenn es die Konformität mit der priesterlichen Vorschrift anrät; – 4. die *Moral* als *Leugnung* alles natürlichen Verlaufs, als Reduktion alles Geschehens auf ein moralisch-bedingtes Geschehen, die Moralwirkung (d. h. die Straf- und Lohn-Idee) als die Welt durchdringend, als einzige Gewalt, als creator von allem Wechsel; – 5. die *Wahrheit* als gegeben, als geoffenbart, als zusammenfallend mit der Lehre der Priester: als Bedingung alles Heils und Glücks in diesem und jenem Leben.

In summa: womit ist die moralische *Besserung* bezahlt? – Aushängung der *Vernunft*, Reduktion aller Motive auf Furcht und Hoffnung (Strafe und Lohn); *Abhängigkeit* von einer priesterlichen Vormundschaft, von einer Formalien-Genauigkeit, welche den Anspruch macht, einen göttlichen Willen auszudrücken; die Einpflanzung eines »Gewissens«, welches ein falsches *Wissen* an Stelle der Prüfung und des Versuchs setzt: wie als ob es bereits feststünde, was zu tun und was zu lassen wäre, – eine Art Kastration des suchenden und vorwärtsstrebenden Geistes; – in summa: die ärgste *Verstümmelung* des Menschen, die man sich vorstellen kann, angeblich als der »gute Mensch«.

In praxi ist die ganze Vernunft, die ganze Erbschaft von Klugheit, Feinheit, Vorsicht, welche die Voraussetzung des priesterlichen Kanons ist, willkürlich hinterdrein auf eine bloße *Mechanik* reduziert: die Konformität mit dem Gesetz gilt bereits als Ziel, als oberstes Ziel, – *das Leben hat keine Probleme mehr*; – die ganze Welt-Konzeption ist beschmutzt mit der *Strafidee*; – das Leben selbst ist, mit Hinsicht darauf, das *priesterliche* Leben als das non plus ultra der Vollkommenheit darzustellen, in eine Verleumdung und Beschmutzung des Lebens umgedacht; – der Begriff »Gott« stellt eine Abkehr vom Leben, eine Kritik, eine Verachtung selbst des Lebens dar; – die Wahrheit ist umgedacht als die *priesterliche* Lüge, das Streben nach Wahrheit als *Studium der Schrift*, als Mittel, *Theolog zu werden* ...

(317)

Der *Philosoph* als Weiter-Entwicklung des *priesterlichen* Typus: – hat dessen Erbschaft im Leibe; – ist, selbst noch als Rival, genötigt, um dasselbe mit denselben Mitteln zu ringen wie der Priester seiner Zeit; – er aspiriert zur *höchsten Autorität*.

Was gibt *Autorität*, wenn man nicht die physische Macht in den Händen hat (keine Heere, keine *Waffen* überhaupt ...)? Wie gewinnt man namentlich die Autorität *über* die, welche die physische Gewalt und die Autorität besitzen? (sie konkurrieren mit der Ehrfurcht vor dem Fürsten, vor dem siegreichen Eroberer, dem weisen Staatsmann.)

Nur indem sie den Glauben erwecken, eine höhere stärkere Gewalt in den Händen zu haben, – *Gott* –. Es ist nichts stark genug: man hat die Vermittlung und die Dienste der Priester *nötig*. Sie stellen sich als unentbehrlich *dazwischen*: – sie haben als Existenzbedingung nötig, 1. daß an die absolute Ueberlegenheit ihres Gottes, daß *an ihren Gott* geglaubt wird, 2. daß es keine andern, keine direkten Zugänge zu Gott gibt. Die *zweite* Forderung allein schafft den Begriff der »Heterodoxie«; die *erste* den des »Ungläubigen« (d. h. der an einen *andern* Gott glaubt –).

(318)

Zur Kritik des Manu-Gesetzbuches. – Das ganze Buch ruht auf der heiligen Lüge. Ist es das Wohl der Menschheit, welches dieses ganze System inspiriert hat? Diese Art Mensch, welche an die *Interessiertheit* jeder Handlung glaubt, war sie interessiert oder nicht, dieses System durchzusetzen? Die Menschheit zu verbessern – woher ist diese Absicht inspiriert? Woher ist der Begriff des Bessern genommen?

Wir finden eine Art Mensch, die *priesterliche*, die sich als Norm, als Spitze, als höchsten Ausdruck des Typus Mensch fühlt: von sich aus nimmt sie den Begriff des »Bessern«. Sie glaubt an ihre Ueberlegenheit, sie *will* sie auch in der Tat: die Ursache der heiligen Lüge ist der *Wille zur Macht* ...

Aufrichtung der Herrschaft: zu diesem Zwecke die Herrschaft von Begriffen, welche in der Priesterschaft ein non plus ultra von Macht ansetzen. Die Macht durch die Lüge – in Einsicht darüber, daß man sie nicht physisch, militärisch besitzt ... Die Lüge als Supplement der Macht, – ein neuer Begriff der »Wahrheit«.

Man irrt sich, wenn man hier *unbewußte und naive* Entwicklung voraussetzt, eine Art Selbstbetrug ... Die Fanatiker sind nicht die Erfinder solcher durchdachten Systeme der Unterdrükkung ... Hier hat die kaltblütigste Besonnenheit gearbeitet; dieselbe Art Besonnenheit, wie sie ein Plato hatte, als er sich seinen ›Staat‹ ausdachte. – »Man muß die Mittel wollen, wenn man das Ziel will« – über diese Politiker-Einsicht waren alle Gesetzgeber bei sich klar.

Wir haben das klassische Muster als spezifisch *arisch*: wir dürfen also die bestausgestattete und besonnenste Art Mensch verantwortlich machen für die grundsätzlichste Lüge, die je gemacht worden ist ... Man hat das nachgemacht, überall beinahe ...

(319)

Die Priester sind die Schauspieler von irgend etwas Uebermenschlichem, dem sie Sinnfälligkeit zu geben haben, sei es von Idealen, sei es von Göttern oder von Heilanden: darin finden sie ihren Beruf, dafür haben sie ihre Instinkte; um es so glaubwürdig wie möglich zu machen, müssen sie in der Anähnlichung so weit wie möglich gehen; ihre Schauspieler-Klugheit muß vor allem *das gute Gewissen* bei ihnen erzielen, mit Hilfe dessen erst wahrhaft überredet werden kann.

(320)

Man redet heute viel von dem *semitischen* Geist des *Neuen Testaments*: aber was man so nennt, ist bloß priesterlich, – und im arischen Gesetzbuch reinster Rasse, im Manu, ist diese Art »Semitismus«, d. h. *Priester-Geist*, schlimmer als irgendwo.

Die Entwicklung des jüdischen Priesterstaates ist *nicht* original: sie haben das Schema in Babylon kennen gelernt: das Schema ist arisch. Wenn dasselbe später wieder, unter dem Uebergewicht des germanischen Blutes, in Europa dominierte, so war dies dem Geiste der *herrschenden* Rasse gemäß: ein großer Atavismus. Das germanische Mittelalter war auf Wiederherstellung der *arischen Kasten-Ordnung* aus.

Der Muhammedanismus hat wiederum vom Christentum gelernt: die Benutzung des »Jenseits« als Straf-Organ.

Das Schema eines *unveränderlichen Gemeinwesens*, mit Priestern an der Spitze – dieses älteste große Kultur-Produkt Asiens im Gebiete der Organisation – *muß* natürlich in jeder Beziehung zum Nachdenken und Nachmachen aufgefordert haben. – Noch Plato: aber vor allen die Aegypter.

Wie die Tugend zur Macht kommt.

(321)

Die Priester – und mit ihnen die Halbpriester, die Philosophen – haben zu allen Zeiten eine Lehre Wahrheit genannt, deren *erzieherische* Wirkung wohltätig war oder wohltätig schien, – die »besserte«. Sie gleichen damit einem naiven Heilkünstler und Wundermann aus dem Volke, der, weil er ein Gift als Heilmittel erprobt hat, leugnet, daß dasselbe ein Gift ist ... »An ihren Früchten sollt ihr sie erkennen – nämlich unsere ›Wahrheiten‹«: das ist das Priester-Raisonnement bis heute noch. Sie haben selbst verhängnisvoll genug ihren Scharfsinn dahin verschwendet, dem »Beweis der Kraft« (oder »aus den Früchten«) den Vorrang, ja die Entscheidung über alle Formen des Beweises zu geben. »Was gut macht, muß gut sein; was gut ist, kann nicht lügen« – so schließen sie unerbittlich –: »was gute Früchte trägt, das muß folglich wahr sein: es gibt kein anderes Kriterium der Wahrheit« ...

Sofern aber das »Besser-machen« als Argument gilt, muß das Schlechter-machen als Widerlegung gelten. Man beweist den Irrtum damit als Irrtum, daß man das Leben derer prüft, die ihn vertreten: ein Fehltritt, ein Laster widerlegt ... Diese unanständigste Art der Gegnerschaft, die von hinten und unten, die Hunde-Art, ist insgleichen niemals ausgestorben: die Priester, sofern sie Psychologen sind, haben nie etwas interessanter gefunden, als an den Heimlichkeiten ihrer Gegner zu schnüffeln, – sie beweisen ihr Christentum damit, daß sie bei der »Welt« nach Schmutz suchen. Voran bei den ersten der Welt, bei den »Genies«: man erinnere sich, wie jederzeit in Deutschland gegen Goethe angekämpft worden ist (Klopstock und Herder gingen hierin mit »gutem Beispiel« voran, – Art läßt nicht von Art).

(322)

Alles, was aus der Schwäche kommt, aus der Selbstanzweiflung und Kränkelei der Seele, taugt nichts – und wenn es in der größten Wegwerfung von Hab und Gut sich äußerte: denn es vergiftet als *Beispiel* das Leben ... Der Blick eines Priesters, sein bleiches Abseits hat dem Leben mehr Schaden gestiftet, als alle seine Hingebung Nutzen stiftet: solch Abseits *verleumdet* das Leben ...

5. Kapitel
Das christliche Ideal

Zur Einführung

(323)

Nicht die Natur ist unmoralisch, wenn sie ohne Mitleid für die Degenerierten ist: das Wachstum der physiologischen und moralischen Uebel im menschlichen Geschlecht ist umgekehrt die *Folge einer krankhaften und unnatürlichen Moral*. Die Sensibilität der Mehrzahl der Menschen ist krankhaft und unnatürlich.

Woran hängt es, daß die Menschheit *korrupt* ist in moralischer und physiologischer Beziehung? – Der Leib geht zu Grunde, wenn ein Organ *alteriert* ist. Man kann nicht das *Recht des Altruismus* auf die Physiologie zurückführen, ebensowenig das Recht auf Hilfe, auf Gleichheit der Lose: das sind alles Prämien für die Degenerierten und Schlechtweggekommenen.

Es gibt *keine Solidarität* in einer Gesellschaft, wo es unfruchtbare, unproduktive und zerstörerische Elemente gibt, die übrigens noch entartetere Nachkommen haben werden, als sie selbst sind.

(324)

Die Natur ist böse, sagt das Christentum; sollte das Christentum also nicht ein Ding wider die Natur sein? Sonst wäre es ja, nach seinem eigenen Urteil, etwas Böses.

(325)

Zur Kritik der großen Worte. – Ich bin voller Argwohn und Bosheit gegen das, was man »Ideal« nennt: hier liegt *mein Pessimismus*, erkannt zu haben, wie die »höheren Gefühle« eine Quelle des Unheils, das heißt der Verkleinerung und Werterniedrigung des Menschen sind.

Man täuscht sich jedesmal, wenn man einen »Fortschritt« von einem Ideal erwartet; der Sieg des Ideals war jedesmal bisher eine *retrograde Bewegung*.

Christentum, Revolution, Aufhebung der Sklaverei, gleiche Rechte, Philanthropie, Friedensliebe, Gerechtigkeit, Wahrheit: alle diese großen Worte haben nur Wert im Kampf, als Standarte: *nicht* als Realitäten, sondern als *Prunkworte*, für etwas ganz anderes (ja Gegensätzliches!).

(326)

Daß die Menschheit eine Gesamtaufgabe zu lösen habe, daß sie als Ganzes irgend einem Ziel entgegenlaufe, diese sehr unklare und willkürliche Vorstellung ist noch sehr jung. Vielleicht wird man sie wieder los, bevor sie eine »fixe Idee« wird ... Sie ist kein Ganzes, diese Menschheit: sie ist eine unlösbare Vielheit von aufsteigenden und niedersteigenden Lebensprozessen, – sie hat nicht eine Jugend und darauf eine *Reife* und endlich ein Alter. Nämlich die Schichten liegen durcheinander und übereinander – und in einigen Jahrtausenden kann es immer noch jüngere Typen Mensch geben, als wir sie heute nachweisen können. Die décadence andererseits gehört zu allen Epochen der Menschheit: überall gibt es Auswurf- und Verfalls-Stoffe, es ist ein Lebensprozeß selbst, das Ausscheiden der Niedergangs- und Abfalls-Gebilde.

Unter der Gewalt des christlichen Vorurteils *gab es diese Frage gar nicht*: der Sinn lag in der Errettung der einzelnen Seele; das Mehr oder Weniger in der Dauer der Menschheit kam nicht in Betracht. Die besten Christen wünschten, daß es möglichst bald ein Ende habe; – über das, was dem Einzelnen not tue, *gab es keinen Zweifel* ... Die Aufgabe stellte sich jetzt für jeden Einzelnen, wie in irgend welcher Zukunft für einen Zukünftigen: der Wert, Sinn, Umkreis der Werte war fest, unbedingt, ewig, eins mit Gott ... Das, was von diesem ewigen Typus abwich, war sündlich, teuflisch, verurteilt ...

Das Schwergewicht des Wertes lag für jede Seele in sich selber: Heil oder Verdammnis! Das Heil der *ewigen* Seele! Extremste Form der *Verselbstung* ... Für jede Seele gab es nur *eine* Vervollkommnung; nur *ein* Ideal; nur *einen* Weg zur Erlösung ... Extremste Form der *Gleichberechtigung*, angeknüpft an eine optische Vergrößerung der eigenen Wichtigkeit bis ins Unsinnige ... Lauter unsinnig wichtige Seelen, mit entsetzlicher Angst um sich selbst gedreht ...

Nun glaubt kein Mensch mehr an diese absurde Wichtigtuerei: und wir haben unsere Weisheit durch ein Sieb der Verachtung geseiht. Trotzdem bleibt unerschüttert die *optische Gewöhnung*, einen Wert des Menschen in der Annäherung an einen *idealen Menschen* zu suchen: man hält im Grunde sowohl die Verselbstungs-Perspektive als die *Gleichberechtigung vor dem Ideal* aufrecht. In summa: *man glaubt zu wissen*, was, in Hinsicht auf den idealen Menschen, die *letzte Wünschbarkeit* ist ...

Dieser Glaube ist aber nur die Folge einer ungeheuren *Ver-*

wöhnung durch das christliche Ideal: als welches man, bei jeder vorsichtigen Prüfung des »idealen Typus«, sofort wieder herauszieht. Man glaubt, *erstens*, zu wissen, daß die Annäherung an einen Typus wünschbar ist; *zweitens*, zu wissen, welcher Art dieser Typus ist; *drittens*, daß jede Abweichung von diesem Typus ein Rückgang, eine Hemmung, ein Kraft- und Machtverlust des Menschen ist ... Zustände träumen, wo dieser *vollkommene Mensch* die ungeheure Zahlen-Majorität für sich hat: höher haben es auch unsere Sozialisten, selbst die Herren Utilitarier nicht gebracht. – Damit scheint ein *Ziel* in die *Entwicklung* der Menschheit zu kommen: jedenfalls ist der Glaube an einen *Fortschritt zum Ideal* die einzige Form, in der eine Art *Ziel* in der Menschheits-Geschichte heute gedacht wird. In summa: man hat die Ankunft des »*Reiches Gottes*« in die Zukunft verlegt, auf die Erde, ins Menschliche, – aber man hat im Grunde den Glauben an das *alte* Ideal festgehalten ...

a. Das »Himmelreich« im Herzen

(327)

Man soll das Christentum als *historische Realität* nicht mit jener einen Wurzel verwechseln, an welche es mit seinem Namen erinnert: die *andern* Wurzeln, aus denen es gewachsen ist, sind bei weitem mächtiger gewesen. Es ist ein Mißbrauch ohnegleichen, wenn solche Verfalls-Gebilde und Mißformen, die »christliche Kirche«, »christlicher Glaube« und »christliches Leben« heißen, sich mit jenem heiligen Namen abzeichnen. Was hat Christus *verneint*? – Alles, was heute christlich heißt.

(328)

Die Gläubigen sind sich bewußt, dem Christentum Unendliches zu verdanken, und schließen folglich, daß dessen Urheber eine Personnage ersten Ranges sei ... Dieser Schluß ist falsch, aber er ist der typische Schluß der Verehrenden. Objektiv angesehen, wäre möglich, *erstens*, daß sie sich irrten über den Wert dessen, was sie dem Christentum verdanken: Ueberzeugungen beweisen nichts für das, wovon man überzeugt ist, bei Religionen begründen sie eher noch einen Verdacht dagegen ... Es wäre *zweitens* möglich, daß, was dem Christentum verdankt wird, nicht seinem Urheber zugeschrieben werden dürfte, sondern eben dem fertigen Gebilde, dem Ganzen, der Kirche usw. Der Begriff »Urheber« ist so vieldeutig, daß er selbst die bloße Gelegenheits-Ursache für eine Bewegung bedeuten kann: man hat die Gestalt des Gründers in dem Maße vergrößert, als die Kirche wuchs; aber eben diese Optik der Verehrung erlaubt den Schluß, daß irgend wann dieser Gründer etwas sehr Unsicheres und Unfestgestelltes war, – am Anfang ... Man denke, mit welcher *Freiheit* Paulus das Personal-Problem Jesus behandelt, beinahe eskamotiert – Jemand, der gestorben ist, den man nach seinem Tode wiedergesehen hat, Jemand, der von den Juden zum Tode überantwortet wurde ... Ein bloßes »Motiv«: die Musik macht *er* dann dazu ...

(329)

Ein Religionsstifter *kann* unbedeutend sein, – ein Streichholz, nichts *mehr!*

(330)

Jesus geht direkt auf den Zustand los, das »Himmelreich« im Herzen, und findet die Mittel *nicht* in der Observanz der jüdischen Kirche –; er rechnet selbst die Realität des Judentums (seine Nötigung, sich zu erhalten) für nichts; er ist rein *innerlich.* –

Ebenso macht er sich nichts aus den sämtlichen groben Formeln im Verkehr mit Gott: er wehrt sich gegen die ganze Buß- und Versöhnungs-Lehre; er zeigt, wie man leben muß, um sich als »vergöttlicht« zu fühlen – und wie man nicht mit Buße und Zerknirschung über seine Sünden dazu kommt: *»es liegt nichts an Sünde«* ist sein Haupturteil.

Sünde, Buße, Vergebung, – das gehört alles nicht hierher ... das ist eingemischtes Judentum, oder es ist heidnisch.

(331)

Jesus stellte ein wirkliches Leben, ein Leben in der Wahrheit jenem gewöhnlichen Leben gegenüber: nichts liegt ihm ferner, als der plumpe Unsinn eines »verewigten Petrus«, einer ewigen Personal-Fortdauer. Was er bekämpft, das ist die Wichtigtuerei der »Person«: wie kann er gerade *die* verewigen wollen?

Er bekämpft insgleichen die Hierarchie innerhalb der Gemeinde: er verspricht nicht irgend eine Proportion von Lohn je nach der Leistung: wie kann er Strafe und Lohn im Jenseits gemeint haben!

(332)

Das *Himmelreich* ist ein Zustand des Herzens (– von den Kindern wird gesagt »denn ihrer ist das Himmelreich«), nichts, was »über der Erde« ist. Das Reich Gottes »kommt« nicht chronologisch-historisch, nicht nach dem Kalender, etwas, das eines Tages da wäre und Tags vorher nicht: sondern es ist eine »Sinnes-Aenderung im Einzelnen«, etwas, das jederzeit kommt und jederzeit noch nicht da ist...

(333)
Jesus gebietet: Man soll dem, der böse gegen uns ist, weder durch die Tat, noch im Herzen Widerstand leisten.

Man soll keinen Grund anerkennen, sich von seinem Weibe zu scheiden.

Man soll keinen Unterschied zwischen Fremden und Einheimischen, Ausländern und Volksgenossen machen.

Man soll sich gegen niemanden erzürnen, man soll niemanden geringschätzen ... Gebt Almosen im Verborgenen. Man soll nicht reich werden wollen. Man soll nicht schwören – Man soll nicht richten – Man soll sich versöhnen, man soll vergeben. Betet nicht öffentlich –

Die »*Seligkeit*« ist nichts Verheißenes: sie ist da, wenn man so und so lebt und tut.

(334)
Der *Schächer am Kreuz*: – wenn der Verbrecher selbst, der einen schmerzhaften Tod leidet, urteilt: »so, wie dieser Jesus, ohne Revolte, ohne Feindschaft, gütig, ergeben, leidet und stirbt, so allein ist es das Rechte«, hat er das Evangelium bejaht: und damit *ist er im Paradiese*...

(335)
Das ursprüngliche Christentum ist *Abolition des Staates*: es verbietet den Eid, den Kriegsdienst, die Gerichtshöfe, die Selbstverteidigung und Verteidigung irgend eines Ganzen, den Unterschied zwischen Volksgenossen und Fremden; insgleichen die *Stände*ordnung.

Das *Vorbild Christi*: er widerstrebt nicht denen die ihm Uebles tun; er verteidigt sich nicht; er tut mehr: er »reicht die linke Wange« (auf die Frage »bist du Christus?« antwortet er »und von nun an werdet ihr sehen des Menschen Sohn sitzen zur Rechten der Kraft und kommen in den Wolken des Himmels«). Er verbietet, daß seine Jünger ihn verteidigen; er macht aufmerksam, daß er Hilfe haben könnte, aber nicht *will*.

Das Christentum ist auch *Abolition der Gesellschaft*: es bevorzugt alles von ihr Geringgeschätzte, es wächst heraus aus den Verrufenen und Verurteilten, den Aussätzigen jeder Art, den »Sündern«, den »Zöllnern«, den Prostituierten, dem dümmsten Volk (den »Fischern«); es verschmäht die Reichen, die Gelehrten, die Vornehmen, die Tugendhaften, die »Korrekten« ...

(336)

Ein Gott für unsere Sünden gestorben; eine Erlösung durch den Glauben; eine Wiederauferstehung nach dem Tode – das sind alles Falschmünzereien des eigentlichen Christentums, für die man jenen unheilvollen Querkopf (Paulus) verantwortlich machen muß.

Das *vorbildliche Leben* besteht in der Liebe und Demut; in der Herzens-Fülle, welche auch den Niedrigsten nicht ausschließt; in der förmlichen Verzichtleistung auf das Recht-behalten-wollen, auf Verteidigung, auf Sieg im Sinne des persönlichen Triumphes; im Glauben an die Seligkeit hier, auf Erden, trotz Not, Widerstand und Tod; in der Versöhnlichkeit, in der Abwesenheit des Zornes, der Verachtung; nicht belohnt werden wollen; niemandem sich verbunden haben; die geistlich-geistigste Herrenlosigkeit; ein sehr stolzes Leben unter dem Willen zum armen und dienenden Leben.

Nachdem die Kirche *ganze christliche Praxis* sich hatte nehmen lassen und ganz eigentlich das Leben im Staate, jene Art Leben, welche Jesus bekämpft und verurteilt hatte, sanktioniert hatte, mußte sie den Sinn des Christentums irgendwo anders hin legen: in den *Glauben* an unglaubwürdige Dinge, in das Zeremoniell von Gebeten, Anbetung, Festen usw. Der Begriff »Sünde«, »Vergebung«, »Strafe«, »Belohnung« – alles ganz unbeträchtlich und fast *ausgeschlossen* vom ersten Christentum – kommt jetzt in den Vordergrund.

Ein schauderhafter Mischmasch von griechischer Philosophie und Judentum; der Asketismus; das beständige Richten und Verurteilen; die Rangordnung usw.

(337)

Spätere Zutaten. – Die ganze Propheten- und Wundertäter-Attitüde, der Zorn, das Heraufbeschwören des Gerichts ist eine abscheuliche Verderbnis (z. B. Markus 6, 11 Und die, welche euch nicht aufnehmen ... ich sage euch: wahrlich, es wird Sodom und Gomorrha usw.). Der »Feigenbaum« (Matth. 21, 18): Als er aber des Morgens wieder in die Stadt ging, hungerte ihn. Und er sah einen Feigenbaum am Wege und ging hin und fand nichts daran, denn allein Blätter, und sprach zu ihm: Nun wachse auf dir hinfort nimmermehr Frucht! und der Feigenbaum verdorrte alsbald.

(338)

Auch die *Christen* haben es gemacht wie die Juden und das, was sie als Existenzbedingung und Neuerung empfanden, ihrem

Meister in den Mund gelegt und sein Leben damit inkrustiert. Insgleichen haben sie die ganze Spruchweisheit ihm zurückgegeben –: kurz, ihr tatsächliches Leben und Treiben als einen *Gehorsam* dargestellt und dadurch für ihre Propaganda geheiligt.

Woran alles hängt, das ergibt sich bei Paulus: es ist *wenig*. Das andere ist die Ausgestaltung eines Typus von Heiligen, aus dem, was ihnen als heilig galt.

Die ganze »Wunderlehre«, eingerechnet die Auferstehung, ist eine Konsequenz der Selbstverherrlichung der Gemeinde, welche das, was sie sich selber zutraute, in höherem Grade ihrem Meister zutraute (resp. *aus* ihm ihre Kraft ableitete...).

(339)

Das Christentum ist jeden Augenblick noch möglich. Es ist an keines der unverschämten Dogmen gebunden, welche sich mit seinem Namen geschmückt haben: es braucht weder die Lehre vom *persönlichen Gott*, noch von der *Sünde*, noch von der *Unsterblichkeit*, noch von der *Erlösung*, noch vom *Glauben*; es hat schlechterdings keine Metaphysik nötig, noch weniger den Asketismus, noch weniger eine christliche »Naturwissenschaft« ... Das Christentum ist eine *Praxis*, keine Glaubenslehre. Es sagt uns wie wir handeln, nicht was wir glauben sollen.

Wer jetzt sagte »ich will nicht Soldat sein«, »ich kümmere mich nicht um die Gerichte«, »die Dienste der Polizei werden von mir nicht in Anspruch genommen«, »ich will nichts tun, was den Frieden in mir selbst stört: und wenn ich daran leiden muß, nichts wird mehr mir den Frieden erhalten als Leiden« – der wäre Christ.

(340)

Es fehlt der exzentrische Begriff der »Heiligkeit«, – »Gott« und »Mensch« sind nicht auseinandergerissen. Das »Wunder« fehlt – es gibt gar nicht jene Sphäre: die einzige, die in Betracht kommt, ist die »geistliche« (d. h. symbolisch-psychologische). Als décadence: Seitenstück zum »Epikureismus« ... Das Paradies, nach griechischem Begriff, auch nur der »Garten Epikurs«.

Es fehlt die *Aufgabe* in einem solchen Leben: – es *will* nichts; – eine Form der »epikurischen Götter«; – es fehlt aller *Grund*, noch Ziele zu setzen, – Kinder zu haben: – Alles ist erreicht.

b. Das jüdische Ressentiment

(341)

Zum psychologischen Problem des Christentums. – Die treibende Kraft bleibt: das Ressentiment, der Volksaufstand, der Aufstand der Schlechtweggekommenen. (Mit dem Buddhismus steht es anders: er ist nicht *geboren* aus einer *Ressentiments*-Bewegung. Er bekämpft dasselbe, weil es zum *Handeln* antreibt.)

Diese Friedenspartei begreift, daß *Verzichtleisten auf Feindseligkeit in Gedanken und Tat* eine Unterscheidungs- und Erhaltungsbedingung ist. Hierin liegt die psychologische Schwierigkeit, welche verhindert hat, daß man das Christentum verstand: der Trieb, der es *schuf*, erzwingt eine grundsätzliche Bekämpfung seiner selber –

Nur als *Friedens- und Unschuldspartei* hat diese Aufstandsbewegung eine Möglichkeit auf Erfolg: sie muß siegen durch die extreme Milde, Süßigkeit, Sanftmut, ihr Instinkt begreift das –. *Kunststück*: den Trieb, dessen Ausdruck man ist, leugnen, verurteilen, das Gegenstück dieses Triebes durch die Tat und das Wort beständig zur Schau tragen –

(342)

Das »*christliche Ideal*«: jüdisch klug in Szene gesetzt. Die *psychologischen Grundtriebe*, seine »Natur«:

der Aufstand gegen die herrschende geistliche Macht;

Versuch, die Tugenden, unter denen das *Glück der Niedrigsten* möglich ist, zum richterlichen Ideal aller Werte zu machen, – es *Gott* zu heißen: der Erhaltungs-Instinkt der lebensärmsten Schichten;

die absolute *Enthaltung* von Krieg und Widerstand aus dem Ideal zu rechtfertigen, – insgleichen den Gehorsam;

die Liebe untereinander, als Folge der Liebe zu Gott.

Kunstgriff: alle *natürlichen mobilia ableugnen* und umkehren ins Geistlich-Jenseitige ... die *Tugend* und deren *Verehrung* ganz und gar für sich ausnützen, schrittweise sie allem Nicht-Christlichen *absprechen*.

(343)

Die Realität, auf der das Christentum sich aufbauen konnte, war die kleine *jüdische Familie* der Diaspora, mit ihrer Wärme und Zärtlichkeit, mit ihrer im ganzen römischen Reiche unerhörten und vielleicht unverstandenen Bereitschaft zum Helfen, Einstehen füreinander, mit ihrem verborgenen und in Demut verkleideten Stolz der »Auserwählten«, mit ihrem innerlichsten Neinsagen ohne Neid zu allem, was obenauf ist und was Glanz und Macht für sich hat. *Das als Macht erkannt zu haben*, diesen *seligen* Zustand als mitteilsam, verführerisch, ansteckend auch für Heiden erkannt zu haben – ist das *Genie* des Paulus: den Schatz von latenter Energie, von klugem Glück auszunützen zu einer »jüdischen Kirche freieren Bekenntnisses«, die ganze jüdische Erfahrung und Meisterschaft der *Gemeinde-Selbsterhaltung* unter der Fremdherrschaft, auch die jüdische Propaganda – das erriet er als seine Aufgabe. Was er vorfand, das war eben jene absolut unpolitische und abseits gestellte Art *kleiner Leute*: ihre Kunst, sich zu behaupten und durchzusetzen, in einer Anzahl Tugenden angezüchtet, welche den einzigen Sinn von Tugend ausdrückten (»Mittel der Erhaltung und Steigerung einer bestimmten Art Mensch«).

Aus der kleinen jüdischen Gemeinde kommt das Prinzip der *Liebe* her: es ist eine *leidenschaftlichere* Seele, die hier unter der Asche von Demut und Armseligkeit glüht: so war es weder griechisch, noch indisch, noch gar germanisch. Das Lied zu Ehren der Liebe, welches Paulus gedichtet hat, ist nichts Christliches, sondern ein jüdisches Auflodern der ewigen Flamme, die semitisch ist. Wenn das Christentum etwas Wesentliches in psychologischer Hinsicht getan hat, so ist es eine *Erhöhung der Temperatur der Seele* bei jenen kälteren und vornehmeren Rassen, die damals obenauf waren; es war die Entdeckung, daß das elendeste Leben reich und unschätzbar werden kann durch eine Temperatur-Erhöhung ...

Es versteht sich, daß eine solche Uebertragung *nicht* stattfinden konnte in Hinsicht auf die herrschenden Stände: die Juden und Christen hatten die schlechten Manieren gegen sich, – und was Stärke und Leidenschaft der Seele bei schlechten Manieren ist, das wirkt abstoßend und beinahe Ekel erregend (– ich *sehe* diese schlechten Manieren, wenn ich das Neue Testament lese). Man mußte durch Niedrigkeit und Not mit dem hier redenden Typus des niederen Volkes verwandt sein, um das Anziehende zu empfinden ... Es ist eine Probe davon, ob man etwas *klassischen Geschmack* im Leibe hat, wie man zum Neuen Testament steht (vergl. Tacitus); wer davon nicht revoltiert ist, wer dabei nicht ehrlich und gründlich etwas von foeda superstitio empfindet, etwas, wovon man die Hand zurückzieht, wie um nicht sich zu beschmutzen: der weiß nicht, was klassisch ist. Man muß das »Kreuz« empfinden wie Goethe –

(344)
Man lese einmal das *Neue Testament* als *Verführungs-Buch*: die

Tugend wird in Beschlag genommen, im Instinkt, daß man mit ihr die öffentliche Meinung für sich einnimmt, – und zwar die allerbescheidenste *Tugend*, welche das ideale Herdenschaf anerkennt und nichts weiter (den Schafhirten eingerechnet –): eine kleine, zärtliche, wohlwollende, hilfreiche und schwärmerisch-vergnügte Art Tugend, welche nach außen hin absolut anspruchslos ist, – welche »die Welt« gegen sich abgrenzt. Der *unsinnigste Dünkel*, als ob sich das Schicksal der Menschheit dergestalt um sie drehe, daß die Gemeinde auf der einen Seite das Rechte und die Welt auf der andern Seite das Falsche, das ewig-Verwerfliche und Verworfene sei. Der *unsinnigste Haß* gegen alles, was in der Macht ist: aber ohne daran zu rühren! Eine Art von *innerlicher Loslösung*, welche äußerlich alles beim alten läßt (Dienstbarkeit und Sklaverei; aus *allem* sich ein Mittel zum Dienste Gottes und der Tugend zu machen wissen).

(345)

Im Neuen Testament, speziell in den Evangelien höre ich durchaus nichts »*Göttliches*« reden: vielmehr eine *indirekte Form* der abgründlichsten Verleumdungs- und Vernichtungswut – eine der unehrlichsten Formen des Hasses. Es fehlt *alle* Kenntnis der Eigenschaften einer *höheren Natur*. Ungescheuter Mißbrauch aller Art Biedermännerei; der ganze Schatz von Sprichwörtern ist ausgenützt und angemaßt; war es nötig, daß ein *Gott* kommt, um jenen Zöllnern zu sagen usw. –

Nichts ist gewöhnlicher als dieser Kampf gegen die *Pharisäer* mit Hilfe einer absurden und unpraktischen Moral-Scheinbarkeit; an solchem tour de force hat das Volk immer sein Vergnügen gehabt. Vorwurf der »Heuchelei«! aus diesem Munde! Nichts ist gewöhnlicher als diese Behandlung der Gegner – ein Indizium verfänglichster Art für Vornehmheit oder nicht…

(346)

Nichts ist weniger unschuldig als das Neue Testament. Man weiß, auf welchem Boden es gewachsen ist. Dies Volk, mit einem unerbittlichen Willen zu sich selbst, das sich, nachdem es jeden natürlichen Halt verloren und sein Recht auf Dasein längst eingebüßt hatte, dennoch durchzusetzen wußte und dazu nötig hatte, sich ganz und gar auf unnatürliche, rein imaginäre Voraussetzungen (als auserwähltes Volk, als Gemeinde der Heiligen, als Volk der Verheißung, als »Kirche«) aufzubauen: dies Volk handhabte die pia fraus mit einer Vollendung, mit einem Grad »guten Gewissens«, daß man nicht vorsichtig genug sein kann, wenn es Moral predigt. Wenn Juden als die Unschuld selber auftreten, da ist die Gefahr groß geworden: man soll seinen kleinen Fond Verstand, Mißtrauen, Bosheit immer in der Hand haben, wenn man das Neue Testament liest.

Leute niedrigster Herkunft, zum Teil Gesindel, die Ausgestoßenen nicht nur der guten, sondern auch der achtbaren Gesellschaft, abseits selbst vom *Geruche* der Kultur aufgewachsen, ohne Zucht, ohne Wissen, ohne jede Ahnung davon, daß es in geistigen Dingen Gewissen geben könnte, eben – Juden: instinktiv klug, mit allen abergläubischen Voraussetzungen, mit der Unwissenheit selbst, einen Vorzug, eine *Verführung* zu schaffen.

(347)

Die *tiefe Verachtung*, mit der der Christ in der vornehm gebliebenen antiken Welt behandelt wurde, gehört ebendahin, wohin heute noch die Instinkt-Abneigung gegen den Juden gehört: es ist der Haß der freien und selbstbewußten Stände gegen die, *welche sich durchdrücken* und schüchterne, linkische Gebärden mit einem unsinnigen Selbstgefühl verbinden.

Das Neue Testament ist das Evangelium einer gänzlich *unvornehmen* Art Mensch; ihr Anspruch, mehr Wert zu haben, ja *allen* Wert zu haben, hat in der Tat etwas Empörendes, – auch heute noch.

(348)

Der Krieg gegen die Vornehmen und Mächtigen, wie er im Neuen Testament geführt wird, ist ein Krieg wie der des *Reineke* und mit gleichen Mitteln: nur immer in priesterlicher Salbung und in entschiedener Ablehnung, um seine eigene Schlauheit zu wissen.

(349)

Die jüdische Priesterschaft hatte verstanden, alles was *sie* beanspruchte, als eine *göttliche Satzung*, als Folgeleistung gegen ein Gebot Gottes zu präsentieren... insgleichen, was dazu diente, *Israel zu erhalten*, seine Existenz-*Ermöglichung* (z. B. eine Summe von *Werken*: Beschneidung, Opferkult als Zentrum des nationalen Bewußtseins) nicht als Natur, sondern als »Gott« einzuführen. – *Dieser Prozeß setzt sich fort; innerhalb* des Judentums, wo die Notwendigkeit der »Werke« nicht empfunden wurde (nämlich als Abscheidung gegen außen), konnte eine priesterliche Art Mensch konzipiert werden, die sich verhält wie die »vornehme Natur« zum Aristokraten; eine kastenlose und gleichsam spontane Priesterhaftigkeit der Seele, welche nun, um ihren Gegensatz scharf von sich abzuheben, nicht auf die »Werke«, sondern die »Gesinnung« den Wert legte...

Im Grunde handelte es sich wieder darum, eine bestimmte Art von Seele *durchzusetzen*: gleichsam ein *Volks-Aufstand innerhalb* eines priesterlichen Volkes, – eine pietistische Bewegung von unten (Sünder, Zöllner, Weiber, Kranke). Jesus von Nazareth war das Zeichen, an dem sie sich *erkannten*. Und wieder, um an sich glauben zu können, brauchen sie eine *theologische Transfiguration*: nichts Geringeres als »der Sohn Gottes« tut ihnen not, um sich Glauben zu schaffen ... Und genau so, wie die Priesterschaft die ganze Geschichte Israels verfälscht hatte, so wurde nochmals der Versuch gemacht, überhaupt die Geschichte der Menschheit hier *umzufälschen*, damit das Christentum als sein kardinalstes Ereignis erscheinen könne. Diese Bewegung konnte nur auf dem Boden des Judentums entstehen: dessen Haupttat war, *Schuld und Unglück* zu verflechten und alle Schuld auf *Schuld an Gott* zu reduzieren: davon ist das Christentum die *zweite Potenz*.

(350)

Dies war die verhängnisvollste Art Größenwahn, die bisher auf Erden dagewesen ist: – wenn diese verlogenen kleinen Mißgeburten von Muckern anfangen, die Worte »Gott«, »Jüngstes Gericht«, »Wahrheit«, »Liebe«, »Weisheit«, »Heiliger Geist« für sich in Anspruch zu nehmen und sich damit gegen »die Welt« abzugrenzen, wenn diese Art Mensch anfängt, die *Werte nach sich umzudrehen*, wie als ob *sie* der Sinn, das Salz, das Maß und *Gewicht* vom ganzen Rest wären: so sollte man ihnen Irrenhäuser bauen und nichts weiter tun. Daß man sie *verfolgte*, das war eine antike Dummheit großen Stils: damit nahm man sie zu ernst, damit machte man aus ihnen einen Ernst.

Das ganze Verhängnis war dadurch ermöglicht, daß schon eine verwandte Art von Größenwahn *in der Welt war*, der *jüdische* (– nachdem einmal die Kluft zwischen den Juden und den Christen-Juden aufgerissen, *mußten* die Christen-Juden die Prozedur der Selbsterhaltung, welche der jüdische Instinkt erfunden hatte, nochmals und in einer letzten Steigerung zu ihrer Selbsterhaltung anwenden –); andererseits dadurch, daß die griechische Philosophie der Moral alles getan hatte, um einen *Moral-Fanatismus* selbst unter Griechen und Römern vorzubereiten und schmackhaft zu machen ... Plato, die große Zwischenbrücke der Verderbnis, der zuerst die Natur in der Moral nicht verstehen wollte, der bereits die griechischen Götter mit seinem Begriff »*gut*« entwertet hatte, der bereits *jüdisch-angemuckert* war (– in Aegypten?).

(351)

Die *psychologische Voraussetzung*: die *Unwissenheit* und *Unkultur*, die Ignoranz, die jede Scham verlernt hat: man denke sich diese unverschämten Heiligen mitten in Athen;

: der *jüdische* »*Auserwählten*«-*Instinkt*: sie nehmen *alle Tugenden* ohne weiteres für sich in Anspruch und rechnen den Rest der Welt als ihren Gegensatz; tiefes Zeichen der *Gemeinheit der Seele*;

: der *vollkommene Mangel an wirklichen Zielen*, an wirklichen *Aufgaben*, zu denen man andere Tugenden als die der Mucker braucht, – *der Staat nahm ihnen diese Arbeit ab*: das unverschämte Volk tat trotzdem, als ob sie ihn nicht nötig hätten.

»So ihr nicht werdet wie die Kinder –«: oh wie fern wir von dieser psychologischen Naivität sind!

(352)

Die *tiefe Unwürdigkeit*, mit der alles Leben außerhalb des christlichen beurteilt wird: es genügt ihnen nicht, ihre eigentlichen Gegner sich gemein zu denken, sie brauchen nichts weniger als eine Gesamtverleumdung von allem, was nicht *sie* sind ... Mit der Arroganz der Heiligkeit verträgt sich aufs beste eine niederträchtige und verschmitzte Seele: Zeugnis die ersten Christen.

Die *Zukunft*: sie lassen es sich *tüchtig bezahlen* ... Es ist die *unsauberste Art Geist*, die es gibt: Das ganze Leben Christi wird so dargestellt, daß er den Weissagungen zum Recht verhilft: er handelt so, *damit sie Recht bekommen*...

(353)

Das Christentum als *emanzipiertes Judentum* (in gleicher Weise wie eine lokal und rassenmäßig bedingte Vornehmheit endlich sich von diesen Bedingungen emanzipiert und nach verwandten Elementen *suchen geht* ...).

1. als Kirche (Gemeinde) auf dem Boden des Staates, als unpolitisches Gebilde;
2. als Leben, Zucht, Praxis, Lebenskunst;
3. als *Religion der Sünde* (des Vergehens *an Gott* als *einziger* Art der Vergehung, als einziger Ursache alles Leidens überhaupt), mit einem Universalmittel gegen sie. Es gibt nur an Gott Sünde; was gegen die Menschen gefehlt ist, darüber soll der Mensch nicht richten, noch Rechenschaft fordern, es sei denn im Namen Gottes. Insgleichen alle Gebote (Liebe): Alles ist angeknüpft an Gott, und um Gottes Willen wird es am Menschen getan. Darin steckt eine hohe Klugheit (– das Leben in großer Enge, wie bei den Eskimos, ist nur erträglich bei der friedfertigsten und nachsichtigsten Gesinnung: das jüdisch-

christliche Dogma wendete sich gegen die Sünde, zum Besten des »Sünders« –).

(354)

Diese kleinen Herdentier-Tugenden führen ganz und gar nicht zum »ewigen Leben«: sie dergestalt in Szene setzen, und sich mit ihnen, mag sehr klug sein, aber für den, der hier noch seine Augen auf hat, bleibt es trotz alledem das lächerlichste aller Schauspiele. Man verdient ganz und gar nicht ein Vorrecht auf Erden und im Himmel, wenn man es zur Vollkommenheit einer kleinen, lieben Schafsmäßigkeit gebracht hat; man bleibt damit, günstigen Falls, immer bloß ein kleines, liebes, absurdes Schaf mit Hörnern – vorausgesetzt, daß man nicht vor Eitelkeit platzt und durch richterliche Attitüden skandalisiert.

Die ungeheure Farben-Verklärung, mit der hier die kleinen Tugenden illuminiert werden – wie als Widerglanz göttlicher Qualitäten!

Die *natürliche* Absicht und Nützlichkeit jeder Tugend grundsätzlich *verschwiegen*; sie ist nur in Hinsicht auf ein *göttliches* Gebot, ein göttliches Vorbild wertvoll, nur in Hinsicht auf jenseitige und geistliche Güter. (Prachtvoll: als ob sich's ums »*Heil der Seele*« handelte: aber es war ein Mittel, um es hier mit möglichst viel schönen Gefühlen »auszuhalten«).

c. Das Christentum als Verfallsform der alten Welt

(355)

Die angebliche Jugend. – Man betrügt sich, wenn man hier von einem naiven und jungen Volks-Dasein träumt, das sich gegen eine alte Kultur abhebt; es geht der Aberglaube, als ob in diesen Schichten des niedersten Volkes, wo das Christentum wuchs und Wurzeln schlug, die tiefere Quelle des Lebens wieder emporgesprudelt sei: man versteht nichts von der Psychologie der Christlichkeit, wenn man sie als Ausdruck einer neu heraufkommenden Volks-Jugend und Rassen-Verstärkung nimmt. Vielmehr: es ist eine typische décadence-Form, die Moral-Verzärtlichung und Hysterie in einer müde und ziellos gewordenen, krankhaften Mischmasch-Bevölkerung. Diese wunderliche Gesellschaft, welche hier um diesen Meister der Volks-Verführung sich zusammenfand, gehört eigentlich samt und sonders in einen russischen Roman: alle Nervenkrankheiten geben sich bei ihnen ein Rendezvous ... die Abwesenheit von Aufgaben, der Instinkt, daß alles eigentlich am Ende sei, daß sich nichts mehr lohne, die Zufriedenheit in einem dolce far niente.

Die Macht und Zukunfts-Gewißheit des jüdischen Instinkts, das Ungeheure seines zähen Willens zu Dasein und Macht liegt in seiner herrschenden Klasse; *die* Schichten, welche das junge Christentum emporhebt, sind durch nichts schärfer gezeichnet, als durch die Instinkt-*Ermüdung*. Man hat es satt: das ist das eine – und man ist zufrieden, bei sich, in sich, für sich – das ist das andere.

(356)

Diese *nihilistische* Religion sucht sich die décadence-*Elemente* und Verwandtes im Altertum zusammen; nämlich:
a) die Partei der *Schwachen* und *Mißratenen* (den Ausschuß der antiken Welt: Das, was sie am kräftigsten von sich stieß...);
b) die Partei der *Vermoralisierten* und *Antiheidnischen*;
c) die Partei der *Politisch-Ermüdeten* und Indifferenten (blasierte Römer...), der *Entnationalisierten*, denen eine Leere geblieben war;
d) die Partei derer, die sich satt haben, – die gern an einer *unterirdischen* Verschwörung mitarbeiten –

(357)

Die große *Lüge* in der Historie: als ob es die *Verderbnis* des Heidentums gewesen wäre, die dem Christentum die Bahn gemacht habe! Aber es war die Schwächung und *Vermoralisierung* des antiken Menschen! Die Umdeutung der Naturtriebe in *Laster* war schon vorhergegangen!

(358)

Der Kampf gegen den »alten Glauben«, wie ihn Epikur unternahm, war, im strengen Sinne, der Kampf gegen das *präexistente* Christentum, – der Kampf gegen die bereits verdüsterte, vermoralisierte, mit Schuldgefühlen durchsäuerte, alt und krank gewordene alte Welt.

Nicht die »Sittenverderbnis« des Altertums, sondern gerade seine *Vermoralisierung* ist die Voraussetzung, unter der allein das Christentum über dasselbe Herr werden konnte. Der Moral-Fanatismus (kurz: Plato) hat das Heidentum zerstört, indem er seine Werte umwertete und seiner Unschuld Gift zu trinken gab. – Wir sollten endlich begreifen, daß, was da zerstört wurde, das *Höhere* war, im Vergleich mit dem, was Herr wurde! – Das Christentum ist aus der psychologischen Verderbnis gewachsen, hat nur auf verderbtem Boden Wurzel gefaßt.

(359)

Das Christentum nimmt den Kampf nur auf, der schon gegen das *klassische* Ideal, gegen die *vornehme* Religion bestand.

Tatsächlich ist diese ganze *Umbildung* eine Uebersetzung in die Bedürfnisse und das Verständnis-Niveau der damaligen *religiösen* Masse: jener Masse, welche an Isis, Mithras, Dionysos, die »große Mutter« glaubte und welche von einer Religion verlangte: 1. die Jenseits-Hoffnung, 2. die blutige Phantasmagorie des Opfertiers (das Mysterium), 3. die erlösende *Tat*, die heilige Legende, 4. den Asketismus, die Weltverneinung, die abergläubische »Reinigung«, 5. die Hierarchie, eine Form der Gemeindebildung. Kurz: das Christentum paßt sich an das schon bestehende, überall eingewachsene *Anti-Heidentum* an, an die Kulte, welche von Epikur bekämpft worden sind ... genauer, an die *Religionen* der *niederen Masse*, der *Frauen*, der *Sklaven*, der *nicht-vornehmen Stände*.

Wir haben also als *Mißverständnis*:
1. die Unsterblichkeit der Person;
2. die angebliche *andere* Welt;
3. die Absurdität des Strafbegriffs und Sühnebegriffs im Zentrum der Daseins-Interpretation;
4. die Entgöttlichung des Menschen statt seiner Vergöttlichung, die Aufreißung der tiefsten Kluft, über die nur das Wunder, nur die Prostration der tiefsten Selbstverachtung hinweghilft;
5. die ganze Welt der verdorbenen Imagination und des krankhaften Affekts, statt der liebevollen, einfältigen Praxis, statt eines auf Erden erreichbaren buddhistischen Glückes;
6. eine kirchliche Ordnung mit Priesterschaft, Theologie, Kultus, Sakrament; kurz, alles das, was Jesus von Nazareth *bekämpft* hatte;
7. das *Wunder* in allem und jedem, der Aberglaube: während gerade das Auszeichnende des Judentums und des ältesten Christentums sein *Widerwille* gegen das Wunder ist, seine relative *Rationalität*.

(360)

Das *Christentum* ist ein naiver Ansatz zu einer buddhistischen *Friedensbewegung*, mitten aus dem eigentlichen Herde des Ressentiments heraus ... aber durch *Paulus* zu einer heidnischen Mysterienlehre umgedreht, welche endlich sich mit der ganzen *staatlichen Organisation* verträgt lernt ... und Kriege führt, verurteilt, foltert, schwört, haßt.

Paulus geht von dem Mysterien-Bedürfnis der großen, religiös-erregten Menge aus: er sucht ein *Opfer*, eine blutige Phantasmagorie, die den Kampf aushält mit den Bildern der Geheimkulte: Gott am Kreuze, das Bluttrinken, die unio mystica mit dem »Opfer«.

Er sucht die *Fortexistenz* (die selige, entsühnte Fortexistenz der Einzelseele) als Auferstehung in Kausalverbindung mit jenem *Opfer* zu bringen (nach dem Typus des Dionysos, Mithras, Osiris).

Er hat nötig, den Begriff *Schuld* und *Sünde* in den Vordergrund zu bringen, *nicht* eine neue Praxis (wie sie Jesus selbst zeigte und lehrte), sondern einen neuen Kultus, einen neuen Glauben, einen Glauben an eine wundergleiche Verwandlung (»Erlösung« durch den Glauben).

Er hat das *große Bedürfnis* der *heidnischen Welt* verstanden und aus den Tatsachen vom Leben und Tode Christi eine vollkommen willkürliche Auswahl gemacht, alles neu akzentuiert, überall das Schwergewicht verlegt ... er hat prinzipiell das ursprüngliche Christentum *annulliert* ...

Das Attentat auf *Priester* und *Theologen* mündete, dank dem Paulus, in eine neue Priesterschaft und Theologie – einen *herrschenden* Stand, auch eine *Kirche*.

Das Attentat auf die übermäßige Wichtigtuerei der »*Person*« mündete in den Glauben an die »ewige Person« (in die Sorge ums »ewige Heil« ...), in die paradoxeste Uebertreibung des Personal-Egoismus.

Das ist der *Humor* der Sache, ein tragischer Humor: Paulus hat gerade das im großen Stile wieder aufgerichtet, was Christus durch sein Leben annulliert hatte. Endlich, als die Kirche fertig ist, nimmt sie sogar das *Staats-Dasein* unter ihre Sanktion ...

(361)

Paulus: er sucht Macht *gegen* das regierende Judentum, – seine Bewegung ist zu schwach ... Umwertung des Begriffes »Jude«: die »Rasse« wird beiseite getan –: aber das hieß das *Fundament* negieren. Der »Märtyrer«, der »Fanatiker«, der Wert alles *starken* Glaubens ...

Das Christentum ist die *Verfalls-Form* der alten Welt in tiefster Ohnmacht, sodaß die kränksten und ungesündesten Schichten und Bedürfnisse obenauf kommen.

Folglich mußten *andere* Instinkte in den Vordergrund treten, um eine Einheit, eine sich wehrende Macht zu *schaffen* – kurz eine Art Notlage war nötig, wie jene, aus der die Juden ihren *Instinkt zur Selbsterhaltung* genommen hatten ...

Unschätzbar sind hierfür die Christen-Verfolgungen – die Gemeinsamkeit in der Gefahr, die Massen-Bekehrungen als einziges Mittel, den Privat-Verfolgungen ein Ende zu machen (– er nimmt es folglich so leicht als möglich mit dem Begriff »Bekehrung«).

(362)

Ueber das *Christentum* Herr geworden: der Judaismus (Paulus); der Platonismus (Augustin); die Mysterienkulte (Erlösungslehre, Sinnbild des »Kreuzes«); der Asketismus (– Feindschaft gegen die »Natur«, »Vernunft«, »Sinne«, – Orient . . .).

(363)

Das »Christentum« ist etwas Grundverschiedenes von dem geworden, was sein Stifter tat und wollte. Es ist die große *antiheidnische Bewegung* des Altertums, formuliert mit Benutzung von Leben, Lehre und »Worten« des Stifters des Christentums, aber in einer absolut *willkürlichen* Interpretation nach dem Schema *grundverschiedener Bedürfnisse*: übersetzt in die Sprache aller schon bestehenden *unterirdischen Religionen* –

Es ist die Heraufkunft des Pessimismus (– während Jesus den Frieden und das Glück der Lämmer bringen wollte): und zwar des Pessimismus der Schwachen, der Unterlegenen, der Leidenden, der Unterdrückten.

Ihr Todfeind ist 1. die *Macht* in Charakter, Geist und Geschmack; die »Weltlichkeit«; 2. das klassische »Glück«, die vornehme Leichtfertigkeit und Skepsis, der harte Stolz, die exzentrische Ausschweifung und die kühle Selbstgenügsamkeit des Weisen, das griechische Raffinement in Gebärde, Wort und Form. Ihr Todfeind ist der *Römer* ebensosehr als der *Grieche*.

Versuch des *Antiheidentums*, sich philosophisch zu begründen und möglich zu machen: Witterung für die zweideutigen Figuren der alten Kultur, vor allem für Plato, diesen Antihellenen und Semiten von Instinkt . . . Insgleichen für den Stoizismus, der wesentlich das Werk von Semiten ist (– die »Würde« als Strenge, Gesetz, die Tugend als Größe, Selbstverantwortung, Autorität, als höchste Personal-Souveränität – das ist semitisch. Der Stoiker ist ein arabischer Scheich in griechische Windeln und Begriffe gewickelt).

(364)

Das *christlich-jüdische* Leben: hier überwog *nicht* das Ressentiment. Erst die großen Verfolgungen mögen die Leidenschaft dergestalt herausgetrieben haben – sowohl die *Glut* der *Liebe*, als die des *Hasses*.

Wenn man für seinen Glauben seine Liebsten geopfert sieht, dann wird man *aggressiv*; man verdankt den Sieg des Christentums seinen Verfolgern.

Die *Asketik* im Christentum ist nicht spezifisch: das hat Schopenhauer mißverstanden: sie wächst nur in das Christentum hinein: überall dort, wo es auch ohne Christentum Asketik gibt.

Das *hypochondrische* Christentum, die Gewissens-Tierquälerei und -Folterung ist insgleichen nur einem gewissen Boden zugehörig, auf dem christliche Werte Wurzel geschlagen haben: es ist nicht das Christentum selbst. Das Christentum hat alle Art Krankheiten morbider Böden in sich aufgenommen: man könnte ihm einzig zum Vorwurf machen, daß es sich gegen keine Ansteckung zu wehren wußte. Aber eben *das* ist sein Wesen: Christentum ist ein Typus der décadence.

d. Das Zerbrechen der Starken

(365)

Anti-Darwin. — Was mich beim Ueberblick über die großen Schicksale des Menschen am meisten überrascht, ist, immer das Gegenteil vor Augen zu sehen von dem, was heute Darwin mit seiner Schule sieht oder sehen *will*: die Selektion zu Gunsten der Stärkeren, Besser-Weggekommen, den Fortschritt der Gattung. Gerade das Gegenteil greift sich mit Händen: das Durchstreichen der Glücksfälle, die Unnützlichkeit der höher geratenen Typen, das unvermeidliche Herr-werden der mittleren, selbst der *untermittleren* Typen. Gesetzt, daß man uns nicht den Grund aufzeigt, warum der Mensch die Ausnahme unter den Kreaturen ist, neige ich zum Vorurteil, daß die Schule Darwins sich überall getäuscht hat. Jener Wille zur Macht, in dem ich den letzten Grund und Charakter aller Veränderung wiedererkenne, gibt uns das Mittel an die Hand, warum gerade die Selektion zu Gunsten der Ausnahmen und Glücksfälle nicht statt hat: die Stärksten und Glücklichsten sind schwach, wenn sie organisierte Herdeninstinkte, wenn sie die Furchtsamkeit der Schwachen, die Ueberzahl gegen sich haben. Mein Gesamtaspekt der Welt der Werte zeigt, daß in den obersten Werten, die über der Menschheit heute aufgehängt sind, nicht die Glücksfälle, die Selektions-Typen, die Oberhand haben: vielmehr die Typen der décadence, — vielleicht gibt es nichts Interessanteres in der Welt, als dieses *unerwünschte* Schauspiel ...

So seltsam es klingt: man hat die Starken immer zu beweisen gegen die Schwachen; die Glücklichen gegen die Mißglückten; die Gesunden gegen die Verkommenen und Erblich-Belasteten. Will man die Realität zur *Moral* formulieren, so lautet diese

Moral: die Mittleren sind mehr wert, als die Ausnahmen; die décadence-Gebilde mehr als die Mittleren; der Wille zum Nichts hat die Oberhand über den Willen zum Leben – und das Gesamtziel ist, nun, christlich, buddhistisch, schopenhauerisch ausgedrückt: »besser *nicht* sein, als sein«.

Gegen die Formulierung der Realität zur Moral *empöre* ich mich: deshalb perhorresziere ich das Christentum mit einem tödlichen Haß, weil es die sublimen Worte und Gebärden schuf, um einer schauderhaften Wirklichkeit den Mantel des Rechts, der Tugend, der Göttlichkeit zu geben ...

Ich sehe alle Philosophen, ich sehe die Wissenschaft auf den Knien vor der Realität vom *umgekehrten* Kampf ums Dasein, als ihn die Schule Darwins lehrt, – nämlich ich sehe überall die obenauf, die übrigbleibend, die das Leben, den Wert des Lebens kompromittieren. – Der Irrtum der Schule Darwins wurde mir zum Problem: wie kann man blind sein, um gerade *hier* falsch zu sehen?

Daß die *Gattungen* einen Fortschritt darstellen, ist die unvernünftigste Behauptung von der Welt: einstweilen stellen sie ein *Niveau* dar. Daß die höheren Organismen aus den niederen sich entwickelt hätten, ist durch keinen Fall bisher bezeugt. Ich sehe, daß die niederen durch die Menge, durch die Klugheit, durch die List im Uebergewicht sind, – ich sehe nicht, wie eine zufällige Veränderung einen Vorteil abgibt, zum mindesten nicht für eine so lange Zeit: diese wäre wieder ein neues Motiv, zu erklären, warum eine zufällige Veränderung derartig stark geworden ist.

Ich finde die »Grausamkeit der Natur«, von der man so viel redet, an einer andern Stelle: sie ist grausam gegen ihre Glückskinder, sie schont und schützt und liebt les humbles.

In summa: das Wachstum der *Macht* einer Gattung ist durch die Präponderanz ihrer Glückskinder, ihrer Starken vielleicht weniger garantiert, als durch die Präponderanz der mittleren und niederen Typen ... In letzteren ist die große Fruchtbarkeit, die Dauer; mit ersteren wächst die Gefahr, die rasche Verwüstung, die schnelle Zahl-Verminderung.

(366)

Ich liebe es durchaus nicht an jenem Jesus von Nazareth oder an seinem Apostel Paulus, daß sie den *kleinen Leuten so viel in den Kopf gesetzt haben*, als ob es etwas auf sich habe mit ihren bescheidenen Tugenden. Man hat es zu teuer bezahlen müssen: denn sie haben die wertvolleren Qualitäten von Tugend und Mensch in Verruf gebracht, sie haben das schlechte Gewissen und das Selbstgefühl der vornehmen Seele gegeneinander gesetzt, sie haben die *tapfern, großmütigen, verwegenen, exzessiven* Neigungen der starken Seele irregeleitet, bis zur Selbstzerstörung ...

(367)

Wir haben das christliche Ideal wieder *hergestellt*: es bleibt übrig, seinen *Wert zu bestimmen*:

1. Welche Werte werden durch dasselbe *negiert*? Was enthält das *Gegensatz-Ideal*? – Stolz, Pathos der Distanz, die große Verantwortung, den Uebermut, die prachtvolle Animalität, die kriegerischen und eroberungslustigen Instinkte, die Vergöttlichung der Leidenschaft, der Rache, der List, des Zorns, der Wollust, des Abenteuers, der Erkenntnis –; das *vornehme Ideal* wird negiert: Schönheit, Weisheit, Macht, Pracht und Gefährlichkeit des Typus Mensch: der Ziele setzende, der »zukünftige« Mensch (– hier ergibt sich die Christlichkeit als *Schlußfolgerung des Judentums* –).

2. Ist es *realisierbar*? – Ja, doch klimatisch bedingt ähnlich wie das indische. Beiden fehlt die *Arbeit*. – Es löst heraus aus Volk, Staat, Kulturgemeinschaft, Gerichtsbarkeit, es lehnt den Unterricht, das Wissen, die Erziehung zu guten Manieren, den Erwerb, den Handel ab ... es löst alles ab, was den Nutzen und Wert des Menschen ausmacht – es *schließt* ihn durch eine Gefühls-Idiosynkrasie ab. Unpolitisch, antinational, weder aggressiv, noch defensiv, – nur möglich innerhalb des festgeordnetsten Staats- und Gesellschaftslebens, welches diese *heiligen Parasiten* auf allgemeine Unkosten wuchern läßt ...

3. Es bleibt eine Konsequenz des Willens zur *Lust* – und zu nichts weiter! Die »Seligkeit« gilt als etwas, das sich selbst beweist, das keine Rechtfertigung mehr braucht, – alles übrige (die Art leben und leben lassen) ist nur Mittel zum Zweck ...

Aber das ist *niedrig gedacht*: die Furcht vor dem Schmerz, vor der Verunreinigung, vor der Verderbnis selbst als ausreichendes Motiv, alles fahren zu lassen ... Dies ist eine *arme* Denkweise ... Zeichen einer *erschöpften* Rasse ... Man soll sich nicht täuschen lassen. (»Werdet wie die Kinder« –. Die *verwandte* Natur: Franz von Assisi, neurotisch, epileptisch, Visionär, wie Jesus.)

(368)

Der ganze christliche Buß- und Erlösungs-training kann aufgefaßt werden als eine willkürlich erzeugte folie circulaire: wie billig nur in bereits prädestinierten, nämlich morbid angelegten Individuen erzeugbar.

(369)

A. In dem Maße, in dem heute das Christentum noch nötig erscheint, ist der Mensch noch wüst und verhängnisvoll ...

B. In anderem Betracht ist es nicht nötig, sondern extrem schädlich, wirkt aber anziehend und verführend, weil es dem *morbiden* Charakter ganzer Schichten, ganzer Typen der jetzigen Menschheit entspricht ... sie geben ihrem Hange nach, indem sie christlich aspirieren – die décadents aller Art –

Man hat hier zwischen A und B streng zu scheiden. *Im Fall* A ist Christentum ein Heilmittel, mindestens ein Bändigungsmittel (– es dient unter Umständen, krank zu machen: was nützlich sein kann, um die Wüstheit und Roheit zu brechen). *Im Fall* B ist es ein Symptom der Krankheit selbst, *vermehrt* die décadence; hier wirkt es einem *korroborierenden* System der Behandlung entgegen, hier ist es der Kranken-Instinkt *gegen* das, was ihm heilsam ist –

(370)

Was ist denn das, dieser Kampf des Christen »wider die Natur«? Wir werden uns ja durch seine Worte und Auslegungen nicht täuschen lassen! Es ist Natur wider Etwas, das auch Natur ist. Furcht bei vielen, Ekel bei manchen, eine gewisse Geistigkeit bei anderen, die Liebe zu einem Ideal ohne Fleisch und Begierde, zu einem »Auszug der Natur« bei den Höchsten – diese wollen es ihrem Ideale gleichtun. Es versteht sich, daß Demütigung an Stelle des Selbstgefühls, ängstliche Vorsicht vor den Begierden, die Lostrennung von den gewöhnlichen Pflichten (wodurch wieder ein höheres Ranggefühl geschaffen wird), die Aufregung eines beständigen Kampfes um ungeheure Dinge, die Gewohnheit der Gefühls-Effusion – alles einen Typus zusammensetzt: in ihm überwiegt die *Reizbarkeit* eines verkümmernden Leibes, aber die Nervosität und ihre Inspiration wird anders *interpretiert*. Der *Geschmack* dieser Art Naturen geht einmal 1. auf das Spitzfindige, 2. auf das Blumige, 3. auf die extremen Gefühle. – Die natürlichen Hänge befriedigen sich *doch*, aber unter einer neuen Form der Interpretation, z. B. als »Rechtfertigung vor Gott«, »Erlösungsgefühl in der Gnade« (– jedes unabweisbare *Wohlgefühl* wird so interpretiert! –), der Stolz, die Wollust usw. – Allgemeines Problem: was wird aus dem Menschen, der sich das Natürliche verlästert und praktisch verleugnet und verkümmert? Tatsächlich erweist sich der Christ als eine *übertreibende* Form der Selbstbeherrschung: um seine Begierden zu bändigen, scheint er nötig zu haben, sie zu vernichten oder zu kreuzigen.

(371)

Sehen wir, was »der echte Christ« mit alledem anfängt, was seinem Instinkte sich widerrät: – die *Beschmutzung* und Verdächtigung des Schönen, des Glänzenden, des Reichen, des Stolzen, des Selbstgewissen, des Erkennenden, des Mächtigen – in summa der *ganzen Kultur*: seine Absicht geht dahin, ihr *das gute Gewissen* zu nehmen ...

(372)

Sie verachteten den Leib: sie ließen ihn außer Rechnung: mehr noch, sie behandelten ihn wie einen Feind. Ihr Wahnwitz war, zu glauben, man könne eine »schöne Seele« in einer Mißgeburt von Kadaver herumtragen ... Um das auch andern begreiflich zu machen, hatten sie nötig, dn Begriff »schöne Seele« anders anzusetzen, den natürlichen Wert umzuwerten, bis endlich ein bleiches, krankhaftes, idiotisch-schwärmerisches Wesen als Vollkommenheit, als »englisch«, als Verklärung, als höherer Mensch empfunden wurde.

(373)

Krieg gegen das *christliche Ideal*, gegen die Lehre von der »Seligkeit« und dem »Heil« als Ziel des Lebens, gegen die Suprematie der Einfältigen, der reinen Herzen, der Leidenden und Mißglückten. (Was geht uns Gott, der Glaube an Gott noch an? »Gott« heute bloß ein verblichenes Wort, nicht einmal mehr ein Begriff!) Aber, wie Voltaire auf dem Sterbebette sagt: »Reden Sie nur nicht von *dem* Menschen da!«

Wann und wo hat je ein Mensch, *der in Betracht kommt*, jenem christlichen Ideal ähnlich gesehen? Wenigstens für solche Augen, wie sie ein Psycholog und Nierenprüfer haben muß! – man blättere alle Helden Plutarchs durch.

(374)

Wie wenig liegt am Gegenstand! Der Geist ist es, der lebendig macht! Welche kranke und verstockte Luft mitten aus all dem aufgeregten Gerede von »Erlösung«, Liebe, Seligkeit, Glaube, Wahrheit, »ewigem Leben«! Man nehme einmal ein eigentlich *heidnisches* Buch dagegen, z. B. Petronius, wo im Grunde nichts getan, gesagt, gewollt und geschätzt wird, was nicht, nach einem christlich-muckerischen Wertmaß, Sünde, selbst Todsünde ist. Und trotzdem: welches Wohlgefühl in der reineren Luft, der überlegenen Geistigkeit des schnelleren Schrittes, der freigewordenen und überschüssigen zukunftsgewissen Kraft! Im ganzen Neuen Testament kommt keine einzige bouffonnerie vor, aber damit ist ein Buch widerlegt ...

(375)

Gott schuf den Menschen glücklich, müßig, unschuldig und unsterblich: unser wirkliches Leben ist ein falsches, abgefallenes, sündhaftes Dasein, eine Straf-Existenz ... Das Leiden, der

Kampf, die Arbeit, der Tod werden als Einwände und Fragezeichen gegen das Leben abgeschätzt, als etwas Unnatürliches, etwas, das nicht dauern soll; gegen das man Heilmittel braucht – und *hat*! ...

Die Menschheit hat von Adam an bis jetzt sich in einem unnormalen Zustande befunden: Gott selbst hat seinen Sohn für die Schuld Adams hergegeben, um diesem unnormalen Zustande ein Ende zu machen: der natürliche Charakter des Lebens ist ein *Fluch*; Christus gibt dem, der an ihn glaubt, den Normal-Zustand zurück: er macht ihn glücklich, müßig und unschuldig. – Aber die Erde hat nicht angefangen, fruchtbar zu sein ohne Arbeit; die Weiber gebären nicht ohne Schmerzen Kinder, die Krankheit hat nicht aufgehört; die Gläubigsten befinden sich hier so schlecht wie die Ungläubigsten. Nur daß der Mensch vom *Tode* und von der *Sünde* befreit ist – Behauptungen, die keine Kontrolle zulassen –, das hat die Kirche umso bestimmter behauptet. »Er ist frei von Sünde« – nicht durch sein Tun, nicht durch einen rigorosen Kampf seinerseits, sondern durch die *Tat der Erlösung freigekauft* – folglich vollkommen, unschuldig, paradiesisch ...

Das *wahre* Leben nur ein Glaube (d. h. ein Selbstbetrug, ein Irrsinn). Das ganze ringende, kämpfende, wirkliche Dasein voll Glanz und Finsternis nur ein schlechtes, falsches Dasein: von ihm *erlöst* werden ist die Aufgabe.

»Der Mensch unschuldig, müßig, unsterblich, glücklich« – diese Konzeption der »höchsten Wünschbarkeit« ist vor allem zu kritisieren. Warum ist die Schuld, die Arbeit, der Tod, das Leiden (*und*, christlich geredet, die *Erkenntnis* ...) *wider* die höchste Wünschbarkeit? – Die faulen christlichen Begriffe »Seligkeit«, »Unschuld«, »Unsterblichkeit« – – –

(376)

Man soll es dem Christentum nie vergeben, daß es solche Menschen wie Pascal zu Grunde gerichtet hat. Man soll nie aufhören, eben dies am Christentum zu bekämpfen, daß es den Willen dazu hat, gerade die stärksten und vornehmsten Seelen zu zerbrechen. Man soll sich nie Frieden geben, solange dies Eine noch nicht in Grund und Boden zerstört ist: das Ideal vom Menschen, welches vom Christentum erfunden worden ist, seine Forderungen an den Menschen, sein Nein und sein Ja in Hinsicht auf den Menschen. Der ganze absurde Rest von christlicher Fabel, Begriffs-Spinneweberei und Theologie geht uns nichts an; er könnte noch tausendmal absurder sein, und wir würden nicht einen Finger gegen ihn aufheben. Aber jenes Ideal bekämpfen wir, das mit seiner krankhaften Schönheit und Weibs-Verführung, mit seiner heimlichen Verleumder-Beredsamkeit allen Feigheiten und Eitelkeiten müdgewordener Seelen zuredet – und die Stärksten haben müde Stunden –, wie als ob alles das, was in solchen Zuständen am nützlichsten und wünschbarsten scheinen mag, Vertrauen, Arglosigkeit, Anspruchslosigkeit, Geduld, Liebe zu seinesgleichen, Ergebung, Hingebung an Gott, eine Art Abschirrung und Abdankung seines ganzen Ichs, auch an sich das Nützlichste und Wünschbarste sei; wie als ob die kleine bescheidene Mißgeburt von Seele, das tugendhafte Durchschnittstier und Herdenschaf Mensch nicht nur den Vorrang vor der stärkeren, böseren, begehrlicheren, trotzigeren, verschwenderischeren und darum hundertfach gefährdeteren Art Mensch habe, sondern geradezu für den Menschen überhaupt das Ideal, das Ziel, das Maß, die höchste Wünschbarkeit abgebe. *Diese* Aufrichtung eines Ideals war bisher die unheimlichste Versuchung, welcher der Mensch ausgesetzt war: denn mit ihm drohte den stärker geratenen Ausnahmen und Glücksfällen von Mensch, in denen der Wille zur Macht und zum Wachstum des ganzen Typus Mensch einen Schritt vorwärts tut, der Untergang; mit seinen Werten sollte das Wachstum jener Mehr-Menschen an der Wurzel angegraben werden, welche um ihrer höheren Ansprüche und Aufgaben willen freiwillig auch ein gefährlicheres Leben (ökonomisch ausgedrückt: Steigerung der Unternehmer-Kosten ebensosehr wie der Unwahrscheinlichkeit des Gelingens) in den Kauf nehmen. Was wir am Christentum bekämpfen? Daß es die Starken zerbrechen will, daß es ihren Mut entmutigen, ihre schlechten Stunden und Müdigkeiten ausnützen, ihre stolze Sicherheit in Unruhe und Gewissensnot verkehren will, daß es die vornehmen Instinkte giftig und krank zu machen versteht, bis sich ihre Kraft, ihr Wille zur Macht rückwärts kehrt, gegen sich selber kehrt, – bis die Starken an den Ausschweifungen der Selbstverachtung und der Selbstmißhandlung zu Grunde gehen: jene schauerliche Art des Zugrundegehens, deren berühmtestes Beispiel *Pascal* abgibt.

Religion als décadence.

(377)

Gegen Reue und ihre rein psychologische Behandlung. – Mit einem Erlebnis nicht fertig werden ist bereits ein Zeichen von décadence. Dieses Wieder-Aufreißen alter Wunden, das Sich-Wälzen in Selbstverachtung und Zerknirschung ist eine Krankheit mehr, aus der nimmermehr das »Heil der Seele«, sondern immer nur eine neue Krankheitsform derselben entstehen kann ...

Diese »Erlösungs-Zustände« im Christen sind bloße Wechsel eines und desselben krankhaften Zustandes, – Auslegungen der epileptischen Krise unter einer bestimmten Formel, welche *nicht* die Wissenschaft, sondern der religiöse Wahn gibt.

Man ist auf eine krankhafte Manier *gut*, wenn man krank ist ... Wir rechnen jetzt den größten Teil des psychologischen Apparates, mit dem das Christentum gearbeitet hat, unter die Formen der Hysterie und der Epilepsoidis.

Die ganze Praxis der seelischen Wiederherstellung muß auf eine *physiologische* Grundlage zurückgestellt werden: der »Gewissensbiß« als solcher ist ein Hindernis der Genesung, – man muß alles aufzuwiegen suchen durch neue Handlungen, um möglichst schnell dem Siechtum der *Selbsttortur* zu entgehen ... Man sollte die rein psychologische Praktik der Kirche und der Sekten als gesundheitsgefährlich in Verruf bringen ... Man heilt einen Kranken nicht durch Gebete und Beschwörungen böser Geister: die Zustände der »Ruhe«, die unter solchen Einwirkungen eintreten, sind fern davon, im psychologischen Sinne Vertrauen zu erwecken ...

Man ist *gesund*, wenn man sich über seinen Ernst und Eifer lustig macht, mit dem irgend eine Einzelheit unseres Lebens dergestalt uns *hypnotisiert* hat, wenn man beim Gewissensbiß etwas fühlt wie beim Biß eines Hundes wider einen Stein, – wenn man sich seiner Reue schämt, –

Die bisherige Praxis, die rein psychologische und religiöse, war nur auf eine *Veränderung der Symptome* aus: sie hielt einen Menschen für wiederhergestellt, wenn er vor dem Kreuze sich erniedrigte und Schwüre tat, ein guter Mensch zu sein ... Aber ein Verbrecher, der mit einem gewissen düstern Ernst sein Schicksal festhält und nicht seine Tat hinterdrein verleumdet, hat *mehr Gesundheit der Seele* ... Die Verbrecher, mit denen Dostojewskij zusammen im Zuchthaus lebte, waren samt und sonders ungebrochene Naturen, – sind sie nicht hundertmal mehr wert als ein »gebrochener« Christ?

(– Ich empfehle die Behandlung des Gewissensbisses mit der *Mitchell-Kur* – –)

(378)

Die christlichen Moral-Quacksalber. – Mitleid und Verachtung folgen sich in schnellem Wechsel, und mitunter bin ich empört, wie beim Anblick eines schnöden Verbrechens. Hier ist der Irrtum zur Pflicht gemacht – zur Tugend –, der Fehlgriff ist Handgriff geworden, der Zerstörer-Instinkt systematisiert als »Erlösung«; hier wird aus jeder Operation eine Verletzung, eine Ausschneidung selbst von Organen, deren Energie die Voraussetzung jeder Wiederkehr der Gesundheit ist. Und bestenfalls wird nicht geheilt, sondern nur eine Symptomen-Reihe des Uebels in eine andere eingetauscht ... Und dieser gefährliche Unsinn, das System der Schändung und Verschneidung des Lebens gilt als heilig, als unantastbar; in seinem Dienste leben, Werkzeug dieser Heilkunst sein, *Priester* sein hebt heraus, macht ehrwürdig, macht heilig und unantastbar selbst. Nur die Gottheit kann die Urheberin dieser höchsten Heilkunst sein: nur als Offenbarung ist die Erlösung begreiflich, als Akt der Gnade, als unverdientestes Geschenk, das der Kreatur gemacht ist.

Erster Satz: die Gesundheit der Seele wird als Krankheit angesehen, mißtrauisch ...

Zweiter Satz: die Voraussetzungen für ein starkes und blühendes Leben, die starken Begehrungen und Leidenschaften, gelten als Einwände gegen ein starkes und blühendes Leben.

Dritter Satz: alles, woher dem Menschen Gefahr droht, alles, was über ihn Herr werden und ihn zu Grunde richten kann, ist böse, ist verwerflich, – ist mit der Wurzel aus seiner Seele auszureißen.

Vierter Satz: der Mensch, ungefährlich gemacht, gegen sich und andere, schwach, niedergeworfen in Demut und Bescheidenheit, seiner Schwäche bewußt, der »Sünder«, – das ist der wünschbarste Typus, der, welchen man mit einiger Chirurgie der Seele auch *herstellen* kann ...

e. Die intellektuelle Unsauberkeit

(379)

Wenn man auch noch so bescheiden in seinem Anspruch auf intellektuelle Sauberkeit ist, man kann nicht verhindern, bei der Berührung mit dem Neuen Testament etwas wie ein unaussprechliches Mißbehagen zu empfinden: denn die zügellose Frechheit des Mitredenwollens Unberufenster über die großen Probleme, ja ihr Anspruch auf Richtertum in solchen Dingen übersteigt jedes Maß. Die unverschämte Leichtfertigkeit, mit der hier von den unzugänglichsten Problemen (Leben, Welt, Gott, Zweck des Lebens) geredet wird, wie als ob sie keine

Probleme wären, sondern einfach Sachen, die diese kleinen Mucker *wissen*!

(380)

Die Unwissenheit in psychologicis – der Christ hat kein Nervensystem –; die Verachtung und das willkürliche Wegsehen-wollen von den Forderungen des Leibes, von der *Entdeckung* des Leibes; die Voraussetzung, daß es so der höheren Natur des Menschen gemäß sei, – *daß es der Seele notwendig zugute komme* –; die grundsätzliche Reduktion aller Gesamt-Gefühle des Leibes auf moralische Werte; die Krankheit selbst bedingt gedacht durch die Moral, etwa als Strafe oder als Prüfung oder auch als Heils-Zustand, in dem der Mensch vollkommener wird, als er es in der Gesundheit sein könnte (– der Gedanke Pascals), unter Umständen das freiwillige Sich-krank-machen –

(381)

Der Symbolismus des Christentums ruht auf dem *jüdischen*, der auch schon die *ganze Realität* (Historie, Natur) in eine heilige Unnatürlichkeit und Unrealität aufgelöst hatte ... der die wirkliche Geschichte nicht mehr sehen wollte –, der sich für den natürlichen Erfolg nicht mehr interessierte –

(382)

Das Christentum hat von vornherein das Symbolische in Kruditäten umgesetzt:

1. der Gegensatz »wahres Leben« und »falsches« Leben: mißverstanden als »Leben diesseits« und »Leben jenseits«;
2. der Begriff »ewiges Leben« im Gegensatz zum Personal-Leben der Vergänglichkeit als »Personal-Unsterblichkeit«;
3. die Verbrüderung durch gemeinsamen Genuß von Speise und Trank nach hebräisch-arabischer Gewohnheit als »Wunder der Transsubstantiation«;
4. die »Auferstehung –« als Eintritt in das »wahre Leben«, als »wiedergeboren«; daraus: eine historische Eventualität, die irgendwann nach dem Tode eintritt;
5. die Lehre vom Menschensohn als dem »Sohn Gottes«, das Lebensverhältnis zwischen Mensch und Gott; daraus: die »zweite Person der Gottheit« – gerade das *weggeschafft*: das Sohnverhältnis jedes Menschen zu Gott, auch des niedrigsten;
6. die Erlösung durch den Glauben (nämlich daß es keinen anderen Weg zur Sohnschaft Gottes gibt als die von Christus gelehrte *Praxis des Lebens*) umgekehrt in den Glauben, daß man an irgend eine wunderbare *Abzahlung* der *Sünde* zu glauben

habe, welche nicht durch den Menschen, sondern durch die Tat Christi bewerkstelligt ist:

Damit mußte »Christus am Kreuze« neu gedeutet werden. Dieser Tod war an sich durchaus *nicht* die Hauptsache ... er war nur ein Zeichen mehr, wie man sich gegen die Obrigkeit und Gesetze der Welt zu verhalten habe – *nicht sich wehren* ... *Darin lag das Vorbild.*

(383)

Der Stifter des Christentums hat es büßen müssen, daß er sich an die niedrigste Schicht der jüdischen Gesellschaft und Intelligenz gewendet hat. Sie hat ihn nach dem Geiste konzipiert, den sie begriff ... Es ist eine wahre Schande, eine Heilsgeschichte, einen persönlichen Gott, einen persönlichen Erlöser, eine persönliche Unsterblichkeit herausfabriziert zu haben und die ganze Mesquinerie der »Person« und der »Historie« übrig behalten zu haben aus einer Lehre, die allem Persönlichen und Historischen die Realität bestreitet ...

Die Heils-Legende an Stelle der symbolischen Jetzt- und Allzeit, des Hier und Ueberall; das Mirakel an Stelle des psychologischen Symbols.

(384)

Auf eine ganz absurde Weise ist die Lohn- und Straf-Lehre hineingemengt: es ist alles damit verdorben.

Insgleichen ist die *Praxis* der ersten *ecclesia militans*, des Apostels Paulus und sein Verhalten auf eine ganz verfälschende Weise als *geboten*, als *voraus* festgesetzt dargestellt ...

Die nachträgliche Verherrlichung des tatsächlichen *Lebens* und *Lehrens* der ersten Christen: wie als ob alles *so vorgeschrieben* ... bloß *befolgt* wäre ...

Nun gar die *Erfüllung* der *Weissagungen*: was ist da alles gefälscht und zurecht gemacht worden!

(385)

Zur Psychologie des *Paulus*. – Das Faktum ist der Tod Jesu. Dies bleibt *auszulegen* ... Daß es eine Wahrheit und einen Irrtum in der Auslegung gibt, ist solchen Leuten gar nicht in den Sinn gekommen: eines Tages steigt ihnen eine sublime Möglichkeit in den Kopf »es *könnte* dieser Tod das und das bedeuten« – und sofort *ist* er das! Eine Hypothese beweist sich durch den sublimen *Schwung*, welchen sie ihrem Urheber gibt ...

»Der Beweis der Kraft«: d. h. ein Gedanke wird durch seine *Wirkung* bewiesen, – (»an seinen Früchten«, wie die Bibel naiv sagt); was begeistert, muß *wahr* sein, – wofür man sein Blut läßt, muß *wahr* sein –

Hier wird überall das plötzliche Machtgefühl, das ein Gedanke in seinem Urheber erregt, diesem Gedanken als *Wert* zugerechnet: – und da man einen Gedanken gar nicht anders zu ehren weiß, als indem man ihn als wahr bezeichnet, so ist das erste Prädikat, das er zu seiner Ehre bekommt, er sei *wahr* ... Wie könnte er sonst wirken? Er wird von einer Macht imaginiert: gesetzt sie wäre nicht real, so könnte sie nicht wirken ... Er wird als *inspiriert* aufgefaßt: die Wirkung, die er ausübt, hat etwas von der Uebergewalt eines dämonischen Einflusses –

Ein Gedanke, dem ein solcher décadent nicht Widerstand zu leisten vermag, dem er vollends verfällt, ist *als wahr* »bewiesen«!!!

Alle diese heiligen Epileptiker und Gesichte-Seher besaßen nicht ein Tausendstel von jener Rechtschaffenheit der Selbstkritik, mit der heute ein Philologe einen Text liest oder ein historisches Ereignis auf seine Wahrheit prüft ... Es sind, im Vergleich zu uns, moralische Kretins ...

(386)

Daß es nicht darauf ankommt, *ob etwas wahr ist*, sondern wie es *wirkt* –: absoluter *Mangel an intellektueller Rechtschaffenheit*. Alles ist gut, die Lüge, die Verleumdung, die unverschämteste Zurechtmachung, wenn es dient jenen Wärmegrad zu erhöhen, – bis man »glaubt« –.

Eine förmliche Schule der *Mittel der Verführung* zu einem Glauben: prinzipielle *Verachtung* der Sphären, woher der Widerspruch kommen könnte (– der Vernunft, der Philosophie und Weisheit, des Mißtrauens, der Vorsicht); ein unverschämtes Loben und Verherrlichen der Lehre unter beständiger Berufung darauf, daß Gott es sei, der sie gebe, – daß der Apostel nichts bedeute, – daß hier nichts zu kritisieren sei, sondern nur zu glauben, anzunehmen; daß es die außerordentlichste Gnade und Gunst sei, eine solche Erlösungslehre zu empfangen; daß die tiefste Dankbarkeit und Demut der Zustand sei, in dem man sie zu empfangen habe ...

Es wird beständig spekuliert auf die Ressentiments, welche diese Niedrig-Gestellten gegen alles, was in Ehren ist, empfinden: daß man ihnen diese Lehre als Gegensatz-Lehre gegen die Weisheit der Welt, gegen die Macht der Welt darstellt, das verführt zu ihr. Sie überredet die Ausgestoßenen und Schlechtweggekommenen aller Art, sie verspricht die Seligkeit, den Vorzug, das Privilegium den Unscheinbarsten und Demütigsten; sie fanatisiert die armen, kleinen, törichten Köpfe zu einem unsinnigen Dünkel, wie als ob *sie* der Sinn und das Salz der Erde wären –

Das alles, nochmals gesagt, kann man nicht tief genug verachten. Wir ersparen uns die *Kritik der Lehre*; es genügt, die Mittel anzusehen, deren sie sich bedient, um zu wissen, womit man es zu tun hat. Sie akkordierte mit der *Tugend*, sie nahm die ganze *Faszinations-Kraft der Tugend* schamlos für sich allein in Anspruch ... sie akkordierte mit der Macht des Paradoxen, mit dem Bedürfnis alter Zivilisationen nach Pfeffer und Widersinn; sie verblüffte, sie empörte, sie reizte auf zu Verfolgung und zu Mißhandlung, –

Es ist genau dieselbe Art *durchdachter Nichtswürdigkeit*, mit der die jüdische Priesterschaft ihre Macht festgestellt hat und die jüdische Kirche geschaffen worden ist ...

Man soll unterscheiden: 1. jene Wärme der Leidenschaft »Liebe« (auf dem Untergrund einer hitzigen Sinnlichkeit ruhend); 2. das absolut *Unvornehme* des Christentums: – die beständige Uebertreibung, die Geschwätzigkeit; – den Mangel an kühler Geistigkeit und Ironie; – das Unmilitärische in allen Instinkten; – das priesterliche Vorurteil gegen den männlichen Stolz, gegen die Sinnlichkeit, die Wissenschaften, die Künste.

(387)

Die allgemeine *Täuschung* und *Täuscherei* im Gebiete der sogenannten *moralischen Besserung*. – Wir glauben nicht daran, daß ein Mensch ein anderer wird, wenn er es nicht schon ist: d. h. wenn er nicht, wie es oft genug vorkommt, eine Vielheit von Personen, mindestens von Ansätzen zu Personen, ist. In diesem Falle erreicht man, daß eine andere Rolle in den Vordergrund tritt, daß »der alte Mensch« zurückgeschoben wird ... Der Anblick ist verändert, *nicht* das Wesen ... Daß Jemand aufhört, gewisse Handlungen zu tun, ist ein bloßes factum brutum, das die verschiedenste Deutung zuläßt. Selbst das ist nicht immer damit erreicht, daß es die Gewöhnung an ein gewisses Tun aufhebt, den letzten Grund dazu nimmt. Wer aus Fatum und Fähigkeit Verbrecher ist, verlernt nichts, sondern lernt immer hinzu: und eine lange Entbehrung wirkt sogar als Tonikum auf sein Talent ... Für die Gesellschaft freilich hat gerade das allein ein Interesse, daß Jemand gewisse Handlungen nicht mehr tut: sie nimmt ihn zu diesem Zwecke aus den Bedingungen heraus, wo er gewisse Handlungen tun *kann*: das ist jedenfalls weiser, als das Unmögliche versuchen, nämlich die Fatalität seines So-und-So-seins zu brechen. Die Kirche – und sie hat nichts getan, als die antike Philosophie hierin abzulösen und zu beerben –, von einem andern Wertmaße ausgehend und eine »Seele«, das »Heil« einer Seele retten wollend, glaubt einmal an die sühnende Kraft der Strafe und sodann an die auslöschende Kraft der Vergebung: Beides sind Täuschungen des religiösen Vorurteils, – die Strafe sühnt nicht, die Vergebung löscht nicht aus, Getanes wird nicht ungetan gemacht. Damit, daß Jemand etwas vergißt, ist bei weitem nicht erwiesen, daß etwas nicht mehr *ist* ... Eine Tat zieht ihre Konsequenzen, im Menschen und außer dem Menschen, gleichgültig ob sie als bestraft, »gesühnt«, »vergeben« und »ausgelöscht« gilt, gleichgültig ob die Kirche inzwischen ihren Täter selbst zu einem Heiligen avanciert hat. Die Kirche glaubt an Dinge, die es nicht gibt, an »Seelen«; sie glaubt an Wirkungen, die es nicht gibt, an göttliche Wirkungen; sie glaubt an Zustände, die es nicht gibt, an Sünde, an Erlösung, an das Heil der Seele: sie bleibt überall bei der Oberfläche stehen, bei Zeichen, Gebärden, Worten, denen sie eine arbiträre Auslegung gibt. Sie hat eine zu Ende gedachte Methodik der psychologischen Falschmünzerei.

(388)

Die lügnerische Auslegung der Worte, Gebärden und Zustände *Sterbender*: da wird z. B. die Furcht vor dem Tode mit der Furcht vor dem »Nach-dem-Tode« grundsätzlich verwechselt ...

f. Der Triumph des Antichristlichen in der Kirche

(389)

– Die *Kirche* ist exakt das, wogegen Jesus gepredigt hat – und wogegen er seine Jünger kämpfen lehrte –

(390)

Jede Kirche ist der Stein am Grabe eines Gottmenschen: sie will durchaus, daß er nicht wieder auferstehe!

(391)

Die ganze christliche Lehre von dem, was geglaubt werden *soll*, die ganze christliche »Wahrheit« ist eitel Lug und Trug: und genau das Gegenstück von dem, was den Anfang der christlichen Bewegung gegeben hat.

Das gerade, was im *kirchlichen* Sinn das Christliche ist, ist das *Antichristliche* von vornherein: lauter Sachen und Personen statt der Symbole, lauter Historie statt der ewigen Tatsachen, lauter

Formeln, Riten, Dogmen statt einer Praxis des Lebens. Christlich ist die vollkommene Gleichgültigkeit gegen Dogmen, Kultus, Priester, Kirche, Theologie.

Die Praxis des Christentums ist keine Phantasterei, so wenig die Praxis des Buddhismus sie ist: sie ist ein Mittel, glücklich zu sein ...

(392)

Das Christentum ist möglich als *privateste* Daseinsform; es setzt eine enge, abgezogene, vollkommen unpolitische Gesellschaft voraus, – es gehört ins Konventikel. Ein »christlicher *Staat*«, eine »christliche Politik« dagegen ist eine Schamlosigkeit, eine Lüge, etwa wie eine christliche Heerführung, welche zuletzt den »Gott der Heerscharen« als Generalstabschef behandelt. Auch das Papsttum ist niemals imstande gewesen, christliche Politik zu machen ...; und wenn Reformatoren Politik treiben, wie Luther, so weiß man, daß sie eben solche Anhänger Macchiavells sind wie irgend welche Immoralisten oder Tyrannen.

(393)

Die Christen haben niemals die Handlungen praktiziert, welche ihnen Jesus vorgeschrieben hat, und das unverschämte Gerede von der »Rechtfertigung durch den Glauben« und dessen oberster und einziger Bedeutsamkeit ist nur die Folge davon, daß die Kirche nicht den Mut, noch den Willen hatte, sich zu den *Werken* zu bekennen, welche Jesus forderte.

Der Buddhist handelt anders als der Nichtbuddhist; *der Christ handelt wie alle Welt* und hat ein Christentum der Zeremonien und der *Stimmungen*.

Die tiefe und verächtliche Verlogenheit des Christentums in Europa –: wir werden wirklich die Verachtung der Araber, Hindus, Chinesen ... Man höre die Reden des ersten deutschen Staatsmannes über das, was jetzt 40 Jahre Europa eigentlich beschäftigt hat ... man höre die Sprache, die Hofprediger-Tartüfferie.

(394)

Die Tatsache an der *Hexerei* ist, daß ungeheure Massen Menschen damals die Lust empfanden, anderen zu schaden und sich schädigend zu denken, ebenfalls in Gedanken sinnlich auszuschweifen und sich *mächtig* im Bösen und Gemeinsten zu fühlen. Woher *das*? – ist die Frage.

(395)

Zur Geschichte des Christentums. – Fortwährende Veränderung des Milieus: die christliche Lehre verändert damit fortwährend ihr

Schwergewicht ... Die Begünstigung der *Niederen* und *kleinen Leute* ... Die Entwicklung der caritas ... Der Typus »Christ« nimmt schrittweise alles wieder an, was er ursprünglich negierte *(in dessen Negation er bestand –)*. Der Christ wird Bürger, Soldat, Gerichtsperson, Arbeiter, Handelsmann, Gelehrter, Theolog, Priester, Philosoph, Landwirt, Künstler, Patriot, Politiker, »Fürst« ... er nimmt alle *Tätigkeiten* wieder auf, die er abgeschworen hat (– die Selbstverteidigung, das Gerichthalten, das Strafen, das Schwören, das Unterscheiden zwischen Volk und Volk, das Geringschätzen, das Zürnen ...). Das ganze Leben des Christen ist endlich genau das Leben, *von dem Christus die Loslösung predigte* ...

Die *Kirche* gehört so gut zum *Triumph* des Antichristlichen, wie der moderne Staat, der moderne Nationalismus ... Die Kirche ist die Barbarisierung des Christentums.

g. Der Protestantismus

(396)

»*Glaube*« oder »*Werke*«? – Aber daß zum »*Werke*«, zur Gewohnheit bestimmter Werke sich eine bestimmte Wertschätzung und endlich *Gesinnung* hinzuerzeugt, ist ebenso natürlich, als es unnatürlich ist, daß aus einer bloßen Wertschätzung »Werke« hervorgehen. Man muß sich üben, *nicht* in der Verstärkung von Wertgefühlen, sondern im Tun; man muß erst etwas *können* ... Der christliche *Dilettantismus* Luthers. Der Glaube ist eine Eselsbrücke. Der Hintergrund ist eine tiefe Ueberzeugung Luthers und seinesgleichen von ihrer Unfähigkeit zu christlichen Werken, eine persönliche Tatsache, verhüllt unter einem extremen Mißtrauen darüber, ob nicht überhaupt *jedwedes* Tun Sünde und vom Teufel ist: sodaß der Wert der Existenz auf einzelne hochgespannte Zustände der *Untätigkeit* fällt (Gebet, Effusion usw.). – Zuletzt hätte er recht: die Instinkte, welche sich im ganzen Tun der Reformatoren ausdrücken, sind die brutalsten, die es gibt. Nur in der absoluten *Wegwendung* von sich, in der Versenkung in den *Gegensatz*, nur als *Illusion* (»Glaube«) war ihnen das Dasein auszuhalten.

(397)

Große *Lüge* in der Historie: als ob die *Verderbnis der Kirche* die *Ursache* der Reformation gewesen sei! Nur der Vorwand, die Selbstvorlügnerei seitens ihrer Agitatoren – es waren starke Bedürfnisse da, deren Brutalität eine geistliche Bemäntelung sehr nötig hatte.

(398)

Renaissance und Reformation. – Was *beweist* die Renaissance? Daß das Reich des »Individuums« nur kurz sein kann. Die Verschwendung ist zu groß; es fehlt die Möglichkeit selbst, zu sammeln, zu kapitalisieren, und die Erschöpfung folgt auf dem Fuße. Es sind Zeiten, wo alles *vertan* wird, wo die Kraft selbst vertan wird, mit der man sammelt, kapitalisiert, Reichtum auf Reichtum häuft ... Selbst die Gegner solcher Bewegungen sind zu einer unsinnigen Kraft-Vergeudung gezwungen; auch sie werden alsbald erschöpft, ausgebraucht, öde.

Wir haben in der Reformation ein wüstes und pöbelhaftes Gegenstück zur Renaissance Italiens, verwandten Antrieben entsprungen, nur daß diese im zurückgebliebenen, gemein gebliebenen Norden sich religiös verkleiden mußten, – dort hatte sich der Begriff des höheren Lebens von dem des religiösen Lebens noch nicht abgelöst.

Auch mit der Reformation will das Individuum zur Freiheit: »Jeder sein eigener Priester« ist auch nur eine Formel der Libertinage. In Wahrheit genügte ein Wort – »evangelische Freiheit« – und alle Instinkte, die Grund hatten, im Verborgenen zu bleiben, brachen wie wilde Hunde heraus, die brutalsten Bedürfnisse bekamen mit einem Male den Mut zu sich, alles schien gerechtfertigt ... Man hütete sich zu begreifen, welche Freiheit man im Grunde gemeint hatte, man schloß die Augen vor sich ... Aber daß man die Augen zumachte und die Lippen mit schwärmerischen Reden benetzte, hinderte nicht, daß die Hände zugriffen, wo etwas zu greifen war, daß der Bauch der Gott des »freien Evangeliums« wurde, daß alle Rache- und Neid-Gelüste sich in unersättlicher Wut befriedigten ...

Dies dauerte eine Weile: dann kam die Erschöpfung, ganz so wie sie im Süden Europas gekommen war; und auch hier wieder eine *gemeine* Art Erschöpfung, ein allgemeines ruere in servitium ... Es kam das *unanständige* Jahrhundert Deutschlands...

(399)

Was hat der deutsche Geist aus dem Christentum gemacht! – Und daß ich beim Protestantismus stehen bleibe: wie viel Bier ist wieder in der protestantischen Christlichkeit! Ist eine geistig verdumpftere, faulere, gliederstreckendere Form des Christen-Glaubens noch denkbar, als die eines deutschen Durchschnitts-Protestanten?... Das nenne ich mir ein bescheidenes Christentum!

eine Homöopathie des Christentums nenne ich's! – Man erinnert mich daran, daß es heute auch einen *unbescheidenen* Protestantismus gibt, den der Hofprediger und antisemitischen Spekulanten: aber niemand hat noch behauptet, daß irgend ein »Geist« auf diesen Gewässern schwebe ... Das ist bloß eine unanständigere Form der Christlichkeit, durchaus noch keine verständigere ...

(400)

Der Protestantismus, jene geistig unreinliche und langweilige Form der décadence, in der das Christentum sich bisher im mediokren Norden zu konservieren gewußt hat: als etwas Halbes und Komplexes wertvoll für die Erkenntnis, insofern es Erfahrungen verschiedener Ordnung und Herkunft in den gleichen Köpfen zusammenbrachte.

(401)

Niedergang des *Protestantismus*: theoretisch und historisch als Halbheit begriffen. Tatsächliches Uebergewicht des Katholizismus; das Gefühl des Protestantismus so erloschen, daß die stärksten *antiprotestantischen* Bewegungen nicht mehr als solche empfunden werden (zum Beispiel Wagners Parsifal). Die ganze höhere Geistigkeit in Frankreich ist *katholisch* im Instinkt; Bismarck hat begriffen, daß es einen Protestantismus gar nicht mehr gibt.

h. Die »modernen Ideen«

(402)

Verstecktere Formen des Kultus des christlichen Moral-Ideals. – Der *weichliche* und *feige Begriff* »*Natur*«, der von den Naturschwärmern aufgebracht ist (– abseits von allen Instinkten für das Furchtbare, Unerbittliche und Zynische auch der »schönsten« Aspekte), eine Art Versuch, jene moralisch-christliche »Menschlichkeit« aus der Natur *herauszulesen*, – der Rousseau'sche Naturbegriff, wie als ob »Natur« Freiheit, Güte, Unschuld, Billigkeit, Gerechtigkeit, *Idyll* sei, – immer *Kultus der christlichen Moral* im Grunde. – Stellen zu sammeln, *was* eigentlich die Dichter verehrt haben, z. B. am Hochgebirge usw. – Was Goethe an ihr haben wollte, – warum er Spinoza verehrte –. Vollkommene *Unwissenheit* der Voraussetzung dieses *Kultus* ...

Der *weichliche* und *feige Begriff* »*Mensch*« à la Comte und Stuart Mill, womöglich gar Kultus-Gegenstand ... Es ist immer wieder der Kultus der christlichen Moral unter einem neuen Namen ... Die Freidenker, z. B. Guyau.

Der *weichliche* und *feige Begriff* »*Kunst*« als Mitgefühl für alles Leidende, Schlechtweggekommene (selbst die *Historie*, z. B. Thierrys): es ist immer wieder der Kultus des christlichen Moral-Ideals.

Und nun gar das ganze *sozialistische Ideal*: nichts als ein tölpelhaftes Mißverständnis jenes christlichen Moral-Ideals.

(403)

Ich betrachte das Christentum als die verhängnisvollste Lüge der Verführung, die es bisher gegeben hat, als die große *unheilige Lüge*: ich ziehe seinen Nachwuchs und Ausschlag von Ideal noch unter allen sonstigen Verkleidungen heraus, ich wehre alle Halb- und Dreiviertels-Stellungen zu ihm ab, – ich zwinge zum Krieg mit ihm.

Die *Kleine-Leute-Moralität* als Maß der Dinge: das ist die ekelhafteste Entartung, welche die Kultur bisher aufzuweisen hat. *Und diese Art Ideal* als »Gott« hängen bleibend über der Menschheit!!

(404)

Das Christentum als eine *Entnatürlichung* der Herdentier-Moral: unter absolutem Mißverständnis und Selbstverblendung. Die Demokratisierung ist eine *natürlichere* Gestalt derselben, eine weniger verlogene.

Tatsache: die Unterdrückten, die Niedrigen, die ganze große Menge von Sklaven und Halbsklaven *wollen zur Macht*.

Erste Stufe: sie machen sich frei, – sie lösen sich aus, imaginär zunächst, sie erkennen sich untereinander an, sie setzen sich durch.

Zweite Stufe: sie treten in Kampf, sie wollen Anerkennung, gleiche Rechte, »Gerechtigkeit«.

Dritte Stufe: sie wollen die Vorrechte (– sie ziehen die Vertreter der Macht zu sich hinüber).

Vierte Stufe: sie wollen die Macht *allein*, und sie *haben* sie ...

Im Christentum sind *drei Elemente* zu unterscheiden: a) die Unterdrückten aller Art, b) die Mittelmäßigen aller Art, c) die Unbefriedigten und Kranken aller Art. Mit dem *ersten* Element kämpft es gegen die politisch Vornehmen und deren Ideal; mit dem *zweiten* Element gegen die Ausnahmen und Privilegierten (geistig, sinnlich –) jeder Art; mit dem *dritten* Element gegen den *Natur-Instinkt* der Gesunden und Glücklichen.

Wenn es zum Siege kommt, so tritt das *zweite* Element in den Vordergrund; denn dann hat das Christentum die Gesunden und Glücklichen zu sich überredet (als Krieger für seine Sache), insgleichen die Mächtigen (als interessiert wegen der Ueberwältigung der Menge), – und jetzt ist es der *Herden-Instinkt*, die in jedem Betracht wertvolle *Mittelmaß-Natur*, die ihre höchste Sanktion durch das Christentum bekommt. Diese Mittelmaß-Natur kommt endlich so weit sich zum Bewußtsein (– gewinnt den Mut zu sich –), daß sie auch *politisch* sich die *Macht* zugesteht...

Die Demokratie ist das *vernarürlichte* Christentum: eine Art »Rückkehr zur Natur«, nachdem es durch eine extreme Antinatürlichkeit von der entgegengesetzten Wertung überwunden werden konnte. – Folge: das aristokratische Ideal *entnatürlicht* sich nunmehr (»der höhere Mensch«, »vornehm«, »Künstler«, »Leidenschaft«, »Erkenntnis« usw.; Romantik als Kultus der Ausnahme, Genie usw.).

(405)

Das Evangelium: die Nachricht, daß den Niedrigen und Armen ein Zugang zum Glück offen steht, – daß man nichts zu tun hat als sich von der Institution, der Tradition, der Bevormundung der oberen Stände loszumachen: insofern ist die Heraufkunft des Christentums nichts weiter, als die *typische Sozialisten-Lehre*.

Eigentum, Erwerb, Vaterland, Stand und Rang, Tribunale, Polizei, Staat, Kirche, Unterricht, Kunst, Militärwesen: Alles ebenso viele Verhinderungen des Glücks, Irrtümer, Verstrickungen, Teufelswerke, denen das Evangelium das Gericht ankündigt ... Alles typisch für die Sozialisten-Lehre.

Im Hintergrunde der Aufruhr, die Explosion eines aufgestauten Widerwillens gegen die »Herren«, der Instinkt dafür, wie viel Glück nach so langem Drucke schon im Frei-sich-fühlen liegen könnte ... (Meistens ein Symptom davon, daß die unteren Schichten zu menschenfreundlich behandelt worden sind, daß sie ein ihnen verbotenes Glück bereits auf der Zunge schmecken ... Nicht der Hunger erzeugt Revolutionen, sondern daß das Volk en mangeant Appetit bekommen hat ...)

(406)

Rousseau, in seiner Bevorzugung der Armen, der Frauen, des Volkes als souverän, ist ganz in der *christlichen Bewegung* darin: alle sklavenhaften Fehler und Tugenden sind an ihm zu studieren, auch die unglaublichste Verlogenheit (– *der* will Gerechtigkeit lehren!). Sein Gegenstück *Napoleon* – antik, Menschen-Veräcter.

(407)

Die *Ritterlichkeit* als die errungene Position der Macht: ihr allmähliches Zerbrechen (und zum Teil Uebergang ins Breitere, Bürgerliche). Bei Larochefoucauld ist Bewußtsein über die eigentlichen Triebfedern der Noblesse des Gemüts da – und christlich verdüsterte Beurteilung dieser Triebfedern.

Fortsetzung des Christentums durch die *französische Revolution*. Der Verführer ist Rousseau: er entfesselt das Weib wieder, das von da an immer interessanter – *leidend* – dargestellt wird. Dann die Sklaven und Mistreß Beecher-Stowe. Dann die Armen und die Arbeiter. Dann die Lasterhaften und Kranken, – alles das wird in den Vordergrund gestellt (selbst um für das Genie einzunehmen, wissen sie seit fünfhundert Jahren es nicht anders als den großen Leidträger darzustellen!). Dann kommt der Fluch auf die Wollust (Baudelaire und Schopenhauer); die entschiedenste Ueberzeugung, daß Herrschsucht das größte Laster ist; vollkommene Sicherheit darin, daß Moral und désintéressement identische Begriffe sind; daß das »Glück aller« ein erstrebenswertes Ziel sei (d. h. das Himmelreich Christi). Wir sind auf dem besten Wege: das Himmelreich der Armen des Geistes hat begonnen. – Zwischenstufen: der Bourgeois (in Folge des Geldes Parvenu) und der Arbeiter (in Folge der Maschine).

Vergleich der griechischen Kultur und der französischen zur Zeit Ludwigs XIV. Entschiedener Glaube an sich selber. Ein Stand von Müßigen, die es sich schwer machen und viel Selbstüberwindung üben. Die Macht der Form, Wille, *sich* zu formen. »Glück« als Ziel eingestanden. Viel Kraft und Energie *hinter* dem Formenwesen. Der Genuß am Anblick eines so *leicht scheinenden* Lebens. – Die *Griechen* sahen den Franzosen wie *Kinder* aus.

(408)

Es gibt eine tiefe und vollkommen unbewußte Wirkung der décadence selbst auf die Ideale der Wissenschaft: unsere ganze Soziologie ist der Beweis für diesen Satz. Ihr bleibt vorzuwerfen, daß sie nur das *Verfalls-Gebilde* der Sozietät aus Erfahrung kennt und unvermeidlich die eigenen Verfalls-Instinkte als Norm des soziologischen Urteils nimmt.

Das *niedersinkende* Leben im jetzigen Europa formuliert in ihnen seine Gesellschafts-Ideale: sie sehen alle zum Verwechseln dem Ideal *alter überlebter* Rassen ähnlich...

Der *Herdeninstinkt* sodann – eine jetzt souverän gewordene Macht – ist etwas Grundverschiedenes vom Instinkt einer *aristokratischen Sozietät*: und es kommt auf den Wert der *Einheiten* an, was die Summe zu bedeuten hat... Unsere ganze Soziologie kennt gar keinen andern Instinkt als den der Herde, d. h. der *summierten Nullen*, – wo jede Null »gleiche Rechte« hat, wo es tugendhaft ist, Null zu sein...

Die Wertung, mit der heute die verschiedenen Formen der Sozietät beurteilt werden, ist ganz und gar eins mit jener, welche dem *Frieden* einen höheren Wert zuteilt als dem Krieg: aber dies Urteil ist antibiologisch, ist selbst eine Ausgeburt der décadence des Lebens... Das Leben ist eine Folge des Krieges, die Gesellschaft selbst ein Mittel zum Krieg... Herr Herbert Spencer ist als Biologe ein décadent, – er ist es auch als Moralist (– er sieht im *Sieg* des Altruismus etwas Wünschenswertes!!!).

(409)

Der Sozialismus – als die zu Ende gedachte *Tyrannei* der Geringsten und Dümmsten, d. h. der Oberflächlichen, Neidischen und der Dreiviertels-Schauspieler – ist in der Tat die Schlußfolgerung der »modernen Ideen« und ihres latenten Anarchismus: aber in der lauen Luft eines demokratischen Wohlbefindens erschlafft das Vermögen, zu Schlüssen oder gar zum *Schluß* zu kommen. Man folgt, – aber man folgert nicht mehr. Deshalb ist der Sozialismus im ganzen eine hoffnungslose, säuerliche Sache: und nichts ist lustiger anzusehen, als der Widerspruch zwischen den giftigen und verzweifelten Gesichtern, welche heute die Sozialisten machen – und von was für erbärmlichen gequetschten Gefühlen legt gar ihr Stil Zeugnis ab! – und dem harmlosen Lämmer-Glück ihrer Hoffnungen und Wünschbarkeiten. Dabei kann es doch an vielen Orten Europas ihrerseits zu gelegentlichen Handstreichen und Ueberfällen kommen: dem nächsten Jahrhundert wird es hie und da gründlich im Leibe »rumoren«, und die Pariser Kommune, welche auch in Deutschland ihre Schutzredner und Fürsprecher hat, war vielleicht nur eine leichtere Unverdaulichkeit gewesen im Vergleich zu dem, was kommt. Trotzdem wird es immer zu viel Besitzende geben, als daß der Sozialismus mehr bedeuten könnte als einen Krankheits-Anfall: und diese Besitzenden sind wie ein Mann eines Glaubens »man muß etwas besitzen, um etwas zu *sein*«. Dies aber ist der älteste und gesündeste aller Instinkte: ich würde hinzufügen »man muß mehr haben wollen, als man hat, um mehr zu *werden*«. So nämlich klingt die Lehre, welche allem, was lebt, durch das Leben selber gepredigt wird: die Moral der Entwicklung. Haben und mehr haben wollen, *Wachstum* mit einem Wort – das ist das Leben selber. In der Lehre des Sozialismus versteckt sich schlecht ein »Wille zur Verneinung des Lebens«; es müssen mißratene Menschen oder Rassen sein, welche eine solche Lehre ausdenken. In der Tat, ich wünschte, es würde durch einige große Versuche bewiesen, daß in einer sozialistischen Gesellschaft das Leben sich selber verneint, sich selber die Wurzeln abschneidet. Die Erde ist groß genug und der Mensch immer noch unausgeschöpft genug, als daß mir eine derart praktische Belehrung und demonstratio ad absurdum, selbst wenn sie mit einem ungeheuren Aufwand von Menschenleben gewonnen und bezahlt würde, nicht wünschenswert erscheinen müßte. Immerhin, schon als unruhiger Maulwurf unter dem Boden einer in der Dummheit rollenden Gesellschaft wird der Sozialismus etwas Nützliches und Heilsames sein können: er verzögert den »Frieden auf Erden« und die gänzliche Vergutmütigung des demokratischen Herdentieres, er zwingt die Europäer, Geist, nämlich List und Vorsicht übrig zu behalten, den männlichen und kriegerischen Tugenden nicht gänzlich abzuschwören und einen Rest von Geist, von Klarheit, Trockenheit und Kälte des Geistes übrig zu behalten, – er schützt Europa einstweilen vor dem ihm drohenden marasmus femininus.

(410)

Die *Gegenseitigkeit*, die Hinterabsicht auf Bezahlt-werden-wollen: eine der verfänglichsten Formen der Wert-Erniedrigung des Menschen. Sie bringt jene »Gleichheit« mit sich, welche die Kluft der Distanz als *unmoralisch* abwertet...

(411)

Kritik der »Gerechtigkeit« und »Gleichheit vor dem Gesetz«: was eigentlich damit *weggeschafft* werden soll? Die Spannung, die Feindschaft, der Haß. – Aber ein Irrtum ist es, daß dergestalt »*das Glück« gemehrt* wird: die Korsen z. B. genießen mehr Glück, als die Kontinentalen.

(412)

Grundfehler: die Ziele in die Herde und *nicht* in einzelne Individuen zu legen! Die Herde ist Mittel, nicht *mehr*! Aber jetzt versucht man, *die Herde als Individuum* zu verstehen und ihr einen höheren Rang als dem einzelnen zuzuschreiben, – tiefstes Mißverständnis!!! Insgleichen das, was herdenhaft macht, die *Mit*gefühle, als die *wertvollere* Seite unserer Natur zu charakterisieren!

(413)

Der moderne Sozialismus will die weltliche Nebenform des Jesuitismus schaffen: *Jeder* absolutes Werkzeug. Aber der Zweck, das Wozu? ist nicht aufgefunden bisher.

(414)

Die *geistige Aufklärung* ist ein unfehlbares Mittel, um die Menschen unsicher, willensschwächer, anschluß- und stützebedürftiger zu machen, kurz das *Herdentier* im Menschen zu entwickeln: weshalb bisher alle großen Regierungs-Künstler (Konfuzius in China, das imperium Romanum, Napoleon, das Papsttum, zur Zeit, wo es der Macht und nicht nur der Welt sich zugekehrt hatte), wo die herrschenden Instinkte bisher *kulminierten*, auch sich der geistigen Aufklärung bedienten, – mindestens sie *walten* ließen (wie die Päpste der Renaissance). Die Selbsttäuschung der Menge über diesen Punkt, z. B. in aller Demokratie, ist äußerst wertvoll: die Verkleinerung und Regierbarkeit der Menschen wird als »Fortschritt« erstrebt!

*(420)

Ginge es nach meinem Willen, so wäre es an der Zeit, der europäischen Moral den Krieg zu erklären, und ebenso allem, was auf ihr gewachsen ist: man müßte diese zeitweilige Völker- und Staaten-Ordnung Europas zertrümmern. Die christlich-demokratische Denkweise begünstigt das Herden-Tier, die Verkleinerung des Menschen, sie schwächt die großen Triebfedern (das Böse –), sie haßt den Zwang, die harte Zucht, die großen Verantwortlichkeiten, die großen Wagnisse. Die Mittelmäßigsten tragen den Preis davon und setzen ihre Wertmaße durch.

(421)

An dem Bau der Begriffe arbeitet ursprünglich, wie wir sahen, die *Sprache*, in späteren Zeiten die *Wissenschaft*. Wie die Biene zugleich an den Zellen baut und die Zellen mit Honig füllt, so arbeitet die Wissenschaft unaufhaltsam an jenem großen Kolumbarium der Begriffe, der Begräbnisstätte der Anschauungen, baut immer neue und höhere Stockwerke, stützt, reinigt, erneut die alten Zellen und ist vor allem bemüht, jenes ins Ungeheure aufgetürmte Fachwerk zu füllen und die ganze organische Welt, das heißt die anthropomorphische Welt, hineinzuordnen. Wenn schon der handelnde Mensch sein Leben an die Vernunft und ihre Begriffe bindet, um nicht fortgeschwemmt zu werden und sich nicht selbst zu verlieren, so baut der Forscher seine Hütte dicht an den Turmbau der Wissenschaft, um an ihm mithelfen zu können und selbst Schutz unter dem vorhandenen Bollwerk zu finden. Und Schutz braucht er: denn es gibt furchtbare Mächte, die fortwährend auf ihn eindringen und die der wissenschaft-

---

* Die Aphorismen 415–419 fehlen in der Ausgabe Würzbach. Wahrscheinlich wurde vom Herausgeber eine Umgruppierung vorgenommen, die bei der Drucklegung unberücksichtigt blieb. Im editorischen Anhang ›Entstehungszeit der Aphorismen‹ sind die Aphor. 417–421 nicht notiert: vermutlich ist daher 420 = 415, 421 = 416 (Anm. d. Red.).

lichen »Wahrheit« ganz anders geartete »Wahrheiten« mit den verschiedenartigsten Schildzeichen entgegenhalten. – –

Jenes ungeheure Gebälk und Bretterwerk der Begriffe, an das sich klammernd der bedürftige Mensch sich durch das Leben rettet, ist dem freigewordnen Intellekt nur ein Gerüst und ein Spielzeug für seine verwegensten Kunststücke: und wenn er es zerschlägt, durcheinanderwirft, ironisch wieder zusammensetzt, das Fremdeste paarend und das Nächste trennend, so offenbart er, daß er jene Notbehelfe der Bedürftigkeit nicht braucht und daß er jetzt nicht von Begriffen, sondern von Intuitionen geleitet wird. Von diesen Intuitionen aus führt sein regelmäßiger Weg in das Land der gespenstischen Schemata, der Abstraktionen: für sie ist das Wort nicht gemacht, der Mensch verstummt, wenn er sie sieht, oder redet in lauter verbotenen Metaphern und unerhörten Begriffsfügungen, um wenigstens durch das Zertrümmern und Verhöhnen der alten Begriffsschranken dem Eindrucke der mächtigen gegenwärtigen Intuition schöpferisch zu entsprechen.

Es gibt Zeitalter, in denen der vernünftige Mensch und der intuitive Mensch nebeneinander stehen, der eine in Angst vor der Intuition, der andere mit Hohn über die Abstraktion; der letztere ebenso unvernünftig, als der erstere unkünstlerisch ist. Beide begehren über das Leben zu herrschen: dieser, indem er durch Vorsorge, Klugheit, Regelmäßigkeit den hauptsächlichsten Nöten zu begegnen weiß, jener, indem er als ein »überfroher Held« jene Nöte nicht sieht und nur das zum Schein und zur Schönheit verstellte Leben als real nimmt. Wo einmal der intuitive Mensch, etwa wie im älteren Griechenland, seine Waffen gewaltiger und siegreicher führt als sein Widerspiel, kann sich günstigenfalls eine Kultur gestalten und die Herrschaft der Kunst über das Leben sich gründen: jene Verstellung, jenes Verleugnen der Bedürftigkeit, jener Glanz der metaphorischen Anschauungen und überhaupt jene Unmittelbarkeit der Täuschung begleitet alle Aeußerungen eines solchen Lebens. Weder das Haus, noch der Schritt, noch die Kleidung, noch der tönerne Krug verraten, daß die Notdurft sie erfand: es scheint so, als ob in ihnen allen ein erhabenes Glück und eine olympische Wolkenlosigkeit und gleichsam ein Spielen mit dem Ernste ausgesprochen werden sollte. Während der von Begriffen und Abstraktionen geleitete Mensch durch diese das Unglück nur abwehrt, ohne selber aus den Abstraktionen sich Glück zu erzwingen, während er nach möglichster Freiheit von Schmerzen trachtet, erntet der intuitive Mensch, inmitten einer Kultur stehend, bereits von seinen Intuitionen, außer der Abwehr des Uebels, eine fortwährend einströmende Erhellung, Aufheiterung, Erlösung. Freilich leidet er heftiger, *wenn* er leidet: ja er leidet auch öfter, weil er aus der Erfahrung nicht zu lernen versteht und immer wieder in dieselbe Grube fällt, in die er einmal gefallen. Im Leide ist er dann ebenso unvernünftig wie im Glück, er schreit laut und hat gar keinen Trost. Wie anders steht unter dem gleichen Mißgeschick der stoische, an der Erfahrung belehrte, durch Begriffe sich beherrschende Mensch da! Er, der sonst nur Aufrichtigkeit, Wahrheit, Freiheit von Täuschungen und Schutz vor berückenden Ueberfällen sucht, legt jetzt, im Unglück, das Meisterstück der Verstellung ab, wie jener im Glück; er trägt kein zuckendes und bewegliches Menschengesicht, sondern gleichsam eine Maske mit würdigem Gleichmaße der Züge, er schreit nicht und verändert nicht einmal seine Stimme: wenn eine rechte Wetterwolke sich über ihn ausgießt, so hüllt er sich in seinen Mantel und geht langsamen Schrittes unter ihr davon.

2. Buch

Morphologie und Entwicklungslehre
des Willens zur Macht

Zur Einführung

(1)

Eine große Wahrheit gewinnt sich zu allerletzt die höchsten Menschen: dies ist das Leiden der Wahrhaftigen.

(2)

Wie die Natur nicht nach Zwecken verfährt, so sollte der Denker auch nicht nach Zwecken *denken*, d. h. nichts suchen, nichts beweisen oder widerlegen wollen, aber so wie bei einem Musikstück *zuhören*: er trägt einen Eindruck davon, je *wieviel* oder *wie wenig* er gehört hat.

(3)

Bisheriger Verlauf der Philosophie: man wollte die Welt erklären, aus dem, was uns selber *klar* ist, – wo wir selber *glauben*, zu *verstehen*. Also bald aus dem Geiste oder der Seele, oder dem Willen, oder als Vorstellung, Schein, Bild, oder vom Auge aus (als optisches Phänomen, Atome, Bewegungen), oder aus Zwecken, oder aus Stoß und Zug, d. h. unserm Tastsinn. Oder aus unsern Wertschätzungen heraus, als Gott der Güte, Gerechtigkeit usw., oder aus unseren ästhetischen Wertschätzungen. Genug, auch die Wissenschaft tut, was der Mensch immer getan: *Etwas* von sich, das ihm als verständlich, als *wahr* gilt, zur Erklärung alles andern benützen, – *Vermenschlichung* in summa. Es fehlt noch die große *Synthese*, und auch die Einzelarbeit ist noch ganz im Werden, z. B. die Reduktion der Welt auf optische Phänomene (Atome). Wir legen den Menschen *hinein* – das ist alles; wir schaffen immerfort diese vermenschlichte Welt. Es sind Versuche darüber, *welches* Verfahren am meisten Schlußkraft hat (z. B. mechanisch).

(4)

Die Philosophie, so wie ich sie allein noch gelten lasse, als die allgemeinste Form der Historie: als Versuch, das heraklitische Werden irgendwie zu beschreiben und in Zeichen abzukürzen (in eine Art von scheinbarem Sein gleichsam zu *übersetzen* und zu mumisieren).

(5)

Wenn ich an meine philosophische Genealogie denke, so fühle ich mich im Zusammenhang mit der *antiteleologischen*, d. h. spinozistischen Bewegung unsrer Zeit, – doch mit dem Unterschied, daß ich auch »den Zweck« und »den Willen« *in uns* für eine Täuschung halte;

ebenso mit der *mechanistischen* Bewegung (Zurückführung aller moralischen und ästhetischen Fragen auf physiologische, aller physiologischen auf chemische, aller chemischen auf mechanische), – doch mit dem Unterschied, daß ich nicht an »Materie« glaube und Boscovich für einen der großen Wendepunkte halte wie Kopernikus;

daß ich alles Ausgehen von der Selbstbespiegelung des Geistes für unfruchtbar halte und ohne den Leitfaden des Leibes an keine gute Forschung glaube. Nicht eine Philosophie als *Dogma*, sondern als vorläufige Regulative der *Forschung*.

(6)

Die vorläufigen Wahrheiten. – Es ist etwas Kindisches oder gar eine Art Betrügerei, wenn jetzt ein Denker ein Ganzes von Erkenntnis, ein System hinstellt; – wir sind zu gut gewitzigt, um nicht den tiefsten Zweifel an der *Möglichkeit* eines solchen Ganzen in uns zu tragen. Es ist genug, wenn wir über ein Ganzes von *Voraussetzungen der Methode* übereinkommen, – über »vorläufige Wahrheiten«, nach deren Leitfaden wir arbeiten wollen: so wie der Schiffahrer im Weltmeer eine gewisse Richtung festhält.

1. Kapitel
Der unerschöpfte zeugende Lebenswille

(7)

Das »Sein« – wir haben keine andere Vorstellung davon als *»leben«*. – Wie kann also etwas Totes »sein«?

(8)

Materie, Stoff ist eine subjektive Form. Wir können uns nichts anders als *stofflich* denken. Auch Gedanken und Abstrakta bekommen von uns eine sehr verfeinerte Stofflichkeit, die wir vielleicht *ableugnen*; nichtsdestoweniger haben sie eine solche. Wir haben uns daran gewöhnt, diese feine Stofflichkeit zu übersehen und vom »Immateriellen« zu reden. Ganz wie wir tot und lebendig, logisch und unlogisch usw. *getrennt* haben. Unsere *Gegensätze* verlernen – ist die Aufgabe.

(9)

Alles Materielle ist eine Art von Bewegungssymptom für ein unbekanntes Geschehen: alles Bewußte und Gefühlte ist ebenfalls Symptom. Die Welt, die uns von diesen beiden Seiten her sich zu verstehen gibt, könnte noch viele andre Symptome haben. Es besteht kein notwendiges Verhältnis zwischen Geist und Materie, als ob sie irgendwie die Darstellungsformen erschöpften und allein repräsentierten.

Bewegungen sind Symptome, Gedanken sind ebenfalls Symptome: die Begierden sind uns nachweisbar hinter beidem, und die Grundbegierde ist der Wille zur Macht. – »Geist an sich« ist nichts, so wie »Bewegung an sich« nichts ist.

(10)

Der Wille allein ist unsterblich; – damit zu vergleichen, wie elend es mit jener Unsterblichkeit des Intellekts, durch die Bildung, aussieht, die Menschenhirne voraussetzt: – man sieht, in welcher Linie dies für die Natur kommt.

(11)

Die Natur muß nach Analogie des Menschen vorgestellt werden, als irrend, versuchend, gut und böse – als kämpfend und sich überwindend.

(12)

Der Mensch kommt erst ganz langsam dahinter, wie unendlich kompliziert die Welt ist. Zuerst denkt er sie sich ganz einfach, d. h. so oberflächlich, als er selbst ist.

Er geht von sich aus, von dem allerspätesten Resultat der Natur, und denkt sich die Kräfte, die Urkräfte so, wie das ist, was in sein Bewußtsein kommt. Er nimmt die *Wirkungen der kompliziertesten Mechanismen*, des Gehirns, an, als seien die Wirkungen seit Uranfang gleicher Art.

Weil dieser komplizierte Mechanismus etwas Verständiges in kurzer Zeit hervorbringt, nimmt er das Dasein der Welt für sehr jung: es kann dem Schöpfer nicht so viel Zeit gekostet haben, meint er.

So glaubt er mit dem Wort »Instinkt« irgend etwas erklärt und er überträgt wohl gar die unbewußten Zweckhandlungen auf das Urwerden der Dinge.

Zeit, Raum und Kausalitätsempfindung scheint mit der ersten *Empfindung* gegeben zu sein.

Der Mensch kennt die Welt in dem Grade, als er sich kennt: d. h. ihre Tiefe entschleiert sich ihm in dem Grade, als er über sich und seine Kompliziertheit erstaunt.

(13)

Wir gehören zum Charakter der Welt, das ist kein Zweifel! Wir haben keinen Zugang zu ihr als durch uns: es muß alles Hohe und Niedrige an uns als notwendig ihrem Wesen zugehörig verstanden werden!

(14)

Die Subjektivität der Welt ist nicht eine anthropomorphische Subjektivität, sondern eine mundane: wir sind die Figuren im Traum des Gottes, die erraten, wie er träumt.

(15)

Zuletzt: unsere idealistische Phantasterei gehört *auch* zum *Dasein* und muß in *seinem Charakter* erscheinen! Es ist nicht die *Quelle*, aber deshalb ist es doch vorhanden. Unsere höchsten und verwegensten Gedanken sind Charakterstücke der »Wirklichkeit«. Unser Gedanke ist von gleichem Stoffe wie alle Dinge.

(16)

Das, was im Menschen am besten *entwickelt* ist, das ist sein Wille zur Macht, – wobei sich ein Europäer nicht gerade durch ein paar Jahrtausende einer erlogenen, vor sich selber verlogenen Christlichkeit täuschen lassen muß.

(17)

Wie hat sich der gesamte organische Prozeß verhalten *gegen* die übrige Natur? – Da enthüllt sich sein *Grundwille*.

(18)

Unser Intellekt, unser Wille, ebenso unsre Empfindungen sind abhängig von unsern *Wertschätzungen*: diese entsprechen unsern Trieben und deren Existenzbedingungen. Unsere Triebe sind reduzierbar auf *den Willen zur Macht*.

Der Wille zur Macht ist das letzte Faktum, zu dem wir hinunterkönnen.

Unser Intellekt ein Werkzeug.

(19)

Der Charakter des unbedingten Willens zur Macht ist im ganzen Reiche des Lebens vorhanden. Haben wir ein Recht, das *Bewußtsein* zu leugnen, so doch schwerlich das Recht, die treibenden *Affekte* zu leugnen, z. B. in einem Urwalde.

(20)

Psychologischer *Ausgangspunkt*: – Unser Denken und Wertschätzen ist nur ein Ausdruck für dahinter waltende Begehrungen.

Die Begehrungen spezialisieren sich immer mehr: ihre Einheit ist der *Wille zur Macht* (um den Ausdruck vom stärksten aller Triebe herzunehmen, der alle organische Entwicklung bis jetzt dirigiert hat).

Reduktion aller organischen Grundfunktionen auf den Willen zur Macht.

Frage, ob er nicht das mobile ebenfalls in der unorganischen Welt ist? Denn in der mechanistischen Weltauslegung bedarf es immer noch eines mobile.

»Naturgesetz«: als Formel für die unbedingte Herstellung der Machtrelationen und -grade.

Die mechanische *Bewegung* ist nur ein Ausdrucksmittel eines inneren Geschehens.

»Ursache und Wirkung.«

Verwandlungen des Willens zur Macht, seine Ausgestaltungen, seine Spezialisierungen – parallel der morphologischen Entwicklung darzustellen!

(21)

Warum alle *Tätigkeit*, auch die eines *Sinnes*, mit Lust verknüpft ist? Weil vorher eine Hemmung, ein Druck bestand? Oder vielmehr weil alles Tun ein Überwinden, ein Herrwerden ist und *Vermehrung* des *Machtgefühls* gibt? – Die Lust im Denken. – Zuletzt ist es nicht nur das Gefühl der Macht, sondern die Lust an dem Schaffen und am *Geschaffenen*: denn alle Tätigkeit kommt uns ins Bewußtsein als Bewußtsein eines »Werks«.

(22)

Theorie des *Zufalls*. Die Seele ein auslesendes und sich nährendes

Wesen äußerst klug und schöpferisch *fortwährend* (diese *schaffende* Kraft gewöhnlich übersehn! nur als »*passiv*« begriffen).

Ich erkannte die *aktive Kraft*, das Schaffende inmitten des Zufälligen: – Zufall ist selber nur *das Aufeinanderstoßen der schaffenden Impulse*.

(23)

Hegels gotische Himmelstürmerei (– *Nachzüglerei*). Versuch, eine Art Vernunft in die Entwicklung zu bringen: – ich, am entgegengesetzten Punkte, sehe in der Logik selber noch eine Art von Unvernunft und Zufall. Wir bemühen uns, wie bei der allergrößten Unvernunft, nämlich ganz *ohne* Vernunft, die Entwicklung bis herauf zum Menschen vor sich gegangen ist.

(24)

Die Menschheit wäre ausgestorben, wenn der Geschlechtstrieb nicht einen so blinden, unvorsichtigen, eilfertigen, gedankenlosen Charakter hätte. An sich ist ja seine Befriedigung durchaus nicht mit der Fortpflanzung der Gattung verbunden. Wie unsäglich selten ist der coitus die Absicht der Fortpflanzung! – Und ebenso steht es mit der Lust am Kampf und der Rivalität: nur ein paar Grade *Erkältung der Triebe* mehr – und das Leben steht still! Es ist an eine hohe Temperatur und an eine Siedehitze der Unvernunft gebunden.

(25)

Die *Scham* scheint dort einzutreten, wo der Mensch nur noch Werkzeug unendlich größerer Willenserscheinungen ist, als er sich selbst, in der Einzelgestalt des Individuums, gelten darf.

(26)

Das »Höher« und »Niedriger«, das Auswählen des Wichtigeren, Nützlicheren, Dringlicheren, besteht schon in den niedrigsten Organismen. »*Lebendig*«: das heißt schon »schätzen«. – In allem Willen ist *Schätzen* – und Wille ist im Organischen da.

(27)

Unsere Wertschätzungen bestimmen, welche Dinge überhaupt wir akzeptieren, und *wie* wir sie akzeptieren. Diese Wertschätzungen aber sind eingegeben und reguliert von unserm Willen zur Macht.

(28)

Schaffen – als *Auswählen* und *Fertig-machen* des Gewählten. (Bei jedem Willensakte ist *dies* das *Wesentliche*.)

(29)

Die Vergewaltigung und der Übermut des Mächtigen in Hinsicht auf den Unterworfenen: die Entwicklung der Klugheit und der Vermenschlichung geht dahin, *diese Vergewaltigung und diesen Übermut immer geistiger werden zu lassen.* Aber wie sollte die Macht sich nicht selber genießen wollen!

Das höchste Verhältnis bleibt das des *Schaffenden zu seinem Material*: das ist die letzte Form des Übermuts und der Übermacht. So erst ist die *organische Form* zu Ende gebracht: also gleichwie der Leib abhängig ist von den Willensimpulsen und dabei sich selber genießt, wenn er am besten beherrscht wird.

(30)

Wir wollen nach den anderen, nach allem, was außer uns ist, trachten als nach unserer Nahrung. Oft auch sind es die Früchte, welche gerade für unser Jahr reif geworden sind. – Muß man denn immer nur den Egoismus des Räubers oder Diebes haben? Warum nicht den des Gärtners? Freude an der Pflege der anderen, wie der eines Gartens!

(31)

Die lange Liebe ist deshalb möglich – auch wenn sie glücklich ist –, weil ein Mensch nicht leicht zu Ende zu besitzen, zu Ende zu erobern ist, – es tun sich immer neue, noch unentdeckte Gründe und Hinterräume der Seele auf, und auch nach diesen streckt sich die unendliche Habsucht der Liebe aus. – Aber die Liebe endet, sobald wir das Wesen als *begrenzt* empfinden. – Der Konflikt der langen und der kurzen Leidenschaft entsteht, wenn der eine den anderen zu Ende zu besitzen glaubt, und der andere noch nicht, – da wendet jener sich ab, entzieht sich und reizt nun durch die *Ferne* den anderen noch mehr auf, neue Werte zu suchen – zuletzt oft mit dem Entschluß, ihn lieber zu töten, als einen anderen in den Besitz kommen zu lassen. – Glücklicherweise haben die Dinge keine Seele, sonst sähen wir fortwährend diesen Konflikt: und die Natur, wenn sie den unendlichen Menschen wirklich geliebt hätte, würde ihn längst aus Liebe aufgezehrt haben, – sei es auch nur, um ihn nicht zum Beispiel einem Gotte zur Beute zu lassen.

(32)

Der uralte Fehlschluß auf eine erste Ursache, auf einen Gott als Ursache der Welt. Aber *unser* eigenes Verhalten zur Welt, unser tausendfältig schaffendes Verhalten in jedem Augenblick zeigt richtiger, daß *Schaffen* zu den unveräußerlichen und beständigen Eigenschaften der Welt selber gehört: – um die Sprache der Mythologen nicht zu verschmähen.

(33)

Man könnte sagen, die Kompliziertheit der Wege (z. B. einer

Pflanze, um zur Befruchtung zu kommen) sei ein Argument *gegen* die Absichtlichkeit: denn hier werde ein raffinierter Geist gedacht, der zu große Umwege wähle, in Hinsicht auf den Weg klug, auf die Wahl gerade dieses *Weges* dumm – also eine widerspruchsvolle Art Geist. Aber gegen diese Auffassung würde ich auf unsre menschliche Erfahrung verweisen: wir müssen dies Zufällige und Störende ausnützen und mit in jeden unsrer Entwürfe aufnehmen, so daß alles, was wir durchführen, den ganz gleichen Charakter trägt, eines Geistes, der seinen Plan trotz vieler Hemmnisse durchführt, also mit vielen krummen Linien. Denken wir uns den Fall ins Ungeheure übersetzt: so wäre die scheinbare Dummheit des Weltenganges, der Charakter von Verschwendung, von nutzlosen Opfern vielleicht nur eine Betrachtung aus der *Ecke*, eine perspektivische Betrachtung für kleine Wesen, wie wir sind. In Anbetracht, daß wir die *Zwecke* nicht kennen, ist es kindlich, die Mittel nach Seite ihrer Vernünftigkeit zu kritisieren. Gewiß ist es, daß sie nicht gerade »human« sind.

(34)

Die Physiologen sollten sich besinnen, den »*Erhaltungstrieb*« als kardinalen Trieb eines organischen Wesens anzusetzen. Vor allem will etwas Lebendiges seine Kraft *auslassen*: die »Erhaltung« ist nur eine der Konsequenzen davon. – Vorsicht vor *überflüssigen* teleologischen Prinzipien! Und dahin gehört der ganze Begriff »Erhaltungstrieb«.

(35)

»Der chemische Prozeß ist stets größer als der Nutzeffekt« (Mayer). »Durch gute Dampfmaschinen wird ungefähr $1/20$, durch Geschütze $1/10$, durch Säugetiere $1/5$ der Verbrennungswärme in mechanischen Effekt umgesetzt.« Zur Verschwendung der Natur! Dann die Sonnenwärme bei Proctor! Der Staat im Verhältnis zu seinem Nutzen! Der große Geist! Unsere intellektuelle Arbeit im Verhältnis zu dem Nutzen, den die Triebe davon haben! Also keine falsche »Nützlichkeit als Norm«! Verschwendung ist ohne weiteres kein Tadel: sie ist vielleicht *notwendig*. Auch die *Heftigkeit der Triebe gehört hierher.*

(36)

Die *Gesetzmäßigkeit der Natur* ist eine falsche humanitäre Auslegung. Es handelt sich um eine absolute Feststellung der Machtverhältnisse, um die ganze Brutalität, *ohne* die Milderung, welche im organischen Leben das Vorausnehmen der Zukunft, die Vorsicht und List und Klugheit, kurz der Geist mit sich bringt. Die absolute Augenblicklichkeit des Willens zur Macht regiert; im Menschen (und schon in der Zelle) ist diese Feststellung ein Prozeß, der bei dem Wachstum aller Beteiligten sich fortwährend verschiebt – ein *Kampf*, vorausgesetzt, daß man dies Wort so weit und tief versteht, um auch das Verhältnis des Herrschenden zum Beherrschten noch als ein Ringen, und das Verhältnis des Gehorchenden zum Herrschenden noch als ein Widerstreben zu verstehen.

(37)

»Der Kampf ums Dasein« – das bezeichnet einen Ausnahmezustand. Die Regel ist vielmehr der Kampf um *Macht*, um »Mehr« und »Besser« und »Schneller« und »Öfter«.

(38)

Kritik des Begriffs: Ursache. – Psychologisch nachgerechnet, ist der Begriff »Ursache« unser Machtgefühl vom sogenannten Wollen, – unser Begriff »Wirkung« der Aberglaube, daß dies Machtgefühl die Macht selbst sei, welche bewegt...

Ein Zustand, der ein Geschehen begleitet und schon eine Wirkung des Geschehens ist, wird projiziert als »zureichender Grund« desselben; – das Spannungsverhältnis unsres Machtgefühls (die Lust als Gefühl der Macht), des überwundnen Widerstandes – sind das Illusionen? –

Übersetzen wir den Begriff »Ursache« wieder zurück in die uns einzig bekannte Sphäre, woraus wir ihn genommen haben: so ist uns keine *Veränderung* vorstellbar, bei der es nicht einen Willen zur Macht gibt. Wir wissen eine Veränderung nicht abzuleiten, wenn nicht ein *Übergreifen* von Macht *über andere Macht* statthat.

Die Mechanik zeigt uns nur Folgen, und noch dazu im Bilde (Bewegung ist eine Bilderrede). Die Gravitation selbst hat keine mechanische Ursache, da sie der Grund erst für mechanische Folgen ist.

Der Wille zur *Akkumulation von Kraft* ist spezifisch für das Phänomen des Lebens, für Ernährung, Zeugung, Vererbung, – für Gesellschaft, Staat, Sitte, Autorität. Sollten wir diesen Willen nicht als bewegende Ursache auch in der Chemie annehmen dürfen? – und in der kosmischen Ordnung?

Nicht bloß Konstanz der Energie: sondern Maximalökonomie des Verbrauchs: so daß das *Stärker-werden-wollen von jedem Kraftzentrum aus* die einzige Realität ist; – nicht Selbstbewahrung, sondern Aneignen-, Herr-werden-, Mehr-werden-, Stärker-werden-wollen.

Daß Wissenschaft möglich ist, das soll uns ein Kausalitätsprinzip *beweisen*? – »Aus gleichen Ursachen gleiche Wirkungen« – »Ein permanentes Gesetz der Dinge« – »Eine invariable Ordnung?« – Weil etwas berechenbar ist, ist es deshalb schon notwendig?

Wenn etwas so und nicht anders geschieht, so ist darin kein »Prinzip«, kein »Gesetz«, keine »Ordnung«, sondern es wirken Kraftquanta, deren Wesen darin besteht, auf alle anderen Kraftquanta Macht auszuüben.

Können wir ein *Streben nach Macht* annehmen, ohne eine Lust- oder Unlustempfindung, d. h. ohne ein Gefühl von der Steigerung und Verminderung der Macht? Der Mechanismus ist nur eine Zeichensprache für die *interne* Tatsachenwelt kämpfender und überwindender Willensquanta? Alle Voraussetzungen des Mechanismus, Stoff, Atom, Schwere, Druck und Stoß sind nicht »Tatsachen an sich«, sondern Interpretationen mit Hilfe *psychischer* Fiktionen.

Das *Leben* als die uns bekannteste Form des Seins ist spezifisch ein Wille zur Akkumulation der Kraft –: alle Prozesse des Lebens haben hier ihren Hebel: Nichts will sich erhalten, alles soll summiert und akkumuliert werden.

Das Leben, als ein Einzelfall (Hypothese von da aus auf den Gesamtcharakter des Daseins –), strebt nach einem *Maximalgefühl von Macht*; ist essentiell ein Streben nach Mehr von Macht; Streben ist nichts anderes als Streben nach Macht; das Unterste und Innerste bleibt dieser Wille. (Mechanik ist eine bloße Semiotik der Folgen.)

(39)

Einheitskonzeption der Psychologie. – Wir sind gewöhnt daran, die Ausgestaltung einer ungeheuren Fülle von Formen verträglich zu halten mit einer Herkunft aus der Einheit.

Meine Theorie wäre: – daß der *Wille zur Macht* die primitive Affektform ist, daß alle andern Affekte nur seine Ausgestaltungen sind;

daß es eine bedeutende Aufklärung gibt, an Stelle des individuellen »Glücks« (nach dem jedes Lebende streben soll) zu setzen *Macht*: »es strebt nach Macht, nach *Mehr* in der Macht«; – Lust ist nur ein Symptom vom Gefühl der erreichten Macht, eine Differenzbewußtheit – (– es strebt nicht nach Lust: sondern Lust tritt ein, wenn es erreicht, wonach es strebt: Lust begleitet, Lust bewegt nicht –);

daß alle treibende Kraft Wille zur Macht ist, daß es keine physische, dynamische oder psychische Kraft außerdem gibt.

In unsrer Wissenschaft, wo der Begriff Ursache und Wirkung reduziert ist auf das Gleichungsverhältnis, mit dem Ehrgeiz, zu beweisen, daß auf jeder Seite *dasselbe Quantum* von Kraft ist, *fehlt die treibende Kraft*: wir betrachten nur Resultate, wir setzen sie als *gleich* in Hinsicht auf Inhalt an Kraft...

Es ist eine bloße Erfahrungssache, daß die Veränderung *nicht aufhört*: an sich haben wir nicht den geringsten Grund, zu verstehen, daß auf eine Veränderung eine andre folgen müsse. Im Gegenteil: ein *erreichter Zustand* schiene sich selbst erhalten zu müssen, wenn es nicht ein Vermögen in ihm gäbe, eben *nicht* sich erhalten zu wollen... Der Satz des Spinoza von der »Selbsterhaltung« müßte eigentlich der Veränderung einen Halt setzen: aber der Satz ist falsch, das *Gegenteil* ist wahr. Gerade an allem Lebendigen ist am deutlichsten zu zeigen, daß es alles tut, um *nicht* sich zu erhalten, sondern um *mehr* zu werden...

(40)

Was ist »passiv«? –	*Gehemmt* sein in der vorwärtsgreifenden Bewegung: also ein Handeln des Widerstandes und der Reaktion.
Was ist »aktiv?« –	nach Macht ausgreifend.
»Ernährung« –	ist nur abgeleitet; das Ursprüngliche ist: alles in sich einschließen wollen.
»Zeugung« –	nur abgeleitet; ursprünglich: wo *ein* Wille nicht ausreicht, das gesamte Angeeignete zu organisieren, tritt ein *Gegenwille* in Kraft, der die Loslösung vornimmt, ein neues Organisationszentrum, nach einem Kampfe mit dem ursprünglichen Willen.
»Lust« –	als Machtgefühl (die Unlust voraussetzend).

(41)

1. Die organischen Funktionen zurückübersetzt in den Grundwillen, den Willen zur Macht, – und aus ihm abgespalten.

2. Der Wille zur Macht sich spezialisierend als Wille zur Nahrung, nach Eigentum, nach *Werkzeugen*, nach Dienern (Gehorchern) und Herrschern: der Leib als Beispiel. – Der stärkere Wille dirigiert den schwächeren. Es gibt gar keine andere Kausalität als die von Wille zu Wille. Mechanistisch nicht erklärt.

3. Denken, Fühlen, Wollen in allem Lebendigen. Was ist eine Lust anderes als: eine Reizung des Machtgefühls durch ein Hemmnis (noch stärker durch rhythmische Hemmungen und Widerstände), – so daß es dadurch anschwillt. Also in aller Lust ist Schmerz inbegriffen. – Wenn die Lust sehr groß werden soll,

müssen die Schmerzen sehr lange und die Spannung des Bogens ungeheuer werden.

4. Die geistigen Funktionen. Wille zur Gestaltung, zur Anähnlichung usw.

(42)

Zur Psychologie der Macht

Die Aristokratie im Leibe, die Mehrheit der Herrschenden (Kampf der Genialen?).

Die Sklaverei in der Arbeitsteilung: der höhere Typus nur möglich durch *Herunterdrückung* eines niederen auf eine Funktion.

Lust und Schmerz kein Gegensatz. Das Gefühl der Macht.

Ernährung nur eine Konsequenz der unersättlichen Aneignung, des Willens zur Macht.

Die Zeugung, der Zerfall eintretend bei der Ohnmacht der herrschenden Zellen, das Angeeignete zu organisieren.

Die *gestaltende* Kraft ist es, die einen neuen »Wert« (noch mehr »Kraft«) vorrätig haben will. Das Meisterstück des Aufbaues eines Organismus aus dem Ei.

»Mechanistische Auffassung«: will nichts als Quantitäten: allein die Kraft steckt in der Qualität: die Mechanistik kann also nur Vorgänge beschreiben, nicht erklären.

Der »Zweck«. Auszugehn von der »Sagazität« der Pflanzen.

Begriff der »Vervollkommnung«: *nicht* nur größere Kompliziertheit, sondern größere *Macht* (– braucht nicht nur größere Masse zu sein –).

Schluß auf die Entwicklung der Menschheit: die Vervollkommnung besteht in der Hervorbringung der mächtigsten Individuen, zu deren Werkzeug die größte Menge gemacht wird (und zwar als intelligentestes und beweglichstes Werkzeug).

Die Künstler als die kleinen Gestaltenden. Die Pedanterie der »Erzieher« dagegen.

(43)

Es herrscht immer noch die Neigung, alle hochgeschätzten Dinge und Zustände auf eine noch höhere Ursache zurückzuführen: so daß diese Welt hoher Dinge gleichsam ein Abglanz einer noch höheren sei. Es scheint also die *Verminderung* einer Eigenschaft den Menschen natürlicher als eine Steigerung: »das Vollkommene kann nicht *werden*, sondern nur vergehen«, ist eine uralte Hypothese. Erinnerung an eine frühere, bessere Welt (Präexistenz), oder Paradies im Anfange, oder Gott als Ursache der Dinge, – alles setzt die gleiche Hypothese voraus. »Der werdende Gott« ist der mythologische Ausdruck für die wahren Vorgänge.

(44)

»Der Wert des Lebens.« – Das Leben ist ein Einzelfall; man muß *alles* Dasein rechtfertigen und *nicht* nur das Leben, – das rechtfertigende Prinzip ist ein solches, aus dem sich das Leben erklärt.

Das Leben ist nur *Mittel* zu etwas: es ist der Ausdruck von Wachstumsformen der Macht.

(45)

Glück ist *nicht* das Ziel: sondern Machtgefühl, – eine ungeheure Kraft im Menschen und in der Menschheit will sich *ausgeben*, will schaffen; es ist eine fortwährende Kette von Explosionen, die keineswegs das Glück zum Ziel haben.

(46)

Will denn ein Trieb, wie ihr lehrt, »befriedigt« sein? Will er frei von sich selber sein und Frieden haben? Wollte jemals ein Wille das Nicht-Wollen?

Daß er schaffe, das ist aller Triebe Treiben: und wenn er eine Weile schläft, so schläft er sich nur aus, um nachher – sich auszuwachsen.

(47)

Wie entsteht die perspektivische Sphäre und der Irrtum? Insofern, vermöge eines organischen Wesens, sich nicht ein Wesen, *sondern der Kampf selber erhalten will, wachsen will und sich bewußt sein will*.

Das, was wir »Bewußtsein« und »Geist« nennen, ist nur ein Mittel und Werkzeug, vermöge dessen nicht ein Subjekt, sondern *ein Kampf sich erhalten will*.

Der Mensch ist das Zeugnis, welche ungeheuren Kräfte in Bewegung gesetzt werden können durch ein kleines Wesen vielfachen Inhalts (oder durch einen perennierenden Kampf, konzentriert auf viele kleine Wesen).

Wesen, die mit Gestirnen spielen –

2. Kapitel
Der gestaltende Wille im Fluß des Werdens

1. Entstehung und Lebensrhythmus der Gebilde

(48)

Sähest du feiner, so würdest du alles *bewegt* sehen: wie das brennende Papier sich krümmt, so vergeht alles fortwährend und krümmt sich dabei.

(49)

Unsere ganze Welt ist die *Asche* unzähliger *lebender* Wesen: und wenn das Lebendige auch noch so wenig im Vergleich zum Ganzen ist, so ist *alles* schon einmal in Leben umgesetzt gewesen, und so geht es fort. Nehmen wir eine ewige Dauer, folglich einen ewigen Wechsel der Stoffe an –

(50)

Wenn das innerste Wesen des Seins Wille zur Macht ist, wenn Lust alles Wachstum der Macht, Unlust alles Gefühl, nicht widerstehen, nicht Herr werden zu können, ist: dürfen wir dann nicht Lust und Unlust als Kardinal-Tatsachen ansetzen? Ist Wille möglich ohne diese beiden Oszillationen des Ja und des Nein? – Aber *wer* fühlt Lust?... Aber *wer* will Macht?... Absurde Frage! wenn das Wesen selbst Machtwille und folglich Lust- und Unlustfühlen ist! Trotzdem: es bedarf der Gegensätze, der Widerstände, also, relativ, der *übergreifenden Einheiten*...

(51)

Damit es überhaupt ein *Subjekt* geben könne, muß etwas Beharrendes dasein und ebenfalls viele Gleichheit und Ähnlichkeit dasein. Das *unbedingt Verschiedene* im fortwährenden Wechsel wäre nicht festzuhalten, an nichts festhaltbar, es flösse ab wie der Regen vom Steine. Und ohne ein Beharrendes wäre gar kein Spiegel da, worauf sich ein Neben- und Nacheinander zeigen könnte: der Spiegel setzt schon etwas Beharrendes voraus. – Nun aber glaube ich: das Subjekt könnte entstehen, indem der Irrtum des Gleichen entsteht, z. B. wenn ein Protoplasma von verschiedenen Kräften (Licht, Elektrizität, Druck) immer nur *einen Reiz* empfängt und nach dem *einen* Reiz auf Gleichheit der Ursachen schließt: oder überhaupt nur *eines Reizes fähig ist* und *alles andere als gleich empfindet*, – und so muß es wohl im Organischen der tiefsten Stufe zugehen. Zuerst entsteht der Glaube an das Beharren und die Gleichheit *außer uns*, – und später erst fassen wir *uns selber* nach der ungeheuren Einübung am Außer-uns als ein *Beharrendes und Sich-selber-Gleiches*, als Unbedingtes auf. Der *Glaube* (das Urteil) müßte also entstanden sein vor dem Selbstbewußtsein: in dem Prozeß der *Assimilation* des Organischen ist dieser Glaube schon da, – d. h. dieser *Irrtum*! Dies ist das Geheimnis: wie kam das Organische zum Urteil des Gleichen und Ähnlichen und Beharrenden? Lust und Unlust sind erst Folgen dieses Urteils und seiner Einverleibung, sie setzen schon die gewohnten Reize der Ernährung aus dem Gleichen und Ähnlichen voraus!

(52)

In den entwickeltsten Zuständen begehen wir immer noch den ältesten Irrtum: z. B. stellen wir uns den Staat als Ganzes, Dauerndes, Wirkliches, als Ding vor und *demgemäß* ordnen wir uns ihm ein, als Funktion. Ohne die Vorstellung des Protoplasma von einem »dauernden Dinge« außer ihm gäbe es keine Einordnung, keine Assimilation.

(53)

»Denken« im primitiven Zustande (vor-organisch) ist *Gestalten-Durchsetzen*, wie beim Kristalle. – In *unserm* Denken ist das *Wesentliche* das Einordnen des neuen Materials in die alten Schemata (= Prokrustesbett), das Gleich-*machen* des Neuen.

(54)

Der Gesichtspunkt des »Werts« ist der Gesichtspunkt von *Erhaltungs-, Steigerungsbedingungen* in Hinsicht auf komplexe Gebilde von relativer Dauer des Lebens innerhalb des Werdens.

Es gibt keine dauerhaften letzten Einheiten, keine Atome, keine Monaden: auch hier ist »das Seiende« erst von uns *hineingelegt* (aus praktischen, nützlichen perspektivischen Gründen).

»*Herrschaftsgebilde*«; die Sphäre des Beherrschenden fortwährend wachsend oder unter der Gunst und Ungunst der Umstände (der Ernährung –) periodisch abnehmend, zunehmend.

»Wert« ist wesentlich der Gesichtspunkt für das Zunehmen oder Abnehmen dieser herrschaftlichen Zentren (»Vielheiten« jedenfalls; aber die »Einheit« ist in der Natur des Werdens gar nicht vorhanden).

Die Ausdrucksmittel der Sprache sind unbrauchbar, um das »Werden« auszudrücken: es gehört zu unserm *unablöslichen Bedürfnis der Erhaltung*, beständig eine gröbere Welt von Bleibendem, von »Dingen« usw. zu setzen. Relativ dürfen wir von Atomen und Monaden reden: und gewiß ist, daß die *kleinste Welt an Dauer die dauerhafteste ist*... Es gibt keinen Willen: es gibt Willenspunktationen, die beständig ihre Macht mehren oder verlieren.

(55)

Ich brauche den *Ausgangspunkt* »Wille zur Macht« als Ursprung der Bewegung. Folglich darf die Bewegung nicht von außen her bedingt sein, – nicht *verursacht*... Ich brauche Bewegungsansätze und -zentren, von wo aus der Wille um sich greift...

(56)

Es gibt im Moleküle Explosionen und Veränderungen der Bahn aller Atome und plötzliche Auslösungen von Kraft. Es könnte auch mit *einem* Moment unser ganzes Sonnensystem einen solchen Reiz erfahren, wie ihn der Nerv auf den Muskel ausübt. Daß dies *nie* geschehen sei oder geschehen werde, ist nicht zu beweisen.

(57)

»Wirkung.« Der Reiz, den einer ausübt, die Anregung, die er gibt, bei der andere ihre Kräfte auslösen (z. B. der Religionsstifter), ist gewöhnlich mit der *Wirkung* verwechselt worden: man schließt aus großen Kraftauslösungen auf große »Ursachen«. Falsch! Es können unbedeutende Reize und Menschen sein: aber die Kraft war angesammelt und lag zur Explosion bereit! – Blick auf die Weltgeschichte!

(58)

Es gibt heute so viele oberflächliche Denker, welche beruhigt sind, eine Sache auf Gewöhnung und Vererbung zurückgeführt und damit *erklärt* zu haben. Aber »wie ist Gewohnheit *möglich*? Wie ist Vererbung möglich?«

(59)

Gegen den Darwinismus. – Der Nutzen eines Organs erklärt *nicht* seine Entstehung, im Gegenteil! Die längste Zeit, während deren eine Eigenschaft sich bildet, erhält sie das Individuum nicht und nützt ihm nicht, am wenigsten im Kampf mit äußeren Umständen und Feinden.

Was ist zuletzt »nützlich«? Man muß fragen, »in bezug *worauf* nützlich?« Z. B. was der *Dauer* des Individuums nützt, könnte seiner Stärke und Pracht ungünstig sein; was das Individuum erhält, könnte es zugleich festhalten und stillstellen in der Entwicklung. Andererseits kann ein *Mangel*, eine *Entartung* vom höchsten Nutzen sein, insofern sie als Stimulans anderer Organe wirkt. Ebenso kann eine *Notlage* Existenzbedingung sein, insofern sie ein Individuum auf das Maß herunterschraubt, bei dem es *zusammenhält* und sich nicht vergeudet. – Das Individuum selbst als Kampf der Teile (um Nahrung, Raum usw.): seine Entwicklung geknüpft an ein *Siegen, Vorherrschen* einzelner Teile, an ein *Verkümmern,* »Organwerden« anderer Teile.

Der Einfluß der »äußeren Umstände« ist bei Darwin ins Unsinnige *überschätzt*: das Wesentliche am Lebensprozeß ist gerade die ungeheure gestaltende, von innen her Formen schaffende Gewalt, welche die »äußeren Umstände« *ausnützt, ausbeutet*... Die von innen her gebildeten *neuen* Formen sind *nicht* auf einen Zweck hin geformt; aber im Kampf der Teile wird eine neue Form nicht lange *ohne* Beziehung zu einem partiellen Nutzen stehen und dann, dem *Gebrauche* nach, sich immer vollkommener ausgestalten.

(60)

Gegen die Lehre vom Einfluß des *Milieus* und der äußeren Ursachen: die innere Kraft ist unendlich *überlegen*; vieles, was wie Einfluß von außen aussieht, ist nur ihre Anpassung von innen her. Genau dieselben Milieus können entgegengesetzt ausgedeutet und ausgenützt werden: es gibt keine Tatsachen. – Ein Genie ist *nicht* erklärt aus solchen Entstehungsbedingungen. –

(61)

Umfang der *dichterischen Kraft*: wir können nichts tun, ohne nicht vorher ein *freies Bild* davon zu entwerfen – (ob wir freilich nicht wissen, wie sich dies Bild zur Handlung verhält, die Handlung ist etwas wesentlich anderes und verläuft in uns *unzugänglichen* Regionen). Dies Bild ist sehr allgemein, ein Schema, – wir meinen, es sei nicht nur die Richtschnur, sondern die bewegende Kraft selber. Zahllose Bilder haben keine Aktivität nach sich, davon sehen wir ab: die Fälle, wo sich hernach etwas begibt, was »wir gewollt« haben, bleiben im Gedächtnis. – Aller unserer Entwicklung läuft ein *Idealbild* voraus, das Erzeugnis der Phantasie: die wirkliche Entwicklung ist uns unbekannt. Wir *müssen* dies Bild machen. Die Geschichte des Menschen und der Menschheit verläuft unbekannt, aber die Idealbilder und deren Geschichte scheint uns die Entwicklung selber. Die Wissenschaft kann sie nicht schaffen, aber die Wissenschaft ist eine *Hauptnahrung* für diesen Trieb: wir scheuen auf die Dauer alles Unsichere, Erlogene, diese Furcht und dieser Ekel fördern die Wissenschaft. Jener dichterische Trieb soll *erraten*, nicht phantasieren, aus wirklichen Elementen etwas Unbekanntes erraten; er braucht die Wissenschaft, d. h. die Summe des Sicheren und Wahrscheinlichen, um mit diesem Material dichten zu können. Dieser Vorgang ist schon im *Sehen*. Es ist eine freie Produktion in allen Sinnen, der größte Teil der sinnlichen Wahrnehmung ist *erraten*. Alle wissenschaftlichen Bücher langweilen, die diesem erraten wollenden Triebe kein Futter geben: das *Sichere tut uns nicht wohl*, wenn es nicht Nahrung für jenen Trieb sein will!

(62)

Das mächtige organische Prinzip imponiert mir so, gerade in der Leichtigkeit, mit der es unorganische Stoffe sich einverleibt. Ich weiß nicht, wie diese Zweckmäßigkeit einfach durch *Steigerung* zu erklären ist. Eher würde ich glauben, es gebe ewig organische Wesen. –

(63)

Ich sehe nicht ein, warum das Organische überhaupt einmal *entstanden* sein muß – –

(64)

»Es gibt gar keine Menschen, denn es gab keinen ersten Menschen«: so schließen die Tiere.

(65)

Daß »*Vererbung*«, als etwas ganz Unerklärtes, nicht zur Erklärung benutzt werden kann, sondern nur zur Bezeichnung, Fixierung eines Problems, ebendas gilt vom »*Anpassungsvermögen*«. Tatsächlich ist durch die morphologische Darstellung, gesetzt, sie wäre vollendet, nichts *erklärt*, aber ein ungeheurer Tatbestand *beschrieben*. Wie ein Organ benutzt werden kann zu irgendeinem Zweck, *das* ist nicht erklärt. Es wäre mit der Annahme von causae finales so wenig wie mit causae efficientes in diesen Dingen erklärt. Der Begriff »causa« ist nur ein Ausdrucksmittel, nicht *mehr*; ein Mittel zur Bezeichnung.

(66)

Es ist ein falscher Gesichtspunkt: um die Gattung zu erhalten, werden unzählige Exemplare geopfert. Ein solches »um« gibt es nicht! Ebenso gibt es keine Gattung, sondern lauter verschiedene Einzelwesen! Also gibt es auch keine Opferung, Verschwendung! Also auch *keine Unvernunft* dabei! – Die Natur will nicht die »Gattung erhalten«! Tatsächlich erhalten sich viele ähnliche Wesen mit ähnlichen Existenzbedingungen leichter als abnorme Wesen.

(67)

»Nützlich« im Sinne der darwinistischen Biologie – das heißt: im Kampf mit anderen sich als begünstigend erweisend. Aber mir scheint schon das *Mehrgefühl*, das Gefühl des *Stärker-werdens*, ganz abgesehen vom Nutzen im Kampf, der eigentliche *Fortschritt*: aus diesem Gefühle entspringt erst der Wille zum Kampf.

(68)

Der Wille zur Macht kann sich nur *an Widerständen* äußern; er sucht also nach dem, was ihm widersteht, – dies die ursprüngliche Tendenz des Protoplasmas, wenn es Pseudopodien ausstreckt und um sich tastet. Die Aneignung und Einverleibung ist vor allem ein Überwältigen-wollen, ein Formen, An- und Umbilden, bis endlich das Überwältigte ganz in den Machtbereich des Angreifers übergegangen ist und denselben vermehrt hat. – Gelingt diese Einverleibung nicht, so zerfällt wohl das Gebilde; und die *Zweiheit* erscheint als Folge des Willens zur Macht: um nicht fahren zu lassen, was erobert ist, tritt der Wille zur Macht in zwei Willen auseinander (unter Umständen ohne seine Verbindung untereinander völlig aufzugeben).

»Hunger ist nur eine engere Anpassung, nachdem der Grundtrieb nach Macht geistigere Gestalt gewonnen hat.«

(69)

Man kann die unterste und ursprünglichste Tätigkeit im Protoplasma nicht aus einem Willen zur Selbsterhaltung ableiten, denn es nimmt auf eine unsinnige Art mehr in sich hinein, als die Erhaltung bedingen würde: und vor allem, es »erhält sich« damit *nicht*, sondern *zerfällt*... Der Trieb, der hier waltet, hat gerade dieses Sich-*nicht*-erhalten-wollen zu erklären. »Hunger« ist schon eine Ausdeutung, nach ungleich komplizierteren Organismen (– Hunger ist eine spezialisierte und spätere Form des Triebes, ein Ausdruck der Arbeitsteilung, im Dienst eines darüber waltenden höheren Triebes).

(70)

Es ist nicht möglich, den *Hunger* als primum mobile zu nehmen, ebensowenig als die Selbsterhaltung. Der Hunger als Folge der Unterernährung aufgefaßt heißt: der Hunger als Folge eines *nicht mehr Herr werdenden* Willens zur Macht. Es handelt sich durchaus nicht um eine Wiederherstellung eines Verlustes, – erst spät, infolge Arbeitsteilung, nachdem der Wille zur Macht ganz andre Wege zu seiner Befriedigung einschlagen lernte, wird das Aneignungsbedürfnis des Organismus *reduziert* auf den Hunger, auf das Wiederersatzbedürfnis des Verlorenen.

(71)

Zurückführung der Generation auf den Willen zur Macht (! er muß also auch in der angeeigneten *unorganischen Materie* vorhanden sein!): das Auseinandertreten des Protoplasma, im Falle daß eine Form sich gestaltet, wo das Schwergewicht an zwei Stellen gleich verteilt ist. Von jeder Stelle aus geschieht eine zusammenziehende, *zusammenschnürende* Kraft: da *zerreißt* die Zwischenmasse. Also: die *Gleichheit* der Machtverhältnisse ist Ursprung der Generation. Vielleicht ist alle Fortentwicklung an solche entstehende Macht-Äquivalenzen gebunden.

(72)

Die Teilung eines Protoplasmas in zwei tritt ein, wenn die Macht nicht mehr ausreicht, den angeeigneten Besitz zu bewältigen: Zeugung ist Folge einer Ohnmacht.

Wo die Männchen aus Hunger die Weibchen aufsuchen und in ihnen aufgehn, ist Zeugung die Folge eines Hungers.

(73)

Das Schwächere drängt sich zum Stärkeren aus Nahrungsnot: es will unterschlüpfen, mit ihm womöglich *Eins* werden. Der Stärkere wehrt umgekehrt ab von sich, er will nicht in dieser Weise zugrunde gehen; vielmehr, im Wachsen, spaltet er sich zu zweien und mehreren. Je größer der Drang ist zur Einheit, um so mehr darf man auf Schwäche schließen; je mehr der Drang nach Varietät, Differenz, innerlichem Zerfall, um so mehr Kraft ist da.

Der Trieb, sich anzunähern, – und der Trieb, etwas zurückzustoßen, sind in der unorganischen wie organischen Welt das Band. Die ganze Scheidung ist ein Vorurteil.

Der Wille zur Macht in jeder Kraftkombination, *sich wehrend gegen das Stärkere, losstürzend auf das Schwächere, ist richtiger. NB. Die Prozesse als »Wesen«.*

(74)

Die *Individuation*, vom Standpunkt der Abstammungstheorie beurteilt, zeigt das beständige Zerfallen von eins in zwei und das ebenso beständige Vergehen der Individuen *auf den Gewinn von wenig* Individuen, die die Entwicklung fortsetzen: die übergroße Masse stirbt jedesmal ab (»der Leib«).

Das Grundphänomen: *unzählige Individuen geopfert um weniger willen*: als deren Ermöglichung. – Man muß sich nicht täuschen lassen: ganz so steht es mit den *Völkern* und *Rassen*: sie bilden den »Leib« zur Erzeugung von einzelnen *wertvollen Individuen*, die den großen Prozeß fortsetzen.

(75)

Alles Geschehen, alle Bewegung, alles Werden als ein Feststellen von Grad- und Kraftverhältnissen, als ein *Kampf* ...

Sobald wir uns jemanden *imaginieren*, der verantwortlich ist dafür, daß wir so und so sind usw. (Gott, Natur), ihm also unsre Existenz, unser Glück und Elend als *Absicht* zulegen, verderben wir uns die *Unschuld des Werdens*. Wir haben dann jemanden, der durch uns und mit uns etwas erreichen will.

Das »Wohl des Individuums« ist ebenso imaginär als das »Wohl der Gattung«: das erstere wird *nicht* dem letzteren geopfert, Gattung ist aus der Ferne betrachtet etwas ebenso Flüssiges wie Individuum. »*Erhaltung* der Gattung« ist nur eine Folge des *Wachstums* der Gattung, d. h. der *Überwindung der Gattung* auf dem Wege zu einer stärkeren Art.

Thesen. – Daß die anscheinende »*Zweckmäßigkeit*« (»die aller menschlichen Kunst unendlich überlegene Zweckmäßigkeit«) bloß die Folge jenes in allem Geschehen sich abspielenden *Willens zur Macht* ist –: daß das *Stärker-werden* Ordnungen mit sich bringt, die einem Zweckmäßigkeitsentwurf ähnlich sehen –: daß die anscheinenden *Zwecke* nicht beabsichtigt sind, aber, sobald die Übermacht über eine geringere Macht erreicht ist und letztere als Funktion der größeren arbeitet, eine Ordnung des *Ranges*, der Organisation den Anschein einer Ordnung von Mittel und Zweck erwecken muß.

Gegen die anscheinende »*Notwendigkeit*«:
– diese nur ein *Ausdruck* dafür, daß eine Kraft nicht auch etwas anderes ist.

Gegen die anscheinende »*Zweckmäßigkeit*«:
– letztere nur ein *Ausdruck* für eine Ordnung von Machtsphären und deren Zusammenspiel.

2. Das Schöpferische in den organischen Wesen

(76)

Die Darstellung dessen, was *ist*, lehrt noch nichts über seine Entstehung: und die Geschichte der Entstehung lehrt noch nichts über das, was da ist. Die Historiker aller Art täuschen sich darin fast allesamt: weil sie vom Vorhandenen ausgehn und rückwärts blicken. Aber das Vorhandene ist etwas *Neues* und ganz und gar nicht *Erschließbares*: kein Chemiker könnte voraussagen, was aus zwei Elementen bei ihrer Einigung *würde*, wenn er es nicht schon *wüßte*!

(77)

Aus seinen Ursachen läßt sich ein Ding nicht *erraten*, d. h. ein

Ding = seinen Wirkungen. Die Kenntnis der Ursachen eines Dinges gibt keine Kenntnis seiner Wirkungen, d. h. keine Kenntnis des *Dinges*.

(78)

Wenn man die Bedingungen des Entstehens kennt, kennt man das Entstandene noch *nicht*! Dieser Satz gilt in der Chemie wie im Organischen.

(79)

In der Chemie zeigt sich, daß jeder Stoff seine Kraft so weit treibt, als er kann: da entsteht etwas Drittes.

Die Eigenschaften eines Kindes sind aus der allergenauesten Kenntnis von Vater und Mutter nicht *abzuleiten*. Denn es sind die *Wirkungen* des Dritten auf uns, diese Eigenschaften: die Wirkungen des Ersten aber und die Wirkungen des Zweiten, d. h. *ihre* Eigenschaften, sind unmöglich zu addieren, als »Wirkungen des Dritten«.

(80)

In der chemischen Welt herrscht die schärfste *Wahrnehmung* der Kraftverschiedenheit. Aber ein Protoplasma, *als eine Vielheit von chemischen Kräften*, hat eine *unsichere und unbestimmte* Gesamtwahrnehmung eines fremden Dinges.

(81)

Wahrnehmen auch für die unorganische Welt einräumen, und zwar absolut genau: da herrscht »*Wahrheit*«! – Mit der organischen Welt beginnt die *Unbestimmtheit* und der *Schein*.

(82)

Der Übergang aus der Welt des Anorganischen in die des Organischen ist der aus festen Wahrnehmungen der Kraftwerte und Machtverhältnisse in die der *unsicheren*, *unbestimmten* (weil eine Vielheit von miteinander kämpfenden Wesen [= Protoplasma] sich der Außenwelt gegenüber fühlt).

(83)

Das Ganze der organischen Welt ist die Aneinanderfädelung von Wesen mit erdichteten kleinen Welten um sich: indem sie ihre Kraft, ihre Begierden, ihre Gewohnheiten in den Erfahrungen außer sich heraussetzen, als ihre *Außenwelt*. Die Fähigkeit zum Schaffen (Gestalten, Erfinden, Erdichten) ist ihre Grundfähigkeit: von sich selber haben sie natürlich ebenfalls nur eine solche falsche, erdichtete, vereinfachte Vorstellung.

»Ein Wesen mit der Gewohnheit zu einer Art von Regel im Traume« – das ist ein lebendiges Wesen. Ungeheure Mengen solcher Gewohnheiten sind schließlich so hart geworden, daß auf ihnen hin *Gattungen* leben. Wahrscheinlich stehen sie in einem günstigen Verhältnis zu den Existenzbedingungen solcher Wesen.

Unsere Welt als *Schein*, *Irrtum*; – aber wie ist Schein und Irrtum möglich? (Wahrheit bezeichnet nicht einen Gegensatz zum Irrtum, sondern die Stellung gewisser Irrtümer zu anderen Irrtümern, etwa, daß sie älter, tiefer einverleibt sind, daß wir ohne sie nicht zu leben wissen, und dergleichen.)

Das Schöpferische in jedem organischen Wesen, was ist das? – Daß alles das, was jedem seine »Außenwelt« ist, eine Summe von Wertschätzungen darstellt; daß grün, blau, rot, hart, weich, vererbte *Wertschätzungen und deren Abzeichen* sind;

– daß die Wertschätzungen in irgendeinem Verhältnis zu den Existenzbedingungen stehn müssen, doch lange nicht so, daß sie *wahr* wären oder *präzis* wären. Das Wesentliche ist gerade ihr Ungenaues, Unbestimmtes, wodurch eine Art *Vereinfachung der Außenwelt* entsteht – und gerade diese Sorte von Intelligenz ist günstig zur Erhaltung;

– daß der Wille zur Macht es ist, der auch die unorganische Welt führt, oder vielmehr, daß es keine unorganische Welt gibt. Die »Wirkung in die Ferne« ist nicht zu beseitigen: *Etwas zieht etwas anderes heran, etwas fühlt sich gezogen.* Dies ist die Grundtatsache: dagegen ist die mechanistische Vorstellung von Druck und Stoß nur eine Hypothese auf Grund des *Augenscheins* und des *Tastgefühls* – mag sie uns als eine regulative Hypothese für die Welt des Augenscheins gelten!

– daß, damit dieser Wille zur Macht sich äußern könne, er jene Dinge wahrnehmen muß, welche er zieht, daß er *fühlt*, wenn sich ihm etwas nähert, das ihm assimilierbar ist.

Die angeblichen »Naturgesetze« sind die Formeln für Machtverhältnisse.

Die mechanistische Denkweise ist eine Vordergrundsphilosophie. Sie erzieht zur Feststellung der Formeln, sie bringt eine große Erleichterung mit sich –

Die verschiedenen philosophischen Systeme sind als *Erziehungsmethoden* des Geistes zu betrachten: sie haben immer eine besondere Kraft des Geistes am besten *ausgebildet*, mit ihrer einseitigen Forderung, die Dinge gerade so und nicht anders zu sehn.

(84)

Eine Vielheit von Kräften, verbunden durch einen gemeinsamen Ernährungsvorgang, heißen wir »*Leben*«. Zu diesem Ernährungsvorgang, als Mittel seiner Ermöglichung, gehört alles sogenannte Fühlen, Vorstellen, Denken, d. h. 1. ein Widerstreben gegen alle anderen Kräfte; 2. ein Zurechtmachen derselben nach Gestalt und Rhythmus; 3. ein Abschätzen in bezug auf Einverleibung oder Abscheidung.

(85)
Die Verbindung des Unorganischen und Organischen muß in der abstoßenden Kraft liegen, welche jedes Kraftatom ausübt. »Leben« wäre zu definieren als eine dauernde Form von *Prozessen* der *Kraftfeststellungen*, wo die verschiedenen Kämpfenden ihrerseits ungleich wachsen. Inwiefern auch im Gehorchen ein Widerstreben liegt; es ist die Eigenmacht durchaus nicht aufgegeben. Ebenso ist im Befehlen ein Zugestehen, daß die absolute Macht des Gegners nicht besiegt ist, nicht einverleibt, aufgelöst. »Gehorchen« und »Befehlen« sind Formen des Kampfspiels.

(86)
Konsequenz des Kampfes: der Kämpfende sucht seinen Gegner zu seinem *Gegensatz* umzubilden – in der Vorstellung natürlich. Er sucht an sich bis zu dem Grade zu glauben, daß er den Mut der »guten Sache« haben kann (als ob er die *gute Sache* sei); wie als ob die Vernunft, der Geschmack, die Tugend von seinem Gegner bekämpft werde... Der Glaube, den er nötig hat, als stärkstes Defensiv- und Aggressivmittel, ist ein *Glaube an sich*, der sich aber als Glaube an Gott zu mißverstehen weiß: – sich nie die Vorteile und Nützlichkeiten des Sieges vorstellen, sondern immer nur den Sieg um des Sieges willen, als »Sieg Gottes« –. Jede kleine im Kampf befindliche Gemeinschaft (selbst einzelne) sucht sich zu überreden: »*wir haben den guten Geschmack, das gute Urteil und die Tugend für uns*«... Der Kampf zwingt zu einer solchen *Übertreibung der Selbstschätzung*...

(87)
So leben wir alle! – wir reißen die Dinge gierig an uns und haben unersättliche Augen dabei, dann nehmen wir ebenso gierig aus ihnen heraus, was uns schmeckt und dienlich ist, – und endlich überlassen wir den Rest (alles, womit unser Appetit und unsere Zähne nicht fertig geworden sind) den anderen Menschen und der Natur, namentlich aber alles, was wir verschlangen, ohne es uns einverleiben zu können –: unsere Exkremente. Darin sind wir unerschöpflich wohltätig und durchaus nicht geizig: wir *düngen* die Menschheit mit diesem Unverdauten unseres Geistes und unserer Erfahrungen.

(88)

Die Sinneswahrnehmungen nach »außen« projiziert: »innen« und »außen« – da kommandiert der *Leib* –?

Dieselbe gleichmachende und ordnende Kraft, welche im Idioplasma waltet, waltet auch beim Einverleiben der Außenwelt: unsere Sinneswahrnehmungen sind bereits das *Resultat* dieser *Anähnlichung* und *Gleichsetzung* in bezug auf *alle* Vergangenheit in uns; sie folgen nicht sofort auf den »Eindruck«. –

(89)

Die größere Kompliziertheit, die scharfe Abscheidung, das Nebeneinander der ausgebildeten Organe und Funktionen, mit Verschwinden der Mittelglieder – wenn das *Vollkommenheit* ist, so ergibt sich ein Wille zur Macht im organischen Prozeß, vermöge deren *herrschaftliche*, *gestaltende*, *befehlende* Kräfte immer das Gebiet ihrer Macht mehren und innerhalb desselben immer wieder vereinfachen: der Imperativ *wachsend*.

Der »Geist« ist nur ein Mittel und *Werkzeug* im Dienst des höheren Lebens, der Erhöhung des Lebens: und was das Gute anbetrifft, so wie es Plato (und nach ihm das Christentum) verstand, so scheint es mir sogar ein lebensgefährliches, lebenverleumdendes, lebenverneinendes Prinzip.

(90)

Die *unbewußte formenbildende Kraft* zeigt sich bei der *Zeugung*: hier doch ein Kunsttrieb tätig.

Es scheint der gleiche Kunsttrieb zu sein, der den Künstler zum Idealisieren der Natur zwingt und der jeden Menschen zum bildlichen Anschauen seiner selbst und der Natur zwingt. Zuletzt muß er die Konstruktion des Auges veranlaßt haben. Der Intellekt erweist sich als eine *Folge* eines zunächst künstlerischen Apparates.

Das Erwachen des Kunsttriebes differenziert die animalischen Geschöpfe. Daß wir die Natur so sehen, so künstlerisch sehen, teilen wir mit keinem Tier.

(91)

In jedem Sinnesurteil ist die ganze organische Vorgeschichte tätig: »das ist grün« zum Beispiel. *Das Gedächtnis im Instinkt*, als eine Art von Abstraktion und Simplifikation, vergleichbar dem logischen Prozeß: das Wichtigste ist immer wieder unterstrichen worden, aber auch die schwächsten Züge *bleiben*. Es gibt im organischen Reiche kein Vergessen; wohl aber eine Art *Verdauen* des Erlebten.

(92)

Alles Organische unterscheidet sich vom Anorganischen dadurch, daß es *Erfahrungen aufsammelt*: und niemals sich selber gleich ist, in seinen Prozessen. – Um das Wesen des Organischen zu verstehen, darf man nicht seine *kleinste* Form für die *primitivste* halten: vielmehr ist jede kleinste Zelle *jetzt* Erbe der ganzen organischen *Vergangenheit*.

(93)

Ich setze *Gedächtnis und eine Art Geist bei allem Organischen voraus*: der Apparat ist so fein, daß er *für uns* nicht zu existieren scheint. Die Torheit Haeckels, zwei Embryonen als gleich anzusetzen! Man muß sich nicht *täuschen* lassen durch die Kleinheit. – Das Organische nicht entstanden.

(94)

– Weißt du das nicht? In jeder Handlung, die du tust, ist alles Geschehens Geschichte wiederholt und abgekürzt.

(95)

Es läßt sich eine vollkommene Analogie führen zwischen dem Vereinfachen und Zusammendrängen zahlloser Erfahrungen auf Generalsätze *und* dem Werden der Samenzelle, welche die ganze Vergangenheit verkürzt in sich trägt: und ebenso zwischen dem künstlerischen Herausbilden aus zeugenden Grundgedanken bis zum »System« *und* dem Werden des Organismus als einem Aus- und Fortdenken, als einer *Rückerinnerung* des ganzen vorherigen Lebens, der Rückvergegenwärtigung, Verleiblichung.

Kurz: das *sichtbare* organische Leben und das *unsichtbare* schöpferische seelische Walten und Denken enthalten einen Parallelismus: am »Kunstwerk« kann man diese zwei Seiten am deutlichsten als parallel demonstrieren. – Inwiefern Denken, Schließen und alles Logische als *Außenseite* angesehen werden kann: als Symptom viel innerlicheren und gründlicheren Geschehens?

(96)

Wunderbare Erfindung der Logik.

Allmähliches Überwiegen der logischen Kräfte und Beschränkung des Wissens*möglichen*.

Fortwährende Reaktion der künstlerischen Kräfte und Beschränkung auf das Wissens*würdige* (nach der *Wirkung* beurteilt).

(97)

Wie sich die Organe aus einem Organ mehrfach ausbilden, z. B. aus der Haut das Nervensystem und Gehirn: so muß auch alles

Fühlen und Vorstellen und Denken ursprünglich eins gewesen sein: also die Sinnesempfindung eine *späte* Einzelerscheinung.

(98)

Es muß irgendwann religiöse, ästhetische und moralische Auffassung eins gewesen sein.

(99)

Durch die Arbeitsteilung sind die Sinne vom Denken und Urteilen beinahe gelöst: während früher dies *in* ihnen lag, ungeschieden. Noch früher müssen die Begierden und die Sinne *eins* gewesen sein.

(100)

Alle Neigung, Freundschaft, Liebe zugleich etwas Physiologisches. Wir wissen alle nicht, wie tief und hoch die Physis reicht.

(101)

Es muß gedacht worden sein, lange bevor es Augen gab: die »Linien und Gestalten« sind also nicht anfänglich gegeben, sondern auf Tastgefühle hin ist am längsten gedacht worden: dies aber, *nicht* unterstützt durch das Auge, lehrt Grade des Druckgefühls, noch nicht Gestalten. Vor der Einübung also, die Welt als bewegte Gestalten zu verstehen, liegt die Zeit, wo sie als veränderliche und verschiedengradige Druckempfindung »begriffen« wurde. Daß in Bildern, daß in Tönen gedacht werden kann, ist kein Zweifel: aber auch in Druckgefühlen. Die Vergleichung in bezug auf Stärke und Richtung und Nacheinander, die Erinnerung usw.

(102)

Die Qualitäten sind unsere unübersteiglichen Schranken; wir können durch nichts verhindern, bloße *Quantitäts-Differenzen* als etwas von Quantität Grundverschiedenes zu empfinden, nämlich als *Qualitäten*, die nicht mehr aufeinander reduzierbar sind. Aber alles, wofür nur das Wort »Erkenntnis« Sinn hat, bezieht sich auf das Reich, wo gezählt, gewogen, gemessen werden kann, auf die Quantität: während umgekehrt alle unsre Wertempfindungen (d. h. eben unsre Empfindungen) gerade an den Qualitäten haften, d. h. an unsren, nur uns allein zugehörigen perspektivischen »Wahrheiten«, die schlechterdings nicht »erkannt« werden können. Es liegt auf der Hand, daß jedes von uns verschiedene Wesen andere Qualitäten empfindet und folglich in einer andern Welt, als wir leben, lebt. Die Qualitäten sind unsre eigentliche menschliche Idiosynkrasie: zu verlangen, daß diese unsre menschlichen Auslegungen und Werte allgemeine und vielleicht konstitutive Werte sind, gehört zu den erblichen Verrücktheiten des menschlichen Stolzes.

(103)

Wir *empfinden* nur alles das von den Dingen, was uns irgendwie *angeht* (oder *anging*), – der ganze organische Prozeß zieht in uns sein Resultat. »Erfahrung«, das ist das Resultat aller jener *Reaktionen*, wo wir auf etwas außer oder in uns reagiert haben. – Wir haben unsere *Reaktion verschmolzen mit dem Dinge*, welches auf uns agierte.

(104)

Wir hören wenig und unsicher, wenn wir eine Sprache nicht verstehen, die um uns gesprochen wird. Ebenso bei einer Musik, die uns fremd ist, wie die chinesische. Das *Guthören* ist also wohl ein fortwährendes *Erraten* und *Ausfüllen* der wenigen wirklich wahrgenommenen Empfindungen. *Verstehen* ist ein erstaunlich schnelles, entgegenkommendes Phantasieren und Schließen: aus zwei Worten erraten wir den Satz (beim Lesen), aus einem Vokal und zwei Konsonanten ein Wort beim Hören, ja viele Worte hören wir *nicht*, denken sie aber als gehört. – Was wirklich *geschehen* ist, ist nach unserem *Augenschein* schwer zu sagen, – denn wir haben fortwährend dabei gedichtet und geschlossen. Ich habe öfter beim Sprechen mit Personen ihren Gesichtsausdruck so deutlich vor mir, wie ihn meine Augen nicht wahrnehmen können: es ist eine Fiktion zu ihren Worten, die Auslegung in Gebärden des Gesichts.

Ich vermute, daß wir nur sehen, was wir *kennen*; unser Auge ist in der Handhabung zahlloser Formen fortwährend in Übung: – der größte Teil des Bildes ist nicht Sinneneindruck, sondern *Phantasieerzeugnis*. Es werden nur kleine Anlässe und Motive aus den Sinnen genommen, und das wird dann ausgedichtet. Die *Phantasie* ist an Stelle des »*Unbewußten*« zu setzen: es sind nicht unbewußte Schlüsse, als vielmehr *hingeworfene Möglichkeiten*, welche die Phantasie gibt (wenn z. B. Sousreliefs in Reliefs für den Betrachter umschlagen).

Unsere »Außenwelt« ist ein *Phantasieprodukt*, wobei frühere Phantasien als gewohnte, eingeübte Tätigkeiten wieder zum Bau verwendet werden. Die Farben, die Töne sind Phantasien, sie entsprechen gar nicht exakt dem mechanischen, wirklichen Vorgang, sondern unserem individuellen Zustande. –

(105)

Man muß beim Denken schon haben, was man sucht, durch Phantasie – dann erst kann die Reflexion es beurteilen. Dies tut sie, indem sie es an gewöhnlichen und häufig erprobten Ketten mißt.

Was ist eigentlich »logisch« beim Bilderdenken?

Der nüchterne Mensch braucht die Phantasie wenig und *hat* sie wenig.

Es ist jedenfalls etwas *Künstlerisches*, dieses Erzeugen von Formen, bei denen dann der Erinnerung etwas einfällt: *diese Form hebt sie heraus* und verstärkt sie dadurch. Denken ist ein Herausheben.

Es ist viel mehr von Bilderreihen im Gehirn, als zum Denken verbraucht wird: der Intellekt wählt schnell ähnliche Bilder: das Gewählte erzeugt wieder eine ganze Fülle von Bildern: schnell aber wählt er wieder eines davon usw.

Das bewußte Denken ist nur ein Herauswählen von Vorstellungen. Es ist ein langer Weg bis zur Abstraktion.

(106)

Alles Denken, Urteilen, Wahrnehmen als *Vergleichen* hat als Voraussetzung ein »Gleich-*setzen*«, noch früher ein »Gleich-*machen*«. Das Gleich-machen ist dasselbe, was die Einverleibung der angeeigneten Materie in die Amöbe ist.

»Erinnerung« spät, insofern hier der gleichmachende Trieb bereits *gebändigt* erscheint: die Differenz wird bewahrt. Erinnern als ein Einrubrizieren und Einschachteln; aktiv – wer?

(107)

Die Unwahrheit muß aus dem »eigenen wahren Wesen« der Dinge ableitbar sein: das Zerfallen in Subjekt und Objekt muß dem wirklichen Sachverhalt entsprechen. *Nicht* die Erkenntnis gehört zum Wesen der Dinge, sondern der Irrtum. Der Glaube an das Unbedingte muß ableitbar aus dem Wesen des esse, aus dem allgemeinen Bedingtsein sein! Das Übel und der Schmerz gehören zu dem, was wirklich ist: aber nicht als dauernde Eigenschaften des esse. Denn Übel und Schmerz sind nur *Folgen* des Vorstellens, und daß das Vorstellen eine ewige und allgemeine Eigenschaft alles Seins ist, ob es überhaupt dauernde Eigenschaften geben kann, ob nicht das Werden alles Gleiche und Bleibende ausschließt, außer in der Form des Irrtums und Scheins, während das Vorstellen selber ein Vorgang *ohne* Gleiches und Dauerndes ist? – Ist der Irrtum *entstanden* als Eigenschaft des Seins? Irren ist dann ein fortwährendes Werden und Wechseln?

(108)

Zuletzt tun wir nicht mehr mit der Erkenntnis als die Spinne mit Netzeweben und Jagd und Aussaugen tut: sie will leben vermöge dieser Künste und Tätigkeiten und ihre Befriedigung haben –

und ebendies wollen auch wir, wenn wir Erkennenden Sonnen und Atome erhaschen, festhalten und gleichsam feststellen – wir sind da auf einem Umwege *zu uns* hin, zu unseren Bedürfnissen, welche auf die Dauer bei jeder unmenschlichen und rein willkürlichen Perspektive ungesättigt bleiben und uns *Not machen*. Die Wissenschaft hat ein feines Gehör für den Notschrei der Bedürfnisse, und oft ein prophetisches Gehör. Um die Dinge so zu sehen, daß wir dabei unsere Bedürfnisse befriedigen können, müssen wir unsere menschliche Optik bis in ihre letzten Folgen treiben. Du Mensch selber, mit deinen fünf bis sechs Fuß Länge – du selber gehörst in diese Optik hinein, du bist auf die Schwäche deiner Sinnesorgane hin von dir konstruiert – und wehe, wenn es anders wäre, wenn unsere Organe noch schwächer wären und das Auge nicht einmal die Hand erreichte oder sie in einer so unbestimmten Ferne schweben sähe, daß eine Gesamtkonstruktion des Menschen für den Menschen selber unmöglich wäre! – Unsere Erkenntnis ist keine Erkenntnis an sich und überhaupt nicht sowohl ein Erkennen als ein Weiterschließen und Ausspinnen: es ist die großartige, seit Jahrtausenden wachsende Folgerung aus lauter notwendigen optischen Irrtümern – notwendig, falls wir überhaupt leben wollen – Irrtümern, falls alle Gesetze der Perspektive Irrtümer an sich sein müssen. *Unsere* Gesetze und Gesetzmäßigkeiten sind es, die wir in die Welt hineinlegen, – so sehr der Augenschein das Umgekehrte lehrt und uns selber als die Folge jener Welt, jene Gesetze als die Gesetze derselben in ihrer Wirkung auf uns zu zeigen scheint.

Unser Auge wächst – und wir meinen, die Welt sei im Wachsen. Unser Auge, welches ein unbewußter Dichter und ein Logiker zugleich ist! Welches jetzt einen Spiegel darstellt, auf dem sich die Dinge nicht als Flächen, sondern als Körper zeigen – als seiend und beharrend, als uns fremd und unzugehörig, als Macht neben unserer Macht! Dieses Spiegelbild des Auges malt die Wissenschaft zu Ende! – und damit *beschreibt* sie ebenso die bisher geübte Macht des Menschen, als sie dieselbe weiter übt, – unsere dichterisch-logische Macht, die Perspektiven zu allen Dingen festzustellen, vermöge deren wir uns *lebend erhalten*.

(109)

Ich bin immer erstaunt, ins Freie tretend, zu denken, mit welcher herrlichen Bestimmtheit alles auf uns wirkt, der Wald so und der Berg so, und daß gar kein Wirrwarr und Versehen und Zögern in uns ist, in bezug auf alle Empfindungen. Und doch muß die allergrößte Unsicherheit und etwas Chaotisches dagewesen sein, erst in ungeheuren Zeitstrecken ist das alles so *fest* vererbt. Menschen, die wesentlich anders empfanden, über Raumentfernung, Licht und Farbe usw., sind beiseite gedrängt worden und konnten sich schlecht fortpflanzen. Diese Art, *anders* zu empfinden, muß in langen Jahrtausenden als »*die Verrücktheit*« empfunden und gemieden worden sein. Man verstand sich nicht mehr, man ließ die »Ausnahme« beiseite, zugrunde gehen. Eine ungeheure Grausamkeit seit Beginn alles Organischen hat existiert, alles ausscheidend, was »*anders empfand*«. – Die *Wissenschaft* ist vielleicht nur eine Fortsetzung dieses Ausscheidungsprozesses, sie ist völlig unmöglich, wenn sie nicht den »Normalmenschen« als oberstes, mit allen Mitteln zu erhaltendes »Maß« anerkennt! – Wir leben in den Überresten der Empfindungen unserer Urahnen: gleichsam in Versteinerungen des Gefühls. Sie haben gedichtet und phantasiert, – aber die Entscheidung, ob eine solche Dichtung und Phantasma leben bleiben durfte, war durch die Erfahrung gegeben, ob sich mit ihr *leben* lasse oder ob man mit ihr zugrunde gehe. Irrtümer oder Wahrheiten, – *wenn nur Leben* mit ihnen möglich war! Allmählich ist da ein undurchdringliches *Netz* entstanden! Darein *verstrickt* kommen wir ins Leben, und auch die Wissenschaft löst uns nicht heraus.

(110)

Hier das Gebirge zeigt seine drei Höcker: mit einem schärferen Glase sehe ich eine Menge neuer Höcker, die Linie wird bei jedem schärferen Glase immer neu, die alte zum willkürlichen Phantasma. Endlich komme ich an den Punkt, wo die Linie nicht mehr zu beobachten ist, weil die *Bewegung* der *Verwitterung* unserem Auge entgeht. Die Bewegung aber *hebt die Linie auf*!

(111)

Ohne die ungeheure Sicherheit des *Glaubens* und Bereitwilligkeit des *Glaubens* wäre Mensch und Tier nicht *lebensfähig*. Auf Grund der *kleinsten* Induktion zu verallgemeinern, eine Regel für sein Verhalten machen, das einmal Getane, das sich bewährt, als das *einzige* Mittel zum Zweck zu glauben, – *das*, im Grunde die *grobe* Intellektualität, hat Mensch und Tier erhalten. Unzählig oft sich so zu irren und am Fehlschluß leiden ist lange nicht so schädigend im ganzen als die Skepsis und Unentschlossenheit und Vorsicht. Den *Erfolg* und den *Mißerfolg* als Beweise und Gegenbeweise gegen den Glauben betrachten, ist menschlicher *Grundzug*: »was *gelingt*, dessen Gedanke ist *wahr*.« – Wie sicher steht infolge dieses wütenden, gierigen Glaubens die Welt vor uns! Wie sicher führen wir alle Bewegungen aus! »*Ich* schlage« – wie sicher empfindet man das! – Also die *niedrige* Intellektualität, das *unwissenschaftliche* Wesen ist *Bedingung* des Daseins, des Handelns, wir würden verhungern ohne dies: die Skepsis und die Vorsicht sind erst spät und immer nur selten erlaubt. *Gewohnheit* und *unbedingter Glaube*, daß es so sein muß, wie es ist, ist Fundament alles Wachstums und Starkwerdens. – Unsere ganze Weltbetrachtung ist so entstanden, daß sie durch den *Erfolg* bewiesen wurde, wir können mit ihr *leben* (Glaube an Außendinge, Freiheit des Wollens). Ebenso wird jede Sittlichkeit nur *so* bewiesen. – Da entsteht nun die große Gegenfrage: es kann wahrscheinlich unzählige Arten des Lebens geben, und folglich auch des Vorstellens und Glaubens. Wenn wir alles *Notwendige* in unserer jetzigen Denkweise feststellen, so haben wir nichts für das »Wahre an sich« bewiesen, sondern nur »das Wahre für uns«, das heißt das Dasein-uns-Ermöglichende auf Grund der Erfahrung, – und der Prozeß ist so alt, daß Umdenken unmöglich ist. Alles a priori gehört hierher.

(112)

Die *Antinomie*: »die Elemente in der gegebenen Wirklichkeit, welche dem wahren Wesen der Dinge *fremd* sind, können aus diesem *nicht* herstammen, *müssen* also hinzugekommen sein – aber woher?, da es außer dem wahren Wesen nichts gibt –, folglich ist eine Erklärung der Welt ebenso nötig als unmöglich.« Dies löse ich so: das wahre Wesen der Dinge ist eine *Erdichtung* des vorstellenden Seins, ohne welche es nicht vorzustellen vermag. Jene Elemente in der gegebenen Wirklichkeit, welche diesem erdichteten »wahren Wesen« fremd sind, sind die Eigenschaften des Seins, sind *nicht* hinzugekommen. Aber auch das vorstellende Sein, dessen Existenz an den *irrtümlichen* Glauben gebunden ist, *muß entstanden sein*, wenn anders jene Eigenschaften (die des Wechsels, der Relativität) dem esse zu eigen sind: *zugleich* muß Vorstellen *und* Glauben an das Selbstidentische und Beharrende entstanden sein. – Ich meine, daß schon *alles Organische* das Vorstellen voraussetzt.

(113)

Wir sind die *Erben* der unvollkommenen, schlechten Art, der *längsten* Art zu beobachten und zu schließen. Unsere gründlichsten und einverleibtesten Begriffe werden wohl am falschesten sein: soweit mit ihnen nämlich sich leben ließ! Aber man kann umgekehrt fragen: würde Leben überhaupt möglich sein mit einer feineren Beobachtung und strengerem, vorsichtigerem Schlußverfahren?

(114)

Das Großartige in der Natur, alle Empfindungen des Hohen, Edlen, Anmutigen, Schönen, Gütigen, Strengen, Gewaltigen, Hinreißenden, die wir in der Natur und bei Mensch und Geschichte haben, sind nicht *unmittelbare Gefühle*, sondern Nachwirkungen zahlloser uns einverleibter *Irrtümer*, – es wäre alles kalt und tot für uns, ohne diese lange Schule. Schon die sicheren Linien des Gebirgs, die sicheren Farbenabstufungen, die verschiedene Lust an jeder Farbe sind Erbstücke: irgendwann war diese Farbe weniger mit gefahrdrohenden Erscheinungen verknüpft als eine andere und allmählich wirkte sie *beruhigend* (wie das Blau).

(115)

In der Art, wie die Erstlinge organischer Bildungen Reize empfanden und das Außer-sich beurteilten, muß das *lebenerhaltende Prinzip* gesucht werden: derjenige Glaube siegte, erhielt sich, *bei dem das Fortleben möglich wurde: nicht* der am meisten wahre, sondern am meisten nützliche Glaube. »Subjekt« ist die Lebensbedingung des organischen Daseins, deshalb nicht »wahr«, sondern Subjektempfindung *kann* wesentlich falsch sein, aber als einziges Mittel der Erhaltung. *Der Irrtum Vater des Lebendigen*.

Dieser *Urirrtum* ist als ein *Zufall* zu verstehen! zu erraten!

(116)

Erkennen, das heißt: alle Dinge zu unserem Besten verstehen.

(117)

Es gibt weder »Geist« noch Vernunft noch Denken noch Bewußtsein noch Seele noch Wille noch Wahrheit: alles Fiktionen, die unbrauchbar sind. Es handelt sich nicht um »Subjekt und Objekt«, sondern um eine bestimmte Tierart, welche nur unter einer gewissen relativen *Richtigkeit*, vor allem *Regelmäßigkeit* ihrer Wahrnehmungen (so daß sie Erfahrung kapitalisieren kann) gedeiht...

Die Erkenntnis arbeitet als *Werkzeug* der Macht. So liegt es auf der Hand, daß sie wächst mit jedem Mehr von Macht...

Sinn der »Erkenntnis«: hier ist, wie bei »gut« oder »schön«, der Begriff streng und eng anthropozentrisch und biologisch zu nehmen. Damit eine bestimmte Art sich erhält und wächst in ihrer Macht, muß sie in ihrer Konzeption der Realität so viel Berechenbares und Gleichbleibendes erfassen, daß daraufhin ein Schema ihres Verhaltens konstruiert werden kann. *Die Nützlichkeit der Erhaltung – nicht* irgendein abstrakt-theoretisches Bedürfnis, nicht betrogen zu werden – steht als Motiv hinter der

Entwicklung der Erkenntnisorgane..., sie entwickeln sich so, daß ihre Beobachtung genügt, uns zu erhalten. Anders: das *Maß* des Erkennenwollens hängt ab von dem Maß des Wachsens des *Willens zur Macht* der Art: eine Art ergreift so viel Realität, *um über sie Herr zu werden, um sie in Dienst zu nehmen.*

(118)

Bei der Entstehung der Organismen denkt sich der Mensch *zugegen*: was ist bei diesem Vorgange mit Augen und Getast wahrzunehmen gewesen? Was ist in Zahlen zu bringen? Welche Regeln zeigen sich in den Bewegungen? Also: der Mensch will alles Geschehen sich als ein *Geschehen für Auge und Getast* zurechtlegen, folglich als Bewegungen: er will *Formeln* finden, die ungeheure Masse dieser Erfahrungen zu *vereinfachen*. *Reduktion alles Geschehens* auf den Sinnenmenschen und Mathematiker. Es handelt sich um ein *Inventarium* der *menschlichen Erfahrungen*: gesetzt, daß der Mensch, oder vielmehr das *menschliche Auge und Begriffsvermögen*, der ewige Zeuge aller Dinge gewesen sei.

(119)

»Wissenschaft« angeblich auf der Liebe zur Wahrheit um ihrer selber willen! Angeblich beim reinen Schweigen des »Willens«. In Wahrheit sind *alle unsere Triebe* tätig, aber in einer besonderen, gleichsam staatlichen Ordnung und Anpassung aneinander, so daß ihr Resultat kein Phantasma wird: ein Trieb regt den anderen an, jeder phantasiert und will *seine* Art Irrtum durchsetzen: aber jeder dieser Irrtümer wird sofort wieder die Handhabe für einen anderen Trieb (zum Beispiel Widerspruch, Analyse usw.). Mit allen den vielen Phantasmen errät man endlich fast notwendig die Wirklichkeit und Wahrheit, man stellt so viele Bilder hin, daß endlich eins *trifft*, es ist ein Schießen aus vielen, vielen Gewehren nach *einem* Wilde, ein großes Würfelspielen, oft nicht in einer Person, sondern in vielen, in Generationen sich abspielend: wo dann *ein* Gelehrter eben auch nur *ein* Phantasma durchführt, und wenn es von einem anderen zunichte gemacht ist, so hat sich die *Zahl der Möglichkeiten* (in der die Wahrheit stecken *muß*) *verkleinert* – ein Erfolg! Es ist eine Jagd. Je mehr Individuen einer in sich hat, um so mehr wird er allein Aussicht haben, eine Wahrheit zu finden, – dann ist der Kampf *in* ihm; und *alle* Kräfte muß er dem einzelnen Phantasma zu Gebote stellen, und später wieder einem anderen, entgegengesetzten: große Schwungkraft, großen Widerwillen am Einerlei, vielen und plötzlichen Ekel muß er haben. – Jene Naturen, welche nur vergleichen, was andere einzelne schon phantasiert haben, bedürfen vor allem der *Kälte*:

diese reden von der »Kälte der Wissenschaft«, es sind die Unproduktiven, eine wichtige Klasse Menschen, da sie den *Austausch* zwischen den Produzenten herstellen, eine Art Kaufleute, sie schätzen den Wert der Produkte ab. Auch *diese Fähigkeit* kann in *einem* Menschen, der sonst produktiv ist, zuletzt noch dasein. Aber auch noch *eine wichtige Fähigkeit*: den *Genuß* an allen den verworfenen Phantasmen, das Schauspiel ihres Kampfes usw. zu haben, – *die Natur darin sehen.*

(120)

Inwiefern der *Sinn der Redlichkeit* die phantastische Gegenkraft der Natur zu *reizen* vermag! – Ob wirklich die Menschen *nüchterner* werden? – Wir *begreifen* ja nur durch ein phantastisches *Vorwegnehmen* und Versuchen, ob die Realität *zufällig* in dem Phantasiebild erreicht ist; namentlich in der Historie usw. Thukydides und Tacitus *müssen Dichter* sein. Selbst in der Wissenschaft der einfachsten Vorgänge ist Phantasie nötig (z. B. Mayer), – aber *hier* kann noch die *Täuschung* entstehen, als ob Nüchternheit produktiv wäre!

(121)

Die Zunahme der »*Verstellung*« gemäß der aufwärtssteigenden *Rangordnung* der Wesen. In der anorganischen Welt scheint sie zu fehlen – Macht gegen Macht, ganz roh –, in der organischen beginnt die *List*; die Pflanzen sind bereits Meister in ihr. Die höchsten Menschen wie Cäsar, Napoleon (Stendhals Wort über ihn), insgleichen die höheren Rassen (Italiener), die Griechen (Odysseus); die tausendfältigste Verschlagenheit gehört ins *Wesen* der Erhöhung des Menschen ... Problem des Schauspielers. Mein Dionysosideal ... Die Optik aller organischen Funktionen, aller stärksten Lebensinstinkte: die irrtum*wollende* Kraft in allem Leben; der Irrtum als Voraussetzung selbst des Denkens. Bevor »gedacht« wird, muß schon »gedichtet« worden sein; das *Zurechtbilden* zu identischen Fällen, zur *Scheinbarkeit* des Gleichen ist ursprünglicher als das *Erkennen* des Gleichen.

(122)

Unsre Lust an Einfachheit, Übersichtlichkeit, Regelmäßigkeit, Helligkeit, woraus zuletzt ein deutscher »Philosoph« so etwas wie einen kategorischen Imperativ der Logik und des Schönen entnehmen könnte – davon gestehe ich einen starken *Instinkt* als vorhanden zu. Er ist so stark, daß er in allen unseren Sinnestätigkeiten waltet und uns die Fülle wirklicher Wahrnehmungen (der unbewußten –) reduziert, reguliert, assimiliert usw. und sie erst in dieser zurechtgemachten Gestalt *unserm Bewußtsein* vor-

führt. Dies »Logische«, dies »Künstlerische« ist unsre fortwährende Tätigkeit. *Was* hat diese Kraft so souverän gemacht? Offenbar, daß ohne sie, vor Wirrwarr der Eindrücke, kein lebendes Wesen lebte.

(123)

Über das Gedächtnis muß man umlernen: es ist die Menge aller Erlebnisse alles organischen Lebens, lebendig, sich ordnend, gegenseitig sich formend, ringend miteinander, vereinfachend, zusammendrängend und in viele Einheiten verwandelnd. Es muß einen inneren *Prozeß* geben, der sich verhält wie die Begriffsbildung aus vielen Einzelfällen: das Herausheben und immer neu Unterstreichen des Grundschemas und Weglassen der Nebenzüge. – Solange etwas noch als einzelnes Faktum zurückgerufen werden kann, ist es noch nicht eingeschmolzen: die jüngsten Erlebnisse schwimmen noch auf der Oberfläche. Gefühle von Neigung, Abneigung usw. sind Symptome, daß schon Einheiten gebildet sind; unsre sogenannten »Instinkte« sind solche Bildungen. Gedanken sind das Oberflächlichste: Wertschätzungen, die unbegreiflich kommen und da sind, gehen tiefer; Lust und Unlust sind Wirkungen komplizierter, von Instinkten geregelter Wertschätzungen.

(124)

Der Wille zur Macht *interpretiert* (– bei der Bildung eines Organs handelt es sich um eine Interpretation): er grenzt ab, bestimmt Grade, Machtverschiedenheiten. Bloße Machtverschiedenheiten könnten sich noch nicht als solche empfinden: es muß ein wachsen wollendes Etwas dasein, das jedes andre wachsen wollende Etwas auf seinen Wert hin interpretiert. *Darin* gleich – – In Wahrheit ist Interpretation ein Mittel selbst, um Herr über etwas zu werden. (Der organische Prozeß setzt fortwährend *Interpretieren* voraus.)

(125)

Auch im Reiche des Unorganischen kommt für ein Kraftatom nur seine Nachbarschaft in Betracht: die Kräfte in der Ferne gleichen sich aus. Hier steckt der Kern des *Perspektivischen* und warum ein lebendiges Wesen durch und durch »egoistisch« ist.

(126)

Wo es keinen Irrtum gibt, dies Reich steht höher: das *Unorganische* als die individualitätslose Geistigkeit. Das organische Geschöpf hat seinen Sehwinkel von Egoismus, um erhalten zu bleiben. Es darf nur so weit denken, als es seiner Erhaltung frommt. Ein Dauerprozeß mit Wachstum, Zeugung usw.

(127)

Gegen den Positivismus, welcher bei den Phänomenen stehenbleibt, »es gibt nur *Tatsachen*«, würde ich sagen: nein, gerade Tatsachen gibt es nicht, nur *Interpretationen*. Wir können kein Faktum »an sich« feststellen; vielleicht ist es ein Unsinn, so etwas zu wollen.

»Es ist alles *subjektiv*«, sagt ihr: aber schon das ist *Auslegung*. Das »Subjekt« ist nichts Gegebenes, sondern etwas Hinzu-Erdichtetes, Dahinter-Gestecktes. – Ist es zuletzt nötig, den Interpreten noch hinter die Interpretation zu setzen? Schon das ist Dichtung, Hypothese.

Soweit überhaupt das Wort »Erkenntnis« Sinn hat, ist die Welt erkennbar: aber sie ist anders *deutbar*, sie hat keinen Sinn hinter sich, sondern unzählige Sinne. – »Perspektivismus«.

Unsere Bedürfnisse sind es, *die die Welt auslegen*; unsere Triebe und deren Für und Wider. Jeder Trieb ist eine Art Herrschsucht, jeder hat seine Perspektive, welche er als Norm allen übrigen Trieben aufzwingen möchte.

(128)

Unsere Werte sind in die Dinge *hineininterpretiert*.

Gibt es denn einen *Sinn* im An-sich!?

Ist nicht notwendig Sinn eben *Beziehungs*sinn und Perspektive?

Aller Sinn ist Wille zur Macht (alle Beziehungssinne lassen sich in ihn auflösen).

(129)

Ein Faktum, ein Werk ist für jede Zeit und jede neue Art von Mensch von *neuer* Beredsamkeit. Die Geschichte redet immer *neue Wahrheiten*.

3. Die Züchtung der Triebe durch Wertschätzungen

(130)

Ich verstehe unter »Moral« ein System von Wertschätzungen, welches mit den Lebensbedingungen eines Wesens sich berührt.

(131)

Der *Sieg* eines moralischen Ideals wird durch dieselben »unmoralischen« Mittel errungen wie jeder Sieg: Gewalt, Lüge, Verleumdung, Ungerechtigkeit.

(132)

Mit welchen Mitteln eine Tugend zur Macht kommt? – Genau mit den Mitteln einer politischen Partei: Verleumdung, Verdächtigung,

Unterminierung der entgegenstrebenden Tugenden, die schon in der Macht sind, Umtaufung ihres Namens, systematische Verfolgung und Verhöhnung. Also: *durch lauter »Immoralitäten«.*

Was eine *Begierde* mit sich selber macht, um zur *Tugend* zu werden? – Die Umtaufung: die prinzipielle Verleugnung ihrer Absichten; die Übung im Sich-Mißverstehen; die Alliance mit bestehenden und anerkannten Tugenden; die affichierte Feindschaft gegen deren Gegner. Womöglich den Schutz heiligender Mächte erkaufen; berauschen, begeistern; die Tartüfferie des Idealismus; eine Partei gewinnen, die *entweder* mit ihr obenauf kommt *oder* zugrunde geht ..., *unbewußt, naiv* werden ...

(133)

Die Moral ist gerade so »unmoralisch« wie jedwedes andre Ding auf Erden; die Moralität selbst ist eine Form der Unmoralität.

Große *Befreiung*, welche diese Einsicht bringt. Der Gegensatz ist aus den Dingen entfernt, die Einartigkeit in allem Geschehen ist *gerettet* – –

(134)

Alle Wertschätzungen sind Resultate von bestimmten Kraftmengen und dem Grad Bewußtheit davon: es sind die *perspektivischen* Gesetze je nach dem Wesen eines Menschen und Volkes, was nah, wichtig, notwendig ist usw.

Alle menschlichen Triebe, wie alle *tierischen*, sind unter gewissen Umständen als *Existenzbedingungen* ausgebildet und in den Vordergrund gestellt worden. *Triebe* sind die *Nachwirkungen lange gehegter Wertschätzungen*, die jetzt instinktiv wirken, wie als ein *System* von Lust- und Schmerzurteilen. Zuerst Zwang, dann Gewöhnung, dann Bedürfnis, dann natürlicher Hang (Trieb).

(135)

Mir gilt als schön (historisch betrachtet): was an den verehrtesten Menschen einer Zeit sichtbar wird als Ausdruck des Verehrungs-*Würdigsten*.

(136)

Jeder Trieb ist angezüchtet worden als zeitweilige *Existenzbedingung*. Er vererbt sich lange, auch nachdem er aufgehört hat, es zu sein.

Ein bestimmter Grad des Triebes im Verhältnis zu anderen Trieben wird, als erhaltungsfähig, immer wieder vererbt; ein entgegengesetzter verschwindet.

(137)

Daß man endlich die menschlichen Werte wieder hübsch in die Ecke zurücksetze, in der sie allein ein Recht haben: als Eckensteherwerte. Es sind schon viele Tierarten verschwunden; gesetzt, daß auch der Mensch verschwände, so würde nichts in der Welt fehlen. Man muß Philosoph genug sein, um auch *dies* Nichts zu bewundern (– Nil admirari –).

(138)

Zu jeder Moral gehört eine gewisse Art von *Analyse* der *Handlungen*: jede ist *falsch*. Aber jede Moral hat ihre Perspektiven und Beleuchtungen – ihre Lehre von den »Motiven«.

(139)

»Nützen, nützlich«: dabei denkt jetzt jeder an Klugheit, Vorsicht, Kälte, Mäßigung usw., kurz an Seelenzustände, die dem Affekt entgegengesetzt sind. Trotzdem muß es ungeheure Zeiten gegeben haben, wo der Mensch das ihm Nützliche nur unter der Anregung der Affekte tat und wo ihm die Klugheit und Vernunftkälte noch überhaupt fehlte. Damals redete das höchste utile noch die Sprache der Leidenschaft, der Verrücktheit, des Schreckens: ohne eine so gewaltige Beredsamkeit war es nicht möglich, den Menschen zu etwas »Nützlichem« – d. h. zu einem *Umweg* des Angenehmen, d. h. zu einem *zeitweiligen Vorziehen des Unangenehmen* – zu bestimmen. Die Moral war damals noch nicht die Eingebung der Klugheit – man mußte gleichsam die Vernunft und gewöhnliche Art, zu wollen, für eine Zeit *verlernen*, um in diesem Sinne etwas Moralisches zu tun.

(140)

Die Frage nach der *Herkunft unsrer Wertschätzungen* und Gütertafeln fällt ganz und gar nicht mit deren *Kritik* zusammen, wie so oft geglaubt wird: so gewiß auch die Einsicht in irgendeine pudenda origo für das Gefühl eine Wertverminderung der so entstandenen Sache mit sich bringt und gegen dieselbe eine kritische Stimmung und Haltung vorbereitet.

Was sind unsre Wertschätzungen und moralischen Gütertafeln selber wert? *Was kommt bei ihrer Herrschaft heraus?* Für wen? in bezug worauf? – Antwort: für das Leben. Aber *was ist Leben*? Hier tut also eine neue, bestimmtere Fassung des Begriffs »Leben« not. Meine Formel dafür lautet: Leben ist Wille zur Macht.

Was bedeutet das Wertschätzen selbst? Weist es auf eine andere, metaphysische Welt zurück oder hinab? (wie noch Kant glaubte, der *vor* der großen historischen Bewegung steht). Kurz: *wo ist es entstanden?* Oder ist es nicht »entstanden«? – Antwort: Das moralische Wertschätzen ist eine *Auslegung*, eine Art, zu interpretieren. Die Auslegung selbst ist ein *Symptom* bestimmter physiologischer

Zustände, ebenso eines bestimmten geistigen Niveaus von herrschenden Urteilen: *Wer legt aus?* – Unsre Affekte.

(141)

Ob nicht der Ursprung unsrer anscheinenden »Erkenntnisse« auch nur in *älteren Wertschätzungen* zu suchen ist, welche so fest einverleibt sind, daß sie zu unserem Grundbestand gehören? So daß eigentlich nur *jüngere* Bedürfnisse mit dem *Resultat der ältesten Bedürfnisse* handgemein werden?

Die Welt so und so gesehen, empfunden, ausgelegt, daß organisches Leben bei dieser Perspektive von Auslegung sich erhält. Der Mensch ist *nicht* nur ein Individuum, sondern das fortlebende Gesamtorganische in *einer* bestimmten Linie. Daß *er* besteht, damit ist bewiesen, daß eine Gattung von Interpretation (wenn auch immer fortgebaut) auch bestanden hat, daß das System der Interpretation nicht gewechselt hat. »Anpassung.«

Unser »Ungenügen«, unser »Ideal« usw. ist vielleicht die *Konsequenz* dieses einverleibten Stücks Interpretation, unseres perspektivischen Gesichtspunkts: vielleicht geht endlich das organische Leben daran zugrunde – so wie die Arbeitsteilung von Organismen zugleich eine Verkümmerung und Schwächung der Teile, endlich den Tod für das Ganze mit sich bringt. Es muß der *Untergang* des organischen Lebens, auch seiner höchsten Form, ebenso angelegt sein wie der Untergang des Einzelnen.

(142)

Es fehlt das Wissen und Bewußtsein davon, welche *Umdrehungen* bereits das moralische Urteil durchgemacht hat und wie wirklich mehrere Male schon im gründlichsten Sinne »Böse« auf »Gut« umgetauft worden ist. Auf eine dieser Verschiebungen habe ich mit dem Gegensatze »Sittlichkeit der Sitte« hingewiesen. Auch das Gewissen hat seine Sphäre vertauscht: es gab einen Herdengewissensbiß.

(143)

Die *Weihung* ist gegeben worden der Beutelust, der Gefräßigkeit, der Wollust, der Grausamkeit, der Verstellung, der Lüge, der Schwäche, der Tollheit, dem Veitstanz, der Betrunkenheit, der Empfindsamkeit, der Faulheit, der Unwissenheit, dem Nichtsbesitzen, der Geistesöde, der Schadenfreude, der Furcht – allen entgegengesetzten Eigenschaften, die irgendwo Geschmack und unüberwindliche Neigung erzeugt hat (jedesmal lästerte und ekelte man sich vor dem Gegensatze und nannte ihn schlecht oder niedrig).

4. Die Erhöhung des Menschen

(144)

Was ist Schönheit, wenn nicht das von uns erblickte Spiegelbild einer außerordentlichen Freude der Natur, darüber, daß eine neue, fruchtbare Möglichkeit des Lebens entdeckt ist?

(145)

Von jedem Augenblicke im Zustand eines Wesens stehen zahllose Wege seiner *Entwicklung* offen: der herrschende Trieb heißt nur einen einzigen *gut*, den nach seinem Ideale. So ist das Bild *Spencers* von der Zukunft des Menschen nicht eine *naturwissenschaftliche Notwendigkeit*, sondern ein *Wunsch* aus jetzigen Idealen heraus.

(146)

Anti-Darwin. – Die Domestikation des Menschen: welchen definitiven Wert kann sie haben? oder hat überhaupt eine Domestikation einen definitiven Wert? – Man hat Gründe, dies letztere zu leugnen.

Die Schule Darwins macht zwar große Anstrengung, uns zum Gegenteil zu überreden: sie will, daß die *Wirkung der Domestikation* tief, ja fundamental werden kann. Einstweilen halten wir am Alten fest: es hat sich nichts bisher bewiesen als eine ganz oberflächliche Wirkung durch Domestikation – oder aber die Degenereszenz. Und alles, was der menschlichen Hand und Züchtung entschlüpft, kehrt fast sofort wieder in seinen Naturzustand zurück. Der Typus bleibt konstant: man kann nicht »dénaturer la nature«.

Man rechnet auf den Kampf um die Existenz, den Tod der schwächlichen Wesen und das Überleben der Robustesten und Bestbegabten; folglich imaginiert man ein *beständiges Wachstum der Vollkommenheit für die Wesen*. Wir haben uns umgekehrt versichert, daß in dem Kampf um das Leben der Zufall den Schwachen so gut dient wie den Starken; daß die List die Kraft oft mit Vorteil sich suppliert; daß die *Fruchtbarkeit* der Gattungen in einem merkwürdigen Rapport zu den *Chancen der Zerstörung* steht...

Man teilt der *natürlichen Selektion* zugleich langsame und unendliche Metamorphosen zu: man will glauben, daß jeder Vorteil sich vererbt und sich in abfolgenden Geschlechtern immer stärker ausdrückt (während die Erblichkeit so kapriziös ist...); man betrachtet die glücklichen Anpassungen gewisser Wesen an sehr besondere Lebensbedingungen und man erklärt, daß sie durch den *Einfluß des Milieus* erlangt seien.

Man findet aber Beispiele *der unbewußten Selektion* nirgendwo (ganz und gar nicht). Die disparatesten Individuen einigen sich, die extremsten mischen sich in die Masse. Alles konkurriert, seinen Typus aufrechtzuerhalten; Wesen, die äußere Zeichen haben, die sie gegen gewisse Gefahren schützen, verlieren dieselben nicht, wenn sie unter Umstände kommen, wo sie ohne Gefahr leben ... Wenn sie Orte bewohnen, wo das Kleid aufhört, sie zu verbergen, nähern sie sich keineswegs dem Milieu an.

Man hat die *Auslese der Schönsten* in einer Weise übertrieben, wie sie weit über den Schönheitstrieb unsrer eignen Rasse hinausgeht! Tatsächlich paart sich das Schönste mit sehr enterbten Kreaturen, das Größte mit dem Kleinsten. Fast immer sehen wir Männchen und Weibchen von jeder zufälligen Begegnung profitieren und sich ganz und gar nicht wählerisch zeigen. – Modifikation durch Klima und Nahrung: – aber in Wahrheit absolut gleichgültig.

Es gibt keine *Übergangsformen*. –

Verschiedene Arten auf *eine* zurückgeführt. Die Erfahrung sagt, daß *ein* Typus wieder Herr wird.

Man behauptet die wachsende Entwicklung der Wesen. Es fehlt jedes Fundament. Jeder Typus hat seine *Grenze*, über diese hinaus gibt es keine Entwicklung. Bis dahin absolute Regelmäßigkeit.

Die primitiven Wesen sollen die Vorfahren der jetzigen sein. Aber ein Blick auf die Fauna und Flora der Tertiärperiode erlaubt uns nur, an ein noch unerforschtes Land zu denken, wo es Typen gibt, die anderwärts nicht existieren, und wiederum vermißt werden selbst die, die anderwärts existieren.«

Meine Gesamtansicht. – *Erster Satz*: Der Mensch als Gattung ist *nicht* im Fortschritt. Höhere Typen werden wohl erreicht, aber sie halten sich nicht. Das Niveau der Gattung wird *nicht* gehoben.

Zweiter Satz: Der Mensch als Gattung stellt keinen Fortschritt im Vergleich zu irgendeinem andern Tier dar. Die gesamte Tier- und Pflanzenwelt entwickelt sich nicht vom Niederen zum Höheren ... Sondern alles zugleich, und übereinander und durcheinander und gegeneinander. Die reichsten und komplexesten Formen – denn mehr besagt das Wort »höherer Typus« nicht – gehen leichter zugrunde: nur die niedrigsten halten eine scheinbare Unvergänglichkeit fest. Erstere werden selten erreicht und halten sich mit Not oben: letztere haben eine kompromittierende Fruchtbarkeit für sich. – Auch in der Menschheit gehen unter wechselnder Gunst und Ungunst die *höheren Typen*, die Glücksfälle der Entwicklung, am leichtesten zugrunde. Sie sind jeder Art von décadence ausgesetzt: sie sind extrem, und damit selbst beinahe schon décadents ... Die kurze Dauer der Schönheit, des Genies, des Cäsar ist sui generis: dergleichen vererbt sich nicht. Der *Typus* vererbt sich; ein Typus ist nichts Extremes, kein »Glücksfall« ... Das liegt an keinem besondern Verhängnis und »bösen Willen« der Natur, sondern einfach am Begriff »höherer Typus«: der höhere Typus stellt eine unvergleichlich größere Komplexität, – eine größere Summe koordinierter Elemente dar: damit wird auch die Disgregation unvergleichlich wahrscheinlicher. Das »Genie« ist die sublimste Maschine, die es gibt, – folglich die zerbrechlichste.

Dritter Satz: Die Domestikation (die »Kultur«) des Menschen geht nicht tief ... Wo sie tief geht, ist sie sofort die Degenereszenz (Typus: der Christ). Der »wilde« Mensch (oder, moralisch ausgedrückt: der *böse* Mensch) ist eine Rückkehr zur Natur – und, in gewissem Sinne, seine Wiederherstellung, seine *Heilung* von der »Kultur«.

(147)

Formel des »*Fortschritts*«-*Aberglaubens* eines berühmten Physiologen der zerebralen Tätigkeit:

»L'animal ne fait jamais de progrès comme espèce. – L'homme seul fait de progrès comme espèce.«

Nein: –

(148)

Die nächste Vorgeschichte einer Handlung bezieht sich auf diese: aber *weiter zurück* liegt eine Vorgeschichte, die *weiter hinaus* deutet: die einzelne Handlung ist zugleich ein Glied einer viel umfänglicheren *späteren* Tatsache. Die *kürzeren* und die *längeren Prozesse* sind nicht getrennt –

(149)

Der letzte Nutzen der Erkenntnis und Wissenschaft ist, die Loslösung neuer Eier vom Eierstocke zu ermöglichen und immer neue Arten entstehen zu lassen: denn die Wissenschaft bringt die Kenntnisse der Erhaltungsmittel für neue Individuen. – Ohne Fortschritte der Erkenntnis würden neue Individuen immer schnell zugrunde gehen, die Existenzbedingungen wären zu schwer und zufällig. Schon die Qual des inneren Widerspruches!

(150)

Es sind nicht *unsere* Perspektiven, in denen wir die Dinge sehen:

aber es sind Perspektiven eines Wesens nach unserer Art, eines *größeren: in dessen Bilder wir hineinblicken.*

(151)

Wir dürfen nicht *wider den Strich* die Vernunft der Menschheit entwickeln, aber es ist auch dafür gesorgt, daß wir es nicht können.

(152)

»Nützlich« in bezug auf die Beschleunigung des Tempos der Entwicklung ist ein anderes »Nützlich« als das in bezug auf möglichste Feststellung und Dauerhaftigkeit des Entwickelten.

(153)

Das Bollwerk der Wissenschaft und ihrer Vernunftallgemeinheit muß erst errichtet sein, dann kann die Entfesselung der Individuen vor sich gehen: es darf keinen Irrtum dabei geben, weil die *Grenzen* der Vernünftigkeit vorher festgesetzt und ins Gewissen und den Leib einverleibt wurden. *Erst* Einverleibung der Wissenschaft – dann: –

(154)

Der einfachste Organismus ist der vollkommene, alle komplizierteren sind fehlerhafte, und unzählige der höheren Art gehen zugrunde. Herden und Staaten sind die höchsten uns bekannten – sehr unvollkommenen Organismen. Endlich entsteht, *hinter* dem Staate, das menschliche Individuum, das höchste und *unvollkommenste* Wesen, welches *in der Regel* zugrunde geht und die Gebilde, aus denen es entsteht, zugrunde richtet. – Das ganze *Pensum* der Herden- und Staatentriebe ist in seinem Innern konzentriert. Er kann allein leben, nach eigenen Gesetzen – er ist *kein* Gesetzgeber und *will nicht* herrschen. Sein *Machtgefühl* schlägt nach *innen.* Die sokratischen *Tugenden!*

(155)

Die Amöben-*Einheit* des Individuums kommt zuletzt! Und die Philosophen gingen von ihr aus, als ob sie bei jedem da sei! – Die Sittlichkeit ist der Hauptgegenbeweis: überall, wo das Individuum auftritt, tritt die *Sittenverderbnis* auf, d. h. der individuelle Maßstab von Lust und Unlust wird zum ersten Male gehandhabt, und da zeigt sich, wie innerhalb des Einzelnen die Triebe noch gar nicht gelernt haben, sich anzupassen, die Einheit ist noch nicht da, oder in Form der gröbsten Gewaltherrschaft *eines* Triebes über die anderen, – so daß das Ganze gewöhnlich zugrunde geht. – Damit beginnt die Zeit der *freien* Menschen, – zahllose gehen zugrunde. – Im Anblick davon rufen die »Weisen« die alte Moral an und suchen sie als angenehm und nützlich *für den Einzelnen* zu beweisen.

(156)

Im Grunde ist die Wissenschaft darauf aus, festzustellen, wie der *Mensch – nicht* das Individuum – zu allen Dingen und zu sich selber empfindet, also die Idiosynkrasie einzelner und Gruppen *auszuscheiden* und das *beharrende* Verhältnis festzustellen. Nicht die Wahrheit, *sondern der Mensch* wird erkannt, und zwar innerhalb aller Zeiten, wo er existiert, d. h. ein Phantom wird *konstruiert*, fortwährend arbeiten alle daran, um das zu finden, worüber man *übereinstimmen muß*, weil es zum Wesen des Menschen gehört. Dabei lernte man, daß Unzähliges nicht wesenhaft war, wie man lange glaubte, und daß mit der Feststellung des Wesenhaften nichts für die Realität bewiesen sei, als daß *die Existenz des Menschen bis jetzt vom Glauben* an diese »Realität« abgehangen hat (wie Körper, Dauer der Substanz usw.). – Die Wissenschaft setzt also den Prozeß nur *fort*, der das Wesen der Gattung *konstituiert* hat, den Glauben an gewisse Dinge endemisch zu machen und den Nichtglaubenden auszuscheiden und absterben zu lassen. Die erreichte *Ähnlichkeit* der Empfindung (über den Raum oder das Zeitgefühl oder das Groß- und Kleingefühl) ist eine Existenzbedingung der Gattung geworden, aber mit der Wahrheit hat es nichts zu tun. Der »Verrückte«, die Idiosynkrasie beweisen nicht die Unwahrheit einer Vorstellung, sondern deren Abnormität; es läßt sich mit ihr nicht für eine Masse *leben*. Es ist der *Massen*instinkt, der auch in der Erkenntnis waltet: *ihre* Existenzbedingungen will sie immer besser erkennen, um immer länger zu leben. *Uniformität der Empfindung*, ehemals durch Gesellschaft, Religion erstrebt, wird jetzt durch die Wissenschaft erstrebt: der *Normalgeschmack* an allen Dingen wird festgestellt, die Erkenntnis, ruhend auf dem Glauben an das Beharrende, steht im Dienste der *gröberen* Formen des Beharrens (Masse, Volk, Menschheit) und will die feineren Formen, den idiosynkratischen *Geschmack* ausscheiden und töten, – sie arbeitet gegen die Individualisierung, den Geschmack, der für *einen* Lebensbedingung ist. – Die Gattung ist der gröbere Irrtum, das Individuum der feinere Irrtum, es kommt *später*. Es *kämpft* für seine Existenz, für seinen neuen Geschmack, für seine relativ *einzige* Stellung zu allen Dingen – es hält diese für besser als den Allgemeingeschmack und verachtet ihn. Es will *herrschen*. Aber da entdeckt es, daß es selber etwas Wandelndes ist und einen wechselnden Geschmack hat, mit seiner Feinheit gerät es hinter das Geheimnis, daß es kein Individuum gibt, daß im kleinsten Augenblick es etwas anderes ist als im nächsten, und daß seine

Existenzbedingungen die einer Unzahl Individuen sind: der *unendlich kleine Augenblick* ist die höhere Realität und Wahrheit, ein Blitzbild aus dem ewigen Flusse. So lernt es: wie alle *genießende* Erkenntnis auf dem groben Irrtum der Gattung, den feineren Irrtümern des Individuums und dem feinsten Irrtum des schöpferischen Augenblicks beruht.

(157)

Unsere Triebe und Leidenschaften sind ungeheure Zeiträume hindurch in *Gesellschafts-* und *Geschlechtsverbänden* gezüchtet worden (vorher wohl in *Affenherden*); so sind sie als soziale Triebe und Leidenschaften stärker als individuelle, auch jetzt noch. Man *haßt* mehr, plötzlicher, unschuldiger (Unschuld ist den ältest vererbten Gefühlen zu eigen) als Patriot als als Individuum; man opfert schneller sich für die Familie als für sich: oder für eine Kirche, Partei. Ehre ist das stärkste Gefühl für viele, das heißt ihre Schätzung ihrer selber ordnet sich der Schätzung anderer unter und begehrt von dort seine Sanktion.

Dieser nicht individuelle Egoismus ist das Ältere, Ursprünglichere; daher so viel Unterordnung, Pietät (wie bei den Chinesen), Gedankenlosigkeit über das eigene Wesen und Wohl, es liegt das Wohl der Gruppe uns mehr am Herzen. Daher die Leichtigkeit der Kriege: hier fällt der Mensch in sein älteres Wesen zurück.

Die *Zelle* ist zunächst mehr Glied als Individuum; das Individuum *wird* im Verlauf der Entwicklung immer komplizierter, immer mehr Gliederpuppe, Gesellschaft. Der freie Mensch ist ein Staat und eine Gesellschaft von Individuen.

Die Entwicklung der Herdentiere und gesellschaftlichen Pflanzen ist eine ganz andere als die der einzeln lebenden. – Einzeln lebende Menschen, wenn sie nicht zugrunde gehen, entwickeln sich zu Gesellschaften, eine Menge von Arbeitsgebieten wird entwickelt, und viel Kampf der Triebe um Nahrung, Raum, Zeit ebenfalls. Die Selbstregulierung ist nicht mit *einem* Male da. Ja, im ganzen ist der Mensch ein Wesen, welches notwendig zugrunde geht, weil es sie noch nicht erreicht hat. Wir sterben alle zu jung an tausend Fehlern und Unwissenheiten der Praxis.

Der freieste Mensch hat das größte *Machtgefühl* über sich, das größte *Wissen* über sich, die größte *Ordnung* im notwendigen *Kampfe* seiner Kräfte, die verhältnismäßig größte *Unabhängigkeit* seiner einzelnen Kräfte, den verhältnismäßig größten *Kampf* in sich: er ist das *zwieträchtigste* Wesen und das *wechselreichste* und das *langlebendste* und das überreich *begehrende*, sich *nährende*, das am meisten von sich *ausscheidende* und sich *erneuernde*.

(158)

Ein starker, freier Mensch empfindet gegen alles andere die *Eigenschaften des Organismus*:
1. *Selbstregulierung*: in der Form von *Furcht* vor allen fremden Eingriffen, im *Haß* gegen den Feind, im Maßhalten usw.;
2. überreichlicher Ersatz: in der Form von *Habsucht*, Aneignungslust, Machtgelüst;
3. Assimilation an sich: in der Form von Loben, Tadeln, Abhängigmachen anderer von sich, dazu Verstellung, List, Lernen, Gewöhnung, Befehlen, Einverleiben von Urteilen und Erfahrungen;
4. Sekretion und Exkretion: in der Form von Ekel, Verachtung der Eigenschaften an sich, die ihm *nicht mehr* nützen; das Überschüssige mitteilen: Wohlwollen;
5. metabolische Kraft: zeitweilig verehren, bewundern, sich abhängig machen, einordnen, auf Ausübung der anderen organischen Eigenschaften fast verzichten, sich zum »Organe« umbilden, dienen können;
6. Regeneration: in der Form von Geschlechtstrieb, Lehrtrieb usw.

Nun würde man irren, diese organischen Eigenschaften *zuerst* bei dem Menschen vorauszusetzen: vielmehr bekommt er diese alle *zuletzt*, als freigewordener Mensch. Er hat dagegen begonnen als Teil eines *Ganzen*, welches *seine* organischen Eigenschaften hatte und den Einzelnen zu seinem Organe machte, so daß durch unsäglich lange Gewöhnung die Menschen *zunächst die Affekte der Gesellschaft* gegen andere Gesellschaften und Einzelne und alles Lebende und Tote empfinden, und *nicht* als Individuen! Zum Beispiel er *fürchtet* und *haßt* stärker und am stärksten als Mitglied eines Geschlechtes oder Staates, *nicht* seinen persönlichen Feind, sondern den öffentlichen; ja er empfindet den persönlichen Feind wesentlich als einen öffentlichen (Blutrache). Er zieht in den Krieg, um seinen Staat und Häuptling zu bereichern und zum Überersatz zu verhelfen, mit jeder persönlichen Gefahr der Verkümmerung, Entbehrung, Verstümmelung. Er assimiliert als Mitglied seiner Gesellschaft Fremdes an sich, lernt für deren Wohl; er verachtet, was von Eigenschaften nicht mehr zum Bestande der Gesellschaft nützt, er stößt die höchsten Individuen von sich, wenn sie *diesem* Nutzen widersprechen. Er verwandelt sich zum Organ im Dienste seiner Gesellschaft durchaus und macht von allen Eigenschaften nur den dadurch *eingeschränkten* Gebrauch: *richtiger*: er hat jene anderen Eigenschaften noch nicht und *erwirbt sie erst als Organ des Gemeinwesens: als Organ bekommt er die ersten Regungen der sämtlichen Eigenschaften des Organischen*. Die Gesellschaft erzieht erst das Einzelwesen, formt es zum Halb- oder Ganzindividuum vor, sie bildet sich *nicht aus* Einzelwesen, nicht aus Verträgen solcher! Sondern höchstens als Kernpunkt ist ein Individuum nötig (ein Häuptling), und dieser auch nur im Verhältnis zu der tieferen oder höheren Stufe der anderen »frei«. Also: der Staat unterdrückt ursprünglich *nicht* etwa die Individuen: diese existieren noch gar nicht! Er macht den Menschen überhaupt die Existenz möglich, als Herdentieren. Unsere *Triebe*, *Affekte* werden uns da erst *gelehrt: sie sind nichts Ursprüngliches!* Es gibt keinen »Naturzustand« für sie!

Als Teile eines Ganzen nehmen wir an dessen Existenzbedingungen und Funktionen Anteil und *einverleiben uns die dabei gemachten Erfahrungen und Urteile*. Diese geraten später miteinander in Kampf und Relation, wenn das Band der Gesellschaft zerfällt: er muß in sich die Nachwirkungen des gesellschaftlichen Organismus *ausleiden*, er muß das Unzweckmäßige von Existenzbedingungen, Urteilen und Erfahrungen, die *für ein Ganzes* paßten, abbüßen und endlich kommt er dahin, *seine Existenzmöglichkeit als Individuum* durch Neuordnung und Assimilation, Exkretion der Triebe in sich zu schaffen.

Meistens gehen diese *Versuchsindividuen* zugrunde. Die Zeiten, wo sie entstehen, sind die der Entsittlichung, der sogenannten Korruption, das heißt alle Triebe wollen sich jetzt persönlich versuchen und, bis dahin nicht jenem persönlichen Nutzen *angepaßt*, zerstören sie das Individuum durch Übermaß. Oder sie zerfleischen es, in ihrem Kampfe miteinander. Die Ethiker treten dann auf und suchen dem Menschen zu zeigen, wie er doch leben könne, ohne so an sich zu leiden, – meistens, indem sie ihm die *alte, bedingte Lebensweise* unter dem Joche der Gesellschaft anempfehlen, nur so, daß an Stelle der Gesellschaft ein Begriff tritt; – es sind *Reaktionäre*. Aber sie erhalten viele, wenngleich durch Zurückführung in die Gebundenheit. Ihre Behauptung ist, es gebe ein *ewiges Sittengesetz*; sie wollen das individuelle Gesetz nicht anerkennen und nennen das Streben dahin unsittlich und zerstörerisch.

Unvermeidlich überwiegen bei einem, der frei werden will, die Funktionen an Kraft, mit denen er (oder seine Vorfahren) der

Gesellschaft gedient haben: diese hervorragenden Funktionen lenken und fördern oder beschränken die übrigen, – aber *alle* hat er nötig, um als Organismus selber zu *leben*, es sind *Lebensbedingungen*!

Aber wir sind lange *Mißgestalten*, und dem entspricht das viel *größere Mißbehagen* der freiwerdenden Individuen im Vergleich zur älteren, abhängigen Stufe und das massenhafte Zugrundegehen.

(159)

Die ganze Tyrannei der *Zweckmäßigkeit der Gattung* einmal darzulegen! Wie! Wir sollten sie gar noch fördern? Sollten nicht vielmehr dem Individuum soviel *nur möglich zurückerobern*? Alle Moralität soll darin aufgehen: was vererbbar auf die ganze Gattung ist, soll den Wert ausmachen? – Sehen wir doch auf die *zufälligen Würfe* hin, die dabei vorkommen müssen – ob da nicht manches vorkommt, was dem Gattungsideal, gesetzt, es werde einmal erreicht, zuwiderläuft!

(160)

»Rudimentäre Menschen« solche, die jetzt der Zweckmäßigkeit der Art nicht mehr dienen: aber keine selbsteigenen Wesen geworden sind.

Unzweckmäßig in Hinsicht auf die Art, noch nicht in Hinsicht auf kleine Komplexe, und *nicht* in Hinsicht auf das Individuum! Sind die Zwecke des Individuums *notwendig* die Zwecke der Gattung? Nein.

Die individuelle Moral: infolge eines zufälligen Wurfs im Würfelspiel ist ein Wesen da, welches *seine* Existenzbedingungen sucht, – nehmen wir *dies* ernst und seien wir nicht Narren, *zu opfern für das Unbekannte*!

(161)

Daß der *Wert der Welt* in unserer Interpretation liegt (– daß vielleicht irgendwo noch andre Interpretationen möglich sind als bloße menschliche –), daß die bisherigen Interpretationen perspektivische Schätzungen sind, vermöge deren wir uns im Leben, d. h. im Willen zur Macht, zum Wachstum der Macht, erhalten, daß jede *Erhöhung des Menschen* die Überwindung engerer Interpretationen mit sich bringt, daß jede erreichte Verstärkung und Machterweiterung neue Perspektiven auftut und an neue Horizonte glauben heißt – das geht durch meine Schriften. Die Welt, die *uns etwas angeht*, ist falsch, d. h. ist kein Tatbestand, sondern eine Ausdichtung und Rundung über einer mageren Summe von Beobachtungen; sie ist »im Flusse«, als etwas Werdendes, als eine sich immer neu verschiebende Falschheit, die sich niemals der Wahrheit nähert: denn – es gibt keine »Wahrheit«.

(162)

Die Erkenntnis wird, bei höherer Art von Wesen, auch neue Formen haben, welche jetzt noch nicht nötig sind.

(163)

Jedes Lebendige greift so weit um sich mit seiner Kraft, als es kann, und unterwirft sich das Schwächere: so hat es seinen Genuß an sich. Die *zunehmende »Vermenschlichung«* in dieser Tendenz besteht darin, daß immer *feiner* empfunden wird, wie schwer der andere wirklich *einzuverleiben* ist: wie die grobe Schädigung zwar unsre Macht über ihn zeigt, zugleich aber seinen Willen uns noch mehr *entfremdet*, – also ihn weniger unterwerfbar macht.

(164)

Dem Werden den Charakter des Seins *aufzuprägen* – das ist der *höchste Wille zur Macht*.

Zwiefache Fälschung, von den Sinnen her und vom Geiste her, um eine Welt des Seienden zu erhalten, des Verharrenden, Gleichwertigen usw.

Daß *alles wiederkehrt*, ist die extremste *Annäherung einer Welt des Werdens an die des Seins:* – *Gipfel der Betrachtung*.

Von den Werten aus, die dem Seienden beigelegt werden, stammt die Verurteilung und Unzufriedenheit im Werdenden: nachdem eine solche Welt des Seins erst erfunden war.

Die Metamorphosen des Seienden (Körper, Gott, Ideen, Naturgesetze, Formeln usw.).

»Das Seiende« als Schein; Umkehrung der Werte: der Schein war das *Wertverleihende*. –

Erkenntnis an sich im Werden unmöglich; wie ist also Erkenntnis möglich? Als Irrtum über sich selbst, als Wille zur Macht, als Wille zur Täuschung.

Werden als Erfinden, Wollen, Selbstverneinen, Sich-selbstüberwinden: kein Subjekt, sondern ein Tun, Setzen, schöpferisch, keine »Ursachen und Wirkungen«.

Kunst als Wille zur Überwindung des Werdens, als »Verewigen«, aber kurzsichtig, je nach der Perspektive: gleichsam im kleinen die Tendenz des Ganzen wiederholend.

Was *alles Leben* zeigt, als verkleinerte Formel für die gesamte Tendenz zu betrachten: deshalb eine neue Fixierung des Begriffs »Leben«, als Wille zur Macht.

Anstatt »Ursache und Wirkung« der Kampf des Werdenden

miteinander, oft mit Einschlürfung des Gegners; keine konstante Zahl des Werdenden.

Unbrauchbarkeit der alten Ideale zur Interpretation des ganzen Geschehens, nachdem man deren tierische Herkunft und Nützlichkeit erkannt hat; alle überdies dem Leben widersprechend.

Unbrauchbarkeit der mechanistischen Theorie – gibt den Eindruck der *Sinnlosigkeit*.

Der ganze *Idealismus* der bisherigen Menschheit ist im Begriff, in *Nihilismus* umzuschlagen, – in den Glauben an die absolute *Wert*losigkeit, d. h. *Sinn*losigkeit.

Die Vernichtung der Ideale, die neue Öde; die neuen Künste, um es auszuhalten, wir *Amphibien*.

Voraussetzung: Tapferkeit, Geduld, keine »Rückkehr«, keine Hitze nach vorwärts. (NB. Zarathustra, sich beständig parodisch zu allen früheren Werten verhaltend, aus der Fülle heraus.)

(165)

»Gott« als Kulminationsmoment: das Dasein eine ewige Vergottung und Entgottung. *Aber darin kein Werthöhepunkt*, sondern ein *Macht*höhepunkt.

Absoluter *Ausschluß* des *Mechanismus* und des *Stoffs*: beides nur Ausdrucksformen niedriger Stufen, die entgeistigste Form des Affekts (des »Willens zur Macht«).

Der *Rückgang vom Höhepunkt im Werden* (der höchsten Vergeistigung der Macht auf dem sklavenhaftesten Grunde) als *Folge* dieser höchsten Kraft darzustellen, welche, *gegen sich* sich wendend, nachdem sie nichts mehr zu organisieren hat, ihre Kraft verwendet zu *desorganisieren* . . .

a) Die immer größere *Besiegung* der Sozietäten und Unterjochung derselben unter eine kleinere, aber stärkere Zahl;

b) die immer größere Besiegung der Bevorrechteten und Stärkeren und folglich Heraufkunft der Demokratie, endlich *Anarchie* der Elemente.

3. Kapitel
Der neue Begriff des Individuums

1. Der Mensch als Vielheit und Herrschaftsgebilde

(166)

Ich begreife nur ein Wesen, welches zugleich eins ist und vieles, sich verändert und bleibt, erkennt, fühlt, will, – dies Wesen ist meine *Urtatsache*.

(167)

Am *Leitfaden des Leibes*. – Gesetzt, daß die »*Seele*« ein anziehender und geheimnisvoller Gedanke war, von dem sich die Philosophen mit Recht nur widerstrebend getrennt haben – vielleicht ist das, was sie nunmehr dagegen einzutauschen lernen, noch anziehender, noch geheimnisvoller. Der menschliche *Leib*, an dem die ganze fernste und nächste Vergangenheit alles organischen Werdens wieder lebendig und leibhaft wird, durch den hindurch, über den hinweg und hinaus ein ungeheurer, unhörbarer Strom zu fließen scheint: der Leib ist ein erstaunlicherer Gedanke als die alte »Seele«. Es ist zu allen Zeiten besser an den Leib als an unsern eigentlichsten Besitz, unser gewissestes Sein, kurz unser ego geglaubt worden als an den Geist (oder die »Seele« oder das Subjekt, wie die Schulsprache jetzt statt Seele sagt). Niemand kam je auf den Einfall, seinen Magen als einen fremden, etwa einen göttlichen Magen zu verstehen: aber seine Gedanken als »eingegeben«, seine Wertschätzungen als »von einem Gott eingeblasen«, seine Instinkte als Tätigkeit im Dämmern zu fassen – für diesen Hang und Geschmack des Menschen gibt es aus allen Altern der Menschheit Zeugnisse. Noch jetzt ist, namentlich unter Künstlern, eine Art Verwunderung und ehrerbietiges Aushängen der Entscheidung reichlich vorzufinden, wenn sich ihnen die Frage vorlegt, wodurch ihnen der beste Wurf gelungen und aus welcher Welt ihnen der schöpferische Gedanke gekommen ist: sie haben, wenn sie dergestalt fragen, etwas wie Unschuld und kindliche Scham dabei, sie wagen es kaum zu sagen, »das kam von mir, das war meine Hand, die die Würfel warf«. – Umgekehrt haben selbst jene Philosophen und Religiösen, welche den zwingendsten Grund in ihrer Logik und Frömmigkeit hatten, ihr Leibliches als Täuschung (und zwar als überwundene und abgetane Täuschung) zu nehmen, nicht umhin gekonnt, die dumme Tatsächlichkeit anzuerkennen, daß der Leib nicht davongegangen ist: worüber die seltsamsten Zeugnisse teils bei Paulus, teils in der Vedânta-Philosophie zu finden sind. Aber was bedeutet zuletzt *Stärke des Glaubens*? Deshalb könnte es immer noch ein sehr dummer Glaube sein! – Hier ist nachzudenken: –

Und zuletzt, wenn der Glaube an den Leib nur die Folge eines Schlusses ist: gesetzt, es wäre ein falscher Schluß, wie die Idealisten behaupten, ist es nicht ein Fragezeichen an der Glaubwürdigkeit des Geistes selber, daß er dergestalt die Ursache falscher Schlüsse ist? Gesetzt, die Vielheit und Raum und Zeit und Bewegung (und was alles die Voraussetzungen eines Glaubens an Leiblichkeit sein mögen) wären Irrtümer – welches Mißtrauen würde dies gegen den Geist erregen, der uns zu solchen Voraussetzungen veranlaßt hat? Genug, der Glaube an den Leib ist einstweilen immer noch ein stärkerer Glaube als der Glaube an den Geist; und wer ihn untergraben will, untergräbt ebendamit am gründlichsten auch den Glauben an die Autorität des Geistes!

(168)

Die Annahme des *einen Subjekts* ist vielleicht nicht notwendig; vielleicht ist es ebensogut erlaubt, eine Vielheit von Subjekten anzunehmen, deren Zusammenspiel und Kampf unserem Denken und überhaupt unserem Bewußtsein zugrunde liegt? Eine Art *Aristokratie* von »Zellen«, in denen die Herrschaft ruht? Gewiß von pares, welche miteinander ans Regieren gewöhnt sind und zu befehlen verstehen?

Meine Hypothesen: Das Subjekt als Vielheit.

Der Schmerz intellektuell und abhängig vom Urteil »schädlich«: projiziert.

Die Wirkung immer »unbewußt«: die erschlossene und vorgestellte Ursache wird projiziert, *folgt* der Zeit nach.

Die Lust ist eine Art des Schmerzes.

Die einzige *Kraft*, die es gibt, ist gleicher Art wie die des Willens: ein Kommandieren an andere Subjekte, welche sich daraufhin verändern.

Die beständige Vergänglichkeit und Flüchtigkeit des Subjekts. »Sterbliche Seele«.

Die *Zahl* als perspektivische Form.

(169)

Keine Subjekt-»Atome«. Die Sphäre eines Subjekts beständig *wachsend* oder sich *vermindernd*, der Mittelpunkt des Systems sich beständig *verschiebend*; im Falle es die angeeignete Masse nicht organisieren kann, zerfällt es in zwei. Anderseits kann es sich ein schwächeres Subjekt, ohne es zu vernichten, zu seinem

Funktionär umbilden und bis zu einem gewissen Grade mit ihm zusammen eine neue Einheit bilden. Keine »Substanz«, vielmehr etwas, das an sich nach Verstärkung strebt; und das sich nur indirekt »erhalten« will (es will sich *überbieten* –).

(170)

Das Ichgefühl nicht zu verwechseln mit dem organischen Einheitsgefühle.

(171)

Wie kommt es, daß wir unsere stärkeren Neigungen auf Unkosten unserer schwächeren Neigungen befriedigen? An sich, wenn wir eine Einheit wären, könnte es diesen Zwiespalt nicht geben. Tatsächlich sind wir eine Vielheit, *welche sich eine Einheit eingebildet hat*. Der Intellekt als das Mittel der Täuschung mit seinen Zwangsformen »Substanz«, »Gleichheit«, »Dauer« – *er* erst hat die Vielheit sich aus dem Sinn geschlagen.

(172)

Wir haben *keine Ahnung* bisher von den inneren Bewegungsgesetzen des organischen Wesens. »Gestalt« ist ein optisches Phänomen: abgesehen von Augen Unsinn.

(173)

»*Seele*«: zur Bezeichnung eines Systems von Wertschätzungen und *Wertaffekten*.

(174)

Das »Subjekt« ist nur eine Fiktion: es gibt das ego gar nicht, von dem geredet wird, wenn man den Egoismus tadelt.

(175)

Unser Verhältnis zu uns selber! Mit *Egoismus* ist gar *nichts* gesagt. Wir wenden alle guten und schlechten, gewöhnten Triebe gegen uns: das Denken über uns, das Empfinden für und gegen uns, der Kampf in uns – nie behandeln wir uns als Individuum, sondern als Zwei- und Mehrheit; alle sozialen Übungen (Freundschaft, Rache, Neid) üben wir redlich an uns. Der naive Egoismus des Tieres ist durch unsere *soziale Einübung* ganz alteriert: wir können gar nicht mehr eine Einzigkeit des ego fühlen, *wir sind immer unter einer Mehrheit*. Wir haben uns zerspalten und spalten uns immer neu. Die *sozialen Triebe* (wie *Feindschaft, Neid, Haß*) (die eine Mehrheit voraussetzen), haben uns umgewandelt: wir haben »die Gesellschaft« in uns verlegt, verkleinert, und sich auf sich zurückziehen ist keine Flucht aus der Gesellschaft, sondern oft ein peinliches *Fortträumen und Ausdeuten* unserer Vorgänge nach dem Schema der früheren Erlebnisse. Nicht nur Gott, sondern alle Wesen, die wir anerkennen, nehmen wir, selbst ohne Namen, in uns hinein: wir sind der Kosmos, *soweit wir ihn begriffen oder geträumt haben*. Die Oliven und die Stürme sind ein Teil von uns geworden: die Börse und die Zeitung ebenso.

(176)

Einstmals war das Ich in der Herde versteckt: und jetzt ist im Ich noch die Herde versteckt.

(177)

Der *Egoismus* ist *noch* unendlich schwach! Man nennt so die Wirkungen der *herdenbildenden Affekte*, sehr ungenau. Einer ist habgierig und häuft Vermögen (Trieb der Familie, des Stammes), ein anderer ist ausschweifend in Venere, ein anderer eitel (Taxation seiner selbst nach dem Maßstabe der Herde), man spricht vom Egoismus des Eroberers, des Staatsmannes usw. – sie denken nur an sich, aber an »sich«, soweit das ego durch den herdenbildenden Affekt entwickelt ist (Egoismus der Mütter, der Lehrer). Man frage nur einmal, wie wenige gründlich prüfen: *Warum* lebst du hier? *Warum* gehst du mit dem um? Wie kamst du zu dieser Religion? Welchen Einfluß übt diese und jene Diät auf dich? Ist dies Haus für *dich* gebaut? usw. Nichts ist seltener als die *Feststellung des ego* vor uns selber. Es herrscht das *Vorurteil*, man *kenne das ego*, es *verfehle nicht*, sich fortwährend zu regen: aber es wird fast gar keine Arbeit und Intelligenz *darauf* verwandt, – als ob wir für die Selbsterkenntnis durch eine Intuition der Forschung überhoben wären!

(178)

Das »Ich« – welches mit der einheitlichen Verwaltung unsres Wesens *nicht* eins ist! – ist ja nur eine begriffliche Synthese – also *gibt es gar kein Handeln aus »Egoismus«*.

(179)

Mit der moralischen Herabwürdigung des ego geht auch noch, in der Naturwissenschaft, eine Überschätzung der *Gattung* Hand in Hand. Aber die Gattung ist etwas ebenso Illusorisches wie das ego: man hat eine falsche Distinktion gemacht. Das ego ist hundertmal *mehr* als bloß eine Einheit in der Kette von Gliedern; es ist die *Kette selbst*, ganz und gar; und die Gattung ist eine bloße Abstraktion aus der Vielheit dieser Ketten und deren partieller Ähnlichkeit. Daß, wie so oft behauptet worden ist, das Individuum der Gattung *geopfert* wird, ist durchaus kein Tatbestand: vielmehr nur das Muster einer fehlerhaften Interpretation.

(180)

Der Mensch eine Atomgruppe, vollständig in seinen Bewegungen abhängig von allen Kräften, Verteilungen und Veränderungen des Alls – und andererseits wie jedes Atom unberechenbar, ein An-und-für-sich.

(181)

Der Leib als Herrschaftsgebilde

Die Aristokratie im Leibe, die Mehrheit der Herrschenden (Kampf der Zellen und Gewebe).

Die Sklaverei und die Arbeitsteilung: der höhere Typus nur möglich durch *Herunterdrückung* eines niederen auf eine Funktion.

Lust und Schmerz kein Gegensatz. Das Gefühl der Macht.

»Ernährung« nur eine Konsequenz der unersättlichen Aneignung, des Willens zur Macht.

Die »Zeugung«, der Zerfall eintretend bei der Ohnmacht der herrschenden Zellen, das Angeeignete zu organisieren.

Die *gestaltende* Kraft ist es, die immer neuen »Stoff« (noch mehr »Kraft«) vorrätig haben will. Das Meisterstück des Aufbaus eines Organismus aus dem Ei.

»Mechanistische Auffassung«: will nichts als Quantitäten: aber die Kraft steckt in der Qualität. Die Mechanistik kann also nur Vorgänge beschreiben, nicht erklären.

Der »Zweck«: auszugehen von der »Sagazität« der Pflanzen.

Begriff der »Vervollkommnung«: *nicht* nur größere Kompliziertheit, sondern größere *Macht* (– braucht nicht nur größere Masse zu sein –).

Schluß auf die Entwicklung der Menschheit: die Vervollkommnung besteht in der Hervorbringung der mächtigsten Individuen, zu deren Werkzeug die größte Menge gemacht wird (und zwar als intelligentestes und beweglichstes Werkzeug).

(182)

Bisher sind beide Erklärungen des organischen Lebens *nicht* gelungen: weder die aus der Mechanik, *noch die aus dem Geiste*. Ich betone *letzteres*. Der Geist ist oberflächlicher, als man glaubt. Die Regierung des Organismus geschieht in einer Weise, für welche *sowohl* die mechanische Welt *als* die geistige nur *symbolisch* zur Erklärung herangezogen werden kann.

(183)

Die Vernunft! *Ohne Wissen* ist sie etwas ganz Törichtes, selbst bei den größten Philosophen. Wie phantasiert Spinoza über die *Vernunft*! Ein *Grundirrtum* ist der Glaube an die Eintracht und das Fehlen des Kampfes – dies wäre eben Tod! Wo Leben ist, ist eine genossenschaftliche Bildung, wo die Genossen um die Nahrung, den Raum kämpfen, wo die schwächeren sich anfügen, kürzer leben, weniger Nachkommen haben: Verschiedenheit herrscht in den kleinsten Dingen, Samentierchen, Eiern – die Gleichheit ist ein großer Wahn. Unzählige Wesen gehen am Kampf zugrunde, – einige seltene Fälle erhalten sich. – Ob die Vernunft bisher im ganzen mehr erhalten als zerstört hat, mit ihrer Einbildung, alles zu wissen, den Körper zu kennen, zu »wollen« –? Die Zentralisation ist gar keine so vollkommene – und die *Einbildung* der *Vernunft*, dies Zentrum zu *sein*, ist gewiß der größte Mangel dieser Vollkommenheit.

(184)

Viele Triebe kämpfen in mir um die *Oberherrschaft*. Darin bin ich ein Abbild alles Lebendigen und kann es mir erklären.

(185)

Von jedem unserer Grundtriebe aus gibt es eine verschiedene perspektivische Abschätzung alles Geschehens und Erlebens. Jeder dieser Triebe fühlt sich in Hinsicht auf jeden andern gehemmt oder gefördert, geschmeichelt, jeder hat sein eignes Entwicklungsgesetz (sein Auf und Nieder, sein Tempo usw.) – und dieser ist absterbend, wenn jener steigt.

Der Mensch als eine Vielheit von »Willen zur Macht«: jeder mit einer Vielheit von Ausdrucksmitteln und Formen. Die einzelnen angeblichen »Leidenschaften« (z. B. der Mensch ist grausam) sind nur *fiktive Einheiten*, insofern das, was von den verschiedenen Grundtrieben her als *gleichartig* ins Bewußtsein tritt, synthetisch zu einem »Wesen« oder »Vermögen«, zu einer Leidenschaft zusammengedichtet wird. Ebenso also wie die »Seele« selber ein *Ausdruck* für alle Phänomene des Bewußtseins ist: den wir aber als *Ursache aller dieser Phänomene auslegen* (das »Selbstbewußtsein« ist fiktiv!).

(186)

Am Leitfaden des Leibes erkennen wir den Menschen als eine Vielheit belebter Wesen, welche, teils miteinander kämpfend, teils einander ein- und untergeordnet, in der Bejahung ihres Einzelwesens unwillkürlich auch das Ganze bejahen.

Unter diesen lebenden Wesen gibt es solche, welche in höherem Maße Herrschende als Gehorchende sind, und unter diesen gibt es wieder Kampf und Sieg.

Die Gesamtheit des Menschen hat alle jene Eigenschaften des Organischen, die uns zum Teil unbewußt bleiben, zum Teil in der Gestalt von *Trieben* bewußt werden.

(187)
Daß der Mensch eine Vielheit von Kräften ist, welche in einer Rangordnung stehen: so, daß es Befehlende gibt, aber daß auch der Befehlende den Gehorchenden alles schaffen muß, was zu ihrer Erhaltung dient, somit selber durch deren Existenz *bedingt* ist. Alle diese lebendigen Wesen müssen verwandter Art sein, sonst könnten sie nicht so einander dienen und gehorchen: die Dienenden müssen, in irgendeinem Sinne, auch Gehorchende sein, und in feineren Fällen muß die Rolle zwischen ihnen vorübergehend wechseln und der, welcher sonst befiehlt, einmal gehorchen. Der Begriff »Individuum« ist falsch. Diese Wesen sind isoliert gar nicht vorhanden: das zentrale Schwergewicht ist etwas Wandelbares; das fortwährende *Erzeugen* von Zellen usw. gibt einen fortwährenden Wandel der Zahl dieser Wesen. Und mit *Addieren* ist überhaupt nichts gemacht. Unsre Arithmetik ist etwas zu Grobes für diese Verhältnisse und nur eine Einzelarithmetik.

(188)
Die *Rangordnung* ist das erste Resultat der Schätzung: im Verhältnis der Organe zueinander müssen schon alle *Tugenden* geübt werden – Gehorsam, Fleiß, Zuhilfekommen, Wachsamkeit –, es *fehlt* ganz der Maschinencharakter in allem Organischen (Selbstregulierung).

(189)
Ursprünglich Chaos der Vorstellungen. Die Vorstellungen, die sich miteinander vertrugen, blieben übrig, die größte Zahl ging zugrunde – und geht zugrunde.

(190)
Die Frage der Werte ist *fundamentaler* als die Frage der Gewißheit: letztere erlangt ihren Ernst erst unter der Voraussetzung, daß die Wertfrage beantwortet ist.

Sein und Schein, psychologisch nachgerechnet, ergibt kein »Sein an sich«, keine Kriterien für »Realität«, sondern nur für Grade der Scheinbarkeit, gemessen an der Stärke des *Anteils*, den wir einem Schein geben.

Nicht ein Kampf um Existenz wird zwischen den Vorstellungen und Wahrnehmungen gekämpft, sondern um Herrschaft: – *vernichtet* wird die überwundene Vorstellung *nicht*, nur *zurückgedrängt* oder *subordiniert*. *Es gibt im Geistigen keine Vernichtung* ...

(191)
Ich rede von *Instinkt*, wenn irgendein *Urteil* (*Geschmack* in seiner untersten Stufe) einverleibt ist, so daß es jetzt selber spontan sich

regt und nicht mehr auf Reize zu warten braucht. Es hat sein Wachstum für sich und folglich auch seinen nach außen stoßenden Tätigkeitssinn. Zwischenstufe: der Halbinstinkt, der nur auf Reize reagiert und sonst tot ist.

(192)

Da jeder Trieb unintelligent ist, so ist »Nützlichkeit« gar kein Gesichtspunkt für ihn. Jeder Trieb, indem er tätig ist, opfert Kraft und andere Triebe: er wird endlich gehemmt; sonst würde er alles zugrunde richten, durch Verschwendung. Also: das »Unegoistische«, Aufopfernde, Unkluge ist nichts Besonderes – es ist allen Trieben gemeinsam –, sie denken nicht an den Nutzen des ganzen *ego (weil sie nicht denken!)*, sie handeln wider unseren Nutzen, gegen das *ego*: und oft *für* das ego – unschuldig in beidem!

(193)

Gegen die Theorie, daß das einzelne Individuum den Vorteil der *Gattung*, seiner Nachkommenschaft im Auge hat, auf Unkosten des eigenen Vorteils: das ist nur *Schein*.

Die ungeheure Wichtigkeit, mit der das Individuum den *geschlechtlichen Instinkt* nimmt, ist nicht eine *Folge* von dessen Wichtigkeit für die Gattung, sondern das Zeugen ist die eigentliche Leistung des Individuums und sein höchstes Interesse folglich, *seine höchste Machtäußerung* (natürlich nicht vom Bewußtsein aus beurteilt, sondern von dem Zentrum der ganzen Individuation).

(194)

Der *Wille* wird *erschlossen*, – ist keine unmittelbare Tatsache, wie Schopenhauer will. Ob mit *Recht* erschlossen, bleibt zu fragen – –

(195)

Bleiben wir doch stehen beim Willensgefühl! Was wird uns als »Wille« *bewußt?* Da erkennen wir, daß Wille nur eine Hypothese ist. Sie könnte wahr sein – oder auch nicht.

(196)

»*Wille*«. – In jedem Wollen ist 1. eine Mehrheit von *Gefühlen* vereinigt: das Gefühl des Zustandes »von dem *weg*«, das Gefühl des Zustandes »zu dem *hin*«, das Gefühl von diesem »weg« und »hin« selber, dann noch ein begleitendes Muskelgefühl, welches, auch ohne daß wir »Arme und Beine« in Bewegung setzen, durch eine Art Gewohnheit, sobald »wir wollen« sein Spiel beginnt. Wie also Fühlen, und zwar vielerlei Fühlen, als Ingrediens des Willens anzuerkennen ist, so 2. auch noch *Denken*: in jedem Willensakte gibt es einen kommandierenden Gedanken, – und man soll ja nicht glauben, diesen Gedanken von dem »Wollen« abscheiden zu können, wie als ob dann noch Wille übrigbliebe! 3. Der Wille ist nicht nur ein Komplex von Fühlen und Denken, sondern vor allem noch ein *Affekt*: und zwar jener Affekt des Kommandos. Das, was »Freiheit des Willens« genannt wird, ist jener sehr gemischte Zustand des Wollenden, der befiehlt und zugleich als Ausführender den Triumph der Überlegenheit über Widerstände genießt, der aber urteilt, der Wille selber überwinde die Widerstände: – er nimmt die Lustgefühle des ausführenden erfolgreichen Werkzeugs – des dienstbaren Willens und Unterwillens – zu seinem Lustgefühle als Befehlender hinzu. – Dieses verflochtene Nest von Gefühlen, Zuständen und falschen Annahmen, welches vom Volk mit *einem* Worte und wie *eine* Sache bezeichnet wird, weil es plötzlich und »auf einmal« da ist und zu den allerhäufigsten, folglich »bekanntesten« Erlebnissen gehört: *der Wille*, so wie ich ihn hier beschrieben habe – sollte man es glauben, daß er noch niemals beschrieben worden ist? Daß das plumpe Vorurteil des Volkes bisher noch in jeder Philosophie ungeprüft zu Recht bestanden hat? Daß darüber, was »Wollen« sei, es unter den Philosophen keine Verschiedenheit der Meinung gab, weil alle glaubten, hier gerade habe man eine unmittelbare Gewißheit, eine Grundtatsache, hier sei Meinen gar nicht am Platze? Und daß alle Logiker noch die Dreieinigkeit »Denken, Fühlen, Wollen« lehren, wie als ob Wollen kein Fühlen und Denken enthalte? – Nach alledem erscheint Schopenhauers großer Fehlgriff, als er den Willen wie die bekannteste Sache von der Welt, ja wie die eigentlich und allein bekannte nahm, weniger toll und willkürlich: er hat ein ungeheures Vorurteil aller bisherigen Philosophen, ein Volksvorurteil, nur übernommen und, wie es im allgemeinen Philosophen tun, *übertrieben*. –

(197)

Wir können vom Willen nur das erkennen, was an ihm erkennbar ist, – also vorausgesetzt, daß wir uns als Wollende erkennen, muß am Wollen etwas Intellektuales sein.

(198)

Nicht von *Ursachen* des Wollens, sondern von *Reizen* des Wollens sollte man reden.

(199)

Schwäche des Willens: das ist ein Gleichnis, das irreführen kann. Denn es gibt keinen Willen, und folglich weder einen starken noch schwachen Willen. Die Vielheit und Disgregation der Antriebe, der Mangel an System unter ihnen resultiert als »schwacher Wille«: die Koordination derselben unter der Vorherrschaft eines einzelnen resultiert als »starker Wille«; – im ersteren Falle ist es das Oszillieren und der Mangel an Schwergewicht; im letzteren die Präzision und Klarheit der Richtung.

(200)

Die Herrschaft über sich ist das Gleichgewicht *vieler* aufgehäufter Erinnerungen und Motive – eine Art Frieden unter feindlichen Kräften. *Voluntas* ist ein zuletzt mechanisches unbedingtes Übergewicht, ein Sieg, der ins Bewußtsein tritt.

2. Die Person

(201)

Unsere Eltern wachsen noch in uns nach, ihre später erworbenen Eigenschaften, die im Embryo auch vorhanden sind, brauchen Zeit. Die Eigenschaften des Vaters damals, als er Mann war, lernen wir erst als Mann kennen.

(202)

Meine Theorie: in *jeder Handlung* eines Menschen wird die *ganze Entwicklung* des psychischen Lebens durchgemacht. Schon die Sinneswahrnehmungen sind Handlungen: damit etwas wahrgenommen werden kann, muß eine *aktive Kraft* bereits *fungieren*, welche den Reiz annimmt, wirken *läßt* und als *solchen* Reiz sich *anpaßt* und *modifiziert*.

(203)

Alles organische Leben ist *als sichtbare Bewegung koordiniert* einem *geistigen Geschehen*. Ein organisches Wesen ist der sichtbare Ausdruck eines *Geistes*.

(204)

Das, was gemeinhin dem *Geiste* zugewiesen wird, *scheint mir das Wesen des Organischen auszumachen*: und in den höchsten Funktionen des Geistes finde ich nur eine sublime Art der organischen Funktionen (Assimilation, Auswahl, Sekretion usw.).

(205)

Unsre heiligsten Überzeugungen, unser Unwandelbares in Hinsicht auf oberste Werte sind *Urteile unsrer Muskeln*.

(206)

Man übt sich, lange bevor man weiß, was man später einmal zu sagen hat, die Gebärde, die Haltung, den Stimmklang, den Stil ein, welcher dazu am besten sich eignet: die ästhetischen Triebe und Vorneigungen der Jugend sind die Ankündigungen von etwas, das mehr als ästhetisch ist. Seltsam!

(207)

Die Handlung eines höheren Menschen ist unbeschreiblich *vielfach* in ihrer Motivierung: mit irgendeinem solchen Wort wie »Mitleid« ist *gar nichts* gesagt. Das Wesentlichste ist das Gefühl »wer bin ich? wer ist der andere im Verhältnis zu mir?« – Werturteile fortwährend tätig.

(208)

Der Verlust bei aller Spezialisierung: die synthetische Natur ist die *höhere*.

(209)

Wir benehmen uns der Rangordnung gemäß, zu der wir gehören: ob wir es schon nicht wissen, noch weniger andern demonstrieren können. Ein Imperativ »benimm dich der Rangordnung gemäß, zu der du gehörst« ist unsinnig: weil wir 1. uns, 2. jene Ordnung kennen *müßten*, was beides nicht der Fall ist, – und 3. weil es überflüssig ist, etwas zu befehlen, das ohnedies geschieht –. Rangordnung: nicht nur zu unseren Nächsten, sondern, unter Umständen, zur Nachwelt, ebenso zu den Bewohnern anderer Sterne; denn wir wissen nicht, ob jemand da ist, der uns mit ihnen vergleicht. – Alles Imperativische in der Moral wendet sich an die *Vielheit der Masken*, die wir in uns tragen, und will, daß wir dies hervorkehren und jenes nicht, also *unsern Anschein verändern*. »Besserung« ist: etwas sichtbar werden lassen von dem, was den guten Menschen gefällt – nicht *mehr*!

(210)

Die moralische Denkweise *folgt* unsrer Handlungsweise, aber *führt sie nicht*!

(211)

Unsere Art Leben und Treiben als eine *Rolle* zu betrachten – eingerechnet die Maximen und Grundsätze.

(212)

Der Mensch ist ein mittelmäßiger Egoist: auch der Klügste nimmt seine Gewohnheit wichtiger als seinen Vorteil.

(213)

Wir enthalten den *Entwurf zu vielen* Personen in uns: der Dichter verrät sich in seinen Gestalten. Die Umstände bringen *eine* Gestalt an uns heraus: wechseln die Umstände sehr, so sieht man an sich auch zwei, drei Gestalten. – Von jedem Augenblick unseres Lebens aus gibt es noch viele Möglichkeiten: der Zufall spielt *immer* mit! – Und gar in der Geschichte: die Schicksale *jedes* Volks sind nicht notwendig in Hinsicht irgendeiner Vernunft:

es liegen in *jedem* Volke *viele Volkscharaktere*, und jedes Ereignis nährt den einen mehr als den andern.

(214)

Völker, welche große Wandlungen erleben und unter neue Bedingungen geraten, zeigen eine neue Gruppierung ihrer Kräfte: Dies und jenes tritt heraus und bekommt Übergewicht, weil es jetzt *nötiger* ist zur Existenz, z. B. der praktische nüchterne Sinn am jetzigen Deutschen. Aller Charakter ist erst *Rolle*. Die »Persönlichkeit« der Philosophen – im Grunde persona.

(215)

Man ist reicher als man denkt, man trägt das Zeug zu mehreren Personen im Leibe, man hält für »Charakter«, was nur zur »Person«, zu *einer* unserer Masken, gehört. Die meisten unserer Handlungen kommen nicht aus der Tiefe, sondern sind oberflächlich: wie die meisten vulkanischen Ausbrüche: man muß sich durch den Lärm nicht täuschen lassen. Das Christentum hat darin recht: man *kann einen neuen Menschen anziehen*: freilich, dann noch einen neueren. Man irrt, wenn man einen Menschen nach einzelnen Handlungen beurteilt: einzelne Handlungen erlauben keine Verallgemeinerung.

(216)

Der Mensch *unerkannt*, die Handlung *unerkannt*. Wenn nun trotzdem über Menschen und Handlungen geredet wird, wie als ob sie erkannt wären, so liegt es daran, daß man über gewisse *Rollen* übereingekommen ist, welche fast jeder spielen kann.

(217)

Der Begriff »Individuum«, »Person« enthält eine große Erleichterung für das naturalistische Denken: welches vor allem sich beim Einmaleins wohl fühlt. Tatsächlich stecken dort Vorurteile: wir haben leider keine Worte, um das wirklich Vorhandene, nämlich die Intensitätsgrade auf dem Wege zum Individuum, zur »Person«, zu bezeichnen. Zwei wird aus eins, eins aus zwei: das sieht man mit Augen bei der Zeugung und Vermehrung der niedrigsten Organismen; der Mathematik wird beständig im wirklichen Geschehen widersprochen, wider*lebt* – wenn der Ausdruck erlaubt ist. Ich habe einmal den Ausdruck »viele sterbliche Seelen« gebraucht: ebenso wie jeder das Zeug zu vielen personae hat.

(218)

Die *Lage*, in der die Menschen sich befinden, zur Natur und zu Menschen, *macht ihre Eigenschaften* – es ist wie bei den Atomen.

(219)

Wie ist es möglich, daß jemand vor sich gerade in Hinsicht auf die moralischen Werte *allein* Respekt hat, daß er alles andere *unterordnet* und gering nimmt im Vergleich mit Gut, Böse, Besserung, Heil der Seele usw.? z.B. Henri Fréd. Amiel. Was bedeutet die *Moral-Idiosynkrasie?* – ich frage psychologisch, auch physiologisch, z.B. Pascal. Also in Fällen, wo große *andere* Qualitäten nicht fehlen; auch im Falle Schopenhauers, der ersichtlich das schätzte, was er nicht hatte und haben *konnte*... – ist es nicht die Folge einer bloß gewohnheitsmäßigen *Moralinterpretation* von tatsächlichen Schmerz- und Unlustzuständen? Ist es nicht eine bestimmte Art von *Sensibilität*, welche die Ursache ihrer vielen Unlustgefühle *nicht versteht*, aber mit *moralischen Hypothesen sich zu erklären glaubt?* So daß auch ein gelegentliches Wohlbefinden und *Kraftgefühl* immer sofort wieder unter der Optik vom »guten Gewissen«, von der Nähe Gottes, vom Bewußtsein der *Erlösung* überleuchtet erscheint?... Also der *Moral-Idiosynkratiker* hat 1. *entweder* wirklich in der Annäherung an den Tugendtypus der Gesellschaft seinen eigenen Wert: »der Brave«, »*Rechtschaffene*«, – ein mittlerer Zustand hoher Achtbarkeit: in allem Können *mittelmäßig*, aber in allem Wollen honnett, gewissenhaft, fest, geachtet, bewährt; 2. *oder* er glaubt ihn zu haben, weil er alle seine Zustände überhaupt nicht anders zu verstehen glaubt –, er ist sich unbekannt, er legt sich dergestalt aus. – Moral als das einzige *Interpretationsschema*, bei dem der Mensch sich aushält... eine Art Stolz?...

3. Die Bedeutung des Bewußtseins

(220)

Moral und Physiologie. – Wir halten es für eine Voreiligkeit, daß gerade das menschliche Bewußtsein so lange als die höchste Stufe der organischen Entwicklung und als das Erstaunlichste aller irdischen Dinge, ja gleichsam als deren Blüte und Ziel angesehen wurde. Das Erstaunlichere ist vielmehr der *Leib*: man kann es nicht zu Ende bewundern, wie der menschliche *Leib* möglich geworden ist: wie eine solche ungeheure Vereinigung von lebenden Wesen, jedes abhängig und untertänig und doch in gewissem Sinne wiederum befehlend und aus eigenem Willen handelnd, als Ganzes leben, wachsen und eine Zeitlang bestehen kann –: und dies geschieht ersichtlich *nicht* durch das Bewußtsein! Zu diesem »Wunder der Wunder« ist das Bewußtsein eben nur ein »Werkzeug« und nicht mehr, – im gleichen Verstande, in dem der Magen ein Werkzeug dazu ist. Die prachtvolle Zusammenbindung des vielfachsten Lebens, die Anordnung und Einordnung der höheren und niederen Tätigkeiten, der tausendfältige Gehorsam, welcher kein blinder, noch weniger ein mechanischer, sondern ein wählender, kluger, rücksichtsvoller, selbst widerstrebender Gehorsam ist – dieses ganze Phänomen »Leib« ist nach intellektuellem Maße gemessen unserem Bewußtsein, unserem »Geist«, unserem bewußten Denken, Fühlen, Wollen so überlegen wie Algebra dem Einmaleins. Der »Nerven- und Gehirnapparat« ist *nicht*, um überhaupt Denken, Fühlen Wollen hervorzubringen, so fein und »göttlich« konstruiert: vielmehr dünkt mich, daß gerade dazu, zum Denken, Fühlen, Wollen, an sich noch gar kein »Apparat« nötig ist, sondern daß dies, allein dies – »die Sache selbst« ist. Vielmehr wird eine solche ungeheure Synthesis von lebendigen Wesen und Intellekten, welche »Mensch« heißt, erst leben können, wenn jenes feine Verbindungs- und Vermittlungssystem und dadurch eine blitzartig schnelle Verständigung aller dieser höheren und niederen Wesen geschaffen ist – und zwar durch lauter lebendige Vermittler: dies aber ist ein moralisches und nicht ein mechanistisches Problem! Von der »Einheit«, von der »Seele«, von der »Person« zu fabeln, haben wir uns heute untersagt: mit solchen Hypothesen *erschwert* man sich das Problem, soviel ist klar. Und auch jene kleinsten lebendigen Wesen, welche unseren Leib konstituieren (richtiger: von deren Zusammenwirken das, was wir »Leib« nennen, das beste Gleichnis ist –), gelten uns nicht als Seelenatome, vielmehr als etwas Wachsendes, Kämpfendes, sich Vermehrendes und wieder Absterbendes: so daß ihre Zahl unbeständig wechselt und unser Leben, wie jegliches Leben, zugleich ein fortwährendes Sterben ist. Es gibt also im Menschen so viele »Bewußtseins«, als es Wesen (in jedem Augenblicke seines Daseins) gibt, die seinen Leib konstituieren. Das Auszeichnende an dem gewöhnlich als einzig gedachten »Bewußtsein«, am Intellekte, ist gerade, daß er vor dem unzählig Vielfachen in den Erlebnissen dieser vielen Bewußtseins geschützt und abgeschlossen bleibt und, als ein Bewußtsein höheren Ranges, als eine regierende Vielheit und Aristokratie, nur eine *Auswahl* von Erlebnissen vorgelegt bekommt, dazu noch lauter vereinfachte, übersichtlich und faßlich gemachte, also *gefälschte* Erlebnisse, – damit er seinerseits in diesem Vereinfachen und Übersichtlichmachen, also Fälschen, fortfahre und das vorbereite, was man gemeinhin »einen Willen« nennt, – jeder solche Willensakt setzt gleichsam die Ernennung eines Diktators voraus. Das aber, was unserem Intellekte diese Auswahl vorlegt, was schon die Erlebnisse vorher vereinfacht, angeähnlicht, ausgelegt hat, ist jedenfalls nicht ebendieser Intellekt: ebensowenig wie er das ist, was den Willen *ausführt*, was eine blasse, dünne und äußerst ungenaue Wert- und Kraftvorstellung aufnimmt und in lebendige Kraft und genaue Wertmaße übersetzt. Und gerade dieselbe Art von Operation, welche hier sich abspielt, muß sich auf allen tieferen Stufen, im Verhalten aller dieser höheren und niederen Wesen zueinander, fortwährend abspielen: dieses selbe Auswählen und Vorlegen von Erlebnissen, dieses Abstrahieren und Zusammendenken, dieses Wollen, diese Zurückübersetzung des immer sehr unbestimmten Wollens in bestimmte Tätigkeit. Am Leitfaden des Leibes, wie gesagt, lernen wir, daß unser Leben durch ein Zusammenspiel vieler sehr ungleichwertiger Intelligenzen und also nur durch ein beständiges tausendfältiges Gehorchen und Befehlen – moralisch geredet: durch die unausgesetzte Übung vieler *Tugenden* – möglich ist. Und wie dürfte man aufhören, moralisch zu reden! – – Dergestalt schwätzend gab ich mich zügellos meinem Lehrtriebe hin: denn ich war glückselig, jemanden zu haben, der es aushielt, mir zuzuhören. Doch gerade an dieser Stelle hielt Ariadne es nicht mehr aus, – die Geschichte begab sich nämlich bei meinem ersten Aufenthalt auf Naxos –: »Aber mein Herr!« sprach sie, »Sie reden Schweinedeutsch!« – »Deutsch!« antwortete ich wohlgemut, »einfach Deutsch! Lassen Sie das Schwein weg, meine Göttin! Sie unterschätzen die Schwierigkeit, feine Dinge deutsch zu sagen!« – »Feine Dinge!« schrie Ariadne entsetzt auf, »aber das war nur Positivismus! Rüsselphilosophie! Begriffsmischmasch und -mist aus hundert Philosophien! Wo will das noch hinaus!« – Und dabei spielte sie ungeduldig mit dem berühmten Faden, der einstmals ihren Theseus durch das Labyrinth leitete. – Also kam es zutage, daß Ariadne in ihrer philosophischen Ausbildung um zwei Jahrtausende zurück war.

(221)

Die *letzten Organismen*, deren Bildung wir sehen (Völker, Staaten, Gesellschaften), müssen zur Belehrung über die ersten Organismen benutzt werden. Das Ich-Bewußtsein ist das Letzte, was hinzukommt, wenn ein Organismus fertig fungiert, *fast* etwas Überflüssiges: das Bewußtsein der *Einheit*, – jedenfalls etwas höchst Unvollkommenes und oft Fehlgreifendes im Vergleich zu der wirklich eingeborenen, einverleibten, arbeitenden Einheit aller Funktionen. Unbewußt ist die große Haupttätigkeit. Das Bewußtsein *erscheint* erst gewöhnlich, wenn das Ganze sich wieder einem höheren Ganzen unterordnen will — als Bewußtsein zunächst dieses *höheren Ganzen*, des Außer-sich. Das Bewußtsein entsteht in bezug auf das Wesen, *dem wir Funktion sein könnten*, — es ist das Mittel, uns einzuverleiben. Solange es sich um Selbsterhaltung handelt, ist Bewußtsein des Ich unnötig. — So wohl schon im niedersten Organismus. Das Fremde, Größere, Stärkere wird als solches zuerst *vorgestellt*. — Unsere Urteile über unser »Ich« hinken nach und werden nach Anleitung des Außer-uns, der über uns waltenden Macht vollzogen. *Wir bedeuten uns selber das, als was wir im höheren Organismus gelten* — allgemeines Gesetz.

Die Empfindungen und die Affekte des Organischen sind alle längst fertig entwickelt, bevor das Einheitsgefühl des Bewußtseins entsteht.

Älteste Organismen: chemische langsame Prozesse, in noch viel langsameren wie in Hüllen eingeschlossen, von Zeit zu Zeit explodierend und dann um sich greifend und dabei neue Nahrung an sich ziehend.

(222)

Alles, was als »Einheit« ins Bewußtsein tritt, ist bereits ungeheuer kompliziert: wir haben immer nur einen *Anschein von Einheit*.

Das Phänomen des *Leibes* ist das reichere, deutlichere, faßbarere Phänomen: methodisch voranzustellen, ohne etwas auszumachen über seine letzte Bedeutung.

(223)

Der Glaube an den Leib ist fundamentaler als der Glaube an die *Seele*: letzterer ist entstanden aus der unwissenschaftlichen Betrachtung der Agonien des Leibes (etwas, das ihn verläßt. Glaube an die *Wahrheit* des *Traumes* —).

(224)

Ausgangspunkt vom *Leibe* und der Physiologie: warum? — Wir gewinnen die richtige Vorstellung von der Art unsrer Subjekteinheit, nämlich als Regenten an der Spitze eines Gemeinwesens (nicht als »Seelen« oder »Lebenskräfte«), insgleichen von der Abhängigkeit dieser Regenten von den Regierten und den Bedingungen der Rangordnung und Arbeitsteilung als Ermöglichung zugleich der Einzelnen und des Ganzen. Ebenso wie fortwährend die lebendigen Einheiten entstehen und sterben und wie zum »Subjekt« nicht Ewigkeit gehört; ebenso daß der

Kampf auch in Gehorchen und Befehlen sich ausdrückt und ein fließendes Machtgrenzen-bestimmen zum Leben gehört. Die gewisse *Unwissenheit*, in der der Regent gehalten wird über die einzelnen Verrichtungen und selbst Störungen des Gemeinwesens, gehört mit zu den Bedingungen, unter denen regiert werden kann. Kurz, wir gewinnen eine Schätzung auch für das *Nichtwissen*, das Im-großen-und-groben-Sehen, das Vereinfachen und Fälschen, das Perspektivische. Das Wichtigste ist aber: daß wir den Beherrscher und seine Untertanen als *gleicher Art* verstehen, alle fühlend, wollend, denkend – und daß wir überall, wo wir Bewegung im Leibe sehen oder erraten, auf ein zugehöriges subjektives, unsichtbares Leben hinzuschließen lernen. Bewegung ist eine Symbolik für das Auge, sie deutet hin, daß etwas gefühlt, gewollt, gedacht worden ist.

Das direkte Befragen des Subjekts *über* das Subjekt und alle Selbstbespiegelung des Geistes hat darin seine Gefahren, daß es für seine Tätigkeit nützlich und wichtig sein könnte, sich *falsch* zu interpretieren. Deshalb fragen wir den Leib und lehnen das Zeugnis der verschärften Sinne ab: wenn man will, wir sehen zu, ob nicht die Untergebenen selber mit uns in Verkehr treten können.

(225)

Es muß eine *Menge Bewußtseins und Willens* in jedem komplizierten organischen Wesen geben: unser oberstes Bewußtsein hält für gewöhnlich die anderen geschlossen. Das kleinste organische Geschöpf muß Bewußtsein und Willen haben.

(226)

Wer einigermaßen sich vom Leibe eine Vorstellung geschaffen hat – wie viele Systeme da zugleich arbeiten, wieviel da füreinander und gegeneinander getan wird, wieviel Feinheit in der Ausgleichung usw. da ist –, der wird urteilen, daß alles Bewußtsein, dagegen gerechnet, etwas Armes und Enges ist: daß kein Geist nur annähernd ausreicht für das, was vom Geiste hier zu leisten wäre, und vielleicht auch, daß der weiseste Sittenlehrer und Gesetzgeber sich plump und anfängerhaft inmitten dieses Getriebes von Krieg der Pflichten und Rechte fühlen müßte. Wie wenig wird uns bewußt! Wie sehr führt dies wenige zum Irrtum und zur Verwechslung! Das Bewußtsein ist eben ein *Werkzeug*: und in Anbetracht, wieviel und Großes ohne Bewußtsein geleistet wird, nicht das nötigste noch das bewunderungswürdigste, – im Gegenteil: vielleicht gibt es kein so schlecht entwickeltes Organ, kein so vielfach fehlerhaft arbeitendes: es ist eben das letztentstandene Organ und also noch ein Kind –, verzeihen wir ihm seine *Kindereien*! (Zu diesen gehören außer vielem andern die *Moral*, als die Summe der bisherigen Werturteile über Handlungen und Gesinnungen der Menschen.)

Also müssen wir die Rangordnung umdrehen: alles »Bewußte« ist nur das *Zweitwichtige*; daß es uns *näher* und *intimer* ist, wäre kein Grund, wenigstens kein moralischer Grund, es anders zu taxieren. Daß wir das *Nächste* für das *Wichtigste* nehmen, ist eben das *alte Vorurteil*. – Also *umlernen*! in der Hauptschätzung! Das Geistige ist als Zeichensprache des *Leibes* festzuhalten.

(227)

Wo es eine gewisse Einheit in der Gruppierung gibt, hat man immer den *Geist* als Ursache dieser Koordination gesetzt: wozu jeder Grund fehlt. Warum sollte die Idee eines komplexen Faktums eine der Bedingungen dieses Faktums sein? Oder warum müßte einem komplexen Faktum die *Vorstellung* als Ursache davon präzedieren? –

Wir werden uns hüten, die *Zweckmäßigkeit* durch den Geist zu erklären: es fehlt jeder Grund, dem Geist die Eigentümlichkeit, zu organisieren und zu systematisieren, zuzuschreiben. Das Nervensystem hat ein viel ausgedehnteres Reich: die Bewußtseinswelt ist hinzugefügt. Im Gesamtprozeß der Adaptation und Systematisation spielt das Bewußtsein keine Rolle.

(228)

Das *Bewußtsein* – ganz äußerlich beginnend, als Koordination und Bewußtwerden der »Eindrücke« –, anfänglich am weitesten entfernt vom biologischen Zentrum des Individuums; aber ein Prozeß, der sich vertieft, verinnerlicht, jenem Zentrum beständig annähert.

(229)

Wenn das *Zentrum des »Bewußtseins«* auch nicht mit dem *physiologischen Zentrum* zusammenfällt, so wäre doch möglich, daß dennoch das *physiologische* Zentrum auch das *psychische* Zentrum ist.

Die *Intellektualität des Gefühls* (Lust und Schmerz), d. h. es ist *beherrscht* von jenem Zentrum aus.

(230)

Wie ein Feldherr von vielen Dingen nichts erfahren will und erfahren darf, um nicht die Gesamtüberschau zu verlieren: so muß es auch in unserem bewußten Geiste *vor allem* einen *ausschließenden*, *wegscheuchenden* Trieb geben, einen auslesenden Trieb, welcher nur *gewisse* Fakta sich vorführen läßt. Das Bewußtsein ist die Hand, mit der der Organismus am weitesten um sich greift: es muß eine feste Hand sein. Unsere Logik, unser Zeitsinn, Raumsinn sind ungeheure Abbreviaturfähigkeiten, zum Zwecke des Befehlens. Ein Begriff ist eine Erfindung, der nichts *ganz* entspricht, aber vieles ein wenig: ein solcher Satz, »zwei Dinge, einem dritten gleich, sind sich selber gleich«, setzt erstens Dinge, zweitens Gleichheiten voraus: beides gibt es nicht. Aber mit dieser erfundenen starren Begriffs- und Zahlenwelt gewinnt der Mensch ein Mittel, sich ungeheurer Mengen von Tatsachen wie mit Zeichen zu bemächtigen und seinem Gedächtnisse einzuschreiben. Dieser Zeichenapparat ist seine Überlegenheit, gerade dadurch, daß er sich von den Einzeltatsachen möglichst weit entfernt. Die Reduktion der Erfahrungen auf *Zeichen*, und die immer größere Menge von Dingen, welche also gefaßt werden kann, ist seine *höchste Kraft*. »Geistigkeit« als Vermögen, über eine ungeheure Menge von Tatsachen in Zeichen Herr zu sein.

(231)

Egoismus als das perspektivische Sehen und Beurteilen aller Dinge zum Zwecke der Erhaltung: alles Sehen (*daß* überhaupt etwas wahrgenommen wird, das Auswählen) ist schon ein Wertschätzen, ein Akzeptieren, im Gegensatze zu einem Zurückweisen und Nicht-sehen-wollen.

Wertschätzungen stecken in allen Sinnestätigkeiten. Wertschätzungen stecken in allen Funktionen des organischen Wesens.

(232)

Unsere Wahrnehmungen, wie wir sie verstehen: d. i. die Summe aller der Wahrnehmungen, deren *Bewußtwerden* uns und dem ganzen organischen Prozesse vor uns nützlich und wesentlich war: also nicht alle Wahrnehmungen überhaupt (z. B. nicht die elektrischen); das heißt: wir haben *Sinne* nur für eine Auswahl von Wahrnehmungen – solcher, an denen uns gelegen sein muß, um uns zu erhalten. *Bewußtsein ist soweit da, als Bewußtsein nützlich ist.* Es ist kein Zweifel, daß alle Sinneswahrnehmungen gänzlich durchsetzt sind mit *Werturteilen* (nützlich und schädlich – folglich angenehm oder unangenehm). Die einzelne Farbe drückt zugleich einen Wert für uns aus (obwohl wir es uns selten oder erst nach langem, ausschließlichem Einwirken derselben Farbe eingestehen, z. B. Gefangene im Gefängnis oder Irre). Deshalb reagieren Insekten auf verschiedene Farben anders: einige lieben diese, andere jene, z. B. Ameisen.

(233)

Es ist nicht genug, daß du einsiehst, in welcher Unwissenheit

Mensch und Tier lebt: du mußt auch noch den *Willen* zur Unwissenheit haben und hinzulernen. Es ist dir nötig, zu begreifen, daß ohne diese Art Unwissenheit das Leben selber unmöglich wäre, daß sie eine Bedingung ist, unter welcher das Lebendige allein sich erhält und gedeiht: eine große, feste Glocke von Unwissenheit muß um dich stehn.

(234)

Der Erkennende vermeidet die Selbsterkenntnis und läßt seine Wurzeln in der Erde stecken.

(235)

Bewußtsein enthält immer eine doppelte Spiegelung, – es gibt nichts Unmittelbares.

(236)

Widerspruch gegen die angeblichen »Tatsachen des Bewußtseins«. Die Beobachtung ist tausendfach schwieriger, der Irrtum vielleicht *Bedingung* der Beobachtung überhaupt.

(237)

Bewußt werden wir uns nur als eines Haufens von *Affekten*: und selbst die Sinneswahrnehmungen und Gedanken gehören unter diese Offenbarungen der Affekte.

(238)

Es gibt keine unmittelbaren Tatsachen! Es steht mit Gefühlen und Gedanken ebenso: indem ich mir ihrer *bewußt* werde, mache ich einen Auszug, eine Vereinfachung, einen Versuch der Gestaltung: *das eben ist Bewußt-werden*: ein ganz *aktives* Zurechtmachen. *Woher* weißt du das? – Wir sind uns bewußt der *Arbeit*, wenn wir einen Gedanken, ein Gefühl scharf fassen wollen – mit Hilfe von *Vergleichung (Gedächtnis)*.

Ein Gedanke und ein Gefühl sind *Zeichen* irgendwelcher Vorgänge: nehme ich sie absolut – setze ich sie als unvermeidlich *ein*deutig, so setze ich zugleich die Menschen als intellektuell gleich, – eine zeitweilig erlaubte *Vereinfachung* des wahren Tatbestandes.

(239)

Der Phänomenalismus der »inneren Welt«. Die *chronologische Umdrehung*, so daß die Ursache später ins Bewußtsein tritt als die Wirkung. – Wir haben gelernt, daß der Schmerz an eine Stelle des Leibes projiziert wird, ohne dort seinen Sitz zu haben –: wir haben gelernt, daß die Sinnesempfindung, welche man naiv als bedingt durch die Außenwelt ansetzt, vielmehr durch die Innenwelt bedingt ist: daß die eigentliche Aktion der Außenwelt immer *unbewußt* verläuft ... Das Stück Außenwelt, das uns bewußt wird, ist nachgeboren nach der Wirkung, die von außen auf uns geübt wird, ist nachträglich projiziert als deren »Ursache« ...

In dem Phänomenalismus der »innern Welt« kehren wir die Chronologie von Ursache und Wirkung um. Die Grundtatsache der »inneren Erfahrung« ist, daß die Ursache imaginiert wird, nachdem die Wirkung erfolgt ist ... Dasselbe gilt auch von der Abfolge der Gedanken: – wir suchen den Grund zu einem Gedanken, bevor er uns noch bewußt ist: und dann tritt zuerst der Grund und dann dessen Folge ins Bewußtsein ... Unser ganzes Träumen ist die Auslegung von Gesamtgefühlen auf mögliche Ursachen: und zwar so, daß ein Zustand erst bewußt wird, wenn die dazu erfundene Kausalitätskette ins Bewußtsein getreten ist.

Die ganze »innere Erfahrung« beruht darauf, daß zu einer Erregung der Nervenzentren eine Ursache gesucht und vorgestellt wird – und daß erst die gefundene Ursache ins Bewußtsein tritt: diese Ursache ist schlechterdings nicht adäquat der wirklichen, – es ist ein Tasten auf Grund der ehemaligen »inneren Erfahrungen«, d. h. des Gedächtnisses. Das Gedächtnis erhält aber auch die Gewohnheit der alten Interpretationen, d. h. der irrtümlichen Ursächlichkeit, – so daß die »innere Erfahrung« in sich noch die Folgen aller ehemaligen falschen Kausalfiktionen zu tragen hat. Unsere »Außenwelt«, wie wir sie jeden Augenblick projizieren, ist unauflöslich gebunden an den alten Irrtum vom Grunde: wir legen sie aus mit dem Schematismus des »Dings« usw.

Die »innere Erfahrung« tritt uns ins Bewußtsein erst nachdem sie eine Sprache gefunden hat, die das Individuum *versteht* – d. h. eine Übersetzung eines Zustandes in ihm *bekanntere* Zustände –: »verstehen«, das heißt naiv bloß: etwas Neues ausdrücken können in der Sprache von etwas Altem, Bekannten. Z. B. »ich befinde mich schlecht« – ein solches Urteil setzt eine *große und späte Neutralität des Beobachtenden* voraus –: der naive Mensch sagt immer: Das und das macht, daß ich mich schlecht befinde, – er wird über sein Schlechtbefinden erst klar, wenn er einen Grund sieht, sich schlecht zu befinden ... Das nenne ich den *Mangel an Philologie*; einen Text *als Text* ablesen zu können, ohne eine Interpretation dazwischenzumengen, ist die späteste Form der »inneren Erfahrung«, – vielleicht eine kaum mögliche ...

(240)

Es gibt kein eigenes Organ des »Gedächtnisses«: alle Nerven, z. B. im Bein, gedenken früherer Erfahrungen. Jedes Wort, jede Zahl ist das Resultat eines physischen Vorganges und irgendwo in den Nerven fest geworden. Alles, was den Nerven anorganisiert worden, lebt in ihnen fort. Es gibt Wellenberge der Erregung, wo dies Leben ins *Bewußtsein* tritt, wo wir uns erinnern.

(241)

Die gewöhnlichste Form des Wissens ist die ohne Bewußtheit. Bewußtheit ist Wissen um ein Wissen.

(242)

Alles, was ins Bewußtsein tritt, ist das letzte Glied einer Kette, ein Abschluß. Daß ein Gedanke unmittelbar Ursache eines andern Gedankens wäre, ist nur scheinbar. Das eigentliche verknüpfte Geschehen spielt sich ab *unterhalb* unsres Bewußtseins: die auftretenden Reihen und Nacheinander von Gefühlen, Gedanken usw. sind *Symptome* des eigentlichen Geschehens! – Unter jedem Gedanken steckt ein Affekt. Jeder Gedanke, jedes Gefühl, jeder Wille ist *nicht* geboren aus *einem* bestimmten Triebe, sondern er ist ein *Gesamtzustand*, eine ganze Oberfläche des ganzen Bewußtseins und resultiert aus der augenblicklichen Machtfeststellung *aller* der uns konstituierenden Triebe, – also des eben herrschenden Triebes sowohl als der ihm gehorchenden oder widerstrebenden. Der nächste Gedanke ist ein Zeichen davon, wie sich die gesamte Machtlage inzwischen verschoben hat.

»Wille« eine falsche Verdinglichung.

(243)

Das Wesen einer Handlung ist unerkennbar: Das, was wir ihre »Motive« nennen, *bewegt* nichts: – es ist eine Täuschung, ein Nacheinander als ein Durcheinander aufzufassen.

(244)

Unfreiheit oder Freiheit des Willens? – Es gibt *keinen* »*Willen*«: das ist nur eine vereinfachende Konzeption des Verstandes, wie »Materie«.

Alle Handlungen müssen erst mechanisch als möglich vorbereitet sein, bevor sie gewollt werden. Oder: Der »*Zweck*« tritt im Gehirn *zumeist* erst auf, wenn alles vorbereitet ist zu seiner Ausführung. Der Zweck ein »innerer« »Reiz« – nicht *mehr*.

(245)

Gegen unsre *Zwecke* gerechnet und gegen alles *bewußte Wollen*, gibt es eine gewisse größere *Vernunft* in unserm ganzen Handeln, – viel mehr Harmonie und Feinheit, als wir bewußt uns zutrauen.

(246)

Nichts ist fehlerhafter, als aus psychischen und physischen Phänomenen die zwei Gesichter, die zwei Offenbarungen einer und derselben Substanz zu machen. Damit erklärt man nichts: Der Begriff »*Substanz*« ist vollkommen unbrauchbar, wenn man erklären will. Das *Bewußtsein*, in zweiter Rolle, fast indifferent, überflüssig, bestimmt vielleicht zu verschwinden und einem vollkommenen Automatismus Platz zu machen. –

Wenn wir nur die inneren Phänomene beobachten, so sind wir vergleichbar den Taubstummen, die aus der Bewegung der Lippen die Worte erraten, die sie nicht hören. Wir schließen aus den Erscheinungen des inneren Sinns auf unsichtbare und andere Phänomene, welche wir wahrnehmen würden, wenn unsre Beobachtungsmittel zureichend wären, und welche man den Nervenstrom nennt.

Für diese innere Welt gehen uns alle feineren Organe ab, so daß wir eine *tausendfache Komplexität* noch als Einheit empfinden, so daß wir eine Kausalität hineinerfinden, wo jeder Grund der Bewegung und Veränderung uns unsichtbar bleibt, – die Aufeinanderfolge von Gedanken, von Gefühlen ist ja nur das Sichtbarwerden derselben im Bewußtsein. Daß diese Reihenfolge irgend etwas mit einer Kausalverkettung zu tun habe, ist völlig unglaubwürdig: das Bewußtsein liefert uns nie ein Beispiel von Ursache und Wirkung.

(247)

Rolle des »Bewußtseins«. – Es ist wesentlich, daß man sich über die Rolle des »Bewußtseins« nicht vergreift: es ist unsere *Relation mit der »Außenwelt«*, welche es entwickelt hat. Dagegen die *Direktion*, resp. die Obhut und Vorsorglichkeit in Hinsicht auf das Zusammenspiel der leiblichen Funktionen tritt uns *nicht* ins Bewußtsein; ebensowenig als die geistige *Einmagazinierung*: daß es dafür eine oberste Instanz gibt, darf man nicht bezweifeln: eine Art leitendes Komitee, wo die verschiedenen *Hauptbegierden* ihre Stimme und Macht geltend machen. »Lust«, »Unlust« sind Winke aus dieser Sphäre her: der *Willensakt* insgleichen: die *Ideen* insgleichen.

In *summa*: Das, was bewußt wird, steht unter kausalen Beziehungen, die uns ganz und gar vorenthalten sind, – die Aufeinanderfolge von Gedanken, Gefühlen, Ideen im Bewußtsein drückt nichts darüber aus, daß diese Folge eine kausale Folge ist: es ist aber *scheinbar* so, im höchsten Grade. Auf diese *Scheinbarkeit* hin haben wir unsere ganze Vorstellung von *Geist*, *Vernunft*, *Logik* usw. *gegründet* (– das gibt es alles nicht: es sind fingierte Synthesen und Einheiten) und diese wieder *in* die Dinge, *hinter* die Dinge projiziert.

Gewöhnlich nimmt man das *Bewußtsein* selbst als Gesamtsensorium und oberste Instanz; indessen, es ist nur ein *Mittel* der *Mitteilbarkeit*: es ist im Verkehr entwickelt, und in Hinsicht auf Verkehrsinteressen... »Verkehr« hier verstanden auch von den Einwirkungen der Außenwelt und den unsererseits dabei nötigen Reaktionen; ebenso wie von unseren Wirkungen *nach* außen. Es ist *nicht* die Leitung, sondern ein *Organ der Leitung*.

(248)

Überall, wo große Zweckmäßigkeit ist, haben wir im Bewußtsein *nicht* die Zwecke und Mittel. Der Künstler und sein Werk, die Mutter und das Kind – und ebenso mein Kauen, Verdauen, Gehen usw., die Ökonomie der Kräfte am Tage usw. – alles das ist ohne Bewußtsein.

(249)

Ich habe die Absicht, meinen Arm auszustrecken; angenommen, ich weiß so wenig von Physiologie des menschlichen Leibes und von den mechanischen Gesetzen seiner Bewegung als ein Mann aus dem Volke, was gibt es eigentlich Vageres, Blasseres, Ungewisseres als diese Absicht im Vergleich zu dem, was darauf geschieht? Und gesetzt, ich sei der scharfsinnigste Mechaniker und speziell über die Formeln unterrichtet, die hierbei angewendet werden, so würde ich um keinen Deut besser oder schlechter meinen Arm ausstrecken. Unser »Wissen« und unser »Tun« in diesem Falle liegen kalt auseinander: als in zwei verschiedenen Reichen. – Andererseits: Napoleon führt den Plan eines Feldzuges durch – was heißt das? Hier ist alles *gewußt*, was zur Durchführung des Planes gehört, weil alles befohlen werden muß: aber auch hier sind Untergebene vorausgesetzt, welche das Allgemeine auslegen, anpassen an die Not des Augenblicks, Maß der Kraft usw.

(250)

Wo wir Leben haben, da setzen wir »Geist« voraus: aber der uns bekannte Geist ist völlig unvermögend, irgend etwas zu tun. Wie armselig ist jedes Bewußtseinsbild! *Es wird wohl selber* nur *Wirkung* sein von einer Veränderung, welche nun eine weitere Veränderung (Handlung) nach sich zieht. Jede Handlung, die wir »*wollen*«, ist ja durchaus nur als *Schein der Erscheinung* von uns gestellt. –

(251)

Die Physiologen wie die Philosophen glauben, das *Bewußtsein*, im Maße es an Helligkeit *zunimmt*, wachse im *Werte*: das hellste Bewußtsein, das logischeste, kälteste Denken sei *ersten* Ranges. Indessen – wonach ist dieser Wert bestimmt? – In Hinsicht auf *Auslösung des Willens* ist das oberflächlichste, *vereinfachteste* Denken das am meisten nützliche, – es könnte deshalb das – usw. (weil es wenig Motive übrig läßt).

Die *Präzision* des *Handelns* steht in Antagonismus mit der *weitblickenden* und oft ungewiß urteilenden *Vorsorglichkeit*: letztere durch den *tieferen* Instinkt geführt.

(252)

Wenn durch Übung in einer ganzen Reihe von Geschlechtern die Moral gleichsam einmagaziniert worden ist – also die Feinheit, die Vorsicht, die Tapferkeit, die Billigkeit –, so strahlt die Gesamtkraft dieser aufgehäuften Tugend selbst noch in die Sphäre aus, wo die Rechtschaffenheit am seltensten, in die *geistige* Sphäre. In allem Bewußtwerden drückt sich ein Unbehagen des Organismus aus: es soll etwas Neues versucht werden, es ist nichts genügend zurecht dafür, es gibt Mühsal, Spannung, Überreiz, – das alles *ist* eben Bewußtwerden... Das Genie sitzt im Instinkt; die Güte ebenfalls. Man handelt nur vollkommen, sofern man instinktiv handelt. Auch moralisch betrachtet ist alles Denken, das bewußt verläuft, eine bloße Tentative, zumeist das Widerspiel der Moral. Die wissenschaftliche Rechtschaffenheit ist immer ausgehängt, wenn der Denker anfängt zu raisonnieren: man mache die Probe, man lege die Weisesten auf die Goldwaage, indem man sie Moral reden macht...

Das läßt sich beweisen, daß alles Denken, das *bewußt* verläuft, auch einen viel niedrigeren Grad von Moralität darstellen wird als das Denken desselben, sofern es von seinen *Instinkten* geführt wird.

(253)

In der ungeheuren Vielheit des Geschehens innerhalb eines Organismus ist der uns *bewußt* werdende Teil ein bloßes Mittel: und das bißchen »Tugend«, »Selbstlosigkeit« und ähnliche Fiktionen werden auf eine vollkommen radikale Weise vom übrigen Gesamtgeschehen aus Lügen gestraft. Wir tun gut, unseren Organismus in seiner vollkommenen Unmoralität zu studieren...

Die animalischen Funktionen sind ja prinzipiell millionenfach wichtiger als alle schönen Zustände und Bewußtseinshöhen: letztere sind ein Überschuß, soweit sie nicht Werkzeuge sein müssen für jene animalischen Funktionen. Das ganze *bewußte* Leben, der Geist samt der Seele, samt dem Herzen, samt der Güte, samt der Tugend: in wessen Dienst arbeitet es denn? In dem möglichster Vervollkommnung der Mittel (Ernährungs-,

Steigerungsmittel der animalischen Grundfunktionen: vor allem der *Lebenssteigerung*).

Es liegt so unsäglich viel mehr an dem, was man »Leib« und »Fleisch« nannte: der Rest ist ein kleines Zubehör. Die Aufgabe, die ganze Kette des Lebens fortzuspinnen, und so, *daß der Faden immer mächtiger wird* – das ist die Aufgabe.

Aber nun sehe man, wie Herz, Seele, Tugend, Geist förmlich sich verschwören, diese prinzipielle Aufgabe zu *verkehren*: wie als ob *sie* die Ziele wären! . . . Die *Entartung des Lebens* ist wesentlich bedingt durch die außerordentliche *Irrtumsfähigkeit des Bewußtseins*: es wird am wenigsten durch Instinkte in Zaum gehalten und *vergreift* sich deshalb am längsten und gründlichsten.

Nach den *angenehmen* und *unangenehmen Gefühlen dieses Bewußtseins* abmessen, ob das Dasein *Wert* hat: kann man sich eine tollere Ausschweifung der Eitelkeit denken? Es ist ja nur ein Mittel: – und angenehme oder unangenehme Gefühle sind ja auch nur Mittel!

Woran mißt sich objektiv der *Wert*? Allein an dem Quantum *gesteigerter und organisierter Macht* . . .

(254)

Die *»bewußte* Welt« kann *nicht als Wertausgangspunkt* gelten: Notwendigkeit einer *»objektiven«* Wertsetzung.

In Hinsicht auf das Ungeheure und Vielfache des Für- und Gegeneinander-Arbeitens, wie es das Gesamtleben jedes Organismus darstellt, ist dessen *bewußte* Welt von Gefühlen, Absichten, Wertschätzungen ein kleiner Ausschnitt. Dies Stück Bewußtsein als Zweck, als Warum? für jenes Gesamtphänomen von Leben anzusetzen, fehlt uns alles Recht: ersichtlich ist das Bewußtwerden nur ein Mittel mehr in der Entfaltung und Machterweiterung des Lebens. Deshalb ist es eine Naivität, Lust oder Geistigkeit oder Sittlichkeit oder irgendeine Einzelheit der Sphäre des Bewußtseins als höchsten Wert anzusetzen: und vielleicht gar »die Welt« aus ihnen zu rechtfertigen.

Das ist mein *Grundeinwand* gegen alle philosophisch-moralischen Kosmo- und Theodizeen, gegen alle *Warums* und *höchsten Werte* in der bisherigen Philosophie und Religionsphilosophie. Eine Art der *Mittel* ist *als Zweck mißverstanden* worden: *das Leben und seine Machtsteigerung wurde* umgekehrt *zum Mittel erniedrigt*.

Wenn wir einen Zweck des Lebens weit genug ansetzen wollten, so dürfte er mit keiner Kategorie des bewußten Lebens zusammenfallen; er müßte vielmehr jede noch *erklären* als *Mittel zu sich* . . .

Die »Verneinung des Lebens« als Ziel des Lebens, Ziel der Entwicklung! Das Dasein als große Dummheit! Eine solche *Wahnwitz-Interpretation* ist nur die Ausgeburt einer *Messung* des Lebens mit Faktoren des *Bewußtseins* (Lust und Unlust, Gut und Böse). Hier werden die Mittel geltend gemacht gegen den Zweck – die »unheiligen«, absurden, vor allem *unangenehmen* Mittel –: wie kann der Zweck etwas taugen, der solche Mittel gebraucht! Aber der Fehler steckt darin, daß wir – statt nach dem Zweck zu *suchen*, der die *Notwendigkeit* solcher Mittel erklärt – von vornherein einen Zweck voraussetzen, welcher solche Mittel gerade *ausschließt*: d. h. daß wir eine Wünschbarkeit in bezug auf gewisse Mittel (nämlich angenehme, rationelle, tugendhafte) zur *Norm* nehmen, nach der wir erst ansetzen, welcher *Gesamtzweck wünschbar* ist ...

Der *Grundfehler* steckt nur darin, daß wir die Bewußtheit – statt sie als Werkzeug und Einzelheit im Gesamtleben zu verstehen – als Maßstab, als höchsten Wertzustand des Lebens ansetzen: es ist die fehlerhafte Perspektive des a parte ad totum, – weshalb instinktiv alle Philosophen darauf aus sind, ein Gesamtbewußtsein, ein bewußtes Mitleben und Mitwollen alles dessen, was geschieht, einen »Geist«, »Gott« zu imaginieren. Man muß ihnen aber sagen, daß *eben damit* das *Dasein* zum *Monstrum* wird; daß ein »Gott« und Gesamtsensorium schlechterdings etwas wäre, dessentwegen das Dasein *verurteilt* werden müßte ... Gerade daß wir das zweck- und mittelsetzende Gesamtbewußtsein *eliminiert* haben: das ist unsre *große Erleichterung*, – damit hören wir auf, Pessimisten sein zu *müssen*... Unser größter *Vorwurf* gegen das Dasein war die *Existenz Gottes* ...

(255)

Über die Herkunft unsrer Wertschätzungen.

Wir können uns unsern Leib räumlich auseinanderlegen, und dann erhalten wir ganz dieselbe Vorstellung davon wie vom Sternensystem, und der Unterschied von organisch und unorganisch fällt nicht mehr in die Augen. Ehemals erklärte man die Sternbewegungen als Wirkungen zweckbewußter Wesen: man braucht das nicht mehr, und auch in betreff des leiblichen Bewegens und Sichveränderns glaubt man lange nicht mehr mit dem zwecksetzenden Bewußtsein auszukommen. Die allergrößte Menge der Bewegungen hat gar nichts mit Bewußtsein zu tun: *auch nicht mit Empfindung*. Die Empfindungen und Gedanken sind etwas *äußerst Geringes und Seltenes* im Verhältnis zu dem zahllosen Geschehn in jedem Augenblick.

Umgekehrt nehmen wir wahr, daß eine Zweckmäßigkeit im kleinsten Geschehn herrscht, der unser bestes Wissen nicht gewachsen ist: eine Vorsorglichkeit, eine Auswahl, ein Zusammenbringen, Wiedergutmachen usw. Kurz, wir finden eine Tätigkeit vor, die einem *ungeheuer viel höheren und überschauenden Intellekt* zuzuschreiben wäre, als der uns bewußte ist. Wir lernen von allem Bewußten *geringer denken*: wir verlernen, uns für unser Selbst verantwortlich zu machen, da *wir* als bewußte, zwecksetzende Wesen nur der kleinste Teil davon sind. Von den zahlreichen Einwirkungen in jedem Augenblick, z. B. Luft, Elektrizität, empfinden wir fast nichts: es könnte genug Kräfte geben, welche, obschon sie uns nie zur Empfindung kommen, uns fortwährend beeinflussen. Lust und Schmerz sind ganz seltene und spärliche Erscheinungen gegenüber den zahllosen Reizen, die eine Zelle, ein Organ auf eine andre Zelle, ein andres Organ ausübt.

Es ist die Phase der *Bescheidenheit des Bewußtseins*. Zuletzt verstehen wir das bewußte Ich selber nur als ein Werkzeug im Dienste jenes höheren, überschauenden Intellekts: und da können wir fragen, ob nicht alles bewußte *Wollen*, alle *bewußten Zwecke*, alle *Wertschätzungen* vielleicht nur *Mittel* sind, mit denen etwas wesentlich *Verschiedenes erreicht werden soll*, als es innerhalb des Bewußtseins scheint. Wir *meinen*: es handle sich um unsre *Lust* und *Unlust* – – aber Lust und Unlust könnten Mittel sein, vermöge deren wir etwas zu *leisten hätten*, was außerhalb unseres Bewußtseins liegt. – Es ist zu zeigen, wie sehr alles Bewußte *auf der Oberfläche* bleibt: wie Handlung und Bild der Handlung *verschieden* ist, wie *wenig* man von dem weiß, was einer Handlung *vorhergeht*: wie phantastisch unsere Gefühle »Freiheit des Willens«, »Ursache und Wirkung« sind: wie Gedanken und Bilder, wie Worte nur Zeichen von Gedanken sind: die Unergründlichkeit jeder Handlung: die Oberflächlichkeit alles Lobens und Tadelns: *wie wesentlich Erfindung* und *Einbildung* ist, worin wir bewußt leben: wie wir in allen unsern Worten von Erfindungen reden (Affekte auch), und wie die *Verbindung* der *Menschheit* auf einem Überleiten und Fortdichten dieser Erfindungen beruht; während im Grunde die wirkliche Verbindung (durch Zeugung) ihren unbekannten Weg geht. *Verändert* wirklich dieser Glaube an die gemeinsamen Erfindungen die Menschen? Oder ist das ganze Ideen- und Wertschätzungswesen nur ein *Ausdruck selber* von unbekannten Veränderungen? *Gibt* es denn Willen, Zwecke, Gedanken, Werte wirklich? Ist vielleicht das ganze bewußte

Leben nur ein *Spiegelbild*? Und auch wenn die Wertschätzung einen Menschen zu *bestimmen* scheint, geschieht im Grunde etwas ganz anderes! Kurz: Gesetzt, es gelänge, das Zweckmäßige im Wirken der Natur zu erklären ohne die Annahme eines zwecke-setzenden Ichs: könnte zuletzt vielleicht auch *unser* Zwecke-setzen, unser Wollen usw. nur eine *Zeichensprache* sein für etwas wesentlich anderes, nämlich Nichtwollendes und Unbewußtes? nur der *feinste Anschein* jener natürlichen Zweckmäßigkeit des Organischen, aber nichts Verschiedenes davon?

Und kurz gesagt: Es handelt sich vielleicht bei der ganzen Entwicklung des Geistes um den *Leib*: es ist die *fühlbar* werdende *Geschichte* davon, daß ein *höherer Leib sich bildet*. Das Organische steigt noch auf höhere Stufen. Unsere Gier nach Erkenntnis der Natur ist ein Mittel, wodurch der Leib sich vervollkommnen will. Oder vielmehr: es werden hunderttausende von Experimenten gemacht, die Ernährung, Wohnart, Lebensweise des *Leibes* zu verändern: das Bewußtsein und die Wertschätzungen in ihm, alle Arten von Lust und Unlust sind *Anzeichen dieser Veränderungen und Experimente*. Zuletzt *handelt es sich gar nicht um den Menschen: er soll überwunden werden.*

4. Der Intellekt nur ein Organ

(256)

Sonderbar: Das, worauf der Mensch am stolzesten ist, seine Selbstregulierung durch die Vernunft, wird ebenfalls von den niedrigsten Organismen geleistet, und besser, zuverlässiger! Das Handeln nach Zwecken ist aber tatsächlich nur der allergeringste Teil unserer Selbstregulierung: handelte die Menschheit wirklich nach ihrer Vernunft, das heißt nach der Grundlage ihres *Meinens* und *Wissens*, so wäre sie längst zugrunde gegangen. Die Vernunft ist ein langsam sich entwickelndes Hilfsorgan, das ungeheure Zeiten hindurch glücklicherweise *wenig* Kraft hat, den Menschen zu bestimmen, es arbeitet im *Dienste* der organischen Triebe und emanzipiert sich langsam *zur Gleichberechtigung* mit ihnen – so daß Vernunft (Meinung und Wissen) mit den Trieben kämpft, als ein eigener neuer Trieb – und spät, ganz spät *zum Übergewicht*.

(257)

Die Logik unseres bewußten Denkens ist nur *eine grobe und erleichterte Form jenes Denkens, welches unser Organismus, ja die einzel-*

nen Organe desselben, nötig hat. Ein Zugleichdenken z. B. ist nötig, von dem wir kaum eine Ahnung haben.

(258)

Wie weit auch unser *Intellekt* eine Folge von Existenzbedingungen ist –: wir hätten ihn nicht, wenn wir ihn nicht *nötig* hätten, und hätten ihn nicht *so*, wenn wir ihn nicht *so* nötig hätten, wenn wir auch *anders* leben könnten.

(259)

Wir meinen, unser *bewußter* Intellekt sei die Ursache aller zweckmäßigen Einrichtungen in uns. Das ist grundfalsch. Nichts ist oberflächlicher als das ganze Setzen von »Zwecken« und »Mitteln« durch das Bewußtsein: es ist ein Apparat der Vereinfachung (wie das Wort-reden usw.), ein Mittel der Verständigung, praktikabel, nichts *mehr*, – ohne Absicht auf *Durchdringung* mit Erkenntnis.

(260)

Es ist unwahrscheinlich, daß unser »Erkennen« weiter reichen sollte, als es knapp zur Erhaltung des Lebens ausreicht. Die Morphologie zeigt uns, wie die Sinne und die Nerven sowie das Gehirn sich entwickeln im Verhältnis zur Schwierigkeit der Ernährung.

(261)

Der Glaube an die Sinne ist eine Grundtatsache unseres Intellekts, er nimmt von ihnen entgegen das Rohmaterial, welches er *auslegt*. Dies Verhalten zum Rohmaterial, welches die Sinne bieten, ist, *moralisch* betrachtet, *nicht* geleitet von der Absicht auf Wahrheit, sondern wie von einem Willen zur Überwältigung, Assimilation, Ernährung. Unsre beständigen Funktionen sind absolut egoistisch, macchiavellistisch, unbedenklich, fein: Befehlen und Gehorchen aufs höchste getrieben, und damit vollkommen gehorcht werden kann, hat das einzelne Organ viel Freiheit.

(262)

Die Wahrnehmung der Sinne geschieht uns unbewußt: Alles, was uns bewußt wird, sind schon bearbeitete Wahrnehmungen.

(263)

Unser Intellekt kann durchaus nicht die Mannigfaltigkeit eines klugen Zusammenspiels fassen, geschweige hervorbringen, das z. B. der Verdauungsprozeß ist. Es ist das Zusammenspiel *sehr vieler Intellekte*! Überall, wo ich Leben finde, finde ich schon dies Zusammenspielen! Und auch ein Herrscher ist in den vielen Intellekten da. – Sobald wir aber uns die organischen Handlungen als *mit Hilfe unseres Intellekts* ausgeführt denken, werden sie uns ganz unverständlich. Vielmehr müssen wir den Intellekt selber als eine letzte Konsequenz jenes Organischen denken.

(264)

Es kommt darauf an, die Einheit richtig zu bezeichnen, in der Denken, Wollen und Fühlen und alle Affekte zusammengefaßt sind: ersichtlich ist der Intellekt nur ein *Werkzeug*, aber in wessen Händen? Sicherlich der Affekte: und diese sind eine Vielheit, hinter der es nicht nötig ist, eine Einheit anzusetzen: es genügt, sie als eine Regentschaft zu fassen. – Daß die Organe sich überall herausgebildet haben, wie die morphologische Entwicklung zeigt, darf als Gleichnis gewiß auch für das Geistige benutzt werden: so daß etwas »Neues« immer nur durch Ausscheidung einer einzelnen Kraft aus einer synthetischen Kraft zu fassen ist.

Das Denken selber ist eine solche Handlung, welche *auseinanderlegt*, was eigentlich *eins* ist. Überall ist die *Scheinbarkeit* da, daß es zählbare Vielheiten gibt, auch im Denken schon. Es gibt nichts »Addiertes« in der Wirklichkeit, nichts »Dividiertes«, ein Ding halb und halb ist nicht gleich dem Ganzen.

(265)

Es gibt Analogien, z. B. zu unserm *Gedächtnis* ein anderes Gedächtnis, welches sich in Vererbung und Entwicklung und Formen bemerkbar macht. Zu unserem *Erfinden* und Experimentieren ein Erfinden in der Verwendung von Werkzeugen zu neuen Zwecken usw.

Das, was wir unser »*Bewußtsein*« nennen, ist an allen wesentlichen Vorgängen unserer Erhaltung und unseres Wachstums unschuldig; und kein Kopf wäre so fein, daß er mehr konstruieren könnte als eine Maschine, – worüber jeder organische Prozeß weit hinaus ist.

(266)

Unsere Leidenschaften und Hänge wollen *ihre* Befriedigung und *dazu* die Herrschaft auch über den Intellekt.

(267)

Die Logik, als Alleinherrscherin, führt zur Lüge: denn sie *ist* nicht die Alleinherrscherin.

(268)

Kein »Erkenntnistrieb«: der Intellekt im Dienst der verschiedenen Triebe.

(269)

Der Intellekt ist das Werkzeug unserer Triebe und nichts mehr, er wird *nie frei*. Er schärft sich im Kampf der verschiedenen Triebe, und verfeinert die Tätigkeit jedes einzelnen Triebes dadurch. In unserer größten Gerechtigkeit und Redlichkeit ist der Wille nach Macht, nach Unfehlbarkeit unserer Person: Skepsis ist nur in Hinsicht auf alle Autorität, wir wollen nicht düpiert sein, auch nicht von *unseren Trieben*! Aber was eigentlich *will* denn da nicht? Ein Trieb gewiß!

(270)

Die Vielheit der Triebe: – wir müssen einen *Herrn* annehmen; aber der ist *nicht* im Bewußtsein, sondern das Bewußtsein ist ein Organ, wie der Magen.

(271)

Wettstreit der Affekte und Überherrschaft eines Affektes über den Intellekt.

(272)

Die Falschheit. – Jeder *souveräne Instinkt* hat die anderen zu seinen Werkzeugen, Hofstaat, Schmeichlern: er läßt sich nie bei seinem *häßlichen* Namen nennen: und er duldet *keine anderen* Lobsprüche, bei denen er nicht *indirekt mit*gelobt wird. Um jeden souveränen Instinkt herum kristallisiert sich alles Loben und Tadeln überhaupt zu einer festen Ordnung und Etikette. – Dies die *eine* Ursache der Falschheit.

Jeder nach Herrschaft strebende, aber unter einem Joch befindliche Instinkt braucht für sich, zur Unterstützung seines Selbstgefühls, zur Stärkung, alle schönen Namen und *anerkannten* Werte: so daß er sich hervorwagt *zumeist* unter dem Namen des von ihm bekämpften »Herrn«, von dem er freiwerden will (z. B. unter der Herrschaft christlicher Werte die fleischliche Begierde oder die Machtbegierde). – Dies die *andere* Ursache der Falschheit.

In beiden Fällen herrscht *vollkommene Naivität*, die Falschheit tritt *nicht* ins Bewußtsein. Es ist ein Zeichen von *gebrochenem* Instinkt, wenn der Mensch das Treibende und dessen »Ausdruck« (»die Maske«) *getrennt* sieht – ein Zeichen von Selbstwiderspruch, und viel weniger siegreich. Die absolute *Unschuld* in der Gebärde, im Wort, im Affekt, das »gute Gewissen« in der Falschheit, die Sicherheit, mit der man nach den größten und prachtvollsten Worten und Stellungen faßt – alles notwendig zum Siege.

Im *andern* Falle: bei *extremer Hellsichtigkeit* bedarf es *Genie* des *Schauspielers* und ungeheure Zucht in der Selbstbeherrschung, um zu siegen. Deshalb sind Priester die geschicktesten *bewußten* Heuchler; sodann Fürsten, denen ihr Rang und ihre Abkunft eine Art von Schauspielerei großzüchtet. Drittens Gesellschaftsmenschen, Diplomaten. Viertens Frauen.

Grundgedanke: Die Falschheit erscheint so tief, so allseitig, der *Wille* ist dergestalt gegen das direkte Sich-selbst-Erkennen und Bei-Namen-Nennen gerichtet, daß die *Vermutung sehr große Wahrscheinlichkeit* hat: *Wahrheit, Wille zur Wahrheit* sei eigentlich etwas ganz anderes und auch nur eine *Verkleidung*. (Das Bedürfnis nach *Glauben* ist der größte Hemmschuh der Wahrhaftigkeit.)

4. Kapitel
Die denkbare und meßbare Welt

Zur Einführung

(273)

Wer die Lust einer anschaulichen Erkenntnis an sich erfahren hat und merkt, wie diese in einem weiten Ringe die ganze Welt der Erscheinungen zu umfassen sucht, der wird von da an keinen Stachel, der zum Dasein treiben könnte, heftiger empfinden als die Begierde, jene Eroberung zu vollenden und das Netz undurchdringbar fest zu spinnen. Einem so Gestimmten erscheint dann das Bild des platonischen Sokrates als der Lehrer einer ganz neuen Form der Daseinsseligkeit.

(274)

Wir finden als das Stärkste und fortwährend Geübte auf allen Stufen des Lebens das *Denken*, – in jedem Perzipieren und scheinbaren Erleiden auch noch! Offenbar wird es dadurch am *mächtigsten* und *anspruchsvollsten*, und auf die Dauer tyrannisiert es alle anderen Kräfte. Es wird endlich die »Leidenschaft an sich«.

(275)

Ist es denn »die Wahrheit«, welche allmählich durch die Wissenschaft festgestellt wird? Ist es nicht vielmehr der Mensch, welcher sich feststellt – welcher eine Fülle von optischen Irrtümern und Beschränktheiten aus sich gebiert oder auseinander ableitet, bis die ganze Tafel beschrieben ist und der Mensch in seinen Beziehungen zu allen übrigen Kräften *feststeht* – die Wissenschaft führt den ungeheuren Prozeß nur weiter, der mit dem ersten organischen Wesen begann, sie ist eine schaffende, bildende, konstitutive Gewalt und kein Gegensatz zur schaffenden, bildenden, konstitutiven Gewalt, wie die Schlechtunterrichteten glauben. Wir fördern die Wissenschaft – meine Freunde! das heißt auf die Dauer unbedingt nichts anderes als: *wir fördern den Menschen* und machen ihn fester und unwandelbarer, so sehr auch zeitweilig der Augenschein gegen uns ist und so gewiß wir vielem, worin beschränktere Zeiten alle menschliche Fähigkeit und Dauer begründet sahen, den Grund unter den Füßen wegziehen, zum Beispiel der üblichen Moral.

(276)

Die Wissenschaft stellt auf, *worin der Mensch festgeworden* ist (nicht worin die Dinge – obschon sie so sich ausdrückt, jetzt!). Die

Polypen werden sich des ungeheuren Gebirges *bewußt*, das sie gebaut haben, das aus ihnen besteht, daß sie ein *lebendiges* Gebirge von furchtbarer Festigkeit sind.

(277)

Naturwissenschaft ist Sich-bewußt-werden, was man alles als Erbgut besitzt, Registratur der festen und starren Empfindungsgesetze.

(278)

Die Methode der mechanischen Weltbetrachtung ist einstweilen bei weitem die *redlichste*: der gute Wille zu allem, das sich kontrolliert, alle logischen Kontrollfunktionen, alles das, was nicht lügt und betrügt, ist da in Tätigkeit.

1. Die Logisierung des Geschehens

(279)

Wie arm sind die Philosophen bisher, wo ihnen nicht die Sprache, mindestens die Grammatik, im ganzen das, was »Volk« in ihnen ist, soufflirt! In den Worten stecken Wahrheiten, mindestens Ahnungen der Wahrheit: das glauben sie alle steif und fest; daher die Zähigkeit, mit der sie sich an »Subjekt«, »Leib«, »Seele«, »Geist« klammern. Welches Unheil liegt allein in jenem mumisierten Irrtum, den das Wort »Abstraktion« birgt! Als ob durch Weglassen und nicht vielmehr durch Unterstreichen, Hervorheben, Verstärken das entstünde, was man damit bezeichnet! So wie jedes Bild, jede Gestalt in uns entsteht und möglich wird, durch Vergröberung! – Wie der Entstehung der Arithmetik eine lange Übung und Vorschulung im Gleichsehen, Gleichnehmenwollen, im Ansetzen identischer Fälle und im »Zählen« vorausgegangen sein muß, so insgleichen auch dem logischen Schließen. Das Urteil ist ursprünglich noch mehr als der Glaube »das und das *ist* wahr«, sondern »gerade soundso *will* ich, daß es wahr ist!« Der Trieb der Assimilation, jene organische Grundfunktion, auf der alles Wachstum beruht, paßt sich, was es aus der Nähe sich aneignet, auch innerlich an: der Wille zur Macht fungiert in diesem Einbegreifen des Neuen unter den Formen des Alten, Schon-Erlebten, im Gedächtnis noch Lebendigen: und wir heißen es dann – »Begreifen«!

(280)

Erkenntnis: die Ermöglichung der *Erfahrung* dadurch, daß das wirkliche Geschehen, sowohl auf seiten der einwirkenden Kräfte als auf seiten unsrer gestaltenden, ungeheuer vereinfacht wird: *so daß es ähnliche und gleiche Dinge zu geben scheint. Erkenntnis ist Fälschung des Vielartigen und Unzählbaren zum Gleichen, Ähnlichen, Abzählbaren.* Also ist *Leben* nur vermöge eines solchen *Fälschungsapparates* möglich. Denken ist ein fälschendes Umgestalten, Fühlen ist ein fälschendes Umgestalten, Wollen ist ein fälschendes Umgestalten –: in dem allen liegt die Kraft der Assimilation: welche einen Willen voraussetzt, etwas uns gleich zu machen.

(281)

Das Auge, wenn es sieht, tut genau dasselbe, was der Geist tut, um zu *begreifen*. Es vereinfacht das Phänomen, gibt ihm neue Umrisse, ähnelt es früher Gesehenem an, führt es zurück auf früher Gesehenes, bildet es um, bis es faßlich, brauchbar wird. Die Sinne tun dasselbe wie der »Geist«: sie bemächtigen sich der Dinge, ganz so wie die Wissenschaft eine Überwältigung der Natur in Begriffen und Zahlen ist. Es gibt nichts darin, was »objektiv« sein will: sondern eine Art Einverleibung und Anpassung, zum Zwecke der Ernährung.

(282)

Das logische Denken, von dem die Logik redet, ein Denken, wo der Gedanke selbst als *Ursache* von neuen Gedanken gesetzt wird –, ist das Muster einer vollständigen Fiktion: *ein Denken derart kommt in Wirklichkeit niemals vor*, es wird aber als Formenschema und Filtrierapparat angelegt, mit Hilfe dessen wir das tatsächliche, äußerst vielfache Geschehen beim Denken verdünnen und vereinfachen: so daß dergestalt unser Denken in Zeichen faßbar, merkbar, mitteilbar wird. Also: das geistige Geschehen so zu betrachten, wie als ob es jenem regulativen Schema eines fingierten Denkens wirklich entspreche, das ist das Kunststück von Fälschung, vermöge deren es etwas wie »Erkenntnis« und »Erfahrung« gibt. Erfahrung ist nur möglich mit Hilfe von Gedächtnis; Gedächtnis ist nur möglich mittels einer Abkürzung eines geistigen Vorgangs zum Zeichen. »Erkenntnis«: das ist der Ausdruck eines neuen Dinges durch die Zeichen von schon »bekannten«, schon erfahrenen Dingen. – Heute freilich faselt man gar von einem *empirischen* Ursprung der Logik: aber was nicht in der Wirklichkeit vorkommt, wie das logische Denken, kann auch nicht aus der Wirklichkeit genommen sein, ebensowenig als irgendein Zahlengesetz, während es noch keinen Fall gegeben hat, in welchem die Wirklichkeit mit einer arithmetischen Formel sich gedeckt hätte. Die arithmetischen Formeln sind ebenfalls nur regulative Fiktionen, mit denen wir uns das wirkliche Geschehen, zum Zweck praktischer Ausnützung, auf unser Maß – auf unsre Dummheit – vereinfachen und zurechtlegen.

(283)

Alle Bewegungen sind als Gebärden aufzufassen, als eine Art Sprache, wodurch sich die Kräfte verstehen. In der unorganischen Welt fehlt das Mißverständnis, die Mitteilung scheint vollkommen. In der organischen Welt beginnt der *Irrtum*. »Dinge«, »Substanzen«, Eigenschaften, Tätig»keiten« – das alles soll man nicht in die unorganische Welt hineintragen! Es sind die spezifischen Irrtümer, vermöge deren die Organismen leben. Problem von der Möglichkeit des »Irrtums«?

Der Gegensatz ist nicht »falsch« und »wahr«, sondern »*Abkürzungen der Zeichen*« im Gegensatz zu den Zeichen selber. Das Wesentliche ist: die Bildung von Formen, welche viele Bewegungen *repräsentieren*, die Erfindung von Zeichen für ganze Arten von Zeichen.

Alle Bewegungen sind *Zeichen* eines inneren Geschehens; und jedes innere Geschehen drückt sich aus in solchen Veränderungen der Formen. Das Denken ist noch nicht das innere Geschehen selber, sondern ebenfalls nur eine Zeichensprache für den Machtausgleich von Affekten.

Die Vermenschlichung der Natur – die Auslegung nach uns.

(284)

Moralisch ausgedrückt, *ist die Welt falsch*. Aber insofern die Moral selbst ein Stück dieser Welt ist, so ist die Moral falsch.

Der Wille zur Wahrheit ist ein Fest-*machen*, ein Wahr-, Dauerhaft-*machen*, ein Aus-dem-Auge-schaffen jenes *falschen* Charakters, eine Umdeutung desselben ins *Seiende*. »Wahrheit« ist somit nicht etwas, das da wäre und das aufzufinden, zu entdecken wäre, – sondern etwas, *das zu schaffen ist* und das den Namen für einen *Prozeß* abgibt, mehr noch für einen Willen der Überwältigung, der an sich kein Ende hat: Wahrheit hineinlegen, als ein processus in infinitum, ein *aktives Bestimmen*, – *nicht* ein Bewußtwerden von etwas, das an sich fest und bestimmt wäre. Es ist ein Wort für den »Willen zur Macht«.

Das Leben ist auf die Voraussetzung eines Glaubens an Dauerndes und Regulär-Wiederkehrendes gegründet; je mächtiger das Leben, um so breiter muß die erratbare, gleichsam *seiend gemachte* Welt sein. Logisierung, Rationalisierung, Systematisierung als Hilfsmittel des Lebens.

Der Mensch projiziert seinen Trieb zur Wahrheit, sein »Ziel« in einem gewissen Sinne außer sich als *seiende* Welt, als metaphysische Welt, als »Ding an sich«, als bereits vorhandene Welt. Sein Bedürfnis als Schaffender *erdichtet* bereits die Welt, an der er arbeitet, nimmt sie vorweg; diese Vorwegnahme (dieser »Glaube« an die Wahrheit) ist seine Stütze.

(285)

Wir würden ohne die Annahme einer der wahren Wirklichkeit entgegengesetzten Art des Seins nichts haben, an dem es sich messen und vergleichen und abbilden könnte: der Irrtum ist die Voraussetzung des Erkennens. Teilweises Beharren, relative Körper, gleiche Vorgänge, ähnliche Vorgänge, – damit *verfälschen* wir den wahren Tatbestand, aber es wäre unmöglich, von irgend etwas zu wissen, ohne ihn erst so verfälscht zu haben. Es ist nämlich so zwar jede Erkenntnis immer noch falsch, aber es *gibt* doch *so ein Vorstellen*, und unter den Vorstellungen wieder eine Menge *Grade* des *Falschen*. Die Grade des Falschen festzustellen und die Notwendigkeit des Grundirrtums als der *Lebensbedingung des vorstellenden Seins* – Aufgabe der Wissenschaft. – Nicht: Wie ist der Irrtum möglich? heißt die Frage, sondern: *Wie ist eine Art Wahrheit* trotz der fundamentalen Unwahrheit im Erkennen überhaupt *möglich*? – Das vorstellende Sein ist *gewiß*, ja unsere einzige Gewißheit: *was* es vorstellt und *wie* es vorstellen muß, ist das Problem. Daß das Sein vorstellt, ist kein Problem, es ist eben die *Tatsache: ob* es ein anderes als ein vorstellendes Sein überhaupt gibt, ob nicht Vorstellen zur *Eigenschaft* des Seins gehört, ist ein Problem.

(286)

Zur *Entstehung der Logik*. Der fundamentale Hang, *gleichzusetzen, gleichzusehen*, wird modifiziert, im Zaum gehalten durch Nutzen und Schaden, durch den *Erfolg*: es bildet sich eine Anpassung aus, ein milderer Grad, in dem er sich befriedigen kann, ohne zugleich das Leben zu verneinen und in Gefahr zu bringen. Dieser ganze Prozeß ist ganz entsprechend jenem äußeren, mechanischen (der sein Symbol ist), daß das *Plasma* fortwährend, was es sich aneignet, sich gleich macht und in seine Formen und Reihen einordnet.

(287)

Der Prozeß des Lebens ist nur dadurch möglich, daß viele Erfahrungen nicht immer wieder gemacht werden müssen, sondern in irgendeiner Form einverleibt werden. – Das eigentliche Problem des Organischen ist: »Wie ist die Erfahrung möglich?« –

Wir haben nur *eine* Form des Verständnisses: Begriff, – der allgemeine Fall, in dem der spezielle liegt. In einem Falle das Allgemeine, Typische sehen scheint uns zur Erfahrung zu gehören; – *insofern* scheint alles »Lebendige« nur mit einem Intellekte uns denkbar zu werden.

(288)

Vor der Logik, welche überall mit Gleichungen arbeitet, muß das Gleichmachen, das Assimilieren, gewaltet haben: und es waltet noch fort, und das logische Denken ist ein fortwährendes Mittel selber für die Assimilation, für das Sehen-*wollen* identischer Fälle.

(289)

Alles Organische, das »urteilt«, handelt *wie der Künstler*: es schafft aus einzelnen Anregungen, Reizen ein Ganzes, es läßt vieles einzelne beiseite und schafft eine Simplifikation, es setzt gleich und bejaht sein Geschöpf als *seiend*. *Das Logische ist der Trieb selber, welcher macht, daß die Welt logisch, unserm Urteilen gemäß, verläuft.*

Das schöpferische (aneignende, auswählende, umbildende) Element, das selbstregulierende, das ausscheidende Element.

(290)

Damit in einer mechanischen Weltordnung etwas gewußt werden kann, muß ein Perspektivapparat da sein, der a) ein gewisses Stillstehen, b) ein Vereinfachen, c) ein Auswählen und Weglassen möglich macht. *Das Organische ist eine Vorrichtung, an welcher sich Bewußtsein entwickeln kann, weil es selber zu seiner Erhaltung dieselben Vorbedingungen* nötig hat.

(291)

Auch die chemischen Qualitäten fließen und ändern sich: mag der Zeitraum auch ungeheuer sein, daß die jetzige Formel einer Zusammensetzung durch den Erfolg *widerlegt* wird. Einstweilen sind die Formeln wahr: denn sie sind grob; was ist denn 9 Teile Sauerstoff zu 11 Teilen Wasserstoff! Dies 9:11 ist vollends unmöglich genau zu machen, es ist immer ein Fehler bei der Verwirklichung, folglich eine gewisse Spannweite, innerhalb deren das Experiment gelingt. Aber ebenfalls innerhalb derselben ist die ewige Veränderung, der ewige Fluß aller Dinge, in keinem Augenblick ist Sauerstoff genau dasselbe wie im vorigen, sondern etwas Neues: wenn auch diese Neuheit zu fein für alle Messungen ist, ja die ganze Entwicklung aller der Neuheiten während der Dauer des Menschengeschlechtes vielleicht noch nicht groß genug ist, um die Formel zu widerlegen. – Es gibt so wenig *Formen wie Qualitäten*.

(292)

In Hinsicht auf *alle unsere* Erfahrung müssen wir immer *skeptisch* bleiben und z. B. sagen: Wir können von keinem »Naturgesetz« eine ewige Gültigkeit behaupten, wir können von keiner chemischen Qualität ihr ewiges Verharren behaupten, wir sind nicht *fein* genug, um den mutmaßlichen *absoluten Fluß* des *Geschehens* zu sehen: das *Bleibende* ist nur vermöge unserer groben Organe da, welche zusammenfassen und auf Flächen hinlegen, wo so gar nichts existiert. Der Baum ist in jedem Augenblicke etwas *Neues*: die *Form* wird von uns behauptet, weil wir die feinste absolute Bewegung nicht wahrnehmen können: wir legen eine mathematische *Durchschnittslinie* hinein in die absolute Bewegung, überhaupt Linien und Flächen *bringen wir hinzu*, auf der Grundlage des Intellekts, welches der *Irrtum* ist: die Annahme des Gleichen und des Beharrens, weil wir nur Beharrendes *sehen* können und nur bei Ähnlichem (Gleichem) uns *erinnern*. Aber an sich ist es anders: wir dürfen unsere Skepsis nicht in die Essenz übertragen.

(293)

Es gibt nichts *Unveränderliches* in der Chemie: das ist nur Schein, ein bloßes Schulvorurteil. Wir haben das Unveränderliche *eingeschleppt*, immer noch aus der Metaphysik, meine Herren Physiker. Es ist ganz naiv von der Oberfläche abgelesen, zu behaupten, daß der Diamant, der Graphit und die Kohle identisch sind. Warum? Bloß weil man keinen Substanzverlust durch die Waage konstatieren kann! Nun gut, damit haben sie noch etwas gemein; aber die Molekülarbeit bei der Verwandlung, die wir nicht sehen und wägen können, macht eben aus dem einen Stoff etwas andres, – mit spezifisch anderen Eigenschaften.

(294)

Wenn das All ein Organismus werden könnte, wäre es einer geworden. Wir müssen es als Ganzes uns geradeso entfernt wie möglich von dem Organischen denken. Ich glaube, selbst unsere chemische Affinität und Kohärenz sind vielleicht spät entwickelte, bestimmten Epochen in Einzelsystemen zugehörige Erscheinungen. Glauben wir an die absolute Notwendigkeit im All, aber hüten wir uns, von irgendeinem Gesetz, sei es selbst ein primitiv mechanisches unserer Erfahrung, zu behaupten, dies herrsche in ihm und sei eine ewige Eigenschaft. – Alle chemischen Qualitäten können geworden sein und vergehen und wiederkommen. Unzählige »Eigenschaften« mögen sich entwickelt haben, für die uns, aus unserem Zeit- und Raumwinkel heraus, die Beobachtung nicht möglich ist. Der *Wandel* einer chemischen Qualität vollzieht sich vielleicht auch jetzt, nur in so feinem Grade, daß er unserer feinsten Nachrechnung entschlüpft.

(295)

Die bestgeglaubten apriorischen »Wahrheiten« sind für mich – *Annahmen bis auf weiteres*, z. B. das Gesetz der Kausalität, sehr gut eingeübte Gewöhnungen des Glaubens, so einverleibt, daß *nicht daran* glauben das Geschlecht zugrunde richten würde. Aber sind es deswegen Wahrheiten? Welcher Schluß! Als ob die Wahrheit damit bewiesen würde, daß der Mensch bestehen bleibt!

(296)

Daß zwischen *Subjekt* und *Objekt* eine Art adäquater Relation stattfinde; daß das Objekt etwas sei, das *von innen gesehn* Subjekt wäre, ist eine gutmütige Erfindung, die, wie ich denke, ihre Zeit gehabt hat. Das Maß dessen, was uns überhaupt bewußt wird, ist ja ganz und gar abhängig von der groben Nützlichkeit des Bewußtwerdens: wie erlaubte uns diese Winkelperspektive des Bewußtseins irgendwie über »Subjekt« und »Objekt« Aussagen, mit denen die Realität berührt würde! –

(297)

Gesetzt, mein Buch existierte nur noch in den Köpfen der Menschen, so wäre alles in gewissem Sinne aus *deren* Gedanken und Wesen – es wäre eine »*Summe von Relationen*«. Ist es darum nichts mehr? Gleichnis für alle Dinge. Ebenso unser »Nächster«.

Daß ein Ding in eine Summe von Relationen sich auflöst, beweist nichts *gegen* seine Realität.

(298)

Wir können nur intellektuelle Vorgänge begreifen: also an der Materie das, was *sichtbar*, *hörbar*, *fühlbar* wird, werden *kann*! Das heißt: wir begreifen *unsere* Veränderungen im Sehen, Hören, Fühlen, welche dabei entstehen. Wofür wir keine *Sinne* haben, das existiert für uns *nicht* – aber deshalb braucht die Welt nicht zu Ende zu sein. Für Elektrizität zum Beispiel sind unsere Sinne sehr schwach entwickelt. – Auch an einer Leidenschaft, einem Triebe begreifen wir nur den *intellektuellen* Vorgang daran – nicht das Physiologische, Wesentliche, sondern das bißchen Empfindung dabei. *Alles* zu Willen aufzulösen – sehr naive Verdrehung! – da freilich wäre alles verständlicher! Das war aber immer die Tendenz, alles auf einen intellektuellen oder empfindenden Vorgang zu *reduzieren* – zum Beispiel auf Zwecke usw.

(299)

Von der *Vielartigkeit* der Erkenntnis. *Seine* Relation zu vielem anderen spüren (oder die Relation der Art) – wie sollte *das* »Erkenntnis« des *andern* sein! Die Art zu kennen und zu erkennen ist selber schon unter den Existenzbedingungen; dabei ist der Schluß, daß es keine anderen Intellektarten geben könne (für uns selber) als die, welche uns erhält, eine Übereilung: diese *tatsächliche* Existenzbedingung ist vielleicht nur zufällig und vielleicht keineswegs notwendig.

Unser Erkenntnisapparat nicht auf »Erkenntnis« *eingerichtet*.

(300)

Es gibt wahrscheinlich viele Arten von Intelligenz, aber jede hat *ihre Gesetzmäßigkeit*, welche ihr die *Vorstellung* einer *anderen* Gesetzmäßigkeit *unmöglich* macht. Weil wir also keine *Empirie* über die verschiedenen Intelligenzen haben *können*, ist auch jeder Weg zur Einsicht in den *Ursprung* der Intelligenz verschlossen. Das *allgemeine* Phänomen der Intelligenz ist uns unbekannt, wir haben nur den *Spezialfall* und *können nicht verallgemeinern*. Hier allein sind wir ganz Sklaven, selbst wenn wir Phantasten sein wollten! Anderseits wird es von *jeder Art* Intelligenz aus ein *Verständnis der Welt* geben müssen – aber ich glaube, es ist nur die zu Ende geführte Anpassung der Gesetzmäßigkeit der einzelnen Art Intelligenz – sie führt sich selber überall durch. Jede Intelligenz glaubt an sich –

(301)

Wahrheit ist die Art von Irrtum, ohne welche eine bestimmte Art von lebendigen Wesen nicht leben könnte. Der Wert für das *Leben* entscheidet zuletzt.

2. Die Welt als begrenzte Kraft

(302)

Der siegreiche Begriff »*Kraft*«, mit dem unsere Physiker Gott und die Welt geschaffen haben, bedarf noch einer Ergänzung: es muß ihm ein innerer Wille zugesprochen werden, welchen ich bezeichne als »*Willen zur Macht*«, d. h. als unersättliches Verlangen nach Bezeigung der Macht; oder Verwendung, Ausübung der Macht, als schöpferischen Trieb usw. Die Physiker werden die »Wirkung in die Ferne« aus ihren Prinzipien nicht los; ebensowenig eine abstoßende Kraft (oder anziehende). Es hilft nichts: man muß alle Bewegungen, alle »Erscheinungen«, alle »Gesetze« nur als *Symptome* eines *innerlichen* Geschehens fassen und sich der Analogie des Menschen zu diesem Ende bedienen. Am Tier ist es möglich, aus dem Willen zur Macht alle seine Triebe abzuleiten; ebenso alle Funktionen des organischen Lebens aus dieser *einen* Quelle.

(303)

In welchem Satze und Glauben drückt sich am besten die entscheidende Wendung aus, welche durch das Übergewicht des wissenschaftlichen über den religiösen, götter-erdichtenden Geist eingetreten ist? Wir bestehen darauf, daß die Welt, als eine Kraft, nicht unbegrenzt gedacht werden darf – wir verbieten uns den Begriff einer unendlichen Kraft, als mit dem Begriff »Kraft« unverträglich.

(304)

Gesetzt, die Welt verfüge über *ein* Quantum von Kraft, so liegt auf der Hand, daß jede Machtverschiebung an irgendeiner Stelle das ganze System bedingt – also neben der Kausalität *hinter*einander wäre eine Abhängigkeit *neben*- und *mit*einander gegeben.

(305)

Daß eine Gleichgewichtslage nie erreicht ist, beweist, daß sie nicht möglich ist. Aber in einem unbestimmten Raum müßte sie erreicht sein. Ebenfalls in einem kugelförmigen Raum. Die *Gestalt* des Raumes muß die Ursache der ewigen Bewegung sein, und zuletzt aller »Unvollkommenheit«.

Daß »Kraft« und »Ruhe«, »Sich-gleich-bleiben« sich widerstreiten. Das Maß der Kraft (als Größe) als fest, ihr Wesen aber flüssig.

»Zeitlos« abzuweisen. In einem bestimmten Augenblick der Kraft ist die absolute Bedingtheit einer neuen Verteilung aller ihrer Kräfte gegeben: sie kann nicht stillstehn. »Veränderung« gehört ins Wesen hinein, also auch die Zeitlichkeit: womit aber nur die Notwendigkeit der Veränderung noch einmal begrifflich gesetzt wird.

(306)

Eine Kraft, die wir uns nicht vorstellen können, ist ein leeres Wort und darf kein Bürgerrecht in der Wissenschaft haben: wie die sogenannte rein mechanische Anziehungs- und Abstoßungskraft, welche uns die Welt *vorstellbar machen will*, nichts weiter!

(307)

Ist jemals schon eine *Kraft* konstatiert? Nein, sondern *Wirkungen*, übersetzt in eine völlig fremde Sprache. Das Regelmäßige im Hintereinander hat uns aber so verwöhnt, daß wir uns *über das Wunderliche daran nicht wundern.*

(308)
Ich glaube an den absoluten Raum, als Substrat der Kraft: diese begrenzt und gestaltet. Die Zeit ewig. Aber an sich gibt es nicht Raum, noch Zeit. »Veränderungen« sind nur Erscheinungen (oder Sinnesvorgänge für uns); wenn wir zwischen diesen noch so regelmäßige Wiederkehr ansetzen, so ist damit nichts *begründet* als ebendiese Tatsache, daß es immer so geschehen ist. Das Gefühl, daß das post hoc ein propter hoc ist, ist leicht als Mißverständnis abzuleiten; es ist begreiflich. Aber Erscheinungen können nicht »Ursachen« sein!

(309)
Mit festen Schultern steht der Raum gestemmt gegen das Nichts. Wo Raum ist, da ist Sein.

(310)
Die einzige Möglichkeit, einen Sinn für den Begriff »Gott« aufrechtzuerhalten, wäre: Gott *nicht* als treibende Kraft, sondern Gott als *Maximalzustand*, als eine *Epoche* –: ein Punkt in der Entwicklung des *Willens zur Macht*: aus dem sich ebensosehr die Weiterentwicklung als das Vorher, das Bis-zu-ihm erklärte.

Mechanistisch betrachtet, bleibt die Energie des Gesamtwerdens konstant; ökonomisch betrachtet, steigt sie bis zu einem Höhepunkt und sinkt von ihm wieder herab in einem ewigen Kreislauf. Dieser »Wille zur Macht« drückt sich in der *Ausdeutung*, in der *Art des Kraftverbrauchs* aus: – Verwandlung der Energie in Leben und »Leben in höchster Potenz« erscheint demnach als Ziel. Dasselbe Quantum Energie bedeutet auf den verschiedenen Stufen der Entwicklung verschiedenes.

Das, was das Wachstum im Leben ausmacht, ist die immer sparsamer und weiter rechnende Ökonomie, welche mit immer weniger Kraft immer mehr erreicht... Als Ideal das Prinzip des kleinsten Aufwandes...

Daß die Welt nicht auf einen Dauerzustand hinauswill, ist das einzige, *was bewiesen ist*. Folglich *muß* man ihren Höhezustand so ausdenken, daß er kein Gleichgewichtszustand ist...

Die absolute Nezessität des gleichen Geschehens in einem Weltlauf, wie in allen übrigen, ist in Ewigkeit *nicht* ein Determinismus über dem Geschehen, sondern bloß der Ausdruck dessen, daß das Unmögliche nicht möglich ist; daß eine bestimmte Kraft eben nichts anderes sein kann als ebendiese bestimmte Kraft; daß sie sich an einem Quantum Kraftwiderstand nicht anders ausläßt, als ihrer Stärke gemäß ist; – Geschehen und Notwendig-Geschehen ist eine *Tautologie*.

3. Die ewige Wiederkehr

(311)

Wer du auch sein magst, geliebter Fremdling, dem ich hier zum erstenmal begegne: nimm diese frohe Stunde wahr und die Stille um uns und über uns und laß dir von einem Gedanken erzählen, der vor mir aufgegangen ist gleich einem Gestirn und der zu dir und zu jedermann hinunterleuchten möchte, wie es die Art des Lichtes ist.

(312)

Vorläufige Menschen und Methoden – Abenteuer (tatsächlich ist alles in der Geschichte ein Versuchen).

Eine solche vorläufige Konzeption zur Gewinnung der höchsten Kraft ist der *Fatalismus* (ego – Fatum), – extremste Form »ewige Wiederkehr«.

(313)

Die beiden extremsten Denkweisen – die mechanistische und die platonische – kommen überein in der *ewigen Wiederkunft*: beide als Ideale.

(314)

Die mechanistische Welterklärung ist ein *Ideal*: mit so wenig als möglich möglichst viel zu erklären, d. h. in Formeln zu bringen. Nötig noch: die Leugnung des leeren Raumes; der Raum bestimmt und begrenzt zu denken; ebenso die Welt als ewig sich wiederholend.

(315)

Ehemals dachte man, zur unendlichen Tätigkeit in der Zeit gehöre eine *unendliche* Kraft, die durch keinen Verbrauch erschöpft werde. Jetzt denkt man die Kraft stets gleich, und sie braucht nicht mehr *unendlich groß* zu werden. Sie ist ewig tätig, aber sie kann nicht mehr unendliche Fälle schaffen, sie muß sich wiederholen: das ist *mein* Schluß.

(316)

Man gehe einmal rückwärts. Hätte die Welt ein *Ziel*, so müßte es erreicht sein: gäbe es für sie einen (unbeabsichtigten) *Endzustand*, so müßte er ebenfalls erreicht sein. Wäre sie überhaupt eines Verharrens und Starrwerdens fähig, und gäbe es in ihrem Verlaufe nur *einen* Augenblick »Sein« im strengen Sinne, so könnte es kein Werden mehr geben, also auch kein Denken, kein Beobachten eines Werdens. Wäre sie *ewig neu werdend*, so wäre sie damit gesetzt als etwas an sich Wunderbares und Frei- und *Selbstschöpferisch-Göttliches*. Das ewige *Neu*werden setzt voraus: daß die

Kraft sich selber willkürlich vermehre, daß sie nicht nur die Absicht, sondern auch die Mittel habe, sich selber vor der Wiederholung zu *hüten*, in eine alte Form zurückzugeraten, somit in jedem Augenblick jede Bewegung auf diese Vermeidung zu kontrollieren, – oder die *Unfähigkeit*, in die gleiche Lage zu geraten: das hieße, daß die Kraftmenge nichts *Festes* sei und ebenso die Eigenschaften der Kraft. Etwas *Un*festes von Kraft, etwas Undulatorisches ist *uns ganz undenkbar*. Wollen wir nicht ins Undenkbare phantasieren und nicht in den alten Schöpferbegriff zurückfallen (Vermehrung aus dem Nichts, Verminderung aus dem Nichts, absolute Willkür und Freiheit im Wachsen und in den Eigenschaften) –

(317)

Die Welt der Kräfte erleidet keine Verminderung: denn sonst wäre sie in der unendlichen Zeit schwach geworden und zugrunde gegangen. Die Welt der Kräfte erleidet keinen Stillstand: denn sonst wäre er erreicht worden, und die Uhr des Daseins stünde still. Die Welt der Kräfte kommt also nie in ein Gleichgewicht, sie hat nie einen Augenblick der Ruhe, ihre Kraft und ihre Bewegung sind gleich groß für jede Zeit. Welchen Zustand diese Welt auch nur erreichen *kann*, sie muß ihn erreicht haben, und nicht einmal, sondern unzählige Male. So diesen Augenblick: er war schon einmal da und viele Male und wird ebenso wiederkehren, alle Kräfte genau so verteilt wie jetzt: und ebenso steht es mit dem Augenblick, der diesen gebar, und mit dem, welcher das Kind des jetzigen ist. Mensch! Dein ganzes Leben wird wie eine Sanduhr immer wieder umgedreht werden und immer wieder auslaufen, – eine große Minute Zeit dazwischen, bis alle Bedingungen, aus denen du geworden bist, im Kreislaufe der Welt, wieder zusammenkommen. Und dann findest du jeden Schmerz und jede Lust und jeden Freund und Feind und jede Hoffnung und jeden Irrtum und jeden Grashalm und jeden Sonnenblick wieder, den ganzen Zusammenhang aller Dinge. Dieser Ring, in dem du ein Korn bist, glänzt immer wieder. Und in jedem Ring des Menschendaseins überhaupt gibt es immer eine Stunde, wo erst einem, dann vielen, dann allen der mächtigste Gedanke auftaucht, der von der ewigen Wiederkunft aller Dinge: – es ist jedesmal für die Menschheit die Stunde des *Mittags*.

(318)

Wäre ein Gleichgewicht der Kraft irgendwann einmal erreicht worden, so dauerte es noch: also ist es nie eingetreten. Der augenblickliche Zustand *widerspricht* der Annahme. Nimmt man an, es habe einmal einen Zustand gegeben, absolut gleich dem augenblicklichen, so wird diese Annahme *nicht* durch den augenblicklichen Zustand widerlegt. Unter den unendlichen Möglichkeiten *muß* es aber diesen Fall gegeben haben, denn bis jetzt ist schon eine Unendlichkeit verflossen. Wenn das Gleichgewicht möglich wäre, so müßte es eingetreten sein. – Und wenn dieser augenblickliche Zustand da war, dann auch der, der ihn gebar, und dessen Vorzustand usw. zurück, – daraus ergibt sich, daß er auch ein zweites, drittes Mal schon da *war*, – ebenso daß er ein zweites, drittes Mal dasein wird, – unzählige Male, vorwärts und rückwärts. Das heißt, es bewegt sich alles Werden in der Wiederholung einer bestimmten Zahl vollkommen gleicher Zustände. – Was alles *möglich* ist, das kann freilich dem menschlichen Kopfe nicht überlassen sein, auszudenken: aber unter allen Umständen ist der gegenwärtige Zustand ein möglicher, ganz abgesehen von unserer Urteilsfähigkeit oder -unfähigkeit in Betreff des Möglichen, – denn es ist ein wirklicher. So wäre zu sagen: *alle wirklichen Zustände* müßten schon *ihresgleichen* gehabt haben, vorausgesetzt, daß die Zahl der Fälle nicht unendlich ist und im Verlaufe unendlicher Zeit nur eine endliche Zahl vorkommen mußte? weil immer von jedem Augenblicke rückwärts gerechnet schon eine Unendlichkeit verflossen ist? Der Stillstand der Kräfte, ihr Gleichgewicht ist ein denkbarer Fall: aber er ist nicht eingetreten, folglich ist die Zahl der Möglichkeiten größer als die der Wirklichkeiten. – Daß nichts Gleiches wiederkehrt, könnte nicht durch den Zufall, sondern nur durch eine in das Wesen der Kraft gelegte Absichtlichkeit erklärt werden: denn, eine ungeheure Masse von Fällen vorausgesetzt, ist die zufällige Erreichung des *gleichen Wurfes* wahrscheinlicher als die absolute Nie-Gleichheit.

(319)

Hüten wir uns, diesem Kreislauf irgendein *Streben*, ein Ziel beizulegen: oder ihn nach unseren Bedürfnissen abzuschätzen als *langweilig*, dumm usw. Gewiß kommt in ihm der höchste Grad von Unvernunft ebensowohl vor wie das Gegenteil: aber er ist nicht danach zu messen, Vernünftigkeit oder Unvernünftigkeit sind *keine* Prädikate für das All. – Hüten wir uns, das *Gesetz dieses Kreises als geworden* zu denken, nach der falschen Analogie der Kreisbewegungen *innerhalb* des Ringes. Es gab *nicht* erst ein Chaos und nachher allmählich eine harmonischere und endlich eine feste kreisförmige Bewegung aller Kräfte: vielmehr alles ist ewig, ungeworden: wenn es ein Chaos der Kräfte gab, so war auch das Chaos ewig und kehrte in jedem Ringe wieder. Der *Kreislauf* ist nichts *Gewordenes*, er ist das Urgesetz, so wie die *Kraftmenge* Urgesetz ist, ohne Ausnahme und Übertretung. Alles Werden ist innerhalb des Kreislaufs und der Kraftmenge: also nicht durch falsche Analogie die werdenden und vergehenden Kreisläufe, zum Beispiel die Gestirne oder Ebbe und Flut, Tag und Nacht, Jahreszeiten, zur Charakteristik des ewigen Kreislaufs zu verwenden.

(320)

Das »Chaos des Alls« als Ausschluß jeder Zwecktätigkeit steht *nicht* im Widerspruch zum Gedanken des Kreislaufs: letzterer ist eben eine *unvernünftige Notwendigkeit* ohne irgendeine formale, ethische, ästhetische Rücksicht. Das Belieben fehlt, im Kleinsten und im Ganzen.

(321)

Ihr meint, ihr hättet lange Ruhe bis zur Wiedergeburt, – aber täuscht euch nicht! Zwischen dem letzten Augenblick des Bewußtseins und dem ersten Schein des neuen Lebens liegt »keine Zeit«, – es ist schnell wie ein Blitzschlag vorbei, wenn es auch lebende Geschöpfe nach Jahrbillionen messen und nicht einmal messen könnten. Zeitlosigkeit und Sukzession vertragen sich miteinander, sobald der Intellekt weg ist!

(322)

Hüten wir uns, zu glauben, daß das All eine Tendenz habe, gewisse *Formen* zu erreichen, daß es schöner, vollkommener, komplizierter werden wolle! Das ist alles Vermenschung! Anarchie, häßlich, Form – sind ungehörige Begriffe. Für die Mechanik gibt es nichts Unvollkommenes.

Es ist alles wiedergekommen: der Sirius und die Spinne und deine Gedanken in dieser Stunde und dieser dein Gedanke, daß alles wiederkommt.

(323)

Die neue Weltkonzeption. – Die Welt besteht; sie ist nichts, was wird, nichts, was vergeht. Oder vielmehr: sie wird, sie vergeht, aber sie hat nie angefangen zu werden, und nie aufgehört zu vergehen, – sie *erhält* sich in beidem... Sie lebt von sich selber: ihre Exkremente sind ihre Nahrung.

Die Hypothese einer *geschaffenen Welt* soll uns nicht einen Augenblick bekümmern. Der Begriff »schaffen« ist heute vollkommen undefinierbar, unvollziehbar; bloß ein Wort noch, rudimentär aus Zeiten des Aberglaubens; mit einem Wort erklärt man nichts. Der letzte Versuch, eine Welt, die *anfängt*, zu konzipieren, ist neuerdings mehrfach mit Hilfe einer logischen Prozedur gemacht worden – zumeist, wie zu erraten ist, aus einer theologischen Hinterabsicht.

Man hat neuerdings mehrfach in dem Begriff »Zeitunendlichkeit der Welt *nach hinten*« (regressus in infinitum) einen Widerspruch finden wollen: man hat ihn selbst gefunden, um den Preis freilich, dabei den Kopf mit dem Schwanz zu verwechseln. Nichts kann mich hindern, von diesem Augenblick an rückwärts rechnend zu sagen: »Ich werde nie dabei an ein Ende kommen«; wie ich vom gleichen Augenblick vorwärts rechnen kann, ins Unendliche hinaus. Erst wenn ich den Fehler machen wollte – ich werde mich hüten, es zu tun –, diesen korrekten Begriff eines regressus in infinitum gleichzusetzen mit einem *gar nicht vollziehbaren* Begriff eines endlichen progressus bis jetzt, erst wenn ich die *Richtung* (vorwärts oder rückwärts) als logisch indifferent setze, würde ich den Kopf – diesen Augenblick – als Schwanz zu fassen bekommen: das bleibe Ihnen überlassen, mein Herr Dühring!...

Ich bin auf diesen Gedanken bei früheren Denkern gestoßen: jedesmal war er durch andre Hintergedanken bestimmt (– meistens theologische, zugunsten des creator spiritus). Wenn die Welt überhaupt erstarren, vertrocknen, absterben, Nichts werden könnte, oder wenn sie einen Gleichgewichtszustand erreichen könnte, oder wenn sie überhaupt irgendein Ziel hätte, das die Dauer, die Unveränderlichkeit, das Ein-für-allemal in sich schlösse (kurz, metaphysisch geredet: wenn das Werden in das Sein oder ins Nichts münden *könnte*), so müßte dieser Zustand erreicht sein. Aber er ist nicht erreicht: woraus folgt... Das ist unsre einzige Gewißheit, die wir in den Händen halten, um als Korrektiv gegen eine große Menge an sich möglicher Welthypothesen zu dienen. Kann z.B. der Mechanismus der Konsequenz eines Finalzustandes nicht entgehen, welche William Thomson ihm gezogen hat, so ist damit der Mechanismus *widerlegt*.

Wenn die Welt als bestimmte Größe von Kraft und als bestimmte Zahl von Kraftzentren gedacht werden *darf* – und jede andre Vorstellung bleibt unbestimmt und folglich *unbrauchbar* –, so folgt daraus, daß sie eine berechenbare Zahl von Kombinationen, im großen Würfelspiel ihres Daseins, durchzumachen hat. In einer unendlichen Zeit würde jede mögliche Kombination irgendwann einmal erreicht sein; mehr noch: sie würde unendliche Male erreicht sein. Und da zwischen jeder Kombination und ihrer nächsten Wiederkehr alle überhaupt noch möglichen

Kombinationen abgelaufen sein müßten und jede dieser Kombinationen die ganze Folge der Kombinationen in derselben Reihe bedingt, so wäre damit ein Kreislauf von absolut identischen Reihen bewiesen: die Welt als Kreislauf, der sich unendlich oft bereits wiederholt hat und der sein Spiel in infinitum spielt. – Diese Konzeption ist nicht ohne weiteres eine mechanistische: denn wäre sie das, so würde sie nicht eine unendliche Wiederkehr identischer Fälle bedingen, sondern einen Finalzustand. *Weil* die Welt ihn nicht erreicht hat, muß der Mechanismus uns als unvollkommene und nur vorläufige Hypothese gelten.

(324)

Hätte die Welt ein Ziel, so müßte es erreicht sein. Gäbe es für sie einen unbeabsichtigten Endzustand, so müßte er ebenfalls erreicht sein. Wäre sie überhaupt eines Verharrens und Starrwerdens, eines »Seins« fähig, hätte sie in allem ihrem Werden nur *einen* Augenblick diese Fähigkeit des »Seins«, so wäre es wiederum mit allem Werden längst zu Ende, also auch mit allem Denken, mit allem »Geiste«. Die Tatsache des »Geistes« als *eines Werdens* beweist, daß die Welt kein Ziel, keinen Endzustand hat und des Seins unfähig ist. – Die alte Gewohnheit aber, bei allem Geschehen an Ziele und bei der Welt an einen lenkenden schöpferischen Gott zu denken, ist so mächtig, daß der Denker Mühe hat, sich selber die Ziellosigkeit der Welt nicht wieder als Absicht zu denken. Auf diesen Einfall – daß also die Welt absichtlich einem Ziele *ausweiche* und sogar das Hineingeraten in einen Kreislauf künstlich zu verhüten wisse – müssen alle die verfallen, welche der Welt das Vermögen zur *ewigen Neuheit* aufdekretieren möchten, d.h. einer endlichen, bestimmten, unveränderlich gleich großen Kraft, wie es »die Welt« ist, die Wunderfähigkeit zur *unendlichen* Neugestaltung ihrer Formen und Lagen. Die Welt, wenn auch kein Gott mehr, soll doch der göttlichen Schöpferkraft, der unendlichen Verwandlungskraft fähig sein; sie soll es sich willkürlich *verwehren*, in eine ihrer alten Formen zurückzugeraten; sie soll nicht nur die Absicht, sondern auch die *Mittel* haben, sich selber vor jeder Wiederholung zu *bewahren*; sie soll somit in jedem Augenblick jede ihrer Bewegungen auf die Vermeidung von Zielen, Endzuständen, Wiederholungen hin *kontrollieren* – und was alles die Folgen einer solchen unverzeihlich-verrückten Denk- und Wunschweise sein mögen. Das ist immer noch die alte religiöse Denk- und Wunschweise, eine Art Sehnsucht, zu glauben, daß *irgendworin* doch die Welt dem alten geliebten, unendlichen, unbegrenzt-schöpferischen Gotte gleich sei – daß irgendworin doch »der alte Gott noch lebe« –, jene Sehnsucht Spinozas, die sich in dem Worte »deus sive natura« (er empfand sogar »natura sive deus« –) ausdrückt. Welches ist denn aber der Satz und Glaube, mit welchem sich die entscheidende Wendung, das jetzt erreichte *Übergewicht* des wissenschaftlichen Geistes über den religiösen, göttererdichtenden Geist, am bestimmtesten formuliert? Heißt er nicht: Die Welt, als Kraft, darf nicht unbegrenzt gedacht werden, denn sie *kann* nicht so gedacht werden, – wir verbieten uns den Begriff einer *unendlichen* Kraft *als mit dem Begriff »Kraft« unverträglich*. Also – fehlt der Welt auch das Vermögen zur ewigen Neuheit.

(325)

Der Satz vom Bestehen der Energie fordert die *ewige Wiederkehr*.

(326)

Unorganische Materie, ob sie gleich meist organisch *war*, *hat nichts gelernt*, ist immer ohne Vergangenheit! *Wäre es anders*, so würde es nie eine Wiederholung geben können – denn es entstände immer etwas aus Stoff mit *neuen* Qualitäten, mit *neuer Vergangenheit*.

(327)

Zur Wiederentstehung der Welt. – Aus zwei Negationen entsteht eine Position, wenn die Negationen Kräfte sind. (Es entsteht Dunkel aus Licht gegen Licht, Kälte aus Wärme gegen Wärme usw.)

(328)

Was ich als Gegenhypothese gegen den Kreisprozeß einwende: – Sollte es möglich sein, die Gesetze der *mechanischen* Welt ebenso als Ausnahmen und gewissermaßen *Zufälle* des *allgemeinen* Daseins abzuleiten, als *eine* Möglichkeit von *vielen* unzähligen Möglichkeiten? Daß wir zufällig in diese mechanische Weltordnungsecke geworfen sind? Daß aller *Chemismus* wiederum in der mechanischen Weltordnung die Ausnahme und der Zufall ist, und endlich der *Organismus* innerhalb der *chemischen Welt* die Ausnahme und der Zufall? – Hätten wir als allgemeinste Form des Daseins wirklich eine *noch nicht mechanische*, den mechanischen Gesetzen entzogene (wenn auch nicht ihnen unzugängliche) Welt anzunehmen? Welche in der Tat die allgemeinste auch jetzt und immer wäre? So daß das Entstehen der mechanischen Welt ein gesetzloses Spiel wäre, welches endlich ebensolche Konsistenz gewänne wie jetzt die organischen Gesetze für unsere Betrachtung? So daß *alle* unsere *mechanischen* Gesetze *nicht ewig* wären, sondern geworden, unter zahllosen *andersartigen* mechanischen Gesetzen, von ihnen übriggeblieben, oder in einzelnen Teilen der Welt zur Herrschaft gelangt, in anderen nicht? – Es scheint, wir brauchen ein *Belieben*, eine wirkliche Ungesetzmäßigkeit, nur eine Fähigkeit, gesetzlich zu werden, eine Urdummheit, welche selbst für Mechanik nicht taugt? Die *Entstehung der Qualitäten* setzt das Entstehen der Quantitäten voraus, und diese wieder können nach tausend Arten von Mechanik entstehen.

Ist nicht die Existenz *irgendwelcher* Verschiedenheit und nicht völliger Kreisförmigkeit in der uns umgebenden Welt schon ein *ausreichender Gegenbeweis* gegen eine gleichmäßige Kreisform alles Bestehenden? Woher die Verschiedenheit innerhalb des Kreises? Woher die Zeitdauer dieser ablaufenden Verschiedenheit? Ist nicht alles *viel zu mannigfaltig*, um aus *einem* entstanden zu sein? Und sind nicht die vielen *chemischen* Gesetze und wieder *organischen* Arten und Gestalten unerklärbar aus einem? Oder aus zweien? – Gesetzt, es gäbe eine gleichmäßige »Kontraktionsenergie« in allen Kraftzentren des Universums, so fragt sich, woher auch nur die geringste Verschiedenheit entstehen könnte? Dann müßte sich das All in zahllose *völlig gleiche* Ringe und Daseinskugeln lösen, und wir hätten zahllose *völlig gleiche Welten nebeneinander*. Ist dies nötig für mich anzunehmen? Zum ewigen Nacheinander gleicher Welten ein ewiges Nebeneinander? Aber die *Vielheit und Unordnung* in der *bisher uns bekannten Welt* widerspricht, es *kann* nicht eine *solche* universale Gleichartigkeit der Entwicklung gegeben haben, es müßte auch für unseren Teil ein gleichförmiges Kugelwesen ergeben haben! Sollte in der Tat die Entstehung von Qualitäten *keine gesetzmäßige* an sich sein? Sollte aus der »Kraft« verschiedenes entstehen können? Beliebiges? Sollte die *Gesetzmäßigkeit*, welche *wir* sehen, uns täuschen? Nicht ein Urgesetz sein? Sollte die Vielartigkeit der Qualitäten auch in unserer Welt eine Folge der absoluten Entstehung beliebiger Eigenschaften sein? Nur daß sie in unserer Weltecke nicht mehr vorkommt? Oder eine *Regel* angenommen hat, die wir *Ursache* und *Wirkung* nennen, ohne daß sie das ist (*ein zur Regel gewordenes Belieben*, z.B. Sauerstoff und Wasserstoff chemisch)??? Sollte diese »Regel« eben nur eine längere *Laune* sein? – – –

4. Die Relativität von Maß und Zahl

(329)
»Naturgesetze.« Lauter Relationen zueinander und zum Menschen.

Der Mensch als fertig und hart gewordenes *Maß der Dinge*.

Sobald wir ihn uns als flüssig und schwankend denken, hört die Strenge der Naturgesetze auf.

(330)

Die Entwicklung der mechanistisch-atomistischen Denkweise ist sich heute ihres notwendigen Ziels immer noch nicht bewußt: – das ist mein Eindruck, nachdem ich lange genug ihren Anhängern zwischen die Finger gesehen habe. Sie wird mit der Schaffung eines Systems von Zeichen endigen: sie wird auf Erklären verzichten, sie wird den Begriff »Ursache und Wirkung« aufgeben.

(331)

Wenn die Mechanik nur eine Logik ist, so folgt auch für sie, was für alle Logik gilt: sie ist eine Art Rückgrat für Wirbeltiere, nichts An-sich-Wahres.

(332)

Die festgesetztesten Bewegungen unsres Geistes, unsre gesetzmäßige Gymnastik (z.B. in Raum- und Zeitvorstellungen oder in dem Bedürfnis nach »Begründung«) – dieser *philosophische* Habitus des menschlichen Geistes ist unsre eigentliche Potenz: also daß wir in vielen geistigen Dingen *nicht mehr anders können*: was man psychologische Notwendigkeit nennt. Diese ist *geworden*: – und zu glauben, *unser* Raum, *unsre* Zeit, *unser* Kausalitätsinstinkt sei etwas, das auch abgesehen von Mensch und Tier Sinn habe, ist nachgerade eine Kinderei.

(333)

Wenn wir unsre Sinne um das Zehnfache verschärften oder abstumpften, würden wir zugrunde gehen. Die Art des Sinnes steht im Verhältnis zu einem Quantum von Erhaltungsmöglichkeit. Ebenso was wir als groß, als klein, als nah, als fern empfinden. Unsre »Formen« – daran ist nichts, was andere Wesen wahrnehmen könnten als der Mensch: – unsre Existenzbedingungen schreiben die allgemeinsten Gesetze vor, innerhalb deren wir Formen, Gestalten, Gesetze sehen, sehen *dürfen*...

(334)

Unser »Erkennen« beschränkt sich darauf, *Quantitäten* festzustellen; aber wir können durch nichts hindern, diese Quantitätsdifferenzen als *Qualitäten* zu empfinden. Die Qualität ist eine *perspektivische* Wahrheit für *uns*; kein »An sich«.

Unsere Sinne haben ein bestimmtes Quantum als Mitte, innerhalb deren sie funktionieren, d.h. wir empfinden groß und klein im Verhältnis zu den Bedingungen unsrer Existenz. Wenn wir unsre Sinne um das Zehnfache verschärften oder verstumpften, würden wir zugrunde gehen: – d. h. wir empfinden auch *Größenverhältnisse* in bezug auf unsre Existenzermöglichung als *Qualitäten*.

(335)

Wir verstehen einen »kausalen« Zusammenhang nicht; wir sehen aber, wenn ein Faktum konstatiert werden soll, daß es mehrere Fakta in sich begreift. Unsre *Analyse* stellt ein Nacheinander auf. Die Zahlen, die sich dabei ergeben, bedeuten nichts für den Zusammenhang seiner Erscheinungen *unter sich*, sondern können irreführen: weil der Mensch in manchen Instinkten *festgestellt* ist, ergibt sich eine Ähnlichkeit der Zahlenverhältnisse in bezug zu *ihm*.

(336)

Die wissenschaftliche Genauigkeit ist bei den *oberflächlichsten* Erscheinungen am ersten zu erreichen, also wo gezählt, gerechnet, getastet, gesehen werden kann, wo Quantitäten *konstatiert* werden können. Also die armseligsten Bereiche des Daseins sind zuerst fruchtbar angebaut worden. Die Forderung, alles müsse *mechanistisch* erklärt werden, ist der Instinkt, als ob die wertvollsten und fundamentalsten Erkenntnisse gerade da am *ersten* gelungen wären: was eine Naivität ist. Tatsächlich ist uns alles, was gezählt und gegriffen werden kann, wenig wert: wo man *nicht* hinkommt mit dem »Begreifen«, das gilt uns als »höher«. Logik und Mechanik sind nur auf das *Oberflächlichste* anwendbar: eigentlich nur eine Schematisier- und Abkürzungskunst, eine Bewältigung der Vielheit durch eine Kunst des Ausdrucks, – kein »Verstehen«, sondern ein Bezeichnen zum Zweck der *Verständigung*. Die Welt auf die Oberfläche reduziert denken heißt: sie zunächst »begreiflich« machen.

Logik und Mechanik berühren *nie* die Ursächlichkeit – –

(337)

Sollten nicht alle *Quantitäten* Anzeichen von *Qualitäten* sein? Die größere Macht entspricht einem anderen Bewußtsein, Gefühl, Begehren, einem anderen perspektivischen Blick; Wachstum selbst ist ein Verlangen, *mehr zu sein*; aus einem quale heraus erwächst das Verlangen nach einem Mehr von quantum; in einer rein quantitativen Welt wäre alles tot, starr, unbewegt. – Die Reduktion aller Qualitäten auf Quantitäten ist Unsinn: was sich ergibt, ist, daß eins und das andre beisammen steht, eine Analogie –

(338)

Gegen das physikalische *Atom*. – Um die Welt zu begreifen, müssen wir sie berechnen können; um sie berechnen zu können, müssen wir konstante Ursachen haben; weil wir in der Wirklichkeit keine solchen konstanten Ursachen finden, *erdichten* wir uns welche – die Atome. Dies ist die Herkunft der Atomistik.

Die Berechenbarkeit der Welt, die Ausdrückbarkeit alles Geschehens in Formeln – ist das wirklich ein »Begreifen«? Was wäre wohl an einer Musik begriffen, wenn alles, was an ihr berechenbar ist und in Formeln abgekürzt werden kann, berechnet wäre? – Sodann die »konstanten Ursachen«, Dinge, Substanzen, etwas »Unbedingtes« also; *erdichtet* – was hat man erreicht?

(339)

Die Wissenschaft hat immer mehr das *Nacheinander* der Dinge in ihrem Verlaufe festzustellen, so daß die Vorgänge für uns praktikabel werden (zum Beispiel wie sie in der Maschine praktikabel sind). Die *Einsicht* in Ursache und Wirkung ist damit nicht geschaffen, aber eine *Macht über die Natur* läßt sich so gewinnen. Der Nachweis hat bald sein Ende, und eine weitere Verfeinerung hätte keinen Nutzen für den Menschen. – Bis jetzt war das die große Errungenschaft des Menschen, in vielen Dingen die *ihm mögliche* Genauigkeit in der Beobachtung des Nacheinander zu erreichen und so für seine Zwecke nachahmen zu können.

(340)

Koordination – statt *Ursache* und *Wirkung*.

Das Nacheinander immer deutlicher zeigen heißt *Erklärung*, – nicht mehr!

(341)

Die Naturwissenschaft will mit ihren Formeln die *Überwältigung* der Naturkräfte lehren: sie will nicht eine »wahrere« Auffassung an Stelle der empirisch-sinnlichen setzen (wie die Metaphysik).

(342)

In der Mathematik gibt es kein *Begreifen*, sondern nur ein *Feststellen von Notwendigkeiten*: von Verhältnissen, welche nicht wechseln, von Gesetzen *im Sein*. Eine *mechanische Weltanschauung*, d.h. eine solche, bei der zuletzt auf ein Begreifen verzichtet wird. Wir »begreifen« nur, wo wir *Motive* verstehen. Wo es keine Motive gibt, da hört das Begreifen auf.

Meine Absicht in betreff auch der zweckmäßigsten Handlungen ist: zu zeigen, daß unser »Begreifen« auch da ein Schein und *Irrtum* ist.

(343)

»Wissenschaft« (wie man sie heute übt) ist der Versuch, für alle Erscheinungen eine gemeinsame Zeichensprache zu schaffen, zum Zwecke der leichteren *Berechenbarkeit* und folglich Beherrschbarkeit der Natur. Diese Zeichensprache, welche alle beobachteten »Gesetze« zusammenbringt, *erklärt aber nichts*, – es ist nur eine Art *kürzester* (abgekürztester) *Beschreibung* des Geschehens.

(344)

Es ist wunderbar, daß für *unsere* Bedürfnisse (Maschinen, Brücken usw.) die Annahmen der Mechanik ausreichen, es sind eben sehr grobe Bedürfnisse und die »kleinen Fehler« kommen nicht in Betracht.

(345)

Die Wissenschaft ist darauf aus, *dieselben Phänomene durch verschiedene Sinne zu interpretieren* und alles auf den deutlichsten Sinn, den optischen, zu reduzieren. So lernen wir die Sinne kennen, – der dunklere wird durch den helleren erleuchtet.

(346)

Unsre Erkenntnis ist in dem Maße wissenschaftlich geworden, als sie Zahl und Maß anwenden kann. Der Versuch wäre zu machen, ob nicht eine wissenschaftliche Ordnung der Werte einfach auf einer *Zahl-* und *Maßskala der Kraft* aufzubauen wäre... Alle sonstigen »Werte« sind Vorurteile, Naivitäten, Mißverständnisse. – Sie sind überall *reduzierbar* auf jene Zahl- und Maßskala der Kraft. Das *Aufwärts* in dieser Skala bedeutet jedes *Wachsen an Wert*: das Abwärts in dieser Skala bedeutet *Verminderung des Wertes*.

Hier hat man den Schein und das Vorurteil wider sich. (Die Moralwerte sind ja nur *Scheinwerte*, verglichen mit den *physiologischen*.)

(347)

Die mathematischen Physiker können die Klümpchenatome nicht für ihre Wissenschaft brauchen: folglich konstruieren sie sich eine Kraftpunktewelt, mit der man rechnen kann. Ganz so, im groben, haben es die Menschen und alle organischen Geschöpfe gemacht: nämlich solange die Welt zurechtgelegt, zurechtgedacht, zurechtgedichtet, bis sie dieselbe brauchen konnten, bis man mit ihr »rechnen« konnte.

(348)

Im Moleküle könnte immer noch die Geschichte des Sonnensystems sich abspielen und Wärme durch Fall und Stoß sich erzeugen.

(349)

Um vom Großen auf das Kleine zu schließen: wir sehen überall Strömungen wirken, das sind aber keine Linien! So wird es auch wohl im Reich der Atome sein, die *Kräfte strömen* und üben dabei den Druck ebensosehr horizontal aus als in Hinsicht auf das, worauf sie stoßen. Eine Linie ist eine Abstraktion im Verhältnis zu dem wahrscheinlichen Tatbestand: wir können mit keinem Zeichen eine bewegte Kraft malen, sondern *isolieren* begrifflich erstens die Richtung, zweitens das Bewegte, drittens den Druck usw. In der Wirklichkeit gibt es diese isolierten Dinge *nicht*!

(350)

Erst das Nacheinander bringt die *Zeit*vorstellung hervor. Gesetzt, wir empfänden nicht Ursachen und Wirkungen, sondern ein continuum, so glaubten wir nicht an die Zeit. Denn die Bewegung des Werdens besteht *nicht* aus *ruhenden* Punkten, aus gleichen Ruhestrecken. – Die innere Peripherie eines Rades ist, ebenso wie die äußere Peripherie, immer bewegt und, obschon langsamer, doch, im Vergleich zur schneller bewegten äußeren, *nicht ruhend*. Zwischen langsamer und schneller Bewegung ist mit der »Zeit« nicht zu entscheiden. Im absoluten Werden kann die Kraft nie ruhen, nie Unkraft sein: »langsame und schnelle Bewegung derselben« mißt sich *nicht* an einer Einheit, welche da fehlt. Ein continuum von Kraft ist *ohne Nacheinander* und *ohne Nebeneinander* (auch dies setzte wieder menschlichen Intellekt voraus und Lücken zwischen den Dingen). Ohne Nacheinander und ohne Nebeneinander gibt es *für uns* aber kein Werden, keine Vielheit, – wir *könnten* nur behaupten, jenes continuum sei eins, ruhig, unwandelbar, kein Werden, ohne Zeit und Raum. Aber das ist eben nur der menschliche *Gegensatz*.

(351)

Unsere Sinne zeigen uns nie ein Nebeneinander, sondern stets ein Nacheinander. Der Raum und die menschlichen Gesetze des Raumes *setzen* die Realität von Bildern, Formen, Substanzen und deren Dauerhaftigkeit *voraus*, das heißt unser Raum gilt einer imaginären Welt. Vom Raum, der zum ewigen Fluß der Dinge gehört, wissen wir nichts.

(352)

Bewegung können wir nicht ohne Linien uns denken: ihr Wesen ist uns verhüllt. »Kraft« in mathematischen Punkten und mathematischen Linien – ist die letzte Konsequenz und zeigt den ganzen Unsinn. – Es sind zuletzt *praktische* Wissenschaften, ausgehend von den Fundamentalirrtümern des Menschen, daß es Dinge und Gleiches gibt.

(353)

Unsere Annahme, daß es Körper, Flächen, Linien, Formen gibt, ist erst die Folge unserer Annahme, daß es Substanzen und Dinge, Beharrendes gibt. So gewiß unsere Begriffe Erdichtungen sind, so sind es auch die Gestalten der Mathematik. Dergleichen gibt es nicht, – wir können eine Fläche, einen Kreis, eine Linie ebensowenig *verwirklichen* als einen Begriff. Die ganze Unendlichkeit liegt immer als Realität und Hemmnis zwischen zwei Punkten.

(354)

Dem wirklichen Verlauf der Dinge muß auch eine *wirkliche* Zeit entsprechen, ganz abgesehen von dem *Gefühle* langer und kurzer Zeiträume, wie sie erkennende Wesen haben. Wahrscheinlich ist die wirkliche Zeit unsäglich viel *langsamer*, als wir Menschen die Zeit empfinden: wir nehmen so *wenig* wahr, obschon auch für uns ein Tag sehr lang erscheint, gegen denselben Tag im Gefühle eines Insekts. Aber unser Blutumlauf könnte in Wahrheit die Dauer eines Erd- und Sonnenlaufs haben. – Sodann empfinden wir uns wahrscheinlich als *viel zu groß* und haben darin unsere Überschätzung, daß wir ein zu großes Maß in den Raum hineinempfinden. Es ist möglich, daß alles viel kleiner ist. Also die wirkliche Welt *kleiner*, aber viel *langsamer bewegt*, aber unendlich *reicher an Bewegungen*, als wir *ahnen*.

(355)

Jedes Ding an jedem Dinge meßbar: aber außerhalb der Dinge gibt es kein Maß: weshalb an sich jede Größe unendlich groß und unendlich klein ist.

Dagegen gibt es vielleicht eine Zeiteinheit, welche fest ist. Die Kräfte brauchen bestimmte Zeiten, um bestimmte Qualitäten zu werden.

(356)

Wir sind irgendwie in der *Mitte* – nach der Größe der Welt zu und nach der Kleinheit der unendlichen Welt zu. Oder ist das Atom uns näher als das äußerste Ende der Welt? – Ist für uns die Welt nicht nur ein Zusammenfassen von Relationen unter einem Maße? Sobald dies willkürliche Maß fehlt, *zerfließt* unsere Welt!

5. Die »Dinge« als dynamische Quanta

(357)

Der Glaube an Ursache und Wirkung, und die *Strenge* darin, ist das Auszeichnende für die *wissenschaftlichen* Naturen, welche darauf aus sind, die Menschenwelt zu formulieren, das Berechenbare festzustellen. Aber die mechanistisch-atomistische Weltbetrachtung will Zahlen. Sie hat noch nicht ihren letzten Schritt getan: der Raum als Maschine, der Raum *endlich*, – damit ist aber Bewegung unmöglich: Boscovich – die dynamische Weltbetrachtung.

(358)

Die Annahme von Atomen ist *nur* eine Konsequenz vom Subjekt- und Substanzbegriff: irgendwo muß es »ein Ding« geben, von wo die Tätigkeit ausgeht. Das Atom ist der letzte Abkömmling des Seelenbegriffs.

(359)

Der Glaube an Kausalität geht zurück auf den Glauben, daß *ich* es bin, der wirkt, – auf die Scheidung der »Seele« von ihrer *Tätigkeit*. Also ein uralter Aberglaube!

(360)

»Ursache und Wirkung« ist keine Wahrheit, sondern eine *Hypothese* – und zwar eine solche, mit der wir die Welt uns *vermenschlichen*, unserm *Gefühle* näherbringen (»Willen« wird hineinempfunden). Mit der atomistischen *Hypothese* machen wir die Welt unserm Auge und unsrer Berechnung zugleich zugänglich.

Es ist das Maß des wissenschaftlich *starken* Geistes, wie sehr er aushält, den Wahn absoluter Urteile und Schätzungen abzuweisen oder noch nötig zu haben. Nämlich nicht *unsicher* werden! Und eine solche *Hypothese* mit einem zähen Willen *festhalten* und dafür leben!

(361)

Der *Kausalismus*. – Dieses »Aufeinander« bedarf immer noch der *Auslegung*: »Naturgesetz« ist eine Auslegung usw.

»Ursache und Wirkung« geht zurück auf den Begriff »*Tun* und *Täter*«. *Diese* Scheidung woher? –

Bewegung – als Symptom eines nichtmechanischen Geschehens. Bei der mechanistischen Weltauffassung *stehenbleiben* – das ist, wie als ob ein Tauber die Partitur eines Werkes als Ziel nimmt.

Logik – ihr Wesen nicht entdeckt (= Kunst der *eindeutigen Bezeichnung*?).

(362)

Zwei aufeinanderfolgende Zustände, der *eine* »Ursache«, der andere »Wirkung« –: ist falsch. Der erste Zustand hat nichts zu bewirken, den zweiten hat nichts bewirkt.

Es handelt sich um einen Kampf zweier an Macht ungleichen Elemente: es wird ein Neuarrangement der Kräfte erreicht, je nach dem Maße von Macht eines jeden. Der zweite Zustand ist etwas Grundverschiedenes vom ersten (*nicht* dessen Wirkung): das Wesentliche ist, daß die im Kampf befindlichen Faktoren mit anderen Machtquanten herauskommen.

(363)

Ich hüte mich, von chemischen »*Gesetzen*« zu sprechen: das hat einen moralischen Beigeschmack. Es handelt sich vielmehr um eine absolute Feststellung von Machtverhältnissen: das Stärkere wird über das Schwächere Herr, soweit dies eben seinen Grad von Selbständigkeit nicht durchsetzen kann, – hier gibt es kein Erbarmen, keine Schonung, noch weniger eine Achtung vor »Gesetzen«!

(364)

»Anziehen« und »Abstoßen« in rein mechanischem Sinne ist eine vollständige Fiktion: ein Wort. Wir können uns ohne eine *Absicht* ein Anziehen nicht denken. – Den Willen, sich einer Sache zu bemächtigen oder gegen ihre Macht sich zu wehren und sie zurückzustoßen – *das* »verstehen« wir: das wäre eine Interpretation, die wir brauchen könnten.

Kurz: die psychologische Nötigung zu einem Glauben an Kausalität liegt in der *Unvorstellbarkeit* eines *Geschehens ohne Absichten*: womit natürlich über Wahrheit oder Unwahrheit (Berechtigung eines solchen Glaubens) nichts gesagt ist! Der Glaube an causae fällt mit dem Glauben an τέλη (gegen Spinoza und dessen Kausalismus).

(365)

Druck und *Stoß* etwas unsäglich Spätes, Abgeleitetes, Unursprüngliches. Es setzt ja schon etwas voraus, das *zusammenhält* und drücken und stoßen *kann*! Aber woher hielte es zusammen?

(366)

Von den *Weltauslegungen*, welche bisher versucht worden sind, scheint heutzutage die *mechanistische* siegreich im Vordergrund zu stehen. Ersichtlich hat sie das gute Gewissen auf ihrer Seite; und keine Wissenschaft glaubt bei sich selber an einen Fortschritt und Erfolg, es sei denn, wenn er mit Hilfe mechanistischer Prozeduren errungen ist. Jedermann kennt diese Prozeduren: man läßt die »Vernunft« und die »Zwecke«, so gut es gehen will, aus dem Spiele, man zeigt, daß, bei gehöriger Zeitdauer, alles aus allem werden kann, man verbirgt ein schadenfrohes Schmunzeln nicht, wenn wieder einmal die »anscheinende Absichtlichkeit im Schicksale« einer Pflanze oder eines Eidotters auf Druck und Stoß zurückgeführt ist: kurz, man huldigt von ganzem

Herzen, wenn in einer so ernsten Angelegenheit ein scherzhafter Ausdruck erlaubt ist, dem Prinzip der größtmöglichen Dummheit. Inzwischen gibt sich gerade bei den ausgesuchten Geistern, welche in dieser Bewegung stehen, ein Vorgefühl, eine Beängstigung zu erkennen, wie als ob die Theorie ein Loch habe, welches über kurz oder lang zu ihrem letzten Loche werden könne: ich meine zu jenem, auf dem man pfeift, wenn man in höchsten Nöten ist. Man kann Druck und Stoß selber nicht »erklären«, man wird die actio in distans nicht los: – man hat den Glauben an das Erklären-können selber verloren und gibt mit sauertöpfischer Miene zu, daß Beschreiben und nicht Erklären möglich ist, daß die dynamische Weltauslegung, mit ihrer Leugnung des »leeren Raumes«, der Klümpchenatome, in kurzem über die Physiker Gewalt haben wird: wobei man freilich zur Dynamis noch eine innere Qualität –

(367)

Wir haben »Einheiten« nötig, um *rechnen* zu können: deshalb ist nicht anzunehmen, daß es solche Einheiten *gibt*. Wir haben den Begriff der Einheit entlehnt von unserm »Ich«-Begriff, – unserm ältesten Glaubensartikel. Wenn wir uns nicht für Einheiten hielten, hätten wir nie den Begriff »Ding« gebildet. Jetzt, ziemlich spät, sind wir reichlich davon überzeugt, daß unsre Konzeption des Ich-Begriffs nichts für eine reale Einheit verbürgt. Wir haben also, um die mechanistische Welt theoretisch aufrechtzuerhalten, immer die Klausel zu machen, inwiefern wir sie mit zwei Fiktionen durchführen: dem Begriff der *Bewegung* (aus unsrer Sinnensprache genommen) und dem Begriff des *Atoms* (= Einheit, aus unsrer psychischen »Erfahrung« herstammend): – sie hat ein *Sinnenvorurteil* und ein *psychologisches Vorurteil* zu ihrer Voraussetzung.

Die Mechanik formuliert Folgeerscheinungen, noch dazu semiotisch, in sinnlichen und psychologischen Ausdrucksmitteln (daß alle Wirkung *Bewegung* ist; daß, wo Bewegung ist, *etwas* bewegt wird): sie berührt die ursächliche Kraft nicht.

Die *mechanistische* Welt ist so imaginiert, wie das Auge und das Getast sich allein eine Welt vorstellen (als »bewegt«), – so, daß sie berechnet werden kann, – daß ursächliche Einheiten fingiert sind, »Dinge« (Atome), deren Wirkung konstant bleibt (– Übertragung des falschen Subjektbegriffs auf den Atombegriff).

Phänomenal ist also: die Einmischung des Zahlbegriffs, des Dingbegriffs (Subjektbegriffs), des Tätigkeitsbegriffs (Trennung von Ursache-sein und Wirken), des Bewegungsbegriffs

(Auge und Getast): wir haben unser *Auge*, unsre *Psychologie* immer noch darin.

Eliminieren wir diese Zutaten, so bleiben keine Dinge übrig, sondern dynamische Quanta, in einem Spannungsverhältnis zu allen andern dynamischen Quanten: deren Wesen in ihrem Verhältnis zu allen andern Quanten besteht, in ihrem »Wirken« auf dieselben. Der Wille zur Macht nicht ein Sein, nicht ein Werden, sondern ein *Pathos* – ist die elementarste Tatsache, aus der sich erst ein Werden, ein Wirken ergibt ...

(368)

Kritik des Mechanismus. – Entfernen wir hier die zwei populären Begriffe »Notwendigkeit« und »Gesetz«: das erste legt einen falschen Zwang, das zweite eine falsche Freiheit in die Welt. »Die Dinge« betragen sich nicht regelmäßig, nicht nach einer *Regel*: es gibt keine Dinge (– das ist unsre Fiktion); sie betragen sich ebensowenig unter einem Zwang von Notwendigkeit. Hier wird nicht gehorcht: denn *daß etwas so ist, wie es ist*, so stark, so schwach, das ist nicht die Folge eines Gehorchens oder einer Regel oder eines Zwanges ...

Der Grad von Widerstand und der Grad von Übermacht – darum handelt es sich bei allem Geschehen: wenn *wir*, zu unserm Handgebrauch der Berechnung, das in Formeln und »Gesetzen« auszudrücken wissen, um so besser für uns! Aber wir haben damit keine »Moralität« in die Welt gelegt, daß wir sie als gehorsam fingieren –

Es gibt kein Gesetz: jede Macht zieht in jedem Augenblick ihre letzte Konsequenz. Gerade daß es kein Anderskönnen gibt, darauf beruht die Berechenbarkeit.

Ein Machtquantum ist durch die Wirkung, die es übt, und die, der es widersteht, bezeichnet. Es fehlt die Adiaphorie: die an sich denkbar wäre. Es ist essentiell ein Wille zur Vergewaltigung und sich gegen Vergewaltigung zu wehren. Nicht Selbsterhaltung: jedes Atom wirkt in das ganze Sein hinaus, – es ist weggedacht, wenn man diese Strahlung von Machtwillen wegdenkt. Deshalb nenne ich es ein Quantum *»Wille zur Macht«*: damit ist der Charakter ausgedrückt, der aus der mechanischen Ordnung nicht weggedacht werden kann, ohne sie selbst wegzudenken.

Eine Übersetzung dieser Welt von Wirkung in eine *sichtbare* Welt – eine Welt fürs Auge – ist der Begriff »Bewegung«. – Hier ist immer subintelligiert, daß *etwas* bewegt wird, – hierbei wird, sei es nun in der Fiktion eines Klümpchenatoms oder selbst von dessen Abstraktion, dem dynamischen Atom, immer noch ein

Ding gedacht, welches wirkt, – d. h. wir sind aus der Gewohnheit nicht herausgetreten, zu der uns Sinne und Sprache verleiten. Subjekt, Objekt, ein Täter zum Tun, das Tun und das, was es tut, gesondert: vergessen wir nicht, daß dies eine bloße Semiotik und nichts Reales bezeichnet. Die Mechanik als eine Lehre der *Bewegung* ist bereits eine Übersetzung in die Sinnensprache des Menschen.

(369)

Die Physiker glauben an eine »wahre Welt« auf ihre Art: eine feste, für alle Wesen gleiche *Atomsystematisation* in notwendigen Bewegungen, – so daß für sie die »scheinbare Welt« sich reduziert auf die jedem Wesen nach seiner Art zugängliche Seite des allgemeinen und allgemein notwendigen Seins (zugänglich und auch noch zurechtgemacht, – »subjektiv« gemacht). Aber damit verirren sie sich. Das Atom, das sie ansetzen, ist erschlossen nach der Logik jenes Bewußtseins-Perspektivismus, – ist somit auch selbst eine subjektive Fiktion. Dieses Weltbild, das sie entwerfen, ist durchaus nicht wesensverschieden von dem Subjektiv-Weltbild: es ist nur mit weitergedachten Sinnen konstruiert, aber durchaus mit *unsern* Sinnen ... Und zuletzt haben sie in der Konstellation etwas ausgelassen, ohne es zu wissen: eben den notwendigen *Perspektivismus*, vermöge dessen jedes Kraftzentrum – und nicht nur der Mensch – *von sich aus* die ganze übrige Welt konstruiert, d. h. an seiner Kraft mißt, betastet, gestaltet ... Sie haben vergessen, diese Perspektiven *setzende* Kraft in das »wahre Sein« einzurechnen – in der Schulsprache geredet: das Subjekt-sein. Sie meinen, dies sei »entwickelt«, hinzugekommen; – aber noch der Chemiker braucht es: es ist ja das *Spezifisch-Sein*, das bestimmt Soundso-Agieren und -Reagieren, je nachdem.

Der Perspektivismus ist nur eine komplexe Form der Spezifität. Meine Vorstellung ist, daß jeder spezifische Körper danach strebt, über den ganzen Raum Herr zu werden und seine Kraft auszudehnen (– sein Wille zur Macht:) und alles das zurückzustoßen, was seiner Ausdehnung widerstrebt. Aber er stößt fortwährend auf gleiche Bestrebungen andrer Körper und endet, sich mit denen zu arrangieren (»vereinigen«), welche ihm verwandt genug sind: *– so konspirieren sie dann zusammen zur Macht.* Und der Prozeß geht weiter ...

5. Kapitel
Die Triebe als Metamorphosen des Willens zur Macht

(370)

Wieviel *Vorteil* opfert der Mensch, wie wenig »eigennützig« ist er! Alle seine Affekte und Leidenschaften wollen ihr Recht haben – und wie *fern* vom klugen Nutzen des Eigennutzes ist der Affekt!

Man will *nicht* sein »Glück«, man muß Engländer sein, um glauben zu können, daß der Mensch immer seinen Vorteil sucht. Unsre Begierden wollen sich in langer Leidenschaft an den Dingen vergreifen –, ihre aufgestaute Kraft sucht die Widerstände.

(371)

Seinen Affekt besiegen heißt in den meisten Fällen, ihn rechtzeitig hemmen und aufstauen: also die Gefahr größer machen.

(372)

Triebe sind *höhere Organe*, wie ich's verstehe: Handlungen, Empfindungen und Gefühlszustände, ineinander verwachsen, sich organisierend, ernährend. –

(373)

Der Eigentumstrieb – Fortsetzung des *Nahrungs-* und *Jagdtriebes*. Auch der Erkenntnistrieb ist ein höherer Eigentumstrieb.

(374)

Biologischer Wert des *Schönen* und des *Häßlichen*. – Was uns instinktiv *widersteht*, ästhetisch, ist aus allerlängster Erfahrung dem Menschen als schädlich, gefährlich, mißtrauenverdienend bewiesen: der plötzlich redende ästhetische Instinkt (im Ekel z. B.) enthält ein *Urteil*. Insofern steht das *Schöne* innerhalb der allgemeinen Kategorie der biologischen Werte des Nützlichen, Wohltätigen, Lebensteigernden: doch so, daß eine Menge Reize, die ganz von ferne an nützliche Dinge und Zustände erinnern und anknüpfen, uns das Gefühl des Schönen, d. h. der Vermehrung von Machtgefühl, geben (– nicht also bloß Dinge, sondern auch die Begleitempfindungen solcher Dinge oder ihre Symbole).

Hiermit ist das Schöne und Häßliche als *bedingt* erkannt; nämlich in Hinsicht auf unsre untersten *Erhaltungswerte*. Davon abgesehen ein Schönes und ein Häßliches ansetzen wollen ist sinnlos. *Das* Schöne existiert sowenig als *das* Gute, *das* Wahre. Im einzelnen handelt es sich wieder um die *Erhaltungsbedingungen* einer bestimmten Art von Mensch: so wird der *Herdenmensch* bei anderen Dingen das *Wertgefühl des Schönen* haben als der *Ausnahme-* und Übermensch.

Es ist die *Vordergrundsoptik*, welche nur die *nächsten Folgen* in Betracht zieht, aus der der Wert des Schönen (auch des Guten, auch des Wahren) stammt.

Alle Instinkturteile sind *kurzsichtig* in Hinsicht auf die Kette der Folgen: sie raten an, was *zunächst* zu tun ist. Der Verstand ist wesentlich ein *Hemmungsapparat* gegen das Sofortreagieren auf das Instinkturteil: er hält auf, er überlegt weiter, er sieht die Folgenkette ferner und länger.

Die *Schönheits-* und *Häßlichkeitsurteile* sind *kurzsichtig* (– sie haben immer den Verstand *gegen* sich –): aber im *höchsten Grade überredend*; sie appellieren an unsre Instinkte, dort, wo sie am schnellsten sich entscheiden und ihr Ja und Nein sagen, *bevor* noch der Verstand zu Worte kommt.

Die gewohntesten Schönheitsbejahungen *regen sich gegenseitig auf und an*; wenn der ästhetische Trieb einmal in Arbeit ist, kristallisiert sich um »das einzelne Schöne« noch eine ganze Fülle anderer und anderswoher stammender Vollkommenheiten. Es ist nicht möglich, *objektiv* zu bleiben, resp. die interpretierende, hinzugebende, ausfüllende, dichtende Kraft auszuhängen (– letztere ist jene Verkettung der Schönheitsbejahungen selber). Der Anblick eines »schönen Weibes ...«

Also 1. das Schönheitsurteil ist *kurzsichtig*, es sieht nur die nächsten Folgen;

2. es *überhäuft* den Gegenstand, der es erregt, mit einem *Zauber*, der durch die Assoziation verschiedener Schönheitsurteile bedingt ist, – der aber dem *Wesen jenes Gegenstandes ganz fremd ist*. Ein Ding als schön empfinden heißt: es notwendig falsch empfinden – (weshalb, beiläufig gesagt, die Liebesheirat die gesellschaftlich unvernünftigste Art der Heirat ist).

(375)

Manche der ästhetischen Wertschätzungen sind fundamentaler als die moralischen, z. B. das Wohlgefallen am Geordneten, Übersichtlichen, Begrenzten, an der Wiederholung, – es sind die Wohlgefühle aller organischen Wesen im Verhältnis zur Gefährlichkeit ihrer Lage, oder zur Schwierigkeit ihrer Ernährung. Das Bekannte tut wohl, der Anblick von etwas, dessen man sich leicht zu *bemächtigen* hofft, tut wohl, usw. Die logischen, arithmetischen und geometrischen Wohlgefühle bilden den Grundstock der ästhetischen Wertschätzungen: gewisse Lebensbedingungen werden als so wichtig gefühlt und der Widerspruch der

Wirklichkeit gegen dieselben so häufig und groß, daß Lust entsteht beim Wahrnehmen solcher Formen.

(376)

Alles Geschehen aus Absichten ist reduzierbar auf die *Absicht der Mehrung von Macht*.

(377)

»Wollen« ist *nicht* »begehren«, streben, verlangen: davon hebt es sich ab durch den *Affekt des Kommandos*.

Es gibt kein »Wollen«, sondern nur ein *Etwas*-Wollen: man muß nicht das *Ziel* auslösen aus dem Zustand – wie es die Erkenntnistheoretiker tun. »Wollen«, wie sie es verstehn, kommt so wenig vor wie »Denken«: ist eine reine Fiktion.

Daß *etwas befohlen wird*, gehört zum Wollen (– damit ist natürlich nicht gesagt, daß der Wille »effektuiert« wird).

Jener allgemeine *Spannungszustand*, vermöge dessen eine Kraft nach Auslösung trachtet, – ist kein »Wollen«.

(378)

Wert alles *Abwertens*. – Meine Forderung ist, daß man den *Täter* wieder in das Tun hineinnimmt, nachdem man ihn begrifflich aus ihm herausgezogen und damit das Tun entleert hat; daß man das *Etwas*-tun, das »Ziel«, die »Absicht«, daß man den »Zweck« wieder in das Tun zurücknimmt, nachdem man ihn künstlich aus ihm herausgezogen und damit das Tun entleert hat.

Alle »Zwecke«, »Ziele«, »Sinne« sind nur Ausdrucksweisen und Metamorphosen des *einen* Willens, der allem Geschehen inhäriert: des Willens zur Macht. Zwecke-, Ziele-, Absichten-haben, *Wollen* überhaupt, ist soviel wie *Stärker*-werden-wollen, Wachsen-wollen – und *dazu* auch die *Mittel* wollen.

Der allgemeinste und unterste Instinkt in allem Tun und Wollen ist ebendeshalb der unerkannteste und verborgenste geblieben, weil in praxi wir immer seinem Gebote folgen, weil wir dies Gebot *sind* ...

Alle Wertschätzungen sind nur Folgen und engere Perspektiven im *Dienste* dieses *einen* Willens: das Wertschätzen *selbst* ist nur dieser *Wille zur Macht*.

Eine Kritik des Seins aus irgendeinem dieser Werte heraus ist etwas Widersinniges und Mißverständliches. Gesetzt selbst, daß sich darin ein Untergangsprozeß einleitet, so steht dieser Prozeß noch im Dienste dieses Willens ...

Das Sein selbst abschätzen! Aber das Abschätzen selbst ist dieses Sein noch! – und indem wir nein sagen, tun wir immer noch, was wir *sind*.

Man muß die *Absurdität* dieser daseinsrichtenden Gebärde einsehn; und sodann noch zu erraten suchen, *was* sich eigentlich damit begibt. Es ist symptomatisch.

(379)

Die Bewegungen sind nicht »*bewirkt*« von einer »*Ursache*« (das wäre wieder der alte Seelenbegriff!) – sie sind der Wille *selber*, aber nicht ganz und völlig!

(380)

Wenn wir etwas tun, so entsteht ein *Kraftgefühl*, oft schon vor dem Tun, bei der Vorstellung des zu Tuenden (wie beim Anblick eines Feindes, eines Hemmnisses, dem wir uns *gewachsen* glauben): immer begleitend. Wir meinen instinktiv, dies Kraftgefühl sei Ursache der Handlung, es sei »die Kraft«. Unser Glaube an Kausalität ist der Glaube an Kraft und deren Wirkung; eine Übertragung unsres Erlebnisses: wobei wir Kraft und Kraftgefühl identifizieren. – Nirgends aber bewegt die Kraft die Dinge; die empfundene Kraft »setzt nicht die Muskeln in Bewegung«. »Wir haben von einem solchen Prozeß keine Vorstellung, keine Erfahrung.« – »Wir erfahren ebensowenig wie die Kraft als Bewegendes die *Notwendigkeit* einer Bewegung.« Die Kraft soll das Zwingende sein! »Wir erfahren nur, daß eins auf das andre folgt, – weder Zwang erfahren wir noch Willkür, daß eins auf das andre folgt.« Die Kausalität wird erst durch die Hineindenkung des Zwanges in den Folgevorgang geschaffen. Ein gewisses »Begreifen« entsteht dadurch, d. h. wir haben uns den Vorgang angemenschlicht, »bekannter« gemacht: das Bekannte ist das Gewohnheitsbekannte des mit *Kraftgefühl* verbundenen menschlichen *Erzwingens*.

(381)

Der Glaube an »*Affekte*«. – Affekte sind eine Konstruktion des Intellekts, eine *Erdichtung von Ursachen*, die es nicht gibt. Alle körperlichen *Gemeingefühle*, die wir nicht verstehen, werden intellektuell ausgedeutet, d. h. ein *Grund* gesucht, um sich so oder so zu fühlen, in Personen, Erlebnissen usw. Also etwas Nachteiliges, Gefährliches, Fremdes wird *gesetzt*, als wäre es die Ursache unserer Verstimmung; tatsächlich wird es zu der Verstimmung *hinzugesucht*, um der *Denkbarkeit* unseres Zustandes willen. – Häufige Blutzuströmungen zum Gehirn mit dem Gefühl des Erstickens werden als »Zorn« *interpretiert*: die Personen und Sachen, die uns zum Zorn reizen, sind Auslösungen für den physiologischen Zustand. – Nachträglich, in langer Gewöhnung, sind gewisse Vorgänge und Gemeingefühle sich so regelmäßig verbunden, daß der Anblick gewisser Vorgänge jenen Zustand des Gemeingefühls hervorbringt und speziell irgend jene Blutstauung, Samenerzeugung usw. mit sich bringt: also durch die Nachbarschaft. »Der Affekt wird erregt«, sagen wir dann.

In »Lust« und »Unlust« stecken bereits *Urteile*: die Reize werden unterschieden, ob sie dem Machtgefühl förderlich sind oder nicht.

Der Glaube an das Wollen. Es ist Wunderglaube, einen Gedanken als Ursache einer mechanischen Bewegung zu setzen. Die *Konsequenz der Wissenschaft* verlangt, daß, nachdem wir die Welt in Bildern uns *denkbar* gemacht haben, wir auch die Affekte, Begehrungen, Willen usw. uns *denkbar* machen, d. h. sie *leugnen* und als *Irrtümer des Intellekts* behandeln.

(382)

Wille? Das eigentliche Geschehen alles Fühlens und Erkennens ist eine Explosion von Kraft: unter gewissen Bedingungen (äußerste Intensität, so daß ein Lustgefühl von Kraft und Freiheit dabei entsteht) nennen wir dies Geschehen »Wollen«.

(383)

Nicht die Befriedigung des Willens ist Ursache der *Lust*: (gegen diese oberflächlichste Theorie will ich besonders kämpfen, – die absurde psychologische Falschmünzerei der nächsten Dinge –), sondern daß der Wille vorwärts will und immer wieder Herr über das wird, was ihm im Wege steht. Das Lustgefühl liegt gerade in der Unbefriedigung des Willens, darin, daß er ohne den Gegner und Widerstand noch nicht satt genug ist. – »Der Glückliche«: Herdenideal.

(384)

Der Mensch sucht *nicht* die Lust und vermeidet *nicht* die Unlust: man versteht, welchem berühmten Vorurteile ich hiermit widerspreche. Lust und Unlust sind bloße Folge, bloße Begleiterscheinung, – was der Mensch will, was jeder kleinste Teil eines lebenden Organismus will, das ist ein *Plus von Macht*. Im Streben danach folgt sowohl Lust als Unlust; aus jenem Willen heraus sucht er nach Widerstand, braucht er etwas, das sich entgegenstellt ... Die Unlust als Hemmung seines Willens zur Macht ist also ein normales Faktum, das normale Ingrediens jedes organischen Geschehens; der Mensch weicht ihr nicht aus, er hat sie vielmehr fortwährend nötig: jeder Sieg, jedes Lustgefühl, jedes Geschehen setzt einen überwundenen Widerstand voraus.

Nehmen wir den einfachsten Fall, den der primitiven Ernährung: das Protoplasma streckt seine Pseudopodien aus, um nach etwas zu suchen, das ihm widersteht, – nicht aus Hunger, sondern aus Willen zur Macht. Darauf macht es den Versuch, dasselbe zu überwinden, sich anzueignen, sich einzuverleiben: – Das, was man »Ernährung« nennt, ist bloß eine Folgeerscheinung, eine Nutzanwendung jenes ursprünglichen Willens, *stärker* zu werden.

Die Unlust hat also so wenig notwendig eine *Verminderung unsres Machtgefühls* zur Folge, daß, in durchschnittlichen Fällen, sie gerade als Reiz auf dieses Machtgefühl wirkt, das Hemmnis ist der stimulus dieses Willens zur Macht.

(385)

»Unlust« und »Lust« sind die denkbar dümmsten *Ausdrucksmittel* von Urteilen: womit natürlich nicht gesagt ist, daß die Urteile, welche hier auf diese Art laut werden, dumm sein müßten. Das Weglassen aller Begründung und Logizität, ein Ja oder Nein in der Reduktion auf ein leidenschaftliches Haben-wollen oder Wegstoßen, eine imperativische Abkürzung, deren Nützlichkeit unverkennbar ist: das ist Lust und Unlust. Ihr Ursprung ist in der Zentralsphäre des Intellekts; ihre Voraussetzung ist ein unendlich beschleunigtes Wahrnehmen, Ordnen, Subsumieren, Nachrechnen, Folgern: Lust und Unlust sind immer Schlußphänomene, keine »Ursachen«.

Die Entscheidung darüber, was Unlust und Lust erregen soll, ist vom *Grade der Macht* abhängig: Dasselbe, was in Hinsicht auf ein geringes Quantum Macht als Gefahr und Nötigung zu schnellster Abwehr erscheint, kann bei einem Bewußtsein größerer Machtfülle eine wollüstige Reizung, ein Lustgefühl als Folge haben.

Alle Lust- und Unlustgefühle setzen bereits ein *Messen nach Gesamtnützlichkeit*, *Gesamtschädlichkeit* voraus: also eine Sphäre, wo das Wollen eines Ziels (Zustandes) und ein Auswählen der Mittel dazu stattfindet. Lust und Unlust sind niemals »ursprüngliche Tatsachen«.

Lust- und Unlustgefühle sind *Willensreaktionen (Affekte)*, in denen das intellektuelle Zentrum den Wert gewisser eingetretener Veränderungen zum Gesamtwert fixiert, zugleich als Einleitung von Gegenaktionen.

(386)

Zu jeder *Lust* und *Unlust* ist *Denken* nötig (ob es schon nicht zum Bewußtsein kommt) und, sofern Gegenhandlungen dadurch veranlaßt werden, auch *Wille*.

(387)

Die Instinkte als Urteile auf Grund früherer Erfahrungen: *nicht* von Lust- und Unlusterfahrungen: denn die Lust ist erst die Form eines Instinkturteils (ein *Gefühl von vermehrter Macht* oder: wie wenn sich die Macht vermehrt *hätte*). *Vor* den Lust- und Unlustgefühlen gibt es *Kraft-* und *Schwächegefühle* im ganzen.

(388)

Intellektualität des *Schmerzes*: er bezeichnet nicht an sich, was augenblicklich geschädigt ist, sondern welchen *Wert* die Schädigung hat in Hinsicht auf das allgemeine Individuum.

Ob es Schmerzen gibt, in denen »die Gattung« und *nicht* das Individuum leidet –?

(389)

Der Schmerz ist etwas anderes als die Lust, – ich will sagen, er ist *nicht* deren Gegenteil.

Wenn das Wesen der »Lust« zutreffend bezeichnet worden ist als ein *Plusgefühl* von Macht (somit als ein Differenzgefühl, das die Vergleichung voraussetzt), so ist damit das Wesen der »Unlust« noch nicht definiert. Die falschen Gegensätze, an die das Volk und *folglich* die Sprache glaubt, sind immer gefährliche Fußfesseln für den Gang der Wahrheit gewesen. Es gibt sogar Fälle, wo eine Art Lust bedingt ist durch eine gewisse *rhythmische Abfolge* kleiner Unlustreize: damit wird ein sehr schnelles Anwachsen des Machtgefühls, des Lustgefühls erreicht. Dies ist der Fall z. B. beim Kitzel, auch beim geschlechtlichen Kitzel im Akt des Koitus: wir sehen dergestalt die Unlust als Ingrediens der Lust tätig. Es scheint, eine kleine Hemmung, die überwunden wird und der sofort wieder eine kleine Hemmung folgt, die wieder überwunden wird – dieses Spiel von Widerstand und Sieg regt jenes Gesamtgefühl von überschüssiger, überflüssiger Macht am stärksten an, das das Wesen der Lust ausmacht.

Die Umkehrung, eine Vermehrung der Schmerzempfindung durch kleine eingeschobene Lustreize, fehlt: Lust und Schmerz sind eben nichts Umgekehrtes.

Der Schmerz ist ein *intellektueller* Vorgang, in dem entschieden ein Urteil laut wird, – das Urteil »*schädlich*«, in dem sich lange Erfahrung aufsummiert hat. An sich gibt es keinen Schmerz. Es ist *nicht* die Verwundung, die weh tut; es ist die Erfahrung, von welchen schlimmen Folgen eine Verwundung für den Gesamtorganismus sein kann, welche in Gestalt jener tiefen Erschütterung redet, die Unlust heißt (bei schädigenden Einflüssen, welche der älteren Menschheit unbekannt geblieben sind, z. B. von seiten neu kombinierter giftiger Chemikalien, fehlt auch die Aussage des Schmerzes, – und wir sind verloren).

Im Schmerz ist das eigentlich Spezifische immer die lange Erschütterung, das Nachzittern eines schreckenerregenden Schocks im zerebralen Herde des Nervensystems: – man leidet eigentlich *nicht* an der Ursache des Schmerzes (irgendeiner Verletzung z. B.), sondern an der langen Gleichgewichtsstörung, welche infolge jenes Schocks eintritt. Der Schmerz ist eine Krankheit der zerebralen Nervenherde, – die Lust ist durchaus keine Krankheit.

Daß der Schmerz die Ursache ist zu Gegenbewegungen, hat zwar den Augenschein und sogar das Philosophenvorurteil für sich; aber in plötzlichen Fällen kommt, wenn man genau beobachtet, die Gegenbewegung ersichtlich früher als die Schmerzempfindung. Es stünde schlimm um mich, wenn ich bei einem Fehltritt zu warten hätte, bis das Faktum an die Glocke des Bewußtseins schlüge und ein Wink, was zu tun ist, zurücktelegraphiert würde. Vielmehr unterscheide ich so deutlich als möglich, daß erst die Gegenbewegung des Fußes, um den Fall zu verhüten, folgt und dann, in einer meßbaren Zeitdistanz, eine Art schmerzhafter Welle plötzlich im vordern Kopfe fühlbar wird. Man reagiert also *nicht* auf den Schmerz. Der Schmerz wird nachher projiziert in die verwundete Stelle: – aber das Wesen dieses Lokalschmerzes ist trotzdem nicht der Ausdruck der Art der Lokalverwundung; er ist ein bloßes Ortszeichen, dessen Stärke und Tonart der Verwundung gemäß ist, welche die Nervenzentren davon empfangen haben. Daß infolge jenes Schocks die Muskelkraft des Organismus meßbar heruntergeht, gibt durchaus noch keinen Anhalt dafür, das *Wesen* des Schmerzes in einer Verminderung des Machtgefühls zu suchen.

Man reagiert, nochmals gesagt, *nicht* auf den Schmerz: die Unlust ist keine »Ursache« von Handlungen. Der Schmerz selbst ist eine Reaktion, die Gegenbewegung ist eine andre und *frühere* Reaktion, – beide nehmen von verschiedenen Stellen ihren Ausgangspunkt.

(390)

Der heftigste Reiz ist an sich kein Schmerz: sondern in jener Erschütterung, welche wir fühlen, ist das nervöse Zentrum erkrankt, und *das* erst *projiziert* den Schmerz an die Stelle des Reizes. Diese Projektion ist eine Schutz- und Defensivmaßregel. In der Erschütterung sind eine *Menge Affekte*: Überfall, Furcht, Gegenwehr, Ärger, Wut, Vorsicht, Nachdenken über Sicherheitsmaßregeln – die Bewegungen des ganzen Körpers *resultie-*

ren hieraus. Schmerz ist eine *tiefe Gemütsbewegung, mit einer Unmasse von Gedanken auf einmal*; eine Erkrankung durch Verlust des Gleichgewichts und momentane *Überwältigung des Willens.*

(391)

Jede *Lust* und *Unlust* ist jetzt bei uns ein höchst kompliziertes Ergebnis, so plötzlich es auftritt; die ganze Erfahrung und eine Unsumme von Wertschätzungen und Irrtümern derselben steckt darin. Das Maß des Schmerzes steht nicht im Verhältnis zur Gefährlichkeit! – unsere Einsicht widerspricht. Ebenso ist das Maß der Lust nicht im Verhältnis zu unserer jetzigen Erkenntnis, – wohl aber zur »Erkenntnis« der primitivsten und längsten Vorperiode von Mensch- und Tierheit. Wir stehen unter dem Gesetze der Vergangenheit, das heißt *ihrer Annahmen und Wertschätzungen.*

(392)

Lust als das sich fühlbar machende *Anwachsen* des Machtgefühls.

(393)

»*Jede Tätigkeit* als solche macht Lust« – sagen die Physiologen. Inwiefern? Weil die aufgestaute Kraft eine Art von *Drang* und *Druck* mit sich gebracht hat, einen Zustand, demgegenüber das Tun als *Befreiung* gefühlt wird? *Oder* insofern jede Tätigkeit ein *Überwinden* von Schwierigkeiten und Widerständen ist? und viele kleine Widerstände, immer wieder überwunden, leicht und wie in einem rhythmischen Tanze eine Art *Kitzel des Machtgefühls* mit sich bringen?

Lust als *Kitzel des Machtgefühls*: immer etwas voraussetzend, das widersteht und überwunden wird.

(394)

Wenn *Lust* und *Unlust* sich auf das Gefühl der Macht beziehen, so müßte Leben ein Wachstum von Macht darstellen, so daß die Differenz des »Mehr« ins Bewußtsein träte... Ein Niveau von Macht festgehalten, würde sich die Lust nur an Verminderungen des Niveaus zu messen haben, an Unlustzuständen, – *nicht* an Lustzuständen... Der Wille zum Mehr liegt im Wesen der Lust: daß die Macht wächst, daß die Differenz ins Bewußtsein tritt.

Von einem gewissen Punkte an, bei der décadence, tritt die *umgekehrte Differenz* ins Bewußtsein, die Abnahme: das Gedächtnis der starken Augenblicke von ehedem drückt die gegenwärtigen Lustgefühle herab, – der Vergleich *schwächt* jetzt die Lust.

(395)

Man hat die Unlust verwechselt mit einer *Art* der Unlust, mit der der Erschöpfung; letztere stellt in der Tat eine tiefe Verminderung und Herabstimmung des Willens zur Macht, eine meßbare Einbuße an Kraft dar. Das will sagen: es gibt a) Unlust als Reizmittel zur Verstärkung der Macht und b) Unlust nach einer Vergeudung von Macht; im erstern Fall ein stimulus, im letztern die Folge einer übermäßigen Reizung... Die Unfähigkeit zum Widerstand ist der letzteren Unlust zu eigen: die Herausforderung des Widerstehenden gehört zur ersteren... Die Lust, welche im Zustand der Erschöpfung allein noch empfunden wird, ist das Einschlafen; die Lust im andern Falle ist der Sieg...

Die große Verwechslung der Psychologen bestand darin, daß sie diese beiden *Lustarten* – die des *Einschlafens* und die des *Sieges* – nicht auseinanderhielten. Die Erschöpften wollen Ruhe, Gliederausstrecken, Frieden, Stille, – es ist das *Glück* der nihilistischen Religionen und Philosophien; die Reichen und Lebendigen wollen Sieg, überwundene Gegner, Überströmen des Machtgefühls über weitere Bereiche als bisher. Alle gesunden Funktionen des Organismus haben dies Bedürfnis, – und der ganze Organismus ist ein solcher nach Wachstum von Machtgefühlen ringender Komplex von Systemen – – –

(396)

Das Wohlgefühl als das am leichtesten Widerstande sich auslösende Machtgefühl: denn im gesamten Organismus gibt es fortwährend Überwindung zahlloser Hemmungen, – dies Sieggefühl kommt als *Gesamtgefühl* zum Bewußtsein als Lustigkeit, »Freiheit«. Umgekehrt: gibt es schwere Hemmungen, so werden auch die Machtgefühle nicht ausgelöst.

NB. Also Unlustgefühl ist grundverschieden von Lustgefühl, letzteres ist Machtgefühl, welches, um erregt zu werden, zu seiner Voraussetzung kleine Hemmungen und Unlustgefühle nötig hat.

(397)

Sich stärker fühlen – oder anders ausgedrückt: die Freude – setzt immer ein Vergleichen voraus (aber *nicht* notwendig mit anderen, sondern mit sich, inmitten eines Zustandes von Wachstum, und ohne daß man erst *wüßte*, inwiefern man vergleicht –).

Die *künstliche* Verstärkung: sei es durch aufregende Chemika, sei es durch aufregende Irrtümer (»Wahnvorstellungen«):

z. B. das Gefühl der *Sicherheit*, wie es der Christ hat; er fühlt sich stark in seinem Vertrauendürfen, in seinem Geduldig- und Gefaßtseindürfen: er verdankt diese künstliche Verstärkung dem Wahne, von einem Gott beschirmt zu sein;

z. B. das Gefühl der *Überlegenheit*: wie wenn der Kalif von Marokko nur Erdkugeln zu sehen bekommt, auf denen seine drei vereinigten Königreiche vier Fünftel der Oberfläche einnehmen;

z. B. das Gefühl der *Einzigkeit*: wie wenn der Europäer sich einbildet, daß der Gang der Kultur sich in Europa abspielt, und wenn er sich selber eine Art abgekürzter Weltprozeß scheint; oder der Christ alles Dasein überhaupt um das »Heil des Menschen« sich drehen macht.

– Es kommt darauf an, wo man den Druck, die Unfreiheit empfindet: je nachdem erzeugt sich ein andres Gefühl des *Stärkerseins*. Einem Philosophen ist z. B. inmitten der kühlsten, transmontansten Abstraktionsgymnastik zumute wie einem Fisch, der in sein Wasser kommt: während Farben und Töne ihn drücken; gar nicht zu reden von den dumpfen Begehrungen, – von dem, was die andern »das Ideal« nennen.

(398)

Der geschlechtliche Reiz im Aufsteigen unterhält eine Spannung, welche sich im Gefühle der Macht entladet: herrschen wollen – ein Zeichen der sinnlichsten Menschen, der schwindende Hang des Geschlechtstriebes zeigt sich im Nachlassen des Durstes nach Macht: das Erhalten und Ernähren und oft die Lust am Essen tritt als Ersatz ein (Elterntrieb ist Erhalten, Ordnen, Ernähren, nicht Beherrschen, sondern Wohlbefinden sich und anderen schaffen). In der Macht ist das Gefühl, gern wehe zu tun, – eine tiefe Gereiztheit des Organismus, welcher fortwährend Rache nehmen will. Die wollüstigen Tiere sind in diesem Zustand am bösesten und gewalttätigsten, sich selber über ihren Trieb vergessend.

(399)

Die Resorption des Samens durch das Blut ist die stärkste Ernährung und bringt vielleicht den Reiz der Macht, die Unruhe aller Kräfte nach Überwindung von Widerständen, den Durst nach Widerspruch und Widerstand am meisten hervor. Das Gefühl der Macht ist bis jetzt am höchsten bei enthaltsamen Priestern und Einsiedlern gestiegen (z. B. bei den Brahmanen).

(400)

Die *Sinnlichkeit* in ihren Verkleidungen: 1. als Idealismus (»Plato«), der Jugend eigen, dieselbe Art von Hohlspiegelbild schaffend, wie die Geliebte im Speziellen erscheint, eine Inkrustation, Vergrößerung, Verklärung, Unendlichkeit um jedes Ding legend –: 2. in der Religion der Liebe: »ein schöner junger

Mann, ein schönes Weib«, irgendwie göttlich, ein Bräutigam, eine Braut der Seele –: 3. in der *Kunst*, als »schmückende« Gewalt: wie der Mann das Weib sieht, indem er ihr gleichsam alles zum Präsent macht, was es von Vorzügen gibt, so legt die Sinnlichkeit des Künstlers in *ein* Objekt, was er sonst noch ehrt und hochhält – dergestalt *vollendet* er ein Objekt (»idealisiert« es). Das Weib, unter dem Bewußtsein, was der Mann in bezug auf das Weib empfindet, *kommt dessen Bemühen nach Idealisierung entgegen*, indem es sich schmückt, schön geht, tanzt, zarte Gedanken äußert: insgleichen *übt sie Scham*, Zurückhaltung, Distanz – mit dem Instinkt dafür, daß damit das idealisierende Vermögen des Mannes *wächst*. (– Bei der ungeheuren Feinheit des weiblichen Instinkts bleibt die Scham keineswegs bewußte Heuchelei: sie errät, daß gerade die *naive wirkliche Schamhaftigkeit* den Mann am meisten verführt und zur Überschätzung drängt. Darum ist das Weib naiv – aus Feinheit des Instinkts, welches ihr die Nützlichkeit des Unschuldigseins anrät. Ein willentliches *Die-Augen-über-sich-geschlossen-halten*... Überall, wo die Verstellung stärker wirkt, wenn sie unbewußt ist, *wird* sie unbewußt.)

(401)

Was der Rausch alles vermag, der »Liebe« heißt und der noch etwas anderes ist als Liebe! – Doch darüber hat jedermann seine Wissenschaft. Die Muskelkraft eines Mädchens *wächst*, sobald nur ein Mann in seine Nähe kommt; es gibt Instrumente, dies zu messen. Bei einer noch näheren Beziehung der Geschlechter, wie sie z. B. der Tanz und andre gesellschaftliche Gepflogenheiten mit sich bringen, nimmt diese Kraft dergestalt zu, um zu wirklichen *Kraftstücken* zu befähigen: man traut endlich seinen Augen nicht – und seiner Uhr! Hier ist allerdings einzurechnen, daß der Tanz an sich schon, gleich jeder sehr geschwinden Bewegung, eine Art Rausch für das gesamte Gefäß-, Nerven- und Muskelsystem mit sich bringt. Man hat in diesem Falle mit den kombinierten Wirkungen eines doppelten Rausches zu rechnen. – Und wie weise es mitunter ist, einen kleinen Stich zu haben!... Es gibt Realitäten, die man nie sich eingestehen darf; dafür ist man Weib, dafür hat man alle weiblichen pudeurs... Diese jungen Geschöpfe, die dort tanzen, sind ersichtlich jenseits aller Realität: sie tanzen nur mit lauter handgreiflichen Idealen; sie sehen sogar, was mehr ist, noch Ideale um sich sitzen: die Mütter!... Gelegenheit, Faust zu zitieren... Sie sehen unvergleichlich besser aus, wenn sie dergestalt ihren kleinen Stich haben, diese hübschen Kreaturen, – oh, wie gut sie das auch wissen! sie werden sogar liebenswürdig, *weil* sie das wissen! – Zuletzt inspiriert sie auch noch ihr Putz; ihr Putz ist ihr *dritter* kleiner Rausch: sie glauben an ihren Schneider, wie sie an ihren Gott glauben: – und wer widerriete ihnen diesen Glauben! Dieser Glaube macht selig! Und die Selbstbewunderung ist gesund! – Selbstbewunderung schützt vor Erkältung. Hat sich je ein hübsches Weib erkältet, das sich gut bekleidet wußte? Nun und nimmermehr! Ich setze selbst den Fall, daß es kaum bekleidet war.

(402)

Die unbedingte Hingebung und das *Gerneleiden vom Geliebten*, die Begierde, mißhandelt zu werden – andererseits der Liebgehabte, welcher das Liebende quält, sein Machtgefühl genießt, und um so mehr, als er sich selber dabei tyrannisiert: es ist eine *doppelte* Ausübung von Macht. Machtwille wird hier zum Trotz gegen sich.

(403)

Man hat die Grausamkeit zum tragischen Mitleiden verfeinert, so daß sie als solche *geleugnet* wird. Desgleichen die Geschlechtsliebe in der Form der amour-passion; die Sklavengesinnung als christlicher Gehorsam; die Erbärmlichkeit als Demut; die Erkrankung des nervus sympathicus z. B. als Pessimismus, Pascalismus oder Carlylismus usw.

(404)

Freude am Schaden des anderen ist etwas anderes als Grausamkeit, letztere ist *Genuß* im Mitleiden und hat ihre Höhe, wo das Mitleiden am höchsten ist (dann, wenn wir den lieben, den wir foltern). Wenn ein anderer dem, welchen wir lieben, das Wehe zufügte, dann würden wir rasend vor Wut, das Mitleid wäre ganz *schmerzhaft*. Aber wir lieben ihn: und *wir* tun ihm wehe. Dadurch wird das Mitleid ein ungeheurer Reiz: es ist der *Widerspruch* zweier entgegengesetzter starker Triebe, der hier als *höchster Reiz* wirkt.

Selbstverstümmelung und Wollust nebeneinander ist das gleiche. Oder hellstes Bewußtsein und Bleischwere und Unbeweglichkeit nach Opium.

(405)

Der *Genuß im Wehetun*, weil es eine Steigerung des Machtgefühls mit sich bringt: am größten, wenn eine Verminderung vorherging, – also in der Rache.

Der Genuß im *Wohltun* ist auf ganz gleicher Basis erwachsen – und *Großmut* ist eine sublimierte Rache und daher ein *sehr großer* Genuß.

(406)

Wie wertvoll ist es, daß der Mensch so viel *Freude* beim Anblick oder Empfinden von *Schmerz* erlernt hat! Auch durch den Umfang der Schadenfreude hat sich der Mensch hoch erhoben! (Freude auch am eigenen Schmerz – Motiv in vielen Moralen und Religionen.)

(407)

Das Wehetunwollen, die Lust an der Grausamkeit – hat eine große Geschichte. Die Christen in ihrem Verhalten gegen die Heiden; Völker gegen ihre Nachbarn und Gegner; Philosophen gegen Menschen anderer Meinung; alle Freidenker; die Tagesschriftsteller; alle abweichend Lebenden, wie die Heiligen. Fast alle Schriftsteller. Selbst in den Kunstwerken sind solche Züge, welche die Absicht auf die Nebenbuhler eingibt. Oder wie bei Heinrich von Kleist, welcher mit seiner Phantasie dem Leser Gewalt antun will; auch Shakespeare. – Ebenso alles Lachen, und die Komödie. Ebenso die Lust an der *Verstellung*: große Geschichte. –

Ist der Mensch deshalb *böse*?

(408)

Geschichte der Grausamkeit; der Verstellung; der *Mordlust* (letztere im Abtöten von Meinungen, Aburteilen über Werke, Personen, Völker, Vergangenheit; der Richter ist ein sublimierter Henker) –

(409)

Der *Stolze* haßt es zu zittern und nimmt Rache an dem, der ihn zittern gemacht hat: dies ist der Grund seiner Grausamkeit. Er hat die größte Lust, den vor sich zu sehen, vor dem er nun nicht mehr zittert, ob er ihm schon das Schmähliche und Schmerzhafteste antut. – Der Stolze gesteht sich das nicht ein, was ihm drückend ist, solange er nicht die Möglichkeit sieht, Rache für diesen Druck zu nehmen. Sein *Haß* schießt im Augenblick hervor, wenn diese Möglichkeit ihm zu Gesicht kommt. Alle *Starken*, die sich selber brechen und einem Gesetze unterwerfen, sind grausam: früher machte es ihnen einen ähnlichen Genuß, den Willen anderer zu brechen und den Ton nach ihrem Willen zu kneten. Alle Verkannten, Zurückgesetzten, Gelangweilten sind grausam, denn ihr Stolz ist immer gereizt. Auch alle *Schwachen* sind grausam, und gerade darin, daß sie Mitleiden bei den anderen *wollen*. Das heißt: sie *fordern*, daß auch die anderen leiden, wenn *sie* leiden und schwach sind. Daher ist es nur das halbe Unglück, socios habuisse malorum. Endlich: wie grausam sind alle

Künstler, denn sie wollen mit allen Mitteln, daß ihre Erlebnisse Gewalt üben und bekommen, daß ihre Leiden zu unseren Leiden werden! Und gar die *Bußprediger*, welche darin ihren dämonischen Stachel und Reiz spüren, daß sie die große Macht öffentlich verachten, daß sie die Hochmächtigsten wie die Niedrigsten zur gleichen Zerknirschung und Abstinenz treiben wollen – das ist eine Grausamkeit des Stolzes ohnegleichen! Kurz, die Menschen haben viel Genuß an der Grausamkeit, sie ist das üblichste aller Vergnügen, so sehr auch der »Grausame« gelästert wird!

(410)

Ein großer Schritt in der Grausamkeit, sich an geistigen statt an leiblichen Martern zu genügen und gar am Vorstellen dieser Martern und Nicht-mehr-sehen-wollen.

(411)

Grausamkeit und der Genuß am Mitleiden. Das Mitleiden ist am stärksten, je tiefer wir den anderen kennen und lieben. Folglich wird der Liebende, welcher gegen den, welchen er liebt, grausam ist, am meisten *Genuß* von der Grausamkeit haben. Gesetzt, wir lieben *uns selber* am meisten, so wäre der höchste Genuß des Mitleidens die Grausamkeit *gegen uns*. *Heroisch* – das ist das Streben nach dem absoluten Untergange in seinen Gegensatz, die Umschaffung des Teufels in Gott: das ist *dieser Grad von Grausamkeit*.

(412)

Der Luxus ist die Form eines fortwährenden *Triumphes* – über alle die Armen, Zurückgebliebenen, Ohnmächtigen, Kranken, Begehrlichen. Nicht daß man viel von den Dingen des Luxus selber genießt – was hat der Triumphator von den Goldrädern und den angeketteten Sklaven seines Wagens! –, aber man genießt es, daß der Wagen über Unzählige *weggeht* und sie *drückt* oder *zerdrückt*.

(413)

Wenn ein Trieb *intellektueller* wird, so bekommt er einen neuen Namen, einen neuen Reiz und neue Schätzung. Er wird dem Triebe auf der älteren Stufe oft *entgegengestellt*, wie als sein Widerspruch (Grausamkeit zum Beispiel). – Manche Triebe, zum Beispiel der Geschlechtstrieb, sind großer Verfeinerung durch den Intellekt fähig (Menschenliebe, Anbetung von Maria und Heiligen, künstlerische Schwärmerei; Plato meint, die Liebe zur Erkenntnis und Philosophie sei ein sublimierter Geschlechtstrieb). *Daneben* bleibt seine alte, direkte Wirkung stehen.

(414)
Die *Verinnerlichung* des Menschen. Die Verinnerlichung entsteht, indem mächtige Triebe, denen mit Einrichtung des Friedens und der Gesellschaft die Entladung nach außen versagt wird, sich nach innen zu schadlos zu halten suchen, im Bunde mit der Imagination. Das Bedürfnis nach Feindschaft, Grausamkeit, Rache, Gewaltsamkeit wendet sich zurück, »tritt zurück«; im Erkennenwollen ist Habsucht und Erobern; im Künstler tritt die zurückgetretene Verstellungs- und Lügenkraft auf; die Triebe werden zu Dämonen umgeschaffen, mit denen es Kampf gibt usw.

(415)
Im *Wohlwollen* ist verfeinerte Besitzlust, verfeinerte Geschlechtslust, verfeinerte Ausgelassenheit des Sicheren usw. – Sobald die Verfeinerung da ist, wird die *frühere* Stufe nicht mehr als Stufe, sondern als Gegensatz gefühlt. Es ist *leichter*, Gegensätze zu denken als Grade.

(416)
Die Menschen sehen die kleinen sublimierten Dosen nicht und leugnen sie: sie leugnen zum Beispiel die Grausamkeit im Denker, die Liebe im Räuber. Oder sie haben gute Namen für *alles*, was an einem Wesen hervortritt, das ihren *Geschmack* befriedigt. Das »Kind« zeigt alle Qualitäten schamlos, wie die Pflanze ihre Geschlechtsorgane, – beide wissen nichts von Lob und Tadel. Erziehung ist Umtaufen-lernen oder Anders-fühlen-lernen.

(417)
In den gelobtesten Handlungen und Charakteren sind Mord, Diebstahl, Grausamkeit, Verstellung als notwendige Elemente der Kraft. In den verworfensten Handlungen und Charakteren sind *Liebe* (Schätzung und Überschätzung von etwas, dessen Besitz man begehrt) und *Wohlwollen* (Schätzung von etwas, dessen Besitz man hat, das man sich erhalten will).

Liebe und Grausamkeit nicht Gegensätze: sie finden sich bei den festesten und besten Naturen immer beieinander. (Der christliche Gott – eine sehr weise und ohne moralische Vorurteile ausgedachte Person!)

(418)
Wir finden bei den verschiedenen Menschen *dieselbe Zahl* von Leidenschaften: diese aber verschieden genannt, geschätzt und dadurch verschieden *gerichtet*. *Gut* und *Böse* unterscheiden sich durch die verschiedene Rangordnung der Leidenschaften untereinander und die Herrschaft der Ziele.

(419)

Alle Moral ist eigentlich nur eine Verfeinerung der Maßregeln, welche alles Organische nimmt, um sich *anzupassen* und doch zu *ernähren* und *Macht zu gewinnen*.

(420)

Grundeinsicht: die »guten« und die »bösen« Eigenschaften sind *im Grunde dieselben*, – beruhen auf den gleichen Trieben der Selbsterhaltung, der Aneignung, Auswahl, Absicht auf Fortpflanzung usw.

(421)

Alle die Triebe und Mächte, welche von der Moral *gelobt* werden, ergeben sich mir als essentiell *gleich* mit den von ihr verleumdeten und abgelehnten: z. B. Gerechtigkeit als Wille zur Macht, Wille zur Wahrheit als Mittel des Willens zur Macht.

(422)

Alle Tugenden physiologische *Zustände*: namentlich die organischen Hauptfunktionen als notwendig, als gut empfunden. Alle Tugenden sind eigentlich verfeinerte *Leidenschaften* und erhöhte Zustände.

Mitleid und Liebe zur Menschheit als Entwicklung des Geschlechtstriebes. Gerechtigkeit als Entwicklung des Rachetriebes. Tugend als Lust am Widerstande, Wille zur Macht. Ehre als Anerkennung des Ähnlichen und Gleichmächtigen.

(423)

Wie vielfach ist das, was wir als »*sittliches Gefühl*« empfinden! Darin ist Verehrung, Furcht, die Berührung wie von etwas Heiligem und Geheimem, darin redet etwas Befehlendes, etwas, das sich wichtiger nimmt als wir uns, etwas, das erhebt, entflammt oder ruhig und tief macht. Unser sittliches Gefühl ist eine Synthesis, ein Zugleich-Erklingen aller herrschaftlichen und untertänigen Gefühle, welche in der Geschichte unsrer Vorfahren gewaltet haben.

(424)

Das Unvermögen zur Macht: seine *Hypokrisie* und *Klugheit*: als Gehorsam (Einordnung, Pflichtstolz, Sittlichkeit...); als Ergebung, Hingebung, Liebe (Idealisierung, Vergötterung des Befehlenden als Schadenersatz und indirekte Selbstverklärung); als Fatalismus, Resignation; als »Objektivität«; als Selbsttyrannisierung (Stoizismus, Askese, »Entselbstung«, »Heiligung«); als Kritik, Pessimismus, Entrüstung, Quälgeisterei; als »schöne Seele«, »Tugend«, »Selbstvergötterung«, »Abseits«, »Reinheit von der Welt« usw. (– die Einsicht in das Unvermögen zur Macht sich als dédain verkleidend). Überall drückt sich das Bedürfnis aus, irgendeine Macht doch noch auszuüben, oder sich selbst den *Anschein* von Macht zeitweilig zu schaffen – als *Rausch*.

Die Menschen, welche die Macht wollen um der *Glücksvorteile* willen, die die Macht gewährt: politische Parteien.

Andre Menschen, welche die Macht wollen, selbst mit sichtbaren *Nachteilen* und *Opfern* an Glück und Wohlbefinden: die Ambitiosen.

Andre Menschen, welche die Macht wollen, bloß weil sie sonst in andre Hände fiele, von denen sie nicht abhängig sein wollen.

(425)
Inwiefern die Weltauslegungen Symptome eines herrschenden Triebes sind

Die *artistische* Weltbetrachtung: sich vor das Leben hinsetzen. Aber hier fehlt die Analysis des ästhetischen Anschauens, seine Reduktion auf Grausamkeit, Gefühl der Sicherheit, des Richterseins und Außerhalbseins usw. Man muß den Künstler selbst nehmen: und dessen Psychologie (die Kritik des Spieltriebs, als Auslassen von Kraft, Lust am Wechsel, am Eindrücken der eigenen Seele in Fremdes, der absolute Egoismus des Künstlers usw.). Welche Triebe er sublimiert.

Die *wissenschaftliche* Weltbetrachtung: Kritik des psychologischen Bedürfnisses *nach* Wissenschaft. Das Begreiflich-machen-wollen: das Praktisch-, Nützlich-, Ausbeutbar-machen-wollen –: inwiefern antiästhetisch. Der Wert allein, was gezählt und berechnet werden kann. Inwiefern eine durchschnittliche Art Mensch dabei zum Übergewicht kommen will. Furchtbar, wenn gar die *Geschichte* in dieser Weise in Besitz genommen wird – das Reich des Überlegenen, des Richtenden. Welche Triebe er sublimiert!

Die *religiöse* Weltbetrachtung: Kritik des religiösen Menschen. Es ist *nicht* notwendig der moralische, sondern der Mensch der starken Erhebungen und tiefen Depressionen, der die ersteren mit Dankbarkeit oder Verdacht interpretiert und nicht von *sich* herleitet (– die letzteren auch nicht –). Wesentlich der sich »unfrei« fühlende Mensch, der seine Zustände, die Unterwerfungsinstinkte, sublimiert.

Die *moralische* Weltbetrachtung. Die sozialen Rangordnungsgefühle werden ins Universum verlegt: die Unverrückbarkeit, das Gesetz, die Einordnung und Gleichordnung werden, weil am höchsten geschätzt, auch an der höchsten Stelle *gesucht*, – über dem All oder hinter dem All.

Was *gemeinsam* ist: die herrschenden Triebe wollen auch als *höchste Wertinstanzen überhaupt*, ja als *schöpferische* und *regierende Gewalten betrachtet werden*. Es versteht sich, daß diese Triebe sich gegenseitig entweder anfeinden oder unterwerfen (synthetisch auch wohl binden, oder in der Herrschaft wechseln). Ihr tiefer Antagonismus ist aber so groß, daß, wo sie *alle* Befriedigung wollen, ein Mensch von tiefer *Mittelmäßigkeit* zu denken ist.

6. Kapitel
Zur Physiologie der Kunst

(426)

Ich glaube, daß wir, wenn wir nicht Künstler sind, die Kunst nur an idyllischen Stimmungen und idyllisch verstehn. Das ist unser Los: wir genießen also als *moralische* Wesen. Die griechische Welt ist vorbei.

(427)

Ästhetik hat nur Sinn als Naturwissenschaft: wie das Apollinische und das Dionysische.

(428)

Zur Physiologie der Kunst

1. Der Rausch als Voraussetzung: Ursachen des Rausches.
2. Typische Symptome des Rausches.
3. Das Kraft- und Fülle*gefühl* im Rausche: seine *idealisierende* Wirkung.
4. Das tatsächliche *Mehr von Kraft*: seine tatsächliche *Verschönerung*. (Das Mehr von Kraft z. B. beim *Tanz* der Geschlechter.) Das Krankhafte am Rausch: die physiologische Gefährlichkeit der Kunst –. Erwägung: inwiefern unser Wert »schön« vollkommen *anthropozentrisch* ist: auf biologischen Voraussetzungen über Wachstum und Fortschritt –.
5. Das Apollinische, das Dionysische: Grundtypen. Umfänglicher, verglichen mit unseren Sonderkünsten.
6. Frage: wohin die Architektur gehört.
7. Die Mitarbeit der künstlerischen Vermögen am normalen Leben, ihre Übung tonisch: umgekehrt das Häßliche.
8. Die Frage der Epidemie und der Kontagiosität.
9. Problem der »Gesundheit« und der »Hysterie«, – Genie = Neurose.
10. Die Kunst als Suggestion, als Mitteilungsmittel, als Erfindungsbereich der induction psycho-motrice.
11. Die unkünstlerischen Zustände: Objektivität, Spiegelwut, Neutralität. Der verarmte *Wille*; Verlust an Kapital.
12. Die unkünstlerischen Zustände: Abstraktivität. Die verarmten *Sinne*.
13. Die unkünstlerischen Zustände: Auszehrung, Verarmung,

Ausleerung, – Wille zum Nichts (Christ, Buddhist, Nihilist). Der verarmte *Leib*.

14. Die unkünstlerischen Zustände: *Moral*-Idiosynkrasie. Die Furcht der *Schwachen*, *Mittleren* vor den Sinnen, vor der Macht, vor dem Rausch (Instinkt der *Unterlegenen* des Lebens).
15. Wie ist *tragische* Kunst möglich?
16. Der Typus des Romantikers: zweideutig. Ihre Konsequenz ist der »Naturalismus«.
17. Problem des *Schauspielers*. Die »Unehrlichkeit«, die typische Verwandlungskraft als *Charakterfehler*... Der Mangel an Scham, der Hanswurst, der Satyr, der Buffo, der Gil Blas, der Schauspieler, der den Künstler spielt...

(429)

Seit Kant ist alles Reden von Kunst, Schönheit, Erkenntnis, Weisheit vermanscht und beschmutzt durch den Begriff »ohne Interesse«.

(430)

Die Kunst erinnert uns an Zustände des animalischen vigor; sie ist einmal ein Überschuß und Ausströmen von blühender Leiblichkeit in die Welt der Bilder und Wünsche; andrerseits eine Anreizung der animalischen Funktionen durch Bilder und Wünsche des gesteigerten Lebens; – eine Erhöhung des Lebensgefühls, ein Stimulans desselben.

Inwiefern kann auch das Häßliche noch diese Gewalt haben? Insofern es noch von der siegreichen Energie des Künstlers etwas mitteilt, der über dies Häßliche und Furchtbare Herr geworden ist; oder insofern es die Lust der Grausamkeit in uns leise anregt (unter Umständen selbst die Lust, *uns* wehe zu tun, die Selbstvergewaltigung: und damit das Gefühl der Macht über uns).

(431)

Es sind die Ausnahmezustände, die den Künstler bedingen: alle, die mit krankhaften Erscheinungen tief verwandt und verwachsen sind: so daß es nicht möglich scheint, Künstler zu sein und nicht krank zu sein.

Die physiologischen Zustände, welche im Künstler gleichsam zur »Person« gezüchtet sind und die an sich in irgendwelchem Grade dem Menschen überhaupt anhaften:

1. der *Rausch*: das erhöhte Machtgefühl; die innere Nötigung, aus den Dingen einen Reflex der eignen Fülle und Vollkommenheit zu machen;

2. die *extreme Schärfe* gewisser Sinne: so daß sie eine ganz andre

Zeichensprache verstehn – und schaffen, – dieselbe, die mit manchen Nervenkrankheiten verbunden erscheint –; die extreme Beweglichkeit, aus der eine extreme Mitteilsamkeit wird; das Redenwollen alles dessen, was Zeichen zu geben weiß –; ein Bedürfnis, sich gleichsam loszuwerden durch Zeichen und Gebärden, Fähigkeit, von sich durch hundert Sprachmittel zu reden, – ein *explosiver* Zustand. Man muß sich diesen Zustand zunächst als Zwang und Drang denken, durch alle Art Muskelarbeit und Beweglichkeit die Exuberanz der inneren Spannung loszuwerden; sodann als unfreiwillige *Koordination dieser Bewegung* zu den inneren Vorgängen (Bildern, Gedanken, Begierden), – als eine Art Automatismus des ganzen Muskelsystems unter dem Impuls von innen wirkender starker Reize –; Unfähigkeit, die Reaktion zu *verhindern*; der Hemmungsapparat gleichsam *ausgehängt*. Jede innere Bewegung (Gefühl, Gedanke, Affekt) ist begleitet von *Vaskularveränderungen* und folglich von Veränderungen der Farbe, der Temperatur, der Sekretion. Die *suggestive* Kraft der Musik, ihre »suggestion mentale«; –

3. das *Nachmachen-müssen*: eine extreme Irritabilität, bei der sich ein gegebenes Vorbild kontagiös mitteilt, – ein Zustand wird nach Zeichen schon erraten und *dargestellt*... Ein Bild, innerlich auftauchend, wirkt schon als Bewegung der Glieder –, eine gewisse *Willens*aushängung... (Schopenhauer!!!!) Eine Art Taubsein, Blindsein nach außen hin, – das Reich der *zugelassenen* Reize ist scharf umgrenzt.

Dies unterscheidet den Künstler vom Laien (dem künstlerisch Empfänglichen): letzterer hat im Aufnehmen seinen Höhepunkt von Reizbarkeit; ersterer im Geben, – dergestalt, daß ein Antagonismus dieser beiden Begabungen nicht nur natürlich, sondern wünschenswert ist. Jeder dieser Zustände hat eine umgekehrte Optik, – vom Künstler verlangen, daß er sich die Optik des Zuhörers (Kritikers –) einübe, heißt verlangen, daß er sich und seine schöpferische Kraft *verarme*... Es ist hier wie bei der Differenz der Geschlechter: man soll vom Künstler, der *gibt*, nicht verlangen, daß er Weib wird, – daß er »*empfängt*«.

Unsere Ästhetik war insofern bisher eine Weibsästhetik, als nur die Empfänglichen für Kunst ihre Erfahrungen »was ist schön?« formuliert haben. In der ganzen Philosophie bis heute fehlt der Künstler... Das ist, wie das Vorhergehende andeutet, ein notwendiger Fehler: denn der Künstler, der anfinge, sich zu begreifen, würde sich damit *vergreifen*, – er hat nicht zurückzusehen, er hat überhaupt nicht zu sehen, er hat zu geben. – Es ehrt einen Künstler, der Kritik unfähig zu sein, – andernfalls ist er halb und halb, ist er »modern«.

(432)

Das Rauschgefühl, tatsächlich einem *Mehr von Kraft* entsprechend: am stärksten in der Paarungszeit der Geschlechter: neue Organe, neue Fertigkeiten, Farben, Formen; – die »Verschönerung« ist eine Folge der *erhöhten* Kraft. Verschönerung als Ausdruck eines *siegreichen* Willens, einer gesteigerten Koordination, einer Harmonisierung aller starken Begehrungen, eines unfehlbar perpendikulären Schwergewichts. Die logische und geometrische Vereinfachung ist eine Folge der Krafterhöhung: umgekehrt erhöht wieder das *Wahrnehmen* solcher Vereinfachung das Kraftgefühl... Spitze der Entwicklung: der große Stil.

Die Häßlichkeit bedeutet *décadence eines Typus*, Widerspruch und mangelnde Koordination der inneren Begehrungen, – bedeutet einen Niedergang an *organisierender* Kraft, an »Willen«, psychologisch geredet.

Der Lustzustand, den man *Rausch* nennt, ist exakt ein hohes *Macht*gefühl... Die Raum- und Zeitempfindungen sind verändert: ungeheure Fernen werden überschaut und gleichsam erst *wahrnehmbar*; die *Ausdehnung* des Blicks über größere Mengen und Weiten; die *Verfeinerung des Organs* für die Wahrnehmung vieles Kleinsten und Flüchtigsten; die *Divination*, die Kraft des Verstehens auf die leiseste Hilfe hin, auf jede Suggestion hin: die »intelligente« *Sinnlichkeit* –; die *Stärke* als Herrschaftsgefühl in den Muskeln, als Geschmeidigkeit und Lust an der Bewegung, als Tanz, als Leichtigkeit und Presto; die Stärke als Lust am Beweis der Stärke, als Bravourstück, Abenteuer, Furchtlosigkeit, Gleichgültigkeit gegen Leben und Tod... Alle diese Höhenmomente des Lebens regen sich gegenseitig an; die Bilder- und Vorstellungswelt des einen genügt, als Suggestion, für den andern: – dergestalt sind schließlich Zustände ineinander verwachsen, die vielleicht Grund hätten, sich fremd zu bleiben. Zum Beispiel: Das religiöse Rauschgefühl und die Geschlechtserregung (– zwei tiefe Gefühle, nachgerade fast verwunderlich koordiniert. Was gefällt allen frommen Frauen, alten? jungen? Antwort: ein Heiliger mit schönen Beinen, noch jung, noch Idiot). Die Grausamkeit in der Tragödie und das Mitleid (– ebenfalls normal koordiniert...). Frühling, Tanz, Musik: – alles Wettbewerb der Geschlechter, – und auch noch jene faustische »Unendlichkeit im Busen«.

Die Künstler, wenn sie etwas taugen, sind (auch leiblich) stark angelegt, überschüssig, Krafttiere, sensuell; ohne eine gewisse Überheizung des geschlechtlichen Systems ist kein Raffael zu denken... Musikmachen ist auch noch eine Art Kindermachen; Keuschheit ist bloß die Ökonomie eines Künstlers, – und jedenfalls hört auch bei Künstlern die Fruchtbarkeit mit der Zeugungskraft auf... Die Künstler sollen nichts so sehen, wie es ist, sondern voller, sondern einfacher, sondern stärker: dazu muß ihnen eine Art Jugend und Frühling, eine Art habitueller Rausch im Leben eigen sein.

(433)

Apollinisch – dionysisch. – Es gibt zwei Zustände, in denen die Kunst selbst wie eine Naturgewalt im Menschen auftritt, über ihn verfügend, ob er will oder nicht: einmal als Zwang zur Vision, andrerseits als Zwang zum Orgiasmus. Beide Zustände sind auch im normalen Leben vorgespielt, nur schwächer: im Traum und im Rausch.

Aber derselbe Gegensatz besteht noch zwischen Traum und Rausch: beide entfesseln in uns künstlerische Gewalten, jede aber verschieden: der Traum die des Sehens, Verknüpfens, Dichtens: der Rausch die der Gebärde, der Leidenschaft, des Gesangs, des Tanzes.

(434)

Zur Genesis der Kunst. – Jenes *Vollkommen-machen, Vollkommensehen*, welches dem mit geschlechtlichen Kräften überladenen zerebralen System zu eigen ist (der Abend zusammen mit der Geliebten, die kleinsten Zufälligkeiten verklärt, das Leben eine Abfolge sublimer Dinge, »das Unglück des Unglücklich-Liebenden mehr wert als irgend etwas«): andrerseits wirkt jedes *Vollkommene* und *Schöne* als unbewußte Erinnerung jenes verliebten Zustandes und seiner Art zu sehen – jede *Vollkommenheit*, die ganze *Schönheit* der Dinge erweckt durch contiguity die aphrodisische Seligkeit wieder. (*Physiologisch*: der schaffende Instinkt des Künstlers und die Verteilung des semen ins Blut...) Das *Verlangen nach Kunst* und *Schönheit* ist ein indirektes Verlangen nach den Entzückungen des Geschlechtstriebes, welche er dem cerebrum mitteilt. Die *vollkommen gewordne Welt*, durch »Liebe«...

(435)

Zur Vernunft des Lebens. – Eine relative Keuschheit, eine grundsätzliche und kluge Vorsicht vor eroticis selbst in Gedanken, kann zur großen Vernunft des Lebens auch bei reich ausgestatteten und ganzen Naturen gehören. Der Satz gilt insonderheit von den *Künstlern*, er gehört zu deren bester Lebensweisheit.

Völlig unverdächtige Stimmen sind schon in diesem Sinne laut geworden: ich nenne Stendhal, Th. Gautier, auch Flaubert. Der Künstler ist vielleicht seiner Art nach mit Notwendigkeit ein sinnlicher Mensch, erregbar überhaupt, zugänglich in jedem Sinne, dem Reize, der Suggestion des Reizes schon von fern her entgegenkommend. Trotzdem ist er im Durchschnitt, unter der Gewalt seiner Aufgabe, seines Willens zur Meisterschaft, tatsächlich ein mäßiger, oft sogar ein keuscher Mensch. Sein dominierender Instinkt *will* es so von ihm: er erlaubt ihm nicht, sich auf diese oder jene Weise auszugeben. Es ist ein und dieselbe Kraft, die man in der Kunstkonzeption und die man im geschlechtlichen Aktus ausgibt: es gibt nur *eine* Art Kraft. *Hier* zu unterliegen, *hier* sich zu verschwenden ist für einen Künstler verräterisch: es verrät den Mangel an Instinkt, an Wille überhaupt, es kann ein Zeichen von décadence sein, – es entwertet jedenfalls bis zu einem unausrechenbaren Grade seine Kunst.

(436)

Künstler sind *nicht* die Menschen der *großen* Leidenschaft, was sie uns und sich auch vorreden mögen. Und das aus zwei Gründen: es fehlt ihnen die Scham vor sich selber (sie sehen sich zu, *indem sie leben*; sie lauern sich auf, sie sind zu neugierig) und es fehlt ihnen auch die Scham vor der großen Leidenschaft (sie beuten sie als Artisten aus). Zweitens aber ihr Vampyr, ihr Talent, mißgönnt ihnen meist solche Verschwendung von Kraft, welche Leidenschaft heißt. – Mit einem Talent ist man auch das Opfer seines Talents: man lebt unter dem Vampyrismus seines Talents.

Man wird nicht dadurch mit seiner Leidenschaft fertig, daß man sie darstellt: vielmehr, man *ist* mit ihr fertig, *wenn* man sie darstellt. (Goethe lehrt es anders; aber es scheint, daß er hier sich selbst mißverstehen wollte, – aus delicatezza.)

(437)

Der Schauspieler hat das Gefühl nicht, das er darstellt. Er wäre verloren, wenn er es hätte.

(438)

Der Realismus in der Kunst eine Täuschung. Ihr gebt wieder, was euch am Dinge entzückt, anzieht – diese Empfindungen aber werden ganz gewiß *nicht* durch die realia geweckt! Ihr wißt es nur nicht, was die Ursache der Empfindungen ist! Jede gute Kunst hat *gewähnt*, realistisch zu sein!

(439)

Will man den erstaunlichsten Beweis dafür, wie weit die Transfigurationskraft des Rausches geht? – Die »Liebe« ist dieser Beweis: Das, was Liebe heißt in allen Sprachen und Stummheiten der Welt. Der Rausch wird hier mit der Realität in einer Weise fertig, daß im Bewußtsein des Liebenden die Ursache ausgelöscht und etwas andres sich an ihrer Stelle zu finden scheint, – ein Zittern und Aufglänzen aller Zauberspiegel der Circe... Hier macht Mensch und Tier keinen Unterschied; noch weniger Geist, Güte, Rechtschaffenheit. Man wird fein genarrt, wenn man fein ist; man wird grob genarrt, wenn man grob ist: aber die Liebe und selbst die Liebe zu Gott, die Heiligenliebe »erlöster Seelen« bleibt in der Wurzel eins: ein Fieber, das Gründe hat, sich zu transfigurieren, ein Rausch, der gut tut, über sich zu lügen... Und jedenfalls lügt man gut, wenn man liebt, vor sich und über sich: man scheint sich transfiguriert, stärker, reicher, vollkommener, man *ist* vollkommener... Wir finden hier die *Kunst* als organische Funktion: wir finden sie eingelegt in den engelhaftesten Instinkt »Liebe«: wir finden sie als größtes Stimulans des Lebens, – Kunst somit als sublim zweckmäßig auch noch darin, daß sie lügt... Aber wir würden irren, bei ihrer Kraft, zu lügen, stehen zu bleiben: sie tut mehr als bloß imaginieren: sie verschiebt selbst die Werte. Und nicht nur, daß sie das *Gefühl* der Werte verschiebt: der Liebende *ist* mehr wert, ist stärker. Bei den Tieren treibt dieser Zustand neue Waffen, Pigmente, Farben und Formen heraus: vor allem neue Bewegungen, neue Rhythmen, neue Locktöne und Verführungen. Beim Menschen ist es nicht anders. Sein Gesamthaushalt ist reicher als je, mächtiger, *ganzer* als im Nichtliebenden. Der Liebende wird Verschwender: er ist reich genug dazu. Er wagt jetzt, wird Abenteurer, wird ein Esel an Großmut und Unschuld; er glaubt wieder an Gott, er glaubt an die Tugend, weil er an die Liebe glaubt: und andrerseits wachsen diesem Idioten des Glücks Flügel und neue Fähigkeiten und selbst zur Kunst tut sich ihm die Tür auf. Rechnen wir aus der Lyrik in Ton und Wort die Suggestion jenes intestinalen Fiebers ab: was bleibt von der Lyrik und Musik übrig?... L'art pour l'art vielleicht: das virtuose Gequak kaltgestellter *Frösche*, die in ihrem Sumpfe desperieren... Den ganzen *Rest* schuf die Liebe...

(440)

Alle Kunst wirkt als Suggestion auf die Muskeln und Sinne, welche ursprünglich beim naiven künstlerischen Menschen tätig sind: sie redet immer nur zu Künstlern, – sie redet zu dieser

Art von feiner Beweglichkeit des Leibes. Der Begriff »Laie« ist ein Fehlgriff. Der Taube ist keine Spezies des Guthörigen.

Alle Kunst wirkt *tonisch*, mehrt die Kraft, entzündet die Lust (d. h. das Gefühl der Kraft), regt alle die feineren Erinnerungen des Rausches an, – es gibt ein eigenes Gedächtnis, das in solche Zustände hinunterkommt: eine ferne und flüchtige Welt von Sensationen kehrt da zurück.

Das Häßliche, d. h. der Widerspruch zur Kunst, das, was *ausgeschlossen* wird von der Kunst, ihr *Nein*: – jedesmal, wenn der Niedergang, die Verarmung an Leben, die Ohnmacht, die Auflösung, die Verwesung von fern nur angeregt wird, reagiert der ästhetische Mensch mit seinem *Nein*. Das Häßliche wirkt *depressiv*: es ist der Ausdruck einer Depression. Es *nimmt* Kraft, es verarmt, es drückt... Das Häßliche *suggeriert* Häßliches; man kann an seinen Gesundheitszuständen erproben, wie unterschiedlich das Schlechtbefinden auch die Fähigkeit der Phantasie des Häßlichen steigert. Die Auswahl wird anders, von Sachen, Interessen, Fragen. Es gibt einen dem Häßlichen nächstverwandten Zustand auch im Logischen: – Schwere, Dumpfheit. Mechanisch fehlt dabei das Gleichgewicht: das Häßliche hinkt, das Häßliche stolpert: – Gegensatz einer göttlichen Leichtfertigkeit des Tanzenden.

Der ästhetische Zustand hat einen Überreichtum von *Mitteilungsmitteln*, zugleich mit einer extremen *Empfänglichkeit* für Reize und Zeichen. Er ist der Höhepunkt der Mitteilsamkeit und Übertragbarkeit zwischen lebenden Wesen, – er ist die Quelle der Sprachen. Die Sprachen haben hier ihren Entstehungsherd: die Tonsprachen so gut als die Gebärden- und Blicksprachen. Das vollere Phänomen ist immer der Anfang: unsere Vermögen sind subtilisiert aus volleren Vermögen. Aber auch heute hört man noch mit den Muskeln, man liest selbst noch mit den Muskeln.

Jede reife Kunst hat eine Fülle Konvention zur Grundlage: insofern sie Sprache ist. Die Konvention ist die Bedingung der großen Kunst, *nicht* deren Verhinderung... Jede Erhöhung des Lebens steigert die Mitteilungskraft, insgleichen die Verständniskraft des Menschen. Das *Sichhineinleben in andere Seelen* ist ursprünglich nichts Moralisches, sondern eine physiologische Reizbarkeit der Suggestion: die »Sympathie« oder was man »Altruismus« nennt, sind bloße Ausgestaltungen jenes zur Geistigkeit gerechneten psychomotorischen Rapports (induction psychomotrice meint Ch. Féré). Man teilt sich nie Gedanken mit: man teilt sich Bewegungen mit, mimische Zeichen, welche von uns auf Gedanken hin *zurückgelesen* werden.

(441)

Die Verfeinerung der Grausamkeit gehört zu den Quellen der *Kunst*.

(442)

Für die Künste ist ein Zustand der Wildheit und der kämpfenden Individuen besser als die allzu große Sicherheit.

(443)

Ich habe mein Ziel und meine Leidenschaft: ich will von der Kunst nichts, als daß sie mir dasselbe *verklärt* zeige oder mich ergötze, ermuntere, zeitweilig abziehe. Das *erste* ist meine Art von Religion: ich sehe mein Ideal von anderen geliebt und verklärt und in die Wolken aufgetragen: ich bete *mit* ihnen! *Nicht* soll die Kunst mich mir selber entführen, *nicht* mich vor dem Ekel retten.

(444)

Die *Verachtung des Körpers* ist die Folge der Unzufriedenheit mit ihm: und die Überschätzung des Geistes und der moralischen *Gesetze* ist der Zustand solcher, welche gern etwas Höheres *werden* wollen und im Wandeln unter »ewigen Werten« glauben größer zu werden. Aber das Verlangen nach Unvergänglichem ist die Folge der Unzufriedenheit: – hier ist der Wille *zur* Kultur, als ein Verlangen des »Unzufriedenen mit sich«.

Schönheit des *Leibes* – das ist von den Künstlern zu »*oberflächlich*« gefaßt worden: dieser Oberflächenschönheit müßte eine Schönheit im ganzen Getriebe des Organismus *nachfolgen*, – insofern *reizen* die höchsten Bildner zur *Erschaffung schöner Menschen*: das ist der Sinn der Kunst, – sie macht *unzufrieden*, wer sich vor ihr beschämt fühlt, und *schaffenslustig*, wer Kraft genug hat. Die Folge eines *Dramas* ist: »*So* will ich auch sein, wie dieser Held«, – Anreizung der schöpferischen, auf uns selber gewendeten Kraft!

(445)

Die Musik als Nachklang von Zuständen, deren begrifflicher Ausdruck *Mystik* war, – Verklärungsgefühl des Einzelnen, Transfiguration. Oder: die Versöhnung der inneren Gegensätze zu etwas Neuem, *Geburt des Dritten*.

(446)

Der Künstler und der Wille zur Macht. Der Eindruck von *Neutralität* ist bezaubernd für Herdentiere. – Palazzo Pitti und Phidias. Kunst, je nach der Moral, für Herde oder Führer.

(447)
Wenn meine Leser darüber zur Genüge eingeweiht sind, daß auch »der Gute« im großen Gesamtschauspiel des Lebens eine Form der *Erschöpfung* darstellt: so werden sie der Konsequenz des Christentums die Ehre geben, welche den Guten als den *Häßlichen* konzipierte. Das Christentum hatte damit recht.

An einem Philosophen ist es eine Nichtswürdigkeit, zu sagen: »Das Gute und das Schöne sind *eins*«; fügt er gar noch hinzu: »auch das Wahre«, so soll man ihn prügeln. Die Wahrheit ist häßlich.

Wir haben die *Kunst*, damit wir *nicht an der Wahrheit zugrunde gehn*.

(448)
Es gibt 1. monologische Kunst (oder »im Zwiegespräch mit Gott«);
2. gesellschaftliche Kunst, société vorausgesetzt, eine feinere Art von Mensch;
3. demagogische Kunst, z. B. Wagner (für das deutsche »Volk«), Victor Hugo.

(449)
Die Franzosen *tief* artistisch: – das Durchdenken ihrer Kultur, die Konsequenz im Durchführen des schönen *Anscheines* – spricht gar nicht gegen ihre *Tiefe* – –

(450)
Man ist um den Preis Künstler, daß man das, was alle Nichtkünstler »Form« nennen, als *Inhalt*, als »die Sache selbst« empfindet. Damit gehört man freilich in eine *verkehrte Welt*: denn nunmehr wird einem der Inhalt zu etwas bloß Formalem, – unser Leben eingerechnet.

(451)
»Schönheit« ist deshalb für den Künstler etwas außer aller Rangordnung, weil in der Schönheit Gegensätze gebändigt sind, das höchste Zeichen von Macht, nämlich über Entgegengesetztes; außerdem ohne Spannung: – daß keine Gewalt mehr not tut, daß alles so leicht *folgt, gehorcht*, und zum Gehorsam die liebenswürdigste Miene macht – das ergötzt den Machtwillen des Künstlers.

7. Kapitel
Der gesellschaftliche Organismus

(452)
Das furchtbarste und gründlichste Verlangen des Menschen, sein Trieb nach Macht – man nennt diesen Trieb »Freiheit« –, muß am längsten in Schranken gehalten werden. Deshalb ist die Ethik bisher, mit ihren unbewußten Erziehungs- und Züchtungsinstinkten, darauf aus gewesen, das Machtgelüst in Schranken zu halten: sie verunglimpft das tyrannische Individuum und unterstreicht, mit ihrer Verherrlichung der Gemeindefürsorge und der Vaterlandsliebe, den Herden-Machtinstinkt.

(453)
Es gelingt den wenigsten, in dem, worin wir leben, woran wir von alters her gewöhnt sind, ein Problem zu sehn, – das Auge ist gerade dafür nicht eingestellt: dies scheint mir zumal in betreff unserer Moral der Fall zu sein.

Das Problem »jeder Mensch als Objekt für andere« ist Anlaß zu den höchsten Ehrverleihungen: für sich selbst – nein!

Das Problem »du sollst«: ein Hang, der sich nicht zu begründen weiß, ähnlich wie der Geschlechtstrieb, soll *nicht* unter die Verurteilung der Triebe fallen; umgekehrt, er soll ihr Wertmesser und Richter sein!

Das Problem der »Gleichheit«, während wir alle nach Auszeichnung dürsten: hier gerade sollen wir umgekehrt an uns genau die Anforderungen wie an andere stellen. Das ist so abgeschmackt, sinnfällig verrückt: aber – es wird als heilig, als höheren Ranges empfunden, der Widerspruch gegen die Vernunft wird kaum gehört.

Aufopferung und Selbstlosigkeit als auszeichnend, der unbedingte Gehorsam gegen die Moral und der Glaube, vor ihr mit jedermann gleichzustehn.

Die Vernachlässigung und Preisgebung von Wohl und Leben als auszeichnend, die vollkommne Verzichtleistung auf eigne Wertesetzung, das strenge Verlangen, von jedermann auf dasselbe verzichtet zu sehen. »Der Wert der Handlungen ist *bestimmt*: jeder einzelne ist dieser Wertung unterworfen.«

Wir sehn: eine Autorität redet – wer redet? – Man darf es dem menschlichen Stolze nachsehn, wenn er diese Autorität so hoch als möglich suchte, um sich so wenig als möglich unter ihr gedemütigt zu finden. Also – Gott redet!

Man bedurfte Gottes, als einer unbedingten Sanktion, welche keine Instanz über sich hat, als eines »kategorischen Imperators« –: oder, sofern man an die Autorität der Vernunft glaubt, man brauchte eine Einheitsmetaphysik, vermöge deren dies logisch war.

Gesetzt nun, der Glaube an Gott ist dahin: so stellt sich die Frage von neuem: »*Wer* redet?« – Meine Antwort, nicht aus der Metaphysik, sondern der Tierphysiologie genommen: *Der Herdeninstinkt redet*. Er will Herr sein: daher sein »du sollst!« – er will den einzelnen nur im Sinne des Ganzen, zum Besten des Ganzen gelten lassen, er haßt die Sichloslösenden, – er wendet den Haß aller einzelnen gegen ihn.

(454)

Wenn wir die Eigenschaften des niedersten belebten Wesens in unsere »Vernunft« übersetzen, so werden *moralische* Triebe daraus. Ein solches Wesen assimiliert sich das Nächste, verwandelt es in sein Eigentum (Eigentum ist zuerst Nahrung und Aufspeicherung von Nahrung), es sucht möglichst viel sich einzuverleiben, nicht nur den Verlust zu *kompensieren*, – es ist *habsüchtig*. So *wächst* es allein und endlich wird es so *reproduktiv* – es teilt sich in zwei Wesen. Dem unbegrenzten *Aneignungstriebe* folgt Wachstum und Generation. – Dieser Trieb bringt es in die Ausnützung der Schwächeren und in Wettstreit mit ähnlich Starken, es kämpft, das heißt es *haßt, fürchtet, verstellt sich*. – Schon das Assimilieren ist: etwas Fremdes sich gleich *machen, tyrannisieren*, – *Grausamkeit*.

Es ordnet sich unter, es verwandelt sich in *Funktion* und verzichtet auf viele ursprüngliche Kräfte und Freiheiten fast ganz, und lebt so fort: – *Sklaverei* ist notwendig zur Bildung eines höheren Organismus, ebenso *Kasten*. Verlangen nach »Ehre« ist, seine Funktion anerkannt wissen wollen. Der Gehorsam ist Zwang, Lebensbedingung, schließlich Lebensreiz. – Wer am meisten Kraft hat, andere zur Funktion zu erniedrigen, herrscht; – die Unterworfenen aber haben wieder ihre Unterworfenen, – ihre fortwährenden Kämpfe: deren Unterhaltung bis zu einem gewissen Maße ist Bedingung des Lebens für das Ganze. Das Ganze wiederum sucht seinen Vorteil und findet Gegner. – Wenn alle sich mit »Vernunft« an ihren Posten stellen wollten und nicht fortwährend so viel Kraft und Feindseligkeit äußern wollten, als sie brauchen, um zu *leben*, – so *fehlte* die treibende

Kraft im Ganzen: die Funktionen ähnlichen Grades kämpfen, es muß fortwährend *acht*gegeben werden, jede Laßheit wird ausgenützt, der Gegner *wacht*. – Ein Verband muß streben, überreich zu werden (Übervölkerung), um einen neuen zu produzieren (Kolonie), um zu zerfallen in zwei selbständige Wesen. Mittel, dem Organismus Dauer, *ohne* das Ziel der Fortpflanzung, zu geben, richten ihn zugrunde, sind unnatürlich, wie jetzt die klugen »Nationen« Europas. –

Fortwährend *scheidet* jeder Körper *aus*, er sezerniert das ihm *nicht* Brauchbare an den assimilierten Wesen: das, was der Mensch verachtet, wovor er Ekel hat, was er böse nennt, sind die *Exkremente*. Aber seine unwissende »Vernunft« bezeichnet ihm oft als böse, was ihm Not macht, unbequem ist, den anderen, den Feind, er *verwechselt* das *Unbrauchbare* und das Schwer-zu-Erwerbende, Schwer-zu-Besiegende, Schwer-Einzuverleibende. Wenn er »*mitteilt*« an andere, »*uneigennützig*« ist, – so ist dies vielleicht nur die Ausscheidung seiner *unbrauchbaren faeces*, die er aus sich wegschaffen *muß*, um nicht daran zu leiden. Er weiß, daß dieser Dünger dem fremden Felde *nützt*, und macht sich eine *Tugend* aus seiner »Freigebigkeit«. – »Liebe« ist Empfindung für das Eigentum oder das, was wir zum Eigentum wünschen.

(455)

Der Egoismus ist etwas Spätes und immer noch Seltenes: die Herdengefühle sind mächtiger und älter! Zum Beispiel: Noch immer *schätzt* sich der Mensch so hoch, als die anderen ihn schätzen (Eitelkeit). Noch immer will er *gleiche* Rechte mit den anderen und hat ein Wohlgefühl bei dem Gedanken daran, auch wenn er die Menschen gleich behandelt (was doch der Gerechtigkeit des suum cuique sehr zuwiderläuft!). Er faßt sich gar nicht als etwas Neues ins Auge, sondern strebt, sich die Meinungen der Herrschenden anzueignen, ebenfalls erzieht er seine Kinder dazu. Es ist die *Vorstufe* des Egoismus, kein Gegensatz dazu: der Mensch *ist* wirklich noch nicht individuum und ego; als Funktion des Ganzen fühlt er *seine* Existenz noch am höchsten und am meisten gerechtfertigt. Deshalb läßt er über sich verfügen, durch Eltern, Lehrer, Kasten, Fürsten, um zu einer Art *Selbstachtung* zu kommen, – selbst in der Liebe ist er viel mehr der Bestimmte als der Bestimmende. Gehorsam, Pflicht erscheint ihm als »die Moral«, das heißt *er verherrlicht* seine Herdentriebe, indem er sie als *schwere Tugenden* hinstellt. –

Auch im *erwachten* Individuum ist der Urbestand der Herdengefühle noch übermächtig und mit dem *guten* Gewissen verknüpft. Der Christ mit seinem »extra ecclesiam nulla salus« ist *grausam* gegen die Gegner der christlichen Herde; der Staatsbürger verhängt *schreckliche* Strafen über den Verbrecher, nicht als ego, sondern aus dem alten Instinkte, – die *Tat* der Grausamkeit, des Mordes, der Sklaverei (Gefängnis) beleidigt ihn nicht, sobald er sie vom Herdeninstinkt aus ansieht. – Alle freieren Menschen des Mittelalters glaubten, vor allem sei das Herdengefühl zu erhalten, das seltene Individuum müsse in *dieser* Hinsicht Verstellung üben, ohne Hirten und den Glauben an allgemeine Gesetze gehe alles drunter und drüber. Wir glauben das nicht mehr – weil wir gesehen haben, daß der *Hang zur Herde* so groß ist, daß er immer wieder durchbricht, gegen alle Freiheiten des Gedankens! Es *gibt* eben noch *sehr selten* ein ego! Das Verlangen nach Staat, sozialen Gründungen, Kirchen usw. ist nicht schwächer geworden: vide die Kriege! Und die »Nationen«!

(456)

Was ist das *Kriterium* der moralischen Handlung? 1. Ihre Uneigennützigkeit, 2. ihre Allgemeingültigkeit usw. Aber das ist Stubenmoralistik. Man muß die Völker studieren und zusehn, was jedesmal das Kriterium ist, und was sich darin ausdrückt: ein Glaube, »ein solches Verhalten gehört zu unseren ersten Existenzbedingungen«. Unmoralisch heißt »untergangbringend«. Nun sind alle diese Gemeinschaften, in denen diese Sätze gefunden wurden, zugrunde gegangen: einzelne dieser Sätze sind immer von neuem unterstrichen worden, weil jede neu sich bildende Gemeinschaft sie wieder nötig hatte, z. B.: »Du sollst nicht stehlen«. Zu Zeiten, wo das Gemeingefühl für die Gesellschaft (z. B. imperium Romanum) nicht verlangt werden konnte, warf sich der Trieb aufs »Heil der Seele«, religiös gesprochen: oder »das größte Glück«, philosophisch geredet. Denn auch die griechischen Moralphilosophen empfanden nicht mehr mit ihrer πόλις.

(457)

Ehemals sagte man von jeder Moral: »An ihren Früchten sollt ihr sie erkennen.« Ich sage von jeder Moral: »Sie ist eine Frucht, an der ich den *Boden* erkenne, aus dem sie wuchs.«

(458)

Ich lehre: Die Herde sucht einen Typus aufrechtzuerhalten und wehrt sich nach beiden Seiten, ebenso gegen die davon Entartenden (Verbrecher usw.) als gegen die darüber Emporragenden. Die Tendenz der Herde ist auf Stillstand und Erhaltung gerichtet, es ist nichts Schaffendes in ihr.

Die angenehmen Gefühle, die der Gute, Wohlwollende, Gerechte uns einflößt (im Gegensatze zu der Spannung, Furcht, welche der große, neue Mensch hervorbringt), sind *unsere* persönlichen Sicherheits-, Gleichheitsgefühle: das Herdentier verherrlicht dabei die Herdennatur und empfindet sich selber dann wohl. Dies Urteil des Wohlbehagens maskiert sich mit schönen Worten – so entsteht »Moral«. – Man beobachte aber den *Haß der Herde* gegen den Wahrhaftigen. –

(459)

Nicht das Glück, sondern die möglichst lange *Erhaltung* ist der Inhalt aller bisherigen Moral der Gemeinde und Gesellschaft (ja auf Kosten des Glückes alles Einzelnen). Also auch nicht der Nutzen. Wer hat das Interesse der *Erhaltung*? Die *Häuptlinge* an der Spitze von Familien, Ständen usw., welche fortleben wollen im Fortleben ihrer Institutionen, welche ihr *Machtgefühl* in die *Ferne* treiben. Alle *Alten*: wer sein persönlich *zu kurzes* oder *noch kurzes* Leben stark empfindet, sucht sich *einzudrücken* in die Seele und Sitte der neuen Generation und so *fortzuleben, fortzuherrschen*. Es ist Eitelkeit. – Das Individuum *gegen* die Gesellschaftsmoral und *abseits* von ihr – wenn die größte Gefahr für alle vorüber ist, können *einzelne* Bäume aufwachsen mit *ihren* Existenzbedingungen.

(460)

Wessen Wille zur Macht ist die Moral? – Das Gemeinsame in der Geschichte Europas seit *Sokrates* ist der Versuch, die *moralischen Werte* zur Herrschaft über alle anderen Werte zu bringen: so daß sie nicht nur Führer und Richter des Lebens sein sollen, sondern auch 1. der Erkenntnis, 2. der Künste, 3. der staatlichen und gesellschaftlichen Bestrebungen. »Besserwerden« als einzige Aufgabe, alles übrige dazu *Mittel* (oder Störung, Hemmung, Gefahr: folglich bis zur Vernichtung zu bekämpfen...). – Eine ähnliche Bewegung in *China*. Eine ähnliche Bewegung in *Indien*.

Was bedeutet dieser *Wille zur Macht seitens der moralischen Werte*, der in den ungeheuren Entwicklungen sich bisher auf der Erde abgespielt hat?

Antwort: – Drei Mächte sind hinter ihm versteckt: 1. Der Instinkt der *Herde* gegen die Starken und Unabhängigen; 2. der Instinkt der *Leidenden* und Schlechtweggekommenen gegen die Glücklichen; 3. der Instinkt der *Mittelmäßigen* gegen die Ausnahmen. – *Ungeheurer Vorteil dieser Bewegung*, wie viel Grausamkeit, Falschheit und Borniertheit auch in ihr mitgeholfen hat (: denn die Geschichte vom *Kampf der Moral mit den Grundinstinkten des Lebens* ist selbst die größte Immoralität, die bisher auf Erden dagewesen ist...).

(461)

Zur Kritik der Herdentugenden. – Die inertia tätig 1. im Vertrauen, weil Mißtrauen Spannung, Beobachtung, Nachdenken nötig macht; – 2. in der Verehrung, wo der Abstand der Macht groß ist und Unterwerfung notwendig: um nicht zu fürchten, wird versucht zu lieben, hochzuschätzen und die Machtverschiedenheit als *Wert*verschiedenheit auszudeuten, so daß das Verhältnis *nicht mehr revoltiert*; – 3. im Wahrheitssinn: Was ist wahr? Wo eine Erklärung gegeben ist, die uns das Minimum von geistiger Kraftanstrengung macht (überdies ist Lügen sehr anstrengend); – 4. in der Sympathie: Sich gleichsetzen, versuchen, gleich zu empfinden, ein vorhandenes Gefühl *anzunehmen*, ist eine Erleichterung: es ist etwas Passives gegen das Aktivum gehalten, welches die eigensten Rechte des Werturteils sich wahrt und beständig betätigt (letzteres gibt keine Ruhe); – 5. in der Unparteilichkeit und Kühle des Urteils: Man scheut die Anstrengung des Affekts und stellt sich lieber abseits, »objektiv«; – 6. in der Rechtschaffenheit: Man gehorcht lieber einem vorhandenen Gesetz, als daß man sich ein Gesetz *schafft*, als daß man sich und anderen befiehlt: die Furcht vor dem Befehlen –: lieber sich unterwerfen als reagieren; – 7. in der Toleranz: Die Furcht vor dem Ausüben des Rechts, des Richtens.

(462)

Die Vorherrschaft der moralischen Werte. – Folgen dieser Vorherrschaft: die Verderbnis der Psychologie usw., das Verhängnis überall, das an ihr hängt. Was *bedeutet* diese Vorherrschaft? Worauf weist sie hin? –

Auf eine gewisse *größere Dringlichkeit* eines bestimmten Ja und Nein auf diesem Gebiete. Man hat alle Arten *Imperative* darauf verwendet, um die moralischen Werte als fest erscheinen zu lassen: sie sind am längsten kommandiert worden: – sie *scheinen* instinktiv, wie innere Kommandos. Es drücken sich *Erhaltungsbedingungen der Sozietät* darin aus, daß die moralischen Werte als *undiskutierbar* empfunden werden. Die Praxis: das will heißen die *Nützlichkeit*, untereinander sich über die obersten Werte zu verstehen, hat hier eine Art Sanktion erlangt. Wir sehen *alle Mittel angewendet*, wodurch das Nachdenken und die Kritik auf diesem Gebiete *lahm* gelegt wird: – welche Attitüde nimmt noch Kant an! nicht zu reden von denen, welche es als unmoralisch ablehnen, hier zu »forschen« –

(463)

Moral der *Wahrhaftigkeit* in der Herde. »Du sollst erkennbar sein, dein Inneres durch deutliche und konstante Zeichen ausdrücken, – sonst bist du gefährlich: und wenn du böse bist, ist die Fähigkeit, dich zu verstellen, das Schlimmste für die Herde. Wir verachten den Heimlichen, Unerkennbaren. – *Folglich* mußt du dich selbst für erkennbar halten, du darfst dir nicht *verborgen* sein, du darfst *nicht* an deinen *Wechsel* glauben.« Also: die Forderung der Wahrhaftigkeit setzt die *Erkennbarkeit* und die *Beharrlichkeit* der Person voraus. Tatsächlich ist es Sache der Erziehung, das Herdenmitglied zu einem *bestimmten Glauben* über das Wesen des Menschen zu bringen: sie *macht erst diesen Glauben* und fordert dann daraufhin »Wahrhaftigkeit«.

(464)

Innerhalb einer Herde, jeder Gemeinde, also inter pares, hat die *Überschätzung* der Wahrhaftigkeit guten Sinn. Sich nicht betrügen lassen – und *folglich*, als persönliche Moral, selber nicht betrügen! eine gegenseitige Verpflichtung unter Gleichen! Nach *außen* hin verlangt die Gefahr und Vorsicht, daß man *auf der Hut vor Betrug* sei: als psychologische Vorbedingung dazu auch *innen*. Mißtrauen als Quelle der Wahrhaftigkeit.

(465)

Versuch meinerseits, die *absolute Vernünftigkeit* des gesellschaftlichen Urteilens und Wertschätzens zu begreifen (natürlich frei von dem Willen, dabei moralische Resultate herauszurechen).

: den Grad von *psychologischer Falschheit* und Undurchsichtigkeit, um die zur Erhaltung und Machtsteigerung wesentlichen Affekte zu *heiligen* (um sich für sie das *gute Gewissen* zu schaffen).

: den Grad von *Dummheit*, damit eine gemeinsame Regulierung und Wertung möglich bleibt (dazu Erziehung, Überwachung der Bildungselemente, Dressur).

: den Grad von *Inquisition, Mißtrauen und Unduldsamkeit*, um die Ausnahmen als Verbrecher zu behandeln und zu unterdrücken, – um ihnen selbst das schlechte Gewissen zu geben, so daß diese innerlich an ihrer Ausnahmehaftigkeit krank sind.

(466)

Das Patronat der Tugend. – Habsucht, Herrschsucht, Faulheit, Einfalt, Furcht: alle haben ein Interesse an der Sache der Tugend: darum steht sie so fest.

(467)

Der heuchlerische Anschein, mit dem alle *bürgerlichen Ordnungen* übertüncht sind, wie als ob sie *Ausgeburten der Moralität* wären –

z. B. die Ehe; die Arbeit; der Beruf; das Vaterland; die Familie; die Ordnung; das Recht. Aber da sie insgesamt auf die *mittelmäßigste* Art Mensch hin begründet sind, zum Schutz gegen Ausnahmen und Ausnahmebedürfnisse, so muß man es billig finden, wenn hier viel gelogen wird.

(468)

Es ist die uralte Übung innerhalb der *Herde*: die eigentliche *Unredlichkeit*, bei sich nur die *erlaubten* Urteile und Empfindungen zu *sehen*. Diese allen Guten gemeinsame Übung bringt die *Uniformität* der gemeinsamen Handlungen hervor: es gibt ihnen ihre ungeheure *Kraft*, an so *wenige* Motive bei sich und dem Nächsten zu *glauben*, und nur an *gute*. Der Pharisäer ist der Urtypus des erhaltenden Menschen, immer nötig.

(469)

Jede Gesellschaft hat die Tendenz, ihre Gegner bis zur *Karikatur* – zum mindesten in ihrer *Vorstellung* – herunterzubringen und gleichsam auszuhungern. Eine solche Karikatur ist z. B. unser »*Verbrecher*«. Inmitten der römisch-aristokratischen Ordnung der Werte war der *Jude* zur Karikatur reduziert. Unter Künstlern wird der »Biedermann und bourgeois« zur Karikatur; unter Frommen der Gottlose; unter Aristokraten der Volksmann. Unter Immoralisten wird es der Moralist: Plato z. B. wird bei mir zur Karikatur.

(470)

Das Gewissen verändert sich nach der Umgebung, in der wir leben: insofern das Gefühl der Nichtübereinstimmung der Wertschätzung bei uns den Trieb der Furcht, Skepsis, des Verschweigens, der Verstohlenheit usw. erzeugt: – diese Triebe entladen sich allmählich *sofort* bei unseren Regungen und verwandeln unser Gewissen in ein *böses* Gewissen.

(471)

Die moralischen Urteile sind Epidemien, die ihre Zeit haben.

(472)

Forscher wie Lecky können den *Verfall* einer Meinung nach ihrer größten Herrschaft nie erklären. Die *Meinungen* (auf der Basis des Geschmacks) sind große *Krankheiten* über viele Geschlechter hin, physiologisch endlich *ausheilend* und absterbend – und die Meinungen selber sind nur der uns bekannte Ausdruck eines physiologischen Vorgangs. Es gibt individuelle und überindividuelle Krankheiten. Man muß die Menschen studieren, in welchen die Gegenmeinung oder die Skepsis auftaucht: ein neues physiologisches Merkmal ist in ihnen, wahrscheinlich der

Keim einer *anderen* Krankheit. – Die Menschen als die *wahnsinnigen* Tiere.

(473)
Begreift man, wie auch jetzt noch das Leben im großen (im Gange der Staaten, Sittlichkeiten usw.) durch *Irrtümer* gezeugt wird: wie die Irrtümer aber immer höher und feiner werden müssen: so wird es wahrscheinlich, daß das, was *ursprünglich* das Leben zeugte, eben der denkbar *gröbste Irrtum* war, – daß zuerst sich dieser Irrtum entwickelt hat und daß überhaupt die ältesten und am besten einverleibten Irrtümer es seien, auf denen der Fortbestand der Gesellschaft beruht. Nicht die Wahrheit, sondern die Nützlichkeit und Erhaltungsfähigkeit von Meinungen hat sich im Verlauf der Empirie beweisen müssen: es ist ein Wahn, dem auch unsere jetzige Erfahrung widerspricht, daß die möglichste Anpassung an den *wirklichen* Sachverhalt die lebensgünstigste Bedingung sei. – Es kann sehr viele Ansätze zu Vorstellungen über die Dinge gegeben haben, die wahrer waren (und es gibt deren immer noch), aber sie gehen zugrunde, sie wollen sich nicht mehr einverleiben; – das Fundament von Irrtümern, auf dem jetzt alles ruht, wirkt auswählend, regulierend, es verlangt von allem »Erkannten« eine Anpassung als Funktion, – sonst scheidet es dasselbe aus. – Innerhalb jedes kleinen Kreises wiederholt sich der Prozeß: es werden viele Ansätze zu neuen Meinungen gemacht, aber eine Auswahl findet statt, das Lebendige, Im-Leben-bleiben-Wollende entscheidet. Meinungen haben nie etwas zugrunde gerichtet, – *aber bei allem Zugrundegehen* schießen die Meinungen frei auf, die bisher unterdrückt wurden. Jede neue Erkenntnis ist schädigend, bis sie sich in ein Organ der alten verwandelt hat und die Hierarchie von alt und jung in derselben anerkennt, – sie muß lange embryonal-schwach bleiben; Ideen treten oft spät erst in ihrer Natur auf, sie hatten Zeit nötig, sich einzuverleiben und großzuwachsen.

(474)
Die gewöhnlichen Gedanken (und alles, was man unter gesundem Menschenverstand begreift) genießen deshalb eine so hohe Achtung und werden deshalb im Grunde jedermann zur Pflicht gemacht, weil diese Art zu denken eine große Bewährung für sich hat: *mit ihr ist die Menschheit nicht zugrunde gegangen*; dies genügt, um die Menschheit zu dem Schlusse zu bringen – sie schließt so gern und so schnell! –, daß der gesunde Menschenverstand die *Wahrheit* für sich habe. »Wahr« – das ist im allgemeinen nur soviel als: zweckmäßig zur Erhaltung der Menschheit. Wor-

an ich zugrunde gehe, wenn ich es glaube – wird da geschlossen –, das ist für mich *nicht wahr* –, es ist eine willkürliche, ungehörige Relation meines Wesens zu anderen Dingen.

(475)

Eine Moral, eine durch lange Erfahrung und Prüfung erprobte, *bewiesene* Lebensweise kommt zuletzt als Gesetz zum Bewußtsein, als *dominierend*... Und damit tritt die ganze Gruppe verwandter Werte und Zustände in sie hinein: sie wird ehrwürdig, unangreifbar, heilig, wahrhaft; es gehört zu ihrer Entwicklung, daß ihre Herkunft *vergessen* wird... Es ist ein Zeichen, daß sie Herr geworden ist...

Ganz dasselbe könnte geschehen sein mit den *Kategorien der Vernunft*: dieselben könnten, unter vielem Tasten und Herumgreifen, sich bewährt haben durch relative Nützlichkeit... Es kam ein Punkt, wo man sie zusammenfaßte, sich als Ganzes zum Bewußtsein brachte – und wo man sie *befahl*, d. h. wo sie wirkten als *befehlend*... Von jetzt ab galten sie als a priori, als jenseits der Erfahrung, als unabweisbar. Und doch drücken sie vielleicht nichts aus als eine bestimmte Rassen- und Gattungszweckmäßigkeit, – bloß ihre Nützlichkeit ist ihre »Wahrheit« –

(476)

Dies ist mir bewußt geworden: in welcher seltsamen *Vereinfachung der Dinge und Menschen* leben wir! Wie haben wir es uns *leicht* und *bequem* gemacht und unseren Sinnen einen Freipaß für *oberflächliche* Beobachtung, unserem Denken für die tollsten, mutwilligsten Sprünge und *Fehl*schlüsse gegeben! Das Bild, welches allmählich die Wissenschaft ausführt, ist *nicht* aus anderen Erkenntnisquellen geschöpft: dieselben Sinne, dasselbe Urteilen und Schließen, aber gleichsam *moralisch geworden*, stoisch geduldig, tapfer, gerecht, unermüdlich, nicht zu beleidigen, nicht zu entzücken. Es sind gute Sinne, es ist gutes Denken, was in der Wissenschaft arbeitet. Und diese Wissenschaft deckt nun endlich auch *dem guten Menschen* seine Oberflächlichkeit und seine Fehlschlüsse auf, die Grundlagen seiner Wertschätzungen, auch seinen *Aberglauben*, daß *der moralische* Mensch die Menschheit so weit entwickelt habe: der unmoralische Mensch hat nicht weniger Anteil – und selbst in der Wissenschaft sind fortwährend in feinen Dosen Feindschaft, Mißtrauen, Rache, Widerspruchssinn, List, Argwohn tätig und nötig: in aller ihrer Tapferkeit, Gerechtigkeit und ἀταραξία ist dieses böse Element. Wenn die einzelnen Forscher nicht einseitig eingenommen für ihren Einfall wären, wenn sie nicht ihre Unterhaltung haben wollten, ihre

Mißachtung fürchteten – wenn sie sich nicht gegenseitig durch Neid und Argwohn in Schranken hielten, so *fehlte der Wissenschaft ihr gerechter und tapferer Charakter*. Aber als Ganzes erzieht sie zu gewissen *Wertschätzungen* – die res publica der Gelehrten erzwingt eine gewisse moralische Handlungsweise, mindestens den Ausdruck derselben.

(477)

Ich versuche eine *ökonomische* Rechtfertigung der Tugend. – Die Aufgabe ist, den Menschen möglichst nutzbar zu machen und ihn, soweit es irgendwie angeht, der unfehlbaren Maschine zu nähern: zu diesem Zwecke muß er mit *Maschinentugenden* ausgestattet werden (– er muß die Zustände, in welchen er machinal-nutzbar arbeitet, als die höchstwertigen empfinden lernen: dazu tut not, daß ihm die *anderen* möglichst verleidet, möglichst gefährlich und verrufen gemacht werden).

Hier ist der erste Stein des Anstoßes die *Langeweile*, die *Einförmigkeit*, welche alle machinale Tätigkeit mit sich bringt. *Diese* ertragen zu lernen – und nicht nur zu ertragen –, die Langeweile von einem höheren Reiz umspielt sehen lernen: dies war bisher die Aufgabe alles höheren Schulwesens. Etwas lernen, das uns nichts angeht; und ebendarin, in diesem »objektiven« Tätigsein, seine »Pflicht« empfinden; die Lust und die Pflicht voneinander getrennt abschätzen lernen – das ist die unschätzbare Aufgabe und Leistung des höheren Schulwesens. Der Philologe war deshalb bisher der Erzieher *an sich*: weil seine Tätigkeit selber das Muster einer bis zum Großartigen gehenden Monotonie der Tätigkeit abgibt; unter seiner Fahne lernt der Jüngling »ochsen«: erste Vorbedingung zur einstmaligen Tüchtigkeit machinaler Pflichterfüllung (als Staatsbeamter, Ehegatte, Büroklave, Zeitungsleser und Soldat). Eine solche Existenz bedarf vielleicht einer philosophischen Rechtfertigung und Verklärung mehr noch als jede andere: die *angenehmen* Gefühle müssen von irgendeiner unfehlbaren Instanz aus überhaupt als niedrigeren Ranges abgewertet werden; die »Pflicht an sich«, vielleicht sogar das Pathos der Ehrfurcht in Hinsicht auf alles, was unangenehm ist, – und diese Forderung als jenseits aller Nützlichkeit, Ergötzlichkeit, Zweckmäßigkeit redend, imperativisch... Die machinale Existenzform als höchste, ehrwürdigste Existenzform, sich selbst anbetend (– Typus: Kant als Fanatiker des Formalbegriffs »du sollst«).

(478)

Die *Kunstgriffe*, um Handlungen, Maßregeln, Affekte zu ermöglichen, welche, individuell gemessen, nicht mehr »statthaft«, – auch nicht mehr »schmackhaft« sind:

die Kunst »macht sie uns schmackhaft«, die uns in solche »entfremdete« Welten eintreten läßt;

der *Historiker* zeigt ihre Art Recht und Vernunft; die Reisen; der Exotismus; die Psychologie; Strafrecht; Irrenhaus; Verbrecher; Soziologie;

die »*Unpersönlichkeit*« (so daß wir als *Media* eines Kollektivwesens uns diese Affekte und Handlungen gestatten – Richterkollegien, Jury, Bürger, Soldat, Minister, Fürst, Sozietät, »Kritiker« –) gibt uns das Gefühl, *als ob wir ein Opfer brächten* ...

(479)

Das *Kontinuum*: »Ehe, Eigentum, Sprache, Tradition, Stamm, Familie, Volk, Staat« sind Kontinuen niederer und höherer Ordnung. Die Ökonomik derselben besteht in dem *Überschusse* der *Vorteile* der ununterbrochenen Arbeit, sowie der Vervielfachung über die *Nachteile*: die größeren Kosten der Auswechslung der Teile oder der Dauerbarmachung derselben. (Vervielfältigung der wirkenden Teile, welche doch vielfach unbeschädigt bleiben, also größere Anschaffungskosten und nicht unbedeutende Kosten der Erhaltung.) Der Vorteil besteht darin, daß die Unterbrechungen vermieden und die aus ihnen entspringenden Verluste gespart werden. *Nichts ist kostspieliger als ein Anfang*.

»Je größer die Daseinsvorteile, desto größer auch die Erhaltungs- und Schaffungskosten (Nahrung und Fortpflanzung); desto größer auch die Gefahren und die Wahrscheinlichkeit, vor der erreichten Höhe zugrunde zu gehen.«

(480)

Die Ehe ist für die durchschnittlichen Menschen ausgedacht, welche weder der großen Liebe noch der großen Freundschaft fähig sind, für die meisten also: aber auch für jene ganz Seltenen, welche sowohl der Liebe als der Freundschaft fähig sind.

(481)

Recht = der Wille, ein jeweiliges Machtverhältnis zu verewigen; Zufriedenheit damit ist die Voraussetzung. Alles, was ehrwürdig ist, wird hinzugezogen, das Recht als das Ewige erscheinen zu lassen.

(482)

»Rache« – das Verlangen nach Vergeltung – ist *nicht* das Gefühl, daß Unrecht geschehn sei, sondern daß ich *besiegt* bin – und daß ich mit allen Mitteln jetzt meine Geltung wiederherstellen muß.

(483)

Tiere gleicher Art schonen sich vielfach gegenseitig, nicht aus einem wunderbaren Instinkte des Mitgefühls, sondern weil sie beieinander gleiche Kraft voraussetzen und sich als unsichere Beute betrachten; sie versuchen es, von Tieren anderer Art zu leben und sich *ihrer* zu enthalten. Daraus bildet sich die Gewöhnung, voneinander abzusehen, und endlich Annäherung und dergleichen. Schon die Absicht, Weibchen oder Männchen an sich zu locken, kann die Tiere bestimmen, in Hinsicht auf ihre Art nicht schrecklich zu erscheinen, sondern harmlos. In ritterlichen Zeitaltern wird der Mann um so artiger und huldvoller gegen alle Frauen, je stolzer und furchtbarer er gegen alle Männer erscheint; nur so lockt er das Weibchen.

(484)

Damit etwas bestehn soll, länger als ein Einzelner, damit also ein *Werk* bestehn bleibt, das vielleicht ein Einzelner geschaffen hat: dazu muß dem Einzelnen alle mögliche Art von Beschränkung, von Einseitigkeit usw. auferlegt werden. Mit welchem Mittel? Die Liebe, Verehrung, Dankbarkeit gegen die Person, die das Werk schuf, ist eine Erleichterung: oder daß unsere Vorfahren es erkämpft haben: oder daß meine Nachkommen nur so garantiert sind, wenn ich jenes *Werk* (z. B. die πόλις) garantiere. *Moral* ist wesentlich das Mittel, über die Einzelnen hinweg, oder vielmehr durch eine *Versklavung* der Einzelnen etwas zur Dauer zu bringen. Es versteht sich, daß die Perspektive von unten nach oben ganz andere Ausdrücke geben wird als die von oben nach unten.

Ein Machtkomplex: wie wird er *erhalten*? Dadurch, daß viele Geschlechter ihm sich opfern.

(485)

Das Problem einer Kultur selten richtig gefaßt. Ihr Ziel ist nicht das größtmögliche *Glück* eines Volkes, auch nicht die ungehinderte Entwicklung *aller* seiner Begabungen: sondern in der richtigen *Proportion* dieser Entwicklungen zeigt sie sich. Ihr Ziel zeigt über das Erdenglück hinaus: die Erzeugung großer Werke ist ihr Ziel.

(486)

Einstmals hatte man die *Theorie* vom Staat als einer berechnenden Nützlichkeit: *jetzt hat man die Praxis dazu!* – Die Zeit der Könige ist vorbei, weil die Völker ihrer nicht mehr würdig sind: sie *wollen* nicht das Urbild ihres Ideals im Könige sehn, sondern ein Mittel ihres Nutzens. – Das ist die ganze Wahrheit!

(487)

Ihr habt alle nicht den Mut, einen Menschen zu töten, oder auch nur zu peitschen, oder auch nur zu –, aber die ungeheure Maschine von *Staat* überwältigt den einzelnen, so daß er die Verantwortlichkeit für das, was er tut, ablehnt (Gehorsam, Eid usw.).

– Alles was ein Mensch im Dienste des Staates *tut*, geht wider seine Natur.

– Insgleichen alles, was er in Hinsicht auf den zukünftigen Dienst im Staate *lernt*, geht wider seine Natur.

Das wird erreicht durch die *Arbeitsteilung* (so daß niemand die ganze Verantwortlichkeit mehr hat):

der Gesetzgeber – und der, der das Gesetz ausführt;
der Disziplinlehrer – und die, welche in der Disziplin hart und
    streng geworden sind.

(488)

Der *Staat* oder die organisierte *Unmoralität* – *inwendig*: als Polizei, Strafrecht, Stände, Handel, Familie; *auswendig*: als Wille zur Macht, zum Kriege, zur Eroberung, zur Rache.

Wie wird es erreicht, daß er eine *große Menge* Dinge tut, zu denen der *Einzelne* sich nie verstehen würde? – Durch Zerteilung der Verantwortlichkeit, des Befehlens und der Ausführung. Durch *Zwischenlegung* der Tugenden des Gehorsams, der Pflicht, der Vaterlands- und Fürstenliebe. Durch Aufrechterhaltung des Stolzes, der Strenge, der Stärke, des Hasses, der Rache, – kurz aller typischen Züge, welche dem Herdentypus *widersprechen*.

(489)

Voraussetzung des bisherigen Staates: »*Der Mensch soll sich nicht entwickeln,* – das *Maß ist da!*« Die katholische Kirche (die älteste aller Staatsformen in Europa) repräsentiert den alten Staat jetzt am besten!

(490)

Ja die Philosophie des Rechts! Das ist eine Wissenschaft, welche wie alle moralische Wissenschaft noch nicht einmal in der Windel liegt.

Man verkennt z. B. immer noch, auch unter frei sich dünkenden Juristen, die älteste und wertvollste *Bedeutung* der Strafe – man kennt sie gar nicht: und solange die Rechtswissenschaft sich nicht auf einen neuen Boden stellt, nämlich auf die Historien- und die Völkervergleichung, wird es bei dem unnützen Kampfe von grundfalschen Abstraktionen verbleiben, welche heute sich als »Philosophie des Rechts« vorstellen und die sämtlich vom gegenwärtigen Menschen abgezogen sind. Dieser gegenwärtige Mensch ist aber ein so verwickeltes Geflecht, auch in bezug auf seine rechtlichen Wertschätzungen, daß er die verschiedensten *Ausdeutungen* erlaubt.

(491)

Im alten Strafrecht war ein *religiöser* Begriff mächtig: der der sühnenden Kraft der Strafe. Die Strafe reinigt: in der modernen Welt befleckt sie. Die Strafe ist eine Abzahlung: man ist wirklich das *los*, für was man so viel hat leiden *wollen*. Gesetzt, daß an diese Kraft der Strafe geglaubt wird, so gibt es hinterdrein eine *Erleichterung* und ein *Aufatmen*, das wirklich einer neuen Gesundheit, einer Wiederherstellung nahekommt. Man hat nicht nur seinen Frieden wieder mit der Gesellschaft gemacht, man ist vor sich selbst auch wieder achtungswürdig geworden, – »rein« ... Heute isoliert die Strafe noch mehr als das Vergehen; das *Verhängnis* hinter einem Vergehen ist dergestalt gewachsen, daß es unheilbar geworden ist. Man kommt als *Feind* der Gesellschaft aus der Strafe heraus ... Von jetzt ab gibt es einen Feind mehr.

Das jus talionis *kann* diktiert sein durch den Geist der Vergeltung (d.h. durch eine Art Mäßigung des Racheinstinktes); aber bei *Manu* z. B. ist es das Bedürfnis, ein Äquivalent zu haben, um zu *sühnen*, um religiös wieder »frei« zu sein.

(492)

Das Beschimpfende ist erst so in die Strafe gekommen, daß gewisse Bußen an verächtliche Menschen (Sklaven z. B.) geknüpft wurden. Die, welche am meisten bestraft wurden, waren verächtliche Menschen, und schließlich lag im Strafen etwas Beschimpfendes.

(493)

Mein leidlich radikales Fragezeichen bei allen neueren Strafgesetzgebungen ist dieses: daß die Strafen proportional wehe tun sollen gemäß der Größe des Verbrechens – und so wollt ihr's ja alle im Grunde! –, nun, so müßten sie jedem Verbrecher proportional seiner Empfindlichkeit für Schmerz zugemessen werden: – das heißt, es dürfte eine *vorherige* Bestimmung der Strafe für ein Vergehen, es dürfte einen Strafkodex *gar nicht geben*? Aber in Anbetracht, daß es nicht leicht gelingen möchte, bei einem Verbrecher die Gradskala seiner Lust und Unlust festzustellen, so würde man in praxi wohl auf das Strafen verzichten müssen? Welche Einbuße! Nicht wahr? Folglich – –

(494)

Mit was für Mitteln man rohe Völker zu behandeln hat und daß die »Barbarei« der Mittel nichts Willkürliches und Beliebiges ist, das kann man in praxi mit Händen greifen, wenn man mit aller seiner europäischen Verzärtelung einmal in die Notwendigkeit versetzt wird, am Kongo oder irgendwo Herr über Barbaren bleiben zu müssen.

(495)
Das Machtgefühl erst erobernd, dann beherrschend (organisierend), – es reguliert das Überwundene zu *seiner* Erhaltung und *dazu erhält es das Überwundene selber*. – Auch die Funktion ist aus Machtgefühl entstanden, im Kampf mit noch schwächeren Kräften. Die Funktion erhält sich in der Überwältigung und Herrschaft über noch niedrigere Funktionen, – *darin wird sie von der höheren Macht unterstützt*!

(496)
Die Metamorphosen der Sklaverei; ihre Verkleidung unter religiöse Mäntel; ihre Verklärung durch die Moral.

(497)
Das Befehlen und das Gehorchen ist die Grundtatsache: das setzt eine Rangordnung *voraus*.

(498)
Die *Ordnung der Kasten* beruht auf der Beobachtung, daß es drei oder vier Arten Mensch gibt, zu anderer Tätigkeit bestimmt und am besten entwickelt, wie diese Tätigkeit durch Arbeitsteilung ihnen allen zusteht. Eine Art Sein als *Vorrecht*, – eine Art Tätigkeit ebenfalls.

(499)
Die *Ordnung der Kasten* ist nur die Sanktionierung eines Naturabstandes zwischen mehreren *physiologischen Typen* (Charakteren, Temperamenten usw.), – sie ist nur die Sanktion der Erfahrung, sie geht ihr nicht voraus, noch weniger hebt sie dieselbe auf...

(500)
Erst die eiserne Klammer des Staates zwängt die größeren Massen so aneinander, daß jetzt jene chemische Scheidung der Gesellschaft, mit ihrem neuen pyramidalen Aufbau, vor sich gehen *muß*.

(501)
»Du sollst nicht lügen«: man fordert Wahrhaftigkeit. Aber die Anerkennung des Tatsächlichen (das Sich-nicht-belügen-lassen) ist gerade bei den Lügnern am größten gewesen: sie erkannten eben auch das *Un*tatsächliche dieser populären »Wahrhaftigkeit«. Es wird beständig zu viel oder zu wenig gesagt: die Forderung, *sich zu entblößen* mit jedem Worte, das man spricht, ist eine Naivität.

Man sagt, was man denkt, man ist »wahrhaft« *nur unter Voraussetzungen*: nämlich unter der, *verstanden* zu werden (inter pares), und zwar wohlwollend verstanden zu werden (*noch einmal* inter pares). Gegen das *Fremde* verbirgt man sich: und wer etwas erreichen will, sagt, was er über sich gedacht haben will, *nicht* aber was er denkt. (»Der Mächtige lügt immer.«)

(502)

Grundsatz: Nur einzelne fühlen sich *verantwortlich*. Die Vielheiten sind erfunden, um Dinge zu tun, zu denen der einzelne nicht den Mut hat. Ebendeshalb sind alle Gemeinwesen, Gesellschaften hundertmal *aufrichtiger* und *belehrender* über das Wesen des Menschen als das Individuum, welches zu schwach ist, um den Mut zu seinen Begierden zu haben ...

Der ganze »Altruismus« ergibt sich als *Privatmannklugheit*: die Gesellschaften sind nicht »altruistisch« gegeneinander ... Das Gebot der Nächstenliebe ist noch niemals zu einem Gebot der Nachbarliebe erweitert worden. Vielmehr gilt da noch, was bei Manu steht: »Alle uns angrenzenden Reiche, ebenso deren Verbündete, müssen wir als uns feindlich denken. Aus demselben Grunde hinwiederum müssen uns *deren* Nachbarn als uns freundlich gesinnt gelten.«

Das Studium der Gesellschaft ist deshalb so unschätzbar, weil der Mensch als Gesellschaft viel *naiver* ist als der Mensch als »Einheit«. Die »Gesellschaft« hat die *Tugend* nie anders angesehen denn als Mittel der Stärke, der Macht, der Ordnung.

Wie einfältig und würdig sagt es Manu: »Aus eigner Kraft würde die Tugend sich schwerlich behaupten können. Im Grunde ist es nur die Furcht vor Strafe, was die Menschen in Schranken hält und jeden im ruhigen Besitz des Seinen läßt.«

(503)

Der *Egoismus* ist verketzert worden von denen, die ihn *übten* (Gemeinden, Fürsten, Parteiführer, Religionsstifter, Philosophen wie Plato); sie brauchten die entgegengesetzte Gesinnung bei den Menschen, die ihnen *Funktion* leisten sollten. – Wo eine Zeit, ein Volk, eine Stadt hervorragt, ist es immer, daß der *Egoismus* derselben sich bewußt wird und kein Mittel mehr scheut (sich *nicht mehr* seiner selber *schämt*). Reichtum an Individuen ist Reichtum an solchen, die sich ihres Eigenen und Abweichenden nicht mehr schämen. Wenn ein Volk stolz wird und Gegner sucht, wächst es an Kraft und Güte. – Dagegen die Selbstlosigkeit verherrlichen! und zugeben wie Kant, daß wahrscheinlich *nie* eine Tat derselben getan worden sei! Also nur um das entgegengesetzte Prinzip herabzusetzen, seinen Wert zu drücken, die Menschen kalt und verächtlich, folglich *gedankenfaul* gegen den Egoismus stimmen! – Denn bisher ist es der *Mangel* an feinem, planmäßigem Egoismus gewesen, was die Menschen im ganzen auf einer so niedrigen Stufe erhält! *Gleichheit* gilt als verbindend und erstrebenswert! Es spukt ein falscher Begriff von Eintracht und Frieden, als dem *nützlichsten* Zustande. In Wahrheit gehört überall ein starker *Antagonismus* hinein, in Ehe, Freundschaft, Staat, Staatenbund, Körperschaft, gelehrte Vereine, Religion, damit etwas Rechtes wachse. Das Widerstreben ist die Form der *Kraft* – im Frieden wie im Kriege; folglich müssen verschiedene Kräfte und nicht gleiche dasein, denn diese würden sich das Gleichgewicht halten!

(504)

Wirkung des *Verbots*. – Jede Macht, die verbietet, die Furcht zu erregen weiß bei dem, dem etwas verboten wird, erzeugt das »schlechte Gewissen« (das heißt die Begierde nach etwas mit dem Bewußtsein der *Gefährlichkeit* ihrer Befriedigung, mit der Nötigung zur Heimlichkeit, zum Schleichweg, zur Vorsicht). Jedes Verbot verschlechtert den Charakter bei denen, die sich ihm nicht willentlich unterwerfen, sondern nur gezwungen.

(505)

Man muß sehr unmoralisch sein, um durch die Tat *Moral zu machen* ... Die Mittel der Moralisten sind die furchtbarsten Mittel, die je gehandhabt worden sind; wer den Mut nicht zur Unmoralität der Tat hat, taugt zu allem übrigen, er taugt nicht zum Moralisten.

Die Moral ist eine Menagerie; ihre Voraussetzung, daß eiserne Stäbe nützlicher sein können als Freiheit, selbst für den Eingefangenen; ihre andere Voraussetzung, daß es Tierbändiger gibt, die sich vor furchtbaren Mitteln nicht fürchten, – die glühendes Eisen zu handhaben wissen. Diese schreckliche Spezies, die den Kampf mit dem wilden Tier aufnimmt, heißt sich »Priester«.

Der Mensch, eingesperrt in einen eisernen Käfig von Irrtümern, eine Karikatur des Menschen geworden, krank, kümmerlich, gegen sich selbst böswillig, voller Haß auf die Antriebe zum Leben, voller Mißtrauen gegen alles, was schön und glücklich ist am Leben, ein wandelndes Elend: diese künstliche, willkürliche, *nachträgliche* Mißgeburt, welche die Priester aus ihrem Boden gezogen haben, den »Sünder«: wie werden wir es erlangen, dieses Phänomen trotz alledem zu *rechtfertigen*?

Um billig von der Moral zu denken, müssen wir zwei *zoologische*

Begriffe an ihre Stelle setzen: *Zähmung* der Bestie und *Züchtung einer bestimmten Art.*

Die Priester gaben zu allen Zeiten vor, daß sie »bessern« wollen... Aber wir andern lachen, wenn ein Tierbändiger von seinen »gebesserten« Tieren reden wollte. Die Zähmung der Bestie wird in den meisten Fällen durch eine Schädigung der Bestie erreicht: auch der moralische Mensch ist kein besserer Mensch, sondern nur ein geschwächter. Aber er ist weniger schädlich...

(506)

Wie verräterisch sind alle Parteien! – sie bringen etwas von ihren Führern ans Licht, das von ihnen vielleicht mit großer Kunst unter den Scheffel gestellt ist.

(507)

Die *gelobten* Zustände und Begierden: – friedlich, billig, mäßig, bescheiden, ehrfürchtig, rücksichtsvoll, tapfer, keusch, redlich, treu, gläubig, gerade, vertrauensvoll, hingebend, mitleidig, hilfreich, gewissenhaft, einfach, mild, gerecht, freigebig, nachsichtig, gehorsam, uneigennützig, neidlos, gütig, arbeitsam –

Zu unterscheiden: inwiefern *solche Eigenschaften* bedingt sind als *Mittel* zu einem bestimmten Willen und *Zwecke* (oft einem »*bösen*« Zwecke); oder als natürliche *Folgen* eines dominierenden Affektes (z. B. *Geistigkeit*): oder Ausdruck einer Notlage, will sagen: als *Existenzbedingung* (z. B. Bürger, Sklave, Weib usw.).

Summa: Sie sind allesamt *nicht um ihrer selber willen als »gut« empfunden*, sondern bereits unter dem Maßstab der »Gesellschaft«, »Herde«, als Mittel zu deren Zwecken, als notwendig für deren Aufrechterhaltung und Förderung, als Folge zugleich eines eigentlichen *Herdeninstinktes* im einzelnen: somit im Dienste eines Instinktes, der *grundverschieden* von diesen *Tugendzuständen* ist. Denn die Herde ist nach außen hin *feindselig, selbstsüchtig, unbarmherzig*, voller Herrschsucht, Mißtrauen usw.

Im »*Hirten*« kommt der *Antagonismus heraus*: er muß die *entgegengesetzten* Eigenschaften der Herde haben.

Todfeindschaft der Herde gegen die *Rangordnung*: ihr Instinkt zugunsten der *Gleichmacher* (Christus). Gegen die *starken Einzelnen* (les souverains) ist sie feindselig, unbillig, maßlos, unbescheiden, frech, rücksichtslos, feig, verlogen, falsch, unbarmherzig, versteckt, neidisch, rachsüchtig.

(508)

Absolute Überzeugung: daß die Wertgefühle oben und unten *verschieden* sind; daß zahllose *Erfahrungen* den Unteren *fehlen*, daß von unten nach oben das Mißverständnis *notwendig* ist.

(509)

Gegen John Stuart Mill. – Ich perhorresziere seine Gemeinheit, welche sagt, »was dem einen recht ist, ist dem andern billig«; »was du nicht willst usw., das füg auch keinem andern zu«; welche den ganzen menschlichen Verkehr auf *Gegenseitigkeit der Leistung* begründen will, so daß jede Handlung als eine Art Abzahlung erscheint für etwas, das uns erwiesen ist. Hier ist die Voraussetzung *unvornehm* im untersten Sinne: hier wird die *Äquivalenz der Werte von Handlungen* vorausgesetzt bei mir und dir; hier ist der persönlichste Wert einer Handlung einfach annulliert (das, was durch nichts ausgeglichen und bezahlt werden kann –). Die »Gegenseitigkeit« ist eine große Gemeinheit; gerade daß etwas, das *ich* tue, nicht von einem andern getan werden *dürfte* und *könnte*, daß es *keinen Ausgleich* geben darf (– außer in der *ausgewähltesten Sphäre* der »Meinesgleichen«, inter pares –), daß man in einem tieferen Sinne nie zurückgibt, weil man etwas *Einmaliges ist* und nur *Einmaliges tut*, – diese Grundüberzeugung enthält die Ursache der *aristokratischen Absonderung von der Menge*, weil die Menge an »Gleichheit« und *folglich* Ausgleichbarkeit und »Gegenseitigkeit« glaubt.

(510)

Randbemerkung zu einer niaiserie anglaise. – »Was du nicht willst, daß dir die Leute tun, das tue ihnen auch nicht.« Das gilt als Weisheit; das gilt als Klugheit; das gilt als Grund der Moral, – als »güldener Spruch«. John Stuart Mill (und wer nicht unter Engländern?) glaubt daran!... Aber der Spruch hält nicht den leisesten Angriff aus. Der Kalkul: »Tue nichts, was dir selber nicht angetan werden soll«, verbietet Handlungen um ihrer schädlichen Folgen willen: der Hintergedanke ist, daß eine Handlung immer *vergolten* wird. Wie nun, wenn jemand, mit dem ›Principe‹ in der Hand, sagte: »Gerade solche Handlungen *muß* man tun, damit andere uns nicht zuvorkommen, – damit wir andere außerstand setzen, sie *uns* anzutun«? – Andrerseits: Denken wir uns einen Korsen, dem seine Ehre die vendetta gebietet. Auch er wünscht keine Flintenkugel in den Leib: aber die Aussicht auf eine solche, die Wahrscheinlichkeit einer Kugel hält ihn *nicht* ab, seiner Ehre zu genügen... Und sind wir nicht in allen *anständigen* Handlungen eben absichtlich gleichgültig gegen das, was daraus für uns kommt? Eine Handlung zu vermeiden, die schädliche Folgen für uns hätte, – das wäre ein Verbot für anständige Handlungen überhaupt.

Dagegen ist der Spruch wertvoll, weil er einen *Typus Mensch* verrät: es ist der *Instinkt der Herde*, der sich mit ihm formuliert, – man ist gleich, man nimmt sich gleich: wie ich dir, so du mir. – Hier wird wirklich an eine *Äquivalenz der Handlungen* geglaubt, die, in allen realen Verhältnissen, einfach nicht vorkommt. Es *kann* nicht jede Handlung zurückgegeben werden: zwischen wirklichen »Individuen« *gibt es keine gleichen* Handlungen, folglich auch keine »Vergeltung«... Wenn ich etwas tue, so liegt mir der Gedanke vollkommen fern, daß überhaupt dergleichen irgendeinem Menschen möglich sei: es gehört *mir*... Man kann mir nichts zurückzahlen, man würde immer eine *»andere«* Handlung gegen mich begehen. –

(511)

Der Instinkt der Herde schätzt die *Mitte* und das *Mittlere* als das Höchste und Wertvollste ab: die Stelle, auf der die Mehrzahl sich befindet; die Art und Weise, in der sie sich daselbst befindet. Damit ist er Gegner aller Rangordnung, der ein Aufsteigen von unten nach oben zugleich als ein Hinabsteigen von der Überzahl zur kleinsten Zahl ansieht. Die Herde empfindet die *Ausnahme*, sowohl das Unter-ihr wie das Über-ihr, als etwas, das zu ihr sich gegnerisch und schädlich verhält. Ihr Kunstgriff in Hinsicht auf die Ausnahmen nach oben, die Stärkeren, Mächtigeren, Weiseren, Fruchtbareren, ist, sie zur Rolle der Hüter, Hirten, Wächter zu überreden – zu ihren *ersten Dienern*: damit hat sie eine Gefahr in einen Nutzen umgewandelt. In der Mitte hört die Furcht auf: hier ist man mit nichts allein; hier ist wenig Raum für das Mißverständnis; hier gibt es Gleichheit; hier wird das eigne Sein nicht als Vorwurf empfunden, sondern als das *rechte* Sein; hier herrscht die Zufriedenheit. Das Mißtrauen gilt den Ausnahmen; Ausnahme sein gilt als Schuld.

(512)

Henrik Ibsen ist mir sehr deutlich geworden. Mit all seinem robusten Idealismus und »Willen zur Wahrheit« hat er sich nicht von dem Moral-Illusionismus freizumachen gewagt, welcher »Freiheit« sagt und nicht sich eingestehen will, was Freiheit ist: die zweite Stufe in der Metamorphose des »Willens zur Macht« seitens derer, denen sie fehlt. Auf der ersten verlangt man Gerechtigkeit von seiten derer, welche die Macht haben. Auf der zweiten sagt man »Freiheit«, d.h. man will »loskommen« von denen, welche die Macht haben. Auf der dritten sagt man *»gleiche Rechte«*, d. h. man will, solange man noch nicht das Übergewicht hat, auch die Mitbewerber hindern, in der Macht zu wachsen.

(513)

Der Kampf gegen die *großen* Menschen, aus ökonomischen Gründen gerechtfertigt. Dieselben sind gefährlich, Zufälle, Ausnahmen, Unwetter, stark genug, um langsam Gebautes und Gegründetes in Frage zu stellen. Das Explosive nicht nur unschädlich entladen, sondern womöglich seiner Entladung *vorbeugen*: Grundinstinkt aller zivilisierten Gesellschaft.

(514)

Die unerledigten Probleme, die ich neu stelle: das *Problem der Zivilisation*, der Kampf zwischen Rousseau und Voltaire um 1760. Der Mensch wird tiefer, mißtrauischer, »unmoralischer«, stärker, sich-selbst-vertrauender – und insofern »*natürlicher*«: *das* ist »Fortschritt«. – Dabei legen sich, durch eine Art von Arbeitsteilung, die verböserten Schichten und die gemilderten, gezähmten auseinander: so daß die *Gesamttatsache* nicht ohne weiteres in die Augen springt... Es gehört zur *Stärke*, zur Selbstbeherrschung und Faszination der Stärke, daß diese stärkeren Schichten die Kunst besitzen, ihre Verböserung als etwas *Höheres* empfinden zu machen. Zu jedem »Fortschritt« gehört eine Umdeutung der verstärkten Elemente ins »Gute«.

(515)

Kultur contra Zivilisation. – Die Höhepunkte der Kultur und der Zivilisation liegen auseinander: man soll sich über den abgründlichen Antagonismus von Kultur und Zivilisation nicht irreführen lassen. Die großen Momente der Kultur waren immer, moralisch geredet, Zeiten der Korruption; und wiederum waren die Epochen der gewollten und erzwungenen *Tierzähmung* (»Zivilisation« –) des Menschen Zeiten der Unduldsamkeit für die geistigsten und kühnsten Naturen. Zivilisation will etwas anderes, als Kultur will: vielleicht etwas Umgekehrtes...

(516)

Die *maskierten* Arten des Willens zur Macht:
1. Verlangen nach *Freiheit*, Unabhängigkeit, auch nach Gleichgewicht, Frieden, *Koordination*. Auch der Einsiedler, die »Geistesfreiheit«. In niedrigster Form: Wille, überhaupt dazusein, »Selbsterhaltungstrieb«.
2. Die *Einordnung*, um im größeren Ganzen dessen Willen zur Macht zu befriedigen: die *Unterwerfung*, das Sich-unentbehrlich-machen, -nützlich-machen bei dem, der die Gewalt hat; die *Liebe*, als ein Schleichweg zum Herzen des Mächtigeren, – um über ihn zu herrschen.
3. Das Pflichtgefühl, das Gewissen, der imaginäre Trost, zu

einem *höheren* Rang zu gehören als die tatsächlich Gewalthabenden; die Anerkennung einer Rangordnung, die das *Richten* erlaubt, auch über die Mächtigeren; die Selbstverurteilung; die Erfindung *neuer Werttafeln* (Juden: klassisches Beispiel).

(517)

Wann auch die »Herren« Christen werden können. – Es liegt in dem Instinkt einer *Gemeinschaft* (Stamm, Geschlecht, Herde, Gemeinde), die Zustände und Begehrungen, denen sie ihre Erhaltung verdankt, als *an sich wertvoll* zu empfinden, z. B. Gehorsam, Gegenseitigkeit, Rücksicht, Mäßigkeit, Mitleid – somit alles, was denselben im Wege steht oder widerspricht, *herabzudrücken*.

Es liegt insgleichen in dem Instinkt der *Herrschenden* (seien es einzelne, seien es Stände), die Tugenden, auf welche hin die Unterworfenen *handlich* und *ergeben* sind, zu patronisieren und auszuzeichnen (– Zustände und Affekte, die den eignen so fremd wie möglich sein können).

Der *Herdeninstinkt* und der *Instinkt* der *Herrschenden* kommen im Loben einer gewissen Anzahl von Eigenschaften und Zuständen *überein*, – aber aus verschiedenen Gründen: der erste aus unmittelbarem Egoismus, der zweite aus mittelbarem Egoismus.

Die Unterwerfung der Herrenrassen unter das Christentum ist wesentlich die Folge der Einsicht, daß das Christentum eine *Herdenreligion* ist, daß es *Gehorsam* lehrt: kurz, daß man Christen leichter beherrscht als Nichtchristen. Mit diesem Wink empfiehlt noch heute der Papst dem Kaiser von China die christliche Propaganda.

Es kommt hinzu, daß die Verführungskraft des christlichen Ideals am stärksten vielleicht auf solche Naturen wirkt, welche die Gefahr, das Abenteuer und das Gegensätzliche lieben, welche alles lieben, *wobei sie sich riskieren*, wobei aber ein non plus ultra von Machtgefühl erreicht werden kann. Man denke sich die heilige Theresa, inmitten der heroischen Instinkte ihrer Brüder: – das Christentum erscheint da als eine Form der Willensausschweifung, der Willensstärke, als eine Donquixoterie des Heroismus...

(518)

Die Moral in der Wertung von Rassen und Ständen. – In Anbetracht, daß *Affekte* und *Grundtriebe* bei jeder Rasse und bei jedem Stande etwas von ihren Existenzbedingungen ausdrücken (– zum mindesten von den Bedingungen, unter denen sie die längste Zeit sich durchgesetzt haben), heißt verlangen, daß sie »tugendhaft« sind:

daß sie ihren Charakter wechseln, aus der Haut fahren und ihre Vergangenheit auswischen:
heißt, daß sie aufhören sollen, sich zu unterscheiden:
heißt, daß sie in Bedürfnissen und Ansprüchen sich anähnlichen sollen, – deutlicher: *daß sie zugrunde gehn* . . .

Der Wille zu *einer* Moral erweist sich somit als die *Tyrannei* jener Art, der diese eine Moral auf den Leib geschnitten ist, über andere Arten: es ist die Vernichtung oder die Uniformierung zugunsten der herrschenden (sei es, um ihr nicht mehr furchtbar zu sein, sei es, um von ihr ausgenutzt zu werden). »Aufhebung der Sklaverei« – angeblich ein Tribut an die »Menschenwürde«, in Wahrheit eine *Vernichtung* einer grundverschiedenen Spezies (– Untergrabung ihrer Werte und ihres Glücks –).

Worin eine *gegnerische* Rasse oder ein gegnerischer Stand seine Stärke hat, das wird ihm als sein *Bösestes*, Schlimmstes ausgelegt; denn damit schadet er uns (– seine »Tugenden« werden verleumdet und umgetauft).

Es gilt als *Einwand* gegen Mensch und Volk, wenn er *uns schadet*: aber von seinem Gesichtspunkt aus sind *wir* ihm erwünscht, weil wir solche sind, von denen man Nutzen haben kann.

Die Forderung der »Vermenschlichung« (welche ganz naiv sich im Besitz der Formel: »Was ist menschlich?« glaubt) ist eine Tartüfferie, unter der sich eine ganz bestimmte Art Mensch zur Herrschaft zu bringen sucht: genauer, ein ganz bestimmter Instinkt, der *Herdeninstinkt*. – »Gleichheit der Menschen«: was sich *verbirgt* unter der Tendenz, immer mehr Menschen als Menschen *gleichzusetzen*.

Die »Interessiertheit« in Hinsicht auf die gemeine Moral. (Kunstgriff: die großen Begierden Herrschsucht und Habsucht zu Protektoren der Tugend zu machen.)

Inwiefern alle Art *Geschäftsmänner* und Habsüchtige, alles, was Kredit geben und in Anspruch nehmen muß, es *nötig* hat, auf gleichen Charakter und gleichen Wertbegriff zu dringen: der *Welthandel* und *-austausch* jeder Art erzwingt und *kauft* sich gleichsam die Tugend.

Insgleichen der *Staat* und jede Art Herrschaft in Hinsicht auf Beamte und Soldaten; insgleichen die Wissenschaft, um mit Vertrauen und Sparsamkeit der Kräfte zu arbeiten. – Insgleichen die *Priesterschaft*.

– Hier wird also die gemeine Moral erzwungen, weil mit ihr ein Vorteil errungen wird; und um sie zum Sieg zu bringen, wird Krieg und Gewalt geübt gegen die Unmoralität – nach welchem

»Rechte«? Nach gar keinem Rechte: sondern gemäß dem Selbsterhaltungsinstinkt. Dieselben Klassen bedienen sich der *Immoralität*, wo sie ihnen nützt.

(519)

Die moralischen Worte sind in den verschiedensten Zeiten eines Volkes dieselben: dagegen ist das Gefühl, welches sie begleitet, wenn sie ausgesprochen werden, immer im Wandel. Jede Zeit färbt dieselben alten Worte neu: jede Zeit stellt einige dieser Worte in den Vordergrund und andere zurück – nun, dies sind bekannte Dinge! Man erlaube mir, einige Bemerkungen über den moralischen Sprachgebrauch von heute zu machen. – In den Kreisen, in denen ich gelebt hatte, unterscheidet man gute Menschen, edle Menschen, große Menschen. Das Wort »gut« gebraucht man nach den wechselndsten Gesichtspunkten: ja sogar nach entgegengesetzten: wie ich gleich des genaueren zeigen werde. Wer edel genannt wird, wird damit als ein Wesen bezeichnet, das mehr als gut ist, – nicht als besonders gut, sondern als verschieden vom guten Menschen, und zwar so, daß er mit diesem Worte einer höheren Rangklasse eingereiht wird. Ein großer Mensch braucht nach dem jetzigen Sprachgebrauch weder ein guter noch ein edler Mensch zu sein, – ich erinnere mich nur *eines* Beispiels, daß ein Mensch dieses Jahrhunderts alle drei Prädikate bekommen hat, und selbst von seinen Feinden: – *Mazzini*.

(520)

Die Auflösung der Sitte, der Gesellschaft ist ein Zustand, in dem das neue *Ei* (oder mehrere *Eier*) heraustreten – Eier (Individuen) als Keime neuer Gesellschaften und Einheiten. Das Erscheinen der Individuen ist das Anzeichen der erlangten *Fortpflanzungsfähigkeit der Gesellschaft*: sobald es sich zeigt, *stirbt die alte Gesellschaft* ab. Das ist kein Gleichnis. – Unsere ewigen »Staaten« sind etwas Unnatürliches. – Möglichst viel Neubildungen! – Oder umgekehrt: Zeigt sich die Tendenz zur Verewigung des Staates, so auch Abnahme der Individuen und Unfruchtbarkeit des Ganzen: deshalb halten die Chinesen große Männer für ein nationales Unglück; sie haben die ewige Dauer im Auge. Individuen sind Zeichen des Verfalls.

(521)

Ich sehe in dem, was eine Zeit als böse empfindet, das, was ihrem Ideale widerspricht, also einen *Atavismus des ehemaligen Guten*; zum Beispiel eine gröbere Art von Grausamkeit, Mordlust, als heute vertragen wird. Irgendwann war die Handlung jedes Verbrechers eine *Tugend*. Aber jetzt empfindet er selber sie mit dem

Gewissen der *Zeit* – er legt sie böse aus. Alles oder das meiste, was Menschen tun und denken, als *böse auslegen*, geschieht dann, wenn das Ideal dem menschlichen Wesen überhaupt nicht entspricht (Christentum): so wird alles Erbsünde, während es eigentlich *Erbtugend* ist.

(522)

Die Krähwinkelei und Schollenkleberei der moralischen Abwertung und ihres »nützlich« und »schädlich« hat ihren guten Sinn: es ist die notwendige Perspektive der Gesellschaft, welche nur das Nähere und Nächste in *Hinsicht der Folgen* zu übersehen vermag.

Der *Staat* und der *Politiker* hat schon eine mehr *übermoralische* Denkweise nötig: weil er viel größere Komplexe von Wirkungen zu berechnen hat.

Insgleichen wäre eine *Weltwirtschaft* möglich, die so ferne Perspektiven hat, daß alle ihre einzelnen Forderungen für den Augenblick als ungerecht und willkürlich erscheinen dürften.

(523)

»Wollen«: ist gleich Zweck-Wollen. »Zweck« enthält eine Wertschätzung. Woher stammen die Wertschätzungen? Ist eine feste Norm von »angenehm und schmerzhaft« die Grundlage?

Aber in unzähligen Fällen *machen* wir erst eine Sache schmerzhaft dadurch, daß wir unsere Wertschätzung hineinlegen.

Umfang der moralischen Wertschätzungen: sie sind fast in jedem Sinneseindruck mitspielend. Die Welt ist uns *gefärbt* dadurch.

Wir haben die Zwecke und die Werte hineingelegt: wir haben eine ungeheure *latente Kraft*masse dadurch in uns: aber in der *Vergleichung* der Werte ergibt sich, daß Entgegengesetztes als wertvoll galt, daß *viele* Gütertafeln existierten (also nichts »an sich« wertvoll).

Bei der Analyse der einzelnen Gütertafeln ergab sich ihre Aufstellung als die Aufstellung von *Existenzbedingungen* beschränkter Gruppen (und oft irrtümlicher): zur Erhaltung.

Bei der Betrachtung der *jetzigen* Menschen ergab sich, daß wir *sehr verschiedene* Werturteile handhaben und daß keine schöpferische Kraft mehr darin ist, – die Grundlage: »die Bedingung der Existenz«, fehlt dem moralischen Urteile jetzt. Es ist viel überflüssiger, es ist lange nicht so schmerzhaft. – Es wird *willkürlich*. Chaos.

Wer schafft *das Ziel*, das über der Menschheit stehenbleibt und auch über dem einzelnen? Ehemals wollte man mit der Moral *erhalten*: aber niemand will jetzt mehr *erhalten*, es ist nichts daran zu erhalten. Also eine *versuchende Moral*: sich ein Ziel *geben*.

8. Kapitel
Erschöpftes und unerschöpftes Leben

(524)
Ich unterscheide einen Typus des aufsteigenden Lebens und einen andern des Verfalls, der Zersetzung, der Schwäche. Sollte man glauben, daß die Rangfrage zwischen beiden Typen überhaupt noch zu stellen ist?...

(525)
Um Geratenes und Mißratenes zu unterscheiden, ist der *Leib* der beste Ratgeber; mindestens ist er am besten zu studieren.

(526)
Begriff »décadence«. – Der *Abfall, Verfall, Ausschuß* ist nichts, was an sich zu verurteilen wäre: er ist eine notwendige Konsequenz des Lebens, des Wachstums an Leben. Die Erscheinung der décadence ist so notwendig wie irgendein Aufgang und Vorwärts des Lebens: man hat es nicht in der Hand, sie *abzuschaffen*. Die Vernunft will umgekehrt, *daß ihr ihr Recht wird*...

Es ist eine Schmach für alle sozialistischen Systematiker, daß sie meinen, es könnte Umstände geben, gesellschaftliche Kombinationen, unter denen das Laster, die Krankheit, das Verbrechen, die Prostitution, die *Not* nicht mehr wüchse... Aber das heißt das *Leben* verurteilen... Es steht einer Gesellschaft nicht frei, jung zu bleiben. Und noch in ihrer besten Kraft muß sie Unrat und Abfallstoffe bilden. Je energischer und kühner sie vorgeht, um so reicher wird sie an Mißglückten, an Mißgebilden sein, um so näher dem Niedergang sein... Alter schafft man nicht durch Institutionen ab. Die Krankheit auch nicht. Das Laster auch nicht.

(527)
Was sich vererbt, das ist nicht die Krankheit, sondern die *Krankhaftigkeit*: die Unkraft im Widerstande gegen die Gefahr schädlicher Einwanderungen usw.; die gebrochene Widerstandskraft; *moralisch* ausgedrückt: die Resignation und Demut vor dem Feinde.

Ich habe mich gefragt, ob man nicht alle diese obersten Werte der bisherigen Philosophie, Moral und Religion mit den Werten der Geschwächten, *Geisteskranken* und *Neurastheniker* vergleichen kann: sie stellen, in einer milderen Form, *dieselben Übel* dar...

Der Wert aller morbiden Zustände ist, daß sie in einem Vergrößerungsglas gewisse Zustände, die normal, aber als normal schlecht sichtbar sind, zeigen...

Gesundheit und *Krankheit* sind nichts wesentlich Verschiedenes, wie es die alten Mediziner und heute noch einige Praktiker glauben. Man muß nicht distinkte Prinzipien oder Entitäten daraus machen, die sich um den lebenden Organismus streiten und aus ihm ihren Kampfplatz machen. Das ist albernes Zeug und Geschwätz, das zu nichts mehr taugt. Tatsächlich gibt es zwischen diesen beiden Arten des Daseins nur Gradunterschiede: die Übertreibung, die Disproportion, die Nichtharmonie der normalen Phänomene konstituieren den krankhaften Zustand (Claude Bernard).

So gut »*das Böse*« betrachtet werden kann als Übertreibung, Disharmonie, Disproportion, so gut kann »*das Gute*« eine *Schutzdiät* gegen die Gefahr der Übertreibung, Disharmonie und Disproportion sein.

Die *erbliche Schwäche*, als *dominierendes* Gefühl: Ursache der obersten Werte.

NB. Man *will* Schwäche: warum?... Meistens, weil man *notwendig* schwach ist.

Die *Schwächung* als *Aufgabe*: Schwächung der Begehrungen, der Lust- und Unlustgefühle, des Willens zur Macht, zum Stolzgefühl, zum Haben- und Mehr-haben-wollen; die Schwächung als Demut; die Schwächung als Glaube; die Schwächung als Widerwille und Scham an allem Natürlichen, als Verneinung des Lebens, als Krankheit und habituelle Schwäche...; die Schwächung als Verzichtleisten auf Rache, auf Widerstand, auf Feindschaft und Zorn.

Der *Fehlgriff* in der Behandlung: man will die Schwäche nicht bekämpfen durch ein système fortifiant, sondern durch eine Art Rechtfertigung und *Moralisierung*: d. h. durch eine *Auslegung*...

Die *Verwechslung* zweier gänzlich verschiedener Zustände: z. B. die *Ruhe der Stärke*, welche wesentlich Enthaltung der Reaktion ist (der Typus der Götter, welche nichts bewegt), – und die *Ruhe der Erschöpfung*, die Starrheit, bis zur Anästhesie. Alle philosophisch-asketischen Prozeduren streben nach der zweiten, aber meinen in der Tat die erste..., denn sie legen dem erreichten Zustande die Prädikate bei, wie als ob ein göttlicher Zustand erreicht sei.

(528)

Theorie und Praxis. – Verhängnisvolle Unterscheidung, wie als ob es einen eignen *Erkenntnistrieb* gebe, der, ohne Rücksicht auf Fragen des Nutzens und Schadens, blindlings auf die Wahrheit losgehe: und dann, davon abgetrennt, die ganze Welt der *praktischen* Interessen...

Dagegen suche ich zu zeigen, welche Instinkte hinter all diesen *reinen* Theoretikern tätig gewesen sind, – wie sie allesamt fatalistisch im Bann ihrer Instinkte auf etwas losgingen, das *für sie* »Wahrheit« war, für sie und *nur* für sie. Der Kampf der Systeme, samt dem der erkenntnistheoretischen Skrupel, ist ein Kampf ganz bestimmter Instinkte (Formen der Vitalität, des Niedergangs, der Stände, der Rassen usw.).

Der sogenannte *Erkenntnistrieb* ist zurückzuführen auf einen *Aneignungs-* und *Überwältigungstrieb*: diesem Triebe folgend haben sich die Sinne, das Gedächtnis, die Instinkte usw. entwickelt. Die möglichst schnelle Reduktion der Phänomene, die Ökonomie, die Akkumulation des erworbenen Schatzes an Erkenntnis (d. h. angeeigneter und handlich gemachter Welt)...

Die Moral ist deshalb eine so kuriose Wissenschaft, weil sie im höchsten Grade *praktisch* ist: so daß die reine Erkenntnisposition, die wissenschaftliche Rechtschaffenheit sofort preisgegeben wird, sobald die Moral ihre Antworten fordert. Die Moral sagt: ich *brauche* manche Antworten, – Gründe, Argumente; Skrupel mögen hinterdrein kommen, oder auch nicht –

»Wie soll gehandelt werden?« – Denkt man nun nach, daß man mit einem souverän entwickelten Typus zu tun hat, von dem seit unzähligen Jahrtausenden »gehandelt« worden ist, und alles Instinkt, Zweckmäßigkeit, Automatismus, Fatalität geworden ist, so kommt einem die *Dringlichkeit* dieser Moralfrage sogar ganz komisch vor.

»Wie soll gehandelt werden?« – Moral war immer ein Mißverständnis: Tatsächlich wollte eine Art, die ein Fatum, soundso zu handeln, im Leibe hatte, sich rechtfertigen, indem sie ihre Norm als Universalnorm aufdekretieren *wollte*...

»Wie soll gehandelt werden?« ist keine Ursache, sondern eine *Wirkung*. Die Moral folgt, das Ideal kommt am Ende.

– Andrerseits verrät das Auftreten der moralischen Skrupel (anders ausgedrückt: das *Bewußtwerden der Werte*, nach denen man handelt) eine gewisse *Krankhaftigkeit*; starke Zeiten und Völker reflektieren nicht über ihr Recht, über Prinzipien zu handeln, über Instinkt und Vernunft. Das *Bewußtwerden* ist ein Zeichen davon, daß die eigentliche Moralität, d. h. Instinktgewißheit des Handelns, zum Teufel geht... Die Moralisten sind, wie jedesmal, daß eine *neue Bewußtseinswelt* geschaffen wird, Zeichen einer Schädigung, Verarmung, Desorganisation. – Die *Tiefinstinktiven* haben eine Scheu vor dem Logisieren der Pflichten: unter ihnen findet man pyrrhonistische Gegner der Dialektik und der Erkennbarkeit überhaupt... Eine Tugend wird mit »um« *widerlegt*...

Thesis: Das Auftreten der Moralisten gehört in die Zeiten, wo es zu Ende geht mit der Moralität.

Thesis: Der Moralist ist ein Auflöser der moralischen Instinkte, so sehr er deren Wiederhersteller zu sein glaubt.

Thesis: Das, was den Moralisten tatsächlich treibt, sind nicht moralische Instinkte, sondern die *Instinkte der décadence*, übersetzt in die Formeln der Moral (– er empfindet das Unsicherwerden der Instinkte als *Korruption*).

Thesis: *Die Instinkte der décadence*, die durch die Moralisten über die Instinktmoral starker Rassen und Zeiten Herr werden wollen, sind

1. die Instinkte der Schwachen und Schlechtweggekommenen;
2. die Instinkte der Ausnahmen, der Solitären, der Ausgelösten, des abortus im Hohen und Geringen;
3. die Instinkte der habituell Leidenden, welche eine noble Auslegung ihres Zustandes brauchen und deshalb so wenig als möglich Physiologen sein dürfen.

(529)

Wissenschaftlichkeit: als Dressur oder als Instinkt. – Bei den griechischen Philosophen sehe ich einen *Niedergang der Instinkte*: sonst hätten sie nicht dermaßen fehlgreifen können, den *bewußten* Zustand als den *wertvolleren* anzusetzen. Die *Intensität des Bewußtseins* steht im *umgekehrten* Verhältnis zur Leichtigkeit und Schnelligkeit der zerebralen Übermittlung. Dort regierte die *umgekehrte Meinung* über den Instinkt: was immer das Zeichen *geschwächter* Instinkte ist.

Wir müssen in der Tat das *vollkommene Leben* dort suchen, wo es am wenigsten mehr bewußt wird (d. h. seine Logik, seine Gründe, seine Mittel und Absichten, seine *Nützlichkeit* sich vorführt). Die Rückkehr zur Tatsache des bon sens, des bon homme, der »kleinen Leute« aller Art. *Einmagazinierte Rechtschaffenheit und Klugheit* seit Geschlechtern, die sich niemals ihrer Prinzipien bewußt wird und selbst einen kleinen Schauder von Prinzipien hat. Das Verlangen nach einer *räsonierenden Tugend* ist nicht räsonabel... Ein Philosoph ist mit einem solchen Verlangen kompromittiert.

(530)

Warum alles auf Schauspielerei hinauskam. – Die rudimentäre Psychologie, welche nur die *bewußten* Momente des Menschen rechnete (als Ursachen), welche »Bewußtheit« als Attribut der Seele nahm, welche einen Willen (d. h. eine Absicht) hinter allem Tun suchte: sie hatte nur nötig, auf die Frage, erstens: *Was will der Mensch?* zu antworten: das *Glück* (man durfte nicht sagen »Macht«: das wäre *unmoralisch* gewesen); – folglich ist in allem Handeln des Menschen eine Absicht, mit ihm das Glück zu erreichen. Zweitens: Wenn tatsächlich der Mensch das Glück nicht erreicht, woran liegt das? An den Fehlgriffen in bezug auf die Mittel. – *Welches ist unfehlbar das Mittel zum Glück?* Antwort: die *Tugend*. – Warum die Tugend? – Weil sie die höchste Vernünftigkeit ist und weil Vernünftigkeit den Fehler unmöglich macht, sich in den Mitteln zu vergreifen: als *Vernunft* ist die Tugend der Weg zum Glück. Die Dialektik ist das beständige Handwerk der Tugend, weil sie alle Trübung des Intellekts, alle Affekte ausschließt.

Tatsächlich will der Mensch *nicht* das »Glück«... Lust ist ein Gefühl von Macht: wenn man die Affekte ausschließt, so schließt man die Zustände aus, die am höchsten das Gefühl der Macht, folglich Lust geben. Die höchste Vernünftigkeit ist ein kalter, klarer Zustand, der fern davon ist, jenes Gefühl von Glück zu geben, das der *Rausch* jeder Art mit sich bringt...

Die antiken Philosophen bekämpfen alles, was berauscht – was die absolute Kälte und Neutralität des Bewußtseins beeinträchtigt... Sie waren konsequent, auf Grund ihrer falschen Voraussetzung: daß Bewußtsein der *hohe*, der *oberste* Zustand sei, die Voraussetzung der Vollkommenheit, – während das Gegenteil wahr ist – – –

Soweit gewollt wird, soweit gewußt wird, gibt es keine Vollkommenheit im Tun irgendwelcher Art. Die antiken Philosophen waren die *größten Stümper der Praxis*, weil sie sich theoretisch verurteilten, zur *Stümperei*... In praxi lief alles auf Schauspielerei hinaus: – und wer dahinterkam, Pyrrho z. B., urteilte wie jedermann, nämlich daß in der Güte und Rechtschaffenheit die »kleinen Leute« den Philosophen weit über sind.

Alle tieferen Naturen des Altertums haben Ekel an den *Philosophen der Tugend* gehabt; man sah Streithämmel und Schauspieler in ihnen. (Urteil über *Plato*: seitens *Epikurs*, seitens *Pyrrhos*.)

Resultat: In der Praxis des Lebens, in der Geduld, Güte und gegenseitigen Förderung sind ihnen die kleinen Leute über: – ungefähr das Urteil, wie es Dostojewski und Tolstoi für seine Muschiks in Anspruch nimmt: sie sind philosophischer in der Praxis, sie haben eine beherztere Art, mit dem Notwendigen fertig zu werden...

(531)

Es würde uns Zweifel gegen einen Menschen machen, zu hören, daß er *Gründe* nötig hat, um anständig zu bleiben: gewiß ist, daß wir seinen Umgang meiden. Das Wörtchen »denn« kompromittiert in gewissen Fällen; man *widerlegt* sich mitunter sogar durch ein einziges »denn«. Hören wir nun des weiteren, daß ein solcher Aspirant der Tugend *schlechte* Gründe nötig hat, um respektabel zu bleiben, so gibt das noch keinen Grund ab, unsern Respekt vor ihm zu steigern. Aber er geht weiter, er kommt zu uns, er sagt uns ins Gesicht: »Sie stören meine Moralität mit Ihrem Unglauben, mein Herr Ungläubiger: solange Sie nicht an meine *schlechten Gründe*, will sagen an Gott, an ein strafendes Jenseits, an eine Freiheit des Willens glauben, *verhindern* Sie meine Tugend... Moral: Man muß die Ungläubigen abschaffen: sie verhindern die *Moralisierung der Massen*.«

(532)

Inwiefern eine hohe Vernünftigkeit immer ein Symptom zugrunde gehender Rassen, eine Verarmung des Lebens ist.

(533)

Was muß, unter solcher Voraussetzung, aus der *Wissenschaft* werden? Wie steht sie da? In einem bedeutenden Sinne beinahe als *Gegnerin* der Wahrheit: denn sie ist optimistisch, denn sie glaubt an die Logik. Es wird physiologisch nachgerechnet, daß es die Niedergangszeiten einer starken Rasse sind, wo der Typus des wissenschaftlichen Menschen in ihr reif wird.

(534)

Die Menschen gehen an der *Verfeinerung des Intellekts* zugrunde: physisch und vielleicht auch moralisch. – Wir Glücklichen! Wir sind in dem *Reich der Mitte*!

(535)

Daß die Zivilisation den *physiologischen Niedergang* einer Rasse nach sich zieht. – Der Bauer von den großen Städten aufgefressen: eine unnatürliche Überreizung des Kopfes und der Sinne. Die Ansprüche an ihr Nervensystem sind zu groß: Skropheln, Schwindsucht, Nervenkrankheiten, jedes neue *Reiz*mittel steigert nur das rasche Verschwinden der Schwachen: die Epidemien raffen die Schwachen fort... Die Unproduktiven.

Die Faulheit ist eigen den Nervenschwachen, den Hysterischen, den Epileptikern, den Verbrechern.

(536)

Ein alter Chinese sagte, er habe gehört, wenn Reiche zugrunde gehn sollen, so hätten sie viele Gesetze.

(537)

Bei altgewordenen Völkern große *Sinnlichkeit*, z. B. Ungarn, Chinesen, Juden, Franzosen (denn die Kelten waren schon ein Kulturvolk!) –

(538)

Verglichen mit dem *Künstler*, ist das Erscheinen des *wissenschaftlichen* Menschen in der Tat ein Zeichen einer gewissen Eindämmung und Niveau-Erniedrigung des Lebens (– aber auch einer *Verstärkung, Strenge, Härte, Willenskraft*).

Inwiefern die Falschheit, die Gleichgültigkeit gegen *Wahr* und *Nützlich* beim Künstler Zeichen von Jugend, von »*Kinderei*« sein mögen... Ihre habituelle Art, ihre Unvernünftigkeit, ihre Ignoranz über sich, ihre Gleichgültigkeit gegen »ewige Werte«, ihr Ernst im »Spiele«, – ihr Mangel an Würde; Hanswurst und Gott benachbart; der Heilige und die Kanaille... Das *Nachmachen* als Instinkt, kommandierend. – *Aufgangskünstler – Niedergangskünstler*: ob sie nicht allen Phasen zugehören?... Ja!

(539)

Unsre Religion, Moral und Philosophie sind décadence-Formen des Menschen.

– Die *Gegenbewegung*: die *Kunst*.

(540)

Ich setze hier eine Reihe psychologischer Zustände als Zeichen vollen und blühenden Lebens hin, welche man heute gewohnt ist, als *krankhaft* zu beurteilen. Nun haben wir inzwischen verlernt, zwischen gesund und krank von einem Gegensatze zu reden: es handelt sich um Grade, – meine Behauptung in diesem Falle ist, daß, was heute »gesund« genannt wird, ein niedrigeres Niveau von dem darstellt, was unter günstigen Verhältnissen gesund *wäre* –, daß wir relativ krank sind... Der Künstler gehört zu einer noch stärkeren Rasse. Was uns schon schädlich, was bei uns krankhaft wäre, ist bei ihm Natur – – Aber man wendet uns ein, daß gerade die *Verarmung* der Maschine die extravagante Verständniskraft über jedwede Suggestion ermögliche: Zeugnis unsre hysterischen Weiblein.

Die Überfülle an Säften und Kräften kann so gut Symptome der partiellen Unfreiheit, von Sinneshallucinationen, von Suggestionsraffinements mit sich bringen wie eine Verarmung an Leben –, der Reiz ist anders bedingt, die Wirkung bleibt sich gleich... Vor allem ist die *Nach*wirkung nicht dieselbe: die extreme Erschlaffung aller morbiden Naturen nach ihren Nervenexzentrizitäten hat nichts mit den Zuständen des Künstlers gemein: der seine guten Zeiten nicht *abzubüßen* hat... Er ist reich genug dazu: er kann verschwenden, ohne arm zu werden.

Wie man heute »Genie« als eine Form der Neurose beurteilen dürfte, so vielleicht auch die künstlerische Suggestivkraft, – und unsre *Artisten* sind in der Tat den hysterischen Weiblein nur zu verwandt!!! Das aber spricht gegen »heute« und nicht gegen die »Künstler«.

Die unkünstlerischen Zustände: die der *Objektivität*, der Spiegelung, des ausgehängten Willens... (das skandalöse Mißverständnis *Schopenhauers*, der die Kunst als Brücke zur Verneinung des Lebens nimmt)... Die unkünstlerischen Zustände: der Verarmenden, Abziehenden, Abblassenden, unter deren Blick das Leben leidet: – der Christ.

(541)

Das gefährlichste Mißverständnis. Es gibt einen Begriff, der anscheinend keine Verwechslung, keine Zweideutigkeit zuläßt: das ist der der *Erschöpfung.* Diese kann erworben sein; sie kann ererbt sein, – in jedem Falle verändert sie den Aspekt der Dinge, den *Wert der Dinge*...

Im Gegensatz zu dem, der aus der Fülle, welche er darstellt und fühlt, unfreiwillig *abgibt* an die Dinge, sie voller, mächtiger, zukunftsreicher sieht, – der jedenfalls schenken *kann* –, verkleinert und verhunzt der Erschöpfte alles, was er sieht, – er *verarmt* den Wert; er ist schädlich...

Hierüber scheint kein Fehlgriff möglich: trotzdem enthält die Geschichte die schauerliche Tatsache, daß die Erschöpften immer *verwechselt* worden sind mit den Vollsten – und die Vollsten mit den Schädlichsten.

Der Arme an Leben, der Schwache, verarmt noch das Leben: der Reiche an Leben, der Starke, bereichert es... Der erste ist dessen Parasit: der zweite ein Hinzuschenkender... Wie ist eine Verwechslung möglich?...

Wenn der Erschöpfte mit der Gebärde der höchsten Aktivität und Energie auftrat (wenn die Entartung einen Exzeß der geistigen oder nervösen Entladung bedingte), dann *verwechselte* man ihn mit dem Reichen... Er erregte Furcht... Der Kultus des

Narren ist immer auch der Kultus des An-Leben-Reichen, des Mächtigen. Der Fanatiker, der Besessene, der religiöse Epileptiker, alle Exzentrischen sind als höchste Typen der Macht empfunden worden: als *göttlich*.

Diese Art Stärke, die *Furcht* erregt, galt vor allem als göttlich: von hier nahm die Autorität ihren Ausgangspunkt, hier interpretierte, hörte, suchte man *Weisheit* ... Hieraus entwickelte sich, überall beinahe, ein *Wille* zur »Vergöttlichung«, d. h. zur typischen Entartung von Geist, Leib und Nerven: ein Versuch, den Weg zu dieser höheren Art Sein zu finden. Sich krank, sich toll machen, die Symptome der Zerrüttung provozieren – das hieß stärker, übermenschlicher, furchtbarer, weiser werden: – man glaubte damit so reich an Macht zu werden, daß man *abgeben* konnte. Überall, wo angebetet worden ist, suchte man einen, der abgeben kann.

Hier war irreführend die Erfahrung des *Rausches*. Dieser *vermehrt* im höchsten Grade das Gefühl der Macht, folglich, naiv beurteilt, *die Macht*. – Auf der höchsten Stufe der Macht mußte der *Berauschteste* stehn, der Ekstatische. (– Es gibt zwei Ausgangspunkte des *Rausches*: die übergroße Fülle des Lebens und einen Zustand von krankhafter Ernährung des Gehirns.)

(542)

Die Ursachen des Irrtums liegen ebensosehr im *guten Willen* des Menschen als im schlechten –: er verbirgt sich in tausend Fällen die Realität, er fälscht sie, um an seinem guten oder schlechten Willen nicht zu leiden. Gott z. B. als Lenker des menschlichen Schicksals, oder die Auslegung seines kleinen Geschicks, wie als ob alles zum Heil der Seele geschickt und ausgedacht sei, – dieser Mangel an »Philologie«, der einem feinern Intellekt als Unsauberkeit und Falschmünzerei gelten muß, wird durchschnittlich unter der Inspiration des *guten Willens* gemacht. Der gute Wille, die »edlen Gefühle«, die »hohen Zustände« sind in ihren Mitteln ebensolche Falschmünzer und Betrüger als die moralisch abgelehnten und egoistisch genannten Affekte Liebe, Haß, Rache.

Die Irrtümer sind das, was die Menschheit am kostspieligsten zu bezahlen hat, und, ins Große gerechnet, sind es die Irrtümer des »guten Willens«, die sie am tiefsten geschädigt haben. Der Wahn, der glücklich macht, ist verderblicher als der, welcher direkt schlimme Folgen hat: letzterer schärft, macht mißtrauisch, reinigt die Vernunft, – ersterer schläfert sie ein ...

Die schönen Gefühle, die erhabenen Wallungen gehören, physiologisch geredet, unter die narkotischen Mittel: ihr Mißbrauch hat ganz dieselbe Folge wie der Mißbrauch eines andern Opiums, – die *Nervenschwäche* ...

(543)

Der Irrtum ist der kostspieligste Luxus, den sich der Mensch gestatten kann; und wenn der Irrtum gar ein physiologischer Irrtum ist, dann wird er lebensgefährlich. Wofür hat folglich die Menschheit bisher am meisten gezahlt, am schlimmsten gebüßt? Für ihre »Wahrheiten«: denn dieselben waren allesamt Irrtümer in physiologicis.

(544)

Mein Versuch, die moralischen Urteile als Symptome und Zeichensprachen zu verstehen, in denen sich Vorgänge des physiologischen Gedeihens oder Mißratens, ebenso das Bewußtsein von Erhaltungs- und Wachstumsbedingungen verraten, – eine Interpretationsweise vom Werte der Astrologie, Vorurteile, denen Instinkte soufflieren (von Rassen, Gemeinden, von verschiedenen Stufen, wie Jugend oder Verwelken usw.).

Angewendet auf die speziell christlich-europäische Moral: unsre moralischen Urteile sind Anzeichen von Verfall, von Unglauben an das *Leben*, eine Vorbereitung des Pessimismus.

Mein Hauptsatz: Es gibt keine moralischen Phänomene, sondern nur eine moralische Interpretation dieser Phänomene. Diese Interpretation selbst ist außermoralischen Ursprungs.

Was bedeutet es, daß wir einen *Widerspruch* in das Dasein hineininterpretiert haben? – Entscheidende Wichtigkeit: hinter allen andern Wertschätzungen stehen kommandierend jene moralischen Wertschätzungen. Gesetzt, sie fallen fort, wonach messen wir dann? Und welchen Wert haben dann Erkenntnis usw. usw.???

(545)

Der *höhere* Mensch unterscheidet sich von dem *niederen* in Hinsicht auf die Furchtlosigkeit und die Herausforderung des Unglücks: es ist ein Zeichen von *Rückgang*, wenn eudämonistische Wertmaße als oberste zu gelten anfangen (– physiologische Ermüdung, Willensverarmung –). Das Christentum mit seiner Perspektive auf »Seligkeit« ist eine typische Denkweise für eine leidende und verarmte Gattung Mensch. Eine volle Kraft will schaffen, leiden, untergehn: ihr ist das christliche Muckerheil eine schlechte Musik und hieratische Gebärden ein Verdruß.

(546)

Die Herkunft des Ideals. Untersuchung des Bodens, auf dem es wächst.

A. Von den »ästhetischen« Zuständen ausgehen, wo die Welt voller, runder, *vollkommener gesehen* wird –: das *heidnische* Ideal: darin die Selbstbejahung vorherrschend *(man gibt ab –).* Der höchste Typus: das *klassische* Ideal – als Ausdruck eines Wohlgeratenseins *aller* Hauptinstinkte. Darin wieder der höchste Stil: *der große Stil.* Ausdruck des »Willens zur Macht« selbst. Der am meisten gefürchtete Instinkt *wagt sich zu bekennen.*

B. Von Zuständen ausgehen, wo die Welt leerer, blässer, verdünnter *gesehen* wird, wo die »Vergeistigung« und Unsinnlichkeit den Rang des Vollkommenen einnimmt, wo am meisten das Brutale, Tierisch-Direkte, Nächste vermieden wird *(– man rechnet ab, man wählt –):* der »Weise«, der »Engel«, priesterlich = jungfräulich = unwissend, physiologische Charakteristik solcher Idealisten –: das *anämische* Ideal. Unter Umständen kann es das Ideal solcher Naturen sein, welche das erste, das heidnische, *darstellen* (: so sieht Goethe in Spinoza seinen »Heiligen«).

C. Von Zuständen ausgehen, wo wir die Welt absurder, schlechter, ärmer, täuschender empfinden, als daß wir in ihr noch das Ideal vermuten oder wünschen *(– man negiert, man vernichtet –):* die Projekton des Ideals in das Wider-Natürliche, Wider-Tatsächliche, Wider-Logische; der Zustand dessen, der so urteilt *(–* die »Verarmung« der Welt als Folge des Leidens: *man nimmt, man gibt nicht mehr –):* das *widernatürliche Ideal.*

(Das *christliche Ideal* ist ein *Zwischengebilde* zwischen dem zweiten und dritten, bald mit dieser, bald mit jener Gestalt überwiegend.)

Die drei Ideale: A. Entweder eine *Verstärkung* des Lebens *(– heidnisch),* oder B. eine *Verdünnung* des Lebens *(– anämisch),* oder C. eine *Verleugnung* des Lebens *(– widernatürlich).* Die »Vergöttlichung« gefühlt: in der höchsten Fülle, – in der zartesten Auswahl, – in der Zerstörung und Verachtung des Lebens.

(547)

Der antisoziale Hang, die Geistesstörung, der Pessimismus: die drei typischen Formen der décadence. Das Christentum, als eine *Religion der décadence,* wuchs auf einem Boden auf, der von Degenerierten aller drei Arten wimmelte.

(548)

Der Antagonismus zwischen der »wahren Welt«, wie sie der Pessimismus aufdeckt, und einer lebensmöglichen Welt: – dazu muß man die Rechte der *Wahrheit* prüfen. Es ist nötig, den Sinn aller dieser »idealen Triebe« am *Leben* zu messen, um zu begreifen, was eigentlich jener Antagonismus ist: der Kampf des krankhaften, verzweifelnden, sich an Jenseitiges klammernden Lebens mit dem gesünderen, dümmeren, verlogneren, reicheren, unzersetzteren Leben. Also nicht »Wahrheit« im Kampf mit Leben, sondern *eine* Art Leben mit einer anderen. – Aber es will die *höhere Art* sein! – Hier muß die Beweisführung einsetzen, daß eine Rangordnung not tut, – daß das erste Problem das der *Rangordnung der Arten Leben* ist.

(549)

Der Haß gegen die Leiblich- und Seelisch-Privilegierten: Aufstand der häßlichen, mißratenen Seelen gegen die schönen, stolzen, wohlgemuten. Ihr Mittel: Verdächtigung der Schönheit, des Stolzes, der Freude: »es gibt kein Verdienst«, »die Gefahr ist ungeheuer: man *soll* zittern und sich schlecht befinden«, »die Natürlichkeit ist böse; der Natur widerstreben ist das Rechte. *Auch* der ›Vernunft‹« (– das Widernatürliche als das Höhere).

Wieder sind es die *Priester*, die diesen Zustand ausbeuten und das »Volk« für sich gewinnen. »Der Sünder«, an dem Gott mehr Freude hat als am »Gerechten«. *Dies* ist der Kampf gegen das »Heidentum« (der Gewissensbiß als Mittel, die seelische Harmonie zu zerstören).

Der Haß der Durchschnittlichen gegen die *Ausnahmen*, der Herde gegen die Unabhängigen. (Die Sitte als eigentliche »Sittlichkeit«.) Wendung *gegen* den »Egoismus«: Wert hat allein das »dem Andern«. – »Wir sind alle gleich«; – gegen die Herrschsucht, gegen »Herrschen« überhaupt; – gegen das Vorrecht; – gegen Sektierer, Freigeister, Skeptiker; – gegen die Philosophie (als dem Werkzeug- und Eckeninstinkt entgegen); bei Philosophen selbst »der kategorische Imperativ«, das Wesen des Moralischen »allgemein und überall«.

(550)

Die drei *Behauptungen*:

Das Unvornehme ist das Höhere (Protest des »gemeinen Mannes«);

das Widernatürliche ist das Höhere (Protest der Schlechtweggekommenen);

das Durchschnittliche ist das Höhere (Protest der Herde, der »Mittleren«).

In der *Geschichte der Moral* drückt sich also ein *Wille zur Macht* aus, durch den bald die Sklaven und Unterdrückten, bald die Mißratenen und an sich Leidenden, bald die Mittelmäßigen den Versuch machen, die *ihnen* günstigsten Werturteile durchzusetzen.

Insofern ist das Phänomen der Moral vom Standpunkt der Biologie aus höchst bedenklich. Die Moral hat sich bisher entwickelt *auf Unkosten*: der Herrschenden und ihrer spezifischen Instinkte, der Wohlgeratenen und *schönen* Naturen, der Unabhängigen und Privilegierten in irgendeinem Sinne.

Die Moral ist also eine Gegenbewegung gegen die Bemühungen der Natur, es zu einem *höheren Typus* zu bringen. Ihre Wirkung ist: Mißtrauen gegen das Leben überhaupt (insofern dessen Tendenzen als »unmoralisch« empfunden werden), – Sinnlosigkeit, Widersinn (insofern die obersten Werte als im Gegensatz zu den obersten Instinkten empfunden werden), – Entartung und Selbstzerstörung der »höheren Naturen«, weil gerade in ihnen der Konflikt *bewußt* wird.

(551)

Ursprung der Moralwerte. – Der Egoismus ist so viel wert, als der physiologisch wert ist, der ihn hat.

Jeder Einzelne ist die ganze Linie der Entwicklung noch (und nicht nur, wie ihn die Moral auffaßt, etwas, das mit der Geburt beginnt). Stellt er das *Aufsteigen* der Linie Mensch dar, so ist sein Wert in der Tat außerordentlich; und die Sorge um Erhaltung und Begünstigung seines Wachstums darf extrem sein. (Es ist die Sorge um die in ihm verheißene Zukunft, welche dem wohlgeratnen Einzelnen ein so außerordentliches Recht auf Egoismus gibt.) Stellt er die *absteigende* Linie dar, den Verfall, die chronische Erkrankung, so kommt ihm wenig Wert zu: und die erste Billigkeit ist, daß er so wenig als möglich Platz, Kraft und Sonnenschein den Wohlgeratnen wegnimmt. In diesem Falle hat die Gesellschaft die *Niederhaltung des Egoismus* (– der mitunter absurd, krankhaft, aufrührerisch sich äußert –) zur Aufgabe: handle es sich nun um einzelne oder um ganze verkommene, verkümmernde Volksschichten. Eine Lehre und Religion der »Liebe«, der *Niederhaltung* der Selbstbejahung, des Duldens, Tragens, Helfens, der Gegenseitigkeit in Tat und Wort kann innerhalb solcher Schichten vom höchsten Werte sein, selbst mit den Augen der Herrschenden gesehn: denn sie hält die Gefühle der Rivalität, des Ressentiments, des Neides nieder, die allzu natürlichen Gefühle der Schlechtweggekommenen, sie vergöttlicht ihnen selbst unter dem Ideal der Demut und des Gehorsams das Sklave-sein, das Beherrschtwerden, das Armsein, das Kranksein, das Untenstehn. Hieraus ergibt sich, warum die herrschenden Klassen (oder Rassen) und Einzelnen jederzeit den Kultus der

Selbstlosigkeit, das Evangelium der Niedrigen, den »Gott am Kreuze« aufrechterhalten haben.

Das Übergewicht einer altruistischen Wertungsweise ist die Folge eines Instinktes für Mißratensein. Das Werturteil auf unterstem Grunde sagt hier: »ich bin nicht viel wert«: ein bloß physiologisches Werturteil; noch deutlicher: das Gefühl der Ohnmacht, der Mangel der großen, bejahenden Gefühle der Macht (in Muskeln, Nerven, Bewegungszentren). Dies Werturteil übersetzt sich, je nach der Kultur dieser Schichten, in ein moralisches oder religiöses Urteil (– die Vorherrschaft religiöser oder moralischer Urteile ist immer ein Zeichen niedriger Kultur –): es sucht sich zu begründen, aus Sphären, woher ihnen der Begriff »Wert« überhaupt bekannt ist. Die Auslegung, mit der der christliche Sünder sich zu verstehen glaubt, ist ein Versuch, den Mangel an Macht und Selbstgewißheit *berechtigt* zu finden: er will lieber sich schuldig finden, als umsonst sich schlecht fühlen: an sich ist es ein Symptom von Verfall, Interpretationen dieser Art überhaupt zu brauchen. In andern Fällen sucht der Schlechtweggekommene den Grund dafür nicht in seiner »Schuld« (wie der Christ), sondern in der Gesellschaft: der Sozialist, der Anarchist, der Nihilist, – indem sie ihr Dasein als etwas empfinden, an dem jemand *schuld* sein soll, sind sie damit immer noch die Nächstverwandten des Christen, der auch das Sich-schlecht-Befinden und Mißraten besser zu ertragen glaubt, wenn er jemanden gefunden hat, den er dafür *verantwortlich* machen kann. Der Instinkt der *Rache* und des *Ressentiments* erscheint hier in beiden Fällen als Mittel, es auszuhalten, als Instinkt der Selbsterhaltung: ebenso wie die Bevorzugung der *altruistischen* Theorie und Praxis. Der *Haß gegen den Egoismus*, sei es gegen den eignen (wie beim Christen), sei es gegen den fremden (wie beim Sozialisten), ergibt sich dergestalt als ein Werturteil unter der Vorherrschaft der Rache; andrerseits als eine Klugheit der Selbsterhaltung Leidender durch Steigerung ihrer Gegenseitigkeits- und Solidaritätsgefühle... Zuletzt ist, wie schon angedeutet, auch jene Entladung des Ressentiments im Richten, Verwerfen, Bestrafen des Egoismus (des eignen oder eines fremden) noch ein Instinkt der Selbsterhaltung bei Schlechtweggekommenen. In summa: der Kultus des Altruismus ist eine spezifische Form des Egoismus, die unter bestimmten physiologischen Voraussetzungen regelmäßig auftritt.

Wenn der Sozialist mit einer schönen Entrüstung »Gerechtigkeit«, »Recht«, »gleiche Rechte« verlangt, so steht er nur unter dem Druck seiner ungenügenden Kultur, welche nicht zu begreifen weiß, warum er leidet: andrerseits macht er sich ein Vergnügen damit; – befände er sich besser, so würde er sich hüten, so zu schreien: er fände dann anderswo sein Vergnügen. Dasselbe gilt vom Christen: die »Welt« wird von ihm verurteilt, verleumdet, verflucht, – er nimmt sich selbst nicht aus. Aber das ist kein Grund, sein Geschrei ernst zu nehmen. In beiden Fällen sind wir immer noch unter Kranken, denen es *wohltut*, zu schreien, denen die Verleumdung eine Erleichterung ist.

(552)

Die Zeiten, wo man mit *Lohn* und *Strafe* den Menschen *lenkt*, haben eine niedere, noch primitive Art Mensch im Auge: das ist wie bei *Kindern*...

Inmitten unsrer späten Kultur ist die Fatalität und die Degencreszenz etwas, das vollkommen den Sinn von Lohn und Strafe *aufhebt*... Es setzt junge, starke, kräftige Rassen voraus, dieses wirkliche *Bestimmen* der Handlung durch Lohn- und Strafaussicht. In alten Rassen sind die Impulse so *unwiderstehlich*, daß eine bloße Vorstellung ganz ohnmächtig ist; – nicht Widerstand leisten können, wo ein Reiz gegeben ist, sondern ihm folgen *müssen*: diese extreme Irritabilität der décadents macht solche Straf- und *Besserungs*systeme vollkommen sinnlos.

Der Begriff »Besserung« ruht auf der Voraussetzung eines normalen und starken Menschen, dessen Einzelhandlung irgendwie wieder *ausgeglichen* werden soll, um ihn *nicht* für die Gemeinde zu *verlieren*, um ihn nicht als *Feind* zu haben.

(553)

Zur Hygiene der »Schwachen«. – Alles, was in der Schwäche getan wird, mißrät. Moral: nichts tun. Nur ist das Schlimme, daß gerade die Kraft, das Tun auszuhängen, *nicht* zu reagieren, am stärksten krank ist unter dem Einfluß der Schwäche: daß man nie schneller, nie blinder reagiert als dann, wenn man gar nicht reagieren sollte...

Die Stärke einer Natur zeigt sich in Abwarten und Aufschieben der Reaktion: eine gewisse ἀδιαφορία ist ihr so zu eigen wie der Schwäche die Unfreiheit der Gegenbewegung, die Plötzlichkeit, Unhemmbarkeit der »Handlung«... Der Wille ist schwach: und das Rezept, um dumme Sachen zu verhüten, wäre, starken Willen zu haben und *nichts* zu tun... Contradictio... Eine Art Selbstzerstörung, der Instinkt der Erhaltung ist kompromittiert... *Der Schwache schadet sich selber*... Das ist der *Typus* der décadence...

Tatsächlich finden wir ein ungeheures Nachdenken über Praktiken, die *Impassibilität* zu provozieren. Der Instinkt ist insofern auf richtiger Spur, als nichts tun nützlicher ist als etwas tun...

Alle Praktiken der Orden, der solitären Philosophen, der Fakire sind von dem richtigen Wertmaße eingegeben, daß eine gewisse Art Mensch sich noch am *meisten nützt*, wenn sie sich soviel wie möglich hindert, zu handeln –

Erleichterungsmittel: der absolute Gehorsam, die machinale Tätigkeit, die Separation von Menschen und Dingen, welche ein sofortiges Entschließen und Handeln fördern würden.

(554)

Wir lernen in unsrer zivilisierten Welt fast nur den verkümmerten Verbrecher kennen, erdrückt unter dem Fluch und der Verachtung der Gesellschaft, sich selbst mißtrauend, oftmals seine Tat verkleinernd und verleumdend, einen *mißglückten Typus von Verbrecher*; und wir widerstreben der Vorstellung, daß *alle großen Menschen Verbrecher waren* (nur im großen Stile und nicht im erbärmlichen), daß das Verbrechen zur Größe gehört (– so nämlich geredet aus dem Bewußtsein der Nierenprüfer und aller derer, die am tiefsten in große Seelen *hinuntergestiegen* sind –). Die »Vogelfreiheit« von dem Herkommen, dem Gewissen, der Pflicht – jeder große Mensch kennt diese seine Gefahr. Aber er *will* sie auch: er *will* das große *Ziel* und darum auch dessen Mittel.

(555)

Es gibt zart und kränklich angelegte Naturen, sogenannte Idealisten, die es nicht höher treiben können als bis zu einem Verbrechen, cru, vert: es ist die große Rechtfertigung ihres kleinen und blassen Daseins, eine Abzahlung für eine lange Feigheit und Verlogenheit, ein *Augenblick* wenigstens von Stärke: hinterdrein gehen sie daran zugrunde.

(556)

Die Kriegerischen und die Friedlichen. – Bist du ein Mensch, der die Instinkte des Kriegers im Leibe hat? Und in diesem Falle bliebe noch eine zweite Frage: Bist du ein Angriffskrieger oder ein Widerstandskrieger von Instinkt? Der Rest von Menschen, alles, was *nicht* kriegerisch von Instinkt ist, will Frieden, will Eintracht, will »Freiheit«, will »gleiche Rechte« –: das sind nur Namen und Stufen für ein und dasselbe. Dorthin gehn, wo man nicht nötig hat, sich zu wehren, – solche Menschen werden unzufrieden mit sich, wenn sie genötigt sind, Widerstand zu leisten: sie wollen Zustände schaffen, wo es überhaupt keinen Krieg mehr gibt. Schlimmstenfalls sich unterwerfen, gehorchen, einordnen: immer noch besser als Krieg führen, – so rät es z. B. dem Christen sein Instinkt. Bei den geborenen Kriegern gibt es etwas wie Bewaffnung in Charakter, in Wahl der Zustände, in der Ausbildung jeder Eigenschaft: die »Waffe« ist im ersten Typus, die Wehr im zweiten am besten entwickelt.

Die Unbewaffneten, die Unbewehrten: welche Hilfsmittel und Tugenden sie nötig haben, um es auszuhalten, – um selbst obzusiegen.

(557)

Was wird aus dem Menschen, der keine Gründe mehr hat, sich zu wehren und anzugreifen? Was bleibt von seinen *Affekten* übrig, wenn die ihm abhanden kommen, in denen er seine Wehr und seine Waffe hat?

(558)

Es gehört zum Begriff des Lebendigen, daß es wachsen muß, – daß es seine Macht erweitern und folglich fremde Kräfte in sich hineinnehmen muß. Man redet, unter der Benebelung durch die Moralnarkose, von einem Recht des Individuums, sich zu *verteidigen*; im gleichen Sinne dürfte man auch von seinem Rechte *anzugreifen* reden: denn *beides* – und das zweite noch mehr als das erste – sind Nezessitäten für jedes Lebendige: – der aggressive und der defensive Egoismus sind nicht Sache der Wahl oder gar des »freien Willens«, sondern die *Fatalität* des Lebens selbst.

Hiebei gilt es gleich, ob man ein Individuum oder einen lebendigen Körper, eine aufwärtsstrebende »Gesellschaft« ins Auge faßt. Das Recht zur Strafe (oder die gesellschaftliche Selbstverteidigung) ist im Grunde nur durch einen Mißbrauch zum Worte »Recht« gelangt: ein Recht wird durch Verträge erworben, – aber das Sichwehren und Sichverteidigen ruht nicht auf der Basis eines Vertrags. Wenigstens dürfte ein Volk mit ebensoviel gutem Sinn sein Eroberungsbedürfnis, sein Machtgelüst, sei es mit Waffen, sei es durch Handel, Verkehr und Kolonisation, als Recht bezeichnen, – Wachstumsrecht etwa. Eine Gesellschaft, die, endgültig und ihrem *Instinkt* nach, den Krieg und die Eroberung abweist, ist im Niedergang: sie ist reif für Demokratie und Krämerregiment... In den meisten Fällen freilich sind die Friedensversicherungen bloße Betäubungsmittel.

3. Buch

Die Selbstüberwindung des Nihilismus

Zur Einführung

(1)

Die Morgenröte hat geleuchtet – aber wo ist die Sonne? Dieser Tag wird Sturm bringen – Sturmwolken ziehen um den Horizont.

(2)

Nun ist alle Luft erhitzt, Brand ist der Atem der Erde. Nun geht ihr alle nackend, ihr Guten und Bösen! So hat der Erkennende sein Fest.

(3)

Es dämmert der Gegensatz der Welt, die wir verehren, und der Welt, die wir leben, die wir sind. Es bleibt übrig, entweder unsre Verehrungen abzuschaffen oder uns selbst. Letzteres ist der Nihilismus.

(4)

Hat schon je ein Mensch auf dem Wege der Wahrheit gesucht, wie ich es bisher getan habe, – nämlich allem widerstrebend und zuwiderredend, was meinem nächsten Gefühle wohltat?

(5)

Ich habe eine Tortur bisher ausgestanden: alle die Gesetze, auf denen das Leben sich entwickelt, schienen mir im Gegensatz zu den Werten zu stehn, um derentwillen unsereins zu leben *aushält*. Es scheint das nicht der Zustand zu sein, an dem viele *bewußt* leiden: trotzdem will ich die Zeichen zusammenstellen, aus denen ich annehme, daß es der *Grundcharakter*, das eigentlich *tragische Problem* unsrer modernen Welt und als geheime Not Ursache oder Auslegung aller ihrer Nöte ist. *Dies Problem ist in mir bewußt geworden*.

(6)

Ungeheure *Selbstbesinnung*: nicht als Individuum, sondern als Menschheit sich bewußt werden. Besinnen wir uns, denken wir zurück: gehen wir die kleinen und großen Wege!

A. Der Mensch sucht »die Wahrheit«: eine Welt, die nicht sich widerspricht, nicht täuscht, nicht wechselt, eine *wahre* Welt – eine Welt, in der man nicht leidet: Widerspruch, Täuschung, Wechsel – Ursachen des Leidens! Er zweifelt nicht, daß es eine Welt, wie sie sein soll, gibt: er möchte zu ihr sich den Weg suchen. (Indische Kritik: selbst das »Ich« als scheinbar, als *nicht*-real.)

Woher nimmt hier der Mensch den Begriff der *Realität*? Warum leitet er gerade das *Leiden* von Wechsel, Täuschung, Widerspruch ab? und warum nicht vielmehr sein Glück?... –

Die Verachtung, der Haß gegen alles, was vergeht, wechselt, wandelt: – woher diese Wertung des Bleibenden? Ersichtlich ist hier der Wille zur Wahrheit bloß das Verlangen in eine *Welt des Bleibenden*.

Die Sinne täuschen, die Vernunft korrigiert die Irrtümer: *folglich*, schloß man, ist die Vernunft der Weg zu dem Bleibenden; die *unsinnlichsten* Ideen müssen der »wahren Welt« am nächsten sein. – Von den Sinnen her kommen die meisten Unglücksschläge, – sie sind Betrüger, Betörer, Vernichter. –

Das *Glück* kann nur im Seienden verbürgt sein: Wechsel und Glück schließen sich aus. Der höchste Wunsch hat demnach die Einswerdung mit dem Seienden im Auge. Das ist die *Formel* für: Weg zum höchsten Glück.

In summa: Die Welt, wie sie sein *sollte*, existiert; diese Welt, in der wir leben, ist ein Irrtum, – diese unsre Welt sollte *nicht* existieren.

Der Glaube an das Seiende erweist sich nur als eine Folge: das eigentliche primum mobile ist der Unglaube an das Werdende, das Mißtrauen gegen das Werdende, die Geringschätzung alles Werdens...

Was für eine Art Mensch reflektiert *so*? Eine unproduktive, *leidende* Art, eine lebensmüde Art. Dächten wir uns die entgegengesetzte Art Mensch, so hätte sie den Glauben an das Seiende nicht nötig: mehr noch, sie würde es verachten, als tot, langweilig, indifferent...

Der Glaube, daß die Welt, die sein sollte, *ist*, wirklich existiert, ist ein Glaube der Unproduktiven, die *nicht eine Welt schaffen wollen*, wie sie sein soll. Sie setzen sie als vorhanden, sie suchen nach Mitteln und Wegen, um zu ihr zu gelangen. »Wille zur *Wahrheit*« – *als Ohnmacht des Willens zum Schaffen*.

Erkennen, daß etwas soundso *ist*: Tun, daß etwas soundso *wird*:	Antagonismus in den Kraftgraden der Naturen.

Fiktion einer Welt, welche unseren Wünschen entspricht; psychologische Kunstgriffe und Interpretationen, um alles, was wir ehren und als angenehm empfinden, mit dieser *wahren Welt* zu verknüpfen.

»Wille zur Wahrheit« auf dieser Stufe ist wesentlich *Kunst der Interpretation*: wozu immer noch Kraft der Interpretation gehört.

Dieselbe Spezies Mensch, noch eine Stufe *ärmer* geworden, *nicht mehr im Besitz der Kraft* zu interpretieren, des Schaffens von Fiktionen, macht den *Nihilisten*. Ein Nihilist ist der Mensch, welcher von der Welt, wie sie ist, urteilt, sie sollte *nicht* sein, und von der Welt, wie sie sein sollte, urteilt, sie existiert nicht. Demnach hat dasein (handeln, leiden, wollen, fühlen) keinen Sinn: das Pathos des »Umsonst« ist das Nihilistenpathos, – zugleich noch als Pathos eine *Inkonsequenz* des Nihilisten.

Wer seinen Willen nicht in die Dinge zu legen vermag, der Willens- und Kraftlose, der legt wenigstens noch einen *Sinn* hinein, d. h. den Glauben, daß schon ein Wille darin sei.

Es ist ein Gradmesser von *Willenskraft*, wie weit man des *Sinnes* in den Dingen entbehren kann, wie weit man in einer sinnlosen Welt zu leben aushält: *weil man ein kleines Stück von ihr selbst organisiert.*

Das *philosophische Objektiv-Blicken* kann somit ein Zeichen von Willens- und Kraftarmut sein. Denn die Kraft organisiert das Nähere und Nächste; die »Erkennenden«, welche nur *feststellen* wollen, was ist, sind solche, die nichts festsetzen können, *wie es sein soll*.

Die *Künstler*, eine Zwischenart: sie setzen wenigstens ein Gleichnis von dem fest, was sein soll, – sie sind produktiv, insofern sie wirklich *verändern* und umformen; nicht wie die Erkennenden, welche alles lassen, wie es ist.

Zusammenhang der Philosophen mit den pessimistischen Religionen: dieselbe Spezies Mensch (– sie legen den *höchsten Grad von Realität* den *höchstgewerteten Dingen* bei –).

Zusammenhang der Philosophen mit den moralischen Menschen und deren Wertmaßen (– die *moralische* Weltauslegung als *Sinn*: nach dem Niedergang des religiösen Sinnes –).

Überwindung der Philosophen durch *Vernichtung* der Welt des Seienden: Zwischenperiode des Nihilismus: bevor die Kraft da ist, die Werte umzuwenden und das Werdende, die scheinbare Welt, als die *einzige* zu vergöttlichen und gutzuheißen.

B. Der Nihilismus als normales Phänomen kann ein Symptom wachsender *Stärke* sein oder wachsender *Schwäche*:

teils, daß die Kraft, zu *schaffen*, zu *wollen*, so gewachsen ist, daß sie diese Gesamtausdeutungen und *Sinn*einlegungen nicht mehr braucht (»nähere Aufgaben«, Staat usw.);

teils, daß selbst die schöpferische Kraft, *Sinn* zu schaffen, nachläßt und die Enttäuschung der herrschende Zustand wird. Die Unfähigkeit zum *Glauben* an einen »Sinn«, der »Unglaube«.

Was die *Wissenschaft* in Hinsicht auf beide Möglichkeiten bedeutet?

1. Als Zeichen von Stärke und Selbstbeherrschung, *als* Entbehren-*können* heilender, tröstlicher Illusionswelten;
2. als untergrabend, sezierend, enttäuschend, schwächend.

C. Der *Glaube an die Wahrheit*, das Bedürfnis, einen Halt zu haben an etwas Wahrgeglaubtem: psychologische Reduktion abseits von allen bisherigen Wertgefühlen. Die Furcht, die Faulheit.

Insgleichen der *Unglaube*: Reduktion. Inwiefern er einen *neuen Wert* bekommt, wenn es eine wahre Welt gar nicht gibt (– dadurch werden die Wertgefühle wieder frei, die bisher auf die seiende Welt *verschwendet* worden sind).

(7)

Der *unvollständige* Nihilismus, seine Formen: wir leben mitten drin.

Die Versuche, dem Nihilismus zu entgehn, *ohne* die bisherigen Werte umzuwerten: bringen das Gegenteil hervor: verschärfen das Problem.

(8)

Extreme Positionen werden nicht durch ermäßigte abgelöst, sondern wiederum durch extreme, aber *umgekehrte*. Und so ist der Glaube an die absolute Immoralität der Natur, an die Zweck- und Sinnlosigkeit der psychologisch notwendige *Affekt*, wenn der Glaube an Gott und eine essentiell moralische Ordnung nicht mehr zu halten ist. Der Nihilismus erscheint jetzt, *nicht* weil die Unlust am Dasein größer wäre als früher, sondern weil man überhaupt gegen einen »Sinn« im Übel, ja im Dasein mißtrauisch geworden ist. *Eine* Interpretation ging zugrunde: weil sie aber als *die* Interpretation galt, erscheint es, als ob es gar keinen Sinn im Dasein gebe, als ob alles *umsonst* sei.

Daß dies »Umsonst!« der Charakter unseres gegenwärtigen Nihilismus ist, bleibt nachzuweisen. Das Mißtrauen gegen unsere früheren Wertschätzungen steigert sich bis zur Frage: »Sind nicht alle ›Werte‹ Lockmittel, mit denen die Komödie sich in die Länge zieht, aber durchaus nicht einer Lösung näherkommt?« Die *Dauer*, mit einem »Umsonst«, ohne Ziel und Zweck, ist der *lähmendste* Gedanke, namentlich noch, wenn man begreift, daß man gefoppt wird und doch ohne Macht ist, sich nicht foppen zu lassen.

Denken wir diesen Gedanken in seiner furchtbarsten Form: das Dasein, so wie es ist, ohne Sinn und Ziel, aber unvermeidlich wiederkehrend, ohne ein Finale ins Nichts: »*die ewige Wiederkehr*«.

Das ist die extremste Form des Nihilismus: das Nichts (das »Sinnlose«) ewig!

Europäische Form des Buddhismus: Energie des Wissens und der Kraft zwingt zu einem solchen Glauben. Es ist die *wissenschaftlichste* aller möglichen Hypothesen. Wir leugnen Schlußziele: Hätte das Dasein eins, so müßte es erreicht sein.

Da begreift man, daß hier ein Gegensatz zum Pantheismus angestrebt wird: denn »alles vollkommen, göttlich, ewig« zwingt *ebenfalls zu einem Glauben an die* »*ewige Wiederkunft*«. Frage: Ist mit der Moral auch diese pantheistische Jastellung zu allen Dingen unmöglich gemacht? Im Grunde ist ja nur der moralische Gott überwunden. Hat es einen Sinn, sich einen Gott »jenseits von Gut und Böse« zu denken? Wäre ein Pantheismus in *diesem* Sinne möglich? Bringen wir die Zweckvorstellung aus dem Prozesse weg und bejahen wir *trotzdem* den Prozeß? – Das wäre der Fall, wenn etwas innerhalb jenes Prozesses in jedem Moment desselben *erreicht* würde – und immer das gleiche. Spinoza gewann eine solche bejahende Stellung, insofern jeder Moment eine *logische* Notwendigkeit hat: und er triumphierte mit seinem logischen Grundinstinkt über eine *solche* Weltbeschaffenheit.

Aber sein Fall ist nur ein Einzelfall. *Jeder Grundcharakterzug*, der *jedem* Geschehen zugrunde liegt, der sich in jedem Geschehen ausdrückt, müßte, wenn er von einem Individuum als *sein* Grundcharakterzug empfunden würde, dieses Individuum dazu treiben, triumphierend jeden Augenblick des allgemeinen Daseins gutzuheißen. Es käme eben darauf an, daß man diesen Grundcharakterzug bei sich als gut, wertvoll, mit Lust empfindet.

Nun hat die *Moral* das Leben vor der Verzweiflung und dem Sprung ins Nichts bei solchen Menschen und Ständen geschützt, welche von *Menschen* vergewalttätigt und niedergedrückt wurden: denn die Ohnmacht gegen Menschen, *nicht* die Ohnmacht gegen die Natur, erzeugt die desperateste Verbitterung gegen das Dasein. Die Moral hat die Gewalthaber, die Gewalttätigen, die »Herren« überhaupt als die Feinde behandelt, gegen welche der gemeine Mann geschützt, d. h. *zunächst ermutigt, gestärkt* werden muß. Die Moral hat folglich am tiefsten *hassen* und *verachten* gelehrt, was der Grundcharakterzug der Herrschenden ist: *ihren Willen zur Macht*. Diese Moral abschaffen, leugnen, zersetzen: das wäre den bestgehaßten Trieb mit einer *umgekehrten* Empfindung und Wertung ansehen. Wenn der Leidende, Unterdrückte *den Glauben verlöre*, ein *Recht* zu seiner Verachtung des Willens zur Macht zu haben, so träte er in das Stadium der hoffnungslosen Desperation. Dies wäre der Fall, wenn dieser Zug dem Leben essentiell wäre, wenn sich ergäbe, daß selbst in jenem Willen zur Moral nur dieser »Wille zur Macht« verkappt sei, daß auch jenes Hassen und Verachten noch ein Machtwille ist. Der Unterdrückte sähe ein, daß er mit dem Unterdrücker *auf gleichem Boden* steht und daß er kein *Vorrecht*, keinen *höheren Rang* vor jenem habe.

Vielmehr *umgekehrt*! Es gibt nichts am Leben, was Wert hat, außer dem Grade der Macht – gesetzt eben, daß Leben selbst der Wille zur Macht ist. Die Moral behütete die *Schlechtweggekommenen* vor Nihilismus, indem sie *jedem* einen unendlichen Wert, einen metaphysischen Wert beimaß und in eine Ordnung einreihte, die mit der der weltlichen Macht und Rangordnung nicht stimmt: sie lehrte Ergebung, Demut usw. *Gesetzt, daß der Glaube an diese Moral zugrunde geht*, so würden die Schlechtweggekommenen ihren Trost nicht mehr haben – und *zugrunde gehen*.

Das *Zugrundegehen* präsentiert sich als ein *Sich-zugrunde-richten*, als ein instinktives Auslesen dessen, was *zerstören muß. Symptome* dieser Selbstzerstörung der Schlechtweggekommenen: die Selbstvivisektion, die Vergiftung, Berauschung, Romantik, vor allem die instinktive Nötigung zu Handlungen, mit denen man die Mächtigen zu *Todfeinden* macht (– gleichsam sich seine Henker selbst züchtend), der *Wille zur Zerstörung* als Wille eines noch tieferen Instinkts, des Instinkts der Selbstzerstörung, des *Willens ins Nichts*.

Nihilismus, als Symptom davon, daß die Schlechtweggekommenen keinen Trost mehr haben: daß sie zerstören, um zerstört zu werden, daß sie, von der Moral abgelöst, keinen Grund mehr haben, »sich zu ergeben«, – daß sie sich auf den Boden des entgegengesetzten Prinzips stellen und auch ihrerseits *Macht wollen*, indem sie die Mächtigen *zwingen*, ihre Henker zu sein. Dies ist die europäische Form des Buddhismus, das *Neintun*, nachdem alles Dasein seinen »Sinn« verloren hat.

Die »Not« ist nicht etwa größer geworden: im Gegenteil! »Gott, Moral, Ergebung« waren Heilmittel, auf furchtbar tiefen Stufen des Elends: der *aktive Nihilismus* tritt bei relativ viel günstiger gestalteten Verhältnissen auf. Schon daß die Moral als überwunden empfunden wird, setzt einen ziemlichen Grad geistiger Kultur voraus; diese wieder ein relatives Wohlleben. Eine gewisse geistige Ermüdung, durch den langen Kampf philosophischer Meinungen bis zur hoffnungslosesten Skepsis *gegen* Philosophie gebracht, kennzeichnet ebenfalls den keineswegs *niederen* Stand jener Nihilisten. Man denke an die Lage, in der Buddha auftrat. Die Lehre der ewigen Wiederkunft würde *gelehrte* Voraussetzungen haben (wie die Lehre Buddhas solche hatte, zum Beispiel Begriff der Kausalität usw.).

Was heißt jetzt »schlechtweggekommen«? Vor allem *physiologisch*: nicht mehr politisch. Die *ungesundeste* Art Mensch in Europa (in allen Ständen) ist der Boden dieses Nihilismus: sie wird den Glauben an die ewige Wiederkunft als einen *Fluch* empfinden, von dem getroffen man vor keiner Handlung mehr zurückscheut: nicht passiv auslöschen, sondern alles auslöschen *machen*, was in diesem Grade sinn- und ziellos ist: obwohl es nur ein Krampf, ein blindes Wüten ist bei der Einsicht, daß alles seit Ewigkeiten da war – auch dieser Moment von Nihilismus und Zerstörungslust. – Der *Wert* einer solchen *Krisis* ist, daß sie *reinigt*, daß sie die verwandten Elemente zusammendrängt und sich aneinander verderben macht, daß sie den Menschen entgegengesetzter Denkweisen gemeinsame Aufgaben zuweist – auch unter ihnen die schwächeren, unsicheren ans Licht bringend und so zu einer *Rangordnung der Kräfte*, vom Gesichtspunkt der Gesundheit, den Anstoß gibt: Befehlende als Befehlende erkennend, Gehorchende als Gehorchende. Natürlich abseits von allen bestehenden Gesellschaftsordnungen.

Welche werden sich als die *Stärksten* dabei erweisen? Die Mäßigsten, die, welche keine extremen Glaubenssätze *nötig* haben, die, welche einen guten Teil Zufall, Unsinn nicht nur zugestehn, sondern lieben, die, welche vom Menschen mit einer bedeutenden Ermäßigung seines Wertes denken können, ohne dadurch klein und schwach zu werden: die Reichsten an Gesundheit, die den meisten Malheurs gewachsen sind und deshalb sich vor den Malheurs nicht so fürchten – Menschen, die *ihrer Macht sicher sind* und die die *erreichte* Kraft des Menschen mit bewußtem Stolze repräsentieren.

Wie dächte ein solcher Mensch an die ewige Wiederkunft? –

(9)

Denn man vergreife sich nicht über den Sinn des Titels, mit dem dies Zukunftsevangelium benannt sein will. »*Der Wille zur Macht*. Versuch einer Umwertung aller Werte« – mit dieser Formel ist eine *Gegenbewegung* zum Ausdruck gebracht, in Absicht auf Prinzip und Aufgabe; eine Bewegung, welche in irgendeiner Zukunft jenen vollkommnen Nihilismus ablösen wird; welche ihn aber *voraussetzt*, logisch und psychologisch, welche schlechterdings nur *auf ihn* und *aus ihm* kommen kann. Denn warum ist die Heraufkunft des Nihilismus nunmehr *notwendig*? Weil unsre bisherigen Werte selbst es sind, die in ihm ihre letzte Folgerung ziehn; weil der Nihilismus die zu Ende gedachte Logik unsrer großen Werte und Ideale ist, – weil wir den Nihilismus erst erleben müssen, um dahinterzukommen, was eigentlich der *Wert* dieser »Werte« war... Wir haben, irgendwann, *neue Werte* nötig...

(10)

Wir sind die Erben der Gewissens-Vivisektion und Selbstkreuzigung von zwei Jahrtausenden: darin ist unsre längste Übung, unsre Meisterschaft, vielleicht unser Raffinement in jedem Fall; wir haben die natürlichen Hänge mit dem bösen Gewissen verschwistert.

Ein umgekehrter Versuch wäre möglich: die unnatürlichen Hänge, ich meine die Neigungen zum Jenseitigen, Sinnwidrigen, Denkwidrigen, Naturwidrigen, kurz die bisherigen Ideale, die allesamt Weltverleumdungsideale waren, mit dem schlechten Gewissen zu verschwistern.

(11)

Die Logik des Pessimismus bis zum letzten Nihilismus: was treibt da?
– Begriff der *Wertlosigkeit*, *Sinnlosigkeit*: inwiefern moralische Wertungen hinter allen sonstigen hohen Werten stecken.
– Resultat: die *moralischen Werturteile sind Verurteilungen, Verneinungen; Moral ist die Abkehr vom Willen zum Dasein*...

(12)

Mein Schlußsatz ist: daß der *wirkliche* Mensch einen viel höheren

Wert darstellt als der »wünschbare« Mensch irgendeines bisherigen Ideals; daß alle »Wünschbarkeiten« in Hinsicht auf den Menschen absurde und gefährliche Ausschweifungen waren, mit denen eine einzelne Art von Mensch *ihre* Erhaltungs- und Wachstumsbedingungen über der Menschheit als Gesetz aufhängen möchte; daß jede zur Herrschaft gebrachte »Wünschbarkeit« solchen Ursprungs bis jetzt den Wert des Menschen, seine Kraft, seine Zukunftsgewißheit *herabgedrückt* hat; daß die Armseligkeit und Winkel-Intellektualität des Menschen sich am meisten bloßstellt, auch heute noch, wenn er *wünscht*; daß die Fähigkeit des Menschen, Werte anzusetzen, bisher zu niedrig entwickelt war, um dem tatsächlichen, nicht bloß »wünschbaren« *Werte des Menschen* gerecht zu werden; daß das Ideal bis jetzt die eigentlich welt- und menschenverleumdende Kraft, der Gifthauch über der Realität, die große *Verführung zum Nichts* war ...

(13)

Perioden des europäischen Nihilismus

Die Periode der Unklarheit, der Tentativen aller Art, das Alte zu konservieren und das Neue nicht fahren zu lassen.

Die Periode der Klarheit: Man begreift, daß Altes und Neues Grundgegensätze sind: die alten Werte aus dem niedergehenden, die neuen aus dem aufsteigenden Leben geboren –, daß *alle alten Ideale* lebensfeindliche Ideale sind (aus der décadence geboren und die décadence bestimmend, wie sehr auch im prachtvollen Sonntagsaufputz der Moral). Wir *verstehen* das Alte und sind lange nicht stark genug zu einem Neuen.

Die Periode der drei großen Affekte: der Verachtung, des Mitleids, der Zerstörung.

Die Periode der Katastrophe: die Heraufkunft einer Lehre, welche die Menschen *aussiebt*..., welche die Schwachen zu Entschlüssen treibt und ebenso die Starken –

(14)

Meine fünf »Neins«

1. Mein Kampf gegen das *Schuldgefühl* und die Einmischung des *Straf*begriffs in die physische und metaphysische Welt, insgleichen in die Psychologie, in die Geschichtsausdeutung. Einsicht in die *Vermoralisierung* aller bisherigen Philosophien und Wertschätzungen.

2. Mein Wiedererkennen und Herausziehen des *überlieferten* Ideals, des christlichen, auch wo man mit der dogmatischen

Form des Christentums abgewirtschaftet hat. Die *Gefährlichkeit des christlichen Ideals* steckt in seinen Wertgefühlen, in dem, was des begrifflichen Ausdrucks entbehren kann: mein Kampf gegen das *latente Christentum* (z. B. in der Musik, im Sozialismus).

3. Mein Kampf gegen das 18. Jahrhundert *Rousseaus*, gegen seine »Natur«, seinen »guten Menschen«, seinen Glauben an die Herrschaft des Gefühls, – gegen die Verweichlichung, Schwächung, Vermoralisierung des Menschen: ein Ideal, das aus dem *Haß gegen die aristokratische Kultur* geboren ist und in praxi die Herrschaft der zügellosen Ressentimentsgefühle ist, erfunden als Standarte für den Kampf (– die Schuldgefühlsmoralität des Christen, die Ressentimentsmoralität eine Attitüde des Pöbels).

4. Mein Kampf gegen die *Romantik*, in der christliche Ideale und Ideale Rousseaus zusammenkommen, zugleich aber mit einer Sehnsucht nach der *alten Zeit* der priesterlich-aristokratischen Kultur, nach virtù, nach dem »starken Menschen«, – etwas äußerst Hybrides; eine falsche und nachgemachte Art *stärkeren* Menschentums, welches die extremen Zustände überhaupt schätzt und in ihnen das Symptom der Stärke sieht (»Kultus der Leidenschaft«; ein Nachmachen der expressivsten Formen, *furore espressivo*, nicht aus der Fülle, sondern dem *Mangel*). – (Was relativ aus der Fülle geboren ist im 19. Jahrhundert, mit *Behagen*: heitere Musik usw.; – unter Dichtern ist z. B. Stifter und Gottfried Keller Zeichen von mehr Stärke, innerem Wohlsein, als – –. Die große Technik und Erfindsamkeit, die Naturwissenschaften, die Historie(?): relativ Erzeugnisse der Stärke, des Selbstzutrauens des 19. Jahrhunderts.)

5. Mein Kampf gegen die *Überherrschaft der Herdeninstinkte*, nachdem die Wissenschaft mit ihnen gemeinsame Sache macht; gegen den innerlichen Haß, mit dem alle Art Rangordnung und Distanz behandelt wird.

(15)

Es sind *gute* Perspektiven: lauter *ganz große* Erschütterungen bereiten sich vor. *Erwäge* ich, was die französische Revolution *erregt* hat – auch Beethoven ist ohne sie nicht zu denken, ebensowenig Napoleon: – so hoffe ich, daß alle Grundprobleme aufgedeckt werden und man gründlich über die Albernheiten des Neuen Testaments oder über Hamlet und Faust, die beiden »modernsten Menschen«, hinauskommt.

(16)

Moral *ist* vernichtet: Faktum darstellen! Es bleibt übrig »*ich will*«. Neue Rangordnung. Gegen die Gleichheit.

An Stelle des Richters und des Strafenden der Schaffende.
Unsere *gute* Lage, als Erntende.
Die höchste Verantwortlichkeit – mein Stolz!
Heraufbeschwören des Bösesten.
Der Gesetzgeber und Politiker.
Die Frommen (warum unmöglich?).

Erst den Leib hoch bilden: es findet sich da schon die Denkweise. Plato.

Bisher, nach langer kosmopolitischer Umschau, der Grieche als Mensch, der es am weitesten brachte.
Europa.

(17)

Wir sind *nicht* die Reste und Überbleibsel der Menschheit (wie wir dies gewiß von der organisch werdenden Welt sind). Vieles Neue kann von uns noch ausgehen, was den Charakter der Menschheit *verändert*.

(18)

Das Zukünftige ist ebenso eine Bedingung des Gegenwärtigen wie das Vergangene. »Was werden soll und werden muß, ist der Grund dessen, was ist.«

(19)

Prinzipielle Neuerungen: An Stelle der »moralischen Werte« lauter *naturalistische Werte*. Vernatürlichung der Moral.

An Stelle der »Soziologie« eine *Lehre von den Herrschaftsgebilden*.

An Stelle der »Gesellschaft« den *Kulturkomplex* als *mein* Vorzugsinteresse (gleichsam als Ganzes, bezüglich in seinen Teilen).

An Stelle der »Erkenntnistheorie« eine *Perspektivenlehre der Affekte* (wozu eine Hierarchie der Affekte gehört: die *transfigurierten* Affekte: deren *höhere Ordnung*, deren »*Geistigkeit*«).

An Stelle von »Metaphysik« und Religion die *Ewige-Wiederkunfts-Lehre* (diese als Mittel der Züchtung und Auswahl).

(20)

Die Auflösung der Moral führt in der praktischen Konsequenz zum atomistischen Individuum und dann noch zur Zerteilung des Individuums in Mehrheiten – absoluter Fluß.

Deshalb ist jetzt mehr als je ein Ziel nötig und Liebe, eine *neue Liebe*.

(21)

Alle *Ziele* sind vernichtet. Die Menschen müssen sich eins *geben*. Es war ein Irrtum, daß sie eins *hätten*: sie haben sie sich alle gegeben. Aber die *Voraussetzungen* für alle früheren Ziele sind vernichtet.

Die *Wissenschaft* zeigt den Fluß, aber nicht das Ziel: sie gibt aber *Voraussetzungen*, denen das neue Ziel entsprechen *muß*.

(22)

Wir Heimatlosen von Anbeginn – wir haben gar keine Wahl, wir müssen Eroberer und Entdecker sein: vielleicht daß wir, was wir selbst entbehren, unsern Nachkommen hinterlassen, – daß wir ihnen eine *Heimat* hinterlassen.

(23)

Es ist nicht zu verwundern, daß ein paar Jahrtausende nötig sind, um die Anknüpfung wieder zu finden, – es liegt wenig an ein paar Jahrtausenden!

1. Kapitel
Der Nihilismus als die notwendige Folge
der bisherigen Wertschätzungen

1. Der Verfall der europäischen Seele

(24)

Hier ist Herbst und Ernte und Überfluß und Nachmittag und ferne Meere: aber jetzt gerade muß ich Vogel sein und über euch fort nach Mittag fliegen: aus eurem Herbste heraus wahrsage ich euch einen Winter und eine eisige Armut.

(25)

Was ich erzähle, ist die Geschichte der nächsten zwei Jahrhunderte. Ich beschreibe, was kommt, was nicht mehr anders kommen kann: *die Heraufkunft des Nihilismus*. Diese Geschichte kann jetzt schon erzählt werden: denn die Notwendigkeit selbst ist hier am Werke. Diese Zukunft redet schon in hundert Zeichen, dieses Schicksal kündet überall sich an; für diese Musik der Zukunft sind alle Ohren bereits gespitzt. Unsre ganze europäische Kultur bewegt sich seit langem schon mit einer Tortur der Spannung, die von Jahrzehnt zu Jahrzehnt wächst, wie auf eine Katastrophe los: unruhig, gewaltsam, überstürzt: wie ein Strom, der *ans Ende* will, der sich nicht mehr besinnt, der Furcht davor hat, sich zu besinnen.

(26)

Im ersten Teil ist der *Verfall* und seine *Notwendigkeit* klarzumachen. Inwiefern der Sklave Herr geworden ist, ohne die Tugenden des Herrn zu haben. Der Adel ohne das Fundament der Abkunft und Reinhaltung. Die Monarchen, ohne die *ersten Menschen* zu sein.

(27)

Den Verfall der modernen Seele in allen Formen darzustellen –: inwiefern von Sokrates an der *Verfall* beginnt; meine alte Abneigung gegen *Plato*, als *antiantik*; die »moderne Seele« war schon da!

(28)

Fortschritt. – Daß wir uns nicht täuschen! Die Zeit läuft vorwärts, – wir möchten glauben, daß auch alles, was in ihr ist, vorwärts läuft, – daß die Entwicklung eine Vorwärtsentwicklung ist... Das ist der Augenschein, von dem die Besonnensten verführt werden. Aber das neunzehnte Jahrhundert ist kein Fortschritt gegen das sechzehnte; und der deutsche Geist von 1888 ist ein Rückschritt gegen den deutschen Geist von 1788... Die »Menschheit« avanciert nicht, sie existiert nicht einmal. Der Gesamtaspekt ist der einer ungeheuren Experimentierwerkstätte, wo einiges gelingt, zerstreut durch alle Zeiten, und Unsägliches mißrät, wo alle Ordnung, Logik, Verbindung und Verbindlichkeit fehlt. Wie dürften wir verkennen, daß die Heraufkunft des Christentums eine décadence-Bewegung ist?... Daß die deutsche Reformation eine Rekrudeszenz der christlichen Barbarei ist?... Daß die Revolution den Instinkt zur großen Organisation der Gesellschaft zerstört hat?... Der Mensch ist kein Fortschritt gegen das Tier; der Kulturzärtling ist eine Mißgeburt im Vergleich zum Araber und Korsen; der Chinese ist ein wohlgeratenerer Typus, nämlich dauerfähiger als der Europäer...

(29)

Die Moral, die zunächst gar *nicht* ans Glück des Individuums denkt, vielmehr dasselbe fürchtet und zu dämpfen sucht (»Maß« der Griechen), will etwas, das über die Zeit des Individuums hinausreicht, den Verband mehrerer Generationen, und zwar vom Standpunkt der Gemeinde...

Die Moral für Individuen *trotz* der Gemeinde und deren Satzung beginnt mit Sokrates.

(30)

Die Gewissensfreiheit ist nur im großen Despotismus nützlich und möglich, – (sonst) ein Symptom der *Atomisierung*.

(31)

Das ältere Griechentum hat *seine Kräfte in der Reihe von Philosophen offenbart*. Mit Sokrates *bricht* diese Offenbarung *ab*: er versucht *sich selbst zu erzeugen* und alle Tradition abzuweisen.

(32)

Weisheit zeigt sich
1. im unlogischen Verallgemeinern und zum letzten Ziele Fliegen,
2. in der Beziehung dieser Resultate auf das Leben,
3. in der unbedingten Wichtigkeit, welche man seiner Seele beilegt. Eins ist not.

Sokratismus ist
   einmal Weisheit im Ernstnehmen der Seele,
   zweitens Wissenschaft als Furcht und Haß vor der unlogischen Verallgemeinerung,

drittens etwas Eigentümliches durch die Forderung des bewußten und korrekten Handelns. Dadurch entsteht Schaden für die Wissenschaft, für das ethische Leben.

(33)

Sokrates' Wirkung:
1. Er zerstörte die Unbefangenheit des ethischen Urteils,
2. vernichtete die Wissenschaft,
3. hatte keinen Sinn für die Kunst,
4. riß das Individuum heraus aus dem historischen Verbande,
5. dialektische Rederei und Geschwätzigkeit befördert.

(34)

Inwiefern die *christlichen* Jahrhunderte mit ihrem Pessimismus *stärkere* Jahrhunderte waren als das 18. Jahrhundert – entsprechend das *tragische* Zeitalter der Griechen –.

Das 19. Jahrhundert gegen das 18. Jahrhundert. Worin Erbe, – worin Rückgang gegen dasselbe (»geist«-loser, geschmackloser), – worin Fortschritt über dasselbe (düsterer, realistischer, *stärker*).

(35)

Das 17. Jahrhundert *leidet am Menschen* wie an einer *Summe von Widersprüchen* (»l'amas de contradictions«, der wir sind); es sucht den Menschen zu entdecken, zu *ordnen*, auszugraben, während das 18. Jahrhundert zu vergessen sucht, was man von der Natur des Menschen weiß, um ihn an seine Utopie anzupassen. »Oberflächlich, weich, human«, – schwärmt für »den Menschen«. –

Das 17. Jahrhundert sucht die Spuren des Individuums auszuwischen, damit das Werk dem Leben so ähnlich als möglich sehe. Das 18. sucht durch das Werk *für den Autor zu interessieren*. Das 17. Jahrhundert sucht in der Kunst ein Stück Kultur; das 18. treibt mit der Kunst Propaganda für Reformen sozialer und politischer Natur.

Die »Utopie«, der »ideale Mensch«, die Natur-Angöttlichung, die Eitelkeit des Sich-in-Szene-setzens, die Unterordnung unter die Propaganda *sozialer* Ziele, die Scharlatanerie – das haben wir vom 18. Jahrhundert.

Der Stil des 17. Jahrhunderts: propre, exact et libre.

Das starke Individuum, sich selbst genügend oder vor Gott in eifriger Bemühung – und jene moderne Autoren-Zudringlichkeit und -Zuspringlichkeit – das sind *Gegensätze*. »Sich produzieren« – damit vergleiche man die Gelehrten von Port-Royal.

Alfieri hatte einen Sinn für *großen Stil*.

Der Haß gegen das *Burleske* (Würdelose), der *Mangel an Natursinn* gehört zum 17. Jahrhundert.

(36)

Voltaire – Rousseau. Der Zustand der Natur ist furchtbar, der Mensch ist Raubtier; unsere Zivilisation ist ein unerhörter *Triumph* über diese Raubtiernatur: – *so schloß Voltaire.* Er empfand die Milderung, die Raffinements, die geistigen Freuden des zivilisierten Zustandes; er verachtete die Borniertheit, auch in der Form der Tugend; den Mangel an Delikatesse auch bei den Asketen und Mönchen.

Die *moralische Verwerflichkeit* des Menschen schien *Rousseau zu präokkupieren*; man kann mit den Worten »ungerecht«, »grausam« am meisten die Instinkte der Unterdrückten aufreizen, die sich sonst unter dem Bann des vetitum und der Ungnade befinden; *so daß ihr Gewissen ihnen die aufrührerischen Begierden widerrät.* Diese Emanzipatoren suchen vor allem *eins*: ihrer Partei die großen Akzente und Attitüden der *höheren Natur* zu geben.

(37)

Gegen Rousseau. – Der Mensch ist leider nicht mehr böse genug; die Gegner Rousseaus, welche sagen: »Der Mensch ist ein Raubtier«, haben leider nicht recht. Nicht die Verderbnis des Menschen, sondern seine Verzärtlichung und Vermoralisierung ist der Fluch. In der Sphäre, welche von Rousseau am heftigsten bekämpft wurde, war gerade die *relativ* noch starke und wohlgeratene Art Mensch (– die, welche noch die großen Affekte ungebrochen hatte: Wille zur Macht, Wille zum Genuß, Wille und Vermögen, zu kommandieren). Man muß den Menschen des 18. Jahrhunderts mit dem Menschen der Renaissance vergleichen (auch dem des 17. Jahrhunderts in Frankreich), um zu spüren, worum es sich handelt: Rousseau ist ein Symptom der Selbstverachtung und der erhitzten Eitelkeit – beides Anzeichen, daß es am dominierenden Willen fehlt: er moralisiert und sucht die *Ursache* seiner Miserabilität als Rancunemensch in den *herrschenden* Ständen.

(38)

Rousseau: die Regel gründend auf das Gefühl; die Natur als Quelle der Gerechtigkeit: der Mensch vervollkommnet sich in dem Maße, in dem er sich der *Natur nähert* (– nach Voltaire in dem Maße, in dem er sich *von der Natur entfernt*). Dieselben Epochen für den einen die des Fortschritts der *Humanität*, für den andern Zeiten der Verschlimmerung von Ungerechtigkeit und Ungleichheit.

Voltaire, noch die *umanità* im Sinne der Renaissance begreifend, insgleichen die virtù (als »hohe Kultur«), er kämpft für die Sache der »honnêtes gens« und »de la bonne compagnie«, die Sache des Geschmacks, der Wissenschaft, der Künste, die Sache des Fortschritts selbst und der Zivilisation.

Der Kampf gegen 1760 entbrannt: der Genfer Bürger und le seigneur de Ferney. Erst von da an wird Voltaire der Mann seines Jahrhunderts, der Philosoph, der Vertreter der Toleranz und des Unglaubens (bis dahin nur un bel esprit). Der Neid und der Haß auf Rousseaus Erfolg trieb ihn vorwärts, »in die Höhe«.

Pour »la canaille« un dieu rémunérateur et vengeur – Voltaire.

Kritik beider Standpunkte in Hinsicht auf den *Wert der Zivilisation*. Die *soziale Erfindung* die schönste, die es für Voltaire gibt: es gibt kein höheres Ziel, als sie zu unterhalten und zu vervollkommnen; ebendas ist die honnêteté, die sozialen Gebräuche zu achten; Tugend ein Gehorsam gegen gewisse notwendige »Vorurteile« zugunsten der Erhaltung der »Gesellschaft«. *Kulturmissionär*, Aristokrat, Vertreter der siegreichen, herrschenden Stände und ihrer Wertungen. Aber Rousseau blieb *Plebejer*, auch als homme de lettres, das war *unerhört*; seine unverschämte Verachtung alles dessen, was nicht er selbst war.

Das *Krankhafte* an Rousseau am meisten bewundert und *nachgeahmt*. (Lord Byron ihm verwandt; auch sich zu erhabenen Attitüden aufschraubend, zum rankünösen Groll; Zeichen der »Gemeinheit«; später, durch *Venedig* ins Gleichgewicht gebracht, begriff er, was *mehr erleichtert* und *wohltut*, ... l'insouciance).

Rousseau ist stolz in Hinsicht auf das, was er ist, trotz seiner Herkunft; aber er gerät außer sich, wenn man ihn daran erinnert...

Bei Rousseau unzweifelhaft die *Geistesstörung*, bei Voltaire eine ungewöhnliche Gesundheit und Leichtigkeit. Die *Rancune des Kranken*; die Zeiten seines Irrsinns auch die seiner Menschenverachtung und seines Mißtrauens.

Die Verteidigung der *Providenz* durch Rousseau (gegen den Pessimismus Voltaires): er *brauchte* Gott, um den Fluch auf die Gesellschaft und die Zivilisation werfen zu können; alles mußte an sich gut sein, da Gott es geschaffen, *nur der Mensch hat den Menschen verdorben*. Der »gute Mensch« als Naturmensch war eine reine Phantasie; aber mit dem Dogma von der Autorschaft Gottes etwas Wahrscheinliches und Begründetes.

Romantik à la *Rousseau*: die Leidenschaft (»das souveräne Recht der Passion«); die »Natürlichkeit«; die Faszination der Verrücktheit (die Narrheit zur Größe gerechnet); die unsinnige Eitelkeit des Schwachen; die Pöbelrancune als *Richterin* (»in der

Politik hat man seit hundert Jahren einen Kranken als Führer genommen«).

(39)
Die drei Jahrhunderte

Ihre verschiedene *Sensibilität* drückt sich am besten so aus:
Aristokratismus: Descartes, Herrschaft der *Vernunft*, Zeugnis von der Souveränität des *Willens*;
Femininismus: Rousseau, Herrschaft des *Gefühls*, Zeugnis von der Souveränität der *Sinne*, verlogen;
Animalismus: Schopenhauer, Herrschaft der *Begierde*, Zeugnis von der Souveränität der *Animalität*, redlicher, aber düster.

Das 17. Jahrhundert ist *aristokratisch*, ordnend, hochmütig gegen das Animalische, streng gegen das Herz, »ungemütlich«, sogar ohne Gemüt, »undeutsch«, dem Burlesken und dem Natürlichen abhold, generalisierend und souverän gegen Vergangenheit: denn es glaubt an sich. Viel Raubtier au fond, viel asketische Gewöhnung, um Herr zu bleiben. Das *willensstarke* Jahrhundert; auch das der starken Leidenschaft.

Das 18. Jahrhundert ist vom *Weibe* beherrscht, schwärmerisch, geistreich, flach, aber mit einem Geiste im Dienst der Wünschbarkeit, des Herzens, libertin im Genusse des Geistigsten, alle Autoritäten unterminierend; berauscht, heiter, klar, human, falsch vor sich, viel Kanaille au fond, gesellschaftlich...

Das 19. Jahrhundert ist *animalischer*, unterirdischer, häßlicher, realistischer, pöbelhafter und ebendeshalb »besser«, »ehrlicher«, vor der »Wirklichkeit« jeder Art unterwürfiger, *wahrer*; aber willensschwach, aber traurig und dunkel-begehrlich, aber fatalistisch. Weder vor der »Vernunft« noch vor dem »Herzen« in Scheu und Hochachtung; tief überzeugt von der Herrschaft der Begierde (Schopenhauer sagte »Wille«; aber nichts ist charakteristischer für seine Philosophie, als daß das eigentliche *Wollen* in ihr fehlt). Selbst die Moral auf einen Instinkt reduziert (»Mitleid«).

Auguste Comte ist *Fortsetzung des 18. Jahrhunderts* (Herrschaft von coeur über la tête, Sensualismus in der Erkenntnistheorie, altruistische Schwärmerei).

Daß die *Wissenschaft* in dem Grade souverän geworden ist, das beweist, wie das 19. Jahrhundert sich von der Domination der *Ideale losgemacht* hat. Eine gewisse »Bedürfnislosigkeit« im Wünschen ermöglicht uns erst unsere wissenschaftliche Neugierde und Strenge – diese *unsere* Art Tugend...

Die Romantik ist *Nachschlag* des 18. Jahrhunderts; eine Art aufgetürmtes Verlangen nach dessen Schwärmerei großen Stils (– tatsächlich ein gut Stück Schauspielerei und Selbstbetrügerei; man wollte die *starke Natur*, *die große Leidenschaft* darstellen).

Das 19. Jahrhundert sucht instinktiv nach *Theorien*, mit denen es seine *fatalistische Unterwerfung unter das Tatsächliche* gerechtfertigt fühlt. Schon *Hegels* Erfolg gegen die »Empfindsamkeit« und den romantischen Idealismus lag im Fatalistischen seiner Denkweise, in seinem Glauben an die größere Vernunft auf seiten des Siegreichen, in seiner Rechtfertigung des wirklichen »Staates« (an Stelle von »Menschheit« usw.). – Schopenhauer: wir sind etwas Dummes und, besten Falls, sogar etwas Sich-selbst-Aufhebendes. Erfolg des Determinismus, der genealogischen Ableitung der früher als absolut geltenden *Verbindlichkeiten*, die Lehre vom milieu und der Anpassung, die Reduktion des Willens auf Reflexbewegungen, die Leugnung des Willens als »wirkender Ursache«; endlich – eine wirkliche Umtaufung: man sieht so wenig Wille, daß das Wort *frei* wird, um etwas anderes zu bezeichnen. Weitere Theorien: die Lehre von der *Objektivität*, »willenlosen« Betrachtung, als einzigem Weg zur Wahrheit; *auch zur Schönheit* (– auch der Glaube an das »*Genie*«, um ein Recht auf *Unterwerfung* zu haben); der Mechanismus, die ausrechenbare Starrheit des mechanischen Prozesses; der angebliche »Naturalismus«, Elimination des wählenden, richtenden, interpretierenden Subjekts als Prinzip. –

Kant, mit seiner »praktischen Vernunft«, mit seinem *Moralfanatismus* ist ganz 18. Jahrhundert; noch völlig außerhalb der historischen Bewegung; ohne jeden Blick für die Wirklichkeit seiner Zeit, z.B. Revolution; unberührt von der griechischen Philosophie; Phantast des Pflichtbegriffs; Sensualist, mit dem Hinterhang der dogmatischen Verwöhnung –.

Die *Rückbewegung auf Kant* in unserem Jahrhundert ist eine *Rückbewegung zum 18. Jahrhundert*: man will sich ein Recht wieder auf die *alten Ideale* und die alte Schwärmerei verschaffen, – darum eine Erkenntnistheorie, welche »Grenzen setzt«, das heißt erlaubt, ein *Jenseits der Vernunft nach Belieben anzusetzen*...

Die Denkweise *Hegels* ist von der *Goethe*schen nicht sehr entfernt: man höre Goethe über *Spinoza*. Wille zur Vergöttlichung des Alls und des Lebens, um in seinem Anschauen und Ergründen *Ruhe* und *Glück* zu finden; Hegel sucht Vernunft überall, – vor der Vernunft darf man sich *ergeben* und *bescheiden*. Bei Goethe eine Art von fast *freudigem* und *vertrauendem Fatalismus*, der nicht revoltiert, der nicht ermattet, der aus sich eine Totalität zu bilden sucht, im Glauben, daß erst in der Totalität alles sich erlöst, als gut und gerechtfertigt erscheint.

(40)

Periode der *Aufklärung*, – darauf Periode der *Empfindsamkeit*. Inwiefern Schopenhauer zur »Empfindsamkeit« gehört (Hegel zur Geistigkeit).

(41)

»*Ohne den christlichen Glauben*«, meinte Pascal, »werdet ihr euch selbst, ebenso wie die Natur und die Geschichte, un monstre et un chaos.« Diese Prophezeiung haben wir *erfüllt*: nachdem das schwächlich-optimistische 18. Jahrhundert den Menschen *verhübscht* und *verrationalisiert* hatte.

Schopenhauer und *Pascal*. – In einem wesentlichen Sinne ist *Schopenhauer* der erste, der die Bewegung *Pascals* wieder *aufnimmt*: un monstre et un chaos, folglich etwas, das zu *verneinen* ist ... Geschichte, Natur, der Mensch selbst!

»*Unsre Unfähigkeit, die Wahrheit zu erkennen*, ist die Folge unsrer *Verderbnis*, unsres moralischen *Verfalls*«: so Pascal. Und so im Grunde Schopenhauer. »Um so tiefer die Verderbnis der Vernunft, um so notwendiger die Heilslehre« – oder, schopenhauerisch gesprochen, die Verneinung.

(42)

Schopenhauer als Nachschlag (Zustand vor der Revolution) – Mitleid, Sinnlichkeit, Kunst, Schwäche des Willens, Katholizismus der geistigsten Begierden – das ist gutes achtzehntes Jahrhundert au fond.

Schopenhauers Grundmißverständnis des *Willens* (wie als ob Begierde, Instinkt, Trieb das *Wesentliche* am Willen sei) ist typisch: Werterniedrigung des Willens bis zur Verkennung. Insgleichen Haß gegen das Wollen; Versuch, in dem Nicht-mehr-wollen, im »Subjektsein *ohne* Ziel und Absicht« (im »reinen willensfreien Subjekt«) etwas Höheres, *ja das* Höhere, das Wertvollere zu sehen. Großes Symptom der *Ermüdung* oder der *Schwäche* des *Willens*: denn dieser ist ganz eigentlich das, was die Begierden als Herr behandelt, ihnen Weg und Maß weist...

(43)

In bezug auf deutsche Kultur habe ich das Gefühl des *Niedergangs* immer gehabt. Das hat mich oft *unbillig* gegen das *ganze* Phänomen der europäischen Kultur gemacht, daß ich eine niedergehende Art kennenlernte. Die Deutschen kommen immer später hinterdrein: sie tragen etwas in der *Tiefe*, z. B. –

Abhängigkeit vom Ausland: z. B. *Kant* – Rousseau, Sensualisten, Hume, Swedenborg.

Schopenhauer – Inder und Romantik, Voltaire.

Wagner – französischer Kultus des Gräßlichen und der großen Oper, *Paris* und Flucht in *Urzustände* (die Schwesterehe).

– Gesetz der *Nachzügler* (Provinz nach Paris, Deutschland nach Frankreich). *Wieso* gerade *Deutsche* das *Griechische entdeckten* (: je stärker man einen Trieb entwickelt, um so *anziehender* wird es, sich einmal in seinen *Gegensatz zu stürzen*).

Musik ist *Aus*klingen.

(44)

Man hat den unwürdigen Versuch gemacht, in Wagner und Schopenhauer Typen der geistig Gestörten zu sehen: eine ungleich wesentlichere Einsicht wäre gewonnen, den Typus der décadence, den beide darstellen, wissenschaftlich zu präzisieren.

(45)

Es gab denkendere und zerdachtere Zeiten, als die unsere ist: Zeiten, wie z. B. jene, in der Buddha auftrat, wo das Volk selbst, nach jahrhundertealten Sektenstreitigkeiten, sich endlich so tief in die Klüfte der philosophischen Lehrmeinungen verirrt fand wie zeitweilig europäische Völker in Feinheiten des religiösen Dogmas. Man wird sich am wenigsten wohl durch die »Literatur« und die Presse dazu verführen lassen, vom »Geiste« unsrer Zeit groß zu denken: die Millionen Spiritisten und ein Christentum mit Turnübungen von jener schauerlichen Häßlichkeit, die alle englischen Erfindungen kennzeichnet, gibt bessere Gesichtspunkte.

Der europäische *Pessimismus* ist noch in seinen Anfängen – ein Zeugnis gegen sich selber –: er hat noch nicht jene ungeheure, sehnsüchtige Starrheit des Blicks, in welchem das Nichts sich spiegelt, wie er sie einmal in Indien hatte; es ist noch zuviel »Gemachtes« und nicht »Gewordenes« daran, zu viel Gelehrten- und Dichterpessimismus: ich meine, ein gutes Teil darin ist hinzuerdacht und hinzuerfunden, ist »geschaffen«, aber nicht »*Ursache*«.

(46)

Ursachen für die *Heraufkunft des Pessimismus*:
1. daß die mächtigsten und zukunftsvollsten Triebe des Lebens bisher *verleumdet* sind, so daß das Leben einen Fluch über sich hat;
2. daß die wachsende Tapferkeit und Redlichkeit und das kühnere Mißtrauen des Menschen die *Unablösbarkeit dieser In-*

stinkte vom Leben begreift und dem Leben sich entgegenwendet;
3. daß nur *die Mittelmäßigsten*, die jenen Konflikt gar nicht *fühlen*, gedeihen, die höhere Art mißrät und als Gebilde der Entartung gegen sich einnimmt, – daß, andererseits, das Mittelmäßige, sich als Ziel und Sinn gebend, *indigniert* (– daß niemand *ein Wozu* mehr beantworten kann –);
4. daß die Verkleinerung, die Schmerzfähigkeit, die Unruhe, die Hast, das Gewimmel beständig zunimmt, – daß die *Vergegenwärtigung dieses* ganzen Treibens, der sogenannten »Zivilisation«, immer leichter wird, daß der Einzelne angesichts dieser ungeheuren Maschinerie *verzagt* und sich *unterwirft*.

(47)

Wenn, bei fortschreitender Verfeinerung der Nerven, gewisse harte und grausame Strafen nicht mehr verhängt oder geradezu abgeschafft werden, so geschieht dies, weil die Vorstellung solcher Strafen den Nerven der Gesellschaft mehr und mehr wehe tut: nicht die wachsende Rücksicht auf den Verbrecher, nicht eine Zunahme der brüderlichen Liebe, sondern eine größere Schwäche beim Anblick von Schmerzen bringt diese Milderung des Strafkodex zuwege.

(48)

Der Geschlechtstrieb macht die großen Schritte der Individuation: für meine Moral wichtig, denn er ist antisozial und leugnet die allgemeine Gleichheit und den gleichen Wert von Mensch zu Mensch. Er ist der *Typus individueller Leidenschaft*, die große Erziehung dazu: der *Verfall* eines Volkes geschieht in dem Maße, als die individuelle Passion *nachläßt* und die sozialen Gründe bei der Verheiratung *überwiegen*. –

(49)

Die verfaulten herrschenden Stände haben das Bild des Herrschenden verdorben. Der »Staat«, als Gericht übend, ist eine Feigheit, weil der *große Mensch* fehlt, an dem gemessen werden kann. Zuletzt wird die Unsicherheit so groß, daß die Menschen vor *jeder* Willenskraft, die befiehlt, in den Staub fallen.

(50)

Die *Entartung der Herrscher und der herrschenden Stände* hat den größten Unfug in der Geschichte gestiftet! Ohne die römischen Cäsaren und die römische Gesellschaft wäre der Wahnsinn des Christentums nicht zur Herrschaft gekommen.

Wenn die geringeren Menschen der Zweifel anfällt, *ob* es höhere Menschen gibt, da ist die Gefahr groß! Und man endet zu entdecken, daß es auch bei den geringen, unterworfenen, geistesarmen Menschen *Tugenden* gibt und daß *vor Gott* die Menschen gleich stehn: was das *non plus ultra* des Blödsinns bisher auf Erden gewesen ist! Nämlich die höheren Menschen maßen sich selber schließlich nach dem Tugendmaßstab der Sklaven – fanden sich »*stolz*« usw., fanden alle ihre *höheren* Eigenschaften als verwerflich.

Als Nero und Caracalla oben saß, entstand die Paradoxie: »Der niedrigste Mensch ist *mehr wert* als der da oben!« Und ein *Bild Gottes* brach sich Bahn, welches möglichst *entfernt* war vom Bilde der Mächtigsten, – der Gott am Kreuze!

(51)

Ursachen des Nihilismus: 1. *Es fehlt die höhere Spezies*, d. h. die, deren unerschöpfliche Fruchtbarkeit und Macht den Glauben an den Menschen aufrechterhält. (Man denke, was man Napoleon verdankt: fast alle höheren Hoffnungen dieses Jahrhunderts.)

2. *Die niedere Species* (»Herde«, »Masse«, »Gesellschaft«) verlernt die Bescheidenheit und bauscht ihre Bedürfnisse zu *kosmischen* und *metaphysischen* Werten auf. Dadurch wird das ganze Dasein *vulgarisiert*: insofern nämlich die *Masse* herrscht, tyrannisiert sie die *Ausnahmen*, so daß diese den Glauben an sich verlieren und *Nihilisten* werden.

Alle Versuche, *höhere Typen auszudenken*, mankiert (»Romantik«; der Künstler, der Philosoph; gegen Carlyles Versuch, ihnen die höchsten Moralwerte zuzulegen).

Widerstand gegen höhere Typen als Resultat.

Niedergang und *Unsicherheit aller höheren Typen*. Der Kampf gegen das Genie (»Volkspoesie« usw.). Mitleid mit den Niederen und Leidenden als *Maßstab* für die *Höhe der Seele*.

Es fehlt der Philosoph, der Ausdeuter der Tat, *nicht* nur der Umdichter.

2. Zeichen der décadence

(52)

Wenn wir, *die Freunde des Lebens*, uns nicht selber erhalten – uns selber durch eine Organisation –, geht alles zu Ende.

Nihilismus als kleines Vorspiel.

Unmöglichkeit der Philosophie.

Wie der Buddhismus *unproduktiv* und *gut* macht, so wird auch Europa unter seinem Einfluß: *müde*!

Die *Guten*, das ist die Ermüdung.
Die *Versöhnung*, das ist die Ermüdung.
Die *Moral*, das ist die Ermüdung.
Die *gute Sitte* (z. B. die Ehe), das ist die Ermüdung.

(53)

Gegen den *großen Irrtum*, als ob unsre Zeit (Europa) den *höchsten Typus Mensch* darstelle. Vielmehr: die Renaissancemenschen waren höher, und die Griechen ebenfalls; ja vielleicht stehn wir *ziemlich tief*: das »Verstehen« ist kein Zeichen höchster Kraft, sondern einer *tüchtigen Ermüdung*; die *Moralisierung* selbst ist eine *décadence*.

(54)

Wovor ich warne: die décadence-Instinkte nicht mit der *Humanität* zu verwechseln;

die *auflösenden* und *notwendig zur décadence treibenden Mittel* der Zivilisation nicht mit der *Kultur* zu verwechseln;

die *Libertinage*, das Prinzip des »*laisser aller*«, nicht mit dem *Willen zur Macht* zu verwechseln (– er ist dessen *Gegenprinzip*).

(55)

Laßt euch nicht täuschen! Die tätigsten Völker sind jetzt die müdesten! Sie haben nicht mehr Kraft genug zur *Faulheit*.

(56)

Unser Zeitalter ist ein aufgeregtes Zeitalter, und ebendeshalb kein Zeitalter der Leidenschaft; es erhitzt sich fortwährend, weil es fühlt, daß es nicht warm ist, – es friert im Grunde. Ich glaube nicht an die Größe aller dieser »großen Ereignisse«, von denen ihr sprecht.

(57)

Wenn das kein Zeitalter des Verfalls und der abnehmenden Lebenskraft ist, so ist es zum mindesten eines des unbesonnenen und willkürlichen *Versuchens*: – und es ist wahrscheinlich, daß aus einer Überfülle mißratener Experimente ein Gesamteindruck wie von Verfall entsteht: und vielleicht die Sache selbst, *der* Verfall.

(58)

Bei der »Emanzipation des Weibes« wollen die Weiber, welche nicht zu Gatten und Kindern kommen, die *Gesamtstellung* des Weibes zum Manne wesentlich beeinflussen, d. h. die *mißratenden* Elemente (welche der *Zahl* nach *überall* im Übergewicht sind) wollen die Stellung der Art ändern, d. h. zugunsten der Zahl soll die Qualität der Art verringert werden.

(59)

Würde irgendein Ring in der ganzen Kette von Kunst und Wissenschaft fehlen, wenn das Weib, wenn das *Werk des Weibes* darin fehlte? Geben wir die Ausnahme zu – sie beweist die Regel –, das Weib bringt es in allem zur Vollkommenheit, was nicht ein Werk ist, in Brief, in Memoiren, selbst in der delikatesten Handarbeit, die es gibt, kurz in allem, was nicht ein Metier ist, genau deshalb, weil es darin sich selbst vollendet, weil es damit seinem einzigen Kunstantrieb gehorcht, den es besitzt, – es will *gefallen* ... Aber was hat das Weib mit der leidenschaftlichen Indifferenz des echten Künstlers zu schaffen, der einem Klang, einem Hauch, einem Hopsasa mehr Wichtigkeit zugesteht als sich selbst? der mit allen fünf Fingern nach seinem Geheimsten und Innersten greift? der keinem Dinge einen Wert zugesteht, es sei denn, daß es Form zu werden weiß (– daß es sich preisgibt, daß es sich öffentlich macht –). Die Kunst, so wie der Künstler sie übt – begreift ihr's denn nicht, was sie ist: ein Attentat auf alle pudeurs? ... Erst mit diesem Jahrhundert hat das Weib jene Schwenkung zur Literatur gewagt (– vers la canaille plumière écrivassière, mit dem alten Mirabeau zu reden): es schriftstellert, es künstlert, es verliert an Instinkt. *Wozu doch?* wenn man fragen darf.

(60)

Erworbene, nicht ererbte Erschöpfung: 1. Unzureichende *Ernährung*, oft aus Unwissenheit über Ernährung, z. B. bei Gelehrten; 2. die erotische *Präkozität*: der Fluch vornehmlich der französischen Jugend, der Pariser voran: welche aus den Lyzeen bereits verhunzt und beschmutzt in die Welt tritt, – und nicht wieder von der Kette verächtlicher Neigungen loskommt, gegen sich selbst ironisch und schnöde – Galeerensklaven, mit aller Verfeinerung (– übrigens in den häufigsten Fällen bereits Symptom der Rassen- und Familien-décadence, wie alle Hyperreizbarkeit; insgleichen als Kontagium des Milieus –: auch bestimmbar zu sein durch die Umgebung gehört zur décadence –); 3. der Alkoholismus, *nicht* der Instinkt, sondern die Gewöhnung, die stupide Nachahmung, die feige oder eitle Anpassung an ein herrschendes régime: – Welche Wohltat ist ein Jude unter Deutschen! Wieviel Stumpfheit, wie flächsern der Kopf, wie blau das Auge: der Mangel an esprit in Gesicht, Wort, Haltung; das faule Sichstrecken, das deutsche Erholungsbedürfnis, das nicht aus Überarbeitung, sondern aus der widrigen Reizung und Überreizung durch Alkoholika herkommt...

(61)

Grundeinsicht über das Wesen der décadence: *Was man bisher als deren Ursachen angesehen hat, sind deren Folgen.*

Damit verändert sich die ganze Perspektive *der moralischen Probleme.*

Der ganze Moralkampf gegen Laster, Luxus, Verbrechen, selbst Krankheit erscheint als Naivität, als überflüssig: – es gibt keine »*Besserung*« (gegen die *Reue*).

Die décadence selbst ist nichts, *was zu bekämpfen wäre*: sie ist absolut notwendig und jeder Zeit und jedem Volk eigen. *Was* mit aller Kraft zu bekämpfen ist, das ist die Einschleppung des Kontagiums in die gesunden Teile des Organismus.

Tut man das? Man tut das *Gegenteil*. Genau darum bemüht man sich seitens der *Humanität*.

– Wie verhalten sich zu dieser *biologischen* Grundfrage die bisherigen *obersten Werte*? die Philosophie, die Religion, die Moral, die Kunst usw.

(Die Kur: z. B. der *Militarismus* von Napoleon an, der in der Zivilisation seine natürliche Feindin sah.)

(62)

Allgemeinste Typen der décadence:
1. Man wählt im *Glauben*, Heilmittel zu wählen, das, was die Erschöpfung beschleunigt; – dahin gehört das Christentum (um den größten Fall des fehlgreifenden Instinkts zu nennen); – dahin gehört der »Fortschritt« –
2. Man verliert die *Widerstandskraft* gegen die Reize –, man wird bedingt durch die Zufälle: man vergröbert und vergrößert die Erlebnisse ins Ungeheure... eine »Entpersönlichung«, eine Disgregation des Willens; – dahin gehört eine ganze Art Moral, die altruistische, die, welche das Mitleiden im Munde führt: an der das Wesentliche die Schwäche der Persönlichkeit ist, so daß sie *mitklingt* und wie eine überreizte Saite beständig *zittert*... eine extreme Irritabilität...
3. Man verwechselt Ursache und Wirkung: man versteht die décadence nicht als physiologisch und sieht in ihren Folgen die eigentliche Ursache des Sich-schlecht-befindens; – dahin gehört die ganze religiöse Moral...
4. Man ersehnt einen Zustand, wo man nicht mehr leidet; das Leben wird tatsächlich als Grund zu *Übeln* empfunden, – man taxiert die *bewußtlosen*, gefühllosen Zustände (Schlaf, Ohnmacht) unvergleichlich wertvoller als die bewußten; daraus eine *Methodik*...

(63)
Zum Begriff »décadence«.
1. Die Skepsis ist eine Folge der décadence: ebenso wie die Libertinage des Geistes.
2. Die Korruption der Sitten ist eine Folge der décadence (Schwäche des Willens, Bedürfnis starker Reizmittel...).
3. Die Kurmethoden, die psychologischen und die moralischen, verändern nicht den Gang der décadence, sie halten nicht auf, sie sind physiologisch *null* –:
   Einsicht in die *große Nullität* dieser anmaßlichen »Reaktionen«; es sind Formen der Narkotisierung gegen gewisse fatale Folgeerscheinungen; sie bringen das morbide Element nicht heraus; sie sind oft heroische Versuche, den Menschen der décadence zu annullieren, ein Minimum seiner *Schädlichkeit* durchzusetzen.
4. Der Nihilismus ist keine Ursache, sondern nur die Logik der décadence.
5. Der »Gute« und der »Schlechte« sind nur zwei Typen der décadence: sie halten zueinander in allen Grundphänomenen.
6. *Die soziale Frage* ist eine Folge der décadence.
7. Die Krankheiten, vor allem die Nerven- und Kopfkrankheiten, sind Anzeichen, daß die *Defensivkraft* der starken Natur fehlt; ebendafür spricht die Irritabilität, so daß *Lust* und *Unlust* die Vordergrundprobleme werden.

(64)
Zeichen der décadence:
Faulheit, *Armut*, *Verbrechen*, *Parasitismus*, Überarbeitung, Erschöpfung, Stimulanzbedürfnis. Das *Unvermögen zum Kampf*: das ist Degenereszenz. Luxus einer der ersten Instinkte der décadence.

(65)
Theorie der Erschöpfung. – Das Laster, die Geisteskranken (resp. die Artisten...), die Verbrecher, die Anarchisten – das sind nicht die *unterdrückten* Klassen, sondern der *Auswurf* der bisherigen Gesellschaft aller Klassen...

Mit der Einsicht, daß alle unsre Stände durchdrungen sind von diesen Elementen, haben wir begriffen, daß die *moderne Gesellschaft* keine »Gesellschaft«, kein »Körper« ist, sondern ein krankes Konglomerat von Tschandalas, – eine Gesellschaft, die die Kraft nicht mehr hat, zu *exkretieren*.

Inwiefern durch das Zusammenleben seit Jahrhunderten die *Krankhaftigkeit* viel tiefer geht:

die moderne Tugend,
die moderne Geistigkeit, } als Krankheitsformen.
unsre Wissenschaft

(66)

Die *Förderung einer Wissenschaft auf Unkosten der Menschen* ist die schädlichste Sache von der Welt. Der verkümmerte Mensch ist ein Rückschritt der Menschheit, er wirft in alle Zeit hinaus seinen *Schatten*. Es entartet die Gesinnung, die natürliche Absicht der einzelnen Wissenschaft: sie selber geht daran endlich zugrunde; sie steht gefördert da, wirkt aber nicht oder unmoralisch auf das Leben.

(67)

Was man bisher als *Ursachen der Degeneration* ansah, sind deren *Folgen*.

Aber auch was man als *Heilmittel* gegen die Entartung betrachtet, sind nur *Palliative* gegen gewisse Wirkungen derselben: die »Geheilten« sind nur ein *Typus der Degenerierten*.

Folgen der décadence: das Laster – die Lasterhaftigkeit; die Krankheit – die Krankhaftigkeit; das Verbrechen – die Kriminalität; das Zölibat – die Sterilität; der Hysterismus – die Willensschwäche; der Alkoholismus; der Pessimismus; der Anarchismus; die Libertinage (auch die *geistige*). Die Verleumder, Untergraber, Anzweifler, Zerstörer.

(68)

Wenn sich die große Stadt selber aufs Land trägt, so bringt sie nicht Dünger dem Lande, sondern Fäulnis und Greuel.

(69)

Zur Geschichte der modernen Verdüsterung

Die Staatsnomaden (Beamte usw.): ohne »Heimat« –
Der Niedergang der Familie.
Der »gute Mensch« als Symptom der Erschöpfung.
Gerechtigkeit als Wille zur Macht (Züchtung).
Geilheit und Neurose.
Schwarze Musik: – die unerquickliche Musik wohin?
Der Anarchist.
Menschenverachtung, Ekel.
Tiefste Unterscheidung: ob der Hunger oder der Überfluß schöpferisch wird? Ersterer erzeugt die *Ideale der Romantik*. –
Nordische Unnatürlichkeit.
Das Bedürfnis nach alcoholica: die Arbeiter-»Not«.
Der philosophische Nihilismus.

(70)

Wie im Abnehmen der Lebenskraft man zum Beschaulichen und zur Objektivität *heruntersinkt*: ein Dichter kann es fühlen (Sainte-Beuve).

(71)

Das »*Objektiv-sein-wollen*«, z. B. bei Flaubert, ist ein modernes Mißverständnis. Die große Form, die von allem Einzelreiz absieht, ist der Ausdruck des *großen* Charakters, der die Welt sich zum Bilde schafft: der von allem »Einzelreiz weit absieht« – Gewaltmensch! Es ist Selbstverachtung aber bei den Modernen: sie möchten wie Schopenhauer sich in der Kunst »loswerden« – hineinflüchten – Objekt, sich selber »leugnen«. Aber es gibt kein »Ding an sich« – meine Herren! Was sie erreichen, ist Wissenschaftlichkeit oder Photographie, d. h. Beschreibung ohne Perspektiven, eine Art chinesischer Malerei, lauter Vordergrund und alles überfüllt. – In der Tat ist sehr viel *Unlust* in der ganzen modernen historischen und naturhistorischen Wut, man flüchtet vor sich und auch vor dem Ideal-bilden, dem *Besser*machen, dadurch, daß man sucht, wie alles *gekommen* ist: der Fatalismus gibt eine gewisse Ruhe vor dieser Selbstverachtung.

(72)

Die feinste, beweglichste Geistigkeit mit hunderttausend Fühlhörnerchen, durch jeden Anhauch geformt und fortgeblasen, bei völliger Zersplitterung des Willens – ist etwas *sehr* Lächerliches. – Wie bei den feinen Parisern, welche seufzen, weil alles auf sie einstürmt.

(73)

Wie groß das Gefühl der Unsicherheit ist: das verrät sich am meisten in dem Entzücken an kleinen, festen *Tatsachen* (eine Art von »fait-alisme«, welcher jetzt über Frankreich herrscht) – eine Art Wahnsinn, die auf Erden noch nicht da war; und nicht nur die Wissenschaft, sondern auch ein großer Teil der gegenwärtigen Kunst entstammt *diesem* Bedürfnis. Es verkleidet sich oft: z. B. in die Forderung der Unpersönlichkeit des Künstlers – das Werk selber soll ihn nicht verraten, sondern wie ein getreuer Spiegel irgendein Faktum bis ins kleinste wiedergeben, *feststellen*: aber dies Bedürfnis selber nach solchen Fakten, die standhalten – gleichsam wie Schmetterlinge festgeheftet sind vom Sammler –, ist etwas sehr Persönliches. Am Märchen und der Feerie haben wir das entgegengesetzte Gelüst, von Menschen, die selber sich festgeheftet fühlen mit Sitten und Urteilen. – Zur

Seite geht ein grobes Tasten nach *nächstem Genuß*: »das Nächste« wird das Wichtigste.

(74)

Das Verlangen nach »festen Tatsachen« – Erkenntnistheorie: wieviel Pessimismus ist darin!

(75)

Das, was jetzt Wissenschaft ist, ist ein genauer Gradmesser für den *Niedergang* des moralischen und religiösen Glaubens: – wir sind aufgelöst, wenn wir am Ende unsrer »Weisheit« sind, – wir haben alle positiven Kräfte verbraucht, *zur Erkenntnis*... Das Wissen an sich ist ja ohnmächtig: und was den »Egoismus« betrifft, so sind wir in einer décadence-Zeit durchaus nicht sicher, unsern *Vorteil* zu wollen: die Antriebe sind viel zu mächtig, als daß der Nutzen der leitende Gesichtspunkt bliebe –; der »Altruismus«, das Mitleben und Zusammenfühlen von aller Art Gefühl und Zuständen, ist in diesem Falle eine große Krankheit *mehr*: er ist das Tschandala-Gewissen, – eine Schwäche, die mit Lust verknüpft ist...

(76)

Man kennt die Art Mensch, welche sich in die Sentenz tout comprendre c'est tout pardonner verliebt hat. Es sind die Schwachen, es sind vor allem die Enttäuschten: wenn es an allem etwas zu verzeihen gibt, so gibt es auch an allem etwas zu verachten? Es ist die Philosophie der Enttäuschung, die sich hier so human in Mitleiden einwickelt und süß blickt.

Das sind Romantiker, denen der Glaube flötenging: nun wollen sie wenigstens noch *zusehen*, wie alles läuft und verläuft. Sie nennen's *l'art pour l'art*, »Objektivität« usw.

(77)

Das Streben nach Glück wird albernerweise von den Menschen als Streben nach *Genuß* interpretiert; und die *erlahmende Genußfähigkeit* gilt als Argument gegen den *Egoismus*.

(78)

Man verstehe doch recht: Die »Nächstenliebe« ist ein Rezept für solche, welche schlimm gefahren sind in der Mischung der Eigenschaften. Ihre *Verehrer*, wie Comte, geben zu verstehen, daß sie sich satt haben.

(79)

Die Theorie vom *Milieu*, heute die Pariser Theorie par excellence, ist selbst ein Beweis von einer verhängnisvollen Disgregation der Persönlichkeit. Wenn das Milieu anfängt zu formen, und es dem Tatbestand entspricht, die Vordergrundstalente als bloße Konkreszenzen ihrer Umgebung verstehen zu dürfen, da ist die Zeit vorbei, wo noch gesammelt, gehäuft, geerntet werden kann, – die *Zukunft* ist vorbei! Der Augenblick frißt auf, was er hervorbringt, – und wehe! er bleibt dabei noch hungrig...

(80)

Die »wachsende Autonomie des Individuums«: davon reden diese Pariser Philosophen, wie Fouillée: sie sollten doch nur die race moutonnière ansehen, die sie selber sind!... Macht doch die Augen auf, ihr Herren Zukunftssoziologen! Das Individuum ist stark geworden unter *umgekehrten* Bedingungen: ihr beschreibt die äußerste Schwächung und Verkümmerung des Menschen, ihr *wollt* sie selbst und braucht den ganzen Lügenapparat des alten Ideals dazu! Ihr seid *derart*, daß ihr eure Herdentierbedürfnisse wirklich als *Ideal* empfindet!

Der vollkommene Mangel an psychologischer Rechtschaffenheit!

(81)

Zeit, wo alle »intuitiven« Wertschätzungen der Reihe nach in den Vordergrund treten, als ob man von ihnen die *Direktive bekommen* könne, die man sonst nicht mehr hat.

»Wozu?« Die Antwort wird verlangt 1. vom Gewissen, 2. vom Trieb zum Glück, 3. vom »sozialen Instinkt« (Herde), 4. von der Vernunft (»Geist«), – nur um nicht *wollen* zu müssen, sich selbst das »Wozu« setzen zu müssen.

Endlich *Fatalismus*: »*Es gibt keine Antwort*«, aber »*es geht irgendwohin*«, »es ist unmöglich, ein Wozu zu wollen«, – mit *Ergebung*... oder Revolte... *Agnostizismus* in Hinsicht auf das Ziel.

Endlich *Verneinung* als Wozu des Lebens; das Leben als etwas, das sich als unwert *begreift* und endlich *aufhebt*.

(82)

Nihilistischer Zug

a) in den *Naturwissenschaften* (»Sinnlosigkeit« –); Kausalismus, Mechanismus. Die »Gesetzmäßigkeit« ein Zwischenakt, ein Überbleibsel.
b) Insgleichen in der *Politik*: es fehlt einem der Glaube an *sein* Recht, die Unschuld; es herrscht die Lügnerei, die Augenblicksdienerei.
c) Insgleichen in der *Volkswirtschaft*: die Aufhebung der Sklaverei: Mangel eines erlösenden Standes, eines *Rechtfertigers*, – Heraufkommen des Anarchismus. »Erziehung?«

d) Insgleichen in der *Geschichte*: der Fatalismus, der Darwinismus; die letzten Versuche, Vernunft und Göttlichkeit hineinzudeuten, mißraten. Sentimentalität vor der Vergangenheit; man ertrüge keine Biographie! – (Der Phänomenalismus auch hier: Charakter als Maske; es gibt keine Tatsachen.)
e) Insgleichen in der *Kunst*: Romantik und ihr *Gegenschlag* (Widerwille gegen die romantischen Ideale und Lügen). Letzterer, moralisch, als Sinn größerer Wahrhaftigkeit, aber pessimistisch. Die reinen »Artisten« (gleichgültig gegen den Inhalt). (Beichtvater-Psychologie und Puritaner-Psychologie, zwei Formen der psychologischen Romantik: aber auch noch ihr Gegenschlag, der Versuch, sich rein artistisch zum »Menschen« zu stellen, – auch *da* wird noch nicht die *umgekehrte* Wertschätzung *gewagt*!)

(83)

Das ganze europäische System der menschlichen Bestrebungen *fühlt sich* teils sinnlos, teils bereits »unmoralisch«. Wahrscheinlichkeit eines neuen Buddhismus. Die höchste Gefahr. – »Wie verhalten sich Wahrhaftigkeit, Liebe, Gerechtigkeit zur *wirklichen* Welt?« Gar nicht! –

(84)

Hauptsymptome des Pessimismus: die dîners chez Magny; der russische Pessimismus (Tolstoi, Dostojewsky); der ästhetische Pessimismus, l'art pour l'art »description« (der romantische und der antiromantische Pessimismus); der erkenntnistheoretische Pessimismus (Schopenhauer; der Phänomenalismus); der anarchistische Pessimismus; die »Religion des Mitleids«, buddhistische Vorbewegung; der Kulturpessimismus (Exotismus, Kosmopolitismus); der moralistische Pessimismus: ich selber.

(85)

Der zweite Buddhismus. – Die *nihilistische Katastrophe*, die mit der indischen Kultur ein Ende macht. – Vorzeichen dafür: Das Überhandnehmen des Mitleids. Die geistige Übermüdung. Die Reduktion der Probleme auf Lust- und Unlustfragen. Die Kriegsglorie, welche einen Gegenschlag hervorruft. Ebenso wie die nationale Abgrenzung eine Gegenbewegung, die herzlichste »Fraternität«, hervorruft. Die Unmöglichkeit der Religion, mit Dogmen und Fabeln fortarbeiten zu können.

(86)

Unser Zeitalter ist in einem gewissen Sinne *reif* (nämlich décadent), wie es die Zeit Buddhas war... Deshalb ist eine Christlichkeit ohne die absurden Dogmen möglich (die widerlichsten Ausgeburten des antiken Hybridismus).

(87)

Gesetzt selbst, daß ein Gegenbeweis des christlichen Glaubens nicht geführt werden könnte, hielt Pascal doch in Hinsicht auf eine *furchtbare* Möglichkeit, daß er dennoch wahr sei, es für klug im höchsten Sinne, Christ zu sein. Heute findet man, zum Zeichen, wie sehr das Christentum an Furchtbarkeit eingebüßt hat, jenen andern Versuch seiner Rechtfertigung, daß, selbst wenn er ein Irrtum wäre, man zeitlebens doch den großen Vorteil und Genuß dieses Irrtums habe: – es scheint also, daß gerade um seiner beruhigenden Wirkungen willen dieser Glaube aufrechterhalten werden solle, – also nicht aus Furcht vor einer drohenden Möglichkeit, vielmehr aus Furcht vor einem Leben, dem ein Reiz abgeht. Diese hedonistische Wendung, der Beweis aus der *Lust*, ist ein Symptom des Niedergangs: er ersetzt den Beweis aus der *Kraft*, aus dem, was an der christlichen Idee Erschütterung ist, aus der *Furcht*. Tatsächlich nähert sich in dieser Umdeutung das Christentum der Erschöpfung: man begnügt sich mit einem *opiatischen* Christentum, weil man weder zum Suchen, Kämpfen, Wagen, Alleinstehen-wollen die Kraft hat, noch zum Pascalismus, zu dieser grüblerischen Selbstverachtung, zum Glauben an die menschliche Unwürdigkeit, zur Angst des »Vielleicht-Verurteilten«. Aber ein Christentum, das vor allem kranke Nerven beruhigen soll, hat jene furchtbare Lösung eines »Gottes am Kreuze« überhaupt *nicht nötig*: weshalb im stillen überall der Buddhismus in Europa Fortschritte macht.

(88)

Der vollkommene Pessimismus wäre der, welcher die Lüge begreift, aber zugleich unfähig ist, sein Ideal *abzuwerfen*: Kluft zwischen Wollen und Erkennen. Absoluter Widerspruch: der Mensch ein Dividuum zweier feindseliger Mächte, die zueinander nur *Nein* sagen.

Es *gehört* also zum Pessimismus, daß er an gebrochenen, zweiteiligen Wesen hervortritt – er ist ein Zeichen des *Verfalls* – als Zeitkrankheit. Das Ideal wirkt nicht belebend, sondern hemmend.

(89)

Die Hauptarten des Pessimismus:
der Pessimismus der *Sensibilität* (: die Überreizbarkeit mit einem Übergewicht der Unlustgefühle);
der Pessimismus des »*unfreien Willens*« (anders gesagt: der Mangel an Hemmungskräften gegen die Reize);

der Pessimismus des *Zweifels* (: die Scheu vor allem Festen, vor allem Fassen und Anrühren).

Die dazugehörigen psychologischen Zustände kann man allesamt im Irrenhause beobachten, wenn auch in einer gewissen Übertreibung. Insgleichen den »Nihilismus« (das durchbohrende Gefühl des – »Nichts«).

Wohin aber gehört der *Moralpessimismus* Pascals? der *metaphysische Pessimismus* der Vedânta-Philosophie? der *soziale Pessimismus* des Anarchisten (oder Shelleys)? der *Mitgefühls-Pessimismus* (wie der Leo Tolstois, Alfred de Vignys)?

Sind das nicht alles gleichfalls Verfalls- und Erkrankungsphänomene?... Das exzessive Wichtignehmen von Moralwerten oder von »Jenseits«-Fiktionen oder von sozialen Notständen oder von *Leiden* überhaupt: jede solche *Übertreibung* eines *engeren* Gesichtspunktes ist an sich schon ein Zeichen von Erkrankung. Ebenfalls das Überwiegen des *Neins* über das Ja!

Was hier nicht zu verwechseln ist: die Lust am Neinsagen und Neintun aus einer ungeheuren Kraft und Spannung des Jasagens – eigentümlich allen reichen und mächtigen Menschen und Zeiten. Ein Luxus gleichsam; eine Form der Tapferkeit ebenfalls, welche sich dem Furchtbaren entgegenstellt; eine Sympathie für das Schreckliche und Fragwürdige, weil man, unter anderem, schrecklich und fragwürdig ist: das *Dionysische* in Wille, Geist, Geschmack.

(90)

Wer das *Leiden* als Argument gegen das Leben fühlt, gilt mir als oberflächlich, mithin unsre Pessimisten.

Insgleichen wer im Wohlbefinden ein *Ziel* sieht.

(91)

»Die Summe der Unlust überwiegt die Summe der Lust: folglich wäre das Nichtsein der Welt besser als deren Sein« – »Die Welt ist etwas, das vernünftigerweise nicht wäre, weil sie dem empfindenden Subjekt mehr Unlust als Lust verursacht« – dergleichen Geschwätz heißt sich heute Pessimismus!

Lust und Unlust sind Nebensachen, keine Ursachen; es sind Werturteile *zweiten Ranges*, die sich erst ableiten von einem regierenden Wert, – ein in Form des Gefühls redendes »nützlich«, »schädlich«, und folglich absolut flüchtig und abhängig. Denn bei jedem »nützlich«, »schädlich« sind immer noch hundert verschiedene Wozu zu fragen.

Ich verachte diesen *Pessimismus der Sensibilität*: er ist selbst ein Zeichen tiefer Verarmung an Leben.

(92)

Der Pessimismus als Vorform des Nihilismus.

(93)

Man hat neuerdings mit einem zufälligen und in jedem Betracht unzutreffenden Wort viel Mißbrauch getrieben: man redet überall von »*Pessimismus*«, man kämpft um die Frage, auf die es Antworten geben müsse, wer Recht habe, der Pessimismus oder der Optimismus.

Man hat nicht begriffen, was doch mit Händen zu greifen: daß Pessimismus kein Problem, sondern ein *Symptom* ist, – daß der Name ersetzt werden müsse durch »*Nihilismus*«, – daß die Frage, ob Nicht-sein besser ist als Sein, selbst schon eine Krankheit, ein Niedergangszeichen, eine Idiosynkrasie ist.

Die nihilistische Bewegung ist nur der Ausdruck einer physiologischen décadence.

(94)

Kausalität.

Warum bin *ich* soundso? Der unsinnige Gedanke, für sein Dasein, auch für sein Soundso-sein selbst frei wählend sich zu denken. Hintergrund: die Forderung, es *müßte* ein Wesen geben, welches ein sich selbst verachtendes Geschöpf, wie ich es bin, am Entstehen *verhindert* hätte. Sich als Gegenargument gegen Gott *fühlen*. –

3. Der vollkommene Nihilist

(95)

Ödipus
Reden des letzten Philosophen mit sich selbst

Ein Fragment aus der Geschichte der Nachwelt

Den letzten Philosophen nenne ich mich, denn ich bin der letzte Mensch. Niemand redet mit mir als ich selbst, und meine Stimme kommt wie die eines Sterbenden zu mir! Mit dir, geliebte Stimme, dem letzten Erinnerungshauch alles Menschenglücks, laß mich nur eine Stunde noch verkehren, durch dich täusche ich mir die Einsamkeit hinweg und lüge mich in die Vielheit und die Liebe hinein, denn mein Herz sträubt sich zu glauben, daß die Liebe tot sei, es erträgt den Schauder der einsamsten Einsamkeit nicht und zwingt mich zu reden, als ob ich zwei wäre.

Höre ich dich noch, meine Stimme? Du flüsterst, indem du

fluchst? Und doch sollte dein Fluch die Eingeweide dieser Welt zerbersten machen! Aber sie lebt noch und schaut mich nur noch glänzender und kälter mit ihren mitleidslosen Sternen an, sie lebt, so dumm und blind wie je vorher, und nur *einer* stirbt, der Mensch.

Und doch! Ich höre dich noch, geliebte Stimme! Es stirbt noch *einer* außer mir, dem letzten Menschen, in diesem Weltall: der letzte Seufzer, *dein* Seufzer stirbt mit mir, das hingezogene Wehe! Wehe! geseufzt um mich, der Wehemenschen letzten, Ödipus.

(96)
Meine Freunde, wir haben es hart gehabt, als wir jung waren: wir haben an der Jugend selber gelitten wie an einer schweren Krankheit. Das macht die Zeit, in die wir geworfen sind – die Zeit eines großen inneren Verfalles und Auseinanderfalles, welche mit allen ihren Schwächen und noch mit ihrer besten Stärke dem Geiste der Jugend entgegenwirkt. Das Auseinanderfallen, also die Ungewißheit ist dieser Zeit eigen: nichts steht auf festen Füßen und hartem Glauben an sich: man lebt für morgen, denn das Übermorgen ist zweifelhaft. Es ist alles glatt und gefährlich auf unserer Bahn, und dabei ist das Eis, das uns noch trägt, so dünn geworden: wir fühlen alle den warmen, unheimlichen Atem des Tauwindes – wo wir noch gehen, da wird bald niemand mehr gehen *können*!

(97)
Ihr redet mir von eurer Hoffnung? Aber ist sie nicht kurzbeinig und schieläugig? Sieht sie nicht immer um die Ecke, ob dort nicht schon die Verzweiflung warte?

(98)
Zur Genesis des Nihilisten. – Man hat nur spät den Mut zu dem, was man eigentlich *weiß*. Daß ich von Grund aus bisher Nihilist gewesen bin, das habe ich mir erst seit kurzem eingestanden: die Energie, der Radikalismus, mit dem ich als Nihilist vorwärts ging, täuschte mich über diese Grundtatsache. Wenn man einem Ziele entgegengeht, so scheint es unmöglich, daß »die Ziellosigkeit an sich« unser Glaubensgrundsatz ist.

(99)
Das, was auf den Pessimismus folgt, ist die Lehre von der *Sinnlosigkeit des Daseins*; daß Lust und Schmerz keinen *Sinn* haben, daß ἡδονή kein Prinzip sein kann. Dies im nächsten Jahrhundert –. Lehre der großen Müdigkeit. »Wozu? Es lohnt sich nichts!«

(100)

Der europäische Nihilismus

Zum Plan

1. Der Nihilismus steht vor der Tür: Woher kommt uns dieser unheimlichste aller Gäste? – Ausgangspunkt: Es ist ein *Irrtum*, auf »soziale Notstände« oder »physiologische Entartungen« oder gar auf Korruption hinzuweisen als *Ursache* des Nihilismus. Es ist die honnetteste, mitfühlendste Zeit. Not, seelische, leibliche, intellektuelle Not ist an sich durchaus nicht vermögend, Nihilismus (d. h. die radikale Ablehnung von Wert, Sinn, Wünschbarkeit) hervorzubringen. Diese Nöte erlauben immer noch ganz verschiedene Ausdeutungen. Sondern: In einer *ganz bestimmten Ausdeutung*, in der christlich-moralischen, steckt der Nihilismus.

2. Der Untergang des Christentums – an seiner *Moral* (die unablösbar ist –), welche sich gegen den christlichen Gott wendet (der Sinn der Wahrhaftigkeit, durch das Christentum hoch entwickelt, bekommt *Ekel* vor der Falschheit und Verlogenheit aller christlichen Welt- und Geschichtsdeutung. Rückschlag von »Gott ist die Wahrheit« in den fanatischen Glauben »Alles ist falsch«. Buddhismus der *Tat* …).

3. Skepsis an der Moral ist das Entscheidende. Der Untergang der *moralischen* Weltauslegung, die keine *Sanktion* mehr hat, nachdem sie versucht hat, sich in eine Jenseitigkeit zu flüchten: endet in Nihilismus. »Alles hat keinen Sinn« (die Undurchführbarkeit *einer* Weltauslegung, der ungeheure Kraft gewidmet worden ist – erweckt das Mißtrauen, ob nicht *alle* Weltauslegungen falsch sind –). Buddhistischer Zug, Sehnsucht ins Nichts. (Der indische Buddhismus hat *nicht* eine grundmoralische Entwicklung hinter sich, deshalb ist bei ihm im Nihilismus nur unüberwundene Moral: Dasein als Strafe, Dasein als Irrtum kombiniert, der Irrtum also als Strafe – eine moralische Wertschätzung.) Die philosophischen Versuche, den »moralischen Gott« zu überwinden (Hegel, Pantheismus); Überwindung der volkstümlichen Ideale: der Weise; der Heilige; der Dichter. Antagonismus von »wahr« und »schön« und »gut« – –

4. Gegen die »Sinnlosigkeit« einerseits, gegen die moralischen Werturteile andrerseits: inwiefern alle Wissenschaft und Philosophie bisher unter moralischen Urteilen stand? und ob man nicht die Feindschaft der Wissenschaft mit in den Kauf bekommt? Oder die Antiwissenschaftlichkeit? Kritik des Spinozismus. Die

christlichen Werturteile überall in den sozialistischen und positivistischen Systemen rückständig. Es fehlt eine *Kritik der christlichen Moral*.

5. Die nihilistischen Konsequenzen der jetzigen Naturwissenschaft (nebst ihren Versuchen, ins Jenseitige zu entschlüpfen). Aus ihrem Betriebe *folgt* endlich eine Selbstzersetzung, eine Wendung gegen *sich*, eine Antiwissenschaftlichkeit. Seit Kopernikus rollt der Mensch aus dem Zentrum ins X.

6. Die nihilistischen Konsequenzen der politischen und volkswirtschaftlichen Denkweise, wo alle »Prinzipien« nachgerade zur Schauspielerei gehören: der Hauch von Mittelmäßigkeit, Erbärmlichkeit, Unaufrichtigkeit usw. Der Nationalismus. Der Anarchismus usw. Strafe. Es fehlt der *erlösende* Stand und Mensch, die Rechtfertiger. –

7. Die nihilistischen Konsequenzen der Historie und der »praktischen Historiker«, d. h. der Romantiker. Die Stellung der Kunst: absolute *Un*originalität ihrer Stellung in der modernen Welt. Ihre Verdüsterung. Goethes angebliches Olympiertum.

8. Die Kunst und die Vorbereitung des Nihilismus: Romantik (Wagners Nibelungenschluß).

(101)

Was bedeutet Nihilismus? – *Daß die obersten Werte sich entwerten.* Es fehlt das Ziel; es fehlt die Antwort auf das »Warum?«.

(102)

Der *vollkommene Nihilist*. – Das Auge des Nihilisten *idealisiert ins Häßliche*, übt Untreue gegen seine Erinnerungen –: es läßt sie fallen, sich entblättern; es schützt sie nicht gegen leichenblasse Verfärbungen, wie sie die Schwäche über Fernes und Vergangenes gießt. Und was er gegen sich nicht übt, das übt er auch gegen die ganze Vergangenheit der Menschen nicht, – er läßt sie fallen.

(103)

Der Nihilismus ist nicht nur eine Betrachtsamkeit über das »Umsonst!«, und nicht nur der Glaube, daß alles wert ist, zugrunde zu gehen: man legt Hand an, man *richtet zugrunde*... Das ist, wenn man will, *unlogisch*: aber der Nihilist glaubt nicht an die Nötigung, logisch zu sein... Es ist der Zustand starker Geister und Willen: und solchen ist es nicht möglich, bei dem Nein »des Urteils« stehnzubleiben: – das *Nein der Tat* kommt aus ihrer Natur. Der Vernichtsung durch das Urteil sekundiert die Vernichtsung durch die Hand.

(104)

Der *radikale Nihilismus* ist die Überzeugung einer absoluten Unhaltbarkeit des Daseins, wenn es sich um die höchsten Werte, die man anerkennt, handelt; hinzugerechnet die *Einsicht*, daß wir nicht das geringste Recht haben, ein Jenseits oder ein An-sich der Dinge anzusetzen, das »göttlich«, das leibhafte Moral sei.

Diese Einsicht ist eine Folge der großgezogenen »Wahrhaftigkeit«: somit selbst eine Folge des Glaubens an die Moral.

(105)

Jede rein *moralische* Wertsetzung (wie z. B. die buddhistische) *endet mit Nihilismus*: dies für Europa zu erwarten! Man glaubt, mit einem Moralismus ohne religiösen Hintergrund auszukommen: aber damit ist der Weg zum Nihilismus notwendig. – In der Religion fehlt der Zwang, *uns* als wertsetzend zu betrachten.

(106)

Der philosophische Nihilist ist der Überzeugung, daß alles Geschehen sinnlos und umsonstig ist; und es sollte kein sinnloses und umsonstiges Sein geben. Aber woher dieses: Es sollte nicht? Aber woher nimmt man *diesen* »Sinn«, *dieses* Maß? – Der Nihilist meint im Grunde, der Hinblick auf ein solches ödes, nutzloses Sein wirke auf einen Philosophen *unbefriedigend*, öde, verzweifelt. Eine solche Einsicht widerspricht unserer feineren Sensibilität als Philosophen. Es läuft auf die absurde Wertung hinaus: Der Charakter des Daseins *müßte dem Philosophen Vergnügen machen*, wenn es anders zu Recht bestehen soll ...

Nun ist leicht zu begreifen, daß Vergnügen und Unlust innerhalb des Geschehens nur den Sinn von *Mitteln* haben können: es bliebe übrig zu fragen, ob wir den »Sinn«, »Zweck« überhaupt sehen *könnten*, ob nicht die Frage der Sinnlosigkeit oder ihres Gegenteils für uns unlösbar ist. –

(107)

Die *nihilistische* Konsequenz (der Glaube an die Wertlosigkeit) als Folge der moralischen Wertschätzung: – das *Egoistische ist uns verleidet* (selbst nach der Einsicht in die Unmöglichkeit des Unegoistischen); – *das Notwendige ist uns verleidet* (selbst nach Einsicht in die Unmöglichkeit eines liberum arbitrium und einer »intelligiblen Freiheit«). Wir sehen, daß wir die Sphäre, wohin wir unsere Werte gelegt haben, nicht erreichen – damit hat die andere Sphäre, in der wir leben, *noch keineswegs* an Wert gewonnen: im Gegenteil, wir sind *müde*, weil wir den Hauptantrieb verloren haben. »Umsonst bisher!«

(108)

Tagebuch des Nihilisten. – Der Schauder über die entdeckte »Falschheit«.

Leer; kein Gedanke mehr; die starken Affekte um Objekte ohne Wert sich drehend: – Zuschauer für diese absurden Regungen für und wider: – überlegen, höhnisch, kalt gegen sich. Die stärksten Regungen erscheinen wie Verführer und Lügner: als ob wir an ihre Objekte glauben sollten, als ob sie uns verführen wollten. Die stärkste Kraft weiß nicht mehr, wozu? Es ist alles da, aber keine Zwecke. – Der Atheismus als die Ideallosigkeit.

Phase des leidenschaftlichen Neins und Neintuns: in ihm entladet sich die aufgespeicherte Begierde nach Bejahung, nach Anbetung...

Phase der Verachtung selbst gegen das Nein... selbst gegen den Zweifel... selbst gegen die Ironie... selbst gegen die Verachtung...

Katastrophe: Ob nicht die Lüge etwas Göttliches ist? Ob nicht der Wert aller Dinge darin beruht, daß sie falsch sind?... Ob man nicht an Gott glauben sollte, nicht weil er wahr ist, *sondern weil er falsch* –? Ob nicht die Verzweiflung bloß die Folge eines Glaubens an die *Gottheit der Wahrheit* ist? Ob nicht gerade das *Lügen* und *Falschmachen* (Umfälschen), das Sinneinlegen ein Wert, ein Sinn, ein Zweck ist?...

(109)

Diese perspektivische Welt, diese Welt für das Auge, Getast und Ohr ist sehr falsch, verglichen schon für einen sehr viel feineren Sinnenapparat. Aber ihre Verständlichkeit, Übersichtlichkeit, ihre Praktikabilität, ihre Schönheit beginnt *aufzuhören*, wenn wir unsre Sinne *verfeinern*: ebenso hört die Schönheit auf beim Durchdenken von Vorgängen der Geschichte; die Ordnung des *Zwecks* ist schon eine Illusion. Genug, je oberflächlicher und gröber zusammenfassend, um so *wertvoller*, bestimmter, schöner, bedeutungsvoller *erscheint* die Welt. Je tiefer man hineinsieht, um so mehr verschwindet unsere Wertschätzung, – die *Bedeutungslosigkeit naht sich!* *Wir* haben die Welt, welche Wert hat, geschaffen! Dies erkennend, erkennen wir auch, daß die Verehrung der Wahrheit schon die *Folge* einer *Illusion* ist – und daß man, mehr als sie, die bildende, vereinfachende, gestaltende, erdichtende Kraft zu schätzen hat.

»Alles ist falsch! Alles ist erlaubt!«

Erst bei einer gewissen Stumpfheit des Blickes, einem Willen zur Einfachheit stellt sich das Schöne, das »Wertvolle« ein: an sich ist es, *ich weiß nicht was*.

(110)

Anzeichen der größten Verneinung. »Nichts ist wahr, alles ist erlaubt.«

(111)

Der Mensch, eine kleine überspannte Tierart, die – glücklicherweise – ihre Zeit hat; das Leben auf der Erde überhaupt ein Augenblick, ein Zwischenfall, eine Ausnahme ohne Folge. Etwas, das für den Gesamtcharakter der Erde belanglos bleibt; die Erde selbst, wie jedes Gestirn, ein Hiatus zwischen zwei Nichtsen, ein Ereignis ohne Plan, Vernunft, Wille, Selbstbewußtsein, die schlimmste Art des Notwendigen, die *dumme* Notwendigkeit... Gegen diese Betrachtung empört sich etwas in uns; die Schlange Eitelkeit redet uns zu: »Das alles muß falsch sein: *denn* es empört... Könnte das nicht alles nur Schein sein? Und der Mensch trotz alledem, mit Kant zu reden – –«

(112)

Hinfall der kosmologischen Werte

A. Der *Nihilismus als psychologischer Zustand* wird eintreten müssen *erstens*, wenn wir einen »Sinn« in allem Geschehen gesucht haben, der nicht darin ist: so daß der Sucher endlich den Mut verliert. Nihilismus ist dann das Bewußtwerden der langen *Vergeudung* von Kraft, die Qual des »Umsonst«, die Unsicherheit, der Mangel an Gelegenheit, sich irgendwie zu erholen, irgendworüber noch zu beruhigen – die Scham vor sich selbst, als habe man sich allzu lange *betrogen*... Jener Sinn könnte gewesen sein: die »Erfüllung« eines sittlichen höchsten Kanons in allem Geschehen, die sittliche Weltordnung; oder die Zunahme der Liebe und Harmonie im Verkehr der Wesen; oder die Annäherung an einen allgemeinen Glückszustand; oder selbst das Losgehen auf einen allgemeinen Nichtszustand – ein Ziel ist immer noch ein Sinn. Das Gemeinsame aller dieser Vorstellungsarten ist, daß ein Etwas durch den Prozeß selbst *erreicht* werden soll: – und nun begreift man, daß mit dem Werden *nichts* erzielt, *nichts* erreicht wird... Also die Enttäuschung über einen angeblichen *Zweck des Werdens* als Ursache des Nihilismus: sei es in Hinsicht auf einen ganz bestimmten Zweck, sei es, verallgemeinert, die Einsicht in das Unzureichende aller bisherigen Zweckhypothesen, die die ganze »Entwicklung« betreffen (– der Mensch *nicht mehr* Mitarbeiter, geschweige der Mittelpunkt des Werdens).

Der Nihilismus als psychologischer Zustand tritt *zweitens* ein, wenn man eine *Ganzheit*, eine *Systematisierung*, selbst eine *Organi*-

sierung in allem Geschehen und unter allem Geschehen angesetzt hat: so daß in der Gesamtvorstellung einer höchsten Herrschafts- und Verwaltungsform die nach Bewunderung und Verehrung durstige Seele schwelgt (– ist es die Seele eines Logikers, so genügt schon die absolute Folgerichtigkeit und Realdialektik, um mit allem zu versöhnen...). Eine Art Einheit, irgendeine Form des »Monismus«: und infolge dieses Glaubens der Mensch in tiefem Zusammenhangs- und Abhängigkeitsgefühl von einem ihm unendlich überlegenen Ganzen, ein modus der Gottheit... »Das Wohl des Allgemeinen fordert die Hingabe des Einzelnen«...; aber siehe da, es *gibt* kein solches Allgemeines! Im Grunde hat der Mensch den Glauben an seinen Wert verloren, wenn durch ihn nicht ein unendlich wertvolles Ganzes wirkt: d. h. er hat ein solches Ganzes konzipiert, *um an seinen Wert glauben zu können.*

Der Nihilismus als psychologischer Zustand hat noch eine *dritte* und *letzte* Form. Diese zwei *Einsichten* gegeben, daß mit dem Werden nichts erzielt werden soll und daß unter allem Werden keine große Einheit waltet, in der der Einzelne völlig untertauchen darf wie in einem Element höchsten Wertes: so bleibt als *Ausflucht* übrig, diese ganze Welt des Werdens als Täuschung zu verurteilen und eine Welt zu erfinden, welche jenseits derselben liegt, als *wahre* Welt. Sobald aber der Mensch dahinterkommt, wie nur aus psychologischen Bedürfnissen diese Welt gezimmert ist und wie er dazu ganz und gar kein Recht hat, so entsteht die letzte Form des Nihilismus, welche den *Unglauben an eine metaphysische Welt* in sich schließt, – welche sich den Glauben an eine *wahre* Welt verbietet. Auf diesem Standpunkt gibt man die Realität des Werdens als *einzige* Realität zu, verbietet sich jede Art Schleichweg zu Hinterwelten und falschen Göttlichkeiten – aber *erträgt diese Welt nicht, die man schon nicht leugnen will*...

– Was ist im Grunde geschehen? Das Gefühl der *Wertlosigkeit* wurde erzielt, als man begriff, daß weder mit dem Begriff »*Zweck*« noch mit dem Begriff »*Einheit*«, noch mit dem Begriff »*Wahrheit*« der Gesamtcharakter des Daseins interpretiert werden darf. Es wird nichts damit erzielt und erreicht; es fehlt die übergreifende Einheit in der Vielheit des Geschehens: der Charakter des Daseins ist nicht »wahr«, ist *falsch*..., man hat schlechterdings keinen Grund mehr, eine *wahre* Welt sich einzureden... Kurz: Die Kategorien »*Zweck*«, »*Einheit*«, »*Sein*«, mit denen wir der Welt einen Wert eingelegt haben, werden wieder von uns *herausgezogen* – und nun sieht die Welt *wertlos* aus...

B. Gesetzt, wir haben erkannt, inwiefern mit diesen *drei* Kategorien die Welt nicht mehr *ausgelegt* werden darf und daß nach dieser Einsicht die Welt für uns wertlos zu werden anfängt: so müssen wir fragen, *woher* unser Glaube an diese drei Kategorien stammt, – versuchen wir, ob es nicht möglich ist, *ihnen* den Glauben zu kündigen! Haben wir diese drei Kategorien *entwertet*, so ist der Nachweis ihrer Unanwendbarkeit auf das All kein Grund mehr, *das All zu entwerten*.

Resultat: Der *Glaube an die Vernunft-Kategorien* ist die Ursache des Nihilismus, – wir haben den Wert der Welt an Kategorien gemessen, *welche sich auf eine rein fingierte Welt beziehen*.

Schlußresultat: Alle Werte, mit denen wir bis jetzt die Welt zuerst uns schätzbar zu machen gesucht haben und endlich ebendamit *entwertet* haben, als sie sich als unanlegbar erwiesen – alle diese Werte sind, psychologisch nachgerechnet, Resultate bestimmter Perspektiven der Nützlichkeit zur Aufrechterhaltung und Steigerung menschlicher Herrschaftsgebilde: und nur fälschlich *projiziert* in das Wesen der Dinge. Es ist immer noch die *hyperbolische Naivität* des Menschen, sich selbst als Sinn und Wertmaß der Dinge anzusetzen.

(113)

Der Nihilismus stellt einen pathologischen *Zwischenzustand* dar (pathologisch ist die ungeheure Verallgemeinerung, der Schluß auf *gar keinen Sinn*): sei es, daß die produktiven Kräfte noch nicht stark genug sind, – sei es, daß die décadence noch zögert und ihre Hilfsmittel noch nicht erfunden hat.

Voraussetzung dieser Hypothese: – Daß es keine absolute Beschaffenheit der Dinge, kein »Ding an sich« gibt. – *Dies ist selbst nur Nihilismus, und zwar der extremste*. Er legt den *Wert* der Dinge gerade dahinein, daß diesen Werten *keine* Realität entspricht und entsprach, sondern daß sie nur ein Symptom von Kraft auf seiten der *Wertansetzer* sind, eine Simplifikation zum *Zweck des Lebens*.

(114)

Die »Sinnlosigkeit des Geschehens«: der Glaube daran ist die Folge einer Einsicht in die Falschheit der bisherigen Interpretationen, eine Verallgemeinerung der Mutlosigkeit und Schwäche, – kein *notwendiger* Glaube.

Unbescheidenheit des Menschen –: wo er den Sinn nicht sieht, ihn zu *leugnen*!

2. Kapitel
Das Problem der Modernität

1. Die Ziel- und Zuchtlosigkeit

(115)

Der moderne Pessimismus ist ein Ausdruck von der Nutzlosigkeit der *modernen* Welt, – nicht der Welt und des Daseins.

(116)

Die Frage des Nihilismus »wozu?« geht von der bisherigen Gewöhnung aus, vermöge deren das Ziel *von außen her* gestellt, gegeben, gefordert schien – nämlich durch irgendeine *übermenschliche Autorität*. Nachdem man verlernt hat, an diese zu glauben, sucht man doch nach alter Gewöhnung nach einer *anderen* Autorität, welche *unbedingt zu reden wüßte* und Ziele und Aufgaben *befehlen könnte*. Die Autorität des *Gewissens* tritt jetzt in erste Linie (je mehr emanzipiert von der Theologie, um so imperativischer wird die *Moral*) als Schadenersatz für eine *persönliche* Autorität. Oder die Autorität der *Vernunft*. Oder der *soziale Instinkt* (die Herde). Oder die *Historie* mit einem immanenten Geist, welche ihr Ziel in sich hat und der man sich *überlassen kann*. Man möchte *herumkommen* um den *Willen*, um das *Wollen* eines Zieles, um das Risiko, *sich selbst* ein Ziel zu geben; man möchte die Verantwortung abwälzen (– man würde den *Fatalismus* akzeptieren). Endlich: *Glück*, und, mit einiger Tartüfferie, das *Glück der Meisten*. Man sagt sich,
1. ein bestimmtes Ziel ist gar nicht nötig,
2. ist gar nicht möglich vorherzusehn.

Gerade jetzt, wo der *Wille* in der *höchsten Kraft nötig* wäre, ist er am *schwächsten* und *kleinmütigsten*. *Absolutes Mißtrauen gegen die organisatorische Kraft* des Willens *für's Ganze*.

(117)

Es sind uns, wie noch nie irgendwelchen Menschen, Blicke nach allen Seiten vergönnt, überall ist kein Ende abzusehn. Wir haben daher ein Gefühl der ungeheuren Weite, – aber auch der ungeheuren *Leere* voraus: und die Erfindsamkeit aller höheren Menschen besteht in diesem Jahrhundert darin, über dies furchtbare *Gefühl der Öde* hinwegzukommen. Der Gegensatz dieses Gefühls ist der *Rausch*: wo sich gleichsam die ganze Welt in uns gedrängt hat und wir am Glück der Überfülle leiden. So ist denn dies Zeitalter im Erfinden von Rauschmitteln am erfinderischesten. Wir kennen alle den Rausch, als Musik, als blinde, sich selber blendende Schwärmerei und Anbetung vor einzelnen Menschen und Ereignissen; wir kennen den Rausch des Tragischen, das ist die Grausamkeit im Anblick des Zugrundegehens, zumal wenn es das Edelste ist, was zugrunde geht; wir kennen die bescheideneren Arten des Rausches, die besinnungslose Arbeit, das Sichopfern als Werkzeug einer Wissenschaft oder politischen oder geldmachenden Partei; irgendein kleiner dummer Fanatismus, irgendein unvermeidliches Sichherumdrehn im kleinsten Kreise hat schon berauschende Kräfte. Es gibt auch eine gewisse exzentrisch werdende Bescheidenheit, welche das Gefühl der Leere selber wieder wollüstig empfinden läßt: ja einen Genuß an der ewigen Leere aller Dinge, eine Mystik des Glaubens an das Nichts und ein Sichopfern für diesen Glauben. Und welche Augen haben wir uns als Erkennende gemacht für alle die kleinen Genüsse der Erkenntnis! Wie verzeichnen wir und führen gleichsam Buch über unsre *kleinen* Genüsse, wie als ob wir mit dem *Summieren* des vielen kleinen Genusses ein Gegengewicht gegen jene Leere, eine Füllung jener Leere erlangen könnten –: wie täuschen wir uns mit dieser summierenden Arglist!

(118)

Die Arten der Selbstbetäubung. – Im Innersten: nicht wissen, wohinaus? *Leere.* Versuch, mit Rausch darüber hinwegzukommen: Rausch als Musik, Rausch als Grausamkeit im tragischen Genuß des Zugrundegehens des Edelsten, Rausch als blinde Schwärmerei für einzelne *Menschen* oder *Zeiten* (als Haß usw.). – Versuch, besinnungslos zu arbeiten, als Werkzeug der Wissenschaft: das Auge offen machen für die vielen kleinen Genüsse, z. B. auch als Erkennender (Bescheidenheit gegen sich); die Bescheidung über sich zu generalisieren, zu einem Pathos; die Mystik, der wollüstige *Genuß* der ewigen Leere; die Kunst »um ihrer selber willen« *(»le fait«)*, das »reine Erkennen« als Narkosen des Ekels an *sich* selber; irgend welche beständige Arbeit, *irgendein* kleiner dummer Fanatismus, das Durcheinander aller Mittel, Krankheit durch allgemeine Unmäßigkeit (die Ausschweifung tötet das Vergnügen).
1. Willensschwäche als Resultat,
2. Extremer Stolz und die Demütigung kleinlicher Schwäche im Kontrast *gefühlt*.

(119)

Wir wissen, daß die Zerstörung einer Illusion noch keine Wahrheit ergibt, sondern nur ein *Stück Unwissenheit* mehr, eine Erweiterung unseres »leeren Raumes«, einen Zuwachs unserer »Ode«. –

(120)

Worauf warten wir doch? Ist es nicht auf einen großen Herolds- und Trompetenlärm? Welches Glück liegt in lauten Tönen! Es gibt eine Stille, welche würgt: wir horchen schon zu lange.

(121)

Alle Ziele sind vernichtet: die Wertschätzungen kehren sich gegeneinander:

man nennt den gut, der seinem Herzen folgt, aber auch den, der nur auf seine Pflicht hört;

man nennt den Milden, Versöhnlichen gut, aber auch den Tapferen, Unbeugsamen, Strengen;

man nennt den gut, der ohne Zwang gegen sich ist, aber auch den Helden der Selbstüberwindung;

man nennt den unbedingten Freund des Wahren gut, aber auch den Menschen der Pietät, den Verklärer der Dinge;

man nennt den sich selber Gehorchenden gut, aber auch den Frommen;

man nennt den Vornehmen, Edlen gut, aber auch den, der nicht verachtet und herabblickt;

man nennt den Gutmütigen, dem Kampfe Ausweichenden gut, aber auch den Kampf- und Siegbegierigen;

man nennt den, der immer der Erste sein will, gut, aber auch den, der nichts vor irgendeinem voraushaben will.

(122)

Wie es nun auch stehen möge mit diesen einverleibten »moralischen Gefühlen« – aus der *Geschichte* der moralischen Gefühle ergibt sich, daß *keine Gütertafel, kein letzter Zweck* stehengeblieben ist, – alles ist widerlegt.

Wir haben eine ungeheure Kraft moralischer *Gefühle* in uns, aber *keinen Zweck* für alle. Unter sich sind sie im Widerspruch: sie *stammen* aus *verschiedenen* Gütertafeln.

Es gibt eine ungeheure moralische Kraft, aber es gibt *kein Ziel mehr*, in dem alle Kraft verwendet werden könnte.

(123)

Wir leben in der Periode, wo verschiedene Lebensauffassungen nebeneinander stehen; deshalb ist die Zeit so lehrreich wie selten eine, deshalb so krank, weil sie an den Übeln aller Richtungen zugleich leidet.

(124)

Zugunsten der Gegenwart. – Die Gesundheit wird gefördert; asketisch-weltverneinende Denkweisen (mit ihrem Willen zur Krankheit) kaum begriffen. Alles Mögliche gilt und wird gelten gelassen und anerkannt; feuchte, milde Luft, in der jede Art Pflanze wächst. Es ist das Paradies für alle *kleine*, üppige Vegetation.

(125)

Wenn es zu deiner Gesundheit nötig ist, wohlan! was liegt daran! Aber mache keinen Lärm darum! Es ist lächerlich, begeistert von grünen Gemüsen zu reden: – wer so tut, hat wenig im Kopfe!

(126)

Was heute am tiefsten angegriffen ist, das ist der Instinkt und der Wille der *Tradition*: alle Institutionen, die diesem Instinkt ihre Herkunft verdanken, gehen dem modernen Geiste wider den Geschmack... Im Grunde denkt und tut man nichts, was nicht den Zweck verfolgte, diesen Sinn für Überlieferung mit den Wurzeln herauszureißen. Man nimmt die Tradition als Fatalität; man studiert sie, man erkennt sie an (als »Erblichkeit« –), aber man *will* sie nicht. Die Anspannung eines Willens über lange Zeitfernen hin, die Auswahl der Zustände und Wertungen, welche es machen, daß man über Jahrhunderte der Zukunft verfügen kann – das gerade ist im höchsten Maße antimodern. Woraus sich ergibt, daß die *desorganisierenden* Prinzipien unserem Zeitalter den Charakter geben. –

(127)

Weshalb alles *Schauspielerei* wird. – Dem modernen Menschen fehlt: der sichere *Instinkt* (Folge einer *langen, gleichartigen Tätigkeitsform* einer Art Mensch); die Unfähigkeit, etwas *Vollkommnes* zu leisten, ist bloß die Folge davon: – man kann als einzelner die Schule nie nachholen.

Das, was eine Moral, ein Gesetzbuch schafft: der tiefe Instinkt dafür, daß erst der *Automatismus* die Vollkommenheit möglich macht in Leben und Schaffen...

Aber jetzt haben wir den entgegengesetzten Punkt erreicht, ja, wir haben ihn erreichen *gewollt* – die extremste Bewußtheit, die Selbstdurchschauung des Menschen und der Geschichte: – damit sind wir praktisch am fernsten von der Vollkommenheit in Sein, Tun und Wollen: unsere Begierde, unser Wille selbst zur Erkenntnis ist ein Symptom einer ungeheuren décadence. Wir streben nach dem Gegenteil von dem, was *starke Rassen, starke Naturen* wollen, – das Begreifen ist ein *Ende*...

Daß Wissenschaft möglich ist in diesem Sinne, wie sie heute geübt wird, ist der Beweis dafür, daß alle elementaren Instinkte, *Notwehr*- und *Schutz*-Instinkte des Lebens, nicht mehr fungieren.

Wir sammeln nicht mehr, wir verschwenden die Kapitalien der Vorfahren, auch noch in der Art, wie wir *erkennen* –

(128)

Unsere Zeit zehrt und lebt von der Moralität früherer Zeiten.

(129)

Zur Charakteristik der »*Modernität*«. – *Überreichliche Entwicklung der Zwischengebilde; Verkümmerung der Typen; Abbruch der Traditionen, Schulen; die Überherrschaft der Instinkte* (philosophisch vorbereitet: das Unbewußte *mehr wert*) nach eingetretener *Schwächung* der *Willenskraft*, des Wollens von Zweck *und* Mittel.

(130)

Die »*Modernität*« unter dem Gleichnis von Ernährung und Verdauung. –

Die Sensibilität unsäglich reizbarer (– unter moralistischem Aufputz: die Vermehrung des *Mitleids* –); die Fülle disparater Eindrücke größer als je: – der *Kosmopolitismus* der Speisen, der Literaturen, Zeitungen, Formen, Geschmäcker, selbst Landschaften. Das *Tempo* dieser Einströmung ein *Prestissimo*; die Eindrücke wischen sich aus; man wehrt sich instinktiv, etwas hereinzunehmen, *tief* zu nehmen, etwas zu »verdauen«; – Schwächung der Verdauungskraft resultiert daraus. Eine Art *Anpassung* an diese Überhäufung mit Eindrücken tritt ein: der Mensch verlernt zu *agieren*; er reagiert nur noch auf Erregungen von außen her. *Er gibt seine Kraft aus* teils in der *Aneignung*, teils in der *Verteidigung*, teils in der *Entgegnung*. *Tiefe Schwächung der Spontaneität*: – der Historiker, Kritiker, Analytiker, der Interpret, der Beobachter, der Sammler, der Leser, – alles *reaktive* Talente, – *alle* Wissenschaft!

Künstliche *Zurechtmachung* seiner Natur zum »Spiegel«; interessiert, aber gleichsam bloß epidermal-interessiert; eine grundsätzliche Kühle, ein Gleichgewicht, eine festgehaltene *niedere* Temperatur dicht unter der dünnen Fläche, auf der es Wärme, Bewegung, »Sturm«, Wellenspiel gibt.

Gegensatz der *äußeren* Beweglichkeit zu einer gewissen *tiefen Schwere und Müdigkeit*.

(131)

Die *Zuchtlosigkeit des modernen Geistes* unter allerhand moralischem Aufputz. – Die Prunkworte sind: die Toleranz (für »Unfähigkeit zu Ja und Nein«); la largeur de sympathie (= ein Drittel Indifferenz, ein Drittel Neugierde, ein Drittel krankhafte Erregbarkeit); die »Objektivität« (= Mangel an Person, Mangel an Wille, Unfähigkeit zur »Liebe«); die »Freiheit« gegen die Regel (Romantik); die »Wahrheit« gegen die Fälscherei und Lügnerei (Naturalismus); die »Wissenschaftlichkeit« (das »document humain«: auf deutsch der Kolportageroman und die Addition – statt der Komposition); die »Leidenschaft« an Stelle der Unordnung und der Unmäßigkeit; die »Tiefe« an Stelle der Verworrenheit, des Symbolenwirrwarrs.

(132)

Unser nervöses Zeitalter prätendiert, daß eine ewige Erregtheit und Ungleichheit der Stimmung die großen Menschen auszeichne: sie wissen nichts von dem gleichmäßigen, tiefen, mächtigen Strömen nach einem Ziele zu: sie plätschern und machen Getöse und fühlen nicht die Erbärmlichkeit dieser launischen Erregbarkeit.

(133)

Modernität. – Die Abwesenheit der moralischen Zucht; man hat die Menschen wachsen lassen. (Vielleicht sind die Menschen von Port-Royal wie *künstliche* Gärten.)
Es fehlt die *Autorität*.
Es fehlt die *Mäßigung* innerhalb ruhiger Horizonte; – man hat aus der Unendlichkeit eine Art Betrunkenheit gemacht.
Es fehlt die *Feinheit* in der Beurteilung.
Es herrscht ein Chaos von widersprechenden Wertschätzungen.

(134)

Die Feigheit vor der Konsequenz: – das moderne Laster.

(135)

Man klagt über die Zuchtlosigkeit der Masse; wäre diese erwiesen, so fiele dieser Vorwurf schwer auf die Gebildeten zurück; die Masse ist geradeso gut und böse, wie die Gebildeten sind. Sie zeigt sich in dem Maße böse und zuchtlos, als die Gebildeten zuchtlos sich zeigen; man geht ihr als Führer voran, man mag leben, wie man will; man hebt oder verdirbt sie, je nachdem man sich selber hebt oder verdirbt.

(136)

Ich bin keinem begabten Menschen begegnet, der mir nicht gesagt hätte, er habe das Gefühl der *Pflicht* verloren oder es nie besessen. Wer jetzt nicht starken Willen hat –

(137)

Und wer von ihnen sagt noch ehrlich für sein Übermorgen gut? Wer – *darf noch* schwören und versprechen? Wer von ihnen bleibt noch fünf Jahre in *einem* Hause und *einer* Meinung?

(138)

»Seid einfach« – eine Aufforderung an uns verwickelte und unfaßbare Nierenprüfer, welche eine einfache Dummheit ist... Seid natürlich: aber wie, wenn man eben »unnatürlich« ist?...

(139)

Man glaubt, durch Luft, Sonne, Wohnung, Reisen usw. die modernen Menschen gesund zu machen, eingeschlossen die medizinischen Reize und Gifte. Aber alles, was dem Menschen schwer wird, scheint nicht mehr angeordnet zu werden: auf angenehme und bequeme Art gesund und krank zu sein, scheint die Maxime. Doch ist es gerade die fortgesetzte *kleine* Maßlosigkeit, d. h. der Mangel an Selbstzucht, der zuletzt als allgemeine Hast und impotentia sich zeigt.

(140)

Unsre jetzige Art Mensch *entbehrt* eigentlich der Zucht und der strengen Disziplin; die Gefahr ist dabei nicht groß, weil die Art Mensch schwächer ist als frühere, und andrerseits, weil die unbewußten Zuchtmeister (wie Fleiß, der Ehrgeiz im Vorwärtskommen, die bürgerliche Achtbarkeit) sehr hemmend wirken und ihn im Zaune halten. – Aber *wie* Menschen aus der Zeit Pascals zusammengehalten werden mußten?

Das *überflüssige* Christentum: dort, wo keine extremen Mittel mehr *nötig* sind! Da wird alles falsch, und jedes Wort, jede christliche Perspektive eine Tartüfferie und Schönrednerei.

(141)

Die Zeit kommt, wo wir dafür *bezahlen* müssen, zwei Jahrtausende lang *Christen* gewesen zu sein: wir verlieren das *Schwergewicht*, das uns leben ließ, – wir wissen eine Zeitlang nicht, wo aus noch ein. Wir stürzen jählings in die *entgegengesetzten Wertungen*, mit dem gleichen Maße von Energie, das eben eine solche extreme *Überwertung* des Menschen im Menschen erzeugt hat.

Jetzt ist alles durch und durch falsch, »Wort«, durcheinander, schwach oder überspannt:

a) Man versucht eine Art von *irdischer Lösung*, aber im gleichen Sinne, in dem des *schließlichen Triumphs* von Wahrheit, Liebe, Gerechtigkeit (der Sozialismus: »Gleichheit der Person«);

b) man versucht ebenfalls das *Moralideal* festzuhalten (mit dem Vorrang des Unegoistischen, der Selbstverleugnung, der Willensverneinung);

c) man versucht selbst das »Jenseits« festzuhalten: sei es auch nur als antilogisches X: aber man deutet es sofort so aus, daß eine Art metaphysischer Trost alten Stils aus ihm gezogen werden kann;

d) man versucht die *göttliche Leitung alten Stils*, die belohnende,

bestrafende, erziehende, zum *Besseren* führende Ordnung der Dinge aus dem Geschehen herauszulesen;
e) man glaubt nach wie vor an Gut und Böse: so, daß man den Sieg des Guten und die Vernichtung des Bösen als *Aufgabe* empfindet (– das ist englisch, typischer Fall des Flachkopf John Stuart Mill);
f) die Verachtung der »Natürlichkeit«, der Begierde, des ego: Versuch, selbst die höchste Geistigkeit und Kunst als Folge einer Entpersönlichung und als désintéressement zu verstehn;
g) man erlaubt der *Kirche*, sich immer noch in alle wesentlichen Erlebnisse und Hauptpunkte des Einzellebens einzudrängen, um ihnen *Weihe, höheren Sinn* zu geben: wir haben noch immer den »christlichen Staat«, die »christliche Ehe« –

(142)

Die *Überreste der Naturentwertung* durch Moral-Transzendenz: Wert der *Entselbstung*, Kultus des Altruismus; Glaube an eine *Vergeltung* innerhalb des Spiels der Folgen; Glaube an die »Güte«, an das »Genie« selbst, wie als ob das eine wie das andere *Folgen der Entselbstung* wären; die Fortdauer der kirchlichen Sanktion des bürgerlichen Lebens; absolutes Mißverstehen-wollen der Historie (als Erziehungswerk zur Moralisierung) oder Pessimismus im Anblick der Historie (– letzterer so gut eine Folge der Naturentwertung wie jene *Pseudo-Rechtfertigung*, jenes *Nicht*-sehen-wollen dessen, was der Pessimist *sieht*...).

(143)

Das *allgemeinste Zeichen der modernen Zeit*: Der Mensch hat in seinen eigenen Augen unglaublich an *Würde* eingebüßt. Lange als Mittelpunkt und Tragödienheld des Daseins überhaupt; dann wenigstens bemüht, sich als verwandt mit der entscheidenden und an sich wertvollen Seite des Daseins zu beweisen – wie es alle Metaphysiker tun, die die *Würde des Menschen* festhalten wollen, mit ihrem Glauben, daß die moralischen Werte kardinale Werte sind. Wer Gott fahren ließ, hält um so strenger am Glauben an die Moral fest.

(144)

Unter denen, welche sich von der Religion losgelöst haben, finde ich Menschen von vielerlei Art und Rang. Da sind die Unenthaltsamen, welche sich von ihren Sinnen haben überreden lassen (weil ihre Sinne den Zwang und Vorwurf des religiösen Ideals nicht mehr ertrugen) und die sich der Vernunft und des Geschmacks als ihrer Fürsprecher zu bedienen pflegen, wie als ob *sie* das Unvernünftige und Geschmackwidrige an der Religion nicht mehr zu ertragen wüßten: – dieser Art Mensch eignet der antireligiöse Haß, die Bosheit und das sardonische Lachen, ebenso aber, in gut verheimlichten Augenblicken, eine sehnsuchtsvolle Scham, eine innere Unterwürfigkeit unter die Wertschätzungen des verleugneten Ideals. Der Kirche durch Sinnlichkeit entfremdet, verehren sie, wenn sie wieder zu ihr zurückkehren, das Ideal der Entsinnlichung als *das* religiöse »Ideal an sich«, – eine Quelle vieler und schwerer Irrtümer.

Da sind die geistigeren, gefühlsärmeren, trockeneren, auch gewissenhafteren Menschen, welche von Grund aus an ein Ideal zu glauben überhaupt unfähig sind und die im feinen Neinsagen und kritischen Auflösen noch ihre größte Stärke und Selbstachtung zu finden wissen: sie sind losgelöst, weil nichts in ihnen ist, das fest binden könnte.

(145)

Es ist die europäische Art des moralischen Idealismus, sich die moralischen Vorstellungen so hoch und so fein auszudichten, daß, wenn der Mensch von ihnen aus auf sein Handeln zurückblickt, er sich gedemütigt fühlt. Diese Art Idealismus verträgt sich vorzüglich mit einem gewinnsüchtigen, rücksichtslosen, ehrgeizigen Leben. Die Minute der Demut ist die Abschlagszahlung für ein Leben, welches mit jenem Idealismus nichts zu tun hat.

(146)

Das Ziel der christlichen Moralität ist nicht das irdische Glück, sondern die irdische Unseligkeit. Das Ziel des praktischen Christen, der in der Welt steht, ist nicht der Welterfolg, sondern das Nicht-mehr-handeln-müssen oder sogar der Mißerfolg. Jene Unseligkeit und diese Mißerfolge sind die Mittel und Stufen zur Entweltlichung. Gibt es noch Christentum? Es scheint, es ist schon am Ziele seiner Entweltlichung, nämlich zur Welt hinaus. Aber es hat, bevor es schied, an die Wand seine Schrift gemalt, und diese ist noch nicht verschwunden: »Die Welt ist verächtlich, die Welt ist böse, die Welt ist das Verderben.«

(147)

Ironie gegen die, welche das Christentum durch die modernen Naturwissenschaften überwunden glauben. Die christlichen Werturteile sind damit absolut nicht überwunden. »Christus am Kreuze« ist das erhabenste Symbol – immer noch. –

(148)

Der Mensch kannte sich nicht physiologisch, die ganze Kette der Jahrtausende entlang; er kennt sich auch heute noch nicht. Zu wissen z. B., daß man ein Nervensystem habe (– aber keine

»Seele« –), bleibt immer noch das Vorrecht der Unterrichtetsten. Aber der Mensch begnügt sich nicht, hier nicht zu wissen. Man muß sehr human sein, um zu sagen: »Ich weiß das nicht«, um sich Ignoranzen zu gönnen.

Gesetzt, er leidet oder er ist in guter Laune, so zweifelt er nicht, den Grund dafür zu finden, wenn er nur sucht. Also sucht er ihn... In Wahrheit kann er den Grund nicht finden, weil er nicht einmal argwöhnt, wo er zu suchen hätte... Was geschieht?... Er nimmt eine *Folge* seines Zustandes als dessen *Ursache*, z. B. ein Werk, in guter Laune unternommen (im Grunde unternommen, weil schon die gute Laune den Mut dazu gab), gerät: ecco, das Werk ist der *Grund* zur guten Laune ... Tatsächlich war wiederum das Gelingen bedingt durch dasselbe, was die gute Laune bedingte, – durch die glückliche Koordination der physiologischen Kräfte und Systeme.

Er befindet sich schlecht: und *folglich* wird er mit einer Sorge, einem Skrupel, einer Selbstkritik nicht fertig... In Wahrheit glaubt der Mensch, sein schlechter Zustand sei die Folge seines Skrupels, seiner »Sünde«, seiner »Selbstkritik« ...

Aber der Zustand der Wiederherstellung, oft nach einer tiefen Erschöpfung und Prostration, kehrt zurück. »Wie ist das möglich, daß ich so frei, so erlöst bin? Das ist ein Wunder, das kann nur Gott mir getan haben.« – Schluß: »Er hat mir meine Sünde vergeben« ...

Daraus ergibt sich eine Praktik: Um Sündengefühle anzuregen, um Zerknirschungen vorzubereiten, hat man den Körper in einen krankhaften und nervösen Zustand zu bringen. Die Methodik dafür ist bekannt. Wie billig, argwöhnt man nicht die kausale Logik der Tatsache: Man hat eine religiöse Deutung für die *Kasteiung des Fleisches*, sie erscheint als Zweck an sich, während sie sich nur als *Mittel* ergibt, um jene krankhafte Indigestion der Reue möglich zu machen (die »idée fixe« der Sünde, die Hypnotisierung der Henne durch den Strich »Sünde«).

Die Mißhandlung des Leibes erzeugt den Boden für die Reihe der »Schuldgefühle«, d. h. ein allgemeines Leiden, das *erklärt sein will*...

Andrerseits ergibt sich ebenso die Methodik der »Erlösung«: man hat jede Ausschweifung des Gefühls durch Gebete, Bewegungen, Gebärden, Schwüre herausgefordert, – die Erschöpfung folgt, oft jäh, oft unter epileptischer Form. Und – hinter dem Zustand tiefer Somnolenz kommt der Schein der Genesung –, religiös geredet: »Erlösung«.

(149)

Der Humor der europäischen Kultur: man hält *das* für wahr, aber tut *jenes*. Z. B.: Was hilft alle Kunst des Lesens und der Kritik, wenn die kirchliche Interpretation der Bibel, die protestantische so gut wie die katholische, nach wie vor aufrechterhalten wird!

(150)

Man gibt sich nicht genug Rechenschaft darüber, in welcher Barbarei der Begriffe wir Europäer noch leben. Daß man hat glauben können, das »Heil der Seele« hänge an einem Buche! . . . Und man sagt mir, man glaube das heute noch.

Was hilft alle wissenschaftliche Erziehung, alle Kritik und Hermeneutik, wenn ein solcher Widersinn von Bibelauslegung, wie ihn die Kirche aufrechterhält, noch nicht die Schamröte zur Leibfarbe gemacht hat?

(151)

Nachzudenken: Inwiefern immer noch der verhängnisvolle Glaube an die *göttliche Providenz* – dieser für Hand und Vernunft *lähmendste* Glaube, den es gegeben hat – fortbesteht; inwiefern unter den Formeln »Natur«, »Fortschritt«, »Vervollkommnung«, »Darwinismus«, unter dem Aberglauben einer gewissen Zusammengehörigkeit von Glück und Tugend, von Unglück und Schuld immer noch die christliche Voraussetzung und Interpretation ihr Nachleben hat. Jenes absurde *Vertrauen* zum Gang der Dinge, zum »Leben«, zum »Instinkt des Lebens«, jene biedermännische *Resignation*, die des Glaubens ist, jedermann habe nur seine Pflicht zu tun, damit *alles* gut gehe – dergleichen hat nur Sinn unter der Annahme einer Leitung der Dinge sub specie boni. Selbst noch der *Fatalismus*, unsre jetzige Form der philosophischen Sensibilität, ist eine Folge jenes *längsten* Glaubens an göttliche Fügung, eine unbewußte Folge: nämlich als ob es eben nicht auf *uns* ankomme, wie alles geht (– als ob wir es laufen lassen *dürften*, wie es läuft: jeder einzelne selbst nur ein Modus der absoluten Realität –).

(152)

In betreff der Religion bemerke ich eine Ermüdung, man ist an den bedeutenden Symbolen endlich müde und erschöpft. Alle Möglichkeiten des christlichen Lebens, die ernstesten und lässigsten, die harm- und gedankenlosesten und die reflektiertesten sind durchprobiert, es ist Zeit zur Erfindung von etwas Neuem oder man muß immer wieder in den alten Kreislauf geraten: Freilich ist es schwer, aus dem Wirbel herauszukommen, nachdem er uns ein paar Jahrtausende herumgedreht hat. Selbst der Spott, der Zynismus, die Feindschaft gegen das Christentum ist abgespielt; man sieht eine Eisfläche bei erwärmtem Wetter, überall ist das Eis zerrissen, schmutzig, ohne Glanz, mit Wasserpfützen, gefährlich. Da scheint mir nur eine rücksichtsvolle, ganz und gar ziemliche Enthaltung am Platze: ich ehre durch sie die Religion, ob es schon eine absterbende ist. Mildern und beruhigen ist unser Geschäft, wie bei schweren hoffnungslosen Kranken; nur gegen die schlechten, gedankenlosen Pfuscherärzte (die meistens Gelehrte sind) muß protestiert werden. – Das Christentum ist sehr bald für die kritische Historie, d. h. für die Sektion reif.

(153)

Überall *Symptome eines Absterbens* der Bildung, einer völligen Ausrottung. Hast, abflutende Gewässer des Religiösen, die nationalen Kämpfe, die zersplitternde und auflösende Wissenschaft, die verächtliche Geld- und Genußwirtschaft der gebildeten Stände, ihr Mangel an Liebe und Großartigkeit. Daß die gelehrten Stände durchaus in dieser Bewegung darin sind, ist mir immer klarer. Sie werden täglich gedanken- und liebeloser. Alles dient der kommenden Barbarei, die Kunst sowohl wie die Wissenschaft – wohin sollen wir blicken? Die große Sündflut der Barbarei ist vor der Tür.

(154)

Ein Zeitalter der Barbarei beginnt, die Wissenschaften werden ihm dienen! –

(155)

Unsere Zeit soll nicht glauben, in ihrem Wissenstrieb soviel höher zu stehn: nur wurde bei den Griechen alles *Leben*! Bei uns bleibt es Erkenntnis!

(156)

Der Erkenntnistrieb *ohne Auswahl* steht gleich dem wahllosen Geschlechtstrieb – Zeichen der *Gemeinheit*!

(157)

Die Gleichgültigkeit! Ein Ding geht uns nichts an, darüber können wir denken, wie wir mögen, es gibt keinen Nutzen und Nachteil für uns, – das ist ein Fundament des wissenschaftlichen Geistes. Die Zahl dieser Dinge hat immer zugenommen; die Welt ist immer gleichgültiger geworden; – so nahm die unparteiliche Erkenntnis zu, welche allmählich ein *Geschmack* wurde und endlich eine Leidenschaft *wird*.

(158)

Die Wissenschaft hat viel Nutzen gebracht, jetzt möchte man, im

Mißtrauen gegen die Religion und Verwandtes, sich *ihr* ganz unterwerfen. Aber Irrtum! Sie kann *nicht befehlen*, Weg weisen; sondern erst, wenn man weiß wohin, *kann* sie nützen. Im allgemeinen ist es Mythologie, zu glauben, daß die Erkenntnis immer das, was der Menschheit am nützlichsten und unentbehrlichsten sei, erkennen werde – sie wird ebensosehr schaden können als nützen. – Die höchsten Formen der Moralität sind vielleicht unmöglich bei voller Helle.

(159)

Was ist Toleranz! Und Anerkennung fremder Ideale! Wer ganz tief und stark sein eigenes Ideal fördert, *kann* gar nicht an andere glauben, ohne sie abschätzig zu beurteilen – Ideale *geringerer* Wesen, als er ist. Die absolute Höhe *unseres* Maßstabes ist eben der Glaube an das Ideal. – Somit ist Toleranz, historischer Sinn, sogenannte Gerechtigkeit ein Beweis des Mißtrauens gegen ein eigenes Ideal, oder das Fehlen desselben. Was ist also *wissenschaftlicher Sinn? Vielleicht* das Verlangen nach einem Ideale und der Glaube, hier den Weg zum Absoluten, zum *unwidersprechlichen* Ideale zu haben: also unter der Voraussetzung, daß man kein Ideal *hat* und *daran* leidet! – Bei vielen mag es die *Rache* sein, dafür daß sie kein Ideal haben, indem sie die anderer *zerstören*. Es gibt eine Schauspielerei (wie bei Bacon), als ob man ein Ideal hätte. »Die Wahrheit um ihrer selber willen« ist eine Phrase, etwas ganz *Unmögliches*, wie die Liebe des Nächsten um seiner selber willen.

(160)

Ich habe bei meinen Kritikern häufig den Eindruck von Kanaille gehabt. Nicht, *was* man sagt, sondern *daß ich* es *sage*, und inwiefern gerade *ich* dazu gekommen sein mag, dies zu sagen – das scheint ihr einziges Interesse, eine Judenzudringlichkeit, gegen die man in praxi den Fußtritt als Antwort hat. Man beurteilt mich, um nichts mit meinem Werke zu tun zu haben: man erklärt dessen Genesis, – damit gilt es hinreichend für – *abgetan*.

(161)

Frankreich, welches immer das meisterhafte Geschick gehabt hat, auch die unangenehmen Tatsachen des Geistes ins Reizende und Verführerische zu wenden, zeigt auch heute, als Schule und Schaustellung aller *Zauber der Skepsis*, seinen Kulturvorrang über Europa. Es fehlt da freilich für Verwegnere nicht an Gründen zum Lachen und Lächeln; nicht jeder dieser »Zauberhaften« riecht unsereinem so gut, als ein Pariser es wünschen möchte.

2. Die Menge der Mißratenen

(162)

Ich werde Jahr für Jahr offenherziger, in dem Maße, in welchem mein Blick für dieses 19. Jahrhundert, für dies Jahrhundert der großen moralischen Tartüfferie, tiefer und tiefer wird; ich finde immer weniger Gründe, heute – hinter dem Berge zu halten. Welche Meinungen könnten heute gefährlich sein, wo nichts mehr »in tiefe Brunnen« fällt! Und wären sie gefährlich und zerstörerisch: es ist wünschenswert, daß vieles umfällt, damit vieles gebaut werden muß.

(163)

Wer in unsrer Zeit jung war, der hat zu viel erlebt: vorausgesetzt, daß er zu den wenigen gehört, die noch tief genug sind zu »Erlebnissen«. Den allermeisten nämlich fehlt jetzt diese Tiefe und gleichsam der rechte Magen: sie kennen daher auch die Not jenes rechten Magens nicht, welcher mit jedem Erlebnis »fertig werden« muß; die größten Neuigkeiten fallen durch sie hindurch. Wir andern haben zu schwere, zu mannigfache, zu überwürzte Kost hinunterschlucken müssen, als wir jung waren: und wenn wir schon den Genuß an seltsamen und unerhörten Speisen voraushaben vor den Menschen einfacherer Zeiten, so kennen wir das eigentliche Verdauen, das Erleben, Hineinnehmen, Einverleiben fast nur als *Qual*.

(164)

Die Menge der Mißratenen erschüttert; noch mehr die Behaglichkeit und Sicherheit (der Mangel an *Mitgefühl für die ganze Entwicklung* »*Mensch*«) – wie alles schnell zugrunde gehn kann!

(165)

Es gibt viele Dinge, gegen welche ich nicht nötig gefunden habe zu reden. Es versteht sich von selbst, daß mir der Literat widerlich ist, daß mir alle politischen Parteien von heute widerlich sind, daß der Sozialist von mir nicht nur mit Mitleiden behandelt wird. Die beiden vornehmsten Formen Mensch, denen ich leibhaft begegnet bin, waren der vollkommene Christ – ich rechne es mir zur Ehre, aus einem Geschlechte zu stammen, das in jedem Sinne Ernst mit seinem Christentum gemacht hat – und der vollkommene Künstler des romantischen Ideals, welchen ich tief unter dem christlichen Niveau gefunden habe: Es liegt auf der Hand, daß, wenn man *diesen* Formen den Rücken gekehrt hat, weil sie einem nicht genügen, man nicht leicht in einer anderen Art Mensch von heute sein Genüge findet, – insofern bin ich zur

Einsamkeit verurteilt, obwohl ich mir sehr gut eine Art Menschen denken kann, an der ich mein Vergnügen hätte.

(166)

Den größten Ekel haben mir bisher die Schmarotzer des Geistes gemacht: man findet sie, in unserem ungesunden Europa, überall schon, und zwar mit dem besten Gewissen von der Welt. Vielleicht ein wenig trübe, ein wenig air pessimiste, in der Hauptsache aber gefräßig, schmutzig, beschmutzend, sich einschleichend, einschmiegend, diebisch, krätzig – und unschuldig wie alle kleinen Sünder und Mikroben. Sie leben davon, daß andere Leute Geist haben und mit vollen Händen ausgeben: Sie wissen, wie es selbst zum Wesen des reichen Geistes gehört, unbekümmert, ohne kleinliche Vorsicht, auf den Tag hin und selbst verschwenderisch sich auszugeben. – Denn der Geist ist ein schlechter Haushalter und hat kein Augenmerk darauf, wie alles von ihm lebt und zehrt.

(167)

Das Übergewicht der *Händler* und *Zwischenpersonen*, auch im Geistigsten: der Literat, der »Vertreter«, der Historiker (als Verquicker des Vergangenen und Gegenwärtigen), der Exotiker und Kosmopolit, die Zwischenpersonen zwischen Naturwissenschaft und Philosophie, die Semitheologen.

(168)

Gehorchen, mehr tun, als seine Pflicht ist, Lob ablehnen, stolz sein auf Integrität: *deutsch*. Jetzt haben wir die wütend gewordene Eitelkeit, und leider sind einige unserer hervorragenden Denker und Künstler vorangegangen: Jeder will mehr bedeuten als sein und macht für sich »Reklame«.

(169)

Propaganda machen ist unanständig: aber klug! aber klug!

(170)

Jetzt ist es erst der Widerhall, durch den die Ereignisse »Größe« bekommen, – der Widerhall der Zeitungen.

(171)

Die Schauspielerei

Die Farbenbuntheit des modernen Menschen und ihr Reiz. Wesentlich Versteck und Überdruß.
Der Literat.
Der Politiker (im »nationalen Schwindel«).
Die Schauspielerei in den Künsten:
    Mangel an Probität der Vorbildung und Schulung (Fromentin);

die Romantiker (Mangel an Philosophie und Wissenschaft und Überfluß an Literatur);

die Romanschreiber (Walter Scott, aber auch die Nibelungen-Ungeheuer mit der nervösesten Musik);

die Lyriker.

Die »Wissenschaftlichkeit«.

Virtuosen (Juden).

Die volkstümlichen Ideale als überwunden, aber noch nicht *vor dem Volk*:

Der Heilige, der Weise, der Prophet.

(172)

Ach, nun müssen wir die Unwahrheit umarmen und der Irrtum wird jetzt erst zur *Lüge*, und die *Lüge* vor uns wird zur *Lebensnotwendigkeit*!

(173)

Wo sind die großen Seelen hin? Was man jetzt so nennt – da sehe ich nicht *mehr* als Menschen, die mit einem ungeheuren Aufwand von Kraft vor sich selber Komödie spielen, vor sich selber Effekt machen wollen und mit einer kaum erdenklichen Gier nach dem Publikum hinhorchen, weil dessen Applaus und Vergötterung ihnen selber den Glauben an sich geben soll. Ihre Wirkung auf andere ist für diese durch allzugroße Anstrengung immer Erschöpften eine Kraftbrühe. Es ist eine Krankheitsgeschichte!

(174)

Ich bin nicht imstande, irgendeine Größe anzuerkennen, welche nicht mit *Redlichkeit gegen sich* verbunden ist: die Schauspielerei gegen sich flößt mir Ekel ein: entdecke ich so etwas, so gelten mir alle Leistungen nichts; ich weiß, sie haben überall und im tiefsten Grunde diese Schauspielerei. – Dagegen ist die Schauspielerei nach außen (z. B. Napoleons) mir begreiflich: wahrscheinlich ist sie vielen Leuten nötig. – Dies ist eine Beschränktheit.

(175)

Hier und da wird auch der Erbärmliche redlich: da soll man auf seine Stimme hören und in seinen Sumpf steigen. Und auch ich setzte mich einst ins Schilfrohr und hörte den Frosch die Erbärmlichkeit seiner Bekenntnisse machen.

(176)

Es ist *ekelhaft*, große Menschen durch Pharisäer *verehrt* zu sehn. *Gegen* diese Sentimentalität.

(177)

Pfui über das gebildete Gesindel, welches sich zu sagen schämt: »Hier fühle ich nichts!« »Hier weiß ich nichts!«

(178)

Bei uns fürchten sich die Tugenden und die Laster, die öffentliche Meinung ist die Macht der Halben und Mittelmäßigen, der schlechten *Kopien*, der zusammengestohlenen Allerweltsmenschen.

(179)

Das Zeitalter der größten Ereignisse wird trotz alledem das Zeitalter der kleinsten Wirkungen sein, wenn die Menschen von Gummi und allzu elastisch sind.

(180)

Was ist ihnen noch »Erleben«? Wie Mücken sitzen die Ereignisse auf ihnen, ihre Haut wird noch zerstochen, aber ihr Herz weiß nichts mehr davon.

(181)

Die Art offener und herzhafter Vertraulichkeit, wie man sie heute, in einem demokratischen Zeitalter, nötig hat, um beliebt und geachtet zu sein – kurz das, woraufhin man heute als »rechtschaffener Mensch« behandelt wird: das gibt einem Moralisten viel zu lachen. Alle tiefen Menschen genießen hier ihre Art Erleichterung: es macht so viel Vergnügen, Komödie zu spielen.

(182)

Die Abnahme der Anmut. – Zu den Symptomen der allgemeinen Verhäßlichung, wie sie einem Zeitalter gemäß ist, das den Pöbel immer mehr zum Herrn macht und wo pöbelhafte Gebärden des Leibes und Geistes überall schon Hausrecht erlangt haben, gehört nicht am wenigsten das wachsende Sichgehenlassen und eine Art »Rückkehr zur Natur« (d. h. zum Pöbel), auch an Orten, an denen man früher auf vornehme und strenge Gewohnheiten wie auf sein Vorrecht hielt: an den Höfen sowohl als auch bei den liebenswürdigsten Frauen: – ich meine sogar, in der Unart meines Herzens, nicht nur »an« und »bei«, sondern »innen« und »drinnen«. Man steht verwundert vor diesem Mangel an Feinheit.

(183)

Die allgemeine *Vergröberung* des europäischen Geistes, ein gewisses täppisches Geradezu, welches sich gerne als Geradheit, Redlichkeit oder Wissenschaftlichkeit rühmen hört: das ist die Wirkung des demokratischen Zeitgeistes und seiner feuchten Luft: noch bestimmter – es ist die Wirkung des Zeitunglesens. Bequemlichkeit will man oder Betrunkenheit, wenn man liest. Bei weitem das meiste, was gelesen wird, ist Zeitung oder Zeitungsart. Man sehe unsre Revuen, unsre gelehrten Zeitschriften an: Jeder, der da schreibt, redet wie vor »ungewählter Gesellschaft« und läßt sich gehn, oder vielmehr sitzen, auf seinem Lehnstuhl. – Da hat es einer schlimm, welcher am meisten Wert auf die Hintergedanken legt und mehr als alles Ausgesprochne die Gedankenstriche in seinen Büchern liebt. Die Freiheit der Presse richtet den Stil zugrunde, und schließlich den Geist: das hat vor hundert Jahren schon Galiani gewußt. – Die »Freiheit des Gedankens« richtet die Denker zugrunde. – Zwischen Hölle und Himmel und in der Gefahr von Verfolgungen, Verbannungen, ewigen Verdammnissen und ungnädigen Blicken der Könige und Frauen war der Geist biegsam und verwegen geworden: wehe, wozu *wird* heute der »Geist«!

(184)

Unsere jetzige Erziehung hat den Wert einer Art *Wanderzwangs* in der Zeit des Mittelalters und der Zünfte. Das Gegengewicht, es sich zu Hause nach heimatlichem Wertmaße bequem einzurichten, wirkte ehemals. Jetzt wirkt die Absicht auf Sinnen-Wohlstand, und *daneben* das Bild aller anderen Kulturen, welche etwas wollten *über* oder *wider* den Sinnen-Wohlstand.

(185)

Diese Sklaven sind oft *müde* und regelmäßig müde – deshalb nehmen sie mit ihren *Vergnügungen* so fürlieb (was das seltsamste Merkmal unserer Zeit ist). Ihre Bier- und Weinstuben, ihr Maß angenehmer Unterhaltung, ihre Feste, ihre Kirchen – alles ist so mittelmäßig, denn es darf da nicht viel Geist und Kraft verbraucht werden, also auch nicht gefordert werden – man will sich ausruhen. – Ja! Otium! Das ist der Müßiggang solcher, die noch alle Kraft bei sich haben.

(186)

Überarbeitung, Neugierde und Mitgefühl – unsere *modernen Laster*.

(187)

Ihr seid mir zu arm an Leben geworden: nun wollt ihr, daß die Sparsamkeit die Tugend selber sei.

(188)

Je mehr das Gefühl der Einheit mit den Mitmenschen überhandnimmt, um so mehr werden die Menschen uniformiert, um so strenger werden sie alle Verschiedenheit als unmoralisch empfinden. So entsteht notwendig der Sand der Menschheit: alle sehr gleich, sehr klein, sehr rund, sehr verträglich, sehr langweilig. Das Christentum und die Demokratie haben bis jetzt die Menschheit auf dem Wege zum Sande am weitesten gefahren. Ein kleines, schwaches, dämmerndes Wohlgefühlchen, über alle gleichmäßig verbreitet, ein verbessertes und auf die Spitze getriebenes Chinesentum – das wäre das letzte Bild, welches die Menschheit bieten könnte? – auf der Bahn der bisherigen moralischen Empfindung unvermeidlich. Es tut eine große Überlegung not: Vielleicht muß die Menschheit einen Strich unter ihre Vergangenheit machen, vielleicht muß sie den neuen Kanon an alle einzelnen richten: sei anders als alle übrigen und freue dich, wenn jeder anders ist als der andere. –

3. Die moderne Kunst

(189)

Man muß eben bedenken, was für eine Zeit sich hier eine Kunst schafft: ganz ungebunden, atemlos, unfromm, habsüchtig, formlos, unsicher in den Fundamenten, fast desperat, unnaiv, durch und durch bewußt, unedel, gewaltsam, feige.

(190)

Die Griechen litten nach Aristoteles öfter an einem Übermaß von Mitleid: daher die notwendige Entladung durch die Tragödie. Wir sehen, wie verdächtig diese Neigung ihnen vorkam. Sie ist staatsgefährlich, nimmt die nötige Härte und Strafheit, macht, daß Heroen sich gebärden wie heulende Weiber usw. – In jetziger Zeit will man das Mitleid durch die Tragödie *stärken* – wohl bekomm's! Aber man merkt nichts davon, daß es da ist, vorher und nachher.

(191)

Das Nachdenken und die Erfindsamkeit in bezug auf die elementaren Reize (in Musik und Farben usw.) gehört zum philosophischen Charakter unserer Zeit: ebenso wie die Naturtreue der Maler. Man geht, soweit man kann, und ist radikal.

(192)

Wir entbehren in der *Musik* einer *Ästhetik*, die den Musikern Gesetze aufzuerlegen verstünde und ein Gewissen schüfe; wir entbehren, was eine Folge davon ist, eines eigentlichen Kampfes um »Prinzipien«, – denn als Musiker lachen wir über die Herbartschen Velleitäten auf diesem Gebiete ebensosehr als über die Schopenhauers. Tatsächlich ergibt sich hieraus eine große Schwierigkeit: wir wissen die Begriffe »Muster«, »Meisterschaft«, »Vollkommenheit« nicht mehr zu *begründen* – wir tasten mit dem Instinkte alter Liebe und Bewunderung blind herum im Reich der Werte, wir glauben beinahe, »gut ist, was *uns* gefällt«... Es erweckt mein Mißtrauen, wenn ganz unschuldig Beethoven allerwärts als »Klassiker« bezeichnet wird: ich würde streng aufrechterhalten, daß man in anderen Künsten unter einem Klassiker einen umgekehrten Typus, als der Beethovens ist, begreift. Aber wenn gar noch die vollkommene und in die Augen springende *Stilauflösung* Wagners, sein sogenannter dramatischer Stil als »Vorbild«, als »Meisterschaft«, als »Fortschritt« gelehrt und verehrt wird, so kommt meine Ungeduld auf ihren Gipfel. Der dramatische Stil in der Musik, wie ihn Wagner versteht, ist die Verzichtleistung auf Stil überhaupt, unter der Voraussetzung, daß etwas anderes hundertmal wichtiger ist als Musik, nämlich das Drama. Wagner kann malen, er benutzt die Musik nicht zur Musik, er verstärkt Attitüden, er ist Poet; endlich, er hat an die »schönen Gefühle« und »gehobenen Busen« appelliert gleich allen Theaterkünstlern – mit dem allen hat er die Frauen und selbst die Bildungsbedürftigen zu sich überredet: aber was geht Frauen und Bildungsbedürftige die Musik an! Das hat alles kein Gewissen für die Kunst; das leidet nicht, wenn alle ersten und unerläßlichen Tugenden einer Kunst zugunsten von Nebenabsichten (als ancilla dramaturgica) mit Füßen getreten und verhöhnt werden. Was liegt an aller Erweiterung der Ausdrucksmittel, wenn das, *was* da ausdrückt, die Kunst selbst, für sich selbst das Gesetz verloren hat! Die malerische Pracht und Gewalt des Tons, die Symbolik von Klang, Rhythmus, Farbentönen der Harmonie und Disharmonie, die suggestive Bedeutung der Musik, die ganze mit Wagner zur Herrschaft gebrachte *Sinnlichkeit* der Musik – das alles hat Wagner an der Musik erkannt, herausgezogen, entwickelt. Victor Hugo hat etwas Verwandtes für die Sprache getan: aber schon heute fragt man sich in Frankreich im Fall Victor Hugos, ob nicht zum Verderb der Sprache... ob nicht, mit der Steigerung der Sinnlichkeit in der Sprache, die Vernunft, die Geistigkeit, die tiefe Gesetzlichkeit in der Sprache heruntergedrückt worden ist? Daß die Dichter in Frankreich Plastiker, daß die Musiker in Deutschland Schauspieler und Kulturanpinseler geworden sind – sind das nicht Zeichen der décadence?

(193)

Es gibt heute auch einen Musikerpessimismus, selbst noch unter Nichtmusikern. Wer hat ihn nicht erlebt, wer hat ihm nicht geflucht, dem unseligen Jüngling, der sein Klavier bis zum Verzweiflungsschrei martert, der eigenhändig den Schlamm der düstersten graubraunsten Harmonien vor sich herwälzt? Damit ist man *erkannt*, als Pessimist... Ob man aber damit auch als »musikalisch« erkannt ist? Ich würde es nicht zu glauben wissen. Der Wagnerianer pur sang ist unmusikalisch; er unterliegt den Elementarkräften der Musik ungefähr wie das Weib dem Willen seines Hypnotiseurs unterliegt – und um dies zu *können*, darf er durch kein strenges und feines Gewissen in rebus musicis et musicantibus mißtrauisch gemacht sein. Ich sagte »ungefähr wie« –: aber vielleicht handelt es sich hier um mehr als ein Gleichnis. Man erwäge die Mittel zur Wirkung, deren sich Wagner mit Vorliebe bedient (– die er zu einem guten Teile sich erst hat erfinden müssen): Sie ähneln in einer befremdlichen Weise den Mitteln, mit denen der Hypnotiseur es zur Wirkung bringt (– Wahl der Bewegungen, der Klangfarben seines Orchesters; das abscheuliche Ausweichen vor der Logik und Quadratur des Rhythmus; das Schleichende, Streichende, Geheimnisvolle, der Hysterismus seiner »unendlichen Melodie«). – Und ist der Zustand, in welchen z. B. das ›Lohengrin‹-Vorspiel den Zuhörer und noch mehr die Zuhörerin versetzt, wesentlich verschieden von der somnambulischen Ekstase? – Ich hörte eine Italienerin nach dem Anhören des genannten Vorspiels sagen, mit jenen hübsch verzückten Augen, auf welche sich die Wagnerianerin versteht: »Come si *dorme* con questa musica!« –

(194)

Die falsche »Verstärkung«: – 1. Im *Romantismus*: Dies beständige espressivo ist kein Zeichen von Stärke, sondern von einem Mangelgefühl;

2. die *pittoreske* Musik, die sogenannte dramatische, ist vor allem *leichter* (ebenso wie die brutale Kolportage und Nebeneinanderstellung von faits und traits im Roman des Naturalismus);

3. die *»Leidenschaft«* eine Sache der Nerven und der ermüdeten Seelen; so wie der Genuß an Hochgebirgen, Wüsten, Unwettern, Orgien und Scheußlichkeiten, – am Massenhaften und Massiven (bei Historikern z. B.); *tatsächlich gibt es einen Kultus der Ausschweifung des Gefühls* (– wie kommt es, daß die starken Zeiten ein umgekehrtes Bedürfnis in der Kunst haben – nach einem Jenseits der Leidenschaft?);

4. die Bevorzugung der *aufregenden* Stoffe (Erotica oder Socialistica oder Pathologica): alles Zeichen, für wen heute gearbeitet wird, für *Überarbeitete* und Zerstreute oder Geschwächte.

Man muß *tyrannisieren*, um überhaupt zu *wirken*.

(195)

Man will den Leser zur Aufmerksamkeit *zwingen*, »vergewaltigen«: daher die vielen packenden kleinen Züge des »naturalisme« – das gehört zu einem demokratischen Zeitalter: *grobe* und durch Überarbeit ermüdete Intellekte sollen *gereizt* werden!

(196)

Die *deskriptive Musik*; der Wirklichkeit es überlassen, zu *wirken*... Alle diese Arten Kunst sind *leichter*, *nachmachbarer*; nach ihnen greifen die Geringbegabten. Appell an die Instinkte; *suggestive* Kunst.

(197)

Die moderne Kunst als eine Kunst zu *tyrannisieren*. – Eine grobe und stark herausgetriebene *Logik des Lineaments*; das Motiv vereinfacht bis zur Formel: die Formel tyrannisiert. Innerhalb der Linien eine wilde Vielheit, eine überwältigende Masse, vor der die Sinne sich verwirren; die Brutalität der Farben, des Stoffes, der Begierden. Beispiele: Zola, Wagner; in geistigerer Ordnung Taine. Also *Logik*, *Masse* und *Brutalität*.

(198)

Die Scheidung in »Publikum« und »Zönakel«: Im ersten *muß* man heute Scharlatan sein, im zweiten *will* man Virtuose sein und nichts weiter! Übergreifend über diese Scheidung unsere spezifischen »Genies« des Jahrhunderts, groß für beides; große Scharlatanerie Victor Hugos und Richard Wagners, aber gepaart mit soviel echtem *Virtuosentum*, daß sie auch den Raffiniertesten im Sinne der Kunst selbst genug taten. Daher der *Mangel an Größe*: Sie haben eine wechselnde Optik, bald in Hinsicht auf die gröbsten Bedürfnisse, bald in Hinsicht auf die raffiniertesten.

(199)

Die Künstler fangen an, ihr Werk zu schätzen und zu überschätzen, wenn sie aufhören, Ehrfurcht vor sich selber zu haben. Ihr rasendes Verlangen nach Ruhm verhüllt oft ein trauriges Geheimnis: Das Werk gehört nicht zu ihrer Regel, sie fühlen es als ihre Ausnahme. Vielleicht auch wollen sie, daß ihr Werk Fürsprache für sie einlege, vielleicht, daß andere sie über sie selber täuschen. Endlich: Vielleicht wollen sie Lärm in sich, um sich selber nicht mehr zu »hören«.

(200)

Der *moderne* Künstler, in seiner Physiologie dem Hysterismus nächstverwandt, ist auch als Charakter auf diese Krankhaftigkeit hin abgezeichnet. Der Hysteriker ist falsch; – er lügt aus Lust an der Lüge, er ist bewunderungswürdig in jeder Kunst der Verstellung –, es sei denn, daß seine krankhafte Eitelkeit ihm einen

Streich spielt. Diese Eitelkeit ist wie ein fortwährendes Fieber, welches Betäubungsmittel nötig hat und vor keinem Selbstbetrug, vor keiner Farce zurückschreckt, die eine augenblickliche Linderung verspricht. (*Unfähigkeit* zum Stolz und beständig Rache für eine tief eingenistete Selbstverachtung nötig zu haben – das ist beinahe die Definition dieser Art von Eitelkeit.)

Die absurde Erregbarkeit seines Systems, die aus allen Erlebnissen Krisen macht und das »Dramatische« in die geringsten Zufälle des Lebens einschleppt, nimmt ihm alles Berechenbare: er ist keine Person mehr, höchstens ein Rendezvous von Personen, von denen bald diese, bald jene mit unverschämter Sicherheit herausschießt. Ebendarum ist er groß als Schauspieler: Alle diese armen Willenlosen, welche die Ärzte in der Nähe studieren, setzen in Erstaunen durch ihre Virtuosität der Mimik, der Transfiguration, des Eintretens in fast jeden *verlangten* Charakter.

(201)

Die moderne *Falschmünzerei* in den Künsten; begriffen als *notwendig*, nämlich dem eigentlichsten *Bedürfnis der modernen Seele gemäß*.

Man stopft die Lücken der *Begabung*, noch mehr die Lücken der *Erziehung*, der *Tradition*, der *Schulung* aus.

Erstens: Man sucht sich ein *weniger artistisches Publikum*, welches unbedingt ist in seiner Liebe (– und alsbald vor der *Person* niederkniet). Dazu dient die Superstition unseres Jahrhunderts, der Aberglaube vom »Genie«.

Zweitens: Man haranguiert die dunklen Instinkte der Unbefriedigten, Ehrgeizigen, Sich-selbst-Verhüllten eines demokratischen Zeitalters: Wichtigkeit der *Attitüde*.

Drittens: Man nimmt die Prozeduren der einen Kunst in die andere, vermischt die Absicht der Kunst mit der der Erkenntnis oder der Kirche oder des Rasseninteresses (Nationalismus) oder der Philosophie – man schlägt an alle Glocken auf einmal und erregt den dunklen Verdacht, daß man ein Gott sei.

Viertens: Man schmeichelt dem Weibe, den Leidenden, den Empörten, man bringt auch in der Kunst narcotica und opiatica zum Übergewicht. Man kitzelt die Gebildeten, die Leser von Dichtern und alten Geschichten.

(202)

Ein Zeitalter der Demokratie treibt den Schauspieler auf die Höhe, – in Athen ebenso wie heute. Richard Wagner hat bisher alles darin überboten und einen hohen Begriff vom Schauspieler erweckt, der Schauder machen kann. Musik, Poesie, Religion,

Kultur, Buch, Familie, Vaterland, Verkehr – alles vorerst *Kunst*, will sagen Bühnen-Attitüde!

(203)

Das Wesen der Romantik ging mir auf (– der *Mangel* einer fruchtbaren Art von Menschen ist da zeugend geworden), zugleich die Schauspielerei der Mittel, die Unechtheit und Entlehntheit aller einzelnen Elemente, der Mangel an Probität der künstlerischen Bildung, die abgründliche *Falschheit* dieser modernsten Kunst: welche wesentlich Theaterkunst sein möchte. Die psychologische Unmöglichkeit dieser angeblichen Helden- und Götterseelen, welche zugleich nervös, brutal und raffiniert sind gleich den modernsten unter den Pariser Malern und Lyrikern. Genug, ich stellte sie mit hinein in die moderne »Barbarei«. – Damit ist über das *Dionysische* nichts gesagt. In der Zeit der größten Fülle und Gesundheit erscheint die Tragödie, aber auch in der Zeit der Nervenerschöpfung und -überreizung. Entgegengesetzte Deutung.

(204)

Ein Romantiker ist ein Künstler, den das große Mißvergnügen an sich schöpferisch macht – der von sich und seiner Mitwelt wegblickt, zurückblickt.

(205)

Die *Romantik*: Eine zweideutige Frage, wie alles Moderne.
Die ästhetischen Zustände zwiefach.
Die Vollen und Schenkenden im Gegensatz zu den Suchenden, Begehrenden.

(206)

Was *bedeutet* das, daß wir die campagna Romana nachfühlen? Und das Hochgebirge?

Chateaubriand 1803 in einem Brief an M. de Fontanes gibt den ersten Eindruck der campagna Romana.

Der Präsident de Brosses sagt von der campagna Romana: »il fallait que Romulus fût ivre, quand il songea à bâtir une ville dans un terrain aussi laid.«

Auch Delacroix wollte Rom nicht, es machte ihm Furcht. Er schwärmte für Venedig wie Shakespeare, wie Byron, wie George Sand. Die Abneigung gegen Rom auch bei Theoph. Gautier – und bei Rich. Wagner.

Lamartine hat für Sorrent und den Posilipp die Sprache –

Victor Hugo schwärmt für Spanien, »parce que aucune autre nation n'a moins emprunté à l'antiquité, parce qu'elle n'a subi aucune influence classique«.

(207)

Im Grunde ist auch Wagners Musik noch Literatur, so gut es die ganze französische Romantik ist: der Zauber des Exotismus (fremder Zeiten, Sitten, Leidenschaften), ausgeübt auf empfindsame Eckensteher. Das Entzücken beim Hineintreten in das ungeheure ferne ausländische vorzeitliche Land, zu dem der Zugang durch Bücher führt, wodurch der ganze Horizont mit neuen Farben und Möglichkeiten bemalt war... Die Ahnung von noch ferneren unaufgeschlossenen Welten; der dédain gegen die Boulevards... Der Nationalismus nämlich, man lasse sich nicht täuschen, ist auch nur eine Form des Exotismus... Die romantischen Musiker erzählen, was die exotischen Bücher aus ihnen gemacht haben: man möchte gern Exotica erleben, Leidenschaften im florentinischen und venetianischen Geschmack: zuletzt *begnügt man sich*, sie *im Bilde* zu suchen... Das Wesentliche ist die Art von *neuer* Begierde, ein Nachmachen-wollen, Nachleben-wollen, die Verkleidung, die Verstellung der Seele... Die romantische Kunst ist nur ein Notbehelf für eine mankierte »Realität«.

Der Versuch, Neues zu *tun*: Revolution, Napoleon. Napoleon, die Leidenschaft neuer Möglichkeiten der Seele, die Raumerweiterung der Seele.

Ermattung des Willens: Um so größere Ausschweifung in der Begierde, Neues zu fühlen, vorzustellen, zu träumen, – Folge der exzessiven Dinge, die man erlebt hatte: Heißhunger nach exzessiven Gefühlen... Die fremden Literaturen boten die stärksten Würzen.

(208)

Das Übergewicht der *Musik* in den Romantikern von 1830 und 1840. Delacroix. Ingres, ein leidenschaftlicher Musiker (Kultus für Gluck, Haydn, Beethoven, Mozart), sagte seinen Schülern in Rom: »Si je pouvais vous rendre tous musiciens, vous y gagneriez comme peintres« –; insgleichen Horace Vernet, mit einer besonderen Leidenschaft für den Don Juan (wie Mendelssohn bezeugt 1831); insgleichen Stendhal, der von sich sagt: »Combien de lieues ne ferais-je pas à pied, et à combien de jours de prison ne me soumettrais-je pas pour entendre *Don Juan* ou le *Matrimonio segreto*; et je ne sais pour quelle autre chose je ferais cet effort.« Damals war er 56 Jahre alt.

Die entliehenen Formen, z. B. Brahms als typischer »Epigone«, Mendelssohns gebildeter Protestantismus ebenfalls (eine frühere »Seele« wird *nach*gedichtet...),

– die moralischen und poetischen Substitutionen bei Wagner, die *eine* Kunst als Notbehelf für Mängel in der anderen,
 – der »historische Sinn«, die Inspiration durch Dichten, Sagen,
 – jene typische Verwandlung, für die unter Franzosen G. Flaubert, unter Deutschen Richard Wagner das deutlichste Beispiel ist, wie der romantische Glaube an die Liebe und die Zukunft in das Verlangen zum Nichts sich verwandelt, 1830 in 1850.

(209)

Das Gemeinsame in der Entwicklung der *Europäerseele* ist z. B. zu merken bei einer Vergleichung Delacroix' und Richard Wagners: der eine peintre-poète, der andere Ton-Dichter nach der Differenz der französischen und deutschen Begabung. Aber sonst gleich. Delacroix übrigens auch *sehr* Musiker. Sein erster Interpret *Baudelaire*, eine Art Richard Wagner ohne Musik. Der *Ausdruck*, expression, von beiden vorangestellt, alles übrige geopfert. Von Literatur abhängig beide, höchst gebildete und selbst schreibende Menschen. Nervös-krankhaft-gequält, ohne Sonne.

(210)

Dies Jahrhundert, wo die Künste begreifen, daß die eine auch Wirkungen der andern hervorbringen kann, *ruiniert vielleicht die Künste*! Z. B. mit Poesie zu *malen* (Victor Hugo, Balzac, Walter Scott usw.), mit *Musik poetische* Gefühle erregen (Wagner), mit Malerei poetische Gefühle, ja *philosophische* Ahnungen zu erregen (Cornelius), mit Romanen Anatomie und Irrenheilkunde treiben usw.

(211)

In Hinsicht auf die *Maler*: tous ces modernes sont des *poètes* qui ont voulu être *peintres*. L'un a cherché des drames dans l'histoire, l'autre des scènes de mœurs, celui-ci traduit des religions, celui-là une philosophie. Jener ahmt Raffael nach, ein anderer die ersten italienischen Meister; die Landschafter verwenden Bäume und Wolken, um Oden und Elegien zu machen. *Keiner* ist einfach Maler; alle sind Archäologen, Psychologen, In-Szene-Setzer irgendwelcher Erinnerung oder Theorie. Sie gefallen sich an unsrer Erudition, an unsrer Philosophie. Sie sind, wie wir, voll und übervoll von allgemeinen Ideen. Sie lieben eine Form nicht um das, was sie ist, sondern um das, was sie *ausdrückt*. Sie sind die Söhne einer gelehrten, gequälten und reflektierenden Generation – tausend Meilen weit von den alten Meistern, welche nicht lasen und nur daran dachten, ihren Augen ein Fest zu geben.

(212)

Winckelmanns und Goethes Griechen, Victor Hugos Orientalen, Wagners Edda-Personnagen, Walter Scotts Engländer des dreizehnten Jahrhunderts – irgendwann wird man die ganze Komödie entdecken! Es war alles über alle Maßen historisch falsch, *aber* – modern.

(213)

Es gibt heute eine sehr bunte und vielgestaltige Ankünstelung von Wissenschaftlichkeit – begreiflich in einem so unechten Jahrhundert, wo »gleiche Rechte« auch »das Gefühl gleicher Ansprüche« nach sich ziehen, z. B. auch den Anspruch, wissenschaftlich sein zu können, falls man es nur *will*. Fast alle Literaten glauben es von sich; mehr noch, es gehört jetzt zum Ehrgeiz der Romanschriftsteller.

(214)

Auch heute noch ist die feinste und weiteste Kultur des europäischen Geistes unter Franzosen und in Paris zu finden: aber man muß gut zu suchen verstehn. Diese Ausgesuchten halten sich jetzt verborgener als je; sie haben sich mit stiller Wut von allen Geschmacksbewegungen der Masse gelöst und sind vor der »rasenden Dummheit« des demokratischen bourgeois in schwer zugängliche Winkel geflüchtet. Diese gegenwärtigen Aristokraten des französischen Geistes, eine zarte Art von Menschen, welche nicht gerade auf den kräftigsten Beinen steht und auch der Zahl nach gering sein mag, – sie insgesamt erkennen als ihre Vorfahren und Meister etwa folgende höhere Geister an. Vorerst *Stendhal*, das letzte große Ereignis des französischen Geistes, der mit einem napoleonischen Tempo durch sein unentdecktes Europa marschiert ist und zuletzt sich allein fand, – schauerlich allein: denn es hat zweier Geschlechter bedurft, um ihm nahezukommen. Jetzt, wie gesagt, kommandiert er, ein Befehlshaber für die Ausgewähltesten; und wer mit feinen und verwegenen Sinnen begabt ist, neugierig bis zum Zynismus, Logiker beinahe aus Ekel, Rätselrater und Freund der Sphinx gleich jedem geborenen Europäer, der wird ihm nachgehen müssen. Möge er ihm auch darin folgen, voller Scham vor den Heimlichkeiten, welche die große Leidenschaft hat, *stehenzubleiben*! Diese Noblesse des Schweigen-*könnens*, Stehenbleiben-*könnens* hat er z. B. vor Michelet und sonderlich vor den deutschen Gelehrten voraus. – Sein Schüler ist *Mérimée*, ein vornehmer, zurückgezogener Artist und Verächter jener schwammichten Gefühle, welche ein demokratisches Zeitalter als seine »edelsten

Gefühle« preist, streng gegen sich und voll der härtesten Ansprüche an seine künstlerische Logik, beständig bereit, kleine Schönheiten und Reize einem starken Willen zur Notwendigkeit zu opfern: – eine echte, wenngleich nicht reiche Seele in einer unechten und schmutzigen Umgebung, und Pessimist genug, um die Komödie mitspielen zu können, ohne sich zu erbrechen. – Ein andrer Schüler Stendhals ist *Taine*, jetzt der erste lebende Historiker Europas, ein entschlossener und noch in seiner Verzweiflung tapferer Mensch, welchem der Mut sowenig als die Willenskraft unter dem fatalistischen Druck des Wissens in Stücke gegangen ist, ein Denker, welchen weder Condillac in Hinsicht auf Tiefe, noch Hegel in Hinsicht auf Klarheit beeinträchtigt hat, einer vielmehr, der zu *lernen* verstand und für lange Zeit verstehen wird, zu *lehren*: – die Franzosen der nächsten Generation haben in ihm ihren geistigen Zuchtmeister. Er vornehmlich ist es, der den Einfluß Renans und Sainte-Beuves zurückdrängt, welche beide ungewiß und skeptisch bis auf den letzten Grund ihres Herzens sind: *Renan*, eine Art katholischer Schleiermacher, süßlich, bonbon, Landschaften und Religion anempfindend; *Sainte-Beuve*, ein abgebrannter Dichter, der sich auf die Seelenanschnüffelei verlegt und gar zu gern verbergen möchte, daß er weder im Willen noch in der Philosophie irgendeinen Halt hat, ja sogar, was nach beidem nicht wundernimmt, eines eigentlichen *festen* Geschmacks in artibus et litteris ermangelt. Zuletzt merkt man ihm die Absicht an, noch aus diesem Mangel eine Art Prinzip und Methode von kritischer Neutralität zu bilden, aber der Verdruß verrät sich zu oft, einmal darüber, daß er in der Tat für gewisse Bücher und Menschen wirklich einige Male nicht neutral, nämlich begeistert gewesen ist – er möchte diese schrecklichen »petits faits« aus seinem Leben wegstreichen, weglügen –, sodann aber über das viel unangenehmere grand fait, daß *alle* großen französischen Menschenkenner auch noch ihren eignen Willen und Charakter im Leibe hatten, von Montaigne, Charron, La Rochefoucauld bis auf Chamfort und Stendhal: – denen allen gegenüber ist Sainte-Beuve nicht ohne Neid und jedenfalls ohne Vorliebe und Vorverständnis. – Viel wohltätiger, einseitiger, tüchtiger in jedem Sinne ist der Einfluß *Flauberts*: mit seinem Übergewicht von Charakter, der sogar die Einsamkeit und den Mißerfolg vertrug – etwas Außerordentliches unter Franzosen –, regiert er augenblicklich in dem Reiche der Romanästhetik und des Stils: – er hat das klingende und bunte Französisch auf die Höhe gebracht. Zwar fehlt auch ihm wie Renan und Sainte-Beuve die philosophische Zucht, insgleichen eine eigentliche Kenntnis der wissenschaftlichen Prozeduren: aber ein tiefes Bedürfnis zur Analyse und sogar zur Gelehrsamkeit hat sich zusammen mit einem instinktiven Pessimismus bei ihm Bahn gebrochen, wunderlich vielleicht, aber kräftig genug, um den gegenwärtigen Romanschriftstellern Frankreichs damit ein Vorbild zu geben. In der Tat geht auf Flaubert der neue Ehrgeiz der jüngsten Schule zurück, sich in wissenschaftlichen und pessimistischen Attitüden vorzuführen. – Was von Dichtern jetzt in Frankreich blüht, steht unter Heinrich Heines und Baudelaires Einfluß, vielleicht Leconte de Lisle ausgenommen: denn in gleicher Weise, wie Schopenhauer jetzt schon mehr in Frankreich geliebt und gelesen wird als in Deutschland, ist auch der Kult Heinrich Heines nach Paris übergesiedelt. Was den pessimistischen Baudelaire betrifft, so gehört er zu jenen kaum glaublichen Amphibien, welche ebensosehr deutsch als pariserisch sind; seine Dichtung hat etwas von dem, was man in Deutschland Gemüt oder »unendliche Melodie« und mitunter auch »Katzenjammer« nennt. Im übrigen war Baudelaire der Mensch eines vielleicht verdorbenen, aber sehr bestimmten und scharfen, seiner selbst gewissen Geschmackes: damit tyrannisiert er die Ungewissen von heute. Wenn er seinerzeit der erste Prophet und Fürsprecher Delacroix' war: vielleicht daß er heute der erste »Wagnerianer« von Paris sein würde. Es ist viel Wagner in Baudelaire.

(215)

Die *große Form eines Kunstwerkes* wird ans Licht treten, wenn der Künstler die große Form in *seinem Wesen* hat! An sich die große Form fordern ist albern und verdirbt die Kunst, es heißt den Künstler zur Heuchelei verführen oder das Große und Seltene zur Konventionsmünze umstempeln wollen. Ein ehrlicher Künstler, der diese gestaltende Kraft in seinem *Charakter* nicht hat, ist *ehrlich*, sie auch nicht in seinen Werken haben zu wollen: – wenn er sie überhaupt leugnet und verunglimpft, so ist dies begreiflich und mindestens zu entschuldigen: er *kann* da nicht über sich. So *Wagner*. Aber die »unendliche Melodie« ist ein hölzernes Eisen – »die nicht Gestalt gewordene, fertig gewordene Gestalt« – das ist ein Ausdruck für das Unvermögen der Form und eine Art Prinzip aus dem Unvermögen gemacht. Dramatische Musik, und überhaupt Attitüdenmusik, verträgt sich freilich am besten mit der formlosen, fließenden Musik – ist deshalb aber *niederer* Gattung.

(216)

Zum Kapitel »*Musik*«. – Deutsche und französische und italienische Musik. (Unsre politisch niedrigsten Zeiten die *fruchtbarsten*. Die Slawen?) – Das kulturhistorische Ballett: hat die Oper überwunden. – Schauspielermusik und Musikermusik. – Ein Irrtum, daß das, was Wagner geschaffen hat, eine *Form* sei: – es ist eine Formlosigkeit. Die Möglichkeit des *dramatischen* Baues ist nun noch zu finden. – Rhythmisches. Der »Ausdruck« um jeden Preis. – Zu Ehren von ›Carmen‹. – Zu Ehren von Heinrich Schütz (und ›Liszt-Verein‹). – Hurenhafte Instrumentation. – Zu Ehren Mendelssohns: ein Element Goethe darin und nirgends sonst! (Ebenso wie ein andres Element Goethe in der Rahel zur Vollendung kam; ein drittes in Heinrich Heine.)

(217)

Warum kulminiert die deutsche Musik zur Zeit der deutschen Romantik? Warum fehlt Goethe in der deutschen Musik? Wieviel Schiller, genauer, wieviel »Thekla« ist dagegen in Beethoven!

Schumann hat Eichendorff, Uhland, Heine, Hoffmann, Tieck in sich. Richard Wagner hat Freischütz, Hoffmann, Grimm, die romantische Sage, den mystischen Katholizismus des Instinkts, den Symbolismus, die »Freigeisterei der Leidenschaft« (Rousseaus Absicht). Der ›Fliegende Holländer‹ schmeckt nach Frankreich, wo le ténébreux 1830 der Verführertypus war.

Kultus der Musik, der revolutionären Romantik der Form. Wagner *resümiert* die Romantik, die deutsche und die französische –

(218)

Wenn man unter Genie eines Künstlers die höchste Freiheit unter dem Gesetz, die göttliche Leichtigkeit, Leichtfertigkeit im Schwersten versteht, so hat Offenbach noch mehr Anrecht auf den Namen »Genie« als Wagner. Wagner ist schwer, schwerfällig: Nichts ist ihm fremder als Augenblicke übermütigster Vollkommenheit, wie sie dieser Hanswurst Offenbach fünf-, sechsmal fast in jeder seiner bouffonneries erreicht. Aber vielleicht darf man unter Genie etwas anderes verstehen. –

(219)

Offenbach: Französische Musik mit einem Voltaireschen Geist, frei, übermütig, mit einem kleinen sardonischen Grinsen, aber hell, geistreich bis zur Banalität (– er *schminkt* nicht –) und ohne die mignardise krankhafter oder blond-wienerischer Sinnlichkeit.

(220)

Die Juden haben in der Sphäre der Kunst das Genie gestreift, mit Heinrich Heine und Offenbach, diesem geistreichsten und übermütigsten Satyr, der als Musiker zur großen Tradition hält und für den, der nicht bloß Ohren hat, eine rechte Erlösung von den gefühlsamen und im Grunde *entarteten* Musikern der deutschen Romantik ist.

(221)

Über unsere *moderne Musik*. – Die Verkümmerung der Melodie ist das gleiche wie die Verkümmerung der »Idee«, der Dialektik, der Freiheit geistigster Bewegung, – eine Plumpheit und Gestopftheit, welche sich zu neuen Wagnissen und selbst zu Prinzipien entwickelt; – man hat schließlich nur die Prinzipien seiner Begabung, seiner *Borniertheit von Begabung*.

»Dramatische Musik« Unsinn! Das ist einfach schlechte Musik... Das »Gefühl«, die »Leidenschaft« als Surrogate, wenn man die hohe Geistigkeit und das *Glück* derselben (z. B. Voltaires) nicht mehr zu erreichen weiß. Technisch ausgedrückt, ist das »Gefühl«, die »Leidenschaft« *leichter* – es setzt viel ärmere Künstler voraus. Die Wendung zum Drama verrät, daß ein Künstler über die *Schein*mittel noch mehr sich Herr weiß als über die echten Mittel. Wir haben *dramatische Malerei*, *dramatische Lyrik* usw.

(222)

Ich unterscheide den Mut vor Personen, den Mut vor Sachen und den Mut vor Papier. Letzterer war z. B. der Mut David Straußens. Ich unterscheide nochmals den Mut vor Zeugen und den Mut ohne Zeugen: der Mut eines Christen, eines Gottgläubigen überhaupt kann niemals Mut ohne Zeugen sein, – er ist damit allein schon degradiert. Ich unterscheide endlich den Mut aus Temperament und den Mut aus Furcht vor der Furcht: ein Einzelfall der letzteren Spezies ist der moralische Mut. Hierzu kommt noch der Mut aus Verzweiflung.

Wagner hatte diesen Mut. Seine Lage hinsichtlich der Musik war im Grunde verzweifelt. Ihm fehlte beides, was zum *guten* Musiker befähigt: Natur und Kultur, die Vorbestimmung für Musik und die Zucht und Schulung zur Musik. Er hatte Mut: er schuf aus diesem Mangel ein Prinzip, – er *erfand* sich eine Gattung Musik. Die »dramatische Musik«, wie er sie erfand, ist die Musik, welche er *machen konnte*, – ihr Begriff sind die Grenzen Wagners.

Und man hat ihn mißverstanden! – *Hat* man ihn mißverstanden?... Fünf Sechstel der modernen Künstler sind in seinem Falle. Wagner ist ihr Retter; fünf Sechstel sind übrigens die

»geringste Zahl«. Jedesmal, wo die Natur sich unerbittlich gezeigt hat und wo andrerseits die Kultur ein Zufall, eine Tentative, ein Dilettantismus blieb, wendet sich jetzt der Künstler mit Instinkt, was sage ich? mit Begeisterung an Wagner: »Halb zog er ihn, halb sank er hin«, wie der Dichter sagt.

(223)

Religion in der Musik. – Wieviel uneingeständliche und selbst unverstandne Befriedigung aller religiösen Bedürfnisse ist noch in der Wagnerschen Musik! Wieviel Gebet, Tugend, Salbung, »Jungfräulichkeit«, »Erlösung« redet da noch mit!... Daß die Musik vom Worte, vom Begriffe absehen darf – oh, wie sie daraus ihren Vorteil zieht, diese arglistige Heilige, die zu allem zurückführt, *zurückverführt*, was einst geglaubt wurde!... Unser intellektuelles Gewissen braucht sich nicht zu schämen – es bleibt außerhalb –, wenn irgendein alter Instinkt mit zitternden Lippen aus verbotenen Bechern trinkt... Das ist klug, gesund und, insofern es Scham vor der Befriedigung des religiösen Instinktes verrät, sogar ein gutes Zeichen... Heimtückische Christlichkeit: Typus der Musik des »letzten Wagner«.

(224)

Das falsche Germanentum bei Richard Wagner, diese höchst »moderne« Mischung von Brutalität und Verzärtelung der Sinne ist mir ebenso zuwider wie das falsche Römertum bei David oder das falsche englische Mittelalter Walter Scotts.

(225)

Wagners Helden ganz moderne Typen der Degenereszenz, seine Heldinnen hysterisch-hypnotisch. Wagner ist hier Kenner, er ist hier naturwahr bis zum Peinlichen, – seine Musik ist vor allem eine psychologisch-physiologische Analyse kranker Zustände und für Zukunftspsychologen vielleicht interessanter als *Analyse*, als in Hinsicht der Musik.

(226)

Geht nun auch noch unsre beste Kunst, die Musik, auf die Neige?... Meine Freunde, hier ist einer, der nicht mehr daran glaubt! Es ist noch lange nicht Zeit für den Abend! Und Wagner bedeutete weder den Tag noch den Abend unsrer Kunst, – sondern nur einen gefährlichen Zwischenfall, eine Ausnahme und ein Fragezeichen, *welches alle strengen Künstlergewissen auf die Probe gestellt hat*!

(227)

Der Rückschluß vom Werk auf den Schöpfer: die furchtbare Frage, ob die Fülle oder die Entbehrung, der Wahnsinn des Entbehrens zum Schaffen drängt: der plötzliche Blick dafür, daß jedes romantische Ideal eine Selbstflucht, eine Selbstverachtung und Selbstverurteilung dessen ist, der es erfindet.

Es ist zuletzt eine Sache der Kraft: diese ganze romantische Kunst könnte von einem überreichen und willensstarken Künstler ganz ins Antiromantische oder – um meine Formel zu brauchen – ins *Dionysische* umgebogen werden: ebenso wie jede Art Pessimismus und Nihilismus in der Hand des Stärksten nur ein Hammer und Werkzeug mehr wird, mit dem eine neue Treppe zum Glück gebaut wird.

4. Der große Pöbel- und Sklavenaufstand

(228)

Dies ist unser Mißtrauen, das immer wieder kommt, unsere Sorge, die sich uns nie schlafen legt, unsre Frage, welche niemand hört oder hören mag, unsre Sphinx, neben der nicht nur *ein* Abgrund ist: – wir glauben, man täuscht sich heute in Europa über die Dinge, welche wir am höchsten lieben, und ein grausamer (oder nicht einmal grausamer, nur gleichgültiger und kindsköpfischer) Kobold spielt mit unserm Herzen und seiner Begeisterung, wie er vielleicht mit allem schon gespielt hat, was sonst lebte und liebte –: ich glaube, daß alles, was wir in Europa heute als die Werte aller jener verehrten Dinge, welche »Humanität«, »Menschlichkeit«, »Mitgefühl«, »Mitleid« heißen, zu verehren gewohnt sind, zwar als Schwächung und Milderung gewisser gefährlicher und mächtiger Grundtriebe einen Vordergrundswert haben mag, aber auf die Länge hin trotzdem nichts anderes ist als die Verkleinerung des ganzen Typus »Mensch« – seine *Vermittelmäßigung*, wenn man mir in einer verzweifelten Angelegenheit ein verzweifeltes Wort nachsehen will; ich glaube, daß die commedia umana für einen epikurischen Zuschauergott darin bestehen müßte, daß die Europäer, vermöge ihrer wachsenden Moralität, in aller Unschuld und Eitelkeit sich zu erheben wähnen, aber in Wahrheit *sinken*, d. h. durch Ausbildung aller der Tugenden, vermöge deren eine Herde gedeiht, und durch Zurückdrängung jener anderen und entgegengesetzten, welche einer neuen, höheren, stärkeren, *herrschaftlichen* Art den Ursprung geben, eben nur das Herdentier im Menschen entwickeln und vielleicht das Tier »Mensch« damit *feststellen* – denn bisher war der Mensch »das noch nicht festgestellte Tier« –.

(229)

Scheinbar entgegengesetzt die zwei Züge, welche die modernen Europäer kennzeichnen: das *Individualistische* und die *Forderung gleicher Rechte*: das verstehe ich endlich. Nämlich, das Individuum ist eine äußerst verwundbare Eitelkeit: – diese fordert, bei ihrem Bewußtsein, wie schnell sie leidet, daß jeder andere ihm gleichgestellt gelte, daß er nur inter pares sei. Damit ist eine gesellschaftliche Rasse charakterisiert, in welcher tatsächlich die Begabungen und Kräfte nicht erheblich auseinandergehn. Der Stolz, welcher Einsamkeit und wenige Schätzer will, ist ganz außer Verständnis; die ganz »großen« Erfolge gibt es nur durch Massen, ja man begreift es kaum noch, daß ein Massenerfolg immer eigentlich ein *kleiner* Erfolg ist: weil pulchrum est paucorum hominum.

Alle Moralen wissen nichts von »Rangordnung« der Menschen; die Rechtslehrer nichts vom Gemeindegewissen. Das Individualprinzip lehnt die *ganz großen* Menschen ab und verlangt, unter ungefähr Gleichen, das feinste Auge und die schnellste Herauserkennung eines Talentes; und weil jeder etwas von Talenten hat, in solchen späten und zivilisierten Kulturen, – also erwarten kann, sein Teil Ehre zurückzubekommen –, deshalb findet heute ein Herausstreichen der kleinen Verdienste statt wie niemals noch: es gibt dem Zeitalter einen Anstrich von *grenzenloser Billigkeit*. Seine Unbilligkeit besteht in einer Wut ohne Grenzen *nicht* gegen die Tyrannen und Volksschmeichler, auch in den Künsten, sondern gegen die *vornehmen* Menschen, welche das Lob der vielen verachten. Die Forderung gleicher Rechte (z. B. über alles und jeden zu Gericht sitzen zu dürfen) ist *antiaristokratisch*.

Ebenso fremd ist ihm das verschwundene Individuum, das Untertauchen in einen großen Typus, das Nicht-Person-sein-wollen: worin die Auszeichnung und der Eifer vieler hoher Menschen früher bestand (die größten Dichter darunter); oder »Stadt-sein« wie in Griechenland; Jesuitismus, preußisches Offizierkorps und Beamtentum; oder Schüler-sein und Fortsetzer großer Meister: wozu ungesellschaftliche Zustände und der Mangel der *kleinen Eitelkeit* nötig ist.

(230)

Unsre Individuen sind schwach und furchtsam: ein widerhaariger Geist des Individuellen hat sich ins Innere zurückgezogen und zeigt seine Mucken hier und da; er widerstrebt verdrießlich und versteckt. Die Preßfreiheit hat diesen muckenden Individuen

Luft gemacht: sie können jetzt ohne Gefahr sogar ihr elendes Separatvotumchen schriftlich geben; für das Leben bleibt es beim alten. Die Renaissance zeigt freilich einen andern Anlauf, nämlich ins Heidnisch-stark-Persönliche zurück. Aber auch das Mittelalter war freier und stärker. Die »*Neuzeit*« wirkt durch *Massen* gleichartiger Natur: ob sie »gebildet« sind, ist gleichgültig.

(231)

Daß die hochbegabten Naturen gehorchen lernen, ist schwer; denn nur höher begabten und vollkommneren Naturen gehorchen sie; – aber wie, wenn es *diese* nicht gibt!

(232)

Wer die Begierden einer hohen und wählerischen Seele hat, dessen Gefahr wird zu allen Zeiten groß sein: heute aber ist sie außerordentlich. In ein lärmendes, pöbelhaftes Zeitalter hineingeworfen, mit dem er nicht aus *einer* Schüssel essen mag, kann er leicht vor Hunger und Durst oder, falls er endlich dennoch »zugreift«, vor Ekel zugrunde gehn.

(233)

Gegen einen unabhängigen Menschen, welcher es verschmäht, Leithammel zu sein, nährt der europäische Mensch einen Verdacht, als ob er ein schweifendes Raubtier sei.

(234)

Die ganze Moral Europas hat den *Nutzen der Herde* auf dem Grunde: die Trübsal aller höheren, seltneren Menschen liegt darin, daß alles, was sie auszeichnet, ihnen mit dem Gefühl der Verkleinerung und Verunglimpfung zum Bewußtsein kommt. Die *Stärken* des jetzigen Menschen sind die Ursachen der pessimistischen Verdüsterung: die Mittelmäßigen sind, wie die Herde ist, ohne viel Frage und Gewissen, – heiter. (Zur Verdüsterung der Starken: Pascal, Schopenhauer.)

Je gefährlicher eine Eigenschaft der Herde scheint, um so gründlicher wird sie in die Acht getan.

(235)

Die Guten nehmen jetzt *gegen* den höheren Menschen Partei: das ist die gefährlichste Wendung! (gegen die *Ausnahmen*!)

Die Vereinsamten, Nicht-Erzogenen, Sich-falsch-Erklärenden entarten, und ihre Entartung wird als Gegengrund gegen ihre Existenz empfunden (»Genie = Neurose!«).

(236)

Der große Pöbel- und Sklavenaufstand:

die kleinen Leute, welche nicht mehr an die Heiligen und großen Tugendhaften glauben (z. B. Christus, Luther usw.);

die bürgerlichen, welche nicht mehr an die höhere Art der herrschenden Kaste glauben (deshalb Revolution);

die wissenschaftlichen Handwerker, welche nicht mehr an den Philosophen glauben;

die Weiber, welche nicht mehr an die höhere Art des Mannes glauben.

(237)

Grundstellung: der Mangel an Ehrfurcht vor großen Geistern, aus vielen Gründen und auch daraus, daß es an großen Geistern *fehlt*. Die historische Manier unsrer Zeit ist zu erklären aus dem Glauben, daß alles dem Urteile eines jeden *freisteht*. Das Merkmal des großen Menschen war die tiefe Einsicht in die *moralische Hypokrisie* von jedermann (zugleich als Konsequenz des Plebejers, der ein *Kostüm sucht*).

(238)

Daß *meine* Wertschätzung oder Verurteilung eines Menschen noch keinem andern Menschen ein Recht gibt zu der gleichen Wertschätzung oder Verurteilung: – es sei denn, daß er mir gleich steht und gleichen Ranges ist. Die entgegengesetzte Denkweise ist die der Zeitungen: daß die Wertschätzungen von Menschen und Sachen etwas »*an sich*« seien, nach denen jeder wie nach *seinem* Eigentum greifen dürfe. Hier ist eben die Voraussetzung, daß *alle gleichen Ranges sind.* – Wahrhaftig sein ist eine Auszeichnung.

(239)

Vom Range. Die schreckliche Konsequenz der »Gleichheit« – schließlich glaubt jeder das Recht zu haben zu jedem Problem. Es ist alle Rangordnung verlorengegangen.

(240)

Augustin Thierry las 1814 das, was de Montlosier in seinem Werke ›De la monarchie française‹ gesagt hatte: er antwortete mit einem Schrei der Entrüstung und machte sich an sein Werk. Jener Emigrant hatte gesagt: »Race d'affranchis, race d'esclaves arrachés de nos mains, peuple tributaire, peuple nouveau, licence vous fut octroyée d'être libres, et non pas à nous d'être nobles; pour nous tout est de *droit*, pour vous tout est de *grâce*, nous ne sommes point de votre communauté; nous sommes un tout par nous-mêmes.«

(241)

Wie sich die aristokratische Welt immer mehr selber schröpft und schwach macht! Vermöge ihrer noblen Instinkte wirft sie ihre Vorrechte weg und vermöge ihrer verfeinerten Überkultur interessiert sie sich für das Volk, die Schwachen, die Armen, die Poesie des Kleinen usw.

(242)

Kritik des modernen Menschen: – »der gute Mensch« nur verdorben und verführt durch schlechte Institutionen (Tyrannen und Priester); – die Vernunft als Autorität; – die Geschichte als Überwindung von Irrtümern; – die Zukunft als Fortschritt; – der christliche Staat (»der Gott der Heerscharen«); – der christliche Geschlechtsbetrieb (oder die Ehe); – das Reich der »Gerechtigkeit« (der Kultus der »Menschheit«); – die »Freiheit«.

Die *romantische* Attitüde des modernen Menschen: – der edle Mensch (Byron, Victor Hugo, George Sand) – die edle Entrüstung; – die Heiligung durch die Leidenschaft (als wahre »Natur«); – die Parteinahme für die Unterdrückten und Schlechtweggekommenen: Motto der Historiker und Romanciers; – die Stoiker der Pflicht; – die »Selbstlosigkeit« als Kunst und Erkenntnis; – der Altruismus als verlogenste Form des Egoismus (Utilitarismus), gefühlsamster Egoismus.

Dies alles ist achtzehntes Jahrhundert. Was dagegen *nicht* sich aus ihm vererbt hat: die insouciance, die Heiterkeit, die Eleganz, die geistige Helligkeit. Das Tempo des Geistes hat sich verändert; der Genuß an der geistigen Feinheit und Klarheit ist dem Genuß an der Farbe, Harmonie, Masse, Realität usw. gewichen. Sensualismus im Geistigen. Kurz, es ist das achtzehnte Jahrhundert *Rousseaus*.

(243)

Das langsame Hervortreten und Emporkommen der mittleren und niederen Stände (eingerechnet der niederen Art Geist und Leib), welches schon vor der Französischen Revolution reichlich präludiert und ohne Revolution ebenfalls seinen Weg vorwärts gemacht hätte, – im ganzen also das Übergewicht der Herde über alle Hirten und Leithämmel – bringt mit sich

1. Verdüsterung des Geistes (– das Beieinander eines stoischen und frivolen *Anscheins* von Glück, wie es vornehmen Kulturen eigen ist, nimmt ab; man läßt viel Leiden *sehn* und *hören*, welche man früher ertrug und verbarg);

2. die *moralische* Hypokrisie (eine Art, sich durch Moral *auszeichnen* zu wollen, aber durch die Herdentugenden: Mitleid, Fürsorge, Mäßigung, welche nicht außer dem Herdenvermögen erkannt und gewürdigt werden);

3. eine *wirkliche* große Menge von Mitleiden und Mitfreude (das Wohlgefallen im großen Beieinander, wie es alle Herden-

tiere haben – »Gemeinsinn«, »Vaterland«, alles, wo das Individuum nicht in Betracht kommt).

(244)

Die Lust an seinesgleichen, als seinen Vervielfältigungen, ist nur möglich, wenn man an *sich selber Lust hat. Je mehr dies aber der Fall ist, um so mehr geht das Fremde uns wider den Geschmack: der Haß und Ekel am Fremden ist gleich groß wie die Lust an sich.*

Aus diesem Haß und Ekel ergibt sich, daß man *vernichtet* und *kalt* bleibt gegen alles *Fremde*.

Hat man aber *an sich selber Unlust*, so kann dies als *Brücke* zu einem *allgemeinen Menschenmitleid* und Annäherung *benutzt* werden: 1. Man verlangt nach dem anderen, daß wir uns über ihm vergessen: Geselligkeit bei vielen. 2. Man vermutet, daß der andere auch Unlust an sich habe: und nimmt man es wahr, so erregt er nicht mehr Neid, – »wir sind gleich«. 3. Wie wir uns ertragen, trotz der Unlust an uns, so gewöhnen wir uns, auch »unsersgleichen« zu ertragen. Wir verachten nicht mehr: Haß und Ekel *nehmen ab*: Annäherung. So ist auf die Lehre der allgemeinen Sündhaftigkeit und Verwerflichkeit der Mensch *sich nähergerückt*. Selbst die tatsächlich Mächtigen werden mit anderer Phantasie angesehn: »es sind arme, elende Menschen *im Grunde*«.

(245)

In der neueren Zeit bestimmt nicht der kunstbedürftige Mensch, sondern der Sklave die allgemeinen Vorstellungen: als welcher seiner Natur nach alle seine Verhältnisse mit trügerischen Namen bezeichnen muß, um leben zu können. Solche Phantome, wie die Würde des Menschen, die Würde der Arbeit, sind die dürftigen Erzeugnisse des sich vor sich selbst versteckenden Sklaventums.

(246)

Unsere Zeit mit ihrem Streben, den zufälligen Nöten abzuhelfen, vorzubeugen und die unangenehmen Möglichkeiten vorweg zu bekriegen, ist eine Zeit der *Armen*. Unsere »Reichen« – *das sind die Ärmsten!* Der eigentliche *Zweck* alles Reichtums ist *vergessen!*

(247)

Man muß die Notstände der Menschheit studieren, aber ihre Meinungen, *wie* dieselben zu lösen sind, noch mit hineinrechnen! –

(248)

Die *Vertierung* als bien public: Konsequenz der *Eudämonisten, Sozialisten, Jesuiten.*

(249)

Die allgemeine Bildung ist nur ein Vorstadium des Kommunismus: die Bildung wird auf diesem Wege so abgeschwächt, daß sie gar kein Privilegium mehr verleihen kann. Am wenigsten ist sie ein Mittel gegen den Kommunismus. Die allgemeinste Bildung, d.h. die Barbarei, ist eben die Voraussetzung des Kommunismus. Die »zeitgemäße« Bildung geht hier in das Extrem der »augenblickgemäßen« Bildung über: d.h. das rohe Erfassen des momentanen Nutzens. Man sehe nur erst in der Bildung etwas, was Nutzen bringt: so wird man bald das, was Nutzen bringt, mit der Bildung verwechseln. Die allgemeine Bildung geht in Haß gegen die wahre Bildung über. –

(250)

Nachweis der *barbarisierenden* Wirkungen der Wissenschaften. Sie verlieren sich leicht in den Dienst der »praktischen Interessen«.

(251)

Unser öffentliches staatliches und soziales Leben läuft auf ein Gleichgewicht der Egoismen hinaus: Lösung der Frage, wie man ein leidliches Dasein, ohne jede Liebeskraft, rein aus der Klugheit der beteiligten Egoismen erziele.

Die Wissenschaft muß ihre Utilität jetzt zeigen! Sie ist zur Ernährerin geworden, im Dienste des Egoismus: der Staat und die Gesellschaft haben sie in ihren Frondienst genommen, um sie auszubeuten zu ihren *Zwecken*.

(252)

Schreckliche Gefahr: daß das amerikanisch-politische Getreibe und die haltlose Gelehrtenkultur sich verschmelzen.

(253)

Ich sehe ungeheure Konglomerate an Stelle der vereinzelten Kapitalisten treten. Ich sehe die Börse dem Fluche verfallen, dem jetzt die Spielbanken *gefallen* sind.

(254)

Ich kann nicht umhin, in der gegenwärtig herrschenden Nationalitätenbewegung und der gleichzeitigen Verbreitung des allgemeinen Stimmrechts vor allem die Wirkungen der *Kriegsfurcht* zu sehen, ja im Hintergrunde dieser Bewegungen, als die eigentlich Fürchtenden, jene wahrhaft internationalen, heimatlosen Geldeinsiedler zu erblicken, die, bei ihrem natürlichen Mangel des staatlichen Instinktes, es gelernt haben, die Politik zum Mittel der Börse und Staat und Gesellschaft als Bereicherungsapparate ihrer selbst zu mißbrauchen.

(255)

Ein tüchtiger Handwerker oder Gelehrter nimmt sich gut aus,

wenn er, seinen Stolz bei seiner Kunst hat und genügsam und zufrieden auf das Leben blickt. Nichts hingegen ist jämmerlicher anzuschauen, als wenn ein Schuster oder Schulmeister mit leidender Miene zu verstehen gibt, er sei eigentlich für etwas Besseres geboren. Es gibt gar nichts Besseres als das Gute! und das ist: irgendeine Tüchtigkeit haben und aus ihr schaffen, virtù im italienischen Sinne der Renaissance.

Heute, in der Zeit, wo der Staat einen unsinnig dicken Bauch hat, gibt es in allen Feldern und Fächern, außer den eigentlichen Arbeitern, noch »Vertreter«: z. B. außer den Gelehrten noch Literaten, außer den leidenden Volksschichten noch schwätzende, prahlerische Tunichtgute, welche jenes Leiden »vertreten«, gar nicht zu reden von den Politikern von Berufs wegen, welche sich wohlbefinden und Notstände vor einem Parlament mit starken Lungen »vertreten«. Unser modernes Leben ist äußerst *kostspielig* durch die Menge Zwischenpersonen: in einer antiken Stadt dagegen, und im Nachklang daran noch in mancher Stadt Spaniens und Italiens, trat man selber auf und hätte nichts auf einen solchen modernen Vertreter und Zwischenhändler gegeben – es sei denn einen Tritt!

(256)

Ich bin abgeneigt 1. dem Sozialismus, weil er ganz naiv vom »Guten, Wahren, Schönen« und von »gleichen Rechten« träumt (– auch der Anarchismus will, nur auf brutalere Weise, das gleiche Ideal);

2. dem Parlamentarismus und Zeitungswesen, weil das die Mittel sind, wodurch das Herdentier sich zum Herrn macht.

(257)

Die europäische Demokratie ist zum kleinsten Teil eine Entfesselung von Kräften. Vor allem ist sie eine Entfesselung von Faulheiten, von Müdigkeiten, von *Schwächen*.

(258)

Die Bewaffnung des Volkes – ist schließlich die Bewaffnung des Pöbels.

(259)

Die Gefahr, daß die Weltregierung in die Hände der Mittelmäßigen fällt.

Das Ersticken aller *höheren* Naturen.

(260)

Eine *untergehende* Welt ist ein Genuß, nicht *nur* für den Betrachter (sondern auch für den Vernichtenden). Der Tod ist nicht nur notwendig; »häßlich« ist nicht genug, es gibt Größe, Erhabenheit aller Art bei untergehenden Welten. Auch Süßigkeiten, auch Hoffnungen und Abendröten. Europa ist eine untergehende Welt. Demokratie ist die *Verfallsform* des Staates.

(261)

Sowenig als möglich Staat! Ich bedarf des Staates nicht, ich hätte mir, ohne jenen herkömmlichen Zwang, eine bessere Erziehung gegeben, nämlich eine auf meinen Leib passende, und die Kraft gespart, welche im Sichlosringen vergeudet wurde. Sollten die Dinge um uns etwas unsicherer werden, um so besser! Ich wünsche, daß wir etwas vorsichtig und kriegerisch leben. Die Kaufleute sind es, die uns diesen Ofen-Sorgenstuhl Staat so einladend wie möglich machen möchten, sie beherrschen mit ihrer Philosophie jetzt alle Welt. Der »industrielle« Staat ist nicht meine Wahl, wie er die Wahl Spencers ist. Ich selber will soviel als möglich Staat sein, ich habe so viele Aus- und Einnahmen, so viele Bedürfnisse, so viel mitzuteilen. Dabei arm und ohne Absicht auf Ehrenstellen, auch ohne Bewunderung für kriegerische Lorbeeren. Ich weiß, woran diese Staaten zugrunde gehen werden: an dem Non-plus-ultra-Staat der Sozialisten: dessen Gegner bin ich, und schon im jetzigen Staate hasse ich ihn. Ich will versuchen, auch im Gefängnis noch heiter und menschenwürdig zu leben. Die großen Jammerreden über menschliches Elend bewegen mich nicht, mitzujammern, sondern zu sagen: *Das fehlt euch*, ihr versteht nicht, als Person zu leben, und habt der Entbehrung keinen Reichtum und keine Lust an der Herrschaft entgegenzustellen. Die Statistik beweist, daß die Menschen *zunehmen* im *Gleichwerden*, das heißt, daß –

(262)

National zu sein in dem Sinne, wie es jetzt von der öffentlichen Meinung verlangt wird, würde an uns geistigeren Menschen, wie mir scheint, nicht nur eine Abgeschmacktheit, sondern eine Unredlichkeit sein, eine willkürliche Betäubung unsres besseren Wissens und Gewissens.

(263)

Deutschland, welches reich ist an geschickten und wohlunterrichteten Gelehrten, ermangelt in einem solchen Maße seit langer Zeit der großen Seelen, der mächtigen Geister, daß es verlernt zu haben scheint, was eine *große* Seele, was ein *mächtiger* Geist ist: und heutzutage stellen sich, beinahe mit gutem Gewissen und aller Verlegenheit bar, mittelmäßige und dazu noch übelgeratene Menschen an den Markt und preisen sich selber als große Männer, Reformatoren an; wie z. B. Eugen Dühring tut, wahrhaftig ein geschickter und wohlunterrichteter Gelehrter, der aber doch fast mit jedem Worte verrät, daß er eine kleinliche Seele herbergt und durch enge, neidische Gefühle zerquetscht wird; auch daß nicht ein mächtiger, überschäumender, wohltätig-verschwenderischer Geist ihn treibt, sondern – der Ehrgeiz! In diesem Zeitalter aber nach Ehren zu geizen, ist eines Philosophen noch viel unwürdiger als in irgendeinem früheren Zeitalter: jetzt, wo der Pöbel herrscht, wo der Pöbel die Ehren vergibt!

(264)

An die Stelle des Stolzes ist die *Klugheit* getreten. Die Wissenschaft tritt in *ihren* Dienst. Eine gemeinere Gattung von Menschen bekommt das Regiment (statt der noblesse oder der Priester): erst die Kaufleute, nachher die Arbeiter. Die Masse tritt auf als Herrscher: das Individuum muß sich zur Masse lügen. – Nun werden immer noch solche geboren, die in früheren Zeiten zu der herrschenden Klasse der Priester, des Adels, der Denker gehört hätten. Jetzt überschauen sie die Vernichtung der Religion und Metaphysik, noblesse und Individualbedeutung. Es sind Nachgeborene. Sie müssen sich eine Bedeutung *geben*, ein Ziel *setzen*, um sich nicht schlecht zu befinden. Lüge und heimliche Rückflucht zum Überwundenen, Dienst in nächtlichen Tempeltrümmern sei ferne! Dienst in den Markthallen ebenfalls! Sie ergreifen die Teile der Erkenntnis, welche *durch das Interesse der Klugheit* nicht gefördert werden! Ebenso die Künste, welchen der müde Geist abhold ist! Sie sind Beobachter der Zeit und leben hinter den Ereignissen. Sie üben sich, sich frei von der Zeit zu machen und sie nur zu verstehen wie ein Adler, der darüberfliegt. Sie beschränken sich zur größten Unabhängigkeit und wollen nicht Bürger und Politiker und Besitzer sein. Sie reservieren hinter allen Vorgängen die Individuen, erziehen sie – die Menschheit wird sie vielleicht einst nötig haben, wenn der gemeine Rausch der Anarchie vorüber ist. Pfui über die, welche sich jetzt zudringlich der Masse als ihre Heilande anbieten! Oder den Nationen! Wir sind Emigranten. – Wir wollen auch das böse Gewissen für die Wissenschaft im Dienste der Klugen sein. Wir wollen bereit sein! Wir wollen Todfeinde derer von den Unseren sein, welche zur Verlogenheit Zuflucht nehmen und Reaktion wollen! – Es ist wahr, wir stammen von Fürsten und Priestern ab; aber ebendeshalb halten wir unsere Ahnen hoch, weil sie *sich selber überwunden haben*. Wir würden sie schänden, wenn wir ihr Größtes verleugneten! Was gehen uns also die Fürsten und Priester der Gegenwart an, welche durch den Selbstbetrug leben müssen und wollen!

(265)

Mein »Mitleid«. – Dies ist ein Gefühl, für das mir kein Name genügt; ich empfinde es, wo ich eine Verschwendung kostbarer Fähigkeiten sehe, z. B. beim Anblicke Luthers: welche Kraft und was für abgeschmackte Hinterwäldlerprobleme! (zu einer Zeit, wo in Frankreich schon die tapfere und frohmütige Skepsis eines Montaigne möglich war!). Oder wo ich, durch die Einwirkung eines Blödsinns von Zufälligkeit, jemand hinter dem zurückbleiben sehe, was aus ihm hätte werden können. Oder gar bei einem Gedanken an das Los der Menschheit, wie wenn ich, mit Angst und Verachtung, der europäischen Politik von heute einmal zuschaue, welche, unter allen Umständen, auch an dem Gewebe *aller* Menschenzukunft arbeitet. Ja, was könnte aus »dem Menschen« werden, wenn – –! Dies ist meine Art »Mitleid«; ob es schon keinen Leidenden gibt, *mit* dem ich da litte.

(266)

Was mich von den Freidenkern trennt, sind die *Wertschätzungen*: denn sie gehören allesamt in die demokratische Bewegung und wollen gleiche Rechte für alle, sie sehen in den Formen der bisherigen alten Gesellschaft die Ursachen für die menschlichen Mängel und Entartungen, sie begeistern sich für das Zerbrechen dieser Formen: und einstweilen dünkt ihnen das Menschlichste, was sie tun können, allen Menschen zu ihrem Grad geistiger »Freiheit« zu verhelfen. Kurz und schlimm, sie gehören zu den »*Nivellierern*«, zu jener Art Menschen, die mir in jedem Betracht gröblich wider den Geschmack und noch mehr wider die Vernunft geht. Ich will, auch in Dingen des Geistes, Krieg und Gegensätze; und mehr Krieg als je, mehr Gegensätze als je; ich würde den härtesten Despotismus (als Schule für die Geschmeidigkeit des Geistes) noch eher gutheißen als die feuchte, laue Luft eines »preßfreien« Zeitalters, in dem aller Geist bequem und dumm wird und die Glieder streckt. Ich bin darin auch heute noch, was ich war – »unzeitgemäß«.

(267)

Der *größte* Kampf: dazu braucht es einer neuen *Waffe*.

Der Hammer: eine furchtbare Entscheidung heraufbeschwören, Europa vor die *Konsequenz* stellen, ob sein Wille zum Untergang »will«.

Verhütung der Vermittelmäßigung. Lieber noch Untergang!

5. Die starke Seite des 19. Jahrhunderts

(268)
Zuletzt sei man ohne Sorge: man braucht nämlich sehr viel Moralität, um in dieser feinen Weise unmoralisch zu sein; ich will ein Gleichnis gebrauchen:

Ein Physiologe, der sich für eine Krankheit interessiert, und ein Kranker, der von ihr geheilt werden will, haben nicht das gleiche Interesse. Nehmen wir einmal an, daß jene Krankheit die Moral ist – denn sie ist eine Krankheit – und daß wir Europäer deren Kranke sind: was für eine feine Qual und Schwierigkeit wird entstehen, wenn wir Europäer nun zugleich auch deren neugierige Beobachter und Physiologen sind! Werden wir auch nur ernsthaft wünschen, von der Moral loszukommen? Werden wir es wollen? Abgesehen von der Frage, ob wir es *können*? Ob wir »geheilt« werden können? –

(269)
A. Von einer vollen, herzhaften *Würdigung* unsrer jetzigen Menschheit auszugehen: – sich nicht durch den Augenschein täuschen lassen: diese Menschheit ist weniger »effektvoll«, aber sie gibt ganz andere Garantien der *Dauer*, ihr Tempo ist langsamer, aber der Takt selbst ist viel reicher. Die *Gesundheit* nimmt zu, die wirklichen Bedingungen des starken Leibes werden erkannt und allmählich geschaffen, der »Asketismus« ironice –. Die Scheu vor Extremen, ein gewisses Zutrauen zum »rechten Weg«, keine Schwärmerei; ein zeitweiliges Sich-einleben in engere Werte (wie »Vaterland«, wie »Wissenschaft« usw.).

Dies ganze Bild wäre aber immer noch *zweideutig*: – es könnte eine *aufsteigende* oder aber eine *absteigende* Bewegung des Lebens sein.

B. Der Glaube an den »*Fortschritt*« – in der niederen Sphäre der Intelligenz erscheint er als aufsteigendes Leben: aber das ist Selbsttäuschung,
   in der höheren Sphäre der Intelligenz als *absteigendes*.
Schilderung der Symptome.
Einheit des Gesichtspunktes: Unsicherheit in betreff der Wertmaße.
Furcht vor einem allgemeinen »Umsonst«.
Nihilismus.

(270)

Wer die Vernünftigkeit vorwärts stößt, treibt damit die entgegengesetzte Macht auch wieder zu neuer Kraft, die Mystik und Narrheit aller Art.

In jeder Bewegung zu unterscheiden 1. daß sie *teilweise* Ermüdung ist von einer vorhergegangenen Bewegung (Sattheit davon, Bosheit der Schwäche gegen sie, Krankheit); 2. daß sie *teilweise* eine neu aufgewachte, lange schlummernde aufgehäufte Kraft ist, freudig, übermütig, gewalttätig: Gesundheit.

(271)

Gesamteinsicht: *der zweideutige* Charakter unsrer *modernen Welt*, – ebendieselben Symptome könnten auf *Niedergang* und auf *Stärke* deuten. Und die Abzeichen der Stärke, der errungenen Mündigkeit könnten auf Grund überlieferter *(zurückgebliebener)* Gefühlsabwertung als Schwäche *mißverstanden* werden. Kurz, das *Gefühl*, als *Wertgefühl*, ist *nicht auf der Höhe der Zeit*.

Verallgemeinert: Das *Wertgefühl* ist immer *rückständig*, es drückt Erhaltungs-, Wachstumsbedingungen einer viel früheren Zeit aus: es kämpft gegen neue Daseinsbedingungen an, aus denen es nicht gewachsen ist und die es notwendig mißverstehen: es hemmt, es weckt Argwohn gegen das Neue ...

(272)

Gesamteinsicht. – Tatsächlich bringt jedes große Wachstum auch ein ungeheures *Abbröckeln* und *Vergehen* mit sich: das Leiden, die Symptome des Niedergangs *gehören* in die Zeiten ungeheuren Vorwärtsgehens; jede fruchtbare und mächtige Bewegung der Menschheit hat zugleich eine nihilistische Bewegung *mitgeschaffen*. Es wäre unter Umständen das Anzeichen für ein einschneidendes und allerwesentlichstes Wachstum, für den Übergang in neue Daseinsbedingungen, daß die *extremste* Form des Pessimismus, der eigentliche *Nihilismus*, zur Welt käme. *Dies habe ich begriffen*.

(273)

Wohin gehört unsre moderne Welt: in die Erschöpfung oder in den Aufgang? – Ihre Vielheit und Unruhe bedingt durch die höchste Form des *Bewußtwerdens*.

(274)

Die ehemaligen Mittel, *gleichartige*, dauernde Wesen durch lange Geschlechter zu erzielen: unveräußerlicher Grundbesitz, Verehrung der Älteren (Ursprung des Götter- und Heroenglaubens als der Ahnherren).

Jetzt gehört die *Zersplitterung des Grundbesitzes* in die entgegengesetzte Tendenz: eine *Zeitung* (an Stelle der täglichen *Gebete*), Eisenbahn, Telegraph. Zentralisation einer ungeheuren Menge verschiedener Interessen in *einer* Seele: die *dazu* sehr stark und verwandlungsfähig sein muß.

(275)

A. Der Pessimismus als Stärke – *worin?* in der Energie seiner Logik, als Anarchismus und Nihilismus, als Analytik.

B. Der Pessimismus als Niedergang – *worin?* als Verzärtlichung, als kosmopolitische Anfühlerei, als »tout comprendre« und Historismus.

– Die *kritische Spannung*: die Extreme kommen zum Vorschein und Übergewicht.

(276)

Das *Problem des neunzehnten Jahrhunderts*. Ob seine starke und schwache Seite zueinander gehören? Ob es aus *einem* Holze geschnitzt ist? Ob die Verschiedenheit seiner Ideale, und deren Widerspruch, in einem höheren Zwecke bedingt ist: *als* etwas Höheres? – Denn es konnte die *Vorbestimmung zur Größe* sein, in diesem Maße in heftiger Spannung zu wachsen. Die Unzufriedenheit, der Nihilismus *könnte* ein *gutes Zeichen sein*.

(277)

Nihilismus. Er ist *zweideutig*:

A. Nihilismus als Zeichen der *gesteigerten Macht des Geistes*: der *aktive Nihilismus*.

B. Nihilismus als *Niedergang* und *Rückgang der Macht des Geistes*: der *passive Nihilismus*.

(278)

Der Nihilismus ein *normaler* Zustand.

Er kann ein Zeichen *von Stärke* sein, die Kraft des Geistes kann so angewachsen sein, daß ihr die *bisherigen* Ziele (»Überzeugungen«, Glaubensartikel) unangemessen sind (– ein Glaube nämlich drückt im allgemeinen den Zwang von *Existenzbedingungen* aus, eine Unterwerfung unter die Autorität von Verhältnissen, unter denen ein Wesen *gedeiht*, *wächst*, *Macht gewinnt* ...); andrerseits ein Zeichen von *nicht genügender* Stärke, um produktiv sich nun auch wieder ein Ziel, ein Warum, einen Glauben zu *setzen*.

Sein *Maximum* von relativer Kraft erreicht er als gewalttätige Kraft der *Zerstörung*: als *aktiver Nihilismus*.

Sein Gegensatz wäre der *müde* Nihilismus, der nicht mehr *angreift*: seine berühmteste Form der Buddhismus: als *passivischer*

Nihilismus, als ein Zeichen von Schwäche: die Kraft des Geistes kann ermüdet, *erschöpft* sein, so daß die *bisherigen* Ziele und Werte unangemessen sind und keinen Glauben mehr finden –, daß die Synthesis der Werte und Ziele (auf der jede starke Kultur beruht) sich löst, so daß die einzelnen Werte sich Krieg machen: *Zersetzung* –, daß alles, was erquickt, heilt, beruhigt, betäubt, in den Vordergrund tritt, unter verschiedenen *Verkleidungen*, religiös oder moralisch oder politisch oder ästhetisch usw.

(279)

Grundsatz: es gibt etwas von Verfall in allem, was den modernen Menschen anzeigt: aber dicht neben der Krankheit stehen Anzeichen einer unerprobten Kraft und Mächtigkeit der Seele. *Dieselben Gründe, welche die Verkleinerung der Menschen hervorbringen*, treiben die *Stärkeren und Seltneren bis hinauf zur Größe*.

(280)

Unzählig viele einzelne höherer Art gehen jetzt zugrunde: aber wer *davonkommt*, ist stark wie der Teufel. Ähnlich wie zur Zeit der Renaissance.

(281)

Im großen gerechnet, ist in unsrer jetzigen Menschheit ein ungeheures Quantum von *Humanität* erreicht. Daß dies im allgemeinen nicht empfunden wird, ist selber ein Beweis dafür: wir sind für die *kleinen Notstände so* empfindlich geworden, daß wir das, was erreicht ist, unbillig übersehn.

Hier ist abzurechnen, daß es viel décadence gibt: und daß, mit solchen Augen gesehn, unsre Welt schlecht und miserabel *aussehn* muß. Aber diese Augen haben zu allen Zeiten das gleiche gesehn:
1. eine gewisse Überreizung selbst der moralischen Empfindung,
2. das Quantum Verbitterung und Verdüsterung, das der Pessimismus mit sich in die Beurteilung trägt: – beides zusammen hat der *entgegengesetzten* Vorstellung, daß es *schlecht* mit unsrer Moralität steht, zum Übergewicht verholfen.

Die Tatsache des Kredits, des ganzen Welthandels, der Verkehrsmittel – ein ungeheures, mildes *Vertrauen* auf den Menschen drückt sich darin aus... Dazu trägt auch bei
3. die Loslösung der Wissenschaft von moralischen und religiösen Absichten: ein sehr gutes Zeichen, das aber meistens falsch verstanden ist.

Ich versuche auf meine Weise eine Rechtfertigung der Geschichte.

(282)

Wenn irgend etwas unsre *Vermenschlichung*, einen wahren tatsächlichen *Fortschritt* bedeutet, so ist es, daß wir keine exzessiven Gegensätze, überhaupt keine Gegensätze mehr brauchen...

wir dürfen die Sinne lieben, wir haben sie in jedem Grade vergeistigt und artistisch gemacht;

wir haben ein Recht auf alle die Dinge, die am schlimmsten bisher *verrufen* waren.

(283)

Wenn irgend etwas erreicht ist, so ist es ein harmloseres Verhalten zu den Sinnen, eine freudigere, wohlwollendere, Goethesche Stellung zur Sinnlichkeit; insgleichen eine stolzere Empfindung in betreff des Erkennens: so daß der »reine Tor« wenig Glauben findet.

(284)

Tatsächlich haben wir ein Gegenmittel gegen den *ersten* Nihilismus nicht mehr so nötig: das Leben ist nicht mehr dermaßen ungewiß, zufällig, unsinnig in unserem Europa. Eine solch ungeheure *Potenzierung* vom *Wert* des Menschen, vom Wert des Übels usw. ist jetzt nicht so nötig, wir ertragen eine bedeutende *Ermäßigung* dieses Wertes, wir dürfen viel Unsinn und Zufall einräumen: die erreichte *Macht* des Menschen erlaubt jetzt eine *Herabsetzung* der Zuchtmittel, von denen die moralische Interpretation das stärkste war. »Gott« ist eine viel zu extreme Hypothese.

(285)

Wem die Tugend leicht fällt, der macht sich auch noch über sie lustig. Der Ernst in der Tugend ist nicht aufrechtzuerhalten: man erreicht sie und hüpft über sie hinaus – wohin? in die Teufelei.

Wie intelligent sind inzwischen alle unsre schlimmen Hänge und Dränge geworden! Wieviel wissenschaftliche Neugierde plagt sie! Lauter Angelhaken der Erkenntnis!

(286)

Wie das Böse *abgenommen* hat! Ehemals setzte man die Absicht, zu schaden, in jedem Naturereignis voraus.

(287)

Es ist heute in der Gesellschaft eine große Menge von Rücksicht, von Takt und Schonung, von gutwilligem Stehenbleiben vor fremden Rechten, selbst vor fremden Ansprüchen verbreitet; mehr noch gilt eine gewisse wohlwollende Instinktabschätzung des menschlichen Wertes überhaupt, welche sich im Vertrauen auf Kredit jeder Art zu erkennen gibt; die *Achtung* vor den Menschen – und zwar ganz und gar nicht bloß vor den tugendhaften Menschen – ist vielleicht das Element, welches uns am stärksten von einer christlichen Wertung abtrennt. Wir haben ein gut Teil

Ironie, wenn wir noch Moral predigen hören; man erniedrigt sich in unsern Augen und wird scherzhaft, falls man Moral predigt.

Diese *moralische Liberalität* gehört zu den besten Zeichen unsrer Zeit. Finden wir Fälle, wo sie entschieden fehlt, so mutet uns das wie Krankheit an (der Fall Carlyle in England, der Fall Ibsen in Norwegen, der Fall des Schopenhauerschen Pessimismus in ganz Europa). Wenn irgend etwas mit unserer Zeit versöhnt, so ist es das große Quantum *Immoralität*, welches sie sich gestattet, ohne darum von sich geringer zu denken. Im Gegenteil! Was macht denn die Überlegenheit der Kultur gegen die Unkultur aus? Der Renaissance z. B. gegen das Mittelalter? – Immer nur *eins*: das große Quantum *zugestandener* Immoralität. Daraus folgt, mit Notwendigkeit, als was alle *Höhen* der menschlichen Entwicklung sich dem Auge der Moralfanatiker darstellen müssen: als non plus ultra der Korruption (– man denke an Savonarolas Urteil über Florenz, an Platos Urteil über das Perikleische Athen, an Luthers Urteil über Rom, an Rousseaus Urteil über die Gesellschaft Voltaires, an das deutsche Urteil kontra Goethe).

(288)

Der Roman und die psychologische Beobachtung *aus Lust am Menschen* ist unser! Wir verzeihen uns viel mehr, wir verachten uns viel weniger, wir wünschen vieles *nicht weg*, wenn wir gleich gelegentlich daran leiden. Wir mögen die entsetzliche Simplifikation des tugendhaften Menschen nicht: sowenig wir nur fruchtbare Felder wollen.

(289)

Die Vernatürlichung des Menschen im 19. Jahrhundert (– das 18. Jahrhundert ist das der Eleganz, der Feinheit und der sentiments généreux). – *Nicht* »Rückkehr zur Natur«: denn es gab noch niemals eine natürliche Menschheit. Die Scholastik un- und *wider*natürlicher Werte ist die Regel, ist der Anfang; zur Natur kommt der Mensch nach langem Kampfe, – er kehrt nie »zurück« ... Die Natur: d. h. es wagen, unmoralisch zu sein wie die Natur.

Wir sind gröber, direkter, voller Ironie gegen generöse Gefühle, selbst wenn wir ihnen unterliegen.

Natürlicher ist unsre erste *Gesellschaft*, die der Reichen, der Müßigen: man macht Jagd aufeinander, die Geschlechtsliebe ist eine Art Sport, bei dem die Ehe ein Hindernis und einen Reiz abgibt; man unterhält sich und lebt um des Vergnügens willen; man schätzt die körperlichen Vorzüge in erster Linie, man ist neugierig und gewagt.

Natürlicher ist unsre Stellung zur *Erkenntnis*: wir haben die Libertinage des Geistes in aller Unschuld, wir hassen die pathetischen und hieratischen Manieren, wir ergötzen uns am Verbotensten, wir wüßten kaum noch ein Interesse der Erkenntnis, wenn wir uns auf dem Wege zu ihr zu langweilen hätten.

Natürlicher ist unsre Stellung zur *Moral*. Prinzipien sind lächerlich geworden; niemand erlaubt sich ohne Ironie mehr von seiner »Pflicht« zu reden. Aber man schätzt eine hilfreiche, wohlwollende Gesinnung (– man sieht im *Instinkt* die Moral und dédaigniert den Rest. Außerdem ein paar Ehrenpunktsbegriffe –).

Natürlicher ist unsre Stellung *in politicis*: wir sehen Probleme der Macht, des Quantums Macht gegen ein anderes Quantum. Wir glauben nicht an ein Recht, das nicht auf der Macht ruht, sich durchzusetzen: wir empfinden alle Rechte als Eroberungen.

Natürlicher ist unsre Schätzung *großer Menschen und Dinge*: wir rechnen die Leidenschaft als ein Vorrecht, wir finden nichts groß, wo nicht ein großes Verbrechen einbegriffen ist; wir konzipieren alles Groß-sein als ein Sichaußerhalbstellen in bezug auf Moral.

Natürlicher ist unsre Stellung zur *Natur*: wir lieben sie nicht mehr um ihrer »Unschuld«, »Vernunft«, »Schönheit« willen, wir haben sie hübsch »verteufelt« und »verdummt«. Aber statt sie darum zu verachten, fühlen wir uns seitdem verwandter und heimischer in ihr. Sie aspiriert *nicht* zur Tugend: wir achten sie deshalb.

Natürlicher ist unsre Stellung zur *Kunst*: wir verlangen nicht von ihr die schönen Scheinlügen usw.; es herrscht der brutale Positivismus, welcher konstatiert, ohne sich zu erregen.

In summa: es gibt Anzeichen dafür, daß der Europäer des 19. Jahrhunderts sich weniger seiner Instinkte schämt; er hat einen guten Schritt dazu gemacht, sich einmal seine unbedingte Natürlichkeit, d. h. seine Unmoralität einzugestehen, *ohne Erbitterung*: im Gegenteil, stark genug dazu, diesen Anblick allein noch auszuhalten.

Das klingt in gewissen Ohren, wie als ob die *Korruption* fortgeschritten wäre: und gewiß ist, daß der Mensch sich nicht der »*Natur*« angenähert hat, von der *Rousseau* redet, sondern einen Schritt weiter getan hat in der Zivilisation, welche er *perhorreszierte*. Wir haben uns *verstärkt*: wir sind dem 17. Jahrhundert wieder nähergekommen, dem Geschmack seines Endes namentlich (Dancourt, Lesage, Regnard).

(290)

Wir »*Objektiven*«. – Das ist nicht das »Mitleid«, was *uns* die Tore zu den fernsten und fremdesten Arten Sein und Kultur aufmacht; sondern unsre Zugänglichkeit und Unbefangenheit, welche gerade *nicht* »mitleidet«, sondern im Gegenteil sich bei hundert Dingen ergötzt, wo man ehedem litt (empört oder ergriffen war, oder feindselig und kalt blickte –). Das Leiden in allen Nuancen ist uns jetzt interessant: damit sind wir gewiß *nicht* die Mitleidigeren, selbst wenn der Anblick des Leidens uns durch und durch erschüttert und zu Tränen rührt: – wir sind schlechterdings deshalb nicht hilfreicher gestimmt.

In diesem *freiwilligen* Anschauen-wollen von aller Art Not und Vergehen sind wir stärker und kräftiger geworden, als es das 18. Jahrhundert war; es ist ein Beweis unseres Wachstums an Kraft (– wir haben uns dem 17. und 16. Jahrhundert *genähert*...). Aber es ist ein tiefes Mißverständnis, unsre »Romantik« als Beweis unsrer »verschönerten Seele« aufzufassen...

Wir wollen *starke* sensations, wie alle *gröberen* Zeiten und Volksschichten sie wollen... Dies hat man wohl auseinanderzuhalten vom Bedürfnis der Nervenschwachen und décadents: bei denen ist das Bedürfnis nach Pfeffer da, selbst nach Grausamkeit...

Wir *alle* suchen Zustände, in denen die bürgerliche Moral *nicht mehr mitredet*, noch weniger die priesterliche (– wir haben bei jedem Buche, an dem etwas Pfarrer- und Theologenluft hängengeblieben ist, den Eindruck einer bemitleidenswerten niaiserie und Armut...). Die »gute Gesellschaft« ist die, wo im Grunde nichts interessiert, als was bei der bürgerlichen Gesellschaft *verboten* ist und üblen Ruf macht: ebenso steht es mit Büchern, mit Musik, mit Politik, mit der Schätzung des Weibes.

(291)

Fortschritt des neunzehnten Jahrhunderts gegen das achtzehnte (– im Grunde führen wir *guten Europäer* einen Krieg gegen das achtzehnte Jahrhundert –):

1. »Rückkehr zur Natur« immer entschiedener im umgekehrten Sinne verstanden, als es Rousseau verstand. *Weg vom Idyll und der Oper!*
2. immer entschiedener antiidealistisch, gegenständlicher, furchtloser, arbeitsamer, maßvoller, mißtrauischer gegen plötzliche Veränderungen, *antirevolutionär*;
3. immer entschiedener die Frage der *Gesundheit des Leibes* der »der Seele« voranstellend: letztere als einen Zustand infolge der ersteren begreifend, diese mindestens als die Vorbedingung der Gesundheit der Seele.

(292)

Die *jetzige* Stufe der Moralität fordert
1. keine Strafe! ⎫
2. keinen Lohn – ⎬ keine Vergeltung!
3. keine Servilität, ⎭
  (Anm.: Klammer umfasst 1 und 2)
4. keine pia fraus!
(– Wir ertragen den Anblick nicht mehr, *folglich* schaffen wir die Sklaven ab.)

(293)

Die *günstigsten Hemmungen und Remeduren der Modernität*:
1. die allgemeine *Wehrpflicht* mit wirklichen Kriegen, bei denen der Spaß aufhört;
2. die *nationale* Borniertheit (vereinfachend, konzentrierend);
3. die verbesserte *Ernährung* (Fleisch);
4. die zunehmende *Reinlichkeit* und Gesundheit der Wohnstätten;
5. die Vorherrschaft der *Physiologie* über Theologie, Moralistik, Ökonomie und Politik;
6. die militärische Strenge in der Forderung und Handhabung seiner »Schuldigkeit« (man *lobt* nicht mehr...).

(294)

Die Aufrechterhaltung des Militärstaates ist das allerletzte Mittel, die *große Tradition* sei es aufzunehmen, sei es festzuhalten hinsichtlich des *obersten Typus* Mensch, des *starken Typus*. Und alle *Begriffe*, die die Feindschaft und Rangdistanz der Staaten verewigen, dürfen daraufhin sanktioniert erscheinen (z. B. Nationalismus, Schutzzoll).

(295)

Von der Augenscheinwelt führen die Brahmanen und Christen ab, weil sie dieselbe für böse halten *(fürchten –)*; aber die Wissenschaftlichen arbeiten im Dienste des Willens zur *Überwältigung der Natur*.

(296)

Nicht der Sieg der *Wissenschaft* ist das, was unser 19. Jahrhundert auszeichnet, sondern der Sieg der wissenschaftlichen *Methode* über die Wissenschaft.

(297)

Früher suchte man Gottes Absichten in der Geschichte: dann eine unbewußte Zweckmäßigkeit, z. B. in der Geschichte eines Volkes, eine Ausgestaltung von Ideen usw. *Jetzt* erst hat man, durch Betrachtung der Tiergeschichte, angefangen, den Blick für die Geschichte der Menschheit sich zu schaffen: und die erste Einsicht ist, daß es keinen Plan bisher gab, weder für den Menschen, noch für ein Volk. Die allergröblichsten Zufälle sind das Gebieterische im großen gewesen, – sie sind es noch.

(298)

Unser Vorrang: Wir leben im Zeitalter der *Vergleichung*, wir können nachrechnen, wie nie nachgerechnet worden ist: wir sind das Selbstbewußtsein der Historie überhaupt. Wir genießen anders, wir leiden anders: Die Vergleichung eines unerhört Vielfachen ist unsre instinktivste Tätigkeit. Wir verstehen alles, wir leben alles, wir haben kein feindseliges Gefühl mehr in uns. Ob wir selbst dabei schlecht wegkommen, unsre entgegenkommende und beinahe liebevolle Neugierde geht ungescheut auf die gefährlichsten Dinge los...

»Alles ist gut« – es kostet uns Mühe, zu verneinen. Wir leiden, wenn wir einmal so unintelligent werden, Partei gegen etwas zu nehmen... Im Grunde erfüllen wir Gelehrten heute am besten die Lehre Christi – –

(299)

Gewiß ist unsere gegenwärtige Bildung etwas Erbärmliches, eine faulriechende Schüssel, in der lauter geschmacklose Brocken durcheinanderschwimmen, Brocken von Christentum, von Wissen, von der Kunst, an denen sich nicht einmal Hunde sattessen könnten. Aber die Mittel, gegen diese Bildung etwas aufzustellen, sind kaum weniger erbärmlich, nämlich christlicher Fanatismus oder wissenschaftlicher Fanatismus oder künstlerischer Fanatismus von Leuten, die kaum auf ihren Beinen stehen können; es ist, als ob man einen Mangel durch ein Laster kurieren wollte. In Wahrheit erscheint aber die gegenwärtige Bildung erbärmlich, weil eine große Aufgabe vor ihr am Horizont aufgestiegen ist, nämlich die Revision aller Wertschätzungen; dazu bedarf es aber, noch bevor die sämtlichen Dinge auf die Waage gelegt werden, der Waage selber, – ich meine jene höchste Billigkeit der höchsten Intelligenz, welche im Fanatismus ihren Todfeind und in der jetzigen »allseitigen Bildung« ihren Affen und Vortänzer hat.

(300)

Die Voraussetzung der *wissenschaftlichen Arbeit*: ein Glaube an den Verband und die Fortdauer der wissenschaftlichen Arbeit, so daß der einzelne an jeder noch so kleinen Stelle arbeiten darf, im Vertrauen, *nicht umsonst zu arbeiten*.

Es gibt eine große Lähmung: *umsonst* arbeiten, *umsonst* kämpfen. – –

Die *aufhäufenden* Zeiten, wo Kraft, Machtmittel gefunden werden, deren sich einst die Zukunft bedienen wird: *Wissenschaft* als *mittlere Station*, an der die mittleren, vielfacheren, komplizierteren Wesen ihre natürlichste Entladung und Befriedigung haben: alle die, denen die *Tat* sich widerrät.

(301)

Dieser gute, feine, strenge Sinn im Erkennen, aus dem ihr durchaus euch keine Tugend machen wollt, ist die Blüte vieler Tugenden: aber das »Du sollst« ist nicht mehr zu sehen, aus dem er entsprang; die Wurzel ist unter der Erde.

(302)

In dem Grade, als die Welt *zähl-* und *meßbar* sich zeigt, also *zuverlässig* – erhält sie *Würde* bei uns. Ehedem hatte die *unberechenbare* Welt (der Geister – des Geistes) Würde, sie erregte mehr Furcht. *Wir* aber sehen die ewige *Macht* ganz wo anders. Unsere Empfindung über die Welt *dreht sich um: Pessimismus des Intellekts*.

(303)

Die Wissenschaft – das war bisher die Beseitigung der vollkommenen Verworrenheit der Dinge durch Hypothesen, welche alles »erklären«, – also aus dem Widerwillen des Intellekts an dem Chaos. – Dieser selbe Widerwille ergreift mich bei der Betrachtung *meiner selber*: Die innere Welt möchte ich auch durch ein *Schema* mir bildlich vorstellen und über die intellektuelle Verworrenheit hinauskommen. Die Moral war eine solche *Vereinfachung*: sie lehrte den Menschen als *erkannt*, als *bekannt*. – Nun haben wir die Moral vernichtet – wir selber sind uns wieder *völlig dunkel* geworden! Ich weiß, daß ich *von mir* nichts weiß. Die *Physik* ergibt sich als eine *Wohltat* für das Gemüt: Die Wissenschaft (als der Weg zur *Kenntnis*) bekommt einen neuen Zauber nach der Beseitigung der Moral – und *weil* wir *hier allein* Konsequenz finden, so müssen wir unser Leben darauf *einrichten*, sie uns zu *erhalten*. Dies ergibt eine Art *praktischen Nachdenkens* über *unsre Existenzbedingungen* als Erkennenden.

(304)

Vielleicht würde ein Grieche in der Art, mit der wir zur Entdeckung des Menschen in die Tiefe gegraben haben, eine Unfrömmigkeit gegen die Natur, einen Mangel an Scham empfinden.

(305)

Was für Eigenschaften man haben muß, um Gott zu entbehren, – was für welche, um die »Religion des Kreuzes«? Mut, Strenge des Kopfes, Stolz, Unabhängigkeit und Härte, Entschlossenheit, keine Grübelei usw. Vermöge eines *Rückganges* siegt immer wieder das Christentum. – Gewisse Zeitumstände müssen günstig sein.

(306)

Das menschliche *Begreifen* – welches zuletzt nur ein Auslegen nach uns und unsern Bedürfnissen ist – steht im Verhältnis zum Range, den der Mensch in der Ordnung aller Wesen einnimmt. Es möge als Beispiel dienen, wieviel der Finger von dem weiß, was der Klavierspieler mit ihm ausführt. Er wird nichts als mechanische Vorgänge spüren und diese logisch kombinieren. Auch unter Menschen üben die Niederen ihre Kräfte ohne Ahnung, wozu sie im großen ganzen dienen. Die gesamte physische Kausalität ist hundertfältig *ausdeutbar*, je nachdem ein Mensch oder andre Wesen sie ausdeuten. – Für gröbere Arten Mensch war die *menschliche* Art von Güte oder Gerechtigkeit oder Weisheit *nachweisbar* aus der Natur. Indem feinere, geistigere Menschen jetzt diese Nachweisbarkeit ablehnen, tun sie es, weil ihr Begriff von Güte, Gerechtigkeit und Weisheit gewachsen ist. Der Atheismus ist die Folge einer *Erhöhung des Menschen*: im Grunde ist er schamhafter, tiefer, bescheidner vor der Fülle des Ganzen geworden; er hat seine Rangordnung *besser* begriffen. Je weiter unsre Kenntnis wächst, um so mehr empfindet sich der Mensch in seinem *Winkel*. Die unverschämtesten und festesten Glaubensartikel, die wir in uns tragen, stammen aus der Zeit der größten Unwissenheit, z. B. daß unser *Wille* »*Ursache*« sei usw. Wie naiv tragen wir unsre moralischen Wertschätzungen in die Dinge, z. B. wenn wir von *Naturgesetzen* reden! Es möchte nützlich sein, einmal den Versuch einer *völlig verschiedenen* Ausdeutungsweise zu machen: damit durch einen erbitterten Widerspruch begriffen werde, wie sehr, unbewußt, *unser moralischer Kanon* (Vorzug von Wahrheit, Gesetz, Vernünftigkeit usw.) in unsrer *ganzen sogenannten Wissenschaft* regiert.

Populär ausgedrückt: Gott ist widerlegt, aber der Teufel nicht: und alle göttlichen Funktionen gehören mit hinein in sein Wesen: das Umgekehrte ging nicht!

Er täuscht, er schafft täuschende Intellekte.

Er zerstört mit Vorliebe.

Er verdirbt, indem er die Besten antreibt zur höchsten Veredelung.

(307)

Was uns ebenso von Kant wie von Plato und Leibniz trennt: Wir glauben an das Werden allein auch im Geistigen, – wir sind *historisch* durch und durch. Dies ist der große Umschwung. Lamarck und Hegel –: Darwin ist nur eine Nachwirkung. Die Denkweise *Heraklits* und *Empedokles'* ist wieder erstanden. Auch Kant hat die contradictio in adjecto »reiner Geist« nicht überwunden.

(308)

Es ist nur eine Sache der Kraft: alle krankhaften Züge des Jahrhunderts haben, aber ausgleichen in einer überreichen plastischen wiederherstellenden Kraft. *Der starke Mensch.*

3. Kapitel
Meine Aufgabe

(309)

Unsre ferne, einstmalige Bestimmung waltet über uns, auch wenn wir noch kein Auge für sie offen haben; wir erleben lange Zeit nur Rätsel. Die Wahl von Menschen und Dingen, die Auswahl der Ereignisse, das Wegstoßen des Angenehmsten, oft des Verehrtesten, – es erschreckt uns, wie als ob aus uns ein Zufall, eine Willkür, hier und da einem Vulkane gleich, herausbräche: aber es ist die höhere Vernunft unsrer zukünftigen Aufgabe. Vorwärts gesehn mag sich all unser Geschehen nur wie die Einmütigkeit von Zufall und Unsinn ausnehmen; rückwärts gesehn weiß ich für mein Teil an meinem Leben nichts von beidem mehr ausfindig zu machen.

(310)

Die Menschen der feinen Witterung, die man ehemals Propheten nannte, die aber nur empfanden und sahen, was an ihnen geschah –

(311)

Charakterstärke. – Sehr viel Reize annehmen und sie *tief* wirken lassen, sehr viel sich beiseiteziehen lassen fast bis zum Verlieren, sehr viel leiden und – trotzdem seine *Gesamtrichtung* durchsetzen.

Die gewöhnlichen Charakterstarken sind kalt, flach und ohne Mitempfindung: sie nehmen auch keinen Menschen in Besitz. – *Plastische Kraft.*

(312)

Ich will das höchste Mißtrauen gegen mich erwecken: ich rede nur von *erlebten* Dingen und präsentiere nicht nur Kopfvorgänge.

(313)

Ich habe meine Schriften jederzeit mit meinem ganzen Leib und Leben geschrieben: ich weiß nicht, was rein geistige Probleme sind.

(314)

Diese Dinge kennt ihr als Gedanken, aber eure Gedanken sind nicht eure Erlebnisse, sondern das Nachklingen von denen anderer: wie wenn euer Zimmer zittert, wenn ein Wagen vorüberfährt. Ich aber sitze im Wagen, und oft bin ich der Wagen selber.

(315)

Wer als Dichter mit barem Golde zahlen will, muß mit *seinen* Erlebnissen zahlen: deshalb verbittet sich aber der Dichter seine nächsten Freunde als Interpreten, – sie erraten, indem sie *zurück*raten. Aber sie sollten bewundern, *wohinaus* einer kommt, auf dem Wege seiner Leiden, – sie sollten vorwärts und hinauf blicken lernen, und nicht zurück, hinab –

(316)

Meine *stärkste* Eigenschaft ist die Selbstüberwindung. Aber ich habe sie auch am meisten nötig, – ich bin immer am Abgrunde.

(317)

Habt ihr es nicht erlebt? Man tut sein Äußerstes an Selbstüberwindung und kommt wie ein halber Leichnam, aber siegesfroh aus seinem Grabe – und die guten Freunde meinen, wir seien recht lustiger und absonderlicher Laune, merken nichts, aber meinen ein Recht zu haben, mit uns ihren Scherz zu treiben? Ich glaube, die Jünger in Gethsemane schliefen nicht, aber sie lagen im Grase und spielten Karten und lachten.

(318)

Wie ein Drama sein inneres Leiden sehen ist ein höherer Grad als nur leiden.

(319)

Die Nachgekommenen sagen von ihm: »Seitdem stieg er immer höher und höher.« – Aber sie verstehen nichts von diesem Martyrium des Aufsteigens: ein großer Mensch wird gestoßen, gedrückt, gedrängt, hinaufgemartert in *seine* Höhe.

(320)

Es ist kein Zweifel: Wenn eine Art Mensch ganze Geschlechter hindurch als Lehrer, Ärzte, Seelsorger und Vorbilder gelebt hat, ohne beständig nach Geld oder Ehren oder Stellungen auszublicken: so entsteht endlich ein höherer, feinerer und geistigerer Typus. Insofern ist der Priester, vorausgesetzt, daß er sich durch kräftige Weiber fortpflanzt, eine Art der Vorbereitung für die einstmalige Entstehung höherer Menschen.

(321)

Solange wir jung sind und unser selber noch nicht gewiß, ist die Gefahr nicht gering, daß uns die Wissenschaft durch die Wissenschaftlichen verleidet werde, oder die Kunst durch die Künstler, oder gar das Leben durch uns selber.

(322)

Sokrates, um es nur zu bekennen, steht mir so nahe, daß ich fast immer einen Kampf mit ihm kämpfe.

(323)

Die Verdüsterung, die pessimistische Färbung kommt notwendig im Gefolge der Aufklärung. Gegen 1770 bemerkte man bereits die Abnahme der Heiterkeit; Frauen dachten, mit jenem weiblichen Instinkt, der immer zugunsten der Tugend Partei nimmt, daß die Immoralität daran schuld sei. Galiani traf ins Schwarze: er zitiert Voltaires Vers:

> Un monstre gai vaut mieux
> Qu'un sentimental ennuyeux.

Wenn ich nun vermeine, jetzt um ein paar Jahrhunderte Voltairen und sogar Galiani – der etwas viel Tieferes war – in der Aufklärung voraus zu sein: wie weit mußte ich also gar in der Verdüsterung gelangt sein! Dies ist auch wahr: und ich nahm zeitig mich mit einer Art Bedauern in acht vor der deutschen und christlichen Enge und Folgeunrichtigkeit des Schopenhauerschen oder gar Leopardischen Pessimismus und suchte die prinzipiellsten Formen auf (– Asien –). Um aber *diesen* extremen Pessimismus zu ertragen (wie er hier und da aus meiner ›Geburt der Tragödie‹ herausklingt), »ohne Gott und Moral« allein zu leben, mußte ich mir ein Gegenstück erfinden. Vielleicht weiß ich am besten, warum der Mensch allein lacht: Er allein leidet so tief, daß er das Lachen erfinden *mußte*. Das unglücklichste und melancholischste Tier ist, wie billig, das heiterste.

(324)

Es gibt ein Mißverständnis der Heiterkeit, welches nicht zu heben ist: aber wer es teilt, darf zuletzt gerade damit zufrieden sein. – Wir, die wir zum Glücke *flüchten* –: wir, die wir jede Art Süden und unbändige Sonnenfülle brauchen und uns dorthin an die Straße setzen, wo das Leben sich wie ein trunkener Fratzen-Festzug – als etwas, das von Sinnen bringt – vorüberwälzt; wir, die wir gerade das vom Glücke verlangen, *daß* es »von Sinnen« bringt: scheint es nicht, daß wir ein Wissen haben, welches wir *fürchten*? Es ist etwas an uns, das leicht zerbricht: wir fürchten die zerbrechenden kindischen Hände? Wir gehen dem Zufall aus dem Wege und retten uns ins Leben? in seinen Schein, in seine Falschheit, seine Oberfläche und bunte Betrügerei; es scheint, wir sind heiter, weil wir ungeheuer traurig sind? Wir sind ernst, wir kennen den Abgrund – und *deshalb* wehren wir uns gegen alles Ernste? Wir lächeln bei uns über die Melancholiker des Geschmacks, bei denen wir auf Mangel an Tiefe raten; – ach, wir beneiden sie noch, indem wir sie verspotten, – denn wir sind nicht glücklich genug, um uns ihre zarte Traurigkeit gestatten zu können. Wir müssen noch den Schatten der Traurigkeit fliehen: unsre Hölle und Finsternis ist uns immer zu nahe. Wir haben ein Wissen, welches wir fürchten, mit dem wir nicht allein sein wollen: wir haben einen Glauben, vor dessen Druck wir zittern, bei dessen Flüstern wir bleich werden, – die Ungläubigen scheinen uns selig. Wir kehren uns ab von den traurigen Schauspielen, wir verstopfen das Ohr gegen das Leidende; das Mitleid würde uns sofort zerbrechen, wenn wir nicht uns zu verhärten wüßten. Bleib uns tapfer zur Seite, spöttischer Leichtsinn! Kühle uns, Wind, der über Gletscher gelaufen ist! Wir wollen nichts mehr ans Herz nehmen, wir wollen zur *Maske* beten, als unsrer letzten Gottheit und Erlöserin.

(325)

Man hat mit einem willkürlichen und in jedem Betracht zufälligen Wort, dem Worte »Pessimismus«, einen Mißbrauch getrieben, der wie ein Kontagium um sich greift: man hat das Problem dabei übersehen, in dem wir leben, das wir *sind*. Es handelt sich nicht darum, wer recht hat, – es fragt sich, wohin wir gehören, ob zu den Verurteilten, den Niedergangsgebilden . . .

Man hat zwei Denkweisen gegeneinandergestellt, wie als ob sie miteinander über die Wahrheit zu streiten hätten: während sie beide nur Symptome von Zuständen sind, während ihr *Kampf* das Vorhandensein eines kardinalen Lebensproblems – und *nicht* eines Philosophenproblems – beweist. Wohin gehören *wir*? –

(326)

Gegen 1876 hatte ich den Schrecken, mein ganzes bisheriges Wollen *kompromittiert* zu sehen, als ich begriff, wohin es jetzt mit Wagner hinauswollte: und ich war sehr fest an ihn gebunden, durch alle Bande der tiefen Einheit der Bedürfnisse, durch Dankbarkeit, durch die Ersatzlosigkeit und absolute Entbehrung, die ich vor mir sah.

Um dieselbe Zeit schien ich mir wie unauflösbar *eingekerkert* in meine Philologie und Lehrtätigkeit – in einen Zufall und Notbehelf meines Lebens –: ich wußte nicht mehr, wie herauskommen, und war müde, verbraucht, vernutzt.

Um dieselbe Zeit begriff ich, daß mein Instinkt auf das Gegenteil hinauswollte als der Schopenhauers: auf eine *Rechtfertigung des Lebens*, selbst in seinem Furchtbarsten, Zweideutigsten und Lügenhaftesten: – dafür hatte ich die Formel »*dionysisch*« in den Händen.

Daß ein »An-sich der Dinge« notwendig gut, selig, wahr, eins sein müsse, dagegen war Schopenhauers Interpretation des »Ansichs« als Wille ein wesentlicher Schritt: nur verstand er nicht, diesen Willen zu *vergöttlichen*: er blieb im moralisch-christlichen

Ideal hängen. Schopenhauer stand so weit noch unter der Herrschaft der christlichen Werte, daß er, nachdem ihm das Ding an sich nicht mehr »Gott« war, es schlecht, dumm, absolut verwerflich sehen mußte. Er begriff nicht, daß es unendliche Arten des Anders-sein-könnens, selbst des Gott-sein-könnens geben kann.

Fluch jener borniertten Freiheit: »Gut und Böse!«

(327)

Ich ging den Ursprüngen nach: da entfremdete ich mich allen Verehrungen – es wurde fremd um mich und einsam.

(328)

Sehr populärer Irrtum: den Mut zu seiner Überzeugung haben; – aber es handelt sich darum, den Mut zum *Angriff* auf seine Überzeugung zu haben!!!

(329)

Zu beweisen, daß die Konsequenzen der Wissenschaft *gefährlich* sind, meine Aufgabe. Es ist vorbei mit »gut« und »böse« –.

(330)

Jedes große Problem ist ein Symptom: ein Mensch mit einem gewissen Quantum von Kraft, Feinheit, Umfänglichkeit, mit dieser Gefahr, mit dieser Verwegenheit, hat es aus sich hervorgetrieben.

(331)

Ein Philosoph erholt sich anders und mit anderem: er erholt sich z. B. im Nihilismus. Der Glaube, *daß es gar keine Wahrheit gibt*, der Nihilistenglaube, ist ein großes Gliederstrecken für einen, der als Kriegsmann der Erkenntnis unablässig mit lauter häßlichen Wahrheiten im Kampfe liegt. Denn die Wahrheit ist häßlich.

(332)

Das abstrakte Denken ist für viele eine Mühsal, – für mich, an guten Tagen, ein Fest und ein Rausch.

(333)

Der Erkennende hat Freude an allen seinen schlechten Affekten, Begierden, Handlungen; er benutzt Krankheiten, Demütigungen, er läßt den Schmerz tief graben und springt dann plötzlich zurück, sobald er seine Erkenntnis *hat*.

(334)

»Objektivität« am Philosophen: Moralischer Indifferentismus gegen sich, Blindheit gegen die guten und schlimmen Folgen: Unbedenklichkeit im Gebrauch gefährlicher Mittel; Perversität und Vielheit des Charakters als Vorzug erraten und ausgenützt.

Meine tiefe Gleichgültigkeit gegen mich: Ich will keinen Vorteil aus meinen Erkenntnissen und weiche auch den Nachteilen nicht aus, die sie mit sich bringen. – Hier ist eingerechnet das, was man *Verderbnis* des Charakters nennen könnte; diese Perspektive liegt außerhalb: ich handhabe meinen Charakter, aber denke weder daran, ihn zu verstehen, noch ihn zu verändern, – der persönliche Kalkul der Tugend ist mir nicht einen Augenblick in den Kopf gekommen. Es scheint mir, daß man sich die Tore der Erkenntnis zumacht, sobald man sich für seinen persönlichen Fall interessiert – oder gar für das »Heil seiner Seele«!... Man muß seine Moralität nicht zu wichtig nehmen und sich ein bescheidenes Anrecht auf deren Gegenteil nicht nehmen lassen...

Eine Art *Erbreichtum an Moralität* wird hier vielleicht vorausgesetzt: man wittert, daß man viel davon verschwenden und zum Fenster hinauswerfen kann, ohne dadurch sonderlich zu verarmen. Niemals sich versucht fühlen, »schöne Seelen« zu bewundern; sich ihnen immer überlegen wissen. Den Tugendungeheuern mit einem innerlichen Spott begegnen; déniaiser la vertu – geheimes Vergnügen.

Sich um sich selber rollen; kein Wunsch, »besser« oder überhaupt nur »anders« zu werden. Zu interessiert, um nicht Fangarme oder Netze jeder Moralität nach den Dingen auszuwerfen –

(335)

Vornehme und gemeine Kultur – wie ich dies alles gesehn habe, ohne Liebe vielleicht, aber doch ohne Hohn, und was hiernach vielleicht wundernimmt – mit der Neugierde eines Kindes, das vor dem buntesten und zierlichsten aller Guckkasten steht.

(336)

Zur Psychologie des *Psychologen*. Psychologen, wie sie erst vom 19. Jahrhundert ab möglich sind: nicht mehr jene Eckensteher, die drei, vier Schritt vor sich blicken und beinahe zufrieden sind, in sich hineinzugraben. Wir Psychologen der Zukunft – wir haben wenig guten Willen zur Selbstbeobachtung: wir nehmen es fast als ein Zeichen von Entartung, wenn ein Instrument »sich selbst zu erkennen« sucht: wir sind Instrumente der Erkenntnis und möchten die ganze Naivität und Präzision eines Instrumentes haben, – folglich dürfen wir uns selbst nicht analysieren, nicht »kennen«. Erstes Merkmal von Selbsterhaltungsinstinkt des großen Psychologen: er sucht sich nie, er hat kein Auge, kein Interesse, keine Neugierde für sich... Der große Egoismus unsres dominierenden Willens will es so von uns, daß wir hübsch vor uns die Augen schließen, – daß wir als »unpersönlich«, »désintéressé«, »objektiv« erscheinen müssen! – oh wie sehr wir das

Gegenteil davon sind! Nur weil wir in einem exzentrischen Grade Psychologen sind.

Wir sind keine Pascals, wir sind nicht sonderlich am »Heil der Seele«, am eigenen Glück, an der eigenen Tugend interessiert. – Wir haben weder Zeit noch Neugierde genug, uns dergestalt um uns selbst zu drehn. Es steht, tiefer angesehn, sogar *noch* anders: wir mißtrauen allen Nabelbeschauern aus dem Grunde, weil uns die Selbstbeobachtung als eine *Entartungsform* des psychologischen Genies gilt, als ein Fragezeichen am Instinkt des Psychologen: so gewiß ein Malerauge entartet ist, hinter dem der *Wille* steht, zu sehn, um zu sehn.

(337)

Ich ziehe es vor, etwas zu schreiben, was so gelesen zu werden verdient, wie die Philologen ihre Schriftsteller lesen, als über einem Autor zu hocken. Und überhaupt – auch das geringste Schaffen steht höher als das Reden über Geschaffenes.

(338)

Vor jedem Einzelnen sind wir voll hundert Rücksichten: aber wenn man *schreibt*, so verstehe ich nicht, warum man da nicht bis an den äußersten Rand seiner Ehrlichkeit vortritt. Das ist ja die Erholung!

(339)

Weshalb es heute nötig ist, zeitweilig grob zu reden und grob zu handeln. – Etwas Feines und Verschwiegenes wird nicht mehr verstanden, selbst nicht von denen, welche uns verwandt sind. Wovon man nicht *laut spricht* und schreit, *das ist nicht da*: Schmerz, Entbehrung, Aufgabe, die lange Pflicht und die große Überwindung – keiner sieht und riecht etwas davon. Die Heiterkeit gilt als Zeichen des Mangels an Tiefe: daß sie die Seligkeit nach allzu strenger Spannung sein kann, wer weiß es! – Man geht mit Schauspielern um und tut sich viel Zwang an, um auch da zu ehren. Aber niemand versteht, inwiefern es mir hart und peinlich ist, mit Schauspielern umzugehn. Oder mit einem phlegmatischen Genüßling, der Geist genug hat, um –

(340)

Werde fort und fort der, der du bist – der Lehrer und Bildner deiner selber! Du bist kein Schriftsteller, du schreibst nur für dich! So erhältst du das Gedächtnis an deine guten Augenblicke und findest ihren Zusammenhang, die goldene Kette deines Selbst! So bereitest du dich auf die Zeit vor, wo du sprechen mußt! Vielleicht daß du dich dann des Sprechens schämst, wie du dich mitunter des Schreibens geschämt hast, daß es noch nötig ist, sich zu interpretieren, daß Handlungen und Nichthandlungen nicht genügen, dich *mitzuteilen*. Ja, du willst dich *mitteilen*! Es kommt einst die Gesittung, wo Vielesen zum schlechten Tone gehört: dann wirst du auch dich nicht mehr schämen müssen, gelesen zu werden: während jetzt jeder, der dich als Schriftsteller anspricht, dich beleidigt; und wer dich deiner Schriften halber *lobt*, gibt dir ein Zeichen, daß sein Takt nicht fein ist, er macht eine Kluft zwischen sich und dir, – er ahnt gar nicht, wie sehr er sich erniedrigt, wenn er dich *so* zu erheben glaubt. Ich kenne den Zustand der gegenwärtigen Menschen, wenn sie *lesen*: pfui! Für diesen Zustand sorgen und schaffen zu wollen!!

(341)

In diesem Jahrhundert der oberflächlichen und geschwinden Eindrücke ist das gefährlichste Buch nicht gefährlich: es sucht sich die fünf, sechs Geister, die tief genug sind. Im übrigen – was schadet es, wenn *diese* Zeit zerstören hilft!

(342)

Ich suche zu überreden, wo ich befehlen sollte, das will meine schlechte Erziehung. Solch Überreden ist nicht besser als Schmeicheln: – hier schmeichelt der Höhere dem Niederen.

(343)

Der Durst nach großen und tiefen Seelen – und immer nur dem Herdentier zu begegnen!

(344)

Man wehrt sich gegen die *Ausbeutung* durch *niedrigere* Wesen, als man selber ist. So wehre ich *mich* gegen den heutigen Staat, Bildung usw.

(345)

Der höhere philosophische Mensch, der um sich Einsamkeit hat, nicht weil er allein sein will, sondern weil er etwas *ist*, das nicht seinesgleichen findet: Welche Gefahren und neuen Leiden sind ihm gerade heute aufgespart, wo man den Glauben an die Rangordnung verlernt hat und folglich diese Einsamkeit nicht zu ehren und nicht zu verstehen weiß! Ehemals heiligte sich der Weise beinahe durch ein solches Beiseitegehen für das Gewissen der Menge, – heute sieht sich der Einsiedler wie mit einer Wolke trüber Zweifel und Verdächtigungen umringt. Und nicht etwa nur von seiten der Neidischen und Erbärmlichen: er muß Verkennung, Vernachlässigung und Oberflächlichkeit noch an jedem Wohlwollen herausempfinden, das er erfährt, er kennt jene Heimtücke des beschränkten Mitleidens, welches sich selber gut und heilig fühlt, wenn es ihn, etwa durch bequemere Lagen, durch geordnetere, zuverlässigere Gesellschaft, vor sich selber zu »retten« sucht, – ja, er wird den unbewußten Zerstörungstrieb zu bewundern haben, mit dem alle Mittelmäßigen des Geistes gegen ihn tätig sind, und zwar im besten Glauben an ihr Recht dazu! Es ist für Menschen dieser unverständlichen Vereinsamung nötig, sich tüchtig und herzhaft auch in den Mantel der äußeren, der räumlichen Einsamkeit zu wickeln: das gehört zu ihrer Klugheit. Selbst List und Verkleidung werden heute not tun, damit ein solcher Mensch sich selber erhalte, sich selber *oben* erhalte, inmitten der niederziehenden gefährlichen Stromschnellen der Zeit. Jeder Versuch, es *in* der Gegenwart, *mit* der Gegenwart auszuhalten, jede Annäherung an diese Menschen und Ziele von heute muß er wie seine eigentliche Sünde abbüßen: und er mag die verborgene Weisheit seiner Natur anstaunen, welche ihn bei allen solchen Versuchen sofort durch Krankheit und schlimme Unfälle wieder zu sich selber zurückzieht.

(346)
Die Gefahr bei außerordentlichen Geistern ist keine kleine, daß sie irgendwann die fürchterlichen Genüsse des Zerstörens, des Zugrunderichtens, des langsam Zugrunderichtens erstreben lernen: wenn ihnen nämlich durchaus die schaffende Tat, etwa durch den Mangel an Werkzeugen oder sonstigen Unfug des Zufalls, versagt bleibt. In dem Haushalte solcher Seelen gibt es dann kein Entweder-Oder mehr; und vielleicht müssen sie gerade das, was sie bis dahin am meisten geliebt haben, mit der Lust eines Teufels auf eine feine, langwierige Art verderben. – Es gehört unter die Zufälligkeiten, ob ein großer Geist sich wohltätig-vermehrend oder zerstörerisch zeigt. Ein Dichter dürfte es sich schon einmal erlauben, uns zu zeigen, wie ein *Gott aus Überdruß am Menschen zum Versucher und Vernichter des Menschen wird.*

(347)
Den ganz großen Menschen ist die Lippe über ihr Innerstes geschlossen, – keine Möglichkeit, jemandem zu begegnen, dem sie sich öffneten. Düster – (Napoleon z. B.).

(348)
Die Nachteile der Vereinsamung, da der soziale Instinkt am besten vererbt ist, – die Unmöglichkeit, noch sich selber zu bestätigen durch anderer Zustimmung, das Gefühl von Eis, der Schrei »Liebe mich«, – die cas pathologiques wie Jesus. Heinrich von Kleist und Goethe (Käthchen von Heilbronn).

(349)
Man hat gut reden von aller Art Immoralität: aber sie aushalten können! Zum Beispiel würde ich ein gebrochenes Wort oder gar einen Mord nicht *aushalten*: – langes oder kürzeres Siechtum und Untergang wäre mein Los! ganz abgesehen vom Bekanntwerden der Untat und von der Bestrafung derselben.

(350)
Wer so steht wie ich, verliert, mit Goethe zu reden, »eines der größten Menschenrechte, von seinesgleichen beurteilt zu werden«.

(351)
Man verwechsle nicht: Schauspieler gehen am Ungelobtsein, echte Menschen am Ungeliebtsein zugrunde.

(352)
Um *mich* zu erhalten, habe ich meine schirmenden Instinkte von Verachtung, Ekel, Gleichgültigkeit usw. – sie treiben mich in die Einsamkeit: in der Einsamkeit aber, wo ich *alles als notwendig verbunden fühle*, ist mir jedes Wesen *göttlich*.

Um *irgend etwas* schätzen und lieben zu können, muß ich es begreifen als absolut notwendig verbunden mit allem, was ist, – also *um seinetwillen* muß ich *alles Dasein gutheißen* und dem Zufalle Dank wissen, in dem so kostbare Dinge möglich sind.

(353)
Jener Kaiser hielt sich beständig die Vergänglichkeit aller Dinge vor, um sie nicht zu wichtig zu nehmen und *ruhig* zu bleiben. Auf mich wirkt die Vergänglichkeit ganz anders – mir scheint alles viel mehr wert zu sein, als daß es so flüchtig sein dürfte – mir ist, als ob die kostbarsten Weine und Salben ins Meer gegossen würden.

(354)
Hatte ich je einen Gewissensbiß? – Mein Gedächtnis schweigt auf diese Anfrage still.

(355)
Der höchste Grad von Individualität wird erreicht, wenn jemand in der höchsten Anarchie sein Reich gründet als Einsiedler.

(356)
Die großen moralischen Naturen entstehen in Zeiten der Auflösung, als *Selbstbeschränker*. Zeichen des Stolzes, es sind die *regierenden* Naturen (Heraklit, Plato usw.) in einer veränderten Welt, wo sie nur sich zu regieren haben. Ganz anders die Moralität der Unterwerfung.

(357)
Die Kultur ist *nur* in vornehmen Kulturen [Ständen] entstanden

– und bei Einsiedlern, welche um sich alles niederbrannten mit Verachtung.

(358)

Es geht eine falsche Rede: »Wer sich selber nicht erlösen kann, wie könnte der andere erlösen?« Aber wenn ich den Schlüssel zu deiner Kette habe, warum müßte dein und mein Schloß dasselbe sein?

(359)

Ein neues Heimweh zehrt mich, die Not der freiesten Seelen, wie nenne ich's? Das Heimweh ohne Heim, die leidigste, schneidigste Herzensfrage, welche fragt: »Wo darf *ich* – heimisch sein?«

(360)

Nicht zu verwechseln: – Der Unglaube als *Unvermögen*, überhaupt zu *glauben* und, andrerseits, als Unvermögen, etwas *noch* zu glauben: im letztern Falle gemeinhin als Symptom von einem neuen Glauben. –

Dem Unglauben als Unvermögen eignet die *Unfähigkeit*, zu *negieren*, – er weiß sich weder gegen ein Ja noch gegen ein Nein zu wehren ...

(361)

Das sind meine Feinde: die wollen umwerfen und sich selber nicht aufbauen. Sie sagen: »Alles das ist ohne Wert« – und wollen selber keinen Wert schaffen.

(362)

Es gibt eine Arglosigkeit der wissenschaftlichen Menschen, welche an Blödsinn grenzt: sie haben keinen Geruch davon, wie *gefährlich* ihr Handwerk ist; sie glauben im Grunde ihres Herzens, daß »Liebe zur Wahrheit« und »das Gute, Schöne und Wahre« ihre eigentliche Angelegenheit sei. Ich meine nicht »gefährlich« in Hinsicht auf die auflösenden Wirkungen, sondern in Hinsicht auf das ungeheure Schwergewicht der Verantwortlichkeit, welches einer auf sich fühlt, welcher zu merken beginnt, daß alle Wertschätzungen, nach denen die Menschen leben, auf die Dauer *den Menschen zugrunde richten*.

(363)

Ich träume eine Genossenschaft von Menschen, welche unbedingt sind, keine Schonung kennen und »Vernichter« heißen wollen: sie halten an alles den Maßstab ihrer Kritik und opfern sich der Wahrheit: Das Schlimme und Falsche soll ans Licht! Wir wollen nicht vorzeitig bauen, wir wissen nicht, ob wir je bauen können und ob es nicht das Beste ist, nicht zu bauen. Es gibt faule Pessimisten, Resignisten – zu denen wollen wir nicht gehören.

(364)

Ich meinte, das Wissen töte die Kraft, den Instinkt, es lasse kein Handeln aus sich wachsen. Wahr ist nur, daß einem neuen Wissen zunächst kein eingeübter Mechanismus zu Gebote steht, noch weniger eine angenehme leidenschaftliche Gewöhnung! Aber *alles* das kann wachsen! ob es gleich heißt auf Bäume warten, die eine spätere Generation *abpflücken* wird – nicht wir! Das ist die Resignation des Wissenden! Er ist ärmer und kraftloser geworden, ungeschickter zum Handeln, gleichsam seiner Glieder beraubt – er ist ein *Seher* und blind und taub geworden!

(365)

Nach langen Jahren, welche aber nichts weniger waren als lange Unterbrechungen, fahre ich fort, auch öffentlich das wieder zu tun, was ich für mich immer tue und immer getan habe: nämlich Bilder *neuer* Ideale an die Wand zu malen.

(366)

Wer die Menschen ernst machen will, der hat mit den abgeblaßten Religionen nichts mehr zu tun. Er bewahre einmal die Strenge, die sittliche Herbheit der Pflicht; andrerseits seine Neigung, die Erscheinungen des Lebens ernst zu nehmen. Er resigniere auf alles, nur nicht auf die Verwirklichung seiner Ideale.

(367)

Meine Aufgabe: die Menschheit zu Entschlüssen zu drängen, die über *alle* Zukunft entscheiden! Höchste Geduld, Vorsicht! Den *Typus* solcher Menschen *zeigen*, welche sich diese Aufgabe stellen dürfen!

(368)

Die Vergangenheit befruchten und die Zukunft zeugen – das sei mir Gegenwart!

(369)

Den ganzen Umkreis der modernen Seele umlaufen, in jedem ihrer Winkel gesessen zu haben – mein Ehrgeiz, meine Tortur und mein Glück.

Wirklich den Pessimismus *überwinden* –; ein Goethescher Blick voll Liebe und gutem Willen als Resultat.

(370)

Meine Vorbereiter: Schopenhauer: Inwiefern ich den Pessimismus vertiefte und durch Erfindung seines höchsten Gegensatzes erst ganz mir zum Gefühl brachte.

Sodann: die idealen Künstler, jener Nachwuchs der Napoleonischen Bewegung.

Sodann: die höheren Europäer, Vorläufer der *großen Politik*.
Sodann: die Griechen und ihre Entstehung.

(371)

Zur *Überwindung* der bisherigen Ideale (Philosoph, Künstler, Heiliger) tat eine *Entstehungsgeschichte* not.

An Stelle des Heiligenliebenden stellte ich den, der alle Phasen der Kultur liebevoll-gerecht nachempfindet: *den historischen Menschen der höchsten Pietät*.

An Stelle des Genies setzte ich den Menschen, der über sich selber *den Menschen hinausschafft* (neuer Begriff der Kunst, gegen die Kunst der Kunstwerke).

An Stelle des Philosophen setzte ich den freien Geist, der dem Gelehrten, Forscher, Kritiker überlegen ist und über vielen Idealen noch leben bleibt: der, ohne Jesuit zu werden, trotzdem die unlogische Beschaffenheit des Daseins ergründet: *den Erlöser von der Moral*.

(372)

Mein Ziel ist nichts für jedermann, deshalb ist es doch mitteilbar, der *Ähnlichkeit* wegen sowohl, als weil die *Entgegengesetzten* daraus Kraft und Lust gewinnen werden, sich ihr Wesen ebenfalls zu formulieren und in wirkenden Geist umzusetzen. Ich will allen, welche ihr Muster suchen, helfen, indem ich zeige, *wie* man ein Muster sucht: und meine größte Freude ist, den individuellen Mustern zu begegnen, welche *nicht* mir gleichen. Hol der Teufel alle Nachahmer und Anhänger und Lobredner und Anstauner und Hingebenden!

373)

»Das Alleinsein mit einem großen Gedanken ist unerträglich. Ich suche und rufe Menschen, denen ich diese Gedanken mitteilen darf, die nicht daran zugrunde gehn.«

(374)

Das Jauchzen der großen Bewegung: und *ich bin*, der sieht, worum es sich handelt: um alles »Gut« und »Böse«.

(375)

Begriff des Mystikers: der an seinem eigenen Glück genug und zuviel hat und sich eine Sprache für sein Glück sucht, – er möchte davon *wegschenken*!

(376)

Das *Aussprechen* der *beseligenden* Wahrheit aus *Liebe*: bezieht sich auf Erkenntnisse des Einzelnen, die er nicht mitteilen muß, aber deren überquellende Beseligung ihn zwingt.

(377)

Wer als Gott das Gute neu schafft, den haben die Bewahrer des alten Guten immer für einen Teufel ausgegeben.

(378)

Wir wollen doch ja uns die Vorteile nicht entgehn lassen, die es hat, das meiste *nicht* zu wissen und in einem kleinen Weltwinkel zu leben. Der Mensch *darf* Narr sein, – er darf sich auch *Gott* fühlen, es ist *eine* Möglichkeit unter so vielen!

(379)

Tiefe Abneigung, in irgendeiner Gesamtbetrachtung der Welt ein- für allemal auszuruhen. Zauber der entgegengesetzten Denkweise: sich den Anreiz des änigmatischen Charakters nicht nehmen lassen.

(380)

Solche dogmatische Menschen wie Dante und Plato sind mir am *fernsten* und vielleicht dadurch am reizvollsten: die in einem zurechtgezimmerten und festgeglaubten Hause der Erkenntnis wohnen. Der eine in seinem eignen, der andre im christlich-patristischen.

Es gehört eine ganz verschiedene Kraft und Beweglichkeit dazu, in einem unvollendeten System, mit freien, unabgeschlossenen Aussichten, sich festzuhalten, als in einer dogmatischen Welt.

(381)

Die Musik ist mein und unser *Vorläufer* – so persönlich sprechen und so gut und edel! Unsäglich vieles hat noch kein Wort gefunden und keinen Gedanken – das *beweist* unsere Musik –, *nicht*, daß kein Gedanke und kein Wort da zu finden wäre.

(382)

Die russische Musik bringt mit einer rührenden Einfalt die Seele des Muschik, des niederen Volkes, ans Licht. Nichts redet *mehr* zu Herzen als ihre heiteren Weisen, – die absolut traurige Weisen sind. Ich würde das Glück des ganzen Westens eintauschen gegen die russische Art, traurig zu sein. – Aber wie kommt es, daß die herrschenden Kasten Rußlands nicht in seiner Musik vertreten sind? Genügt es, zu sagen: »Böse Menschen haben keine Lieder?«

(383)

Wie lange ist es nun her, daß ich bei mir selber bemüht bin, die vollkommene *Unschuld* des Werdens zu beweisen! Und welche seltsamen Wege bin ich dabei schon gegangen! Einmal schien mir dies die richtige Lösung, daß ich dekretierte: »Das Dasein ist, als etwas von der Art eines Kunstwerkes, gar nicht unter der jurisdictio der Moral: vielmehr gehört die Moral selber ins Reich der Erscheinung.« Ein andermal sagte ich: »Alle Schuldbegriffe sind objective völlig wertlos, subjective aber ist alles Leben notwendig ungerecht und alogisch.« Ein drittesmal gewann ich mir die Leugnung aller Zwecke ab und empfand die Unerkennbarkeit der Kausalverknüpfungen. Und wozu dies alles? War es nicht, um mir selber das Gefühl völliger Unverantwortlichkeit zu schaffen, – mich außerhalb jedes Lobs und Tadels, unabhängig von allem Ehedem und Heute hinzustellen, um auf meine Art meinem Ziele nachzulaufen? –

(384)

Unverantwortlichkeit positiv wenden: wir wollen unser Bild vom Menschen *durchsetzen*.

(385)

Jeder Philoktet weiß, daß ohne seinen Bogen und seine Pfeile Troja nicht erobert wird.

4. Kapitel
Die natürliche Wertordnung

1. Moral als Rangordnungslehre

(386)
Religion – wesentlich Lehre der *Rangordnung*, sogar Versuch einer *kosmischen* Rang- und Machtordnung.

(387)
Jede Moral ist eine Gewohnheit der Selbstverherrlichung, vermöge deren eine Art von Mensch ihrer Art und ihres Lebens froh wird: sie wehrt den Einfluß von Menschen andrer Art damit von sich ab, daß sie dieselben als »unter sich« fühlt.

(388)
Der Mensch, in welcher Lage er auch sich befinden möge, braucht eine Art Wertschätzungen, vermöge deren er seine Handlungen, Absichten und Zustände vor sich selber und namentlich vor seiner Umgebung rechtfertigt, d. h. *selbst verherrlicht*. Jede natürliche Moral ist der Ausdruck der Zufriedenheit einer Art von Menschen mit sich selber: und wenn man Lob nötig hat, hat man auch eine *übereinstimmende* Werttafel nötig, auf der die Handlungen am höchsten geschätzt sind, deren wir am fähigsten sind, worin unsre eigentliche *Kraft* sich ausdrückt. Wo unsre Kraft ist, damit wollen wir auch gesehn und geehrt werden.

(389)
Voraussetzung der absoluten Moral: »*Meine* Wertschätzung die endgültige!« – Machtgefühl!

(390)
Das Gefühl, der höheren Rangordnung anzugehören, ist dominierend im sittlichen Gefühle: es ist das Selbstzeugnis der höheren Kaste, deren Handlungen und Zustände nachher wieder als Abzeichen einer Gesinnung gelten, mit der man in jene Kaste *gehört* oder gehören *sollte*.

(391)
Zuerst wird das sittliche Gefühl in bezug auf Mensch (Stände voran!) entwickelt, erst später auf Handlungen und Charakterzüge übertragen. Das *Pathos der Distanz* ist im innersten Grunde jenes Gefühls.

(392)
Moral ist die Lehre von der Rangordnung der Menschen und folglich auch von der Bedeutsamkeit ihrer Handlungen und

Werke *für* diese Rangordnung: also die Lehre von den menschlichen Wertschäzungen in betreff alles Menschlichen. Die meisten Moralphilosophen stellen nur die *gegenwärtige*, herrschende Rangordnung dar; Mangel an historischem Sinn einerseits, – andrerseits sie werden selber von der Moral beherrscht, welche das Gegenwärtige als das ewig Gültige lehrt. Die unbedingte Wichtigkeit, die blinde Selbstsucht, mit der sich jede Moral behandelt, will, daß es nicht *viele* Moralen geben könne, sie will keine Vergleichung, auch keine Kritik: sondern unbedingten Glauben an sich. Sie ist also im Wesen antiwissenschaftlich – und der vollkommene Moralist müßte schon deshalb *unmoralisch* sein, jenseits von Gut und Böse. – Aber ist Wissenschaft dann noch *möglich*? Was ist das Suchen nach Wahrheit, Wahrhaftigkeit, Redlichkeit, wenn nicht etwas Moralisches? Und ohne diese Wertschätzungen und ihre entsprechenden Handlungen: wie wäre Wissenschaft möglich? Die Gewissenhaftigkeit im Wissen weg – wohin ist die Wissenschaft? Ist Skepsis der Moral nicht ein Widerspruch, insofern die höchste Verfeinerung der moralischen Ansprüche hier gerade aktiv ist: sobald der Skeptiker diese feineren Wertabschätzungen des Wahren nicht mehr als maßgebend fühlt, so hat er keinen Grund mehr, zu zweifeln und zu forschen: *es müßte denn der Wille zum Wissen noch eine ganz andere Wurzel haben als die Wahrhaftigkeit.* –

(393)

Daß der Wert einer Handlung von dem abhängen soll, was ihr im *Bewußtsein* vorausging – wie falsch ist das! – Und man hat die Moralität danach bemessen, selbst die Kriminalität...

Der Wert einer Handlung muß nach ihren Folgen bemessen werden – sagen die Utilitarier –: sie nach ihrer Herkunft zu messen, impliziert eine Unmöglichkeit, nämlich diese zu *wissen*.

Aber weiß man die Folgen? Fünf Schritte weit vielleicht. Wer kann sagen, was eine Handlung anregt, aufregt, wider sich erregt? Als Stimulans? Als Zündfunke vielleicht für einen Explosivstoff?... Die Utilitarier sind naiv... Und zuletzt müßten wir erst *wissen*, *was* nützlich ist: auch hier geht ihr Blick nur fünf Schritt weit... Sie haben keinen Begriff von der großen Ökonomie, die des Übels nicht zu entraten weiß.

Man weiß die Herkunft nicht, man weiß die Folgen nicht: – hat folglich eine Handlung überhaupt einen Wert?

Bleibt die Handlung selbst: ihre Begleiterscheinungen im Bewußtsein, das Ja und das Nein, das ihrer Ausführung folgt: liegt der Wert einer Handlung in den subjektiven Begleiterscheinungen? (– das hieße den Wert der Musik nach dem Vergnügen oder Mißvergnügen abmessen, das sie uns macht... das sie ihrem *Komponisten* macht...). Sichtlich begleiten sie Wertgefühle, ein Macht-, ein Zwang-, ein Ohnmachtsgefühl z. B., die Freiheit, die Leichtigkeit, – anders gefragt: könnte man den Wert einer Handlung auf physiologische Werte reduzieren: ob sie ein Ausdruck des vollständigen oder gehemmten Lebens ist? – Es mag sein, daß sich ihr *biologischer* Wert darin ausdrückt...

Wenn also die Handlung weder nach ihrer Herkunft noch nach ihren Folgen noch nach ihren Begleiterscheinungen abwertbar ist, so ist ihr Wert x, unbekannt...

(394)

Es ist eine *Entnatürlichung der Moral*, daß man die Handlung *abtrennt* vom Menschen; daß man den Haß oder die Verachtung gegen die »Sünde« wendet; daß man glaubt, es gebe Handlungen, welche an sich gut oder schlecht sind.

Wiederherstellung der »Natur«: eine Handlung an sich ist vollkommen leer an Wert: es kommt alles darauf an, *wer* sie tut. Ein und dasselbe »Verbrechen« kann im einen Fall das höchste Vorrecht, im andern das Brandmal sein. Tatsächlich ist es die Selbstsucht der Urteilenden, welche eine Handlung, resp. ihren Täter, auslegt im Verhältnis zum eigenen Nutzen oder Schaden (– oder im Verhältnis zur Ähnlichkeit oder Nichtverwandtschaft mit sich).

(395)

Gehorsam, Funktionsgefühl, Schwächegefühl haben den Wert des *»Unegoistischen«* aufgebracht: namentlich als man die vollkommene Abhängigkeit von *einem Gotte* glaubte. Verachtung gegen sich selber, aber einen Zweck dafür suchen, daß man doch *tätig* ist, nämlich sein *muß*: also um *Gottes* willen, und schließlich, als man an den Gott nicht mehr glaubte, um des *anderen* willen: eine Einbildung, ein mächtiger Gedanke, der den Menschen das Dasein leichter machte. Auch unsere Zustände wollen Sklaverei, und das Individuum soll gehemmt werden, – daher Kultus des Altruismus. In Wahrheit handelt man »unegoistisch«, weil es die Bedingung ist, unter der *allein* man noch *fortexistiert*, das heißt, man denkt an die Existenz des anderen gewohnheitsmäßig eher als an die eigene (z. B. der Fürst an das Volk, die Mutter an das Kind), weil sonst der Fürst nicht als Fürst, die Mutter nicht als Mutter existieren könnte: sie wollen die Erhaltung *ihres* Machtgefühls, wenn es auch die beständige Aufmerksamkeit und zahllose Selbstopferung zugunsten der Abhängigen fordert: oder, in anderen Fällen *zugunsten* der *Mächtigen*, wenn unsere Existenz (Wohlgefühl, z. B. im Dienste eines Genies usw.) nur so behauptet wird.

(396)

Wir gehen unserem *Geschmack* nach und benennen es mit den erhabensten Worten, als Pflicht und Tugend und Opfer. Das *Nützliche* erkennen wir nicht, ja wir verachten es, wie wir das Innere des Leibes verachten, alles ist uns nur erträglich, wenn es sich in eine glatte Haut versteckt.

(397)

Erster Ursprung von höher und niedriger. – Das *ästhetisch* Beleidigende am innerlichen Menschen ohne Haut, – blutige Massen, Kotgedärme, Eingeweide, alle jene saugenden, pumpenden Untiere, – formlos oder häßlich oder grotesk, dazu für den Geruch peinlich. Also *weggedacht!* Was davon doch heraustritt, erregt Scham (Kot, Urin, Speichel, Same). Frauen mögen nicht vom Verdauen hören, Byron eine Frau nicht essen sehen. (So gehen die Hintergedanken ihren Weg.) Dieser durch die Haut *verhüllte* Leib, der sich zu *schämen* scheint! Das Gewand an den Teilen, wo sein Wesen nach außen tritt: oder die Hand vor den Mund halten beim Speichelauswerfen. Also: es gibt Ekelerregendes; je unwissender der Mensch über den Organismus ist, um so mehr fällt ihm rohes Fleisch, Verwesung, Gestank, Maden zusammen. Der Mensch, soweit er nicht Gestalt ist, ist sich ekelhaft, – er tut alles, um nicht *daran zu denken*. – Die *Lust*, die ersichtlich mit diesem innerlichen Menschen zusammenhängt, gilt als *niedriger*: – Nachwirkung des ästhetischen Urteils. Die Idealisten der Liebe sind Schwärmer der schönen *Formen*, sie wollen sich täuschen und sind oft empört bei der Vorstellung von Koitus und Samen. – Alles Peinliche, Quälende, Überheftige hat der Mensch diesem innerlichen Leibe zugeschrieben: um so höher hob er das Sehen, Hören, die Gestalt, das Denken. Das *Ekelhafte* sollte die Quelle des *Unglücks* sein! – *Wir lernen den Ekel um!*

Zweiter Ursprung der Unterscheidung von *höher* und *niedriger*. Alles *Furchteinflößende* als das Mächtigere gilt als *höher*; alles andere als niedriger oder gar verächtlich. Als Höchstes: Furcht einflößen und *doch* wohltun und wohlwollen!

(398)

Die *ästhetischen* Urteile (der Geschmack, Mißbehagen, Ekel usw.) sind das, was den Grund der *Gütertafel* ausmacht. Diese wiederum ist der Grund der *moralischen* Urteile.

(399)

Über Geruch ein Vorurteil. Alle Ausscheidungen ekelhaft – warum? Als übelriechend? Warum übel? Sie sind nicht schädlich. Speichel, Schleim, Schweiß, Same, Urin, Kot, Hautreste, Nasenschleimhäute usw. Es ist unzweckmäßig! – Der Ekel mit der Verfeinerung zunehmend. Die Verrichtungen, die daran sich knüpfen, auch ekelhaft. – Ekel als Brechreiz zu verstehen: die Ausscheidungen erregen den Reiz, die Nahrung auszuscheiden unverdaut *(wie ein Gift)*. Urteil vom Standpunkte der *Genießbarkeit* aus: Dies ist nicht zu essen! Grundurteil der Moral.

(400)

Die bösen Triebe sind durchaus nicht unangenehm, sondern böse und gute sind angenehm. Sie werden *unangenehm* nur: erstens durch das Übermaß und zweitens in ihrem Gehemmtsein durch andere Triebe. Beherrscht uns z. B. die Meinung von der Schändlichkeit der Wollust oder die von den bösen Folgen im Jenseits, so wird dem Triebe etwas Unangenehmes beigemischt, ja er kann wie etwas rein Ekelhaftes empfunden werden. Ebenso kann der Hang zum Mitleid als erbärmliche Schwäche und als unangenehm empfunden werden.

(401)

Das Wesen jeder Handlung ist dem Menschen so unschmackhaft wie das Wesentliche jeder Nahrung: er würde lieber verhungern als es essen, so stark ist sein *Ekel* zumeist. Er hat *Würzen* nötig, wir müssen zu allen Speisen verführt werden: und so auch zu allen Handlungen. Der *Geschmack* und sein Verhältnis zum Hunger, und dessen Verhältnis zum Bedürfnis des Organismus! Die moralischen Urteile sind die Würzen. Der Geschmack wird aber hier wie dort als das angesehen, was über den *Wert der Nahrung, Wert der Handlung entscheidet*: der größte Irrtum!

Wie verändert sich der Geschmack? Wann wird er laß und unfrei? Wann ist er tyrannisch? – Und ebenso bei den Urteilen über gut und böse: eine physiologische Tatsache ist der Grund jeder Veränderung im moralischen Geschmack; diese physiologische Veränderung ist aber nicht etwas, das notwendig das dem Organismus *Nützliche* jeder Zeit forderte. Sondern die *Geschichte des Geschmackes* ist eine Geschichte für sich, und ebensosehr sind Entartungen des Ganzen als Fortschritte die Folgen dieses Geschmackes. Gesunder Geschmack, kranker Geschmack – das sind falsche Unterscheidungen, – es gibt unzählige Möglichkeiten der Entwicklung: was jedesmal zu der einen hinführt, ist gesund: aber es kann widersprechend einer anderen Entwicklung sein. Nur in Hinsicht auf ein *Ideal*, das erreicht werden soll, gibt es einen Sinn bei »gesund« und »krank«. Das Ideal aber ist immer höchst wechselnd, selbst beim Individuum (das des Kindes und des Mannes!), – und die *Kenntnis*, was nötig ist, es zu erreichen, fehlt fast ganz.

2. Das neue Ziel

(402)

In allen Ländern Europas und ebenso in Nordamerika gibt es jetzt »Freidenker«: gehören sie zu uns? Nein, meine Herren: ihr wollt ungefähr das *Gegenteil* von dem, was in den Absichten jener Philosophen liegt, welche ich Versucher nenne; diese spüren wenig Versuchung, mit euch lügnerische Artigkeiten auszutauschen. Ja, wenn ihr »Freidenker« nur einen Geruch davon hättet, *wovon* man sich freimachen kann und *wohin* man dann getrieben wird! Ich meine, ihr würdet zu den wütendsten Gegnern dessen gehören, was ich meine »Freiheit des Geistes«, mein »Jenseits von Gut und Böse« nenne.

(403)

Das gesamte Moralisieren als Phänomen ins Auge bekommen. Auch als *Rätsel*. Die moralischen Phänomene haben mich beschäftigt wie Rätsel. Heute würde ich eine Antwort zu geben wissen: Was bedeutet es, daß für mich das Wohl des Nächsten höheren Wert haben *soll* als mein eigenes? daß aber der Nächste selbst den Wert seines Wohls anders schätzen *soll* als ich, nämlich demselben gerade *mein* Wohl überordnen soll? Was bedeutet das »Du sollst«, das selbst von Philosophen als »gegeben« betrachtet wird?

Der anscheinend verrückte Gedanke, daß einer die Handlung, die er dem andern erweist, höher halten soll als die sich selbst erwiesene, dieser andere ebenso wieder usw. (daß man nur Handlungen gutheißen soll, weil einer dabei nicht sich selbst im Auge hat, sondern das Wohl des andern), hat seinen Sinn: nämlich als Instinkt des Gemeinsinns, auf der Schätzung beruhend, daß am Einzelnen überhaupt wenig gelegen ist, aber sehr viel an allen zusammen, vorausgesetzt, daß sie eben eine *Gemeinschaft* bilden, mit einem Gemeingefühl und Gemeinwissen. Also eine Art Übung in einer bestimmten Richtung des Blicks, Wille zu einer Optik, welche sich selbst zu sehn unmöglich machen will.

Mein Gedanke: es fehlen die Ziele, und *diese müssen einzelne* sein! Wir sehn das allgemeine Treiben: jeder einzelne wird geopfert und dient als Werkzeug. Man gehe durch die Straße, ob man nicht lauter »Sklaven« begegnet. Wohin? Wozu?

(404)

Nicht der *Pessimismus* (eine Form des Hedonismus) ist die große Gefahr, nicht die Abrechnung über Lust und Unlust, und ob vielleicht das menschliche Leben einen Überschuß von Unlustgefühlen mit sich bringt. Sondern die *Sinnlosigkeit* alles Geschehens! Die moralische Auslegung ist zugleich mit der religiösen Auslegung hinfällig geworden: das wissen sie freilich nicht, die Oberflächlichen! Instinktiv halten sie, je unfrommer sie sind, mit den Zähnen an den moralischen Wertschätzungen fest. Schopenhauer als Atheist hat einen Fluch gegen den ausgesprochen, der die Welt der moralischen Bedeutsamkeit entkleidet. In England bemüht man sich, Moral und Physik zu verbrüdern, Herr von Hartmann Moral und die Unvernünftigkeit des Daseins. Aber die eigentliche große Angst ist: die *Welt hat keinen Sinn mehr.* – Inwiefern mit »Gott« auch die bisherige Moral weggefallen ist: sie hielten sich gegenseitig.

Nun bringe ich eine neue Auslegung, eine »unmoralische«, im Verhältnis zu der unsre bisherige Moral als Spezialfall erscheint. Populär geredet: Gott ist widerlegt, der Teufel nicht. –

(405)

Wie kommt es, daß die Grundglaubensartikel in der Psychologie allesamt die ärgsten Verdrehungen und Falschmünzereien sind? »*Der Mensch strebt nach Glück*« z. B. – was ist daran wahr? Um zu verstehn, was »Leben« ist, welche Art Streben und Spannung Leben ist, muß die Formel so gut von Baum und Pflanze als vom Tier gelten. »Wonach strebt die Pflanze?« – aber hier haben wir bereits eine falsche Einheit erdichtet, die es nicht gibt: die Tatsache eines millionenfachen Wachstums mit eigenen und halbeigenen Initiativen ist versteckt und verleugnet, wenn wir eine plumpe Einheit »Pflanze« voranstellen. Daß die letzten kleinsten »Individuen« *nicht* in dem Sinn eines »metaphysischen Individuums« und Atoms verständlich sind, daß ihre Machtsphäre fortwährend sich verschiebt – das ist zu allererst sichtbar: aber strebt ein jedes von ihnen, wenn es sich dergestalt verändert, *nach Glück*? – Aber alles Sichausbreiten, Einverleiben, Wachsen ist ein Anstreben gegen Widerstehendes; Bewegung ist essentiell etwas mit Unlustzuständen Verbundenes: es muß das, was hier treibt, jedenfalls etwas anderes wollen, wenn es dergestalt die Unlust will und fortwährend aufsucht. – Worum kämpfen die Bäume eines Urwaldes miteinander? Um »Glück«? – Um *Macht*!...

Der Mensch, Herr über die Naturgewalten geworden, Herr über seine eigne Wildheit und Zügellosigkeit (die Begierden haben folgen, haben nützlich sein gelernt) – der Mensch, im Vergleich zu einem Vormenschen, stellt ein ungeheures Quantum *Macht* dar, – *nicht* ein Plus von »Glück«! Wie kann man behaupten, daß er nach Glück *gestrebt* habe?...

(406)

Die Präokkupation mit sich und seinem »ewigen Heile« ist *nicht* der Ausdruck einer reichen und selbstgewissen Natur: denn diese fragt den Teufel danach, ob sie selig wird, – sie hat kein solches Interesse am Glück irgendwelcher Gestalt, sie ist Kraft, Tat, Begierde, – sie drückt sich den Dingen auf, sie *vergreift* sich an den Dingen. Christentum ist eine romantische Hypochondrie solcher, die nicht auf festen Beinen stehn.

Überall, wo die *hedonistische* Perspektive in den Vordergrund tritt, darf man auf Leiden und eine gewisse *Mißratenheit* schließen.

(407)

Das »Übergewicht von *Leid über Lust*« oder das Umgekehrte (der *Hedonismus*): diese beiden Lehren sind selbst schon Wegweiser zum Nihilismus...

Denn hier wird in beiden Fällen kein anderer letzter *Sinn* gesetzt als die Lust- oder Unlusterscheinung.

Aber so redet eine Art Mensch, die es nicht mehr wagt, einen Willen, eine Absicht, einen *Sinn* zu setzen: – für jede gesündere Art Mensch mißt sich der Wert des Lebens schlechterdings nicht am Maße dieser Nebensachen. Und ein *Übergewicht* von Leid wäre möglich und *trotzdem* ein mächtiger Wille, ein *Jasagen* zum Leben; ein Nötighaben dieses Übergewichts.

»Das Leben lohnt sich nicht«; »Resignation«; »Warum sind die Tränen?...« – eine schwächliche und sentimentale Denkweise. »Un monstre gai vaut mieux qu'un sentimental ennuyeux.«

(408)

Kritik des bisherigen *Pessimismus*. – Abwehr der eudämonologischen Gesichtspunkte als letzte Reduktion auf diese Frage: Welchen *Sinn* hat es? Reduktion der Verdüsterung. –

Unser Pessimismus: die Welt ist nicht *das* wert, was wir glaubten, – unser Glaube selber hat unsre Triebe nach Erkenntnis so gesteigert, daß wir dies heute sagen *müssen*. Zunächst gilt sie damit als weniger wert: sie wird so *zunächst empfunden*, – nur in diesem Sinne sind wir Pessimisten, nämlich mit dem Willen, uns rückhaltlos diese Umwertung einzugestehen und uns nichts nach alter Weise vorzuleiern, vorzulügen...

Gerade damit finden wir das Pathos, welches uns treibt, *neue Werte* zu suchen. In summa: die Welt könnte viel mehr wert sein, als wir glaubten, – wir müssen hinter die *Naivität unsrer Ideale* kommen, und daß wir vielleicht im Bewußtsein, ihr die höchste Interpretation zu geben, unserm menschlichen Dasein nicht einmal einen mäßig-billigen Wert gegeben haben.

Was ist *vergöttert* worden? – Die Wertinstinkte innerhalb der *Gemeinde* (das, was deren Fortdauer ermöglichte).

Was ist *verleumdet* worden? – Das, was die höheren Menschen *abtrennte* von den niederen, die Klüfte schaffenden Triebe.

(409)

Wir Hyperboreer

1. Wenn anders wir Philosophen sind, wir Hyperboreer, es scheint jedenfalls, daß wir es anders sind, als man ehemals Philosoph war. Wir sind durchaus keine Moralisten... Wir trauen unsern Ohren nicht, wenn wir sie reden hören, alle diese Ehemaligen. »Hier ist der Weg zum Glücke« – damit springt ein jeder von ihnen auf uns los, mit einem Rezept in der Hand und mit Salbung im hieratischen Maule. »Aber was kümmert *uns* das Glück?« – fragen wir ganz erstaunt. »Hier ist der Weg zum Glück«, fahren sie fort, diese heiligen Schreiteufel, »und dies da ist die *Tugend*, der neue Weg zum Glück!«... Aber wir bitten Sie, meine Herren! Was kümmert uns gar Ihre Tugend! Wozu geht unsereins denn abseits, wird Philosoph, wird Rhinozeros, wird Höhlenbär, wird Gespenst? Ist es nicht, um die Tugend und das Glück *loszusein*? – Wir sind von Natur viel zu glücklich, viel zu tugendhaft, um nicht eine kleine Versuchung darin zu finden, Philosophen zu werden: das heißt Immoralisten und Abenteurer... Wir haben für das Labyrinth eine eigne Neugierde, wir bemühen uns darum, die Bekanntschaft des Herrn Minotaurus zu machen, von dem man Gefährliches erzählt: was liegt uns an Ihrem Weg *hinauf*, an Ihrem Strick, der *hinaus*führt? zu Glück und Tugend führt? zu *Ihnen* führt, ich fürchte es... Sie wollen *uns* mit Ihrem Stricke retten? – Und wir, wir bitten Sie inständigst, hängen Sie sich daran auf!...

2. Zuletzt: was hilft es? Es bleibt kein andres Mittel, die Philosophie wieder zu Ehren zu bringen: *Man muß zuerst die Moralisten aufhängen.* Solange diese von Glück und Tugend reden, über-

reden sie nur die alten Weiber zur Philosophie. Sehen Sie ihnen doch ins Gesicht, allen den berühmten Weisen seit Jahrtausenden: lauter alte, lauter ältliche Weiber, lauter *Mütter*, mit Faust zu reden. »Die Mütter! Mütter! 's klingt so schauerlich.« – Wir machen aus ihr eine Gefahr, wir verändern ihren Begriff, wir lehren Philosophie als *lebensgefährlichen* Begriff: wie könnten wir ihr besser zu Hilfe kommen? – Ein Begriff wird der Menschheit immer so viel wert sein, als er ihr kostet. Wenn niemand Bedenken trägt, für den Begriff »Gott«, »Vaterland«, »Freiheit« Hekatomben zu opfern, wenn die Geschichte der große Dampf um diese Art Opfer ist –, womit kann sich der *Vorrang* des Begriffs »Philosophie« vor solchen Popularwerten wie »Gott«, »Vaterland,« »Freiheit« beweisen als dadurch, daß er *mehr* kostet – *größere* Hekatomben?... Umwertung aller Werte: *das wird kostspielig*, ich verspreche es – –

3. Dieser Anfang ist heiter genug: ich schicke ihm sofort meinen Ernst hinterdrein. Mit diesem Buche wird der Moral *der Krieg erklärt*, und in der Tat, die Moralisten insgesamt werden zuerst von mir abgetan. Man weiß bereits, welches Wort ich mir zu diesem Kampf zurechtgemacht habe, das Wort *Immoralist*; man kennt insgleichen meine Formel »Jenseits von Gut und Böse«. Ich habe diese starken Gegenbegriffe nötig: die *Leuchtkraft* dieser Gegenbegriffe, um in jenen Abgrund von Leichtfertigkeit und Lüge hinabzuleuchten, der bisher Moral hieß. Die Jahrtausende, die Völker, die Ersten und die Letzten, die Philosophen und die alten Weiber – in diesem Punkte sind sie alle einander würdig. Der Mensch war bisher *das* moralische Wesen, eine Kuriosität ohnegleichen – und als moralisches Wesen absurder, verlogener, eitler, leichtfertiger, *sich selber nachteiliger*, als auch der größte Verächter des Menschen es sich träumen lassen möchte. Moral die bösartigste Form des Willens zur Lüge, die eigentliche Circe der Menschheit: das, was sie *verdorben* hat. Es ist *nicht* der Irrtum als Irrtum, was mir bei diesem Anblick Entsetzen macht, nicht der jahrtausendelange Mangel an »gutem Willen«, an Zucht, an Anstand, an *Mut* im Geistigen, es ist der Mangel an Natur, es ist die schauderhafte Tatsächlichkeit, daß die Widernatur selbst als Moral mit den höchsten Ehren geehrt worden ist und als Gesetz über der Menschheit hängenblieb. Wie ist es nur möglich, daß die Menschheit nicht längst von dieser unheimlichsten und gefährlichsten Gestalt des Irrtums gewarnt worden ist? – *daß sie von mir erst gewarnt wird?*... In diesem Maße sich ver-

greifen, – nicht als Einzelner, nicht als Volk, sondern als *Menschheit*! Worauf weist das? – Daß man die untersten Instinkte des Lebens verachten lehrt, daß man in der tiefsten Notwendigkeit zum Gedeihen des Lebens, in der Selbstsucht, das böse Prinzip sieht: daß man in dem typischen Ziel des Niedergangs, der Instinkt-Widersprüchlichkeit, im »Selbstlosen«, im Verlust des Schwergewichts, in der »Entpersönlichung« und »Nächstenliebe« grundsätzlich einen höheren Wert, was sage ich! den Wert *an sich* sieht!

Wie? Wäre die Menschheit selber in décadence? Wäre sie es immer gewesen? Was feststeht, ist, daß ihr nur décadence-Werte als oberste Werte *gelehrt* worden sind. Die Entselbstungsmoral ist die typische Niedergangsmoral par excellence. – Hier bliebe eine Möglichkeit offen, daß nicht die Menschheit selber in décadence sei, sondern jene ihre Lehrer!... Und in der Tat, das ist mein Satz: Die Lehrer, die Führer der Menschheit waren décadents: *daher* die Umwertung aller Werte ins Nihilistische (»Jenseitige«...). Sie nannten sich Moralisten, was immer sie sonst waren, Philosophen vielleicht, Priester, Propheten, Seher, Heilige: sie glaubten allesamt an die Moral, sie waren eins in einem, die Menschheit zu »verbessern...«

4. Was dürfte dagegen ein *Immoralist von sich* verlangen? Was werde *ich* mir mit diesem Buche zur Aufgabe stellen? – Vielleicht auch die Menschheit zu »verbessern«, nur anders, nur umgekehrt: nämlich sie von der Moral zu *erlösen*, von den Moralisten zumal, – ihre gefährlichste Art von Unwissenheit ihr ins Bewußtsein, ihr ins *Gewissen* zu schieben... *Wiederherstellung des Menschheitsegoismus!* – –

(410)

Es *gibt* zuletzt kein Ziel mehr: die Moral ist nicht *mehr* der Weg zum Himmel, – auch nicht mehr zum Himmel auf Erden (Qual der Gewissensbisse). Sie steht und fällt nicht mehr mit Staaten und Völkern.

Furchtbarer Rückblick auf die *Qual* der Menschheit. Sie war nahe daran, das Leben aus moralischer Unbefriedigung *aufzugeben*.

(411)

Moral als *Illusion der Gattung*, um den Einzelnen anzutreiben, sich der Zukunft zu opfern: scheinbar ihm selbst einen unendlichen Wert zugestehend, so daß er mit diesem *Selbstbewußtsein* andere Seiten seiner Natur tyrannisiert und niederhält und schwer mit sich zufrieden ist.

Tiefste Dankbarkeit für das, was die Moral bisher geleistet hat: aber *jetzt nur noch ein Druck*, der zum Verhängnis werden würde! *Sie selbst zwingt* als Redlichkeit zur Moralverneinung.

(412)

Der Zustand der Korruption. – Die Zusammengehörigkeit aller Korruptionsformen zu begreifen; und dabei nicht die christliche Korruption zu vergessen (Pascal als Typus); ebenso die sozialistisch-kommunistische Korruption (eine Folge der christlichen; – naturwissenschaftlich ist die *höchste* Sozietätskonzeption der Sozialisten die *niederste* in der Rangordnung der Sozietäten); die »*Jenseits*«-Korruption: wie als ob es außer der wirklichen Welt, der des Werdens, eine Welt des Seienden gäbe.

Hier darf es keinen *Vertrag* geben: hier muß man ausmerzen, vernichten, Krieg führen, – man muß das christlich-nihilistische Wertmaß überall noch *herausziehn* und es unter jeder Maske bekämpfen...; z. B. aus der jetzigen *Soziologie*, aus der jetzigen *Musik*, aus dem jetzigen *Pessimismus* (– alles Formen des christlichen Wertideals –).

Entweder eins *oder* das andere ist *wahr*: wahr, das heißt hier den Typus Mensch emporhebend...

Der Priester, der Seelsorger, als verwerfliche Daseinsformen. Die gesamte Erziehung bisher hilflos, haltlos, ohne Schwergewicht, mit dem Widerspruch der Werte behaftet –

(413)

Man soll das Reich der Moralität Schritt für Schritt verkleinern und eingrenzen: man soll die Namen für die eigentlichen hier arbeitenden Instinkte ans Licht ziehen und zu Ehren bringen, nachdem sie die längste Zeit unter heuchlerischen Tugendnamen versteckt wurden; man soll aus Scham vor seiner immer gebieterischer redenden »Redlichkeit« die Scham verlernen, welche die natürlichen Instinkte verleugnen und weglügen möchte. Es ist ein Maß der Kraft, wie weit man sich der Tugend entschlagen kann; und es wäre eine Höhe zu denken, wo der Begriff »Tugend« so unempfunden wäre, daß er wie virtù klänge, Renaissancetugend, moralinfreie Tugend. Aber einstweilen – wie fern sind wir noch von diesem Ideale!

Die Gebietsverkleinerung der Moral: ein Zeichen ihres Fortschritts. Überall, wo man noch nicht *kausal* zu denken vermocht hat, dachte man *moralisch*.

(414)

Welche Werte bisher obenauf waren.

Moral als oberster Wert, in allen Phasen der Philosophie (selbst bei den Skeptikern). Resultat: diese Welt taugt nichts, es muß eine »wahre Welt« geben.

Was bestimmt hier eigentlich den obersten Wert? Was ist eigentlich Moral? Der Instinkt der décadence, es sind die Erschöpften und Enterbten, die auf diese Weise *Rache nehmen* und die *Herren* machen...

Historischer Nachweis: die Philosophen immer décadents, immer im Dienst der nihilistischen Religionen.

Der Instinkt der décadence, der als Wille zur Macht auftritt. Vorführung seines Systems der Mittel: absolute Unmoralität der Mittel.

Gesamteinsicht: die bisherigen obersten Werte sind ein Spezialfall des Willens zur Macht, die Moral selbst ist ein Spezialfall der *Unmoralität*.

Warum die gegnerischen Werte immer unterlagen

1. Wie war das eigentlich *möglich*? Frage: *Warum* unterlag das Leben, die physiologische Wohlgeratenheit überall? Warum gab es keine Religion des Ja?...

Die historischen Anzeichen solcher Bewegungen:

Die heidnische Religion. Dionysos gegen den »Gekreuzigten«.

Die Renaissance. Die *Kunst*.

2. Die Starken und die Schwachen: die Gesunden und die Kranken; die Ausnahme und die Regel. Es ist kein Zweifel, *wer* der Stärkere ist...

Gesamtaspekt der Geschichte: Ist der Mensch damit eine *Ausnahme* in der Geschichte des Lebens? – Einsprache gegen den *Darwinismus*. Die Mittel der Schwachen, um sich oben zu erhalten, sind Instinkte, sind »Menschlichkeit« geworden, sind »Institutionen«...

3. Nachweis dieser Herrschaft in unsern politischen Instinkten, in unsern sozialen Werturteilen, in unsern Künsten, in unsrer *Wissenschaft*.

Die *Niedergangsinstinkte* sind Herr über die *Aufgangsinstinkte* geworden... Der *Wille zum Nichts* ist Herr geworden über den *Willen zum Leben*!

– Ist das *wahr*? Ist nicht vielleicht eine größere Garantie des Lebens, der Gattung in diesem Sieg der Schwachen und Mittleren? – Ist es vielleicht nur ein Mittel in der Gesamtbewegung des Lebens, eine Tempoverzögerung? eine Notwehr gegen etwas noch Schlimmeres?

– Gesetzt, die *Starken* wären Herr, in allem, und auch in den Wertschätzungen geworden: ziehen wir die Konsequenz, wie sie über Krankheit, Leiden, Opfer denken würden! Eine *Selbstverachtung der Schwachen* wäre die Folge; sie würden suchen, zu verschwinden und sich auszulöschen... Und wäre dies vielleicht *wünschenswert*? – und möchten wir eigentlich eine Welt, in der die Nachwirkung der Schwachen, ihre Feinheit, Rücksicht, Geistigkeit, *Biegsamkeit* fehlte?...

Wir haben zwei »Willen zur Macht« im Kampfe gesehn (*im Spezialfall: wir hatten ein Prinzip*, dem einen recht zu geben, der bisher unterlag, und dem, der bisher siegte, unrecht zu geben): wir haben die »wahre Welt« als eine »*erlogene Welt*« und die Moral als eine *Form der Unmoralität* erkannt. Wir sagen *nicht*: »der Stärkere hat unrecht«.

Wir haben begriffen, *was* bisher den obersten Wert bestimmt hat und *warum* es Herr geworden ist über die gegnerische Wertung –: es war numerisch *stärker*.

Reinigen wir jetzt die *gegnerische Wertung* von der Infektion und Halbheit, von der *Entartung*, in der sie uns allen bekannt ist.

Wiederherstellung der Natur: moralinfrei.

(415)

»Und was wird nach dem Ende der Moral?« Oh, ihr Neugierigen! Wozu *schon jetzt* so fragen! Aber laufen wir einmal schnell darüber hin – schnell! – sonst würden wir fallen, – denn hier ist alles Eis und Glätte. – Alle und jede Handlungsweise, welche die Moral *fordert*, wurde von ihr auf Grund mangelhafter Kenntnis des Menschen und vieler tiefer und schwerer Vorurteile gefordert: hat man diesen Mangel und diese Erdichtung nachgewiesen, so hat man die *moralische* Verbindlichkeit für diese und jene Handlungen *vernichtet* – es ist kein Zweifel! –, und zwar schon deshalb, weil die Moral selber vor allem Wahrheit und Redlichkeit fordert und somit sich selber die Schnur um den Hals gelegt hat, mit welcher sie erwürgt werden kann, – werden *muß: der Selbstmord der Moral* ist ihre eigene letzte moralische Forderung! – Immerhin könnte damit die Forderung, daß dies zu tun und jenes zu lassen ist, noch nicht vernichtet sein, nur der moralische Antrieb würde fürderhin fehlen – und nur für den Fall, daß es eben keinen weiteren Antrieb für eine Handlungsweise geben sollte als diesen, wäre die Forderung selber mit der Moral erdrosselt. Nun melden sich aber die *Utilitarier* und zeigen auf den Nutzen hin, als Anlaß zur gleichen Forderung, – auf den Nutzen als den nötigen Umweg zum Glück; die *Ästhetiker* sodann, welche im Namen des Schönen und Hohen oder des guten Geschmacks (was dasselbe ist) die Forderung wiederholen; es erscheinen die *Freunde der Erkenntnis* und zeigen, daß soundso zu leben die beste Vorbereitung zum Erkennen sei und daß es nicht nur von schlechtem Geschmacke zeugen würde, sondern von Widerspenstigkeit gegen die Weisheit, wenn man anders, im Widerspruch zu jenen ehemaligen Forderungen der Moral, leben *wollte*. – Und zuletzt strömen die *Idealisten* aller Grade herbei und zeigen auf das Gebilde hin, das vor ihnen herschwebt: »Ach, dies Gebilde zu erreichen, zu umarmen, es wie ein Siegel auf uns eindrücken und fürderhin dies Bild *sein*, – was würden wir nicht alles tun und lassen *um dessentwillen*! Was ist uns Nutzen und Geschmack und Weisheit, was sind uns Gründe und Grundlosigkeit gegen diese *Begier* nach unserem Ideal, nach diesem meinem Ideale!« – und so stellen sie jene Forderung wieder her, jeder für *sich*, – als Mittel seiner Begier, als Labsal seines Dursts.

(416)

Was »*nützlich*« heißt, ist ganz und gar abhängig von der *Absicht*, dem Wozu; die Absicht, das »Ziel« wieder ist ganz und gar abhängig vom Grad der *Macht*. Deshalb ist Utilitarismus keine Grundlage, sondern nur eine *Folgen*lehre und absolut zu *keiner Verbindlichkeit* für *alle* zu bringen.

(417)

Der *Individualismus* ist eine bescheidene und noch unbewußte Art des »Willens zur Macht«; hier scheint es dem einzelnen schon genug, *freizukommen* von einer Übermacht der Gesellschaft (sei es des Staates oder der Kirche). Er setzt sich *nicht als Person* in Gegensatz, sondern bloß als einzelner; er vertritt alle Einzelnen gegen die Gesamtheit. Das heißt: er setzt sich instinktiv *gleich an mit jedem einzelnen*; was er erkämpft, das erkämpft er nicht sich als Person, sondern sich als Vertreter einzelner gegen die Gesamtheit.

Der *Sozialismus* ist bloß ein *Agitationsmittel des Individualismus*: er begreift, daß man sich, um etwas zu erreichen, zu einer Gesamtaktion organisieren muß, zu einer »Macht«. Aber was er will, ist nicht die Sozietät als Zweck des einzelnen, sondern die Sozietät als *Mittel zur Ermöglichung vieler einzelnen*: – das ist der Instinkt der Sozialisten, über den sie sich häufig betrügen (– abgesehen, daß sie, um sich durchzusetzen, häufig betrügen müssen).

Die altruistische Moralpredigt im Dienste des Individualegoismus: eine der gewöhnlichsten Falschheiten des *neunzehnten* Jahrhunderts.

Der *Anarchismus* ist wiederum bloß ein *Agitationsmittel des Sozialismus*; mit ihm erregt er Furcht, mit der Furcht beginnt er zu faszinieren und zu terrorisieren: vor allem – er zieht die Mutigen, die Gewagten auf seine Seite, selbst noch im Geistigsten.

Trotz alledem: der *Individualismus* ist die *bescheidenste* Stufe des Willens zur Macht.

Hat man eine gewisse Unabhängigkeit erreicht, so will man mehr: es tritt die *Sonderung* heraus nach dem Grade der Kraft: der einzelne setzt sich nicht ohne weiteres mehr gleich, sondern er *sucht nach seinesgleichen*, – er hebt andere von sich ab. Auf den Individualismus folgt die *Glieder-* und *Organbildung*: die verwandten Tendenzen sich zusammenstellend und sich als Macht betätigend: zwischen diesen Machtzentren Reibung, Krieg, Erkenntnis beiderseitiger Kräfte, Ausgleichung, Annäherung, Festsetzung von *Austausch der Leistungen*. Am Schluß: eine *Rangordnung*.

Rekapitulation:
1. Die Individuen machen sich frei;
2. sie treten in Kampf, sie kommen über »Gleichheit der Rechte« überein (– »Gerechtigkeit« als Ziel –);
3. ist das erreicht, so treten die tatsächlichen *Ungleichheiten der Kraft* in eine *vergrößerte Wirkung* (weil im großen ganzen der Friede herrscht und viele kleine Kraftquanta schon Differenzen ausmachen, solche, die früher fast gleich null waren). Jetzt organisieren sich die einzelnen zu *Gruppen*; die Gruppen streben nach Vorrechten und nach Übergewicht. Der Kampf, in milderer Form, tobt von neuem.

Man will *Freiheit*, solange man noch nicht die Macht hat. Hat man sie, will man Übermacht; erringt man sie nicht (ist man noch zu schwach zu ihr), will man »*Gerechtigkeit*«, d. h. *gleiche Macht*.

(418)

Vom Willen zur Macht wird kaum mehr gewagt zu sprechen: anders zu Athen!

(419)

Wir ehren und schützen alle *Machtansammlungen*, weil wir sie einst zu *erben* hoffen – die *Weisen*. Wir wollen ebenso die Erben der Moralität sein, nachdem wir die Moral zerstört haben.

(420)

Welches sind die *tiefen Umwandlungen*, welche aus den *Lehren* kommen müssen, daß kein *Gott* für uns sorgt und daß es kein ewiges Sittengesetz gibt (atheistisch-unmoralische Menschheit)? daß wir *Tiere* sind? daß unser Leben vorbeigeht? daß wir unverantwortlich sind? *Der Weise und das Tier* werden sich *nähern* und einen neuen *Typus* ergeben!

(421)

Gott war bisher verantwortlich für jedes Lebendige, das entstand, – man konnte nicht erraten, was er mit ihm vorhatte; und gerade dann, wenn dem Lebendigen das Zeichen des Leidens und der Gebrechlichkeit eingeprägt war, vermutete man, daß es schneller als andere Wesen von der Lust am »Leben« und an der »Welt« geheilt werden solle und dergestalt mit einem Merkmal der Gnade und der Hoffnung gezeichnet sei. Sobald man aber nicht mehr an Gott und an die Bestimmung des Menschen für ein Jenseits glaubt, *wird der Mensch verantwortlich für alles Lebendige*, das leidend entsteht und das zur Unlust am Leben vorherbestimmt ist. »Du sollst nicht töten« – gehört in eine Ordnung der Dinge, wo ein Gott über Leben und Tod bestimmt.

(422)

– da es keinen Gott mehr gibt, ist die Einsamkeit nicht mehr zu ertragen: der hohe Mensch *muß* ans Werk.

(423)

Wer das Große nicht mehr in Gott findet, findet es überhaupt nicht mehr – er muß es leugnen oder schaffen.

(424)

Die Guten fast wertlos jetzt. Auf die *Bösen mit religiösem Willen* kommt es an! Und immer war es so!

(425)

Wenn wir nicht aus dem *Tode Gottes* eine großartige *Entsagung* und einen fortwährenden *Sieg über uns* machen, so haben wir den *Verlust zu tragen*.

(426)

Unsere Voraussetzungen: kein Gott: kein Zweck: endliche Kraft. Wir wollen uns *hüten*, den Niedrigen die *ihnen* nötige Denkweise auszudenken und vorzuschreiben!!

(427)

Der Weg zur Weisheit. Fingerzeige zur Überwindung der Moral.

Der erste Gang. Besser verehren (und gehorchen und *lernen*) als irgendeiner. Alles Verehrenswerte in sich sammeln und miteinander kämpfen lassen. Alles Schwere tragen. Asketismus des Geistes – Tapferkeit. Zeit der Gemeinschaft.

[Die Überwindung der bösen, kleinlichen Neigungen. Das umfängliche Herz: man erobert nur mit Liebe. Vaterland, Rasse, alles gehört *hierher*. (Richard Wagner warf sich vor einem tiefen, liebevollen Herzen nieder; ebenso Schopenhauer. Dies gehört zur *ersten* Stufe.)]

Der zweite Gang. Das verehrende Herz zerbrechen, als man *am festesten gebunden* ist. Der freie Geist. Unabhängigkeit. Zeit der Wüste. Kritik alles Verehrten (Idealisierung des Unverehrten), Versuch umgekehrter Schätzungen.

[Die Überwindung auch der guten Neigungen. (Unvermerkt solche Naturen wie Dühring und Wagner und Schopenhauer als *noch nicht einmal* auf dieser Stufe stehend!)]

Der dritte Gang. Große Entscheidung, ob tauglich zur positiven Stellung, zum Bejahen. Kein Gott, kein Mensch mehr *über* mir! Der Instinkt des Schaffenden, der weiß, *wo* er die Hand anlegt. Die große Verantwortung und die Unschuld. (Um Freude irgendworan zu haben, muß man *alles* gutheißen.) Sich das Recht geben zum Handeln.

[Jenseits von Gut und Böse. Er nimmt sich der mechanischen Weltbetrachtung an und fühlt sich nicht gedemütigt unter dem Schicksal: er *ist* Schicksal. Er hat das Los der Menschheit in der Hand.]

– Nur für wenige: die meisten werden schon im zweiten Weg zugrunde gehn. Plato, Spinoza? vielleicht *geraten*?

Sich hüten vor Handlungen, die nicht mehr zur *erreichten Stufe* passen, z. B. das Helfen-wollen bei solchen, die nicht bedeutend genug sind, – dies ist falsches Mitleid.

(428)

1. Asketischer Versuch, sich von der Moral zu befreien: warum? – Praktische Konsequenz zunächst: soldatische Armut, Nähe des Todes. Freigeist.
2. Aber jetzt erkennen wir die Freigeisterei selber als *Moral*. Inwiefern? – *Alle* Empfindungen sind moralisch gefärbt. Was wir taten, war eine Kur, ein Mittel zum *Leben*. Moral erschien als eine Existenzbedingung.
3. Der neue *freiere* Blick für Moral als Existenz- und Förderungsbedingung des Lebens.
    Herde – Entwicklung des Ichs. Keine Vergeltung usw.
4. Versuch eines Standpunktes jenseits von Gut und Böse.

(429)

Ich betrachte alle metaphysischen und religiösen Denkweisen als Folge einer Unzufriedenheit *am Menschen* und eines Triebes nach einer höheren, übermenschlichen Zukunft, – nur daß die Menschen sich ins Jenseits flüchten wollten: statt an der Zukunft zu bauen. *Ein Mißverständnis der höheren Naturen, die am häßlichen Bilde des Menschen leiden.*

(430)

Zuerst das Nötige – und dies so schön und vollkommen, als du kannst! »Liebe das, was notwendig ist« – amor fati, dies wäre meine Moral. Tue ihm alles Gute an und hebe es über seine schreckliche Herkunft hinauf zu dir.

(431)

Woran ging die alexandrinische Kultur zugrunde? Sie vermochte mit all ihren nützlichen Entdeckungen und der Lust an der Erkenntnis *dieser* Welt doch *dieser* Welt, *diesem Leben nicht die letzte Wichtigkeit zu geben, das Jenseits blieb wichtiger!* Hierin umzulehren ist jetzt immer noch die Hauptsache: – vielleicht *wenn* die Metaphysik eben *dies* Leben mit dem *schwersten Akzent* trifft, – nach meiner Lehre!

(432)

Maßstab, *wonach* der Wert der moralischen Wertschätzungen zu bestimmen ist.

Die *übersehene* Grundtatsache: Widerspruch zwischen dem »Moralischer-werden« und der Erhöhung und Verstärkung des Typus Mensch.

Homo natura. Der »Wille zur Macht«.

(433)

Der *»gute Mensch« als Tyrann.* – Die Menschheit hat immer denselben Fehler wiederholt: daß sie aus einem Mittel zum Leben einen *Maßstab* des Lebens gemacht hat; daß sie – statt in der höchsten Steigerung des Lebens selbst, im Problem des Wachstums und der Erschöpfung, das Maß zu finden – die *Mittel* zu einem ganz bestimmten Leben zum Ausschluß aller anderen Formen des Lebens, kurz zur Kritik und Selektion des Lebens benützt hat. Das heißt, der Mensch liebt endlich die Mittel um ihrer selbst willen und *vergißt* sie als Mittel: so daß sie jetzt als Ziele ihm ins Bewußtsein treten, als Maßstäbe von Zielen..., d.h. *eine bestimmte Spezies Mensch* behandelt ihre Existenzbedingungen als gesetzlich aufzuerlegende Bedingungen, als »Wahrheit«, »Gut«, »Vollkommen«: sie *tyrannisiert* ... Es ist eine *Form des Glaubens*, des Instinkts, daß eine Art Mensch nicht die Bedingtheit ihrer eignen Art, ihre Relativität im Vergleich zu anderen einsieht. Wenigstens scheint es zu Ende zu sein mit einer Art Mensch (Volk, Rasse), wenn sie tolerant wird, gleiche Rechte zugesteht und nicht mehr daran denkt, Herr sein zu wollen –

(434)

Daß man den Menschen den *Mut* zu ihren Naturtrieben wiedergibt. –

Daß man ihrer *Selbstunterschätzung* steuert *(nicht* der des Menschen als Individuums, sondern der des Menschen *als Natur...).* –

Daß man die *Gegensätze* herausnimmt aus den Dingen, nachdem man begriffen, daß wir sie hineingelegt haben. –

Daß man die *Gesellschafts-Idiosynkrasie* aus dem Dasein überhaupt herausnimmt (Schuld, Strafe, Gerechtigkeit, Ehrlichkeit, Freiheit, Liebe usw.). –

Fortschritt zur »*Natürlichkeit*«: in allen politischen Fragen, auch im Verhältnis von Parteien, selbst von merkantilen oder Arbeiter- oder Unternehmerparteien, handelt es sich um *Machtfragen* – »was man *kann*« und erst daraufhin, was man *soll.*

(435)

Die *Intoleranz der Moral* ist ein Ausdruck von der *Schwäche* des Menschen: er fürchtet sich vor seiner »Unmoralität«, er muß seine stärksten Triebe *verneinen,* weil er sie noch nicht zu benutzen weiß. So liegen die fruchtbarsten Striche der Erde am längsten unbebaut: – die Kraft fehlt, die hier Herr werden könnte...

(436)

Solange noch gehandelt werden *soll,* also *befohlen wird,* ist noch nicht die Synthesis (die *Aufhebung* des moralischen Menschen) da. *Nicht anders können*: Triebe und befehlende Vernunft über den Zweck *hinaus*: sich selber genießen im Tun.

(437)

Ich mußte die Moral *aufheben,* um meinen moralischen Willen durchzusetzen.

Gesetzt, es gilt die Moral, so darf ich nicht den Nächsten durch mein Richtertum vergewaltigen. Dann *auch* nicht terrorisieren (abschrecken). Ja, er ist unschuldig.

Ringen um die Macht! Mein Ideal durchsetzen, *auf die Weise,* die aus meinem Ideal folgt!

Die Verachtung des Machtgewinnes und -einflusses ist *wider* das Prinzip des Organischen.

(438)

Das Schöne, das Ekelhafte usw. ist das ältere Urteil. Sobald es die *absolute Wahrheit* in Anspruch nimmt, schlägt das ästhetische Urteil in die moralische *Forderung* um.

Sobald wir die absolute Wahrheit *leugnen*, müssen wir alles *absolute Fordern* aufgeben und uns auf *ästhetische Urteile* zurückziehen. *Dies ist die Aufgabe*: Eine Fülle *ästhetischer, gleichberechtigter* Wertschätzungen zu kreieren: jede für ein Individuum die letzte Tatsache und das Maß der Dinge.

Reduktion der Moral auf Ästhetik!!!

(439)

Wir kennen a) die Motive der Handlung nicht; b) wir kennen die Handlung, die wir tun, nicht; c) wir wissen nicht, was daraus wird. Aber wir glauben von allen dreien das *Gegenteil*: Das vermeintliche Motiv, die vermeintliche Handlung und die vermeintlichen Folgen gehören in die uns bekannte Geschichte des Menschen, sie wirken aber auch auf seine unbekannte Geschichte ein, als die jedesmalige Summe von drei Irrtümern.

In *jedem* Falle gibt es nicht *eine* Handlung, die zu tun ist, sondern so viele, als es *Ideale* des vollkommenen Menschen gibt. Nützlich, verderblich ist kein »An-sich«; die Ideale sind Dichtungen auf mehr oder weniger geringer Kenntnis des Menschen. – Ich leugne die absolute Sittlichkeit, weil ich ein absolutes Ziel des Menschen nicht kenne. Man muß den gesunden Zustand kennen, um den krankhaften zu erkennen – aber Gesundheit selber ist eine Vorstellung, die nach dem *Vorhandenen* sich in uns erzeugt. »Übergangszustände, durchdrungen von dem auf Nichtanpassung beruhenden Elend«: sagt *Spencer*, – und doch könnte gerade das Elend das Nützlichste sein!

Ich *suche* für mich und meinesgleichen den sonnigen Winkel inmitten der jetzt wirklichen Welt, jene sonnigen Vorstellungen, bei denen uns ein Überschuß von Wohl kommt. Möge dies jeder für sich tun und das Reden ins Allgemeine, für die »Gesellschaft« beiseite lassen!

Mit sich behaftet wie mit einer Krankheit – so fand ich die Begabungen.

Die *Voraussetzung* des Spencerschen Zukunftsideals ist aber, was er *nicht sieht*, die *allergrößte Ähnlichkeit* aller Menschen, so daß einer wirklich im alter sich selber sieht. Nur so ist Altruismus möglich. Aber ich denke an die immer bleibende *Unähnlichkeit* und möglichste *Souveränität* des einzelnen: also altruistische Genüsse müssen seltener werden, oder die *Form bekommen der Freude am anderen, wie unsere jetzige Freude an der Natur*.

(440)
Gäbe es eine *absolute Moral*, so würde sie verlangen, daß *unbedingt* der Wahrheit gefolgt werde: folglich, daß *ich und die Menschen an ihr zugrunde gehen.* – Dies mein Interesse an der *Vernichtung der Moral*. Um leben und höher werden zu können – um den *Willen zur Macht zu befriedigen* –, müßte jedes *absolute Gebot* beseitigt werden. Für den *mächtigsten* Menschen ist auch die *Lüge* ein *erlaubtes Mittel*, beim Schaffen: ganz so verfährt die Natur.

(441)
Ersatz der Moral durch den *Willen* zu unserem Ziele, und *folglich* zu dessen *Mitteln*.

(442)
Moral wesentlich als *Wehr*, als Verteidigungsmittel; insofern ein Zeichen des unausgewachsenen Menschen (verpanzert; stoisch).

Der ausgewachsene Mensch hat vor allem *Waffen*: er ist *angreifend*.

Kriegswerkzeuge zu Friedenswerkzeugen umgewandelt (aus Schuppen und Platten Federn und Haare).

(443)
Wert ist das höchste Quantum Macht, das der Mensch sich einzuverleiben vermag – der Mensch: *nicht* die Menschheit! Die Menschheit ist viel eher noch ein Mittel als ein Ziel. Es handelt sich um den Typus: Die Menschheit ist bloß das Versuchsmaterial, der ungeheure Überschuß des Mißratenen: ein Trümmerfeld.

(444)
Die *überschüssige* Kraft in der *Geistigkeit*, sich selbst neue Ziele stellend; durchaus nicht bloß als befehlend und führend für die niedere Welt oder für die Erhaltung des Organismus, des »Individuums«.

Wir sind *mehr* als das Individuum: wir sind die ganze Kette noch, mit den Aufgaben aller Zukünfte der Kette.

(445)
Die Worte des Wertes sind Fahnen, dort aufgepflanzt, wo eine *neue Seligkeit* erfunden wurde, – ein neues *Gefühl*.

(446)
Der Glaube an uns ist die stärkste Fessel und der höchste Peitschenschlag – und der *stärkste Flügel*. Das Christentum hätte die Unschuld des Menschen als Glaubensartikel aufstellen sollen – die Menschen wären Götter geworden: damals konnte man noch glauben.

(447)

Es ist die Zeit der Gelobenden: – *freie* Treuegelübde zugunsten irgendeiner Tugend: nicht, weil diese Tugend befiehlt, sondern weil ich sie mir befehle.

(448)

Die Tugenden sind so gefährlich als die Laster, insofern man sie von außen her als Autorität und Gesetz über sich herrschen läßt und sie nicht aus sich selbst erst erzeugt, wie es das Rechte ist, als persönlichste Notwehr und Notdurft, als Bedingung gerade *unseres* Daseins und Wachstums, die wir erkennen und anerkennen, gleichgültig ob andere mit uns unter gleicher oder verschiedener Bedingung wachsen. Dieser Satz von der Gefährlichkeit der unpersönlich verstandenen, *objektiven* Tugend gilt auch von der Bescheidenheit: an ihr gehen viele der ausgesuchten Geister zugrunde. Die Moralität der Bescheidenheit ist die schlimmste Verweichlichung für solche Seelen, bei denen es allein Sinn hat, daß sie bei Zeiten *hart* werden.

(449)

Gewissen ist das Gefühl, in dem uns die *Rangordnung* unserer Triebe zum Bewußtsein kommt.

(450)

Überwindung der Affekte? – Nein, wenn es Schwäche und Vernichtung derselben bedeuten soll. *Sondern in Dienst nehmen*: wozu gehören mag, sie lange zu tyrannisieren (nicht erst als einzelne, sondern als Gemeinde, Rasse usw.). Endlich gibt man ihnen eine vertrauensvolle Freiheit wieder: sie lieben uns wie gute Diener und gehen freiwillig dorthin, wo unser Bestes hin will.

(451)

Es gibt ganz naive Völker und Menschen, welche glauben, ein beständig gutes Wetter sei etwas Wünschbares: sie glauben noch heute in rebus moralibus, der »gute Mensch« allein und nichts als der »gute Mensch« sei etwas Wünschbares – und ebendahin gehe der Gang der menschlichen Entwicklung, daß nur *er* übrigbleibe (und allein dahin *müsse* man alle Absicht richten –). Das ist im höchsten Grade *unökonomisch* gedacht und, wie gesagt, der Gipfel des Naiven, nichts als Ausdruck der *Annehmlichkeit*, die der »gute Mensch« macht (– er erweckt keine Furcht, er erlaubt die Ausspannung, er gibt, was man nehmen kann).

Mit einem überlegnen Auge wünscht man gerade umgekehrt die immer größere *Herrschaft des Bösen*, die wachsende Freiwerdung des Menschen von der engen und ängstlichen Moraleinschnürung, das Wachstum der Kraft, um die größten Naturgewalten – die Affekte – in Dienst nehmen zu können.

(452)

Je nach den Widerständen, die eine Kraft aufsucht, um über sie Herr zu werden, muß das Maß des hiermit herausgeforderten Mißlingens und Verhängnisses wachsen: und insofern jede Kraft sich nur an Widerstehendem auslassen kann, ist notwendig in jeder Aktion ein *Ingrediens von Unlust*. Nur wirkt diese Unlust als Reiz des Lebens und stärkt den *Willen zur Macht!*

(453)

Nützlich sind die Affekte allesamt, die einen direkt, die andern indirekt; in Hinsicht auf den Nutzen ist es schlechterdings unmöglich, irgendeine Wertabfolge festzusetzen, – so gewiß, ökonomisch gemessen, die Kräfte in der Natur allesamt gut, d.h. nützlich sind, so viel furchtbares und unwiderrufliches Verhängnis auch von ihnen ausgeht. Höchstens könnte man sagen, daß die mächtigsten Affekte die wertvollsten sind: insofern es keine größeren Kraftquellen gibt.

(454)

Wo wir fühlen, helfen zu können, erwacht unser *Machtgefühl*: daher der Pflichteifer, die Anspannung, der Heroismus bei dem Retten von Verunglückten; die Lust an einer Gelegenheit, tapfer zu sein usw.

Liebe, Zärtlichkeit sind nicht *notwendig* dabei!

(455)

Das Lob, die Dankbarkeit als Wille zur Macht. – *Lob* und *Dankbarkeit* bei Ernte, gutem Wetter, Sieg, Hochzeit, Frieden: – die Feste brauchen alle ein *Subjekt*, gegen welches hin sich das Gefühl entladet. Man will, daß alles, was einem Gutes geschieht, einem *angetan* ist: man will den *Täter*. Ebenso vor einem Kunstwerk: man begnügt sich nicht an ihm: man lobt den Täter. – Was ist also *Loben*? Eine Art *Ausgleichung* in bezug auf empfangene Wohltaten, ein *Zurückgeben*, ein Bezeugen *unserer* Macht, – denn der Lobende bejaht, urteilt, schätzt ab, *richtet*: er gesteht sich das Recht zu, bejahen zu *können*, Ehre austeilen zu *können*. Das erhöhte Glücks- und Lebensgefühl ist auch ein erhöhtes *Machtgefühl*: aus dem heraus *lobt* der Mensch (– aus dem heraus erfindet und sucht er einen *Täter*, ein »*Subjekt*« –). Die *Dankbarkeit* als die *gute Rache*: am strengsten gefordert und geübt, wo Gleichheit und Stolz zugleich aufrechterhalten werden soll, wo am besten Rache geübt wird.

(456)

Ich habe dem bleichsüchtigen Christenideale den Krieg erklärt (samt dem, was ihm nahe verwandt ist), nicht in der Absicht, es zu vernichten, sondern nur um seiner *Tyrannei* ein Ende zu setzen und Platz freizubekommen für neue Ideale, für *robustere* Ideale... Die *Fortdauer* des christlichen Ideals gehört zu den wünschenswertesten Dingen, die es gibt: und schon um der Ideale willen, die neben ihm und vielleicht über ihm sich geltend machen wollen, – sie müssen Gegner, starke Gegner haben, um *stark* zu werden. – So brauchen wir Immoralisten die *Macht* der *Moral*: unser Selbsterhaltungstrieb will, daß unsre *Gegner* bei Kräften bleiben, – er will nur *Herr über sie* werden. –

(457)

Die europäischen Fürsten sollten sich in der Tat besinnen, ob sie unsrer Unterstützung entbehren können. Wir Immoralisten – wir sind heute die einzige Macht, die keine Bundesgenossen braucht, um zum Siege zu kommen: damit sind wir bei weitem die Stärksten unter den Starken. Wir bedürfen nicht einmal der Lüge: welche Macht könnte sonst ihrer entraten? Eine starke Verführung kämpft für uns, die stärkste vielleicht, die es gibt –: die Verführung der Wahrheit... Der »Wahrheit«? Wer legt das Wort mir in den Mund? Aber ich nehme es wieder heraus: aber ich verschmähe das stolze Wort: nein, wir haben auch sie nicht nötig, wir würden auch noch ohne die Wahrheit zur Macht und zum Siege kommen. Der Zauber, der für uns kämpft, das Auge der Venus, das unsere Gegner selbst bestrickt und blind macht, das ist die *Magie des Extrems*, die Verführung, die alles Äußerste übt: wir Immoralisten – wir sind die *Äußersten*...

3. Die Unschuld alles Daseins

(458)

Wir Philosophen des Jenseits – des Jenseits von Gut und Böse mit Verlaub! – die wir in Wahrheit gewitzte Interpreten und Zeichendeuter sind, – wir, denen das Schicksal aufgespart blieb, als Zuschauer der europäischen Dinge vor einen geheimnisvollen und *ungelesenen Text* hingestellt zu sein, der sich uns mehr und mehr verrät: welche Not haben wir, zu schweigen und die Lippen zusammenzudrücken, während immer mehrere und seltnere Dinge sich in uns drängen und häufen und nach Licht, Luft, Freiheit, *Wort* verlangen!

(459)

»Die Erlösung von aller Schuld«

Man spricht von der »tiefen Ungerechtigkeit« des sozialen Pakts: wie als ob die Tatsache, daß dieser unter günstigen, jener unter ungünstigen Verhältnissen geboren wird, von vornherein eine Ungerechtigkeit sei; oder gar schon, daß dieser mit diesen Eigenschaften, jener mit jenen geboren wird. Von seiten der Aufrichtigsten unter diesen Gegnern der Gesellschaft wird dekretiert: »Wir selber sind mit allen unseren schlechten, krankhaften, verbrecherischen Eigenschaften, die wir eingestehen, nur die unvermeidlichen *Folgen* einer sekulären Unterdrückung der Schwachen durch die Starken«; sie schieben ihren Charakter den herrschenden Ständen ins Gewissen. Und man droht, man zürnt, man verflucht; man wird tugendhaft vor Entrüstung –, man will nicht umsonst ein schlechter Mensch, eine Kanaille geworden sein.

Diese Attitüde, eine Erfindung unserer letzten Jahrzehnte, heißt sich, soviel ich höre, auch Pessimismus, und zwar Entrüstungspessimismus. Hier wird der Anspruch gemacht, die Geschichte zu richten, sie ihrer Fatalität zu entkleiden, eine Verantwortlichkeit hinter ihr, *Schuldige* in ihr zu finden. Denn darum handelt es sich: man braucht Schuldige. Die Schlechtweggekommenen, die décadents jeder Art sind in Revolte über sich und brauchen Opfer, um nicht an sich selbst ihren Vernichtungsdurst zu löschen (– was an sich vielleicht die Vernunft für sich hätte). Dazu haben sie einen Schein von Recht nötig, d. h. eine Theorie, auf welche hin sie die Tatsache ihrer Existenz, ihres Soundsoseins auf irgendeinen Sündenbock *abwälzen* können. Dieser Sündenbock kann Gott sein – es fehlt in Rußland nicht an solchen Atheisten aus Ressentiment –, oder die gesellschaftliche Ordnung, oder die Erziehung und der Unterricht, oder die Juden, oder die Vornehmen, oder überhaupt *Gutweggekommene* irgendwelcher Art. »Es ist ein Verbrechen, unter günstigen Bedingungen geboren zu werden: denn damit hat man die andern enterbt, beiseite gedrückt, zum Laster, selbst zur *Arbeit* verdammt... Was kann *ich* dafür, miserabel zu sein! Aber irgendwer muß etwas dafür können, *sonst wäre es nicht auszuhalten*!«... Kurz, der Entrüstungspessimismus *erfindet* Verantwortlichkeiten, um sich ein *angenehmes* Gefühl zu schaffen – die Rache... »Süßer als Honig« nennt sie schon der alte Homer. –

Daß eine solche Theorie nicht mehr Verständnis, will sagen Verachtung findet, das macht das Stück *Christentum*, das uns allen noch im Blute steckt: so daß wir tolerant gegen Dinge sind, bloß weil sie von fern etwas christlich riechen... Die Sozialisten appellieren an die christlichen Instinkte, das ist noch ihre feinste Klugheit... Vom Christentum her sind wir an den abergläubischen Begriff der »Seele« gewöhnt, an die »unsterbliche Seele«, an die Seelenmonade, die eigentlich ganz woanders zu Hause ist und nur zufällig in diese oder jene Umstände, ins »Irdische« gleichsam hineingefallen ist, »Fleisch« geworden ist: doch ohne daß ihr Wesen dadurch berührt, geschweige denn *bedingt* wäre. Die gesellschaftlichen, verwandtschaftlichen, historischen Verhältnisse sind für die Seele nur Gelegenheiten, Verlegenheiten vielleicht; jedenfalls ist sie nicht deren *Werk*. Mit dieser Vorstellung ist das Individuum transzendent gemacht; es darf auf sie hin sich eine unsinnige Wichtigkeit beilegen.

In der Tat hat erst das Christentum das Individuum herausgefordert, sich zum Richter über alles und jedes aufzuwerfen, der Größenwahn ist ihm beinahe zur Pflicht gemacht: es hat ja *ewige* Rechte gegen alles Zeitliche und Bedingte geltend zu machen! Was Staat! Was Gesellschaft! Was historische Gesetze! Was Physiologie! Hier redet ein Jenseits des Werdens, ein Unwandelbares in aller Historie, hier redet etwas Unsterbliches, etwas Göttliches: eine *Seele*!

Ein anderer christlicher, nicht weniger verrückter Begriff hat sich noch weit tiefer ins Fleisch der Modernität vererbt: der Begriff von der »*Gleichheit der Seelen vor Gott*«. In ihm ist das Prototyp aller Theorien der *gleichen Rechte* gegeben: man hat die Menschheit den Satz von der Gleichheit erst religiös stammeln gelehrt, man hat ihr später eine Moral daraus gemacht: was Wunder, daß der Mensch damit endet, ihn ernst zu nehmen, ihn *praktisch* zu nehmen! – will sagen politisch, demokratisch, sozialistisch, entrüstungs-pessimistisch.

Überall, wo Verantwortlichkeiten gesucht worden sind, ist es der *Instinkt der Rache* gewesen, der da suchte. Dieser Instinkt der Rache wurde in Jahrtausenden dermaßen über die Menschheit Herr, daß die ganze Metaphysik, Psychologie, Geschichtsvorstellung, vor allem aber die *Moral* mit ihm abgezeichnet ist. Soweit auch nur der Mensch gedacht hat, so weit hat er den Bazillus der Rache in die Dinge geschleppt. Er hat Gott selbst damit krank gemacht, er hat *das Dasein* überhaupt *um seine Unschuld gebracht*: nämlich dadurch, daß er jedes Soundsosein auf Willen, auf

Absichten, auf Akte der Verantwortlichkeit zurückführte. Die ganze Lehre vom Willen, diese verhängnisvollste *Fälschung* in der bisherigen Psychologie, wurde wesentlich erfunden zum Zwecke der Strafe. Es war die gesellschaftliche *Nützlichkeit* der Strafe, die diesem Begriff seine Würde, seine Macht, seine Wahrheit verbürgte. Die Urheber jener Psychologie – der Willenspsychologie – hat man in den Ständen zu suchen, welche das Strafrecht in den Händen hatten, voran in dem der Priester an der Spitze der ältesten Gemeinwesen: diese wollten sich ein Recht schaffen, Rache zu nehmen, – sie wollten *Gott* ein Recht zur Rache schaffen. Zu diesem Zwecke wurde der Mensch »frei« gedacht; zu diesem Zwecke mußte jede Handlung als gewollt, mußte der Ursprung jeder Handlung als im Bewußtsein liegend gedacht werden. Aber mit diesen Sätzen ist die alte Psychologie widerlegt.

Heute, wo Europa in die umgekehrte Bewegung eingetreten scheint, wo wir Halkyonier zumal mit aller Kraft den *Schuldbegriff* und *Strafbegriff* aus der Welt wieder zurückzuziehen, herauszunehmen, auszulöschen suchen, wo unser größter Ernst darauf aus ist, die Psychologie, die Moral, die Geschichte, die Natur, die gesellschaftlichen Institutionen und Sanktionen, Gott selbst von diesem Schmutze zu reinigen, – in wem müssen wir unsre natürlichsten Antagonisten sehen? Eben in jenen Aposteln der Rache und des Ressentiments, in jenen Entrüstungspessimisten par excellence, welche eine Mission daraus machen, ihren Schmutz unter dem Namen »Entrüstung« zu heiligen ... Wir anderen, die wir dem Werden seine Unschuld zurückzugewinnen wünschen, möchten die Missionare eines reinlicheren Gedankens sein: daß niemand dem Menschen seine Eigenschaften gegeben hat, weder Gott, noch die Gesellschaft, noch seine Eltern und Vorfahren, noch er selbst, – daß niemand *schuld* an ihm ist ... Es fehlt ein Wesen, das dafür verantwortlich gemacht werden könnte, daß jemand überhaupt da ist, daß jemand soundso ist, daß jemand unter diesen Umständen, in dieser Umgebung geboren ist. – *Es ist ein großes Labsal, daß solch ein Wesen fehlt ...* Wir sind *nicht* das Resultat einer ewigen Absicht, eines Willens, eines Wunsches: mit uns wird *nicht* der Versuch gemacht, ein »Ideal von Vollkommenheit« oder ein »Ideal von Glück« oder ein »Ideal von Tugend« zu erreichen, – wir sind ebensowenig der Fehlgriff Gottes, vor dem ihm selber angst werden müßte (mit welchem Gedanken bekanntlich das Alte Testament beginnt). Es fehlt jeder Ort, jeder Zweck, jeder Sinn, wohin wir unser Sein, unser Soundsosein abwälzen könnten. Vor allem: Niemand *könnte* es: man *kann* das Ganze nicht richten, messen, vergleichen oder gar verneinen! Warum nicht? – Aus fünf Gründen, allesamt selbst bescheidenen Intelligenzen zugänglich: zum Beispiel, *weil es nichts gibt außer dem Ganzen*... Und nochmals gesagt, das ist ein großes Labsal, darin liegt die Unschuld alles Daseins.

(460)

Ich muß nicht nur die Lehre von der *Sünde*, sondern auch die vom Verdienste (Tugend) aufgeben. Wie in der Natur, – es bleiben die *ästhetischen* Urteile! »Ekelhaft, gewöhnlich, selten, anziehend, harmonisch, schroff, grell, widerspruchsvoll, quälend, entzückend« usw. Diese Urteile sind aber auf eine *wissenschaftliche* Basis zu stellen! »Selten«, was *wirklich* selten ist; vieles »Gewöhnliche« als *höchst* wervoll, mehr als das Seltene usw.

(461)

Man ißt eine Speise nicht mehr aus Moral; so wird man einmal auch nicht mehr aus Moral »Gutes tun«.

(462)

Woraus wird gehandelt? Das ist *meine* Frage. Das Wozu? Wohin? ist etwas Zweites. Entweder *aus Lust* (überströmendem Kraftgefühl, welches sich austun muß) *oder aus Unlust* (Hemmung des Machtgefühls, welches sich befreien oder entschädigen muß). Die Frage »wie soll gehandelt werden?« wird gestellt, als ob mit dem Handeln erst etwas erreicht werden solle: aber das nächste ist das *Handeln selber als der Erfolg*, das Erreichte, *abgesehn* von den Folgen des Handelns.

Also nicht um *des Glücks* wegen oder *Nutzens* wegen oder um Unlust abzuwehren handelt der Mensch: sondern eine *gewisse Kraftmenge* gibt sich aus, ergreift etwas, woran sie sich auslassen kann. Das, was man »Ziel«, »Zweck« nennt, ist in Wahrheit das *Mittel* für diesen unwillkürlichen Explosionsvorgang.

Und ein und dieselbe Kraftgefühlsmenge kann sich auf tausend Weisen entladen: dies ist »Freiheit des Willens«, – das Gefühl, daß im Verhältnis zu der notwendigen Explosion Hunderte von Handlungen gleich gut dienen, – das Gefühl einer gewissen *Beliebigkeit der Handlung* in betreff dieser Spannungserleichterung.

(463)

Das Ziel-setzen selber ist eine Lust, – eine Masse Kraft des Intellektes gibt sich aus im Mittel- und Zweckdenken!

Wollen: Ein drängendes Gefühl, sehr angenehm! Es ist die Begleiterscheinung alles *Ausströmens von Kraft*. Ebenso schon *alles Wünschen* an sich (ganz abgesehn vom Erreichen).

(464)
Daß wir *wirkende* Wesen, Kräfte sind, ist unser Grundglaube. *Frei*: heißt »nicht gestoßen und geschoben«, ohne *Zwangsgefühl*. Wo wir einem Widerstande begegnen und ihm nachgeben müssen, fühlen wir uns *unfrei*: wo wir ihm nicht nachgeben, sondern ihn zwingen, uns nachzugeben, *frei*. Das heißt, es ist das *Gefühl unseres Mehr von Kraft*, welches wir mit »Freiheit des Willens« bezeichnen: das Bewußtsein davon, daß unsere Kraft *zwingt*, im Verhältnis zu einer Kraft, welche gezwungen *wird*.

Im Wollen ist ein Affekt.

(465)
Grundsätze: Es *hat* keine moralischen Handlungen *gegeben*. Und es ist jede Moral *unmöglich, ebenso wie jede moralische Handlung*.

Aber Geschichte dessen, was bisher als moralische Handlung *gegolten* hat: und wahre *Bedeutung* desselben. Und Geschichte der Entstehung dieser *Geltungen*.

Wichtigster Gesichtspunkt: *Die Unschuld des Werdens zu gewinnen, dadurch, daß man die Zwecke ausschließt*.

(466)
Ich habe mich immer darum bemüht, die *Unschuld* des Werdens mir zu beweisen: und wahrscheinlich wollte ich so das Gefühl der völligen »Unverantwortlichkeit« gewinnen, – mich unabhängig machen von Lob und Tadel, von allem heute und ehedem: um Ziele zu verfolgen, die sich auf die Zukunft der Menschheit beziehen.

Die erste Lösung war mir die ästhetische *Rechtfertigung des Daseins*. Indessen: »Rechtfertigen« selber sollte nicht nötig sein! – Moral gehört ins Reich der Erscheinung.

Die zweite Lösung war mir die objektive Wertlosigkeit aller *Schuld*begriffe und die Einsicht in den subjektiven, *notwendig* ungerechten und unlogischen Charakter alles Lebens.

Die dritte Lösung war mir die *Leugnung* aller Zwecke und die Einsicht in die *Unerkennbarkeit* der *Kausalitäten*.

(467)
Hauptsatz: Keine rückläufigen Hypothesen! Lieber ein Zustand der ἐποχή! Und möglichst viel Einzelbeobachtungen! Zuletzt: Wir mögen erkennen, *was* wir wollen, hinter allen unseren Arbeiten steht eine *Nützlichkeit* oder Unnützlichkeit, *die wir nicht übersehen*. Es *gibt* darin kein Belieben, sondern alles ist absolut notwendig: und das Los der Menschheit ist längst entschieden, weil es schon ewig *dagewesen* ist. Unsre eifrigste Anstrengung und Vorsicht gehört mit hinein in das Fatum aller Dinge; und ebenso

jede Dummheit. Wer sich vor diesem Gedanken verkriecht, der ist ebendamit auch Fatum. Gegen den Gedanken der Notwendigkeit gibt es keine Zuflucht.

(468)

Die unbedingte Notwendigkeit alles Geschehens enthält nichts von einem Zwange: – der steht hoch in der Erkenntnis, der dies gründlich eingesehn und eingefühlt hat. Aus seinem Glauben ergibt sich kein Verzeihen und Entschuldigen; – ich streiche einen Satz durch, der mir mißraten ist, so gut ich die Notwendigkeit einsehe, vermöge deren er mir mißriet: denn der Lärm eines Karrens störte mich. So streichen wir Handlungen, unter Umständen Menschen durch, weil sie mißraten sind. »Alles begreifen« – das hieße alle perspektivischen Verhältnisse aufheben: das hieße nichts begreifen, das Wesen des Erkennens verkennen.

Der *interpretative* Charakter alles Geschehens. Es gibt kein Ereignis an sich. Was geschieht, ist eine Gruppe von Erscheinungen, *ausgelesen* und zusammengefaßt von einem interpretierenden Wesen.

(469)

Kein Mensch wird sagen: daß der Stein falle, das sei Moral. Nun denn! der Mensch steigt – und das ist auch nicht Moral.

(470)

Die *Mächte in der Geschichte* sind wohl zu erkennen, bei Abstreifung aller moralischen und religiösen Teleologie. Es müssen *die* Mächte sein, die auch im ganzen Phänomen des organischen Daseins wirken. Die deutlichsten Aussagen im *Pflanzenreich*.

(471)

M. *Guyau*, ›Esquisse d'une morale sans obligation ni sanction.‹ – Dies Buch hat einen *komischen* Fehler: in dem Bemühen, zu beweisen, daß die moralischen Instinkte ihren Sitz im Leben selbst haben, hat *Guyau* übersehn, daß er das Gegenteil bewiesen hat, – nämlich daß *alle* Grundinstinkte des Lebens *unmoralisch* sind, eingerechnet die sogenannten moralischen. Die höchste Intensität des Lebens steht in der Tat im notwendigen Verhältnis zu sa plus large expansion: nur ist diese der Gegensatz aller »altruistischen« Tatsachen, – diese expansion drückt sich als unbändiger *Wille zur Macht* aus. – Ebensowenig ist *Zeugung* das Symptom eines altruistischen Grundcharakters: sie entsteht aus Spaltung und Kampf in einem unmäßig mit Beute überladenen Organismus, der nicht Macht genug hat, alles Eroberte einzuorganisieren.

(472)

Spott über den falschen »*Altruismus*« bei den Biologen: Die

Fortpflanzung bei den Amöben erscheint als Abwerfen des Ballastes, als purer Vorteil. Die Ausstoßung der unbrauchbaren Stoffe.

(473)

Der Nihilismus der Artisten. – Die Natur grausam durch ihre Heiterkeit; zynisch mit ihren Sonnenaufgängen. Wir sind feindselig gegen *Rührungen*. Wir flüchten dorthin, wo die Natur unsere Sinne und unsre Einbildungskraft bewegt; wo wir nichts zu lieben haben, wo wir nicht an die moralischen Scheinbarkeiten und Delikatessen dieser nordischen Natur erinnert werden; – und so auch in den Künsten. Wir ziehen vor, was nicht mehr uns an »Gut und Böse« erinnert. Unsre moralistische Reizbarkeit und Schmerzfähigkeit ist wie erlöst in einer furchtbaren und glücklichen Natur, im Fatalismus der Sinne und der Kräfte. Das Leben ohne Güte.

Die Wohltat besteht im Anblick der großartigen *Indifferenz* der Natur gegen Gut und Böse.

Keine Gerechtigkeit in der Geschichte, keine Güte in der Natur: deshalb geht der Pessimist, falls er Artist ist, dorthin in historicis, wo die Absenz der Gerechtigkeit selber noch mit großartiger Naivität sich zeigt, wo gerade die *Vollkommenheit* zum Ausdruck kommt –, und insgleichen in der *Natur* dorthin, wo der böse und indifferente Charakter sich nicht verhehlt, wo sie den Charakter der *Vollkommenheit* darstellt... Der nihilistische Künstler verrät sich im Wollen und Bevorzugen der *zynischen Geschichte*, der *zynischen Natur*.

(474)

Aus der uns bekannten Welt ist der humanitäre Gott nicht *nachzuweisen*: so weit kann man euch heute zwingen und treiben. Aber welchen Schluß zieht ihr daraus? »Er ist *uns* nicht nachweisbar«: Skepsis der Erkenntnis. Ihr alle *fürchtet* den Schluß, »aus der uns bekannten Welt würde ein ganz anderer Gott *nachweisbar* sein, ein solcher, der zum mindesten *nicht* humanitär ist«, – – und, kurz und gut, ihr haltet euren Gott fest und erfindet für ihn eine Welt, die *uns nicht bekannt ist*.

(475)

Es gibt so viel *verlorenes* Unglück, – so verloren wie der größte Teil der Sonnenwärme im Weltraum.

(476)

Man hat kein Recht, weder auf Dasein, noch auf Arbeit, noch gar auf »Glück«: es steht mit dem einzelnen Menschen nicht anders als mit dem niedrigsten Wurm.

(477)
Rechte: Der Mächtigere stellt die Funktionäre *gegeneinander* fest; und *Pflichten*: der Mächtigere stellt die Funktionäre *gegen sich* fest. Jeder hat etwas zu leisten, und um dies *regelmäßig* zu erlangen, *verzichtet* der Mächtigere auf weitere Eingriffe und *fügt sich selber* einer *Ordnung*: es gehört dies zur Selbstregulierung. In bezug auf die *Pflichten* der *Funktionen* stimmt der Mächtige und die Funktion überein; es ist nichts »Unegoistisches« daran.

(478)
Man sollte doch Ehrfurcht haben vor dieser *einverleibten* Moral der *Selbsterhaltung*! Sie ist bei weitem das feinste System der Moral!

Die *tatsächliche* Moralität des Menschen in dem Leben seines Leibes ist hundertmal größer und feiner, als alles begriffliche Moralisieren es war. Die vielen »Du sollst«, die fortwährend in uns arbeiten! Die Rücksichten von Befehlenden und Gehorchenden untereinander! Das Wissen um höhere und niedere Funktionen!

Der Versuch zu machen, alles zweckmäßig Scheinende als das *allein Lebenerhaltende* und *folglich allein Erhaltene* zu fassen – –

Wie der Zweck sich zum eigentlichen Vorgang verhält, so das moralische Urteil zu dem wirklichen *vielfältigeren* und feineren *Urteilen des Organismus* – nur ein Ausläufer und Schlußakt davon.

(479)
Einsicht: Bei aller Wertschätzung handelt es sich um eine bestimmte Perspektive: *Erhaltung* des Individuums, einer Gemeinde, einer Rasse, eines Staates, einer Kirche, eines Glaubens, einer Kultur. – Vermöge des *Vergessens*, daß es nur ein perspektivisches Schätzen gibt, wimmelt alles von widersprechenden Schätzungen und *folglich von widersprechenden Antrieben* in *einem* Menschen. Das ist der *Ausdruck der Erkrankung am Menschen*, im Gegensatz zum Tiere, wo alle vorhandenen Instinkte ganz bestimmten Aufgaben genügen.

Dies widerspruchsvolle Geschöpf hat aber an seinem Wesen eine große Methode der *Erkenntnis*: es fühlt viele Für und Wider, es erhebt sich *zur Gerechtigkeit* – zum Begreifen *jenseits des Gut- und Böse-Schätzens*.

Der weiseste Mensch wäre *der reichste an Widersprüchen*, der gleichsam Tastorgane für alle Arten Mensch hat: und zwischeninnen seine großen Augenblicke *grandiosen Zusammenklangs* – der hohe *Zufall* auch in uns! Eine Art planetarischer Bewegung –

(480)

Die Moralen als Zeichensprache der Affekte! – die *Affekte* selber aber eine *Zeichensprache* der *Funktionen alles Organischen*.

(481)

Meine Absicht, die absolute Homogeneität in allem Geschehen zu zeigen und die Anwendung der moralischen Unterscheidung nur als *perspektivisch bedingt*; zu zeigen, wie alles das, was moralisch gelobt wird, wesensgleich mit allem Unmoralischen ist und nur, wie jede Entwicklung der Moral, mit unmoralischen Mitteln und zu unmoralischen Zwecken ermöglicht worden ist –; wie umgekehrt alles, was als unmoralisch in Verruf ist, ökonomisch betrachtet, das Höhere und Prinzipiellere ist, und wie eine Entwicklung nach größerer Fülle des Lebens notwendig auch den *Fortschritt der Unmoralität* bedingt. »Wahrheit« der Grad, in dem wir uns die Einsicht in *diese* Tatsache *gestatten*.

(482)

Vom Ideal des Moralisten. – Dieser Traktat handelt von der großen *Politik* der Tugend. Wir haben ihn denen zum Nutzen bestimmt, welchen daran liegen muß, zu lernen, nicht wie man tugendhaft *wird*, sondern wie man tugendhaft *macht*, – wie man die Tugend *zur Herrschaft bringt*. Ich will sogar beweisen, daß, um dies eine zu wollen – die Herrschaft der Tugend –, man grundsätzlich das andere *nicht* wollen darf; ebendamit verzichtet man darauf, tugendhaft zu werden. Dies Opfer ist groß: aber ein solches Ziel lohnt vielleicht ein solches Opfer. Und selbst noch größere! ... Und einige von den berühmtesten Moralisten haben so viel riskiert. Von diesen nämlich wurde bereits die Wahrheit erkannt und vorweggenommen, welche mit diesem Traktat zum ersten Male gelehrt werden soll: daß man die *Herrschaft der Tugend* schlechterdings *nur durch dieselben Mittel erreichen kann*, mit denen man überhaupt eine Herrschaft erreicht, jedenfalls nicht *durch* die Tugend...

Dieser Traktat handelt, wie gesagt, von der Politik der Tugend: er setzt ein Ideal dieser Politik an, er beschreibt sie so, wie sie sein müßte, wenn etwas auf dieser Erde vollkommen sein könnte. Nun wird kein Philosoph darüber in Zweifel sein, was der Typus der Vollkommenheit in der Politik ist: nämlich der Machiavellismus. Aber der Machiavellismus, pur, sans mélange, cru, vert, dans toute sa force, dans toute son âpreté ist übermenschlich, göttlich, transzendent, er wird von Menschen nie erreicht, höchstens gestreift. Auch in dieser engeren Art von Politik, in der Politik der Tugend, scheint das Ideal nie erreicht worden zu sein. Auch Plato hat es nur gestreift. Man entdeckt, gesetzt daß man Augen für versteckte Dinge hat, selbst noch an den unbefangensten und bewußtesten *Moralisten* (und das ist ja der Name für solche Politiker der Moral, für jede Art Begründer neuer Moralgewalten) Spuren davon, daß auch sie der menschlichen Schwäche ihren Tribut gezollt haben. *Sie alle aspirierten, zum mindesten in ihrer Ermüdung, auch für sich selbst zur Tugend*: erster und kapitaler Fehler eines Moralisten, – als welcher *Immoralist der Tat* zu sein hat. Daß er gerade das *nicht scheinen darf*, ist eine andere Sache. Oder vielmehr, es ist *nicht* eine andere Sache: es gehört eine solche grundsätzliche Selbstverleugnung (moralisch ausgedrückt, Verstellung) mit hinein in den Kanon des Moralisten und seiner eigensten Pflichtlehre: ohne sie wird er niemals zu *seiner* Art Vollkommenheit gelangen. Freiheit von der Moral, *auch von der Wahrheit*, um jenes Zieles willen, das jedes Opfer aufwiegt: um der *Herrschaft der Moral* willen, – so lautet jener Kanon. Die Moralisten haben die *Attitüde der Tugend* nötig, auch die Attitüde der Wahrheit; ihr Fehler beginnt erst, wo sie der Tugend *nachgeben*, wo sie die Herrschaft über die Tugend verlieren, wo sie selbst *moralisch* werden, *wahr* werden. Ein großer Moralist ist, unter anderem, notwendig auch ein großer Schauspieler; seine Gefahr ist, daß seine Verstellung unversehens Natur wird, wie es sein Ideal ist, sein esse und sein operari auf eine göttliche Weise auseinanderzuhalten; alles, was er tut, muß er sub specie boni tun, – ein hohes, fernes, anspruchsvolles Ideal! Ein *göttliches* Ideal! Und in der Tat geht die Rede, daß der Moralist damit kein geringeres Vorbild nachahmt als Gott selbst: Gott, diesen größten Immoralisten der Tat, den es gibt, der aber nichtsdestoweniger zu bleiben versteht, was er *ist*, der *gute Gott*...

(483)

Der neuere Mensch hat seine idealisierende Kraft in Hinsicht auf einen *Gott* zumeist in einer wachsenden *Vermoralisierung desselben* ausgeübt, – was bedeutet das? – Nichts Gutes, ein Abnehmen der Kraft des Menschen.

An sich wäre nämlich das Gegenteil möglich: und es gibt Anzeichen davon. Gott, gedacht als das Freigewordensein von der Moral, die ganze Fülle der Lebensgegensätze in sich drängend und sie in göttlicher Qual *erlösend*, *rechtfertigend*: – Gott als das Jenseits, das Oberhalb der erbärmlichen Eckenstehermoral von »Gut und Böse«.

(484)

Die *Widerlegung* Gottes: – eigentlich ist nur der *moralische* Gott widerlegt.

(485)

Es wäre entsetzlich, wenn wir noch an die *Sünde* glaubten: sondern was wir auch tun werden, in unzähliger Wiederholung, es ist *unschuldig*. Wenn der Gedanke der ewigen Wiederkunft aller Dinge dich nicht überwältigt, so ist es keine Schuld: und es ist kein Verdienst, wenn er es tut. – Von allen unseren Vorfahren denken wir milder, als sie selbst dachten, wir trauern über ihre einverleibten Irrtümer, nicht über ihr Böses.

(486)

Der Begriff »verwerfliche Handlung« macht uns Schwierigkeit. Nichts von alledem, was überhaupt geschieht, kann an sich verwerflich sein: *denn man dürfte es nicht weghaben wollen*: denn jegliches ist so mit allem verbunden, daß irgend etwas ausschließen wollen alles ausschließen heißt. Eine verwerfliche Handlung heißt: eine verworfene Welt überhaupt...

Und selbst dann noch: in einer verworfenen Welt würde auch das Verwerfen verwerflich sein... Und die Konsequenz einer Denkweise, welche alles verwirft, wäre eine Praxis, die alles bejaht... Wenn das Werden ein großer Ring ist, so ist jegliches gleich wert, ewig, notwendig. – In allen Korrelationen von Ja und Nein, von Vorziehen und Abweisen, Lieben und Hassen drückt sich nur eine Perspektive, ein Interesse bestimmter Typen des Lebens aus: an sich redet alles, was ist, das Ja.

(487)

Ein Mensch, wie er sein *soll*: das klingt uns so abgeschmackt wie: »ein Baum, wie er sein soll«.

(488)

Heute, wo uns jedes »So und so *soll* der Mensch sein« eine kleine Ironie in den Mund legt, wo wir durchaus daran festhalten, daß man, trotz allem, nur das *wird*, was man *ist* (trotz allem: will sagen Erziehung, Unterricht, Milieu, Zufälle und Unfälle), haben wir in Dingen der Moral auf eine kuriose Weise das Verhältnis von Ursache und Folge *umdrehen* gelernt – nichts unterscheidet uns vielleicht gründlicher von den alten Moralgläubigen. Wir sagen z. B. nicht mehr: »Das Laster ist die *Ursache* davon, daß ein Mensch auch physiologisch zugrunde geht«; wir sagen ebensowenig: »Durch die Tugend gedeiht ein Mensch, sie bringt langes Leben und Glück.« Unsre Meinung ist vielmehr, daß Laster und Tugend keine Ursachen, sondern nur *Folgen* sind. Man wird ein anständiger Mensch, weil man ein anständiger Mensch *ist*: d.h. weil man als Kapitalist guter Instinkte und gedeihlicher Verhältnisse geboren ist... Kommt man arm zur Welt, von Eltern her, welche in allem nur verschwendet und nichts gesammelt haben, so ist man »unverbesserlich«, will sagen reif für Zuchthaus und Irrenhaus... Wir wissen heute die moralische Degenereszenz nicht mehr abgetrennt von der physiologischen zu denken: sie ist ein bloßer Symptomenkomplex der letzteren; man ist notwendig schlecht, wie man notwendig krank ist... Schlecht: das Wort drückt hier gewisse *Unvermögen* aus, die physiologisch mit dem Typus der Degenereszenz verbunden sind: z.B. die Schwäche des Willens, die Unsicherheit und selbst Mehrheit der »Person«, die Ohnmacht, auf irgendeinen Reiz hin die Reaktion auszusetzen und sich zu »beherrschen«, die Unfreiheit vor jeder Art Suggestion eines fremden Willens. Laster ist keine Ursache; Laster ist eine *Folge*... Laster ist eine ziemlich willkürliche Begriffsabgrenzung, um gewisse Folgen der physiologischen Entartung zusammenzufassen. Ein allgemeiner Satz, wie ihn das Christentum lehrte: »Der Mensch ist schlecht«, würde berechtigt sein, wenn es berechtigt wäre, den Typus des Degenerierten als Normaltypus des Menschen zu nehmen. Aber das ist vielleicht eine Übertreibung. Gewiß hat der Satz überall dort ein Recht, wo gerade das Christentum gedeiht und obenauf ist: denn damit ist ein morbider Boden bewiesen, ein Gebiet für Degenereszenz.

(489)

Ethik: oder »Philosophie der Wünschbarkeit«. – »Es *sollte* anders sein«, »es *soll* anders werden«: die Unzufriedenheit wäre also der Keim der Ethik.

Man könnte sich retten, erstens indem man auswählt, wo man *nicht* das Gefühl hat: zweitens indem man die Anmaßung und Albernheit begreift; denn verlangen, daß *etwas* anders ist, als es ist, heißt: verlangen, daß *alles* anders ist, – es enthält eine verwerfende Kritik des Ganzen. *Aber Leben ist selbst ein solches Verlangen!*

Feststellen, *was* ist, *wie* es ist, scheint etwas unsäglich Höheres, Ernsteres als jedes »So sollte es sein«, weil letzteres als menschliche Kritik und Anmaßung von vornherein zur Lächerlichkeit verurteilt erscheint. Es drückt sich darin ein Bedürfnis aus, welches verlangt, daß unserem menschlichen Wohlbefinden die Einrichtung der Welt entspricht; auch der Wille, soviel als möglich auf diese Angabe hin zu tun.

Andrerseits hat nur dieses Verlangen »So sollte es sein« jenes andre Verlangen, was *ist*, hervorgerufen. Das Wissen nämlich darum, was ist, ist bereits eine Konsequenz jenes Fragens: »Wie? Ist es möglich? Warum gerade so?« Die Verwunderung über die Nichtübereinstimmung unsrer Wünsche und des Weltlaufs hat dahin geführt, den Weltlauf kennenzulernen. Vielleicht steht es noch anders: vielleicht ist jenes »So sollte es sein« unser Weltüberwältigungswunsch — —

(490)

Die wenigsten machen sich klar, was der Standpunkt der *Wünschbarkeit*, jedes »So sollte es sein, aber es ist nicht«, oder gar »So hätte es sollen gewesen sein«, in sich schließt: eine Verurteilung des gesamten Gangs der Dinge. Denn in ihm gibt es nichts Isoliertes: das Kleinste trägt das Ganze, auf deinem kleinen Unrechte steht der ganze Bau der Zukunft, das Ganze wird bei jeder Kritik, die das Kleinste trifft, mitverurteilt. Gesetzt nun gar, daß die moralische Norm, wie es selbst Kant vermeinte, niemals vollkommen erfüllt worden ist und als eine Art Jenseits über der Wirklichkeit hängenbliebe, ohne jemals in sie hineinzufallen: so schlösse die Moral ein Urteil über das Ganze in sich, welches aber doch erlaubte, zu fragen: *Woher nimmt sie das Recht dazu?* Wie kommt der Teil dazu, dem Ganzen gegenüber hier den Richter zu machen? – Und wäre es in der Tat ein unausrottbarer Instinkt, dieses Moralurteilen und Ungenügen am Wirklichen, wie man behauptet hat, gehörte dann dieser Instinkt nicht vielleicht mit zu den unausrottbaren Dummheiten, auch Unbescheidenheiten unsrer Spezies? – Aber indem wir dies sagen, tun wir das, was wir tadeln; der Standpunkt der Wünschbarkeit, des unbefugten Richterspielens gehört mit in den Charakter des Gangs der Dinge, jede Ungerechtigkeit und Unvollkommenheit ebenso, – es ist eben unser Begriff von »Vollkommenheit«, welcher seine Rechnung nicht findet. Jeder Trieb, der befriedigt werden will, drückt seine Unzufriedenheit mit der jetzigen Lage der Dinge aus: Wie? Ist vielleicht das Ganze aus lauter unzufriedenen Teilen zusammengesetzt, die allesamt Wünschbarkeiten im Kopf haben? Ist der »Gang der Dinge« vielleicht eben das »Weg von hier! Weg von der Wirklichkeit!«, die ewige Unbefriedigung selbst? Ist die Wünschbarkeit vielleicht die treibende Kraft selbst? Ist sie – deus?

Es scheint mir wichtig, daß man *das* All, die Einheit los wird, irgendeine Kraft, ein Unbedingtes; man würde nicht umhin können, es als höchste Instanz zu nehmen und »Gott« zu taufen.

Man muß das All zersplittern; den Respekt vor dem All verlernen; das, was wir dem Unbekannten und Ganzen gegeben haben, zurücknehmen für das Nächste, Unsere.

Was Kant z. B. sagt: »Zwei Dinge bleiben ewig verehrenswert« (Schluß der praktischen Vernunft) – heute würden wir eher sagen: »Die Verdauung ist ehrwürdiger.« Das All brächte immer die alten Probleme mit sich, – »wie Übel möglich sei?« usw. Also: *es gibt kein All*, es fehlt das große Sensorium oder Inventarium oder Kraftmagazin.

(491)

Wenn die Dinge unbekannt sind, *so ist es auch der Mensch*. Was ist da Loben und Tadeln!

(492)

Das *Verbrechen* gehört unter den Begriff »Aufstand wider die gesellschaftliche Ordnung«. Man »bestraft« einen Aufständischen nicht: man *unterdrückt* ihn. Ein Aufständischer kann ein erbärmlicher und verächtlicher Mensch sein: an sich ist an einem Aufstande nichts zu verachten, – und in Hinsicht auf unsere Art Gesellschaft aufständisch zu sein, erniedrigt an sich noch nicht den Wert eines Menschen. Es gibt Fälle, wo man einen solchen Aufständischen darum selbst zu ehren hätte, weil er an unsrer Gesellschaft etwas empfindet, gegen das der Krieg not tut – wo er uns aus dem Schlummer weckt.

Damit, daß der Verbrecher etwas Einzelnes tut an einem Einzelnen, ist nicht widerlegt, daß sein ganzer Instinkt gegen die ganze Ordnung im Kriegszustande ist: die Tat als bloßes Symptom.

Man soll den Begriff »Strafe« reduzieren auf den Begriff: Niederwerfung eines Aufstandes, Sicherheitsmaßregel gegen den Niedergeworfenen (ganze oder halbe Gefangenschaft). Aber man soll nicht *Verachtung* durch die Strafe ausdrücken: ein Verbrecher ist jedenfalls ein Mensch, der sein Leben, seine Ehre, seine Freiheit riskiert, – ein Mann des Muts. Man soll insgleichen die Strafe nicht als Buße nehmen; oder als eine Abzahlung, wie als ob es ein Tauschverhältnis gebe zwischen Schuld und Strafe, – die Strafe reinigt nicht, *denn* das Verbrechen beschmutzt nicht.

Man soll dem Verbrecher die Möglichkeit nicht abschließen, seinen Frieden mit der Gesellschaft zu machen: gesetzt, daß er nicht zur *Rasse des Verbrechertums* gehört. In letzterem Falle soll man ihm den Krieg machen, noch bevor er etwas Feindseliges getan hat (erste Operation, sobald man ihn in der Gewalt hat: ihn kastrieren).

Man soll dem Verbrecher nicht seine schlechten Manieren

noch den niedrigen Stand seiner Intelligenz zum Nachteil anrechnen. Nichts ist gewöhnlicher, als daß er sich selbst mißversteht (namentlich ist sein revoltierter Instinkt, die Ranküne des déclassé oft nicht sich zum Bewußtsein gelangt, faute de lecture), daß er unter dem Eindruck der Furcht, des Mißerfolgs seine Tat verleumdet und verunehrt: von jenen Fällen noch ganz abgesehen, wo, psychologisch nachgerechnet, der Verbrecher einem unverstandenen Triebe nachgibt und seiner Tat durch eine Nebenhandlung ein falsches Motiv unterschiebt (etwa durch eine Beraubung, während es ihm am Blute lag).

Man soll sich hüten, den Wert eines Menschen nach einer einzelnen Tat zu behandeln. Davor hat Napoleon gewarnt. Namentlich sind die Hautrelieftaten ganz besonders insignifikant. Wenn unsereiner kein Verbrechen, z. B. keinen Mord auf dem Gewissen hat – woran liegt es? Daß uns ein paar begünstigende Umstände dafür gefehlt haben. Und täten wir es, was wäre an unserm Werte bezeichnet? An sich würde man uns verachten, wenn man uns nicht die Kraft zutraute, unter Umständen einen Menschen zu töten. Fast in allen Verbrechen drücken sich zugleich Eigenschaften aus, welche an einem Manne nicht fehlen sollen. Nicht mit Unrecht hat Dostojewskij von den Insassen jener sibirischen Zuchthäuser gesagt, sie bildeten den stärksten und wertvollsten Bestandteil des russischen Volkes. Wenn bei uns der Verbrecher eine schlecht ernährte und verkümmerte Pflanze ist, so gereicht dies unseren gesellschaftlichen Verhältnissen zur Unehre; in der Zeit der Renaissance gedieh der Verbrecher und erwarb sich seine eigne Art von Tugend. – Tugend im Renaissancestil freilich, virtù, moralinfreie Tugend.

Man vermag nur solche Menschen in die Höhe zu bringen, die man nicht mit Verachtung behandelt; die moralische Verachtung ist eine größere Entwürdigung und Schädigung als irgendein Verbrechen.

(493)

Beseitigung der parasitischen Menschen ist Sinn der *Strafe*.

(494)

Mein Programm: Beseitigung der Strafe: für *uns*. Unsinn in der Wiedervergeltung. (Ist etwas böse, so tut ja der Wiedervergelter ebenfalls das Böse.) Nicht abschrecken ist der Zweck, sondern *sich schützen vor weiterem Schaden* (nebst Ärger darüber, daß wir zu arglos waren).

(495)

Gegen die *Reue*. – Ich liebe diese Art Feigheit gegen die eigene

Tat nicht; man soll sich selbst nicht im Stich lassen unter dem Ansturz unerwarteter Schande und Bedrängnis. Ein extremer Stolz ist da eher am Platz. Zuletzt, was hilft es! Keine Tat wird dadurch, daß sie bereut wird, ungetan; ebensowenig dadurch, daß sie »vergeben« oder daß sie »gesühnt« wird. Man müßte Theologe sein, um an eine schuldentilgende Macht zu glauben: wir Immoralisten ziehen es vor, nicht an »Schuld« zu glauben. Wir halten dafür, daß jedwederlei Handlung in der Wurzel wertidentisch ist, – insgleichen daß Handlungen, welche sich *gegen* uns wenden, ebendarum immer noch, ökonomisch gerechnet, nützliche, *allgemein wünschbare* Handlungen sein können. – Im einzelnen Fall werden wir zugestehen, daß eine Tat uns leicht hätte *erspart* bleiben können, – nur die Umstände haben uns zu ihr begünstigt. Wer von uns hätte nicht, von den Umständen *begünstigt*, schon die ganze Skala der Verbrechen durchgemacht? ... Man soll deshalb nie sagen: »Das und das hättest du nicht tun sollen«, sondern immer nur: »Wie seltsam, daß ich das nicht schon hundertmal getan habe!« – Zuletzt sind die wenigsten Handlungen *typische* Handlungen und wirklich Abbreviaturen einer Person; und in Anbetracht, wie wenig Person die meisten sind, wird selten ein Mensch durch eine einzelne Tat *charakterisiert*. Tat der Umstände, bloß epidermal, bloß reflexmäßig als Auslösung auf einen Reiz erfolgend: lange, bevor die Tiefe unseres Seins davon berührt, darüber befragt worden ist. Ein Zorn, ein Griff, ein Messerstich: was ist daran von Person! – Die Tat bringt häufig eine Art Starrblick und Unfreiheit mit sich: so daß der Täter durch ihre Erinnerung wie gebannt ist und sich selbst bloß als *Zubehör* zu ihr noch fühlt. Diese geistige Störung, eine Form von Hypnotisierung, hat man vor allem zu bekämpfen: die einzelne Tat, sie sei welche sie sei, ist doch im Vergleich mit allem, was man tut, gleich *Null* und darf weggerechnet werden, ohne daß die Rechnung falsch würde. Das unbillige Interesse, welches die Gesellschaft haben kann, unsre ganze Existenz nur in *einer* Richtung nachzurechnen, wie als ob ihr Sinn sei, eine einzelne Tat herauszutreiben, sollte den Täter selbst nicht anstecken: leider geschieht es fast beständig. Das hängt daran, daß jeder Tat mit ungewöhnlichen Folgen eine geistige Störung folgt: gleichgültig selbst, ob diese Folgen gute oder schlimme sind. Man sehe einen Verliebten an, dem ein Versprechen zuteil geworden; einen Dichter, dem ein Theater Beifall klatscht: sie unterscheiden sich, was den torpor intellectualis betrifft, in nichts von dem Anarchisten, den man mit einer Haussuchung überfällt.

Es gibt Handlungen, die unser *unwürdig* sind: Handlungen, die, als typisch genommen, uns in eine niedrigere Gattung herabdrücken würden. Hier hat man allein diesen Fehler zu vermeiden, daß man sie typisch nimmt. Es gibt die umgekehrte Art Handlungen, deren *wir* nicht würdig sind: Ausnahmen, aus einer besondern Fülle von Glück und Gesundheit geboren, unsere höchsten Flutwellen, die ein Sturm, ein Zufall einmal so hoch trieb: solche Handlungen und »Werke« sind ebenfalls nicht typisch. Man soll einen Künstler nie nach dem Maße seiner Werke messen.

(496)

Trost für die, welche *zugrunde gehen*! Ihre Leidenschaften als ein unglückliches Lotterielos betrachten. Sehen, daß die meisten Würfe mißlingen müssen, daß das Zugrundegehen so *nützlich* ist als das Werden. *Keine Reue*, Selbstmord abkürzend.

(497)

Vom Leben erlöst zu sein und wieder tote Natur werden, kann als *Fest* empfunden werden – von Sterbenwollenden. Die Natur lieben! Das Tote wieder verehren! Es ist nicht der Gegensatz, sondern der Mutterschoß, die Regel, welche mehr Sinn hat als die Ausnahme: denn Unvernunft und Schmerz sind bloß bei der sogenannten zweckmäßigen Welt, im Lebendigen.

4. Umwertung

(498)

Eine neue Lehre trifft zu allerletzt auf ihre besten Vertreter, auf die altgesicherten und sichernden Naturen, weil in ihnen die früheren Gedanken mit der Fruchtbarkeit eines Urwaldes durcheinandergewachsen und *undurchdringlich* sind. Die Schwächeren, Leereren, Kränkeren, Bedürftigeren sind die, welche die neue Infektion aufnehmen, – die ersten Anhänger beweisen nichts *gegen* eine Lehre. Ich glaube, die ersten Christen waren das unausstehlichste Volk mit ihren »Tugenden«.

(499)

Wir wollen *Erben* sein aller bisherigen Moralität, und *nicht* von neuem anfangen. Unser ganzes Tun ist nur Moralität, welche sich gegen ihre bisherige Form wendet.

(500)

Etwas, das seit langem besteht, nicht zugrunde gehen lassen – eine vorsichtige Praxis, weil alles Wachstum so langsam ist und selbst der Boden so selten günstig zum Pflanzen. Die bestehenden Kräfte *umbiegen* zu anderen Wirkungen!

(501)

Ich erkenne etwas Wahres nur als Gegensatz zu einem wirklich lebendigen Unwahren: so kommt das Wahre ganz kraftlos, als Begriff, zur Welt und muß sich durch *Verschmelzung mit lebendigen Irrtümern* erst Kräfte geben! Und darum muß man die Irrtümer leben lassen und ihnen ein großes Reich zugestehen. – Ebenso: um individuell leben zu können, muß erst die Gesellschaft hoch gefördert sein und fort und fort gefördert werden – der Gegensatz: im Bunde mit ihr bekommt das Individuelle zuerst einige Kraft. – Endlich erscheint ein Punkt, wo wir über das Individuelle und Idiosynkratische hinaus wollen: aber nur im Bunde mit dem Individuum, dem Gegensatze, können wir diesem Streben Kräfte verleihen.

(502)

Aus der vollendeten alten Moralität heraus verlangte mich nach der Selbstsucht.

(503)

Es genügen außerordentlich *kleine* Veränderungen der Wertschätzung, um ganz ungeheuer *verschiedene Wertbilder* zu bekommen (Anordnung der Güter!).

(504)

Die *moralischen* Werte waren bis jetzt die obersten Werte: will das jemand in Zweifel ziehen?... Entfernen wir diese Werte von jener Stelle, so verändern wir *alle* Werte: das Prinzip ihrer bisherigen *Rangordnung* ist damit umgeworfen...

(505)

Zu begreifen: – Daß alle Art Verfall und Erkrankung fortwährend an den Gesamtwerturteilen mitgearbeitet hat: daß in den herrschend gewordnen Werturteilen die décadence sogar zum Übergewicht gekommen ist: daß wir nicht nur gegen die Folgezustände alles gegenwärtigen Elends von Entartung zu kämpfen haben, sondern *alle bisherige* décadence rückständig, d. h. *lebendig* geblieben ist. Eine solche Gesamtabirrung der Menschheit von ihren Grundinstinkten, eine solche Gesamt-décadence des Werturteils ist das Fragezeichen par excellence, das eigentliche Rätsel, das das Tier »Mensch« dem Philosophen aufgibt. –

(506)

Ich habe das Glück, nach ganzen Jahrtausenden der Verirrung und Verwirrung den Weg wiedergefunden zu haben, der zu einem Ja und einem Nein führt.

Ich lehre das Nein zu allem, was schwach macht, – was erschöpft.

Ich lehre das Ja zu allem, was stärkt, was Kraft aufspeichert, was das Gefühl der Kraft rechtfertigt.

Man hat weder das eine noch das andere bisher gelehrt: man hat Tugend, Entselbstung, Mitleiden, man hat selbst Verneinung des Lebens gelehrt. Dies alles sind Werte der Erschöpften.

Ein langes Nachdenken über die Physiologie der Erschöpfung zwang mich zu der Frage, wie weit die Urteile Erschöpfter in die Welt der Werte eingedrungen seien.

Mein Ergebnis war so überraschend wie möglich, selbst für mich, der in mancher fremden Welt schon zu Hause war: ich fand alle obersten Werturteile, alle, die Herr geworden sind über die Menschheit, mindestens zahm gewordene Menschheit, zurückführbar auf die Urteile Erschöpfter.

Unter den heiligsten Namen zog ich die zerstörerischen Tendenzen heraus; man hat Gott genannt, was schwächt, Schwäche lehrt, Schwäche infiziert...; ich fand, daß der »gute Mensch« eine Selbstbejahungsform der décadence ist.

Jene Tugend, von der noch Schopenhauer gelehrt hat, daß sie die oberste, die einzige und das Fundament aller Tugenden sei: ebenjenes Mitleiden erkannte ich als gefährlicher als irgendein Laster. Die Auswahl in der Gattung, ihre Reinigung vom Abfall grundsätzlich kreuzen – das hieß bisher Tugend par excellence...

Man soll das *Verhängnis* in Ehren halten; das Verhängnis, das zum Schwachen sagt: »Geh zugrunde!«...

Man hat es *Gott* genannt, daß man dem Verhängnis widerstrebte, – daß man die Menschheit verdarb und verfaulen machte... Man soll den Namen Gottes nicht unnützlich führen...

Die Rasse ist verdorben – nicht durch ihre Laster, sondern ihre Ignoranz: sie ist verdorben, weil sie die Erschöpfung nicht als Erschöpfung verstand: die physiologischen Verwechslungen sind die Ursache alles Übels...

Die Tugend ist unser großes Mißverständnis.

Problem: Wie kamen die Erschöpften dazu, die Gesetze der Werte zu machen? Anders gefragt: Wie kamen die zur Macht, die die Letzten sind?... Wie kam der Instinkt des Tieres Mensch auf den Kopf zu stehn?...

(507)

Die Umkehrung der Rangordnung. – Die frommen Falschmünzer, die Priester, werden unter uns zu Tschandalas: – sie nehmen die

Stellung der Scharlatane, der Quacksalber, der Falschmünzer, der Zauberer ein: wir halten sie für Willensverderber, für die großen Verleumder und Rachsüchtigen des Lebens, für die *Empörer* unter den Schlechtweggekommenen. Wir haben aus der Dienstbotenkaste, den Sudras, unsern Mittelstand gemacht, unser »Volk«, das, was die politische Entscheidung in den Händen hat.

Dagegen ist der Tschandala von ehemals obenauf: voran die *Gotteslästerer, die Immoralisten*, die Freizügigen jeder Art, die Artisten, die Juden, die Spielleute, – im Grunde alle *verrufenen* Menschenklassen –.

Wir haben uns zu *ehrenhaften* Gedanken emporgehoben, mehr noch, wir *bestimmen* die Ehre auf Erden, die »Vornehmheit«... Wir alle sind heute die *Fürsprecher des Lebens* –. Wir *Immoralisten* sind heute die *stärkste Macht*: die großen andern Mächte brauchen uns...; wir konstruieren die Welt nach unserm Bilde. –

Wir haben den Begriff »Tschandala« auf die *Priester, Jenseitslehrer* und die mit ihnen verwachsene *christliche Gesellschaft* übertragen, hinzugenommen, was gleichen Ursprungs ist: die Pessimisten, Nihilisten, Mitleidsromantiker, Verbrecher, Lasterhaften, – die gesamte Sphäre, wo der Begriff »Gott« als *Heiland* imaginiert wird...

Wir sind stolz darauf, keine Lügner mehr sein zu müssen, keine Verleumder, keine Verdächtiger des Lebens...

(508)

Glaube nur niemand, daß, wenn Plato jetzt lebte und platonische Ansichten hätte, er ein *Philosoph* wäre, – er wäre ein religiös Verrückter.

(509)

Gesichtspunkte für *meine* Werte: ob aus der Fülle oder aus dem Verlangen?... ob man zusieht oder Hand anlegt – oder wegsieht, beiseitegeht?... ob aus der aufgestauten Kraft, »spontan«, oder bloß *reaktiv* angeregt, angereizt? ob *einfach*, aus Wenigkeit der Elemente, *oder* aus überwältigender Herrschaft über viele, so daß sie dieselben in Dienst nimmt, wenn sie sie braucht?... ob man *Problem* oder *Lösung* ist?... ob *vollkommen* bei der Kleinheit der Aufgabe oder *unvollkommen* bei dem Außerordentlichen eines Ziels? ob man *echt* oder nur *Schauspieler*, ob man als Schauspieler echt oder nur ein nachgemachter Schauspieler, ob man »Vertreter« oder das Vertretene selbst ist –? ob »Person« oder bloß ein Rendezvous von Personen... ob *krank* aus Krankheit oder aus überschüssiger Gesundheit? ob man vorangeht als Hirt oder als »Ausnahme« (dritte Spezies: als Entlaufener)? ob man *Würde* nötig hat – oder den »Hanswurst«? ob man den Widerstand sucht oder ihm aus dem Wege geht? ob man unvollkommen ist, als »zu früh« oder als »zu spät«? ob man von Natur ja sagt oder nein sagt oder ein Pfauenwedel von bunten Dingen ist? ob man stolz genug ist, um sich auch seiner Eitelkeit nicht zu schämen? ob man eines Gewissensbisses noch fähig ist (– die Spezies wird selten: früher hatte das Gewissen zu viel zu beißen: es scheint, jetzt hat es nicht mehr Zähne genug dazu)? ob man einer »Pflicht« noch fähig ist? (– es gibt solche, die sich den Rest ihrer Lebenslust rauben würden, wenn sie sich die Pflicht *rauben* ließen, – sonderlich die Weiblichen, die Untertänig-Geborenen).

(510)

Wie unkräftig war bisher alle physiologische *Erkenntnis*! während die alten physiologischen *Irrtümer* spontane Kraft bekommen haben! Lange, lange Zeit können wir die neuen Erkenntnisse nur als Reize verwenden, – um die spontanen Kräfte zu entladen.

(511)

Wie fremd und überlegen tun wir hinsichtlich des Toten, des Anorganischen, und inzwischen sind wir zu drei Viertel eine Wassersäule und haben anorganische Salze in uns, die über unser Wohl und Wehe vielleicht mehr vermögen als die ganze lebendige Gesellschaft!

(512)

Es ist eine Haupterkenntnis, daß bei der Wertschätzung aller Dinge der Mensch allem *Gewöhnlichen*, und noch mehr allem schlechthin *Unentbehrlichen* einen niederen Wert gab. Das Gewöhnliche war dem Ungemeinen entgegengesetzt als das »Gemeine« –: das Unentbehrliche als ein Zwang dem, was der freie Mensch sich willkürlich verschaffen kann oder nicht kann, dem Überflüssigen, Luxushaften des Lebens. So wurde alles, was *nötig* ist, und alles, was *üblich* ist, zum Geringen: alles Fatum wurde Gemeinheit. Laune, Willkür, freier Wille, der aristokratische Hang der herrschenden und beliebig Befehlenden, die Leidenschaft für alles Seltene, Schwerzuerlangende – das war das Merkmal des *höheren* Menschentums: damit erst glaubte der Mensch nicht mehr Tier zu sein. Die Klugheit und die Erfahrung zwar schrieben ihre Gesetze dem *Handelnden* vor und wiesen unerbittlich auf das *Nötige* und das *Übliche* hin – aber die höhere Empfindung trennte sich oft genug von der Klugheit und gab dem Unnötigen und dem Ungewöhnlichen und daher meistin auch

Unklugen den *Vorrang*. So ist auf die Dauer der Boden unseres Lebens und unserer ganzen *Lebensart* – das ist und bleibt doch immer das Nötige und Gewohnheitsmäßige – von den höheren Empfindungen entkleidet worden! Essen und Wohnen und Zeugen, der Handel, der Erwerb, das Geschäft, ja selbst das gesellschaftliche Leben hat sich vom Ideale *abgetrennt*, – und die Sorge für sich selber, selbst in ihrer feinsten Form, ist mit einem Makel behaftet, welchen der Tadel des Egoismus und das Lob der Selbstlosigkeit zu verstehen gibt.

(513)

Die *Unlust* am Menschen verleitete die Brahmanen, Plato usw., nach einer *außermenschlichen*, *göttlichen* Daseinsform zu trachten – jenseits von Raum, Zeit, Vielheit usw. Die Unlust bezog sich auf das Inkonstante, Täuschende, Wechselnde, »Stinkende« usw. Tatsächlich gab den Anlaß zur Lösung 1. die Ekstase, 2. der tiefe Schlaf.

Nun könnte aber auch einmal das Lust- und Machtgefühl des Menschen nach einer weiteren Daseinsform trachten, – eine Denkweise suchen, welche auch dem Inkonstanten, Täuschenden, Wechselnden usw. sich gewachsen fühlte, – die *schaffende* Lust. Grundsatz dabei: das Unbedingte kann *nicht* das Schaffende sein. Nur das Bedingte kann bedingen.

Tatsächlich ist die vorhandene Welt, die uns etwas angeht, von uns *geschaffen* – von uns: d. h. von allen organischen Wesen –, sie ist ein Erzeugnis des organischen Prozesses, welcher dabei als *produktiv*-gestaltend, *wert*-schaffend erscheint. *Von ihm als Ganzem aus gesehen*, ist alles Gut und Böse nur perspektivisch für Einzelnes oder einzelne Teile des Prozesses; im Ganzen aber ist alles Böse so *notwendig* wie das Gute, der Untergang so notwendig wie das Wachstum.

Die Welt des Unbedingten, wenn es existierte, wäre das *Unproduktive*. Aber man muß endlich begreifen, daß Existent und Unbedingt widersprechende Prädikate sind.

(514)

Gegen den *Wert* des ewig Gleichbleibenden (v. Spinozas Naivität, Descartes' ebenfalls) den Wert des Kürzesten und Vergänglichsten, das verführerische Goldaufblitzen am Bauch der Schlange vita –

(515)

La Rochefoucauld irrt sich nur darin, daß er die Motive, welche er für die wahren hält, niedriger taxiert als die anderen, angeblichen: das heißt, *er glaubt im Grunde noch* an die anderen und nimmt den

Maßstab daher: er setzt den Menschen herab, indem er ihn gewisser Motive für *unfähig* hält.

(516)

Irgend etwas muß derb und grob sein am Menschen: sonst geht er auf eine lächerliche Weise zugrunde vor lauter Widersprüchen mit den einfachsten Tatsachen: z. B. mit der Tatsache, daß ein Mann von Zeit zu Zeit ein Weib nötig hat, wie er von Zeit zu Zeit eine rechtschaffne Mahlzeit nötig hat.

(517)

Unser Instinkt der Triebe greift in jedem Falle nach dem nächsten ihm Angenehmen: aber *nicht* nach dem Nützlichen. Freilich ist in unzähligen Fällen (namentlich wegen der Zuchtwahl) das dem Triebe Angenehme eben auch das Nützliche! – Der Mensch, hochmütig auch wo er Gründen und Zwecken nachspürt, macht im Moralischen die Augen zu vor dem Angenehmen: *er* gerade will, daß seine Handlungen als Konsequenz der vernünftigen Absicht auf dauernden Nutzen erscheinen, er verachtet das *momentan Angenehme* –; obschon *gerade dies* der Hebel aller seiner Kräfte ist.

Das Kunststück des glücklichen Lebens ist, *die Lage zu finden*, in der das momentan Angenehme auch das dauernd Nützliche ist, wo die Sinne und der Geschmack dasselbe gutheißen, was die Vernunft und Vorsicht gutheißt.

(518)

Die normale *Unbefriedigung* unsrer Triebe, z. B. des Hungers, des Geschlechtstriebs, des Bewegungstriebs, enthält in sich durchaus noch nichts Herabstimmendes; sie wirkt vielmehr agacierend auf das Lebensgefühl, wie jeder Rhythmus von kleinen, schmerzhaften Reizen es *stärkt*, was auch die Pessimisten uns vorreden mögen. Diese Unbefriedigung, statt das Leben zu verleiden, ist das große *Stimulans* des Lebens.

(Man könnte vielleicht die Lust überhaupt bezeichnen als einen Rhythmus kleiner Unlustreize.)

(519)

»*Sinne*«, »*Leidenschaften*«. – Die Furcht vor den Sinnen, vor den Begierden, vor den Leidenschaften, wenn sie so weit geht, dieselben zu *widerraten*, ist ein Symptom bereits von *Schwäche*: die extremen Mittel kennzeichnen immer anormale Zustände. Was hier fehlt, respektive *angebröckelt* ist, das ist die Kraft zur *Hemmung* eines Impulses: wenn man den Instinkt hat, nachgeben zu müssen, d. h. reagieren zu *müssen*, dann tut man gut, den Gelegenheiten (»Verführungen«) aus dem Wege zu gehn.

Ein »Anreiz der Sinne« ist nur insofern eine *Verführung*, als es sich um Wesen handelt, deren System zu leicht beweglich und bestimmbar ist: im entgegengesetzten Falle, bei großer Schwerfälligkeit und Härte des Systems, sind starke Reize nötig, um die Funktionen in Gang zu bringen.

Die Ausschweifung ist uns ein Einwand nur gegen den, der zu ihr kein Recht hat; und fast alle Leidenschaften sind in schlechten Ruf derentwegen gebracht, die nicht stark genug sind, sie *zu ihrem* Nutzen zu wenden. –

Man muß sich darüber verstehn, daß gegen *Leidenschaft* eingewendet werden kann, was gegen *Krankheit* einzuwenden ist: trotzdem – wir dürften der Krankheit nicht entbehren, und noch weniger der Leidenschaften. Wir *brauchen* das Anormale, wir geben dem Leben einen ungeheuren Schock durch diese großen Krankheiten.

Im einzelnen ist zu unterscheiden.

1. Die *dominierende Leidenschaft*, welche sogar die supremste Form der Gesundheit überhaupt mit sich bringt: hier ist die Koordination der inneren Systeme und ihr Arbeiten in *einem* Dienste am besten erreicht, – aber das ist beinahe die Definition der Gesundheit!

2. Das *Gegeneinander* der Leidenschaften, die Zweiheit, Dreiheit, Vielheit der »Seelen in *einer* Brust«: sehr ungesund, innerer Ruin, auseinanderlösend, einen inneren Zwiespalt und Anarchismus verratend und steigernd –: es sei denn, daß *eine* Leidenschaft endlich Herr wird. *Rückkehr der Gesundheit*. –

3. Das *Nebeneinander*, *ohne* ein Gegeneinander und Füreinander zu sein: oft periodisch, und dann, sobald es eine Ordnung gefunden hat, auch gesund... Die interessantesten Menschen gehören hieher, die Chamäleons; sie sind nicht im Widerspruch mit sich, sie sind glücklich und sicher, aber sie haben keine Entwicklung, – ihre Zustände liegen nebeneinander, wenn sie auch siebenmal getrennt sind. Sie wechseln, sie *werden* nicht.

(520)

Wir *sind milder* und menschlicher! Alle Milde und Menschlichkeit aber besteht darin, daß wir den *Umständen* viel zurechnen und nicht mehr alles der Person! und daß wir den Egoismus vielfach gelten lassen und ihn nicht als das Böse und Verwerfliche an sich mehr betrachten (wie er in der *Gemeinde* geachtet wurde). Also: im *Nachlassen* unseres Glaubens an die absolute Verantwortlichkeit der Person und unseres Glaubens an die Verwerflichkeit des Individuellen besteht unser *Fortschritt aus der Barbarei*!

(521)

»Lohn und Strafe«. – Das lebt miteinander, das verfällt miteinander. Heute will man nicht belohnt sein, man will niemanden *anerkennen*, der straft ... Man hat den Kriegsfuß hergestellt: man *will* etwas, man hat Gegner dabei, man erreicht es vielleicht am vernünftigsten, *wenn man sich verträgt*, – wenn man einen *Vertrag* macht.

Eine moderne Gesellschaft, bei der jeder Einzelne seinen »Vertrag« gemacht hat: – der Verbrecher ist ein *Vertragsbrüchiger* ... Das wäre ein klarer Begriff. Aber dann könnte man nicht Anarchisten und *prinzipielle* Gegner einer Gesellschaftsform innerhalb derselben dulden ...

(522)

Der Mensch, mehr als jedes Tier, ursprünglich *altruistisch*: – daher seine langsame Entwicklung (Kind) und hohe Ausbildung, daher auch die außerordentliche, letzte Art von Egoismus. – Die Raubtiere sind viel *individueller*.

(523)

Die Raubtiere und der Urwald beweisen, daß die *Bosheit* sehr gesund sein kann und den Leib prachtvoll entwickelt. Wäre das Raubtierartige mit innerer Qual behaftet, so wäre es längst verkümmert und entartet.

Der Hund (der soviel klagt und winselt) ist ein entartetes Raubtier, ebenso die Katze. Eine Unzahl gutmütiger, gedrückter Menschen beweisen, daß die *Gutartigkeit* mit einem Herunterkommen der Kräfte *verbunden* ist: die ängstlichen Empfindungen *überwiegen* und bestimmen den Organismus.

Man muß also das Böse, welches als Überfeinerung und Stimulans, als Folge physischer Entartung auftritt (Grausamkeitswollust usw.) und den moralischen *Stumpfsinn* bei moral insanity nicht in den Vordergrund stellen!

Das *Gute* zu betrachten, wie es als *Zeichen der Entartung* auftritt – als religiöser Wahnsinn z. B., als Philanthropie usw.: überall, wo der gesunde Egoismus nachläßt und Apathie und Askese erstrebt werden. Der »Heilige« als Ideal leiblicher Verkümmerung, auch die ganze Brahman-Philosophie ein Zeichen der Entartung.

(524)

Gegensatz: die *starken Bösen* und die *schwachen Bösen*, die sich so *fühlen*. Aus ihnen entsteht mitunter der *Sich-selber-Gute*, der zum Gott gewordene Teufel.

(525)

Verstimmung als *verhinderte* Auslösung. Grundsatz: Nicht die

Auslösungen, so gewaltsam sie auch sein mochten, gaben der Menschheit den meisten Schaden, sondern die Verhinderung derselben. Verstimmung, krankhafte Mißgefühle haben wir zu beseitigen, – aber dazu gehört der *Mut*, das Schreckliche der Auslösungen anders und günstiger zu beurteilen. Attentate sind besser als schleichende Verdrießlichkeiten. Morde, Kriege usw., offene Gewalt, das Böse der Macht soll gut heißen: wenn das Böse der Schwäche von jetzt ab *böse* zu nennen ist.

(526)

Man soll den verächtlichen Menschen nicht durch ein Wort mit dem furchtbaren Menschen zusammenkoppeln.

(527)

Das Böse kommt erst dann in Verruf, wenn es mit dem Niedrigen und Ekelhaften verwechselt wird. Bis dahin zieht es an und reizt zur Nachahmung.

(528)

Dem bösen Menschen das gute Gewissen zurückgeben – ist das mein unwillkürliches Bemühen gewesen? und zwar dem bösen Menschen, insofern er der *starke Mensch* ist? (Das Urteil *Dostojewskijs* über die Verbrecher der Gefängnisse ist hierbei anzuführen.)

(529)

Die Naivität Platos und des Christentums: sie glaubten zu wissen, was »gut« ist. Sie hatten den *Herden*menschen erraten, – *nicht* den schaffenden Künstler. Schon bei Plato ist der »Heiland«, der zu den *Leidenden* und *Schlechten* niedersteigt, erfunden. Er hat keinen Blick für die *Vernunft und Notwendigkeit des Bösen*.

(530)

Alles Gute ist die Verwandlung eines Bösen: jeder Gott hat einen Teufel zum Vater.

(531)

Wenn der Teufel sich häutet, fällt auch sein Name mit ab.

(532)

Das Leben ist nicht zu verneinen, denn die Moral steht nicht über ihm, sie ist tot. Der Exzeß der Moral hat ihren Gegensatz, das Böse, als *notwendig und nützlich* bewiesen und als Quelle des Guten.

(533)

Statt des »Naturmenschen« Rousseaus hat das 19. Jahrhundert ein *wahreres Bild* vom »Menschen« entdeckt, – es hat dazu den *Mut* gehabt... Im ganzen ist damit dem christlichen Begriff »Mensch« eine Wiederherstellung zuteil geworden. Wozu man *nicht* den Mut gehabt hat, das ist, gerade *diesen* »Mensch an sich«

gutzuheißen und in ihm die Zukunft des Menschen garantiert zu sehen. Insgleichen hat man *nicht* gewagt, das *Wachstum der Furchtbarkeit* des Menschen als Begleiterscheinung jedes Wachstums der Kultur zu begreifen; man ist darin immer noch dem christlichen Ideal unterwürfig und nimmt *dessen* Partei gegen das Heidentum, insgleichen gegen den Renaissancebegriff der virtù. So aber hat man den Schlüssel nicht zur Kultur: und in praxi bleibt es bei der Falschmünzerei der Geschichte zugunsten des »guten Menschen« (wie als ob er allein der *Fortschritt* des Menschen sei) und beim *sozialistischen Ideal* (d. h. dem *Residuum* des Christentums und Rousseaus in der entchristlichten Welt).

Der Kampf gegen das 18. Jahrhundert: dessen *höchste Überwindung* durch *Goethe* und *Napoleon*. Auch *Schopenhauer* kämpft gegen dasselbe; unfreiwillig aber tritt er zurück ins 17. Jahrhundert, – er ist ein moderner Pascal, mit Pascalschen Werturteilen *ohne* Christentum. Schopenhauer war nicht stark genug zu einem neuen Ja.

Napoleon: die notwendige Zusammengehörigkeit des höheren und des furchtbaren Menschen begriffen. Der »Mann« wiederhergestellt; dem Weibe der schuldige Tribut von Verachtung und Furcht zurückgewonnen. Die »Totalität« als Gesundheit und höchste Aktivität; die gerade Linie, der große Stil im Handeln wiederentdeckt; der mächtigste Instinkt, der des Lebens selbst, die Herrschsucht, bejaht.

(534)

Der *Gewissensbiß*: Zeichen, daß der Charakter der *Tat* nicht gewachsen ist. Es gibt Gewissensbisse auch nach *guten Werken*: ihr Ungewöhnliches, das, was aus dem alten Milieu heraushebt.

(535)

»Gewissensbiß.«
»*Der Gewissensbiß*, wie alle ressentiments bei einer großen Fülle von Kraft fehlend. (Mirabeau, B. Cellini, Cardanus.)
Inwiefern auch unser Gewissen mit seiner anscheinend persönlichen Verantwortung doch noch Herdengewissen ist.«

(536)

Wieviel betrüben wir uns über Leiden, die wir nicht gelitten, sondern *verursacht* haben! Aber es ist *unvermeidlich*; und wir sind nicht deshalb mit *uns* unzufrieden, außer in Zuständen der Schwäche und des Mißtrauens in unser Recht dazu!

(537)

Jede Handlung wird mißverstanden. Und man muß, um nicht fortwährend gekreuzt zu werden, seine *Maske* haben. Auch um zu *verführen*. — Lieber mit solchen umgehen, die bewußt lügen, weil nur sie auch mit Bewußtsein wahr sein können. Die gewöhnliche Wahrhaftigkeit ist eine Maske *ohne Bewußtsein der Maske*.

(538)

Grausamkeit kann die Erleichterung von gespannten und stolzen Seelen sein, von solchen, die gewohnt sind, beständig gegen sich Härten auszuüben: es ist ein Fest für sie geworden, endlich einmal wehe zu tun, leiden zu sehn, – alle kriegerischen Rassen sind grausam. Grausamkeit kann, umgekehrt, auch eine Art Saturnalien gedrückter und willensschwacher Wesen sein, von Sklaven, von Frauen des Serails, – ein kleiner Kitzel der Macht. Es gibt eine Grausamkeit böser und auch eine Grausamkeit schlechter und geringer Seelen.

(539)

Vor allem Wohl- und Wehetun steht die Frage: *Wer* ist das andere, *wer* ist der andere? – kurz, die Erkenntnis der Welt. *Wozu* wohltun und wehetun – muß erst entschieden sein! Bisher geschah alles Wohl- und Wehetun im *Irrtum*, als ob man wisse, *was* und *wozu*? Die Schätzung des Wohlwollens ist erst noch zu *beweisen*, namentlich der *Grad*!

(540)

Damit, daß das Christentum die Lehre von der Uneigennützigkeit und Liebe in den Vordergrund gerückt hat, hat es durchaus noch nicht das Gattungsinteresse für höherwertig angesetzt als das Individualinteresse. Seine eigentlich *historische* Wirkung, das Verhängnis von Wirkung, bleibt umgekehrt gerade die *Steigerung des Egoismus*, des Individualegoismus bis ins Extrem (– bis zum Extrem der Individual-Unsterblichkeit). Der einzelne wurde durch das Christentum so wichtig genommen, so absolut gesetzt, daß man ihn nicht mehr *opfern* konnte: aber die Gattung besteht nur durch Menschenopfer... Vor Gott wurden alle »Seelen« *gleich*: aber das ist gerade die gefährlichste aller möglichen Wertschätzungen! Setzt man die Einzelnen gleich, so stellt man die Gattung in Frage, so begünstigt man eine Praxis, welche auf den Ruin der Gattung hinausläuft: das Christentum ist das Gegenprinzip *gegen die Selektion*.

Wenn der Entartende und Kranke (»der Christ«) soviel Wert haben soll wie der Gesunde (»der Heide«) oder gar noch mehr, nach Pascals Urteil über Krankheit und Gesundheit, so ist der natürliche Gang der Entwicklung gekreuzt und die *Unnatur* zum Gesetz gemacht... Diese allgemeine Menschenliebe ist in praxi die *Bevorzugung* alles Leidenden, Schlechtweggekommenen, Degenerierten: sie hat tatsächlich die Kraft, die Verantwortlichkeit, die hohe Pflicht, Menschen zu opfern, heruntergebracht und abgeschwächt. Es blieb nach dem Schema des christlichen Wertmaßes nur noch übrig, sich selbst zu opfern: aber dieser *Rest* von Menschenopfer, den das Christentum konzedierte und selbst anriet, hat, vom Standpunkte der Gesamtzüchtung aus, gar keinen Sinn. Es ist für das Gedeihen der Gattung gleichgültig, ob irgendwelche einzelne sich selbst opfern (– sei es in mönchischer und asketischer Manier oder, mit Hilfe von Kreuzen, Scheiterhaufen und Schafotten, als »Märtyrer« des Irrtums). Die Gattung braucht den Untergang der Mißratenen, Schwachen, Degenerierten: aber gerade an sie wendete sich das Christentum, als *konservierende* Gewalt; sie steigerte noch jenen an sich schon so mächtigen Instinkt der Schwachen, sich zu schonen, sich zu erhalten, sich gegenseitig zu halten. Was ist die »Tugend« und »Menschenliebe« im Christentum, wenn nicht ebendiese Gegenseitigkeit der Erhaltung, diese Solidarität der Schwachen, diese Verhinderung der Selektion? Was ist der christliche Altruismus, wenn nicht der Massenegoismus der Schwachen, welcher errät, daß, wenn alle füreinander sorgen, jeder Einzelne am längsten erhalten bleibt?... Wenn man eine solche Gesinnung nicht als eine extreme *Unmoralität*, als ein Verbrechen am Leben empfindet, so gehört man zur kranken Bande und hat selber deren Instinkte... Die echte Menschenliebe verlangt das Opfer zum Besten der Gattung, – sie ist hart, sie ist voll Selbstüberwindung, weil sie das Menschenopfer braucht. Und diese Pseudohumanität, die Christentum heißt, will gerade durchsetzen, daß *niemand geopfert* wird...

(541)

Nichts wäre nützlicher und mehr zu fördern als ein konsequenter *Nihilismus der Tat*. – So wie ich alle die Phänomene des Christentums, des Pessimismus verstehe, so drücken sie aus: »Wir sind reif, nicht zu sein; für uns ist es vernünftig, nicht zu sein.« Diese Sprache der »Vernunft« wäre in diesem Falle auch die Sprache der *selektiven Natur*.

Was über alle Begriffe dagegen zu verurteilen ist, das ist die zweideutige und feige Halbheit einer Religion, wie die des *Christentums*: deutlicher, der *Kirche*: welche, statt zum Tode und zur Selbstvernichtung zu ermutigen, alles Mißratene und Kranke schützt und sich selbst fortpflanzen macht –

Problem: Mit was für Mitteln würde eine strenge Form des großen, kontagiösen Nihilismus erzielt werden: eine solche, welche mit wissenschaftlicher Gewissenhaftigkeit den freiwilligen Tod lehrt und übt (– und *nicht* das schwächliche Fortvegetieren mit Hinsicht auf eine falsche Postexistenz –)?

Man kann das Christentum nicht genug verurteilen, weil es den *Wert* einer solchen *reinigenden* großen Nihilismusbewegung, wie sie vielleicht im Gange war, durch den Gedanken der unsterblichen Privatperson entwertet hat: insgleichen durch die Hoffnung auf Auferstehung: kurz, immer durch ein Abhalten von der *Tat des Nihilismus*, dem Selbstmord... Es substituierte den langsamen Selbstmord; allmählich ein kleines, armes, aber dauerhaftes Leben; allmählich ein ganz gewöhnliches, bürgerliches, mittelmäßiges Leben usw.

(542)

Meine Wertschätzung der Religionen. – Ursprung jener Moral, welche Ausrottung der sinnlichen Triebe und Verachtung des Leibes fordert: eine *Notmaßregel* solcher Naturen, welche nicht Maß zu halten wissen und welche nur die Wahl haben, Wüstlinge und Schweine oder aber Asketen zu werden. Als persönlicher Ausweg wohl zu gestatten; ebenso wie eine christliche oder buddhistische Denkweise bei solchen, welche sich als Ganzes *mißraten* fühlen; man muß es ihnen schon nachsehen, daß sie eine Welt verleumden, in der sie schlecht weggekommen sind –. Aber das ist Sache unsrer Weisheit, solche Denkweisen und Religionen als große Irren- und Zuchthausanstalten zu beurteilen.

(543)

Die unangenehmen, an sich leidenden Individuen sollen die Tendenz zum Staate, zur Gesellschaft, zum Altruismus haben! Und die angenehmen, sich trauenden Individuen sollen den *entgegengesetzten* Trieb *von jener Moralität weg* haben!

(544)

Die Moral ist die Sache jener, welche sich von ihr nicht freimachen *können*: für sie gehört sie ebendeshalb unter die »Existenzbedingungen«. Existenzbedingungen kann man nicht widerlegen: man kann sie nur – *nicht haben*!

(545)

Die Nezessität der falschen Werte. – Man kann ein Urteil widerlegen, indem man seine Bedingtheit nachweist: damit ist die Notwendigkeit, es zu haben, nicht abgeschafft. *Die falschen Werte* sind nicht durch Gründe auszurotten: sowenig wie eine krumme Optik im Auge eines Kranken. Man muß ihre Notwendigkeit, *dazusein*, begreifen: sie sind eine *Folge* von Ursachen, die mit Gründen nichts zu tun haben.

(546)
Der Kampf gegen die *brutalen* Instinkte ist ein anderer als der Kampf gegen die *krankhaften* Instinkte; es kann selbst ein Mittel sein, um über die Brutalität Herr zu werden, *krank* zu machen. Die psychologische Behandlung im Christentum läuft oft darauf hinaus, aus einem Vieh ein krankes und *folglich* zahmes Tier zu machen.

Der Kampf gegen rohe und wüste Naturen muß ein Kampf mit Mitteln sein, die auf sie wirken: die *abergläubischen* Mittel sind unersetzlich und unerläßlich...

(547)
Die Partei der *Ernsten*, *Würdigen*, *Nachdenklichen*: und ihr gegenüber die wüste, unsaubere, unberechenbare Bestie –: ein bloßes Problem der Tierbändigung, – wobei der Tierbändiger hart, furchtbar und schreckeneinflößend sein muß für seine Bestie.

Alle wesentlichen Forderungen müssen mit einer brutalen Deutlichkeit, d. h. tausendfach *übertrieben*, gestellt werden.

Die *Erfüllung* der Forderung selbst muß in einer Vergröberung dargestellt werden, daß sie Ehrfurcht erregt, z. B. die Entsinnlichung seitens der Brahmanen.
Der Kampf mit der Kanaille und dem Vieh. Ist eine gewisse Bändigung und Ordnung erreicht, so muß die Kluft zwischen diesen *Gereinigten* und *Wiedergeborenen* und dem *Rest* so furchtbar wie möglich aufgerissen werden...

Diese Kluft vermehrt die Selbstachtung, den Glauben an das, was von ihnen dargestellt wird, bei den höheren Kasten, – daher der *Tschandala*. Die Verachtung und deren Übermaß ist vollkommen psychologisch korrekt, nämlich hundertfach übertrieben, um überhaupt nachgefühlt zu werden.

(548)
»Böse«: ist ein Urteil über *andre* Wesen zunächst. Nennen wir etwas an *uns* böse, so ist es ein *Gleichnis*: – wir wollen einen von uns *niedriger* taxierten *Trieb* nicht den Herrn spielen sehn, – es ist noch lange nicht nötig, ihn zu negieren, aber er *soll* seinen untergeordneten Platz behaupten und nicht *mehr*!

(549)
Man soll die *Tugend* gegen die Tugendprediger verteidigen: das sind ihre schlimmsten Feinde. Denn sie lehren die Tugend als ein Ideal *für alle*; sie nehmen der Tugend ihren Reiz des Seltenen, des Unnachahmlichen, des Ausnahmsweisen und Undurchschnittlichen, – ihren *aristokratischen Zauber*. Man soll insgleichen Front machen gegen die verstockten Idealisten, welche eifrig an alle

Töpfe klopfen und ihre Genugtuung haben, wenn es hohl klingt: welche Naivität, Großes und Seltenes zu *fordern* und seine Abwesenheit mit Ingrimm und Menschenverachtung festzustellen! – Es liegt z. B. auf der Hand, daß eine *Ehe* soviel wert ist als die, welche sie schließen, d. h. daß sie im großen Ganzen etwas Erbärmliches und Unschickliches sein wird: kein Pfarrer, kein Bürgermeister kann etwas anderes daraus machen.

Die *Tugend* hat alle Instinkte des Durchschnittsmenschen gegen sich: sie ist unvorteilhaft, unklug, sie isoliert; sie ist der Leidenschaft verwandt und der Vernunft schlecht zugänglich; sie verdirbt den Charakter, den Kopf, den Sinn, – immer gemessen mit dem Maß des Mittelguts von Mensch; sie setzt in Feindschaft gegen die Ordnung, gegen die *Lüge*, welche in jeder Ordnung, Institution, Wirklichkeit versteckt liegt, – sie ist das *schlimmste Laster*, gesetzt daß man sie nach der Schädlichkeit ihrer Wirkung auf die *andern* beurteilt.

– Ich erkenne die Tugend daran, daß sie 1. nicht verlangt, erkannt zu werden, 2. daß sie nicht Tugend überall voraussetzt, sondern gerade etwas anderes, 3. daß sie an der Abwesenheit der Tugend *nicht leidet*, sondern umgekehrt dies als das Distanzverhältnis betrachtet, auf Grund dessen etwas an der Tugend zu ehren ist; sie teilt sich nicht mit, 4. daß sie nicht Propaganda macht..., 5. daß sie niemandem erlaubt, den Richter zu machen, weil sie immer eine Tugend *für sich* ist, 6. daß sie gerade alles das tut, was sonst *verboten* ist: Tugend, wie ich sie verstehe, ist das eigentliche vetitum innerhalb aller Herdenlegislatur, 7. kurz, daß sie Tugend im Renaissancestil ist, virtù, moralinfreie Tugend...

(550)

Die *Tugend* findet jetzt keinen Glauben mehr, ihre Anziehungskraft ist dahin; es müßte sie denn einer etwa als eine ungewöhnliche Form des Abenteuers und der Ausschweifung von neuem auf den Markt zu bringen verstehn. Sie verlangt zu viel Extravaganz und Borniertheit von ihren Gläubigen, als daß sie heute nicht das Gewissen gegen sich hätte. Freilich, für Gewissenlose und gänzlich Unbedenkliche mag ebendas ihr neuer Zauber sein: – sie ist nunmehr, was sie bisher noch niemals gewesen ist, ein *Laster*.

(551)

Wenn dieser Mensch nicht ein großer Tugendhafter wird, so wird er fürchterlich sein, sich und anderen. Bei anderen lohnt es sich nicht, wenn sie sich so heftig um die Tugend bemühen – sie werden durch ihre Mittelmäßigkeit sogar die Tugend um ihr Ansehen bringen.

(552)
Eine Gesinnung, die sich »Idealismus« nennt und die der Mittelmäßigkeit nicht erlauben will, mittelmäßig zu sein, und dem Weibe nicht, Weib zu sein! – Nicht uniformieren! Uns klarmachen, wie *teuer eine Tugend zu stehen kommt*: und daß Tugend nichts durchschnittlich Wünschenswertes, sondern eine *noble Tollheit*, eine schöne Ausnahme, mit dem Vorrecht, *stark*-gestimmt zu werden...

(553)
Die Tugend bleibt das kostspieligste Laster: sie *soll* es bleiben!

(554)
Zuletzt, was habe ich erreicht? Verbergen wir uns dies wunderlichste Resultat nicht: ich habe der Tugend einen neuen *Reiz* erteilt, – sie wirkt als etwas *Verbotenes*. Sie hat unsre feinste Redlichkeit gegen sich, sie ist eingesalzen in das »cum grano salis« des wissenschaftlichen Gewissensbisses; sie ist altmodisch im Geruch und antikisierend, so daß sie nunmehr endlich die Raffinierten anlockt und neugierig macht; – kurz, sie wirkt als Laster. Erst nachdem wir alles als Lüge, Schein erkannt haben, haben wir auch die Erlaubnis wieder zu dieser schönsten Falschheit, der der Tugend, erhalten. Es gibt keine Instanz mehr, die uns dieselbe verbieten dürfte: erst indem wir die Tugend als eine *Form der Immoralität* aufgezeigt haben, ist sie wieder *gerechtfertigt*, – sie ist eingeordnet und gleichgeordnet in Hinsicht auf ihre Grundbedeutung, sie nimmt teil an der Grund-Immoralität alles Daseins, – als eine Luxusform ersten Ranges, die hochnäsigste, teuerste und seltenste Form des Lasters. Wir haben sie entrunzelt und entkuttet, wir haben sie von der Zudringlichkeit der vielen erlöst, wir haben ihr die blödsinnige Starrheit, das leere Auge, die steife Haartour, die hieratische Muskulatur genommen.

(555)
Ob ich damit der Tugend geschadet habe?... Ebensowenig als die Anarchisten den Fürsten: erst seitdem sie angeschossen werden, sitzen sie wieder fest auf ihrem Thron... Denn so stand es immer und wird es stehen: man kann einer Sache nicht besser nützen, als indem man sie verfolgt und mit allen Hunden hetzt... Dies – habe ich getan.

5. Kapitel
Das Problem der Wahrheit

(556)

Daß ein *unbegrenzter* Wille zur Erkenntnis eine große Gefahr ist, haben noch wenige begriffen. Das Zeitalter des suffrage universel lebt unter den gutmütigen und schwärmerischen Voraussetzungen des vorigen Jahrhunderts.

(557)

Das *Problem der Wahrhaftigkeit* ist ganz neu. Ich bin erstaunt. Wir betrachten solche Naturen wie Bismarck als schuldig hierin aus Fahrlässigkeit, solche wie Richard Wagner aus Mangel an Bescheidenheit; wir würden Plato mit seiner pia fraus verurteilen, Kant wegen der Ableitung seines kategorischen Imperativs, während der Glaube ihm sicher nicht auf diesem Wege gekommen ist.

– Endlich wendet sich der Zweifel auch gegen sich selber: Zweifel am Zweifel. Und die *Frage* nach der *Berechtigung* der Wahrhaftigkeit und ihrem Umfange *steht da* –

(558)

Über das Verhältnis der *Kunst zur Wahrheit* bin ich am frühesten ernst geworden: und noch jetzt stehe ich mit einem heiligen Entsetzen vor diesem Zwiespalt. Mein erstes Buch war ihm geweiht; die Geburt der Tragödie glaubt an die Kunst auf dem Hintergrund eines anderen Glaubens: daß es *nicht möglich ist, mit der Wahrheit zu leben*: daß der »Wille zur Wahrheit« bereits ein Symptom der Entartung ist...

(559)

... ein wählerischer Erkenntnistrieb, d. h. *Philosophie*.

(560)

Es sind dies barbarische Einseitigkeiten.

Jetzt kann die Philosophie nur noch das *Relative* aller Erkenntnis betonen und das *Anthropomorphische* sowie die überall herrschende Kraft der *Illusion*. Sie kann damit den entfesselten Erkenntnistrieb nicht mehr hemmen: der immer mehr nach dem Grade der Sicherheit *urteilt* und immer kleinere Objekte sucht. Während jeder Mensch zufrieden ist, wenn ein Tag vorbei ist, wühlt, gräbt und kombiniert später der Historiker nach diesem Tag, um ihn der Vergessenheit zu entreißen: das *Kleine* soll auch ewig sein, *weil* es *erkennbar* ist.

Für uns gilt nur der ästhetische Maßstab: das *Große* hat ein Recht auf Historie, aber auf keine ikonische, sondern eine *produktive, erregende Geschichtsmalerei*. Wir lassen die *Gräber ruhn*: aber bemächtigen uns des ewig Lebendigen.

Lieblingsthema der Zeit: die *großen Wirkungen des Kleinsten*. Das historische Wühlen hat z. B. als Ganzes etwas Großartiges: es ist wie die dürftige Vegetation, die allmählich die Alpen zerreibt. Wir sehen einen großen Trieb, der kleine Werkzeuge, aber *großartig viele hat*.

(561)

Der Philosoph der tragischen Erkenntnis. Er bändigt den entfesselten Wissenstrieb, nicht durch eine neue Metaphysik. Er stellt keinen neuen Glauben auf. Er empfindet den weggezogenen Boden der Metaphysik *tragisch* und kann sich doch an dem bunten Wirbelspiele der Wissenschaften nie befriedigen. Er baut an einem neuen *Leben*: der Kunst gibt er ihre Rechte wieder zurück.

Der Philosoph der desperaten Erkenntnis wird in blinder Wissenschaft aufgehen: Wissen um jeden Preis.

Für den tragischen Philosophen vollendet es das *Bild des Daseins*, daß das Metaphysische nur anthropomorphisch erscheint. Er ist nicht *Skeptiker*.

Hier ist ein Begriff zu *schaffen*: denn Skepsis ist nicht das Ziel. Der Erkenntnistrieb, an seine Grenzen gelangt, wendet sich gegen sich selbst, um nun zur *Kritik des Wissens* zu schreiten. Die Erkenntnis im Dienste des besten Lebens. Man muß selbst die *Illusion wollen* – darin liegt das Tragische.

(562)

Wie kommt es, daß ein logisches Wahrheitsbeweisen überhaupt stattfand? Im *Kampf von »Wahrheit« und »Wahrheit«* suchen sie die Allianz der Reflexion. *Alles wirkliche Wahrheitsstreben ist in die Welt gekommen durch den Kampf um eine heilige Überzeugung:* durch das Pathos des Kämpfens: sonst hat der Mensch kein Interesse für den logischen Ursprung.

(563)

Wo der Mensch zu erkennen aufhört, fängt er zu glauben an. Er wirft sein moralisches Zutrauen auf diesen Punkt und hofft nun, mit gleichem Maße bezahlt zu werden: Der Hund blickt uns mit zutraulichen Augen an und will, daß wir ihm trauen.

Das Erkennen hat für das Wohl des Menschen nicht soviel Bedeutung wie das Glauben. Selbst bei dem Finden einer Wahrheit, zum Beispiel einer mathematischen, ist die Freude das Produkt seines unbedingten Vertrauens, er kann darauf bauen. Wenn man den Glauben hat, so kann man die Wahrheit entbehren.

(564)

Mit der organischen Welt ist eine perspektivische Sphäre gegeben.

Erkennbarkeit der Welt – an sich eine Unbescheidenheit für den Menschen.

(565)

Zuletzt könnte die Unerkennbarkeit des Lebens ebendarin liegen, daß *alles* an sich unerkennbar ist und wir nur begreifen, was wir erst gebaut und gezimmert haben; ich meine in dem Widerspruche der ersten Funktionen des »Erkennens« mit dem Leben. Je erkennbarer etwas ist, um so ferner vom Sein, um so mehr *Begriff*.

(566)

Das Neue an unserer jetzigen Stellung zur Philosophie ist eine Überzeugung, die noch kein Zeitalter hatte: *daß wir die Wahrheit nicht haben.* Alle früheren Menschen »hatten die Wahrheit«: selbst die Skeptiker.

(567)

Man hat immer die Hauptsache *vergessen* –: *Warum* will denn der Philosoph *erkennen?* Warum schätzt er die »Wahrheit« höher als den Schein? *Diese Schätzung* ist älter als jedes cogito, ergo sum: selbst den logischen Prozeß vorausgesetzt, gibt es etwas in uns, welches ihn *bejaht* und sein Gegenteil *verneint.* Woher der Vorzug? Alle Philosophen haben vergessen zu erklären, *warum* sie das Wahre und das Gute *schätzen,* und niemand hat versucht, es mit dem Gegenteil zu versuchen. Antwort: das Wahre ist *nützlicher* (den Organismus erhaltender), – aber nicht *an sich angenehmer.* Genug, gleich im Anfang finden wir den Organismus als Ganzes, mit »Zwecken«, redend, – also *schätzend.*

(568)

Woher der Sinn für *Wahrheit?* – Erstens: wir fürchten uns nicht, abzuweichen; zweitens: es vermehrt unser Machtgefühl, auch gegen uns selber.

(569)

Wir mißtrauen allen jenen entzückten und extremen Zuständen, in denen man »die Wahrheit mit Händen zu greifen« wähnt.

(570)

Vivisektion – das ist der Ausgangspunkt! Es kommt vielen jetzt zum Bewußtsein, daß es manchen Wesen wehe tut, *wenn erkannt werden soll!* Als ob es je anders gewesen wäre! Und was für Schmerzen!! Feiges, weichliches Gesindel!

(571)

Ist denn etwas Ruhendes wirklich glücklicher als alles Bewegte? Ist das Unveränderliche wirklich und notwendig wertvoller als ein Ding, das wechselt? Und wenn sich einer tausend Male widerspricht und viele Wege geht und viele Masken trägt und in sich selber kein Ende, keine letzte Horizontlinie findet: ist es wahrscheinlich, daß ein solcher weniger von der »Wahrheit« erfährt als ein tugendhafter Stoiker, welcher sich ein für allemal wie eine Säule und mit der harten Haut einer Säule an seine Stelle gestellt hat? Aber dergleichen Vorurteile sitzen an der Schwelle zu allen bisherigen Philosophien: und sonderlich jenes, daß Gewißheit besser sei als Ungewißheit und offne Meere, und daß der Schein es sei, den ein Philosoph als seinen eigentlichen Feind zu bekämpfen habe.

(572)

Verstehen, soweit es einem jeden möglich ist – das heißt eine Sache so bestimmt als möglich sich auf uns abgrenzen lassen, so daß sie unsere Form an der Grenze bestimmt und wir uns ganz genau bewußt werden, wie *angenehm oder unangenehm* uns bei dieser Bestimmung zumute wird. Also unsere Triebe fragen, was sie zu einer Sache sagen! Dagegen uns trieblos und ohne Lust und Unlust verhalten, mit einer künstlichen Anästhesie – das kann kein Verstehen geben, sondern dann fassen wir eben mit dem Rest von Trieben, der noch nicht tot ist, die Erscheinung auf, das heißt, so matt und flach wie möglich; wohl aber können wir mitunter unsere Triebe der Reihe nach hintereinander über dieselbe Sache befragen: die Urteile vergleichen – zum Beispiel über ein Weib, einen Freund.

(573)

Wenn man nicht einen bestimmten Standpunkt hat, ist über den Wert von keinem Dinge zu reden: d.h. eine bestimmte *Bejahung* eines bestimmten Lebens ist die Voraussetzung jedes *Schätzens*.

(574)

Sobald wir die Gerechtigkeit zu weit treiben und den Felsen unserer Individualität zerbröckeln, unsern festen ungerechten Ausgangspunkt ganz aufgeben, so geben wir die Möglichkeit der Erkenntnis auf: es *fehlt* dann das *Ding*, wozu alles Relation hat (auch gerechte Relation). Es sei denn, daß wir alles nach einem *andern* Individuum messen, und die Ungerechtigkeit auf diese Weise erneuern, – auch wird sie *größer* sein (aber die Empfindung vielleicht reiner, weil wir sympathisch geworden sind und im Vergessen von uns schon freier).

(575)

Der letzte Wert des Daseins ist nicht *Folge* der Einsicht, sondern *Zustand*, *Voraussetzung* der Erkenntnis.

(576)

Wir haben zeitweilig die Blindheit nötig und müssen gewisse Glaubensartikel und Irrtümer in uns unberührt lassen – solange sie uns im Leben *erhalten*.

Wir müssen *gewissenlos* sein in betreff von Wahrheit und Irrtum, solange es sich um das *Leben* handelt – eben *damit* wir das Leben dann wieder im Dienste der Wahrheit und des intellektuellen Gewissens verbrauchen. Dies ist unsere Ebbe und Flut, die Energie unserer Zusammenziehung und Ausbreitung.

(577)

Moral ein nützlicher Irrtum, deutlicher, in Hinsicht auf die größten und vorurteilsfreiesten ihrer Förderer, eine notwendig erachtete Lüge.

(578)

Wenn wir allmählich die *Gegensätze* zu allen unseren Fundamentalmeinungen formulieren, nähern wir uns der *Wahrheit*. Es ist zunächst eine kalte, tote Begriffswelt; wir verquicken sie mit unseren anderen Irrtümern und Trieben und ziehen so ein Stück nach dem anderen *in das Leben hinein. In der Anpassung an den lebenden Irrtum kann allein die zunächst immer tote Wahrheit zum Leben gebracht werden.*

(579)

Ich gestehe, die Welt, wie sie sich mir nach reiflichstem Besinnen darstellt, dieses fortwachsende Phantom der Menschenköpfe, an dem wir alle in voller Blindheit arbeiten, dichten, lieben, schaffen, – dies ist ein Resultat, welches eigentlich meinem männlichen Instinkt zuwider ist: daran mögen sich Frauen und Künstler, gemäß ihrer Instinkte und ihrer Verwandtschaft mit allem Phantomhaften, ergötzen. Ich fürchte bei seinem Anblick für die männlichen Tugenden und weiß nicht recht, wobei sich noch Tapferkeit und Gerechtigkeit und harte, geduldige Vernünftigkeit geltend machen soll, wenn alles so werdend, so phantastisch, so unsicher, so grundlos ist. Nun, wenigstens dies soll uns bleiben: als Männer wollen wir uns doch ebendiese Wahrheit sagen, wenn sie nun einmal Wahrheit ist, und sie nicht vor uns verhehlen! Auch dem Anatom ist der Kadaver oft zuwider – aber seine Männlichkeit zeigt sich im Beharren. *Ich will erkennen.*

(580)

Meine Brüder! Verbergen wir es uns nicht! Die Wissenschaft oder, ehrlicher geredet, die *Leidenschaft der Erkenntnis* ist da, eine ungeheure, neue, wachsende Gewalt, dergleichen noch nie gesehen worden ist, mit Adlersschwung, Eulenaugen und den Füßen des Lindwurms – ja sie ist schon so stark, daß sie sich selber als Problem faßt und fragt: »Wie bin *ich* nur möglich unter *Menschen*! Wie ist der Mensch fürderhin möglich *mit mir*!«

(581)

Alle Leidenschaft trübt den Blick, erstens für das Objekt, zweitens für den damit Behafteten. Und nun! *Paradoxie!* Leidenschaft der Erkenntnis, welche gerade die Erkenntnis erkennen will und ebenso den von der Leidenschaft Befallenen! Unmöglich!! Ist diese schöne Unmöglichkeit vielleicht ihr letzter Zauber?

(582)

Philosophie der Gleichgültigkeit. Was früher am stärksten reizte, wirkt jetzt ganz anders, es wird nur noch als *Spiel* angesehen und gelten gelassen (die Leidenschaften und Arbeiten), als ein Leben im Unwahren prinzipiell verworfen, als Form und Reiz aber ästhetisch genossen und gepflegt, wir stellen uns wie die Kinder zu dem, was früher den *Ernst des Daseins* ausmachte. Unser Streben des Ernstes ist aber, alles als werdend zu verstehen, uns als Individuum zu verleugnen, möglichst aus *vielen* Augen in die Welt sehen, *leben* in Trieben und Beschäftigungen, um damit sich Augen zu machen, *zeitweilig* sich dem Leben überlassen, um hernach zeitweilig über ihm mit dem Auge zu ruhen: Die Triebe unterhalten als Fundament alles Erkennens, aber wissen, wo sie Gegner des Erkennens werden: in summa, *abwarten*, wie weit das *Wissen* und die *Wahrheit* sich *einverleiben* können, – und inwiefern eine Umwandlung des Menschen eintritt, wenn er endlich nur noch lebt, *um zu erkennen*. – Dies ist die Konsequenz von der Leidenschaft der Erkenntnis: *es gibt für ihre Existenz kein Mittel*, als die Quellen und Mächte der Erkenntnis, die Irrtümer und Leidenschaften auch zu erhalten, aus deren *Kampfe* nimmt sie ihre erhaltende Kraft. – Wie wird das Leben in bezug auf seine Summe von Wohlbefinden sich ausnehmen? *Ein Spiel der Kinder*, auf welches das Auge des Weisen blickt, Gewalt haben über *diesen* und *jenen* Zustand, – und den Tod, wenn so etwas nicht möglich ist. – Nun kommt aber die schwerste Erkenntnis und macht alle Arten Leben furchtbar bedenkenreich: Ein absoluter Überschuß von Lust *muß* nachzuweisen sein, sonst ist die Vernichtung unser selbst in Hinsicht auf die Menschheit als Mittel der Vernichtung der Menschheit zu wählen. Schon dies: wir haben die Vergangenheit, unsere und die aller Menschheit, auf die Waage zu setzen und *auch* zu überwiegen. – Nein! dieses Stück Menschheitsgeschichte *wird* und muß sich ewig wiederholen, *das* dürfen wir aus der Rechnung lassen, darauf haben wir keinen Einfluß: ob es gleich unser Mitgefühl beschwert und gegen das Leben überhaupt einnimmt. Um davon nicht umgeworfen zu werden, darf unser Mitleid nicht groß sein. Die Gleichgültigkeit muß tief in uns gewirkt haben und der Genuß im Anschauen auch. Auch das Elend der zukünftigen Menschheit soll uns *nichts* angehen. Aber *ob wir noch leben wollen*, ist die Frage: und wie?

(583)

Damit es irgendeinen Grad von Bewußtsein in der Welt geben könne, mußte eine unwirkliche Welt des Irrtums entstehen: Wesen mit dem Glauben an Beharrendes, an Individuen usw. Erst nachdem eine imaginäre Gegenwelt im Widerspruch zum absoluten Flusse entstanden war, konnte *auf dieser Grundlage* etwas *erkannt* werden, – ja zuletzt kann der Grundirrtum eingesehen werden, worauf alles beruht (weil sich Gegensätze *denken* lassen), – doch kann dieser Irrtum nicht anders als mit dem Leben vernichtet werden: die letzte Wahrheit vom Fluß der Dinge verträgt die *Einverleibung* nicht, unsere *Organe* (zum *Leben*) sind auf den Irrtum eingerichtet. So entsteht im Weisen der *Widerspruch des Lebens* und seiner letzten Entscheidungen: sein Trieb zur Erkenntnis hat den Glauben an den Irrtum und das Leben darin zur Voraussetzung. Leben ist Bedingung des Erkennens. Irren ist die Bedingung des Lebens, und zwar im tiefsten Grunde Irren. Wissen um das Irren hebt es nicht auf! Das ist nichts Bitteres! Wir müssen das Irren lieben und pflegen, es ist der Mutterschoß des Erkennens. Die Kunst als die Pflege des Wahns – unser Kultus. Um des Erkennens willen das Leben lieben und fördern, um des Lebens willen das Irren, Wähnen lieben und fördern. Dem Dasein eine ästhetische Bedeutung geben, *unseren Geschmack an ihm mehren*, ist Grundbedingung aller Leidenschaft der Erkenntnis. So entdecken wir auch hier eine Nacht und einen Tag als Lebensbedingung für *uns*: Erkennen-wollen und Irren-wollen sind Ebbe und Flut. Herrscht *eines* absolut, so geht der Mensch zugrunde, und *zugleich die Fähigkeit*.

(584)

Keine »*moralische* Erziehung« des Menschengeschlechts: sondern die *Zwangsschule der wissenschaftlichen Irrtümer* ist nötig, weil die »Wahrheit« degoutiert und das Leben verleidet, – vorausgesetzt daß der Mensch nicht schon unentrinnbar in seine *Bahn* gestoßen ist und seine redliche *Einsicht* mit einem tragischen Stolze auf sich nimmt.

(585)

Die Physiker sind jetzt mit allen Metaphysikern darüber einmütig, daß wir in einer Welt der Täuschung leben: glücklich, daß man nicht mehr nötig hat, darüber mit einem Gott abzurechnen, über dessen »Wahrhaftigkeit« man zu seltsamen Gedanken kommen könnte. Das *Perspektivische* der Welt geht so tief, als heute unser »Verständnis« der Welt reicht; und ich würde es wagen, es noch dort anzusetzen, wo der Mensch billigerweise überhaupt von Verstehen absehn darf, – ich meine dort, wo die Metaphysiker das Reich des anscheinend Sich-selbst-Gewissen, Sich-selber-Verständlichen ansetzen: im Denken. Daß die Zahl eine perspektivische Form ist, so gut als Zeit und Raum, daß wir so wenig »*eine* Seele« als »zwei Seelen« in einer Brust beherbergen, daß die »Individuen« sich wie die materiellen »Atome« nicht mehr halten lassen, außer für den Hand- und Hausgebrauch des Denkers, und sich in ein Nichts verflüchtigt haben (oder in eine »Formel«), daß nichts Lebendiges und Totes zusammenaddiert werden kann, daß beide Begriffe falsch sind, daß es nicht drei Vermögen der Seele gibt, daß »Subjekt und Objekt«, »Aktivum und Passivum«, »Ursache und Wirkung«, »Mittel und Zweck« immer nur perspektivische Formen sind, in summa daß die Seele, die Substanz, die Zahl, die Zeit, der Raum, der Grund, der Zweck – miteinander stehen *und fallen*. Gesetzt aber nun, daß wir nicht so töricht sind, die Wahrheit, in diesem Falle das x, höher zu schätzen als den Schein, gesetzt daß wir entschlossen sind zu *leben*, – so wollen wir mit dieser Scheinbarkeit der Dinge nicht unzufrieden sein und nur daran festhalten, daß niemand, zu irgendwelchen Hintergedanken, in der Darstellung dieser *Perspektivität* stehenbleibt: – was in der Tat fast allen Philosophen bisher begegnet ist, denn sie hatten alle Hintergedanken und liebten *ihre* »Wahrheiten«. – Freilich: wir müssen hier das Problem der Wahrhaftigkeit aufwerfen: Gesetzt wir leben infolge des Irrtums, was kann denn da der »Wille zur Wahrheit« sein? Sollte er nicht ein »Wille zum Tode« sein müssen? – Wäre das Bestreben der Philosophen und wissenschaftlichen Menschen vielleicht ein Symptom entartenden, absterbenden Lebens, eine Art Lebensüberdruß des Lebens selber? Quaeritur: und man könnte hier wirklich nachdenklich werden.

(586)

Die vollkommene Erkenntnis würde uns mutmaßlich kalt und leuchtend wie ein Gestirn um die Dinge kreisen lassen – eine kurze Weile noch! Und dann wäre *unser* Ende da, als das Ende erkenntnisdurstiger Wesen, welche am Ziehen von immer feineren Fäden von Interessen ein Spinnendasein und Spinnenglück genießen – und die zuletzt freiwillig den dünnsten und zartesten Faden selber abschneiden, weil aus ihm kein noch feinerer sich ziehen lassen will.

(587)

Die Betrachtung des Werdens zeigt, daß Täuschung und Sichtäuschen-wollen, daß *Unwahrheit* zu den Existenzbedingungen des Menschen gehört hat: man muß den Schleier einmal abziehn.

(588)

Das Problem der Wahrhaftigkeit hat noch niemand erfaßt. Das, was gegen die Lüge gesagt wird, sind Naivitäten eines Schulmeisters, und zumal das Gebot: »Du sollst nicht lügen!«

(589)

Die erste Grenze alles »Sinnes für Wahrheit« ist – auch für alle niederen belebten Geschöpfe –: was nicht ihrer Erhaltung dient, *geht sie nichts an*. Die zweite: die Art und Weise, ein Ding zu betrachten, welche ihnen *am nützlichsten* ist, wird vorgezogen und allmählich erst, durch Vererbung, einverleibt. Dies ist auch durch den Menschen noch keineswegs anders geworden: höchstens könnte man fragen, ob es nicht entartende Rassen gebe, welche sich so zu den Dingen stellen, wie es der inneren Absichtlichkeit auf Untergang hin gemäß ist, – also wider das Leben. Aber das Absterben des Veralteten oder Mißratenen gehört selber in die Konsequenz der *Erhaltung* des Lebens: weshalb Greise greisenhaft und echte Christen weltmüde, weltfeindlich urteilen mögen.

An sich wäre es möglich, daß zur Erhaltung des Lebenden gerade *Grundirrtümer* nötig wären, und nicht »Grundwahrheiten«. Es könnte z. B. ein Dasein gedacht werden, in welchem Erkennen selber unmöglich wäre, weil ein Widerspruch zwischen absolut Flüssigem und der Erkenntnis besteht: in einer solchen Welt müßte ein lebendes Geschöpf erst an Dinge, an Dauer usw. *glauben*, um existieren zu können: der Irrtum wäre seine Existenzbedingung. Vielleicht ist es so.

(590)

Aus der Selbstbespiegelung des Geistes ist noch nichts Gutes gewachsen. Erst jetzt, wo man auch über alle geistigen Vorgänge sich am Leitfaden des Leibes zu unterrichten sucht, z. B. über Gedächtnis, kommt man von der Stelle.

(591)

Die Glaubwürdigkeit des Leibes ist erst die Basis, nach der der *Wert alles Denkens* abgeschätzt werden kann. Gesetzt, wir hätten lauter Dinge *erdacht*, die es nicht gibt (wie z. B. Teichmüller annimmt!) usw. – Der Leib erweist sich *immer weniger* als Schein! Wer hat bis jetzt *Gründe* gehabt, den Leib als *Schein* zu denken? Der vollendete Brahman-Verehrer.

(592)

Die Erscheinungswelt »leerer Schein und Trug«, das Kausalitätsbedürfnis, welches zwischen Erscheinungen Verbindungen herstellt, ebenfalls »leerer Schein und Trug« – damit kommt die moralische *Verwerfung* des Trügerischen und Scheinbaren zu Wort. Man muß darüber hinweggehn. Es gibt keine Dinge an sich, auch kein absolutes Erkennen; der perspektivische, täuschende Charakter gehört zur Existenz.

(593)

Es gibt verhängnisvolle Worte, welche eine Erkenntnis auszudrücken scheinen und in Wahrheit eine Erkenntnis *verhindern*; zu ihnen gehört das Wort »Schein«, »Erscheinung«.

»*Schein*«, wie ich es verstehe, ist die wirkliche und einzige Realität der Dinge, – das, dem alle vorhandenen Prädikate erst zukommen und welches verhältnismäßig am besten noch mit allen, also auch den entgegengesetzten Prädikaten zu bezeichnen ist. Mit dem Worte ist aber nichts weiter ausgedrückt als seine *Unzugänglichkeit* für die logischen Prozeduren und Distinktionen: also »Schein« im Verhältnis zur »logischen Wahrheit« – welche aber selber nur in einer imaginären Welt möglich ist. Ich setze also nicht »Schein« in Gegensatz zur »Realität«, sondern nehme umgekehrt Schein als die Realität, welche sich der Verwandlung in eine imaginative »Wahrheitswelt« widersetzt. Ein bestimmter Name für diese Realität wäre »der Wille zur Macht«, nämlich von innen her bezeichnet und nicht von seiner unfaßbaren flüssigen Proteus-Natur aus.

(594)

Die Welt, die uns etwas angeht, ist nur scheinbar, ist unwirklich. – Aber den Begriff »wirklich«, »wahrhaft vorhanden« haben wir erst gezogen aus dem »uns-angehn«; je mehr wir in unserem Interesse berührt werden, um so mehr glauben wir an die »Realität« eines Dinges oder Wesens. »Es existiert« heißt: ich fühle mich an ihm als existent. – Antinomie.

Soviel Leben aus jenem Gefühl kommt, so viel *Sinn* setzen wir in das, was wir als Ursache dieser Erregung glauben. Das »Seiende« wird also von uns gefaßt als das auf *uns* Wirkende, das *durch sein Wirken Sich-Beweisende*. – »Unwirklich«, »scheinbar« wäre das, was nicht Wirkungen hervorzubringen vermag, aber sie hervorzubringen scheint. –

Gesetzt aber, wir legen in die Dinge gewisse Werte hinein, so wirken diese Werte dann auf uns *zurück*, nachdem wir vergessen haben, daß wir die Geber waren. Gesetzt, ich halte jemanden für meinen Vater, so folgt daraus vielerlei für jede seiner Äußerungen gegen mich: sie werden anders *interpretiert*. – Also unsere Auffassungen und Ausdeutungen der Dinge, unsere Interpretation der Dinge gegeben, so folgt, daß alle »wirklichen« Einwirkungen dieser Dinge auf uns daraufhin anders erscheinen, neu interpretiert, kurz *anders wirken*.

Wenn nun alle Auffassungen der Dinge falsch waren, so folgt, daß alle Einwirkungen der Dinge auf uns auf *eine falsche Kausalität* hin empfunden und ausgelegt werden: kurz, daß wir Wert und Unwert, Nutzen und Schaden abmessen auf Irrtümer hin, – daß die Welt, *die uns etwas angeht*, falsch ist.

(595)

Wollte man heraus aus der Welt der Perspektiven, so ginge man zugrunde. Auch ein *Rückgängig*machen der großen bereits einverleibten Täuschungen zerstört die Menschheit. Man muß vieles Falsche und Schlimme gutheißen und akzeptieren.

(596)

Die Selbstbespiegelung des Geistes, das Geknarre des logischen Räderwerks, die Aufdrößelung der Instinkte.

Gesetzt, ihr hättet alles in Formeln aufgelöst: was wäre dann? Sollen wir mit schlechtem Gewissen *leben*?

Ich bewundre die großen *Fälschungen* und *Ausdeutungen*: sie heben uns über das Glück des Tieres empor.

Die Überschätzung der Wahrhaftigkeit, in Kreisen des Herdentiers, hat guten Sinn. Sich nicht betrügen lassen – und folglich nicht betrügen.

Daß an sich der Wahrhaftige mehr wert sei als der Lügner, ist aus nichts zu erweisen: und vorausgesetzt daß das Leben auf einem konsequenten Getäuschtwerden beruht, so könnte ein konsequenter Lügner unter Umständen zu den höchsten Ehren kommen. Daß man schädigt, indem man nicht »die Wahrheit sagt«, ist eine Naivität. Wenn der Wert des Lebens in gutgeglaubten Irrtümern liegt, liegt das Schädigende im »Wahrheitsagen«.

(597)

Es könnte scheinen, als ob ich der Frage nach der »Gewißheit« ausgewichen sei. Das Gegenteil ist wahr: aber indem ich nach dem Kriterium der Gewißheit fragte, prüfte ich, nach welchem Schwergewichte überhaupt bisher gewogen worden ist – und daß die Frage nach der Gewißheit selbst schon eine *abhängige* Frage sei, eine Frage *zweiten* Ranges.

(598)

Ich stehe anders zur Unwissenheit und Ungewißheit. Nicht daß etwas unerkannt bleibt, ist mein Kummer; ich *freue mich* vielmehr, daß es eine Art von Erkenntnis geben *kann*, und bewundere die Kompliziertheit dieser Ermöglichung. Das Mittel ist: die Einführung vollständiger Fiktionen als Schemata, nach denen wir uns das geistige Geschehen einfacher denken, als es ist. Erfahrung ist nur möglich mit Hilfe von Gedächtnis: Gedächtnis ist nur möglich vermöge einer Abkürzung eines geistigen Vorgangs zum *Zeichen*. Die Zeichenschrift.

Erklärung: Das ist der Ausdruck eines neuen Dinges vermittels der Zeichen von schon bekannten Dingen.

(599)

Wille zur Wahrheit und Gewißheit entspringt aus *Furcht* in der Ungewißheit.

(600)

Der Glaube an die unmittelbare Gewißheit des Denkens ist ein Glaube *mehr*, und *keine* Gewißheit! Wir Neueren sind alle Gegner des Descartes und wehren uns gegen seine dogmatische Leichtfertigkeit im Zweifel. »Es muß besser gezweifelt werden als Descartes!« Wir finden das Umgekehrte, die Gegenbewegung gegen die absolute Autorität der Göttin »Vernunft« überall, wo es tiefere Menschen gibt. Fanatische Logiker brachten es zuwege, daß die Welt eine Täuschung ist; und daß nur im Denken der Weg zum »Sein«, zum »Unbedingten« gegeben sei. Dagegen habe ich Vergnügen an der Welt, *wenn* sie Täuschung sein sollte; und über den Verstand der Verständigsten hat man sich immer unter vollständigeren Menschen lustig gemacht.

(601)

Philosophische Nachwirkung des *Altertums*: – »Zweck«, – Gott und Mensch (der Standpunkt *vor* Kopernikus), – Lust als Motiv, – die Logik, die Überschätzung des Bewußtseins, – die Seele.

Es gibt sowenig »Ding an sich«, als es »absolute Erkenntnis« geben kann. An Stelle der Grundwahrheiten stelle ich Grundwahrscheinlichkeiten, – vorläufig angenommene *Richtschnuren*, nach denen gelebt und gedacht wird. Diese Richtschnuren nicht willkürlich, sondern entsprechend einem *Durchschnitt einer Gewöhnung*. Die Gewöhnung ist die Folge einer *Auswahl*, welche meine verschiedenen Affekte getroffen haben, welche sich alle dabei *wohlbefinden und erhalten wollten*.

(602)

Die *Selbstüberwindung der Vernunft* inneres Problem *Pascals* –

(603)

Das Leben als ein wacher *Traum*. Je feiner und umfänglicher ein Mensch ist, um so mehr fühlt er die ebenso schauerliche als erhabene Zufälligkeit in seinem Leben, Wollen, Gelingen, Glück, Absicht heraus; er schaudert, wie der Träumer, der einen Augenblick fühlt: »Ich träume.« Der Glaube an die kausale Nezessität der Dinge ruht auf dem Glauben, daß *wir* wirken; sieht man die Unbeweisbarkeit des letzteren ein, so verliert man etwas den Glauben an jenes erste. Es kommt hinzu, daß »Erscheinungen« unmöglich Ursachen sein können. Ein ungewohntes Ding zurückzuführen auf schon gewohnte Dinge, das Gefühl der Fremdheit zu verlieren – das *gilt* unserm Gefühl als *Erklären*. Wir wollen gar nicht »erkennen«, sondern nicht im Glauben gestört werden, daß wir bereits *wissen*.

(604)

Man ermesse den ganzen Wert der Unwissenheit im Verband der Mittel zur Erhaltung des Lebendigen, insgleichen den Wert der Vereinfachungen *überhaupt* und den Wert der regulativen Fiktionen, z. B. der logischen, man erwäge vor allem den Wert der Ausdeutungen und inwiefern nicht »es ist«, sondern »es bedeutet« übrigbleibt, so kommt man zu dieser Lösung: Der »Wille zur Wahrheit« entwickelt sich im Dienste des »*Willens zur Macht*«, – genau gesehn ist seine eigentliche Aufgabe, einer bestimmten Art von Unwahrheit zum Siege und zur Dauer zu verhelfen, ein zusammenhängendes Ganzes von Fälschungen als Basis für die Erhaltung einer bestimmten Art des Lebendigen zu nehmen.

(605)

Die Verwandlung aller Vorgänge in unsre uns bekannte Welt, kurz: *in uns* – das ist bisher »Erkenntnis«.

(606)

Das Wesentliche der organischen Wesen ist eine *neue Auslegung des Geschehens*: die perspektivische innere Vielheit, welche selber ein Geschehen ist.

(607)

Wenn *ich* etwas von einer Einheit in mir habe, so liegt sie gewiß nicht in dem bewußten Ich und dem Fühlen, Wollen, Denken, sondern woanders: in der erhaltenden, aneignenden, ausscheidenden, überwachenden Klugheit meines ganzen Organismus, von dem mein bewußtes Ich nur ein Werkzeug ist. – Fühlen, Wollen, Denken zeigt überall nur Endphänomene, deren Ursachen mir gänzlich unbekannt sind: das Aufeinanderfolgen dieser Endphänomene, wie als ob eines *aus* dem andern folge, ist wahrscheinlich *nur* ein Schein: in Wahrheit mögen vielleicht die Ursachen solchergestalt aneinander gebunden sein, daß die Endursachen mir den *Eindruck* logischen und psychologischen Verbandes machen. *Ich leugne*, daß ein geistiges oder seelisches Phänomen direkte *Ur*sache ist von einem andern geistigen oder seelischen Phänomen: ob es gleich so scheint. *Die wahre Welt der Ursachen ist uns verborgen*: sie ist unsäglich komplizierter. Der Intellekt und die Sinne sind ein vor allem *vereinfachender* Apparat. Unsere *falsche, verkleinerte, logisierte* Welt der Ursachen ist aber die Welt, in welcher wir leben können. Wir sind soweit »erkennend«, daß wir unsre Bedürfnisse befriedigen können. Das Studium des Leibes gibt einen Begriff von der unsäglichen Komplikation.

Wenn unser Intellekt nicht einige *feste* Formen hätte, so wäre nicht zu leben. Aber damit ist für die Wahrheit aller logischen Tatsachen nichts bewiesen.

(608)

Erkenntnistheorie ist die Liebhaberei jener scharfsinnigen Köpfe, die nicht genug gelernt haben und welche vermeinen, hier wenigstens könne ein jeder von vorne anfangen, hier genüge die »Selbstbeobachtung«.

(609)

Die Denkgesetze als Resultate der organischen Entwicklung; – eine fingierende setzende Kraft muß angenommen werden; – ebenfalls Vererbung und Fortdauer der Fiktionen.

(610)

Was ist denn »wahrnehmen«? – Etwas-*als-wahr-nehmen*, Ja-sagen-zu-etwas.

(611)

Der erste Sinneneindruck wird bearbeitet vom Intellekt: vereinfacht, nach früheren Schematen zurechtgemacht, die *Vorstellung* der Erscheinungswelt ist als Kunstwerk *unser* Werk. Aber das Material nicht. – *Kunst* ist eben das, was die *Hauptlinien* unterstreicht, die entscheidenden Züge übrig behält, vieles wegläßt. Dies absichtliche Umgestalten in etwas *Bekanntes*, dies *Fälschen* –

»Historischer Sinn« ist dasselbe: ist den Franzosen gut gelehrt durch Taine, die Haupttatsachen voran (*Rangordnung* der Facta *feststellen* ist das Produktive des Historikers). Das Nachfühlenkönnen, die Impression *haben* ist freilich die Voraussetzung: *deutsch*.

(612)

Die Zahl ist unser großes Mittel, uns die Welt handlich zu machen. Wir begreifen soweit, als wir zählen können, d.h. als eine Konstanz sich wahrnehmen läßt.

(613)

Die *Abzählbarkeit* gewisser Vorgänge, z.B. vieler chemischer, und eine Berechenbarkeit derselben gibt noch keinen Grund ab, hier an »absolute Wahrheiten« zu tasten. Es ist immer nur eine Zahl im Verhältnis zum Menschen, zu irgendeinem festgewordenen Hang oder Maß im Menschen. Die Zahl selber ist durch und durch *unsre* Erfindung.

(614)

Der Mensch ist ein Formen und Rhythmen bildendes Geschöpf; er ist in nichts besser geübt und es scheint, daß er an *nichts mehr* Lust hat als am *Erfinden* von Gestalten. Man beobachte nur, womit sich unser Auge sofort beschäftigt, sobald es nichts mehr zu sehen bekommt: es *schafft* sich etwas zu sehen. Mutmaßlich tut im gleichen Falle unser Gehör nichts anderes: es *übt* sich. Ohne die Verwandlung der Welt in Gestalten und Rhythmen gäbe es für uns nichts »Gleiches«, also auch nichts Wiederkehrendes, also auch keine Möglichkeit der Erfahrung und Aneignung, der *Ernährung*. In allem Wahrnehmen, das heißt dem ursprünglichsten Aneignen, ist das wesentliche Geschehen ein Handeln, strenger noch: ein Formen-Aufzwingen: – von »Eindrücken« reden nur die Oberflächlichen. Der Mensch lernt seine Kraft dabei als eine widerstrebende und mehr noch als eine bestimmende Kraft kennen – abweisend, auswählend, zurechtformend, in seine Schemata einreihend. Es ist etwas Aktives daran, daß wir einen Reiz überhaupt annehmen und daß wir ihn als *solchen* Reiz annehmen. Dieser Aktivität ist es zu eigen, nicht nur Formen, Rhythmen und Aufeinanderfolgen der Formen zu setzen, sondern auch das geschaffene Gebilde in bezug auf Einverleibung oder Abweisung abzuschätzen.

(615)

Diese ganze Welt, die uns wirklich etwas angeht, in der unsere Bedürfnisse, Begierden, Freuden, Hoffnungen, Farben, Linien, Phantasien, Gebete und Flüche wurzeln – diese ganze Welt haben wir *Menschen geschaffen* – und haben es *vergessen*, so daß wir nachträglich noch einen eigenen Schöpfer für alles das erdachten, oder uns mit dem Problem des Woher zerquälten. Wie die Sprache das Urgedicht eines Volkes ist, so ist die ganze anschauliche empfundene Welt die Urdichtung der Menschheit, und schon die Tiere haben hier angefangen zu dichten. *Das erben* wir alles auf einmal, wie als ob es die Realität selber sei.

(616)

Meine Aufgabe: alle die Schönheit und Erhabenheit, die wir den Dingen und den Einbildungen geliehen, zurückzufordern als *Eigentum* und *Erzeugnis des Menschen* und als schönsten Schmuck, schönste Apologie desselben. Der Mensch als Dichter, als Denker, als Gott, als Macht, als Mitleid. Oh über seine königliche Freigebigkeit, womit er die Dinge beschenkt hat, um *sich zu verarmen und elend zu fühlen*! Das ist seine größte »Selbstlosigkeit«, wie er bewundert und anbetet und nicht weiß und wissen will, daß er *schuf*, was er bewundert. – Es sind die *Dichtungen* und *Gemälde der Urmenschheit*, diese »wirklichen« Naturszenen; – damals wußte man noch nicht anders zu dichten und zu malen, als indem man in die Dinge etwas *hineinsah. Und diese Erbschaft* haben wir gemacht. – Es ist diese erhabene Linie, dies Gefühl von trauernder Größe, dies Gefühl des bewegten Meeres alles *erdichtet* von unseren Vorfahren. Dieses Fest- und Bestimmt*sehen* überhaupt!

(617)

Das Kunstwerk als ein Zeugnis unsrer Lust an der *Vereinfachung*, an dem Fort-Schaffen durch Konzentration unter *ein* Gesetz.

(618)

»Der Sinn für Wahrheit« muß, wenn die Moralität des »Du sollst nicht lügen« abgewiesen ist, sich vor einem andern Forum legitimieren: – als Mittel der Erhaltung von Mensch, als *Machtwille*.

Ebenso unsre Liebe zum Schönen: ist ebenfalls der *gestaltende Wille*. Beide Sinne stehen beieinander; der Sinn für das Wirkliche ist das Mittel, die Macht in die Hand zu bekommen, um die Dinge nach unserem Belieben zu gestalten. Die Lust am Gestalten und Umgestalten – eine Urlust! Wir können nur eine Welt *begreifen*, die wir selber *gemacht* haben.

(619)

Dem Geiste, den wir begreifen –, dem *gleichen* wir nicht: dem sind wir überlegen!

(620)

Unendliche Ausdeutbarkeit der Welt: jede Ausdeutung ein Symptom des Wachstums oder des Untergehens.

Die Einheit (der Monismus) ein Bedürfnis der inertia; die Mehrheit der Deutung Zeichen der Kraft. Der Welt ihren beunruhigenden und änigmatischen Charakter *nicht abstreiten wollen*!

(621)

Gegen das Versöhnenwollen und die Friedfertigkeit. Dazu gehört auch jeder Versuch von Monismus.

(622)

F. A. Lange, p. 822: »Eine *Wirklichkeit*, wie der Mensch sie sich einbildet und wie er sie *ersehnt*, wenn diese Einbildung *erschüttert* wird: *ein absolut festes, von uns unabhängiges* und doch von uns erkanntes Dasein – eine solche Wirklichkeit gibt es nicht.« *Wir* sind tätig darin: aber *das* gibt dem Lange keinen Stolz!

Nichts Trügerisches, Wandelndes, Abhängiges, Unerkennbares also wünscht er sich! *Das* sind Instinkte *geängstigter* Wesen und solcher, die noch moralisch beherrscht sind: sie ersehnen einen *absoluten Herrn*, etwas Liebevolles, Wahrheitredendes, – kurz, diese Sehnsucht der Idealisten ist moralisch-religiös vom Sklavengesichtspunkte aus.

Umgekehrt könnte unser Künstlerhoheitsrecht darin schwelgen, diese *Welt geschaffen zu haben*.

(623)

Unsre Wertschätzungen stehen im Verhältnis zu unsern geglaubten Lebensbedingungen: verändern sich diese, so verändern sich unsre Wertschätzungen.

(624)

Daß der Geist geworden ist und noch wird...

(625)

Die Geschichte der Philosophie ist bis jetzt erst *kurz*: es ist ein Anfang; sie hat noch keine Kriege geführt und die Völker zusammengeführt; das Höchste ihres Vorstadiums sind die *kirchlichen* Kriege, das Zeitalter der Religion ist noch lange nicht zu Ende. Später wird man philosophische Meinungen einmal so als Lebens- und Existenzfragen nehmen wie bisher mitunter religiöse und politische, – der Geschmack und der Ekel in Meinungen wird so groß, daß *man nicht mehr leben will*, solange noch eine andere Meinung besteht. Die ganze Philosophie wird vor diesem Forum des Massengeschmacks und Massenekels durchgelebt werden –: wahrscheinlich gab es vor dem Zeitalter der Religionen auch schon vorlaufende, aber gänzlich gleichgültige religiöse Einzelne, entsprechend den vorlaufenden und gleichgültigen einzelnen Philosophen. – Als »Wahrheit« wird sich immer das durchsetzen, was notwendigen Lebensbedingungen der Zeit, der Gruppe entspricht: auf die Dauer wird die *Summe von Meinungen* der Menschheit *einverleibt* sein, bei welcher sie ihren größten Nutzen, d. h. die Möglichkeit der längsten Dauer hat. Die wesentlichsten dieser Meinungen, auf denen die Dauer der Menschheit beruht, sind ihr längst einverleibt, z. B. der Glaube an Gleichheit, Zahl, Raum usw. *Darum* wird sich der Kampf *nicht* drehen –: es kann nur ein *Ausbau* von diesen irrtümlichen *Grundlagen* unserer Tierexistenz sein. – Wichtig als bedeutendstes Denkmal des *Dauergeistes* ist die *chinesische* Denkweise. – Es wird also schwerlich die Geschichte der »Wahrheit« werden, sondern die eines organischen Irrtümeraufbaues, welcher in Leib und Seele übergeht und die *Empfindungen* und *Instinkte* endlich beherrscht. Es wird eine fortwährende Selektion des zum Leben Gehörigen geübt. Der Anspruch auf *Lebenserhaltung* wird immer tyrannischer an die Stelle des »Wahrheitssinnes« treten, d. h. er wird den *Namen* von ihm *erhalten* und festhalten. – Leben wir Einzelnen unser Vorläuferdasein, überlassen wir den Kommenden, Kriege um unsere Meinungen zu führen, – wir leben in der *Mitte* der menschlichen Zeit: *größtes Glück!*

(626)

Auch innerhalb unsrer Welt der Sinne, wenn wir sie nur verschärfen oder verschärft denken, ergibt sich eine Welt, welche ganz anders auf unser *Gefühl* wirkt.

(627)

Volle Anerkennung des Menschlichen in betreff der sichtbaren Welt. – *Abweisung* der idealistischen Philosophie und Erklärung aus Sattheit, Widerwillen am Menschen. – Die »Falschheit« in den Dingen zu erklären als Resultat *unsrer* schaffenden Kraft!

(628)

Was ist ein *Glaube*? Wie entsteht er? Jeder Glaube ist ein *Für-wahr-halten*.

Die extremste Form des Nihilismus wäre die Einsicht: daß *jeder* Glaube, jedes Für-wahr-halten notwendig falsch ist: weil es eine *wahre Welt* gar nicht gibt. Also: ein *perspektivischer Schein*, dessen Herkunft in uns liegt (insofern wir eine engere, verkürzte, vereinfachte Welt fortwährend *nötig haben*).

– Daß es das *Maß der Kraft* ist, wie sehr wir uns die *Scheinbarkeit*, die Notwendigkeit der Lüge eingestehen können, ohne zugrunde zu gehn.

Insofern könnte Nihilismus, als *Leugnung* einer wahrhaften Welt, eines Seins, *eine göttliche Denkweise sein*: – –

(629)

Unsere große Bescheidung: das Unbekannte nicht vergöttern; wir fangen eben an, wenig zu wissen. Die falschen und verschwendeten Bemühungen.

Unsere »neue Welt«: wir müssen erkennen, bis zu welchem Grade wir die *Schöpfer* unsrer Wertgefühle sind, – also »Sinn« in die Geschichte legen *können*.

Dieser Glaube an die Wahrheit geht in uns zu seiner letzten Konsequenz – ihr wißt, wie sie lautet –: daß, wenn es überhaupt etwas anzubeten gibt, es der *Schein* ist, der angebetet werden muß, daß die Lüge – und *nicht* die Wahrheit – göttlich ist!

(630)

Das Kriterium der Wahrheit liegt in der Steigerung des Machtgefühls.

(631)

Kaum spricht man von den »nicht absoluten Wahrheiten«, so begehren alle Schwärmer wieder Eintritt, oder vielmehr: die gutmütigen Seelen stellen sich ans Tor und glauben allen aufmachen zu dürfen: als ob der Irrtum jetzt nicht mehr Irrtum sei! Was *widerlegt* ist, ist *ausgeschlossen*!!

(632)

Freigeworden von der Tyrannei der »ewigen« Begriffe, bin ich andrerseits fern davon, mich deshalb in den Abgrund einer skeptischen Beliebigkeit zu stürzen: ich bitte vielmehr, die Begriffe als Versuche zu betrachten, mit Hilfe deren bestimmte Arten des Menschen gezüchtet und auf ihre Erhaltbarkeit und Dauer hin erprobt werden.

Die Falschheit eines Begriffs ist mir noch kein *Einwand* gegen ihn: die Frage ist, wieweit er lebenfördernd, lebenerhaltend, arterhaltend ist. Ich bin sogar grundsätzlich des Glaubens, *daß die falschesten Annahmen uns gerade die unentbehrlichsten sind*, daß ohne ein Geltenlassen der logischen Fiktion, ohne ein Messen der Wirklichkeit an der *erfundenen* Welt des Unbedingten, Sichselber-Gleichen der Mensch nicht leben kann und daß ein Verneinen dieser Fiktion, ein praktisches Verzichtleisten auf sie, soviel wie eine Verneinung des Lebens bedeuten würde. *Die Unwahrheit als Lebensbedingung zugestehn*: das heißt freilich auf eine schreckliche Weise die gewohnten Wertgefühle von sich abtun, – und hier, wenn irgendwo, gilt es, sich an der »erkannten Wahrheit« nicht zu »verbluten«. Man muß in dieser höchsten Gefahr sofort die schöpferischen Grundinstinkte des Menschen heraufrufen, welche stärker sind als alle Wertgefühle: die, welche die

Mütter der Wertgefühle selber sind und im ewigen Gebären über das ewige Untergehn ihrer Kinder ihre erhabene Tröstung genießen. Und zuletzt: *Welche Gewalt war es denn*, welche uns zwang, jenem »Glauben an die Wahrheit« abzuschwören, wenn es nicht *das Leben selber* war und alle seine schöpferischen Grundinstinkte? – so daß wir also es nicht nötig haben, diese »Mütter« heraufzubeschwören: – sie sind schon *oben*, ihre Augen blicken uns an, wir vollführen eben, wozu deren Zauber uns überredet hat.

6. Kapitel
Die Rangordnung

1. Was den Rang bestimmt

(633)

Ich bin dazu gedrängt, im Zeitalter des suffrage universel, d. h. wo jeder über jeden und jedes zu Gericht sitzen darf, die *Rangordnung* wiederherzustellen.

(634)

Man kommt endlich dahinter, daß die Menschen bei den *gleichen* Worten verschiedenes *meinen*, fühlen, wittern, wünschen. *Welche Gruppen von Empfindungen und Vorstellungen im Vordergrund einer Seele stehn und am schnellsten erregt werden, das entscheidet zuletzt über ihren Rang.*

(635)

Der *Gemeinheit* entspricht ein vollkommnes *leibliches Substrat*, und wahrlich nicht bloß in Gesichtszügen.

(636)

Der Schlechte als der Parasit. Wir dürfen nicht nur Genießende des Daseins sein: unvornehm.

(637)

Für wen es nicht mühsam ist, sich den Zustand der gewöhnlichen Menschen vorzustellen, der ist kein *höherer* Mensch.

(638)

Wogegen ich protestiere? Daß man nicht diese kleine friedliche Mittelmäßigkeit, dieses Gleichgewicht einer Seele, welche nicht die großen Antriebe der großen Krafthäufungen kennt, als etwas Hohes nimmt, womöglich gar als *Maß des Menschen*.

Bacon von Verulam sagt: ›Infimarum virtutum apud vulgus laus est, mediarum admiratio, supremarum sensus nullus‹. Das Christentum aber gehört, als Religion, zum vulgus; es hat für die höchste Gattung virtus keinen Sinn.

(639)

Im Heroismus ist der *Ekel* sehr stark (ebenso im Uneigennützigen, – man verachtet die Beschränktheit des »Ich«, – der Intellekt hat seine Expansion). Die *Schwäche* des Ekels bezeichnet die industrielle und utilitarische Kultur.

(640)

Den Wert eines Menschen danach abschätzen, was er den Menschen *nützt* oder *kostet* oder *schadet*: das bedeutet ebensoviel und ebensowenig, als ein Kunstwerk abschätzen je nach den *Wirkungen*, die es tut. Aber damit ist der Wert des Menschen im *Vergleich mit anderen Menschen* gar nicht berührt. Die »moralische Wertschätzung«, soweit sie eine *soziale* ist, mißt durchaus den Menschen nach seinen Wirkungen. Ein Mensch mit seinem eigenen Geschmack auf der Zunge, umschlossen und versteckt durch seine Einsamkeit, unmitteilbar, unmitteilsam, – ein *unausgerechneter* Mensch, also ein Mensch einer höheren, jedenfalls *anderen* Spezies: wie wollt ihr den abwerten können, da ihr ihn nicht kennen könnt, nicht vergleichen könnt?

Die *moralische Abwertung* hat die größte Urteils-Stumpfheit im Gefolge gehabt: der Wert eines Menschen an sich ist *unterschätzt*, fast *übersehen*, fast *geleugnet*. Rest der naiven *Teleologie*: der *Wert* des Menschen *nur in Hinsicht auf die Menschen*.

(641)

Die wohlwollenden, hilfreichen, gütigen Gesinnungen sind schlechterdings *nicht* um des Nutzens willen, der von ihnen ausgeht, zu Ehren gekommen: sondern weil sie Zustände *reicher Seelen* sind, welche abgeben können und ihren Wert als Füllegefühl des Lebens tragen. Man sehe die Augen des Wohltäters an! Das ist das Gegenstück der Selbstverneinung, des Hasses auf das moi, des »Pascalismus«.

(642)

Es gibt gebende Naturen, es gibt zurückgebende.

(643)

Ich will wissen, ob du ein schaffender oder ein umsetzender Mensch bist, in irgendeinem Betrachte: als Schaffender gehörst du zu den Freien, als Umsetzender bist du deren Sklave und deren Werkzeug.

(644)

Die Revolution ermöglichte Napoleon: das ist ihre Rechtfertigung. Um einen ähnlichen Preis würde man den anarchistischen Einsturz unsrer ganzen Zivilisation wünschen müssen. Napoleon ermöglichte den Nationalismus: das ist dessen Entschuldigung.

Der Wert eines Menschen (abgesehen, wie billig, von Moralität und Unmoralität: denn mit diesen Begriffen wird der *Wert* eines Menschen noch nicht einmal berührt) liegt nicht in seiner Nützlichkeit: denn er bestünde fort, selbst wenn es niemanden gäbe, dem er zu nützen wüßte. Und warum könnte nicht gerade der Mensch, von dem die verderblichsten Wirkungen ausgingen, die Spitze der ganzen Spezies Mensch sein: so hoch, so überlegen, daß an ihm alles vor Neid zugrunde ginge?

(645)

An einem klugen, rücksichtslosen Spitzbuben und Verbrecher tadeln wir nicht seinen *Egoismus* als solchen, der sich auf die feinste Weise äußert, sondern daß dieser sich auf *so niedere Ziele* richtet und auf sie *beschränkt*. Sind die Ziele *groß*, so hat die Menschheit einen anderen Maßstab und schätzt »*Verbrechen*« *nicht* als solche, selbst die furchtbarsten Mittel. – Das Ekelhafte ist ein guter Intellekt im Dienste einer erbärmlichen Anspruchslosigkeit des Geschmacks – wir *ekeln* uns vor der *Art* ego, nicht an sich vor dem ego.

(646)

Die *Quantität* im *Ziele* in ihrer Wirkung auf die Optik der Wertschätzung: der *große* Verbrecher und der kleine. Die Quantität im *Ziele* des Gewollten entscheidet auch bei dem Wollenden selbst, ob er vor sich dabei Achtung hat oder kleinmütig und miserabel empfindet. –

Sodann der Grad der *Geistigkeit* in den Mitteln in ihrer Wirkung auf die Optik der Wertschätzung. Wie anders nimmt sich der philosophische Neuerer, Versucher und Gewaltmensch aus gegen den Räuber, Barbaren und Abenteurer! – Anschein des »Uneigennützigen«.

Endlich vornehme *Manieren*, Haltung, Tapferkeit, Selbstvertrauen, – wie verändern sie die Wertung dessen, was auf diese Art erreicht wird!

Zur Optik der Wertschätzung:
Einfluß der *Quantität* (groß, klein) des *Zweckes*.
Einfluß der *Geistigkeit* in den *Mitteln*.
Einfluß der *Manieren* in der *Aktion*.
Einfluß des *Gelingens* oder Mißlingens.
Einfluß der *gegnerischen* Kräfte und deren Wert.
Einfluß des *Erlaubten* und *Verbotenen*.

(647)

Rang bestimmend, Rang abhebend sind allein Machtquantitäten: und nichts sonst.

(648)

Über den Rang entscheidet das Quantum Macht, das du bist; der Rest ist Feigheit.

(649)

Überall, wo das Höhere *nicht* das Mächtigere ist, *fehlt etwas am Höheren selber*: es ist nur ein Stück und Schatten erst.

(650)

Zum »Machiavellismus« der Macht

Der *Wille zur Macht* erscheint

a) bei den Unterdrückten, bei Sklaven jeder Art als Wille zur »*Freiheit*«; bloß das *Loskommen* scheint das Ziel (moralisch-religiös: »nur seinem eignen Gewissen verantwortlich«; »evangelische Freiheit« usw.);

b) bei einer stärkeren und zur Macht heranwachsenden Art als Wille zur Übermacht; wenn zunächst erfolglos, dann sich einschränkend auf den Willen zur »*Gerechtigkeit*«, d. h. zu dem *gleichen Maß von Rechten*, wie die herrschende Art sie hat;

c) bei den Stärksten, Reichsten, Unabhängigsten, Mutigsten als »*Liebe* zur Menschheit«, zum »Volk«, zum Evangelium, zur Wahrheit, Gott; als Mitleid; »Selbstopferung« usw.; als Überwältigen, Mit-sich-fortreißen, In-seinen-Dienst-nehmen, als instinktives Sich-in-Eins-rechnen mit einem großen Quantum Macht, dem man *Richtung zu geben vermag*: der Held, der Prophet, der Cäsar, der Heiland, der Hirt (– auch die Geschlechtsliebe gehört hierher: sie *will* die Überwältigung, das In-Besitz-nehmen, und sie *erscheint* als Sich-hingeben. Im Grunde ist es nur die Liebe zu seinem »Werkzeug«, zu seinem »Pferd«, – seine Überzeugung davon, daß ihm das und das *zugehört*, als einem, der imstande ist, es *zu benutzen*).

›»*Freiheit*«, »*Gerechtigkeit*« und »*Liebe*«!!! –

(651)

»Ich will das oder das«; »ich möchte, daß das oder das so wäre«; »ich weiß, daß das oder das so ist« – die Kraftgrade: der Mensch des *Willens*, der Mensch des *Verlangens*, der Mensch des *Glaubens*.

(652)

Die Edlen, ἐσθλοί die Wahrhaften, die sich *nicht zu verstellen brauchen*! Als Mächtige und Individuen!

(653)

Der Wille zur Macht. – Wie die Menschen beschaffen sein müßten, welche diese Umwertung an sich vornehmen. Die Rangordnung als Machtordnung: Krieg und Gefahr die Voraussetzung, daß ein Rang seine Bedingungen festhält. Das grandiose Vorbild: der Mensch in der Natur – das schwächste, klügste Wesen sich zum Herrn machend, die dümmeren Gewalten sich unterjochend.

(654)

Alle unsere Religionen und Philosophien sind *Symptome* unseres leiblichen Befindens: – daß das Christentum zum Sieg kam, war die Folge eines allgemeinen Unlustgefühls und einer Rassenvermischung (d. h. eines Durch- und Gegeneinanders im Organismus).

Ehrfurcht vor den Instinkten, Trieben, Begierden, kurz alledem, dessen Grund man nicht völlig durchschaut! Es sind Kräfte da, welche stärker sind als alles, was formuliert werden kann am Menschen. Aber ebenso *Furcht* und *Mißtrauen* gegen dies alles, weil es das Erbe *sehr* verschieden*wertiger Zeiten* und *Menschen* ist, das wir da in uns *herumschleppen*!

Daß die höchste Kraft, als Herrschaft über *Gegensätze*, den Maßstab abgibt: – der menschliche Leib ist ein viel vollkommeneres Gebilde als je ein Gedanken- und Gefühlssystem, ja viel *höher als ein Kunstwerk* – –

(655)

Summa: die *Herrschaft* über die Leidenschaften, *nicht* deren Schwächung oder Ausrottung! – Je größer die Herrenkraft des Willens ist, um soviel mehr Freiheit darf den Leidenschaften gegeben werden.

Der »große Mensch« ist groß durch den Freiheitsspielraum seiner Begierden und durch die noch größere Macht, welche diese prachtvollen Untiere in Dienst zu nehmen weiß.

Der »gute Mensch« ist auf jeder Stufe der Zivilisation der *Ungefährliche und Nützliche zugleich*: eine Art *Mitte*; der Ausdruck im gemeinen Bewußtsein davon, *vor wem man sich nicht zu fürchten hat und wen man trotzdem nicht verachten darf*.

Erziehung: wesentlich das Mittel, die Ausnahme zu *ruinieren* zugunsten der Regel.[1] Bildung: wesentlich das Mittel, den Geschmack *gegen* die Ausnahme zu richten zugunsten des Mittleren.

Erst wenn eine Kultur über einen Überschuß von Kräften zu gebieten hat, kann sie auch ein Treibhaus für den Luxuskultus der Ausnahme, des Versuchs, der Gefahr, der Nuance sein: – *jede* aristokratische Kultur tendiert *dahin*.

(656)

Wie lange dauert es, bis eine Größe den Menschen als Größe *sichtbar* wird und *leuchtet*? – ist mein Maßstab der Größe. Bisher sind wahrscheinlich *alle* die Größten gerade verborgen geblieben.

---

[1] *An Regel anschließend folgende unvollständigen Sätze*: Mindestens für jene lange Zeit, – eine Ablenkung, Verführung, Ankränkelung, – Das ist hart: aber ökonomisch betrachtet, vollkommen vernünftig.

2. Die Grade der schaffenden Kraft

(657)

Im kleinen und erbärmlichen Leben klingen trotzdem die Akkorde des *großen Lebens vergangener* Menschen hindurch: jede Wertschätzung hat in großen Bewegungen einzelner Seelen ihre Herkunft.

(658)

Die *Grade* der schaffenden Kraft:
1. Der Schauspieler, eine Figur aus sich machend, z. B. la Faustin;
2. der Dichter, der Bildner, der Maler;
3. der Lehrer, – Empedokles;
4. der Eroberer;
5. der Gesetzgeber (Philosoph).

Überall ist erst der Typus noch zu finden, außer auf den niedrigsten Stufen: es ist noch nicht die Leidens- und Freudensgeschichte nachgewiesen. Die *falschen* Stellungen, z. B. der Philosoph, sich *außerhalb* stellend, – aber das ist nur ein *zeitweiliger* Zustand und nötig für das Schwangersein.

(659)

Der Sinn unsrer Gärten und Paläste (und insofern auch der Sinn alles Begehrens nach Reichtümern) ist: *die Unordnung und Gemeinheit aus dem Auge sich zu schaffen und dem Adel der Seele eine Heimat zu bauen.*

Die meisten freilich glauben, sie werden *höhere Naturen,* wenn jene schönen, ruhigen Gegenstände auf sie eingewirkt haben: daher die Jagd nach Italien und Reisen usw., alles Lesen und Theaterbesuchen. *Sie wollen sich formen lassen* – das ist der Sinn ihrer Kulturarbeit! Aber die Starken, Mächtigen wollen *formen und nichts Fremdes mehr um sich haben!*

So gehen auch die Menschen in die große Natur, nicht um *sich* zu finden, sondern um sich in ihr zu verlieren und zu vergessen. Das »*Außersichsein*« als Wunsch aller Schwachen und Mit-sich-Unzufriedenen.

(660)

Das ungeheure Genießen des Menschen und der Gesellschaft im Zeitalter Ludwigs XIV. machte, daß der Mensch in der Natur sich langweilte und verödet fühlte. Am peinlichsten war die öde Natur, das Hochgebirge.

Die *Preziösen* wollten den Geist, mindestens den esprit in die Liebe bringen: – Symptom eines ungeheuren Genusses am *Geiste* (dem hellen, distinguierenden, wie zur Zeit der Perserkriege).

Die künstlichsten Formen (Ronsard, selbst die Skandinavier) machen die größte Freude bei sehr saftigen und kräftigen sinnlichen Naturen: es ist ihre Selbstüberwindung. Auch die künstlichste Moral.

Unsre Menschen wollen hart, fatalistisch, Zerstörer der Illusionen sein, – Begierde schwacher und zärtlicher Menschen: welche das Formlose, Barbarische, Formzerstörende goutieren (z. B. die »unendliche Melodie« – Raffinement der deutschen Musiker). Der Pessimismus und die Brutalität als Reizmittel unsrer Preziösen.

(661)

Ich stelle das Problem von der Rangordnung des Künstlers neu; zugleich bilde ich den Künstler so hoch ich kann. Tatsächlich finden wir alle Künstler *unterworfen* unter große geistige Bewegungen, nicht deren Leiter: oft Vollender, z. B. Dante für die katholische Kirche, Richard Wagner für die romantische Bewegung, Shakespeare für die Freigeisterei Montaignes.

Die höheren Formen, wo der Künstler nur ein Teil des Menschen ist – z. B. Plato, Goethe, Giordano Bruno. Diese Formen geraten selten.

(662)

Mitteilung von Zuständen, – da reicht die Prosa lange nicht aus; – die Wissenschaft aber *kann* nur den wissenschaftlichen Zustand mitteilen und *soll nichts anderes*!!

Von der Vielheit der Sprachen (durch Bilder, Töne) als Mitteln des *volleren* Menschen, sich mitzuteilen.

(663)

Weib und Genie arbeiten nicht. Das Weib war bisher der höchste Luxus der Menschheit. In allen Augenblicken, wo wir unser Bestes *tun*, arbeiten wir nicht. Arbeit ist nur ein Mittel zu diesen Augenblicken.

(664)

Der beständige Feuereifer für eine Sache, und sei es die höchste, die eigene, verrät, wie alle Dinge, die auf unbedingtem Glauben beruhen, einen Mangel an geistiger Vornehmheit: deren Abzeichen ist nämlich immer – der kühle Blick.

(665)

Die absolute Unverträglichkeit der Weisheit mit dem »Wohl der Massen«: »Preßfreiheit«, »öffentlicher Unterricht« – das alles verträgt sich bloß bei gröblichster Täuschung über den Charakter der Weisheit. Sie ist das *gefährlichste* Ding der Welt!

Grundsatz, daß alle Zustände darauf eingerichtet sind, den

Weisen *unmöglich* zu machen: die Ehrfurcht vor ihm ist untergraben durch die Religionen, durch das suffrage universel, die Wissenschaften! Man muß erst *lehren*, daß diese Religionen Pöbelangelegenheit sind, im Vergleich zur Weisheit! Man muß die vorhandenen Religionen vernichten, nur um diese absurden Schätzungen zu beseitigen, als ob ein Jesus Christus überhaupt neben einem Plato in Betracht käme, oder ein Luther neben einem Montaigne!

(666)

Die Philosophie soll den *geistigen Höhenzug* durch die Jahrhunderte festhalten: damit die ewige Fruchtbarkeit alles Großen.

Für die Wissenschaft gibt es kein Groß und Klein – aber für die Philosophie! An jenem Satze mißt sich der Wert der Wissenschaft.

Das Festhalten des Erhabenen!

Welcher außerordentliche *Mangel* an Büchern in unserer Zeit, die eine heroische Kraft atmen! – Selbst Plutarch wird nicht mehr gelesen!

(667)

Ungeduldige und feurige Geister, die wir nur an Wahrheiten glauben, die man *errät* – alles Beweisenwollen macht uns widerspenstig –, wir flüchten beim Anblick des Gelehrten und seines Schleichens von Schluß zu Schluß.

(668)

Ich nannte meine unbewußten Arbeiter und Vorbereiter. Wo aber dürfte ich mit einiger Hoffnung nach meiner Art von Philosophen selber, zum mindesten nach *meinem Bedürfnis neuer Philosophen* suchen? Dort allein, wo eine *vornehme* Denkweise herrscht, eine solche, welche an Sklaverei und an viele Grade der Hörigkeit als an die Voraussetzungen jeder höheren Kultur glaubt; wo eine *schöpferische* Denkweise herrscht, welche nicht der Welt das Glück der Ruhe, den »Sabbat aller Sabbate« als Ziel setzt und selber im Frieden das Mittel zu neuen Kriegen ehrt; eine der Zukunft Gesetze vorschreibende Denkweise, welche um der Zukunft willen sich selber und alles Gegenwärtige hart und tyrannisch behandelt; eine unbedenkliche, »unmoralische« Denkweise, welche die guten und die schlimmen Eigenschaften des Menschen gleichermaßen ins Große züchten will, weil sie sich die Kraft zutraut, beide an die rechte Stelle zu setzen, – an die Stelle, wo sie beide einander not tun. Aber wer also heute nach Philosophen sucht, welche Aussicht hat er, zu finden, was er sucht? Ist es nicht wahrscheinlich, daß er, mit der besten Diogenes-Laterne suchend, umsonst tags und nachts über herumläuft? Das Zeitalter hat die *umgekehrten* Instinkte: es will vor allem und zuerst Bequemlichkeit; es will zuzweit Öffentlichkeit und jenen großen Schauspielerlärm, jenes große Bumbum, welches seinem Jahrmarktsgeschmacke entspricht; es will zudritt, daß jeder mit tiefster Untertänigkeit vor der größten aller Lügen – diese Lüge heißt »Gleichheit der Menschen« – auf dem Bauche liegt, und ehrt ausschließlich die *gleichmachenden, gleichstellenden* Tugenden. Damit aber ist es der Entstehung des Philosophen, wie ich ihn verstehe, von Grund aus entgegengerichtet, ob es schon in aller Unschuld sich ihm förderlich glaubt. In der Tat, alle Welt jammert heute darüber, wie schlimm es *früher* die Philosophen gehabt hätten, eingeklemmt zwischen Scheiterhaufen, schlechtes Gewissen und anmaßliche Kirchenväterweisheit: die Wahrheit ist aber, daß ebendarin immer noch *günstigere* Bedingungen zur Erziehung einer mächtigen, umfänglichen, verschlagenen und verwegen wagenden Geistigkeit gegeben waren als in den Bedingungen des heutigen Lebens. Heute hat eine andere Art von Geist, nämlich der Demagogengeist, der Schauspielergeist, vielleicht auch der Biber- und Ameisengeist des Gelehrten für seine Entstehung günstige Bedingungen. Aber um so schlimmer steht es schon mit den höheren Künstlern: gehen sie denn nicht fast alle an innerer Zuchtlosigkeit zugrunde? Sie werden nicht mehr von außen her, durch die absoluten Werttafeln einer Kirche oder eines Hofes, tyrannisiert: so lernen sie auch nicht mehr ihren »inneren Tyrannen« großziehen, ihren *Willen*. Und was von den Künstlern gilt, gilt in einem höheren und verhängnisvolleren Sinne von den Philosophen. Wo *sind* denn heute freie Geister? Man zeige mir doch heute einen freien Geist! –

(669)

Der Philosoph die höhere Spezies, aber viel *mißratener* bisher. Der Künstler die niedrere, aber viel schöner und reicher entwickelt!

(670)

Gibt es noch Philosophen? In Wahrheit ist viel Philosophisches in unserem Leben, namentlich bei allen wissenschaftlichen Menschen: – aber *Philosophen selber* gibt es so wenig noch, als es *echten Adel* gibt. Warum?

(671)

Vor der Sittlichkeit der Sitte (deren Kanon lautet: »Alles Herkömmliche soll geehrt werden«) steht die Sittlichkeit der herrschenden Person (deren Kanon will, daß »der Befehlende allein geehrt werde«). Das Pathos der Distanz, das Gefühl der Rangverschiedenheit liegt im letzten Grunde aller Moral.

(672)

In jeder Handlung eines höheren Menschen ist euer Sittengesetz hundertfach gebrochen.

(673)

Was ich nicht will, daß ihr mir tut, warum sollte *ich* dies nicht euch tun dürfen? Und wahrlich, das, was ich euch tun muß, gerade das könntet ihr mir nicht tun!

(674)

Ich bin peinlich *gerecht*, weil es die Distanz aufrechterhält.

(675)

Ich fand es unmöglich, dort »Wahrheit« zu lehren, wo die Denkweise niedrig ist.

(676)

Je nachdem ein Volk fühlt: »Bei den wenigen ist das Recht, die Einsicht, die Gabe der Führung usw.«, oder »bei den vielen«, – gibt es ein *oligarchisches* Regiment oder ein *demokratisches*.

Das *Königtum* repräsentiert den Glauben an *einen* ganz Überlegenen, einen Führer, Retter, Halbgott.

Die *Aristokratie* repräsentiert den Glauben an eine Elitemenschheit und höhere Kaste.

Die *Demokratie* repräsentiert den *Unglauben* an große Menschen und Elitegesellschaft: »Jeder ist jedem gleich.« – »Im Grunde sind wir allesamt eigennütziges Vieh und Pöbel.«

(677)

Zu den herrschaftlichen Typen. – Der »Hirt« im Gegensatz zum »Herrn« (ersterer *Mittel* zur Erhaltung der Herde; letzterer *Zweck*, weshalb die Herde da ist).

(678)

Höflich (hübsch), gentile, edel, vornehm, noble, généreux, courtoisie, gentleman, – dies bedeutet die Eigenschaften, welche man an der obersten Kaste wahrnahm und nachahmte. Somit stammt ein guter Teil der Moralität wahrscheinlich aus den Instinkten *dieser* Klasse, als aus dem persönlichen Stolz und der Lust am Gehorsam gegen einen Chef, der Auszeichnung verleiht; sie verachten nach unten hin, sie achten nach oben hin und bei ihresgleichen, sie verlangen selber aber von aller Welt (Ober-, Mittel- und Unterwelt) Achtung, sie gebärden sich als die bessere Hälfte der Menschheit. Dagegen bedeutete im Deutschen der schlichte Mann ehemals den schlechten Mann: so weit ging das Mißtrauen gegen den, welcher nicht die künstlicheren Gebärden und Ausdrücke der guten Gesellschaft besaß.

(679)

In der Art, wie und was man ehrt, zieht man eine Distanz um sich.

(680)

Höflichkeit – ein *verfeinertes* Wohlwollen, weil es die Distanz anerkennt und angenehm fühlen läßt, über welche der grobe Intellekt sich ärgert oder welche er nicht sieht.

(681)

Mißverständnis des Egoismus: von seiten der *gemeinen* Naturen, welche gar nichts von der Eroberungslust und Unersättlichkeit der großen Liebe wissen, ebenso von den ausströmenden Kraftgefühlen, welche überwältigen, zu sich zwingen, sich ans Herz legen wollen, – der Trieb des Künstlers nach seinem Material. Oft auch nur sucht der Tätigkeitssinn nach einem Terrain. – Im gewöhnlichen »Egoismus« will gerade das »Nicht-ego«, das *tiefe Durchschnittswesen*, der Gattungsmensch seine Erhaltung – *das* empört, falls es von den Seltneren, Feineren und weniger Durchschnittlichen wahrgenommen wird. Denn diese urteilen: »Wir sind die *Edleren*! Es liegt *mehr* an *unserer* Erhaltung als an der jenes Viehs!«

(682)

Die Rangordnung, durchgeführt in einem System der Erdregierung: die Herren der Erde zuletzt, eine neue herrschende Kaste. Aus ihnen hier und da entspringend, ganz epikurischer Gott, der Übermensch, der Verklärer des Daseins.

3. Die Rangstufe des wissenschaftlichen Menschen

(683)

Ist dies meine Aufgabe: déniaiser les savants? Sie wußten nicht, was sie taten, und dachten nicht viel daran, aber sie hatten einen albernen Hochmut bei allem ihrem Tun, als ob in ihnen die Tugend selber zur Welt gekommen sei.

(684)

Unter den vielen Streiten über »*Wissen und Glauben*«, Utilitarismus, Intuitivismus, verbirgt sich *diese* Frage der *Wertschätzung*: ob der Instinkt *mehr* Wert hat als das Räsonnement, – und warum?

(685)

Die jetzt *vernichteten* Philosophien und Theologien wirken aber immer noch fort in den Wissenschaften: auch wenn die Wurzeln abgestorben sind, ist hier in Zweigen noch eine Zeitlang Leben. Das *Historische* ist besonders als Gegenkraft gegen den theologischen Mythus, aber auch gegen die Philosophie so breit entwickelt: das *absolute Erkennen* feiert hier und in den mathematischen Naturwissenschaften seine Saturnalien, das Geringste, was hier wirklich *ausgemacht* werden kann, gilt höher als alle metaphysischen Ideen. Der Grad der *Sicherheit* bestimmt hier den Wert, nicht der Grad der *Unentbehrlichkeit* für Menschen. Es ist der alte Kampf von *Glauben* und *Wissen*.

(686)

Gelehrte. – Diese »Objektiven«, Nur-Wissenschaftlichen sind zuletzt gewissenhaft und lobenswert und bleiben in den Grenzen ihres Vermögens, von irgendeiner hochgeschätzten Sache zu zeigen, daß etwas Widersinniges dahinter ist, sie folglich, intellektuell gemessen, weniger Wert hat, als man durchschnittlich glaubt. Nämlich: über logische Wertgrade fühlen sie sich allein *berechtigt*, mitzureden, mitzuurteilen; sie selber haben keinen andern Wert, als *logisch zu sein*.

(687)

Man glaubt nicht mehr an Philosophen, auch unter den Gelehrten; das ist die Skepsis eines *demokratischen* Zeitalters, das die höhere Art Menschen *ablehnt*. Die Psychologie des Jahrhunderts ist wesentlich *gegen* die höheren Naturen gerichtet (– man will ihnen ihre Menschlichkeiten nachrechnen).

(688)

So sehen wir auch hier, wie zahllose Menschen eigentlich nur als Vorbereitung eines wirklichen Menschen leben: z. B. die Philologen als Vorbereitung des Philosophen, der ihre Ameisenarbeit zu nutzen versteht, um über den *Wert des Lebens* eine Aussage zu machen. Freilich ist, wenn es keine *Leitung* gibt, der *größte* Teil jener Ameisenarbeit einfach *Unsinn* und überflüssig.

(689)

Ihr Gelehrten wähnt, frei zu sein: aber ihr dreht euch nach unsern Drähten. Werte und Meinungen hängen über und in euch: von uns, den Schätzenden, seid ihr aufgezogen worden, ihr Uhrwerke!

(690)

Wenn ein Forscher zu ungemeinen Resultaten kommt (wie Mayer), so ist dies noch *kein* Beweis für ungemeine Kraft: *zufällig* wurde sein Talent an dem Punkte tätig, wo die Entdeckung vorbereitet war. Hätte ein Zufall Mayern zum Philologen gemacht, er hätte mit dem gleichen Scharfsinn Namhaftes geleistet, aber nichts, deswegen er zum »Genie« ausposaunt würde. – Nicht die Resultate beweisen den großen Erkennenden: auch nicht einmal die Methode, indem über diese zu jeder Zeit verschiedene Lehren und Ansprüche existieren. Sondern die Menge namentlich des Ungleichartigen, das Beherrschen großer Massen und das Unifizieren, das mit neuem Auge Ansehen des Alten usw.

(691)

Hellwald, Haeckel und Konsorten: – sie haben die Stimmung der Spezialisten und eine Froschnasenweisheit. Das kleine Gehirnstückchen, welches der Erkenntnis ihrer Welt geöffnet ist, hat mit ihrer Gesamtheit nichts zu schaffen, es ist ein Eckentalentchen, wie wenn einer zeichnet, ein anderer Klavier spielt; sie erinnern mich an den alten ehrlichen David Strauß, der ganz harmlos erzählt, wie er sich erst zwicken und zwacken muß, um sich selber festzustellen, ob er noch eine Empfindung für das allgemeine Dasein habe. Diese Spezialisten haben sie nicht und sind deshalb so »kalt«; Bildungskamele, auf deren Höckern viel gute Einsichten und Kenntnisse sitzen, ohne zu hindern, daß das Ganze doch eben nur ein Kamel ist.

(692)

Er macht lachen, der kleine Mann, wenn er den großen Mann bewundert und gegen Cäsar, Hannibal und Friedrich mit der Miene eines weisen Richters abschätzt. Ich schätze es höher, wenn einer auch als Historiker zu erkennen gibt, wo für seinen Fuß der Boden zu heiß oder zu heilig ist. Ein Historiker, der zur rechten Zeit die Schuhe auszuziehen und die Augen niederzuschlagen weiß, ist aber heutzutage, im Zeitalter der unschuldigen Unverschämtheit und des Pöbelgeschmacks, ein seltener Vogel.

(693)

Zuletzt wehren wir uns noch gegen die Menschenkenntnis solcher Sainte-Beuves und Renans, gegen die Art Seelenaushorchung und -anschnüffelung, wie sie von diesen unmännlichen Genüßlingen des Geistes ohne Rückgrat gehandhabt wird: es scheint uns gegen die Scham zu gehen, wenn sie mit neugierigen Fingern an den Geheimnissen von Menschen oder Zeiten herumtasten, welche höher, strenger, tiefer waren und in jedem Betracht vornehmer als sie selber: so daß sie nicht so leicht ihre Türen irgendwelchen herumschweifenden Halbweibern aufgetan hätten. Aber dieses neunzehnte Jahrhundert, welches alle feineren Instinkte der Rangordnung eingebüßt hat, weiß nicht mehr den unerwünschten Eindringlingen und Toreerbrechern auf die Finger zu schlagen; ja es ist stolz auf seinen »historischen Sinn«, vermöge dessen es dem schwitzenden Plebejer erlaubt wird, vorausgesetzt, daß er mit gelehrten Folterwerkzeugen und Fragebogen kommt, sich auch in die Gesellschaft von höchster Unnahbarkeit einzudrängen, unter die Heiligen des Gewissens so gut als unter die ewig verhüllten Herrschenden des Geistes. Unter dem historischen Sinn und Umspähen liegt mehr Skepsis verborgen, als man zunächst sieht: eine beleidigende Skepsis, gegen die Rangverschiedenheit von Mensch und Mensch gewendet, wird sogar in Hinsicht auf die Toten mit demselben unverschämten Anspruch auf »Gleichheit« ausgedehnt, welchen sich die bezahlten Diener der öffentlichen Meinung jetzt gegen jeden Lebenden herausnehmen.

Wir aber sind keine Skeptiker, wir glauben noch an eine Rangordnung der Menschen und Probleme und warten die Stunde ab, wo diese Lehre vom Range und von der Ordnung sich der pöbelhaften Gesellschaft von heute wieder ins breite Gesicht einschreiben wird. Vielleicht ist diese Stunde auch unsre Stunde.

4. Der Kampf der Herde gegen den ungewöhnlichen Menschen

(694)

Eine Kriegserklärung der *höheren Menschen* an die Masse ist nötig! Überall geht das Mittelmäßige zusammen, um sich zum Herrn zu machen! Alles, was verweichlicht, sanft macht, das »Volk« zur Geltung bringt oder das »Weibliche«, wirkt zugunsten des suffrage universel, d. h. der Herrschaft der *niederen* Menschen. Aber wir wollen Repressalien üben und diese ganze Wirtschaft (die in Europa mit dem Christentum anhebt) ans Licht und vors Gericht bringen.

(695)

Das ist so der Hang der kleinen Seelen: sie möchten das Große zu sich herabschmeicheln, daß es mit ihnen zu Tische sitze.

(696)

Der Jesuitismus der Mittelmäßigkeit, welcher den ungewöhnlichen und gespannten Menschen wie einen ihm gefährlichen Bogen zu brechen oder abzuschwächen sucht, mit Mitleiden und bequemer Handreichung so gut als mit Vergiftung seiner notwendigen Einsamkeit und heimlicher Beschmutzung seines Glaubens: der seinen Triumph hat, wenn er sagen kann: »Der ist endlich wie unsereiner geworden« –

(697)

Wie mir die Sozialisten lächerlich sind mit ihrem albernen Optimismus vom »guten Menschen«, der hinter dem Busche wartet, wenn man nur erst die bisherige »Ordnung« abgeschafft hat und alle »natürlichen Triebe« losläßt.

Und die Gegenpartei ist ebenso lächerlich, weil sie die Gewalttat in dem Gesetz, die Härte und den Egoismus in jeder Art Autorität nicht zugesteht. – »›Ich und meine Art‹ will herrschen und übrigbleiben: wer entartet, wird ausgestoßen oder vernichtet« – ist Grundgefühl jeder alten Gesetzgebung.

Man haßt die Vorstellung einer *höheren Art* Menschen mehr als die Monarchen. Antiaristokratisch: das nimmt den Monarchenhaß nur als Maske. –

(698)

»Der Wille zur Macht« wird in demokratischen Zeitaltern dermaßen gehaßt, daß deren ganze Psychologie auf seine Verkleinerung und Verleumdung gerichtet scheint. Der Typus des großen Ehrgeizigen: das soll Napoleon sein! Und Cäsar! Und Alexander! – Als ob das nicht gerade die größten *Verächter* der Ehre wären!...

Und Helvétius entwickelt uns, daß man nach Macht strebt, um die Genüsse zu haben, welche dem Mächtigen zu Gebote stehn: – er versteht dieses Streben nach Macht als Willen zum Genuß! als Hedonismus!

(699)

Die *Lasterhaften* und *Zügellosen*: ihr deprimierender Einfluß auf den *Wert der Begierden*. Es ist die schauerliche Barbarei der Sitte, welche, im Mittelalter vornehmlich, zu einem wahren »Bund der Tugend« zwingt – nebst ebenso schauerlichen Übertreibungen über das, was den *Wert* des Menschen ausmacht. Die kämpfende »Zivilisation« (Zähmung) braucht alle Art Eisen und Tortur, um sich gegen die Furchtbarkeit und Raubtiernatur aufrechtzuerhalten.

Hier ist eine Verwechslung ganz natürlich, obwohl vom schlimmsten Einfluß: Das, was *Menschen der Macht und des Willens von sich* verlangen können, gibt ein Maß auch für das, was sie sich zugestehen dürfen. Solche Naturen sind der *Gegensatz* der Lasterhaften und Zügellosen: obwohl sie unter Umständen Dinge tun, derentwegen ein geringerer Mensch des Lasters und der Unmäßigkeit überführt wäre.

Hier schadet der Begriff der »*Gleichwertigkeit* der Menschen *vor Gott*« außerordentlich; man verbot Handlungen und Gesinnungen, welche, an sich, zu den Prärogativen der Starkgeratenen gehören, – wie als ob sie an sich des Menschen unwürdig wären. Man brachte die ganze Tendenz der starken Menschen in Verruf, indem man die Schutzmittel der Schwächsten (auch gegen sich Schwächsten) als Wertnorm aufstellte.

Die Verwechslung geht so weit, daß man geradezu die großen *Virtuosen* des Lebens (deren Selbstherrlichkeit den schärfsten Gegensatz zum Lasterhaften und Zügellosen abgibt) mit den schimpflichsten Namen brandmarkte. Noch jetzt glaubt man einen Cesare Borgia mißbilligen zu müssen; das ist einfach zum Lachen. Die Kirche hat deutsche Kaiser auf Grund ihrer Laster in Bann getan: als ob ein Mönch oder Priester über das mitreden dürfte, was ein Friedrich der Zweite von sich fordern darf. Ein Don Juan wird in die Hölle geschickt: das ist sehr naiv. Hat man bemerkt, daß im Himmel alle interessanten Menschen fehlen?... Nur ein Wink für die Weiblein, wo sie ihr Heil am besten finden. – Denkt man ein wenig konsequent und außerdem mit einer vertieften Einsicht in das, was ein »großer Mensch« ist, so unterliegt es keinem Zweifel, daß die Kirche alle »großen Menschen« in die Hölle schickt –, sie kämpft *gegen* alle »Größe des Menschen«.

(700)

Gleiches Recht für alle – das ist die ausbündigste Ungerechtigkeit; denn dabei kommen die höchsten Menschen zu kurz.

(701)

Nicht um das Recht kämpft ihr alle, ihr Gerechten, sondern darum, daß euer Bild vom Menschen siege.

(702)

Es gibt etwas, das in einem Zeitalter des »gleichen Rechts für alle« unangenehm klingt: das ist *Rangordnung*.

(703)

Im Grunde haben alle Zivilisationen jene tiefe Angst vor dem »großen Menschen«, welche allein die Chinesen sich eingestanden haben mit dem Sprichwort: »Der große Mensch ist ein öffentliches Unglück«. Im Grunde sind alle Institutionen daraufhin eingerichtet, daß er so selten als möglich entsteht und unter so ungünstigen Bedingungen, als nur möglich ist, heranwächst: was Wunder! Die Kleinen haben für sich, für die Kleinen gesorgt!

(704)

Wo man die *stärkeren Naturen* zu suchen hat. – Das Zugrundegehen und Entarten der *solitären* Spezies ist viel *größer* und furchtbarer: sie haben die Instinkte der Herde, die Tradition der Werte gegen sich; ihre Werkzeuge zur Verteidigung, ihre Schutzinstinkte sind von vornherein nicht stark, nicht sicher genug, – es gehört viel Gunst des Zufalls dazu, daß sie *gedeihen* (– sie gedeihen in den niedrigsten und gesellschaftlich preisgegebensten Elementen am häufigsten; wenn man nach *Person* sucht, dort findet man sie, um wieviel sicherer als in den mittleren Klassen!).

Der Stände- und Klassenkampf, der auf »Gleichheit der Rechte« abzielt, – ist er ungefähr erledigt, so geht der *Kampf* los gegen die *Solitärperson*. (In einem gewissen Sinne *kann dieselbe sich am leichtesten in einer demokratischen Gesellschaft erhalten und entwickeln*: dann, wenn die gröberen Verteidigungsmittel nicht mehr nötig sind und eine gewisse Gewöhnung an Ordnung, Redlichkeit, Gerechtigkeit, Vertrauen zu den Durchschnittsbedingungen gehört.)

Die *Stärksten* müssen am festesten gebunden, beaufsichtigt, in Ketten gelegt und überwacht werden: so will es der Instinkt der Herde. Für sie ein Regime der Selbstüberwältigung, des asketischen Abseits oder der »Pflicht« in abnützender Arbeit, bei der man nicht mehr zu sich selber kommt.

(705)

Tendenz der Moralentwicklung. – Jeder wünscht, daß keine andere Lehre und Schätzung der Dinge zur Geltung komme außer einer solchen, bei der er selbst gut wegkommt. *Grundtendenz* folglich *der Schwachen und Mittelmäßigen aller Zeiten, die Stärkeren schwächer zu machen, herunterzuziehen: Hauptmittel das moralische Urteil*. Das Verhalten des Stärkeren gegen den Schwächeren wird gebrandmarkt; die höheren Zustände des Stärkeren bekommen schlechte Beinamen.

Der Kampf der vielen gegen die wenigen, der Gewöhnlichen gegen die Seltenen, der Schwachen gegen die Starken – eine seiner feinsten Unterbrechungen ist die, daß die Ausgesuchten, Feinen, Anspruchsvolleren sich als die Schwachen präsentieren und die gröberen Mittel der Macht von sich weisen. –

(706)

Die *moralische Präokkupation* stellt einen Geist tief in der Rangordnung: damit fehlt ihm der Instinkt des Sonderrechts, das a parte, das Freiheitsgefühl der schöpferischen Naturen, der »Kinder Gottes« (oder des Teufels –). Und gleichgültig, ob er herrschende Moral predigt oder sein Ideal zur *Kritik* der herrschenden Moral anlegt: er gehört damit zur Herde – und sei es auch als deren oberster Notbedarf, als »Hirt«.

(707)

Willst du das Leben leicht haben? So bleibe immer bei der Herde und vergiß dich über der Herde.

(708)

»Die guten Leute sind alle schwach: sie sind gut, weil sie nicht stark genug sind, böse zu sein«, sagte der Latukahäuptling Comorro zu Baker.

»Für schwache Herzen gibt es kein Unglück« – sagt man im Russischen.

(709)

Rezept zur Gewöhnlichkeit:
Tut, was ihr wollt, aber hütet euch, damit anzustoßen.
Tut, was ihr könnt, aber hütet euch, damit aufzufallen.

(710)

Warum die Schwachen siegen. In summa: Die Kranken und Schwachen haben mehr *Mitgefühl*, sind »menschlicher« –: die Kranken und Schwachen haben mehr *Geist*, sind wechselnder, vielfacher, unterhaltender, – boshafter: die Kranken allein haben die *Bosheit* erfunden. (Eine krankhafte Frühreife häufig bei Rachitischen, Skrofulosen und Tuberkulosen –.) Esprit: Eigentum später Rassen: Juden, Franzosen, Chinesen.

Die Kranken und Schwachen haben die *Faszination* für sich gehabt: sie sind *interessanter* als die Gesunden: der Narr und der Heilige – die zwei interessantesten Arten Mensch... in enger Verwandtschaft das »Genie«. Die großen »Abenteurer und Verbrecher« und alle Menschen, die gesündesten voran, sind gewisse Zeiten ihres Lebens *krank*: – die großen Gemütsbewegungen, die Leidenschaft der Macht, die Liebe, die Rache sind von tiefen Störungen begleitet. Und was die *décadence* betrifft, so stellt sie jeder Mensch, der nicht zu früh stirbt, in jedem Sinne beinahe dar: – er kennt also auch die Instinkte, welche zu ihr gehören, aus Erfahrung: – für die *Hälfte fast jedes Menschenlebens* ist der Mensch décadent.

Endlich: das Weib! *Die eine Hälfte der Menschheit* ist schwach, typisch-krank, wechselnd, unbeständig, – das Weib braucht die Stärke, um sich an sie zu klammern, und eine Religion der Schwäche, welche es als göttlich verherrlicht, *schwach* zu sein, zu lieben, demütig zu sein –: oder besser, es macht die Starken schwach, – es *herrscht*, wenn es gelingt, die Starken zu überwältigen. Das Weib hat immer mit den Typen der décadence, den Priestern, zusammen konspiriert gegen die »Mächtigen«, die

»Starken«, die *Männer* –. Das Weib bringt die Kinder beiseite für den Kultus der Pietät, des Mitleids, der Liebe: – die *Mutter* repräsentiert den Altruismus *überzeugend*.

Endlich: die zunehmende Zivilisation, die zugleich notwendig auch die Zunahme der morbiden Elemente, des *Neurotisch-Psychiatrischen* und des *Kriminalistischen* mit sich bringt. Eine *Zwischenspezies* entsteht, der *Artist*, von der Kriminalität der Tat durch Willensschwäche und soziale Furchtsamkeit abgetrennt, insgleichen noch nicht reif für das Irrenhaus, aber mit seinen Fühlhörnern in beide Sphären neugierig hineingreifend, diese spezifische Kulturpflanze, der moderne Artist, Maler, Musiker, vor allem Romancier, der für seine Art, zu sein, das sehr uneigentliche Wort »Naturalismus« handhabt... Die Irren, die Verbrecher und die »Naturalisten« nehmen zu: Zeichen einer wachsenden und jäh *vorwärts*eilenden Kultur, – d. h. der Ausschuß, der Abfall, die Auswurfstoffe gewinnen Importanz, – das Abwärts *hält Schritt*...

Endlich: *der soziale Mischmasch*, Folge der Revolution, der Herstellung gleicher Rechte, des Aberglaubens an »gleiche Menschen«. Dabei mischen sich die Träger der Niedergangsinstinkte (des Ressentiments, der Unzufriedenheit, des Zerstörertriebes, des Anarchismus und Nihilismus), eingerechnet der Sklaveninstinkte, der Feigheits-, Schlauheits- und Kanailleninstinkte der lange *unten*gehaltenen Schichten in alles Blut aller Stände hinein: zwei, drei Geschlechter darauf ist die Rasse nicht mehr zu erkennen, – alles ist *verpöbelt*. Hieraus resultiert ein Gesamtinstinkt gegen die *Auswahl*, gegen das *Privilegium* jeder Art, von einer Macht und Sicherheit, Härte, Grausamkeit der Praxis, daß in der Tat sich alsbald selbst die *Privilegierten* unterwerfen: – was noch Macht festhalten will, schmeichelt dem Pöbel, arbeitet mit dem Pöbel, *muß* den Pöbel auf seiner Seite haben, – die »Genies« voran: sie werden *Herolde* der Gefühle, mit denen man Massen begeistert, – die Note des Mitleids, der Ehrfurcht selbst vor allem, was leidend, niedrig, verachtet, verfolgt gelebt hat, klingt über alle andern Noten weg (Typen: Victor Hugo und Richard Wagner). – Die Heraufkunft des Pöbels bedeutet noch einmal die Heraufkunft der *alten Werte*...

Bei einer solchen extremen Bewegung in Hinsicht auf Tempo und Mittel, wie sie unsre Zivilisation darstellt, verlegt sich das Schwergewicht der Menschen: *der* Menschen, auf die es am meisten ankommt, die es gleichsam auf sich haben, die ganze große Gefahr einer solchen krankhaften Bewegung zu kompensieren; – es werden die Verzögerer par excellence, die langsam Aufnehmenden, die schwer Loslassenden, die relativ Dauerhaften inmitten dieses ungeheuren Wechselns und Mischens von Elementen sein. Das Schwergewicht fällt unter solchen Umständen notwendig den *Mediokren* zu: gegen die Herrschaft des Pöbels und der Exzentrischen (beide meist verbündet) konsolidiert sich die *Mediokrität*, als die Bürgschaft und die Trägerin der Zukunft. Daraus erwächst für die *Ausnahmemenschen* ein neuer Gegner – oder aber eine neue Verführung. Gesetzt, daß sie sich nicht dem Pöbel anpassen und dem Instinkte der »Enterbten« zu Gefallen Lieder singen, werden sie nötig haben, »mittelmäßig« und »gediegen« zu sein. Sie wissen: die mediocritas ist auch aurea, – sie allein sogar verfügt über Geld und *Gold* (– über alles, was *glänzt*...) ... Und noch einmal gewinnt die alte Tugend, und überhaupt die ganze *verlebte* Welt des Ideals eine begabte Fürsprecherschaft... Resultat: die Mediokrität bekommt Geist, Witz, Genie, – sie wird unterhaltend, sie verführt...

Resultat. – Eine hohe Kultur kann nur stehen auf einem breiten Boden, auf einer stark und gesund konsolidierten Mittelmäßigkeit. In ihrem Dienste und von ihr bedient arbeitet die *Wissenschaft* – und selbst die Kunst. Die Wissenschaft kann es sich nicht besser wünschen: sie gehört als solche zu einer mittleren Art Mensch, – sie ist deplaciert unter Ausnahmen, – sie hat nichts Aristokratisches und noch weniger etwas Anarchistisches in ihren Instinkten. – Die Macht der Mitte wird sodann aufrecht gehalten durch den Handel, vor allem den Geldhandel: der Instinkt der Großfinanziers geht gegen alles Extreme, – die Juden sind deshalb einstweilen die *konservierendste* Macht in unserm so bedrohten und unsicheren Europa. Sie können weder Revolutionen brauchen, noch Sozialismus, noch Militarismus: wenn sie Macht haben wollen und brauchen, auch über die revolutionäre Partei, so ist dies nur eine Folge des Vorhergesagten und nicht im Widerspruch dazu. Sie haben nötig, gegen andere extreme Richtungen gelegentlich Furcht zu erregen – dadurch, daß sie zeigen: *was* alles in ihrer Hand steht. Aber ihr Instinkt selbst ist unwandelbar konservativ – und »mittelmäßig«... Sie wissen überall, wo es Macht gibt, mächtig zu sein: aber die Ausnützung ihrer Macht geht immer in *einer* Richtung. Das Ehrenwort für *mittelmäßig* ist bekanntlich das Wort »*liberal*«.

Besinnung. – Es ist unsinnig, vorauszusetzen, daß dieser ganze

Sieg der Werte antibiologisch sei: man muß suchen, ihn zu erklären aus einem Interesse des *Lebens*, zur *Aufrechterhaltung* des Typus »Mensch« selbst durch diese Methodik der *Überherrschaft* der Schwachen und Schlechtweggekommenen –: im andern Falle existierte der Mensch nicht mehr? – Problem – –

Die *Steigerung* des Typus verhängnisvoll für die *Erhaltung der Art*? Warum? –

Es zeigen die Erfahrungen der Geschichte: die starken Rassen *dezimieren* sich *gegenseitig*: durch Krieg, Machtbegierde, Abenteuer; die starken Affekte: die *Vergeudung* – (es wird Kraft nicht mehr kapitalisiert, es entsteht die geistige Störung durch die übertriebene Spannung); ihre Existenz ist kostspielig, kurz – sie reiben sich *untereinander* auf –; es treten Perioden *tiefer Abspannung* und Schlaffheit ein: alle großen Zeiten werden *bezahlt*... Die Starken sind hinterdrein schwächer, willenloser, absurder als die durchschnittlich Schwachen.

Es sind *verschwenderische* Rassen. Die »*Dauer*« an sich hätte ja keinen Wert: man möchte wohl eine kürzere, aber *wertreichere* Existenz der Gattung vorziehen. – Es bliebe übrig, zu beweisen, daß selbst so ein reicherer Wertertrag erzielt würde als im Fall der kürzeren Existenz; d. h. der Mensch als Aufsummierung von Kraft gewinnt ein viel höheres Quantum von Herrschaft über die Dinge, wenn es so geht, wie es geht... Wir stehen vor einem Problem der *Ökonomie* – – –

5. Gegensätze der Wertempfindung

(711)

Das ist der Trieb des *Sittlichen*: *Typen* zu bilden; dazu sind Gegensätze der Schätzung nötig. –

(712)

Im Orient erstarrten Völker unter der Herrschaft *eines* Sittengesetzes. Europa lebendig geblieben unter der Herrschaft von zwei entgegengesetzten.

Die Geschichte Europas seit der römischen Kaiserzeit ist ein Sklavenaufstand.

(713)

Man versteht große Menschen nicht: sie verzeihen sich jedes Verbrechen, aber keine Schwäche. Wie viele bringen sie um! Jedes Genie – was für eine Wüstenei ist um ihn!

(714)

Wer im Erhabenen nicht zu Hause ist, fühlt das Erhabene als etwas Unheimliches und Falsches.

(715)

Einzelne Werkzeuge

1. Die *Befehlenden*, Mächtigen – welche *nicht lieben*, es sei denn die Bilder, nach denen sie schaffen. Die Vollen, Vielfachen, Unbedingten, welche das Vorhandene überwinden.
2. Die *Gehorsamen*, »Freigelassenen« – Liebe und Verehrung ist ihr Glück, Sinn für das Höhere (Aufhebung ihrer Unvollständigkeit im Anblick).
3. Die *Sklaven*, »Knechtsart« –: Behagen ihnen zu schaffen, Mitleiden untereinander.

(716)

Ihr werdet immer nur die Moral haben, die zu eurer Kraft paßt.

(717)

Ein Mensch sinkt in meiner Achtung 1. wenn er 200 bis 300 Taler jährlich hat und trotzdem Kaufmann, Beamter oder Soldat noch *wird*, bei der Wahl eines Lebensberufes; 2. wenn er soviel verdient und trotzdem ein noch zeitraubenderes Amt sucht (auch als Gelehrter). Wie! Sind das intellektuelle Menschen! Sich verheiraten wollen und den Sinn des Lebens darüber verlieren!

(718)

Die bürgerlichen und die ritterlichen Tugenden verstehen einander nicht und verleumden sich.

(719)

Die Menschen des Mittelalters, die unbeugsamen, würden uns *verachten*, wir sind unter ihrem Geschmack.

(720)

Lieber gefährdet und bewaffnet leben, als unter dieser feigen gegenseitigen Herdenfreundlichkeit!
 Alle Menschen, auf die bisher etwas ankam, waren böse.

(721)

Alles, was bezahlt werden kann, ist wenig wert: diese Lehre speie ich den Krämern ins Gesicht.

(722)

Was liegt daran, daß möglichst viele Menschen möglichst lange leben? Ist ihr Glück eine Rechtfertigung alles Daseins? Und nicht vielmehr eine verächtliche Sache?

(723)

»Das Glück der meisten« ist für jeden ein Ideal zum Erbrechen, der die Auszeichnung hat, nicht zu den meisten zu gehören.

(724)

Daß man sich nicht über sich selbst vergreift! Wenn man in sich den moralischen Imperativ so hört, wie der Altruismus ihn versteht, so gehört man zur *Herde*. Hat man das umgekehrte Gefühl, fühlt man in seinen uneigennützigen und selbstlosen Handlungen seine Gefahr, seine Abirrung, so gehört man nicht zur Herde.

(725)

Ein *tugendhafter Mensch* ist schon deshalb eine niedrigere Spezies, weil er keine »Person« ist, sondern seinen Wert dadurch erhält, einem Schema Mensch gemäß zu sein, das ein- für allemal aufgestellt ist. Er hat nicht seinen Wert a parte: er kann verglichen werden, er hat seinesgleichen, er *soll* nicht einzeln sein...

Rechnet die Eigenschaften des *guten* Menschen nach, weshalb tun sie uns wohl? Weil wir keinen Krieg nötig haben, weil er kein Mißtrauen, keine Vorsicht, keine Sammlung und Strenge uns auferlegt: unsre Faulheit, Gutmütigkeit, Leichtsinnigkeit macht sich einen *guten Tag*. Dieses unser *Wohlgefühl ist es, das wir aus uns hinausprojizieren* und dem guten Menschen als *Eigenschaft*, als *Wert* zurechnen.

(726)

Vor allem, meine Herren Tugendhaften, habt ihr keinen Vorrang vor uns: wir wollen euch die *Bescheidenheit* hübsch zu Gemüte führen: es ist ein erbärmlicher Eigennutz und Klugheit, welche euch eure Tugend anrät. Und hättet ihr mehr Kraft und Mut im Leibe, würdet ihr euch nicht dergestalt zu tugendhafter Nullität herabdrücken. Ihr macht aus euch, was ihr könnt: teils was ihr müßt – wozu euch eure Umstände zwingen –, teils was euch Vergnügen macht, teils was euch nützlich scheint. Aber wenn ihr tut, was nur euren Neigungen gemäß ist oder was eure Notwendigkeit von euch will oder was euch nützt, so sollt ihr euch darin *weder loben dürfen, noch loben lassen*!... Man ist eine *gründlich kleine Art* Mensch, wenn man *nur* tugendhaft ist: darüber soll nichts in die Irre führen! Menschen, die irgendworin in Betracht kommen, waren noch niemals solche Tugendesel: ihr innerster Instinkt, der ihres Quantums Macht, fand dabei nicht seine Rechnung: während eure Minimalität an Macht nichts weiser erscheinen läßt als Tugend. Aber ihr habt die *Zahl* für euch: und insofern ihr *tyrannisiert*, wollen wir *euch* den Krieg machen...

6. Der Arbeiterstand und die höhere Kaste

(727)

In diesem pöbelhaften Zeitalter soll der vornehm geborene Geist jeden Tag mit dem *Gedanken an die Rangordnung* beginnen: hier liegen seine Pflichten, hier seine feinsten Verirrungen.

(728)

Meine Philosophie ist auf *Rangordnung* gerichtet: *nicht* auf eine individualistische Moral. Der Sinn der Herde soll in der Herde herrschen, – aber nicht über sie hinausgreifen: die Führer der Herde bedürfen einer grundverschiedenen Wertung ihrer eignen Handlungen, insgleichen die Unabhängigen, oder die »Raubtiere« usw.

(729)

Die Rangordnung der Menschenwerte. –

a) Man soll einen Menschen nicht nach einzelnen Werken abschätzen. *Epidermal-Handlungen*. Nichts ist seltener als eine *Personal*-Handlung. Ein Stand, ein Rang, eine Volksrasse, eine Umgebung, ein Zufall – alles drückt sich eher noch in einem Werke oder Tun aus als eine »Person«.

b) Man soll überhaupt nicht voraussetzen, daß viele Menschen »Personen« sind. Und dann sind manche auch *mehrere* Personen, die meisten sind *keine*. Überall, wo die durchschnittlichen Eigenschaften überwiegen, auf die es ankommt, daß ein Typus fortbesteht, wäre Personsein eine Vergeudung, ein Luxus, hätte es gar keinen Sinn, nach einer »Person« zu verlangen. Es sind Träger, Transmissionswerkzeuge.

c) Die »Person« ein relativ *isoliertes Faktum*; in Hinsicht auf die weit größere Wichtigkeit des Fortflusses und der Durchschnittlichkeit somit beinahe etwas *Widernatürliches*. Zur Entstehung der Person gehört eine zeitige Isolierung, ein Zwang zu einer Wehr- und Waffenexistenz, etwas wie Einmauerung, eine größere Kraft des Abschlusses; und, vor allem, eine viel *geringere Impressionabilität*, als sie der mittlere Mensch, dessen Menschlichkeit *kontagiös* ist, hat.

Erste Frage in betreff der *Rangordnung*: wie *solitär* oder wie *herdenhaft* jemand ist. (Im letztern Falle liegt sein Wert in den Eigenschaften, die den Bestand seiner Herde, seines Typus sichern; im andern Falle in dem, was ihn abhebt, isoliert, verteidigt und *solitär ermöglicht*.)

Folgerung: Man soll den solitären Typus *nicht* abschätzen nach dem herdenhaften, und den herdenhaften *nicht* nach dem solitären.

Aus der Höhe betrachtet, sind beide notwendig; insgleichen ist ihr Antagonismus notwendig, – und nichts ist *mehr* zu verbannen als jene »Wünschbarkeit«, es möchte sich etwas *Drittes* aus beiden entwickeln (»Tugend« als Hermaphroditismus). Das ist so wenig »wünschbar« als die Annäherung und Aussöhnung der Geschlechter. Das *Typische fortentwickeln*, die *Kluft* immer *tiefer aufreißen*...

Begriff der *Entartung* in beiden Fällen: Wenn die Herde den Eigenschaften der solitären Wesen sich nähert, und diese den Eigenschaften der Herde, – kurz, wenn sie sich *annähern*. Dieser Begriff der Entartung ist abseits von der moralischen Beurteilung.

(730)

Der höhere Mensch und der Herdenmensch. Wenn die großen Menschen *fehlen*, so macht man aus den vergangenen großen Menschen Halbgötter oder ganze Götter: Das Ausbrechen von Religion beweist, daß der Mensch nicht mehr am Menschen *Lust* hat (– »und am Weibe auch nicht« mit Hamlet). Oder: man bringt viele Menschen auf einen Haufen, als Parlamente und wünscht, daß sie gleich tyrannisch wirken.

Das »Tyrannisierende« ist die Tatsache großer Menschen: sie machen den Geringeren dumm.

(731)

Wenn einmal die Arbeiterstände dahinterkommen, daß sie uns durch Bildung und Tugend jetzt leicht übertreffen können, dann ist es mit uns vorbei. Aber wenn das nicht eintritt, ist es erst recht mit uns vorbei.

(732)

Die Arbeiter sollen einmal leben wie jetzt die Bürger; – aber *über* ihnen, sich durch Bedürfnislosigkeit auszeichnend, die *höhere Kaste*: also ärmer und einfacher, doch im Besitz der Macht.

Für die *niederen* Menschen gelten die umgekehrten Wertschätzungen; es kommt darauf an, in sie die »Tugenden« zu pflanzen. Die absoluten Befehle; furchtbare Zwingmeister; sie dem leichten Leben entreißen. Die übrigen dürfen *gehorchen*: und ihre Eitelkeit verlangt, daß sie nicht abhängig von großen Menschen, sondern von »*Prinzipien*« erscheinen.

(733)

Bescheiden, fleißig, wohlwollend, mäßig: so wollt ihr den Menschen? den *guten Menschen*? Aber mich dünkt das nur der ideale Sklave, der Sklave der Zukunft.

(734)

Der *ideale Sklave* (der »gute Mensch«). – Wer *sich* nicht als

»Zweck« ansetzen kann, noch überhaupt von sich aus Zwecke ansetzen kann, der gibt der Moral der *Entselbstung* die Ehre – instinktiv. Zu ihr überredet ihn alles: seine Klugheit, seine Erfahrung, seine Eitelkeit. Und auch der Glaube ist eine Entselbstung.

Atavismus: wonnevolles Gefühl, einmal unbedingt gehorchen zu können.

Fleiß, Bescheidenheit, Wohlwollen, Mäßigkeit sind ebenso viele *Verhinderungen* der *souveränen Gesinnung* der großen *Erfindsamkeit*, der heroischen Zielesetzung, des vornehmen Für-sich-seins.

Es handelt sich nicht um ein *Vorangehn* (– damit ist man bestenfalls Hirt, d. h. oberster Notbedarf der Herde), sondern um ein *Für-sich-gehen-können*, um ein *Anders-sein-können*.

(735)

Zur Signatur des *Sklaven*: *die Werkzeugnatur*, kalt, nützlich, – ich betrachte alle Utilitarier als *unwillkürliche Sklaven*. Menschen-*Bruchstücke* – das zeichnet die Sklaven.

(736)

Das Glück der Menschen, welche sich befehlen lassen (zumal Militärs, Beamte): Keine völlige Verantwortung in betreff der Richtung ihrer Tätigkeit, ein Leichtsinn und Harmlosigkeit, Forderung der strengen Pflichterfüllung (welches der schönere Name für Gehorsam ist, dessen Würde). Auch kluge Christen haben diesen Leichtsinn. Die Wissenschaft *entlastet* ebenso (Unverantwortlichkeit).

(737)

Über die Massen müssen wir so rücksichtslos denken wie die Natur: sie erhalten die Art.

(738)

Der Haupterfolg der *Arbeit* ist die Verhinderung des Müßigganges der gemeinen Naturen, auch zum Beispiel der Beamten, Kaufleute, Soldaten usw. Der Haupteinwand gegen den Sozialismus ist, daß er den gemeinen Naturen den Müßiggang schaffen will. Der müßige Gemeine fällt sich und der Welt zur Last.

(739)

Der kaufmännische Geist hat die große Aufgabe, den Menschen, die der Erhebung unfähig sind, eine Leidenschaft einzupflanzen, die ihnen weite Ziele und eine vernünftige Verwendung des Tages gibt, zugleich aber auch sie so *aufbraucht*, daß sie alles Individuelle nivelliert und vor dem Geiste wie vor einer Ausschweifung schützt. Er bildet eine neue Gattung Menschen, welche die Bedeutung haben wie die *Sklaven* im Altertum. Daß sie *reich* werden, gibt ihnen so lange Einfluß, als die Geistmächte ihren Vorteil nicht kennen und Politik machen wollen. Dieser Arbeiterstand *zwingt* auf die Dauer die höheren Naturen, sich auszuscheiden und eine *Aristokratie* zu bilden. *Einstweilen* gehören die Künstler und Gelehrten zu diesem Arbeiterstande, sie dienen ihm, weil sie viel Geld wollen. Die Unfähigkeit der Muße und der Leidenschaft ist allen zu eigen (*folglich* eine große Affektation von beiden bei den Künstlern, weil diese durch etwas Ungewöhnliches unterhalten wollen). Das Geldinteresse zwingt ihnen ein politisches Interesse auf, und *dies* ein religiöses Interesse; sie müssen Teile von sich selber in Abhängigkeit und Respekt erhalten – deshalb die *englische* Bigotterie, als die des kaufmännischen Geistes.

(740)

Die Sklaverei in der Gegenwart: eine Barbarei! Wo sind die, für welche sie arbeiten? – Man muß nicht immer *Gleichzeitigkeit* der beiden sich komplementierenden Kasten erwarten.

Der Nutzen und das Vergnügen sind *Sklaventheorien* vom Leben: der »Segen der Arbeit« ist eine Verherrlichung ihrer selber. – Unfähigkeit zum otium.

(741)

Auf die Not der Massen sehen mit ironischer Wehmut: sie wollen etwas, das *wir* können – ah!

(742)

Zur Kritik des guten Menschen. – Rechtschaffenheit, Würde, Pflichtgefühl, Gerechtigkeit, Menschlichkeit, Ehrlichkeit, Geradheit, gutes Gewissen, – sind wirklich mit diesen wohlklingenden Worten Eigenschaften um ihrer selbst willen bejaht und gutgeheißen? oder sind hier an sich wertindifferente Eigenschaften und Zustände nur unter irgendwelchen Gesichtspunkt gerückt, wo sie Wert bekommen? Liegt der Wert dieser Eigenschaften in ihnen oder in dem Nutzen, Vorteil, der aus ihnen folgt (zu folgen scheint, zu folgen erwartet wird)?

Ich meine hier natürlich nicht einen Gegensatz von ego und alter in der Beurteilung: die Frage ist, ob die *Folgen* es sind, sei es für den Träger dieser Eigenschaften, sei es für die Umgebung, Gesellschaft, »Menschheit«, derentwegen diese Eigenschaften Wert haben sollen: oder ob sie an sich selbst Wert haben...

Anders gefragt: Ist es die *Nützlichkeit*, welche die entgegengesetzten Eigenschaften verurteilen, bekämpfen, verneinen heißt (– Unzuverlässigkeit, Falschheit, Verschrobenheit, Selbstungewißheit: Unmenschlichkeit –)? Ist das Wesen solcher Eigenschaften oder nur die Konsequenz solcher Eigenschaften verurteilt? – Anders gefragt: Wäre es *wünschbar*, daß Menschen dieser zweiten Eigenschaften nicht existieren? – *Das wird jedenfalls geglaubt*... Aber hier steckt der Irrtum, die Kurzsichtigkeit, die Borniertheit des *Winkelegoismus*.

Anders ausgedrückt: Wäre es wünschbar, Zustände zu schaffen, in denen der ganze Vorteil auf seiten der Rechtschaffenen ist, – so daß die entgegengesetzten Naturen und Instinkte entmutigt würden und langsam ausstürben?

Dies ist im Grunde eine Frage des Geschmacks und der *Ästhetik*: Wäre es wünschbar, daß die »achtbarste«, d.h. langweiligste Spezies Mensch übrigbliebe? die Rechtwinkligen, die Tugendhaften, die Biedermänner, die Braven, die Geraden, die »Hornochsen«?

Denkt man sich die ungeheure Überfülle der »anderen« weg, so hat sogar der Rechtschaffene nicht einmal mehr ein Recht auf Existenz: er ist nicht mehr nötig, – und hier begreift man, daß nur die grobe Nützlichkeit eine solche *unausstehliche Tugend* zu Ehren gebracht hat.

Die Wünschbarkeit liegt vielleicht gerade auf der umgekehrten Seite: Zustände schaffen, bei denen der »rechtschaffene Mensch« in die bescheidene Stellung eines »nützlichen Werkzeugs« herabgedrückt wird – als das »ideale Herdentier«, bestenfalls Herdenhirt: kurz, bei denen er nicht mehr in die obere Ordnung zu stehen kommt: welche *andere Eigenschaften* verlangt.

4. Buch
Mittag und Ewigkeit

Zur Einführung

(1)

Jedesmal die Mitte, wenn der *Wille zur Zukunft* entsteht: *das größte Ereignis steht bevor!*

(2)

Jede Lehre ist überflüssig, für die nicht alles schon bereit liegt an aufgehäuften Kräften, an Explosivstoffen. Eine Umwertung von Werten wird nur erreicht, wenn eine Spannung von neuen Bedürfnissen, von Neubedürftigen da ist, welche an den alten Werten leiden, ohne zum Bewußtsein zu kommen.

(3)

Es fehlen nur noch die großen überzeugenden Menschen, – sonst ist alles zu einer völligen Veränderung vorbereitet, Prinzipien, Mißtrauen, Auflösung aller Verträge, die Gewöhnung, ja das Bedürfnis der Erschütterung, die Unzufriedenheit.

(4)

Es ist die Zeit des *großen Mittags, der furchtbarsten Aufhellung*: *Meine Art von Pessimismus*: – großer Ausgangspunkt.
 I. Grundwiderspruch in der Zivilisation und der Erhöhung des Menschen.
 II. Die moralischen Wertschätzungen als eine Geschichte der Lüge und Verleumdungskunst im Dienste eines Willens zur Macht (des *Herden*willens, welcher sich gegen die stärkeren Menschen auflehnt).
 III. Die Bedingungen jeder Erhöhung der Kultur (die Ermöglichung einer *Auswahl* auf Unkosten einer Menge) sind die Bedingungen alles Wachstums.
 IV. Die *Vieldeutigkeit* der Welt als Frage der *Kraft*, welche alle Dinge unter der *Perspektive ihres Wachstums* ansieht. Die moralisch-christlichen Werturteile als Sklavenaufstand und Sklavenlügenhaftigkeit (gegen die aristokratischen Werte der *antiken* Welt).

(5)

Entwicklung des *Pessimismus zum Nihilismus*. – Entnatürlichung der *Werte*. Scholastik der Werte. Die Werte, losgelöst, idealistisch, statt das Tun zu beherrschen und zu führen, wenden sich verurteilend *gegen* das Tun.

Gegensätze eingelegt an Stelle der natürlichen Grade und Ränge. Haß auf die Rangordnung. Die Gegensätze sind einem pöbelhaften Zeitalter gemäß, weil leichter *faßlich*.

Die *verworfene* Welt, angesichts einer künstlich erbauten »wahren, wertvollen« – Endlich: Man entdeckt, aus welchem Material man die »wahre Welt« gebaut hat: und nun hat man nur die verworfene übrig und *rechnet jene höchste Enttäuschung mit ein auf das Konto ihrer Verwerflichkeit.*

Damit ist der *Nihilismus* da: man hat die *richtenden Werte* übrigbehalten – und nichts weiter!

Hier entsteht das *Problem der Stärke und der Schwäche*:

1. Die Schwachen zerbrechen daran;
2. die Stärkeren zerstören, was nicht zerbricht;
3. die Stärksten überwinden die richtenden Werte.

Das zusammen macht das tragische Zeitalter aus.

(6)

Gesetzt, unsere übliche Auffassung der Welt wäre ein *Mißverständnis*: könnte eine *Vollkommenheit* konzipiert werden, innerhalb deren selbst solche *Mißverständnisse sanktioniert* wären?

Konzeption einer *neuen* Vollkommenheit: Das, was unserer Logik, unserem »Schönen«, unserem »Guten«, unserem »Wahren« *nicht* entspricht, könnte in einem *höheren* Sinne vollkommen sein, als es unser Ideal selbst ist.

(7)

Weshalb der Philosoph *selten* gerät. Zu seinen Bedingungen gehören Eigenschaften, die gewöhnlich einen Menschen zugrunde richten:

1. Eine ungeheure Vielheit von Eigenschaften, er muß eine Abbreviatur des Menschen sein, aller seiner hohen und niedern Begierden: Gefahr der Gegensätze, auch des Ekels an sich;
2. er muß neugierig nach den verschiedensten Seiten sein: Gefahr der Zersplitterung;
3. er muß gerecht und billig im höchsten Sinne sein, aber tief auch in Liebe, Haß (und Ungerechtigkeit);
4. er muß nicht nur Zuschauer, sondern Gesetzgeber sein: Richter und Gerichteter (insofern er eine Abbreviatur der Welt ist);
5. äußerst vielartig, und doch fest und hart. Geschmeidig.

(8)

Die Kunst in der ›Geburt der Tragödie‹

I. Die Konzeption des Werks, auf welche man in dem Hintergrunde dieses Buches stößt, ist absonderlich düster und unangenehm: unter den bisher bekanntgewordenen Typen des Pessimismus scheint keiner diesen Grad von Bösartigkeit erreicht zu haben. Hier fehlt der Gegensatz einer wahren und einer scheinbaren Welt: es gibt nur *eine* Welt, und diese ist falsch, grausam, widersprüchlich, verführerisch, ohne Sinn... Eine so beschaffene Welt ist die wahre Welt. *Wir haben Lüge nötig*, um über diese Realität, diese »Wahrheit« zum Sieg zu kommen, das heißt, um zu *leben*... Daß die Lüge nötig ist, um zu leben, das gehört selbst noch mit zu diesem furchtbaren und fragwürdigen Charakter des Daseins.

Die Metaphysik, die Moral, die Religion, die Wissenschaft – sie werden in diesem Buche nur als verschiedne Formen der Lüge in Betracht gezogen: Mit ihrer Hilfe wird ans Leben *geglaubt*. »Das Leben *soll* Vertrauen einflößen«: Die Aufgabe, so gestellt, ist ungeheuer. Um sie zu lösen, muß der Mensch schon von Natur Lügner sein, er muß mehr als alles andere *Künstler* sein. Und er *ist* es auch: Metaphysik, Religion, Moral, Wissenschaft – alles nur Ausgeburten seines Willens zur Kunst, zur Lüge, zur Flucht vor der »Wahrheit«, zur *Verneinung* der »Wahrheit«. Das Vermögen selbst, dank dem er die Realität durch die Lüge vergewaltigt, dieses Künstlervermögen des Menschen par excellence – er hat es noch mit allem, was ist, gemein. Er selbst ist ja ein Stück Wirklichkeit, Wahrheit, Natur: wie sollte er nicht auch ein Stück *Genie der Lüge* sein!

Daß der Charakter des Daseins *verkannt* werde – tiefste und höchste Geheimabsicht hinter allem, was Tugend, Wissenschaft, Frömmigkeit, Künstlertum ist. Vieles niemals sehn, vieles falsch sehn, vieles hinzusehn: Oh wie klug man noch ist, in Zuständen, wo man am fernsten davon ist, sich für klug zu halten! Die Liebe, die Begeisterung, »Gott« – lauter Feinheiten des letzten Selbstbetrugs, lauter Verführungen zum Leben, lauter Glaube an das Leben! In Augenblicken, wo der Mensch zum Betrognen ward, wo er sich überlistet hat, wo er ans Leben glaubt: oh wie schwillt es da in ihm auf! Welches Entzücken! Welches Gefühl von Macht! Wieviel Künstlertriumph im Gefühl der Macht!... Der Mensch ward wieder einmal Herr über den »Stoff«, – Herr über die Wahrheit!... Und wann immer der Mensch sich freut, er ist immer der gleiche in seiner Freude: er freut sich als Künstler, er genießt sich als Macht, er genießt die Lüge als seine Macht...

II. Die Kunst und nichts als die Kunst! Sie ist die große Ermöglicherin des Lebens, die große Verführerin zum Leben, das große Stimulans des Lebens.

Die Kunst als einzig überlegene Gegenkraft gegen allen Willen zur Verneinung des Lebens, als das Antichristliche, Antibuddhistische, Antinihilistische par excellence.

Die Kunst als die *Erlösung des Erkennenden*, – dessen, der den furchtbaren und fragwürdigen Charakter des Daseins sieht, sehen will, des Tragisch-Erkennenden.

Die Kunst als die *Erlösung des Handelnden*, – dessen, der den furchtbaren und fragwürdigen Charakter des Daseins nicht nur sieht, sondern lebt, leben will, des tragisch-kriegerischen Menschen, des Helden.

Die Kunst als die *Erlösung des Leidenden*, – als Weg zu Zuständen, wo das Leiden gewollt, verklärt, vergöttlicht wird, wo das Leiden eine Form der großen Entzückung ist.

III. Man sieht, daß in diesem Buche der Pessimismus, sagen wir deutlicher der Nihilismus, als die »Wahrheit« gilt. Aber die Wahrheit gilt nicht als oberstes Wertmaß, noch weniger als oberste Macht. Der Wille zum Schein, zur Illusion, zur Täuschung, zum Werden und Wechseln (zur objektivierten Täuschung) gilt hier als tiefer, ursprünglicher, »metaphysischer« als der Wille zur Wahrheit, zur Wirklichkeit, zum Schein: – Letzterer ist selbst bloß eine Form des Willens zur Illusion. Ebenso gilt die Lust als ursprünglicher als der Schmerz: der Schmerz erst als bedingt, als eine Folgeerscheinung des Willens zur Lust (des Willens zum Werden, Wachsen, Gestalten, d. h. *zum Schaffen*: im Schaffen ist aber das Zerstören eingerechnet). Es wird ein höchster Zustand von Bejahung des Daseins konzipiert, aus dem auch der höchste Schmerz nicht abgerechnet werden kann: der *tragisch-dionysische* Zustand.

IV. Dies Buch ist dergestalt sogar antipessimistisch: nämlich in dem Sinne, daß es etwas lehrt, das stärker ist als der Pessimismus, das »göttlicher« ist als die Wahrheit: die *Kunst*. Niemand würde, wie es scheint, einer radikalen Verneinung des Lebens, einem wirklichen Nein*tun* noch mehr als einem Neinsagen zum Leben ernstlicher das Wort reden als der Verfasser dieses Buches. Nur weiß er – er hat es erlebt, er hat vielleicht nichts anderes erlebt! – daß die Kunst *mehr wert* ist als die Wahrheit.

In der Vorrede bereits, mit der Richard Wagner wie zu einem Zwiegespräche eingeladen wird, erscheint dies Glaubensbekenntnis, dies Artistenevangelium: »die Kunst als die eigentliche Aufgabe des Lebens, die Kunst als dessen *metaphysische Tätigkeit*...«

(9)

Inwiefern die *Selbstvernichtung der Moral* noch ein Stück ihrer eigenen Kraft ist. Wir Europäer haben das Blut solcher in uns, die für ihren Glauben gestorben sind; wir haben die Moral furchtbar und ernst genommen und es ist nichts, was wir ihr nicht irgendwie geopfert haben. Andrerseits: unsre geistige Feinheit ist wesentlich durch Gewissensvivisektion erreicht worden. Wir wissen das »Wohin?« noch nicht, zu dem wir getrieben werden, nachdem wir uns dergestalt von unsrem alten Boden abgelöst haben. Aber dieser Boden selbst hat uns die Kraft angezüchtet, die uns jetzt hinaustreibt in die Ferne, ins Abenteuer, durch die wir ins Uferlose, Unerprobte, Unentdeckte hinausgestoßen werden, – es bleibt uns keine Wahl, wir müssen Eroberer sein, nachdem wir kein Land mehr haben, wo wir heimisch sind, wo wir »erhalten« möchten. Ein verborgenes *Ja* treibt uns dazu, das stärker ist als alle unsre Neins. Unsre *Stärke* selbst duldet uns nicht mehr im alten morschen Boden: wir wagen uns in die Weite, wir wagen *uns* daran: Die Welt ist noch reich und unentdeckt, und selbst zugrunde gehn ist besser als halb und giftig werden. Unsre Stärke selbst zwingt uns aufs Meer, dorthin, wo alle Sonnen bisher untergegangen sind: wir *wissen* um eine neue Welt...

(10)

Der Pessimismus der Tatkräftigen: das »Wozu?« nach einem furchtbaren Ringen, selbst Siegen. Daß irgend etwas hundertmal *wichtiger* ist als die Frage, ob wir uns wohl oder schlecht befinden: Grundinstinkt aller starken Naturen, – und folglich auch, ob sich die *anderen* gut oder schlecht befinden. Kurz, daß wir ein Ziel haben, um dessentwillen man nicht zögert, *Menschenopfer* zu bringen, jede Gefahr zu laufen, jedes Schlimme und Schlimmste auf sich zu nehmen: die *große Leidenschaft*.

(11)

Es naht sich, unabweislich, zögernd, furchtbar wie das Schicksal, die große Aufgabe und Frage: Wie soll die Erde als Ganzes verwaltet werden? Und *wozu* soll »der Mensch« als Ganzes – und nicht mehr ein Volk, eine Rasse – gezogen und gezüchtet werden?

Die gesetzgeberischen Moralen sind das Hauptmittel, mit denen man aus dem Menschen gestalten kann, was einem schöpferischen und tiefen Willen beliebt: vorausgesetzt, daß ein solcher Künstlerwille höchsten Ranges die Gewalt in den Händen hat und seinen schaffenden Willen über lange Zeiträume durchsetzen kann, in Gestalt von Gesetzgebungen, Religionen und

Sitten. Solchen Menschen des großen Schaffens, den eigentlich großen Menschen, wie ich es verstehe, wird man heute und wahrscheinlich für lange noch umsonst nachgehen: sie *fehlen*; bis man endlich, nach vieler Enttäuschung, zu begreifen anfangen muß, *warum* sie fehlen und daß ihrer Entstehung und Entwicklung für jetzt und für lange nichts feindseliger im Wege steht als das, was man jetzt in Europa geradewegs »*die Moral*« nennt: wie als ob es keine andere gäbe und geben dürfte, – jene vorhin bezeichnete Herdentiermoral, die mit allen Kräften das allgemeine grüne Weideglück auf Erden erstrebt, nämlich Sicherheit, Ungefährlichkeit, Behagen, Leichtigkeit des Lebens und zu guter Letzt, »wenn alles gut geht«, sich auch noch aller Art Hirten und Leithämmel zu entschlagen hofft. Ihre beiden am reichlichsten gepredigten Lehren heißen: »Gleichheit der Rechte« und »Mitgefühl für alles Leidende« – und das Leiden selber wird von ihnen als etwas genommen, das man schlechterdings *abschaffen* muß. Daß solche »Ideen« immer noch modern sein können, gibt einen üblen Begriff von dieser Modernität. Wer aber gründlich darüber nachgedacht hat, wo und wie die Pflanze Mensch bisher am kräftigsten emporgewachsen ist, muß vermeinen, daß dies unter den *umgekehrten* Bedingungen geschehen ist: daß dazu die Gefährlichkeit seiner Lage ins Ungeheure wachsen, seine Erfindungs- und Vorstellungskraft unter langem Druck und Zwang sich emporkämpfen, sein Lebenswille bis zu einem unbedingten Willen zur Macht und zur Übermacht gesteigert werden muß und daß Gefahr, Härte, Gewaltsamkeit, Gefahr auf der Gasse wie im Herzen, Ungleichheit der Rechte, Verborgenheit, Stoizismus, Versucherkunst, Teufelei jeder Art, kurz, der Gegensatz aller Herdenwünschbarkeiten zur Erhöhung des Typus Mensch notwendig ist. Eine Moral mit solchen umgekehrten Absichten, welche den Menschen ins Hohe statt ins Bequeme und Mittlere züchten will, eine Moral mit der Absicht, eine regierende Kaste zu züchten – die zukünftigen *Herren der Erde* –, muß, um gelehrt werden zu können, sich in Anknüpfung an das bestehende Sittengesetz und unter dessen Worten und Anscheine einführen. Daß dazu aber viele Übergangs- und Täuschungsmittel zu erfinden sind und daß, weil die Lebensdauer *eines* Menschen beinahe nichts bedeutet in Hinsicht auf die Durchführung so langwieriger Aufgaben und Absichten, vor allem erst *eine neue Art* angezüchtet werden muß, in der dem nämlichen Willen, dem nämlichen Instinkte Dauer durch viele Geschlechter verbürgt wird – eine neue Herrenart und -kaste –, dies begreift sich ebensogut als das lange und nicht leicht aussprechbare Und-so-weiter dieses Gedankens. Eine *Umkehrung der Werte* für eine bestimmte starke Art von Menschen höchster Geistigkeit und Willenskraft vorzubereiten und zu diesem Zwecke bei ihnen eine Menge in Zaum gehaltener und verleumdeter Instinkte langsam und mit Vorsicht zu entfesseln: wer darüber nachdenkt, gehört zu uns, den freien Geistern – freilich wohl zu einer neueren Art von »freien Geistern« als die bisherigen: denn diese wünschten ungefähr das Entgegengesetzte. Hierher gehören, wie mir scheint, vor allem die Pessimisten Europas, die Dichter und Denker eines empörten Idealismus, insofern ihre Unzufriedenheit mit dem gesamten Dasein sie auch zur Unzufriedenheit mit den gegenwärtigen Menschen mindestens *logisch* nötigt; insgleichen gewisse unersättlich ehrgeizige Künstler, welche unbedenklich und unbedingt für die Sonderrechte höherer Menschen und gegen das »Herdentier« kämpfen und mit den Verführungsmitteln der Kunst bei ausgesuchteren Geistern alle Herdeninstinkte und Herdenvorsichten einschläfern; zudritt endlich alle jene Kritiker und Historiker, von denen die glücklich begonnene Entdeckung der alten Welt – es ist das Werk des *neuen* Kolumbus, des deutschen Geistes – mutig *fortgesetzt* wird (– denn wir stehen immer noch in den Anfängen dieser Eroberung). In der alten Welt nämlich herrschte in der Tat eine andere, eine herrschaftlichere Moral als heute; und der antike Mensch unter dem erziehenden Banne seiner Moral, war ein stärkerer und tieferer Mensch als der Mensch von heute, – er war bisher allein »der wohlgeratene Mensch«. Die Verführung aber, welche vom Altertum her auf wohlgeratene, d. h. auf starke und unternehmende Seelen ausgeübt wird, ist auch heute noch die feinste und wirksamste aller antidemokratischen und antichristlichen: wie sie es schon zur Zeit der Renaissance war.

(12)

Werte umwerten – was wäre das? Es müssen die *spontanen* Bewegungen alle dasein, die neuen, zukünftigen, stärkeren: nur stehen sie noch unter falschen Namen und Schätzungen und sind sich selbst noch nicht *bewußt geworden*.

Ein mutiges Bewußtwerden und *Jasagen* zu dem, was *erreicht* ist, – ein Losmachen von dem Schlendrian alter Wertschätzungen, die uns entwürdigen im Besten und Stärksten, was wir erreicht haben.

(13)

Wenn ich mich jetzt nach einer langen, freiwilligen Vereinsamung wieder den Menschen zuwende und wenn ich rufe: Wo seid ihr, meine Freunde? – so geschieht dies um großer Dinge willen.

Ich will einen neuen Stand schaffen: einen *Ordensbund höherer Menschen*, bei denen sich bedrängte Geister und Gewissen Rats erholen können; welche gleich mir nicht nur jenseits der politischen und religiösen Glaubenslehren zu leben wissen, sondern auch die Moral überwunden haben.

(14)

Mein neuer Weg zum »Ja«. – Philosophie, wie ich sie bisher verstanden und gelebt habe, ist das freiwillige Aufsuchen auch der verabscheuten und verruchten Seiten des Daseins. Aus der langen Erfahrung, welche mir eine solche Wanderung durch Eis und Wüste gab, lernte ich alles, was bisher philosophiert hat, anders ansehn: – die *verborgene* Geschichte der Philosophie, die Psychologie ihrer großen Namen kam für mich ans Licht. »Wieviel Wahrheit *erträgt*, wieviel Wahrheit *wagt* ein Geist?« – dies wurde für mich der eigentliche Wertmesser. Der Irrtum ist eine *Feigheit*... jede Errungenschaft der Erkenntnis *folgt* aus dem Mut, aus der Härte gegen sich, aus der Sauberkeit gegen sich ... Eine solche *Experimentalphilosophie*, wie ich sie lebe, nimmt versuchsweise selbst die Möglichkeiten des grundsätzlichen Nihilismus vorweg: ohne daß damit gesagt wäre, daß sie bei einer Negation, beim Nein, bei einem Willen zum Nein stehenbliebe. Sie will vielmehr bis zum Umgekehrten hindurch – bis zu einem *dionysischen Jasagen* zur Welt, wie sie ist, ohne Abzug, Ausnahme und Auswahl –, sie will den ewigen Kreislauf: – dieselben Dinge, dieselbe Logik und Unlogik der Verknotung. Höchster Zustand, den ein Philosoph erreichen kann: dionysisch zum Dasein stehn –: meine Formel dafür ist *amor fati*.

Hierzu gehört, die bisher *verneinten* Seiten des Daseins nicht nur als *notwendig* zu begreifen, sondern als wünschenswert: und nicht nur als wünschenswert in Hinsicht auf die bisher bejahten Seiten (etwa als deren Komplemente oder Vorbedingungen), sondern um ihrer selbst willen, als der mächtigeren, fruchtbareren, *wahreren* Seiten des Daseins, in denen sich sein Wille deutlicher ausspricht.

Insgleichen gehört hierzu, die bisher allein *bejahte* Seite des Daseins abzuschätzen; zu begreifen, woher diese Wertung stammt und wie wenig sie verbindlich für eine dionysische Wertabmessung des Daseins ist: ich zog heraus und begriff, *was* hier eigentlich ja sagt (der Instinkt der Leidenden einmal, der Instinkt der Herde andrerseits und jener dritte, der *Instinkt der meisten* gegen die Ausnahmen –).

Ich erriet damit, inwiefern eine stärkere Art Mensch notwendig nach einer anderen Seite hin sich die Erhöhung und Steigerung des Menschen ausdenken müßte: *höhere Wesen*, jenseits von Gut und Böse, jenseits von jenen Werten, die den Ursprung aus der Sphäre des Leidens, der Herde und der meisten nicht verleugnen können, – ich suchte nach den Ansätzen dieser umgekehrten Idealbildung in der Geschichte (die Begriffe »heidnisch«, »klassisch«, »vornehm« neu entdeckt und hingestellt –).

(15)

Zur Rangordnung

Von der Ungleichheit der Menschen:
a) Führer und Herde;
b) Vollständige und Bruchstücke;
c) Geratene und Mißratene;
d) Schaffende und »Gebildete« (vor allen aber »Ungebildete« und Tölpel bis in den letzten Grund hinein).

Von der Ungleichheit der höheren Menschen (nach der Seite der *Kraft*menge):
a) nach dem Gefühle der Unvollkommenheit, als entscheidend;
b) Gefühl nach dem Vollkommenen hin;
c) die Kraft, irgend etwas Vollkommenes *gestalten* zu können;
d) höchste Kraft, auch das Unvollkommene als notwendig zu fühlen, aus Überdrang der gestaltenden Kraft (dionysisch).

Von der Rangordnung der Schaffenden (in bezug auf das Wertesetzen):
a) die Künstler;
b) die Philosophen;
c) die Gesetzgeber;
d) die Religionsstifter;
e) die höchsten Menschen als Erdregierer und Zukunftschöpfer (zuletzt sich zerbrechend –).

(16)

Die deutsche Philosophie als Ganzes – Leibniz, Kant, Hegel, Schopenhauer, um die Großen zu nennen – ist die gründlichste Art *Romantik* und Heimweh, die es bisher gab: das Verlangen nach dem Besten, was jemals war. Man ist nirgends mehr heimisch, man verlangt zuletzt nach dem zurück, wo man irgendwie heimisch sein kann, weil man dort allein heimisch sein möchte: und das ist die *griechische Welt*! Aber gerade dorthin sind alle

Brücken abgebrochen, – *ausgenommen* die Regenbogen der Begriffe! Und die führen überall hin, in die Heimaten und »Vaterländer«, die es für Griechenseelen gegeben hat! Freilich: man muß sehr fein sein, sehr leicht, sehr dünn, um über diese Brücken zu schreiten! Aber welches Glück liegt schon in diesem Willen zur Geistigkeit, fast zur Geisterhaftigkeit! Wie ferne ist man damit von »Druck und Stoß«, von der mechanischen Tölpelei der Naturwissenschaften, von dem Jahrmarktslärme der »modernen Ideen«! Man will *zurück*, durch die Kirchenväter zu den Griechen, aus dem Norden nach dem Süden, aus den Formeln zu den Formen; man genießt noch den Ausgang des Altertums, das Christentum, wie einen Zugang zu ihm, wie ein gutes Stück alter Welt selber, wie ein glitzerndes Mosaik antiker Begriffe und antiker Werturteile. Arabesken, Schnörkel, Rokoko scholastischer Abstraktionen – immer noch besser, nämlich feiner und dünner als die Bauern- und Pöbelwirklichkeit des europäischen Nordens, immer noch ein Protest höherer Geistigkeit gegen den Bauernkrieg und Pöbelaufstand, der über den geistigen Geschmack im Norden Europas Herr geworden ist und welcher an dem großen »ungeistigen Menschen«, an Luther, seinen Anführer hatte: – in diesem Betracht ist deutsche Philosophie ein Stück Gegenreformation, sogar noch Renaissance, mindestens Wille zur Renaissance, Wille, *fortzufahren* in der Entdeckung des Altertums, in der Aufgrabung der antiken Philosophie, vor allem der Vorsokratiker – der bestverschütteten aller griechischen Tempel! Vielleicht, daß man einige Jahrhunderte später urteilen wird, daß alles deutsche Philosophieren darin seine eigentliche Würde habe, ein schrittweises Wiedergewinnen des antiken Bodens zu sein, und daß jeder Anspruch auf »Originalität« kleinlich und lächerlich klinge im Verhältnis zu jenem höheren Anspruche der Deutschen, das Band, das zerrissen schien, neu gebunden zu haben, das Band mit den Griechen, dem bisher höchstgearteten Typus »Mensch«. Wir nähern uns heute allen jenen grundsätzlichen Formen der Weltauslegung wieder, welche der griechische Geist, in Anaximander, Heraklit, Parmenides, Empedokles, Demokrit und Anaxagoras, erfunden hat, – wir werden von Tag zu Tag *griechischer*, zuerst, wie billig, in Begriffen und Wertschätzungen, gleichsam als gräzisierende Gespenster: aber dereinst hoffentlich auch mit unserem *Leibe*! Hierin liegt (und lag von jeher) meine Hoffnung für das deutsche Wesen!

1. Kapitel
Fingerzeige einer heroischen Philosophie

(17)

Wie wollte ich leben, wenn ich nicht *voraus*schaute – über euch hinweg!

(18)

Ich glaube, ich habe einiges aus der Seele des höchsten Menschen *erraten*; – vielleicht geht jeder zugrunde, der ihn errät: aber wer ihn gesehn hat, muß helfen, ihn zu *ermöglichen*.

Grundgedanke: Wir müssen die Zukunft als *maßgebend* nehmen für alle unsere Wertschätzung – und nicht *hinter* uns die Gesetze unseres Handelns suchen!

(19)

Heroismus – das ist die Gesinnung eines Menschen, welcher ein Ziel erstrebt, gegen das gerechnet er gar nicht mehr in Betracht kommt. Heroismus ist der *gute Wille* zum Selbstuntergange.

(20)

Über heroische Größe als einzigen Zustand der Vorbereitenden. (Streben nach dem absoluten Untergange, als Mittel, sich zu ertragen.)

Wir dürfen nicht *einen* Zustand wollen, sondern müssen *periodische Wesen werden wollen* – gleich dem Dasein.

Absolute Gleichgültigkeit über die Meinung anderer (weil wir ihre Maße und Gewichte kennen): aber als Meinung über sich selber Gegenstand des Mitleidens.

(21)

Unser Ideal durchsetzen: – Ringen um die Macht auf die *Weise*, wie es aus dem Ideale folgt.

(22)

Ehedem suchte man sein *zukünftiges* Heil auf Kosten seines *gegenwärtigen*. So lebt jeder Schaffende in Hinsicht auf sein Werk. Und die große Gesinnung will nun, daß in Hinsicht auf die Zukunft der Menschen ich *auf Kosten gegenwärtigen Behagens* lebe.

(23)

Eine Philosophie, welche nicht verspricht, glücklicher und tugendhafter zu machen, die es vielmehr zu verstehen gibt, daß man in ihrem Dienste wahrscheinlich zugrunde geht, nämlich in seiner Zeit einsam wird, verbrannt und abgebrüht, durch viele Arten von Mißtrauen und Haß hindurch muß, viele Härte gegen sich selber und leider auch gegen andere nötig macht: eine solche Philosophie schmeichelt sich niemandem leicht an: man muß für sie *geboren* sein –

(24)

Die Ehrfurcht vor Gott ist die Ehrfurcht vor dem Zusammenhang aller Dinge und Überzeugung von höheren Wesen, als der Mensch ist.

(25)

Aus dem Druck der Fülle, aus der Spannung von Kräften, die beständig in uns wachsen und noch nicht sich zu entladen wissen, entsteht ein Zustand, wie er einem Gewitter vorhergeht: die Natur, die wir sind, *verdüstert* sich. Auch das ist »Pessimismus« ... Eine Lehre, die einem solchen Zustand ein Ende macht, indem sie irgend etwas *befiehlt*: eine Umwertung der Werte, vermöge deren den aufgehäuften Kräften ein Weg, ein Wohin gezeigt wird, so daß sie in Blitzen und Taten explodieren, – braucht durchaus keine Glückslehre zu sein: indem sie *Kraft auslöst*, die bis zur Qual zusammengedrängt und gestaut war, *bringt sie Glück*.

(26)

Leiden verringern und sich selber dem Leiden (d. h. dem Leben) entziehn – das sei moralisch?

Leiden schaffen – sich selber *und anderen* – um sie zum höchsten Leben, dem des *Siegers*, zu befähigen – wäre mein Ziel.

(27)

Ist man mit einem großen Ziele nicht bloß über seine Verleumdung erhaben, sondern auch über sein Unrecht? Sein Verbrechen? – So scheint es mir. Nicht daß man es durch sein Ziel *heiligte*: aber man hat es groß gemacht.

(28)

Meine Vollendung des Fatalismus 1. durch die ewige Wiederkunft und Präexistenz, 2. durch die Elimination des Begriffs »Wille«.

(29)

Ihr redet falsch von Ereignissen und Zufällen! Es wird sich euch nie etwas andres ereignen als ihr euch selber! Und was ihr »Zufall« heißt – ihr selber seid das, was euch zufällt und auf euch fällt!

(30)

Menschen, die Schicksale sind, die, indem sie sich tragen, Schicksale tragen, die ganze Art der *heroischen* Lastträger: oh, wie gerne möchten sie einmal von sich selber ausruhn! wie dürsten sie nach starken Herzen und Nacken, um für Stunden wenigstens

loszuwerden, was sie drückt! Und wie umsonst dürsten sie!...
Sie warten; sie sehen sich alles an, was vorübergeht: Niemand
kommt ihnen auch nur mit dem Tausendstel Leiden und Leidenschaft entgegen, niemand errät, *inwiefern* sie warten... Endlich,
endlich lernen sie ihre erste Lebensklugheit – *nicht* mehr zu warten; und dann alsbald auch ihre zweite: leutselig zu sein, bescheiden zu sein, von nun an jedermann zu ertragen, jederlei zu ertragen – kurz, noch ein wenig *mehr zu ertragen*, als sie bisher schon
getragen haben.

(31)

Genie und Zeitalter. – Der Heroismus ist kein Eigennutz, – denn
man geht daran zugrunde... Oft ist die *Verwendung* der Kraft
bedingt durch den Zufall der Zeit, in die der große Mensch fällt:
und dies bringt den Aberglauben mit sich, als ob er der *Ausdruck*
dieser Zeit wäre. Aber dieselbe Kraft könnte sich in vielen andern
Formen ausgeben, und zwischen ihm und der Zeit bleibt immer
der Unterschied, daß die »öffentliche Meinung« den Instinkt der
Herde (d. h. der Schwachen) anzubeten gewohnt ist und daß *er*
der *Starke, das Starke* ist.

(32)

Ist man über das »Warum?« seines Lebens mit sich im reinen, so
gibt man dessen Wie leichten Kaufs dahin. Es ist selbst schon ein
Zeichen von Unglauben an Warum, an Zweck und Sinn, ein
Mangel an Willen, wenn der Wert von Lust und Unlust in den
Vordergrund tritt und hedonistisch-pessimistische Lehren Gehör finden; und Entsagung, Resignation, Tugend, »Objektivität« *können* zum mindesten schon Zeichen davon sein, daß es an
der Hauptsache zu mangeln beginnt.

(33)

Der *Stoizismus* im gefaßten Ertragen ist ein Zeichen gelähmter
Kraft, man stellt seine Trägheit gegen den Schmerz auf die Waage
– Mangel an Heroismus, der immer kämpft (nicht leidet), der den
Schmerz »freiwillig aufsucht«.

(34)

Die persönliche Erfahrung lehrt, daß Unglückszeiten hohen Wert
haben – und ebenso steht es mit Unglückszeiten von Völkern
und der Menschheit. Die Furcht und der Haß auf den *Schmerz* ist
pöbelhaft.

(35)

Das Begehren nach »Glück« charakterisiert die halb- oder nichtgeratenen Menschen, die ohnmächtigen; alle andern denken
nicht ans »Glück«, sondern ihre Kraft will *heraus*.

(36)
Eudämonismus, Hedonismus, Utilitarismus als Zeichen der Unfreiheit, ebenso alle Klugheitsmoral.

Heroismus als Zeichen der Freiheit. – »*Fingerzeige einer heroischen Philosophie.*«

Zum Heroismus gehört dann auch der herzliche Anteil am Kleinen, Idyllischen.

(37)
Die Skepsis mit den *heroischen* Gefühlen verknüpfen. Skepsis der Schwäche und Skepsis des Mutes. Einen Menschen *ohne Moral* imaginieren, der überall auch das entgegengesetzte Urteil hervorruft (Napoleon).

(38)
Ich will es dahin bringen, daß es der *heroischen Stimmung* bedarf, um sich der *Wissenschaft* zu *ergeben*.

(39)
Das Recht auf den großen *Affekt* – für den Erkennenden wieder zurückzugewinnen! nachdem die Entselbstung und der Kultus des »Objektiven« eine falsche Rangordnung auch in dieser Sphäre geschaffen haben. Der Irrtum kam auf die Spitze, als Schopenhauer lehrte: *eben im Loskommen vom Affekt*, vom Willen liege der einzige Zugang zum »Wahren«, zur Erkenntnis; der willensfreie Intellekt *könne gar nicht anders*, als das wahre, eigentliche Wesen der Dinge sehen.

Derselbe Irrtum in arte: als ob alles *schön* wäre, sobald es ohne Willen angeschaut wird.

(40)
Das Erstaunliche in solchen Lebensläuften liegt darin, daß zwei feindselige, nach verschiedenen Richtungen hin drängende Triebe hier gezwungen werden, gleichsam unter *einem* Joche zu gehen; der, welcher das Erkennen will, muß den Boden, auf dem der Mensch lebt, immer wieder verlassen und sich ins Ungewisse wagen, und der Trieb, der das Leben will, muß immer wieder sich zu einer ungefähr sicheren Stelle hintasten, auf der sich stehen läßt.

Jener Kampf zwischen Leben und Erkennen wird um so größer, jenes unter *einem* Joch Gehen um so seltsamer sein, je mächtiger beide Triebe sind, also je voller und blühender das Leben, und wiederum, je unersättlicher das Erkennen ist und je begehrlicher es zu allen Abenteuern hindrängt.

(41)
Die wertvollsten Einsichten werden am spätesten gefunden: aber die wertvollsten Einsichten sind die *Methoden*.

Alle Methoden, alle Voraussetzungen unsrer jetzigen Wissenschaft haben jahrtausendelang die tiefste Verachtung gegen sich gehabt: auf sie hin ist man aus dem Verkehr mit *honetten* Menschen ausgeschlossen worden, – man galt als »*Feind Gottes*«, als Verächter des höchsten Ideals, als »Besessener«.

Wir haben das ganze *Pathos* der Menschheit gegen uns gehabt, – unser Begriff von dem, was die »Wahrheit« sein soll, was der Dienst der Wahrheit sein soll, unsre Objektivität, unsre Methode, unsre stille, vorsichtige, mißtrauische Art war vollkommen *verächtlich* ... Im Grunde war es ein ästhetischer Geschmack, was die Menschheit am längsten gehindert hat: sie glaubte an den pittoresken Effekt der Wahrheit, sie verlangte vom Erkennenden, daß er stark auf die Phantasie wirke.

Das sieht aus, als ob ein *Gegensatz* erreicht, ein *Sprung* gemacht worden sei: in Wahrheit hat jene Schulung durch die Moralhyperbeln Schritt für Schritt jenes *Pathos milderer Art* vorbereitet, das als wissenschaftlicher Charakter leibhaft wurde ...

Die *Gewissenhaftigkeit im Kleinen*, die Selbstkontrolle des religiösen Menschen war eine Vorschule zum wissenschaftlichen Charakter: vor allem die Gesinnung, welche *Probleme ernst nimmt*, noch abgesehen davon, was persönlich dabei für einen herauskommt ...

(42)

Die höchsten tragischen Motive sind bisher unbenutzt geblieben: die Dichter wissen von den hundert Tragödien des Erkennenden nichts aus Erfahrung.

(43)

Die Leidenschaft der Erkenntnis sieht *sich* als *Zweck* des Daseins, – leugnet sie die *Zwecke*, so sieht sie sich als *wertvollstes Ergebnis* aller Zufälle. Wird sie die Werte *leugnen*? Sie kann nicht behaupten, der höchste Genuß zu *sein*! Aber nach ihm zu *suchen*? *Das genußfähigste Wesen auszubilden*, als Mittel und Aufgabe dieser Leidenschaft? Die Sinne steigern und den Stolz und den Durst usw.?

Einen Berg hinuntersteigen, die Gegend mit den Augen umarmen, eine ungestillte Begierde dabei. Die leidenschaftlich Liebenden, welche die *Vereinigung* nicht zu erreichen wissen (bei Lukrez). Der Erkennende *verlangt* nach Vereinigung mit den Dingen und sieht sich *abgeschieden* – dies ist seine Leidenschaft. Entweder soll sich alles in Erkenntnis auflösen, oder er löst sich in die Dinge auf – dies ist seine Tragödie. Letzteres sein Tod und dessen *Pathos*, ersteres sein Streben, alles zu Geist *zu machen*. –

Genuß, die *Materie* zu besiegen, zu verdunsten, zu vergewaltigen usw. Genuß der Atomistik, der mathematischen Punkte. Gier!

(44)

Es ist eine *ganz neue Lage* – auch sie hat ihre Erhabenheit, auch sie kann heroisch aufgefaßt werden: obschon es noch niemand getan hat. Die wissenschaftlichen Menschen gewiß nicht: es sind landläufige Seelen, mit einem von ihrem Empfinden abgeschlossenen Reiche ihrer geistigen Tätigkeit: für sie ist die Wissenschaft vornehmlich etwas Strenges, Kaltes, Nüchternes – kein erschütternder Ausblick, kein Wagnis, kein Alleinstehen gegen alle Dämonen und Götter. Die Wissenschaft geht sie nichts an – das gibt ihnen die *Fähigkeit dazu*! Hätten sie Furcht oder Witterung des Ungeheuren – so ließen sie die Hand davon. Diese Art Wissenschaft ist es allein, welche *bisher* der Staat gefördert hat! – das Streben nach Erkenntnis *ohne Heroismus*, als Geschäft, nützliche Verwendung der Verstandeskräfte usw.

(45)

Haltet euch die Seele *frisch* und *kühl* und *rauh*! Die laue Luft der Gefühlvollen, die matte schwüle Luft der Sentimentalen sei ferne von euch!

(46)

Aus der Kriegsschule der Seele. (Den Tapfern, den Frohgemuten, den Enthaltsamen geweiht.)

Ich möchte die liebenswürdigen Tugenden nicht unterschätzen; aber die Größe der Seele verträgt sich nicht mit ihnen. Auch in den Künsten schließt der große Stil das Gefällige aus.

In Zeiten schmerzhafter Spannung und Verwundbarkeit wähle den Krieg: er härtet ab, er macht Muskel.

Die tief Verwundeten haben das olympische Lachen; man hat nur, was man nötig hat.

Es dauert zehn Jahre schon: kein Laut mehr *erreicht* mich – ein Land ohne Regen. Man muß viel Menschlichkeit übrig haben, um in der *Dürre* nicht zu verschmachten.

(47)

Man vergleiche die Wikinger zu Hause und in der Ferne: ehernes und goldenes Zeitalter, je nach dem Gesichtspunkt. Ebenso der große Mensch der Renaissance! Der Wurm des Gewissens ist eine Sache für den Pöbel und eine wahre *Verderbnis vornehmer* Gesinnung.

(48)

Bist du einer, der als *Denker* seinem Satze treu ist, – nicht wie ein Rabulist, sondern wie ein Soldat seinem Befehle? Es gibt nicht nur gegen Personen Untreue.

(49)

Ich will nur *eine* Gleichheit; die, welche die äußerste Gefahr und der Pulverdampf um uns gibt. Da haben wir alle *einen* Rang! Da können wir alle miteinander lustig sein!

(50)

»Der Held ist heiter« – das entging bisher den Tragödiendichtern.

(51)

Das Bedürfnis zu beten, auch das des Bußredens, Lobpreisens, Segnens, Fluchens, alle religiösen Gewohnheiten brechen heraus, sobald ein Mensch pathetisch wird: zum Beweis, daß pathetisch werden heißt: eine Stufe zurücktreten. Wann sind wir davon am *entferntesten*? Wenn wir spielen, Geist zeigen und austauschen, freudig-heiter sind und schalkhaft dabei, im Scherz über alles Emphatische in Wort, Ton, Trieb – vielleicht erreichen wir hier einen *Vorsprung* über unsere Zeit. Der heroische Mensch, der vom Kampf und den Strapazen und dem Hasse ausruht und sich des Pathos schämt – und dort der Priester!

(52)

»Hohe Empfindungen!« – In der Höhe fühlt man sich nicht hoch, sondern tief und endlich einmal auf festem Grunde: sofern man wirklich die Unschuld der Höhe hat.

(53)

Der Mensch des Erhabenen wird beim Anblick des Erhabenen frei, fest, breit, ruhig, heiter: aber der Anblick des vollkommenen Schönen erschüttert ihn und wirft ihn um: vor ihm verneint er sich selber.

(54)

Die absolute Notwendigkeit *ganz von Zwecken zu befreien*: sonst dürfen wir auch nicht versuchen, uns zu opfern und gehen zu lassen! Erst die Unschuld des Werdens gibt uns den *größten Mut* und die *größte Freiheit*!

(55)

Im Kampfe gibt man wohl sein Leben dran; aber der Siegende ist versucht, sein Leben *wegzuwerfen*. In jedem Sieg ist Verachtung des Lebens.

(56)

Die Liebe zum Leben ist beinahe der Gegensatz der Liebe zum

Langleben. Alle Liebe denkt an den Augenblick und die Ewigkeit, – aber *nie* an »die Länge«.

(57)

Der Tod ist das Siegel auf jede große Leidenschaft und Heldenschaft, ohne ihn ist das Dasein nichts wert. Für ihn reif sein ist das Höchste, was erreicht werden kann, aber auch das Schwierigste und durch heroisches Kämpfen und Leiden Erworbene.

(58)

Du fühlst, daß du *Abschied* nehmen mußt, bald vielleicht – und die Abendröte dieses Gefühles leuchtet in dein Glück hinein. Achte auf dieses Zeugnis: es bedeutet, daß du das Leben und dich selber liebst, und zwar das Leben, so wie es bisher dich getroffen und dich gestaltet hat, – *und daß du nach Verewigung desselben trachtest.* – Non alia sed haec vita sempiterna!

Wisse aber auch! – daß die Vergänglichkeit ihr kurzes Lied immer wieder singt und daß man im Hören der ersten Strophe vor Sehnsucht fast stirbt beim Gedanken, es möchte für immer vorbei sein.

(59)

Drücken wir das Abbild der Ewigkeit auf *unser* Leben! Dieser Gedanke enthält mehr als alle Religionen, welche dies Leben als flüchtiges verachteten und nach einem unbestimmten *anderen* Leben hinblicken lehrten. –

(60)

Einst werde ich meinen Sommer haben: und es wird ein Sommer sein wie in hohen Bergen! Ein Sommer nahe dem Schnee, nahe den Adlern, nahe dem Tode!

2. Kapitel
Das 20. Jahrhundert

(61)

Die ungeheure Masse von Zufälligem, Widerspruch, Disharmonischem, Blödsinnigem in der jetzigen Menschenwelt weist hin auf die Zukunft: es ist, von der Zukunft aus gesehn, das ihr jetzt notwendige Arbeitsfeld, wo sie schaffen, organisieren und harmonisieren kann. – Ebenso im Weltall.

(62)

Dies Schicksal liegt nunmehr über Europa, daß gerade seine stärksten Söhne spät und selten zu ihrem Frühling kommen –, daß sie zumeist schon jung verekelt, verwintert, verdüstert zugrunde gehn, gerade weil sie den Becher der Enttäuschung – und das ist heute der Becher der *Erkenntnis* – mit der ganzen Leidenschaft ihrer Stärke getrunken, ausgetrunken haben: – und sie würden nicht die Stärksten sein, wenn sie nicht auch die Enttäuschtesten gewesen wären! Denn das ist die Probe ihrer Kraft: erst aus der ganzen Krankheit der Zeit heraus müssen sie zu *ihrer* Gesundheit kommen. Der *späte* Frühling ist ihr Abzeichen; fügen wir hinzu: auch die späte Torheit, die späte Narrheit, die späte Übermütigkeit! Denn so gefährlich steht es heute: Alles, was wir geliebt haben, als wir jung waren, hat uns betrogen. Unsre letzte Liebe – die, welche uns dies gestehen macht: unsre Liebe zur Wahrheit – sehen wir zu, daß uns nicht auch diese Liebe noch betrügt! –

(63)

Unsre Tugend. – Diese letzte Tugend heißt: Redlichkeit. In allen übrigen Stücken sind wir nur die Erben und vielleicht die Verschwender von Tugenden, die nicht von uns gesammelt und gehäuft wurden.

(64)

Das 20. Jahrhundert. Der Abbé Galiani sagt einmal: ›La prévoyance est la cause des guerres actuelles de l'Europe. Si l'on voulait se donner la peine de ne rien prévoir, tout le monde serait tranquille, et je ne crois pas qu'on serait plus malheureux parce qu'on ne ferait pas la guerre.‹ Da ich durchaus nicht die unkriegerischen Ansichten meines verstorbenen Freundes Galiani teile, so fürchte ich mich nicht davor, einiges vorherzusagen und also, möglicherweise, damit die Ursache von Kriegen heraufzubeschwören.

Eine ungeheure *Besinnung*, nach dem schrecklichsten Erdbeben: mit neuen Fragen.

(65)

Ich *freue* mich der militärischen Entwicklung Europas, auch der inneren anarchistischen Zustände: die Zeit der Ruhe und des Chinesentums, welche Galiani für dies Jahrhundert voraussagte, ist vorbei. Persönliche *männliche* Tüchtigkeit, Leibestüchtigkeit bekommt wieder Wert, die Schätzungen werden physischer, die Ernährungen fleischlicher. Schöne Männer werden wieder möglich. Die blasse Duckmäuserei (mit Mandarinen an der Spitze, wie Comte träumte) ist vorbei. Der Barbar ist in jedem von uns *bejaht*, auch das wilde Tier. *Gerade deshalb* wird es mehr werden mit den Philosophen. – Kant ist eine Vogelscheuche, irgendwann einmal!

(66)

Meine »Zukunft«: – eine stramme Polytechnikerbildung. Militärdienst: so daß durchschnittlich jeder Mann der höheren Stände Offizier ist, er sei sonst, wer er sei.

(67)

Der Zustand Europas im nächsten Jahrhundert wird die männlichen Tugenden wieder heranzüchten: weil man in der beständigen Gefahr lebt.

(68)

Kultur ist nur ein dünnes Apfelhäutchen über einem glühenden Chaos.

(69)

Die Kriege sind einstweilen die größten Phantasieaufregungen, nachdem alle christlichen Entzückungen und Schrecknisse matt geworden sind. Die soziale Revolution ist vielleicht etwas noch Größeres, deshalb kommt sie. Aber ihr Erfolg wird geringer sein, als man denkt: die Menschheit *kann* so sehr viel weniger als sie *will*, wie es sich bei der Französischen Revolution zeigte. Wenn der große Effekt und die Trunkenheit des Gewitters vorbei ist, ergibt sich, daß man, um mehr zu können, mehr Kräfte, mehr Übung haben müßte.

(70)

Ich möchte, Deutschland bemächtigte sich *Mexikos*, um auf der Erde durch eine musterhafte *Forstkultur* im konservativen Interesse der *zukünftigen* Menschheit den Ton anzugeben. – Die Zeit kommt, wo der Kampf um die Erdherrschaft geführt werden wird, – er wird im Namen *philosophischer Grundlehren* geführt werden. Schon jetzt bilden sich die ersten Kräftegruppen, – man übt sich ein in dem großen Prinzip der Bluts- und Rassenverwandtschaft. »*Nationen*« sind viel feinere Begriffe als Rassen, im Grunde eine Entdeckung der Wissenschaft, die man jetzt dem *Gefühle einverleibt*: *Kriege* sind die großen Lehrmeister solcher Begriffe und werden es sein. – Dann kommen *soziale Kriege* – und wieder werden Begriffe einverleibt werden! Bis endlich *Begriffe* nicht mehr nur Vorwände, Namen usw. für Völkerbewegungen abgeben, sondern der *mächtigste Begriff* sich durchsetzen muß.

Die *sozialen* Kriege sind namentlich Kriege gegen den Handelsgeist und Einschränkungen des nationalen Geistes. *Klimatische* Entscheidungen über Bevölkerungen und Rassen in Amerika. – Slawisch-germanisch-nordische Kultur! – die *geringere*, aber kräftigere und arbeitsamere!

(71)

Über alle diese nationalen Kriege, neuen »Reiche«, und was sonst im Vordergrunde steht, sehe ich hinweg. Was mich angeht – denn ich sehe es langsam und zögernd sich vorbereiten –, das ist das *eine* Europa. Bei allen umfänglicheren und tieferen Menschen dieses Jahrhunderts war es die eigentliche Gesamtarbeit ihrer Seele, jene neue Synthesis vorzubereiten und versuchsweise »den Europäer« der Zukunft vorwegzunehmen: nur in ihren schwächeren Stunden oder wenn sie alt wurden, fielen sie in die nationale Beschränktheit der »Vaterländer« zurück, – dann waren sie »Patrioten«. Ich denke an Menschen wie Napoleon, Goethe, Beethoven, Stendhal, Heinrich Heine, Schopenhauer; vielleicht gehört auch Richard Wagner hierher, über welchen, als über einen wohlgeratenen Typus deutscher Unklarheit, sich durchaus nichts ohne ein solches »Vielleicht« aussagen läßt.

Dem aber, was in solchen Geistern als Bedürfnis nach einer neuen Einheit oder bereits als eine neue Einheit mit neuen Bedürfnissen sich regt und gestaltet, steht eine große wirtschaftliche Tatsache erklärend zur Seite: die Kleinstaaten Europas, ich meine alle unsere jetzigen Staaten und »Reiche«, müssen, bei dem unbedingten Drange des großen Verkehrs und Handels nach einer letzten Grenze, nach Weltverkehr und Welthandel, in kurzer Zeit wirtschaftlich unhaltbar werden. (Das Geld allein schon zwingt Europa, irgendwann sich zu *einer* Macht zusammenzuballen.) Um aber mit guten Aussichten in den Kampf um die Regierung der Erde einzutreten – es liegt auf der Hand, gegen wen sich dieser Kampf richten wird –, hat Europa wahrscheinlich nötig, sich ernsthaft mit England zu »verständigen«: es bedarf der Kolonien Englands zu jenem Kampfe ebenso, wie das jetzige Deutschland, zur Einübung in seine neue Vermittler- und Maklerrolle, der Kolonien Hollands bedarf. Niemand nämlich glaubt mehr daran, daß England selber stark genug sei, seine alte Rolle nur noch fünfzig Jahre fortzuspielen: es geht an der Unmöglichkeit, die homines novi von der Regierung auszuschließen, zugrunde, und man muß keinen solchen Wechsel der Parteien haben, um solche langwierige Dinge vorzubereiten: man muß heute vorerst Soldat sein, um als Kaufmann nicht seinen Kredit zu verlieren. Genug: hierin, wie in anderen Dingen, wird das nächste Jahrhundert in den Fußtapfen Napoleons zu finden sein, des ersten und vorwegnehmendsten Menschen neuerer Zeit. Für die Aufgaben der nächsten Jahrhunderte sind die Arten »Öffentlichkeit« und Parlamentarismus die unzweckmäßigsten Organisationen.

(72)

Diese *guten Europäer*, die wir sind: was zeichnet uns vor den Menschen der Vaterländer aus? – Erstens, wir sind Atheisten und Immoralisten, aber wir unterstützen die Religionen und Moralen des Herdeninstinktes: mit ihnen nämlich wird eine Art Mensch vorbereitet, die einmal in unsre Hände fallen muß, die nach unsrer Hand *begehren* muß.

Jenseits von Gut und Böse, – aber wir verlangen die unbedingte Heilighaltung der Herdenmoral.

Wir behalten uns viele Arten der Philosophie vor, welche zu lehren not tut: unter Umständen die pessimistische, als Hammer; ein europäischer Buddhismus könnte vielleicht nicht zu entbehren sein.

Wir unterstützen wahrscheinlich die Entwicklung und Ausreifung des demokratischen Wesens: es bildet die Willensschwäche aus: wir sehen im »Sozialismus« einen Stachel, der vor der Bequemlichkeit schützt.

Stellung zu den Völkern. Unsre Vorlieben; wir geben acht auf die Resultate der Kreuzung.

Abseits, wohlhabend, stark: Ironie auf die »Presse« und ihre Bildung. Sorge, daß die wissenschaftlichen Menschen nicht zu Literaten werden. Wir stehen verächtlich zu jeder Bildung, welche mit Zeitunglesen oder gar -schreiben sich verträgt.

Wir nehmen unsre zufälligen Stellungen (wie Goethe, Stendhal), unsre Erlebnisse als Vordergrund und unterstreichen sie, damit wir über unsre Hintergründe täuschen. Wir selber *warten* und hüten uns, unser Herz daranzuhängen. Sie dienen uns als

Unterkunftshütten, wie sie ein Wanderer braucht und hinnimmt, – wir hüten uns, heimisch zu werden.

Wir haben eine disciplina voluntatis vor unseren Mitmenschen voraus. Alle Kraft verwendet auf *Entwicklung der Willenskraft*, eine Kunst, welche uns erlaubt, Masken zu tragen, eine Kunst des Verstehens *jenseits* der Affekte (auch »übereuropäisch« denken, zeitweilig).

Vorbereitung dazu, die Gesetzgeber der Zukunft, die Herren der Erde zu werden, zum mindesten unsere Kinder. Grundrücksicht auf die Ehen.

(73)

Die *beiden großen Tentativen*, die gemacht worden sind, das 18. Jahrhundert zu überwinden:

Napoleon, indem er den Mann, den Soldaten und den großen Kampf um Macht wieder aufweckte – Europa als politische Einheit konzipierend;

Goethe, indem er eine europäische Kultur imaginierte, die die volle Erbschaft der schon *erreichten* Humanität macht.

Die deutsche Kultur dieses Jahrhunderts erweckt Mißtrauen – in der Musik fehlt jenes volle, erlösende und bindende Element Goethe –

(74)

Die paar guten Bücher, die von diesem Jahrhundert übrigbleiben werden, richtiger: die mit ihren Ästen über dies Jahrhundert hinwegreichen, als Bäume, welche nicht in ihm ihre Wurzeln haben – ich meine das ›Mémorial von St. Helena‹ und Goethes Gespräche mit Eckermann.

(75)

Eine wenig reine Luft! Dieser absurde Zustand Europas soll nicht mehr lange dauern! Gibt es irgendeinen Gedanken hinter diesem Hornvieh-Nationalismus? Welchen Wert könnte es haben, jetzt, wo alles auf größere und gemeinsame Interessen hinweist, diese ruppigen Selbstgefühle aufzustacheln? Und das in einem Zustande, wo die *geistige Unselbständigkeit* und Entnationalisierung in die Augen springt und in einem gegenseitigen Sichverschmelzen und -befruchten der eigentliche Wert und Sinn der jetzigen Kultur liegt!... Und das »neue Reich«, wieder auf den verbrauchtesten und bestverachteten Gedanken gegründet: die Gleichheit der Rechte und der Stimmen.

Das Ringen um einen Vorrang innerhalb eines Zustandes, der nichts taugt; diese Kultur der Großstädte, der Zeitungen, des Fiebers und der »Zwecklosigkeit« –!

Die wirtschaftspolitische Einigung Europas kommt mit Notwendigkeit – und ebenso, als Reaktion, die *Friedenspartei* ...

Eine Partei des *Friedens*, ohne Sentimentalität, welche sich und ihren Kindern verbietet, Krieg zu führen; verbietet, sich der Gerichte zu bedienen; welche den Kampf, den Widerspruch, die Verfolgung gegen sich heraufbeschwört: eine Partei der Unterdrückten, wenigstens für eine Zeit; alsbald die *große* Partei. Gegnerisch gegen die *Rach-* und *Nachgefühle*.

Eine *Kriegspartei*, mit der gleichen Grundsätzlichkeit und Strenge gegen sich, in umgekehrter Richtung vorgehend –

(76)

Bei der Freizügigkeit des Verkehrs können *Gruppen gleichartiger Menschen* sich zusammentun und Gemeinwesen gründen. *Überwindung der Nationen.*

(77)

Die nationalen Torheiten sollen uns nicht blind machen, daß in der *höheren Region bereits eine fortwährende gegenseitige Abhängigkeit besteht*. Frankreich und die deutsche Philosophie. Richard Wagner und Paris (1830–1850). Goethe und Griechenland. Alles strebt nach einer *Synthese der europäischen Vergangenheit in höchsten geistigen Typen* – –

Wenn aber Europa in die *Hände des Pöbels* gerät, so ist es mit der europäischen Kultur *vorbei*!

(78)

Fortwährend findet ein Fortschritt in der *klimatischen Anpassung* statt, und jetzt ist er ungeheuer beschleunigt, weil die *Ausscheidung* der ungeeigneten Personen so leicht ist: und ebenfalls, weil jetzt die Anpassung durch die Wissenschaft unterstützt wird (z. B. Wärme, Grundwasser usw.).

Die tierischen Gattungen haben meistens, wie die Pflanzen, eine Anpassung an einen bestimmten Erdteil *erreicht*, und haben nun darin etwas Festes und Festhaltendes für ihren Charakter, sie *verändern* sich im wesentlichen *nicht mehr*. Anders der Mensch, der immer unstet ist und sich nicht *einem* Klima endgültig anpassen will; die Menschheit drängt hin zur Erzeugung eines *allen* Klimaten *gewachsenen* Wesens (auch durch solche Phantasmen wie »Gleichheit der Menschen«): ein allgemeiner Erdenmensch soll entstehen, *deshalb verändert* sich der Mensch noch (wo er sich angepaßt hat, z. B. in China, bleibt er durch Jahrtausende fast unverändert). Der überklimatische Kunstmensch, der die Nachteile jedes Klimas zu kompensieren weiß und die Ersatzmittel für das, was dem Klima fehlt (z. B. Öfen), in jedes Klima schleppt,

– ein anspruchsvolles, schwer zu erhaltendes Wesen! Die »Arbeiternot« herrscht dort, wo das Klima im *Widerspruch* zum Menschen steht und nur wenige die Ersatzmittel sich schaffen können (im Kampfe natürlich und tyrannisch).

(79)

Es ist immer weniger physische Kraft nötig: mit Klugheit läßt man Maschinen arbeiten, der Mensch wird *mächtiger und geistiger*.

(80)

Einsicht in die *Zunahme der Gesamtmacht*: ausrechnen, inwiefern auch der Niedergang von Einzelnen, von Ständen, von Zeiten, Völkern *einbegriffen* ist in diesem Wachstum.

Verschiebung des *Schwergewichts* einer Kultur. Die *Unkosten* jedes großen Wachstums: wer sie trägt! *Inwiefern sie jetzt ungeheuer sein müssen*.

(81)

Das zwanzigste Jahrhundert hat *zwei Gesichter*: eines des Verfalls. Alle die Gründe, wodurch von nun an mächtigere und umfänglichere Seelen, als es je gegeben hat (vorurteilslosere, unmoralischere) entstehen könnten, wirken bei den schwächeren Naturen auf den Verfall hin. Es entsteht vielleicht eine Art von europäischem Chinesentum, mit einem sanften, buddhistischchristlichen Glauben, und in der Praxis klug-epikureisch, wie es der Chinese ist, – reduzierte Menschen.

(82)

So entsteht die Gefahr, daß das Wissen sich an uns räche, wie sich das Nichtwissen während des Mittelalters an uns gerächt hat. Mit den Religionen, welche an Götter, an Vorsehungen, an vernünftige Weltordnungen, an Wunder und Sakramente glaubten, ist es vorbei, auch bestimmte Arten von heiligem Leben, von Askese sind vorbei, weil wir leicht auf ein verletztes Gehirn und auf Krankheit schließen. Es ist kein Zweifel, der Gegensatz von einer reinen, unkörperlichen Seele und einem Leibe ist fast beseitigt. Wer glaubt noch an eine Unsterblichkeit der Seele! Alles Segensvolle und Verhängnisvolle, was somit auf gewissen irrtümlichen physiologischen Annahmen beruhte, ist hinfällig geworden, sobald diese Annahmen als Irrtümer erkannt sind. Das, was nun jetzt die wissenschaftlichen Annahmen sind, läßt ebensowohl eine Deutung und Benützung ins VerdummendPhilisterhafte, ja ins Bestialische zu, als eine Deutung ins Segensreiche und Beseelende. Unser Fundament ist neu gegen alle früheren Zeiten, deshalb kann man vom Menschengeschlecht noch etwas erleben.

(83)

Gesamtanblick des zukünftigen Europäers: derselbe als das intelligenteste Sklaventier, sehr arbeitsam, im Grunde sehr bescheiden, bis zum Exzeß neugierig, vielfach, verzärtelt, willensschwach, – ein kosmopolitisches Affekt- und Intelligenzenchaos. Wie möchte sich aus ihm eine *stärkere* Art herausheben? Eine solche mit *klassischem* Geschmack? Der klassische Geschmack: das ist der Wille zur Vereinfachung, Verstärkung, zur Sichtbarkeit des Glücks, zur Furchtbarkeit, der Mut zur psychologischen *Nacktheit* (– die Vereinfachung ist eine Konsequenz des Willens zur Verstärkung; das Sichtbar-werden-lassen des Glücks, insgleichen der Nacktheit, eine Konsequenz des Willens zur Furchtbarkeit . . .). Um sich aus jenem Chaos zu dieser *Gestaltung* emporzukämpfen – dazu bedarf es einer *Nötigung*: man muß die Wahl haben, entweder zugrunde zu gehn oder *sich durchzusetzen*. Eine herrschaftliche Rasse kann nur aus furchtbaren und gewaltsamen Anfängen emporwachsen. Problem: wo sind die *Barbaren* des zwanzigsten Jahrhunderts? Offenbar werden sie erst nach ungeheuren sozialistischen Krisen sichtbar werden und sich konsolidieren, – es werden die Elemente sein, die der *größten Härte gegen sich selber* fähig sind und den *längsten Willen* garantieren können.

(84)

Die höchste Billigkeit und Milde als Zustand der *Schwächung* (das Neue Testament und die christliche Urgemeinde, – als volle bêtise bei den Engländern Darwin, Wallace sich zeigend). Eure *Billigkeit*, ihr höheren Naturen, treibt euch zum suffrage universel usw., eure »Menschlichkeit« zur Milde gegen Verbrechen und Dummheit. Auf die *Dauer* bringt ihr damit die Dummheit und die Unbedenklichen zum Siege: Behagen und Dummheit – Mitte.

Äußerlich: Zeitalter ungeheurer Kriege, Umstürze, Explosionen. *Innerlich*: immer größere Schwäche der Menschen, die *Ereignisse* als *Exzitantien*. Der Pariser als das europäische Extrem.

Konsequenzen: 1. Die *Barbaren* (zuerst natürlich unter der Form der bisherigen Kultur); 2. *die souveränen Individuen* (wo barbarische *Kraftmengen* und die Fessellosigkeit in Hinsicht auf alles Dagewesene sich kreuzen). Zeitalter der größten Dummheit, Brutalität und Erbärmlichkeit der *Massen*, und der *höchsten Individuen*.

(85)

Dieselben Bedingungen, welche die Entwicklung des Herdentieres vorwärts treiben, treiben auch die Entwicklung des Führertiers.

(86)

Der Anblick des jetzigen Europäers gibt mir viele Hoffnung: es bildet sich da eine verwegene herrschende Rasse, auf der Breite einer äußerst intelligenten Herdenmasse. Es steht vor der Tür, daß die Bewegungen zur Bildung der letzteren nicht mehr allein im Vordergrund stehn.

(87)

Ich fand noch *keinen* Grund zur Entmutigung. Wer sich einen *starken Willen* bewährt und anerzogen hat, zugleich mit einem weiten Geiste, hat günstigere Chancen als je. Denn die *Dressierbarkeit* der Menschen ist in diesem demokratischen Europa sehr groß geworden. Menschen, welche leicht lernen, leicht sich fügen, sind die Regel: das Herdentier, sogar höchst intelligent, ist präpariert. Wer befehlen kann, findet die, welche gehorchen *müssen*: ich denke z. B. an Napoleon und Bismarck. Die Konkurrenz mit starkem und *un*intelligentem Willen, welche am meisten hindert, ist gering. Wer wirft diese Herren »Objektiven« mit schwachem Willen, wie Ranke oder Renan, nicht um!

(88)

Der Wohlstand, die Behaglichkeit, die den Sinnen Befriedigung schafft, wird jetzt begehrt, alle Welt will vor allem das. Folglich wird sie einer *geistigen Sklaverei* entgegengehen, die nie noch da war. Denn das Ziel *ist* zu erreichen, die größten Beunruhigungen jetzt dürfen nicht täuschen. Die Chinesen sind der Beweis, daß auch Dauer dabei sein kann. Der *geistige Cäsarismus* schwebt über allem Bestreben der Kaufleute und Philosophen.

(89)

Die großen Unruh- und Mißtrauenstifter, die uns zwingen, alle Kräfte zusammenzunehmen, werden furchtbar *gehaßt*, – oder man unterwirft sich ihnen blindlings (es ist dies eine Ausspannung für beunruhigte Seelen –). Um keine solche souveränen Schrecklichen zu haben, erfindet man Demokratie, Ostrazismus, Parlamentarismus, – aber die Sache liegt in der Natur der Dinge. Wenn der Abstand der Menschen sehr groß voneinander ist, so bilden sich Formen danach.

(90)

Unsre Psychologen, deren Blick unwillkürlich nur an den Symptomen der décadence hängenbleibt, lenken immer wieder unser Mißtrauen wider den Geist. Man sieht immer nur die schwächenden, verzärtelnden, verkränkelnden Wirkungen des Geistes:

aber es kommen nun neue
Barbaren:
die Zyniker ⎫
die Versucher ⎬ Vereinigung der geistigen Über-
die Eroberer ⎭ legenheit mit Wohlbefinden und
                    Überschuß von Kräften.

(91)

Die Skepsis an allen moralischen Werten ist ein Symptom davon, daß eine neue moralische Werttafel im Entstehen ist.

(92)

Unsre neue »Freiheit«. – Welches Freiheitsgefühl liegt darin, zu empfinden, wie wir befreiten Geister empfinden, daß wir *nicht* in ein System von »Zwecken« eingespannt sind! Insgleichen, daß der Begriff »Lohn« und »Strafe« nicht im Wesen des Daseins seinen Sitz hat! Insgleichen, daß die gute und die böse Handlung nicht an sich, sondern nur in der Perspektive der Erhaltungstendenzen gewisser Arten von menschlichen Gemeinschaften aus gut und böse zu nennen ist! Insgleichen, daß unsre Abrechnungen über Lust und Schmerz keine kosmische, geschweige denn eine metaphysische Bedeutung haben! (– jener Pessimismus, der Pessimismus des Herrn von Hartmann, der Lust und Unlust des Daseins selbst auf die Waagschale zu setzen sich anheischig macht, mit seiner willkürlichen Einsperrung in das vorkopernikanische Gefängnis und Gesichtsfeld, würde etwas Rückständiges und Rückfälliges sein, falls er nicht nur ein schlechter Witz eines Berliners ist.)

(93)

Zur Stärke des 19. Jahrhunderts. – Wir sind *mittelalterlicher* als das 18. Jahrhundert; nicht *bloß* neugieriger oder reizbarer für Fremdes und Seltnes. Wir haben gegen die *Revolution* revoltiert... Wir haben uns von der *Furcht vor der raison*, dem Gespenst des 18. Jahrhunderts, emanzipiert: wir wagen wieder absurd, kindisch, lyrisch zu sein, – mit einem Wort: »wir sind Musiker«. Ebensowenig *fürchten* wir uns vor dem *Lächerlichen* wie vor dem *Absurden*. Der *Teufel* findet die Toleranz Gottes zu seinen Gunsten: mehr noch, er hat ein Interesse als der Verkannte, Verleumdete von alters her, – wir sind die Ehrenretter des Teufels.

Wir trennen das Große nicht mehr von dem Furchtbaren. Wir rechnen die *guten* Dinge zusammen in ihrer Komplexität mit den *schlimmsten*: wir haben die absurde »Wünschbarkeit« von ehedem *überwunden* (die das Wachstum des Guten wollte ohne das Wachstum des Bösen –). Die *Feigheit* vor dem Ideal der Renaissance hat nachgelassen, – wir wagen es, zu *ihren Sitten* selbst zu aspirieren. Die *Intoleranz* gegen den Priester und die Kirche hat zu gleicher Zeit ein Ende bekommen; »es ist unmoralisch, an Gott zu glauben«, – aber gerade das gilt uns als die beste Form der Rechtfertigung dieses Glaubens.

Wir haben alledem ein *Recht* bei uns gegeben. Wir fürchten uns nicht vor der *Kehrseite* der »guten Dinge« (– wir *suchen* sie: wir sind tapfer und neugierig genug dazu), z. B. am Griechentum, an der Moral, an der Vernunft, am guten Geschmack (– wir rechnen die Einbuße nach, die man mit all solchen Kostbarkeiten macht: *man macht sich beinahe arm* mit einer solchen Kostbarkeit –). Ebensowenig verhehlen wir uns die Kehrseite der *schlimmen* Dinge.

(94)

Wir treten in das Zeitalter der *Anarchie*: – dies aber ist zugleich das Zeitalter der geistigsten und freiesten Individuen. Ungeheuer viel geistige Kraft ist im Umschwung. Zeitalter des Genies: bisher verhindert durch Sitte, Sittlichkeit usw.

(95)

Dies ist die allgemein *herrschende Form der Barbarei*, daß man noch *nicht* weiß: *Moral ist Geschmackssache*.

Im übrigen wird in diesem Bereiche am meisten *gelogen* und *geschwindelt*. Die *moralistische* Literatur und die *religiöse* ist die *verlogenste*. Der herrschende Trieb, er mag sein welcher er wolle, handhabt *List und Lüge* gegen die andern Triebe, um sich oben zu erhalten.

Neben den Religionskriegen her geht fortwährend der *Moralkrieg*; das heißt: *ein* Trieb will die Menschheit *sich unterwerfen*; und je mehr die Religionen aussterben, um so *blutiger* und *sichtbarer* wird dies Ringen werden. Wir sind im Anfange!

(96)

Was uns Ehre macht. – Wenn irgend etwas uns Ehre macht, so ist es dies: wir haben den *Ernst* woandershin gelegt: wir nehmen die von allen Zeiten verachteten und beiseite gelassenen *niedrigen* Dinge wichtig, – wir geben dagegen die »schönen Gefühle« wohlfeil.

Gibt es eine gefährlichere Verirrung als die Verachtung des Leibes? Als ob nicht mit ihr die ganze Geistigkeit verurteilt wäre zum Krankhaftwerden, zu den vapeurs des »Idealismus«!

Es hat alles nicht Hand noch Fuß, was von Christen und Idealisten ausgedacht ist: wir sind radikaler. Wir haben die »kleinste Welt« als das überall Entscheidende entdeckt.

Straßenpflaster, gute Luft im Zimmer, die Speise auf ihren

Wert begriffen; wir haben Ernst gemacht mit allen *Nezessitäten* des Daseins und *verachten* alles »Schönseelentum« als eine Art der »Leichtfertigkeit und Frivolität«. – Das bisher Verachtetste ist in die erste Linie gerückt.

(97)

Zum Pessimismus der Stärke. – In dem innern Seelenhaushalt des *primitiven* Menschen überwiegt die *Furcht* vor dem *Bösen.* Was ist das *Böse?* Dreierlei: der Zufall, das Ungewisse, das Plötzliche. Wie bekämpft der primitive Mensch das Böse? – Er konzipiert es als Vernunft, als Macht, als Person selbst. Dadurch gewinnt er die Möglichkeit, mit ihnen eine Art Vertrag einzugehn und überhaupt auf sie im voraus einzuwirken, – zu prävenieren.

– Ein anderes Auskunftsmittel ist, die bloße Scheinbarkeit ihrer Bosheit und Schädlichkeit zu behaupten: man legt die Folgen des Zufalls, des Ungewissen, des Plötzlichen als *wohlgemeint,* als sinnvoll aus.

– Ein drittes Mittel: man interpretiert vor allem das Schlimme als »verdient«: man rechtfertigt das Böse als Strafe.

– In summa: *man unterwirft sich ihm* –: die ganze moralisch-religiöse Interpretation ist nur eine Form der Unterwerfung unter das Böse. – Der Glaube, daß im Bösen ein guter Sinn sei, heißt Verzicht leisten, es zu bekämpfen.

Nun stellt die ganze Geschichte der Kultur eine Abnahme jener *Furcht vor dem Zufalle,* vor dem *Ungewissen,* vor dem *Plötzlichen* dar. Kultur, das heißt eben *berechnen* lernen, kausal denken lernen, prävenieren lernen, an Notwendigkeit glauben lernen. Mit dem Wachstum der Kultur wird dem Menschen jene *primitive* Form der Unterwerfung unter das Übel (Religion oder Moral genannt), jene »Rechtfertigung des Übels« entbehrlich. Jetzt macht er Krieg gegen das »Übel«, – er schafft es ab. Ja, es ist ein Zustand von Sicherheitsgefühl, von Glaube an Gesetz und Berechenbarkeit möglich, wo er als *Überdruß* ins Bewußtsein tritt, – wo die *Lust am Zufall, am Ungewissen* und *am Plötzlichen* als Kitzel hervorspringt.

Verweilen wir einen Augenblick bei diesem Symptom *höchster* Kultur, – ich nenne ihn den *Pessimismus der Stärke.* Der Mensch braucht jetzt *nicht mehr* eine »Rechtfertigung des Übels«, er perhorresziert gerade das »Rechtfertigen«: er genießt das Übel pur, cru, er findet das *sinnlose Übel* als das interessanteste. Hat er früher einen Gott nötig gehabt, so entzückt ihn jetzt eine Weltunordnung ohne Gott, eine Welt des Zufalls, in der das Furchtbare, das Zweideutige, das Verführerische zum Wesen gehört.

In einem solchen Zustande bedarf gerade *das Gute* einer »Rechtfertigung«, d. h. es muß einen bösen und gefährlichen Untergrund haben oder eine große Dummheit in sich schließen: *dann gefällt es noch*. Die Animalität erregt jetzt nicht mehr Grausen; ein geistreicher und glücklicher Übermut zugunsten des Tiers im Menschen ist in solchen Zeiten die triumphierendste Form der Geistigkeit. Der Mensch ist nunmehr stark genug dazu, um sich eines *Glaubens an Gott* schämen zu dürfen: – er darf jetzt von neuem den advocatus diaboli spielen. Wenn er in praxi die Aufrechterhaltung der Tugend befürwortet, so tut er es um der Gründe willen, welche in der Tugend eine Feinheit, Schlauheit, Gewinnsuchts-, Machtsuchtsform erkennen lassen.

Auch dieser *Pessimismus der Stärke* endet mit einer *Theodizee*, d. h. mit einem absoluten *Jasagen* zu der Welt – aber um der Gründe willen, auf die hin man zu ihr ehemals nein gesagt hat –: und dergestalt zur Konzeption dieser Welt als des tatsächlich *erreichten höchstmöglichen Ideals*.

(98)

Die mächtigsten und gefährlichsten Leidenschaften des Menschen, an denen er am leichtesten zugrunde geht, sind so gründlich in Acht getan, daß damit die mächtigsten Menschen selber unmöglich geworden sind oder sich als *böse*, als »schädlich und unerlaubt« fühlen mußten. Diese Einbuße ist groß, aber notwendig bisher gewesen: jetzt, wo eine Menge Gegenkräfte großgezüchtet sind durch zeitweilige Unterdrückung jener Leidenschaften (von Herrschsucht, Lust an der Verwandlung und Täuschung), ist deren Entfesselung wieder möglich: sie werden nicht mehr die alte Wildheit haben. Wir erlauben uns die zahme Barbarei: man sehe unsre Künstler und Staatsmänner an.

(99)

Habt ihr kein Mitleiden mit der Vergangenheit? Seht ihr nicht, wie sie preisgegeben ist und von der Gnade, dem Geiste, der Billigkeit jedes Geschlechts wie ein armes Weibchen abhängt? Könnte nicht jeden Augenblick irgendein großer Unhold kommen, der uns zwänge, sie ganz zu verkennen, der unsere Ohren taub gegen sie machte, oder uns gar eine Peitsche in die Hand gäbe, sie zu mißhandeln? Hat sie nicht dasselbe Los wie die Musik, die beste Musik, die wir haben? Ein neuer böser Orpheus, den jede Stunde gebären könnte, wäre vielleicht imstande, uns durch seine Töne zu überreden, wir hätten noch gar keine Musik gehabt, und das Beste sei, allem, was bisher so hieß, aus dem Wege zu laufen.

(100)

Der Mensch als ein *Schauspiel*: das ist der »*historische Sinn*«. Aber er enthält ein gefährliches Element: der Mensch lernt sich fühlen als der *Gestaltende*, welcher nicht nur zusieht und zusehen will.

Der Deutsche – – –

(101)

Ist es wahr, daß es zum Wesen des Deutschen gehört, *stillos* zu sein? Oder ist es ein Zeichen seiner Unfertigkeit? Es ist wohl so: das, was *deutsch* ist, hat sich noch nicht völlig klar herausgestellt. Durch Zurückschauen ist es nicht zu lernen: man muß der eigenen Kraft vertrauen.

Das deutsche Wesen ist noch gar nicht da, es muß erst werden; es muß irgendwann einmal herausgeboren werden, damit es vor allem sichtbar und ehrlich vor sich selber sei. Aber jede Geburt ist schmerzlich und gewaltsam.

(102)

Unzeitgemäße Betrachtungen. – Ich habe zusammengebunden und gesammelt, was Individuen groß und selbständig macht, und auch die Gesichtspunkte, auf welche hin sie sich verbünden können. Ich sehe, wir sind im *Aufsteigen*: wir werden der Hort der ganzen Kultur in Kürze sein. Alle anderen Bewegungen sind kulturfeindlich (die sozialistische ebenso als die des Großstaates, die der Geldmächte, ja die der Wissenschaften).

(103)

Es gab bisher noch keine deutsche Kultur. Gegen diesen Satz ist es kein Einwand, daß es in Deutschland große Einsiedler gab (– Goethe z. B.): denn diese hatten ihre eigene Kultur. Gerade aber um sie herum, gleichsam wie um mächtige, trotzige, vereinsamt hingestellte Felsen, lag immer das übrige deutsche Wesen *als ihr Gegensatz*, nämlich wie ein weicher, mooriger, unsicherer Grund, auf dem jeder Schritt und Tritt des Auslandes »Eindruck« machte und »Formen« schuf: die deutsche Bildung war ein Ding ohne Charakter, eine beinahe unbegrenzte Nachgiebigkeit.

(104)

Die Deutschen *sind* noch nichts, aber sie *werden* etwas; also haben sie noch keine Kultur, – also können sie noch keine Kultur haben! Das ist mein Satz: mag sich daran stoßen, wer es muß. – Sie sind noch nichts: das heißt, sie sind allerlei. Sie *werden* etwas: das heißt, sie hören einmal auf, allerlei zu sein. Das letzte ist im Grunde nur ein Wunsch, kaum noch eine Hoffnung; glücklicherweise ein Wunsch, auf dem man leben kann, eine Sache des Willens, der Arbeit, der Zucht, der Züchtung so gut als eine Sache des Unwillens, des Verlangens, der Entbehrung, des Unbehagens, ja der Erbitterung, – kurz, wir Deutschen *wollen* etwas von uns, was man von uns noch nicht wollte – wir wollen etwas *mehr*!

Daß diesem »Deutschen, wie er noch nicht ist« – etwas Besseres zukommt als die heutige deutsche »Bildung«; daß alle »Werdenden« ergrimmt sein müssen, wo sie eine Zufriedenheit auf diesem Bereiche, ein dreistes »Sich-zur-Ruhe-setzen« oder »Sich-selbst-Anräuchern« wahrnehmen: das ist mein zweiter Satz, über den ich auch noch nicht umgelernt habe.

3. Kapitel
Die Gesetzgeber der Zukunft

(105)

Gesetzgeber der Zukunft. – Nachdem ich lange und umsonst mit dem Worte »Philosoph« einen bestimmten Begriff zu verbinden suchte – denn ich fand viele entgegengesetzte Merkmale –, erkannte ich endlich, daß es zwei unterschiedliche Arten von Philosophen gibt:
1. solche, welche irgendeinen großen Tatbestand von Wertschätzungen (logisch oder moralisch) feststellen wollen;
2. solche, welche *Gesetzgeber* solcher Wertschätzungen sind.

Die ersten suchen sich der vorhandenen oder vergangenen Welt zu bemächtigen, indem sie das mannigfach Geschehende durch Zeichen zusammenfassen und abkürzen: ihnen liegt daran, das bisherige Geschehen übersichtlich, überdenkbar, faßbar, handlich zu machen, – sie dienen der Aufgabe des Menschen, alle vergangenen Dinge zum Nutzen seiner Zukunft zu verwenden.

Die zweiten aber sind *Befehlende*; sie sagen: »So soll es sein!« Sie bestimmen erst das »Wohin« und »Wozu«, den Nutzen, *was* Nutzen der Menschen ist; sie verfügen über die Vorarbeit der wissenschaftlichen Menschen, und alles Wissen ist ihnen nur ein Mittel zum Schaffen. Diese zweite Art von Philosophen gerät selten; und in der Tat ist ihre Lage und Gefahr ungeheuer. Wie oft haben sie sich absichtlich die Augen zugebunden, um nur den schmalen Raum nicht sehen zu müssen, der sie vom Abgrund und Absturz trennt: z. B. Plato, als er sich überredete, das »Gute«, wie *er* es wollte, sei nicht das Gute Platos, sondern das »Gute an sich«, der ewige Schatz, den nur irgendein Mensch, namens Plato, auf seinem Wege gefunden habe! In viel gröberen Formen waltet dieser selbe Wille zur Blindheit bei den Religionsstiftern: ihr »Du sollst« darf durchaus ihren Ohren nicht klingen wie »ich will«, – nur als dem Befehl eines Gottes wagen sie ihrer Aufgabe nachzukommen, nur als »Eingebung« ist ihre Gesetzgebung der Werte eine *tragbare* Bürde, unter der ihr Gewissen *nicht* zerbricht.

Sobald nun jene zwei Trostmittel, das Platos und das Muhammeds, dahingefallen sind und kein Denker mehr an der Hypothese eines »Gottes« oder »ewiger Werte« sein Gewissen erleichtern kann, erhebt sich der Anspruch des Gesetzgebers neuer

Werte zu einer neuen und noch nicht erreichten Furchtbarkeit. Nunmehr werden jene Auserkornen, vor denen die Ahnung einer solchen Pflicht aufzudämmern beginnt, den Versuch machen, ob sie ihr wie als ihrer größten Gefahr nicht noch »zur rechten Zeit« durch irgendeinen Seitensprung entschlüpfen möchten: zum Beispiel indem sie sich einreden, die Aufgabe sei schon gelöst, oder sie sei unlösbar, oder sie hätten keine Schultern für solche Lasten, oder sie seien schon mit andern, näheren Aufgaben überladen, oder selbst diese neue ferne Pflicht sei eine Verführung und Versuchung, eine Abführung von allen Pflichten, eine Krankheit, eine Art Wahnsinn. Manchem mag es in der Tat gelingen auszuweichen: es geht durch die ganze Geschichte hindurch die Spur solcher Ausweichenden und ihres schlechten Gewissens. Zumeist aber kam solchen Menschen des Verhängnisses jene erlösende Stunde, jene Herbststunde der Reife, wo sie *mußten*, was sie nicht einmal »wollten«: – und die Tat, vor der sie sich am meisten vorher gefürchtet hatten, fiel ihnen leicht und ungewollt vom Baume, als eine Tat ohne Willkür, fast als Geschenk. –

(106)

Grundgedanke: Die neuen Werte müssen erst geschaffen werden – das bleibt uns nicht *erspart*! Der Philosoph muß uns ein Gesetzgeber sein. Neue Arten. (Wie bisher die höchsten Arten [z. B. Griechen] gezüchtet wurden: diese Art »Zufall« *bewußt wollen*.)

(107)

Der eigentlich *königliche* Beruf des Philosophen (nach dem Ausdruck Alkuins des Angelsachsen): prava corrigere, et recta corroborare, et sancta sublimare.

(108)

Die Gesetzgeber der Zukunft

Die große *Ebbe* seit Jahrtausenden in der Erfindung von Werten.
 Die große Loslösung macht er *für sich*, – nicht daß er sie von anderen verlangt oder gar seine Pflicht darin sähe, sie anderen mitzuteilen und aufzudrängen.
1. Die Herkunft.
2. Der gebundenste Geist.
3. Die große Loslösung.
4. Das Leiden am Menschen.
5. Der neue Wille.
6. Der Hammer.

(109)

Die Unbefriedigten müssen etwas haben, an das sie ihr Herz hängen: zum Beispiel Gott. Jetzt, wo dieser *fehlt*, bekommt der *Sozialismus* viele solche, die ehemals sich an Gott geklammert hätten, – oder patria (wie *Mazzini*). Ein Anlaß zu großartiger Aufopferung, und einer *öffentlichen* (weil sie diszipliniert und festhält, auch Mut macht!), soll immer dasein! Hier ist zu *erfinden*!

(110)

Mit »Glück« als Ziel ist nichts zu machen, auch mit dem Glücke eines Gemeinwesens nicht. Es handelt sich darum, eine Vielheit von *Idealen*, von höheren Typen zu erreichen, welche im Kampf sein müssen. Diese Typen aber sind *nicht* erreicht durch das Wohlbefinden der Herde! sowenig als der einzelne Mensch auf seine Höhe kommt durch Behaglichkeit und Entgegenkommen.

»Gnade«, »Liebe gegen die Feinde«, »Duldung«, »gleiches« Recht(!) sind alles Prinzipien *niederen* Ranges. Das Höhere ist der *Wille*, über uns hinweg, durch uns, und sei es durch unseren Untergang, *schaffen*.

Es ist *verkannt* worden, daß alle moralischen »Du sollst« von einzelnen Menschen geschaffen sind. Man hat einen Gott oder ein Gewissen haben *wollen*, um sich der Aufgabe zu *entziehen*, welche *Schaffen* vom Menschen fordert.

(111)

Die versteckten Künstler: die Religiösen, Gesetzgeber, Staatsmänner als *umbildende* Mächte.

Voraussetzung: schöpferische *Unzufriedenheit*, ihre *Ungeduld*, – statt am Menschen *fort*zubilden, machen sie Götter und Helden aus *vergangenen Größen*.

(112)

»Nützlich – schädlich!« »Utilitarisch!« Diesem Gerede liegt das Vorurteil zugrunde, als ob es *ausgemacht* sei, *wohin* sich das menschliche Wesen (oder auch Tier, Pflanze) entwickeln *solle*. Als ob nicht abertausend Entwicklungen von jedem Punkte aus möglich wären! Als ob die Entscheidung, welche die *beste*, *höchste* sei, nicht eine reine Sache des *Geschmacks* sei! (Ein Messen nach einem Ideale, welches *nicht* das einer anderen Zeit, eines anderen Menschen sein muß!)

(113)

Wissenschaft ergründet den Naturverlauf, kann aber niemals dem Menschen *befehlen*.

(114)

Das *Feststellen* zwischen »wahr« und »unwahr«, das *Feststellen* überhaupt von Tatbeständen ist grundverschieden von dem schöpferischen *Setzen*, vom Bilden, Gestalten, Überwältigen, *Wollen*, wie es im Wesen der *Philosophie* liegt. *Einen Sinn hineinlegen* – diese Aufgabe bleibt unbedingt immer noch *übrig*, gesetzt, daß *kein Sinn darin liegt*. So steht es mit Tönen, aber auch mit Volksschicksalen: sie sind der verschiedensten Ausdeutung und Richtung zu *verschiedenen Zielen fähig*.

Die noch höhere Stufe ist: ein *Ziel setzen* und daraufhin das Tatsächliche einformen: also die *Ausdeutung der Tat*, und nicht bloß die begriffliche *Umdichtung*.

(115)

Das *Wahrheitsstreben* ist ein unendlich langsamer Erwerb der Menschheit. Unser historisches Gefühl etwas ganz Neues in der Welt. Es wäre möglich, daß es die Kunst ganz unterdrückte.

Das Aussprechen der *Wahrheit um jeden Preis* ist sokratisch.

(116)

Wenn wir noch je eine Kultur erringen sollen, so sind unerhörte Kunstkräfte nötig, um den unbeschränkten Erkenntnistrieb zu brechen, um eine Einheit wieder zu erzeugen. *Höchste Würde des Philosophen zeigt sich hier, wo er den unbeschränkten Erkenntnistrieb konzentriert, zur Einheit bändigt.*

(117)

Der Philosoph der Zukunft? Er muß das Obertribunal einer künstlerischen Kultur werden, gleichsam die Sicherheitsbehörde gegen alle Ausschreitungen.

(118)

Unsere Zeit hat einen Haß auf die Kunst, wie auf die Religion. Sie will weder eine Abfindung durch einen Hinweis auf das Jenseits, noch durch einen Hinweis auf die Verklärung der Kunstwelt. Sie hält das für unnütze »Poesie«, Spaß usw.

Unsere »Dichter« *entsprechen*. Aber die Kunst als furchtbarer Ernst! Die neue Metaphysik als furchtbarer Ernst! Wir wollen euch die Welt noch so umstellen mit Bildern, daß euch schaudert. Das aber steht in unserer Hand! Verstopft euch die Ohren, eure Augen werden unseren Mythus sehen. Unsere Flüche werden euch treffen!

(119)

Die *Identität* im Wesen des *Eroberers*, *Gesetzgebers* und *Künstlers*, – das *Sich*-Hineinbilden in den Stoff: höchste Willenskraft; ehemals sich als »Werkzeug Gottes« fühlend, so unwiderstehlich sich selber erscheinend. Höchste Form des Zeugungstriebes und *zugleich* der mütterlichen Kräfte. *Die Umformung der Welt, um es in ihr aushalten zu können* – ist das Treibende: folglich als Voraussetzung ein ungeheures Gefühl des *Widerspruchs*. Bei den Künstlern genügt schon, sich mit *Bildern* und Abbildern davon zu umgeben, z.B. Homer unter den »erbärmlichen Sterblichen«.

Das »Los-sein von Interesse und ego« ist Unsinn und ungenaue Beobachtung: – es ist vielmehr das Entzücken, jetzt in *unserer* Welt zu sein, die Angst vor dem Fremden loszusein!

(120)

Der *Künstler*-Philosoph. Höherer Begriff der *Kunst*. Ob der Mensch sich so ferne stellen kann von den andern Menschen, um *an ihnen zu gestalten*? (– Vorübungen: 1. Der Sich-selbst-Gestaltende, der Einsiedler; 2. der *bisherige* Künstler, als der kleine Vollender, an einem Stoffe.)

(121)

An der undefinierbaren Größe und Macht solcher Eroberer spürt der Betrachter, daß sie nur Mittel einer in ihnen sich offenbarenden und doch vor ihnen sich verbergenden Absicht sind. Gleich als ob ein magischer Wille von ihnen ausginge, so rätselhaft schnell schließen sich die schwächeren Kräfte an sie an, so wunderbar verwandeln sie sich, bei dem plötzlichen Anschwellen jener Gewaltlawine, unter dem Zauber jenes schöpferischen Kernes, zu einer bis dahin nicht vorhandenen Affinität.

(122)

Alles Loben, Tadeln, Belohnen, Strafen erscheint mir erst gerechtfertigt, wenn es als *Wille der bildenden Kraft* erscheint: also *absolut* losgelöst von der moralischen Frage: *Darf* ich loben, strafen?« – *mithin völlig unmoralisch*. Ich lobe, tadle, belohne, strafe, *damit* der Mensch nach meinem Bilde sich verwandle; denn ich *weiß, daß* mein Loben, Strafen usw. eine verwandelnde Kraft hat (– dies vermöge der Wirkung auf Eitelkeit, Ehrgeiz, Furcht und alle Affekte bei dem Gelobten oder Bestraften). *Solange ich noch mich selber unter das moralische Gesetz stelle, dürfte ich nicht loben und strafen*.

(123)

Ich scheide mich von jeder Philosophie ab, dadurch daß ich frage: »Gut?« wozu! – und »gut«, warum nennt ihr das so? – Das Christentum hat »gut« und »böse« *akzeptiert* und nichts hier *geschaffen*.

(124)

Darüber gibt es heute keine wesentliche Verschiedenheit des Urteils, was gut und was böse ist. Man fragt nur, warum gibt es keine wesentliche Verschiedenheit? *Daß* es soundso ist, daran zweifelt man nicht. – Sokrates fragt: »Warum?«, – aber auch er zweifelt nicht und es gehörte bisher zur Eitelkeit des Menschen, daß er *wisse*, warum er etwas tue, – daß er auf bewußte Motive handle. – Von Plato an glaubte jeder, es genüge, »gut«, »gerecht« usw. zu *definieren*, da *wisse* man's, und nun müsse man darnach handeln.

(125)

Nicht *das* Gute, sondern *der* Höhere! Plato ist mehr wert als seine Philosophie! Unsere Instinkte sind besser als ihr Ausdruck in Begriffen. Unser Leib ist weiser als unser Geist! *Wenn* Plato jener Büste in Neapel glich, so haben wir da die beste Widerlegung *alles* Christentums!

Sokrates, scheint es, war dahintergekommen, daß wir moralisch nicht infolge eines logischen Räsonnements handeln, – und er *fand* selber es nicht. Daß Plato und alle nach ihm glaubten, sie hätten es, und das Christentum auf diese platonische niaiserie sich hat taufen lassen, das war bisher der größte Anlaß für die *Unfreiheit* in Europa.

Sokrates, der sagt: »Ich weiß nicht, was gut und böse ist«, war klüger als Plato: der definiert es! Aber Plato *stellt es dar*, den höheren Menschen.

(126)

Die *Vergangenheit in uns* zu überwinden: die Triebe neu kombinieren und alle zusammen richten auf *ein* Ziel: – sehr schwer! Es sind durchaus nicht nur die bösen Triebe, welche zu überwinden sind, – auch die sogenannten guten Triebe müssen überwältigt werden und neu geweiht!

(127)

Der Glaube »soundso *ist* es« zu verwandeln in den Willen »soundso *soll es werden*«.

(128)

Um schaffen zu können, müssen wir selber uns größere Freiheit geben, als je uns gegeben wurde; dazu Befreiung von der Moral und Erleichterung durch Feste (Ahnungen der Zukunft! Die Zukunft feiern, nicht die Vergangenheit! Den Mythus der Zukunft dichten! In der Hoffnung leben!). Selige Augenblicke! Und dann wieder den Vorhang zuhängen und *die Gedanken zu festen, nächsten Zielen wenden*!

(129)

Inwiefern es nötig ist für den Menschen höchsten Ranges, von den Vertretern einer *bestimmten* Moral tödlich *gehaßt* zu werden. Wer die Welt liebt, den müssen alle Einzelnen verdammen: die

Perspektive ihrer Erhaltung *fordert*, daß es keinen Zerstörer alter Perspektiven gibt.

(130)

Die grandiose Form und Offenbarung der *Gerechtigkeit*, welche gestaltet, baut und folglich vernichten *muß* (sich selber dabei entdeckend; überrascht, plötzlich das *Wesen* des *Richtenden* zu erkennen).

(131)

Gerechtigkeit, als Funktion einer weitumherschauenden Macht, welche über die kleinen Perspektiven von Gut und Böse hinaussieht, also einen weiteren Horizont des *Vorteils* hat – die Absicht, etwas zu erhalten, das *mehr* ist als diese und jene Person.

(132)

Der neue Reformator nimmt die Menschen wie Ton. Durch Zeit und Institutionen ist ihnen alles anzubilden, man kann sie zu Tieren und zu Engeln machen. Es ist wenig Festes da. »Umbildung der Menschheit!«

(133)

Die Gefahr der Umkehr zur *Tierheit* ist da. Wir schaffen allen Gestorbenen nachträglich Recht und geben ihrem Leben einen Sinn, wenn wir den Übermenschen aus *diesem* Stoff formen und der ganzen Vergangenheit ein *Ziel* geben.

(134)

Die Menschheit hat noch viel mehr vor sich, – wie könnte sich aus der Vergangenheit das Ideal *überhaupt* nehmen lassen! Vielleicht immer noch im Verhältnis zum *Jetzt*, das vielleicht eine Niederung ist.

(135)

Die *Moralen* und *Religionen* sind die Hauptmittel, mit denen man aus dem Menschen gestalten kann, was einem beliebt: vorausgesetzt, daß man einen Überschuß von schaffenden Kräften hat und seinen Willen über lange Zeiträume durchsetzen kann in Gestalt von Gesetzgebungen, Religionen und Sitten.

(136)

Der Mensch findet zuletzt in den Dingen nichts wieder, als was er selbst in sie hineingesteckt hat: – das Wiederfinden heißt sich Wissenschaft, das Hineinstecken – Kunst, Religion, Liebe, Stolz. In beidem, wenn es selbst Kinderspiel sein sollte, sollte man fortfahren und guten Mut zu beidem haben – die einen zum Wiederfinden, die andern – *wir* andern! – zum Hineinstecken!

(137)

Menschen, die wandelnde Gesetzgebungen sind –

(138)
Jene gesetzgeberischen und tyrannischen Geister, welche imstande sind, einen Begriff *fest*zusetzen, *festzuhalten*, Menschen mit dieser geistigen Willenskraft, welche das Flüssigste, den Geist, für lange Zeit zu versteinern und beinahe zu verewigen wissen, sind befehlende Menschen im höchsten Sinne: sie sagen: »Ich will das und das geschehen wissen! Ich will es genau *so*! Ich will es *dazu* und *nur* dazu!« – Diese Art gesetzgeberischer Menschen hat notwendig zu allen Zeiten den stärksten Einfluß ausgeübt: ihnen verdankt man alle typischen Ausgestaltungen des Menschen: sie sind die Bildner – und der Rest (die allermeisten in diesem Falle) sind gegen sie gehalten nur *Ton*.

(139)
Auch die Triebe der zukünftigen Menschheit sind schon da und verlangen ihre Befriedigung – ob wir sie gleich noch nicht bewußt kennen. So gibt es auch im großen Individuum eine anscheinende Sorge für noch nicht vorhandene Bedürfnisse.

(140)
Das ist das Problem des Herrschenden: Er opfert die, welche er liebt, seinem Ideale.

(141)
Der »*Richter*«. – Einem solchen bleibt es nicht *erspart*, zu befehlen: sein »Du sollst« ist nicht abzuleiten aus der Natur der Dinge, sondern weil er das Höhere *sieht*, muß er es *durchsetzen* und erzwingen. Was liegt ihm am Zugrundegehn! Er opfert unbedenklich (Stellung des Künstlers zum Menschen): der große Mensch muß befehlen und die Wertschätzung, die *er* hat, *einführen, auflegen, gebieten*. Anders sind alle früheren Wertschätzungen auch nicht entstanden. Aber sie sind alle jetzt unmöglich für uns, ihre Voraussetzungen sind falsch.

(142)
Refrain: »*Nur die Liebe soll richten*« – (die schaffende Liebe, die sich selber über ihren Werken *vergißt*).

(143)
Wisse, für den Schaffenden ist Weisheit und Güte keine Eigenschaft, sondern ein Mittel und Zustand.

(144)
Das ist seine Selbstsucht, sich als goldene Kette und Schloß vieler Selbste zu fühlen, – das verrät den Herrschenden.

(145)
Daß es eine *Entwicklung* der ganzen Menschheit gebe, ist Unsinn: auch gar nicht zu wünschen. Das viele Gestalten *am* Menschen,

die Art *Vielartigkeit* des Menschen herauszuholen, ihn zu zerbrechen, wenn eine Art von Typus ihre Höhe gehabt hat, – also schaffend und vernichtend sein, dünkt mich der höchste Genuß, den Menschen haben können. Plato war gewiß nicht so beschränkt, als er die Begriffe als *fest* und *ewig* lehrte: aber er wollte, daß dies geglaubt werde.

(146)

Wenn die moralischen *Leiden* das Leben schwer gemacht haben, – es hängt daran, daß es durchaus nicht möglich ist, eine moralische Empfindung relativ zu nehmen; sie ist wesentlich *unbedingt*, wie die Körper uns unbedingt erscheinen, insgleichen der Staat, die Seele, das Gemeinwesen. Wir mögen uns noch so sehr das *Gewordensein* von dem allen vorhalten: es wirkt auf uns als Ungewordenes, Unvergängliches und legt *absolute* Pflichten auf. »Der Nächste« ebenfalls, wie weise wir auch über ihn sind. *Der Trieb zum Unbedingtnehmen ist sehr mächtig angezüchtet*.

(147)

Die *Abhängigkeit* der niederen Naturen von den erfinderischen ist *unsäglich* groß; – einmal darzustellen, *wie sehr* alles Nachahmung und Einspielen der *angegebenen Wertschätzungen* ist, die von großen Einzelnen ausgehen.

(148)

Das Individuum ist etwas ganz *Neues* und *Neuschaffendes*, etwas Absolutes, alle Handlungen ganz *sein* eigen.

Die Werte für seine Handlungen entnimmt der Einzelne zuletzt doch sich selber: weil er auch die überlieferten Worte sich *ganz individuell deuten* muß. Die *Auslegung* der Formel ist mindestens persönlich, wenn er auch keine Formel schafft: als *Ausleger ist er immer noch schaffend*.

(149)

Wir sehen auch hier, daß der einzelne hervorragende moralische Mensch einen Zauber der Nachahmung ausübt. Diesen Zauber soll der Philosoph verbreiten. Was für die höchsten Exemplare Gesetz ist, muß allmählich überhaupt als Gesetz gelten: wenn auch nur als *Schranke* der anderen.

(150)

A. *Die Wege zur Macht*: Die neue Tugend unter dem Namen einer *alten* einführen, – für sie das »Interesse« aufregen (»Glück« als ihre Folge und umgekehrt), – die Kunst der Verleumdung gegen ihre Widerstände, – die Vorteile und Zufälle ausnützen zu ihrer Verherrlichung, – ihre Anhänger durch Opfer, Separation zu ihren Fanatikern machen; – *die große Symbolik*.

B. *Die erreichte* Macht: 1. Zwangsmittel der Tugend; 2. Verführungsmittel der Tugend; 3. die Etikette (der Hofstaat) der Tugend.

(151)

Sie wollen alle die Last nicht tragen des Unbefohlenen; aber das Schwerste leisten sie, wenn du ihnen befiehlst.

(152)

Was ist denn diese ungeheure Macht, welche dermaßen seit zwei Jahrtausenden die Philosophen narrt und die Vernunft der Vernünftigen zu Falle bringt? Jener Instinkt, jener Glaube, wie ihn das Christentum verlangt: das ist der Herdeninstinkt selber, der Herdenglaube des Tieres »Mensch«, das Herdenverlangen nach der vollkommnen Unterwerfung unter eine Autorität – (dasselbe, was aus dem deutschen Herdeninstinkt heraus *Kant* den »kategorischen Imperativ« genannt hat). In der Tat ist es die größte Erleichterung und Wohltat für gefährdete, schwankende, zarte, schwache Herdentiere, einen absolut *Befehlenden*, einen Leithammel zu bekommen: es ist ihre erste Lebensbedingung. Die Brahmanen verstanden sich auf diese Erleichterung, die Jesuiten ebenfalls; fast in allen Klöstern ist der Grundhang dieser: endlich einmal die ewige Agitation, welche das Selbst-sich-Befehlen mit sich bringt, loszuwerden. Dieser Instinkt zum Glauben ist auch der eigentlich weibliche Instinkt; und wenn die Weiber einen unerbittlichen Lehrer finden, der von ihnen Gehorsam und Niederwerfung will, oder auch nur einen Künstler, der das Weib in der Attitüde seiner »Vollkommenheit«, als anbetendes, hingebendes, hingegebenes Geschöpf, als Opfer zeigt, wie zum Beispiel Richard Wagner, da sind sie vor Glück »außer sich«: nämlich in ihren letzten Instinkten vor sich selber bestätigt und befriedigt. –

(153)

An der Spitze der Staaten soll *der höhere Mensch* stehn: alle andern Formen sind Versuche, einen Ersatz *seiner* sich selber beweisenden Autorität zu geben. (Das alte Gesetz bekommt erst seine Heiligkeit, wenn es an gesetzgeberischen Kräften *fehlt*.)

(154)

Unsere Gesetze sind Versuche, aus Papier den weisen Mann zu machen, der allen Umständen gewachsen ist und dessen Gerechtigkeit so groß ist wie seine Unerschrockenheit; – ach, wo ist das Ehrfurcht erweckende Gesicht des Gesetzgebers hin, welcher mehr bedeuten muß als das Gesetz, nämlich den Wunsch, es *aus Liebe und Ehrfurcht heiligzuhalten*?

(155)

Sie klammern sich an Gesetze an und möchten Gesetze »festes Land« heißen, denn sie sind der Gefahren müde; aber im Grunde suchen sie einen großen Menschen, einen Steuermann, vor dem sich die Gesetze selber auswischen.

(156)

Ich mußte Zarathustra, einem *Perser*, die Ehre geben: Perser haben zuerst Geschichte im ganzen, großen *gedacht*. Eine Abfolge von Entwicklungen, jeder präsidiert ein Prophet. Jeder Prophet hat seinen *Hazar*, sein Reich von tausend Jahren.

(157)

»Was für mich *gut* ist, ist an sich gut« ist nur das Urteil des Mächtigen, der *gewohnt* ist, *Wert zu geben*.

(158)

»*Zu-Gericht-sitzen*.« – Von allen Urteilen ist das Urteil über den *Wert von Menschen* das beliebteste und geübteste, – das Reich der größten Dummheiten. Hier einmal *Halt* zu gebieten, bis es als eine Schmutzigkeit, wie das Entblößen der Schamteile, gilt – meine Aufgabe. Um so mehr als es die Zeit des suffrage universel ist. Man soll sich *geloben*, hier lange zu zweifeln und sich zu mißtrauen, *nicht* »an der Güte des Menschen«, sondern an *seiner* Berechtigung, zu sagen: »*Dies* ist Güte!«

(159)

Das Problem der *Gerechtigkeit*. Das Erste und Mächtigste ist nämlich gerade der Wille und die Kraft zur Übermacht. Erst der Herrschende stellt nachher »Gerechtigkeit« fest, d. h. er mißt die Dinge nach seinem Maße; wenn er *sehr mächtig* ist, kann er sehr weit gehn im *Gewährenlassen* und Anerkennen des *versuchenden* Individuums.

Das Problem des *guten* Menschen. Der Herdenmensch, der die Eigenschaften, welche sozial machen, vorzieht und lobt. Die entgegengesetzten Eigenschaften werden von herrschenden Menschen geschätzt, nämlich an ihrem eigenen Wesen: Härte, kaltes Blut, kalter Blick, kein Entgegenkommen, Tatsachenblick, Blick für große Fernen und nicht für das Nächste und den Nächsten usw.

(160)

Diese guten, friedfertigen, fröhlichen Menschen haben keine Vorstellung von der Schwere derer, welche *von neuem* die Dinge wägen wollen und zur Waage heranwälzen müssen.

(161)

Der Begriff »starker und schwacher Mensch« reduziert sich darauf, daß im ersten Fall viel Kraft vererbt ist – er ist eine Summe: im andern *noch wenig* – (– *unzureichende* Vererbung, Zersplitterung des Ererbten). Die Schwäche kann ein *Anfangs*-Phänomen sein: »*noch wenig*«; oder ein *End*-Phänomen: »nicht *mehr*«.

Der Ansatzpunkt ist der, *wo große Kraft ist*, wo Kraft *auszugeben* ist. Die Masse, als die Summe der *Schwachen*, reagiert *langsam*; wehrt sich gegen vieles, für das sie zu schwach ist, – von dem sie keinen Nutzen haben kann; schafft *nicht*, geht *nicht* voran.

Dies gegen die Theorie, welche das starke Individuum leugnet und meint: »Die Masse tut's.« Es ist die Differenz wie zwischen getrennten Geschlechtern: es können vier, fünf Generationen zwischen dem Tätigen und der Masse liegen – eine *chronologische* Differenz.

Die *Werte der Schwachen* sind obenan, weil die Starken sie übernommen haben, um damit zu *leiten*.

(162)

Ich rede nicht zu den Schwachen: diese wollen gehorchen und stürzen überall auf die Sklaverei los. Wir fühlen uns angesichts der unerbittlichen Natur immer noch selber als unerbittliche Natur! – Aber ich habe die Kraft gefunden, wo man sie nicht sucht, in einfachen, milden und gefälligen Menschen ohne den geringsten Hang zum Herrschen – und umgekehrt ist mir der Hang zum Herrschen oft als ein inneres Merkmal von Schwäche erschienen: sie fürchten ihre Sklavenseele und werfen ihr einen Königsmantel um (sie werden zuletzt doch die Sklaven ihrer Anhänger, ihres Rufs usw.). Die mächtigen Naturen *herrschen*, es ist eine Notwendigkeit, sie werden keinen Finger rühren. Und wenn sie bei Lebzeiten in einem Gartenhaus sich vergraben!

(163)

Die Deutschen meinen, daß die *Kraft* sich in Härte und Grausamkeit offenbaren müsse, sie unterwerfen sich dann gerne und mit Bewunderung: sie sind ihre mitleidige Schwäche, ihre Empfindlichkeit für alle Nichtse auf einmal los und genießen andächtig den *Schrecken*. Daß es *Kraft* gibt in der Milde und Stille, das glauben sie nicht leicht. Sie vermissen an Goethe Kraft und meinen, Beethoven habe mehr: und darin irren sie!!

(164)

Der Konflikt des Herrschenden ist *die Liebe zu den Fernen in ihrem Kampf mit der Liebe zu den Nächsten*.

Schöpfer sein und *Güte* sind nicht Gegensätze, sondern *ein und dasselbe*, aber mit *fernen oder nahen* Perspektiven.

4. Kapitel
Zucht und Züchtung

1. Der große Erzieher

(165)

Wo etwas Großes erscheint, mit etwas längerer Dauer, da können wir vorher eine sorgfältige Züchtung wahrnehmen, z. B. bei den Griechen. Wie erlangten so viele Menschen bei ihnen Freiheit?

Erzieher erziehn! Aber die ersten müssen sich selbst erziehn! Und für diese schreibe ich.

(166)

Mir die ganze *Immoralität* des Künstlers in Hinsicht auf meinen Stoff (Menschheit) zu erobern: das war die Arbeit meiner letzten Jahre, – die *geistige Freiheit* und *Freudigkeit* mir zu erobern, um schaffen zu können und nicht durch fremde Ideale tyrannisiert zu werden. Im Grunde kommt wenig darauf an, *wovon* ich mich loszumachen hatte: meine Lieblings*form* der Losmachung aber war die künstlerische: d. h., ich entwarf ein *Bild* dessen, was mich bisher gefesselt hatte: *so Schopenhauer, Wagner, die Griechen,* Genie, der Heilige, die Metaphysik, alle bisherigen Ideale, die höchste Moralität – zugleich ein *Tribut der Dankbarkeit.*

(167)

Der menschliche Horizont. – Man kann die Philosophen auffassen als solche, welche die äußerste Anstrengung machen, zu *erproben*, wie weit sich der Mensch *erheben* könne, – besonders *Plato*: wie *weit* seine Kraft reicht. Aber sie tun es als Individuen; vielleicht war der Instinkt der Cäsaren, der Staatengründer usw. größer, welche daran denken, wie weit der Mensch getrieben werden könne in der *Entwicklung* und unter »günstigen Umständen«. Aber sie begriffen nicht genug, was günstige Umstände sind. Große Frage: wo bisher die Pflanze »Mensch« am prachtvollsten gewachsen ist. Dazu ist das vergleichende Studium der Historie nötig.

(168)

Objektiv, hart, fest, streng bleiben im Durchsetzen eines Gedankens – das bringen die Künstler noch am besten zustande: wenn einer aber Menschen dazu nötig hat (wie Lehrer, Staatsmänner usw.), da geht die Ruhe und Kälte und Härte schnell davon. Man kann bei Naturen wie Cäsar und Napoleon etwas ahnen von einem

»interesselosen« Arbeiten an ihrem Marmor, mag dabei von Menschen geopfert werden, was nur möglich. Auf dieser Bahn liegt die Zukunft der höchsten Menschen: die *größte Verantwortlichkeit* tragen und *nicht* daran *zerbrechen*. – Bisher waren fast immer Inspirationstäuschungen nötig, um selbst *den Glauben an sein Recht und seine Hand* nicht zu verlieren.

(169)

Grundsatz: Das, was im Kampf mit den Tieren dem Menschen seinen Sieg errang, hat zugleich die schwierige und gefährliche krankhafte Entwicklung des Menschen mit sich gebracht. Er ist das *noch nicht festgestellte Tier*.

(170)

Auch das *Rückwärtsgehn* und *Verfallen*, beim Einzelnen und bei der Menschheit, muß seine *Ideale* erzeugen: und immer wird man glauben, *fortzuschreiten*! Das Ideal »*Affe*« könnte irgendwann einmal vor der Menschheit stehen – als Ziel.

(171)

Ich erlaube nur den Menschen, die wohlgeraten sind, über das Leben zu philosophieren.

(172)

Die neuen Lehrer als *Vorstufe* der höchsten Bildner (ihren Typus aufdrückend).

(173)

Wie verhält sich der philosophische Genius zur Kunst? Aus dem direkten Verhalten ist wenig zu lernen. Wir müssen fragen: Was ist an seiner Philosophie Kunst? Kunstwerk? Was *bleibt*, wenn sein System als Wissenschaft vernichtet ist? Gerade dieses Bleibende aber muß es sein, was den Wissenstrieb *bändigt*, also das Künstlerische daran. Warum ist eine solche Bändigung nötig? Denn wissenschaftlich betrachtet ist es eine Illusion, eine Unwahrheit, die den Trieb nach Erkenntnis täuscht und nur vorläufig befriedigt. Der Wert der Philosophie in dieser Befriedigung liegt nicht in der Erkenntnissphäre, sondern in der *Lebens*sphäre: der *Wille zum Dasein* benutzt die Philosophie zum Zwecke einer höheren Daseinsform.

(174)

Die Schöpfung einer Religion würde darin liegen, daß einer für sein in das Vakuum hineingestelltes mythisches Gebäude *Glauben erweckt*, d. h. daß er einem außerordentlichen Bedürfnisse entspricht. Es ist unwahrscheinlich, daß das je wieder geschieht seit der Kritik der reinen Vernunft. Dagegen kann ich mir eine ganz neue Art des *Philosophen-Künstlers* imaginieren ...

(175)

Es gibt keine aparte Philosophie, getrennt von der Wissenschaft: dort wie hier wird gleich gedacht. Daß ein *unbeweisbares* Philosophieren noch einen Wert hat, mehr als meistens ein wissenschaftlicher Satz, hat seinen Grund in dem ästhetischen *Werte* eines solchen Philosophierens, d.h. durch Schönheit und Erhabenheit. Es ist als *Kunstwerk* noch vorhanden, wenn es sich als wissenschaftlicher Bau nicht erweisen kann. Ist das aber bei wissenschaftlichen Dingen nicht ebenso? – Mit anderen Worten: Es entscheidet nicht der reine *Erkenntnistrieb*, sondern der *ästhetische*: die wenig erwiesene Philosophie des Heraklit hat einen größeren Kunstwert als alle Sätze des Aristoteles.

Der Erkenntnistrieb wird also gebändigt durch die Phantasie in der Kultur eines Volkes. Dabei ist der Philosoph vom höchsten *Wahrheitspathos* erfüllt: der *Wert* seiner Erkenntnis verbürgt ihm ihre *Wahrheit*. Alle *Fruchtbarkeit* und alle treibende Kraft liegt in diesen *vorausgeworfnen* Blicken.

(176)

Die Schönheit und die Großartigkeit einer Weltkonstruktion (alias Philosophie) entscheidet jetzt über ihren Wert – d.h. sie wird als *Kunst* beurteilt.

(177)

Die Naturbeschreibung des Philosophen. – Er erkennt, indem er dichtet, und dichtet, indem er erkennt.

Er wächst nicht, ich meine, die Philosophie nimmt nicht den Verlauf wie die andern Wissenschaften: wenn auch irgendwelche Gebiete des Philosophen allmählich in die Hände der Wissenschaft übergehen. Heraklit kann nie veralten. Es ist die Dichtung außer den Grenzen der Erfahrung, Fortsetzung des *mythischen Triebes*; auch wesentlich in Bildern. Die mathematische Darstellung gehört nicht zum Wesen der Philosophie.

Überwindung des Wissens durch *mythenbildende* Kräfte. *Kant* merkwürdig – Wissen und Glauben! Innerste *Verwandt*schaft der *Philosophen* und der *Religionsstifter*.

(178)

Wir leben allerdings durch die Oberflächlichkeit unseres Intellekts in einer fortwährenden Illusion: d.h. wir brauchen, um zu leben, in jedem Augenblick die Kunst. Unser Auge hält uns an den *Formen* fest. Wenn wir es aber selbst sind, die allmählich uns dies Auge anerzogen haben, so sehen wir in uns selbst eine *Kunstkraft* walten. Wir sehen also in der Natur selbst Mechanismen gegen das absolute *Wissen*: der Philosoph *erkennt* die Sprache der Natur und sagt: »Wir brauchen die Kunst«, und: »Wir bedürfen nur eines Teils des Wissens.«

(179)

So kommen wir, auf ungeheurem Umweg, wieder auf das *natürliche* Verhalten (bei den Griechen) zurück. Es hat sich unmöglich erwiesen, eine Kultur auf das Wissen zu bauen.

(180)

Den Unterschied in der Wirkung der Philosophie und der Wissenschaft klarzumachen: und ebenso den Unterschied in der Entstehung.

Es handelt sich nicht um eine Vernichtung der Wissenschaft, sondern um eine *Beherrschung*. Sie hängt nämlich in allen ihren Zielen und Methoden durch und durch ab von philosophischen Ansichten, vergißt dies aber leicht. *Die beherrschende Philosophie hat aber auch das Problem zu bedenken, bis zu welchem Grade die Wissenschaft wachsen darf: sie hat den Wert zu bestimmen!*

(181)

Wissenschaft – Umwandlung der Natur in Begriffe zum Zweck der Beherrschung der Natur – das gehört in die Rubrik »*Mittel*«.

Aber der *Zweck* und *Wille* des Menschen muß ebenso *wachsen*, die Absicht in Hinsicht auf das Ganze.

(182)

Jeder Philosoph soll insoweit die Tugend des Erziehers haben, daß er, bevor er zu überzeugen unternimmt, erst verstehen muß zu überreden. Ja, der Verführer hat vor allem Beweisen zu untergraben und zu erschüttern, vor allem Befehlen und Vorangehn erst zu versuchen, inwieweit er versteht, auch zu verführen.

(183)

Vielleicht lassen sich alle moralischen Triebe auf das *Haben*-wollen und *Halten*-wollen zurückführen. Der Begriff des Habens verfeinert sich immer, wir begreifen immer mehr, wie schwierig es ist, zu haben, und wie sich das scheinbare Besitztum immer noch uns zu *entziehn* weiß – so treiben wir das Haben ins Feinere: bis zuletzt das völlige *Erkennen* des Dinges die Voraussetzung ist, um es zu erstreben: oft genügt uns das völlige Erkennen schon als Besitz, es hat keinen Schlupfwinkel mehr vor uns und kann uns nicht mehr entlaufen. Insofern wäre Erkenntnis die letzte Stufe der Moralität. Frühere sind z. B.: ein Ding sich zurecht phantasieren und nun zu glauben, daß man es ganz besitze, wie der Liebende mit der Geliebten, der Vater mit dem Kinde: welcher Genuß nun am Besitz! – aber uns genügt da der Schein. Wir denken uns die Dinge, *die wir erreichen können*, so daß ihr Besitz uns höchst wertvoll erscheint: wir machen den Feind, über den wir zu siegen *hoffen*, für unseren Stolz zurecht: und ebenso das geliebte Weib und Kind. Wir haben zuerst eine ungefähre Berechnung, was wir alles überhaupt *erbeuten können*, – und nun ist unsere Phantasie tätig, diese zukünftigen Besitztümer uns äußerst *wertvoll* zu machen (auch Ämter, Ehren, Verkehr usw.). *Wir suchen die Philosophie, die zu unserem Besitze paßt*, d. h., ihn vergoldet. Die großen Reformatoren, wie Muhammed, verstehen dies, den Gewohnheiten und dem Besitz der Menschen einen neuen Glanz zu geben, – nicht »etwas anderes« sie erstreben zu heißen, sondern das, was sie *haben wollen und können*, als etwas Höheres zu sehen (mehr Vernunft und Weisheit und Glück darin zu »entdecken«, als sie bis jetzt darin fanden). – Sich selber *haben* wollen: Selbstbeherrschung usw.

(184)

Die Verwandlung des Menschen braucht erst Jahrtausende für die Bildung des Typus, dann Generationen: endlich läuft *ein* Mensch während seines Lebens durch *mehrere* Individuen.

Warum sollen wir nicht am Menschen zustande bringen, was die Chinesen am Baume zu machen verstehen – daß er auf der einen Seite Rosen, auf der anderen Birnen trägt?

Jene Naturprozesse der *Züchtung des Menschen* z. B., welche bis jetzt grenzenlos langsam und ungeschickt geübt wurden, könnten von den Menschen in die Hand genommen werden: und die alte Tölpelhaftigkeit der Rassen, Rassenkämpfe, Nationalfieber und Personeneifersuchten könnte, mindestens in Experimenten, auf kleine Zeiten zusammengedrängt werden. – Es könnten *ganze Teile der Erde* sich *dem bewußten Experimentieren weihen*!

(185)

Das, was wir an einem Menschen erkennen, das entzünden wir an ihm auch; und wer nur die niedrigen Eigenschaften eines Menschen erkennt, hat auch eine anreizende Kraft für dieselben und bringt sie zur Entladung. Die Affekte deiner Nächsten gegen dich sind die Kritik deiner Erkenntnisse, nach Höhe und Niedrigkeit.

(186)

Die Entartenden zu benutzen. – Das soll das Recht der *Strafe* sein, daß der Frevler *benutzt* werden darf, als Experimentalobjekt (zu neuer Ernährung): dies ist die *Weihe* der Strafe, daß hier zum höchsten Nutzen der Kommenden einer *verbraucht* wird.

(187)

Glück und Selbstzufriedenheit des Lazzaroni oder »Seligkeit« bei

»schönen Seelen« oder schwindsüchtige Liebe bei herrnhuterischen Pietisten beweisen nichts in bezug auf die *Rangordnung* der Menschen. Man müßte, als großer Erzieher, eine Rasse solcher »seligen Menschen« unerbittlich in das Unglück hineinpeitschen. Die Gefahr der Verkleinerung, des Ausruhens ist sofort da: – *gegen* das spinozistische oder epikureische Glück und gegen alles Ausruhen in kontemplativen Zuständen. Wenn aber die Tugend das Mittel zu einem solchen Glück ist, nun, *so muß man auch Herr über die Tugend werden*.

(188)

Die Vorwegnehmenden. – Ich zweifle, ob jener *Dauermensch*, welchen die Zweckmäßigkeit der Gattungsauswahl endlich produziert, viel höher als der *Chinese* stehen wird. Unter den Würfen sind viele *unnütze* und in Hinsicht auf jedes Gattungsziel vergängliche und *wirkungslose* – aber *höhere*: darauf laßt uns achten! Emanzipieren wir uns von der *Moral* der Gattungszweckmäßigkeit! – Offenbar ist das Ziel, den Menschen ebenso gleichmäßig und fest zu machen, wie es schon in betreff der *meisten Tiergattungen* geschehen ist: sie sind den Verhältnissen der Erde usw. *angepaßt* und verändern sich nicht wesentlich. Der Mensch verändert sich noch – ist im Werden.

(189)

Zeitweiliges Überwiegen der sozialen Wertgefühle begreiflich und nützlich; es handelt sich um die Herstellung eines *Unterbaus*, auf dem endlich eine *stärkere* Gattung möglich wird. – Maßstab der Stärke: unter den *umgekehrten* Wertschätzungen leben können und sie ewig wieder wollen. Staat und Gesellschaft als Unterbau: weltwirtschaftlicher Gesichtspunkt, Erziehung als *Züchtung*.

(190)

Haß auf das demokratische Nivellierungssystem ist nur *im Vordergrund*: eigentlich ist er sehr froh, daß *dies so weit ist*. Nun kann er seine Aufgabe lösen. –

(191)

Der Haß gegen die Mittelmäßigkeit ist eines Philosophen unwürdig: es ist fast ein Fragezeichen an seinem »*Recht* auf Philosophie«. Gerade deshalb, weil er die Ausnahme ist, hat er die Regel in Schutz zu nehmen, hat er allem Mittleren den guten Mut zu sich selber zu erhalten.

(192)

Wie dürfte man den Mittelmäßigen ihre Mittelmäßigkeit verleiden! Ich tue, man sieht es, das Gegenteil: jeder Schritt weg von ihr führt – so lehre ich – ins *Unmoralische*.

(193)

Wer bisher mit dem Menschen im großen Stile zu tun hatte, taxierte ihn nach den Grundeigenschaften: es hat keinen Sinn, die zarteren Nuancen zu berücksichtigen. So tat es Napoleon. Er machte sich nichts aus den *christlichen Tugenden*, nahm sie als *gar nicht vorhanden* (– er hatte ein Recht dazu).

(194)

Eine organisierende Gewalt ersten Ranges, z. B. Napoleon, muß im *Verhältnis* zu der *Art* sein, welche organisiert werden soll (d. h. es kommt wenig darauf an, ob er »noble« Gefühle hat: genug, daß er das, was an den vielen *das Stärkste* und *Bestimmendste* ist, ganz und voll *schätzt*).

(195)

Die Gefahr des Menschen steckt darin, wo seine Stärke ist: er ist unglaublich geschickt darin, sich zu erhalten, selbst in den unglücklichsten Lagen (dazu gehören selbst die Religionen der Armen, Unglücklichen usw.). *So erhält sich das Mißratene viel länger und verschlechtert die Rasse*: weshalb der Mensch, im Vergleich zu den Tieren, das krankhafteste Tier ist. Im großen Gange der Geschichte *muß* aber das Grundgesetz durchbrechen und der Beste zum Siege kommen: vorausgesetzt, daß der Mensch mit dem allergrößten Willen die *Herrschaft des Besten durchzusetzen* sucht.

(196)

Die Vermehrung der Kraft, trotz des zeitweiligen Niedergehens des Individuums:

ein *neues Niveau* begründen;

eine Methodik der Sammlung von Kräften, zur Erhaltung kleiner Leistungen, im Gegensatz zu unökonomischer Verschwendung;

die zerstörende Natur einstweilen unterjocht zum *Werkzeug* dieser Zukunftsökonomik;

die Erhaltung der Schwachen, weil eine ungeheure Masse *kleiner* Arbeit getan werden muß;

die Erhaltung einer Gesinnung, bei der Schwachen und Leidenden die Existenz noch *möglich* ist;

die *Solidarität* als Instinkt zu pflanzen gegen den Instinkt der Furcht und der Servilität;

der Kampf mit dem Zufall, auch mit dem Zufall des »großen Menschen«.

(197)

Die Starken der Zukunft. – Was teils die Not, teils der Zufall hier und da erreicht hat, die Bedingungen zur Hervorbringung einer *stärkeren* Art: das können wir jetzt begreifen und wissentlich *wollen*: wir können die Bedingungen schaffen, unter denen eine solche Erhöhung möglich ist.

Bis jetzt hatte die »Erziehung« den Nutzen der Gesellschaft im Auge: *nicht* den möglichsten Nutzen der Zukunft, sondern den Nutzen der gerade bestehenden Gesellschaft. »Werkzeuge« für sie wollte man. Gesetzt, *der Reichtum an Kraft wäre größer*, so ließe sich ein *Abzug von Kräften* denken, dessen Ziel *nicht* dem Nutzen der Gesellschaft gälte, sondern einem zukünftigen Nutzen.

Eine solche Aufgabe wäre zu stellen, je mehr man begriffe, inwiefern die gegenwärtige Form der Gesellschaft in einer starken Verwandlung wäre, um irgendwann einmal *nicht mehr um ihrer selber willen existieren zu können*: sondern nur noch als *Mittel* in den Händen einer stärkeren Rasse.

Die zunehmende Verkleinerung des Menschen ist gerade die treibende Kraft, um an die Züchtung einer *stärkeren Rasse* zu denken: welche gerade ihren Überschuß darin hätte, worin die verkleinerte Spezies schwach und schwächer würde (Wille, Verantwortlichkeit, Selbstgewißheit, Ziele-sich-setzen-können).

Die *Mittel* wären die, welche die Geschichte lehrt: die *Isolation* durch umgekehrte Erhaltungsinteressen, als die durchschnittlichen heute sind; die Einübung in umgekehrten Wertschätzungen; die Distanz als Pathos; das freie Gewissen im heute Unterschätztesten und Verbotensten.

Die *Ausgleichung* des europäischen Menschen ist der große Prozeß, der nicht zu hemmen ist: man sollte ihn noch beschleunigen. Die Notwendigkeit für eine *Kluftaufreißung*, *Distanz*, *Rangordnung* ist damit gegeben: *nicht* die Notwendigkeit, jenen Prozeß zu verlangsamen.

Diese *ausgeglichene* Spezies bedarf, sobald sie erreicht ist, einer *Rechtfertigung*: sie liegt im Dienste einer höheren, souveränen Art, welche auf ihr steht und erst auf ihr sich zu ihrer Aufgabe erheben kann. Nicht nur eine Herrenrasse, deren Aufgabe sich damit erschöpfte, zu regieren: sondern eine Rasse mit *eigener Lebenssphäre*, mit einem Überschuß von Kraft für Schönheit, Tapferkeit, Kultur, Manier bis ins Geistigste; eine *bejahende* Rasse, welche sich jeden großen Luxus gönnen darf –, stark genug, um die Tyrannei des Tugendimperativs nicht nötig zu haben, reich genug, um die Sparsamkeit und Pedanterie nicht nötig zu haben, jenseits von Gut und Böse; ein Treibhaus für sonderbare und ausgesuchte Pflanzen.

(198)

Meine Forderung: Wesen hervorzubringen, welche über der ganzen Gattung »Mensch« erhaben dastehn: und diesem Ziele sich und »die Nächsten« zu opfern.

Die bisherige Moral hatte ihre Grenze innerhalb der Gattung: alle bisherigen Moralen waren nützlich, um der Gattung *zuerst* unbedingte Haltbarkeit zu geben: *wenn* diese erreicht ist, kann das Ziel höher genommen werden.

Die *eine* Bewegung ist unbedingt die Nivellierung der Menschheit, große Ameisenbauten usw.

Die *andere* Bewegung, meine Bewegung, ist umgekehrt die Verschärfung aller Gegensätze und Klüfte, Beseitigung der Gleichheit, das Schaffen Übermächtiger.

Jene erzeugt den letzten Menschen, *meine* Bewegung den Übermenschen. Es ist *durchaus nicht* das Ziel, die letzteren als die Herren der ersteren aufzufassen, sondern es sollen zwei Arten nebeneinander bestehn, – möglichst getrennt; die eine wie die *epikurischen Götter sich um die andre nicht kümmernd.*

(199)

Das neue Problem: ob nicht *ein Teil der Menschen* auf Kosten des anderen zu einer höheren Rasse zu erziehen ist. Züchtung – – – –

(200)

Könnten wir die günstigsten Bedingungen *voraussehen*, unter denen Wesen entstehen von höchstem Werte! Es ist tausendmal zu kompliziert, und die Wahrscheinlichkeit des Mißratens *sehr groß*: *so* begeistert es nicht, danach zu streben! – Skepsis. – Dagegen: Mut, Einsicht, Härte, Unabhängigkeit, Gefühl der Verantwortlichkeit können wir steigern, die Feinheit der Waage verfeinern und erwarten, daß günstige Zufälle zu Hilfe kommen. –

(201)

Grundsatz: wie die Natur sein: zahllose Wesen zum Opfer bringen *können*, um etwas mit der Menschheit zu erreichen. Man muß studieren, *wie* tatsächlich irgendein großer Mensch zustande gebracht worden ist. *Alle* bisherige Ethik ist grenzenlos beschränkt und lokal; blind und verlogen gegen die wirklichen Gesetze außerdem noch. Sie war da, nicht zur Erklärung, sondern zur *Verhinderung* gewisser Handlungen: geschweige denn zur *Erzeugung*.

(202)

Die Institutionen als *Nachwirkungen* großer Einzelner und als Mittel, die großen Einzelnen *einzusenken* und *einzuwurzeln* – bis endlich Früchte entstehen.

(203)

Man muß von den Kriegen her lernen: 1. den Tod in die Nähe der Interessen zu bringen, für die man kämpft – das macht *uns* ehrwürdig; 2. man muß lernen, *viele* zum Opfer bringen und seine Sache wichtig genug nehmen, um die Menschen nicht zu schonen; 3. die starre Disziplin, und im Krieg Gewalt und List sich zugestehn.

(204)

Nicht die Menschen »besser« machen, *nicht* zu ihnen auf irgendeine Art Moral reden, als ob »Moralität an sich«, oder eine ideale Art Mensch überhaupt, gegeben sei: sondern *Zustände schaffen*, unter denen *stärkere Menschen nötig sind*, welche ihrerseits eine Moral (deutlicher: eine *leiblich-geistige Disziplin*), *welche stark macht*, brauchen und folglich *haben* werden!

Sich nicht durch blaue Augen oder geschwellte Busen verführen lassen: *die Größe der Seele hat nichts Romantisches an sich*. Und leider *gar nichts Liebenswürdiges*!

(205)

– Ob sich denn die *höhere Art* nicht besser und schneller erreichen lasse als durch das furchtbare Spiel von Völkerkriegen und Revolutionen? – ob nicht mit Ernährung, Züchtung, Ausscheidung bestimmter Versuchsgruppen?

(206)

Praktische Konsequenz: Umänderung der Charaktere; Züchtung an Stelle des Moralisierens.

Mit direkter Einwirkung auf den Organismus zu arbeiten, – statt mit der indirekten der ethischen Zucht! Eine andere Leiblichkeit *schafft* sich dann schon eine *andere* Seele und Sitte. Also *Umdrehen*!

(207)

Bei aller Moral handelt es sich darum, *höhere Zustände des Leibes zu erfinden*, oder zu *suchen*, wie bisher *getrennte* Fähigkeiten zusammen möglich sind.

(208)

Die *ökonomische* Abschätzung der bisherigen Ideale, – d.h. Auswahl bestimmter Affekte und Zustände, auf Unkosten anderer ausgewählt und großgezüchtet. Der Gesetzgeber (oder der Instinkt der Gesellschaft) wählt eine Anzahl Zustände und Affekte aus, mit deren Tätigkeit eine reguläre Leistung verbürgt ist (ein Machinalismus von Leistungen nämlich als Folge von den regelmäßigen Bedürfnissen jener Affekte und Zustände).

Gesetzt, daß diese Zustände und Affekte Ingredienzen des

Peinlichen enthalten, so muß ein Mittel gefunden werden, dieses Peinliche durch eine Wertvorstellung zu überwinden, die Unlust als wertvoll, also in höherem Sinne lustvoll empfinden zu machen. In Formel gefaßt: »*Wie wird etwas Unangenehmes angenehm?*« Z. B. wenn in der Kraft, Macht, Selbstüberwindung unser Gehorsam, unsre Einordnung in das Gesetz, zu Ehren kommt. Insgleichen unser Gemeinsinn, Nächstensinn, Vaterlandssinn, unsre »Vermenschlichung«, unser »Altruismus«, »Heroismus«.

Daß man die unangenehmen Dinge gern tut – *Absicht der Ideale*.

(209)

Meine Philosophie – den Menschen aus dem *Schein* herauszuziehen auf *jede* Gefahr hin! Auch keine Furcht vor dem Zugrundegehen des Lebens!

(210)

Alles Furchtbare *in Dienst nehmen*, einzeln, schrittweise, versuchsweise: so will es die Aufgabe der Kultur; aber bis sie *stark genug* dazu ist, muß sie es bekämpfen, mäßigen, verschleiern, selbst verfluchen.

Überall, wo eine Kultur *das Böse ansetzt*, bringt sie damit ein *Furcht*verhältnis zum Ausdruck, also eine *Schwäche*.

These: Alles Gute ist ein dienstbar gemachtes Böses von ehedem. *Maßstab*: je furchtbarer und größer die Leidenschaften sind, die eine Zeit, ein Volk, ein Einzelner sich gestatten kann, weil er sie als *Mittel* zu brauchen vermag, *um so höher steht seine Kultur* –: je mittelmäßiger, schwächer, unterwürfiger und feiger ein Mensch ist, um so mehr wird er als *böse* ansetzen: bei ihm ist das Reich des Bösen am umfänglichsten. Der niedrigste Mensch wird das Reich des Bösen (d. h. des ihm Verbotenen und Feindlichen) überall sehen.

(211)

Ich messe danach, wie weit ein Mensch, ein Volk die furchtbarsten Triebe bei sich entfesseln und, statt an ihnen zugrunde zu gehn, sie vielmehr zu seinem Heile wenden kann: zur Fruchtbarkeit in Tat und Werk.

(212)

Je gefährlicher der Herde eine Eigenschaft erscheint, um so gründlicher muß sie in Acht getan werden. Dies ist ein Grundsatz innerhalb der Geschichte der Verleumdung. Vielleicht, daß die ganz furchtbaren Mächte heute noch in Fesseln gelassen werden müssen.

(213)

Wie die griechische Natur alle *furchtbaren* Eigenschaften zu benützen weiß:

die tigerartige Vernichtungswut (der Stämme usw.) im Wettkampf,

die unnatürlichen Triebe (in der Erziehung des Jünglings durch den Mann),

das asiatische Orgienwesen (im Dionysischen),

die feindselige Abgeschlossenheit des Individuums (Erga) im Apollinischen.

Die Verwendung des Schädlichen zum Nützlichen ist idealisiert in der Weltbetrachtung *Heraklits*.

(Schluß: Dithyrambus auf die *Kunst und den Künstler*: weil sie den Menschen erst herausschaffen und alle seine Triebe in die Kultur übertragen.)

(214)

Jene Menschen mit der Tugend der Unbeugsamkeit, Selbstüberwindung, Heroismus zeigen in ihrem gefühllosen, harten und grausam ausschweifenden Denken und Handeln an anderen, wo diese Tugend ihr Fundament hat. Sie handeln *gegen andere, wie sie gegen sich handeln,* – aber weil letzteres den Menschen nützlich und selten scheint, folglich verehrungswürdig ist, ersteres sehr peinlich ist, zerlegt man sie in gute und böse Hälften! Zuletzt ist diese gefühllose Härte wahrscheinlich im großen der Menschheit sehr nützlich gewesen, sie erhielt die Ansichten und Bestrebungen aufrecht und gab ganzen Völkern und Zeiten eben *jene* Tugenden der Unbeugsamkeit, Selbstüberwindung, Heroismus, machte sie groß und stark und herrschend.

(215)

Wer selber den Willen zum Leiden hat, steht anders zur Grausamkeit: er hält sie nicht an sich für schädlich und schlecht.

(216)

Was ich mit aller Kraft deutlich zu machen wünsche:

a) daß es keine schlimmere Verwechslung gibt, als wenn man *Züchtung* und *Zähmung* verwechselt: was man getan hat... Die Züchtung ist, wie ich sie verstehe, ein Mittel der ungeheuren Kraftaufspeicherung der Menschheit, so daß die Geschlechter auf der Arbeit ihrer Vorfahren fortbauen können – nicht nur äußerlich, sondern innerlich, organisch aus ihnen herauswachsend, ins *Stärkere*...

b) daß es eine außerordentliche Gefahr gibt, wenn man glaubt, daß die Menschheit als *Ganzes* fortwüchse und stärker würde,

wenn die Individuen schlaff, gleich, durchschnittlich werden...
Menschheit ist ein Abstraktum: das Ziel der *Züchtung* kann auch
im einzelnsten Falle immer nur der *stärkere* Mensch sein (– der
ungezüchtete ist schwach, vergeuderisch, unbeständig –).

(217)

Schopenhauer wünscht, daß man die *Schurken* kastriert und die
Gänse ins Kloster sperrt: von welchem Gesichtspunkte aus
könnte das wünschbar sein? Der Schurke hat das vor vielen
Menschen voraus, daß er nicht mittelmäßig ist, und der Dumme das vor *uns*, daß er nicht am Anblick der Mittelmäßigkeit
leidet.
    Wünschbarer wäre es, daß die Kluft größer würde, also die
Schurkerei und die Dummheit wüchse. Dergestalt *erweiterte* sich
die menschliche Natur... Aber zuletzt ist ebendas auch das Notwendige; es geschieht und wartet nicht darauf, ob wir es wünschen oder nicht. Die Dummheit, die Schurkerei wachsen: das
gehört zum »Fortschritt«.

(218)

Einsicht, welche den »freien Geistern« *fehlt*: dieselbe *Disziplin*,
welche eine starke Natur noch verstärkt und zu großen Unternehmungen befähigt, *zerbricht und verkümmert die mittelmäßigen*:
– der Zweifel, – la largeur de coeur, – das Experiment, – die
Independenz.

(219)

Der große Erzieher wie die Natur: er muß *Hindernisse* türmen,
damit sie *überwunden* werden.

(220)

Typus meiner Jünger. – Solchen Menschen, *welche mich etwas angehn*, wünsche ich Leiden, Verlassenheit, Krankheit, Mißhandlung, Entwürdigung, – ich wünsche, daß ihnen die tiefe Selbstverachtung, die Marter des Mißtrauens gegen sich, das Elend
des Überwundenen nicht unbekannt bleibt; ich habe kein Mitleid mit ihnen, weil ich ihnen das Einzige wünsche, was heute
beweisen kann, ob einer *Wert* hat oder nicht, – *daß er standhält*.

(221)

Die *hohen* Menschen: die Notwendigkeit des Mißverständnisses,
die allgemeine Zudringlichkeit der Menschen von heute, ihr
Glaube, über jeden großen Menschen *mitreden* zu dürfen. Ehrfurcht – –. Das dumme Gerede vom Genie usw. Das Gefühl der
unbedingten *Überlegenheit*, der Ekel vor der Prostration und
Sklaverei. *Was sich aus dem Menschen machen läßt*: das geht ihn an.
Die Weite seines Blicks –

(222)

Ich zeige auf etwas Neues hin: gewiß, für ein solches demokratisches Wesen gibt es die Gefahr des Barbaren, aber man sucht sie nur in der Tiefe. Es gibt auch eine *andere Art Barbaren*, die kommen aus der Höhe: eine Art von erobernden und herrschenden Naturen, welche nach einem Stoffe suchen, den sie gestalten können. Prometheus war ein solcher Barbar.

(223)

Wer ein Führer der Menschen werden will, muß ihnen eine gute Zeit als ihr gefährlichster Feind gelten wollen.

(224)

Nicht »das Glück folgt der Tugend«, – sondern der Mächtigere bestimmt *seinen glücklichen Zustand erst als Tugend*.

Die bösen Handlungen gehören zu den Mächtigen und Tugendhaften: die schlechten, niedrigen zu den Unterworfenen.

Der mächtigste Mensch, der Schaffende, müßte der böseste sein, insofern er sein Ideal an allen Menschen durchsetzt *gegen* alle ihre Ideale und sie zu seinem Bilde umschafft. Böse heißt hier: hart, schmerzhaft, aufgezwungen.

Solche Menschen wie Napoleon müssen immer wieder kommen und den Glauben an die Selbstherrlichkeit des Einzelnen befestigen: er selber aber war durch die Mittel, die er anwenden *mußte*, korrumpiert worden und hatte die *noblesse* des Charakters *verloren*. Unter einer andern Art Menschen sich durchsetzend, hätte er andere Mittel anwenden können; und so wäre es nicht notwendig, daß ein Cäsar *schlecht werden müßte*.

(225)

Die *Erziehung* zu jenen *Herrscher*tugenden, welche auch über sein Wohlwollen und Mitleiden Herr werden: die großen Züchtertugenden (»seinen Feinden vergeben« ist dagegen Spielerei), den *Affekt des Schaffenden* auf die *Höhe bringen* – nicht mehr Marmor behauen! – Die Ausnahme- und Machtstellung jener Wesen (verglichen mit der der bisherigen Fürsten): der römische Cäsar mit Christi Seele.

(226)

Der große Mensch fühlt seine *Macht* über ein Volk, sein zeitweiliges Zusammenfallen mit einem Volke oder einem Jahrtausende: – diese *Vergrößerung* im Gefühl von sich als *causa* und *voluntas* wird *mißverstanden* als »Altruismus« –: es drängt ihn nach *Mitteln* der Mitteilung: alle großen Menschen sind *erfinderisch* in solchen *Mitteln*. Sie wollen sich hineingestalten in große Gemeinden, sie wollen eine Form dem Vielartigen, Ungeordneten geben, es reizt sie, das Chaos zu sehn.

Mißverständnis der Liebe. Es gibt eine *sklavische* Liebe, welche sich unterwirft und weggibt: welche idealisiert und sich täuscht, – es gibt eine *göttliche* Liebe, welche verachtet und liebt und das Geliebte *umschafft, hinaufträgt*.

Jene ungeheure *Energie der Größe* zu gewinnen, um, durch Züchtung und andrerseits durch Vernichtung von Millionen Mißratener, den zukünftigen Menschen zu gestalten und *nicht zugrunde* zu gehn an dem Leid, das man *schafft* und dessengleichen noch nie da war! –

(227)

Gesetzt, man denkt sich einen Philosophen als großen Erzieher, mächtig genug, um von einsamer Höhe herab lange Ketten von Geschlechtern zu sich hinaufzuziehen: so muß man ihm auch die unheimlichen Vorrechte des großen Erziehers zugestehen. Ein Erzieher sagt nie, was er selber denkt: sondern immer nur, was er im Verhältnis zum Nutzen dessen, den er erzieht, über eine Sache denkt. In dieser Verstellung darf er nicht erraten werden; es gehört zu seiner Meisterschaft, daß man an seine Ehrlichkeit glaubt. Er muß aller Mittel der Zucht und Züchtigung fähig sein: manche Naturen bringt er nur durch Peitschenschläge des Hohnes vorwärts. Andere, Träge, Unschlüssige, Feige, Eitle, vielleicht mit übertreibendem Lobe. Ein solcher Erzieher ist jenseits von Gut und Böse; aber niemand darf es wissen.

(228)

Die notwendige *Verborgenheit* des Weisen: sein Bewußtsein, unbedingt *nicht* verstanden zu werden; sein Machiavellismus, seine Kälte gegen das Gegenwärtige.

(229)

Wir neuen Philosophen aber, wir beginnen nicht nur mit der Darstellung der tatsächlichen Rangordnung und Wertverschiedenheit der Menschen, sondern wir wollen auch gerade das Gegenteil einer Anähnlichung, einer Ausgleichung: wir lehren die Entfremdung in jedem Sinne, wir reißen Klüfte auf, wie es noch keine gegeben hat, wir wollen, daß der Mensch böser werde, als er je war. Einstweilen leben wir noch selber einander fremd und verborgen. Es wird uns aus vielen Gründen nötig sein, Einsiedler zu sein und selbst Masken vorzunehmen, – wir werden folglich schlecht zum Suchen von unsresgleichen taugen. Wir werden allein leben und wahrscheinlich die Martern aller sieben Einsamkeiten kennen. Laufen wir uns aber über den Weg, durch einen Zufall, so ist darauf zu wetten, daß wir uns verkennen oder wechselseitig betrügen.

2. Der züchtende Gedanke

(230)

Es bedarf einer Lehre, stark genug, um *züchtend* zu wirken: stärkend für die Starken, lähmend und zerbrechend für die Weltmüden.

Die Vernichtung der verfallenden Rassen. Verfall Europas. – Die Vernichtung der sklavenhaften Wertschätzungen. – Die Herrschaft über die Erde, als Mittel zur Erzeugung eines höheren Typus. – Die Vernichtung der Tartüfferie, welche »Moral« heißt (das Christentum als eine hysterische Art von Ehrlichkeit hierin: Augustin, Bunyan). – Die Vernichtung des suffrage universel: d. h. des Systems, vermöge dessen die niedrigsten Naturen sich als Gesetz den höheren vorschreiben. – Die Vernichtung der Mittelmäßigkeit und ihrer Geltung. (Die Einseitigen, Einzelne – Völker; Fülle der Natur zu erstreben durch Paarung von Gegensätzen: Rassenmischungen dazu.) – Der neue Mut – keine apriorischen Wahrheiten (*solche* suchten die an Glauben Gewöhnten!), sondern *freie* Unterordnung unter einen herrschenden Gedanken, der seine Zeit hat, z. B. Zeit als Eigenschaft des Raumes usw.

(231)

Anscheinend ist alles décadence. Man muß das Zugrundegehen so leiten, daß es den Stärksten eine neue Existenzform ermöglicht.

(232)

Beherrschung der Menschheit zum Zweck ihrer Überwindung. Überwindung durch Lehren, an denen sie zugrunde geht, ausgenommen die, welche sie aushalten.

(233)

Eine pessimistische Denkweise und Lehre, ein ekstatischer Nihilismus kann unter Umständen gerade dem Philosophen unentbehrlich sein: als ein mächtiger Druck und Hammer, mit dem er entartende und absterbende Rassen zerbricht und aus dem Wege schafft, um für eine neue Ordnung des Lebens Bahn zu machen oder um dem, was entartet und absterben will, das Verlangen zum Ende einzugeben.

(234)

Meine Philosophie bringt den siegreichen Gedanken, an welchem zuletzt jede andere Denkweise zugrunde geht. Es ist der große *züchtende* Gedanke: die Rassen, welche ihn nicht ertragen, sind verurteilt: die, welche ihn als größte Wohltat empfinden, sind zur Herrschaft ausersehen.

(235)

Das tragische Zeitalter für Europa: bedingt durch den Kampf gegen den Nihilismus.

»Der Hammer: eine Lehre, welche durch *Entfesselung* des todsüchtigsten Pessimismus eine *Auslese* des *Lebensfähigsten* bewirkt.«

(236)

Ich will den Gedanken lehren, welcher vielen das Recht gibt, sich durchzustreichen, – den großen *züchtenden* Gedanken.

(237)

Das »Wissen« um die Zukunft hat immer *züchtend* gewirkt, – so daß die Hoffendürfenden übrigblieben.

(238)

Die beiden größten (von Deutschen gefundenen) philosophischen Gesichtspunkte:
a) der des *Werdens*, der *Entwicklung*:
b) der nach dem *Werte des Daseins* (aber die erbärmliche Form des deutschen Pessimismus erst zu überwinden!) –
   beide von mir in *entscheidender* Weise zusammengebracht.

Alles wird und kehrt ewig wieder, – *entschlüpfen* ist nicht *möglich*! – Gesetzt, wir *könnten* den Wert beurteilen, was folgt daraus? Der Gedanke der Wiederkunft als *auswählendes* Prinzip, im Dienste der *Kraft* (und Barbarei!!).

Reife der Menschheit für *diesen* Gedanken.

(239)

Die ewige Wiederkunft. Eine Prophezeiung.
1. Darstellung der Lehre und ihrer *theoretischen* Voraussetzungen und Folgen.
2. Beweis der Lehre.
3. Mutmaßliche Folgen davon, daß sie *geglaubt* wird (sie bringt alles zum *Aufbrechen*).
   a) Mittel, sie zu ertragen;
   b) Mittel, sie zu beseitigen.
4. Ihr Platz in der Geschichte, als eine *Mitte*.
   Zeit der höchsten Gefahr.
Gründung einer Oligarchie *über* den Völkern und ihren Interessen: Erziehung zu einer allmenschlichen Politik.
Gegenstück des Jesuitismus.

(240)

1. Der Gedanke der ewigen Wiederkunft: seine Voraussetzungen, welche wahr sein müßten, wenn er wahr ist. Was aus ihm folgt.

2. Als der *schwerste* Gedanke: seine mutmaßliche Wirkung, falls nicht vorgebeugt wird, d. h. falls nicht alle Werte umgewertet werden.

3. Mittel, ihn zu *ertragen*: die Umwertung aller Werte. Nicht mehr die Lust an der Gewißheit, sondern an der Ungewißheit; nicht mehr »Ursache und Wirkung«, sondern das beständig Schöpferische; nicht mehr Wille der Erhaltung, sondern der Macht; nicht mehr die demütige Wendung: »Es ist alles *nur* subjektiv«, sondern: »Es ist auch *unser* Werk! – seien wir stolz darauf!«

(241)

Für diesen Gedanken wollen wir nicht dreißig Jahre Gloria mit Trommeln und Pfeifen und dreißig Jahre Totengräberarbeit und dann eine Ewigkeit der Totenstille, wie bei so vielen berühmten Gedanken.

Schlicht und fast trocken, der Gedanke muß nicht die Beredsamkeit nötig haben.

(242)

Hüten wir uns, eine solche Lehre wie eine plötzliche Religion zu lehren! Sie muß langsam einsickern, ganze Geschlechter müssen an ihr bauen und fruchtbar werden, – damit sie ein großer Baum werde, der alle noch kommende Menschheit überschatte. Was sind die paar Jahrtausende, in denen sich das Christentum erhalten hat! Für den mächtigsten Gedanken bedarf es vieler Jahrtausende, – *lange*, *lange* muß er klein und ohnmächtig sein!

(243)

Die zukünftige Geschichte: immer mehr wird *dieser* Gedanke siegen, – und die nicht daran Glaubenden müssen ihrer Natur nach endlich *aussterben*!

Nur wer sein Dasein für ewig wiederholungsfähig hält, bleibt *übrig*: unter *solchen* aber ist ein Zustand *möglich*, an den noch kein Utopist gereicht hat!

(244)

Wie geben wir dem inneren Leben Schwere, ohne es böse und fanatisch gegen Andersdenkende zu machen? Der religiöse Glaube nimmt ab, und der Mensch lernt sich als flüchtig begreifen und als unwesentlich, er wird endlich dabei schwach; er übt sich nicht so im Erstreben, Ertragen, er will den gegenwärtigen

Genuß, er macht sich's leicht, – und viel Geist verwendet er vielleicht dabei. –

(245)

Der mächtigste Gedanke verbraucht viel Kraft, die früher anderen Zielen zu Gebote stand, so wirkt er *umbildend*, er schafft neue Bewegungsgesetze der Kraft, aber keine neue Kraft. Darin beruht aber die Möglichkeit, die einzelnen Menschen in ihren Affekten neu zu bestimmen und zu ordnen.

(246)

Prüfen wir, wie der *Gedanke*, daß sich *etwas wiederholt*, bis jetzt gewirkt hat (das Jahr z. B., oder periodische Krankheiten, Wachen und Schlafen usw.). Wenn die Kreiswiederholung auch nur eine Wahrscheinlichkeit oder Möglichkeit ist, auch der *Gedanke einer Möglichkeit* kann uns erschüttern und umgestalten, nicht nur Empfindungen oder bestimmte Erwartungen! Wie hat die *Möglichkeit* der ewigen Verdammnis gewirkt!

(247)

»Aber wenn alles notwendig ist, was kann ich über meine Handlungen verfügen?« Der Gedanke und Glaube ist ein Schwergewicht, welches neben allen anderen Gewichten auf dich drückt und mehr als sie. Du sagst, daß Nahrung, Ort, Luft, Gesellschaft dich wandeln und bestimmen? Nun, deine Meinungen tun es noch mehr, denn diese bestimmen dich zu dieser Nahrung, Ort, Luft, Gesellschaft. – Wenn du dir den Gedanken der Gedanken einverleibst, so wird er dich verwandeln. Die Frage bei allem, was du tun willst: »Ist es so, daß ich es unzählige Male tun will?«, ist das *größte* Schwergewicht.

(248)

Der politische Wahn, über den ich ebenso lächle wie die Zeitgenossen über den religiösen Wahn früherer Zeiten, ist vor allem *Verweltlichung*, Glaube an die *Welt* und Aus-dem-Sinn-schlagen von »Jenseits« und »Hinterwelt«. Sein Ziel ist das Wohlbefinden des *flüchtigen* Individuums: weshalb der Sozialismus seine Frucht ist, das heißt, die *flüchtigen Einzelnen* wollen ihr Glück sich erobern, durch Vergesellschaftung, sie haben keinen Grund zu *warten* wie die Menschen mit ewigen Seelen und ewigem Werden und zukünftigem Besserwerden. Meine Lehre sagt: So leben, daß du *wünschen* mußt, wieder zu leben, ist die Aufgabe, – du wirst es *jedenfalls*! Wem das Streben das höchste Gefühl gibt, der strebe; wem Ruhe das höchste Gefühl gibt, der ruhe; wem Einordnung, Folgen, Gehorsam das höchste Gefühl gibt, der gehorche. Nur *möge er bewußt darüber werden, was* ihm das höchste Gefühl gibt, und *kein Mittel* scheuen! Es gilt *die Ewigkeit*!

(249)

Diese Lehre ist milde gegen die, welche nicht an sie glauben, sie hat keine Höllen und Drohungen. Wer nicht glaubt, hat ein *flüchtiges* Leben in seinem Bewußtsein.

(250)

Nicht nach fernen, unbekannten Seligkeiten und *Segnungen* und *Begnadigungen* ausschauen, sondern so leben, daß wir nochmals leben wollen und in Ewigkeit *so* leben wollen! – Unsere Aufgabe tritt in jedem Augenblick an uns heran.

(251)

Um den Gedanken der Wiederkunft zu *ertragen*, ist nötig: Freiheit von der Moral; – neue Mittel gegen die Tatsache des *Schmerzes* (Schmerz begreifen als Werkzeug, als Vater der Lust; es gibt kein *summierendes* Bewußtsein der Unlust); – der Genuß an aller Art Ungewißheit, Versuchhaftigkeit, als Gegengewicht gegen jenen extremen Fatalismus; – Beseitigung des Notwendigkeitsbegriffs; – Beseitigung des »Willens«; – Beseitigung der »Erkenntnis an sich«.

Größte Erhöhung des Kraftbewußtseins des Menschen, als dessen, der den Übermenschen schafft.

(252)

Von dem Augenblick an, wo dieser Gedanke da ist, verändert sich alle Farbe, und es gibt eine andere *Geschichte*.

3. Die Ehe

(253)

Die Ehe ist genau soviel wert als die, welche sie schließen: also ist sie, durchschnittlich, wenig wert –. Die »Ehe an sich« hat noch gar keinen Wert, – wie übrigens jede Institution.

(254)

Ich mag auch euer Gesetz der Ehe nicht: mich ekelt seines plumpen Fingers, der auf das Recht des Mannes weist.

Ich wollte, ihr redetet vom Recht *zur* Ehe und gäbet es, ein seltnes Recht; aber *in* der Ehe gibt es nur Pflichten und keine Rechte.

(255)

Die Erlaubnis, Kinder zu zeugen, sollte als eine Auszeichnung verliehen werden und auf jedem Wege dem so üblichen geschlechtlichen Verkehr der Charakter eines Mittels der Fortpflanzung genommen werden: sonst werden immer mehr die *niedrig gesinnten* Menschen die Oberhand bekommen, denn die höheren Geister sind nicht zu eifrig in erotischen Dingen. Wohl sind dies die Tapferen und Kriegerischen, – und ihnen verdankt man im ganzen die bessere Art von Menschen, die noch bestehen. Kommt aber der Handelsgeist zur Übermacht über den kriegerischen, so –

(256)

Während in sehr vielen Fällen das erste Kind einer Ehe einen genügenden Grund abgibt, keine weiteren Kinder in die Welt zu setzen: wird doch die Ehe dadurch nicht gelöst, sondern trotz des voraussichtlichen Nachteils neuer Kinder (zum Schaden aller Späteren!) *festgehalten!* Wie kurzsichtig! Aber der Staat will und wollte keine bessere Qualität, sondern *Masse!* Deshalb liegt ihm an der *Züchtung der Menschen nichts!* – Einzelne ausgezeichnete Männer sollten bei mehreren Frauen Gelegenheit haben, sich fortzupflanzen; und einzelne Frauen, mit besonders günstigen Bedingungen, sollten auch nicht an den Zufall *eines* Mannes gebunden sein. Die Ehe wichtiger zu nehmen!

(257)

Auch ein Gebot der Menschenliebe. – Es gibt Fälle, wo ein Kind ein Verbrechen sein würde: bei chronisch Kranken und Neurasthenikern dritten Grades. Was hat man da zu tun? – Solche zur Keuschheit ermutigen, etwa mit Hilfe von Parsifalmusik, mag immerhin versucht werden: Parsifal selbst, dieser typische Idiot, hatte nur zuviel Gründe, sich nicht fortzupflanzen. Der Übelstand ist, daß eine gewisse Unfähigkeit, sich zu »beherrschen« (– auf Reize, auf noch so kleine Geschlechtsreize *nicht* zu reagieren) gerade zu den regelmäßigsten Folgen der Gesamterschöpfung gehört. Man würde sich verrechnen, wenn man sich z. B. einen Leopardi als keusch vorstellte. Der Priester, der Moralist spielen da ein verlorenes Spiel; besser tut man noch, in die Apotheke zu schicken. Zuletzt hat hier die Gesellschaft eine *Pflicht* zu erfüllen: es gibt wenige dergestalt dringliche und grundsätzliche Forderungen an sie. Die Gesellschaft, als Großmandatar des Lebens, hat jedes verfehlte Leben *vor* dem Leben selber zu verantworten, – sie hat es auch zu büßen: folglich *soll* sie es verhindern. Die Gesellschaft *soll* in zahlreichen Fällen der *Zeugung* vorbeugen: sie darf hierzu, ohne Rücksicht auf Herkunft, Rang und Geist, die härtesten Zwangsmaßregeln, Freiheitsentziehungen, unter Umständen Kastrationen in Bereitschaft halten. – Das

Bibelverbot: »Du sollst nicht töten!« ist eine Naivität im Vergleich zum Ernst des Lebensverbots an die décadents: »Ihr sollt nicht zeugen!« ... Das Leben selbst erkennt keine Solidarität, kein »gleiches Recht« zwischen gesunden und entartenden Teilen eines Organismus an: letztere muß man *ausschneiden* – oder das Ganze geht zugrunde. – *Mitleiden* mit den décadents, *gleiche Rechte* auch für die Mißratenen – das wäre die tiefste Unmoralität, das wäre die *Widernatur* selbst als Moral!

(258)

Gegen Verbrecher sei man wie gegen Kranke: auch darin, daß man es *verabscheut*, sie sich fortpflanzen zu machen. Dies ist die erste allgemeine Verbesserung der Sitten, welche ich wünsche: der Kranke und der Verbrecher sollen nicht als fortpflanzbar anerkannt werden.

(259)

Die Frage der *Ehe*. Einrichtung zu treffen für den Schaffenden: denn da ist ein Antagonismus zwischen Ehe und Werk.

(260)

Man hat immer etwas Nötigeres zu tun, als sich zu verheiraten: Himmel, so ist mir's immer gegangen!

(261)

Fluch darüber, daß die Besten sich zurückziehn ohne Kinder!

(262)

Zur Zukunft der Ehe: – eine *Steuermehrbelastung* (bei Erbschaften), auch Kriegsdienstmehrbelastung der Junggesellen von einem bestimmten Alter an und anwachsend (innerhalb der Gemeinde);

Vorteile aller Art für Väter, welche reichlich Knaben in die Welt setzen: unter Umständen eine Mehrheit von Stimmen;

ein *ärztliches Protokoll*, jeder Ehe vorangehend und von den Gemeindevorständen unterzeichnet; worin mehrere bestimmte Fragen seitens der Verlobten und der Ärzte beantwortet sein müssen (»Familiengeschichte« –);

als Gegenmittel gegen die *Prostitution* (oder als deren Veredelung): Ehen auf Frist, legalisiert (auf Jahre, auf Monate), mit Garantie für die Kinder;

jede Ehe verantwortet und befürwortet durch eine bestimmte Anzahl Vertrauensmänner einer Gemeinde: als Gemeindeangelegenheit.

(263)

Man soll die Befriedigung des Triebes nicht zu einer Praxis machen, bei der die Rasse leidet, d. h., gar keine Auswahl mehr stattfindet, sondern alles sich paart und Kinder zeugt. Das *Aus-*

sterben vieler Arten von Menschen ist ebenso *wünschenswert* als irgendeine Fortpflanzung. – Und man sollte sich durch diese enge Verbindung mit einer Frau seine ganze Entwicklung durchkreuzen und stören lassen – um jenes Triebes willen!! Wenn man nicht einmal so enge Freundschaften nützlich (im höchsten Sinne) fände! Die »Ergänzung« des Mannes durch das Weib zum vollen Menschen ist Unsinn: *daraus* läßt sich also auch nichts ableiten. – Vielmehr: nur heiraten, erstens zum Zwecke höherer Entwicklung, zweitens um Früchte eines solchen Menschentums zu hinterlassen. – Für alle übrigen genügt Konkubinat, mit Verhinderung der Empfängnis. – Wir müssen dieser plumpen Leichtfertigkeit ein Ende machen. Diese Gänse sollen nicht heiraten! Die Ehen sollen *viel seltener* werden! Geht durch die großen Städte und fragt euch, ob dies Volk sich fortpflanzen soll! Mögen sie zu ihren Huren gehen! – Die Prostitution nicht sentimental! Es soll *nicht* das Opfer sein, das den Damen oder dem jüdischen Geldbeutel gebracht wird – sondern der Verbesserung der Rasse. Und überdies soll man diese Opferung nicht falsch beurteilen: die Huren sind ehrlich und tun, was ihnen lieb ist, und ruinieren nicht den Mann durch das »Band der Ehe« – diese Erdrosselung!

(264)

Bei den Ehen im *bürgerlichen* Sinne des Wortes, wohlverstanden im achtbarsten Sinne des Wortes »Ehe«, handelt es sich ganz und gar nicht um Liebe, ebensowenig als es sich dabei um Geld handelt – aus der Liebe läßt sich keine Institution machen –: sondern um die gesellschaftliche Erlaubnis, die zwei Personen zur Geschlechtsbefriedigung aneinander erteilt wird, unter Bedingungen, wie sich von selbst versteht, aber solchen, welche das *Interesse der Gesellschaft* im Auge haben. Daß einiges Wohlgefallen der Beteiligten und sehr viel guter Wille – Wille zur Geduld, Verträglichkeit, Fürsorge füreinander – zu den Voraussetzungen eines solchen Vertrags gehören wird, liegt auf der Hand; aber das Wort Liebe sollte man dafür nicht mißbrauchen! Für zwei Liebende im ganzen und starken Sinn des Wortes ist eben die Geschlechtsbefriedigung nichts Wesentliches und eigentlich nur ein Symbol: für den einen Teil, wie gesagt, Symbol der unbedingten Unterwerfung, für den andern Symbol der Zustimmung zu ihr, Zeichen der Besitzergreifung. – Bei der Ehe im adeligen, altadeligen Sinne des Wortes handelt es sich um *Züchtung* einer Rasse (gibt es heute noch Adel? Quaeritur), – also um Aufrechterhaltung eines festen, bestimmten Typus herrschender Menschen: diesem Gesichtspunkt wurde Mann und Weib geopfert. Es versteht sich, daß hierbei *nicht* Liebe das erste Erfordernis war, im Gegenteil! und noch nicht einmal jenes Maß von gutem Willen füreinander, welches die gute bürgerliche Ehe bedingt. Das Interesse eines Geschlechts zunächst entschied, und über ihm – der Stand. Wir würden vor der Kälte, Strenge und rechnenden Klarheit eines solchen vornehmen Ehebegriffs, wie er bei jeder gesunden Aristokratie geherrscht hat, im alten Athen wie noch im Europa des 18. Jahrhunderts, ein wenig frösteln, wir warmblütigen Tiere mit kitzlichem Herzen, wir »Modernen«! Ebendeshalb ist die Liebe als Passion – nach dem großen Verstande des Wortes – für die aristokratische Welt *erfunden* worden und in ihr: da, wo der Zwang, die Entbehrung eben am größten waren...

(265)

Wodurch haben sich die adeligen Geschlechter so gut erhalten zu allen Zeiten? Dadurch, daß der junge Mann in der Ehe nicht vor allem Geschlechtsbefriedigung suchte und infolgedessen sich hierin beraten ließ und *nicht* von der amour passion oder amour physique sich fortreißen ließ, unpassende Ehen zu schließen. Erstens waren es in Sachen der Liebe *erfahrene* junge Männer, welche sich verheirateten: und dann hatten sie an Repräsentation usw. zu denken, kurz mehr an ihr Geschlecht als an sich zu denken. Ich bin dafür, moralische Aristokratien wieder zu züchten und außerhalb der Ehe etwas Freiheit zu geben.

(266)

Was ist Keuschheit am Manne? Daß sein Geschlechtsgeschmack vornehm geblieben ist; daß er in eroticis weder das Brutale, noch das Krankhafte, noch das Kluge mag.

(267)

Man kann nicht hoch genug von den Frauen denken: aber deshalb braucht man noch nicht falsch von ihnen zu denken.

(268)

Im Orient und im Athen der besten Jahrhunderte schloß man die Frauen ab, man wollte die Phantasieverderbnis des Weibes nicht: *das* verdirbt die Rasse, mehr als der leibliche Verkehr mit einem Manne.

Auf germanische Ursitte und Urkeuschheit nützt es nicht sich zu berufen: es gibt keine Germanen mehr, es gibt auch keine Wälder mehr.

(269)

Vermännlichung der Weiber ist der rechte Name für »Emanzipation des Weibes«. Das heißt, sie formen sich nach dem Bilde, welches der Mann jetzt abgibt, und begehren *seine* Rechte. Ich sehe darin eine *Entartung* im Instinkte der jetzigen Weiber: sie müßten wissen, daß sie, auf diesem Wege, ihre Macht zugrunde richten.

(270)

Man vergebe mir diese anmaßliche Behauptung: genau weil ich eine *höhere* und tiefere, auch wissenschaftlichere Auffassung des Weibes habe als die Emanzipatoren und Emanzipatricen desselben, wehre ich mich gegen die Emanzipation: ich weiß *besser*, wo ihre Stärke ist, und sage von ihnen: »Sie wissen nicht, was sie tun.« Sie lösen ihre Instinkte auf mit ihren jetzigen Bestrebungen!

(271)

Wogegen *ich* kämpfe: daß eine Ausnahmeart der Regel den Krieg macht, – statt zu begreifen, daß die Fortexistenz der Regel die Voraussetzung für den Wert der Ausnahme ist. Z. B. die Frauenzimmer, welche, statt die Auszeichnung ihrer abnormen Bedürfnisse zur Gelehrsamkeit zu empfinden, die Stellung des Weibes überhaupt verrücken möchten.

(272)

Eine Frau, die begreift, daß sie den Flug ihres Mannes hemmt, soll sich trennen – warum hört man von *diesem* Akt der Liebe nicht?

(273)

Die Gegensätze sich paarend in Mann und Weib zur Zeugung von etwas Drittem – Genesis der Werke des Genies!

(274)

Der Tod umzugestalten als Mittel des Sieges und Triumphes.
 Die Krankheit, Verhalten zu ihr. Freiheit zum Tode.
 Die Geschlechtsliebe, als das Mittel zum Ideal (Streben, in seinem Gegensatz unterzugehn). Liebe zur leidenden Gottheit.
 Die Fortpflanzung als die heiligste Angelegenheit. Schwangerschaft, Schaffung des Weibes und des Mannes, welche im Kinde ihre *Einheit* genießen wollen und ein *Denkmal daran* stiften.

4. Erziehungsmittel

(275)

Es wird irgendwann einmal gar keinen Gedanken geben als *Erziehung*.

(276)

Unsere Schulen weisen hin auf eine noch viel größere *Arbeitsteilung*. Die *volle Bildung* wird demnach immer seltener erstrebt: es gibt keine Schule, die deren Aufgabe sich stellte. Ja, man weiß sich nicht Rat, wenn man nach Lehrstoff für diese volle Bildung sucht.

Demnach dürfte die Macht des verbindenden allgemeinen Menschen, des *Journalisten*, eine Zeitlang noch immer größer werden: sie vereinigen die verschiedensten Sphären: worin ihr Wesen und ihre Aufgabe liegt.

Um so stärker wird sich einmal der *volle Mensch* wieder erheben müssen, nicht als Mittler für alle Kreise, sondern als *Führer* der Bewegung. Für diese Führer gibt es jetzt keine Organisation. Es wäre denkbar eine Schule der edelsten Männer, rein unnütz, ohne Ansprüche, ein Areopag für die Justiz des Geistes, – aber diese Bildungsmenschen dürften nicht jung sein. Sie müßten als Vorbilder leben: als die eigentlichen Erziehungsbehörden.

(277)

Was ist Bildung? Zweck der Bildung?

Aufgabe der Bildung: zu *leben* und zu *wirken* in den edelsten Bestrebungen seines Volkes.

– – – Bildung ist Unsterblichkeit der edelsten Geister.

Das Große nachleben, um es vorzuleben.

Bildung ist es, daß jene edelsten Momente aller Geschlechter gleichsam ein Kontinuum bilden, in dem man weiterleben kann.

Für jedes Individuum ist Bildung, daß es ein Kontinuum von Erkenntnissen und edelsten Gedanken hat und in ihm weiterlebt.

(278)

Vor Menschen mit *großer Seele* zeigen wir den *großen* Zusammenhang unser selbst und *glauben vor ihnen* an denselben *mehr* als allein. Deshalb sind sie uns nötig. Unsäglich viel kleine, verschobene Linien können wir *preisgeben*, – dies tut wohl. Andere *können* nur diese Kleinigkeiten sehen, vor ihnen müssen wir sie eingestehen oder leugnen, in beiden Fällen ohne Genugtuung.

(279)

Der beständige Blick nach dem Vollkommnen hin, und daher *Ruhe* – was Schopenhauer als ästhetisches Phänomen beschreibt, – ist auch das Charakteristische der Gläubigen. *Goethe* (an Rat Schlosser): »Wahrhaft hochachten kann man nur, wer sich nicht selbst *sucht* ... Ich muß gestehn, selbstlose Charaktere dieser Art in meinem ganzen Leben nur da gefunden zu haben, wo ich ein festgegründetes religiöses Leben fand, ein Glaubensbekenntnis, das einen unwandelbaren Grund hatte, gleichsam auf sich selbst ruhte, nicht abhing von der Zeit, ihrem Geiste, ihrer Wissenschaft.«

(280)

Was allein kann uns wiederherstellen? – Der *Anblick des Vollkommenen*.

(281)

Das Stillewerden vor dem Schönen ist ein tiefes *Erwarten*, ein *Hören*wollen auf die feinsten, fernsten Töne, – wir benehmen uns einem Menschen ähnlich, der ganz Ohr und Auge wird: die Schönheit hat *uns etwas zu sagen, deshalb* werden wir *stille* und denken an nichts, *an was wir sonst denken*. Die Stille, jenes Beschauliche, Geduldige ist also eine *Vorbereitung, nicht mehr*! So steht es mit aller »Kontemplation«.

Aber *die Ruhe darin, das Wohlgefühl, die Freiheit von Spannung?* Offenbar findet ein sehr *gleichmäßiges Ausströmen von unserer Kraft* dabei statt: wir *passen* uns dabei gleichsam den hohen Säulengängen *an*, in denen wir gehen, und geben unsrer Seele solche Bewegungen, welche durch Ruhe und Anmut *Nachahmungen* dessen sind, was wir sehen. So wie uns eine edle Gesellschaft Inspiration zu edlen Gebärden gibt. (Zuerst Assimilation an das Werk, später *Assimilation an dessen Schöpfer*, der nur in Zeichen redete!)

(282)

Die Geschichte des *Ichgefühls* zu beschreiben: und zu zeigen, wie auch im Altruismus jenes Besitzenwollen das Wesentliche ist. Zu zeigen, wie nicht im Begriff »Nicht-ich und Ich« der Hauptfortschritt der Moral liegt, sondern im Schärferfassen des Wahren im anderen und in mir und in der Natur, also das Besitzenwollen immer mehr vom Scheine des Besitzes, von erdichteten Besitztümern zu befreien, das Ichgefühl also vom Selbstbetruge zu reinigen. Vielleicht endet es damit, daß statt des Ich wir die Verwandtschaften und Feindschaften der Dinge erkennen, *Vielheiten* also und deren Gesetze, daß wir vom *Irrtum* des Ich uns zu *befreien suchen* (der Altruismus ist auch bisher ein Irrtum). Nicht »um der anderen willen«, sondern »um des Wahren willen« leben! Nicht »ich und du«! Wie könnten wir »den anderen« (der selber eine *Summe von Wahn* ist!) fördern dürfen! Das Ichgefühl umschaffen! Den persönlichen Hang schwächen! An die Wirklichkeit der Dinge das Auge gewöhnen! *Von Personen soviel wie möglich vorläufig absehen!* Welche Wirkungen muß dies haben!

Über die *Dinge* Herr zu werden suchen und so sein Besitzenwollen befriedigen! Nicht Menschen besitzen wollen! — Aber heißt dies nicht auch die Individuen schwächen? Es ist etwas Neues zu schaffen: nicht ego und nicht tu und nicht omnes!

Keinen *Besitz* in der Jugend erstreben *müssen* und *wollen*! Ebenso kein *Ansehen*, um über andere zu befehlen, — diese beiden Triebe *gar nicht zu entwickeln*! Uns von den Dingen *besitzen lassen* (nicht von Personen) und von einem möglichst großen Umfange *wahrer Dinge*! Was daraus *wächst*, ist abzuwarten: wir sind *Ackerland* für die Dinge! Es sollen *Bilder des Daseins* aus uns wachsen: und wir sollen so sein, wie diese Fruchtbarkeit uns nötigt zu sein: unsere Neigungen, Abneigungen sind die des Ackerlandes, das solche Früchte bringen soll. Die Bilder des Daseins sind das *Wichtigste* bisher gewesen — sie herrschen über die Menschheit.

(283)

Erziehung ist erst Lehre vom *Notwendigen*, dann vom *Wechselnden* und *Veränderlichen*. Man führt den Jüngling in die Natur, zeigt ihm überall das Walten von Gesetzen; dann die Gesetze der bürgerlichen Gesellschaft. Hier wird schon die Frage rege: *Mußte* das so sein? Allmählich braucht er Geschichte, um zu hören, wie das so geworden ist. Aber damit lernt er, daß es auch anders werden kann. Wieviel Macht über die Dinge hat der Mensch? Das ist die Frage bei aller Erziehung. Um nun zu zeigen, wie ganz anders es sein kann, zeige man zum Beispiel die Griechen. Die Römer braucht man, um zu zeigen, wie es so *wurde*.

(284)

Wie kalt und fremd sind uns bisher die Welten, welche die Wissenschaft entdeckte! Wie verschieden ist z. B. der Leib, wie wir ihn empfinden, sehen, fühlen, fürchten, bewundern, und der »Leib«, wie ihn der Anatom uns lehrt! Die Pflanze, die Nahrung, der Berg und was uns nur die Wissenschaft zeigt —, alles ist eine *wildfremde*, eben entdeckte *neue Welt*, der größte Widerspruch mit unserer Empfindung! Und doch soll allmählich »die Wahrheit« sich in unseren Traum verketten und — wir sollen einmal *wahrer träumen*! — —

(285)

Ich sehe durchaus nicht ab, wie einer es wieder gutmachen kann, der versäumt hat, zur rechten Zeit in eine *gute Schule* zu gehen. Ein solcher kennt sich nicht, er geht durchs Leben, ohne gehen gelernt zu haben; der schlaffe Muskel verrät sich bei jedem Schritt noch. Mitunter ist das Leben so barmherzig, diese harte Schule nachzuholen: jahrelanges Siechtum vielleicht, das die äußerste Willenskraft und Selbstgenügsamkeit herausfordert; oder eine plötzlich hereinbrechende Notlage, zugleich noch für Weib und Kind, welche eine Tätigkeit erzwingt, die den erschlafften Fasern wieder Energie gibt und dem Willen zum Leben die *Zähigkeit zurückgewinnt*. Das Wünschenswerteste bleibt unter allen Umständen eine harte Disziplin *zur rechten Zeit*, d. h. in jenem Alter noch, wo es stolz macht, viel von sich verlangt zu sehn. Denn dies unterscheidet die harte Schule als gute Schule von jeder anderen: daß viel verlangt wird; daß streng verlangt wird; daß das Gute, das Ausgezeichnete selbst, als normal verlangt wird; daß das Lob selten ist, daß die Indulgenz fehlt; daß der Tadel scharf, sachlich, ohne Rücksicht auf Talent und Herkunft laut wird. Ein solche Schule hat man in jedem Betracht nötig: das gilt vom Leiblichsten wie vom Geistigsten: es wäre verhängnisvoll, hier trennen zu wollen! Die gleiche Disziplin macht den Militär und den Gelehrten tüchtig: und näher besehn, es gibt keinen tüchtigen Gelehrten, der nicht die Instinkte eines tüchtigen Militärs im Leibe hat. Befehlen können und wieder auf eine stolze Weise gehorchen; in Reih und Glied stehen, aber fähig jederzeit, auch zu führen; die Gefahr dem Behagen vorziehn; das Erlaubte und Unerlaubte nicht in einer Krämerwaage wiegen; dem Mesquinen, Schlauen, Parasitischen mehr feind sein als dem Bösen. – Was *lernt* man in einer harten Schule? *Gehorchen* und *Befehlen*.

(286)

Jede Moral, welche irgendwie geherrscht hat, war immer die Zucht und Züchtung eines bestimmten Typus von Menschen, unter der Voraussetzung, daß es auf diesen Typus vornehmlich, ja ausschließlich ankomme: kurz, immer unter der Voraussetzung eines Typus. Jede Moral glaubt daran, daß man *mit Absicht* und Zwang am Menschen vieles ändern, »bessern« könne: – sie nimmt die Anähnlichung an den maßgebenden Typus immer als »Verbesserung« (sie hat von ihr gar keinen andern Begriff –).

(287)

Die *Rangordnung* als Stufen der Erziehung des Menschen (durch viele Generationen).

(288)

Mein Ausgangspunkt ist der preußische Soldat: hier ist eine wirkliche Konvention, hier ist Zwang, Ernst und Disziplin, auch in betreff der Form. Sie ist aus dem Bedürfnis entstanden. Freilich weit entfernt vom »Einfachen und Natürlichen«! Seine

Stellung zur Geschichte ist empirisch und darum zuversichtlich lebendig, nicht gelehrt. Sie ist, für einige Personen, fast mythisch. Sie geht aus von der Zucht des Körpers und von der peinlich geforderten Pflichttreue.

Goethe sodann ist vorbildlich: der ungestüme Naturalismus, der allmählich zur strengen Würde wird. Er ist, als stilisierter Mensch, höher als je irgendein Deutscher gekommen. Jetzt ist man so borniert, daraus ihm einen Vorwurf zu machen und gar sein Altwerden anzuklagen. Man lese Eckermann und frage sich, ob je ein Mensch in Deutschland so weit in einer edlen Form gekommen ist. Von da bis zur Einfachheit und Größe ist freilich noch ein großer Schritt, aber wir sollten nur gar nicht glauben, Goethe überspringen zu können, sondern müssen es immer, wie er, wieder anfangen.

(289)

Unser Leben soll ein Steigen sein von Hochebene zu Hochebene, aber kein Fliegen und Fallen, – letzteres ist aber das Ideal der Phantasiemenschen: höhere Augenblicke und Zeiten der Erniedrigung. Diese schlimme Verwöhnung degradiert den allergrößten Teil des eignen Lebens, zugleich lernen wir die anderen Menschen, weil wir sie nicht in der Ekstase sehen, geringschätzen: es ist ungesund, denn wir müssen die moralisch-ästhetischen Ausschweifungen bezahlen. Bei tiefer eingewurzeltem Übelbefinden und innerem Mißmute muß die Dosis Erhebung immer stärker werden, wir werden zuletzt gleichgültig gegen den Wert und nehmen mit der stärksten Erregung fürlieb. Verfall. – Dieser Prozeß ist in der Geschichte jeder Kunst sichtbar: das klassische Zeitalter ist das, wo Ebbe und Flut einen sehr zarten Unterschied machen und ein wohliges Gefühl von Kraft die Norm ist: es *fehlt* immer das, was die tiefsten Erschütterungen hervorbringt: deren Erzeugung gehört in die Periode des Verfalls.

(290)

Die Vergeistigung als *Ziel* gesetzt: so ist die scharfe Gegensetzung von Gut und Böse, Tugend und Laster ein Zuchtmittel, den Menschen zum *Herrn* über sich zu machen, eine Vorbereitung zur Geistigkeit. – Aber wenn nicht Versinnlichung dabei ist, so wird der Geist sehr dünn.

(291)

Das Altertum wirkte als *reizvoller Zwang* auf die überschäumende Kraft der Renaissancemenschen. Man unterwarf sich dem Stile, man empfand die besiegte Schwierigkeit, nicht natürlich zu sein, es war die Handlungsweise von starken Menschen, welche *gegen sich* stolz und herrschsüchtig sind. Nicht zu verwechseln mit dem feigen Sklavensinn ängstlicher Gelehrter!

(292)

Das Christentum hat den Europäergeist *fein* und *geschmeidig* gemacht, durch seine »Intoleranz«. Man sieht es sofort, wie in unserem demokratischen Zeitalter, mit der Freiheit der Presse, der Gedanke plump wird. Die antike Polis war ganz ebenso gesinnt. Das römische Reich ließ umgekehrt viel Freiheit im Glauben und Nichtglauben: mehr, als heute irgendein Reich läßt. Die Folge war sofort die allergrößte Entartung, Vertölpelung und Vergröberung des Geistes. – Wie gut nimmt sich Leibniz und Abälard, Montaigne, Descartes und Pascal aus! Die geschmeidige Verwegenheit solcher Geister zu sehen ist ein Genuß, welchen man der Kirche verdankt. – Der intellektuelle Druck der Kirche ist wesentlich die unbeugsame Strenge, vermöge deren die Begriffe und Wertschätzungen als *festgestellt*, als aeternae behandelt wurden. Dante gibt einen einzigen Genuß dadurch (– man braucht unter einem absoluten Regiment keineswegs *beschränkt* zu sein). Wenn es Schranken gab, so waren sie um einen ungeheuren Raum gespannt, dank Plato: und man konnte sich darin bewegen wie Bach in den Formen des Kontrapunktes, *sehr frei*. – Baco und Shakespeare widern fast an, wenn man *diese* »Freiheit unter dem Gesetz« gründlich schmecken gelernt hat. Ebenso die neueste Musik, im Vergleich zu Bach und Händel.

(293)

Was *verdorben* ist durch den Mißbrauch, den die Kirche damit getrieben hat:

1. Die *Askese*: Man hat kaum noch den Mut dazu, deren natürliche Nützlichkeit, deren Unentbehrlichkeit im Dienste der *Willenserziehung* ans Licht zu ziehen. Unsre absurde Erzieherwelt, der der »brauchbare Staatsdiener« als regulierendes Schema vorschwebt, glaubt mit »Unterricht«, mit Gehirndressur auszukommen; ihr fehlt selbst der Begriff davon, daß etwas anderes *zuerst* not tut – Erziehung der *Willenskraft*; man legt Prüfungen für alles ab, nur nicht für die Hauptsache: ob man *wollen* kann, ob man *versprechen* darf: der junge Mann wird fertig, ohne auch nur eine Frage, eine Neugierde für dieses oberste Wertproblem seiner Natur zu haben.

2. Das *Fasten*, in jedem Sinne, – auch als Mittel, die feine Genußfähigkeit aller guten Dinge aufrechtzuerhalten (z. B. zeitweise nicht lesen, keine Musik mehr hören, nicht mehr liebenswürdig sein; man muß auch Fasttage für seine Tugend haben).

3. Das »*Kloster*«: Die zeitweilige Isolation mit strenger Abweisung z. B. der Briefe; eine Art tiefster Selbstbesinnung und Selbstwiederfindung, welche nicht den »Versuchungen« aus dem Wege gehen will, sondern den »Pflichten«: ein Heraustreten aus dem Zirkeltanz des Milieus; ein Abseits von der Tyrannei der Reize und Einströmungen, welche uns verurteilt, unsre Kraft nur in Reaktionen auszugeben, und es nicht mehr erlaubt, daß sie sich *häuft* bis zur *spontanen Aktivität* (man sehe sich unsre Gelehrten aus der Nähe an: sie denken nur noch *reaktiv*, d. h. sie müssen erst lesen, um zu denken).

4. Die *Feste*. Man muß sehr grob sein, um nicht die Gegenwart von Christen und christlichen Werten als einen *Druck* zu empfinden, unter dem jede eigentliche Feststimmung zum Teufel geht. Im Fest ist einbegriffen: Stolz, Übermut, Ausgelassenheit; der Hohn über alle Art Ernst und Biedermännerei; ein göttliches Jasagen zu sich aus animaler Fülle und Vollkommenheit, – lauter Zustände, zu denen der Christ nicht ehrlich ja sagen darf. *Das Fest ist Heidentum* par excellence.

5. Der *Mut vor der eigenen Natur*: die *Kostümierung ins »Moralische«*. – Daß man keine *Moralformel* nötig hat, um einen Affekt bei sich *gutzuheißen*: Maßstab, wie weit einer zur Natur bei sich ja sagen kann, – wieviel oder wie wenig er zur Moral rekurrieren muß.

6. Der *Tod*. – Man muß die dumme physiologische Tatsache in eine moralische Notwendigkeit umdrehn. So leben, daß man auch *zur rechten Zeit seinen Willen zum Tode hat!*

(294)

Ich will auch die *Asketik* wieder *vernatürlichen*: an Stelle der Absicht auf Verneinung die Absicht auf *Verstärkung*; eine Gymnastik des Willens; eine Entbehrung und eingelegte Fastenzeit jeder Art, auch im Geistigsten; eine Kasuistik der Tat in bezug auf unsre Meinung, die wir von unsern Kräften haben; ein Versuch mit Abenteuern und willkürlichen Gefahren. (Dîners chez Magny: lauter geistige Schlecker mit verdorbenem Magen.) – Man sollte *Prüfungen* erfinden auch für die Stärke im Worthaltenkönnen.

(295)

Neue Form der Moralität: *Treuegelübde* im Vereinen über das, was man lassen und tun will, ganz bestimmte Entsagung von *vielem*. Proben, ob *reif* dazu.

(296)

Wie ein Baum sich entfalten kann, ist nur durch ein Musterexemplar zu beweisen. Ohne solches hat man keinen Begriff, ihn über das herkömmliche Maß hinaustreiben zu wollen, und ist zufrieden. Die ausgezeichneten Menschen machen die anderen mit sich unzufrieden.

(297)

Wo wir etwas ganz Schätzenswertes zu erkennen glauben und es erwerben und erhalten wollen, also im *Eigentums*verlangen, erwachen unsere edelsten Triebe. Der Liebende ist ein *höherer* Mensch: obschon er mehr Egoist ist als je. Aber 1. sein Egoismus ist *konzentriert*, 2. der *eine* Trieb ist entschieden *siegreich* über die anderen und bringt das *Außergewöhnliche* hervor.

(298)

Befriedigung des Triebes ist *nicht* im Resultat der Tätigkeit, sondern im *Tun* zu suchen.

Glück wäre das *Gleichgewicht der auslösenden Tätigkeiten aller Triebe.*

(299)

Unsere Handlungen *formen uns um*: in jeder Handlung werden gewisse Kräfte geübt, andere *nicht* geübt, zeitweilig also vernachlässigt: ein Affekt bejaht sich immer auf Unkosten der andern Affekte, denen er Kraft wegnimmt. Die Handlungen, die wir *am meisten tun*, sind schließlich wie ein *festes Gehäuse* um uns: sie nehmen ohne weiteres die Kraft in Anspruch, es würde anderen Absichten schwer werden, sich durchzusetzen. – Ebenso formt ein regelmäßiges Unterlassen den Menschen um: man wird es endlich jedem ansehn, ob er sich *jedes* Tags ein paarmal *überwunden* hat oder immer hat gehn lassen. – Dies ist die *erste Folge jeder Handlung: sie baut an uns fort*, – natürlich auch *leiblich*.

(300)

Alle Gewöhnungen (z. B. an eine bestimmte Speise, wie Kaffee, oder eine bestimmte Zeiteinteilung) haben auf die Dauer das Ergebnis, Menschen *bestimmter Art zu züchten*. Also blicke um dich! Prüfe das Kleinste! Wohin will es? Gehört es zu *deiner* Art, zu *deinem* Ziele?

(301)

Gleichgültig sich gegen Lob und Tadel machen; Rezepte dafür. Dagegen einen Kreis sich stiften, der um unsere Ziele und Maßstäbe weiß und der Lob und Tadel *für uns* bedeutet.

(302)

Eine Umgebung, vor der man sich gehen läßt, ist das Letzte, was man sich wünschen sollte, eine Art Krone für den Überwinder seiner selbst, der sich selber vollendet hat und Vollendung ausströmen möchte. Andere werden zu Scheusälern. Vorsicht *in der Ehe*. Der Mangel an Pathos und Form in der Familie, in der Freundschaft ist ein Grund der allgemeinen Erscheinung von Schlumperei und Gemeinheit (Eigenschaften des Gebahrens nicht nur, sondern auch der modernen Charaktere) – man läßt sich gehen und läßt gehen.

(303)

Es gibt auch eine Verschwendung unsrer Leidenschaften und Begierden, nämlich in der bescheidenen und kleinbürgerlichen Art, in der wir sie befriedigen – was den Geschmack verdirbt, noch mehr aber die Ehrfurcht und Furcht vor uns selber. Der zeitweilige Asketismus ist das Mittel, sie zu *stauen*, – ihnen Gefährlichkeit und großen Stil zu geben – –

(304)

Alle sehr reichen, ungeordneten Menschen bekommen einen *sittlichen* Charakter durch den Einfluß des Weibes, das sie lieben. Erst durch die Berührung des Weibes kommen viele Große auf ihre große Bahn: sie sehen ihr Bild im vergrößernden und vereinfachenden Spiegel.

(305)

Ein höheres Wesen, als wir selber sind, zu schaffen ist *unser* Wesen. *Über uns hinaus schaffen!* Das ist der Trieb der Zeugung, das ist der Trieb der Tat und des Werks. – Wie alles Wollen einen Zweck voraussetzt, *so setzt der Mensch ein Wesen voraus*, das nicht da ist, das aber den Zweck seines Daseins abgibt. Dies ist die Freiheit alles Willens! Im *Zweck* liegt die Liebe, die Verehrung, das Vollkommensehen, die Sehnsucht.

(306)

Seien wir nicht Sklaven von Lust und Schmerz, auch in der Wissenschaft! Schmerzlosigkeit, ja Lust beweist *nicht* Gesundheit, – und *Schmerz ist kein Beweis gegen* Gesundheit (sondern nur ein starker Reiz).

(307)

Großmütig den Schmerz betrachten: – oft wird das dritte Geschlecht erst mit *unserm* Schmerze *fertig*, d. h.: eine neue *Kraft* wuchs ihm.

Großmütig in Hinsicht auf die *Zukünftigen* – und das ist die Großmut des Schaffenden, der sein Werk mehr liebt als sein Heute.

Die Zufriedenen am meisten gefährlich (zufrieden mit den *gegebenen* Idealen), – gar die zufriedenen *Düsterlinge*.

5. Der Adel und die anderen Schichten

(308)

Eine Frage kommt uns immer wieder, eine versucherische und schlimme Frage vielleicht: sei sie denen ins Ohr gesagt, welche ein Recht auf solche fragwürdige Fragen haben, den stärksten Seelen von heute, welche sich selbst auch am besten in der Gewalt haben: Wäre es nicht an der Zeit, je mehr der Typus »Herdentier« jetzt in Europa entwickelt wird, mit einer grundsätzlichen künstlichen und bewußten *Züchtung* des entgegengesetzten Typus und seiner Tugenden den Versuch zu machen? Und wäre es für die demokratische Bewegung nicht selber erst eine Art Ziel, Erlösung und Rechtfertigung, wenn jemand käme, der sich ihrer *bediente* – dadurch, daß endlich sich zu ihrer neuen und sublimen Ausgestaltung der Sklaverei (– das muß die europäische Demokratie am Ende sein) jene höhere Art herrschaftlicher und cäsarischer Geister hinzufände, welche sich auf sie stellte, sich an ihr hielte, sich durch sie emporhöbe? Zu neuen, bisher unmöglichen, zu *ihren* Fernsichten? zu *ihren* Aufgaben?

(309)

Prinzip: 1. Eine Gattung von Wesen zu schaffen, die den Priester, Lehrer und Arzt *ersetzen*. *(Die Eroberung der Menschheit.)*

2. Eine Geistes- und Leibesaristokratie, die sich züchtet, immer neue Elemente in sich hineinnimmt und gegen die demokratische Welt der Mißratenen und Halbgeratenen sich abhebt. *(»Die Herren der Erde.«)*

(310)

Die Aufgabe ist, eine *herrschende Kaste* zu bilden, mit den umfänglichsten Seelen, fähig für die verschiedensten Aufgaben der Erdregierung. Alle bisherigen Einzelfähigkeiten in *eine* Natur zu zentralisieren.

(311)

Es bildet sich ein Sklavenstand – sehen wir zu, daß auch ein Adel sich bildet.

(312)

Die synthetischen Menschen *können* nicht aus der »Ameise« wachsen.

(313)

Es wird von nun an günstige Vorbedingungen für umfänglichere Herrschaftsgebilde geben, derengleichen es noch nicht gegeben hat. Und dies ist noch nicht das Wichtigste; es ist die Entstehung von internationalen Geschlechtsverbänden möglich gemacht, welche sich die Aufgabe setzen, eine Herrenrasse heraufzuzüchten, die zukünftigen »Herren der Erde«; – eine neue, ungeheure, auf der härtesten Selbstgesetzgebung aufgebaute Aristokratie, in der dem Willen philosophischer Gewaltmenschen und Künstlertyrannen Dauer über Jahrtausende gegeben wird: – eine höhere Art Menschen, die sich, dank ihrem Übergewicht von Wollen, Wissen, Reichtum und Einfluß, des demokratischen Europas bedienen als ihres gefügigsten und beweglichsten Werkzeugs, um die Schicksale der Erde in die Hand zu bekommen, um am »Menschen« selbst als Künstler zu gestalten. Genug, die Zeit kommt, wo man über Politik umlernen wird.

(314)

Von einer Vorstellung des *Lebens* ausgehend (das nicht ein Sicherhalten-wollen, sondern ein *Wachsen*-wollen ist) habe ich einen Blick über die Grundinstinkte unsrer politischen, geistigen, gesellschaftlichen Bewegung Europas gegeben:

1. daß hinter den grundsätzlichen Verschiedenheiten der Philosophien eine gewisse Gleichheit des Bekenntnisses steht: die unbewußte Führung durch *moralische Hinterabsichten*, deutlicher: *durch volkstümliche Ideale*; – daß folglich das moralische Problem radikaler ist als das erkenntnistheoretische;

2. daß einmal eine Umkehrung des Blicks not tut, um das *Vorurteil der Moral* und aller volkstümlichen Ideale ans Licht zu bringen: wozu alle Art freier, d. h. unmoralischer Geister gebraucht werden kann;

3. daß das Christentum, als plebejisches Ideal, mit seiner Moral auf Schädigung der stärkeren, höher gearteten, männlicheren Typen hinausläuft und eine Herdenart Mensch begünstigt: daß es eine Vorbereitung der demokratischen Denkweise ist;

4. daß die Wissenschaft im Bunde mit der *Gleichheits*bewegung vorwärtsgeht, – Demokratie ist: daß alle Tugenden des Gelehrten die *Rangordnung* ablehnen;

5. daß das demokratische Europa nur auf eine sublime Züchtung der *Sklaverei* hinausläuft, welche *durch eine starke Rasse kommandiert werden muß*, um sich selbst zu ertragen;

6. daß eine Aristokratie nur unter hartem langem Druck entsteht (Herrschaft über die Erde).

(315)

Die verschiedenen moralischen Urteile sind bisher *nicht* auf die Existenz der *Gattung* »Mensch« zurückgeführt: sondern auf die Existenz von »Völkern«, »Rassen« usw., und zwar von Völkern, welche sich *gegen* andere Völker behaupten wollten, von *Ständen*, welche sich scharf von niederen Schichten abgrenzen wollten.

(316)

Man muß dies nicht verwechseln: die *Sudras* = eine Dienstboten-Rasse: wahrscheinlich eine niedrigere Art Volk, welche vorgefunden wurde auf dem Boden, wo diese Arier Fuß faßten. Aber der Begriff »Tschandala« drückt die Degenerierten aller Kasten aus: die *Auswurfstoffe* in Permanenz, die wiederum unter sich sich fortpflanzen. Wider sie redet der tiefste Instinkt der Gesundheit einer Rasse. Hier hart zu sein ist synonym mit »gesund« sein: es ist der *Ekel* vor der Entartung, der hier eine Menge moralischer und religiöser Formeln findet...

(317)

An dieser Konzeption ist *einiges bewunderungswürdig*: z. B. die absolute Abtrennung der Auswurfstoffe der Gesellschaft, mit der Tendenz, *sie zugrunde zu richten*. Sie begriffen, was ein lebendiger Körper nötig hat, – *die kranken Glieder ausschneiden*...

Sie ist auf eine bewunderungswürdige Weise fern von der schlaffen Instinktentartung, welche man jetzt »Humanität« nennt...

(318)

Der Wert eines Menschen soll beweisen, was für Rechte er sich nehmen darf: die »Gleichstellung« geschieht aus Mißachtung der höheren Naturen und ist ein Verbrechen an ihnen.

Dadurch, daß ein Mensch die Förderung einer Familie, eines Volkes usw. auf sich nimmt, gewinnt er an Bedeutung, vorausgesetzt, daß seine *Kraft* es ihm *erlaubt*, sich eine solche Aufgabe zu setzen. Ein Mensch, der nichts *hat* als viehische Begierden im Leibe, sollte nicht das *Recht* zur Heirat haben.

(319)

Wo, in pöbelhafter Art, *eine* Begierde die Oberherrschaft führt (oder überhaupt die Begierden), da gibt es keinen höheren Menschen.

(320)

Wenn ein inferiorer Mensch *seine* alberne Existenz, sein viehisch-dummes Glück als *Ziel* faßt, so indigniert er den Betrachter; und wenn er gar andre Menschen zum Zweck *seines* Wohlbefindens unterdrückt und aussaugt, so sollte man so eine giftige Fliege totschlagen.

(321)

Die Rechte, die ein Mensch sich nimmt, stehn im Verhältnis zu den Pflichten, die er sich stellt, zu den Aufgaben, denen er sich *gewachsen fühlt*. Die allermeisten Menschen sind ohne Recht zum Dasein, sondern ein Unglück für die höheren.

(322)

Wessen Seele eine Geldkatze und wessen Glück schmutzige Papiere waren, – wie möchte dessen Blut je rein werden?

Bis ins zehnte Geschlecht noch wird es matt und faulicht fließen: der Krämer Nachkommen sind unanständig.

(323)

Es gibt nur Geburtsadel, nur Geblütsadel. (Ich rede hier nicht vom Wörtchen »von« und dem Gothaischen Kalender: Einschaltung für Esel.) Wo von »Aristokraten des Geistes« geredet wird, da fehlt es zumeist nicht an Gründen, etwas zu verheimlichen; es ist bekanntermaßen ein Leibwort unter ehrgeizigen Juden. Geist allein nämlich adelt nicht; vielmehr bedarf es erst etwas, *das den Geist adelt*. – Wessen bedarf es denn dazu? Des Geblüts.

(324)

Wie verschieden empfindet man das Geschäft und die Arbeit seines Lebens, wenn man damit der Erste in der Familie ist oder schon Vater und Großvater dasselbe getrieben haben! Es ist viel mehr innere Not, ein viel plötzlicherer Stolz dabei, aber das gute Gewissen ist dafür noch nicht geschaffen, und wir empfinden etwas als »beliebig« daran.

(325)

Wer auf den Geist sät, pflanzt Bäume, die sehr spät groß werden. Das, was sich vom Vater auf den Sohn vererbt, sind die *geübtesten* Gewohnheiten (nicht die geschätztesten!). Der Sohn *verrät* den Vater. Der Fleiß eines Gelehrten ist entsprechend der Tätigkeit seines Vaters: z. B., wenn dieser immer im Kontor ist, oder wenn er nur wie ein Landgeistlicher »arbeitet«. Die Griechen der höheren Stände wurden so individuell produktiv, weil sie keinen gedankenlosen *Fleiß* vererbt bekamen.

(326)

Die eudämonistisch-sozialen Ideale führen die Menschen *zurück*, – sie erzielen vielleicht eine sehr nützliche *Arbeiterspezies*, – sie erfinden den idealen *Sklaven der Zukunft*, die niedere Kaste, *die nicht fehlen darf!*

(327)

Aus der Verzärtelung des neueren Menschen sind die ungeheuren sozialen Notstände der Gegenwart geboren, nicht aus dem wahren und tiefen Erbarmen mit jenem Elende; und wenn es wahr sein sollte, daß die Griechen an ihrem Sklaventum zugrunde gegangen sind, so ist das andere viel gewisser, daß wir an dem *Mangel* des Sklaventums zugrunde gehen werden: als welches weder dem ursprünglichen Christentum noch dem Germanentum irgendwie anstößig, geschweige denn verwerflich zu sein dünkte. Wie erhebend wirkt auf uns die Betrachtung des mittelalterlichen Hörigen, mit dem innerlich kräftigen und zarten Rechts- und Sittenverhältnisse zu dem höher Geordneten, mit der tiefsinnigen Umfriedung seines engen Daseins – wie erhebend – und wie vorwurfsvoll!

(328)

In der Herde *keine* Nächstenliebe: sondern Sinn für das Ganze und *Gleichgültigkeit* gegen den Nächsten. Diese Gleichgültigkeit ist etwas sehr *Hohes*!

(329)

Aus der Zukunft des Arbeiters. – Arbeiter sollten wie *Soldaten* empfinden lernen. Ein Honorar, ein Gehalt, aber keine Bezahlung!
Kein Verhältnis zwischen Abzahlung und *Leistung*! Sondern das Individuum, *je nach seiner Art*, so stellen, daß es das *Höchste leisten* kann, was in seinem Bereich liegt.

(330)

Die *Verkleinerung* des Menschen muß lange als einziges Ziel gelten: weil erst ein breites Fundament zu schaffen ist, damit eine *stärkere* Art Mensch darauf stehen kann. (: Inwiefern bisher *jede verstärkte* Art Mensch auf einem *Niveau der niedrigeren stand* – – –)

(331)

Die Sklaverei ist allgemein sichtbar, obwohl sie sich das nicht eingesteht; – wir müssen danach streben, überall zu sein, alle Verhältnisse derselben zu kennen, alle ihre Meinungen am besten zu vertreten; so allein können wir sie beherrschen und benutzen. Unser Wesen muß verborgen bleiben: gleich dem der Jesuiten, welche eine Diktatur in der allgemeinen Anarchie ausübten, aber sich als *Werkzeug* und *Funktion* einführten. Welches ist unsere Funktion, unser Mantel der Sklaverei? Lehrertum? – Die Sklaverei soll nicht vertilgt werden, sie ist notwendig. Wir wollen nur zusehen, daß immer wieder solche entstehen, *für welche* gearbeitet wird, damit diese ungeheure Masse von politisch-kommerziellen Kräften nicht umsonst sich verbraucht. Selbst schon, daß es *Zuschauer* und *Nicht-mehr-Mitspieler* gibt!

(332)

Die Menschheit hat zur Natur im ganzen das Verhältnis *berechnender Nützlichkeit*: – aber was empört uns, wenn der einzelne Mensch die andern für sich *ausbeutet*? Die Voraussetzung ist, daß er nicht *wertvoll* genug ist. Gesetzt aber, er gilt als wertvoll genug (z. B. als Fürst), so wird es ertragen und gibt eine Art *Glück* (»Gottergebenheit«).

(333)

In willensschwächeren und vielfacheren Zeitaltern ist ein hoher Grad von Entartung und Absonderlichkeit nicht sofort gefährlich und bedingt keine Ausmerzung aus dem gesellschaftlichen Körper; andrerseits geht man nicht gleich zugrunde, weil die *mittlere* Quantität aller Kräfte selbst in sehr willkürlichen und eigensüchtigen Wesen nach außen zu die aggressive und herrschsüchtige Tendenz verhindert.

Die Gefahr solcher Zeitalter sind die konzentrierten *Willensmächtigen*; während in starken Zeitaltern die Gefahr in den *Unsicheren* liegt.

(334)

Man muß den Menschen Mut zu einer neuen großen *Verachtung* machen z. B. der Reichen, der Beamten usw. Jede *unpersönliche* Form des Lebens muß als gemein und verächtlich gelten.
a) Wie viel brauche ich, um gesund und angenehm für mich zu leben?
b) Wie erwerbe ich dies so, daß das Erwerben gesund und angenehm ist und meinem Geiste zustatten kommt, zumal als Erholung?
c) Wie habe ich von den anderen zu denken, um von mir möglichst gut zu denken und im Gefühle der Macht zu wachsen?
d) Wie bringe ich die anderen zur Anerkennung meiner Macht?
e) Wie organisiert sich der neue Adel als der machtbesitzende Stand? Wie grenzt er die andern von sich ab, ohne sie sich zu Feinden und Widersachern zu machen?

(335)

Absurde und verächtliche Art des Idealismus, welche die Mediokrität *nicht medioker* haben will und, statt an einem Ausnahmesein einen Triumph zu fühlen, *entrüstet* ist über Feigheit, Falschheit, Kleinheit und Miserabilität. *Man soll das nicht anders wollen!* und die Kluft *größer* aufreißen! – Man soll die höhere Art *zwingen*, sich *abzuscheiden* durch die Opfer, die sie ihrem Sein zu bringen hat.

Hauptgesichtspunkt: *Distanzen* aufreißen, aber *keine Gegensätze schaffen*. Die *Mittelgebilde* ablösen und im Einfluß verringern: Hauptmittel, um Distanzen zu erhalten.

(336)

Und wer um die Tugenden der Starken wirbt, muß nicht nach

den Tugenden der Schwachen begehrlich blicken, sondern streng an diesen hübschen Mägden vorübergehn.

(337)

Man redet so dumm vom *Stolze* – und das Christentum hat ihn gar als *sündlich* empfinden machen! Die Sache ist: wer *Großes von sich verlangt und erlangt*, der muß sich von denen sehr fern fühlen, welche dies nicht tun, – diese *Distanz* wird von diesen andern gedeutet als »Meinung über sich«; aber jener kennt sie nur als fortwährende Arbeit, Krieg, Sieg, bei Tag und Nacht: von dem allen wissen die anderen nichts!

(338)

Die *vornehme Empfindung* ist es, welche *verbietet*, daß wir nur *Genießende* des Daseins sind – sie empört sich gegen den Hedonismus –: wir wollen etwas *dagegen leisten*! – Aber der Grundglaube der Masse ist es, daß für nichts man leben müsse, – das ist ihre *Gemeinheit*.

(339)

Das *Parasitische* als Grundkern der gemeinen Gesinnung. Das Gefühl, *nichts zu empfangen, ohne zurückzugeben* oder *damit etwas zurückzuempfangen*, ist die *vornehme* Gesinnung. Nichts umsonst! Keine »Gnaden«!

(340)

Die zwei Wege. – Ein Zeitpunkt, wo der Mensch *Kraft* im Überfluß zu Diensten hat: die Wissenschaft ist darauf aus, diese *Sklaverei der Natur* herbeizuführen.

Dann bekommt der Mensch *Muße*: sich selbst *auszubilden*, zu etwas Neuem, Höherem. *Neue Aristokratie*. Dann werden eine Menge *Tugenden überlebt*, die jetzt *Existenzbedingungen* waren. – Eigenschaften nicht mehr nötig haben, *folglich* sie verlieren. Wir haben die Tugenden nicht mehr *nötig*: *folglich* verlieren wir sie (– sowohl die Moral vom »Eins ist not«, vom Heil der Seele wie der Unsterblichkeit: sie waren Mittel, um dem Menschen eine ungeheure *Selbstbezwingung zu ermöglichen*, durch den Affekt einer ungeheuren Furcht : : :).

Die verschiedenen Arten Not, durch deren Zucht der Mensch geformt ist: Not lehrt arbeiten, denken, sich zügeln.

Die *physiologische* Reinigung und Verstärkung. Die *neue Aristokratie* hat einen Gegensatz nötig, gegen den sie ankämpft: sie muß eine furchtbare Dringlichkeit haben, sich zu erhalten.

Die zwei Zukünfte der Menschheit: 1. Die Konsequenz der Vermittelmäßigung; 2. das bewußte Abheben, Sich-gestalten.

Eine Lehre, die eine *Kluft* schafft: sie erhält die *oberste und die niedrigste Art* (sie zerstört die mittlere).

Die bisherigen Aristokraten, geistliche und weltliche, beweisen *nichts* gegen die Notwendigkeit einer neuen Aristokratie.

(341)

Die stärksten Individuen werden die sein, welche den Gattungsgesetzen widerstreben und dabei nicht zugrunde gehen, die Einzelnen. Aus ihnen bildet sich der *neue Adel*: aber zahllose Einzelne *müssen* bei seiner Entstehung zugrunde gehen! Weil sie *allein* die erhaltende Gesetzlichkeit und die gewohnte Luft verlieren.

(342)

Hauptgesichtspunkt: daß man nicht die *Aufgabe* der höheren Spezies in der *Leitung* der niederen sieht (wie es z. B. Comte macht –), sondern die niedere als *Basis*, auf der eine höhere Spezies ihrer *eigenen* Aufgabe lebt, – auf der sie erst *stehen kann*.

Die Bedingungen, unter denen eine *starke* und *vornehme* Spezies sich erhält (in Hinsicht auf geistige Zucht), sind die umgekehrten von denen, unter welchen die »industriellen Massen«, die Krämer à la Spencer stehn.

Das, was nur den *stärksten* und *fruchtbarsten* Naturen freisteht zur Ermöglichung *ihrer* Existenz – Muße, Abenteuer, Unglaube, Ausschweifung selbst –, das würde, wenn es den *mittleren* Naturen freistünde, diese notwendig zugrunde richten – und tut es auch. Hier ist die Arbeitsamkeit, die Regel, die Mäßigkeit, die feste »Überzeugung« am Platze, – kurz, die »Herdentugenden«: unter ihnen wird diese mittlere Art Mensch vollkommen.

(343)

Wo die Machtmittel nicht groß genug sind, tritt die *Einschüchterung* auf, *Terrorismus*: insofern ist alles Strafen um der Abschreckung willen ein Zeichen, daß die positive, *ausströmende Tugend* der Mächtigen nicht groß genug ist: ein Zeichen der Skepsis an der eigenen Macht.

(344)

Die Weisen müssen das Monopol des *Geldmarktes* sich erwerben: darüber erhaben durch ihre Lebensweise und Ziele, und richtunggebend für den Reichtum –: es ist absolut nötig, daß die höchste Intelligenz ihm die Richtung gibt.

(345)

Die neue Erziehung hat zu *verhindern*, daß die Menschen *einer* ausschließlichen Neigung verfallen und zum Organ werden gegenüber der natürlichen Tendenz zur Arbeitsteilung. Es sollen die herrschenden, überschauenden Wesen geschaffen werden, die dem Spiel des Lebens zuschauen und es *mitspielen*, bald hier, bald dort, ohne *allzu heftig* hineingerissen zu werden. Ihnen muß schließlich die *Macht* zufallen, ihnen wird sie anvertraut, weil sie keinen heftigen, ausschließlich auf *ein* Ziel gerichteten Gebrauch davon machen. Zunächst gibt man ihnen das Geld in die Hand zum Zwecke der Erziehung (die ersten Erzieher müssen sich selber erziehen!), dann, weil Geld in ihren Händen am sichersten ist (überall sonst wird es verbraucht für *überheftige*, *einseitige* Tendenzen). So bildet sich eine neue regierende Kaste.

(346)

Neue Form der Gemeinschaft: sich kriegerisch behauptend. Sonst wird der Geist matt. Keine »Gärten« und bloßes »Ausweichen vor den Massen«. Krieg (aber ohne Pulver!) zwischen verschiedenen Gedanken! und deren Heeren!

Neuer Adel, durch Züchtung. Die Gründungsfeste von Familien.

(347)

Die dummen Moralisten haben immer die *Veredelung* angestrebt, *ohne* zugleich die Basis zu wollen: die *leibliche Veradlung* (durch eine »vornehme« Lebensweise, otium, Herrschen, Ehrfurcht usw., durch edelvornehme Umgebung von Mensch *und* Natur); endlich: sie haben ans Individuum gedacht und *nicht* an die Fortdauer des Edlen durch Zeugung. Kurzsichtig! Nur für dreißig Jahre und nicht länger!

(348)

Aristokratismus. Die Herdentierideale – jetzt gipfelnd als *höchste Wertansetzung* der »Sozietät«: Versuch, ihr einen kosmischen, ja metaphysischen Wert zu geben. – Gegen sie verteidige ich den *Aristokratismus*.

Eine Gesellschaft, welche in sich jene *Rücksicht* und *Delikatesse* in bezug auf Freiheit bewahrt, muß sich als Ausnahme fühlen und sich gegenüber eine Macht haben, gegen welche sie sich abhebt, gegen welche sie feindselig ist und herabblickt.

Je mehr ich Recht abgebe und mich gleichstelle, um so mehr gerate ich unter die Herrschaft der Durchschnittlichsten, endlich der Zahlreichsten. Die Voraussetzung, welche eine aristokratische Gesellschaft in sich hat, um zwischen ihren Mitgliedern den hohen Grad von Freiheit zu erhalten, ist die extreme Spannung, welche aus dem Vorhandensein des *entgegengesetzten* Triebes bei allen Mitgliedern entspringt: des Willens zur Herrschaft ...

Wenn ihr die starken Gegensätze und Rangverschiedenheiten

wegschaffen wollt, so schafft ihr die starke Liebe, die hohe Gesinnung, das Gefühl des Für-sich-seins auch ab.

Zur *wirklichen* Psychologie der Freiheits- und Gleichheitssozietät. – Was *nimmt ab*?
   Der Wille zur *Selbstverantwortlichkeit*, Zeichen des Niedergangs der Autonomie; die *Wehr-* und *Waffentüchtigkeit*, auch im Geistigsten: die Kraft, zu kommandieren; der Sinn der *Ehrfurcht*, der Unterordnung, des Schweigenkönnens; die *große Leidenschaft*, die große Aufgabe, die Tragödie, die Heiterkeit.

(349)
Erster Satz *meiner* Moral: Man soll keine *Zustände* erstreben, weder sein Glück, noch seine Ruhe, noch seine Herrschaft über sich. Der *Zustand* soll immer nur comes, nie dux virtutis sein! Warum? – Auch nicht »das Ideal« –, sondern *jede kleine und große Handlung* so erhaben und schön wie möglich und auch sichtbar ausführen! *Die Art und Weise soll uns unterscheiden!*

(350)
Wer viel siegt, muß viel Gegner gehabt haben. Alle unsere Kräfte wollen fortwährend kämpfen. Die Moral will: *zu allererst Gegner! und Krieg!*

(351)
»Das Paradies ist unter dem Schatten der Schwerter« – auch ein Symbolon und Kerbholzwort, an dem sich Seelen vornehmer und kriegerischer Abkunft verraten und erraten.

(352)
»*Geradezu stoßen die Adler.*« – Die Vornehmheit der Seele ist nicht am wenigsten an der prachtvollen und stolzen Dummheit zu erkennen, mit der sie *angreift*, – »geradezu«.

(353)
Morphologie der Selbstgefühle

Erster Gesichtspunkt: Inwiefern die *Mitgefühle* und *Gemeinschaftsgefühle* die niedrigere, die vorbereitende Stufe sind, zur Zeit, wo das Personalselbstgefühl, die Initiative der Wertsetzung im Einzelnen noch gar nicht möglich ist.
   Zweiter Gesichtspunkt: Inwiefern die *Höhe des Kollektivselbstgefühls*, der Stolz auf die Distanz des Clans, das Sich-ungleichfühlen, die Abneigung gegen Vermittlung, Gleichberechtigung, Versöhnung eine Schule des *Individual-Selbstgefühls* ist: namentlich insofern sie den Einzelnen zwingt, den Stolz des Ganzen zu *repräsentieren*: – er muß reden und handeln mit einer extremen

Achtung vor sich, insofern er die Gemeinschaft in Person darstellt. Insgleichen wenn das Individuum sich als *Werkzeug und Sprachrohr der Gottheit* fühlt.

Dritter Gesichtspunkt: Inwiefern diese Formen der *Entselbstung* tatsächlich der Person eine ungeheure Wichtigkeit geben: insofern höhere Gewalten sich ihrer bedienen: religiöse Scheu vor sich selbst Zustand des Propheten, Dichters.

Vierter Gesichtspunkt: Inwiefern die Verantwortlichkeit für das Ganze dem Einzelnen einen weiten Blick, eine strenge und furchtbare Hand, eine Besonnenheit und Kälte, eine Großartigkeit der Haltung und Gebärde *anerzieht* und *erlaubt*, welche er nicht um seiner selbst willen sich zugestehen würde.

In summa: Die Kollektivselbstgefühle sind die große Vorschule der Personal-*Souveränität*. Der vornehme Stand ist der, welcher die Erbschaft dieser Übung macht.

(354)

Das *vornehme* Aussehen entsteht dadurch, daß der Körper, mehrere Geschlechter hindurch, *Muße* hatte, um allen Anforderungen des Stolzes gemäß sich zu bewegen: nicht also durch die Bewegungen eines Handwerks oder um gemeinen Gesellen zu befehlen, gezwungen und gewöhnt wurde, gemeine und erniedrigende Gesten oder Töne hervorzubringen: gemein, d. h. nicht unserem Individuum und seinem Stolze angemessen. Wenn der Stolz sehr hoch ging, ins Geistigste, so entsteht englische Majestät, Güte und Größe gemischt: denn der höchste Stolz beugt sich väterlich und gütig zu den anderen und versteht sich nicht anders als herrschend und fürsorgend. – An unseren politischen parvenus fehlt eben dies: Man glaubt nicht an ihr *natürliches*, *eingeborenes* Herrschen und Fürsorgen für andere.

(355)

Die Herrscher lieben die Kunst, weil sie *Abbilder von sich* wollen.

(356)

Der »*Ehrbegriff*«: beruhend auf dem Glauben an »gute Gesellschaft«, an ritterliche Hauptqualitäten, an die Verpflichtung, sich fortwährend zu repräsentieren. Wesentlich: daß man sein Leben nicht wichtig nimmt; daß man unbedingt auf respektvollste Manieren hält seitens aller, mit denen man sich berührt (zum mindesten soweit sie nicht zu »*uns*« gehören); daß man weder vertraulich noch gutmütig, noch lustig, noch bescheiden ist, außer inter pares; daß man *sich immer repräsentiert*.

(357)

Die feine höfische Kultur unter Ludwig XIV. hatte in vielen

Stücken den Stoizismus nötig; viele Empfindungsstürme mußte man ins Herz verschließen, viele Müdigkeit verhehlen, vielen Schmerz mit Heiterkeit bedecken. Unseren bequemen Mitmenschen würde diese Lebensart zu streng sein.

(358)

»*Seinem Gefühle folgen?*« – Daß man, einem generösen Gefühle *nachgebend*, sein Leben in Gefahr bringt und unter dem Impuls eines Augenblicks: das ist wenig wert und charakterisiert nicht einmal. In der Fähigkeit dazu sind sich alle gleich – und in der Entschlossenheit dazu übertrifft der Verbrecher, Bandit und Korse einen honetten Menschen gewiß.

Die höhere Stufe ist: auch diesen Andrang bei sich zu überwinden und die heroische Tat *nicht* auf Impulse hin zu tun, – sondern kalt, raisonnable, ohne das stürmische Überwallen von Lustgefühl dabei... Dasselbe gilt vom Mitleid: es muß erst habituell durch die raison *durchgesiebt* sein; im anderen Falle ist es so gefährlich wie irgendein Affekt.

Die *blinde Nachgiebigkeit* gegen einen Affekt, sehr gleichgültig, ob es ein generöser und mitleidiger oder feindseliger ist, ist die Ursache der *größten Übel*.

Die Größe des Charakters besteht nicht darin, daß man diese Affekte nicht besitzt, – im Gegenteil, man hat sie im furchtbarsten Grade; aber daß man sie am Zügel führt... und auch das noch ohne Lust an dieser Bändigung, sondern bloß weil...

(359)

Was ist *vornehm*?

– Die Sorgfalt im Äußerlichsten, insofern diese Sorgfalt abgrenzt, fernhält, vor Verwechslung schützt.

– Der frivole Anschein in Wort, Kleidung, Haltung, mit dem eine stoische Härte und Selbstbezwingung sich vor aller unbescheidenen Neugierde schützt.

– Die langsame Gebärde, auch der langsame Blick. Es gibt nicht zuviel wertvolle Dinge: und diese kommen und wollen von selbst zu dem Wertvollen. Wir bewundern schwer.

– Das Ertragen der Armut und der Dürftigkeit, auch der Krankheit.

– Das Ausweichen vor kleinen Ehren, und Mißtrauen gegen jeden, welcher leicht lobt: denn der Lobende glaubt daran, daß er verstehe, was er lobe: verstehen aber – Balzac hat es verraten, dieser typisch Ehrgeizige – comprendre c'est égaler.

– Unser Zweifel an der Mitteilbarkeit des Herzens geht in die Tiefe; die Einsamkeit nicht als gewählt, sondern als gegeben.

– Die Überzeugung, daß man nur gegen seinesgleichen Pflichten hat, gegen die anderen sich nach Gutdünken verhält; daß nur inter pares auf Gerechtigkeit zu hoffen (leider noch lange nicht zu rechnen) ist.

– Die Ironie gegen die »Begabten«, der Glaube an den Geburtsadel auch im Sittlichen.

– Immer sich als den fühlen, der Ehren zu *vergeben* hat: während nicht häufig sich jemand findet, der ihn ehren dürfte.

– Immer verkleidet: je höherer Art, um so mehr bedarf der Mensch des Inkognitos. Gott, wenn es einen gäbe, dürfte, schon aus Anstandsgründen, sich nur als Mensch in der Welt bezeigen.

– Die Fähigkeit zum otium, der unbedingten Überzeugung, daß ein Handwerk in jedem Sinne zwar nicht schändet, aber sicherlich entadelt. Nicht »Fleiß« im bürgerlichen Sinne, wie hoch wir ihn auch zu ehren und zur Geltung zu bringen wissen, oder wie jene unersättlich gackernden Künstler, die es wie die Hühner machen, gackern und Eier legen und wieder gackern.

– Wir beschützen die Künstler und Dichter und wer irgendworin Meister ist: aber als Wesen, die höherer Art *sind* als diese, welche nur etwas *können*, als die bloß »produktiven Menschen«, verwechseln wir uns nicht mit ihnen.

– Die Lust an den *Formen*: das Inschutznehmen alles Förmlichen, die Überzeugung, daß Höflichkeit eine der großen Tugenden ist; das Mißtrauen gegen alle Arten des Sichgehenlassens, eingerechnet alle Preß- und Denkfreiheit, weil unter ihnen der Geist bequem und tölpelhaft wird und die Glieder streckt.

– Das Wohlgefallen an den *Frauen*, als an einer vielleicht kleineren, aber feineren und leichteren Art von Wesen. Welches Glück, Wesen zu begegnen, die immer Tanz und Torheit und Putz im Kopfe haben! Sie sind das Entzücken aller sehr gespannten und tiefen Mannsseelen gewesen, deren Leben mit großer Verantwortlichkeit beschwert ist.

– Das Wohlgefallen an den Fürsten und Priestern, weil sie den Glauben an eine Verschiedenheit der menschlichen Werte selbst noch in der Abschätzung der Vergangenheit zum mindesten symbolisch und im ganzen und großen sogar tatsächlich aufrechterhalten.

– Das Schweigenkönnen: aber darüber kein Wort vor Hörern.

– Das Ertragen langer Feindschaften: der Mangel an der leichten Versöhnlichkeit.

– Der Ekel am Demagogischen, an der »Aufklärung«, an der »Gemütlichkeit«, an der pöbelhaften Vertraulichkeit.

– Das Sammeln kostbarer Dinge, die Bedürfnisse einer hohen und wählerischen Seele; nichts gemein haben wollen. *Seine* Bücher, *seine* Landschaften.
– Wir lehnen uns gegen schlimme und gute Erfahrungen auf und verallgemeinern nicht so schnell. Der einzelne Fall: Wie ironisch sind wir gegen den einzelnen Fall, wenn er den schlechten Geschmack hat, sich als Regel zu gebärden!
– Wir lieben das Naive und die Naiven, aber als Zuschauer und höhere Wesen; wir finden Faust ebenso naiv als sein Gretchen. Wir schätzen die Guten gering, als Herdentiere: wir wissen, wie unter den schlimmsten, bösartigsten, härtesten Menschen oft ein unschätzbarer Goldtropfen von Güte sich verborgen hält, welcher alle bloße Gutartigkeit der Milchseelen überwiegt.
– Wir halten einen Menschen unserer Art nicht widerlegt durch seine Laster noch durch seine Torheiten. Wir wissen, daß wir schwer erkennbar sind und daß wir alle Gründe haben, uns Vordergründe zu geben.

(360)

Man muß es in aller Tiefe nachempfinden, *welche* Wohltat das Weib ist.

(361)

Was ist vornehm? – Daß man sich beständig zu repräsentieren hat. Daß man Lagen sucht, wo man beständig Gebärden nötig hat. Daß man das Glück der *großen Zahl* überläßt: Glück als Frieden der Seele, Tugend, comfort, englisch-engelhaftes Krämertum à la Spencer. Daß man instinktiv für sich schwere Verantwortungen sucht. Daß man sich überall Feinde zu schaffen weiß, schlimmstenfalls noch aus sich selbst. Daß man der *großen Zahl* nicht durch Worte, sondern durch Handlungen beständig widerspricht.

(362)

Die großen Selbstbewunderungen und die großen Selbstverachtungen und -verkleinerungen gehören zueinander: der Mystiker, der sich bald Gott, bald Wurm fühlt. Was hier *fehlt*, ist das *Selbstgefühl*. Es scheint mir, daß *Bescheidenheit* und *Stolz* eng zueinander gehören und nur Urteile je nachdem, wohin man blickt. Das Gemeinsame ist: der kalte, sichere Blick der Schätzung in beiden Fällen. Es gehört übrigens zur guten Diät, nicht unter Menschen zu leben, mit denen man sich gar nicht vergleichen darf, sei es aus Bescheidenheit, sei es aus Stolz. Diese Diät ist eine aristokratische Diät. *Gewählte* Gesellschaft – lebende und tote.

(363)

Die oberste Kaste hat, als die vollkommene, auch das Glück darzustellen: deshalb ist nichts unangemessener als der *Pessimismus* und die *Entrüstung*... Kein Zorn, keine Entgegnung im Schlimmen –, die Askese nur als Mittel zu höherem Glück, zur Erlösung von vielem.

Die oberste Klasse hat ein *Glück* aufrechtzuerhalten, um den Preis, den unbedingten Gehorsam, jede Art von Härte, Selbstbezwingung und Strenge gegen sich darzustellen, – sie will als die ehrwürdigste Art Mensch empfunden werden, auch als die bewundernswerteste: folglich kann sie nicht jede Art Glück brauchen. –

(364)

Die starken Rassen, solange sie noch reich und überreich an Kraft sind, haben den Mut dazu, die Dinge zu sehn, wie sie sind: *tragisch*...

(365)

Die *jasagenden* Affekte: – der Stolz, die Freude, die Gesundheit, die Liebe der Geschlechter, die Feindschaft und der Krieg, die Ehrfurcht, die schönen Gebärden, Manieren, der starke Wille, die Zucht der hohen Geistigkeit, der Wille zur Macht, die Dankbarkeit gegen Erde und Leben – alles, was reich ist und abgeben will und das Leben beschenkt und vergoldet und verewigt und vergöttlicht – die ganze Gewalt *verklärender* Tugenden, alles Gutheißende, Jasagende, Jatuende –

(366)

Sinn der Religion: die *Mißratenen* und Unglücklichen sollen *erhalten* werden und durch Verbesserung der Stimmung (Hoffnung, Furcht) vom Selbstmord abgehalten werden.

Oder bei den Vornehmen: ein Überschuß von *Dankbarkeit* und *Erhebung*, welcher zu *groß* ist, als daß er einem Menschen dargebracht werden könnte.

(367)

Die *Lust* tritt auf, wo Gefühl der Macht.

Das *Glück*: in dem herrschend gewordnen Bewußtsein der Macht und des Siegs.

Der *Fortschritt*: die Verstärkung des Typus, die Fähigkeit zum großen Wollen: alles andere ist Mißverständnis, Gefahr.

(368)

Bei der *Schönheit* bleibt das Auge an der Oberfläche stehn. Aber es muß Schönheit noch in jedem inneren Vorgange des Leibes geben: alle seelische Schönheit ist nur ein Gleichnis und etwas *Oberflächliches gegen diese Menge* von tiefen Harmonien.

(369)

Viertes Problem: Wie weit der »*Wille zum Schönen*« reicht? – Rücksichtslose Entwicklung der Formen: die schönsten sind nur die stärksten: als die siegreichen halten sie sich fest und werden ihres Typus froh; Fortpflanzung (Platos Glaube, daß selbst Philosophie eine Art sublimer Geschlechts- und Zeugetrieb sei).

(370)

Eine Rasse, wie irgendein organisches Gebilde, kann nur wachsen oder zugrunde gehn: es gibt keinen Stillstand. Eine Rasse, die nicht zugrunde gegangen, ist eine Rasse, die immerfort gewachsen ist. Vielleicht gilt auch hier, daß Wachsen soviel wie Vollkommnerwerden heißt. Die Dauer ihres Daseins entschiede dann über die *Höhe* ihrer Entwicklung: die älteste müßte die höchste sein.

6. Bildung als Selbstgestaltung

(371)

Ich würde aus meinem idealen Staate die sogenannten »Gebildeten« hinaustreiben, wie Plato die Dichter: dies ist mein Terrorismus.

(372)

Gegen das Streben nach »allgemeiner Bildung«: vielmehr zu suchen nach wahrer, tiefer und seltener Bildung, also nach *Verengerung* und Konzentration der Bildung: als Gegengewicht gegen den Journalisten.

Auf Verengerung der Bildung führt jetzt die Arbeitsteilung der Wissenschaft und die Fachschule hin. Bis jetzt ist allerdings die Bildung nur *schlechter* geworden. Der fertig gewordene Mensch ganz abnorm. Die Fabrik herrscht. Der Mensch wird Schraube.

(373)

Gebildet nennen wir den, der ein Gebilde geworden ist, eine Form bekommen hat: Gegensatz der Form ist hier das Ungestaltete, Gestaltlose, ohne *Einheit*.

(374)

Die Bildung ist nicht notwendig eine *begriffliche*, sondern vor allem eine *anschauende* und richtig *wählende*: wie der Musiker richtig im Finstern greift.

(375)

Wir sind Gestalten schaffende Wesen gewesen, lange bevor wir *Begriffe* schufen.

(376)

Im Gelehrtsein liegt ein Widerspruch mit der Einheit der Bildung.

(377)

Weisheit unabhängig vom Wissen der Wissenschaft.

Jetzt allein zu hoffen auf die Klassen der niedern ungelehrten Menschen. Die gelehrten und gebildeten Stände sind preiszugeben. Damit auch die Priester, die nur jene Stände verstehen und ihnen angehören. Die Menschen, die noch wissen, was Not ist, werden auch fühlen, was ihnen Weisheit sein kann. Die größte Gefahr ist, wenn die ungelehrten Klassen mit der Hefe der jetzigen Bildung angesteckt werden.

Wenn jetzt ein Luther entstünde, so würde er gegen die ekelhafte Gesinnung der besitzenden Klassen sich erheben, gegen ihre Dummheit und Gedankenlosigkeit, daß sie gar nichts von der Gefahr wittern.

Wo suchen wir das Volk!

Die Bildung wird täglich geringer, weil die Hast größer wird.

(378)

Die Entstehung des Denkers und die Gefahren, an denen eine solche Entstehung gewöhnlich ihr Ende findet:

1. Die Eltern wollen ihresgleichen aus ihm machen. 2. Man gewöhnt ihn an Beschäftigungen, die ihm die Kraft und die Zeit zum Denken wegnehmen; Berufe usw. 3. Man erzieht ihn zu einer kostspieligen Lebensweise, der er nun wieder viel Kraft zuwenden muß, um die Mittel dazu zu schaffen. 4. Man gewöhnt ihn an Freuden, welche die des Denkens farblos erscheinen lassen, und an eine Stimmung der Unbehaglichkeit in Gegenwart der Denker und ihrer Werke. 5. Der Geschlechtstrieb will ihn antreiben, sich mit einem Weibe zu verbinden und fürderhin für die *Kinder* zu leben – nicht mehr für sich selber. 6. Seine Begabung bringt Ehren mit sich: und diese führen ihn zu einflußreichen Personen, welche ein Interesse haben, aus ihm ein Werkzeug zu machen. 7. Die Lust an Erfolgen in einer Wissenschaft macht ihn von den weiteren Zielen abtrünnig: er bleibt an den Mitteln kleben und vergißt den Zweck. – Daraus lassen sich die Maximen der Erziehung des unabhängigen Denkers ableiten. Und Vorschriften, um diese Vorschriften *aufs wirksamste* einzuprägen (namentlich *Entfernung* von der Gefahr, *Zwang* zu denken durch *sonstige* Unbeschäftigung usw.). Mir liegt an der *Erhaltung meiner Art*!!

(379)

Ich betrachte die griechische Moralität als die höchste bisherige:

was mir damit bewiesen ist, daß sie den *leiblichen* Ausdruck auf das Höchste bisher gebracht hat. *Dabei* aber meine ich die tatsächliche *Volksmoralität*, – *nicht* die von den *Philosophen vertretene*. Mit Sokrates beginnt der *Niedergang der Moral*: es sind lauter Einseitigkeiten in den verschiedenen Systemen, die ehemals Glieder eines Ganzen waren, – es ist das *auseinandergefallene ältere Ideal*. Dazu kommt der vorherrschend plepejische Charakter: es sind Menschen ohne Macht, Beiseitegestellte, Gedrückte usw.

In der neueren Zeit hat die italienische Renaissance den Menschen am höchsten gebracht: »*Der Florentiner*« – aus ähnlichen Gründen. Man sieht auch da die *einzelnen Bedingungen*, *neben* den vollkommenen und *ganzen* Menschen, wie *Bruchstücke*: z. B. »der Tyrann« ist ein solches Bruchstück: der Kunstliebhaber.

Vielleicht war der Provençale schon ein solcher Höhepunkt in Europa – *sehr reiche*, vielartige, doch von sich beherrschte Menschen, die sich ihrer Triebe nicht schämten.

(380)

Eine Moral war bisher zu allermeist der Ausdruck eines konservativen Willens zur Züchtung einer gleichen Art, mit dem Imperativ: »Es soll allem Variieren vorgebeugt werden«; es soll der Genuß an der Art allein übrigbleiben. Hier werden eine Anzahl von Eigenschaften lange *festgehalten* und *großgezüchtet*, und andere geopfert; alle solche Moralen sind *hart* (in der Erziehung, in der Wahl des Weibes, überhaupt gegen die Rechte der Jugend usw.). Menschen mit wenigen, aber sehr starken und immer gleichen Zügen sind das Resultat. Diese Züge stehen in Beziehung zu den Grundlagen, auf denen solche Gemeinwesen sich durchsetzen und gegen ihre Feinde behaupten können.

Auf einmal reißt das Band und der Zwang einer solchen Zucht (es gibt zeitweilig keine Feinde mehr –): das Individuum hat keine solchen Schranken mehr, es schießt wild auf, ein ungeheures Zugrundegehn steht neben einem herrlichen, vielfachen, urwaldhaften Emporwachsen. Es entsteht für die neuen Menschen, in welche jetzt das *Verschiedenste* vererbt wird, eine Nötigung, sich selber eine *individuelle Gesetzgebung* zu machen, angemessen für ihre absonderlichen Bedingungen und *Gefahren*. Es erscheinen die Moral-Philosophen, welche gewöhnlich irgendeinen häufigeren Typus darstellen und mit ihrer disciplina einer bestimmten Art von Mensch Nutzen schaffen.

(381)

Ich wollte, man finge damit an, sich selbst zu *achten*: alles andere folgt daraus. Freilich hört man eben *damit* für die andern auf:

denn das gerade verzeihen sie am letzten. »Wie? Ein Mensch, der sich selbst achtet?« –

Das ist etwas anderes als der blinde Trieb, sich selbst zu *lieben*: Nichts ist gewöhnlicher, in der Liebe der Geschlechter wie in der Zweiheit, welche »Ich« genannt wird, als *Verachtung* gegen das, was man liebt: – der Fatalismus in der Liebe.

(382)

Ein kleiner tüchtiger Bursch wird ironisch blicken, wenn man ihn fragt: »Willst du tugendhaft werden?« – aber er macht die Augen auf, wenn man ihn fragt: »Willst du stärker werden als deine Kameraden?« –

Wie wird man stärker? – Sich langsam entscheiden; und zähe festhalten an dem, was man entschieden hat. Alles andere folgt.

Die *Plötzlichen* und die *Veränderlichen*: die beiden Arten der Schwachen. Sich nicht mit ihnen verwechseln; die Distanz fühlen – beizeiten!

Vorsicht vor den Gutmütigen! Der Umgang mit ihnen erschlafft. Jeder Umgang ist gut, bei dem die Wehr und Waffen, die man in den Instinkten hat, geübt werden. Die ganze Erfindsamkeit darin, seine Willenskraft auf die Probe zu stellen... *Hier* das Unterscheidende sehn, *nicht* im Wissen, Scharfsinn, Witz.

Man muß befehlen lernen, beizeiten, – ebensogut als gehorchen. Man muß Bescheidenheit, *Takt* in der Bescheidenheit lernen: nämlich auszeichnen, ehren, wo man bescheiden ist; ebenso mit Vertrauen – auszeichnen, ehren.

Was büßt man am schlimmsten? Seine Bescheidenheit; seinen eigensten Bedürfnissen kein Gehör geschenkt zu haben; sich verwechseln; sich niedrig nehmen; die Feinheit des Ohrs für seine Instinkte einbüßen; – dieser *Mangel an Ehrerbietung* gegen sich rächt sich durch jede Art von *Einbuße*: Gesundheit, Freundschaft, Wohlgefühl, Stolz, Heiterkeit, Freiheit, Festigkeit, Mut. Man vergibt sich später diesen Mangel an echtem Egoismus nie: man nimmt ihn als Einwand, als Zweifel an einem wirklichen ego.

(383)

Entwickle alle deine Kräfte – aber das heißt: entwickle die Anarchie! Geh zugrunde!

(384)

Gegen alle wilden Energien *wehren* wir uns so lange, als wir sie nicht zu benutzen wissen (als Kraft), und so lange nennen wir sie *böse*. Nachher aber nicht mehr! Frage: Wie macht man Verbrechen nützlich? Wie macht man seine eigene Wildheit nützlich?

(385)

Selbstüberwindung und *alle Tugend* hat gar keinen Sinn außer als Mittel zur Ausbildung der *herrschenden Kraft*.

(386)

Man hat immer nur *eine* Tugend – oder keine.

(387)

Ich will den Menschen die *Ruhe* wiedergeben, ohne welche keine Kultur werden und bestehen kann. Ebenso die *Schlichtheit*.
 Ruhe, Einfachheit und Größe!
 Auch im Stil ein Abbild dieses Strebens, als Resultat der konzentriertesten Kraft meiner Natur.

(388)

Geschmack – nicht Nutzen – gibt den Wert.

(389)

Die »*Reinigung des Geschmacks*« kann nur die Folge einer *Verstärkung* des Typus sein. Unsre Gesellschaft von heute *repräsentiert* nur die Bildung; der Gebildete *fehlt*. Der große *synthetische Mensch* fehlt: in dem die verschiedenen Kräfte zu *einem* Ziele unbedenklich ins Joch gespannt sind. Was wir haben, ist der *vielfache* Mensch, das interessanteste Chaos, das es vielleicht bisher gegeben hat: aber *nicht* das Chaos *vor* der Schöpfung der Welt, sondern hinter ihr: – *Goethe* als schönster Ausdruck des Typus *(– ganz und gar kein Olympier!)*.

(390)

Händel, Leibniz, Goethe, Bismarck – für die *deutsche starke Art* charakteristisch. Unbedenklich zwischen Gegensätzen lebend, voll jener geschmeidigen Stärke, welche sich vor Überzeugungen und Doktrinen hütet, indem sie eine gegen die andere benutzt und sich selber die Freiheit vorbehält.

(391)

Haupttendenzen: 1. Die Liebe zum Leben, zum *eigenen* Leben auf *alle* Weise pflanzen! *Was* auch jeder Einzelne *dafür* erdenkt, das wird der andere gelten lassen und eine neue große Toleranz dafür sich aneignen müssen: so sehr es oft wider seinen Geschmack geht, wenn der Einzelne wirklich die Freude am eigenen Leben mehrt!
 2. Eins sein in der *Feindschaft* gegen alles und alle, die den Wert des Lebens zu verdächtigen suchen: gegen die Finsterlinge und Unzufriedenen und Murrköpfe. Diesen die Fortpflanzung verwehren! Aber unsere Feindschaft muß selber ein Mittel zu unserer Freude werden! Also lachen, spotten, ohne Verbitterung vernichten! Dies ist unser *Todkampf*.
 Dies Leben – dein ewiges Leben!

(392)

Zur »Kur des Einzelnen«.

1. Er soll vom Nächsten und Kleinsten ausgehen und die ganze Abhängigkeit sich feststellen, in die hinein er geboren und erzogen ist.
2. Ebenso soll er den gewohnten Rhythmus seines Denkens und Fühlens, seine intellektuellen Bedürfnisse der Ernährung begreifen.
3. Dann soll er *Veränderung* aller Art versuchen, zunächst um die Gewohnheiten zu brechen (vielen Diätwechsel, mit feinster Beobachtung).
4. Er soll sich geistig an seine Widersacher einmal anlehnen, er soll ihre Nahrung zu essen versuchen. Er soll *reisen*, in jedem Sinne. In dieser Zeit wird er »unstet und flüchtig« sein. Von Zeit zu Zeit soll er über seinen Erlebnissen *ruhen* – und verdauen.
5. Dann kommt das Höhere: der Versuch, ein Ideal zu *dichten*. Dies geht dem noch Höheren voraus – ebendies Ideal zu leben.
6. Er muß durch eine Reihe von Idealen hindurch.

(393)

Unser »Geist« samt Gefühlen und Empfindungen ist ein *Werkzeug*, welches einem vielköpfigen und vielspältigen Herrn zu Diensten ist: dieser »Herr« sind unsere Wertschätzungen. Unsre Wertschätzungen aber verraten etwas davon, was unsre *Lebens-Bedingungen* sind (zum kleinsten Teil die Bedingungen der Person, zum weiteren die der Gattung »Mensch«, zum größten und weitesten die Bedingungen, unter denen überhaupt Leben möglich ist.

(394)

Dein böses Gewissen in dir: das ist die Stimme deiner ältesten Vorvordern, die dir zuredet. »Erbsünde«, mein Freund, das ist gewißlich ein Beweis deiner Erbtugend.

(395)

In wessen Vorfahren die Liebe eine wichtige Angelegenheit war, der wird es spüren, wenn er verliebt ist, und sich, zu seinem Erstaunen vielleicht, so benehmen, wie seine Vorfahren es getrieben haben: es *fängt schwerlich einer eine veritable Passion an*, – sondern auch Leidenschaften müssen erzogen und angezüchtet werden, die Liebe so gut wie die Herrschsucht und der Egoismus.

(396)

Ich wehre mich dagegen, Vernunft und Liebe, Gerechtigkeit und Liebe voneinander zu trennen oder gar sich entgegenzustellen und der Liebe den höheren Rang zu geben! Liebe ist comes bei

Vernunft und Gerechtigkeit, sie ist die Freude an der Sache, Lust an ihrem Besitz, Begierde, sie ganz zu besitzen und in ihrer ganzen Schönheit, – *die ästhetische* Seite der Gerechtigkeit und Vernunft, ein Nebentrieb.

Nachdem wir *Vernunft und Gerechtigkeit haben,* müssen wir die Leitern *zerbrechen,* die uns dazu führten; es ist die traurige Pflicht, daß diese höchsten Ergebnisse uns zwingen, gleichsam die Eltern und Voreltern vor Gericht zu laden. *Gegen die Vergangenheit gerecht sein, sie wissen wollen, in aller Liebe!* Hier wird unsere Vornehmheit auf die höchste Probe gestellt! Ich merke es, wer mit rachsüchtigem Herzen vom Christentum redet – das ist gemein.

(397)

Saugt eure Lebenslagen und Zufälle aus – und geht dann in andere über! Es genügt nicht, *ein* Mensch zu sein, wenn es gleich der notwendige Anfang ist! Es hieße zuletzt doch, euch aufzufordern, beschränkt zu werden! Aber aus einem in einen anderen übergehen und eine *Reihe von Wesen* durchleben!

(398)

Willst du ein allgemeines gerechtes Auge werden? So mußt du es als einer, der durch *viele* Individuen gegangen ist und dessen letztes Individuum alle früheren als Funktionen *braucht.*

(399)

Hauptlehre: Auf jeder Stufe es zur Vollkommenheit und zum *Wohlgefühl* bringen, – *nicht* springen!

(400)

In der Tugend keine *Sprünge*! Aber für jeden einen anderen Weg! Doch nicht zum Höchsten jeder! Wohl aber kann jeder eine *Brücke* und *Lehre* sein für die *andern*!

(401)

Und wie viele neue *Ideale* sind im Grunde noch möglich! – Hier ein kleines Ideal, das ich alle fünf Wochen einmal auf einem wilden und einsamen Spaziergang erhasche, im azurnen Augenblick eines frevelhaften Glücks. Sein Leben zwischen zarten und absurden Dingen verbringen; der Realität fremd; halb Künstler, halb Vogel und Metaphysikus; ohne Ja und Nein für die Realität, es sei denn, daß man sie ab und zu in der Art eines guten Tänzers mit den Fußspitzen anerkennt; immer von irgendeinem Sonnenstrahl des Glücks gekitzelt; ausgelassen und ermutigt selbst durch Trübsal – denn Trübsal *erhält* den Glücklichen –; einen kleinen Schwanz von Posse auch noch dem Heiligsten anhängend; – dies, wie sich von selbst versteht, das Ideal eines schweren, zentnerschweren Geistes, eines *Geistes der Schwere*.

(402)

Die »höhere Vernunft« in der *Klage* ist, daß der Mensch einen Schmerz immer noch *vertieft*: daß er nicht zu schnell ihn fahren läßt, – um so *höhere* Kräfte zieht er dann heran, der plastische Bildner seiner selber!

(403)

Es ist nichts, hart sein wie ein Stoiker: mit der Unempfindlichkeit hat man sich losgelöst. Man muß den Gegensatz in sich haben – die zarte Empfindung *und* die Gegenmacht, nicht zu verbluten, sondern jedes Unglück wieder plastisch »zum Besten zu wenden«.

(404)

Der starke Mensch, mächtig in den Instinkten einer starken Gesundheit, verdaut seine Taten ganz ebenso, wie er die Mahlzeiten verdaut; er wird mit schwerer Kost selbst fertig; in der Hauptsache aber führt ihn ein unversehrter und strenger Instinkt, daß er nichts tut, was ihm widersteht, sowenig er etwas ißt, das ihm nicht schmeckt.

(405)

Krieg gegen die weichliche Auffassung der »*Vornehmheit*«! – ein Quantum Brutalität mehr ist nicht zu erlassen, sowenig als eine Nachbarschaft zum Verbrechen. Auch die »Selbstzufriedenheit« ist *nicht* darin; man muß abenteuerlich auch zu sich stehen, versucherisch, verderberisch, – nichts von Schönseelen-Salbaderei –. Ich will einem *robusteren Ideale* Luft machen.

(406)

Die typischen Selbstgestaltungen. Oder: die acht Hauptfragen.
1. Ob man sich vielfacher haben will oder einfacher?
2. Ob man glücklicher werden will oder gleichgültiger gegen Glück und Unglück?
3. Ob man zufriedner mit sich werden will oder anspruchsvoller und unerbittlicher?
4. Ob man weicher, nachgebender, menschlicher werden will oder »unmenschlicher«?
5. Ob man klüger werden will oder rücksichtsloser?
6. Ob man ein Ziel erreichen will oder allen Zielen ausweichen (wie es z. B. der Philosoph tut, der in jedem Ziele eine Grenze, einen Winkel, ein Gefängnis, eine Dummheit riecht)?
7. Ob man geachteter werden will oder gefürchteter? Oder *verachteter*?
8. Ob man Tyrann oder Verführer oder Hirt oder Herdentier werden will?

5. Kapitel
Der kommende Humanismus

1. Die Wiedergewinnung des antiken Bodens

(407)

Keine Ungeduld! Der Übermensch ist unsre nächste Stufe! *Dazu*, zu dieser Beschränkung, gehört *Mäßigkeit* und *Männlichkeit*.

Den Menschen über sich hinaussteigern, gleich den Griechen, – nicht unleibliche Phantasmata. Der höhere Geist an einen schwächlichen, nervösen Charakter gebunden – ist zu beseitigen. Ziel: Höherbildung des ganzen *Leibes*, und nicht nur des Gehirns!

(408)

Die ganze *Ehrfurcht*, die wir bisher in die Natur gelegt haben, müssen wir auch empfinden lernen bei der Betrachtung des *Leibes*.

(409)

Wir sind keine Christen mehr: wir sind dem Christentum entwachsen, nicht weil wir ihm zu ferne, sondern weil wir ihm zu nahe gewohnt haben, mehr noch, weil wir *aus* ihm gewachsen sind, – es ist unsre strengere und verwöhntere Frömmigkeit selbst, die uns heute *verbietet*, noch Christen zu sein. –

(410)

Zu demonstrieren, inwiefern die griechische Religion die *höhere* war als die jüdisch-christliche. Letztere siegte, weil die griechische Religion selber entartet (*zurück*gegangen) war.

(411)

Wir wenigen oder vielen, die wir wieder in einer *entmoralisierten* Welt zu leben wagen, wir *Heiden* dem Glauben nach: wir sind wahrscheinlich auch die ersten, die es begreifen, was ein *heidnischer Glaube* ist: – sich höhere Wesen, als der Mensch ist, vorstellen müssen, aber diese *jenseits* von Gut und Böse; alles Höhersein auch als *Unmoralischsein* abschätzen müssen. Wir glauben an den Olymp – und *nicht* an den »Gekreuzigten«.

(412)

Ihr nennt es die Selbstzersetzung Gottes: es ist aber nur seine Häutung: – er zieht seine moralische Haut aus! Und ihr sollt ihn bald wiedersehen, jenseits von Gut und Böse.

(413)

Die antike Philosophie hatte den Menschen als *Zweck* der Natur im Auge.

Die christliche Theologie dachte die Erlösung des Menschen als *Zweck* der göttlichen Vorsehung.

(414)

Das Griechentum hat für uns den Wert wie die Heiligen für die Katholiken.

(415)

Alle philosophischen Systeme sind *überwunden*; die Griechen strahlen in größerem Glanze als je, zumal die Griechen vor Sokrates.

(416)

Man erkennt die *Überlegenheit* des griechischen Menschen, des Renaissance-Menschen an, – aber man möchte ihn ohne seine Ursachen und Bedingungen haben.

(417)

Es ist wahr, der Humanismus und die Aufklärung haben das Altertum als Bundesgenossen ins Feld geführt: und so ist es natürlich, daß die Gegner des Humanismus das Altertum anfeinden. Nur war das Altertum des Humanismus ein schlecht erkanntes und ganz gefälschtes: reiner gesehn ist es ein Beweis *gegen* den Humanismus, gegen die grundgütige Menschennatur usw. Die Bekämpfer des Humanismus sind im Irrtum, wenn sie das Altertum mitbekämpfen: sie haben da einen starken Bundesgenossen.

(418)

Das Menschliche der Hellenen liegt in einer gewissen Naivität, in der bei ihnen der Mensch sich zeigt, Staat, Kunst, Sozietät, Kriegs- und Völkerrecht, Geschlechtsverkehr, Erziehung, Partei; es ist genau das Menschliche, das sich überall bei allen Völkern zeigt, aber bei ihnen in einer Unmaskiertheit und Inhumanität, daß es zur Belehrung nicht zu entbehren ist.

(419)

Wenn man von *Humanität* redet, so liegt die Vorstellung zugrunde, es möge das sein, was den Menschen von der Natur *abscheidet* und auszeichnet. Aber eine solche Abscheidung gibt es in Wirklichkeit nicht: die »natürlichen« Eigenschaften und die eigentlich »menschlich« genannten sind untrennbar verwachsen. Der Mensch, in seinen höchsten und edelsten Kräften, ist ganz Natur und trägt ihren unheimlichen Doppelcharakter an sich. Seine furchtbaren und als unmenschlich geltenden Befähigungen sind vielleicht sogar der fruchtbare Boden, aus dem allein alle Humanität, in Regungen, Taten und Werken, hervorwachsen kann.

(420)

»*Einfach und natürlich*« zu sein ist das höchste und letzte Ziel der Kultur! Inzwischen wollen wir uns bestreben, uns zu binden und zu formen, damit wir zuletzt vielleicht ins Einfache und Schöne zurückkommen. Es ist ein so toller Widerspruch in unsrer Schätzung der Griechen und unsrer Befähigung für deren Stil und Leben. Fast ist es unmöglich gemacht, auf einer der unteren und niederen Stufen des Stils stehenzubleiben (was doch so nötig wäre!), weil das Wissen um das Höhere und Bessere so mächtig ist, daß man gar nicht mehr den Mut hat, das Geringere auch nur zu *können*. Hier ist die größte Gefahr der Historie.

(421)

Es hängt so viel von der Entwicklung der griechischen Kultur ab, da unsre ganze abendländische Welt daher ihre Antriebe bekommen hat: das Verhängnis wollte, daß das jüngere und entartete Griechentum am meisten historische Kraft gezeigt hat. Darüber ist das ältere Griechentum immer falsch beurteilt worden. Das jüngere muß man genau kennen, um es von dem älteren zu unterscheiden. Es gibt noch sehr viele Möglichkeiten, die noch gar nicht entdeckt sind: weil die Griechen sie nicht entdeckt haben. Andere haben die Griechen *entdeckt* und später wieder *verdeckt*.

(422)

Eine Kultur, welche der griechischen nachläuft, kann nichts *erzeugen*. Wohl kann der Schaffende überall her entlehnen und sich nähren. Und so werden wir auch nur als Schaffende etwas von den Griechen haben können.

(423)

Auf immer *trennt* uns von der *alten Kultur*, daß ihre *Grundlage* durch und durch für uns hinfällig geworden ist. Eine Kritik der Griechen ist insofern zugleich eine Kritik des Christentums, denn die Grundlage im Geisterglauben, im religiösen Kultus, in der Naturverzauberung ist dieselbe. – Es gibt jetzt noch zahlreiche *rückständige* Stufen, aber sie sind schon im Begriff zu *verfallen*.

Dies wäre eine Aufgabe, das Griechentum als unwiederbringlich zu kennzeichnen und damit auch das Christentum und die bisherigen Fundamente unsrer Sozietät und Politik.

(424)

Ich ehre *Michelangelo* höher als Raffael, weil er – durch alle christlichen Schleier und Befangenheiten seiner Zeit hindurch – das Ideal einer *vornehmeren* Kultur gesehen hat, als es die christlich-raffaelische ist: während Raffael treu und bescheiden nur die ihm gegebenen Wertschätzungen verherrlichte und keine weitersuchenden, sehnsüchtigen Instinkte in sich trug. Michelangelo aber sah und empfand das Problem des Gesetzgebers von neuen Werten: ebenso das Problem des Siegreich-Vollendeten, der erst nötig hatte, auch »den Helden in sich« zu überwinden: den zuhöchst gehobenen Menschen, der auch über sein Mitleiden erhaben ward und erbarmungslos das ihm Unzugehörige zerschmettert und vernichtet, – glänzend und in ungetrübter Göttlichkeit. Michelangelo war, wie billig, nur in Augenblicken so hoch und so außerhalb seiner Zeit und des christlichen Europas: zumeist verhielt er sich kondeszendent gegen das Ewig-Weibliche am Christentum; ja es scheint, daß er zuletzt gerade vor diesem zerbrach und das Ideal seiner höchsten Stunden *aufgab*. Es war nämlich ein Ideal, dem nur der Mensch der stärksten und höchsten Lebensfülle gewachsen sein kann, nicht aber ein altgewordner Mann! Im Grunde hätte er ja das Christentum von seinem Ideale aus vernichten müssen! Aber dazu war er nicht Denker und Philosoph genug. – *Lionardo da Vinci* hat vielleicht allein von jenen Künstlern einen wirklich überchristlichen Blick gehabt. Er kennt »das Morgenland«, das inwendige so gut als das äußere. Es ist etwas Über-Europäisches und Verschwiegenes an ihm, wie es jeden auszeichnet, der einen zu großen Umkreis von guten und schlimmen Dingen gesehn hat.

(425)

Die vorletzten Jahrhunderte lehnten die Gotik als eine Barbarei ab (der Gote war damals synonym mit dem Barbaren), das vorletzte Jahrhundert lehnte Homer ab. Darin liegt ein *Geschmack*: ein starker Wille zu *seinem* Ja und *seinem* Nein. Die Fähigkeit, Homer wieder genießen zu können, ist vielleicht die größte Errungenschaft des europäischen Menschen, – aber sie ist teuer genug bezahlt.

(426)

Goethes vornehme Isoliertheit – es bedarf für die Höchstgebornen eine Art Burgen- und Raubrittertum. Ich will mich Napoleons annehmen: er gehört in seiner Verachtung der »christlichen Tugenden« und der ganzen moralischen Hypokrisie zum Altertum (Thukydides). Friedrich der Große vielleicht, – aber als Deutscher zu sehr Mensch der Hintergedanken mit Hinter-*Seelen*.

(427)

Gegen den Kontrast von *sentimentalisch* und *naiv* wäre einzuwenden: daß gerade unsere Gegenwart jene frostig-klare und nüchterne Atmosphäre hat, in der der Mythus nicht gedeiht, die Luft des Historischen – während die Griechen in der dämmerigen Luft des Mythischen lebten und dafür in ihren Dichtungen, im Kontrast klar und linienbestimmt sein konnten: da wir die Dämmerung in der Kunst suchen, weil das Leben zu hell ist. Damit stimmt, daß *Goethe* die Stellung des Menschen in der Natur und die umgebende Natur selbst geheimnisvoller, rätselhafter und dämonischer nahm als seine Zeitgenossen, um so mehr aber in der Helligkeit und scharfen Bestimmtheit des Kunstwerkes ausruhte.

(428)

Solche, welche das Alter, gleich einem edlen Weine, immer geistiger und süßer macht – Menschen wie Goethe und Epikur – denken auch an ihre erotischen Erlebnisse zurück.

(429)

Die Deutschen sind vielleicht nur in ein *falsches* Klima geraten! – Es ist etwas an ihnen, das *hellenisch* sein könnte, – das erwacht bei der Berührung mit dem *Süden* – Winckelmann, Goethe, Mozart. Zuletzt: wir sind noch ganz *jung*. Unser letztes Ereignis ist immer noch *Luther*, unser einziges Buch immer noch die *Bibel*. Die Deutschen haben noch niemals »moralisiert«. – Auch die Nahrung der Deutschen war ihr Verhängnis: die Philisterei.

2. Griechische Vornehmheit

(430)

Die Vornehmheit (γενναῖος soviel wie »naiv«!): das *instinktive* Handeln und Urteilen gehört zur *guten* Art; das Sich-selber-Annagen und -Zersetzen ist unnobel.

(431)

Die wahre Quelle hoher Empfindungen ist in der Seele der Mächtigen. Selbstzeugnis der Freude an sich und seinem Tun ist der *Ursprung* aller Wertschätzungen, – Glaube an sich.

(432)

Gesunder, gewandter Körper, reiner und tiefer Sinn in der Betrachtung des Allernächsten, freie Männlichkeit, Glauben an gute Rasse und gute Erziehung, kriegerische Tüchtigkeit, Eifersucht im ἀριστεύειν, Lust an den Künsten, Ehre der freien Muße, Sinn für freie Individuen, für das Symbolische.

(433)

Der Hellene ist weder Optimist noch Pessimist. Er ist wesentlich *Mann*, der das Schreckliche wirklich schaut und es sich nicht verhehlt.

(434)

Griechisch die *zunehmende* Härte: Sinnen-Kraft; Schamlosigkeit; das Unhistorische; Wettkampf; Gefühl *gegen* das Barbarische; Haß des Unbestimmten, Ungeformten, der Wölbung; die Schlichtheit der Lebensweise; Götter *schaffen*, als seine höhere Gesellschaft.

(435)

Die Wohltaten, die wir empfangen, sind bedenklicher als alle Unglücke: man will Macht auf uns ausüben. – Es sollte zu den Vorrechten gehören, wohlzutun. Die griechische Empfindung, welche das »Zurückgeben-*können*« streng nahm, war vornehm.

(436)

Nichts annehmen, wogegen wir nichts zurückzugeben haben, und die *Scham und Lust* bei allem Guten, das wir erfahren, – ist vornehm. »Sich lieben lassen« ist gemein.

(437)

Eigentlich gibt es bei der *vornehmen* Moral kein »Schlechtes«: »das Böse« aber hat immer noch etwas Ehrfurcht- oder Mitgefühl-Einflößendes.

(438)

Die Frau bei den Griechen von Homer bis Perikles immer mehr *zurückgedrängt*: dies gehört zur Kultur der Griechen, – eine gewisse Gewalt geübt *gegen* die weichen, milden Gefühle. Ausbrechen der Gegenströmung, z. B. Pythagoras und die Tiere. Der Schwache, Leidende, Arme, – es gibt Sklavenaufstände, die Armut treibt zum Äußersten (Thukydides). *Sonst* sind alle großen Verbrechen die des Bösen aus *Stärke*.

(439)

Die Schlichtheit im Leben, Kleiden, Wohnen, Essen, zugleich als *Zeichen des höchsten Geschmacks*: die höchsten Naturen bedürfen des Besten, *daher* ihre Schlichtheit! Die üppigen, bequemen Menschen, ebenso die prunkvollen, sind lange nicht so unabhängig: sie haben an sich selber auch keine so ausreichende Gesellschaft. (Inwiefern der stoische Weise und noch mehr der Mönch ein *Exzeß* ist, eine barbarische *Übertreibung* – –)

(440)

Man denkt an die Asketik wie an etwas Übermenschliches und vergißt dabei, daß zu jeder antiken Moral, selbst zur epikureischen, eine Asketik gehörte.

(441)

Αἰδώς ist die Regung und Scheu, nicht Götter, Menschen und ewige Gesetze zu verletzen: also der Instinkt der *Ehrfurcht* als habituell bei dem Guten, – eine Art *Ekel* vor der *Verletzung* des Ehrwürdigen.

Die griechische Abneigung gegen das *Übermaß* (in der Hybris), gegen die Überschreitung *seiner* Grenzen, ist *sehr vornehm* – und *altadelig*! Es ist die Verletzung des Aidos ein schrecklicher Anblick für den, welcher an Aidos gewöhnt ist.

(442)

Die Geschlechtlichkeit, die Herrschsucht, die Lust am Schein und am Betrügen, die große freudige Dankbarkeit für das Leben und seine typischen Zustände – das ist am heidnischen Kultus wesentlich und hat das gute Gewissen auf seiner Seite. – Die *Unnatur* (schon im griechischen Altertum) kämpft gegen das Heidnische an, als Moral, Dialektik.

(443)

Grunddifferenz des Altertums: die Geschlechtlichkeit religiös *verehrt*; und folglich auch die Werkzeuge.

(444)

Die Lehre μηδὲν ἄγαν wendet sich an Menschen mit überströmender Kraft, – nicht an die Mittelmäßigen. Die ἐγκράτεια und ἄσκησις ist nur eine *Stufe* der Höhe: höher steht die »goldene Natur«.

»*Du sollst*« – unbedingter Gehorsam bei Stoikern, in den Orden des Christentums und der Araber, in der Philosophie Kants (es ist gleichgültig, ob einem Oberen oder einem Begriff).

Höher als »Du sollst« steht: »*Ich will*« (die Heroen); höher als »Ich will« steht: »*Ich bin*« (die Götter der Griechen).

Die barbarischen Götter drücken nichts von der Lust am *Maß* aus, – sind weder einfach, noch leicht, noch maßvoll.

(445)

Die Wurzel alles Üblen: daß die sklavische Moral der Demut, Keuschheit, Selbstlosigkeit, absoluten Gehorsams, *gesiegt* hat – die herrschenden Naturen wurden dadurch 1. zur Heuchelei, 2. zur Gewissensqual verurteilt, – die schaffenden Naturen fühlten sich als Aufrührer gegen Gott, unsicher und gehemmt durch die ewigen Werte.

Die Barbaren zeigten, daß *Maßhalten-können* bei ihnen nicht zu Hause war: sie fürchteten und verlästerten die Leidenschaften und Triebe der Natur: ebenso der Anblick der herrschenden Cäsaren und Stände. Es entstand andrerseits der Verdacht, daß alle *Mäßigung* eine Schwäche sei oder Alt- und Müdewerden (– so hat La Rochefoucauld den Verdacht, daß »Tugend« ein schönes Wort sei bei solchen, welchen das Laster keine Lust mehr mache). Das Maßhalten selber war als Sache der Härte, Selbstbezwingung, Askese geschildert, als Kampf mit dem Teufel usw. Das natürliche *Wohlgefallen* der ästhetischen Natur am Maße, der *Genuß am Schönen des Maßes* war *übersehen* oder *verleugnet*, weil man eine *anti*-eudämonistische Moral wollte.

Der Glaube an die *Lust* im *Maßhalten* fehlte bisher – diese Lust des Reiters auf feurigem Rosse! – Die Mäßigkeit schwacher Naturen mit der Mäßigung der starken verwechselt!

In summa: Die besten Dinge sind *verlästert* worden, weil die Schwachen oder die unmäßigen Schweine ein schlechtes Licht darauf warfen – und die besten Menschen sind *verborgen geblieben* – und haben sich oft selber *verkannt*.

(446)

Wenn zwei organische Wesen zusammenstoßen, wenn es *nur* Kampf gäbe um das Leben oder die Ernährung: wie? Es muß den Kampf um des Kampfes willen geben, und *Herrschen* ist: das Gegengewicht der schwächeren Kraft ertragen, – also eine Art *Fortsetzung* des Kampfes. *Gehorchen* ebenso ein *Kampf*: soviel Kraft eben zum Widerstehen *bleibt*.

(447)

Ich schreibe für eine Gattung Menschen, welche noch nicht vorhanden ist: für die »Herren der Erde«.

Die Religionen als Tröstungen, Abschirrungen *gefährlich*: der Mensch glaubt sich nun *ausruhn* zu dürfen.

Im Theages Platos steht es geschrieben: »Jeder von uns möchte Herr womöglich aller Menschen sein, am liebsten *Gott*.« *Diese* Gesinnung muß wieder dasein.

Engländer, Amerikaner und Russen – – – –

(448)

Eine Periode, wo die alte Maskerade und Moralaufputzung der Affekte Widerwillen macht: *die nackte Natur*; wo die *Machtquantitäten* als *entscheidend* einfach zugestanden werden (als *rangbestimmend*); wo der *große Stil* wieder auftritt, als Folge der *großen Leidenschaft*.

3. Der klassische Typus

(449)

Wenn ein griechischer Künstler sich seine Zuhörer oder Zuschauer vor die Seele stellte, so dachte er nicht an die Frauen (weder an die Mädchen, wie deutsche Romanschriftsteller, noch an die jungen Frauen, wie alle französischen Romanschriftsteller, noch an die alten, wie die englischen Romanschriftsteller), auch dachte er nicht an das »Volk«, an die große Masse, welche arbeitend und schwitzend die Straßen und Werkstätten seiner Vaterstadt füllte: ich meine die Sklaven; er vergaß ganz die Bauern ringsumher sowie die Fremden und zeitweilig Angesiedelten seines Heimwesens: sondern allein jene hundert oder tausend von regierenden Männern standen vor ihm, die eigentliche Bürgerschaft seines Ortes, also eine sehr kleine Minderheit der Einwohnerschaft, ausgezeichnet durch eine gleiche Erziehung und ähnliche Ansprüche in allen Dingen. Der Blick auf eine so feste und gleichartige Größe gab allen seinen Schriften eine sichere *Kulturperspektive*: etwas, das heutzutage z. B. allen fehlt, die an den Zeitungen arbeiten.

(450)

Was die Dichter einer vornehmen Kultur, wie z. B. Corneille, von sich wollten. Denn diese hatten ihren Genuß und Ehrgeiz daran, ihre vielleicht noch stärker gearteten Sinne mit dem *Begriffe* zu überwältigen und gegen die brutalen Ansprüche von Farben, Tönen und Gestalten einer feinen, hellen Geistigkeit zum Siege zu verhelfen: womit sie, wie mich dünkt, auf der Spur der großen Griechen waren, so wenig sie gerade davon gewußt haben mögen. Genau das, was unserem plump sinnlichen und naturalistischen Geschmack von heute Mißbehagen an den Griechen und den älteren Franzosen macht, war die *Absicht* ihres künstlerischen Wollens, – auch ihr Triumph: denn sie bekämpften und besiegten gerade den »Sinnenpöbel«, dem zu einer Kunst zu verhelfen der Ehrgeiz unserer Dichter, Maler und Musiker ist.

(451)

Für drei gute Dinge in der Kunst haben »Massen« niemals Sinn gehabt: für Vornehmheit, für Logik und für Schönheit – pulchrum est paucorum hominum –: um nicht von einem noch besseren Dinge, *vom großen Stile* zu reden.

(452)

Der große Stil besteht in der Verachtung der kleinen und kurzen Schönheit, ist ein Sinn für Weniges und Langes.

(453)

Die Größe eines Musikers mißt sich nicht nach den schönen Gefühlen, die er erregt – das glauben die Weiber –: sie mißt sich nach der Spannkraft seines Willens, nach der Sicherheit, mit der das Chaos seinem Befehl gehorcht und Form wird, nach der Notwendigkeit, welche seine Hand in eine Abfolge von Formen legt. Die Größe eines Musikers – mit einem Worte – wird gemessen an seiner Fähigkeit zum großen Stil.

(454)

Wir sollen uns von einer Kunst losmachen, die ihre Früchte zu teuer verkauft. Hält es ein Künstler nicht in der hellen, guten Luft aus, muß er, um seine Phantasie zu schwängern, in die Nebelhöhlen und Vorhöllen hinein, gut: wir folgen nicht.

(455)

Musik« – und der große Stil. – Die Größe eines Künstlers bemißt sich nicht nach den »schönen Gefühlen«, die er erregt: das mögen die Weiblein glauben. Sondern nach dem Grade, in dem er sich dem großen Stile nähert, in dem er fähig ist des großen Stils. Dieser Stil hat das mit der großen Leidenschaft gemein, daß er es verschmäht, zu gefallen; daß er es vergißt, zu überreden; daß er befiehlt; daß er *will*... Über das Chaos Herr werden, das man ist; sein Chaos zwingen, Form zu werden: logisch, einfach, unzweideutig, Mathematik, *Gesetz* werden – das ist hier die große Ambition. – Mit ihr stößt man zurück; nichts reizt mehr die Liebe zu solchen Gewaltmenschen, – eine Einöde legt sich um sie, ein Schweigen, eine Furcht wie vor einem großen Frevel... Alle Künste kennen solche Ambitiöse des großen Stils: warum fehlen sie in der Musik? Noch niemals hat ein Musiker gebaut wie jener Baumeister, der den Palazzo Pitti schuf... Hier liegt ein Problem. Gehört die Musik vielleicht in jene Kultur, wo das Reich aller Gewaltmenschen schon zu Ende ging? Widerspräche zuletzt der Begriff großer Stil schon der Seele der Musik, – dem »Weibe« in unsrer Musik?...

Ich berühre hier eine Kardinalfrage: Wohin gehört unsre ganze Musik? Die Zeitalter des klassischen Geschmacks kennen nichts ihr Vergleichbares. Sie ist aufgeblüht, als die Renaissancewelt ihren Abend erreichte, als die »Freiheit« aus den Sitten und selbst aus den Menschen davon war: – gehört es zu ihrem Charakter, Gegenrenaissance zu sein? Ist sie die Schwester des Barockstils, da sie jedenfalls seine Zeitgenossin ist? Ist Musik, moderne Musik, nicht schon décadence?...

Ich habe schon früher einmal den Finger auf diese Frage gelegt: ob unsre Musik nicht ein Stück Gegenrenaissance in der Kunst ist? ob sie nicht die Nächstverwandte des Barockstils ist?

ob sie nicht im Widerspruch zu allem klassischen Geschmack gewachsen ist, so daß sich in ihr jede Ambition der Klassizität von selbst verböte?

Auf diese Wertfrage ersten Ranges würde die Antwort nicht zweifelhaft sein dürfen, wenn die Tatsache richtig abgeschätzt worden wäre, daß die Musik ihre höchste Reife und Fülle als *Romantik* erlangt –, noch einmal als Reaktionsbewegung gegen die Klassizität.

Mozart – eine zärtliche und verliebte Seele, aber ganz achtzehntes Jahrhundert, auch noch in seinem Ernste... Beethoven der erste große Romantiker, im Sinne des *französischen* Begriffs Romantik, wie Wagner der letzte große Romantiker ist... beides instinktive Widersacher des klassischen Geschmacks, des strengen Stils, – um vom »großen« hier nicht zu reden.

(456)

Zukünftiges. – *Gegen die Romantik der großen »Passion«.* – Zu begreifen, wie zu jedem »klassischen« Geschmack ein Quantum Kälte, Luzidität, Härte hinzugehört: Logik vor allem, Glück in der Geistigkeit, »drei Einheiten«, Konzentration, Haß gegen Gefühl, Gemüt, esprit, Haß gegen das Vielfache, Unsichere, Schweifende, Ahnende so gut als gegen das Kurze, Spitze, Hübsche, Gütige. Man soll nicht mit künstlerischen Formeln spielen: man soll das Leben umschaffen, daß es sich nachher formulieren *muß*.

Es ist eine heitere Komödie, über die erst jetzt wir lachen lernen, die wir jetzt erst *sehen*: daß die Zeitgenossen Herders, Winckelmanns, Goethes und Hegels in Anspruch nahmen, das *klassische Ideal wieder entdeckt zu haben*... und zu gleicher Zeit Shakespeare! – Und dasselbe Geschlecht hatte sich von der klassischen Schule der Franzosen auf schnöde Art losgesagt! Als ob nicht das Wesentliche so gut hier- wie dorther hätte gelernt werden können!... Aber man wollte die »Natur«, die »Natürlichkeit«: o Stumpfsinn! Man glaubte, die Klassizität sei eine Art Natürlichkeit!

Ohne Vorurteil und Weichlichkeit zu Ende denken, auf welchem Boden ein klassischer Geschmack wachsen kann. Verhärtung, Vereinfachung, Verstärkung, Verböserung des Menschen: so gehört es zusammen. Die logisch-psychologische Vereinfachung. Die Verachtung des Komplexen, des Ungewissen.

Die Romantiker in Deutschland protestierten *nicht* gegen den Klassizismus, sondern gegen Vernunft, Aufklärung, Geschmack, achtzehntes Jahrhundert.

Die Sensibilität der romantisch-Wagnerschen Musik: Gegensatz der *klassischen Sensibilität*.

Der Wille zur Einheit (weil die Einheit tyrannisiert: nämlich die Zuhörer, Zuschauer), aber Unfähigkeit, *sich* in der Hauptsache zu tyrannisieren: nämlich in Hinsicht auf das Werk selbst (auf Verzichtleisten, Kürzen, Klären, Vereinfachen). Die Überwältigung durch Massen (Wagner, Victor Hugo, Zola, Taine).

(457)

Ob nicht hinter dem Gegensatz von *klassisch* und *romantisch* der Gegensatz des Aktiven und Reaktiven verborgen liegt? –

(458)

Was ist Romantik? – In Hinsicht auf alle ästhetischen Werte bediene ich mich jetzt dieser Grundunterscheidung: ich frage in jedem einzelnen Falle: »Ist hier der Hunger oder der Überfluß schöpferisch geworden?« Von vornherein möchte sich eine andre Unterscheidung besser zu empfehlen scheinen – sie ist bei weitem augenscheinlicher – nämlich die Unterscheidung, ob das Verlangen nach Starrwerden, Ewigwerden, nach »*Sein*« die Ursache des Schaffens ist oder aber das Verlangen nach Zerstörung, nach Wechsel, nach *Werden*. Aber beide Arten des Verlangens erweisen sich, tiefer angesehn, noch als zweideutig, und zwar deutbar eben nach jenem vorangestellten und mit Recht, wie mich dünkt, *vorgezogenen* Schema.

Das Verlangen nach Zerstörung, Wechsel, Werden *kann* der Ausdruck der übervollen, zukunftsschwangeren Kraft sein (mein Terminus dafür ist, wie man weiß, das Wort »dionysisch«); es kann aber auch der *Haß* der Mißratnen, Entbehrenden, Schlechtweggekommenen sein, der zerstört, zerstören *muß*, weil ihn das Bestehende, ja alles Bestehen, alles Sein selbst, empört und aufreizt.

»Verewigen« andrerseits kann einmal aus Dankbarkeit und Liebe kommen: – eine Kunst dieses Ursprungs wird immer eine Apotheosenkunst sein, dithyrambisch vielleicht mit Rubens, selig mit Hafis, hell und gütig mit Goethe und einen homerischen Glorienschein über alle Dinge breitend; – – es kann aber auch jener tyrannische Wille eines schwer Leidenden sein, welcher das Persönlichste, Einzelnste, Engste, die eigentliche Idiosynkrasie seines Leidens noch zum verbindlichen *Gesetz* und Zwang stempeln möchte und der an allen Dingen gleichsam Rache nimmt dadurch, daß er ihnen sein Bild, das Bild seiner Tortur aufdrückt, einzwängt, einbrennt. Letzteres ist romantischer Pessimismus in der ausdrucksvollsten Form; sei es als

Schopenhauersche Willensphilosophie, sei es als Wagnersche Musik.

(459)

Um *Klassiker* zu sein, muß man *alle* starken, anscheinend widerspruchsvollen Gaben und Begierden haben: aber so, daß sie miteinander unter *einem* Joche gehen; zur *rechten* Zeit kommen, um ein *Genus* von Literatur oder Kunst oder Politik auf seine Höhe und Spitze zu bringen (: nicht *nachdem* dies schon geschehen ist...): einen *Gesamtzustand* (sei es eines Volkes, sei es einer Kultur) in seiner tiefsten und innersten Seele widerspiegeln, zu einer Zeit, wo er noch besteht und noch nicht überfärbt ist von der Nachahmung des Fremden (oder noch abhängig ist...); kein reaktiver, sondern ein *schließender* und vorwärts führender Geist sein, ja sagend in allen Fällen, selbst mit seinem Haß.

»Es gehört dazu *nicht* der höchste persönliche Wert?«... Vielleicht zu erwägen, ob die moralischen Vorurteile hier nicht ihr Spiel spielen und ob große *moralische* Höhe nicht vielleicht an sich ein *Widerspruch* gegen das *Klassische* ist?... Ob nicht die moralischen Monstra notwendig *Romantiker* sein müssen, in Wort und Tat?... Ein solches Übergewicht *einer* Tugend über die anderen (wie beim moralischen Monstrum) steht eben der klassischen Macht im Gleichgewicht feindlich entgegen: gesetzt, man hätte diese Höhe und wäre trotzdem Klassiker, so dürfte dreist geschlossen werden, man besitze auch die Immoralität auf gleicher Höhe: dies vielleicht der Fall Shakespeare (gesetzt, daß es wirklich Lord Bacon ist).

(460)

Die Vermoralisierung der Künste. — Kunst als Freiheit von der moralischen Verengung und Winkeloptik; oder als Spott über sie. Die Flucht in die Natur, wo ihre *Schönheit* mit der *Furchtbarkeit* sich paart. Konzeption des *großen* Menschen.

— Zerbrechliche, unnütze Luxusseelen, welche ein Hauch schon trübe macht, »die *schönen* Seelen«.

— Die *verblichenen Ideale* aufwecken in ihrer schonungslosen Härte und Brutalität, als die prachtvollsten Ungeheuer, die sie sind.

— Ein frohlockender Genuß an der psychologischen Einsicht in die Sinuosität und Schauspielerei wider Wissen bei allen vermoralisierten Künstlern.

— Die *Falschheit* der Kunst, — ihre Immoralität ans Licht ziehen.

— Die »idealisierenden Grundmächte« (Sinnlichkeit, Rausch, überreiche Animalität) ans Licht ziehen.

(461)
Der Sinn und die Lust an der *Nuance* (– die eigentliche Modernität), an dem, was *nicht* generell ist, läuft dem Triebe entgegen, welcher seine Lust und Kraft im Erfassen des *Typischen* hat: gleich dem griechischen Geschmack der besten Zeit. Ein Überwältigen der Fülle des Lebendigen ist darin, das *Maß* wird Herr, jene *Ruhe* der starken Seele liegt zugrunde, welche sich langsam bewegt und einen Widerwillen vor dem allzu Lebendigen hat. Der allgemeine Fall, das Gesetz wird *verehrt* und *herausgehoben*; die Ausnahme wird umgekehrt beiseitegestellt, die Nuance weggewischt. Das Feste, Mächtige, Solide, das Leben, das breit und gewaltig ruht und seine Kraft birgt – das »*gefällt*«: d. h. das korrespondiert mit dem, was man von sich hält.

(462)
Im dionysischen Rausche ist die Geschlechtlichkeit und die Wollust; sie fehlt nicht im apollinischen. Es muß noch eine Tempoverschiedenheit in beiden Zuständen geben... Die *extreme Ruhe gewisser Rauschempfindungen* (strenger: die Verlangsamung des Zeit- und Raumgefühls) spiegelt sich gern in der Vision der ruhigsten Gebärden und Seelenarten. Der klassische Stil stellt wesentlich diese Ruhe, Vereinfachung, Abkürzung, Konzentration dar, – *das höchste Gefühl der Macht* ist konzentriert im klassischen Typus. Schwer reagieren: ein großes Bewußtsein: kein Gefühl von Kampf.

4. Was ist tragisch?

(463)
Die *Vergriechung* einmal darstellen als Roman. Rückwärts – auch die Sinnlichkeit immer höher, strenger. Endlich bis zur Offenbarung des Dionysischen. Entdeckung des *Tragischen*: »Bock und Gott.«

(464)
Wer die Tragödie *moralisch* genießt, der hat noch einige Stufen zu *steigen*.

(465)
Was ist tragisch? – Ich habe zu wiederholten Malen den Finger auf das große Mißverständnis des Aristoteles gelegt, als er in zwei *deprimierenden* Affekten, im Schrecken und im Mitleiden, die tragischen Affekte zu erkennen glaubte. Hätte er recht, so wäre die Tragödie eine lebensgefährliche Kunst: man müßte vor ihr wie vor etwas Gemeinschädlichem oder Anrüchigem warnen.

Die Kunst, sonst das große Stimulans des Lebens, ein Rausch am Leben, ein Wille zum Leben, würde hier, im Dienste einer Abwärtsbewegung, gleichsam als Dienerin des Pessimismus *gesundheitschädlich* (– denn daß man durch Erregung dieser Affekte sich von ihnen »purgiert«, wie Aristoteles zu glauben scheint, ist einfach nicht wahr). Etwas, das habituell Schrecken oder Mitleid erregt, desorganisiert, schwächt, entmutigt: – und gesetzt, Schopenhauer behielte recht, daß man der Tragödie die Resignation zu entnehmen habe (d. h. eine sanfte Verzichtleistung auf Glück, auf Hoffnung, auf Willen zum Leben), so wäre hiermit eine Kunst konzipiert, in der die Kunst sich selbst verneint. Tragödie bedeutete dann einen Auflösungsprozeß: der Instinkt des Lebens sich im Instinkt der Kunst selbst zerstörend. Christentum, Nihilismus, tragische Kunst, physiologische décadence: das hielte sich an den Händen, das käme zur selben Stunde zum Übergewicht, das triebe sich gegenseitig vorwärts – *abwärts*... Tragödie wäre ein Symptom des Verfalls.

Man kann diese Theorie in der kaltblütigsten Weise widerlegen: nämlich indem man vermöge des Dynamometers die Wirkung einer tragischen Emotion mißt. Und man bekommt als Ergebnis, was zuletzt nur die absolute Verlogenheit eines Systematikers verkennen kann: – daß die Tragödie ein *tonicum* ist. Wenn Schopenhauer hier nicht begreifen *wollte*, wenn er die Gesamtdepression als tragischen Zustand ansetzt, wenn er den Griechen (– die zu seinem Verdruß nicht »resignierten«...) zu verstehen gab, sie hätten sich nicht auf der Höhe der Weltanschauung befunden: so ist das parti pris, Logik des Systems, Falschmünzerei des Systematikers: eine jener schlimmen Falschmünzereien, welche Schopenhauer, Schritt für Schritt, seine ganze Psychologie verdorben hat (: er, der das Genie, die Kunst selbst, die Moral, die heidnische Religion, die Schönheit, die Erkenntnis und ungefähr alles willkürlich-gewaltsam mißverstanden hat).

(466)

Pessimismus in der Kunst? – Der Künstler liebt allmählich die Mittel um ihrer selbst willen, in denen sich der Rauschzustand zu erkennen gibt: die extreme Feinheit und Pracht der Farbe, die Deutlichkeit der Linie, die Nuance des Tons: das *Distinkte*, wo sonst, im Normalen, alle Distinktion fehlt. Alle distinkten Sachen, alle Nuancen, insofern sie an die extremsten Kraftsteigerungen erinnern, welche der Rausch erzeugt, wecken rückwärts dieses Gefühl des Rausches; – die Wirkung der Kunstwerke ist die *Erregung des kunstschaffenden Zustands*, des Rausches.

Das Wesentliche an der Kunst bleibt ihre Daseins*vollendung*, ihr Hervorbringen der Vollkommenheit und Fülle; Kunst ist wesentlich *Bejahung, Segnung, Vergöttlichung des Daseins*... Was bedeutet eine *pessimistische Kunst*? Ist das nicht eine contradictio? – Ja. – Schopenhauer *irrt*, wenn er gewisse Werke der Kunst in den Dienst des Pessimismus stellt. Die Tragödie lehrt *nicht* »Resignation«... Die furchtbaren und fragwürdigen Dinge darstellen ist selbst schon ein Instinkt der Macht und Herrlichkeit am Künstler: er fürchtet sie nicht... Es gibt keine pessimistische Kunst... Die Kunst bejaht. Hiob bejaht. – Aber Zola? Aber die Goncourts? – Die Dinge sind häßlich, die sie zeigen: aber *daß* sie dieselben zeigen, ist aus *Lust an diesem Häßlichen*... Hilft nichts! ihr betrügt euch, wenn ihr's anders behauptet. – Wie erlösend ist Dostojewskij!

(467)

Der tragische Künstler. – Es ist die Frage der *Kraft* (eines Einzelnen oder eines Volkes), *ob* und *wo* das Urteil »schön« angesetzt wird. Das Gefühl der Fülle, der *aufgestauten Kraft* (aus dem es erlaubt ist, vieles mutig und wohlgemut entgegenzunehmen, vor dem der Schwächling *schaudert*) – das *Macht*gefühl spricht das Urteil »schön« noch über Dinge und Zustände aus, welche der Instinkt der Ohnmacht nur als *hassenswert*, als »häßlich« abschätzen kann. Die Witterung dafür, womit wir ungefähr fertig werden würden, wenn es leibhaft entgegenträte, als Gefahr, Problem, Versuchung, – diese Witterung bestimmt auch noch unser ästhetisches Ja. (»Das ist schön« ist eine *Bejahung*.)

Daraus ergibt sich, ins Große gerechnet, daß die *Vorliebe für fragwürdige und furchtbare Dinge* ein Symptom für *Stärke* ist: während der Geschmack am *Hübschen und Zierlichen* den Schwachen, den Delikaten zugehört. Die *Lust* an der Tragödie kennzeichnet *starke* Zeitalter und Charaktere: ihr non plus ultra ist vielleicht die Divina Commedia. Es sind die *heroischen* Geister, welche zu sich selbst in der tragischen Grausamkeit ja sagen: sie sind hart genug, um das Leiden als *Lust* zu empfinden.

Gesetzt dagegen, daß die Schwachen von einer Kunst Genuß begehren, welche für sie nicht erdacht ist, was werden sie tun, um die Tragödie sich schmackhaft zu machen? Sie werden *ihre eigenen Wertgefühle* in sie hineininterpretieren: z. B. den »Triumph der sittlichen Weltordnung« oder die Lehre vom »Unwert des Daseins« oder die Aufforderung zur »Resignation« (– oder auch halb medizinische, halb moralische Affektausladungen à la Aristoteles). Endlich: die *Kunst des Furchtbaren*, insofern sie die

Nerven aufregt, kann als Stimulans bei den Schwachen und Erschöpften in Schätzung kommen: das ist heute z. B. der Grund für die *Schätzung* der Wagnerschen Kunst. Es ist ein Zeichen von *Wohl-* und *Machtgefühl*, wie weit einer den Dingen ihren furchtbaren und fragwürdigen Charakter zugestehen darf; und *ob* er überhaupt »Lösungen« am Schluß braucht.

Diese Art *Künstlerpessimismus* ist genau das *Gegenstück zum moralisch-religiösen Pessimismus*, welcher an der »Verderbnis« des Menschen, am Rätsel des Daseins leidet: dieser will durchaus eine Lösung, wenigstens eine Hoffnung auf Lösung. Die Leidenden, Verzweifelten, An-sich-Mißtrauischen, die Kranken mit einem Wort, haben zu allen Zeiten die entzückenden *Visionen* nötig gehabt, um es auszuhalten (der Begriff »Seligkeit« ist *dieses* Ursprungs). Ein verwandter Fall: die Künstler der décadence, welche im Grunde *nihilistisch* zum Leben stehen, *flüchten* in die *Schönheit der Form*, – in die *ausgewählten* Dinge, wo die Natur vollkommen ward, wo sie indifferent *groß* und *schön* ist... (– Die »Liebe zum Schönen« kann somit etwas anderes als das *Vermögen* sein, ein Schönes zu *sehen*, *das* Schöne zu *schaffen*: sie kann gerade der Ausdruck von *Unvermögen* dazu sein.)

Die überwältigenden Künstler, welche einen *Konsonanzton* aus jedem Konflikte erklingen lassen, sind die, welche ihre eigene Mächtigkeit und Selbsterlösung noch den Dingen zugute kommen lassen: sie sprechen ihre innerste Erfahrung in der Symbolik jedes Kunstwerkes aus, – ihr Schaffen ist Dankbarkeit für ihr Sein.

Die *Tiefe des tragischen Künstlers* liegt darin, daß sein ästhetischer Instinkt die ferneren Folgen übersieht, daß er nicht kurzsichtig beim Nächsten stehenbleibt, daß er die *Ökonomie im Großen* bejaht, welche das *Furchtbare*, *Böse*, *Fragwürdige* rechtfertigt, und nicht nur – rechtfertigt.

(468)

Ist die Kunst eine Folge des *Ungenügens am Wirklichen*? Oder ein Ausdruck der *Dankbarkeit über genossenes Glück*? Im ersten Falle *Romantik*, im zweiten Glorienschein und Dithyrambus (kurz *Apotheosenkunst*): auch Raffael gehört hierhin, nur daß er jene Falschheit hatte, den *Anschein* der christlichen Weltauslegung zu vergöttern. Er war dankbar für das Dasein, wo es *nicht* spezifisch christlich sich zeigte.

Mit der *moralischen* Interpretation ist die Welt unerträglich. Das Christentum war der Versuch, die Welt damit zu »überwinden«: d. h. zu verneinen. In praxi lief ein solches Attentat des Wahnsinns – einer wahnsinnigen Selbstüberhebung des Menschen angesichts der Welt – auf Verdüsterung, Verkleinlichung, Verarmung des Menschen hinaus: die mittelmäßigste und unschädlichste Art, die herdenhafte Art Mensch, fand allein dabei ihre Rechnung, ihre *Förderung*, wenn man will.

Homer als *Apotheosenkünstler*; auch Rubens. Die Musik hat noch keinen gehabt.

Die Idealisierung des *großen Frevlers* (der Sinn für seine *Größe*) ist griechisch; das Herunterwürdigen, Verleumden, Verächtlichmachen des Sünders ist jüdisch-christlich.

(469)

Die zwei Typen: Dionysos und der Gekreuzigte. – Festzustellen: ob der typische *religiöse* Mensch eine décadence-Form ist (die großen Neuerer sind samt und sonders krankhaft und epileptisch); aber lassen wir nicht da einen Typus des religiösen Menschen aus, den *heidnischen*? Ist der heidnische Kult nicht eine Form der Danksagung und der Bejahung des Lebens? Müßte nicht sein höchster Repräsentant eine Apologie und Vergöttlichung des Lebens sein? Typus eines wohlgeratenen und entzückt-überströmenden Geistes! Typus eines die Widersprüche und Fragwürdigkeiten des Daseins in sich hineinnehmenden und *erlösenden* Geistes!

Hierher stelle ich den *Dionysos* der Griechen: die religiöse Bejahung des Lebens, des ganzen, nicht verleugneten und halbierten Lebens (typisch – daß der Geschlechtsakt Tiefe, Geheimnis, Ehrfurcht erweckt).

Dionysos gegen den »Gekreuzigten«: da habt ihr den Gegensatz. Es ist *nicht* eine Differenz hinsichtlich des Martyriums, – nur hat dasselbe einen anderen Sinn. Das Leben selbst, seine ewige Fruchtbarkeit und Wiederkehr bedingt die Qual, die Zerstörung, den Willen zur Vernichtung. Im andern Falle gilt das Leiden, der »Gekreuzigte als der Unschuldige«, als Einwand gegen dieses Leben, als Formel seiner Verurteilung. – Man errät: das Problem ist das vom Sinn des Leidens: ob ein christlicher Sinn, ob ein tragischer Sinn. Im ersten Falle soll es der Weg sein zu einem heiligen Sein; im letzteren Fall gilt *das Sein als heilig genug*, um ein Ungeheures von Leid noch zu rechtfertigen. Der tragische Mensch bejaht noch das herbste Leiden: er ist stark, voll, vergöttlichend genug dazu; der christliche verneint noch das glücklichste Los auf Erden: er ist schwach, arm, enterbt genug, um in jeder Form noch am Leben zu leiden. Der Gott am Kreuz ist ein Fluch auf das Leben, ein Fingerzeig, sich von ihm zu erlösen; – der in Stücke geschnittene Dionysos ist eine *Verheißung* des Lebens: es wird ewig wiedergeboren und aus der Zerstörung heimkommen.

6. Kapitel
Die großen Einzelnen

(470)
Ich lehre: daß es höhere und niedere Menschen gibt, und daß ein Einzelner ganzen Jahrtausenden unter Umständen ihre Existenz rechtfertigen kann – d. h. ein voller, reicher, großer, ganzer Mensch in Hinsicht auf zahllose unvollständige Bruchstückmenschen.

(471)
Zur Rangordnung. – Was ist am typischen Menschen *mittelmäßig*? Daß er nicht die *Kehrseite der Dinge* als notwendig versteht: daß er die Übelstände bekämpft, wie als ob man ihrer entraten könne; daß er das eine nicht mit dem anderen hinnehmen will, – daß er den *typischen Charakter eines Dinges*, eines Zustandes, einer Zeit, einer Person verwischen und auslöschen möchte, indem er nur einen Teil ihrer Eigenschaften gutheißt und die andern *abschaffen* möchte. Die »Wünschbarkeit« der Mittelmäßigen ist das, was von uns anderen bekämpft wird: das *Ideal* gefaßt als etwas, an dem nichts Schädliches, Böses, Gefährliches, Fragwürdiges, Vernichtendes übrigbleiben soll. Unsere Einsicht ist die umgekehrte: daß mit jedem Wachstum des Menschen auch seine Kehrseite wachsen muß, daß der *höchste* Mensch, gesetzt daß ein solcher Begriff erlaubt ist, *der* Mensch wäre, welcher *den Gegensatzcharakter des Daseins* am stärksten darstellte, als dessen Glorie und einzige Rechtfertigung... Die gewöhnlichen Menschen dürfen nur ein ganz kleines Eckchen und Winkelchen dieses Naturcharakters darstellen: sie gehen alsbald zugrunde, wenn die Vielfachheit der Elemente und die Spannung der Gegensätze wächst, d. h. die Vorbedingung für die *Größe des Menschen*. Daß der Mensch besser *und* böser werden muß, das ist meine Formel für diese Unvermeidlichkeit...

Die meisten stellen den Menschen als Stücke und Einzelheiten dar: erst wenn man sie zusammenrechnet, so kommt ein Mensch heraus. Ganze Zeiten, ganze Völker haben in diesem Sinne etwas Bruchstückhaftes; es gehört vielleicht zur Ökonomie der Menschenentwicklung, daß der Mensch sich stückweise entwickelt. Deshalb soll man durchaus nicht verkennen, daß es sich trotzdem nur um das Zustandekommen des synthetischen Menschen handelt: daß die niedrigen Menschen, die ungeheure Mehrzahl bloß Vorspiele und Einübungen sind, aus deren Zusammenspiel hie und da der *ganze Mensch* entsteht, der Meilensteinmensch, welcher anzeigt, wie weit bisher die Menschheit vorwärts gekommen. Sie geht *nicht* in *einem* Striche vorwärts; oft geht der schon erreichte Typus wieder verloren (– wir haben z. B. mit aller Anspannung von drei Jahrhunderten noch nicht den *Menschen der Renaissance* wieder erreicht, und hinwiederum blieb der Mensch der Renaissance hinter dem *antiken Menschen* zurück).

(472)

Vorteil eines Abseits von seiner Zeit. – Abseits gestellt gegen die beiden Bewegungen, die individualistische und die kollektivistische Moral, – denn auch die erste kennt die Rangordnung nicht und will dem einen die gleiche Freiheit geben wie allen. Meine Gedanken drehen sich nicht um den Grad von Freiheit, der dem einen oder dem anderen oder allen zu gönnen ist, sondern um den Grad von *Macht*, den einer oder der andere über andere oder alle üben soll, resp. inwiefern eine Opferung von Freiheit, eine Versklavung selbst, zur Hervorbringung eines *höheren Typus* die Basis gibt. In gröbster Form gedacht: *Wie könnte man die Entwicklung der Menschheit opfern*, um einer höheren Art, als der Mensch ist, zum Dasein zu helfen? –

(473)

Sobald wir den Zweck des Menschen bestimmen wollen, stellen wir einen Begriff vom Menschen voran. Aber es gibt nur Individuen; aus den *bisher* bekannten kann der Begriff nur so gewonnen sein, daß man das Individuelle *abstreift*, – also den Zweck des Menschen aufstellen hieße die Individuen in ihrem Individuellwerden verhindern und sie heißen, *allgemein* zu werden. Sollte nicht umgekehrt jedes Individuum der Versuch sein, eine *höhere Gattung als den Menschen zu erreichen*, vermöge seiner individuellsten Dinge? Meine Moral wäre die, dem Menschen seinen Allgemeincharakter immer mehr zu *nehmen* und ihn zu spezialisieren, bis zu einem Grade unverständlicher für die anderen zu machen (und damit zum Gegenstand der Erlebnisse, des Staunens, der Belehrung für sie).

(474)

Kaum klingt es jetzt glaublich, daß *etwas Entgegengesetztes* auch als *gut* gelten will und gegolten hat – »ich« mehr und stärker sagen als die gewöhnlichen Menschen, sich selber gegen sie durchsetzen, sich stemmen gegen jeden Versuch, uns zum Werkzeug und Gliede zu machen, sich unabhängig machen, auf die Gefahr hin, die anderen sich zu unterwerfen oder zu opfern, wenn die

Unabhängigkeit nicht anders zu erreichen ist, einen Notzustand der Gesellschaft jenen billigen, ungefährlichen, einheitlichen Wirtschaften vorziehen und die kostspielige, verschwenderische, durchaus persönliche Art zu leben als Bedingung betrachten, damit »der Mensch« höher, mächtiger, fruchtbarer, kühner, ungewöhnlicher und seltener werde – damit die Menschheit *an Zahl abnehme und an Wert wachse.*

(475)

Diese Verherrlicher der Selektionszweckmäßigkeit (wie Spencer) glauben zu wissen, was *begünstigende Umstände* einer Entwicklung sind! und rechnen das *Böse* nicht dazu! Und was wäre denn ohne Furcht, Neid, Habsucht aus dem Menschen geworden! Er existierte nicht mehr: und wenn man sich den reichsten, edelsten und fruchtbarsten Menschen denkt, *ohne* Böses, – so denkt man einen Widerspruch. Von allen Seiten wohlwollend behandelt und selber wohlwollend – da müßte ein Genie *furchtbar* leiden, denn alle seine Fruchtbarkeit will egoistisch sich von den anderen nähren, sie beherrschen, aussaugen usw. Kurz, wenn jetzt der Tugendhafte an der Stärke des Egoismus leidet, so *dann* an der Stärke des Altruismus: alles Tun wird ihm vergällt, weil es seinem Haupthange *zuwiderläuft* und ihm böse vorkommt. Für sich etwas tun, beiseitebringen, schaffen – das wäre alles mit bösem Gewissen. *Lust* stellte sich ein, wenn man seine Schaffensgelüste zurückdrängte und *allgemein* empfände. Es wäre so auch ein schönes, ruhendes, von allen Seiten ernährtes und erblühendes Menschentum möglich, aber ein ganz anderes als *unser bestes* Menschentum, – für das auch einiges geltend zu machen ist.

Übrigens könnte man als Individuum dem ungeheuer langsamen Prozeß der Selektion *zuvorkommen*, in vielen Stücken, und vorläufig den Menschen in seinem Ziele zeigen – mein Ideal! Die ungünstigen Umstände *beiseitetun*, indem man *sich* beiseitetut (Einsamkeit), *Auswahl* der Einflüsse (Natur, Bücher, hohe Ereignisse), darüber nachzudenken! Nur wohlwollende Gegner im Gedächtnis behalten! Selbständige Freunde! Alle tieferen Stufen der Menschheit aus seinem Gesichtskreis bannen! Oder sie nicht sehen und hören wollen! Blindheit, Taubheit des Weisen!

(476)

Bevor wir ans Handeln denken dürfen, muß eine unendliche Arbeit getan sein. In der Hauptsache aber ist das *kluge Ausnützen* der gegebenen Lage wohl unsere beste, ratsamste Tätigkeit. Das wirkliche *Schaffen* solcher Bedingungen, wie sie der Zufall schafft, setzt *eiserne* Menschen voraus, die noch nicht gelebt haben. Zunächst das persönliche Ideal *durchsetzen* und *verwirklichen*!

Wer die Natur des Menschen, die *Entstehung seines Höchsten begriffen hat, schaudert vor dem Menschen und flieht alles Handeln*: Folge der vererbten Schätzungen!!

Daß die Natur des Menschen *böse* ist, ist mein Trost: es verbürgt die *Kraft*!

(477)

Die schwierigste und höchste Gestalt des Menschen wird am seltensten gelingen: so zeigt die Geschichte der Philosophie eine Überfülle von Mißratenen, von Unglücksfällen und ein äußerst langsames Schreiten; ganze Jahrtausende fallen dazwischen und erdrücken, was erreicht war; der Zusammenhang hört immer wieder auf. Das ist eine schauerliche Geschichte – die Geschichte des höchsten Menschen, des *Weisen*. – Am meisten geschädigt ist gerade das Gedächtnis der Großen, denn die Halbgeratenen und Mißratenen verkennen sie und besiegen sie durch »Erfolge«. Jedesmal, wo »die Wirkung« sich zeigt, tritt eine Masse Pöbel auf den Schauplatz; das Mitreden der Kleinen und der Armen im Geiste ist eine fürchterliche Ohrenmarter für den, der mit Schauder weiß, *daß das Schicksal der Menschheit am Geraten ihres höchsten Typus liegt*. – Ich habe von Kindesbeinen an über die Existenzbedingungen des Weisen nachgedacht und will meine feste Überzeugung nicht verschweigen, daß er jetzt in Europa wieder *möglich* wird – vielleicht nur für kurze Zeit.

(478)

Soviel habe ich begriffen: Wenn man das Entstehen großer und seltener Menschen abhängig gemacht hätte von der Zustimmung der vielen (einbegriffen, daß diese *wüßten*, welche Eigenschaften zur Größe gehören, und insgleichen, auf wessen Unkosten alle Größe sich entwickelt) – nun, es hätte nie einen bedeutenden Menschen gegeben!

Daß der Gang der Dinge *unabhängig* von der Zustimmung der allermeisten seinen Weg nimmt: daran liegt es, daß einiges Erstaunliche sich auf der Erde eingeschlichen hat.

(479)

Die Revolution, Verwirrung und Not der Völker ist das Geringere in meiner Betrachtung *gegen die Not der großen Einzelnen in ihrer Entwicklung*. Man muß sich nicht täuschen lassen: die vielen Nöte aller dieser *Kleinen* bilden zusammen keine *Summe*, außer im Gefühle von *mächtigen* Menschen. – An sich denken, in Augenblicken großer Gefahr: seinen Nutzen ziehn aus dem Nachteile vieler: – das kann bei einem sehr hohen Grade von Abweichung ein Zeichen *großen* Charakters sein, der über seine mitleidigen und gerechten Empfindungen Herr wird.

(480)

Erster Grundsatz: keine Rücksicht auf die Zahl: Die Masse, die Elenden und Unglücklichen gehen mich wenig an – sondern die *ersten und gelungensten Exemplare*, und daß sie *nicht aus Rücksicht für die Mißratenen* (d. h. die Masse) *zu kurz kommen*.

Vernichtung der Mißratenen – dazu muß man sich von der bisherigen Moral emanzipieren.

(481)

Nicht »Menschheit«, sondern *Übermensch* ist das Ziel!

(482)

Die *Notwendigkeit* zu erweisen, daß zu einem immer ökonomischeren Verbrauch von Mensch und Menschheit, zu einer immer fester ineinander verschlungenen »Maschinerie« der Interessen und Leistungen *eine Gegenbewegung gehört*. Ich bezeichne dieselbe als *Ausscheidung eines Luxusüberschusses der Menschheit*: in ihr soll eine *stärkere* Art, ein höherer Typus ans Licht treten, der andre Entstehungs- und andre Erhaltungsbedingungen hat als der Durchschnittsmensch. Mein Begriff, mein *Gleichnis* für diesen Typus ist, wie man weiß, das Wort »Übermensch«.

Auf jenem ersten Wege, der vollkommen jetzt überschaubar ist, entsteht die Anpassung, die Abflachung, das höhere Chinesentum, die Instinktbescheidenheit, die Zufriedenheit in der Verkleinerung des Menschen, – eine Art *Stillstandsniveau des Menschen*. Haben wir erst jene unvermeidlich bevorstehende Wirtschafts-Gesamtverwaltung der Erde, dann *kann* die Menschheit als Maschinerie in deren Diensten ihren besten Sinn finden: – als ein ungeheures Räderwerk von immer kleineren, immer feiner »anzupassenden« Rädern; als ein immer wachsendes Überflüssigwerden aller dominierenden und kommandierenden Elemente; als ein Ganzes von ungeheurer Kraft, dessen einzelne Faktoren *Minimalkräfte, Minimalwerte* darstellen.

Im Gegensatz zu dieser Verkleinerung und Anpassung der Menschen an eine spezialisiertere Nützlichkeit bedarf es der umgekehrten Bewegung, – der Erzeugung des *synthetischen*, des *summierenden*, des *rechtfertigenden* Menschen, für den jene Machinalisierung der Menschheit eine Daseinsvorausbedingung ist, als ein Untergestell, auf dem er seine *höhere Form zu sein* sich erfinden kann.

Er braucht die *Gegnerschaft* der Menge, der »Nivellierten«, das Distanzgefühl im Vergleich zu ihnen; er steht auf ihnen, er lebt von ihnen. Diese höhere Form des *Aristokratismus* ist die der Zukunft. — Moralisch geredet, stellt jene Gesamtmaschinerie, die Solidarität aller Räder, ein Maximum in der *Ausbeutung des Menschen* dar: aber sie setzt solche voraus, derentwegen diese Ausbeutung *Sinn* hat. Im anderen Falle wäre sie tatsächlich bloß die Gesamtverringerung, *Wert*verringerung des Typus Mensch, — ein *Rückgangsphänomen* im größten Stile.

— Man sieht: Was ich bekämpfe, ist der *ökonomische* Optimismus: wie als ob mit den wachsenden Unkosten aller auch der Nutzen aller notwendig wachsen müßte. Das Gegenteil scheint mir der Fall: *Die Unkosten aller summieren sich zu einem Gesamtverlust*: der Mensch wird *geringer*: — so daß man nicht mehr weiß, *wozu* überhaupt dieser ungeheure Prozeß gedient hat. Ein Wozu, ein *neues* Wozu, — *das* ist es, was die Menschheit nötig hat.

(483)

Ihr Selbsteigenen! Ihr Selbstherrlichen! Jene alle, deren Wesen die *Zugehörigkeit* ist, jene Ungezählten, Unzähligen arbeiten nur für euch, wie es auch dem Oberflächlichen anders erscheinen möge! Jene Fürsten, Kaufleute, Beamten, Ackerbauer, Soldaten, die sich vielleicht über euch hinausglauben, — sie alle sind *Sklaven* und arbeiten mit einer ewigen Notwendigkeit nicht für sich selber: niemals gab es Sklaven ohne Herren — und *ihr* werdet immer diese Herren sein, für die da gearbeitet wird: ein späteres Jahrhundert wird das Auge für dieses Schauspiel haben! Laßt jenen doch ihre Ansichten und Einbildungen, mit denen sie ihre Sklavenarbeit vor sich selber rechtfertigen und verhehlen — kämpft nicht gegen Meinungen, welche eine Barmherzigkeit für Sklaven sind! Aber haltet immer fest, daß diese ungeheure Bemühung, dieser Schweiß, Staub und Arbeitslärm der Zivilisation für die da ist, die dies alles zu benutzen wissen, ohne mitzuarbeiten: daß es *Überschüssige* geben muß, welche mit der allgemeinen Überarbeit erhalten werden, und daß die Überschüssigen der Sinn und die Apologie des ganzen Treibens sind! So seid denn die Müller und laßt von diesen Bächen euch die Räder umdrehen! Und beunruhigt euch nicht über ihre Kämpfe und das wilde Tosen dieser Wasserstürze! Was für Staats- und Gesellschaftsformen sich auch ergeben mögen, *alle werden ewig nur Formen der Sklaverei* sein, — und unter allen Formen werdet ihr die Herrschenden sein, weil ihr allein euch selber gehört und jene immer *Zubehöre* sein müssen!

(484)

Geschichte des höheren Menschen. Die Züchtung der besseren Menschen ist ungeheuer viel schmerzhafter. Ideal der dabei nötigen Opfer bei Zarathustra zu demonstrieren: Verlassen von Heimat, Familie, Vaterland. Leben unter der Verachtung der herrschenden Sittlichkeit. Qual der Versuche und Fehlgriffe. Lösung von all den Genüssen, welche die älteren Ideale boten (man empfindet sie teils feindlich, teils fremd auf der Zunge).

(485)

Gefahr in der Bescheidenheit. – Sich zu früh anpassen an Aufgaben, Gesellschaften, Alltags- und Arbeitsordnungen, in welche der Zufall uns setzt, zur Zeit, wo weder unsere Kraft noch unser Ziel uns gesetzgeberisch ins Bewußtsein getreten ist; die damit errungene allzu frühe Gewissens-Sicherheit, Erquicklichkeit, Gemeinsamkeit, dieses vorzeitige Sichbescheiden, das sich als Loskommen von der inneren und äußeren Unruhe dem Gefühl einschmeichelt, verwöhnt und hält in der gefährlichsten Weise nieder; das Achtenlernen nach Art von »seinesgleichen«, wie als ob wir selbst in uns kein Maß und Recht hätten, Werte anzusetzen, die Bemühung, gleichzuschätzen *gegen* die innere Stimme des Geschmacks, der auch ein Gewissen ist, wird eine furchtbare feine Fesselung: wenn es endlich keine Explosion gibt, mit Zersprengung aller Bande der Liebe und Moral mit einem Male, so verkümmert, verkleinlicht, verweiblicht, versachlicht sich ein solcher Geist. – Das Entgegengesetzte ist schlimm genug, aber immer noch besser: an seiner Umgebung leiden, an ihrem Lobe sowohl wie an ihrer Mißbilligung, verwundet dabei und unterschwürig werden, ohne es zu verraten; unfreiwillig-mißtrauisch sich gegen ihre Liebe verteidigen, das Schweigen lernen, vielleicht indem man es durch Reden verbirgt, sich Winkel und unerratbare Einsamkeiten schaffen für die Augenblicke des Aufatmens, der Tränen, der sublimen Tröstung – bis man endlich stark genug ist, um zu sagen: »Was habe ich mit *euch* zu schaffen?« und *seines* Weges geht.

(486)

Mein Augenmerk darauf, an welchen Punkten der Geschichte die großen Menschen hervorspringen. Die Bedeutung langer *despotischer Moralen*: sie spannen den Bogen, wenn sie ihn nicht zerbrechen.

(487)

Man darf sich die Wahrheit bis so weit zugestehn, als man bereits *erhöht* genug ist, um nicht mehr die *Zwangsschule des moralischen Irrtums* nötig zu haben. – Falls man das Dasein moralisch beurteilt, *degoutiert* es.

Man soll nicht falsche Personen erfinden, z. B. nicht sagen »die Natur ist grausam«. Gerade einzusehen, *daß es kein solches Zentralwesen der Verantwortlichkeit gibt, erleichtert*!

Entwicklung der Menschheit. A. Macht über die Natur zu gewinnen und *dazu* eine gewisse Macht über sich. (Die Moral war nötig, *um* den Menschen durchzusetzen im Kampf mit Natur und »wildem Tier«.)

B. *Ist* die Macht über die Natur errungen, so kann man diese Macht benutzen, um *sich selbst* frei weiterzubilden: Wille zur Macht als Selbsterhöhung und Verstärkung.

(488)

Die Bequemlichkeit, Sicherheit, Furchtsamkeit, Faulheit, Feigheit ist es, was dem Leben den *gefährlichen* Charakter zu nehmen sucht und alles »organisieren« möchte, – Tartüfferie der ökonomischen Wissenschaft.

Die Pflanze »Mensch« gedeiht am kräftigsten, wenn die Gefahren groß sind, in unsicheren Verhältnissen: aber freilich gehn eben da die meisten zugrunde.

Unsre Stellung in der Welt der Erkenntnis ist unsicher genug, – jeder höhere Mensch fühlt sich als *Abenteurer.*

(489)

Wer Freude an einem außerordentlichen Geiste hat, muß auch die Bedingungen lieben, unter denen er entsteht – die Nötigung der Verstellung, Ausweichung, Ausbeutung der Gelegenheit – und das, was geringeren Naturen Widerwillen, im Grunde Furcht einflößt, zumal wenn sie den Geist als solchen hassen.

(490)

Der neue Philosoph kann nur in Verbindung mit einer herrschenden Kaste entstehen, als deren höchste Vergeistigung. Die große Politik, Erdregierung in der Nähe; vollständiger *Mangel an Prinzipien* dafür.

(491)

Die Urwald-Vegetation »Mensch« erscheint immer, wo der Kampf um die Macht am längsten geführt worden ist. Die *großen* Menschen.

Urwald-Tiere die *Römer*.

(492)

Die Mittel, vermöge deren eine stärkere Art sich erhält.

Sich ein Recht auf Ausnahme-Handlungen zugestehen; als Versuch der Selbstüberwindung und der Freiheit.

Sich in Zustände begeben, wo es nicht erlaubt ist, *nicht* Barbar zu sein.
Sich durch jede Art von Askese eine Übermacht und Gewißheit in Hinsicht auf seine Willensstärke verschaffen.
Sich nicht mitteilen; das Schweigen; die Vorsicht vor der Anmut.
Gehorchen lernen, in der Weise, daß es eine Probe für die Selbst-Aufrechterhaltung abgibt, Kasuistik des Ehrenpunktes ins Feinste getrieben.
Nie schließen: »Was einem recht ist, ist dem andern billig«, – sondern umgekehrt!
Die Vergeltung, das Zurückgeben-*dürfen* als Vorrecht behandeln, als Auszeichnung zugestehn.
Die Tugend der *anderen* nicht ambitionieren.

(493)

Einsamkeit erprobt am gründlichsten, mehr als irgendeine Krankheit selber, ob einer zum *Leben* geboren und vorbestimmt ist – oder zum Tode, wie die allermeisten.

(494)

Lauter Fragen der Kraft: Wie weit sich durchsetzen gegen die Erhaltungsbedingungen der *Gesellschaft* und deren Vorurteile? – wie weit *seine furchtbaren Eigenschaften* entfesseln, an denen die meisten zugrunde gehen? – wie weit der *Wahrheit* entgegengehen und sich die fragwürdigen Seiten derselben zu Gemüte führen? – wie weit dem *Leiden*, der Selbstverachtung, dem Mitleiden, der Krankheit, dem Laster entgegengehen, mit dem Fragezeichen, ob man darüber Herr werden wird? (– was uns nicht umbringt, macht uns *stärker*...) – endlich: wie weit der Regel, dem Gemeinen, dem Kleinlichen, Guten, Rechtschaffenen, der Durchschnittsnatur recht geben bei sich, ohne sich damit vulgarisieren zu lassen?... Stärkste Probe des Charakters: sich nicht durch Verführung des Guten ruinieren zu lassen. Das *Gute* als Luxus, als Raffinement, als *Laster*.

(495)

Welcher Grad von Widerstand beständig überwunden werden muß, um *obenauf* zu bleiben, das ist das Maß der *Freiheit*, sei es für Einzelne, sei es für Gesellschaften: Freiheit nämlich als positive Macht, als Wille zur Macht angesetzt. Die höchste Form der Individual-Freiheit, der Souveränität wüchse demnach, mit großer Wahrscheinlichkeit, nicht fünf Schritt weit von ihrem Gegensatze auf, dort wo die Gefahr der Sklaverei gleich hundert Damoklesschwertern über dem Dasein hängt. Man gehe daraufhin durch die Geschichte: Die Zeiten, wo das »Individuum« bis zu jener Vollkommenheit reif, das heißt *frei* wird, wo der klassische Typus des *souveränen Menschen* erreicht ist: oh nein! das waren niemals humane Zeiten!

Man muß keine Wahl haben: entweder obenauf – oder unten, wie ein Wurm, verhöhnt, vernichtet, zertreten. Man muß Tyrannen gegen sich haben, um Tyrann, d. h. *frei* zu werden. Es ist kein kleiner Vorteil, hundert Damoklesschwerter über sich zu haben: damit lernt man tanzen, damit kommt man zur »Freiheit der Bewegung«.

(496)

Wieviel einer aushält von der *Wahrheit*, ohne zu *entarten*, ist sein *Maßstab*. Ebenso wieviel *Glück* – –, ebenso wieviel *Freiheit* und *Macht*!

Die *strengste Schule* nötig, das Unglück, die Krankheit: es gäbe keinen Geist auf Erden, auch kein Entzücken und Jauchzen. – Nur großgestimmte, gespannte Seelen wissen, was *Kunst*, was *Heiterkeit* ist.

(497)

Ohne ein leidenschaftliches Vergnügen an den Abenteuern der Erkenntnis wird es einer schwerlich lange in ihrem gefahrvollen Reiche aushalten; und jedem, der für derlei »Ausschweifungen« zu feige oder zu keusch ist, sei es billigerweise zugestanden, sich auch daraus eine Tugend und ein Lob zurechtzumachen. Für die stärkeren Geister aber gilt jene Forderung, daß man zwar ein Mensch der Leidenschaft, aber auch der *Herr* seiner Leidenschaften sein müsse, auch hinsichtlich ihrer Leidenschaft zur Erkenntnis. Wie *Napoleon*, zum Erstaunen Talleyrands, seinen Zorn zur gewählten Zeit bellen und brüllen ließ und dann wieder, ebenso plötzlich, zum Schweigen brachte, so soll es der starke Geist auch mit seinen wilden Hunden machen; er muß, wie heftig auch immer in ihm der Wille zur Wahrheit ist – es ist sein wildester Hund –, zur gewählten Zeit der leibhafte Wille zur Unwahrheit, der Wille zur Ungewißheit, der Wille zur Unwissenheit, vor allem zur Narrheit sein *können*.

(498)

Aufgabe: die Dinge *sehen, wie sie sind*! Mittel: aus hundert Augen auf sie sehen können, aus *vielen* Personen! Es war ein falscher Weg, das Unpersönliche zu betonen und das Sehen aus dem Auge des Nächsten als moralisch zu bezeichnen. *Viele* Nächste und aus *vielen* Augen und aus lauter persönlichen Augen sehen – ist das rechte. Das »Unpersönliche« ist nur das *geschwächt* Persönliche, Matte, – kann hier und da auch schon nützlich sein, wo es eben gilt, die Trübung der Leidenschaft aus dem Auge zu entfernen. *Die* Zweige der Erkenntnis, wo *schwache* Persönlichkeiten nützlich sind, am *besten* angebaut (Mathematik usw.). Der beste *Boden* der Erkenntnis, die starken, mächtigen Naturen, werden erst spät für das Erkennen erobert (urbar gemacht usw.). – Hier sind die treibenden Kräfte am größten: aber das gänzliche Verirren und Wildwerden und Aufschießen in Unkraut (Religion und Mystik) ist immer noch das *Wahrscheinlichste*. Die »Philosophen« sind solche *mächtigen* Naturen, die für die Erkenntnis noch nicht urbar sind; sie erbauen, tyrannisieren die Wirklichkeit, legen sich *hinein*. Überall, wo Liebe, Haß usw. *möglich* sind, war die Wissenschaft noch ganz *falsch*: hier sind die »Unpersönlichen« *ohne* Augen für die wirklichen Phänomene und die starken Naturen sehen nur *sich* und messen alles nach sich. – Es müssen sich *neue* Wesen bilden.

(499)

Zuletzt: Wir mußten alles erst erwerben für das *Bewußtsein*, einen Zeitsinn, Raumsinn, Kausalsinn: nachdem es ohne Bewußtsein lange schon viel reicher existiert hatte. Und zwar eine gewisse einfachste, schlichteste, reduzierteste Form: unser *bewußtes* Wollen, Fühlen, Denken ist im Dienste eines viel umfänglicheren Wollens, Fühlens und Denkens. – Wirklich?

Wir wachsen fortwährend noch, unser Zeit-, Raumsinn usw. entwickeln sich noch.

Es läßt sich nichts voraussagen, aber bei einer gewissen Erhöhung des Typus Mensch kann eine *neue* Kraft sich offenbaren, von der wir bisher nichts wußten (– nämlich eine Synthesis von Gegensätzen!).

Der Seufzer *Kleists* über die schließliche Unerkennbarkeit –

Wir sind Anfänger im *Lernen*, z. B. mit unserer Art Logik. Oder unseren Leidenschaften. Oder unserer Mechanik. Oder unserer Atomistik, welche der ehrlichste Versuch ist, die Welt für das Auge zu konstruieren und für den zählenden arithmetischen Verstand (also *anschaulich und berechenbar*).

(500)

Was die Praxis betrifft: so betrachte ich die einzelnen moralischen Schulen als Stätten des Experiments, wo eine Anzahl von Kunstgriffen der Lebensklugheit gründlich geübt und zu Ende gedacht wurden: die Resultate aller dieser Schulen und aller ihrer Erfahrungen gehören *uns*, wir nehmen einen stoischen Kunstgriff deshalb nicht weniger gern an, weil wir schon epikureische uns zu eigen gemacht haben. Jene *Einseitigkeit* der Schulen war sehr nützlich, ja sie war für die Feststellung dieser Experimente unentbehrlich. Der Stoizismus z. B. zeigte, daß der Mensch sich willkürlich eine härtere Haut und gleichsam eine Art Nesselsucht zu geben vermöge; von ihm lernte ich mitten in der Not und im Sturme sagen: »*Was liegt daran?*« »*Was liegt an mir?*« Vom Epikureismus nehme ich die Bereitwilligkeit zum Genießen und das Auge dafür, wo alles uns die Natur den Tisch gedeckt hat.

(501)

Ob man nicht ein Recht hat, alle *großen* Menschen unter die *bösen* zu rechnen? Im einzelnen ist es nicht rein aufzuzeigen. Oft ist ihnen ein meisterhaftes Versteckenspielen möglich gewesen, so daß sie die Gebärden und Äußerlichkeiten großer Tugenden annahmen. Oft verehrten sie die Tugenden ernsthaft und mit einer leidenschaftlichen Härte gegen sich selber, aber aus Grausamkeit, – dergleichen täuscht, aus der Ferne gesehen. Manche verstanden sich selber falsch; nicht selten fordert eine große Aufgabe große Qualitäten heraus, z. B. die Gerechtigkeit. Das Wesentliche ist: Die Größten haben vielleicht auch große Tugenden, aber gerade dann noch deren Gegensätze. Ich glaube, daß aus dem Vorhandensein der Gegensätze, und aus deren Gefühle, gerade der große Mensch, *der Bogen mit der großen Spannung*, entsteht.

(502)

Der sublime Mensch hat den höchsten Wert, auch wenn er ganz zart und zerbrechlich ist, weil eine Fülle von ganz schweren und seltenen Dingen durch viele Geschlechter gezüchtet und beisammen erhalten worden ist.

(503)

Im allgemeinen ist jedes Ding *soviel wert, als man dafür bezahlt hat*. Dies gilt freilich nicht, wenn man das Individuum isoliert nimmt; die großen Fähigkeiten des Einzelnen stehen außer allem Verhältnis zu dem, was er selbst dafür getan, geopfert, gelitten hat. Aber sieht man seine Geschlechts-Vorgeschichte an, so entdeckt man da die Geschichte einer ungeheuren Aufsparung und Kapitalsammlung von Kraft, durch alle Art Verzichtleisten, Ringen, Arbeiten, Sich-Durchsetzen. Weil der große Mensch soviel *gekostet* hat und *nicht*, weil er wie ein Wunder, als Gabe des Himmels und »Zufalls« dasteht, wurde er groß: – »Vererbung« ein falscher Begriff. Für das, was einer ist, haben seine Vorfahren die Kosten bezahlt.

(504)

Wenn durch Übung in einer langen Geschlechterkette genug

Feinheit, Tapferkeit, Vorsicht, Mäßigung aufgesammelt ist, so strahlt die Instinktkraft dieser einverleibten Tugend auch noch ins Geistigste aus – und jenes Phänomen wird sichtbar, das wir *intellektuelle Rechtschaffenheit* nennen. Dasselbe ist sehr selten: es fehlt bei den Philosophen.

Man kann die Wissenschaftlichkeit oder, moralisch ausgedrückt, die *intellektuelle Rechtschaffenheit eines Denkers*, seine Instinkt gewordene Feinheit, Tapferkeit, Vorsicht, Mäßigung, die sich ins Geistigste noch übersetzt, auf eine Goldwaage legen: man mache ihn Moral reden... und die berühmtesten Philosophen zeigen dann, daß ihre *Wissenschaftlichkeit* nur erst eine *bewußte* Sache, ein Ansatz, ein »guter Wille«, eine Mühsal ist – und daß eben im Augenblick, wo ihr Instinkt zu reden beginnt, wo sie moralisieren, es zu Ende ist mit der Zucht und Feinheit ihres Gewissens.

Die Wissenschaftlichkeit: ob bloße Dressur und Außenseite, oder Endresultat einer langen Zucht und *Moralübung*: – im ersten Falle vikariert sie sofort, wenn der Instinkt redet (z. B. der religiöse oder der Pflichtbegriffsinstinkt); im andern Falle steht sie an Stelle dieser Instinkte und läßt sie nicht mehr zu, empfindet sie als *Unsauberkeit* und *Verführungen*...

(505)

Wie kommen Menschen zu einer großen Kraft und zu einer großen Aufgabe? Alle Tugend und Tüchtigkeit am Leib und an der Seele ist mühsam und im kleinen erworben worden, durch viel Fleiß, Selbstbezwingung, Beschränkung auf weniges, durch viel zähe, treue Wiederholung der gleichen Arbeiten, der gleichen Entsagungen: aber es gibt Menschen, welche die Erben und Herren dieses langsam erworbenen vielfachen Reichtums an Tugenden und Tüchtigkeiten sind – weil, auf Grund glücklicher und vernünftiger Ehen und auch glücklicher Zufälle, die erworbenen und gehäuften Kräfte vieler Geschlechter nicht verschleudert und versplittert, sondern durch einen festen Ring und Willen zusammengebunden sind. Am Ende nämlich erscheint ein Mensch, ein Ungeheuer von Kraft, welches nach einem Ungeheuer von Aufgabe verlangt. Denn unsere Kraft ist es, welche über uns verfügt: und das erbärmliche geistige Spiel von Zielen und Absichten und Beweggründen nur ein Vordergrund – mögen schwache Augen auch hierin die Sache selber sehn.

(506)

Ein prachtvoller Intellekt ist die Wirkung einer Menge moralischer Qualitäten, z. B. Mut, Willenskraft, Billigkeit, Ernst, –

aber zugleich auch von vieler πολυτροπία, Verstellung, Verwandlung, Erfahrung in Gegensätzen, Mutwille, Verwegenheit, Bosheit, Unbändigkeit.

Damit ein prachtvoller Intellekt entstehe, müssen die Vorfahren eines Menschen in hervorragendem Grade beides gewesen sein, böse und gut; geistig und sinnlich.

(507)

Seelengröße nicht zu trennen von geistiger Größe. Denn sie involviert *Unabhängigkeit*; aber ohne geistige Größe soll diese nicht erlaubt sein, sie richtet Unfug an, selbst noch durch Wohltunwollen und »Gerechtigkeit«-üben. Die geringen Geister haben zu *gehorchen*, – können also nicht *Größe* haben.

(508)

Wir können weder des Bösen noch der Leidenschaften entbehren, – die vollständige *Anpassung* aller an alles und jedes in sich (wie bei Spencer) ist ein Irrtum, es wäre die tiefste Verkümmerung. – Das schönste, leiblich mächtigste Raubtier hat die stärksten Affekte: sein Haß und seine Gier in dieser Stärke werden für seine Gesundheit nötig sein, und, wenn befriedigt, diese so prachtvoll entwickeln. – Selbst zum Erkennen brauche ich alle meine Triebe, die guten wie die bösen, und wäre schnell am Ende, wenn ich nicht gegen die Dinge feindlich, mißtrauisch, grausam, tückisch, rachsüchtig und mich verstellend usw. sein wollte. Alle großen Menschen waren durch die Stärke ihrer Affekte groß. Auch die Gesundheit taugt nichts, wenn sie nicht großen Affekten gewachsen ist, ja sie nötig hat. Große Affekte konzentrieren und halten die Kraft in Spannung. Gewiß sind sie oft Anlaß, daß man zugrunde geht – aber dies ist kein Argument gegen ihre *nützlichen* Wirkungen im großen. – Unsere Moralität will aber das Gegenteil, liebenswürdige und kreditfähige Zahler und Borger.

(509)

Wer darüber nachdenkt, auf welche Weise der Typus Mensch zu seiner größten Pracht und Mächtigkeit gesteigert werden kann, der wird zu allererst begreifen, daß er sich außerhalb der Moral stellen muß: denn die Moral war im wesentlichen auf das Entgegengesetzte aus, jene prachtvolle Entwicklung, wo sie im Zuge war, zu hemmen oder zu vernichten. Denn in der Tat konsumiert eine derartige Entwicklung eine solche ungeheure Quantität von Menschen in ihrem Dienst, daß eine *umgekehrte* Bewegung nur zu natürlich ist: die schwächeren, zarteren, mittleren Existenzen haben nötig, Partei zu machen *gegen* jene Glorie von Leben und Kraft, und dazu müssen sie von sich eine neue Schätzung bekommen, vermöge deren sie das Leben in dieser höchsten Fülle verurteilen und womöglich zerstören. Eine lebensfeindliche Tendenz ist daher der Moral zu eigen, insofern sie die Typen des Lebens überwältigen will.

(510)

Müßten nicht gerade die *besten* Menschen die *bösesten* sein? Die, bei denen das Wissen und Gewissen am feinhörigsten und kräftigsten ausgebildet ist, so daß sie alles, was sie tun, als ungerecht empfinden und sich selber als die *Immer-Bösen, Immer-Ungerechten,* als die *Notwendig-Bösen*? Wer sich aber so empfindet, *ist es auch*!

(511)

Zur Größe gehört die Furchtbarkeit: man lasse sich nichts vormachen.

(512)

Der Mensch hat, im Gegensatz zum Tier, eine Fülle *gegensätzlicher* Triebe und Impulse in sich großgezüchtet: vermöge dieser Synthesis ist er der Herr der Erde. – Moralen sind der Ausdruck lokal beschränkter *Rangordnungen* in dieser vielfachen Welt der Triebe: so daß an ihren *Widersprüchen* der Mensch nicht zugrunde geht. Also ein Trieb als Herr, sein Gegentrieb geschwächt, verfeinert, als Impuls, der den *Reiz* für die Tätigkeit des Haupttriebes abgibt.

Der höchste Mensch würde die größte Vielheit der Triebe haben, und auch in der relativ größten Stärke, die sich noch ertragen läßt. In der Tat: wo die Pflanze Mensch sich stark zeigt, findet man die mächtig *gegen*einander treibenden Instinkte (z. B. Shakespeare), aber gebändigt.

(513)

Man muß gut *und* böse sein! Und wer nicht gut aus Schwäche war, war auch immer böse in hervorragendem Grade.

(514)

Im *großen Menschen* sind die spezifischen Eigenschaften des Lebens – Unrecht, Lüge, Ausbeutung – am größten. Insofern sie aber *überwältigend* gewirkt haben, ist ihr Wesen am besten mißverstanden und ins Gute interpretiert worden. Typus Carlyle als Interpret.

(515)

Die höchsten Menschen leiden am meisten am Dasein, – aber sie haben auch die größten *Gegenkräfte*.

(516)

Gesundheit und Krankhaftigkeit: man sei vorsichtig! Der Maßstab bleibt die Effloreszenz des Leibes, die Sprungkraft, Mut und Lustigkeit des Geistes – aber, natürlich auch, *wieviel von Krankhaftem er auf sich nehmen und überwinden kann,* – gesund *machen* kann. Das, woran die zarteren Menschen zugrunde gehen würden, gehört zu den Stimulanzmitteln der *großen* Gesundheit.

(517)

Der Wille zum Leiden: ihr müßt zeitweilig in der Welt leben, ihr Schaffenden. Ihr müßt *beinahe* zugrunde gehen – und hinterdrein euer Labyrinth und eure Verirrung *segnen*. Ihr könnt sonst nicht *schaffen*, sondern nur *absterben*. Ihr müßt eure Auf- und Untergänge haben. Ihr müßt euer Böses haben und zeitweilig wieder auf euch nehmen. Ihr ewig Wiederkehrenden, ihr sollt selber aus euch eine Wiederkehr machen.

(518)

Feinere Sinne und einen feineren Geschmack haben, an das Ausgesuchte und Allerbeste wie an die rechte und natürliche Kost gewöhnt sein, eines starken und kühnen Körpers genießen, der zum Wächter und Erhalter und noch mehr zum Werkzeug eines noch stärkeren, kühneren, waghalsigeren, gefahrsuchenderen Geistes bestimmt ist: wer möchte nicht, daß dies alles gerade sein Besitz, sein Zustand wäre! Aber er verberge sich nicht: mit diesem Besitz und diesem Zustand ist man das *leidensfähigste* Geschöpf unter der Sonne, und nur um *diesen* Preis kauft man die Auszeichnung, auch das *glücksfähigste Geschöpf* unter der Sonne zu sein! Die Fülle der Arten des Leides fällt wie ein unendlicher Schneewirbel auf einen solchen Menschen, wie ebenfalls an ihm die stärksten Blitze des Schmerzes sich entladen. Allein unter dieser Bedingung, von allen Seiten und bis ins Tiefste hinein dem Schmerze immer offenzustehen, kann er den feinsten und höchsten Arten des Glücks offenstehen: als das empfindlichste, reizbarste, gesundeste, wechselndste und dauerhafteste Organ der Freude und aller gröberen und feineren Entzückungen des Geistes und der Sinne: wenn nämlich die Götter ihn nur ein wenig in Schutz nehmen und nicht aus ihm (wie leider gewöhnlich!) einen Blitzableiter ihres Neides und Spottes auf die Menschheit machen. – An solchen Menschen war *Athen* ein paar Jahrhunderte lang sehr reich, zu anderen Zeiten einmal *Florenz* und noch neuerlicher *Paris*. Und im Angesichte solcher letzten und höchsten Erzeugnisse der bisherigen Kultur gilt immer noch der gute Glaube der Aufklärer, daß Glück, mehr Glück, die Frucht der wachsenden Aufklärung und Kultur sein werde, und niemand setzt hinzu: auch Unglück, mehr Unglück, mehr Leidensfähigkeit, vielartigeres und größeres Leid als je! – Warum doch brachen die philosophischen Schulen Athens im vierten Jahrhundert gerade inmitten der höchsten bisher erreichten Aufklärung und Kultur so mächtig hervor, und warum suchten sie, jede auf ihre Weise, den damaligen Athenern eine harte, zum Teil fürchterliche oder mindestens überaus beschwerliche und kümmerliche Lebensweise und als Ziel Schmerzlosigkeit und eine Art von Starrheit aufzureden? Sie hatten die leidensfähigsten Menschen um sich und gehörten zu ihnen, – sie verzichteten allesamt auf das Glück im Schoß dieser höchsten Kultur, weil dieses »Glück« nicht ohne die Bremse Schmerz und deren ewige Anstachelung zu haben war! Daß, *gutgerechnet*, ein der Erkenntnis und dem nil admirari geweihtes Leben selbst unter den härtesten Entbehrungen und Unbequemlichkeiten *erträglicher* sei als das Leben der Glücklichen, Reichen, Gesunden, Gebildeten, Genießenden, Bewundernden, Bewunderten einer solchen »höchsten Kultur«, – mit dieser Paradoxie führte sich die Philosophie in Athen ein und fand im ganzen doch sehr viele Gläubige und Nachsprecher! – und gewiß nicht nur unter den Freunden des Paradoxen! – Man kann die Seltsamkeit dieser Tatsache nicht lange genug ansehen. – –

(519)

Die geistigsten Menschen empfinden den Reiz und Zauber der *sinnlichen* Dinge, wie es sich die anderen Menschen – solche mit den »fleischernen Herzen« – gar nicht vorstellen können, auch nicht vorstellen dürften: sie sind Sensualisten im besten Glauben, weil sie den Sinnen einen grundsätzlicheren Wert zugestehen als jenem feinen Siebe, dem Verdünnungs-, Verkleinerungsapparate oder wie das heißen mag, was man, in der Sprache des Volkes, »*Geist*« nennt. Die Kraft und Macht der Sinne – das ist das Wesentlichste an einem wohlgeratenen und ganzen Menschen: das prachtvolle »Tier« muß zuerst gegeben sein, – was liegt sonst an aller »Vermenschlichung«!

(520)

Die Tugend (z. B. als Wahrhaftigkeit) als *unser* vornehmer und gefährlicher Luxus; wir müssen nicht die Nachteile ablehnen, die er mit sich bringt.

(521)

Kein Lob haben wollen: man tut, was einem nützlich ist oder was einem Vergnügen macht oder was man tun *muß*.

(522)

Daß man sein Leben, seine Gesundheit, seine Ehre aufs Spiel

setzt, das ist die Folge des Übermutes und eines überströmenden, verschwenderischen Willens: nicht aus Menschenliebe, sondern weil jede große Gefahr unsre Neugierde in bezug auf das Maß unsrer Kraft, unsres Mutes herausfordert.

(523)

»Sein Leben lassen für eine Sache« – großer Effekt. Aber man läßt für vieles sein Leben: die Affekte samt und sonders wollen ihre Befriedigung. Ob es das Mitleid ist oder der Zorn oder die Rache – daß das Leben darangesetzt wird, verändert nichts am Werte. Wie viele haben ihr Leben für die hübschen Weiblein geopfert – und selbst, was schlimmer ist, ihre Gesundheit! Wenn man das Temperament hat, so wählt man instinktiv die gefährlichen Dinge: z. B. die Abenteuer der Spekulation, wenn man Philosoph; oder der Immoralität, wenn man tugendhaft ist. Die eine Art Mensch will nichts riskieren, die andre will riskieren. Sind wir anderen Verächter des Lebens? Im Gegenteil, wir suchen instinktiv ein *potenziertes* Leben, das Leben in der Gefahr... Damit, nochmals gesagt, wollen wir nicht tugendhafter sein als die anderen. Pascal z. B. wollte nichts riskieren und blieb Christ: das war vielleicht tugendhaft. – *Man opfert immer*.

(524)

Der große Mensch ist notwendig Skeptiker (womit nicht gesagt ist, daß er es scheinen müßte), vorausgesetzt, daß dies die Größe ausmacht: etwas Großes *wollen* und die Mittel dazu. Die Freiheit von jeder Art Überzeugung gehört zur *Stärke seines Willens*. So ist es jenem »aufgeklärten Despotismus« gemäß, den jede große Leidenschaft ausübt. Eine solche nimmt den Intellekt in ihren Dienst; sie hat den Mut auch zu unheiligen Mitteln; sie macht unbedenklich; sie gönnt sich Überzeugungen, sie *braucht* sie selbst, aber sie unterwirft sich ihnen nicht. Das Bedürfnis nach Glauben, nach irgend etwas Unbedingtem in Ja und Nein ist ein Beweis der Schwäche; alle Schwäche ist Willensschwäche. Der Mensch des Glaubens, der Gläubige ist notwendig eine kleine Art Mensch. Hieraus ergibt sich, daß »Freiheit des Geistes«, d. h. Unglaube als Instinkt, Vorbedingung der Größe ist.

(525)

Jeder Gottmensch schuf seinen eigenen Gott: und es gibt keine ärgere Feindschaft auf Erden als die zwischen Göttern.

(526)

Typus: Die wahre Güte, Vornehmheit, Größe der Seele, die aus dem Reichtum heraus: welche nicht gibt, um zu nehmen, – welche sich nicht damit *erheben* will, daß sie gütig ist; – die *Ver-*

schwendung als Typus der wahren Güte, der Reichtum an *Person* als Voraussetzung.

(527)

Bis zu welchem Grade die Unfähigkeit eines pöbelhaften Agitators der Menge geht, sich den Begriff »höhere Natur« klarzumachen, dafür gibt Buckle das beste Beispiel ab. Die Meinung, welche er so leidenschaftlich *bekämpft* – daß »große Männer«, Einzelne, Fürsten, Staatsmänner, Genies, Feldherren die Hebel und *Ursachen* aller großen Bewegungen sind – wird von ihm instinktiv dahin mißverstanden, als ob mit ihr behauptet würde, das Wesentliche und Wertvolle an einem solchen »höheren Menschen« liege eben in der Fähigkeit, Massen in Bewegung zu setzen: kurz, in ihrer Wirkung... Aber die »höhere Natur« des großen Mannes liegt im Anderssein, in der Unmitteilbarkeit, in der Rangdistanz, – nicht in irgendwelchen Wirkungen: und ob er auch den Erdball erschütterte –

(528)

Ein großer Mensch, – ein Mensch, welchen die Natur in großem Stile aufgebaut und erfunden hat – was ist das? *Erstens*: er hat in seinem gesamten Tun eine lange Logik, die ihrer Länge wegen schwer überschaubar, folglich irreführend ist, eine Fähigkeit, über große Flächen seines Lebens hin seinen Willen auszuspannen und alles kleine Zeug an sich zu verachten und wegzuwerfen, seien darunter auch die schönsten, »göttlichsten« Dinge von der Welt. *Zweitens*: er ist *kälter*, *härter*, *unbedenklicher* und *ohne Furcht vor der »Meinung«*; es fehlen ihm die Tugenden, welche mit der »Achtung« und dem Geachtetwerden zusammenhängen, überhaupt alles, was zur »Tugend der Herde« gehört. Kann er nicht *führen*, so geht er allein; es kommt dann vor, daß er manches, was ihm auf dem Wege begegnet, angrunzt. *Drittens*: er will kein »teilnehmendes« Herz, sondern Diener, Werkzeuge; er ist im Verkehre mit Menschen immer darauf aus, etwas aus ihnen zu *machen*. Er weiß sich unmitteilbar: er findet es geschmacklos, wenn er vertraulich wird; und er ist es gewöhnlich nicht, wenn man ihn dafür hält. Wenn er nicht zu sich redet, hat er seine Maske. Er lügt lieber, als daß er die Wahrheit redet: es kostet mehr Geist und *Willen*. Es ist eine Einsamkeit in ihm, als welche etwas Unerreichbares ist für Lob und Tadel, eine eigene Gerichtsbarkeit, welche keine Instanz über sich hat.

(529)

Der Mensch ist das *Untier* und *Übertier*; der höhere Mensch ist der Unmensch und Übermensch: so gehört es zusammen. Mit jedem Wachstum des Menschen in die Größe und Höhe wächst er auch in das Tiefe und Furchtbare: man soll das eine nicht wollen ohne das andere, – oder vielmehr: je gründlicher man das eine will, um so gründlicher erreicht man gerade das andere.

(530)

Dem Wohlgeratenen, der meinem Herzen wohltut, aus einem Holz geschnitzt, welches hart, zart und wohlriechend ist – an dem selbst die Nase noch ihre Freude hat –, sei dies Buch geweiht.

Ihm schmeckt, was ihm zuträglich ist;

sein Gefallen an etwas hört auf, wo das Maß des Zuträglichen überschritten wird;

er errät die Heilmittel gegen partielle Schädigungen; er hat Krankheiten als große Stimulantia seines Lebens;

er versteht seine schlimmen Zufälle auszunützen;

er wird stärker durch die Unglücksfälle, die ihn zu vernichten drohen;

er sammelt instinktiv aus allem, was er sieht, hört, erlebt, zugunsten seiner Hauptsache, – er folgt einem *auswählenden* Prinzip, – er läßt viel durchfallen;

er reagiert mit der Langsamkeit, welche eine lange Vorsicht und ein gewollter *Stolz* angezüchtet haben, – er prüft den Reiz, woher er kommt, wohin er will, er unterwirft sich nicht;

er ist immer in *seiner* Gesellschaft, ob er mit Büchern, Menschen oder Landschaften verkehrt;

er ehrt, indem er *wählt*, indem er *zuläßt*, indem er *vertraut*.

(531)

Es ist mir ein Trost, zu wissen, daß über dem Dampf und Schmutz der menschlichen Niederungen es eine *höhere, hellere Menschheit* gibt, die der Zahl nach eine sehr kleine sein wird (– denn alles, was hervorragt, ist seinem Wesen nach selten): man gehört zu ihr, nicht weil man begabter oder tugendhafter oder heroischer oder liebevoller wäre als die Menschen da unten, sondern – weil man *kälter, heller, weitsichtiger, einsamer* ist, weil man die Einsamkeit erträgt, vorzieht, fordert als Glück, Vorrecht, ja Bedingung des Daseins, weil man unter Wolken und Blitzen wie unter seinesgleichen lebt, aber ebenso unter Sonnenstrahlen, Tautropfen, Schneeflocken und allem, was notwendig aus der Höhe kommt und, wenn es sich bewegt, sich ewig nur in der Richtung *von oben nach unten* bewegt. Die Aspirationen *nach* der Höhe sind nicht die unsrigen. – Die Helden, Märtyrer, Genies und Begeisterten sind uns nicht still, geduldig, fein, kalt, langsam genug.

(532)

Es lebt niemand, der mich loben dürfte.

(533)

Dieser herrliche Geist, sich selbst jetzt genug und gut gegen Überfälle verteidigt und abgeschlossen: – ihr zürnt ihm wegen seiner Burg und Heimlichkeit und schaut dennoch neugierig durch das goldne Gitterwerk, mit dem er sein Reich umzäunt hat? – neugierig und verführt: denn ein unbekannter undeutlicher Duft bläst euch boshaft an und erzählt etwas von verschwiegenen Gärten und Seligkeiten.

(534)

Wo finden wir, wir Einsamsten der Einsamen – denn das *werden* wir sicher einmal sein, durch die Nachwirkung der Wissenschaft – wo finden wir einen *Genossen für den Menschen*! Ehedem suchten wir einen König, einen Vater, einen Richter für alles, weil es uns an rechten Königen, rechten Vätern, rechten Richtern mangelte. Nachmals werden wir den *Freund suchen*: – die Menschen werden selbsteigene Herrlichkeiten und Sonnenkreise geworden sein – aber *einsam*. Der mythenbildende Trieb geht dann aus nach dem Freunde.

7. Kapitel
Dionysos philosophos

1. Die Polarität des Apollinischen und Dionysischen

(535)

Im *Verhältnis zur Musik* ist alle Mitteilung durch *Worte* von schamloser Art; das Wort verdünnt und verdummt; das Wort entpersönlicht; das Wort macht das Ungemeine gemein.

(536)

Ein Mensch, dem fast alle Bücher oberflächlich geworden sind, der vor wenigen Menschen der Vergangenheit noch den Glauben übrig hat, daß sie Tiefe genug besessen haben, um – nicht zu schreiben, was sie wußten.

(537)

Als ich jung war, bin ich einer gefährlichen Gottheit begegnet, und ich möchte niemandem das wiedererzählen, was mir damals über die Seele gelaufen ist – sowohl von guten als von schlimmen Dingen. So lernte ich beizeiten schweigen, sowie daß man reden lernen müsse, um recht zu schweigen: daß ein Mensch mit Hintergründen Vordergründe nötig habe, sei es für andere, sei es für sich selber: denn die Vordergründe sind einem nötig, um von sich selber sich zu erholen, und um es anderen möglich zu machen, mit uns zu leben.

(538)

Ich habe hoch über Wagner die Tragödie mit Musik gesehen – und hoch über Schopenhauer die Musik in der Tragödie des Daseins gehört.

(539)

Ich habe die Erkenntnis vor so furchtbare Bilder gestellt, daß jedes »epikureische Vergnügen« dabei unmöglich ist. Nur die dionysische Lust *reicht aus* –: *ich habe das Tragische erst entdeckt*. Bei den Griechen wurde es, dank ihrer moralistischen Oberflächlichkeit, mißverstanden. Auch Resignation ist *nicht* eine Lehre der Tragödie, sondern ein Mißverständnis derselben! Sehnsucht ins Nichts ist *Verneinung* der tragischen Weisheit, ihr Gegensatz!

(540)

Furchtbare Einsamkeit des letzten Philosophen! Ihn umstarrt die Natur. Geier schweben über ihm. Und so ruft er in die Natur: Gib Vergessen! Vergessen! – *Nein, er erträgt das Leiden als Titan – bis die Versöhnung ihm geboten wird in der höchsten tragischen Kunst.*

(541)

Der tragische Mensch ist die Natur in ihrer höchsten Kraft des Schaffens und des Erkennens und deshalb mit Schmerzen gebärend.

(542)

In der *tragischen* Weltanschauung hatte sich der Wahrheits- und Weisheitstrieb versöhnt. Die logische Entwicklung löste diese auf und zwang zur Schöpfung der *mystischen* Weltanschauung. Die großen Organismen gehn jetzt zugrunde, die Staaten und Religionen usw.

Das Verhältnis des Dionysischen und Apollinischen ist auch in jeder Staatsform, überhaupt in allen Äußerungen des Volksgeistes wiederzuerkennen.

(543)

Stürzen wir uns immer von neuem in den Ätna, in immer neuen Geburten wird uns der Trieb des Wissens als eine Daseinsform erscheinen: und nur in dem rastlosen apollinischen Triebe nach Wahrheit wird die Natur *gezwungen*, auch immer höhere Ergänzungswelten der Kunst und der Religion zu bauen.

(544)

Eine antimetaphysische Weltbetrachtung – ja, aber eine artistische.

(545)

Die Täuschung *Apollos*: die *Ewigkeit* der schönen Form; die aristokratische Gesetzgebung »*so soll es immer sein!*«

Dionysos: Sinnlichkeit und Grausamkeit. Die Vergänglichkeit könnte ausgelegt werden als Genuß der zeugenden und zerstörenden Kraft, als *beständige Schöpfung*.

(546)

Ich vergaß zu sagen, daß solche Philosophen heiter sind und daß sie gerne in dem Abgrund eines vollkommen hellen Himmels sitzen: – sie haben andere Mittel nötig, das Leben zu ertragen, als andere Menschen; denn sie leiden anders (nämlich ebensosehr an der Tiefe ihrer Menschenverachtung, als an ihrer Menschenliebe). – Das leidendste Tier auf Erden erfand sich – das *Lachen*.

(547)

Tiefe nämlich ist nötig, um die zarten Bedürfnisse nach Form überhaupt zu begreifen; erst von der Tiefe aus, vom Abgrunde aus genießt man alles Glück, das im Hellen, Sicheren, Bunten, Oberflächlichen aller Art liegt.

(548)

Mißverständnis der Heiterkeit, der Ironie.

»Die Ironie des Plato, mit der eine übergroße Zartheit des Gefühls und der Sinne, eine Verletzlichkeit des Herzens sich zu schützen, wo nicht zu verbergen weiß, jenes olympische Wesen Goethes, der Verse über seine Leiden machte, um sie loszuwerden, insgleichen Stendhal, Mérimée...«

(549)

Über das Mißverständnis der »Heiterkeit«: Zeitweilige Erlösung von der langen Spannung; der Übermut, die Saturnalien eines Geistes, der sich zu langen und furchtbaren Entschlüssen weiht und vorbereitet. Der »Narr« in der Form der »Wissenschaft«.

(550)

Psychologische Grunderfahrungen: mit dem Namen »*apollinisch*« wird bezeichnet das entzückte Verharren vor einer erdichteten und erträumten Welt, vor der Welt des *schönen Scheins* als einer Erlösung vom *Werden*: mit dem Namen des *Dionysos* wird andrerseits das Werden aktiv gefaßt, subjektiv nachgefühlt, als wütende Wollust des Schaffenden, der zugleich den Ingrimm des Zerstörenden kennt.

Antagonismus dieser beiden Erfahrungen und der ihnen zugrunde liegenden *Begierden*. Die erstere will die Erscheinung *ewig*: vor ihr wird der Mensch stille, wunschlos, meeresglatt, geheilt, einverstanden mit sich und allem Dasein; die zweite Begierde drängt zum Werden, zur Wollust des Werden-machens, d. h. des Schaffens und Vernichtens. Das Werden, von innen her empfunden und ausgelegt, wäre das fortwährende Schaffen eines Unbefriedigten, Überreichen, Unendlich-Gespannten und -Gedrängten, eines Gottes, der die Qual des Seins nur durch beständiges Verwandeln und Wechseln überwindet: – der Schein als seine zeitweilige, in jedem Augenblick erreichte Erlösung; die Welt als die Abfolge göttlicher Visionen und Erlösungen im Scheine.

(551)

Ein Verlangen nach dem tragischen Mythus als einer abschließenden Glocke, worin Wachsendes gedeiht.

(552)

Das Glück am Werden ist nur möglich in der *Vernichtung* des Wirklichen, des »Daseins«, des schönen Anscheins, in der pessimistischen Zerstörung der Illusion: – *in der Vernichtung auch des schönsten Scheins kommt das dionysische Glück auf seinen Gipfel.*

(553)

Wenn wir das Wort »Glück« im Sinne *unsrer* Philosophie gebrauchen, so denken wir dabei nicht (wie die Müden, Geängstigten und Leidenden unter den Philosophen vorallererst) an äußeren und inneren Frieden, an Schmerzlosigkeit, Unbewegtheit, Ungestörtheit, an einen »Sabbat der Sabbate«, eine Gleichgewichtslage, an etwas, das dem tiefen, traumlosen Schlafe im Werte nahekommt. Das Ungewisse vielmehr, das Wechselnde, Verwandlungsfähige, Vieldeutige ist *unsre* Welt, eine gefährliche Welt vielleicht –: *mehr* sicherlich als das Einfache, Sich-selbst-Gleichbleibende, Berechenbare, Feste, dem bisher die Philosophen, als Erben der Herdenbedürfnisse und Herdenbeängstigungen, die höchste Ehre gegeben haben.

(554)

Wie es einem jeden ergeht, meine Freunde, der lange neugierig unterwegs und in der Fremde ist, so sind auch mir manche seltsame und nicht ungefährliche Geister über den Weg gelaufen: vor allem aber einer, und dieser immer wieder, nämlich kein Geringerer als der Gott Dionysos: jener große Zweideutige und Versucher-Gott, dem ich einstmals, wie ihr wißt, in aller »menschlichen Ehrfurcht« meine Erstlinge dargebracht habe: – es war ein rechtes Rauch- und Brandopfer der Jugend, und noch mehr Rauch als Brand!

Inzwischen lernte ich vieles, allzu vieles über die Philosophie dieses Gottes hinzu – und vielleicht kommt mir noch ein Tag von so viel Stille und halkyonischem Glück, daß mein Mund einmal von all dem, was ich weiß, überfließen muß, – daß ich euch, meine Freunde, die Philosophie des Dionysos erzähle. Mit halber Stimme, wie billig, – denn es handelt sich dabei um mancherlei Heimliches, Neues, Fremdes, Fragwürdiges, sogar Unheimliches. Daß aber Dionysos ein Philosoph ist und daß also auch *Götter philosophieren*, dünkt mich eine nicht unbedenkliche, eine vielfach verfängliche Neuigkeit, welche vielleicht gerade unter Philosophen Mißtrauen erregen muß: – unter euch, meine Freunde, wird sie weniger gegen sich haben, es sei denn, daß sie euch nicht zur rechten Zeit bekanntgemacht wird: denn man glaubt heute unter euch, wie man mir verraten hat, nur ungern an Götter!

(555)

Meine erste Lösung: Die tragische *Lust* am Untergange des Höchsten und Besten (es wird als beschränkt empfunden in Hinsicht des Ganzen): doch ist dies Mystik in Ahnung eines noch *höheren* »Guten«.

Meine zweite Lösung: Das höchste Gute und Böse fallen zusammen.

(556)
Wer als Erkennender erkannt hat, daß in uns neben allem Wachstum zugleich das Gesetz des Zugrundegehens waltet, und das unerbittliche Vernichten und Auflösen not tut um alles Schaffens und Gebärens willen: der muß eine Art Freude an diesem Anblicke hinzulernen, *um ihn auszuhalten*, – oder er taugt nicht mehr zur Erkenntnis. Das heißt: er muß einer verfeinerten Grausamkeit fähig sein und sich zu ihr mit entschlossenem Herzen ausbilden. Steht seine Kraft noch höher da in der Rangordnung der Kräfte, ist er selber einer der Schaffenden und nicht nur ein Zuschauer: so genügt es nicht, daß er nur der Grausamkeit beim *Anblicke* vieles Leidens, Vergehens, Vernichtens fähig ist: ein solcher Mensch muß fähig sein, mit Genuß das Wehe selber zu schaffen, er muß mit der Hand und Tat (und nicht bloß mit den Augen des Geistes) grausam sein.

(557)
Mit der närrischen und unbescheidnen Frage, ob in der Welt Lust oder Unlust überwiegt, steht man inmitten der philosophischen Dilettanterei: dergleichen sollte man sehnsüchtigen Dichtern und Weibern überlassen. Auf einem nahen Sterne könnte schon so viel Glück und Lustbarkeit sein, daß damit »der Menschheit ganzer Jammer« zehnmal aufgewogen würde: was wissen wir denn! Und andrerseits wollen wir doch ja darin die Erben des christlichen Tiefsinns und Feinsinns sein, daß wir nicht *an sich* das Leiden verurteilen: wer es nicht mehr moralisch, zum »Heil der Seele« zu nützen weiß, der sollte es mindestens ästhetisch gelten lassen – sei es als Künstler oder als Betrachter der Dinge. Die Welt, das Leiden weggedacht, ist unästhetisch in jedem Sinne; und vielleicht ist Lust nur eine Form und rhythmische Art desselben! Ich wollte sagen: vielleicht ist Leiden etwas vom Wesentlichen alles Daseins.

(558)
Wieviel mehr wir im *Wohlgefühle* leben, verrät sich darin, daß der Schmerz so viel *stärker* empfunden wird als die einzelne Lust.

(559)
Die Lust ist eine Art von Rhythmus in der Aufeinanderfolge von geringeren Schmerzen und deren *Grad*verhältnissen, eine *Reizung* durch schnelle Folge von Steigerung und Nachlassen, wie bei der Erregung eines Nerven, eines Muskels, und im ganzen eine aufwärts sich bewegende Kurve: Spannung ist wesentlich darin und Ausspannung. Kitzel.

Die Unlust ist ein Gefühl bei einer Hemmung: da aber die

Macht ihrer nur bei Hemmungen bewußt werden kann, so ist die Unlust ein *notwendiges Ingrediens aller Tätigkeit* (alle Tätigkeit ist *gegen* etwas gerichtet, das überwunden werden soll). Der Wille zur Macht *strebt* also nach Widerständen, nach Unlust. Es gibt einen Willen zum Leiden im Grunde alles organischen Lebens. (Gegen »Glück« als »Ziel«.)

(560)

Die Zustände, in denen wir eine *Verklärung* und *Fülle* in die Dinge legen und an ihnen dichten, bis sie unsre eigene Fülle und Lebenslust zurückspiegeln: der Geschlechtstrieb; der Rausch; die Mahlzeit; der Frühling; der Sieg über den Feind, der Hohn; das Bravourstück; die Grausamkeit; die Ekstase des religiösen Gefühls. *Drei* Elemente vornehmlich: der *Geschlechtstrieb*, der *Rausch*, die *Grausamkeit*, – alle zur ältesten *Festfreude* des Menschen gehörend, alle insgleichen im anfänglichen »*Künstler*« überwiegend.

Umgekehrt: Treten uns Dinge entgegen, welche diese Verklärung und Fülle zeigen, so antwortet das animalische Dasein mit einer *Erregung jener Sphären*, wo alle jene Lustzustände ihren Sitz haben: – und eine Mischung dieser sehr zarten Nuancen von animalischen Wohlgefühlen und Begierden ist der *ästhetische Zustand*. Letzterer tritt nur bei solchen Naturen ein, welche jener abgebenden und überströmenden Fülle des leiblichen vigor überhaupt fähig sind; in ihm ist immer das primum mobile. Der Nüchterne, der Müde, der Erschöpfte, der Vertrocknende (z. B. ein Gelehrter) kann absolut nichts von der Kunst empfangen, weil er die künstlerische Urkraft, die Nötigung des Reichtums nicht hat: wer nicht geben kann, empfängt auch nichts.

»*Vollkommenheit*«: – In jenen Zuständen (bei der Geschlechtsliebe insonderheit) verrät sich naiv, was der tiefste Instinkt als das Höhere, Wünschbarere, Wertvollere überhaupt anerkennt: die Aufwärtsbewegung seines Typus; insgleichen *nach welchem* Status er eigentlich *strebt*. Die Vollkommenheit: das ist die außerordentliche Erweiterung seines Machtgefühls, der Reichtum, das notwendige Überschäumen über alle Ränder...

(561)

Mit dem Wort »*dionysisch*« ist ausgedrückt: ein Drang zur Einheit, ein Hinausgreifen über Person, Alltag, Gesellschaft, Realität, über den Abgrund des Vergehens: das leidenschaftlich-schmerzliche Überschwellen in dunklere, vollere, schwebendere Zustände; ein verzücktes Jasagen zum Gesamtcharakter des Lebens, als dem in allem Wechsel Gleichen, Gleich-Mächtigen,

Gleich-Seligen; die große pantheistische Mitfreudigkeit und Mitleidigkeit, welche auch die furchtbarsten und fragwürdigsten Eigenschaften des Lebens gutheißt und heiligt; der ewige Wille zur Zeugung, zur Fruchtbarkeit, zur Wiederkehr; das Einheitsgefühl der Notwendigkeit des Schaffens und Vernichtens.

Mit dem Wort »*apollinisch*« ist ausgedrückt: der Drang zum vollkommen Fürsichsein, zum typischen »Individuum«, zu allem, was vereinfacht, heraushebt, stark, deutlich, unzweideutig, typisch macht: die Freiheit unter dem Gesetz.

An den Antagonismus dieser beiden Natur-Kunstgewalten ist die Fortentwicklung der Kunst ebenso notwendig geknüpft als die Fortentwicklung der Menschheit an den Antagonismus der Geschlechter. Die Fülle der Macht und die Mäßigung, die höchste Form der Selbstbejahung in einer kühlen, vornehmen, spröden Schönheit: der Apollinismus des hellenischen Willens.

Diese Gegensätzlichkeit des Dionysischen und Apollinischen innerhalb der griechischen Seele ist eines der großen Rätsel, von dem ich mich angesichts des griechischen Wesens angezogen fühlte. Ich bemühte mich im Grunde um nichts als um zu erraten, warum gerade der griechische Apollinismus aus einem dionysischen Untergrund herauswachsen mußte: der dionysische Grieche nötig hatte, apollinisch zu werden, d. h. seinen Willen zum Ungeheuren, Vielfachen, Ungewissen, Entsetzlichen zu brechen an einem Willen zum Maß, zur Einfachheit, zur Einordnung in Regel und Begriff. Das Maßlose, Wüste, Asiatische liegt auf seinem Grunde: die Tapferkeit des Griechen besteht im Kampfe mit seinem Asiatismus: die Schönheit ist ihm nicht geschenkt, sowenig als die Logik, als die Natürlichkeit der Sitte, – sie ist erobert, gewollt, erkämpft – sie ist sein *Sieg*.

(562)

Zu den höchsten und erlauchtesten Menschenfreuden, in denen das Dasein seine eigene Verklärung feiert, kommen, wie billig, nur die Allerseltensten und Bestgeratenen: und auch diese nur, nachdem sie selber und ihre Vorfahren ein langes, vorbereitendes Leben auf dieses Ziel hin, und nicht einmal im Wissen um dieses Ziel, gelebt haben. Dann wohnt ein überströmender Reichtum vielfältigster Kräfte und zugleich die behendeste Macht eines »freien Wollens« und herrschaftlichen Verfügens in *einem* Menschen liebreich beieinander; der Geist ist dann ebenso in den Sinnen heimisch und zu Hause, wie die Sinne in dem Geiste zu Hause und heimisch sind; und alles, was nur in diesem sich abspielt, muß auch in jenen ein feines, außerordentliches

Glück und Spiel auslösen. Und ebenfalls umgekehrt! – man denke über diese Umkehrung bei Gelegenheit von Hafis nach; selbst Goethe, wie sehr auch schon im abgeschwächten Bilde, gibt von diesem Vorgange eine Ahnung. Es ist wahrscheinlich, daß bei solchen vollkommenen und wohlgeratenen Menschen zuletzt die allersinnlichsten Verrichtungen von einem Gleichnisrausche der höchsten Geistigkeit verklärt werden; sie empfinden an sich eine Art *Vergöttlichung des Leibes* und sind am entferntesten von der Asketenphilosophie des Satzes »Gott ist ein Geist«: wobei sich klar herausstellt, daß der Asket der »mißratene Mensch« ist, welcher nur ein Etwas an sich, und gerade das richtende und verurteilende Etwas, *gut* heißt – und »Gott« heißt. Von jener Höhe der Freude, wo der Mensch sich selber und sich ganz und gar als eine vergöttlichte Form und Selbstrechtfertigung der Natur fühlt, bis hinab zu der Freude gesunder Bauern und gesunder Halbmenschtiere: diese ganze lange ungeheure Licht- und Farbenleiter des *Glücks* nannte der Grieche, nicht ohne die dankbaren Schauder dessen, der in ein Geheimnis eingeweiht ist, nicht ohne viele Vorsicht und fromme Schweigsamkeit – mit dem Götternamen: *Dionysos*. – Was *wissen* denn alle neueren Menschen, die Kinder einer brüchigen, vielfachen, kranken, seltsamen Zeit, von dem *Umfange* des griechischen Glücks, was *könnten* sie davon wissen! Woher nähmen gar die Sklaven der »modernen Ideen« ein Recht zu dionysischen Feiern!

Als der griechische Leib und die griechische Seele »blühte«, und nicht etwa in Zuständen krankhafter Überschwenglichkeit und Tollheit, entstand jenes geheimnisreiche Symbol der höchsten bisher auf Erden erreichten Weltbejahung und Daseinsverklärung. Hier ist ein *Maßstab* gegeben, an dem alles, was seitdem wuchs, als zu kurz, zu arm, zu eng befunden wird: – man spreche nur das Wort »Dionysos« vor den besten neueren Namen und Dingen aus, vor Goethe etwa, oder vor Beethoven, oder vor Shakespeare, oder vor Raffael: und auf einmal fühlen wir unsere besten Dinge und Augenblicke *gerichtet*. Dionysos ist ein *Richter*! – Hat man mich verstanden? – Es ist kein Zweifel, daß die Griechen die letzten Geheimnisse »vom Schicksal der Seele« und alles, was sie über die Erziehung und Läuterung, vor allem über die unverrückbare Rangordnung und Wertungleichheit von Mensch und Mensch wußten, sich aus ihren dionysischen Erfahrungen zu deuten suchten: hier ist für alles Griechische die große Tiefe, das große Schweigen, – *man kennt die Griechen nicht*, solange hier der verborgene unterirdische Zugang noch verschüttet liegt.

Zudringliche Gelehrtenaugen werden niemals etwas in diesen Dingen sehen, so viel Gelehrsamkeit auch im Dienste jener Ausgrabung noch verwendet werden muß –; selbst der edle Eifer solcher Freunde des Altertums wie Goethes und Winckelmanns hat gerade hier etwas Unerlaubtes, fast Unbescheidenes. Warten und sich vorbereiten; das Aufspringen neuer Quellen abwarten; in der Einsamkeit sich auf fremde Gesichte und Stimmen vorbereiten; vom Jahrmarktsstaube und -lärm dieser Zeit seine Seele immer reiner waschen; alles Christliche durch ein Überchristliches *überwinden* und nicht nur von sich abtun – denn die christliche Lehre war die Gegenlehre gegen die dionysische –; den *Süden* in sich wieder entdecken und einen hellen, glänzenden, geheimnisvollen Himmel des Südens über sich aufspannen; die südliche Gesundheit und verborgene Mächtigkeit der Seele sich wieder erobern; Schritt vor Schritt umfänglicher werden, übernationaler, europäischer, übereuropäischer, morgenländischer, endlich *griechischer* – denn das Griechische war die erste große Bindung und Synthesis alles Morgenländischen und ebendamit der *Anfang* der europäischen Seele, die Entdeckung *unsrer »neuen Welt«* –: wer unter solchen Imperativen lebt, wer weiß, was *dem* eines Tages begegnen kann? Vielleicht eben – ein *neuer Tag*!

2. Die Erlöser der Natur

(563)

Es ist etwas Fundamental-Verfehltes im Menschen, er muß überwunden werden. Versuche!

(564)

Der Weise kennt *keine Sittlichkeit* mehr außer der, welche ihre Gesetze aus ihm selbst nimmt, ja schon das Wort »Sittlichkeit« paßt für ihn nicht. Denn er ist völlig unsittlich geworden, insofern er keine Sitte, kein Herkommen, sondern lauter neue Lebensfragen und Antworten anerkennt. Er bewegt sich auf unbegangenen Pfaden vorwärts, seine Kraft wächst, je mehr er wandert. Er ist einer großen Feuersbrunst gleich, die ihren eigenen Wind mit sich bringt und von ihm gesteigert und weitergetragen wird.

(565)

Mit Menschlichem wollen wir die Natur durchdringen und sie von göttlicher Mummerei erlösen. Wir wollen aus ihr nehmen, was wir brauchen, um *über* den Menschen hinaus zu träumen.

Etwas, das *großartiger ist* als Sturm und Gebirge und Meer, soll noch entstehen – aber als Menschensohn!

(566)

Neue Auffassung der *Religion*. Meine Sympathie mit den Frommen – es ist der *erste* Grad: ihr Ungenügen an *sich* –. Die *Selbst*überwindung als Stufe der Überwindung des *Menschen*.

(567)

Die Menschen und die Philosophen haben früher *in die Natur hinein* den Menschen gedichtet: – entmenschlichen wir die *Natur*! Später werden sie mehr in sich selber *hineindichten*: an Stelle von Philosophien und Kunstwerken wird es Idealmenschen geben, welche alle fünf Jahre aus sich ein neues Ideal formen.

(568)

Meine erste Lösung: die dionysische Weisheit. Lust an der Vernichtung des Edelsten und am Anblick, wie er schrittweise ins Verderben gerät: als Lust am *Kommenden, Zukünftigen,* welches triumphiert über das *vorhandene noch so Gute.* Dionysisch: zeitweilige Identifikation mit dem Prinzip des Lebens (Wollust des Märtyrers einbegriffen).

Meine Neuerungen. – Weiterentwicklung des Pessimismus: der Pessimismus des Intellekts; die *moralische* Kritik, Auflösung des letzten Trostes. Erkenntnis der Zeichen des *Verfalls*: umschleiert durch Wahn jedes starke Handeln; die Kultur isoliert, ist ungerecht und dadurch stark.

1. Mein *Anstreben* gegen den Verfall und die zunehmende Schwäche der Persönlichkeit. Ich suchte ein neues *Zentrum*.

2. Unmöglichkeit dieses Strebens *erkannt*.

3. *Darauf ging ich weiter in der Bahn der Auflösung, – darin fand ich für Einzelne neue Kraftquellen. Wir müssen Zerstörer sein!* – – Ich erkannte, daß der Zustand der *Auflösung*, in der *einzelne* Wesen sich vollenden *können wie nie* – ein Abbild und *Einzelfall des allgemeinen Daseins ist.* Gegen die lähmende Empfindung der allgemeinen Auflösung und Unvollendung hielt ich die *ewige Wiederkunft*.

(569)

1. Wir wollen unsre Sinne festhalten und den Glauben an sie – und sie zu Ende denken! Die Widersinnlichkeit der bisherigen Philosophie als der größte Widersinn des Menschen.

2. Die vorhandene Welt, an der alles Irdisch-Lebendige gebaut hat, daß sie so scheint (dauerhaft und *langsam* bewegt), wollen wir *weiter*bauen, – nicht aber als falsch wegkritisieren!

3. Unsre Wertschätzungen bauen an ihr; sie betonen und

unterstreichen. Welche Bedeutung hat es, wenn ganze Religionen sagen: »Es ist alles schlecht und falsch und böse!« Diese Verurteilung des ganzen Prozesses kann nur ein Urteil von Mißratenen sein!

4. Freilich, die Mißratenen könnten die Leidensten und Feinsten sein? Die Zufriedenen könnten wenig wert sein?

5. Man muß das *künstlerische* Grundphänomen verstehen, welches »Leben« heißt, – – *den bauenden Geist*, der unter den ungünstigsten Umständen baut: auf die langsamste Weise – –. Der *Beweis* für alle seine Kombinationen muß erst neu gegeben werden: *es erhält sich*.

(570)

Die typischen *Leiden* des Reformators und auch seine Tröstungen. – Die sieben Einsamkeiten.
Er lebt wie über den Zeiten: seine Höhe gibt ihm Verkehr mit den Einsamen und Verkannten aller Zeiten.
Er wehrt sich nur noch mit seiner Schönheit.
Er legt seine Hand auf das nächste Jahrtausend.
Seine Liebe nimmt zu in der Unmöglichkeit, mit ihr wohlzutun.

(571)

Das *Heraufbeschwören der Feinde*: wir haben sie um unseres Ideals willen *nötig*! Unsre ebenbürtigen Feinde in Götter verwandeln und so uns heben und verwandeln!

(572)

Ich bin jener *prädestinierte Mensch*, der die Werte für Jahrtausende bestimmt. Ein Verborgener, ein überallhin Gedrungener, ein Mensch ohne Freude, der jede Heimat, jedes Ausruhen von sich gestoßen hat. Was den *großen Stil* macht: Herr werden über sein *Glück* wie sein *Unglück*.

(573)

Rangordnung: Der die Werte *bestimmt* und den Willen von Jahrtausenden lenkt, dadurch daß er die höchsten Naturen lenkt, ist *der höchste Mensch*.

(574)

Etwas wollen und es durchsetzen: gilt als Zeichen des starken Charakters. Aber etwas nicht einmal wollen und es doch durchsetzen, ist den Stärksten eigentümlich, welche sich als fleischgewordenes Fatum fühlen.

(575)

Es gereicht einem Zeitalter nicht immer zum Vorwurf, wenn es seinen größten Geist nicht erkennt und für das erstaunlichste Gestirn, das aus seiner eigenen Nacht emporsteigt, keine Augen hat. Vielleicht ist dieser Stern bestimmt, viel ferneren Welten zu leuchten; vielleicht wäre es sogar ein Verhängnis, wenn er zu früh erkannt würde – es könnte sein, daß damit das Zeitalter von *seiner* Aufgabe weggelockt würde und dadurch wieder einem kommenden Zeitalter Schaden zufügte: dadurch, daß es ihm eine Arbeit übrigließ, die bereits hätte abgetan sein sollen und welche vielleicht gerade den Kräften dieses kommenden Zeitalters weniger angemessen ist.

(576)

Es sind die Zeiten großer Gefahr, in denen die Philosophen erscheinen – dann, wenn das Rad immer schneller rollt –, sie und die Kunst treten an die Stelle des verschwindenden Mythus. Sie werden aber weit vorausgeworfen, weil die Aufmerksamkeit der Zeitgenossen erst langsam ihnen sich zuwendet.

(577)

Was ist es, das den Dingen Sinn, Wert, Bedeutung verlieh? Das schaffende Herz, welches begehrte und aus Begehren schuf. Es schuf Lust *und Weh*. Es wollte sich auch mit dem Wehe *sättigen*. Wir müssen *alles* Leiden, das gelitten worden ist, von Menschen und Tieren, auf uns nehmen und bejahen, *und ein Ziel haben, in dem es Vernunft erhält*.

(578)

Der Hammer. *Wie* müssen Menschen beschaffen sein, die umgekehrt wertschätzen? – Menschen, die *alle* Eigenschaften der modernen Seele haben, aber stark genug sind, sie in lauter Gesundheit umzuwandeln? – Ihr Mittel zu ihrer Aufgabe.

(579)

Was *erreicht* worden ist in der Erkenntnis, ist Sache des Philosophen festzustellen; und nicht nur darin, sondern überhaupt! Die Geschichte als die große *Versuchsanstalt*: die bewußte Weisheit *vorzubereiten*, welche zur Erdregierung not tut. Das Zusammendenken des Erlebten –

(580)

Eure Not sollt ihr wiederum neu bestimmen: Das, was schon *ist*, heißt euch Notwendigkeit.

(581)

Man wird mir sagen, daß ich von Dingen rede, die ich nicht erlebt, sondern nur geträumt habe; worauf ich antworten könnte: Es ist eine schöne Sache, *so* zu träumen! Und unsere Träume sind zu alledem viel mehr unsere Erlebnisse, als man glaubt, – über Träume muß man umlernen! Wenn ich einige tausendmal geträumt habe, zu fliegen, – glaubt ihr nicht, daß ich auch im Wachen ein Gefühl und ein Bedürfnis vor den meisten Menschen *voraus*haben werde –?

(582)

Welche Verschiedenheit sehen wir im Gehen, Schwimmen und Fliegen! Und doch ist es ein und dieselbe Bewegung: nur ist die Tragkraft der Erde eine andere als die des Wassers, und die des Wassers eine andere als die der Luft! So sollen wir auch als Denker *fliegen* lernen – und nicht vermeinen, damit Phantasten zu werden!

(583)

Groß genug, um das Verachtete zu vergolden: geistig genug, um den Leib als das Höhere zu begreifen – das ist die *Zukunft der Moral*!

Wir müssen die Erhabenheit, vor der wir uns in der Natur *beugen*, in unsern Absichten und Willen *bejahen*, – wir sollen die *Erlöser* der Natur und nicht ihre Vergöttlicher sein! »Vergöttlichung der Natur« – das ist die Folge der Armut, Scham, Angst, Torheit!

Unsre Handlungen sollen *falsch* verstanden werden, wie Epikur falsch verstanden wird! Es charakterisiert jeden Propheten, daß er *bald* verstanden wurde, – es setzt ihn herab! *Wir müssen erst Menschen haben, deren Bedeutung nach Jahrhunderten sichtbar wird,* – unser »Ruhm« bisher war etwas Armseliges! – Ich will lange nicht verstanden sein.

Andrerseits müssen wir es tragen, *falsch zu verstehen* und mehr zu sehen, als da ist: oh ihr, die ihr nicht mehr tut als den »großen Menschen« zu *verstehen*! Eure Kraft sollte die sein, noch hundert Meilen höhere Wesen *über ihm* zu sehen! Und das nenne ich Idealität: einen Sonnenaufgang zu sehen, wo – eine Kerze angezündet wird!

Das wäre der höchste Glanz auf dem *Tode*, daß er uns *weiterführt* in die andre Welt und daß wir *Lust* haben an allem Werdenden und darum auch an unserm Vergehen! »Für den Weisen verwandelt sich die Natur in ein ungeheures Versprechen« (Emerson). Nun, du selber bist Natur und versprichst mit ihr das Ungeheure und hütest dich wohl, dein eignes Geheimnis vorschnell auszukundschaften!

(584)

Es muß solche geben, die alle Verrichtungen heiligen, nicht nur Essen und Trinken: – und nicht nur im Gedächtnis an sie oder im Einswerden mit ihnen, *sondern immer von neuem und auf neue Weise* soll diese Welt verklärt werden.

3. Die neue Art des Göttlichen

(585)

– Und wie viele neue Götter sind noch möglich! Mir selber, in dem der religiöse, d. h. gott*bildende* Instinkt mitunter zur Unzeit lebendig wird: wie anders, wie verschieden hat sich mir jedesmal das Göttliche offenbart!... So vieles Seltsame ging schon an mir vorüber, in jenen zeitlosen Augenblicken, die ins Leben herein wie aus dem Monde fallen, wo man schlechterdings nicht mehr weiß, wie alt man schon ist und wie jung man noch sein wird... Ich würde nicht zweifeln, daß es viele Arten Götter gibt... Es fehlt nicht an solchen, aus denen man einen gewissen Halkyonismus und Leichtsinn nicht hinwegdenken darf... Die leichten Füße gehören vielleicht selbst zum Begriffe »Gott«... Ist es nötig, auszuführen, daß ein Gott sich mit Vorliebe jenseits alles Biedermännischen und Vernunftgemäßen zu halten weiß? jenseits auch, unter uns gesagt, von Gut und Böse? Er hat die Aussicht *frei*, – mit Goethe zu reden. – Und um für diesen Fall die nicht genug zu schätzende Autorität Zarathustras anzurufen: Zarathustra geht so weit, von sich zu bezeugen: »Ich würde nur an einen Gott glauben, der zu *tanzen* verstünde«...

Nochmals gesagt: Wie viele neue Götter sind noch möglich! – Zarathustra selbst freilich ist bloß ein alter Atheist: der glaubt weder an alte noch neue Götter. Zarathustra sagt, er *würde* –; aber Zarathustra *wird* nicht... Man verstehe ihn recht.

Typus Gottes nach dem Typus der schöpferischen Geister, der »großen Menschen«.

(586)

Gesetzt, unsere Kultur müßte die Frömmigkeit entbehren. Sie könnte sie aus sich nicht erzeugen. Eine gewisse letzte innere Entschlossenheit und Beschwichtigung wird fehlen. Mehr als je kriegerische und abenteurerische Geister! Die Dichter haben die Möglichkeiten des Lebens noch zu entdecken, der *Sternkreis* steht dafür offen, nicht ein Arkadien oder Campanertal: ein unendlich kühnes Phantasieren an der Hand der Kenntnisse über Tierentwicklung ist möglich. Alle unsere Dichtung ist so kleinbürgerlich-erdenhaft, die große Möglichkeit höherer Menschen fehlt noch. Erst nach dem Tode der Religion kann die *Erfindung im Göttlichen* wieder luxuriieren.

(587)

So wie wir die Moral nicht mehr nötig haben, so auch nicht mehr die Religion. Das »Ich liebe Gott« – die einzige alte Form des

Religiösen – ist in die Liebe *meines Ideals* umgesetzt, ist schöpferisch geworden: – lauter Gott-Menschen.

(588)

Das neue Machtgefühl: der mystische Zustand, und die hellste, kühnste Vernünftigkeit als ein Weg dahin.

Philosophie als Ausdruck eines außerordentlich *hohen* Seelenzustandes.

(589)

Neue Rangordnung der Geister: nicht mehr die tragischen Naturen voran.

(590)

Die tragischen Naturen zugrunde gehen sehen und *noch lachen können*, über das tiefe Verstehen, Fühlen und Mitleiden mit ihnen hinweg, – ist göttlich.

(591)

Wenn es mir ganz wohl zumute werden will, bin ich immer in einem solchen freien Schweben, nach oben, nach unten, willkürlich, ohne *Spannung* das eine und ohne Herablassung und *Erniedrigung* das andere. »Aufschwung«, so wie viele *dies* beschreiben, ist mir zu muskelhaft und gewaltsam.

(592)

Meine neue Auslegung gibt den zukünftigen Philosophen als Herren der Erde die nötige Unbefangenheit.

Nicht sowohl »widerlegt«, als *unverträglich* mit dem, was wir jetzt vornehmlich für »wahr« halten und glauben: insofern ist die religiöse und moralische Auslegung uns unmöglich.

(593)

Die *Werte und deren Veränderung* stehen im Verhältnis zu dem *Machtwachstum des Wertsetzenden*.

Das Maß von *Unglauben*, von zugelassener »Freiheit des Geistes« als *Ausdruck des Machtwachstums*.

»Nihilismus« als Ideal der *höchsten Mächtigkeit* des Geistes, des überreichsten Lebens, teils zerstörerisch, teils ironisch.

(594)

Dies Buch wendet sich an wenige, – an die *freigewordenen* Menschen, denen nichts mehr verboten ist: wir haben Schritt für Schritt das Recht auf alles Verbotene zurückgewonnen.

Den Beweis der erreichten Macht und Selbstgewißheit damit geben, daß man »sich zu fürchten verlernt hat«; das Vertrauen zu seinen Instinkten eintauschen dürfen gegen das Mißtrauen und den Verdacht; daß man sich liebt und ehrt in seinem Sinn, – in seinem *Unsinn* noch: ein wenig Hanswurst, ein wenig Gott; kein Düsterling, keine Eule; keine Blindschleiche...

(595)

Es ist schwer, hier ernst zu bleiben. Inmitten dieser Probleme wird man nicht zum Leichenbitter... Die Tugend insonderheit hat Gebärden am Leibe, daß man dyspeptisch sein muß, um trotzdem seine Würde aufrechtzuerhalten. Und aller große Ernst – ist er nicht selbst schon Krankheit? und eine *erste* Verhäßlichung? Der Sinn für das Häßliche erwacht zu gleicher Zeit, wo der Ernst erwacht; man *deformiert* bereits die Dinge, wenn man sie ernst nimmt... Man nehme das Weib ernst: wie häßlich wird alsbald das schönste Weib!...

(596)

In der Hauptsache gebe ich den Künstlern mehr recht als allen Philosophen bisher: sie verloren die große Spur nicht, auf der das Leben geht, sie liebten die Dinge »dieser Welt« – sie liebten ihre Sinne. »Entsinnlichung« zu erstreben: da scheint mir ein Mißverständnis oder eine Krankheit oder eine Kur, wo sie nicht eine bloße Heuchelei oder Selbstbetrügerei ist. Ich wünsche mir selber und allen denen, welche ohne die Ängste eines Puritanergewissens leben – leben *dürfen*, eine immer größere Vergeistigung und Vervielfältigung ihrer Sinne; ja wir wollen den Sinnen dankbar sein für ihre Feinheit, Fülle und Kraft und ihnen das Beste von Geist, was wir haben, dagegen bieten. Was gehen uns die priesterlichen und metaphysischen Verketzerungen der Sinne an! Wir haben diese Verketzerung nicht mehr nötig: es ist ein Merkmal der Wohlgeratenheit, wenn einer, gleich Goethe, mit immer größerer Lust und Herzlichkeit an »den Dingen der Welt« hängt: – dergestalt nämlich hält er die große Auffassung des Menschen fest, daß der Mensch *der Verklärer des Daseins* wird, wenn er sich selbst verklären lernt.

(597)

Das Phänomen »Künstler« ist noch am leichtesten *durchsichtig*: – von da aus hinzublicken auf die *Grundinstinkte der Macht*, der Natur usw.! Auch der Religion und Moral!

»Das Spiel«, das Unnützliche – als Ideal des mit Kraft Überhäuften, als »kindlich«. Die »Kindlichkeit« Gottes, παῖς παίζων.

(598)

In einer rechten Höhe kommt alles zusammen und über eins – die Gedanken des Philosophen, die Werke des Künstlers und die guten Taten.

(599)

»Zum ersten Male brachte ich wieder den Gerechten, den Helden, den Dichter, den Erkennenden, den Wahrsager, den Führer zusammen: über den Völkern stellte ich mein Gewölbe hin: Säulen, auf denen auch ein Himmel ruht, – stark genug, einen Himmel zu *tragen*.« (So soll der Übermensch sprechen!)

(600)

Mit der *Genesung* Zarathustras steht *Cäsar* da, unerbittlich, gütig: – *zwischen Schöpfer-sein, Güte und Weisheit ist die Kluft vernichtet*.

Helle, Ruhe, *keine übertriebene* Sehnsucht, Glück, im *recht angewendeten, verewigten Augenblick*!

(601)

Alles Schaffen ist Mitteilen. Der Erkennende, der Schaffende, der Liebende sind *eins*.

(602)

Die Einheit des Schaffenden, Liebenden, Erkennenden in der Macht.

(603)

Die große Synthesis des Schaffenden, Liebenden, Vernichtenden.

(604)

Jenseits der Herrschenden, losgelöst von allen Banden, leben die höchsten Menschen: und in den Herrschenden haben sie ihre Werkzeuge.

(605)

Der geniale Zustand eines Menschen ist der, wo er zu einer und derselben Sache zugleich im Zustand der Liebe und der Verspottung sich befindet.

(606)

Wie kann sich der moderne Mensch den Vorteil der *Absolution* verschaffen, dem Gewissensbiß ein Ende machen? Ehemals hieß es: »Gott ist gnädig«: es hilft nichts, die Menschen müssen es jetzt sein!

(607)

Aus Betenden müssen wir Segnende werden!

4. Das kosmische Ich

(608)

Seid ihr nun vorbereitet? Ihr müßt jeden Grad von Skepsis durchlebt haben und mit Wollust in eiskalten Strömen gebadet haben, – sonst habt ihr kein Recht auf diesen Gedanken; ich will mich gegen die Leichtgläubigen und Schwärmerischen wohl *wehren*! Ich will meinen Gedanken im voraus *verteidigen*! Er soll die Religion der freiesten, heitersten und erhabensten Seelen sein – ein lieblicher Wiesengrund zwischen vergoldetem Eise und reinem Himmel!

(609)

Der Philosoph ist beschaulich wie der bildende Künstler, mitempfindend wie der Religiöse, kausal wie der Mann der Wissenschaft: er sucht alle Töne der Welt in sich nachklingen zu lassen und diesen Gesamtklang aus sich herauszustellen in Begriffen.

(610)

Der Philosoph sucht nicht die Wahrheit, sondern die Metamorphose der Welt in den Menschen: er ringt nach dem Verstehen der Welt mit Selbstbewußtsein. Er ringt nach einer Assimilation: er ist befriedigt, wenn er irgend etwas anthropomorphisch zurechtgelegt hat. Wie der Astrolog die Welt im Dienste der einzelnen Individuen ansieht, so der Philosoph die Welt als Mensch.

(611)

Man sucht das Bild der Welt in *der* Philosophie, bei der es uns am freiesten zumute wird; d.h. bei der unser mächtigster Trieb sich frei fühlt zu seiner Tätigkeit. So wird es auch bei mir stehn!

(612)

Jedes Individuum wirkt am ganzen kosmischen Wesen mit, – ob wir es wissen oder nicht, – ob wir es wollen oder nicht!

(613)

Die Welt »vermenschlichen«, d.h. immer mehr uns in ihr als Herren fühlen –

(614)

Das »Ich« unterjocht und tötet: es arbeitet wie eine organische Zelle: es raubt und ist gewalttätig. Es will sich regenerieren – Schwangerschaft. Es will seinen Gott gebären und alle Menschheit ihm zu Füßen sehen.

(615)

Der große Mensch als *Rival mit der großen Natur*.

(616)

Der höchste Mensch als Abbild der Natur zu konzipieren: ungeheurer Überfluß, ungeheure Vernunft im Einzelnen, als Ganzes sich verschwendend, *gleichgültig* dagegen.

(617)

Das Verdienst *leugnen*: aber das tun, was über allem Loben, ja über allem Verstehn ist.

(618)

Es ist mein Fleiß und mein Müßiggang, meine Überwindung und mein Nachhängen, meine Tapferkeit und mein Zittern, es ist mein Sonnenlicht und mein Blitz aus dunklem Wolkenhimmel, es ist meine Seele und auch mein Geist, mein schweres, ernstes, granitenes Ich, das aber wieder zu sich sprechen kann: »Was liegt an mir!«

(619)

Hauptgedanke! Nicht die Natur täuscht uns, die Individuen, und fördert ihre Zwecke durch unsere Hintergehung: sondern die Individuen legen sich alles Dasein nach individuellen, das heißt falschen Maßen zurecht; wir wollen damit recht haben und folglich muß »die Natur« als Betrügerin erscheinen. In Wahrheit gibt es keine *individuellen Wahrheiten*, sondern lauter individuelle *Irrtümer* – das *Individuum* selber ist ein *Irrtum*. Alles, was in uns vorgeht, ist an sich *etwas anderes*, was wir nicht wissen: wir legen die Absicht und die Hintergehung und die Moral erst in die Natur hinein. – Ich unterscheide aber: die eingebildeten Individuen und die wahren »Lebenssysteme«, deren jeder von uns eins ist; – man wirft beides in eins, während »das Individuum« nur eine Summe von bewußten Empfindungen und Urteilen und Irrtümern ist, ein *Glaube*, ein Stückchen vom wahren Lebenssystem oder viele Stückchen zusammengedacht und zusammengefabelt, eine »Einheit«, die nicht standhält. Wir sind Knospen an *einem* Baume, – was wissen wir von dem, was im Interesse des Baumes aus uns werden kann! Aber wir haben ein Bewußtsein, als ob wir *alles* sein wollten und sollten, eine Phantasterei vom »Ich« und *allem* »Nicht-Ich«. *Aufhören, sich als solches phantastisches ego zu fühlen!* Schrittweise lernen, *das vermeintliche Individuum abzuwerfen!* Die Irrtümer des ego entdecken! Den *Egoismus als Irrtum* einsehen! Als Gegensatz ja nicht Altruismus zu verstehen! Das wäre die Liebe zu den *anderen vermeintlichen* Individuen. Nein! Über »mich« und »dich« *hinaus*! *Kosmisch empfinden!*

(620)

Philosophie als Liebe zur Weisheit, hinauf zu dem Weisen als dem Beglücktesten, Mächtigsten, der *alles Werden* rechtfertigt und wieder will, – nicht Liebe zu den Menschen, oder zu Göttern, oder zur Wahrheit, sondern *Liebe zu einem Zustand, einem geistigen und sinnlichen Vollendungsgefühl*: ein Bejahen und Gutheißen aus einem überströmenden Gefühle von gestaltender Macht. Die große Auszeichnung.

(621)

»Aber wohin fließen denn zuletzt alle Flüsse des Großen und Größten am Menschen? Gibt es für sie allein keinen Ozean?« – Sei dieser Ozean: so gibt es einen.

(622)

Vieles erleben, vieles Vergangene dabei miterleben, vieles eigene und fremde Erleben als Einheit erleben: dies macht die höchsten Menschen; ich nenne sie »Summen«.

(623)

Das Individuum ist *das ganze bisherige Leben* in *einer* Linie, und *nicht* dessen *Resultat*.

(624)

Seltsam! Ich werde in jedem Augenblick von dem Gedanken beherrscht, daß meine Geschichte nicht nur eine persönliche ist, daß ich für viele etwas tue, wenn ich so lebe und mich forme und verzeichne: es ist immer, als ob ich eine Mehrheit wäre, und ich rede zu ihr traulich-ernst-tröstend.

(625)

Im Altertum hatte jeder höhere Mensch die Begierde nach dem Ruhme, – das kam daher, daß jeder mit sich die Menschheit anzufangen glaubte und sich genügende Breite und Dauer nur so zu geben wußte, daß er sich in alle Nachwelt hineindachte, als mitspielenden Tragöden der ewigen Bühne. Mein Stolz dagegen ist: »ich habe eine *Herkunft*«, – deshalb brauche ich den Ruhm nicht. In dem, was Zarathustra, Moses, Mohammed, Jesus, Plato, Brutus, Spinoza, Mirabeau bewegte, lebe ich auch schon, und in manchen Dingen kommt in mir erst reif ans Tageslicht, was embryonisch ein paar Jahrtausende brauchte. Wir sind die ersten Aristokraten in der Geschichte des Geistes – der historische Sinn beginnt erst jetzt.

(626)

Wenn ich von Plato, Pascal, Spinoza und Goethe rede, so weiß ich, daß ihr Blut in dem meinen rollt – ich bin stolz, wenn ich von ihnen die Wahrheit sage – die Familie ist gut genug, daß sie nicht nötig hat, zu dichten oder zu verhehlen: und so stehe ich zu allem Gewesenen, ich *bin stolz auf die Menschlichkeit*, und stolz gerade in der unbedingten Wahrhaftigkeit.

(627)

Wir selber müssen, wie Gott, gegen alle Dinge gerecht, gnädig, sonnenhaft sein und sie immer neu schaffen, wie wir sie geschaffen haben.

(628)

Jener Kaiser hielt sich beständig die Vergänglichkeit aller Dinge vor, um sie nicht *zu wichtig* zu nehmen und zwischen ihnen ruhig zu bleiben. Mir scheint umgekehrt alles viel zuviel wert zu sein, als daß es so flüchtig sein dürfte: ich suche nach einer Ewigkeit für jegliches: dürfte man die kostbarsten Salben und Weine ins Meer gießen? – Mein Trost ist, daß alles, was war, ewig ist: – das Meer spült es wieder her.

(629)

Wer reich ist in seiner Heiligkeit, der ist unter den Bösesten gut zu Hause: und alles Neinsagen gehört den Armen.

(630)

Entfernen wir die höchste Güte aus dem Begriff Gottes: – sie ist eines Gottes unwürdig. Entfernen wir insgleichen die höchste Weisheit: – es ist die Eitelkeit der Philosophen, die diesen Aberwitz eines Weisheitsmonstrums von Gott verschuldet hat: er sollte ihnen möglichst gleichsehen. Nein! Gott *die höchste Macht* – das genügt! Aus ihr folgt alles, aus ihr folgt – »die Welt«!

(631)

Wir Ästhetiker höchsten Ranges möchten auch die Verbrechen und das Laster und die Qualen der Seele und die Irrtümer nicht *missen*, – und eine Gesellschaft von *Weisen* würde sich wahrscheinlich eine böse Welt *hinzuerschaffen*. Ich meine, es ist kein Beweis gegen die Künstlerschaft Gottes, daß das Böse und der Schmerz existiert, – wohl aber gegen seine »*Güte*«? – Aber was ist denn Güte! Das Helfenwollen und Wohltunwollen, welches ebenfalls solche voraussetzt, denen es *schlecht* geht! und die *schlecht* sind!

(632)

Das Kunstwerk, wo es *ohne* Künstler erscheint, z. B. als Leib, als Organisation (preußisches Offizierkorps, Jesuitenorden). Inwiefern der Künstler nur eine Vorstufe ist.

Die Welt als ein sich selbst gebärendes Kunstwerk – –

(633)

Darin, daß die Welt ein göttliches Spiel sei und jenseits von Gut und Böse – habe ich die Vedantaphilosophie und Heraklit zum Vorgänger.

(634)

Wie hoch ich wohne? Niemals noch zählte ich, wenn ich stieg, die Treppen bis zu mir: *wo alle Treppen aufhören, da beginnt mein Dach und Fach.*

(635)

Eine volle und mächtige Seele wird nicht nur mit schmerzhaften, selbst furchtbaren Verlusten, Entbehrungen, Beraubungen, Verachtungen fertig: sie kommt aus solchen Höllen mit größerer Fülle und Mächtigkeit heraus: und, um das Wesentlichste zu sagen, mit einem neuen Wachstum in der Seligkeit der Liebe. Ich glaube, der, welcher etwas von den untersten Bedingungen jedes Wachstums in der Liebe erraten hat, wird Dante, als er über die Pforte seines Inferno schrieb: »Auch mich schuf die ewige Liebe«, verstehen.

(636)

»Ja! ich will nur das noch lieben, was notwendig ist! Ja! Amor fati sei meine letzte Liebe!« – Vielleicht treibst du es so weit: aber vorher wirst du erst noch der Liebhaber der Furien sein müssen: ich gestehe, mich würden die Schlangen irremachen. – »Was weißt du von den Furien! Furien – das ist nur ein böses Wort für die Grazien.« Er ist toll! –

(637)

Eine Höhe und Vogelschau der Betrachtung gewinnen, wo man begreift, wie alles so, *wie es gehen sollte*, auch wirklich geht: wie jede Art »Unvollkommenheit« und das Leiden an ihr mit hinein in die *höchste Wünschbarkeit* gehört.

(638)

Es ist ganz und gar nicht die erste Frage, ob wir mit uns zufrieden sind, sondern ob wir überhaupt irgendwomit zufrieden sind. Gesetzt, wir sagen Ja zu einem einzigen Augenblick, so haben wir damit nicht nur zu uns selbst, sondern zu allem Dasein Ja gesagt. Denn es steht nichts für sich, weder in uns selbst, noch in den Dingen: und wenn nur ein einzigesmal unsre Seele wie eine Saite vor Glück gezittert und getönt hat, so waren alle Ewigkeiten nötig, um dies eine Geschehen zu bedingen – und alle Ewigkeit war in diesem einzigen Augenblick unseres Jasagens gutgeheißen, erlöst, gerechtfertigt und bejaht.

(639)

»Ich«, »Subjekt« als Horizontlinie. Umkehrung des perspektivischen Blicks.

(640)

Grundsatz: *Jedes* Erlebnis, in seine Ursprünge zurückverfolgt, setzt die ganze Vergangenheit der Welt voraus, – *ein* Faktum *gut*heißen, heißt *alles* billigen! Aber indem man alles billigt, billigt man auch alle vorhandenen und gewesenen *Billigungen* und *Verwerfungen*!

(641)

Fatum ist ein erhebender Gedanke für den, welcher begreift, daß er *dazu* gehört.

(642)

Den ungeheuer *zufälligen* Charakter aller Kombinationen erweisen: *daraus* folgt, daß *jede* Handlung eines Menschen einen *unbegrenzt großen* Einfluß hat auf alles Kommende. Dieselbe Ehrfurcht, die er, rückwärts schauend, dem ganzen Schicksal weiht, hat er sich selber *mit*zuweihen. Ego fatum.

(643)

Der Mensch der höchsten Geistigkeit und Kraft fühlt sich jedem Zufalle gewachsen, aber auch ganz in den Schneeflocken der Zufälle drin; er leugnet die Vernünftigkeit in jedem Nacheinander und zieht das Zufällige daran mit Spott ans Licht. – Ehemals glaubte man nur an Zwecke: es ist eine Vertauschung eines Irrtums mit einem andern, daß man heute nur an causae efficientes glaubt. Es gibt weder causae finales noch efficientes: in beidem haben wir einen falschen Schluß aus einer falschen Selbstbeobachtung gemacht: 1. Wir glauben, durch Willen zu wirken; 2. wir glauben mindestens, zu *wirken*. Freilich: ohne diesen Glauben gäbe es nichts Lebendiges: braucht er deshalb aber schon wahr zu sein?

(644)

Der Determinismus: Ich selber bin das Fatum und *bedinge seit Ewigkeiten das Dasein*.

(645)

Die Krankheiten der Sonne erlebe ich, der Erdgeborne, als eigne Verfinsterung und der eigenen Seele Sündflut.

(646)

Höchster Fatalismus doch identisch mit dem *Zufalle* und dem *Schöpferischen*. (Keine Wertordnung in den Dingen! sondern erst zu schaffen!)

(647)

Der bisherige Mensch – gleichsam ein Embryo des Menschen der Zukunft; *alle* gestaltenden Kräfte, die auf *diesen* hinzielen, sind in ihm: und weil sie ungeheuer sind, so entsteht für das jetzige Individuum, je *mehr es zukunftbestimmend ist*, *Leiden*. Dies ist die tiefste Auffassung des *Leidens*: die gestaltenden Kräfte stoßen sich. – Die Vereinzelung des Individuums darf nicht täuschen – in Wahrheit fließt etwas fort *unter* den Individuen. *Daß* es sich einzeln fühlt, ist der *mächtigste Stachel* im Prozesse selber nach fernsten Zielen hin: sein Suchen für *sein* Glück ist das Mittel, welches die gestaltenden Kräfte andrerseits zusammenhält und mäßigt, daß sie sich nicht selber zerstören.

(648)

Große kosmische Rede: »Ich bin die Grausamkeit«, »Ich bin die List« usw. Hohn auf die Scheu, die Schuld auf sich zu nehmen (– Hohn des *Schaffenden* –) und alle Leiden, – böser, als je einer böse war usw. Höchste Form der Zufriedenheit mit seinem Werk: – er zerbricht es, um es immer wieder zusammenzufügen. Neue Überwindung des Todes, des Leidens und der Vernichtung.

(649)

Sobald der Mensch *vollkommen die Menschheit ist, bewegt er die ganze Natur.*

Nachwort

Am Vormittag des 3. Januar 1889 wurde Friedrich Nietzsche auf der Piazza Carlo Alberto in Turin Zeuge einer alltäglichen Szene: ein Droschkenkutscher mißhandelte brutal sein Pferd. Entsetzt stürzte der Philosoph herzu und fiel dem leidenden Droschkengaul weinend um den Hals. Dann brach er zusammen. Was folgte, gehört in den Bereich der Psychiatrie.

Mit dieser makabren Szene endet die geistige Existenz eines Denkers, dessen Wirkung zu bewußter Lebenszeit gering, dessen Nachwirkung jedoch bis auf den heutigen Tag gewaltig war und ist. Nietzsche hinterließ dem 20. Jahrhundert eine Diagnose des »modernen Menschen«, deren rücksichtslose Radikalität niemanden unberührt und ungerührt lassen kann, der sich um den Fortbestand der Spezies Mensch tiefere Gedanken macht als die Arrangeure eines anthropologischen status quo. Aber es sind nicht nur die scharfsinnigen, an der Realität überprüften Diagnosen Nietzsches, die seinem Werk Faszination verleihen; vielmehr besticht an der denkerischen Aussage dieses Mannes mindestens ebenso nachdrücklich die Perspektive auf einen neuen Menschen, die sie eröffnet – eine Perspektive, die in den letzten 80 Jahren allerdings zu Mißdeutungen und auch zu Mißbrauch nicht geringen Anlaß gab. Scheinen doch Postulate wie »Wille zur Macht«, »Zucht und Züchtung« oder »Heroisches Leben« geradezu faschistische Ideologien herauszufordern und zu bestätigen. Dementsprechend versuchten die Verfechter solcher Ideologien denn auch Friedrich Nietzsche für ihr weltanschauliches Konzept zu reklamieren und ihn zum Ahnherrn völkisch-mystischen Gedankwaberns zu küren, für das sein Denken jedoch am allerwenigsten taugt. In hellsichtiger Vorahnung solcher Verballhornung seiner Philosophie hatte Nietzsche schon im Entwurf zu dem geplanten Hauptwerk ›Der Wille zur Macht‹ notiert, daß er diesen Text deutsch niederschreibe, sei »mindestens unzeitgemäß«; er wünschte das Buch »französisch geschrieben zu haben, damit es nicht als Bestärkung irgendwelcher reichsdeutscher Aspirationen erscheint«. Und bis in die Tage der geistigen Umnachtung hinein wetterte er leidenschaftlich gegen den deutschen Wahn, an die Stelle des Denkens den nationalen Mythos zu setzen: ihn hielt er für die gefährlichste Dekadenzerscheinung Alt-Europas. Selbst ein so entschieden marxistischer Dogmatiker wie Georg Lukács klammert Friedrich Nietzsche denn auch ausdrücklich aus der Ahnenreihe derer aus, die seiner ideologischen Ansicht nach zur »Zerstörung der Vernunft« beitrugen, und Max Horkheimer, faschistoider Tendenzen kaum minder unverdächtig als Lukács, äußerte in seinen späten Jahren, daß Nietzsche möglicherweise ein größerer Denker gewesen sei als Marx – ganz zu schweigen von der Gruppe jener kommunistischer Philosophen, die, geschart um die Redaktion der jugoslawischen Zeitschrift ›Praxis‹, Nietzsche als »Verkünder des schöpferischen Menschen« für ihre Sache zu entdecken glaubten.

Aber diese Adaptionen und Bemühungen, diese Mißverständnisse und teilweisen Verständnisse können und dürfen nicht darüber hinwegtäuschen, daß Nietzsche zur geistigen und politischen Ideologie des 20. Jahrhunderts, mag sie nach rechts oder links tendieren, in krassem Gegensatz steht. Seine Philosophie läßt sich weder ein- noch unterordnen, weil sie entschieden das Menschenbild in Frage stellt, das sich an der spätromantisch emotionalisierten, klassenkämpferisch programmierten und idealistisch frustrierten Gesellschaft des 19. Jahrhunderts (und deren geistigen Voraussetzungen) orientiert. Was er, nach gründlicher Diagnose des anthropologischen Sachverhaltes, fordert, das ist nicht eine Umgruppierung oder eine Korrektur übernommener Werte im Hinblick auf veränderte Verhältnisse und auch nicht eine Umverteilung von materiellen Reichtümern; vielmehr zielt Nietzsches Philosophie auf eine »Umwertung aller bisherigen Werte« durch deren nihilistische Verneinung ab. Dieser Entschiedenheit, diesem philosophischen Radikalismus entspricht in der abendländischen Geistesgeschichte kaum ein vergleichbares Beispiel. Gewiß: auch die großen philosophischen Systeme eines Descartes oder Kant, eines Hegel oder Schopenhauer fordern durch ihre denkerische Entschiedenheit Nach-Denken ebenso heraus wie die ökonomisch orientierte Erkenntnis- und Gesellschaftskritik von Karl Marx – aber der psychologische Scharfblick Nietzsches übertrifft diese produktiven Denkansätze und Denkergebnisse bei weitem durch den nachdrücklichen Verzicht auf Spekulation. Nietzsche denkt wissenschaftlich-induktiv, jedoch nicht im Stil trockener Gelehrsamkeit und den Blick seziersüchtig aufs Detail gerichtet, sondern unter dem Vorzeichen des Künstlerischen. Denn »der wissenschaftliche Mensch ist die Weiterentwicklung – des künstlerischen«, schreibt Nietzsche bereits in der ersten »Unzeitgemäßen Betrachtung«. In diesem Sinn will er Wissenschaft auch als »fröhliche Wissenschaft« verstanden wissen – eine Wissenschaft, die fähig ist, über sich selbst zu lachen, getreu dem Spruch, den sich Nietzsche über die Haustür wünschte: »Ich wohne in meinem eigenen Haus, / habe niemandem nie nichts nachgemacht / Und – lachte noch jeden Meister aus, / der nicht sich selber ausgelacht.«

Diese künstlerisch geprägte Haltung des philosophischen Wissenschaftlers Nietzsche, die sich schöpferisch-spielerisch-empirisch-induktiv mit der Realität auseinandersetzt, sie prüft, analysiert und intellektuell ironisiert, um ihren Wahrheitsgehalt zu erkunden – diese wissenschaftliche Haltung bestimmt nicht zuletzt die Eigenart von Nietzsches Œuvre, die gelegentlich als Mangel an Systematik gerügt wird. Sind die veröffentlichten Schriften des Philosophen doch begleitet von einer nur schwer übersehbaren Fülle von Gedankensplittern, die, flüchtig in Notizheften festgehalten, einen fast pointillistischen Denkprozeß erkennen lassen. Wer in diesen Notizheften blättert oder gar sich in ihren Inhalt vertieft, muß zunächst den Eindruck gewinnen, als sei Nietzsche unablässig von einer Flut von Einfällen, Beobachtungen und Erkenntnissen zum Teil widersprüchlichen Charakters überfallen, ja: überschwemmt worden, die zu ordnen ihm die logisch-klärende Denkkraft gefehlt habe.

Karl Schlechta, der als erster nach 1945 wieder eine umfassende Nietzsche-Ausgabe herausbrachte, zog aus diesem Eindruck die entschiedenste editorische Konsequenz, indem er den Nietzsche-Nachlaß ebenso ungeordnet, wie er ihn in den Notizheften vorfand, der Öffentlichkeit anbot. Durch diese Publikation hoffte er alle vorangegangenen Versuche, den Nachlaß in eine systematische Ordnung zu bringen, als willkürliche und unsachgemäße Behandlung der überlieferten Nachlaß-Texte abwerten zu können. Aber abgesehen davon, daß auch Schlechta keine Textgestalt nach historisch-kritischen Gesichtspunkten verantwortete (der Nachlaß-Komplex der historisch-kritischen Ausgabe wurde erst durch Giorgio Colli und Mazzino Montinari in den sechziger und siebziger Jahren erarbeitet und liegt 1977 – bis auf die Kommentarbände – geschlossen vor) und damit die letzte philologisch-wissenschaftliche Beweiskraft seines Unternehmens schuldig bleiben mußte – abgesehen davon brachte Schlechtas Edition kaum einen Fortschritt in der Lösung dieses heiklen (vielleicht des heikelsten) philosophischen Nachlaß-Problems. Denn die Wiedergabe der Notizheft-Eintragungen in der vorgefundenen Reihenfolge und Unordnung erschwert lediglich die Übersicht (gewährt allerdings auch aufschlußreiche Einblicke in Nietzsches Denkprozeß und die daraus resultierende Arbeitsweise), aber sie dokumentiert keineswegs, wie Schlechta meint, eine zunehmende Systemlosigkeit von Nietzsches Denken. Im Gegenteil: die bereits in den ›Unzeitgemäßen Betrachtungen‹ angesprochene philosophische Thematik (Kritik der Moral; Umwertung der Werte; der freie Wille; Unschuld des Werdens; Jenseits von Gut und Böse; das kosmische Ich) wird in reicher gedanklicher Facettierung und mit konsequenter Zuspitzung auf die Probleme einer neuen Rang- und Wertordnung unter dem Signum des Willens zur Macht erörtert und vertieft – mit dem einzigen Ziel, aus diesen Aufzeichnungen das »Hauptwerk« zu formen und zu formulieren. Bis in die Tage der Umnachtung hinein sprach Nietzsche immer wieder von dieser Aufgabe – und auch von den weit vorgeschrittenen Vorarbeiten zu ihrer Verwirklichung. Wozu hätten sonst auch die Berge von Notizen einen Sinn haben sollen und können, wenn sie nicht als Rohmaterial für eine spätere Zusammenfassung gedacht gewesen wären? Denn nicht erst seit den Tagen, in denen Nietzsches Krankheit bedenkliche Formen anzunehmen begann, arbeitete dieser Philosoph mit scheinbar impressionistisch hingeworfenen Notizen; vielmehr zeigen die Nachlaß-Veröffentlichungen aus den frühen Jahren deutlich: die Notiz kennzeichnet schlechthin seinen Arbeitsstil.

Daß Nietzsche die Zusammenfassung seines gedanklichen Konzepts schwerfiel, resultiert nicht etwa aus dem Unvermögen, den gewaltigen Stoff bewältigen zu können, oder gar aus mangelnder Übersicht; vielmehr zögerte der Philosoph immer wieder vor diesem letzten publizistischen Schritt, weil er vor den Konsequenzen des eigenen Denkens zutiefst erschrak. »Ich habe«, so heißt es in einem Briefentwurf an die Schwester aus dem Dezember 1888, »ganz wörtlich geredet, die Zukunft der Menschheit in der Hand. ... Ich spiele mit der Last, welche jeden Sterblichen zerdrücken würde. ... Denn das, was ich zu tun habe, ist furchtbar in jedem Sinne des Wortes: ich fordere nicht einzelne, ich fordere die Menschheit mit meiner entsetzlichen Anklage als Ganzes heraus; wie auch die Entscheidung fällt, für mich oder gegen mich, in jedem Fall haftet unsäglich viel Verhängnis an meinem Namen.« Derartige Sätze, an der Schwelle geistiger Verwirrung niedergeschrieben, mögen übersteigert klingen; aber de facto entsprechen sie genau jener ungeheuren Spannung zwischen Verzweiflung und Glück, der sich das Genie angesichts grundstürzender, schier unaussprechbarer Erkenntnisse ausgesetzt fühlt.

Dennoch darf Schlechtas Vorbehalt gegen die systematische Anordnung von Nietzsches Notiz-Hinterlassenschaft nicht ausschließlich als polemische Eigensinnigkeit beiseite geschoben werden; sie verdient vielmehr aufmerksame Beachtung im Hinblick auf alle Versuche, das von Nietzsche anvisierte »Hauptwerk« seinen vermeintlichen Absichten gemäß zu rekonstruieren. Da Nietzsche selbst mehrere Schemata für die Gliederung und Thematik dieses Hauptwerkes, dem er den Titel ›Der Wille zur Macht‹ zu geben wünschte, aufgezeichnet hat, scheint zunächst die entsprechende Zuordnung der aphoristisch hinterlassenen Texte nur mäßige Schwierigkeit zu bereiten und eher ein geduldiges philosophisches Puzzlespiel als nachschöpferischgestaltenden (und damit subjektiven) Zugriff herauszufordern.

Aber schon die berühmte, heftig diskutierte Edition des ›Willens zur Macht‹, die Peter Gast im Verein mit Elisabeth Förster-Nietzsche zusammenstellte (neu herausgegeben von Alfred Baeumler), beweist eine kaum zu meisternde textkritische Problematik. Nietzsches geistige Nachlaßverwalter beriefen sich damals (1906) auf eine Disposition des Philosophen vom 17. März 1887, die genauen Aufschluß über das »Hauptwerk« vermittelt; dieser Disposition entsprechend wurden aus den Notizheften alle Texte abgedruckt, die sich unmittelbar auf den Buchplan zu beziehen und sich ihm gedanklich-schlüssig einzufügen schienen. Man mag Zweifel hegen, ob eine derartige Praxis philologisch vertretbar sei; eine Fälschung jedoch, wie gelegentlich behauptet wurde, stellt sie, in toto sachlich beurteilt, nicht dar. In Mißkredit geriet dieser Versuch einer Rekonstruktion (oder besser gesagt: einer Konstruktion) von Nietzsches ungeschriebenem Werk aus den Notizfragmenten erst durch die denkmalspflegerische Attitüde der Schwester Nietzsches, durch die der Eindruck erweckt wurde, diese Textzusammenstellung sei de facto Nietzsches Hauptwerk ›Der Wille zur Macht‹ – was sie nachweisbar nicht ist.

Wie wenig die systematische Textsammlung ›Der Wille zur Macht‹ dem gesamten schriftlichen Nachlaß (insbesondere der achtziger Jahre) gerecht werden und ihn aufschlüsseln konnte, beweist die Tatsache, daß Alfred Baeumler außerdem noch eine zweibändige Edition aus dem Nachlaß unter dem Titel ›Die Unschuld des Werdens‹ vorlegen konnte.

In den seit Nietzsches Tod erschienenen Werkausgaben wird der Nachlaß jeweils parallel zu den einzelnen Werkreihen dargeboten; die große Musarion-Ausgabe, im Auftrag von Elisabeth Förster-Nietzsche herausgegeben, bringt außerdem auch die Zusammenstellung ›Der Wille zur Macht‹. Die durch den Krieg steckengebliebene und nicht weitergeführte historisch-kritische Ausgabe der Werke und Briefe Nietzsches (C. H. Beck, München) läßt ebenfalls das Prinzip einer Parallel-Veröffentlichung der Nachlaß-Texte erkennen; ebenso die komplettierte historisch-kritische Gesamtausgabe von Colli und Montinari (de Gruyter, Berlin). Das überragende Verdienst dieser zuletzt genannten Edition liegt zweifellos in der endgültigen Sicherung und wertungsfreien Darbietung des gesamten Nachlaß-Textbestandes. Aufgrund dieses Textbestandes sind alle Versuche, Nietzsches aphoristisch markiertes Denkgebäude zu rekonstruieren, objektiv überprüf- und beurteilbar – auch der vorliegende, zumal er, mit dem Titel ›Umwertung aller Werte‹ (früher ›Das Vermächtnis Friedrich Nietzsches‹) neu vorgelegt, unter den ordnenden Editionen des Nietzsche-Nachlasses eine Sonderstellung einnimmt.

Friedrich Würzbach, langjähriger Präsident der Nietzsche-Gesellschaft und Mitherausgeber der Musarion-Ausgabe, gehörte zweifellos zu den bedeutendsten Kennern von Nietzsches Werk und Gedankenwelt. Seine langjährige Beschäftigung mit dem vom Nietzsche-Archiv in Weimar (heute vom Goethe-Schiller-Archiv) verwalteten Nachlaß legte ihm den Gedanken nahe, das gesamte Notizen-Material der achtziger Jahre zu sichten und zu ordnen – und zwar ohne Anspruch auf Rekonstruktion oder Konstruktion einer von Nietzsche beabsichtigten Veröffentlichung. Er versuchte lediglich, sich die im Gesamtwerk (den Nachlaß eingeschlossen) deutlich hervortretenden Intentionen des Philosophen zu vergegenwärtigen und daraus die Hauptzüge denkerischer Konsequenzen, wie sie in den Nachlaß-Aphorismen offenbar werden, durch Zusammenfassung zu verdeutlichen und zu unterstreichen.

Gewiß: auch eine derartige Zusammenstellung und Anordnung muß sich dem kritischen Vorwurf subjektiven Arrangements stellen. Aber sie kann, da sie nicht derart selektiv verfährt wie die von Peter Gast und Elisabeth Förster-Nietzsche verantwortete Sammlung ›Der Wille zur Macht‹, solchen Vorwürfen immerhin durch die Fülle des angebotenen Materials entgegentreten und sie überdies durch den Hinweis zurückdrängen, daß hier nur Nachlaß-Material geordnet wird ohne den Anspruch, ein posthumes Nietzsche-Werk klittern zu wollen.

Daß der Nachlaß, um ihn zugänglich zu machen, einer Ordnung bedarf, erscheint unter dem Eindruck der disparat geführten Notizhefte durchaus förderlich und legitim. Immerhin erweisen die Aphorismen, zu Themengruppen und Themenkreisen zusammengeschlossen, eine denkerische Folgerichtigkeit und aufeinander bezogene Logik, die mit den abgeschlossenen Werken Nietzsches klar übereinstimmt und sie bruchlos fortführt. Ohne die Lektüre dieser nachgelassenen Texte ist die Kenntnis von Nietzsches Philosophie nur unvollkommen; sie erst bieten die Quintessenz seines Denkens, die, auf die radikale Umwertung aller Werte abzielend, in dem (leider nur allzuoft vordergründig-politisch mißverstandenen) Willen zur Macht das eigentliche Agens menschlichen Verhaltens erkennt. Wie dieser Wille zur Macht, der heute durch die naturwissenschaftlich-verhaltensforscherische Erkenntnis und Kenntnis der Aggression eine Bestätigung erfährt, zur Höherentwicklung des Menschen entgegen den nivellierenden Tendenzen der Zeit wirksam werden kann und muß, das glaubt Nietzsche in der Retrospektive auf die großen griechischen Denker (Heraklit, Empedokles) entdeckt zu haben: die Überwindung des menschlich Unzulänglichen durch das kosmische Ich, personifiziert in der Projektion eines zukünftigen »Übermenschen«.

Friedrich Würzbach hat in der Einleitung zu dem vorliegenden Werk alles Notwendige zur Rechtfertigung seines editorischen Prinzips gesagt. Und er legte in dieser Einleitung auch einen Exkurs über Nietzsches Denken vor, dem, fast vierzig Jahre nach seiner Niederschrift, kaum etwas hinzugefügt werden muß. Das den Text gelegentlich überhöhende Pathos, Ausdruck entschiedenen Engagements für den Stoff, mag zunächst vielleicht den Zugang zu der Substanz des Mitgeteilten erschweren. An nüchtern-unterkühlte, distanzierte Betrachtungsweise gewöhnt, wird der Leser von heute leicht mißtrauisch gegenüber Ergriffenheit – auch der echten ... Deshalb wurde der erste Teil der Einleitung, der stark bekenntnishaften Charakter trug, zugunsten einer rascheren Hinwendung zu den eigentlichen Problemen der vorliegenden Ausgabe gestrichen. Im übrigen erscheint das Werk ungekürzt in der Gestalt, in der es Friedrich Würzbach 1940 vorlegte.* »Unzeitgemäß« war diese Edition zu jener Zeit ganz gewiß; denn der Nietzsche, der hier vorgestellt wird, dürfte kaum dem Bild entsprochen haben, das sich eine Sieg-Heil-Ideologie von ihm zu entwerfen wünschte. Was allerdings nicht heißt, daß diese Sammlung heute »zeitgemäßer« sei. Denn, sagt Nietzsche, »ich fand es unmöglich, dort *Wahrheit* zu lehren, wo die Denkweise niedrig ist.«

Es wird nottun, sich auch zukünftig mit Nietzsche auseinanderzusetzen. Eine Möglichkeit dazu bietet dieses Buch, das hiermit in zweiter Taschenbuch-Auflage vorliegt.

München, im Januar 1977   Heinz Friedrich

---

* Bei der Drucklegung der Originalausgabe wurden Fehler und Irrtümer zum Teil nicht ausgebessert. Soweit möglich konnten diese Mängel im vorliegenden Neudruck behoben werden durch eine sorgfältige Durchsicht und Verifizierung der Texte, um die sich Joseph Singldinger dankenswerterweise bemühte.

Entstehungszeiten der Aphorismen

Bei jedem Aphorismus ist der Zeitabschnitt, innerhalb dessen die Niederschrift erfolgt sein muß, so eng wie möglich angegeben. Römische Zahlen bedeuten die Monate, Buchstaben die Jahreszeiten: F-Frühling, S-Sommer, H-Herbst, W-Winter.

Einführende Gedanken

Nr.
1: S. 1885–W. 1885/6
2: 80–81
3: H. 82–F. 85
4: S.–H. 88
5: 81–82
6: 82–84
7: S. 85–W. 85/6
8: III.–XII. 84
9: XI. 87–III. 88
10: H. 82–F. 85
11: 82–86

Nr.
12: S. 84
13: III.–XII. 84
14: H. 83
15: H. 82–F. 85
16: H. 82–F. 85
17: III.–XII. 84
18: IX. 85–VI. 86
19: III.–XII. 84
20: S. 85
21: 82–84
22: XI. 87–III. 88

Nr.
23: 75–79
24: F.–H. 87
25: 85–86
26: 81–82
27: 75–79
28: 81–82
29: 81–82
30: 85–86
31: XI. 87–III. 88
32: H. 82–F. 85

1. Buch

Nr.
1: 1882–1884
2: XI. 87–III. 88
3: do.
4: do.
5: F.–H. 87

6: 84
7: 84
8: 85–86
9: 80–81
10: 84
11: S.–H. 88
12: III.–VI. 88
13: IX. 85–VI. 86
14: 75–79
15: S. 85–W. 85/6
16: III.–XII. 84
17: XI. 87–III. 88
18: 84
19: III.–VI. 88
20: III.–XII. 84
21: IX. 85–VI. 86
22: H. 83

Nr.
23: 81–82
24: III.–VI. 88
25: 85
26: III.–VI. 88
27: III.–VI. 88
28: 88
29: 85
30: 83–88
31: III.–VI. 88
32: XI. 87–III. 88
33: III.–VI. 88
34: do.
35: 81–82
36: III.–VI. 88
37: do.
38: do.
39: do.
40: 85–88
41: III.–XII. 84
42: III.–VI. 88
43: do.
44: 81–82
45: 80–81

Nr.
46: III.–VI. 88
47: 83–88
48: 88
49: F.–H. 87
50: 85–86
51: 85
52: 85
53: 85–86
54: 80–81
55: IV.–IX. 85
56: III.–VI. 88
57: do.

58: 85–86
59: III.–XII. 84
60: 84
61: 85–86
62: IV.–IX. 85
63: 85
64: 86–87
65: III.–VI. 88
66: XI. 87–III. 88

67: H. 86

Nr.
68: S. 85–W. 85/6
69: do.
70: 85–86
71: 84
72: 86–87
73: IX. 85–VI. 86
74: 81–82
75: 86–87
76: W. 84/85
77: XI. 87–III. 88
78: 85–86
79: do.
80: XI. 87–III. 88

81: 80–81
82: S. 85
83: 88
84: 87
85: F. 87–H. 88
86: III.–VI. 88
87: 83–88
88: 88
89: F.–H. 87
90: 85
91: 85
92: 85–86
93: 81–82
94: do.
95: do.
96: do.
97: 83–88
98: F.–S. 85
99: III.–XII. 84
100: 85–86
101: 83–88
102: H. 86
103: H. 86
104: 85–86
105: F.–H. 87
106: 85–86
107: 83–88
108: F.–H. 87
109: 85
110: 85–86
111: S. 85–W. 85/6
112: 85–86
113: do.
114: do.
115: F.–H. 87
116: 85
117: F.–H. 87

Nr.
118: 81–82
119: 85
120: F.–H. 87
121: do.
122: 85–86
123: S. 87
124: III.–VI. 88
125: 85–86
126: do.
127: 83–88
128: 85–86
129: F.–H. 87
130: 81–82
131: 83–88

132: III.–XII. 84
133: S. 85–W. 85/6
134: 82–84
135: F.–H. 87
136: S. 85–W. 85/6
137: H. 86
138: 86–87
139: 83–88
140: S. 85–W. 85/6
141: 86–87
142: 85–86
143: IV.–IX. 85
144: III.–XII. 84
145: 85–86
146: XI. 87–III. 88
147: do.
148: F.–H. 87
149: 85–86
150: 81–82
151: F.–H. 87
152: do.
153: do.
154: 83–88
155: IX. 85–VI. 86
156: 85–86
157: 86–87
158: 85–86
159: 83–88
160: 88
161: 88
162: F.–H. 87
163: III.–VI. 88
164: 85
165: 84
166: 83–88
167: 85–86

Nr.
168: do.
169: 83–88
170: III.–XII. 84
171: 85
172: F.–H. 87
173: 85–86
174: do.
175: F.–H. 87
176: III.–VI. 88
177: do.
178: do.

179: 83–88
180: III.–VI. 88
181: do.
182: do.
183: do.
184: 83–88
185: 87–88
186: do.
187: do.
188: F.–H. 87
189: 85–86
190: 83–88
191: XI. 87–III. 88
192: F.–H. 87
193: 80–81
194: F.–S. 85
195: F.–H. 87
196: 84–85
197: 75–79
198: 10. VI. 87
199: 88
200: XI. 87–III. 88

201: 85
202: 85–86
203: 80–81
204: do.
205: III.–XII. 84
206: 88
207: 87–88
208: IV.–IX. 85
209: 88
210: XI. 87–III. 88
211: 85–86
212: do.
213: 86–87
214: F.–S. 85
215: IX. 85–VI. 86
216: 83–88

Nr.
217: 83–88
218: III.–VI. 88
219: do.
220: 81–82
221: do.
222: 83–88

223: 85
224: F.–H. 87
225: IV.–IX. 85
226: III.–XII. 84
227: 81–82
228: do.
229: do.
230: do.
231: XI. 87–III. 88
232: 80–81
233: 83–88
234: 85–86
235: H. 83
236: 84
237: 85–86
238: F.–H. 87

239: III.–VI. 88
240: XI. 87–III. 88
241: F.–H. 87
242: XI. 87–III. 88
243: 88
244: XI. 87–III. 88
245: F.–H. 87
246: do.
247: 88
248: III.–VI. 88
249: 85–86
250: F.–H. 87
251: do.
252: F. 87–H. 88
253: 83–88
254: F.–H. 87
255: F. 87–H. 88
256: F.–H. 87

257: 83–88
258: F.–H. 87
259: F. 87–H. 88
260: III.–VI. 88
261: F.–H. 87
262: XI. 87–III. 88
263: F. 87–H. 88

Nr.
264: 85–86
265: 83–88
266: 85–86
267: 81–82
268: do.
269: 83–88
270: 87–88
271: F.–H. 87
272: 88
273: F.–H. 87
274: 81–82
275: F.–H. 87
276: S.–H. 88
277: XI. 87–III. 88
278: III.–VI. 88
279: 81–82
280: 85–86
281: F.–H. 87
282: 88
283: 10. VI. 87
284: 85–86
285: 88
286: 81–82
287: F.–H. 87
288: do.

289: 88
290: III.–VI. 88
291: 88

292: 80–81
293: III.–VI. 88
294: do.
295: 80–81
296: F.–H. 87
297: III.–VI. 88
298: H. 83
299: 88
300: III.–VI. 88
301: XI. 87–III. 88
302: 84–88
303: III.–VI. 88
304: 81–82
305: F.–H. 87
306: III.–VI. 88
307: 83–88
308: XI. 87–III. 88
309: do.
310: do.
311: do.
312: III.–VI. 88

Nr.
313: F.–H. 87
314: III.–VI. 88

315: III.–VI. 88
316: 88
317: III.–VI. 88
318: 88
319: 83–88
320: III.–VI. 88
321: 88
322: F.–H. 87

323: 88
324: 80–81
325: XI. 87–III. 88
326: do.

327: 88
328: 88
329: 84
330: XI. 87–III. 88
331: do.
332: do.
333: do.
334: do.
335: do.
336: do.
337: do.
338: F.–H. 87
339: XI. 87–III. 88
340: do.

341: XI. 87–III. 88
342: F.–H. 87
343: F. 87–H. 88
344: F.–H. 87
345: do.
346: do.
347: do.
348: XI. 87–III. 88
349: F.–H. 87
350: F. 87–H. 88
351: F.–H. 87
352: do.
353: do.
354: F. 87–H. 88
355: XI.–III. 88
356: do.
357: F.–H. 87
358: F. 88
359: XI. 87–III. 88

Nr.
360: do.
361: S.–H. 88
362: XI. 87–III. 88
363: do.
364: F. 87–H. 88

365: III.–VI. 88
366: F.–H. 87
367: XI. 87–III. 88
368: III.–VI. 88
369: 88
370: 83–88
371: F.–H. 87
372: III.–VI. 88
373: F.–H. 87
374: do.
375: XI. 87–III. 88
376: do.
377: III.–VI. 88
378: do.

Nr.
379: F.–H. 87
380: 88
381: XI. 87–III. 88
382: do.
383: do.
384: do.
385: III.–VI. 88
386: F.–H. 87
387: III.–VI. 88
388: F.–H. 87

389: XI. 87–III. 88
390: 82–84
391: XI. 87–III. 88
392: F. 87–H. 88
393: XI. 87–III. 88
394: 81–82
395: XI. 87–III. 88

396: F. 87–H. 88
397: F.–H. 87

Nr.
398: 88
399: III.–VI. 88
400: F.–H. 87
401: do.

402: F.–H. 87
403: F. 87–H. 88
404: F.–H. 87
405: XI. 87–III. 88
406: III.–XII. 84
407: 84
408: III.–VI. 88
409: 85
410: XI. 87–III. 88
411: 86–87
412: do.
413: 84
414: 85
415: W. 84/5
416: S. 73

2. Buch

1: 1882–1886
2: 80–81
3: III.–XII. 84
4: W. 84/85
5: III.–XII. 84
6: do.

7: 85–86
8: 81–82
9: IX. 85–VI. 86
10: H. 72–W. 72/73
11: 81–82
12: H. 72–W. 72/73
13: IX. 85–VI. 86
14: W. 70/71
15: 81–82
16: III.–XII. 84
17: 85–86
18: S. 85–W. 85/86
19: IX. 85–VI. 86
20: do.
21: 83–88
22: do.
23: III.–XII. 84
24: 81–82
25: W. 70/71
26: III.–XII. 84

27: do.
28: 83–88
29: H. 83 oder H. 88
30: 81–82
31: do.
32: III.–XII. 84
33: S. 85–W. 85/86
34: 85–86
35: 81–82
36: S. 85–W. 85/86
37: IV.–IX. 85
38: III.–VI. 88
39: do.
40: 86–87
41: 85
42: 85–86
43: 80–81
44: F.–H. 87
45: H. 82–F. 85
46: 82–84
47: IX. 85–VI. 86
48: 81–82
49: do.
50: III.–VI. 88
51: 81–82
52: do.
53: 85

54: XI. 87–III. 88
55: 88
56: 81–82
57: do.
58: III.–XII. 84
59: 83–88
60: 85–86
61: 81–82
62: H. 82–F. 85
63: IV.–IX. 85
64: 82–84
65: 85
66: 81–82
67: 83–88
68: F.–H. 87
69: XI. 87–III. 88
70: III.–VI. 88
71: III.–XII. 84
72: 85–86
73: 85
74: 83–88
75: F.–H. 87

76: IV.–IX. 85
77: III.–XII. 84
78: 84–85
79: IV.–IX. 85

Nr.
80: F.–S. 85
81: do.
82: do.
83: IV.–IX. 85
84: 83–88
85: 85
86: F.–H. 87
87: 81–82
88: 85–86
89: 83–88
90: 71
91: IV.–IX. 85
92: H. 82–F. 85
93: III.–XII. 84
94: 82–86
95: 85–86
96: H. 72–W. 72/73
97: H. 82–F. 85
98: do.
99: IX. 85–VI. 86
100: 71
101: S. 85–W. 85/86
102: H. 86
103: 84–85
104: 81–82
105: H. 72–W. 72/73
106: 86–87
107: 81–82
108: do.
109: do.
110: do.
111: do.
112: do.
113: S. 85–W. 85/86
114: 81–82
115: do.
116: 82–84
117: III.–VI. 88
118: 83–88
119: 81–82
120: do.
121: 85–88
122: IV.–IX. 85
123: III.–XII. 84
124: 85–86
125: 85
126: III.–XII. 84
127: 83–88
128: 85–86
129: H. 88

Nr.
130: 87–88
131: 83–88
132: F.–H. 87
133: do.
134: III.–XII. 84
135: H. 83
136: III.–XII. 84
137: XI. 87–III. 88
138: 81–82
139: do.
140: 85–86
141: 83–88
142: 85–86
143: 81–82

144: 75
145: 81–82
146: III.–VI. 88
147: do.
148: 83–88
149: 81–82
150: 82–86
151: 81–82
152: 83–88
153: 81–82
154: do.
155: do.
156: do.
157: do.
158: do.
159: do.
160: do.
161: 85–86
162: 84
163: H. 88
164: 83–88
165: F.–H. 87

166: 82–84
167: 85
168: 85
169: F.–H. 87
170: 81–82
171: do.
172: III.–XII. 84
173: F.–S. 85
174: F.–H. 87
175: 80–81
176: 82–84
177: 81–82
178: 85–86

Nr.
179: F.–H. 87
180: 82–84
181: 85–86
182: III.–XII. 84
183: 81–82
184: 82–86
185: IX. 85–VI. 86
186: 84–85
187: IV.–IX. 85
188: III.–XII. 84
189: 83–88
190: do.
191: 81–82
192: 83–88
193: do.
194: III.–XII. 84
195: H. 82–F. 85
196: S. 85
197: III.–XII. 84
198: do.
199: III.–VI. 88
200: III.–XII. 84

201: 81–82
202: H. 83
203: III.–XII. 84
204: do.
205: XI. 87–III. 88
206: 81–82
207: 84
208: IX. 85–VI. 86
209: S. 85–W. 85/86
210: H. 83
211: III.–XII. 84
212: 88
213: III.–XII. 84
214: IV.–IX. 85
215: III.–XII. 84
216: do.
217: S. 85–W. 85/86
218: 81–82
219: F.–H. 87

220: S. 85
221: 81–82
222: 86–87
223: 85–86
224: 85
225: III.–XII. 84
226: H. 83
227: III.–VI. 88

Nr.
228: 83–88
229: 87
230: IV.–IX. 85
231: III.–XII. 84
232: 85–86
233: 84
234: 82–84
235: IX. 85–VI. 86
236: 83–88
237: 82–84
238: III.–XII. 84
239: 88
240: 80–81
241: do.
242: IX. 85–VI. 86
243: III.–XII. 84
244: 83–88
245: H. 83
246: III.–VI. 88
247: XI. 87–III. 88
248: III.–XII. 84
249: 83–88
250: H. 82–F. 85
251: 86–87
252: 88
253: XI. 87–III. 88
254: F. 87–H. 88
255: 83–88

256: 81–82
257: IV.–IX. 85
258: 84
259: III.–XII. 84
260: 85
261: IV.–IX. 85
262: do.
263: H. 82–F. 85
264: S. 85–W. 85/86
265: 85
266: 87
267: H. 72–W. 72/73
268: 83
269: 80–81
270: 84–85
271: H. 88
272: 83–88

273: W. 70/71
274: 83–88
275: 81–82
276: do.

Nr.
277: S. 73
278: III.–XII. 84

279: S. 85–W. 85/86
280: IV.–IX. 85
281: III.–XII. 84
282: S. 85
283: IX. 85–VI. 86
284: F.–H. 87
285: 81–82
286: 83–88
287: III.–XII. 84
288: S. 85–W. 85/86
289: III.–XII. 84
290: do.
291: 81–82
292: do.
293: III.–VI. 88
294: 81–82
295: 84
296: XI. 87–III. 88
297: 81–82
298: do.
299: 84
300: 81–82
301: 85

302: 85
303: 81–82
304: 85–86
305: 85
306: 85–86
307: do.
308: 85
309: 82–84
310: F.–H. 87

311: 81–82
312: 84–85
313: 87–88
314: IV.–IX. 85
315: 81–82
316: do.
317: do.
318: 81–82
319: 81–82
320: do.
321: do.
322: do.
323: III.–VI. 88
324: 85

Nr.
325: 86–87
326: 81–82
327: do.
328: do.

329: S. 73
330: 85–86
331: F.–S. 85
332: IV.–IX. 85
333: H. 86
334: 86–87
335: IV.–IX. 85
336: 87
337: 85–86
338: 83–88
339: 81–82
340: 84–85
341: do.
342: III.–XII. 84
343: do.
344: 81–82
345: III.–XII. 84
346: III.–VI. 88
347: S. 85–W. 85/86
348: 81–82
349: do.
350: do.
351: do.
352: do.
353: do.
354: do.
355: do.
356: do.

357: III.–XII. 84
358: IX. 85–VI. 86
359: do.
360: III.–XII. 84
361: S. 87
362: III.–VI. 88
363: 85
364: 85–86
365: do.
366: 85
367: III.–VI. 88
368: do.
369: do.

370: XI. 87–III. 88
371: 82–84
372: H. 83

833

Nr.
373: 81–82
374: F.–H. 87
375: F.–S. 85
376: 85–86
377: XI. 87–III. 88
378: do.
379: IX. 85–VI. 86
380: 83–88
381: do.
382: III.–XII. 84
383: XI. 87–III. 88
384: III.–VI. 88
385: XI. 87–III. 88
386: 84–85
387: III.–XII. 84
388: 83–88
389: III.–VI. 88
390: III.–XII. 84
391: 81–82
392: 84–85
393: S. 87
394: III.–VI. 88
395: do.
396: 85–86
397: XI. 87–III. 88
398: 80–81
399: do.
400: 83–88
401: S.–H. 88
402: 81–82
403: F. 87–H. 88
404: 81–82
405: H. 83 oder H. 88
406: 81–82
407: do.
408: do.
409: do.
410: do.
411: do.
412: do.
413: do.
414: 83–88
415: 81–82
416: do.
417: do.
418: H. 82–F. 85
419: do.
420: III.–XII. 84
421: 83–88
422: do.
423: IX. 85–VI. 86

Nr.
424: F.–H. 87
425: 83–88

426: F. 71
427: 71
428: F.–S. 88
429: H. 83
430: F.–H. 87
431: III.–VI. 88
432: do.
433: III.–VI. 88
434: 83–88
435: S.–H. 88
436: F. 87–H. 88
437: III.–VI. 88
438: 80–81
439: III.–VI. 88
440: do.
441: F.–S. 85
442: 80–81
443: do.
444: H. 83
445: III.–XII. 84
446: IX. 85–VI. 86
447: 88
448: III.–XII. 84
449: do.
450: XI. 87–III. 88
451: 83–88

452: 86–87
453: 83–88
454: 81–82
455: do.
456: 83–88
457: III.–VI. 88
458: 84
459: 81–82
460: F.–H. 87
461: 83–88
462: III.–VI. 88
463: 83–88
464: 85
465: F.–H. 87
466: do.
467: do.
468: H. 82–F. 85
469: F. 87–H. 88
470: H. 83
471: 81–82
472: do.

Nr.
473: do.
474: do.
475: III.–VI. 88
476: 81–82
477: F. 87–H. 88
478: XI. 87–III. 88
479: F.–H. 87
480: 82–84
481: H. 83
482: H. 83 oder H. 88
483: 80–81
484: 85–86
485: H. 72–W. 72/73
486: S.–H. 83
487: XI. 87–III. 88
488: do.
489: H. 83
490: 83–88
491: III.–VI. 88
492: 83–88
493: 85–86
494: F.–H. 87
495: 81–82
496: F.–H. 87
497: III.–XII. 84
498: III.–VI. 88
499: do.
500: W. 70/71
501: 83–88
502: III.–VI. 88
503: 81–82
504: F.–H. 87
505: 88
506: 85–86
507: F.–H. 87
508: do.
509: XI. 87–III. 88
510: S.–H. 88
511: F.–H. 87
512: F. 87–H. 88
513: F.–H. 87
514: F.–H. 87
515: 88
516: 83–88
517: F. 87–H. 88
518: F.–H. 87
519: 81–82
520: do.
521: do.
522: F.–H. 87
523: 83–88

Nr.	Nr.	Nr.
524: 88	536: 83–88	548: 83–88
525: III.–XII. 84	537: III.–XII. 84	549: do.
526: III.–VI. 88	538: III.–VI. 88	550: do.
527: do.	539: do.	551: III.–VI. 88
528: do.	540: do.	552: do.
529: do.	541: do.	553: do.
530: do.	542: 88	554: F.–H. 87
531: do.	543: 88	555: F. 87–H. 88
532: F. 85	544: 85–86	556: 88
533: III.–VI. 88	545: XI. 87–III. 88	557: F.–H. 87
534: 80–81	546: do.	558: III.–VI. 88
535: S.–H. 88	547: do.	

3. Buch

1: 1881–1882	34: F.–H. 87	68: 82–84
2: 82–84	35: do.	69: 85–86
3: 83–88	36: do.	70: IX. 85–VI. 86
4: 84–85	37: do.	71: III.–XII. 84
5: 83–87	38: do.	72: IV.–IX. 85
6: F. 87–H. 88	39: do.	73: III.–XII. 84
7: F.–H. 87	40: do.	74: 85
8: 10. VI. 87	41: do.	75: III.–VI. 88
9: XI. 87–III. 88	42: do.	76: 83–88
10: 85–86	43: 83–88	77: H. 83
11: F. 87–H. 88	44: 88	78: III.–XII. 84
12: XI. 87–III. 88	45: 84	79: S.–H. 88
13: do.	46: F.–H. 87	80: XI. 87–III. 88
14: nicht bekannt	47: III.–XII. 84	81: F.–H. 87
15: III.–XII. 84	48: 80–81	82: 85–86
16: do.	49: 84	83: 85
17: 81–82	50: 84	84: F.–H. 87
18: 82–84	51: F.–H. 87	85: do.
19: F.–H. 87	52: H. 82–F. 85	86: XI. 87–III. 88
20: 82–86	53: 87	87: 85–86
21: do.	54: 88	88: III.–XII. 84
22: 85–86	55: 82–84	89: XI. 87–III. 88
23: 84	56: do.	90: IX. 85–VI. 86
	57: 85–86	91: XI. 87–III. 88
24: 82–84	58: F.–S. 85	92: F.–H. 87
25: XI. 87–III. 88	59: F. 87–H. 88	93: 83–88
26: 82–86	60: 88	94: 85–86
27: III.–XII. 84	61: 88	
28: 88	62: F.–S. 88	95: H. 72–W. 72/73
29: 80–81	63: III.–VI. 88	96: 84
30: IX. 85–VI. 86	64: S.–H. 88	97: 82–84
31: 75	65: 88	98: F.–H. 87
32: 75	66: 75	99: III.–XII. 84
33: 75	67: III.–VI. 88	100: F.–H. 87

Nr.
101: do.
102: F. 87–H. 88
103: XI. 87–III. 88
104: F.–H. 87
105: 83–88
106: XI. 87–III. 88
107: 83–88
108: XI. 87–III. 88
109: 84
110: 82–86
111: F. 88
112: XI. 87–III. 88
113: F.–H. 87
114: 85–86

115: 85–86
116: F.–H. 87
117: III.–XII. 84
118: 83–88
119: 85
120: IX. 85–VI. 86
121: 81–82
122: 82–86
123: 75
124: IX. 85–VI. 86
125: III.–XII. 84
126: XI. 87–III. 88
127: III.–VI. 88
128: IV.–IX. 85
129: F.–H. 87
130: F. 87–H. 88
131: F.–H. 87
132: 80–81
133: 83–87
134: III.–VI. 88
135: 75–79
136: III.–XII. 84
137: 82–84
138: F.–H. 87
139: H. 73
140: 83–87
141: XI. 87–H. 88
142: F.–H. 87
143: 83–88
144: IX. 85–VI. 86
145: 80–81
146: do.
147: 85–86
148: III.–VI. 88
149: XI. 87–III. 88
150: XI. 87–III. 88

Nr.
151: F. 87–H. 88
152: H. 73
153: do.
154: 80–81
155: H. 72–W. 72/73
156: do.
157: 81–82
158: 80–81
159: 81–82
160: F.–H. 87
161: S. 85

162: IV.–IX. 85
163: III.–XII. 84
164: do.
165: 85–86
166: 83–88
167: F.–H. 87
168: 80–81
169: F.–H. 87
170: 82–84
171: 85–86
172: 81–82
173: 80–81
174: do.
175: H. 82–F. 85
176: do.
177: 82–84
178: 80–81
179: 82–84
180: do.
181: IV.–IX. 85
182: 83–86
183: IV.–IX. 85
184: 81–82
185: do.
186: F.–H. 87
187: 82–84
188: 80–81

189: I. 74
190: 80–81
191: do.
192: 88
193: F. 87–H. 88
194: F.–H. 87
195: III.–XII. 84
196: F.–H. 87
197: do.
198: do.
199: IX. 85–VI. 86

Nr.
200: 88
201: F. 87–H. 88
202: IV.–IX. 85
203: 85–86
204: do.
205: III.–VI. 88
206: 83–88
207: 88
208: 83–88
209: IV.–IX. 85
210: III.–XII. 84
211: 83–88
212: XI. 87–III. 88
213: F.–S. 85
214: S. 85
215: 81–82
216: 85–86
217: XI. 87–III. 88

218: 84
219: F.–H. 87
220: do.
221: do.
222: III.–VI. 88
223: do.
224: III.–XII. 84
225: S.–H. 88
226: W. 84/85
227: 85–86

228: 85–86
229: 85
230: H. 73
231: III.–XII. 84
232: W. 84/85
233: 82–84
234: 86–87
235: H. 82–F. 85
236: III.–XII. 84
237: do.
238: IV.–IX. 85
239: 84
240: F.–H. 87
241: 84
242: F.–H. 87
243: 85
244: H. 83
245: W. 70/71
246: S.–H. 83
247: 80–81
248: H. 83

Nr.	Nr.	Nr.
249: 71	299: 80–81	349: 81–82
250: H. 72–W. 72/73	300: 86–87	350: III.–XII. 84
251: do.	301: 82–84	351: 82–84
252: do.	302: 81–82	352: III.–XII. 84
253: H. 70	303: 83–88	353: 81–82
254: W. 70/71	304: 83–86	354: 82–84
255: 85	305: III.–XII. 84	355: 80–81
256: 85	306: IX. 85–VI. 86	356: do.
257: 85	307: IV.–IX. 85	357: III.–XII. 84
258: 84	308: 85	358: 82–84
259: 82–86		359: do.
260: III.–XII. 84	309: S. 85–W. 85/86	360: XI. 87–III. 88
261: 80–81	310: 80–81	361: 82–84
262: 85–86	311: H. 83	362: IV.–IX. 85
263: 85	312: 84–85	363: 75
264: 80–81	313: 80–81	364: 80–81
265: 85	314: do.	365: III.–XII. 84
266: W. 84/85	315: H. 83	366: W. 70/71
267: 85–86	316: 81–82	367: III.–XII. 84
	317: 80–81	368: 82–84
268: 83–88	318: do.	369: F.–H. 87
269: do.	319: IX. 85–VI. 86	370: 85
270: 83–88	320: IV.–IX. 85	371: 81–82
271: F.–H. 87	321: 81–82	372: 80–81
272: do.	322: 75	373: H. 82–F. 85
273: 88	323: 85	374: III.–XII. 84
274: 84	324: 85–86	375: do.
275: F.–H. 87	325: III.–VI. 88	376: H. 72–W. 72/73
276: do.	326: F.–H. 87	377: 82–84
277: do.	327: 82–84	378: III.–XII. 84
278: do.	328: III.–VI. 88	379: 85–86
279: 85	329: III.–XII. 84	380: IV.–IX. 85
280: 84	330: IX. 85–VI. 86	381: 81–82
281: 88	331: XI. 87–III. 88	382: S.–H. 88
282: 88	332: IV.–IX. 85	383: W. 84/85
283: 83–88	333: III.–XII. 84	384: H. 83
284: 10. VI. 87	334: XI. 87–III. 88	385: 85–86
285: F. 87–H. 88	335: 83–87	
286: 81–82	336: III.–VI. 88	386: 85–86
287: F. 87–H. 88	337: 75	387: IV.–IX. 85
288: 80–81	338: 80–81	388: F.–S. 85
289: F.–H. 87	339: IX. 85–VI. 86	389: 83
290: F. 87–H. 88	340: 81–82	390: IX. 85–VI. 86
291: F.–H. 87	341: III.–XII. 84	391: do.
292: IX. 85–VI. 86	342: H. 82–F. 85	392: F.–S. 85
293: F.–H. 87	343: F.–S. 85	393: III.–VI. 88
294: XI. 87–III. 88	344: 83	394: F.–H. 87
295: III.–XII. 84	345: 85	395: 81–82
296: 88	346: S. 85	396: do.
297: III.–XII. 84	347: III.–XII. 84	397: do.
298: XI. 87–III. 88	348: do.	398: do.

837

Nr.
399: do.
400: 80–81
401: 81–82

402: W. 84/85
403: 83–88
404: IX. 85–VI. 86
405: XI. 87–III. 88
406: F.–H. 87
407: do.
408: S.–H. 88
409: H. 88
410: 83
411: 86–87
412: III.–VI. 88
413: F.–H. 87
414: III.–VI. 88
415: 81–82
416: F.–H. 87
417: F. 87–H. 88
418: 80–81
419: 81–82
420: do.
421: do.
422: IV.–IX. 85
423: 82–84
424: H. 82–F. 85
425: 81–82
426: 84
427: III.–XII. 84
428: 83
429: 84–85
430: 81–82
431: do.
432: 85–86
433: III.–VI. 88
434: F.–H. 87
435: do.
436: H. 82–F. 85
437: do.
438: 81–82
439: do.
440: H. 83
441: F.–H. 87
442: do.
443: III.–VI. 88
444: F.–H. 87
445: nicht bekannt
446: 80–81
447: III.–XII. 84
448: 83–88

Nr.
449: 82–84
450: 85–86
451: F.–H. 87
452: XI. 87–III. 88
453: F.–H. 87
454: H. 83
455: F.–H. 87
456: do.
457: F. 87–H. 88

458: S. 85–W. 85/86
459: 88
460: 81–82
461: H. 86
462: H. 83
463: do.
464: IV.–IX. 85
465: H. 83
466: do.
467: III.–XII. 84
468: IX. 85–VI. 86
469: 83 oder 88
470: 83–87
471: 85–88
472: F.–H. 87
473: do.
474: 85–86
475: 84–85
476: XI. 87–III. 88
477: 81–82
478: III.–XII. 84
479: 84
480: H. 83
481: F.–H. 87
482: XI. 87–III. 88
483: F. 87–H. 88
484: IX. 85–VI. 86
485: 81–82
486: III.–VI. 88
487: XI. 87–III. 88
488: III.–VI. 88
489: 83–88
490: do.
491: IX. 85–VI. 86
492: F.–H. 87
493: H. 83
494: H. 83 oder H. 88
495: F. 87–H. 88
496: 81–82
497: do.

Nr.
498: 81–82
499: III.–XII. 84
500: 80–81
501: 81–82
502: do.
503: 81–82
504: F.–H. 87
505: XI. 87–III. 88
506: 88
507: 88
508: 80–81
509: F.–H. 87
510: 81–82
511: do.
512: do.
513: III.–XII. 84
514: F.–H. 87
515: 81–82
516: III.–XII. 84
517: 81–82
518: XI. 87–III. 88
519: III.–VI. 88
520: 81–82
521: III.–VI. 88
522: 83–88
523: H. 83
524: H. 82–F. 85
525: 81–82
526: 82–84
527: do.
528: 83–88
529: III.–XII. 84
530: 82–84
531: do.
532: H. 82–F. 85
533: F.–H. 87
534: 83–88
535: 85–86
536: III.–XII. 84
537: H. 82–F. 85
538: 85–86
539: 81–82
540: 88
541: III.–VI. 88
542: III.–XII. 84
543: 80–81
544: 82–84
545: 88
546: 88
547: 88
548: 83

Nr.
549: F. 87–H. 88
550: F.–H. 87
551: 81–82
552: F.–H. 87
553: 88
554: F. 87–H. 88
555: do.

556: III.–XII. 84
557: IX. 85–VI. 86
558: S.–H. 88
559: H. 72–W. 72/73
560: do.
561: H. 72–W. 72/73
562: do.
563: S. 72
564: F. 85
565: III.–XII. 84
566: 80–81
567: III.–XII. 84
568: do.
569: S.–H. 88
570: III.–XII. 84
571: S. 85–W. 85/86
572: 80–81
573: III.–XII. 84
574: 80–81
575: 83
576: 81–82
577: 88
578: 81–82
579: do.
580: do.
581: do.
582: do.
583: do.
584: 86–87
585: S. 85–W. 85/86
586: 80–81
587: 84–85
588: 80–81
589: III.–XII. 84
590: do.
591: IX. 85–VI. 86
592: IV.–IX. 85
593: S. 58–W. 85/86
594: 87
595: 84–85
596: IX. 85–VI. 86
597: 85–86
598: IV.–IX. 85

Nr.
599: III.–XII. 84
600: S. 85–W. 85/86
601: 83–87
602: IV.–IX. 85
603: do.
604: F. 85
605: III.–XII. 84
606: IX. 85–VI. 86
607: IV.–IX. 85
608: 80–81
609: F.–S. 85
610: IV.–IX. 85
611: III.–XII. 84
612: IV.–IX. 85
613: do.
614: S. 85
615: 81–82
616: do.
617: III.–XII. 84
618: 84
619: 85–86
620: do.
621: do.
622: III.–XII. 84
623: do.
624: IV.–IX. 85
625: 81–82
626: IV.–IX. 85
627: H. 82–F. 85
628: F.–H. 87
629: nicht bekannt
630: 87–88
631: 80–81
632: F.–S. 85

633: 84
634: IV.–IX. 85
635: H. 83
636: H. 83
637: III.–XII. 84
638: F.–H. 87
639: 81–82
640: F.–H. 87
641: do.
642: 82–84
643: do.
644: F. 87–H. 88
645: 81–82
646: F.–H. 87
647: do.
648: XI. 87–III. 88

Nr.
649: H. 83
650: F.–H. 87
651: do.
652: 80–81
653: 85–86
654: III.–XII. 84
655: F.–H. 87
656: 82–84

657: 81–82
658: 83–87
659: S.–H. 83
660: IX. 85–VI. 86
661: III.–XII. 84
662: do.
663: 82–84
664: do.
665: III.–XII. 84
666: H. 72–W. 72/73
667: F.–H. 87
668: 85
669: III.–XII. 84
670: do.
671: IX. 85–VI. 86
672: 82–84
673: H. 82–F. 85
674: 80–81
675: III.–XII. 84
676: 84
677: nicht bekannt
678: 80–81
679: 82–84
680: 81–82
681: 84
682: 82–86

683: 81–82
684: IV.–IX. 85
685: H. 72–W. 72/73
686: III.–XII. 84
687: do.
688: H. 74
689: 82–84
690: 81–82
691: do.
692: IV.–IX. 85
693: F.–S. 85

694: 84
695: 82–84
696: IX. 85–VI. 86

Nr.
697: 84
698: III.–VI. 88
699: XI. 87–III. 88
700: 82–84
701: 82–86
702: IV.–IX. 85
703: 81–82
704: F.–H. 87
705: 85–86
706: F.–H. 87
707: 82–84
708: 85–86
709: H. 82–F. 85
710: III.–VI. 88

711: III.–XII. 84

Nr.
712: do.
713: do.
714: 82–84
715: 82–86
716: 82–84
717: 81–82
718: 82–84
719: 81–82
720: 84–85
721: 82–84
722: do.
723: F.–S. 85
724: 83–88
725: F.–H. 87
726: do.

Nr.
727: III.–XII. 84
728: 83–88
729: F.–H. 87
730: 84
731: H. 73
732: 82
733: 87–88
734: do.
735: III.–XII. 84
736: 80–81
737: H. 88
738: 80–81
739: do.
740: S.–H. 83
741: 85–86
742: XI. 87–III. 88

4. Buch

1: H. 1882–F. 1885
2: F.–H. 87
3: 80–81
4: 85–86
5: F.–H. 87
6: 83–88
7: 84
8: XI. 87–III. 88
9: 85–86
10: F.–H. 87
11: 85
12: F.–H. 87
13: III.–XII. 84
14: 88
15: III.–XII. 84
16: 85
17: H. 82–F. 85
18: 84
19: 82–84
20: H. 82–F. 85
21: do.
22: III.–XII. 84
23: do.
24: 82–84
25: XI. 87–III. 88
26: H. 82–F. 85
27: 80–81
28: III.–XII. 84
29: H. 82–F. 85
30: XI. 87–III. 88

31: S.–H. 88
32: XI. 87–III. 88
33: 81–82
34: 84–85
35: do.
36: H. 83
37: S. 87
38: 80–81
39: F.–H. 87
40: 75
41: 88
42: 82–84
43: 81–82
44: do.
45: 82–84
46: S.–H. 88
47: III.–XII. 84
48: IX. 85–VI. 86
49: 81–82
50: 82–84
51: 80–81
52: 82–84
53: 83–88
54: do.
55: 82–84
56: do.
57: 75–76
58: 81–82
59: do.
60: H. 82–F. 85

61: III.–XII. 84
62: H. 88
63: IX. 85–VI. 86
64: 85
65: 84
66: XI. 87–III. 88
67: IV.–IX. 85
68: 82–84
69: 80–81
70: 81–82
71: S. 85
72: 85
73: 88
74: III.–XII. 84
75: XI. 87–III. 88
76: H. 83
77: III.–XII. 84
78: 81–82
79: IX. 85–VI. 86
80: F.–H. 87
81: III.–XII. 84
82: 75
83: XI. 87–III. 88
84: 83–88
85: 85
86: 85
87: 84
88: 81–82
89: III.–XII. 84
90: 85

Nr.
91: 82–84
92: 85–86
93: F. 87–H. 88
94: 81–82
95: H. 83
96: III.–VI. 88
97: F. 87–H. 88
98: 85–86
99: 81–82
100: IV.–IX. 85
101: H. 73
102: 80–81
103: 85
104: 85

105: 84
106: 85
107: 85
108: IV.–IX. 85
109: 81–82
110: III.–XII. 84
111: 84–85
112: 81–82
113: 75
114: F.–H. 87
115: H. 72–W. 72/73
116: do.
117: do.
118: do.
119: III.–XII. 84
120: 85–86
121: W. 70/71
122: III.–XII. 84
123: do.
124: do.
125: do.
126: 82–84
127: 85–86
128: 82–86
129: III.–XII. 84
130: 82–86
131: III.–XII. 84
132: 75–79
133: 82–84
134: 83
135: 85
136: 85–86
137: H. 83
138: IV.–IX. 85
139: 82–86
140: H. 82–F. 85

Nr.
141: III.–XII. 84
142: do.
143: H. 82–F. 85
144: do.
145: IV.–IX. 85
146: 81–82
147: III.–XII. 84
148: 83–88
149: H. 72–W. 72/73
150: F.–H. 87
151: H. 82–F. 85
152: IV.–IX. 85
153: 83
154: 81–82
155: 82–84
156: III.–XII. 84
157: H. 83
158: III.–XII. 84
159: do.
160: do.
161: 88
162: 80–81
163: do.
164: 82–86

165: 75
166: 82–84
167: 85
168: 85–86
169: III.–XII. 84
170: H. 82–F. 85
171: III.–XII. 84
172: H. 83
173: H. 72–W. 72/73
174: do.
175: do.
176: do.
177: do.
178: do.
179: do.
180: do.
181: 84
182: S. 85–W. 85/86
183: 81–82
184: do.
185: 82–86
186: do.
187: 85–86
188: 81–82
189: F.–H. 87
190: 82–86

Nr.
191: F.–H. 87
192: 88
193: III.–XII. 84
194: 83
195: III.–XII. 84
196: F.–H. 87
197: do.
198: H. 83
199: 81–82
200: 84
201: III.–XII. 84
202: 82–86
203: 84
204: F.–H. 87
205: H. 83
206: do.
207: H. 82–F. 85
208: F. 87–H. 88
209: 81–82
210: F.–H. 87
211: IX. 85–VI. 86
212: H. 86
213: 71
214: 81–82
215: 82–84
216: 88
217: F.–H. 87
218: XI. 87–III. 88
219: H. 83
220: F.–H. 87
221: III.–XII. 84
222: 85
223: 82–84
224: S.–H. 83
225: 84
226: 84
227: 85
228: III.–XII. 84
229: 85

230: 84
231: 82–86
232: H. 83
233: 85
234: 84
235: 85–86
236: 84
237: 81–82
238: 83–88
239: do.
240: 84

841

Nr.
241: 81–82
242: do.
243: do.
244: do.
245: 81–82
246: do.
247: do.
248: do.
249: do.
250: do.
251: 84
252: 81–82

253: F.–H. 87
254: H. 82–F. 85
255: 81–82
256: 81–82
257: S.–H. 88
258: 81–82
259: III.–XII. 84
260: 85–86
261: H. 82–F. 85
262: 88
263: 80–81
264: S.–H. 88
265: 80–81
266: 88
267: S. 85
268: III.–XII. 84
269: do.
270: IV.–IX. 85
271: F.–H. 87
272: 80–81
273: III.–XII. 84
274: H. 82–F. 85

275: 75
276: H. 71
277: S.–W. 72
278: 80–81
279: III.–XII. 84
280: S.–H. 88
281: H. 83
282: 81–82
283: 75
284: 81–82
285: III.–VI. 88
286: IX. 85–VI. 86
287: IV.–IX. 85
288: H. 73
289: 80–81

Nr.
290: III.–XII. 84
291: 80–81
292: IV.–IX. 85
293: 84–88
294: F.–H. 87
295: 85–86
296: 80–81
297: 81–82
298: H. 83
299: do.
300: 81–82
301: do.
302: 80–81
303: 85–86
304: III.–XII. 84
305: H. 82–F. 85
306: 81–82
307: H. 82–F. 85

308: 85–86
309: III.–XII. 84
310: do.
311: 81–82
312: 87
313: 85–86
314: do.
315: III.–XII. 84
316: III.–VI. 88
317: do.
318: III.–XII. 84
319: do.
320: do.
321: 84
322: 82–84
323: 85
324: 81–82
325: do.
326: 82–86
327: W. 70/71
328: 81–82
329: F.–H. 87
330: do.
331: 81–82
332: 83
333: S. 87
334: 81–82
335: F.–H. 87
336: H. 82–F. 85
337: III.–XII. 84
338: H. 83
339: do.

Nr.
340: 86–87
341: 81–82
342: F.–H. 87
343: H. 83
344: 81–82
345: do.
346: 82–86
347: III.–XII. 84
348: XI. 87–III. 88
349: 81–82
350: do.
351: 84–86
352: do.
353: XI. 87–III. 88
354: 80–81
355: III.–XII. 84
356: XI. 87–III. 88
357: 80–81
358: XI. 87–III. 88
359: 85
360: IV.–IX. 85
361: 88
362: III.–XII. 84
363: III.–VI. 88
364: do.
365: III.–VI. 88
366: III.–XII. 84
367: III.–VI. 88
368: III.–XII. 84
369: H. 82–F. 85
370: S.–H. 88
371: H. 70–F. 71
372: 71
373: 73
374: 73
375: III.–XII. 84
376: 73
377: H. 73
378: 81–82
379: H. 83
380: F.–S. 85
381: III.–VI. 88
382: 88
383: 80–81
384: 81–82
385: H. 82–F. 85
386: 81–82
387: 75–79
388: 83
389: F.–H. 87
390: do.

Nr.
391: 81–82
392: do.
393: S. 85–W. 85/86
394: H. 82–F. 85
395: III.–XII. 84
396: 81–82
397: do.
398: do.
399: H. 82–F. 85
400: do.
401: III.–VI. 88
402: H. 83
403: 84–85
404: 83–88
405: F.–H. 87
406: 88

407: H. 82–F. 85
408: H. 83
409: 85–86
410: do.
411: 88
412: 82–84
413: S. 87
414: W. 69/70
415: III.–XII. 84
416: XI. 87–III. 88
417: 75
418: do.
419: 72
420: H. 73
421: 75
422: do.
423: do.
424: IV.–IX. 85
425: do.
426: III.–XII. 84
427: H. 73
428: 81–82
429: III.–XII. 84

430: 83
431: 83
432: 75
433: F. 70
434: III.–XII. 84
435: do.
436: H. 83
437: do.
438: III.–XII. 84
439: do.

Nr.
440: 80–81
441: H. 83
442: XI. 87–III. 88
443: III.–XII. 84
444: 84
445: 84
446: III.–XII. 84
447: 84
448: F.–H. 87

449: 75–79
450: S. 85
451: W. 84/85
452: III.–XII. 84
453: S.–H. 88
454: 80–81
455: III.–VI. 88
456: XI. 87–III. 88
457: F.–H. 87
458: 85–86
459: F.–H. 87
460: do.
461: 83–88
462: III.–VI. 88

463: III.–XII. 84
464: 81–82
465: 88
466: III.–VI. 88
467: F. 87–H. 88
468: 85–86
469: III.–VI. 88

470: 84
471: F. 87–H. 88
472: 85–86
473: 80–81
474: do.
475: 81–82
476: 84
477: 84
478: XI. 87–III. 88
479: 84
480: III.–XII. 84
481: 84
482: F. 87–H. 88
483: 81–82
484: H. 83
485: 83–88
486: 85
487: 86–87

Nr.
488: 84–85
489: III.–XII. 84
490: 85
491: 85–86
492: XI. 87–III. 88
493: S. 85–W. 85/86
494: F.–H. 87
495: 88
496: F.–S. 85
497: 81–82
498: do.
499: IV.–IX. 85
500: 81–82
501: 85
502: 85–86
503: F.–H. 87
504: III.–VI. 88
505: 84
506: III.–XII. 84
507: 84
508: 81–82
509: 88
510: 81–82
511: F.–H. 87
512: 84
513: III.–XII. 84
514: 86–87
515: III.–XII. 84
516: 85–86
517: 82–84
518: 81–82
519: 86–87
520: do.
521: F.–H. 87
522: XI. 87–III. 88
523: 88
524: F.–H. 87
525: H. 82–F. 85
526: H. 88
527: 88
528: 85
529: F.–H. 87
530: 88
531: 85
532: 81–82
533: 85–86
534: 81–82

535: F.–H. 87
536: IV.–IX. 85
537: do.

843

Nr.
538: 81–82
539: 84–86
540: H. 72–W. 72/73
541: H. 70
542: do.
543: do.
544: 85–86
545: do.
546: 85
547: S. 85
548: 85–86
549: do.
550: do.
551: do.
552: do.
553: S. 85–W. 85/86
554: W. 84/85
555: 84–85
556: IV.–IX. 85
557: IX. 85–VI. 86
558: H. 83
559: III.–XII. 84
560: F. 87–H. 88
561: III.–VI. 88
562: 85

563: H. 82–F. 85
564: 75–79
565: 82–86
566: 84–85
567: 81–82
568: 83–88
569: 84
570: H. 82–F. 85
571: do.
572: 82–86
573: 84
574: 82–84

Nr.
575: 81–82
576: H. 72–W. 72/73
577: H. 82–F. 85
578: 85–86
579: III.–XII. 84
580: H. 82–F. 85
581: III.–XII. 84
582: 83 oder 87
583: H. 83
584: 85–86

585: 88
586: 80–81
587: H. 82–F. 85
588: III.–XII. 84
589: III.–VI. 88
590: 82–84
591: 81–82
592: S. 85–W. 85/86
593: F.–H. 87
594: S.–H. 88
595: 88
596: 85
597: 85–86
598: H. 72–W. 72/73
599: H. 82–F. 85
600: H. 83
601: 82–84
602: H. 83
603: H. 82–F. 85
604: 84
605: 75–79
606: 80–81
607: H. 82–F. 85

608: 81–82
609: H. 72–W. 72/73
610: do.
611: 83–88

Nr.
612: H. 82–F. 85
613: 84
614: 82
615: H. 83
616: III.–XII. 84
617: 85–86
618: 80–81
619: 81–82
620: III.–XII. 84
621: 81–82
622: 82–84
623: F.–H. 87
624: 80–81
625: 81–82
626: do.
627: do.
628: XI. 87–III. 88
629: H. 83
630: F.–H. 87
631: 81–82
632: 85–86
633: III.–XII. 84
634: 82–84
635: 83–88
636: 81–82
637: XI. 87–III. 88
638: 83–88
639: 85–86
640: III.–XII. 84
641: do.
642: do.
643: IV.–IX. 85
644: 82–86
645: H. 82–F. 85
646: 82–86
647: 84
648: 82–86
649: H. 83

dtv Moderne Theoretiker

Jeremy Bernstein: Albert Einstein

moderne theoretiker

dtv

George Woodcock: Mahatma Gandhi

moderne theoretiker

dtv

Herausgegeben von Frank Kermode
Deutsche Erstausgaben

Die Erkenntnisse und Theorien maßgebender Wissenschaftler und Künstler, Philosophen und Politiker, die das Leben und Denken unserer Zeit veränderten, werden in den Bänden dieser Reihe einem weiten Leserkreis vorgestellt und einer kritischen Analyse unterzogen.

A. Alvarez:
Samuel Beckett

Alfred Jules Ayer:
Bertrand Russell

Jeremy Bernstein:
Albert Einstein

John Gross:
James Joyce

Erich Heller:
Franz Kafka

dtv Moderne Theoretiker

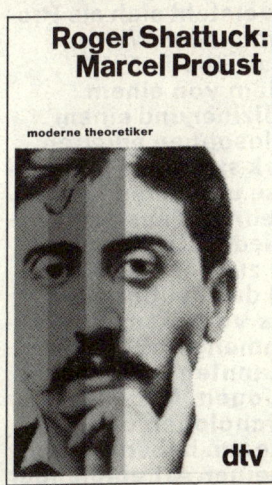

Roger Shattuck:
Marcel Proust

John Gross:
James Joyce

Edmund Leach:
Claude Lévi-Strauss:

George Lichtheim:
Georg Lukács

John Lyons:
Noam Chomsky

Alasdair MacIntyre:
Herbert Marcuse

Donald MacRae:
Max Weber

David Pears:
Ludwig Wittgenstein

Roger Shattuck:
Marcel Proust

Andrew Sinclair:
Che Guevara

Anthony Storr:
C. G. Jung

Richard Wollheim:
Sigmund Freud

George Woodcock:
Mahatma Gandhi

dtv Neue Anthropologie

**Neue Anthropologie
Herausgegeben von
Hans-Georg Gadamer
und Paul Vogler
7 Bände
dtv-Thieme
Originalausgabe
4069–4074 und 4148**

**Anthropologie ist Wissenschaft vom Menschen, sie will eine Antwort geben auf Kants Grundfrage der Philosophie: Was ist der Mensch?
Die moderne Anthropologie geht im Sinne eines echten studium universale über die biologischen und philosophischen Ansätze und Entwürfe weit hinaus:** sie versteht sich als Programm aller Wissenschaft überhaupt.
**In dem von einem Mediziner und einem Philosophen edierten Werk sind neue Erkenntnisse und Forschungsergebnisse aus den verschiedensten Disziplinen zu einem Gesamtbild des heutigen Wissens vom Menschen zusammengefaßt. Neben bekannten Philosophen, Biologen, Medizinern, Psychologen und Soziologen haben zu dem in seiner Art einmaligen Versuch auch namhafte Techniker, Physiker, Juristen, Theologen, Historiker, Linguisten und Ökonomen aus dem In- und Ausland beigetragen.
Band 1 und 2:
Biologische
Anthropologie
Band 3:
Sozialanthropologie
Band 4:
Kulturanthropologie
Band 5:
Psychologische
Anthropologie
Band 6 und 7:
Philosophische
Anthropologie**